U0448421

魏礼群同志近照

主编简介

魏礼群,中共党员、教授、博士生导师。曾先后担任国家计委党组成员兼秘书长、中央财经领导小组办公室副主任、国务院研究室主任、国家行政学院党委书记。第十一届全国政协委员、文史和学习委员会副主任。中国共产党第十六届、十七届中央委员会委员。参加或主持过党中央、国务院大量重要文件和领导重要讲话的起草工作;主持了许多重大课题研究,取得一大批有重要价值的科研、咨政成果。先后被聘为中国人民大学、北京师范大学、国家行政学院、中国国际经济交流中心教授、博士生导师。

2010年10月、2015年1月、2016年10月,分别被聘为北京师范大学中国社会管理研究院院长、社会学院院长、中国教育与社会发展研究院副理事长。

目前主要社会兼职:国家哲学社会科学研究专家咨询委员会委员,全国社会科学基金应用经济组组长,中央马克思主义理论研究和建设工程咨询委员会委员,中国国际经济交流中心常务副理事长兼学术委员会主任。

2009年,入选"影响新中国60年经济建设的100位经济学家";2014年,被评为"中国智库建设代表人物";2015年,入选"20世纪中国知名科学家";2016年,被评为"年度十大智库人物"。

编 委 会

主　任　魏礼群

副主任　宁吉喆　马建堂　李培林　赵世洪　宋贵伦

委　员（按姓氏笔画为序）

丁建华　王金华　尹栾玉　邓文奎　刘应杰　朱光明

李　实　李　强　陈　鹏　陈光金　施子海　侯　岩

赵秋雁　龚维斌　葛延风　翟振武　薛　澜

出版工作委员会

主　任　于殿利

副主任　李红强

委　员　方明亮　丁　波　胡慧华　王　希

国家社会科学基金
委托资助项目

当代中国社会大事典

（1978—2015）

第一卷

魏礼群　主编

商务印书馆　华文出版社

2017年·北京

总　序

魏礼群

　　1978年底召开的党的十一届三中全会，开启了中国当代改革开放和社会进步的历史新时期。从1978年到2015年的37年间，社会主义中国发生了翻天覆地的巨大变化。改革开放极大地解放和发展了社会生产力，使中国经济持续快速健康发展，成为世界第二大经济体，也极大地推动了中国社会的全面进步，人民生活显著改善，社会事业蓬勃发展，城乡面貌日新月异。为了全面、系统地反映改革开放进程中社会领域的理论创新、体制创新、政策创新和实践创新，真实记录这一时期社会领域改革发展的演变脉络、重大事件和辉煌成就，以铭记当代中国社会变迁历史，弘扬改革创新精神，持续推进社会主义现代化建设，我们组织编写了这部大型文献图书——《当代中国社会大事典（1978—2015）》（以下简称《大事典》）。

　　组织编写这部《大事典》，是我于2013年3月提议，并由有关方面领导、专家、研究人员组成编委会，北京师范大学中国社会管理研究院作为社会治理智库承担具体组织协调和落实工作。组织编写这部《大事典》，主要有三个方面的考虑：一是国内外已出版了一系列反映中国改革开放30多年来历史进程和主要变化的鸿篇巨制，但多为经济领域的，社会领域的还较少。特别是尚无以"事典"这种特殊体例全面、系统地反映改革开放以来中国社会领域历史演变，以及记述社会领域改革发展伟大成就的大型图书。这部《大事典》是一部兼具学术性、理论性、实践性和工具性，并具有原创性和权威性的大型文献图书。二是社会领域改革发展是中国特色社会主义事业建设总体布局的重要组成部分，党和国家越来越重视，人民群众期盼越来越强烈，迫切需要一部集史料性与研究性为一体的对当代中国社会演变作出全面、系统、权威的汇总和阐释的书籍，以指导和推动相关方面的科研、教学和决策咨询服务工作，更好地推进社会领域的改革发展，为实现中华民族伟大复兴的中国梦提供有力智力支持。三是在中央领导的关心和支持下，2013年5月，国家社会科学规划领导小组批准"中国社会管理创新研究信息库建设"为国家社科基金特别委托重大项目,承担单位为北京师范大学,我担任项目首席专家,这个信息库包括基础文献库、创新案例库、统计数据库、人才机构库、研究成果库等。编写《大事典》是"中国社会管理创新研究信息库建设"重大项目的重要内容,也是北京师范大学打造国家新型社会治理智库的重点工程。

编写《大事典》的总体设想是,先集中力量、集中时间编写出当代中国社会大事典的综合卷,同时组织北京等地编写出当代中国社会大事典的地方卷,通过示范和引导,争取逐步形成一套全国和地方的当代社会大事典系列大型图书。这个《大事典》(综合卷)从策划、立项到组织、编写、统改、审定,历经三年时间,规模宏大、内容丰富,是一项跨高校、科研机构、政府机关等多个单位联合攻关的集体智慧结晶。为了把《大事典》编写成为一部精品文献图书,由本书编委会进行总体设计、制订编写规范、确定遴选标准、审定编写内容、指导编写工作。编委会办公室具体负责《大事典》编写的组织协调、质量监控、信息交流、出版联络等事务。同时,我们还建立了《大事典》的质量保障和沟通协调机制。编写这一大型文献图书的基本原则是:(1)忠于史实。以事实为依据,内容详实,客观记录和描述各类社会改革发展事项、事件。(2)完整准确。以逻辑为导引,全面、准确反映各类社会事项、事件的来龙去脉,形成完整的逻辑结构和脉络。(3)简明实用。"语当其时","以用为贵"。秉持科学精神,严格遵循学术规范,力求行文简练,语言流畅,通俗易读,便于使用。

明确"当代中国社会"的内涵和边界,是编写这部《大事典》首先需要解决的问题。为此,我们着力把握以下几点:一是"当代中国",一般指新中国成立以后的社会历史阶段,考虑到改革开放以来社会领域史料比较容易收集,也便于实际操作,所以决定先编写从1978年实行改革开放方针政策开始到2015年第十二个五年规划完成这37年社会改革发展中的大事要事。二是"中国社会",一般是指与经济领域相对应的其他领域,都为"社会领域"。本书所谓"中国社会"大体包括了以下几个方面的内容:第一,社会结构和社会形态演变;第二,民主法制和社会规范建设;第三,以民生为重点的社会建设和社会事业发展;第四,社会关系、社会体制、社会管理、社会运行机制;第五,社会保障制度、社会治理体系和治理能力建设;第六,社会信用、公共安全和国家安全。按照这些内容,本部《大事典》(综合卷)共分为十二章。第一章:改革开放37年社会变革概况综述。这一章以国民经济和社会发展五年计划(规划)为主线,重点阐述了从"六五"到"十二五"期间我国社会改革和社会发展的重大决策、重大战略、重大事件,从总体上勾勒和展示了改革开放以来我国社会改革和社会发展波澜壮阔的演变历程和取得的巨大成就。第二章:社会结构变迁与社会体制改革。这一章重点从社会结构变迁与体制变革之间的互动关系,对改革开放以来我国社会结构变迁和社会体制改革的关键节点、标志事件、典型现象、政策举措进行了系统梳理和阐述，从制度结构层面呈现我国社会领域的深刻变化及其改革成果。第三章：民主法制与社会规范。这一章重点对我国社会主义民主政治制度建设、法治中国建设、社会信用体系建设、民族和宗教工作进行了系统梳理和阐述，反映了我国在民主政治和社会法制建设方面所取得的重大进步和成就。第四章：劳动就业与收入分配。这一章重点对我国劳动就业、劳动关系、收入分配领域的重大事件、重要法律法规进行了系统梳理和阐述，反映了我国劳动就业和收入分配领域深刻变化及其所取得的成就。第五章：公共服务与社会事业。这一章重点对我国教育、文化、卫生、人口与计划生育、体育等领域的重要法律法规、重点工程、重大事件进行了系统梳理和阐述，全方位展现了我国在公共服务和社会事业领域取得的巨大进步。第六章：社会保障体系与公益慈善。这一章重点对我国社会保险、社会救助、社会福利、公益慈善领域的重要法律法规政策、重大事件和重点工程进行了系统梳理和阐述，展现了我国在社会保障和公益慈善领域发生的巨大变化和取得的突出成就。第七章：社会工作与社区建设。这一章重点对我国社会工作、社区建设、社会组织、志愿服务等领域的重要法律法规政策、重大事件、重点工程进行了全面梳理和阐述，呈现了我国这些社会领域要素不断发展、社会活力不断增强的生动局面。第八章：公共安全与应急管理。这一章重点对我国社会治安防控体系与平安建设、食品安全与生产安全、应急管理与防灾减灾领域的重要法律法规、重大事件、重点工程进行了系统梳理和阐述，反映了我国在公共安全和应急管理建设上取得的重要进展和成就。第九章：网络社会与信息安全。这一章重点围绕我国网络社会、网络基础设施、信息安全等领域的重要法律法规、重大事件、重点工程进行了全面系统梳理，展示了我国顺应网络社会迅猛发展及其带来的信息安全治理问题所取得的巨大成就。第十章：保障与提高人民生活水平。这一章重点围绕与人民生活密切相关的消费、住房、精神文化、生活环境、健康领域的主要法律法规、政策措施、重点工程和重大进展等进行了梳理与阐述，呈现了我国人民群众生活水平显著提高的变化历程。第十一章：社会发展综合统计与国际比较。这一章从社会统计的专业视野出发，对改革开放以来我国人口与就业统计、社会发展统计、宏观社会统计等内容进行了系统梳理和阐述，并选取"和谐社会"、"基本民生"、"创新能力"、"人文发展"等相关指标进行了社会发展成就的国际比较研究。第十二章：改革开放以来中国社会学发展大事记。这一章以"大社会学"的视角，对改革开放以来中国社会学发展的重要事件、重要进展和重要制度进行了系统的梳理和阐述，是一部简明的当代中国社会学发展史。总之，统观这部《大事典》（综合卷），可以全方位领略到改革开放37年来中国社会改革发展的生动画卷和壮观景象。

这部《大事典》兼具学术理论创新、实践经验总结、体制制度变迁综述等多方面的特征，并在功能定位、理论视角和研究方法上具有重要创新，主要体现在三个方面：（1）编写体例和编写规范创新。这部大型文献图书采用"事典"体例，是经过深入研究思考的。"事典"是一种特殊的体例。虽然"事典"是从"词典"演变而来，但二者在内容与功能上却有着明显区别："词典"通常只是收集各种相关语词并对其含义作出注明，是一种典型的语言工具书；而"事典"的收集对象则是特定领域的具体大"事项"与"事件"，需要对其产生背景、演变过程、主要内容和结果作出比较完整的叙述和阐释，有些事项、事件还需加以简短评价，可成为理论研究、政策研究和教科书编写的参考依据。《大事典》编写采用"事典"体例富有特色，全方位、全景式地阐释了当代中国社会领域改革发展新观点、新理论、新举措，重大决策、重点工程，重要法律法规、重要文献和重要事件，全面反映了改革开放以来中国社会领域所发生的学术创新、理论创新、政策创新、制度创新和实践创新，以及取得的巨大变化和辉煌成就，是一种写作体例和表达方式的创新。（2）编写视角和编写方法创新。《大事典》编写主要采用了历史学、社会学、公共管理学、政治学和制度学等跨学科的研究视角。不仅重视事件发生过程的陈述，而且重视导致事项、事件发生的历史背景及现实意义。重点考量这些现象发生背后的深层次动因，考量对社会变迁产生的影响，并对其深刻意义加以简要评述。跨学科研究方法的采用，使《大事典》突破了简单罗列和史料堆砌的现象。对于事件背景和意义的深入剖析，有助于《大事典》使用者更清楚地认识社会现象的本质和意义。（3）编写内容和框架设计创新。《大事典》编写紧紧围绕开创和发展中国特色社会主义这条社会变迁历程的主线，涵盖了当代中国各社会领域，包括社会结构、社会形态、社会建设、社会体制、社会治理和社会生活等全方位的历史性巨变，这样的主要内容和框架设计别具一格，令人耳目一新。

中国社会领域的改革发展与中国整个改革开放和社会主义现代化事业进程紧密相关、有机联系，我们认为，37年来中国社会改革发展大致可以分为以下四个阶段：

——第一阶段（1978—1992年）。突破计划经济体制下的社会管理和社会发展模式。在党的十一届三中全会上，我们党深刻总结了新中国成立以来正反两方面的历史经验，果断地作出把党和国家的工作重点转移到社会主义现代化建设上来，并实行改革开放的伟大决策。以邓小平为核心的党的第二代中央领导集体成功地开创了中国特色社会主义道路，提出了一系列社会领域改革发展的重要思想和战略部署。包括：社会主义的本质是解放生产力，发展生产力，消灭剥削，消除两极分化，最终达到共同富裕；一手抓社会主义物质文明建设，一手抓社会主义精神文明建设；按照统筹兼顾的原则调节各种利益关系；正确处理改革发展稳定的关系，努力形成安定团结的政治环境和稳定的社会秩序。1982年，党的十二大对社会发展特别是改善人民生活和控制人口问题给予高度重视，强调在综合平衡的基础上重点发展农业、能源和交通、教育和科学，改善人民生活，并提出实行计划生育的基本国策。同年12月，五届全国人大五次会议批准了《中华人民共和国国民经济和社会发展第六个五年计划》，自此，国家年度和中长期计划（规划）中增加了专门的社会发展内容，用"国民经济和社会发展计划"替代了以前30年一直沿用的"国民经济发展计划"。"六五计划"把控制人口增长、促进劳动就业、提高居民收入和消费能力、扩大城乡建设和社会福利事业、发展文体卫生事业、保护环境、稳定社会秩序等都纳入了社会发展计划，并作了具体部署。1987年，党的十三大明确提出了分"三步走"基本实现现代化的发展战略：第一步，实现从1981年至1990年国民生产总值翻一番，解决人民的温饱问题；第二步，从1991年到20世纪末使国民生产总值再翻一番，人民生活达到小康水平；第三步，到21世纪中叶，人均国民生产总值达到中等发达国家水平，人民生活比较富裕，基本实现现代化。这个"三步走"发展战略中，每一步都把经济发展目标与社会发展目标特别是人民生活水平有机地统一起来。这说明，党和国家开始重视社会领域的改革发展。

——第二阶段（1992—2002年）。探索实行社会主义市场经济的社会改革和社会发展路子。1992年召开的党的十四大提出，我国经济体制改革的目标是建立社会主义市场经济体制，强调必须把发展生产力摆在首要位置，以经济建设为中心，加强社会主义民主法制和精神文明建设，推动社会全面进步；要积极建立待业、养老、医疗等社会保障制度，推进城镇住房制度改革；要不断改善人民生活，严格控制人口增长，加强环境保护。1993年，党的十四届三中全会通过的《中共中央关于建立社会主义市场经济体制若干问题的决定》提出，要建立多层次的社会保障制度，建立统一的社会保障管理机构，为城乡居民提供同我国国情相适应的社会保障，促进经济发展和社会稳定；要坚持以按劳分配为主体、多种分配方式并存的制度，体现效率优先、兼顾公平的原则；要坚持鼓励让一部分地区和一部分人先富起来，提倡先富带动和帮助后富，逐步实现共同富裕。1995年召开的党的十四届五中全会上明确提出："要把社会发展放在重要战略地位。努力控制人口增长，提高生活质量，扩大劳动就业，完善社会保障，加强环境保护，促进社会公正、安全、文明、健康发展。"1997年，党的十五大提出，要在改善物质生活的同时，充实精神生活，美化生活环境，提高生活质量，特别要改善居住、卫生、交通和通信条件，扩大服务性消费；实行保障城镇困难居民基本生活的政策；要加快扶贫攻坚力度，到20世纪末基本解决农村贫困人口的温饱问题；要正确看待新的社会阶层，注重协调不同社会阶层的利益关系，正确处理新形势下人民内部矛盾，维护社会稳定。这说明，党和国家越来越重视社会领域的改革发展。

——第三阶段（2002—2012年）。按照全面建成小康社会的要求推进社会体制改革和社会建设。2002年，党的十六大提出了"经济更加发展、民主更加健全、科教更加进步、文化更加繁荣、社会更加和谐、人民更加殷实"的发展目标，并提出了构建社会主义和谐社会的重大思想。2004年，党的十六届四中全会通过的《中共中央关于加强党的执政能力建设的决定》提出，要坚持最广泛最充分地调动一切积极因素，不断提高构建社会主义和谐社会的能力，不断增强全社会的创造活力，妥善协调各方面的利益关系，推进社会管理体制创新，加强和改进新形势下的群众工作，维护社会稳定。2006年，在党的十六届六中全会通过的《中共中央关于构建社会主义和谐社会若干重大问题的决定》中，明确提出了构建社会主义和谐社会的指导思想、目标任务、工作原则和重大部署，这是指导和谐社会建设的纲领性文件。中国特色社会主义的总体布局由原来的经济建设、政治建设、文化建设"三位一体"，进一步发展为包括社会建设在内的"四位一体"的新格局。自此以后，社会建设、社会和谐逐渐成为我国经济社会发展中的关键词。2007年，党的十七大提出，要加快推进以改善民生为重点的社会建设，使全体人民学有所教、劳有所得、病有所医、老有所养、住有所居；要坚持以科学发展为主题，以加快转变经济发展方式为主线，把保障和改善民生作为加快转变经济发展方式的根本出发点和落脚点，创新社会管理机制，提高社会管理科学化水平，建设中国特色社会主义社会管理体系。这些表明，党对社会主义社会建设规律认识不断深化，有力地促进了中国社会领域的改革发展。

——第四阶段（2012— ）。更加重视加强和创新社会治理，着力推进社会治理和社会建设现代化。2012年，党的十八大提出，要在改善民生和创新管理中加强社会建设；加强社会建设，必须加快推进社会体制改革。党的十八大以来，以习近平同志为核心的党中央更加重视社会领域改革发展，从治国理政的战略高度，为社会领域改革发展构建起新的目标体系与美好愿景。2012年11月15日，习近平同志担任党的总书记之后同中外记者见面时就强调："人民对美好生活的向往，就是我们的奋斗目标。"2013年3月，习近平总书记在十二届全国人大一次会议上的讲话中指出，"中国梦归根到底是人民的梦，必须紧紧依靠人民来实现，必须不断为人民造福"；我们要"维护社会公平正义，在学有所教、劳有所得、病有所医、老有所养、住有所居上持续取得新进展，不断实现好、维护好、发展好最广大人民根本利益，使发展成果更多更公平惠及全体人民，在经济社会不断发展的基础上，朝着共同富裕方向稳步前进"。2013年11月，党的十八届三中全会提出：全面深化改革的总目标是完善和发展中国特色社会主义制度，推进国家治理体系和治理能力现代化；要围绕更好保障和改善民生、促进社会公平正义，深化社会体制改革，改革收入分配制度，促进共同富裕，推进社会领域制度创新，推进基本公共服务均等化，加快形成科学有效的社会治理体制，确保社会既充满活力又和谐有序。2014年10月，党的十八届四中全会提出：要增强全民法治观念，全面推进法治国家、法治政府和法治社会一体建设；加快保障和改善民生、推进社会治理体制创新法律制度建设；推进多层次多领域社会治理，坚持系统治理、依法治理、综合治理、源头治理。2015年10月，党的十八届五中全会提出:"十三五"时期是我国全面建成小康社会的历史决胜阶段,必须坚持创新、协调、绿色、开放、共享的发展理念;要加强和创新社会治理,推进社会治理精细化,构建全民共建共享的社会治理格局。这些表明,我们党和国家致力于让全体人民群众更好地共享改革发展成果,让人民群众拥有更多的"获得感"、"安全感"和"幸福感",当代中国社会的改革发展进入到一个全新阶段。

统观37年来,我国社会领域改革发展的伟大历程与巨变轨迹,可以清楚看出有以下四个鲜明特征:

——**以保障改善民生为主线**。我们党始终把保障改善民生作为立党之本、执政之基、力量之源。改革开放以来特别是新世纪以来,党和国家加强社会建设的根本着眼点就是保障和改善民生。邓小平理论强调社会主义的本质是解放和发展生产力,不断提高人民生活水平,最终实现全国人民共同富裕;"三个代表"重要思想强调中国共产党要始终代表最广大人民群众的根本利益;科学发展观强调"以人为本",促进人的全面发展;习近平总书记治国理政新理念新思想新战略,强调坚持以人民为中心,把解决民生问题作为全面建成小康社会的重中之重,不仅要让那些贫困群众真正过上幸福生活、实现全部脱贫,而且要让广大人民群众享有良好的教育、稳定的就业、公正的收入分配、安全的社会保障网、健康的生活环境、自由平等的发展空间,乃至民主的政治、文明的法治、个人的尊严与体面的生活。在这个发展过程中,保障改善民生问题已然从以前的解决"温饱问题"向提高"生活质量"转变,成为推进社会领域改革发展贯穿的一条主线。从这个意义上来讲,中国特色社会主义社会改革发展的过程就是不断促进民生发展和提升的过程,使改革发展成果更多更好更公平地惠及全体人民。

——**以体制机制创新为动力**。在以往相当长一段时期内,社会领域存在着诸多根深蒂固的传统理念和陈旧思维以及体制桎梏,突出为传统的计划经济体制下的政府包办的"大一统模式"。这不仅给政府带来沉重负担,而且窒息了社会发展的活力。推进社会治理,加强社会建设,解决社会领域中的问题,就需要进行体制机制上的改革创新。改革开放以来我国社会领域之所以能够取得巨大成就与进步,就是因为紧紧抓住了体制机制改革创新这个"牛鼻子"。包括社会治理模式取消人民公社体制,改革城乡二元结构,推行社区建设,发展社会组织,逐步理顺政府、市场、社会之间关系,推进就业、分配、教育、医疗、社会保障等体制改革。通过对政府管理部门的调整和职能转变,促进全国社会事业不断发展;通过大力推动事业单位分类改革,优化事业单位构成,强化公益类事业单位基本公共服务属性;通过建立和推广政府购买公共服务制度,激活公共服务市场,使得公共服务的提供和传递更为有效、便捷和低廉。不断深化社会领域体制改革和管理创新,有力地推动了全国社会建设和社会发展。

——**以法律制度建设为保障**。改革开放以来，特别是20世纪90年代中期以来，党和政府逐步重视运用法治思维和法治方式加强社会建设、创新社会治理。这使得我国在教育、就业、收入分配、社会保障、社会组织、社区建设、医疗卫生、食品安全、扶贫、慈善、社会救助和妇女儿童、老年人、残疾人合法权益保护等领域制定了大量法律，还制定和实施了一系列法规和规范性文件。比如，在基本法层面，包括颁布《教育法》、《未成年人保护法》、《妇女权益保障法》、《老年人权益保障法》、《残疾人保障法》、《就业促进法》、《劳动合同法》、《食品安全法》、《社会保险法》等。法治建设不断加强，有力地保障了我国社会领域改革发展的深入推进。

——**以公平正义为核心价值导向**。公平正义是平衡社会关系的根本尺度，也是中国特色社会主义的内在要求。社会领域与公平正义最为相关。改革开放以来，党和国家把维护社会公平正义提高到社会主义本质的高度，作为发展和完善中国特色社会主义的根本思想。在建立和完善社会主义市场经济体制的条件下，强调正确处理按劳分配为主体和实行多种分配方式的关系，先后提出了"效率优先，兼顾公平"的原则，以及"注重社会公平，合理调整国民收入分配格局"的要求。2005年党的十六届五中全会提出："注重社会公平，特别要关注就业机会和分配过程的公平"。2006年党的十六届六中全会提出："在经济发展的基础上更加注重社会公平"。2007年党的十七大提出，"要把提高效率同促进公平结合起来"；"初次分配和再分配都要处理好效率和公平的关系，再分配更加注重公平"。2012年党的十八大提出："加紧建设对保障社会公平正义具有重大作用的制度，逐步建立以权利公平、机会公平、规则公平为主要内容的社会公平保障体系"，把维护社会公平正义摆到更加突出的位置。2014年党的十八届三中全会进一步提出，全面深化改革必须"以促进社会公平正义，增进人民福祉为出发点和落脚点"。2015年，党的十八届五中全会再次强调，全面深化改革"必须以促进社会公平正义、增进人民福祉为出发点和落脚点"。这些表明，公平正义日益成为我国社会变革和发展的核心价值导向。

改革开放以来，我们党为形成和发展适合中国国情的社会理论和制度进行了不懈的探索和实践，取得了巨大的进步和成就，同时也积累了十分宝贵的丰富经验。这些经验对于继续推进社会领域改革发展有着重要的启示。

——**坚持从中国基本国情出发**。立足国情，从中国实际出发推进改革和建设，是我们党完善和发展中国特色社会主义的最重要经验。党的十一届三中全会以后，我们党正确分析国情，作出了我国正处于并将长期处于社会主义初级阶段的科学论断，强调一切要从社会主义初级阶段的实际出发来考虑问题、谋划改革发展。当代中国的基本国情，概括起来就是，建立了社会主义制度，但还不完善；人口多，生产力水平总体还不高，地域、城乡发展不平衡；经历过长期封建社会，从半殖民地半封建社会脱胎出来，旧社会遗留的思想文化还在发生这样或那样的影响。推进社会领域变革和建设，必须充分考虑我国当代社会政治制度的本质要求，必须充分考虑中国社会历史文化发展的优势和不足，必须充分考虑更好保障人民主体地位和权益，必须充分考虑社会建设规模和速度要与经济建设和国力水平相适应、相协调，必须充分考虑正确处理改革发展稳定三者关系，确保社会安定、国家长治久安。这些是社会领域变革和建设的内在要求，也是使改革发展取得成功的重要前提。

——**坚持中国特色社会主义根本方向**。改革朝着什么方向前进，事关中国现代化事业的成败。"旗帜决定方向，道路决定命运。"举什么样的旗帜，就决定了要朝着什么方向前进。加强社会建设、创新社会治理、推进社会领域改革和发展，必须始终坚持中国特色社会主义的根本方向，坚持与社会主义市场经济改革发展相适应。社会建设和社会体制改革同经济建设和经济体制改革发展等其他方面体制改革一样，都是社会主义制度的自我完善和发展，而不是对社会主义制度的改弦更张。要以世界眼光和宽广胸怀学习与借鉴外国在社会建设中的一切有益做法，但是，绝不能照抄照搬别国做法、别国模式。必须自觉抵制各种错误思想和主张的影响，确保社会领域改革发展始终沿着中国特色社会主义道路前进。

——**坚持解放思想和理论创新**。解放思想和理论创新是推动社会领域改革发展的强大动力。中国特色社会主义实践的每一次历史性进展，都是解放思想、实事求是、与时俱进的结果，是马克思主义基本原理与中国具体实践相结合进行理论创新的结果。改革开放以来，我国社会改革发展取得的举世瞩目成就，都得益于不断地推进党的社会发展理论创新，特别是摆脱了许多传统思想上的禁锢，包括不断克服忽视社会建设，解决经济建设"一手硬"、社会建设"一手软"的问题，实现更加重视社会建设和经济社会协调发展的转变；逐步改变传统计划经济的管理模式，向"服务型"、"协同型"的治理模式转变，正确处理"维权"和"维稳"的关系，将两者有机统一起来。这些问题，归根究底在于正确认识在发展社会主义市场经济、社会主义民主政治、社会主义先进文化的条件下政府、市场和社会三者之间的关系。改革开放以来的历史经验表明，对政府、市场和社会三者之间关系的认识越清晰、越深刻，我们的改革举措和成效就越有力、越显著。我们必须坚持解放思想、实事求是、与时俱进，敢于革故鼎新，勇于用时代发展眼光审视社会领域现状，推进社会改革和社会发展的理念创新、实践创新、体制创新、制度机制创新，用新理念、新思路、新办法解决新问题，努力使社会改革和社会发展体现时代性、符合规律性、富有创新性。

——**坚持问题意识和制度导向**。加强社会建设、创新社会治理、推进社会体制改革，是一个解决当今中国社会领域问题的过程。我们国家当代发展的阶段性特征，决定了我们在进行社会领域变革和建设过程中面临着许多与中国以往别的时代、与别的国家所不同的社会问题。特别是社会改革和建设中与群众利益密切相关的问题比较突出。解决这些问题就是人民的期盼、时代的声音。这就要求必须树立强烈的问题意识，提出有针对性和有效地解决问题的思路与办法，而不能单纯从概念出发，更不能从概念到概念。同时，必须坚持标本兼治，强化制度导向，着眼于建立和完善相关制度机制，推进改革，注重加强制度建设。制度建设才具有全面性、根本性、长期性和稳定性。特别要靠法治，强化法治。要以坚定的中国特色社会主义制度自信力推进国家社会治理体系和治理能力现代化，不断革除体制机制弊端，构建新的有效的具体制度，让各项具体社会制度更加成熟、更加定型、更加管用、更加有效。

——坚持既弘扬优秀传统又借鉴国际经验。社会建设和社会治理是人类社会制度文明的结晶。我国社会发展文明源远流长、博大精深，既要高度重视继承和弘扬中国历史上社会建设的优秀文明成果，包括道德教化和重视家庭的作用，又要高度重视继承和发扬我们党在推动社会建设中长期形成的鲜明的政治优势、制度优势、组织优势以及群众工作优势。同时，随着经济全球化进程的日益加深，我国的改革发展越来越与世界紧密相连。推动社会变革和建设、创新社会治理是当今世界发展的共同趋势，世界各国都高度重视，并且积累了有益的经验和教训，值得我国认真研究、借鉴。我们应站在国家富强、人民幸福和民族复兴的高度，以战略眼光认清世界发展潮流，立足中国国情，善于学习和借鉴人类社会发展文明的一切优秀成果，做到古为今用、外为中用。

——坚持顶层设计和基层探索相结合。既要从国家发展全局和战略高度，加强社会领域改革发展的顶层设计和宏观指导，又要大力倡导和鼓励基层实践创新。这就要从整体上系统研究社会改革发展的基本目标、任务、路线图和时间表，注重社会改革发展的系统性、整体性、协同性。从某种意义上说，社会领域改革发展比其他领域改革发展的复杂性和困难程度更大，需要以更大的勇气、更多的智慧和更强的能力攻坚克难。要继续鼓励地方大胆试验、勇于创新、敢于突破，充分尊重基层和群众的首创精神。近些年来，全国各地在社会建设和社会治理创新方面进行了许多积极的探索和实践，积累了不少值得重视的经验，要善于总结和推广社会改革发展创新中丰富的实践创造，及时推广新鲜经验。

——坚持加强和改善党的领导。社会领域改革发展是一项纷繁复杂、艰巨繁重的系统工程。要使这一巨大工程得以顺利推进，必须有领导、有组织、有秩序、分步骤地进行。中国共产党是中国特色社会主义事业的领导核心，而社会变革发展是中国特色社会主义事业有机的重要组成部分。历史和实践雄辩地证明，在中国，没有中国共产党的领导，不可能把全国各族人民凝聚起来，不可能把国家和社会治理好。加强党的领导是包括社会领域改革发展在内的中国特色社会主义现代化事业的根本保证。中国共产党的执政地位也决定了社会领域改革发展必须在党的领导下进行，这样才能使社会改革发展始终沿着正确方向前进。正是在中国共产党的坚强领导下，过去37年我国社会改革发展才取得了令人折服的巨大成就。要始终坚持加强和改善党的领导，充分发挥党的领导核心作用，并以党的执政能力建设和先进性建设推动社会领域改革发展，以昂扬的改革创新精神不断开创社会领域改革发展新局面。

这部《当代中国社会大事典（1978—2015）》的编写和问世，得到了多方面的关心、支持和帮助。党中央有关领导作出批示并经全国社会科学基金领导小组批准，将"中国社会管理创新研究信息库建设"作为特别委托重大项目立项，直接推动了本部大事典的构想和启动。党中央、国务院有关部门、有关地方负责人，以及一些新型智库、高等院校、科研机构社会研究领域的专家学者积极参与编委会工作和亲自承担撰写、审改工作，付出了辛勤劳动。国家出版基金管理委员会批准列入2016年资助项目予以支持，商务印书馆、华文出版社承担出版任务。在此，一并致以诚挚谢忱。

二〇一七年七月

目 录

第一章 改革开放37年社会变革概况

一、改革开放初期社会改革与发展概况...........................3
1. 中国共产党第十一届中央委员会第三次全体会议...........................3
2. 全方位拨乱反正...........................6
3. 知识青年返城...........................8
4. 实行农村家庭承包经营制度...........................10
5. 中共中央关于控制我国人口增长问题致全体共产党员、共青团员的公开信...........................12
6. 中国签署《消除对妇女一切形式歧视公约》...........................15
7. 关于建国以来党的若干历史问题的决议...........................17

二、"六五"期间社会改革与发展概况...........................20
1. 中华人民共和国国民经济和社会发展第六个五年计划...........................20
2. 关于"三农"工作的5个中共中央一号文件（1982—1986年）...........................22
3. 村民自治制度...........................23
4. 1982年党政机构改革...........................25
5. 1982年新修订《中华人民共和国宪法》...........................27
6. 第三次全国人口普查...........................28
7. 废除干部领导职务终身制...........................29
8. 中国共产党第十二次全国代表大会...........................30

- 9. 严厉打击刑事犯罪活动 ... 32
- 10. 实行政社分开，建立乡政府 ... 34
- 11. 乡镇企业异军突起 ... 35
- 12. 中华人民共和国民族区域自治法 ... 36
- 13. 中共中央关于经济体制改革的决定 ... 38
- 14. 中共中央关于科学技术体制改革的决定 ... 40
- 15. 中共中央关于教育体制改革的决定 ... 41
- 16. 成立中国消费者协会 ... 43
- 17. 颁发居民身份证 ... 44

三、"七五"期间社会改革与发展概况 ... 46
- 1. 中华人民共和国国民经济和社会发展第七个五年计划 ... 46
- 2. 职称改革 ... 48
- 3. 中华人民共和国民法通则 ... 50
- 4. 国营企业劳动制度改革 ... 51
- 5. 禁止党政机关和党政干部经商、办企业 ... 53
- 6. 中共中央关于社会主义精神文明建设指导方针的决议 ... 54
- 7. 全国人大常委会关于加强法制教育维护安定团结的决定 ... 56
- 8. 城镇住房制度改革 ... 57
- 9. 中国共产党第十三次全国代表大会 ... 59
- 10. 中国残疾人联合会 ... 62
- 11. 菜篮子工程 ... 63
- 12. 希望工程 ... 64
- 13. 第11届亚洲运动会在北京举行 ... 65
- 14. 第四次全国人口普查 ... 66

四、"八五"期间社会改革与发展概况 ... 68
- 1. 中华人民共和国国民经济和社会发展十年规划和第八个五年计划纲要 ... 68
- 2. 关于企业职工养老保险制度改革的决定 ... 70
- 3. 中国签署《儿童生存、保护和发展世界宣言》 ... 71
- 4. 邓小平南方谈话 ... 72
- 5. 中国共产党第十四次全国代表大会 ... 74

目录

6. 中共中央关于建立社会主义市场经济体制若干问题的决定 ... 76
7. 国家八七扶贫攻坚计划 ... 77
8. 《中国21世纪议程》与可持续发展战略 ... 80
9. 中华人民共和国劳动法 ... 81
10. 中华人民共和国教育法 ... 82
11. "科教兴国"战略 ... 84
12. 联合国第四次世界妇女大会在北京举行 ... 85

五、"九五"期间社会改革与发展概况 ... 87
1. 国民经济和社会发展"九五"计划和2010年远景目标纲要 ... 87
2. 职工医疗保障制度改革 ... 89
3. 中共中央关于加强社会主义精神文明建设若干重要问题的决议 ... 91
4. 中共中央、国务院关于卫生改革与发展的决定 ... 92
5. 建立城市居民最低生活保障制度 ... 93
6. 中国共产党第十五次全国代表大会 ... 95
7. 国有企业下岗职工基本生活保障和再就业工作 ... 96
8. "九八"抗洪斗争 ... 99
9. 中国签署《公民权利和政治权利国际公约》 ... 100
10. 中共中央、国务院关于深化教育改革全面推进素质教育的决定 ... 101
11. "法轮功"事件 ... 103
12. 成立全国老龄工作委员会 ... 105
13. 西部大开发战略 ... 106
14. 农村税费改革 ... 108
15. 第五次全国人口普查 ... 109

六、"十五"期间社会改革与发展概况 ... 112
1. 中华人民共和国国民经济和社会发展第十个五年计划纲要 ... 112
2. 中国农村扶贫开发纲要（2001—2010） ... 114
3. 中国加入世界贸易组织 ... 115
4. 《中国的农村扶贫开发》白皮书 ... 117
5. 中国共产党第十六次全国代表大会 ... 120
6. 全国抗击"非典" ... 122

7. 制定突发公共卫生事件应急条例 ... 123
8. 行政审批制度改革 ... 124
9. 科学发展观 ... 127
10. 生态移民工程 ... 129
11. 东北地区等老工业基地振兴战略 ... 130
12. 中共中央关于完善社会主义市场经济体制若干问题的决定 ... 132
13. 中共中央、国务院关于进一步加强人才工作的决定 ... 134
14. 新世纪关于"三农"工作的12个中共中央一号文件（2004—2015年） ... 136
15. 全面推进依法行政实施纲要 ... 138
16. 反分裂国家法 ... 141
17. 中华人民共和国公务员法 ... 142
18. 社会主义新农村建设 ... 143

七、"十一五"期间社会改革与发展概况 ... 145

1. 中华人民共和国国民经济和社会发展第十一个五年规划纲要 ... 145
2. 国务院关于解决农民工问题的若干意见 ... 147
3. 促进中部地区崛起战略 ... 148
4. 中共中央关于构建社会主义和谐社会若干重大问题的决定 ... 151
5. 政府信息公开条例 ... 153
6. 中华人民共和国突发事件应对法 ... 155
7. 中华人民共和国就业促进法 ... 156
8. 中国共产党第十七次全国代表大会 ... 157
9. 拉萨"3·14"严重暴力犯罪事件 ... 160
10. 中华人民共和国残疾人保障法 ... 161
11. 汶川地震抗灾救助行动 ... 163
12. 北京成功举办第29届奥运会、第13届残奥会 ... 164
13. 中华人民共和国食品安全法 ... 166
14. 中共中央、国务院关于深化医药卫生体制改革的意见 ... 168
15. 中国加入《残疾人权利公约》 ... 170
16. 国家中长期教育改革和发展规划纲要（2010—2020年） ... 171
17. 国家中长期人才发展规划纲要（2010—2020年） ... 172
18. 第六次全国人口普查 ... 174

目 录

八、"十二五"期间社会改革与发展概况 ... 177

1. 中华人民共和国国民经济和社会发展第十二个五年规划纲要 ... 177
2. 加强和创新社会管理 ... 180
3. 国家基本公共服务体系"十二五"规划 ... 182
4. 中共中央关于深化文化体制改革推动社会主义文化大发展大繁荣若干重大问题的决定 ... 184
5. 事业单位分类改革 ... 185
6. 国务院关于促进红十字事业发展的意见 ... 188
7. 中国共产党第十八次全国代表大会 ... 190
8. "五位一体"总体布局 ... 192
9. 中国梦 ... 194
10. 中共中央政治局关于改进作风、密切联系群众的八项规定 ... 195
11. 党政机关厉行节约反对浪费条例 ... 196
12. 大气污染防治行动计划 ... 198
13. 中共中央关于全面深化改革若干重大问题的决定 ... 199
14. 国家新型城镇化规划（2014—2020年） ... 202
15. 户籍制度改革 ... 204
16. 考试招生制度改革 ... 205
17. 劳动教养制度 ... 206
18. 国务院关于建立统一的城乡居民基本养老保险制度的意见 ... 207
19. 中国共产党第十八届中央委员会第四次全体会议 ... 209
20. "四个全面"战略布局 ... 210
21. 屠呦呦获2015年诺贝尔生理学或医学奖 ... 212
22. 中共中央关于制定国民经济和社会发展第十三个五年规划的建议 ... 213
23. 中共中央、国务院关于打赢脱贫攻坚战的决定 ... 216
24. 关于实施全面两孩政策 改革完善计划生育服务管理的决定 ... 219

第二章　社会结构变迁与社会体制改革

一、社会结构变迁..225
  1. 农村改革..225
  2. 恢复高考制度..227
  3. "三结合"就业方针..228
  4. 村民自治制度..229
  5. 个体工商户..231
  6. 实行计划生育基本国策..233
  7. 实施九年制义务教育..234
  8. 人民公社体制解体..236
  9. 社队企业的变迁..238
  10. 集镇落户制度改革..239
  11. 鼓励出国留学..241
  12. 单位制解体..242
  13. 国有企业改革..244
  14. 第一家国有企业倒闭..246
  15. 私营经济载入宪法..247
  16. 科学技术是第一生产力..249
  17. 民工潮..250
  18. 城市社区建设..251
  19. 下海经商潮..253
  20. 城镇住房制度改革..254
  21. 私营企业主..256
  22. 小城镇建设..258
  23. 公务员制度..259
  24. "三农"问题..261
  25. 农民减负..263
  26. 最低生活保障制度..265

27. 留守妇女、留守儿童、留守老人 ... 266

28. 人才市场 ... 268

29. 深化国有企业改革 ... 270

30. 高校扩招 ... 272

31. 高校合并 ... 273

32. 小城镇户籍制度改革 ... 274

33. 新生代农民工 ... 276

34. 当代中国社会阶层研究报告 ... 278

35. 老龄社会 ... 279

36. 小康社会 ... 281

37. 新社会阶层 ... 283

38. 中等收入群体 ... 285

39. 最低工资线 ... 286

40. 和谐社会建设 ... 288

41. 新兴职业 ... 291

42. 保护私有财产写入宪法 ... 292

43. 农民工成为工人阶级新成员 ... 293

44. 社会主义新农村建设 ... 295

45. 农民工返乡潮 ... 297

46. 公共服务均等化 ... 299

47. 废除农业税 ... 300

48. 新型城镇化 ... 302

49. 法治社会建设 ... 304

二、社会体制改革 ... 307

1. "政社分开"的提出 ... 307

2. 户籍管理制度 ... 309

3. 人事档案制度 ... 310

4. 居民身份证制度 ... 311

5. 中共中央、国务院关于严格控制成立全国性组织的通知 ... 312

6. 关于卫生工作改革若干政策问题的报告 ... 313

7. 国家体委关于体育体制改革的决定 ... 314

8. 国务院关于深化科技体制改革若干问题的决定 315
9. 中共中央关于加强和改善党对工会、共青团、妇联工作领导的通知 316
10. 社会团体登记管理条例 318
11. 外国商会管理暂行规定 319
12. 民政部清理整顿社会团体 320
13. 中央社会治安综合治理委员会 321
14. 关于深化卫生医疗体制改革的几点意见 322
15. "政事分开"的提出 323
16. 中国教育改革和发展纲要 324
17. 国家体委关于深化体育改革的意见 325
18. 中共中央、国务院关于加速科学技术进步的决定 326
19. 中央机构编制委员会关于事业单位改革若干问题的意见 326
20. 中共中央、国务院关于卫生改革与发展的决定 328
21. "社会管理"成为政府基本职能 329
22. 民政部设立"民间组织管理局" 330
23. 民办非企业单位登记管理暂行条例 330
24. 事业单位登记管理暂行条例 331
25. 取缔非法民间组织暂行办法 332
26. 原国家经贸委所属十个国家局改制为行业协会 333
27. 中共中央、国务院关于进一步加强和改进新时期体育工作的意见 334
28. 京沪粤成立社会建设专门机构 335
29. 基金会管理条例 337
30. 网格化管理 338
31. 关于深化文化体制改革的若干意见 339
32. 事业单位工作人员收入分配制度改革方案 340
33. 以改善民生为重点的社会建设 341
34. "民间组织"统一改称"社会组织" 343
35. 事业单位工作人员养老保险制度改革试点方案 344
36. "枢纽型"社会组织 345
37. 社会组织免税资格认定制度 346
38. 社会组织评估管理办法 348
39. 国家中长期教育改革和发展规划纲要（2010—2020年） 349

40. 全国社会管理创新综合试点指导意见..........350
41. 中共中央、国务院关于加强和创新社会管理的意见..........352
42. 中华人民共和国社会保险法..........353
43. 中共中央、国务院关于分类推进事业单位改革的指导意见..........354
44. 中共中央、国务院关于深化科技体制改革加快国家创新体系建设的意见..........356
45. 中国特色社会主义社会管理体系..........357
46. 社会组织直接登记制度..........359
47. 社会保障"十二五"规划纲要..........360
48. 创新社会治理体制..........361
49. 关于政府向社会力量购买服务的指导意见..........362
50. 关于深化收入分配制度改革的若干意见..........364
51. 成立"社会体制改革专项小组"..........365
52. 事业单位人事管理条例..........365
53. 关于机关事业单位工作人员养老保险制度改革的决定..........367
54. 深化农村改革综合性实施方案..........368
55. 居住证暂行条例..........371
56. 中共中央、国务院印发《生态文明体制改革总体方案》..........372

第三章 民主法治与社会规范

一、民主政治制度建设..........377
  1. 新时期的统一战线和人民政协的任务..........377
  2. 地方各级人民代表大会和地方各级人民政府组织法..........378
  3. 全国人民代表大会和地方各级人民代表大会选举法..........379
  4. 县级以上地方各级人民代表大会设立常务委员会..........381
  5. 县级人民代表大会代表由选民直接选举..........383
  6. 中国村民自治第一村..........384
  7. 邓小平发表《党和国家领导制度的改革》的讲话..........385
  8. 职工代表大会制度..........388

9. 中共中央关于建立老干部退休制度的决定……389
10. 制定全国人民代表大会组织法……390
11. 全国人大常委会关于国务院机构改革问题的决议……392
12. 多党合作"十六字"方针……393
13. 城市居民委员会……395
14. 村民委员会……396
15. 中国人民政治协商会议章程……398
16. 人民政协的会议制度……399
17. 人民代表大会代表议案与代表建议制度……401
18. 撤社建乡……403
19. 邓小平关于政治体制改革的思想……403
20. 农村基层政权建设……405
21. 人民代表大会常务委员会联系人大代表制度……407
22. 社会协商对话制度……408
23. 全国人民代表大会常务委员会议事规则……409
24. 全国人民代表大会议事规则……411
25. 中共中央关于坚持和完善中国共产党领导的多党合作和政治协商制度的意见……412
26. 党和国家机关领导干部交流制度……415
27. 村民自治示范活动……416
28. 全国政协提案工作条例……418
29. 山东章丘埠西村《村民自治章程》……419
30. 吉林省梨树县的"海选"……421
31. 全国人民代表大会和地方各级人民代表大会代表法……423
32. 全国政协关于政治协商、民主监督、参政议政的规定……424
33. 党政领导干部选拔任用工作条例……426
34. 中华人民共和国村民委员会组织法……429
35. 四川步云乡直选乡长……430
36. 贵阳市的人大旁听制度……431
37. 中国地方政府创新奖……432
38. 行政决策听证会……434
39. 珠海"万人评政府"……435
40. 优化人民代表大会常务委员会组成人员结构……436

目录

41. 村务民主听证会 ... 438
42. 农村基层民主法制建设 ... 439
43. 民主法治示范村创建活动 ... 440
44. 乡镇综合配套改革 ... 441
45. 中共中央办公厅、国务院办公厅关于健全和完善村务公开和民主管理制度的意见 ... 443
46. 浙江温岭"民主恳谈会" ... 445
47. 河南邓州"四议两公开"工作法 ... 446
48. 基层民主"青县模式" ... 448
49. 重庆丰都"三会一评"机制 ... 450
50. 中共中央办公厅、国务院办公厅关于进一步推行政务公开的意见 ... 451
51. 中共全国人大常委会党组关于进一步发挥全国人大代表作用,加强常委会制度建设的若干意见 ... 453
52. 全国人民代表大会常务委员会关于充分发挥专门委员会作用的若干意见 ... 454
53. 全国人民代表大会代表建议和全国政协委员提案办理工作 ... 456
54. 《中国的民主政治建设》白皮书 ... 457
55. 北京"美丽园事件" ... 459
56. 中共中央关于加强人民政协工作的意见 ... 461
57. 湖南妇女参与村级治理 ... 462
58. 农村"一事一议"筹资筹劳制度 ... 464
59. 各级人民代表大会常务委员会监督法 ... 465
60. 北京大兴参与式社区治理新模式 ... 467
61. 浙江乐清市人大常委会"人民听证"制度 ... 468
62. 《中国的政党制度》白皮书 ... 469
63. 中国共产党十七届二中全会关于深化行政管理体制改革的意见 ... 471
64. 政府信息公开条例 ... 472
65. 深化医药卫生体制改革公开征求民众意见 ... 473
66. 中共中央办公厅、国务院办公厅关于加强和改进村民委员会选举工作的通知 ... 475
67. 新闻发布会和新闻发言人制度 ... 476
68. 县级大部制改革的富阳模式 ... 477
69. 县级大部制改革的顺德模式 ... 479
70. 县级大部制改革的深圳模式 ... 480

71. 深化干部人事制度改革规划纲要..................481
72. 村务公开和民主管理"难点村"治理..................483
73. 江苏沛县村级事务"1+5管理法"..................485
74. 党政领导干部选拔任用责任追究制度..................486
75. 黑龙江佳木斯"五环工作法"..................487
76. 村务监督委员会..................489
77. 广东陆丰"乌坎事件"..................490
78. 工资集体协商..................491
79. 县乡两级人大代表换届选举城乡同票同权..................493
80. 村民委员会选举规程..................494
81. 推进协商民主广泛多层制度化发展..................495
82. 全国政协双周协商座谈会..................497
83. 湖南衡阳贿选案..................499
84. 地方各级政府工作部门权力清单制度..................500
85. 关于加强和改进党的群团工作的意见..................501
86. 关于加强城乡社区协商的意见..................503
87. 关于加强政党协商的实施意见..................505
88. 中共中央印发《中国共产党统一战线工作条例（试行）》..................506
89. 中共中央、国务院关于深入推进城市执法体制改革改进城市管理工作的指导意见..................508
90. 中共中央、国务院印发《法治政府建设实施纲要（2015—2020年）》..................511

二、法治中国建设..................515

1. 重新设置人民检察院..................515
2. 法制建设"十六字"方针..................516
3. 恢复重建司法部..................518
4. 全国人民代表大会常务委员会设立法制工作委员会..................519
5. 中华人民共和国刑法..................520
6. 中华人民共和国刑事诉讼法..................521
7. 中共中央关于坚决保证刑法、刑事诉讼法切实实施的指示..................522
8. 审判林彪、江青反革命集团..................524
9. 恢复律师制度..................525

目 录

10. 恢复公证制度 ... 527
11. 全民普法 ... 528
12. 中华人民共和国民法通则 ... 530
13. 重组监察部 ... 531
14. 国家审计署和地方审计机关 ... 533
15. 行政审判庭 ... 534
16. 中共中央关于全党必须坚决维护社会主义法制的通知 ... 535
17. 中国民告官第一案 ... 536
18. 中华人民共和国行政诉讼法 ... 538
19. 中华人民共和国民事诉讼法 ... 541
20. 《中国改造罪犯的状况》白皮书 ... 542
21. 中华人民共和国国家赔偿法 ... 543
22. 中华人民共和国劳动法 ... 545
23. 成立反贪污贿赂局 ... 547
24. 中华人民共和国行政处罚法 ... 549
25. 依法治国基本方略 ... 550
26. 中华人民共和国行政复议法 ... 552
27. 国务院关于全面推进依法行政的决定 ... 554
28. 中华人民共和国立法法 ... 555
29. 哈尔滨律师孙少波"贪污"案 ... 559
30. 全国法制宣传日 ... 560
31. 国家统一的司法考试制度 ... 561
32. 孙志刚事件与《城市流浪乞讨人员收容遣送办法》被废止 ... 562
33. 浙江张氏叔侄案 ... 563
34. 中华人民共和国行政许可法 ... 564
35. 人民监督员制度 ... 565
36. 中国加入《联合国反腐败公约》 ... 567
37. 推行行政执法责任制 ... 568
38. 举行立法听证会 ... 570
39. 开展全国行政复议委员会试点工作 ... 571
40. 全面推进"检务公开"制度建设 ... 572
41. 最高人民法院统一行使死刑案件核准权 ... 574

42. 中华人民共和国物权法 575
43. 国务院关于加强市县政府依法行政的决定 577
44. 国家知识产权战略纲要 578
45. 2008：行政问责年 580
46. 全国土地执法"百日行动" 581
47. 关于司法公开的六项规定 582
48. 立法后评估工作 584
49. 国务院关于加强法治政府建设的意见 585
50. 量刑规范化改革 587
51. 关于办理死刑案件审查判断证据若干问题的规定 588
52. 关于实施刑事诉讼法若干问题的规定 590
53. 中国首部司法改革白皮书 591
54. 跨国药企商业贿赂第一案 593
55. 法律法规清理工作 594
56. 中央政法委员会关于切实防止冤假错案的指导意见 595
57. 司法公开和审判权运行机制改革试点 596
58. 人民陪审员制度 597
59. 司法公开三大平台建设 599
60. 关于人民法院在互联网公布裁判文书的规定 600
61. 防范刑事冤假错案工作机制 602
62. 审判委员会制度 603
63. 政府法律顾问制度 605
64. 行政执法体制改革 606
65. 中国连续当选联合国人权理事会成员 609
66. 劳动教养制度 610
67. 司法救助制度 611
68. 法律援助制度 612
69. 中共中央办公厅、国务院办公厅关于依法处理涉法涉诉信访问题的意见 615
70. 司法体制改革 616
71. 上海市司法改革试点工作 618
72. 刑事案件速裁程序试点工作 619
73. 职务犯罪国际追逃追赃专项行动 620

目　录

74. 打黑除恶专项斗争 ... 622
75. 内蒙古呼格吉勒图案 ... 624
76. 安徽于英生案 ... 625
77. 中共中央关于全面推进依法治国若干重大问题的决定 ... 626
78. 公民有序参与立法 ... 628
79. 重大决策终身责任追究制度及责任倒查机制 ... 630
80. 办案质量终身负责制和错案责任倒查问责制 ... 631
81. 最高人民法院巡回法庭 ... 632
82. 国家宪法日 ... 635
83. 建设法治社会 ... 636
84. 关于深化检察改革的意见（2013—2017年工作规划） ... 638
85. 关于全面推进检务公开工作的意见 ... 639
86. 关于在刑事执行检察工作中防止和纠正冤假错案的指导意见 ... 641
87. 关于深化执法规范化建设全面建设法治公安的决定 ... 642
88. 《中国法院的司法公开》白皮书 ... 644
89. 宪法宣誓制度 ... 646
90. 关于完善人民检察院司法责任制的若干意见 ... 646
91. 检察机关提起公益诉讼改革试点方案 ... 649

三、社会信用体系建设 ... 652

1. "中国质量万里行"活动 ... 652
2. 清理企业"三角债" ... 653
3. 童石军等政协委员关于建立国家信用管理体系的建议 ... 654
4. 黄闻云上书呼吁建立国家信用管理体系 ... 655
5. 北京大学举办"信用中国论坛" ... 656
6. 全国诚信守法乡镇企业创建活动 ... 657
7. 建设"信用浙江" ... 658
8. 朱镕基"诚信为本，不做假账"的演讲 ... 659
9. 金融信用信息基础数据库建设 ... 660
10. 律师诚信制度 ... 662
11. 注册会计师行业诚信建设纲要 ... 663
12. 关于开展社会诚信宣传教育的工作意见 ... 665

13. "共铸诚信"活动 ... 666
14. 企业劳动保障诚信制度 ... 667
15. 纳税信用等级评定管理办法 ... 668
16. 食品安全信用体系建设 ... 669
17. 诚信教育大纲（试行） ... 671
18. 国家科技计划信用管理制度 ... 672
19. 药品安全信用分类管理制度 ... 674
20. 关于进一步加强中小学诚信教育的通知 ... 675
21. 中国诚信建设成果展 ... 676
22. 中国信用发展报告 ... 677
23. 商会协会行业信用建设工作指导意见 ... 678
24. 民办非企业单位自律与诚信建设活动 ... 679
25. 建筑市场信用体系建设 ... 680
26. 中国信用4·16高峰论坛 ... 681
27. 企业信用分类监管制度 ... 682
28. "守合同重信用"活动 ... 684
29. "汉芯"研制中的造假欺骗行为 ... 685
30. "信用长三角"建设 ... 686
31. "诚信兴商"活动 ... 687
32. 中小企业信用担保体系建设 ... 689
33. 乡镇企业内部信用管理规范化 ... 690
34. 关于加强企业质量信用监管工作的意见 ... 691
35. 个体工商户信用分类监管制度 ... 692
36. 国务院办公厅关于社会信用体系建设的若干意见 ... 693
37. 社会信用体系建设部际联席会议制度 ... 694
38. 治理商业贿赂专项工作 ... 695
39. 商务领域信用信息管理办法 ... 697
40. 中国注册会计师协会会员执业违法行为惩戒办法 ... 698
41. 中国互联网协会网络诚信推进联盟 ... 699
42. 广播电视广告播出管理办法 ... 700
43. 多部门执行联动机制 ... 701
44. 全国统计执法大检查 ... 702

45. 中关村企业信用体系建设模式……703
46. 在行政管理事项中使用信用记录和信用报告……705
47. 征信业管理条例……707
48. 中华人民共和国广告法……708
49. 温州诚信建设……711
50. 关于加快小微企业和农村信用体系建设的意见……712
51. 社会信用体系建设规划纲要（2014—2020年）……713
52. 纳税信用管理制度……715
53. 山东荣成社会诚信体系建设……717
54. 中共中央精神文明建设指导委员会关于推进诚信建设制度化的意见……719
55. 严惩统计失信行为……721
56. 企业信息公示暂行条例……722
57. 中央财政科技计划管理改革……723
58. 重庆云阳县社会诚信体系建设……725
59. 纳税人识别号制度……726
60. 交通运输企业安全生产诚信体系建设实施方案……727
61. 全国首批创建信用体系建设示范城市……728
62. 京津冀社会信用体系合作共建宣言……729

四、民族和宗教工作……731

1. 成立中国民族理论学会……731
2. 成立中国民族学学会……732
3. 成立中国宗教学会……732
4. 对口支援边疆地区和少数民族地区发展……733
5. 中国宗教代表团出席世界宗教和平会议……734
6. 中共中央西藏工作座谈会……736
7. 全国少数民族文艺会演……737
8. 中国佛教协会全国代表会议……738
9. 中国佛学院……739
10. 云南民族工作汇报会……740
11. 中共中央关于宗教问题的基本政策……741
12. 我国各民主党派"智力支边"工作……743

13. 汉族地区佛教道教寺观管理 ... 744
14. 关于民族工作几个重要问题的报告 ... 745
15. 全国民族团结进步表彰大会 ... 746
16. 中国公民确定或变更民族成份的规定 ... 747
17. 全国宗教工作会议 ... 748
18. 中共中央、国务院关于进一步做好宗教工作若干问题的通知 ... 749
19. 宗教社会团体登记管理实施办法 ... 750
20. 国务院关于进一步贯彻实施民族区域自治法若干问题的通知 ... 751
21. 中央民族工作会议 ... 752
22. 民族乡行政工作条例 ... 754
23. 城市民族工作条例 ... 755
24. 宗教活动场所和境内外国人宗教活动管理 ... 756
25. 布达拉宫维修工程 ... 757
26. 云南民族博物馆 ... 758
27. 《中国的宗教信仰自由状况》白皮书 ... 759
28. 《中国的少数民族政策及其实践》白皮书 ... 761
29. 世界宗教与精神领袖和平千年大会 ... 762
30. 中共中央、国务院关于加强宗教工作的决定 ... 763
31. 颁布宗教事务条例 ... 765
32. 中共中央、国务院关于进一步加强民族工作加快少数民族和民族地区经济社会发展的决定 ... 766
33. 培养少数民族高层次骨干人才计划 ... 768
34. 《中国的民族区域自治》白皮书 ... 769
35. 国务院实施《中华人民共和国民族区域自治法》若干规定 ... 770
36. 海峡两岸百寺千僧消灾祈福万人大法会 ... 771
37. 《格萨尔王传》 ... 773
38. 少数民族事业五年规划 ... 774
39. 建设和谐宗教、和谐寺观教堂 ... 776
40. 《西藏文化的保护与发展》白皮书 ... 777
41. 《西藏民主改革 50 年》白皮书 ... 778
42. 《新疆的发展与进步》白皮书 ... 780
43. 《中国的民族政策与各民族共同繁荣发展》白皮书 ... 781

44. 中共中央、国务院新疆工作座谈会 ... 782
45. 全国性宗教团体新闻发布制度 ... 784
46. 民族团结进步创建活动 ... 784
47. 扶持人口较少民族发展规划 ... 786
48. 兴边富民行动规划 ... 787
49. 民族法制体系建设"十二五"规划 ... 789
50. 宗教政策法规学习月活动 ... 790
51. 关于鼓励和规范宗教界从事公益慈善活动的意见 ... 791
52. 关于处理涉及佛教寺庙、道教宫观管理有关问题的意见 ... 792
53. 中国少数民族特色村寨 ... 793
54. 中共中央、国务院关于加强和改进新形势下民族工作的意见 ... 794
55. 《西藏发展道路的历史选择》白皮书 ... 796
56. 国务院关于加快发展民族教育的决定 ... 797

第一章
改革开放37年社会变革概况

当/代/中/国/社会大事典（1978—2015）

一、改革开放初期社会改革与发展概况

1.中国共产党第十一届中央委员会第三次全体会议

1978年12月18日至22日,中国共产党第十一届中央委员会第三次全体会议在北京举行。出席会议的共290人,其中有中共中央委员169人,候补中央委员112人,列席9人。中共中央主席华国锋,副主席叶剑英、邓小平、李先念、陈云、汪东兴出席了会议。

在这次全会前,11月10日至12月15日,召开了历时36天的中共中央工作会议,讨论从1979年起把全党工作的着重点转移到社会主义现代化建设上来等问题。会上,许多老一辈革命家和领导骨干,对"文化大革命"结束后两年来党的领导工作中出现的失误提出了中肯的批评。陈云提出解决历史遗留问题的意见,得到与会者响应。12月13日,邓小平作了题为《解放思想,实事求是,团结一致向前看》的讲话。这篇重要讲话,实际上成为随后召开的党的十一届三中全会的主题报告,是开辟新时期新道路的宣言书。

党的十一届三中全会标志着中国共产党从根本上冲破了长期"左"倾错误的严重束缚,重新确立了马克思主义的思想路线、政治路线和组织路线,实现了新中国成立以来党的历史上具有深远意义的伟大转折。党的十一届三中全会的成果,主要体现在以下几个方面:

第一,思想路线方面。全会冲破了党的指导思想上存在的教条主义和个人崇拜的严重束缚,坚决批判和否定了"两个凡是"的错误方针,高度评价了关于真理标准问题的讨论,确定了解放思想、实事求是、团结一致向前看的指导方针,从而重新确立了马克思主义的思想路线。会议正确评价了毛泽东的历史地位和毛泽东思想。强调在充分肯定毛泽东同志在我国长期革命斗争中的巨大作用的同时,要从科学体系上掌握和运用毛泽东思想,不能一切照搬照抄,不能搞"两个凡是";否则,党和国家就会失去生机,就要亡党亡国。全会指出："党中央在理论战线上的崇高任务，就是领导、教育全党和全国人民历史地科学地认识毛泽东同志的伟大功绩，完整地、准确地掌握毛泽东思想的科学体系，把马列主义、毛泽东思想的普遍原理同社会主义现代化建设的具体实践结合起来，并在新的历史条件下加以发展。"

第二，政治路线方面。全会果断地作出把党和国家工作中心转移到经济建设上来、实行改革开放的历史性决策。这是最根本的拨乱反正。革命是为了解放和发展生产力。1956年，我国在完成对生产资料私有制的社会主义改造后，根据国内社会的主要矛盾已经转变为人民日益增长的物质文化需要同落后的社会生产之间的矛盾，党的八大曾提出了工作重心转移的方针。但是由于对社会主义建设经验不足，对经济发展规律和中国经济基本情况认识不足，特别是由于1957年以后重提以阶级斗争为纲，重提无产阶级和资产阶级的矛盾是我国社会的主要矛盾，致使一系列的政治运动冲击和干扰了社会主义现代化建设。党的十一届三中全会果断地停止使用"以阶级斗争为纲"的口号，作出了把全党工作重点转移到社会主义现代化建设上来的战略决策，指明了在新的历史条件下建设中国特色社会主义的新道路。

第三，组织路线方面。全会实际上形成了以邓小平为核心的中央领导集体，一大批老一辈革命家重新回到党中央的领导岗位，这是拨乱反正最重要的成果。因为它使得我们党重新确立的马克思主义的思想路线和政治路线有了组织保证。为了保障党的工作重心转移这一根本政治路线的顺利贯彻执行，全会决定加强党的领导机构，成立中央纪律检查委员会，选举陈云为中央纪律检查委员会第一书记。

第四，政治文明建设方面。全会对民主和法制问题进行了认真的讨论，强调在党的生活和国家政治生活中加强民主。全会指出，为了保障人民民主，必须加强社会主义法制，使民主制度化、法律化，使这种制度和法律具有稳定性、连续性和极大的权威，做到有法可依，有法必依，执法必严，违法必究。从现在起，应当把立法工作摆到全国人民代表大会及其常务委员会的重要议程上来。宪法规定的公民权利，必须坚决保障，任何人不得侵犯。

第五，经济社会发展方面。全会在讨论1979、1980两年的国民经济计划安排时，提出了要注意解决国民经济重大比例失调，搞好综合平衡的要求。全会深入讨论了农业问题，认为农业这个国民经济的基础就整体来说还十分薄弱，只有大力恢复和加快发展农业生产，才能提高全国人民的生活水平。全会提出了当前发展农业的一系列政策措施，并同意将《中共中央关于加快农业发展若干问题的决定（草案）》等文件发到各省、市、自治区讨论和试行。这个文件在经过修改和充实之后正式发布，接着一些重要的农业方面的文件相继制定和发布施行，有力地推动了农村改革的进程。

第六，改革开放方面。全会作出了实行改革开放的新决策，明确指出，实现社会主义现代化，要求大幅度地提高生产力，也就必然要求多方面地改变同生产力发展不适应的生产关系和上层建筑，改变一切不适应的管理方式、活动方式和思想方式，因而是一场广泛、深刻的革命。全会要求认真解决党政企不分、以党代政、以政代企的问题，对权力过于集中的经济管理体制和经营管理方法进行认真改革，扩大地方和工农业企业的经营管理自主权，在自力更生的基础上积极发展同世界各国平等互利的经济合作。

第七，党的领导制度方面。全会恢复了党的民主集中制的传统。全会根据党的历史经验，决定健全党的民主集中制，健全党规党法，严肃党纪。全体党员和党的干部，人人遵守党的纪律，是恢复党和国家正常政治生活的起码要求。党的各级领导干部必须带头严守党纪。

第八，处理重大历史是非方面。全会认真地讨论了"文化大革命"中发生的一些重大政治事件，也讨论了"文化大革命"前遗留下来的某些历史问题。会议肯定了1975年邓小平受毛泽东委托主持中央工作期间各方面工作取得的很大成绩，肯定了他和中央其他领导同志对"四人帮"干扰破坏进行的斗争，肯定了1976年4月5日天安门事件的革命性质，决定撤销中央发出的有关"反击右倾翻案风"运动和天安门事件的错误文件。会议审查和纠正了过去对彭德怀、陶铸、薄一波、杨尚昆等同志所作的错误结论，肯定了他们对党和人民的贡献。

党的十一届三中全会是一个光辉的标志，它表明中国从此进入了社会主义事业发展的新时期。党在思想、政治、组织等领域的全面拨乱反正，是从这次全会开始的。伟大的社会主义的改革开放，是由这次全会揭开序幕的。建设中国特色社会主义的新道路是以这次全会为起点开辟的。党的十一届三中全会标志着中国共产党人在新的时代条件下的伟大觉醒，显示了我们党顺应时代潮流和人民愿望、勇敢开辟新时期新道路的坚强决心。在党的十一届三中全会春风吹拂下，神州大地万物复苏、生机勃发，拨乱反正全面展开，解决历史遗留问题有步骤地进行，社会主义民主法制建设走上正轨，党和国家领导制度和领导体制得到健全，国家各项事业蓬勃发展。我们伟大的祖国迎来了思想的解放、经济的发展、政治的昌明、教育的勃兴、文艺的繁荣、科学的春天。党和国家又充满希望、充满活力地踏上了实现社会主义现代化的伟大征程。

30多年来的实践充分证明，党的十一届三中全会以来我们党团结带领人民开辟的中国特色社会主义道路、形成的理论和路线方针政策是完全正确的。党的十一届三中全会的伟大意义和深远影响，已经、正在并将进一步在党和国家事业蓬勃发展的进程中充分显现出来。

2. 全方位拨乱反正

拨乱反正是中国共产党在"文化大革命"之后,为纠正"文化大革命"的错误,改变当时国内的混乱局面,使国内局势趋于稳定而进行的一场政治改革。对此,党的第二代领导集体的核心邓小平在1980年10月25日的一次谈话中,曾作了定义性阐述:即"拨林彪、'四人帮'破坏之乱,批评毛泽东同志晚年的错误,回到毛泽东思想的正确轨道上来"。拨乱反正的内容是全方位的,包括思想路线、政治路线、组织路线、重大历史问题的是非处理、党的领导制度、社会关系调整,等等。

思想路线方面的拨乱反正。粉碎"四人帮"以后,由于当时最高领导人的错误认识,党在指导思想上依然存在着教条主义和个人崇拜的严重束缚,突出表现为公开提出"凡是毛主席作出的决策,我们都坚决维护;凡是毛主席的指示,我们都始终不渝地遵循"(即"两个凡是")的错误方针。"两个凡是"的指导方针严重妨碍了对"文化大革命"错误的深刻认识,也阻碍了当时中国社会的正常发展,中国社会出现了所谓"徘徊"的局面。因此,思想路线的拨乱反正已成为历史发展的必然。开始于1978年的真理标准问题大讨论,揭开了党的思想路线拨乱反正的序幕。1978年12月召开的党的十一届三中全会,成为党在思想路线方面拨乱反正的重要标志。会议批判和否定了"两个凡是"的错误方针,高度评价了关于真理标准问题的讨论,指出实践是检验真理的唯一标准,是党的思想路线的根本原则,从而重新确立了马克思主义的实事求是的思想路线。

组织路线方面的拨乱反正。1977年7月,中共中央召开党的十届三中全会。全会通过决议,恢复邓小平中共中央委员、中央政治局委员、中央政治局常委、中央副主席、中央军委副主席、国务院副总理、中国人民解放军总参谋长职务。随后,通过平反冤假错案,一大批老一辈革命家重回党中央领导岗位。这是组织路线方面拨乱反正的最重要成果,它使得重新确立的正确的思想路线和政治路线有了组织上的保证。此后,从中央到地方各级,大批在"文化大革命"期间及此前受到错误对待的领导干部得以平反并恢复工作,组织路线方面的拨乱反正陆续完成。

政治路线方面的拨乱反正。主要体现在党的十一届三中全会作出的把全党工作重点和全国人民的注意力转移到社会主义现代化建设上来的战略决策。这是最根本的拨乱反正。新中国成立之初,面对百废待兴的局面,中国共产党要求各项工作必须以发展生产力为中心。党的八大也确定要以在新的生产关系下保护和发展生产力为主要任务。然而由于指导思想的偏差和对社会主义建设规律认识的不足,错误地提出了"以阶级斗争为纲",从而使中国社会偏离了正确的发展轨道。党的十一届三中全会作出把全党工作着重点转移到社会主义现代化建设上来的战略决策,是八大正确路线的恢复和发展,也标志着"文化大革命"结束后党在政治路线上拨乱反正的完成。

对重大历史问题的处理。"文化大革命"期间,数以千万计的干部群众受到迫害或不公平对待,造成大量冤假错案。党的十一届三中全会开始了系统地清理重大历史是非的拨乱反正,认真讨论了"文化大革命"中发生的一些重大政治事件,也讨论了"文化大革命"前遗留下来的某些历史问题。会议肯定了1976年4月5日天安门事件的革命性质,撤销了中共中央发出的有关"'反击右倾翻案风'运动和天安门事件的错误文件"。随后,大批冤假错案得到平反,受到错误和不公正待遇的干部群众得到平反昭雪。

党的领导制度方面的拨乱反正。党的十一届三中全会恢复了党的民主集中制的传统,着重提出了健全社会主义民主和加强社会主义法制的任务。全会根据党的历史经验,强调健全党的民主集中制,健全党规党法,严肃党纪;指出全体党员和党的干部人人遵守纪律,是恢复党和国家正常政治生活的起码要求;强调党中央和各级党委要加强集体领导。全会针对"文化大革命"及其以前党和国家政治生活遭到破坏的情况,指出:必须有充分的民主,才能做到正确的集中。在人民内部的思想政治生活中,只能实行民主方法,不能采取压制、打击手段。宪法规定的公民权利,必须坚决保障,任何人不得侵犯。为了保障人民民主,必须加强社会主义法制,使民主制度化、法律化,使这种制度和法律具有稳定性、连续性和极大的权威,做到有法可依、有法必依、执法必严、违法必究。

社会关系方面的拨乱反正。调整因"文化大革命"期间以及"文化大革命"之前的各种政策偏差或历史因素而导致的紧张的社会关系,是拨乱反正的又一重要内容。这方面的举措主要有:给错划的右派和地主、富农分子摘掉帽子;为国民党起义、投诚人员落实政策;明确原工商业者的成分以现在的为主(是干部就填"干部",和工人一样参加生产劳动的就填"工人",政治上与干部、工人一视同仁);把小商、小贩、小手工业者及其他劳动者从原工商业者中区别出来;认真落实知识分子政策;支持各民主党派恢复活动;落实党的民族和宗教政策;重申党的侨务政策,保护和褒扬侨胞爱祖国、爱故乡的热情,鼓励他们为支援祖国和家乡的建设作贡献。社会关系的调整,使得数以千万计曾经受到歧视和种种不公平待遇的社会成员有了平等的社会身份,大大激发了他们投身社会主义现代化建设的热情。

拨乱反正是当代中国历史上一场重大的政治变革,它全面系统地纠正了"文化大革命"以及"文化大革命"之前"左"的错误。中国从此恢复了正常的政治秩序和社会秩序,开启了建设社会主义现代化国家的新征程。

3.知识青年返城

"文化大革命"初期,由于学校停课闹革命,大批初、高中毕业生开始积压下来。他们上不了大学,因为大学已经停止招生;也进不了工厂,因为工厂、商业、服务业也不招工。据不完全统计,仅1968年在全国中等学校就积压了66、67、68三届初、高中毕业生近600万人。为了解决这一问题,1968年12月,毛泽东发出了"知识青年到农村去,接受贫下中农的再教育,很有必要"的号召,从而在全国掀起了大规模动员、安置知识青年上山下乡运动。据1975年12月23日新华社报道,到该年年底为止,全国上山下乡的知青已达1200万。此后连续多年,历届上山下乡的知识青年多达1650万人。

大批的知识青年涌入农村,产生了一系列问题:多数下乡知青在生活上不能自给;许多知青的婚姻、住房、医疗、学习问题得不到解决;知青下乡加重了他们家长的经济负担;安置知青的国营农场人满为患,劳动生产率逐年下降;在人多地少的农村社队,还形成知青与农民争口粮、争工分的矛盾,等等。这些问题在"文化大革命"结束后显得越发严峻,越来越成为中国政府不得不面对的重大社会问题,成为当时亟待解决的五个老大难(知青、劳动、工资、物资、物价)问题之一。1978年2月,时任国务院副总理的李先念在谈到知青工作时就说过:现在社会上对知青问题议论很多。四个不满意是我讲的:知青不满意,社队不满意,家长不满意,国家不满意。当时直接分管知青工作的国务院副总理陈永贵也曾说:知青工作很复杂,我们几个副总理一提起这件事就感到头疼。

"文化大革命"结束以后虽然有不少知青通过招工、参军、上学、顶职等方式返城,但是对于庞大的知青队伍来说,这些返城知青少之又少。在全国上下拨乱反正、各种社会政策开始调整的大背景下,知青们沉不住气了,开始通过各种方式,表达他们返城的强烈诉求。1978年10月,在云南西双版纳建设兵团的上海知青丁惠民联合300多名知青写了一封《给邓小平副总理的公开联名信》,列举知青生活的困苦,反映知青运动造成的"三不安心"问题,认为局面已经"严重影响社会安定团结",希望中央领导能够重视。后又联名万人上书。恰逢此时,上海女知青瞿玲仙因医疗事故难产死亡,该事件激起了云南知青的愤怒,以此事件为导火索,他们开始了一系列诸如罢工、聚会、示威等活动。很快,罢工、请愿活动越出西双版纳,遍及云南农垦总局的各分局和数十个农场。耿马县的勐定农场还有200名知青宣布绝食抗争。

1978年12月10日,全国知青工作会议在北京闭幕。会议决定将继续坚定不移地执行知识青年上山下乡的方针政策,并在《国务院关于知识青年上山下乡若干问题的试行规定》中规定:"今后边疆农场(兵团)知识青年一律按照国营企业职工对待,不再列入国家政策的照顾范围。"这就意味着此后各国营、军垦农场的知青不再列入国家政策的照顾范围，而作为一般的农场职工对待。这个消息犹如一根导火索，点燃了知青中长期压抑的不满情绪。他们开始进行更加猛烈的抗争。12月16日，云南知青请愿团从云南省景洪出发，赴北京请愿。27日晨，请愿团到达北京。国务院知青办、团中央、全国妇联、劳动部、民政部等中央部委都先后派员和请愿团交谈。中央政治局委员、国务院副总理王震也接见了请愿团代表。1月5日，代表们离开北京返回云南。

1979年1月21日，在中共中央指示下，在昆明市召开了北京、上海、四川、云南等有关省、市领导和知青办负责人参加的紧急会议，商量云南知青的善后事宜。会议决定，全省7万多知青，愿意留下的欢迎，不愿留的都可以走。会议提出解决措施15条，基本满足了当地知青的主要诉求。会后，云南知青开始了大规模的返城。短短几个月里，数万名知青或去或留，各奔前程。1978年云南农场知青将近5万人，一年以后只有70名知青仍留在当地。

两天后，即1月23日，国务院召开紧急会议讨论知青问题。会议基本同意国务院知青办1月18日报送的《关于处理一些地方知青请愿闹事问题的请示报告》中提出的六条意见：（1）把农场办成农工联合企业，适当提高工资，把知青稳定在农场；（2）参照以往办理病退困退的规定商调回城，由知青部门负责办理；（3）城镇职工退职退休后，可以由其子女顶替；（4）从农场参军的知青，退伍后可以回父母所在地安置工作；（5）城市招工时，允许农场商调本市下乡知青；（6）上海郊区到农场的青年，可以允许回原籍社队。

云南农场知青的返城以及国务院出台6条意见的消息很快传遍全国，各地知识青年也开始采取各种行动表达返城的诉求。2月5日，一大批返沪探亲过春节的知识青年走上街头，集会游行，高呼"返沪"的口号，要求市委领导人接见。要求未得到满足后，当日下午，部分青年聚集到上海站共和新路道口，采取了卧轨拦截火车的激烈行动。这就是轰动一时的上海"二五"卧轨事件。在其他一些大中城市，1979年春节前后也同时发生了知青请愿、游行、聚众闹事的事件。在南京，1月25日上午，有200多名农场知青在南京市委门口集会，要求回城工作。在杭州，知青成群结队到市委大院请愿，要求返城。他们聚众集会，拦阻车辆，堵塞交通，以致市公交车停开数日。在南昌，百余名在芙蓉农场落户的铁路局职工子女到铁路局机关上访、贴标语，要求铁路局把他们安置到铁路系统工作。他们"一度围攻铁路局的领导同志和冲击列车"，在社会上造成了一定影响。在重庆，一些上访者少则数十人，多则数百人，连续围攻市劳动局干部，甚至把管图章的干部强行拉走，致使机关工作不能正常进行。在天津，2月7日发生了严重的聚众闹事事件。闹事者推翻马路中心的岗台、便道的垃圾果皮筒；拦阻往来车辆；和平路、滨江路一带的交通为之断绝，附近商店被迫停业关门；闹事者还推挤、侮辱过路行人，受害者达百人之多。这起事件当时被称为"一起破坏社会主义法制、破坏安定团结的政治局面的严重事件"。

席卷全国的知青返城请愿风潮,加快了党和政府解决知青问题的力度和速度。1979年3月16日,邓小平在一个会议上讲话时又强调了知青问题,他说:当前不安定团结的因素还很多。下乡知识青年的问题就是一个。要积极做好工作。就这样,在党和政府的关怀下,在广大知青的努力争取下,随着政策的松动和调整,在各地乡村、农场辛勤工作了多年、数以百万计的知识青年们开始在1979年陆续返城。他们带着满身的伤痕,一脸的困倦,从边疆,从草原,从红土地,从黄土地,从黑土地,从那些抛洒下青春、汗水和泪水的地方,又回到了他们原来出发的地方,走完了他们人生中的一次轮回。长达十年之久的知识青年上山下乡运动,也随即走入历史。

1981年10月,国务院知识青年领导小组办公室起草了一份《二十五年来知青工作的回顾与总结》,对这场运动的起因、发展、失误、教训等若干重大问题,提出了基本看法:第一,知识青年上山下乡是50年代根据我国人口多、底子薄、就业难的国情提出来的,是我们党解决就业问题的一次大试验,它不是"文化大革命"的产物。第二,知识青年上山下乡本来是一个就业问题,但是在"文化大革命"的十年中,当成政治运动去搞,指导思想偏了,工作上有严重失误,造成劳民伤财,人民不满,也损坏了上山下乡的声誉。

4.实行农村家庭承包经营制度

家庭承包经营制度,是中国新时期推行的农村土地使用制度。最初称"家庭联产承包责任制",全称是"以家庭联产承包为基础的统分结合的双层经营体制"。即:根据农业生产的特点和生产力发展的水平以及农民的愿望,集体组织将集体所有或国家所有归其使用的土地等生产资料发包给农户家庭,承包经营者对所承包的生产资料享有占有权、使用权、收益权以及国家政策和本组织章程所允许的处分权,独立行使经营自主权,并按双方协议规定上缴承包金,上缴国家税金,完成农产品定购任务以及其他义务,集体组织根据生产需要和实际可能,提供各种服务,进行必要的管理协调。后来,随着农产品统购统销制度的取消和土地承包期的不断延长、农户生产经营自主权的不断扩大,以及农村税费制度的改革,"家庭联产承包责任制"就逐步演变成了"家庭承包经营制",并在2002年出台的《农村土地承包法》中得到确认。

中国在计划经济时期,农村实行"一大二公"的人民公社体制,高度集中的生产经营方式和管理方式既脱离当时农村生产力的实际,又不符合农业发展的客观规律,加上平均主义的分配方式也违背了广大农民的愿望,严重抑制了农民的生产积极性和农业、农村的发展。党的十一届三中全会实现了历史性的转折，破除了"左"的思想观念的束缚，也开启了探索农村体制改革的序幕。1979年9月，党的十一届四中全会通过《关于加快农业发展若干问题的决定》，指出要尊重和保护社员群众的民主权利；应该允许他们在国家统一计划的指导下因时因地制宜，保障这方面的自主权，发挥他们的主动性。1980年9月，中共中央发布《关于进一步加强和完善农业生产责任制的几个问题》。文件规定：在边远山区和贫困落后地区，群众要求包产到户的，应当支持群众的要求，可以包产到户，也可以包干到户。在一般地区，不搞包产到户；但已经实行包产到户的，如果群众不要求改变，就应允许继续实行。1982年1月1日，中共中央发出《全国农村工作会议纪要》，进一步肯定双包到户是社会主义集体经济的生产责任制。这个文件下达后，农村改革步伐加快。到1982年8月，全国农村实行承包经营的生产队达到74%，家庭承包经营成为中国农业生产责任制的主要形式。此后，这种形式的责任制又进一步发展和完善，成为新时期农业经营体制的基本形式。

家庭承包经营的迅速发展，反映了农民要求按照中国农村的实际状况来发展社会主义农业的强烈愿望。这种责任制使农民获得生产和分配方面的自主权，不仅克服了以往分配中的平均主义、"吃大锅饭"等弊病，而且纠正了管理过分集中、经营方式过于单一等缺点，适合中国大多数农村的经济状况，有利于促进农村社会生产力的更快发展。与此同时，新的经营方式也给农村社会结构带来广泛深刻的影响。

一是农民身份的变化。实行家庭承包经营之前，中国农民的身份是社员。他们每个人都属于某个人民公社、某个生产大队、某个生产队。社员的主要社会活动都是在公社或生产队的严密管理之下进行的。生产活动是在生产队的安排之下进行的，生产什么、什么时候生产、如何生产等，都得听命于生产队的干部，社员没有经营的自由。社员如果有事外出，还必须持有生产队开具的介绍信，否则寸步难行。尤其是进城，如果没有介绍信，连基本的食宿都不能保证。实行家庭承包经营后，农民的社员身份转变为村民了。他们不再听命于生产队干部的指挥，家庭成了生产的组织者了，家里的家长成了决定生产内容、生产方式的主体，当然家庭其他成员也可以提出自己的意见。在此背景下，广大农民群众的主体意识大大增强，自主性、创造性都开始勃发。

二是农村地区生产经营方式开始呈现多样化、专业化的趋势。在实行家庭承包之前，平均主义、"吃大锅饭"盛行，人们干多干少一个样。广大农村地区的生产力普遍低下，农业生产呈现出千地一面、以插秧种粮为主的状况。实行家庭承包经营后，农民的积极性、主体性得到了空前的发挥，很多人立足本地的自然优势，结合自身特点，搞起了养殖业、加工业、经济作物种植、农副产品运销等。到1982年已经有大约一亿的农民从单纯的粮食种植业中转移出来，全国各地都涌现出以某种生产经营为主的专业户、重点户。

三是家庭开始回归其原有的本位,成为中国农村社会的细胞。在高度集中的计划经济时期,中国农村地区的基本组成单位是一个个生产队。每个人都是这个生产队的一员。人们在生产队的组织下从事生产劳动,接受生产队分配的劳动产品。家庭的存在,似乎无足轻重了。一些本该由家庭组织、操办的事情,如婚丧嫁娶等,也都有生产队的介入。一旦某家有了婚丧嫁娶的事情,生产队长就要调整生产活动,安排有关社员参与这些活动,协助办事的家庭处理有关事宜。实行家庭承包后,家庭开始成为中国农村社会的基本细胞。家庭不仅成了基本的生产单位、消费单位,也成了构成农村社会的基本单位。家庭的变化,开始深深地影响到农村社会的方方面面。

四是农村家庭结构和职能开始了新的变化。家庭承包责任制的实施,使得农村家庭成为生产生活的主体,由此,中国农村家庭发生了一系列深刻的变化。首先是家庭规模的变化,出现了小家庭增多的现象。农村经济的发展使得人们有实力盖新房,这就使得结婚后子女的分家有了相应的物质基础,使分家成为可能。当然在某些地区,实行家庭承包反而促使了许多有血缘关系的小家庭再次联合起来,组成大家庭,以便于安排生产。但这只是局部的现象,就全体而言,小家庭增多是这一时期中国农村社会变化的主流。其次是家庭生育方面,出现了违反计划生育政策超生以追求生男孩的现象。生孩子多,意味着家庭劳动力就多,分的地也多。生了男孩,娶了媳妇还能再带来一个劳动力。此外,人多力量大,少受人欺负,这也是家庭成为农村社会的基本单位后人们追求多胎的原动力之一;而农村经济的发展,又使得这种多子的追求有了经济基础。

五是农村地区的社会流动开始成为可能。生产队时期,人们被牢牢地束缚在土地上,受到制度和土地的双重捆绑,社会流动根本无法实现。实行家庭承包后,生产什么、如何生产都由各个家庭说了算,生产队不复存在了,制度的约束消弭于无形。很多农民开始从事粮食种植以外的生产经营活动,摆脱土地的束缚。挣脱了原有体制和土地双重束缚的农民,开始了向城市的流动。他们从事商品零售、服务、修理等行业,开始在城里拥有了一席之地。这些一个时期被称之为"盲流"饱受城市人诟病的外来者,凭借着顽强的生存能力,将自己的生存与城市的发展有机结合起来,嵌入到城市的每个角落,成为城市的一分子。

农村家庭承包经营制度的推行,促进了农村基层治理体制的改革。1982年12月,五届全国人大五次会议通过的宪法,正式规定人民公社要政社分开,建立乡政府。传统的人民公社体制由此被乡镇政府和村民自治所取代。

5.中共中央关于控制我国人口增长问题致全体共产党员、共青团员的公开信

1980年9月25日,中共中央发表了《关于控制我国人口增长问题致全体共产党员、

共青团员的公开信》（以下简称《公开信》），要求所有共产党员、共青团员特别是各级干部，用实际行动带头响应国务院的号召，提倡一对夫妇只生育一个孩子，并且积极负责地、耐心细致地向广大群众进行宣传教育。第二天，《人民日报》以"党中央号召党团员带头只生一个孩子"为标题刊登了《公开信》全文。《公开信》在我国人口发展的关键时刻发表，是全面推行计划生育的重要标志，也是我国改革开放和现代化建设史上的一个重大事件。

三年困难时期结束后，人口增长率居高不下，全国人口总数从 1965 年的 7.25 亿猛增至 1971 年的 8.52 亿。严峻的人口形势使中央不得不重新调整计生政策。1972 年，国务院正式提出"实行计划生育，使人口增长与国民经济发展相适应"。紧接着，有关部门提出了"晚、稀、少"的具体政策要求，为配合宣传还提出了"一个不少，两个正好，三个多了"的宣传口号。但是，此阶段实行的计划生育政策实际效果仍不理想，全国范围内一对夫妇仍平均生育四个孩子，至 1979 年全国总人口达到 9.75 亿。1979 年的五届全国人大二次会议上，国务院提出要有效降低全国人口自然增长率。从 1979 年下半年，各省开始分别制定地方性计划生育政策。该年 12 月 15 日，全国各省、市、自治区及全军计划生育办公室主任会议在成都召开。会议指出：把计划生育的重点转移到抓一对夫妇最好生一个孩子上来。这是第一次明确提出一对夫妇只生一个孩子的号召。为统一政策，明确要求，1980 年 9 月 25 日发表了《中共中央关于控制我国人口增长问题致全体共产党员、共青团员的公开信》，这成为我国计划生育史上的里程碑。

《公开信》号召在全国青年中，提倡一对夫妇只生育一个孩子。信中说：为了争取在 20 世纪末把我国人口总数控制在 12 亿以内，国务院已经向全国人民发出号召，提倡一对夫妇只生育一个孩子。这是一项关系到四个现代化建设的速度和前途，关系到子孙后代的健康和幸福，符合全国人民长远利益和当前利益的重大措施。中央要求所有共产党员、共青团员特别是各级干部，用实际行动带头响应国务院的号召，并且积极负责地、耐心细致地向广大群众进行宣传教育。

《公开信》从历史的角度论述了我国的人口增长情况："建国以来，由于卫生工作的进步和人民生活条件的改善，人口死亡率尤其婴儿死亡率大大降低，寿命大大延长。但是，我们长期对人口出生率没有适当控制，致使人口增长过快。旧中国从一八四〇年到一九四九年的一百零九年中，全国只增加人口一亿三千万。而中华人民共和国建立以后的三十年中，出生了人口六亿多，除去死亡，净增四亿三千多万人。人口增长得这样快，使全国人民在吃饭、穿衣、住房、交通、教育、卫生、就业等方面，都遇到越来越大的困难，使整个国家很不容易在短时间内改变贫穷落后的面貌。尤其严重的是，我国人口在一九六三年到一九七〇年这一段时间增加得最快，现在三十岁以下的人，约占全国人口总数百分之六十五，今后每年平均将有二千多万人进入结婚生育期。如果不从现在起用三四十年特别是最近二三十年的时间普遍提倡一对夫妇只生育一个孩子，控制人口的增长，按目前一对夫妇平均生二点二个孩子计算，我国人口总数在二十年后将达到十三亿，在四十年后将超过十五亿。这将会大大增加实现四个现代化的困难，造成人民的生活很难有多少改善的严重局面。解决这一问题的最有效的办法，就是实现国务院的号召，每对夫妇只生育一个孩子。"

《公开信》中说：人口增长的快慢，会直接影响现代化建设所需的资金的积累。人口增长过快，资金的积累就会减少，人口增长减慢，资金的积累就会增加。人口增长过快，人民生活水平很难提高。不仅粮食供应难以得到保障，就学就业增加困难，还会使能源、水源、森林等自然资源消耗过大，加重环境污染，使生产条件和人民生活环境变得很坏，很难改善。

《公开信》指出：只要大家齐心努力，一对夫妇只生育一个孩子的目标就有可能实现。事实证明，我们的人民是通情达理、顾全大局的，既能够体谅国家的困难，也能够为子孙后代着想。对于实现一对夫妇只生育一个孩子可能导致的问题，例如人口的平均年龄老化，劳动力不足，男性数目会多过女性，一对青年夫妇供养的老人会增加等，《公开信》都给予了解答。

《公开信》中还论述了晚婚晚育的重要性：在提倡一对夫妇只生育一个孩子的同时，还要适当强调晚婚晚育。婚姻法规定的结婚年龄并不晚，但是为了学习和工作，适当的晚婚还是要提倡，适当的晚育更要强调，青年妇女如果20岁开始生育，100年内要生5代人，如果25岁左右生育，100年内只生4代人，因此，晚婚特别是晚育对于减少人口增长数量，减慢人口增长速度，都有重大意义。对于青年夫妇自己，适当晚育也有很多好处。

《公开信》强调：为了控制人口增长，党和政府已经决定采取一系列具体政策。在入托儿所、入学、就医、招工、招生、城市住房和农村住宅基地分配等方面，要照顾独生子女及其家庭。要认真实行男女同工同酬的政策。要大力开展生殖生理、优生（就是不生育有残疾的婴儿）和节育技术的科研工作，培训大批合格的技术人员，做好节育技术指导、妇幼卫生和儿童教育工作，以保证节育技术的安全，减少出生有先天性遗传疾病的婴儿。有关部门要迅速采取有效措施，生产高质量的避孕药具，满足群众需要。

《公开信》中还论述了思想工作对于计划生育工作的重要性，指出计划生育涉及家家户户的切身利益，一定要把思想工作放在首位，坚持耐心细致的说服教育。某些群众确实有符合政策规定的实际困难，可以同意他们生育两个孩子，但是不能生三个孩子。对于少数民族，按照政策规定，也可以放宽一些。节育措施要以避孕为主，方法由群众自愿选择。

《公开信》最后强调：实现一对夫妇只生育一个孩子，是一场移风易俗的大事。中央要求全体共产党员、共青团员特别是各级干部，一定要关心国家前途，对人民的利益负责，对子孙后代的幸福负责，透彻了解这件大事的意义和必要性，以身作则。党员干部必须带头克服自己头脑中的封建思想，去掉没有生育男孩子就不能传宗接代的错误观念。年轻的同志要从我做起，年老的同志要教育和督促自己的子女。每个同志都要积极地耐心地向周围的群众做工作，每个做计划生育工作的同志都要成为宣传员，帮助群众解决思想问题和实际问题，并且坚决不干强迫命令违法乱纪的事，也劝说别人不干强迫命令违法乱纪的事，以便正确地实现国务院的号召，促进社会主义四个现代化的实现。

《公开信》是根据当时人口数量多、增长速度快，过多的人口已成为经济发展和社会发展的压力的现状而发表的。《公开信》将控制人口增长对社会经济的发展所起的积极促进作用做了全面阐述，为中国的计划生育工作指出了正确轨道，是指导我国计生工作的纲领性文献。很快，1982年党的十二大将实行计划生育确定为我国的一项基本国策。该年3月3日，中共中央、国务院发出《关于进一步作好计划生育工作的指示》（以下简称《指示》），要求："国家干部和职工、城镇居民，除特殊情况经过批准者外，一对夫妇只生育一个孩子。农村普遍提倡一对夫妇只生育一个孩子，某些群众确有实际困难要求生二胎的，经过审批可以有计划的安排。不论哪一种情况都不准生三胎。"《指示》中说，计划生育工作，应以思想教育和鼓励为主，对不按计划生育的和破坏计划生育的要给予一定经济限制或严肃处理。计划生育工作是一件大事，涉及面广、政策性强，各级政府和党委，必须把它提到重要的议事日程，加强调查研究、检查督促，抓紧抓好。就这样，经过此后多年的努力，中国成功实现了人口高出生、低死亡、高增长向低出生、低死亡、低增长的历史转变，创造了世界公认的"经济快速增长"和"人口有效控制"的两大奇迹。

6.中国签署《消除对妇女一切形式歧视公约》

1980年9月29日，五届全国人大常委会第十六次会议决定：批准康克清代表中国政府签署的联合国《消除对妇女一切形式歧视公约》（以下简称《公约》）；同时，确认康克清在签署公约时的声明：中华人民共和国不接受公约第29条第1款的约束。

此前，1980年9月20日，国务院向全国人大常委会提出关于提请批准加入联合国《消除对妇女一切形式歧视公约》的议案。议案中说：1980年7月17日，我国政府授权出席"联合国妇女十年"世界会议代表团团长康克清，代表我国政府签署了联合国《消除对妇女一切形式歧视公约》。同时，声明不接受公约第29条第1款的约束。该公约是1974年由联合国妇女地位委员会第26届会议草拟，经几届联大设工作组审议修改，于1979年联合国大会通过的。《公约》总精神反映了第三世界国家和处于殖民统治和外国占领下的人民，对保护妇女基本权利和提高妇女地位的要求和关切。《公约》序言中重申和强调建立新的国际经济秩序、反对种族歧视和种族压迫、反对殖民统治以及维护民族自决和国家主权等原则，有利于团结各国妇女进行反对霸权主义、新老殖民主义和种族主义的斗争。《公约》各项具体条款与我国宪法、婚姻法和其他法律无根本抵触。《公约》第29条第1款规定，缔约国间对公约解释或适用发生争端，而不能通过谈判或仲裁解决时，经争端任何一方请求，即应提交国际法院审理。对此，根据我国不接受国际法院强制管辖的一贯立场，在签署该公约时，我国已声明不接受该款的约束。

《消除对妇女一切形式歧视公约》（The Convention on the Elimination of All Forms of Discrimination against Women，CEDAW）是一项有关妇女权利的国际公约，是联合国为消除对妇女的歧视、争取性别平等制定的一份重要国际人权文书。联合国在1979年12月18日的大会上通过该有关议案，并于1981年9月起生效。该《公约》确立规则，保障妇女在政治、法律、工作、教育、医疗服务、商业活动和家庭关系等各方面的权利。中国是该《公约》最早的缔约国之一。

《公约》共30条。它对"对妇女的歧视"一词作了界定，即指"基于性别而作的任何区别、排斥或限制，其影响或其目的均是以妨碍或否认妇女不论已婚未婚在男女平等的基础上认识、享有或行使在政治、经济、社会、文化、公民或任何其他方面的人权和基本自由"。

《公约》要求缔约各国：一、用一切适当办法，推行消除对妇女歧视的政策，未将男女平等原则列入本国宪法或其他有关法律的缔约国应将其列入，并以法律或其他适当办法，保证实现这项原则；应采取适当立法和其他措施，包括在适当情况下实行制裁，以禁止对妇女的一切歧视；为妇女确立与男子平等权利的法律保护，保证切实保护妇女不受任何歧视；不采取任何歧视妇女的行为或做法；采取一切适当措施，消除任何个人、组织或企业对妇女的歧视，修改或废除构成对妇女歧视的现行法律、规章、习俗和惯例，废止本国刑法中构成对妇女歧视的一切规定。二、应在所有领域，特别是在政治、社会、经济、文化领域，采取包括立法在内的一切适当措施，保证妇女得到充分发展和进步，以确保妇女在与男子平等的基础上，行使和享有人权和基本自由。三、采取一切适当措施，改变男女的社会和文化行为模式，以消除基于性别而分尊卑观念或基于男女任务定型所产生的偏见、习俗和一切其他做法。四、采取包括立法在内的一切适当措施，禁止一切形式贩卖妇女及意图营利使妇女卖淫的行为。五、消除在本国政治和公共生活中对妇女的歧视，特别应保证妇女在与男子平等的条件下，在一切选举和公民投票中有选举权，在一切民选机构有被选举权，有权参加政府政策的制订及其执行，并担任各级政府公职和执行一切公务，参加有关本国公共和政治生活的非政府组织和协会。六、应保证妇女在与男子平等不受任何歧视的条件下，有机会在国际上代表本国政府和参加各国际组织的工作。七、应给予妇女与男子有取得、改变或保留国籍的同等权利；并在关于子女的国籍方面，应给予妇女与男子平等的权利。八、采取一切适当措施，消除对妇女的歧视，以保证妇女在教育和就业方面，经济和社会生活的其他方面享有与男子在平等的基础上参与农村发展并受其益惠的权利。九、应给予男女在法律面前平等的地位。十、消除在有关婚姻和家庭关系的一切事务上对妇女的歧视，特别应保证妇女在男女平等的基础上，有相同的自由选择配偶、缔结婚约的权利；在婚姻存续期间以及解除婚姻关系时，有相同的权利和义务；在有关子女的事务上，父母有相同的权利和义务；夫妻有相同的个人权利；配偶双方在财产的所有、取得、管理、享有、处置方面，具有相同的权利；禁止童婚，并应采取包括立法在内的一切必要行动，规定结婚最低年龄及婚姻必须向正式机构登记。公约指出，为加速实现男女事实上的平等而采取的暂时特别措施，以及为保护女性而采取的特别措施不得视为歧视。

《公约》规定的缔约国责任是：缔约各国谴责对妇女一切形式的歧视，协议立即用一切适当办法，推行政策，消除对妇女的歧视。为此目的，承担：一、男女平等的原则如尚未列入本国宪法或其他有关法律者，应将其列入，并以法律或其他适当方法，保证实现这项原则；二、采取适当立法和其他措施，包括适当时采取制裁，禁止对妇女的一切歧视；三、为妇女与男子平等的权利确立法律保护，通过各国的主管法庭及其他公共机构，保证切实保护妇女不受任何歧视；四、不采取任何歧视妇女的行为或作法，并保证公共当局和公共机构的行动都不违背这项义务；五、应采取一切适当措施，消除任何个人、组织或企业对妇女的歧视；六、应采取一切适当措施，包括制定法律，以修改或废除构成对妇女歧视的现行法律、规章、习俗和惯例；七、同意废止本国刑法内构成对妇女歧视的一切规定。

为审查执行《公约》所取得的进展，该《公约》设立了消除对妇女歧视委员会，并要求缔约各国应就本国实行《公约》各项规定所采取的立法、司法、行政或其他措施以及所取得的进展，向联合国秘书长提出报告，供委员会审议。委员会应就其活动，通过经济及社会理事会，每年向联合国大会提出报告，并可根据对所收到缔约各国的报告和资料的审查结果，提出意见和一般性建议；委员会可邀请各专门机构就其工作范围内各个领域对《公约》的执行情况提出报告。《公约》强调，如缔约各国的法律，或对该国生效的任何其他国际公约、条约或协定载有对实现男女平等更为有利的任何规定，其效力不得受《公约》的任何规定的影响；缔约各国应承担在国家一级采取一切必要措施，以充分实现《公约》承认的各项权利。

7.关于建国以来党的若干历史问题的决议

1981年6月27日至29日，中国共产党第十一届中央委员会第六次全体会议召开，审议并通过了《关于建国以来党的若干历史问题的决议》（以下简称《决议》）。这是中国共产党第一次全面总结新中国成立以来党的历史经验的重要文献。《决议》是一个重要标志，表明我们党在指导思想上完成了拨乱反正。

1980年2月党的十一届五中全会后，在中共中央政治局和书记处的领导下，邓小平、胡耀邦主持《决议》的草拟工作，起草小组由胡乔木负责。在《决议》起草过程中，从1980年3月到党的十一届六中全会，对决议稿的起草和修改的意见，邓小平作了多次专门的重要谈话和讲话。这些意见成为起草决议的"总的原则，总的指导思想"，主要有三条：第一，确立毛泽东同志的历史地位，坚持和发展毛泽东思想。第二，对建国32年来历史上的大事，哪些是正确的，哪些是错误的，要进行实事求是的分析，包括一些负责同志的功过是非，要作出公正的评价。第三，通过这个决议对过去的事情做个基本的总结，宜粗不宜细。总结过去是为了引导大家团结一致向前看。争取在决议通过以后，党内、人民中间思想得到明确，认识得到一致，历史上重大问题的议论到此基本结束。邓小平强调指出："决议中最核心、最根本的问题，是坚持和发展毛泽东思想。党内党外、国内国外需要我们对这一问题加以论证，加以阐述，加以概括。"《决议》草稿先后经过中央书记处、党内4000余名负责干部、50余名老同志、中央政治局多次讨论修改，广泛地集中了各方面的意见。

《决议》共38条，分8个部分：建国以前28年历史的回顾；建国32年历史的基本估计；基本完成社会主义改造的7年；开始全面建设社会主义的10年；"文化大革命"的10年；历史的伟大转折；毛泽东同志的历史地位和毛泽东思想；团结起来，为建设社会主义现代化强国而奋斗。

《决议》运用马克思主义的辩证唯物主义和历史唯物主义，回顾了中国共产党60年的光辉历程，总结了新中国成立以来党的基本经验，实事求是地评价了建国32年来党内一系列重大历史事件，特别是对"文化大革命"作出了正确的总结，科学地分析了在这些事件中党的指导思想的正确和错误，分析了产生错误的主观因素和社会原因，实事求是地评价了毛泽东在中国革命和建设中的历史地位，对毛泽东思想作了科学的评价和充分的肯定。

《决议》明确指出，毛泽东同志是伟大的马克思主义者，是伟大的无产阶级革命家、战略家和理论家。他虽然在"文化大革命"中犯了严重错误，但是就他的一生来看，他对中国革命的功绩远远大于他的过失。他的功绩是第一位的，错误是第二位的。他为我们党和中国人民解放军的创立和发展，为中国各族人民解放事业的胜利，为中华人民共和国的缔造和我国社会主义事业的发展，建立了永远不可磨灭的功勋。他为世界被压迫民族的解放和人类进步事业作出了重大的贡献。

《决议》概括了毛泽东思想的基本内容，指出毛泽东思想有三个基本点，即实事求是、群众路线、独立自主；强调指出，毛泽东思想是全党全军全国各族人民的最宝贵的精神财富，它将长期指导我们的行动。

《决议》明确指出，党的十一届三中全会以来，我们党已经逐步确立了一条适合我国情况的社会主义现代化建设的正确道路。这条道路还将在实践中不断充实和发展，但是它的主要点，已经可以从建国以来正反两方面的经验、特别是"文化大革命"的教训中得到基本的总结。《决议》把中国社会主义现代化建设的正确道路，初步概括为十条：一、在社会主义改造基本完成以后，我国所需要解决的主要矛盾，是人民日益增长的物质文化需要同落后的社会生产之间的矛盾。党和国家工作的重点必须转移到以经济建设为中心的社会主义现代化建设上来，大力发展社会生产力，并在这个基础上逐步改善人民的物质文化生活。党的各项工作都必须服从和服务于经济建设这个中心，全党干部特别是经济部门的干部要努力学习经济理论、经济工作和科学技术。二、社会主义经济建设必须从我国国情出发，量力而行，积极奋斗，有步骤分阶段地实现现代化的目标。三、社会主义生产关系的变革和完善必须适应于生产力的状况，有利于生产的发展。四、在剥削阶级作为阶级消灭以后，阶级斗争已经不是主要矛盾。一定要毫不动摇地团结一切可以团结的力量，巩固和扩大爱国统一战线。五、逐步建设高度民主的社会主义政治制度，是社会主义革命的根本任务之一。六、社会主义必须有高度的精神文明。七、改善和发展社会主义的民族关系，加强民族团结，这对于我们这个多民族国家具有重大意义。八、在战争危险依然存在的国际条件下，必须加强现代化的国防建设。九、在对外关系上，必须继续坚持反对帝国主义、霸权主义、殖民主义和种族主义，维护世界和平。在和平共处五项原则的基础上，积极发展同世界各国的关系和经济文化往来。十、根据"文化大革命"的教训和党的现状，必须把我们党建设成为具有健全的民主集中制的党。

《决议》强调，党的团结，党同人民的团结，是进行社会主义现代化建设、夺取新的胜利的根本保证。只要全党紧密地团结一致，并且同人民群众紧密地团结一致，那么，我们党和党所领导的社会主义事业虽然还会遇到这样那样的困难，但总的趋势必然会日益兴旺发达。

1945年党的六届七中全会所一致通过的《关于若干历史问题的决议》，曾经统一了全党的认识，加强了全党的团结，促进了人民革命事业的迅猛前进和伟大胜利。这次党的十一届六中全会一致通过的《关于建国以来党的若干历史问题的决议》，对于统一全党的思想认识，指引全党、全军和全国各族人民，紧密团结在党中央周围，同心同德，排除万难，为把我们的国家逐步建设成为现代化的、高度民主的、高度文明的社会主义强国，必将发挥巨大的历史作用。

二、"六五"期间社会改革与发展概况

1.中华人民共和国国民经济和社会发展第六个五年计划

1982年12月10日,五届全国人大五次会议批准实施《中华人民共和国国民经济和社会发展第六个五年计划(1981—1985)》。这个五年计划,是在认真总结过去长期社会主义建设经验、全面分析当时国民经济和社会发展现状的基础上,按照中共中央提出的到20世纪末经济建设的战略部署制定的。这是继续贯彻执行"调整、改革、整顿、提高"的方针,使国民经济走上稳步发展的健康轨道的五年计划;是进一步推进中国现代化建设,使人民生活继续得到改善的五年计划;是从中国实际情况出发,走社会主义现代化建设新路子的五年计划。

1980年,也就是第五个五年计划的最后一年,国务院曾拟订出从1981年到1985年的第六个五年计划的基本轮廓和主要指标。当时,根据党的十一届三中全会的精神,整个国家正在大力地进行拨乱反正,国民经济正在进一步调整,许多问题有待于在实践中进行深入研究,必要的资料也由于十年动乱的破坏而很不完全,因此还缺乏编制出一个比较完备的五年计划的客观条件。随后两年,国务院在抓紧经济调整的同时,对经济工作进行了认真的调查研究。在五届全国人大四次会议上,国务院在政府工作报告中提出了以提高经济效益为中心发展国民经济的十条方针,经大会审议通过。在这之后,国务院又组织各有关方面对第六个五年计划的一些重大问题作了多次的研究和讨论。我国国民经济走上了稳步发展的健康轨道,第六个五年计划的草案也得以编制完毕。

党中央确定,从1981年到20世纪末的20年间,中国经济建设的战略目标,是在不断提高经济效益的前提下,力争使全国工农业的年总产值翻两番,在国民收入总额和主要产品产量方面进入世界的前列,国民经济在现代化过程中取得重大进展,人民的物质文化生活达到小康水平。实现这个目标，要抓住农业、能源交通、教育科学这三个战略重点，带动整个经济的发展。在战略步骤上，要分为两步走：前10年主要是打好基础、积蓄力量、创造条件，后10年开创一个新的经济振兴时期。实现这一部署，是一项十分艰巨的、极其光荣的历史任务。

第六个五年计划的制定和实施，是实现20年宏伟目标的一个重大步骤。在这5年内，要采取有力的措施，求得经济的稳定并有一定的增长速度，同时为以后经济和社会的更好发展准备条件。

第六个五年计划的基本任务，是继续贯彻执行调整、改革、整顿、提高的方针，进一步解决过去遗留下来的阻碍经济发展的各种问题，取得实现财政经济状况根本好转的决定性胜利，并且为第七个五年计划期间的国民经济和社会发展奠定更好的基础，创造更好的条件。具体要求是：（1）工农业生产，在提高经济效益的前提下，计划平均每年递增4%，在执行中争取达到5%。（2）大力增加适合社会现实需要的农产品、轻纺产品和其他日用工业品的生产，争取消费品供应的数量和质量同社会购买力的增长和消费结构的变化大体相适应，保持市场物价的基本稳定。（3）努力调整重工业的服务方向和产品结构，大力降低物质消耗特别是能源消耗，使生产资料生产同消费资料生产的发展保持大体协调。（4）有计划有重点地对现有企业进行技术改造，广泛地开展以节能为主要目标的技术革新活动，同时集中必要的资金，加强能源、交通等的重点建设，做好与"七五"计划期间的发展相衔接的工作。（5）统一组织全国的科技力量，进行科技攻关和科技成果的推广应用；努力发展教育、科学和文化事业，促进社会主义物质文明和精神文明的建设。（6）加强国防建设和国防工业建设，研制发展新型常规武器和战略武器，提高军队装备的现代化水平。（7）通过发展生产，提高经济效益和适当集中资金，使国家财政收入由下降转为上升，使经济建设和文化建设的开支逐步有所增加，保证财政收支和信贷收支基本平衡。（8）大力扩展对外贸易，有效利用国外资金，积极引进适合国内需要的先进技术，促进国内经济技术的发展。（9）严格控制人口的增长，妥善安排城镇劳动力的就业，在生产发展和劳动生产率提高的基础上，使城乡人民的物质和文化生活继续得到改善。（10）加强环境保护，制止环境污染的进一步发展，并使一些重点地区的环境状况有所改善。

以往的几个五年计划都是仅仅关于国民经济发展的计划，从"六五"计划开始，中国的五年计划中开始增加了社会发展的内容，计划的题目也相应改为"国民经济和社会发展计划"。

"六五"计划是中国实行改革开放方针以后的第一个五年计划，也是继"一五"计划后的第一个比较完备的五年计划。"六五"期间，我国经济社会发展取得了举世瞩目的成就：国民经济全面稳定增长，工农业总产值平均每年增长11%，国民生产总值1985年达到7780亿元,与1980年相比,扣除物价上涨因素,平均每年增长10%;重要产品的产量大幅度增长,1985年与1980年相比,钢产量增长26.1%,煤炭增长37.1%,发电量增长35.8%,原油增长17.9%,粮食产量年均增长21.4%,棉花增长92.8%;基本建设和技术改造取得重大成就,全民所有制单位固定资产投资总额达到5300亿元,新增固定资产3800亿元,建成投产大中型项目496个,完成更新改造项目20万个;财政状况逐年好转,财政收入平均每年增加159亿元,年递增12%,实现了财政收支平衡;科技、教育、文化事业繁荣兴旺;对外经济贸易和技术交流打开了新局面,出口额在世界的位次由1980年的第28位上升到1984年的第10位;全国居民收入大幅度增长,人民生活显著改善。

"六五"期间国民经济发展中也存在一些困难和问题,特别是在后期,由于固定资产投资规模过大,消费基金增长过猛,货币发行过多,对经济稳定增长产生了不利影响。

2.关于"三农"工作的5个中共中央一号文件(1982—1986年)

党的十一届三中全会以后,党中央为指导农业和农村工作的健康发展,制定和实施了一系列重大政策,包括《中共中央关于加快农业发展若干问题的决定(草案)》(1978年12月)、《关于进一步加强和完善农业生产责任制的几个问题》(1980年9月)、中共中央、国务院转发国家农委《关于积极发展多种经营的报告》的通知(1981年3月)等。

从1982年到1986年,为了推动农村的改革和发展,中共中央连续颁发了5个中央一号文件。这5个中央一号文件,记录了中国共产党尊重人民群众的首创精神,从群众中来、到群众中去,指导中国农村改革的一系列重大决策,对实现农村改革率先突破、调动广大农民积极性、解放和发展农村生产力起到了巨大的推动作用,深深地印入亿万中国农民的心坎。

1982年1月1日,中共中央发布第一个关于农业和农村工作的"一号文件"——《中共中央批转全国农村工作会议纪要》(以下简称《纪要》)。文件的主要内容是:关于农业生产责任制;关于改善农村商品流通;关于农业科学技术;关于提高经济效益、改善生产条件;关于加强思想政治工作和基层组织建设6个方面,共25条。文件对农村的巨大变化和遇到的新问题逐条地加以回答,便于各级党政部门和广大农村干部的理解和宣传贯彻。《纪要》对我国20世纪70年代末期开展的具有划时代意义的农村改革进行了全面总结,并对当年和此后一个时期农村改革和农业发展作出了具体部署。文件突破了传统的"三级所有、队为基础"的体制,明确指出包产到户、包干到户"都是社会主义生产责任制"。文件对于当时我国农村地区进行的生机勃勃的农村经济体制改革,起到了良好的推动作用。

1983年1月2日,第二个中央一号文件《当前农村经济政策的若干问题》正式颁布。

文件从理论上肯定家庭联产承包责任制"是在党的领导下中国农民的伟大创造，是马克思主义农业合作化理论在我国实践中的新发展"。文件要求全面推行家庭承包责任制。

1984年1月1日，中共中央发布《关于一九八四年农村工作的通知》，即第三个中央一号文件，强调要继续稳定和完善联产承包责任制，延长土地承包期。规定土地承包期一般应在15年以上。文件使农民吃了"长效定心丸"。

1985年1月1日，中共中央、国务院发布《关于进一步活跃农村经济的十项政策》，即第四个中央一号文件，中心内容是调整农村产业结构，取消30年来农副产品统购派购的制度，对粮、棉等少数重要产品采取国家计划合同收购的新政策。国家还将农业税由实物税改为现金税。

1986年1月1日，中共中央、国务院下发《关于1986年农村工作的部署》，即第五个中央一号文件。文件进一步摆正了农业在国民经济中的地位，在肯定原有的一靠政策、二靠科学的同时，强调增加投入，进一步深化农村改革。

3.村民自治制度

1982年修订的《中华人民共和国宪法》第一百一十一条规定："村民委员会是基层群众性自治组织。"这是第一次确认我国农村实行村民自治制度。根据1994年民政部下发的关于开展村民自治示范活动的通知，村民自治的核心内容是"四个民主"，即民主选举、民主决策、民主管理、民主监督。为进一步规范农村村民自治制度、保障农村村民实行自治、由村民群众依法办理自己的事情、发展农村基层民主、促进农村社会主义物质文明和精神文明建设，九届全国人大常委会第五次会议于1998年11月4日修订通过了《中华人民共和国村民委员会组织法》（以下简称《村民委员会组织法》），首次对农村基层村民自治制度作出了明确规范。

《村民委员会组织法》规定，我国农村村民委员会是村民自我管理、自我教育、自我服务的基层群众性自治组织，实行民主选举、民主决策、民主管理、民主监督。村民委员会办理本村的公共事务和公益事业，调解民间纠纷，协助维护社会治安，向人民政府反映村民的意见、要求和提出建议。中国共产党在农村的基层组织，按照中国共产党章程进行工作，发挥领导核心作用；依照宪法和法律，支持和保障村民开展自治活动、直接行使民主权利。乡、民族乡、镇的人民政府对村民委员会的工作给予指导、支持和帮助，但是不得干预依法属于村民自治范围内的事项。村民委员会协助乡、民族乡、镇的人民政府开展工作。

村民委员会的主要职责包括：（1）村民委员会应当支持和组织村民依法发展各种形式

的合作经济和其他经济，承担本村生产的服务和协调工作，促进农村生产建设和社会主义市场经济的发展。村民委员会应当尊重集体经济组织依法独立进行经济活动的自主权，维护以家庭承包经营为基础、统分结合的双层经营体制，保障集体经济组织和村民、承包经营户、联户或者合伙的合法的财产权和其他合法的权利和利益。村民委员会依照法律规定，管理本村属于村民集体所有的土地和其他财产，教育村民合理利用自然资源，保护和改善生态环境。（2）村民委员会应当宣传宪法、法律、法规和国家的政策，教育和推动村民履行法律规定的义务，爱护公共财产，维护村民的合法权利和利益，发展文化教育，普及科技知识，促进村和村之间的团结、互助，开展多种形式的社会主义精神文明建设活动。在多民族村民居住的村，村民委员会应当教育和引导村民加强民族团结、互相尊重、互相帮助。

  按照《村民委员会组织法》，村民委员会根据村民居住状况、人口多少，按照便于群众自治的原则设立。村民委员会的设立、撤销、范围调整，由乡、民族乡、镇的人民政府提出，经村民会议讨论同意后，报县级人民政府批准。村民委员会由主任、副主任和委员共三至七人组成。村民委员会成员中，妇女应当有适当的名额，多民族村民居住的村应当有人数较少的民族的成员。村民委员会成员不脱离生产，根据情况，可以给予适当补贴。村民委员会可以按照村民居住状况分设若干村民小组，小组长由村民小组会议推选。

  按照《村民委员会组织法》，村民委员会主任、副主任和委员，由村民直接选举产生。任何组织或者个人不得指定、委派或者撤换村民委员会成员。村民委员会每届任期三年，届满应当及时举行换届选举。村民委员会成员可以连选连任。年满18周岁的村民，不分民族、种族、性别、职业、家庭出身、宗教信仰、教育程度、财产状况、居住期限，都有选举权和被选举权；但是，依照法律被剥夺政治权利的人除外。有选举权和被选举权的村民名单，应当在选举日的20日以前公布。村民委员会的选举，由村民选举委员会主持。村民选举委员会成员由村民会议或者各村民小组推选产生。选举村民委员会，由本村有选举权的村民直接提名候选人。候选人的名额应当多于应选名额。选举村民委员会，有选举权的村民的过半数投票，选举有效；候选人获得参加投票的村民的过半数的选票，始得当选。选举实行无记名投票、公开计票的方法，选举结果应当当场公布。选举时，设立秘密写票处。以威胁、贿赂、伪造选票等不正当手段，妨害村民行使选举权、被选举权，破坏村民委员会选举的，村民有权向乡、民族乡、镇的人民代表大会和人民政府或者县级人民代表大会常务委员会和人民政府及其有关主管部门举报，有关机关应当负责调查并依法处理。以威胁、贿赂、伪造选票等不正当手段当选的，其当选无效。本村五分之一以上有选举权的村民联名，可以要求罢免村民委员会成员。罢免要求应当提出罢免理由。被提出罢免的村民委员会成员有权提出申辩意见。村民委员会应当及时召开村民会议，投票表决罢免要求。罢免村民委员会成员须经有选举权的村民过半数通过。

村民会议由本村 18 周岁以上的村民组成。召开村民会议,应当有本村 18 周岁以上村民的过半数参加,或者有本村 2/3 以上的户的代表参加,所作决定应当经到会人员的过半数通过。村民委员会向村民会议负责并报告工作。村民会议每年审议村民委员会的工作报告,并评议村民委员会成员的工作。村民会议由村民委员会召集。有 1/10 以上的村民提议,应当召集村民会议。人数较多或者居住分散的村,可以推选产生村民代表,由村民委员会召集村民代表开会,讨论决定村民会议授权的事项。村民代表由村民按每 5 户至 15 户推选一人,或者由各村民小组推选若干人。

按照《村民委员会组织法》,涉及村民利益的下列事项,村民委员会必须提请村民会议讨论决定,方可办理:乡统筹的收缴方法,村提留的收缴及使用;本村享受误工补贴的人数及补贴标准;从村集体经济所得收益的使用;村办学校、村建道路等村公益事业的经费筹集方案;村集体经济项目的立项、承包方案及村公益事业的建设承包方案;村民的承包经营方案;宅基地的使用方案;村民会议认为应当由村民会议讨论决定的涉及村民利益的其他事项。

村民委员会及其成员应当遵守宪法、法律、法规和国家的政策,办事公道,廉洁奉公,热心为村民服务。村民委员会决定问题,采取少数服从多数的原则。

按照《村民委员会组织法》,村民会议可以制定和修改村民自治章程、村规民约,并报乡、民族乡、镇的人民政府备案。村民自治章程、村规民约以及村民会议或者村民代表讨论决定的事项不得与宪法、法律、法规和国家的政策相抵触,不得有侵犯村民的人身权利、民主权利和合法财产权利的内容。

村民委员会实行村务公开制度。村民委员会对村民会议讨论决定的事项及其实施情况,国家计划生育政策的落实方案,救灾救济款物的发放情况,水电费的收缴以及涉及本村村民利益、村民普遍关心的其他事项,应当及时公布。其中,涉及财务的事项至少每六个月公布一次,接受村民的监督。村民委员会应当保证公布内容的真实性,并接受村民的查询。村民委员会不及时公布应当公布的事项或者公布的事项不真实的,村民有权向乡、民族乡、镇人民政府或者县级人民政府及其有关主管部门反映,有关政府机关应当负责调查核实,责令公布;经查证确有违法行为的,有关人员应当依法承担责任。

4.1982 年党政机构改革

1982 年 1 月 13 日,中共中央政治局召开扩大会议,讨论中央机构精简问题。邓小平发表了《精简机构是一场革命》的讲话。邓小平指出,精简机构是一场革命。当然,这不是对人的革命,而是对体制的革命。如果不搞这场革命,让党和国家的组织继续目前这样机构臃肿重叠、职责不清，许多人员不称职，不负责，工作缺乏精力、知识和效率的状况，这是不可能得到人民的赞同的。这确是难以为继的状态，确实到了不能容忍的地步。这场革命不搞，让老人、病人挡住比较年轻、有干劲、有能力的人的路，不只是四个现代化没有希望，甚至于要涉及亡党亡国的问题。"邓小平的讲话，阐明了机构改革的性质、任务和方针原则，指出精简机构需要的条件已经具备，只要下决心，做认真细致的工作，这项牵涉几百万人的工作也能做好。

1982年3月，五届全国人大常委会第二十六次会议审议并通过了关于国务院机构改革问题的报告和具体的改革方案。此后，中共中央和国务院领导机构的精简和改革逐步展开。同年年底，省、地两级党和政府的领导机构也进行了精简和改革。

中央国家机关和中共中央直属机关在试点的基础上，有领导、有步骤、有秩序地开展了这项工作。经过5个月的工作，第一阶段的改革任务完成。国务院原有52个部委，经过这次机构改革，总共设置42个部委。国务院的直属机构在原有基础上保留15个，合并26个，占原有的63%，工作人员总编制缩减1/3左右。据38个部委的统计，正副部长、主任共减少67%。在新的领导班子中，新选拔的中青年干部占32%，平均年龄由64岁下降至58岁，具有大学文化水平的干部由原来占37%提高到52%。国务院副总理由13人减为2人，新设国务委员10人，由国务院总理、副总理、国务委员和秘书长组成国务院常务会议，作为国务院日常工作的集体领导机构。中共中央原有30个直属单位，改革后局级机构减少11%，工作人员总编制缩减17.3%。各部委正副职减少15.7%，平均年龄由64岁降到60岁。新选拔的中青年干部在新配备的部级、局级干部中，分别占12%和16%。

继中央国家机关和中共中央直属机关机构改革第一步基本完成之后，中共中央决定开展省、地两级党政机关的机构改革工作。1982年10月成立了以宋任穷为组长的省、市、自治区机构改革指导小组，在中共中央政治局和书记处领导下，负责指导这项工作。同时，从中央各机关中抽调一批退居第二线的部、局级干部组成工作组，分赴各省、市、自治区（西藏除外）帮助工作。到1983年3月，省、地两级领导班子的调整工作基本完成。经过调整，省、市、自治区党委常委、正副省长（市长、主席）人数减少34%，由原来的698人减少到463人；平均年龄由62岁降到55岁。55岁以下的由占15%提高到49%。具有大专以上文化程度的，由占20%提高到43%；配备了一定数量的非党妇女和少数民族干部。新提拔的省级党政领导干部占新班子成员的44%，其中大专以上文化程度的占71%。地（市、州、盟）和省直部、委、厅、局领导班子人数减少了36%，由16658人减少到10603人，平均年龄由原来的58岁降到50岁，具有大专以上文化程度的由占14%提高到44%。新进领导班子的干部占新班子人数的1/2，其中1/3的人年龄在45岁以下，

2/3 的人具有大专文化程度。省、地两级机构改革进展顺利,许多有组织管理才能和专业知识的干部进入党政领导班子。

5.1982 年新修订《中华人民共和国宪法》

宪法是国家的根本大法,是安邦治国的总章程。1982 年 12 月 4 日,五届全国人民代表大会第五次会议通过了新修订的《中华人民共和国宪法》,这部宪法是新中国成立以来修订的第四部宪法,习惯上称"一九八二年宪法"。

1980 年 8 月 18 日,邓小平在中央政治局扩大会议上提出,中央正在考虑进行重大改革,其中一项就是将向全国人大提出修改宪法的建议。同年 8 月 30 日,中共中央向五届全国人大三次会议主席团提出关于修改宪法和成立宪法修改委员会的建议。9 月 10 日,五届全国人大三次会议通过决议,同意中共中央提出的建议和宪法修改委员会名单,决定由宪法修改委员会主持修改 1978 年宪法。宪法修改委员会由叶剑英任主任委员。从 1980 年 9 月成立宪法修改委员会,到 1982 年五届全国人大五次会议通过宪法,历时两年三个月。大体分三个阶段:第一阶段是提出修改草案;第二阶段是全民讨论;第三阶段是全国人民代表大会审议。经过近两个月的紧张工作,1981 年 11 月下旬起草出宪法修改草案初稿。经中央书记处审议后,又作了一些修改和补充。12 月 19 日,彭真向中央写了《关于宪法修改草案几个问题的报告》。宪法修改草案初稿经中共中央政治局和中央书记处讨论后,秘书处又作了修改,然后以秘书处的名义提交给宪法修改委员会。1982 年 4 月 22 日,五届全国人大常委会举行第二十三次会议。彭真受叶剑英的委托,代表宪法修改委员会,向会议作了关于宪法修改草案的说明。经过两天分组讨论,会议通过了《关于公布〈中华人民共和国宪法修改草案〉的决议》,并决定公布宪法修改草案,交付全国各族人民讨论。4 月 28 日,宪法修改草案全文发表。从 5 月至 8 月,全国各族人民进行了热烈的讨论。大家普遍认为,宪法修改草案科学地总结了新中国成立 32 年以来的经验,顺乎民心,合乎国情。同时,大家也对草案提出了许多修改意见。秘书处根据全民讨论中提出的意见,经过认真研究,对草案进行了修改。从 1982 年 11 月 27 日起,五届全国人大五次会议代表审议宪法修改草案。在 12 月 3 日举行的大会主席团会议上,胡绳作了关于宪法修改草案修改情况的汇报。经过主席团讨论,决定将宪法修改草案提交大会表决。

1982 年 12 月 4 日,五届全国人大五次会议举行全体会议。会议采取无记名投票方式,表决宪法修改草案。表决结果是,到会代表 3040 名,赞成票 3037 张,弃权票 3 张。就是这一天,我国新宪法正式颁布实施。这是新中国成立后颁布的第四部宪法。新宪法是在 1954 年宪法及以后几次修改,总结新中国成立以来的经验,特别是在"文化大革命"的深刻教训的基础上，适应改革开放和现代化建设的需要而制定的。新宪法的指导思想是坚持四项基本原则，即坚持社会主义道路，坚持人民民主专政，坚持共产党的领导，坚持马克思列宁主义、毛泽东思想。全文首列"序言"，以下分总纲、公民的基本权利和义务、国家机构、国旗国徽首都四章，共138条。宪法规定了今后国家的根本任务是集中力量进行社会主义现代化建设，把我国建设成为高度文明、高度民主的社会主义国家。宪法规定中华人民共和国是工人阶级领导的、以工农联盟为基础的人民民主专政的社会主义国家；社会主义制度是我国的根本制度。国家的一切权力属于人民；人民行使国家权力的机关是全国人民代表大会和地方各级人民代表大会。国家机构实行民主集中制原则。各民族一律平等。宪法对全国人民代表大会、国家主席、国务院、中央军事委员会、各级地方人大、各级人民政府、人民法院和人民检察院的组织和职权都作了规定。

新宪法有许多重要的新规定：一是加强人民代表大会制度，扩大全国人大常委会的职权；二是恢复1954年宪法规定设立的国家主席；三是国家设立中央军事委员会；四是国务院实行总理负责制；五是加强地方政权建设，县级以上地方各级人大设立常委会；六是改变农村人民公社的"政社合一"体制，设立乡政权；七是取消实际上存在的领导职务终身制，规定国家领导人连续任职不得超过两届等。

1982年宪法颁布实施以后，随着改革开放的深化和现代化事业的发展，全国人大和全国人大常委会又在1988年、1993年、1999年、2004年，通过宪法修正案，对若干条文作出修改、补充。如1988年的宪法修正案，增加了"私营经济是社会主义公有制经济的补充"。1993年的宪法修正案，将"国家在社会主义公有制基础上实行计划经济。国家通过经济计划的综合平衡和市场调节的辅助作用，保证国民经济按比例地协调发展"，修改为："国家实行社会主义市场经济。""国家加强经济立法，完善宏观调控。"1999年的宪法修正案，修订为"在法律规定范围内的个体经济、私营经济等非公有制经济，是社会主义市场经济的重要组成部分"。2004年的宪法修正案，增加"公民的合法的私有财产不受侵犯"，增加"国家建立健全同经济发展水平相适应的社会保障制度"，"国家尊重和保障人权"。这四次修宪每次都是对原有认识、旧有体制的突破，体现了随着改革开放的深入，对社会主义认识的不断深化。20多年来，我国宪法与改革呈现了一定程度的互动状态。

6.第三次全国人口普查

人口普查，是查清国情、国力的一项重要工作。准确地掌握我国人口的分布及构成情况，对于从我国实际情况出发，更好地进行社会主义现代化建设，安排人民的物质和文化生活，制定人口政策和规划，具有重大意义。为此，中共中央、国务院1980年6月决定，

1982年7月1日进行第三次全国人口普查。1982年2月28日，中共中央、国务院发出《关于认真做好第三次全国人口普查工作的指示》（以下简称《指示》），要求各级党委和人民政府要切实加强领导，广泛深入地进行宣传动员，切实做好普查人员的选调和培训工作，精打细算，厉行节约。《指示》最后强调：我国是世界上人口最多的国家。在十亿人口这样一个大国进行人口普查，从我国的历史来说，规模之大是空前的。我们的工作不仅为全国人民所关心，而且为世界人士所瞩目。各级党委和人民政府一定要高度重视，加强领导，有计划、有步骤、高标准、严要求地做好每个环节的工作，胜利完成第三次全国人口普查任务。

1982年2月19日，国务院发布《第三次全国人口普查办法》。办法共28条，规定：1982年7月1日零时为全国人口普查的标准时间。普查项目共19项，按人填报的项目有姓名、与户主关系、性别、年龄、民族、常住人口的户口登记状况、文化程度、行业、职业、不在业人口状况、婚姻状况、妇女生育的子女数和存活的子女总数、1981年育龄妇女生育状况等13项。按户填写的项目有户的类别（家庭户或集体户）、本户住址、本户人数、本户1981年出生人数、本户1981年死亡人数和有常住户口、已外出一年以上的人数等6项。

这次普查工作，从1979年年底着手准备，1982年7月1日开始全面登记。在各级党委、政府的统一领导和各族人民的积极支持下，经过广大普查工作人员深入细致的工作，到7月10日，除个别遭受水灾的地区略有推迟外，全部完成了普查登记，并在7月底以前全面进行了复查核实工作。经过事后抽样检查，证明普查登记达到了高质量的要求。普查结果显示，全国总人口1031882511人，其中大陆29个省、自治区、直辖市（不包括福建省的金门、马祖等岛屿）和现役军人的人口共1008175288人。

这次全国人口普查，经过了国家、省、地、县四级试点，制定了既符合中国实际又吸收外国先进经验的普查办法和工作细则。运用系统工程理论和统筹法的原理来指导工作，运用质量控制理论来确保质量，运用电子计算机技术来处理数据和开发利用普查资料。不仅查清了中国的人口状况，而且使中国的人口统计以至整个统计事业向现代化迈进了一步，为社会经济统计信息处理现代化打下了基础，并提供了许多具有中国特色的新经验。1983年12月，国务院人口普查领导小组在昆明召开了全国第三次人口普查科学讨论会，研究总结了这次普查的经验。

7.废除干部领导职务终身制

1982年2月20日，中共中央颁发了《关于建立老干部退休制度的决定》。同年4月，国务院发布了《关于老干部离职休养制度的几项规定》。这是对干部制度的一次重大改革，是废除此前实际上存在的领导职务终身制的具体措施。

中共中央的决定，充分肯定了老干部在中国革命和建设事业中所作的卓越贡献，同时指出，新老交替是不可抗拒的自然规律，及时建立老干部退休制度是我们事业继续发展的重要保证之一。决定指出，新中国成立前参加革命至今健在的老干部还有250万人，由于年事已高，这就使各级领导班子老化的状况达到相当严重的地步。为了保证新老干部适当交替的顺利进行，并使一切将要退下来的老干部都能得到妥善的安排，建立老干部离休退休制度，即：担任中央、国家机关部长、副部长，省、市、自治区党委第一书记、书记，省政府省长、副省长，以及省、市、自治区纪律检查委员会和法院、检察院主要负责干部的，正职一般不超过65岁，副职一般不超过60岁。同时规定了老干部退居二线的制度，即一些老干部可以担任顾问和荣誉职务，且不属于离休退休。

同年4月，国务院发布《关于老干部离职休养制度的几项规定》，对新中国成立前参加革命工作达到规定年龄的老干部实行离职休养制度作出具体规定。对离休老干部，国家授予《老干部离休荣誉证》，他们的基本政治待遇不变、生活待遇略为从优，原工资照发。对在抗日战争及其以前各个革命时期参加工作的老干部，离休以后，每年还增发一定数量的生活补贴。根据这个规定，1982年全国有三万多名老干部办理了离职休养手续，其中中央机关部长一级干部有145人。全国还有20多万名年老的干部退休。

1982年10月，中共中央组织部发出了《关于发挥中央、国家机关离休老干部的作用的意见》。这个文件指出，当前各项任务十分繁重，不仅需要在职干部努力工作，也殷切希望离休老干部中身体还好、能够做一定工作的同志继续发挥作用。各部门按照文件要求，对离休老干部作了适当安排。有的根据中心任务和本部门工作需要，组织政治思想水平较高、组织领导能力较强、身体较好的离休干部参加整顿企业、打击经济领域犯罪活动等工作；有的到省、市、自治区帮助进行机构改革；有的组织革命资历较深、有一定写作能力的离休老干部，总结亲身经历和历史经验，写回忆录，或为党史、革命史、专业史提供资料；有的留在本单位进行调查研究，为新的领导班子当参谋、搞咨询。

8.中国共产党第十二次全国代表大会

1982年9月1日至11日，中国共产党第十二次全国代表大会在北京举行。出席大会的正式代表1545人，候补代表145人，代表全党3900多万党员。十二大是党在指导思想上完成了拨乱反正的艰巨任务，并且在各条战线的实际工作中取得了拨乱反正的重大胜利，实现了历史性的伟大转变的情况下召开的。大会的主要议程是：一、审议第十一届中央委员会的报告，确定党为全面开创社会主义现代化建设新局面而奋斗的纲领；二、审议和通过新的《中国共产党章程》；三、按照新的党章的规定，选举新的中央委员会、中央顾问委员会和中央纪律检查委员会。

邓小平主持大会开幕式，并致开幕词。他强调指出，中国的现代化建设，必须从中国的实际出发，把马克思主义的普遍真理同我国的具体实际结合起来，走自己的道路，建设有中国特色的社会主义。他提出中国人民在 80 年代的三大任务是，加紧社会主义现代化建设，争取实现包括台湾在内的祖国统一，反对霸权主义、维护世界和平。他提出今后一个长时期要抓紧四件工作：进行机构改革和经济体制改革，实现干部队伍的革命化、年轻化、知识化、专业化；建设社会主义精神文明；打击经济领域和其他领域内破坏社会主义的犯罪活动；在认真学习新党章的基础上，整顿党的作风和组织。

胡耀邦代表党中央向大会作《全面开创社会主义现代化建设的新局面》的报告。报告共分 6 个部分：一、历史性的转变和新的伟大任务；二、促进社会主义经济的全面高涨；三、努力建设高度的社会主义精神文明；四、努力建设高度的社会主义民主；五、坚持独立自主的对外政策；六、把党建设成为领导社会主义现代化事业的坚强核心。

报告提出，党在新时期的总任务是：团结全国各族人民，自力更生，艰苦奋斗，逐步实现工业、农业、国防和科学技术现代化，把我国建设成为具有高度文明、高度民主的社会主义国家。

报告提出了我国经济建设总的奋斗目标是，力争使全国工农业的年总产值翻两番，最重要的是要解决好农业问题，能源、交通问题和教育、科学问题。实行计划生育，是我国的一项基本国策。不断满足人民日益增长的物质文化需要是社会主义生产和建设的根本目的。"一要吃饭，二要建设"，是指导我国经济工作的一项基本原则。报告在全面分析了我国经济现状和发展趋势的基础上，制定了切实可行的分两步走的战略步骤，即前十年，主要是打好基础，积蓄力量，创造条件；后十年，要进入一个新的经济振兴时期。

报告提出，社会主义精神文明是社会主义的重要特征。要建设高度的社会主义精神文明，这是建设社会主义的一个战略方针问题，是否坚持这样的方针，将关系到社会主义的兴衰和成败。社会主义精神文明的建设大体可以分为文化建设和思想建设两个方面。

报告提出，要努力建设高度的社会主义民主。社会主义的物质文明和精神文明建设，都要靠继续发展社会主义民主来保证和支持。建设高度的社会主义民主，是我们的根本目标和根本任务之一。报告强调，社会主义民主的建设必须同社会主义法制的建设紧密地结合起来，使社会主义民主制度化、法律化。

大会审议通过了《关于十一届中央委员会报告的决议》、《关于中央纪律检查委员会工作报告的决议》和《中国共产党章程》。大会通过的新党章，继承和发展党的七大、八大党章的优点，系统总结党的建设的经验，对党的性质、目标、任务、领导作用、组织原则、各项制度、对党员和党组织的基本要求等，作出了系统规定。新党章强调，从中央到基层的各级组织都必须严格遵守民主集中制和集体领导的原则，"禁止任何形式的个人崇拜"。新党章对改善党的中央和地方组织的体制，对加强党的纪律和纪律检查机关，对加强基层组织的建设，都作了许多新的规定。新党章规定，党中央不设主席只设总书记，总书记负责召集中央政治局、政治局常委会议和主持中央书记处的工作；中央和省一级设顾问委员会，以发挥许多富有政治经验的老同志对党的事业的参谋作用；党的各级纪律检查委员会由同级党的代表大会选举产生，并对中央以下的同级党委及其成员实行党章规定范围内的监督，对中央委员会成员违犯党纪的行为可以向中央委员会检举；党的各级组织都必须重视党的建设，经常讨论和检查党的宣传工作、教育工作、组织工作、纪律检查工作、群众工作和统一战线工作。

大会选出了由210名中央委员和138名候补中央委员所组成的第十二届中央委员会，同时选出了由172人组成的中央顾问委员会和132人组成的中央纪律检查委员会。9月12—13日，党的十二届一中全会选举产生了新一届中央政治局和中央书记处成员。全会选举新一届的中央政治局常委，胡耀邦为中央委员会总书记，决定邓小平为中央军事委员会主席，邓小平为中央顾问委员会主任，陈云为中央纪律检查委员会第一书记。

中国共产党第十二次全国代表大会标志着拨乱反正任务的基本完成，提出了党在新时期的任务和全面开创社会主义建设新局面的纲领，提出了建设有中国特色的社会主义，并在党的最高领导层进一步实现了新老合作和交替。

9.严厉打击刑事犯罪活动

从重从快严厉打击刑事犯罪活动简称"严打"，是20世纪80年代在中央统一领导下，由各级党组织和各级政府牵头，组织各级公、检、法部门集中时间、集中力量，开展的全国性严厉打击刑事犯罪的斗争。

"严打"之前，全国治安形势不断恶化，许多地方社会治安的情况很不好，特别是不断发生一些骇人听闻的重大恶性案件，以致出现了"坏人神气，好人受气，积极分子憋气，基层干部泄气"的不正常状况。1981年4月2日，北京发生"北海公园"事件，三位女学生在划船时遭到外逃劳教人员的尾随调戏，之后被当众劫持并被强奸。1983年，被称为"二王"的王宗方、王宗玮两名凶犯，连续在东北、华北、华南等地区作案，杀害数名公安干警和无辜群众，一时震动全国。此外还发生了卓长仁等人从沈阳劫持民航班机飞逃韩国案以及唐山"菜刀队"等恶性案件。

1983年2月8日，邓小平在无锡视察工作时，中顾委委员江渭清向邓小平汇报说：现在经济发展，政治稳定，但社会治安情况很不好。这样下去不得了！这件事情，只有你老人家下决心才行。江渭清建议：调查研究，半年准备，打几个战役，一个战役打几仗，该抓的抓，该杀的杀，还有的押送边疆改造。犯罪分子最怕杀头，还有怕吊销户口发配边疆。6月16日，在呼伦贝尔盟喜桂图旗，8名十几岁的社会闲散人员酒后滋事，残忍杀害了27人，并强奸、轮奸多名女青年，案件震惊了中央领导。同年7月，邓小平在北戴河约见刘复之和彭真，指出：为什么不可以组织一次、二次、三次严厉打击刑事犯罪活动的战役？每个大、中城市，都要在三年内组织几次战役。比如说北京市，流氓犯罪集团到底有多少，有哪些人，是不难搞清楚的。像彭真同志讲的，找老民警当顾问，调查调查，情况就清楚了，就可以组织战役了。一次战役打击他一大批，就这么干下去。我们说过不搞运动，但集中打击严重刑事犯罪活动还必须发动群众。动员全市人民参加，这本身对人民是教育，同时能挽救很多人，挽救很多青年。发动群众，声势大，有的罪犯会闻风跑掉，那也不要紧，还有第二次战役可以追回来。他说：最近有的城市抓了一批犯罪分子，形势有好转。当然，这还只是一时的现象。那些犯罪分子在看风向，看你下一步怎么办。如果还是软弱无力，处理不严，坏人的气势还会长上来。因此，对严重刑事犯罪分子，包括杀人犯、抢劫犯、流氓犯罪团伙分子、教唆犯、在劳改劳教中继续传授犯罪技术的惯犯以及人贩子、老鸨儿等，必须坚决逮捕、判刑，组织劳动改造，给予严厉的法律制裁。必须依法杀一批，有些要长期关起来。还要不断地打击，冒出一批抓一批。邓小平强调：解决刑事犯罪问题，是长期的斗争，需要从各方面做工作。现在是非常状态，必须依法从重从快集中打击，严才能治住。搞得不疼不痒，不得人心。我们说加强人民民主专政，这就是人民民主专政。要讲人道主义，我们保护最大多数人的安全，这就是最大的人道主义！严厉打击刑事犯罪活动是一件大快人心的事。先从北京开始，然后上海、天津，以至其他城市。只要坚持这么干，情况一定能好转。

　　1983年8月25日，中共中央发出《关于严厉打击刑事犯罪活动的决定》（以下简称《决定》），《决定》指出：严厉打击刑事犯罪活动，是政治领域中一场严重的敌我斗争。为迅速扭转社会治安的不正常状况，中共中央决定，以三年为期，组织一次、两次、三次战役，按照依法"从重从快，一网打尽"的精神，对刑事犯罪分子予以坚决打击。9月2日，全国人大常委会通过了《关于严惩严重危害社会治安的犯罪分子的决定》和《关于迅速审判严重危害社会治安的犯罪分子的程序的决定》，决定指出：对下列严重危害社会治安的犯罪分子，可以在刑法规定的最高刑以上处刑，直至判处死刑：（1）流氓犯罪集团的首要分子或者携带凶器进行流氓犯罪活动，情节严重的，或者进行流氓犯罪活动危害特别严重的；（2）故意伤害他人身体，致人重伤或者死亡，情节恶劣的，或者对检举、揭发、拘捕犯罪分子和制止犯罪行为的国家工作人员和公民行凶伤害的；(3)拐卖人口集团的首要分子，或者拐卖人口情节特别严重的或者造成严重后果的；(4)非法制造、买卖、运输或者盗窃、抢夺枪支、弹药、爆炸物，情节特别严重的；(5)组织反动会道门，利用封建迷信，进行反革命活动，严重危害社会治安的；(6)引诱、容留、强迫妇女卖淫，情节特别严重的。决定还指出：传授犯罪方法，情节较轻的，处五年以下有期徒刑；情节严重的，处五年以上有期徒刑；情节特别严重的，处无期徒刑或者死刑。《决定》要求在程序上对严重犯罪迅速及时审判，上诉期限也由刑事诉讼法规定的10天缩短为3天。

"严打"自1983年开始，一直持续到1987年1月，共分三大战役分步实施：第一阶段1983年8月至1984年7月，第二阶段1984年8月至1985年12月，第三阶段从1986年4月上旬到国庆节，加上收尾工作，历时3年5个月。在此期间，共查获各种犯罪团伙19.7万个，团伙成员87.6万人，全国共逮捕177.2万人，判刑174.7万人，劳动教养32.1万人。"严打"期间破获的各类案件，一律从重从快处理："可抓可不抓的，坚决抓；可判可不判的，坚决判；可杀可不杀的，坚决杀。"

"严打"对于搞好社会治安、推动社会风气的根本好转、巩固和发展安定团结的政治局面、保障社会主义建设的顺利进行；对于提高全党、全军和全国各族人民的敌情观念和政治警惕性，加强党纪、政纪、军纪，加强社会主义法制，坚持人民民主专政，都有极其重大的意义。"严打"是特定历史条件下的一种国家治理方式，对后来的司法实践产生了深远影响。由于"严打"是一场决策层主导的司法"运动"，全国各地出于政治惯性，在运动式集中执法中重结果正义、轻程序正义，存在打击过重，打击面过宽的问题。

10. 实行政社分开，建立乡政府

政社分开是农村实行家庭承包经营之后的又一重大变革，这一变革基本奠定了新时期农村社会结构和社会治理的"乡政村治"（乡镇政权、村民自治）格局。政社分开的"政"是指政权，也就是乡政府；"社"是指农村的集体经济组织。政社分开，就是将基层政权和农村的集体经济组织分开。

政社分开有一个探索和试点的过程。随着农村家庭承包经营制的实施，政社合一的人民公社体制弊端越发显露，主要是党政企一体化、控制过多过死，严重阻碍农民的生产积极性。1979年，包干到户工作突出的四川广汉向阳公社进行了政社分开的探索，1980年成立了向阳乡人民政府和农工商联合公司。之后，北京、河北、吉林等8个省市的51个县区进行了政社分开试点。1982年，全国人大常委会法制委员会调查组进行了长达10个月的调查，写出了《关于人民公社政社合一的调查报告》（以下简称《报告》），《报告》认

为，人民公社政社合一的体制应当改革，总的设想是，政社分离，建立全国统一的农村基层政权和多种形式的农村经济组织。报告提出了政社分开的具体方式：一种是"广汉式"，即实行政社分离，分别建立乡党委、乡政府和农工商联合公司；再一种是建立乡党委和乡政府，保留人民公社作为经济实体，建立联合经济组织。同年新修改的宪法明确规定，乡、民族乡、镇设立人民代表大会和人民政府，从而为政社分开奠定了法律依据。此后，政社分开、建立乡政府的试点工作在全国各地普遍展开。

1983年10月，中共中央发出《关于实行政社分开建立乡政府的通知》，指出：当前的首要任务是把政社分开，建立乡政府，同时按乡建立乡党委，并根据生产的需要和群众的意愿逐步建立经济组织。要尽快改变党不管党、政不管政和政企不分的状况。乡的规模一般以原有公社的管辖范围为基础，如原有公社范围过大的也可以适当划小。乡人民政府建立后，要按照《中华人民共和国地方各级人民代表大会和地方各级人民政府组织法》的规定行使职权，领导本乡的经济、文化和各项社会建设，做好公安、民政、司法、文教卫生、计划生育等工作。通知下达后，政社分开工作在全国各地有领导、有计划、有步骤地全面开展起来。从全国来看，人民公社改为乡，一般有三种类型：一社一乡制，即在原人民公社的区划范围内建乡；大区小乡制，即将原人民公社改为区，原生产大队改为乡；大区中乡制，即将原人民公社改为区，原人民公社下的管理区改为乡，原生产大队改为村。1985年6月，全国农村人民公社政社分开、建立乡政府的工作全部结束，全国共建92000多个乡（含民族自治乡）、镇人民政府，许多乡镇还建立了集体经济组织。

11. 乡镇企业异军突起

乡镇企业是指农村集体经济组织或者农民投资为主，在乡镇（包括所辖村）举办的各类企业。它是在人民公社时期承担支援农业义务的社队企业的基础上发展起来的。

家庭承包经营极大地解放了农业生产力，农业生产迅速增长，为农村非农产品的发展提供了良好的物质条件，农业劳动生产率的迅速提高又使大量农村劳动力从土地的束缚中解放出来，于是从1978到1983年，社队企业在全国各地广泛兴办，在原有基础上得到了快速发展。

1984年3月，中共中央、国务院转发农牧渔业部和部党组《关于开创社队企业新局面的报告》，同意农牧渔业部提出的把社队企业改称为乡镇企业，强调指出：乡镇企业是多种经营的重要组成部分，是农业生产的重要支柱，是广大农民群众走向共同富裕的重要途径，是国家财政收入新的重要来源。乡镇企业已成为国民经济的一支重要力量，是国营企业的重要补充。为此，各级党委和政府对乡镇企业要在发展方向上给予积极引导，按照国家有关政策进行管理,使其健康发展。对乡镇企业要和国营企业一样,一视同仁,给予必要的扶持。1986年1月,中共中央、国务院《关于一九八六年农村工作的部署》中指出,乡镇企业在短短几年时间里,产值已达2000亿元以上,吸收劳力6000万人,为我国农村克服耕地有限、劳力过多、资金短缺的困难,为建立新的城乡关系,找到了一条有效的途径。这证明它是有强大生命力的,具有重要的经济和政治意义。中央各部门和各地方,都应当积极扶持,合理规划,正确引导,加强管理,使之保持健康发展。1987年6月,邓小平在会见外宾时指出,农村改革中,我们完全没有预料到的最大的收获,就是乡镇企业发展起来了,突然冒出搞多种行业,搞商品经济,搞各种小型企业,异军突起。

乡镇企业由于当时具有体制外优势,企业在组织生产、产品销售等方面拥有较大自主权,又得到了国家的积极扶持,因而很快进入全面发展的高峰期。到1987年,乡镇企业产值首次超过了农业总产值,这是中国农村经济发展史上的一个里程碑,标志着中国农村经济已经进入了一个新的历史时期。到1988年乡镇企业个数达1888万个,从业人数达9546万人,总收入达4232亿元。

乡镇企业是农村经济的重要支柱和国民经济的重要组成部分,是农民脱贫致富的重要载体。乡镇企业的迅速发展,吸收了大量的农村剩余劳动力就业,拓宽了农村就业门路,提高了农村居民的生活收入。乡镇企业的发展促进了我国农村工业化和城镇化的进程,改变了二元经济结构,打破了农村、农业、农民三位一体的自然经济。乡镇企业的发展逐步缩小了城乡差别和工农差别,为我国解决好农业、农村、农民问题,推进中国特色农村工业化、城镇化、现代化,探索出了一条成功之路。

12.中华人民共和国民族区域自治法

1984年5月31日,六届全国人大二次会议通过《中华人民共和国民族区域自治法》(以下简称《民族区域自治法》),自同年10月1日起施行。2001年2月28日,九届全国人大常委会第二十次会议通过新修订的《民族区域自治法》。

民族区域自治是中国共产党运用马克思列宁主义理论解决我国民族问题的基本政策,是国家的一项基本政治制度。民族区域自治是在国家统一领导下,各少数民族聚居的地方实行区域自治,设立自治机关,行使自治权。《中华人民共和国民族区域自治法》是宪法规定的我国民族区域自治制度的基本法律。

《民族区域自治法》的起草工作开始于20世纪50年代,因"文化大革命"陷入停顿后,1980年重新启动。经历了17次修改的草案稿,终于由六届全国人大二次会议于1984年5月31日表决通过。《民族区域自治法》除序言外,共有7章67条。第一章为总则，规定了我国民族区域自治总的原则和基本内容；第二章是民族自治地方的建立和自治机关的组成，阐明了民族自治地方的建立原则；第三章是关于自治机关自治权利的规定，是民族区域自治法的核心和主要内容；第四章对民族自治地方的人民法院和人民检察院的性质、权限作出了明确规定；第五章阐述了民族自治地方内的民族关系；第六章对上级机关的领导和帮助作出了规定；第七章为附则，明确了该法正式实施的时间。这部囊括民族地区经济社会发展各项事务的法律，强调了平等团结互助的社会主义民族关系，明确了民族地区的自治机构和自治权利，规定了民族地区自主发展经济的具体权利和上级国家机关的扶持帮助义务。《民族区域自治法》是我国关于民族区域自治的第一部专门法，标志着我国实施民族区域自治、处理民族问题在法制化轨道上迈出了重要一步。

从1993年开始，又历时8年，根据社会主义市场经济条件下进一步加快民族自治地方经济社会事业发展的需要，在充分尊重和体现民族自治地方各族人民意愿的基础上，全国人大常委会对《民族区域自治法》进行了修改，使这一法律更加完善。全国人大常委会会议审议3次，于2001年2月28日通过了关于修改民族区域自治法的决定。新修改颁布的《民族区域自治法》明确规定："民族区域自治制度是国家的一项基本政治制度。"集中强化了上级国家机关在经济发展方面对民族自治地方的支持与帮助，在基础建设、金融投资、政策倾斜等方面加大了扶持力度，为民族地区加快发展和缩小与发达地区的差距注入了新的动力。《民族区域自治法》的实施，使得少数民族的平等权利和自治权利进一步得到尊重，少数民族的语言文字、风俗习惯和宗教信仰自由等权利得到尊重。

新修改的《民族区域自治法》，是我国进一步坚持和完善民族区域自治制度的重大举措，标志着我国的民族区域自治制度的法制建设进入了一个新的历史阶段。这次修改与修改前相比，在五个方面有重大突破：一是把民族区域自治确立为国家的一项基本政治制度，具有重大的理论和现实意义；二是摆脱了计划经济体制的影响，充分体现了社会主义市场经济体制的内容；三是把"发展是主题"作为民族工作的指导思想，全面、辩证地处理发展与改革、稳定的关系；四是围绕加快民族地区的经济社会发展，扩大了自主权，加强了上级国家机关对自治地方的支持力度；五是明确规定有关上级国家机关和地方要制定与自治法相配套的法规和规章。这种修改和完善，充分反映了新时期民族地区经济、政治、文化、社会发展的迫切要求，使这一法律臻于完善，其中最核心的内容，就是正式在法律上把民族区域自治制度确立为国家的一项基本政治制度，这对于贯彻实施《民族区域自治法》起到了极大的推动作用。

《民族区域自治法》颁布实施30多年来，我国广大少数民族依法充分行使当家作主的权利，充分享受了相关优惠政策，自力更生、艰苦创业、开拓进取，使民族地区经济社会发生了翻天覆地的变化。

截至2003年底，我国共建立了155个民族自治地方，其中包括5个自治区、30个自治州、120个自治县（旗）。我国在相当于乡的少数民族聚居的地方共建立了1173个民族乡。目前，在55个少数民族中，有44个民族建立了自治地方，实行区域自治的少数民族人口约占少数民族总人口的71%，民族自治地方的面积占全国国土总面积的64.3%左右。国家对于民族地区给予了很大关注，投入大量资金，特别是自2005年开始，国务院相继发布了"扶持人口较少民族发展"、"少数民族事业"、"兴边富民行动"三个"专项规划"，从项目、资金、政策等多方面加大了对少数民族和民族地区的支持力度，使少数民族和民族地区生产生活条件得到改善，各民族在经济、社会、文化等各项事业上都取得了长足的发展，平等、团结、互助、和谐的社会主义民族关系得到巩固和发展。

13.中共中央关于经济体制改革的决定

1984年10月20日，党的十二届三中全会召开，通过《关于经济体制改革的决定》（以下简称《决定》）。这个《决定》，根据马克思主义基本原理同中国实际相结合的原则，阐明了加快以城市为重点的整个经济体制改革的必要性、紧迫性，规定了改革的方向、性质、任务和各项基本方针政策，是指导我国经济体制改革的纲领性文件。

党的十二大以后，改革的重点逐步由农村转向城市，整个改革形势酝酿着一次战略性的突破。十二届三中全会前夕，邓小平在谈到这次全会的中心议题时说：最理想的方案是通过一个改革文件。党的十一届三中全会在政治上、经济上都起了很多的作用，这次三中全会能否搞一个改革文件？这个文件将对全党起巨大的作用。就搞这个文件，别的就不搞了。为此，中央成立了文件起草领导小组，领导《决定》的起草工作。经过多次讨论和修改，《决定》由党的十二届三中全会表决通过。

《决定》共10条，包括：改革是当前我国形势发展的迫切需要；改革是为了建立充满生机的社会主义经济体制；增强企业活力是经济体制改革的中心环节；建立自觉运用价值规律的计划体制，发展社会主义商品经济；建立合理的价格体系，充分重视经济杠杆的作用；实行政企职责分开，正确发挥政府机构管理经济的职能；建立多种形式的经济责任制，认真贯彻按劳分配原则；积极发展多种经济形式，进一步扩大对外的和国内的经济技术交流；起用一代新人，造就一支社会主义经济管理干部的宏大队伍；加强党的领导，保证改革的顺利进行。

《决定》在总结历史经验及改革开放的实践经验和理论成果的基础上，回答了社会主义实践中提出的一系列重大的理论问题和实践问题，规定了加快以城市为重点的整个经济体制改革的任务、性质和各项基本方针政策。《决定》指出，改革经济体制，是在坚持社会主义制度的前提下，改革生产关系和上层建筑中不适应生产力发展的一系列相互联系的环节和方面；改革的基本任务，是从根本上改变束缚生产力发展的经济体制，建立起具有中国特色的、充满生机和活力的社会主义经济体制，促进社会生产力的发展。

《决定》在理论上的重大贡献是，突破了把计划经济同商品经济对立起来的传统观念，确认我国社会主义经济是"公有制基础上的有计划的商品经济"。这个论断，在理论上是一个重大突破，是《决定》用以立论的根本立足点。它表明，过去那种认为社会主义经济只能是计划经济，否认商品经济的积极作用，限制商品经济发展的观念和政策是错误的，阻碍了社会主义经济的发展。这就为我国经济体制的改革指明了方向，提供了新的理论依据。《决定》强调："商品经济的充分发展，是社会经济发展的不可逾越的阶段，是实现我国经济现代化的必要条件。只有充分发展商品经济，才能把经济真正搞活，促使各个企业提高效率，灵活经营，灵敏地适应复杂多变的社会需求，而这是单纯依靠行政手段和指令性计划所不能做到的。"同时，《决定》也指出，社会主义商品经济的广泛发展也会产生某种盲目性，必须有计划的指导、调节和行政的管理，这在社会主义条件下是能够做到的。

《决定》指出，增强企业活力是经济体制改革的中心环节。具有中国特色的社会主义，首先应该是企业有充分活力的社会主义。过去国家对企业管得太多太死的一个重要原因，就是把全民所有同国家机构直接经营企业混为一谈。根据马克思主义的理论和社会主义的实践，所有权同经营权是可以适当分开的。要实行国有企业所有权和经营权适当分离，使企业真正成为相对独立的经济实体，成为自主经营、自负盈亏的社会主义商品生产者和经营者，具有自我改造和自我发展的能力，成为具有一定权利和义务的法人。为了增强企业活力，《决定》要求扩大企业自主权，在国有企业普遍实行厂长、经理负责制，加强企业民主管理。

《决定》提出，价格体系改革是整个经济体制改革成败的关键。要逐步缩小国家统一定价的范围，使价格能够比较灵活地反映社会劳动生产率和市场供求关系的变化。

1984年10月22日，邓小平在中央顾问委员会第三次全体会议上的讲话中明确指出，党的十二届三中全会通过的《决定》是一个好文件。他说：我的印象是写出了一个政治经济学的初稿，是马克思主义基本原理和中国社会主义实践相结合的政治经济学，我是这么个评价。这两天国内外对这个决定反应很强烈，都说是有历史意义的。这次经济体制改革的文件好，就是解释了什么是社会主义，有些是我们老祖宗没有说过的话，有些新话。我看讲清楚了。过去我们不可能写出这样的文件，没有前几年的实践不可能写出这样的文件，写出来，也很不容易通过，会被看作"异端"。我们用自己的实践回答了新情况下出现的一些新问题。

14.中共中央关于科学技术体制改革的决定

1985年3月13日，中共中央作出《关于科学技术体制改革的决定》（以下简称《决定》）。《决定》提出经济建设必须依靠科学技术、科学技术工作必须面向经济建设的战略方针，强调要从中国实际出发，对科学技术体制进行改革。《决定》指出了以往科技体制存在的严重弊端，明确了科技体制改革的目的，提出了科技体制改革的主要内容、重点任务和各项方针政策，是我国新时期科技体制改革的纲领性文献之一。

1984年，中央成立了《决定》起草领导小组，20多位科技管理工作者参与起草工作。《决定》起草过程中，在国家科委、国家计委、国家经委、体改委、国防科工委、国家科技领导小组、中国科学院、教育部、农业部等部门进行了广泛的调研。1985年3月，邓小平在全国科技工作会议上的讲话中指出：这个决定草案，我看是个好文件，这个文件的方向，同整个经济体制改革的方向是一致的。新的科技体制，应该是有利于经济发展的体制。双管齐下，长期存在的科技与经济脱节的问题，有可能得到比较好的解决。改革科技体制，我最关心的，还是人才。

《决定》共分9个部分，具体包括：科技体制改革的主要内容；改革对研究机构的拨款制度，按照不同类型科学技术活动的特点，实行经费的分类管理；促进技术成果的商品化，开拓技术市场，以适应社会主义商品经济的发展；调整科学技术系统的组织结构，鼓励研究、教育、设计机构与生产单位的联合，强化企业的技术吸收和开发能力；改革农业科学技术体制，使之有利于农村经济结构的调整，推动农村经济向专业化、商品化、现代化转变；合理部署科学研究的纵深配置，以确保经济和科学技术发展的后劲；扩大研究机构的自主权，改善政府机构对科学技术工作的宏观管理；对外开放，走向世界，是我国发展科学技术的一项长期的基本政策；改革科学技术人员管理制度，造成人才辈出、人尽其才的良好环境。

《决定》指出，随着城乡经济体制改革的逐步展开，必须相应地改革科学技术体制。这是关系我国现代化建设全局的一个重大问题。现代科学技术是新的社会生产力中最活跃的和决定性的因素。我们应当按照经济建设必须依靠科学技术、科学技术工作必须面向经济建设的战略方针，对科学技术体制进行坚决的有步骤的改革。当前科学技术体制改革的主要内容是：在运行机制方面，要改革拨款制度，开拓技术市场，克服单纯依靠行政手段管理科学技术工作，国家包得过多、统得过死的弊病；在对国家重点项目实行计划管理的同时，运用经济杠杆和市场调节，使科学技术机构具有自我发展的能力和自动为经济建设服务的活力。在组织结构方面，要改变过多的研究机构与企业相分离，研究、设计、教育、生产脱节，军民分割、部门分割、地区分割的状况；大力加强企业的技术吸收与开发能力和技术成果转让为生产能力的中间环节，促进研究机构、设计机构、高等学校、企业之间的协作和联合，并使各方面的科学技术力量形成合理的纵深配置。在人事制度方面，要克服"左"的影响，扭转对科学技术人员限制过多、人才不能合理流动、智力劳动得不到应有尊重的局面，造成人才辈出、人尽其才的良好环境。

《决定》是中共中央为了适应"振兴经济、实现四化"的需要而采取的重大决策。《决定》确立了"经济建设必须依靠科学技术、科学技术工作必须面向经济建设"的战略方针。《决定》明确了一系列新的科技政策：促进人才流动，试行科技人员专业技术职务聘任制；允许科技人员业余兼职，获取合理报酬；建立博士后科研流动站，试行博士后研究制度；对有突出贡献的科技人才实行重奖；针对不同性质的科研工作，采用不同的拨款制度；等等。

《决定》的颁布和实施，开始从运行机制、组织结构、人事制度等方面变革原来的科技体制，我国长期存在的科研与生产脱节、科技与经济脱节的问题，逐步得到解决。《决定》引发了中国的科技政策革命，成为中国科技发展的里程碑之一，对中国科学技术的发展具有重要的指导意义。

15.中共中央关于教育体制改革的决定

1985年5月27日，中共中央作出《关于教育体制改革的决定》（以下简称《决定》）。《决定》在总结我国教育发展的成绩和问题的基础上，阐明了教育体制改革的目的、任务、措施和各项方针对策，是我国新时期教育体制改革的纲领性文献之一。

此前，邓小平多次指出，解决人才问题，教育是基础，不改革教育体制，人才培养就无法满足社会主义现代化建设的需要。1984年10月29日，中央书记处决定将教育改革提上日程，并成立领导小组。领导小组之下设立由教育部领导牵头的工作班子，文件起草工作正式启动。文件起草小组反复研究，反复讨论，征求了各方面意见以及杨振宁、李政道等一批世界知名专家学者的意见。1985年5月19日，党中央召开改革开放后第一次全国教育工作会议，学习邓小平和中央领导同志关于教育工作的指示，讨论修改《关于教育体制改革的决定（草案）》（以下简称《决定（草案）》），同时研究贯彻落实的措施。会议期间，邓小平发表了《各级党委和政府要把教育工作认真抓起来》的重要讲话，指出教育体制改革的决定草案是个好文件。纲领有了，蓝图有了，关键是要真正重视，扎扎实实地抓，组织好施工。随后，5月27日，中央政治局开会讨论《决定（草案）》，同意正式发布《关于教育体制改革的决定》。

《决定》分为5个部分，提出：教育体制改革的根本目的是提高民族素质，多出人才，出好人才；要把发展基础教育的责任交给地方，有步骤地实行九年制义务教育；调整中等教育结构，大力发展职业技术教育；改革高等学校的招生计划和毕业生分配制度，扩大高等学校的办学自主权；加强领导，调动各方面积极因素，保证教育体制改革的顺利进行。

《决定》指出，教育必须为社会主义建设服务，社会主义建设必须依靠教育。为了从根本上扭转我国教育工作不适应社会主义现代化需要的局面，消除现行教育体制存在的弊端，必须从教育体制入手，有系统地进行改革。改革管理体制，在加强宏观管理的同时，坚决实行简政放权，扩大学校的办学自主权；调整教育结构，相应地改革劳动人事制度。还要改革同社会主义现代化不相适应的教育思想、教育内容、教育方法。经过改革，要开创教育工作的新局面，使基础教育得到切实的加强，职业技术教育得到广泛的发展，高等学校的潜力和活力得到充分的发挥，学校教育和学校外、学校后的教育并举，各级各类教育能够主动适应经济和社会发展的多方面需要。

《决定》充分体现了中共中央对教育体制改革的指导思想以及有关重大决策的精神，是一个与经济体制改革决定和科技体制改革决定相互配套，指导中国教育改革的纲领性文件。《决定》较好地贯彻了教育要面向现代化、面向世界、面向未来的思想，为我国教育改革和发展指明了方向。

在落实《决定》精神，推进教育改革和发展的过程中，党中央和国务院又不断采取新的举措。1994年6月，召开了第二次全国教育工作会议。1999年6月，党中央、国务院召开第三次全国教育工作会议。1993年，党中央、国务院发布《中国教育改革和发展纲要》。1999年，党中央、国务院发布《关于深化教育改革全面推进素质教育的决定》。2003年，国务院发布《关于进一步加强农村教育工作的决定》。2010年6月，中共中央政治局会议审议并通过《国家中长期教育改革和发展规划纲要（2010—2020年）》。

在党中央亲切关怀和正确领导下，我国的教育改革和发展取得举世瞩目的成就。我国建成了世界上最大的教育体系。全面普及九年义务教育，实现完全意义上的免费教育。实现了高等教育大众化。全民教育普及和发展，使我国15岁以上人口平均受教育年限超过9.5年，新增劳动力平均受教育年限接近12.4年，均超过世界平均水平。具有高等教育文化程度人口数达到8200万，从业人员中有高等教育学历的人数已位居世界前列。我国从人口大国转变成为人力资源大国，正在向人力资源强国转变。在一个有13亿人口的大国实现普及九年义务教育和高等教育大众化，标志着中华民族文明进步达到了一个新的高度。

我国教育管理体制、办学体制、投入体制改革以及相关制度建设等方面取得一系列进展。改革基础教育管理体制，在全国城乡建立免费义务教育制度。改革高等教育管理体制，形成了突出重点、带动整体的发展格局。通过实施"211工程"、"985工程"以及高等教育"质量工程"，高校人才培养能力提高了5倍，科研经费增长7倍。改革职业教育管理体制，教育正在成为面向全社会、面向人人的教育。改革教育行政管理体制，学校自主办学、自我发展机制初步形成。在公办高等学校实行党委领导下的校长负责制，在中小学校实行校长负责制，办学自主权的依法落实，为学校增添了更多活力。改革办学体制，公办学校和民办学校共同发展的格局已经形成。改革教育投入体制，以政府投入为主、多渠道筹措教育经费的体制机制基本形成。扩大教育对外开放，我国教育国际地位和影响力得到显著提升。我国已经同184个国家和地区以及联合国教科文组织等国际组织建立了教育合作交流关系。健全教育法律法规，为我国教育事业改革和发展提供了强有力的法制保障。先后制定和颁布了义务教育法、教师法、教育法、职业教育法、高等教育法、民办教育促进法、学位条例等。一项项改革力度空前，体现着党中央、国务院推进教育改革的决心和勇气。

16.成立中国消费者协会

中国消费者协会是1984年12月经国务院批准成立的全国性社会组织，其宗旨是：对商品和服务进行社会监督，保护消费者的合法权益，引导广大消费者合理、科学消费，促进社会主义市场经济健康发展。

我国第一个消费者协会是1983年5月21日成立的河北省新乐县消费者协会，第一个城市消费者协会是1984年9月成立的广州市消费者委员会。截至2014年，全国县以上消费者协会已达3000多个，其中省、自治区、直辖市31个。在农村乡镇、城市街道设立的消协分会，在村委会、居委会、行业管理部门、高等院校、厂矿企业中设立的监督站、联络站等各类基层网络组织达15.6万个，义务监督员、维权志愿者10万余名。

中国消费者协会的组织机构是理事会，由国家各有关部门，各有关人民团体（社会团体），各有关新闻媒介，各省、自治区、直辖市及副省级市消费者协会（委员会）组织推举的理事组成，每届五年。协会的日常工作由常设办事机构承担，秘书长、副秘书长专职管理，并向会长负责。协会的业务主管单位是国家工商行政管理总局，并接受国家工商行政管理总局、民政部的业务指导和监督管理。协会于1987年9月被吸收为国际消联正式会员。中国消费者协会拥有《中国消费者》杂志和"中国消费者协会信息网"两个媒体。协会的经费由政府资助和社会赞助。

协会的主要职责是：向消费者提供消费信息和咨询服务；参与有关行政部门对商品和服务的监督、检查；就有关消费者合法权益的问题，向有关行政部门反映、查询，提出建议；受理消费者的投诉，并对投诉事项进行调查、调解；投诉事项涉及商品和服务质量问题的，可以提请鉴定部门鉴定，鉴定部门应当告知鉴定结论；就损害消费者合法权益的行为，支持受损害的消费者提起诉讼；对损害消费者合法权益的行为，通过大众传播媒介予以揭露、批评。

从1986年开始，协会每年在国际消费者权益日——3月15日，通过街头宣传、举办展览、专题讲座、文艺晚会、知识竞赛等形式，开展维权宣传活动。协会还协助有关部门制定了《中华人民共和国消费者权益保护法》，并于1993年10月由全国人大常委会审议通过，于1994年1月1日实施。从1997年起，中国消费者协会针对涉及消费者人身和财产安全的重大隐患和消费陷阱，以"消费警示"的形式向社会公布。1997年以来，协会每年推出一个主题，在全国开展维权活动。

中国消费者协会是改革开放后第一个全国性保护消费者权益的社会组织。协会的成立，标志着中国消费者权益保护从消费者自发保护进入消费者组织保护的轨道。30多年来，协会通过受理投诉、调解纠纷、宣传教育、调查监督、比较试验、揭露批评、支持诉讼、参与立法等一系列的工作方法和手段，在消费维权方面做了大量工作。截至2014年，协会连续28年开展"3·15消费者权益日活动"，受理消费者投诉1480多万件，为消费者挽回经济损失130多亿元；开展产品比较试验3000余次，各类监督调查50余万次，为消费者理性科学消费提供参考。

17.颁发居民身份证

居民身份证是证明居住在中华人民共和国境内的、具有中国国籍的公民的身份证件。

1983年5月，经中共中央、国务院批准，公安部借鉴国外经验，积极开展颁发居民身份证的各项筹备。1984年4月6日，国务院批转公安部关于颁发居民身份证若干问题请示的通知，同时公布了《中华人民共和国居民身份证试行条例》，并在北京试行。1985年9月6日，全国人大常委会批准发布《中华人民共和国居民身份证条例》，全面规范了居民身份证的申领、制作、颁发、查验等，标志着我国居民身份证制度的正式建立。1986年11月3日，国务院批准《中华人民共和国居民身份证条例实施细则》。1999年10月1日起，经国务院批准，在全国范围内建立和实行公民身份号码制度。2003年6月全国人大常委会通过《中华人民共和国居民身份证法》，于2004年1月1日起施行。2004年3月29日起，中国大陆正式开始为居民换发内藏非接触式IC卡智能芯片的第二代居民身份证。2014年10月全国人大常委会审议通过新的修正案，规定公民申请领取、换领、补领居民身份证应当登记指纹信息。

根据居民身份证制度，公民应当自年满 16 周岁之日起 3 个月内，向常住户口所在地的公安机关申请领取居民身份证。未满 16 周岁的公民，由监护人代为申请领取居民身份证。居民身份证由居民常住户口所在地的县级人民政府公安机关签发。正在服兵役的人民解放军军人和人民武装警察不领取居民身份证，使用军官证、士兵证和警官证。居民身份证登记的项目包括：姓名、性别、民族、出生日期、常住户口所在地住址、公民身份号码、本人相片、证件的有效期和签发机关。有效期分为 5 年、10 年、20 年、长期 4 种。公民身份号码由 18 位数字组成：前 6 位为行政区划代码，第 7 至 14 位为出生日期码，第 15 至 17 位为顺序码，第 18 位为校验码。公民身份号码是国家为每个公民从出生之日起编定的唯一的、终身不变的身份代码。

居民身份证是我国户籍管理制度的一项重大改革，是保障公民合法权益、维护社会安定的一项重要措施。居民身份证可以有效地证明公民身份，便于公民办理涉及个人政治、经济等方面的事务和进行各种社会活动。同时，也有利于促进应用现代化技术对人口进行管理，更及时准确地为有关部门提供人口资料，更好地提供公共服务和保障公民的合法权益。

三、"七五"期间社会改革与发展概况

1.中华人民共和国国民经济和社会发展第七个五年计划

1986年4月，六届全国人大四次会议审议批准《中华人民共和国国民经济和社会发展第七个五年计划（1986—1990）》，简称"七五"计划。

1983年，国务院开始着手第七个五年计划的拟定工作，组织有关部门和专家对经济和社会发展的重大问题展开讨论和预测。1985年9月，中国共产党全国代表会议通过了《中共中央关于制定国民经济和社会发展第七个五年计划的建议》，明确提出了"七五"计划的指导思想、主要任务和一系列适应新形势的方针政策。国务院根据中共中央的建议，对计划安排作了进一步的深入研究，反复进行综合平衡和各种计算，同时征求了各部门、各地方的意见。经过三年多的工作，编制了"七五"计划草案，1986年4月经六届全国人大四次会议审议批准，向全国人民公布。

"七五"计划总的原则和方针是：坚持把改革放在首位，使改革和建设互相适应，互相促进。坚持社会总需求和总供给的基本平衡，保持国家财政、信贷、物资和外汇的各自平衡和相互间的综合平衡。坚持把提高经济效益特别是提高产品质量放到十分突出的位置上来，正确处理好效益和速度、质量和数量的关系。坚持适应社会需求结构的变化和国民经济现代化的要求，进一步合理调整产业结构。坚持恰当地确定固定资产投资规模，合理调整投资结构，加快能源、交通、通信和原材料工业的建设。坚持把建设重点转到现有企业的技术改造和改建扩建上来，走内涵型为主的扩大再生产的路子。坚持把发展科学、教育事业放在重要的战略地位上，促进科学技术进步，加快智力开发。坚持进一步对外开放，更好地把国内经济建设同扩大对外经济技术交流结合起来。坚持在发展生产和提高经济效益的基础上，进一步改善城乡人民的物质文化生活。坚持在推进物质文明建设的同时，大力加强社会主义精神文明建设。坚持在各项事业中发扬艰苦奋斗、勤俭建国精神。

"七五"计划的基本任务是：进一步为经济体制改革创造良好的经济环境和社会环境，努力保持社会总需求和总供给的基本平衡，使改革更加顺利地展开，力争在五年或者更长一些的时间内，基本上奠定有中国特色的新型社会主义经济体制的基础。保持经济的持续稳定增长，在控制固定资产投资总规模的前提下大力加强重点建设、技术改造和智力开发，在物质技术和人才方面为 90 年代经济和社会的继续发展准备必要的后续能力。在发展生产和提高经济效益的基础上，继续改善城乡人民生活。这三项任务相互联系、紧密结合，其中最重要的是第一项任务。

"七五"计划的主要指标是：在不断提高经济效益的前提下，五年内全国工农业总产值增长 38%，国民生产总值增长 44%。按 1980 年不变价格计算，1990 年工农业总产值达到 16770 亿元，比 1980 年增长 1.3 倍；国民生产总值达到 11170 亿元，比 1980 年增长 1.6 倍。全民所有制单位的固定资产投资总额五年为 8960 亿元，比"六五"期间增长近 70%。逐步推行九年制义务教育，同时通过普通高等学校和成人高等教育五年共培养近 500 万高级专门人才，比"六五"期间增长一倍。进出口贸易总额 1990 年比 1985 年增长 40%，并相应地扩大利用外资和引进先进技术的规模。城乡居民的实际消费水平五年增长 27% 左右，进一步改善人民的生活质量和生活环境。

"七五"时期的经济体制改革，主要是做好三个方面：进一步增强企业特别是全民所有制大中型企业的活力，使它们真正成为相对独立的经济实体，成为自主经营、自负盈亏的社会主义商品生产者和经营者；进一步发展社会主义的商品市场，逐步完善市场体系；国家对企业的管理逐步由直接控制为主转向间接控制为主，建立新的社会主义宏观经济管理制度，逐步完善各种经济手段和法律手段，辅之以必要的行政手段，来控制和调节经济运行。

"七五"计划时期（1986—1990 年）是实现党的十二大提出的到 20 世纪末"工农业总产值翻两番"、"前 10 年打基础"战略部署的重要时期。实施结果：到 1990 年，主要经济计划指标的年均增长速度均超过计划要求，其中国民生产总值、国民收入、工农业总产值、农业总产值和工业总产值分别超过计划 0.3、0.8、4.6、0.6 和 5.6 个百分点，提前实现了第一步战略目标，人民生活进一步改善，各项事业都有了新的发展。这一时期，我国经济体制改革步伐加快，但经济发展起伏较大，市场波动剧烈，经济效益下滑，国家的宏观调控能力受到削弱。后期经过治理整顿，各方面的形势趋向好转。

2. 职称改革

职称制度是我国专业技术人员管理的一项基本制度，新中国成立初期至20世纪60年代中期实行的是技术职务任命制度，"文化大革命"期间全面冻结，1977年后陆续恢复并改行技术职称评定制度。但是由于职称评定工作中暴露出的一些弊端，1983年9月中共中央书记处和国务院决定暂停职称评定工作。

1985年12月，中共中央书记处、国务院决定成立中央职称改革工作领导小组，在中央领导下，指导全国进行专业技术人员的专业技术职务聘任工作。专业技术职务聘任的工作由中央职称改革领导小组统一领导，具体工作由中央职称改革领导小组办公室负责，办公室设在国家科委。1986年1月，中共中央、国务院转发《关于改革职称评定、实行专业技术职务聘任制度的报告》；2月，国务院发布《关于实行专业技术职务聘任制度的规定》。文件指出，为了适应经济体制改革、科技体制改革和教育体制改革的需要，需在总结过去职称评定工作经验的基础上，改革职称评定制度。改革的中心是实行技术职务聘任制度，并相应地实行以职务工资为主要内容的结构工资制度。专业技术职务聘任制度的主要内容是：根据实际需要设置专业技术工作岗位，规定明确的职责，在定编定员的基础上，确定高中初级专业技术职务的合理结构比例；由行政领导在经过评审委员会认定的、符合相应条件的专业技术人员中聘任或任命；有一定的任期，在任职期间领取专业技术职务工资。专业技术职务不同于一次获得后而终身拥有的学位、学衔等各种学术、技术称号。

实行专业技术职务聘任制度，总的规定和总的要求是：一、各专业技术职务系列主管部委必须对主管系列专业技术职务的名称、档次、适用范围、不同单位类别的高中初级专业技术职务的合理结构比例、岗位职责、任职条件、聘任办法和审批权限等作出原则规定，报国家科委核定。所设各档次专业技术职务对应的工资标准，应报劳动人事部核准。二、国务院各部委，各省、自治区、直辖市要在国家批准的编制和在各专业技术职务系列主管部委规定的限额比例内，确定本部门或本地区所属事业单位各类专业技术职务中各级人员的合理结构比例。三、受聘担任某一技术职务必须具备履行相应职责的实际能力。四、在检查过去职称评定工作的基础上，对已获得职称的合格人员，应承认其具有受聘或被任命担任相应专业技术职务的条件，并根据需要聘任或任命适当的专业技术职务。

文件还规定：事业单位的专业技术职务一般实行聘任制。三线、边远地区和不具备聘任条件的事业单位可以实行任命制，但应创造条件逐步实行聘任制。专业技术职务的聘任或任命都不是终身的，应有一定的任期，每一任期一般不超过五年。如工作需要，可以连聘连任。聘任或任命单位对受聘或被任命的专业技术人员的业务水平、工作态度和成绩，应进行定期或不定期的考核。

20世纪80年代中期的职称改革,是我国专业技术人员管理制度的一项重大改革。改革有利于克服在专业技术人员管理制度上长期存在的积压、浪费人才的弊病;有利于克服平均主义,贯彻按劳分配原则;有利于打破禁锢人才、一潭死水的局面,促进人才合理流动,改变人才结构不合理的状况,逐步建立起一套充满活力的、适应新形势和新任务需要的专业技术人员管理制度,有利于创造一种生动活泼的环境。实行专业技术职务聘任制度是我国专业技术人员管理制度的重大改革,也是工资制度改革的重要组成部分,对我国专业技术队伍的建设和社会主义事业的发展具有深远的意义。

根据党的十四届三中全会的要求,自1994年开始,我国职称制度开始探索与市场经济相适应的机制,逐步推行专业技术人员职业资格证书制度。主要有两类资格制度:一是依照有关法律法规的要求,在关系公共利益和人民生命财产安全的关键领域和岗位,建立实施强制的职业准入资格制度,强化对个人的资质要求;二是职业水平评价制度,在借鉴一些经济发达国家的做法的基础上,结合经济社会发展的实际,对服务领域广阔,社会需求量大的领域,建立职业水平认证制度,其目的是提高从业人员的素质,为社会提供更好的服务。1994年审议通过的《中华人民共和国劳动法》第八章第六十九条规定:"国家确定职业分类,对规定的职业制定职业技能标准,实行职业资格证书制度,由经过政府批准的考核鉴定机构负责对劳动者实施职业技能考核鉴定。"1996年修订通过的《职业教育法》第一章第八条明确指出:"实施职业教育应当根据实际需要,同国家制定的职业分类和职业等级标准相适应,实行学历证书、培训证书和职业资格证书制度。"这些法规确定了国家推行职业资格证书制度和开展职业技能鉴定的法律依据。

近20年来,按照党中央、国务院的要求,为适应我国经济社会发展的要求,原人事部会同国务院各部门和各省市对以专业技术职务聘任制为主体的职称制度逐步进行了一系列的改革探索。一方面,在部分系列中试行评聘分开,探索试行以考代评的专业技术资格制度,强化资格管理;另一方面,在部分地方和单位试行以聘代评、评聘合一的评价方式。与此同时,还推行了考试、考试与评审相结合等多种评价方式,不断完善评价标准,改进和丰富评价方式、手段,逐步提高评价质量。截至2005年底,在全国4195.6万专业技术人员中,3000多万专业技术人员具有职称,2756.7万人分布在国有企事业单位,教育、卫生、工程、农业、科研系列占80%以上。其中,高级职称有234.8万人,中级职称有976.9万人,初级职称1322.6万人。截至2006年8月底,我国现有专业技术职务系列27个,已建立职业准入性质的专业技术人员职业资格证书制度40项,职业水平评价性质的专业技术人员职业资格证书制度9项,取得证书人员共约100万人。

职称制度作为我国专业技术人员管理的一项基本制度,实施50年来,在调动专业技人员积极性、创造性，落实党的知识分子政策，推动专业技术人才队伍建设等方面发挥了积极的作用。目前，职称制度已基本涵盖了各类专业技术人才群体，成为不同行业领域对专业技术人员进行分类管理的重要基础，成为专业技术人员职业发展的一条重要途径，并成为一项具有中国特色的专业技术人员管理制度，为我国专业技术人才队伍建设发挥了不可替代的作用，是实现科教兴国和人才强国战略的重要保障。

3.中华人民共和国民法通则

1986年4月12日，六届全国人大四次会议修订通过《中华人民共和国民法通则》（以下简称《民法通则》），自1987年1月1日起施行。《民法通则》是我国对民事活动中一些共同性问题所作的法律规定。颁布实施《民法通则》，是为了调整平等主体的公民之间、法人之间、公民和法人之间的财产关系和人身关系，保障公民、法人的合法的民事权益，正确调整民事关系，适应社会主义现代化建设事业发展的需要。

新中国成立以来，从1954年至1982年，立法机关先后三次组织起草民法典，然而三个民法草案都因为各种原因而搁浅。其中始于1979年的第三次民法法典化活动，前后准备了4稿，但最终还是没能整体通过。当时，我国已经有了一些单行的民事立法，如修订后的婚姻法，配合改革开放后颁布的经济合同法、涉外经济合同法、商标法、专利法等。这些单行立法，一定程度上解决了经济活动无法可依的问题，但是基本的民事法律制度无法通过单行法来确定，比如法人的法律地位、法律行为、代理、时效制度等。这些法律制度的确立，需要一部民事基本法。在这样的背景下，作为变通或者过渡性的考虑，制定一部浓缩的、简明版的民法，即民法通则，已成当务之急。

《民法通则》共9章、156条，具体包括：第一章，基本原则；第二章，公民（自然人）；第三章，法人；第四章，民事法律行为和代理；第五章，民事权利；第六章，民事责任；第七章，诉讼时效；第八章，涉外民事关系的法律适用；第九章，附则。

《民法通则》的基本原则有：当事人在民事活动中的地位平等；民事活动应当遵循自愿、公平、等价有偿、诚实信用的原则；公民、法人的合法的民事权益受法律保护，任何组织和个人不得侵犯；民事活动必须遵守法律，法律没有规定的，应当遵守国家政策；民事活动应当尊重社会公德，不得损害社会公共利益，破坏国家经济计划，扰乱社会经济秩序；在中华人民共和国领域内的民事活动，适用中华人民共和国法律，法律另有规定的除外。

《民法通则》的重要规定包括：18周岁以上的公民是成年人，具有完全民事行为能力，可以独立进行民事活动，是完全民事行为能力人。法人是具有民事权利能力和民事行为能力，依法独立享有民事权利和承担民事义务的组织。公民、法人可以通过代理人实施民事法律行为。财产所有权是指所有人依法对自己的财产享有占有、使用、收益和处分的权利。债是按照合同的约定或者依照法律的规定，在当事人之间产生的特定的权利和义务关系，享有权利的人是债权人，负有义务的人是债务人。公民享有姓名权，有权决定、使用和依照规定改变自己的姓名，禁止他人干涉、盗用、假冒。公民、法人享有名誉权，公民的人格尊严受法律保护，禁止用侮辱、诽谤等方式损害公民、法人的名誉等。

1988年4月，最高人民法院印发关于贯彻执行《民法通则》若干问题的意见。1990年12月，最高人民法院发布了关于贯彻执行《民法通则》若干问题的意见修改稿。

2009年8月27日，十一届全国人大常委会第十次会议决定：对《民法通则》中明显不适应社会主义市场经济和社会发展要求的规定，作出以下修改：一是将《民法通则》第七条修改为："民事活动应当尊重社会公德，不得损害社会公共利益，扰乱社会经济秩序。"二是删去第58条第1款第6项中"经济合同违反国家指令性计划的"。

《民法通则》的颁布，结束了我国多年来没有民事基本法的历史，是我国民事立法日趋完善的重要标志，是我国社会主义法制建设的一项重大成就。《民法通则》的颁布实施，对于保护公民和法人的合法权益，维护社会主义经济秩序和社会秩序，促进和保证社会主义经济体制改革的顺利进行，开展国际性的经济、文化、技术的交流和合作，加速社会主义物质文明和精神文明建设，都有着十分重要的意义。

4.国营企业劳动制度改革

国营企业劳动制度改革主要是实行各种形式的合同制和责任制、建立劳动力市场以及优化劳动组合等，是20世纪80年代中期国营企业改革的一项重要内容。1986年4月，中共中央、国务院发出《关于认真执行改革劳动制度几个规定的通知》，指出新近作出的几项规定是我国建国以来劳动制度的重大改革。同年7月，国务院正式发布《国营企业实行劳动合同制暂行规定》、《国营企业招用工人暂行规定》、《国营企业辞退违纪职工暂行规定》和《国营企业职工待业保险暂行规定》等关于改革劳动制度的四个规定，并从1986年10月1日起开始实施。

为了确保改革的顺利推进，国营企业实行劳动合同制是以不触动原有固定工制度为前提的。实行劳动合同制后对原有的固定工不触动，实行了"新人新制度，老人老制度"的制度安排，故而出现了固定工与合同制职工并存的双轨制现象。《国营企业实行劳动合同制暂行规定》包括7章36条，分总则，招收录用，劳动合同的订立、变更、终止和解除，在职和待业期间的待遇，退休养老期间的待遇，组织管理和附则。这些规定涉及劳动合同制度及相关制度的诸多内容，对后来的劳动法和劳动合同法都有影响。

《国营企业实行劳动合同制暂行规定》的主要内容包括：企业在国家劳动工资计划指标内招用常年性工作岗位上的工人，除国家另有特别规定者外，统一实行劳动合同制。企业招用劳动合同制工人，应当在当地劳动行政主管部门指导下，贯彻公开招收、自愿报名、德智体全面考核、择优录用的原则。企业与被招用的工人签订劳动合同时，必须遵守国家政策和法规的规定，坚持平等自愿和协商一致的原则，以书面形式明确规定双方的责任、义务和权利。劳动合同一经签订，就受到法律保护，双方必须严格遵照执行。劳动合同制工人的工资和保险福利待遇，应当与本企业同工种、同岗位原固定工人保持同等水平，其保险福利待遇低于原固定工人的部分，用工资性补贴予以补偿。

《国营企业招用工人暂行规定》的主要内容是：企业招用工人，必须在国家劳动工资计划指标之内，贯彻执行先培训后就业的原则，面向社会，公开招收，全面考核，择优录用。企业招用工人，必须实行劳动合同制。企业招用工人，应当公布招工简章，符合报考条件的城镇待业人员和国家规定允许从农村招用的人员，均可报考。企业招用工人，应当张榜公布经过考核合格者名单，公开录用。企业不得以任何形式进行内部招工，不再实行退休工人"子女顶替"的办法。企业招用工人必须具备的基本条件是：年满十六周岁，身体健康，具有初中以上文化程度，现实表现好。

《国营企业辞退违纪职工暂行规定》的主要内容是：企业对有下列行为之一、经过教育或行政处分仍然无效的职工，可以辞退：一、严重违反劳动纪律，影响生产、工作秩序的；二、违反操作规程，损坏设备、工具，浪费原材料、能源，造成经济损失的；三、服务态度很差，经常与顾客吵架或损害消费者利益的；四、不服从正常调动的；五、贪污、盗窃、赌博、营私舞弊，不够刑事处分的；六、无理取闹，打架斗殴，严重影响社会秩序的；七、犯有其他严重错误的。符合除名、开除条件的职工，按照《企业职工奖惩条例》的规定执行。企业对被辞退的职工应当发给辞退证明书。

《国营企业职工待业保险暂行规定》主要适用于：宣告破产的企业的职工；濒临破产的企业法定整顿期间被精减的职工；企业终止、解除劳动合同的工人；企业辞退的职工。职工待业保险基金的来源包括：一、企业按照其全部职工标准工资总额的1%缴纳的待业保险基金（缴纳所得税前列支）；二、职工待业保险基金存入银行后，由银行按照国家规定支付的利息；三、地方财政补贴。职工待业保险基金，由企业开户银行按月代为扣缴，转入所在市、县主管职工待业救济机构在银行开设的"职工待业保险基金"专户。

上述关于国营企业劳动制度改革的几个规定，是新中国成立以来劳动制度的重大改革。这几项暂行规定的实施，有助于消除以往劳动制度中包得过多、统得过死、能进不能出的弊端，逐步建立起一套能够适应社会主义市场经济发展要求的新型劳动制度，有利于激励广大职工的主人翁责任感和生产积极性,进一步改进企业管理,加强劳动纪律,提高职工素质,增强企业活力,推动生产的发展。这几个规定的实施打破了铁饭碗的劳动就业制度,增强了企业活力,促进了社会主义现代化建设。

5.禁止党政机关和党政干部经商、办企业

我国20世纪80年代改革开放全面启动后,党政机关和国家公职人员经商、办企业的现象逐渐增多,扰乱了经济秩序,影响了党和政府的形象,特别是那些在价格双轨制下利用手中权力进行寻租的"官倒"行为更是引起社会各界的普遍不满。有鉴于此,中共中央三令五申,多次出台规定,严厉禁止党政机关和党政干部经商、办企业行为。

1984年7月17日,中共中央办公厅、国务院办公厅发出的《关于党政机关在职干部不要与群众合办企业的通知》指出:经济体制改革必须坚持政企分开,官商、官工分开的原则。党政机关在职党政干部与群众合伙兴办经营企业,容易削弱党和政府对经济工作的全面领导,影响党政干部秉公办事当好全体人民的勤务员,也容易发生与民争利的偏向,形成一批仗权谋利的垄断企业,不利于真正搞活经济。

同年12月3日,中共中央、国务院发出的《关于严禁党政机关和党政干部经商、办企业的决定》(以下简称《决定》)指出:各级党政领导机关特别是经济部门及其领导干部更要正确发挥领导和组织经济建设的职能,坚持政企职责分开、官商分离的原则,发扬清正廉明、公道正派的作风,切实做到一心一意为发展生产服务,为企业和基层服务,为国家的繁荣强盛和人民的富裕幸福服务。决不允许运用手中的权力,违反党和国家的规定去经营商业,兴办企业,谋取私利,与民相争。这不仅不利于经济体制的改革,不利于党政机关和党政机关在职干部发挥自己应有的作用,而且危害党风党纪和干部队伍的建设。任其发展下去,不仅败坏改革的声誉,妨碍改革的顺利进行,而且必将严重破坏党群关系,腐蚀党的肌体,毁掉一批干部。对此,各级党政领导机关和领导同志务必保持清醒头脑,采取鲜明态度,坚决予以杜绝。《决定》要求,党政机关不得使用公款(包括行政经费、党团费、老干部特需经费等)、贷款以及在职干部自筹资金,自办企业或与群众合办企业,不得在经济利益上与群众兴办的企业挂在一起。乡(含乡)以上党政机关在职干部(包括退居二线的干部),一律不得以独资或合股、兼职取酬、搭干股分红等方式经商、办企业;也不允许利用职权为其家属、亲友所办的企业谋取利益。

1985年5月23日,中共中央、国务院发出《关于禁止领导干部的子女、配偶经商的决定》(以下简称《决定》),《决定》指出:最近,各地在贯彻执行《中共中央、国务院关于严禁党政机关和党政干部经商、办企业的决定》中,发现有不少党政机关领导干部的子

女、配偶从事商业活动。他们利用自己的特殊身份和社会关系，参与套购国家紧缺物资，进行非法倒买倒卖活动，已经引起群众的不满，严重地损害了党的威信，损害了党政机关领导干部在群众中的形象。这对于从事商业活动的领导干部的子女、配偶也是严重的腐蚀。《决定》要求，凡县、团级以上领导干部的子女、配偶，除在国营、集体、中外合资企业，以及在为解决职工子女就业而兴办的劳动服务性行业工作者外，一律不准经商。所有干部子女特别是在经济部门工作的干部子女，都不得凭借家庭关系和影响，参与或受人指派，利用牌价议价差别，拉扯关系，非法倒买倒卖，牟取暴利。各级领导干部要以身作则，模范地执行本决定，教育自己的子女及配偶遵纪守法，严格按照党的政策办事，绝对不得利用关系进行违法活动。

1986年2月4日，中共中央、国务院发出的《关于进一步制止党政机关和党政干部经商、办企业的规定》（以下简称《规定》）指出：有的党政机关和党政干部仍采取各种手法继续经商、办企业；有的党政领导干部还继续兼任企业职务；有的家属利用领导干部的关系及影响经商、办企业；经商、办企业中的一些严重违法行为，特别是牵涉到某些领导干部的问题，至今得不到应有的处理。党政机关和党政干部经商、办企业，以权谋私，损公肥私，危害很大。《规定》要求，党政机关，包括各级党委机关和国家权力机关、行政机关、审判机关、检察机关以及隶属这些机关编制序列的事业单位，一律不准经商、办企业。凡违反《规定》仍在开办的企业包括应同机关脱钩而未脱钩，或者明脱钩暗不脱钩的，不管原来经过哪一级批准，都必须立即停办，或者同机关彻底脱钩。凡上述机关的干部、职工，包括退居二线的干部，除中央书记处、国务院特殊批准的以外，一律不准在各类企业中担任职务。已经担任企业职务的，必须立即辞职；否则，必须辞去党政机关职务。在职干部、职工一律不许停薪留职去经商、办企业。已停薪留职的，或者辞去企业职务回原单位复职，或者辞去机关公职。

禁止党政机关和党政干部经商办企业一系列规定和决定的颁布实施，对于保持党政机关的清正廉洁、促进党风和社会风气的好转，对于优化经济环境、保证经济社会的健康发展等，意义重大。此后，2007年下发的《中共中央纪委关于严格禁止利用职务上的便利谋取不正当利益的若干规定》、2010年作出的《中国共产党党员领导干部廉洁从政若干准则》，都重申了禁止党政机关和党政干部经商办企业的原则规定，并将其纳入了党风建设和惩治、预防腐败体系。

6.中共中央关于社会主义精神文明建设指导方针的决议

1986年9月28日，党的十二届六中全会通过《中共中央关于社会主义精神文明建设指导方针的决议》(以下简称《决议》)。《决议》从社会主义现代化建设总体布局的高度，精辟地阐明了社会主义精神文明建设的战略地位，科学地规定了精神文明建设的基本指导方针，系统地提出了精神文明建设的根本任务，明确地指出了党组织和党员在精神文明建设中的责任，是我们党在新的历史时期加强社会主义精神文明建设的纲领性文献，也是党的思想政治工作的重要指导文件和依据。

《决议》共分8个部分，全面地阐述了社会主义精神文明建设的战略地位和作用、基本内容和主要任务、基本方针和重要方法等。具体包括：一、社会主义精神文明建设的战略地位；二、社会主义精神文明建设的根本任务；三、用共同理想动员和团结全国各族人民；四、树立和发扬社会主义的道德风尚；五、加强社会主义民主、法制、纪律的教育；六、普及和提高教育科学文化；七、马克思主义在精神文明建设中的指导作用；八、党组织和党员在精神文明建设中的责任。

《决议》指出，以马克思主义为指导的社会主义精神文明是社会主义社会的重要特征。在社会主义时期，物质文明为精神文明的发展提供物质条件和实践经验，精神文明又为物质文明的发展提供精神动力和智力支持，为它的正确发展方向提供有力的思想保证。社会主义精神文明建设，是关系社会主义兴衰成败的大事。社会主义精神文明建设的战略地位，决定了它必须是推动社会主义现代化建设的精神文明建设，必须是促进全面改革和实行对外开放的精神文明建设，必须是坚持四项基本原则的精神文明建设。这就是社会主义精神文明建设的基本指导方针。

《决议》指出，社会主义精神文明建设的根本任务，是适应社会主义现代化建设的需要，培育有理想、有道德、有文化、有纪律的社会主义公民，提高整个中华民族的思想道德素质和科学文化素质。精神文明建设，包括思想道德建设和教育科学文化建设两个方面，渗透在整个物质文明建设之中，体现在经济、政治、文化、社会生活的各个方面。建设有中国特色的社会主义，把我国建设成为高度文明、高度民主的社会主义现代化国家，这就是现阶段我国各族人民的共同理想。社会主义道德建设的基本要求，是爱祖国、爱人民、爱劳动、爱科学、爱社会主义。高度民主是社会主义的伟大目标之一，也是社会主义精神文明在国家和社会生活中的重要体现。加强社会主义民主和法制的建设，根本问题是教育人。教育科学文化既是物质文明建设的重要条件，也是提高人民群众思想道德觉悟水平的重要条件。坚持以马列主义、毛泽东思想为指导，是我国社会主义现代化事业的根本，也是社会主义精神文明建设的根本。作为工人阶级的科学世界观和全人类精神文明的伟大成果的马克思主义，是社会主义事业和党的领导的理论基础，是社会主义意识形态的最重要的组成部分，对整个精神文明建设起着重大的指导作用。各级党组织和广大党员在精神文明建设中的责任，一是加强自身的精神文明建设，特别是搞好党风；二是以模范行动和艰苦工作，组织和推动全社会的精神文明建设。

《中共中央关于社会主义精神文明建设指导方针的决议》（以下简称《决议》），是我们党在新的历史时期制定的关于加强我国社会主义精神文明建设的第一个专门决议。在这个《决议》指导下，我国从多方面加强精神文明建设，取得积极进展和明显效果，对促进经济、政治、社会建设，促进全面改革和社会稳定起了重要作用。但在一些地方和部门的领导工作中，忽视思想教育，忽视精神文明，"一手比较硬、一手比较软"的问题还没有解决；在社会精神生活方面存在不少问题，有的还相当严重。为了进一步增强全党同志对加强社会主义精神文明建设重要性和紧迫性的认识，在牢牢把握经济建设这个中心，把物质文明建设搞得更好的同时，切实把精神文明建设提到更加突出的地位，进一步开创新形势下精神文明建设的新局面，需要党中央作出新的部署。1996年10月7日至10日，党的十四届六中全会召开。这次会议主要讨论思想道德和文化建设方面的问题，审议并通过了《中共中央关于加强社会主义精神文明建设若干重要问题的决议》（以下简称《决议》）。这是我们党在新时期制定的关于加强我国社会主义精神文明建设的第二个专门决议。这个《决议》指出，社会主义社会是全面发展、全面进步的社会，社会主义现代化事业是物质文明和精神文明协调发展的事业。在发展社会主义市场经济和对外开放条件下建设社会主义精神文明，是中国共产党人和中国人民一项艰巨的历史任务。它关系到我国跨世纪宏伟蓝图的全面实现，关系到社会主义事业的兴旺发达。《决议》进一步明确提出了社会主义精神文明建设的指导思想、主要目标，就如何加强思想道德建设和文化建设提出了明确要求。

7.全国人大常委会关于加强法制教育维护安定团结的决定

1986年12月中下旬，合肥、北京等地一些高等院校的少数学生上街游行，有的地方出现了扰乱交通秩序和违犯社会治安规定的情况。后经各地有关方面和学校的教育与疏导，事件逐渐平息。为了进一步加强法制教育，使各级国家机关和国家工作人员、广大人民群众熟悉和掌握宪法和法律，做到人人知法、守法，并且运用法律武器同一切违反宪法和法律的行为作斗争，维护人民的合法的自由、民主和其他权利，维护社会秩序，维护安定团结的政治局面，1987年1月22日，六届全国人大常委会第十九次会议通过了《关于加强法制教育维护安定团结的决定》（以下简称《决定》）。

《决定》指出，坚持四项基本原则，即坚持中国共产党的领导，坚持马克思列宁主义、毛泽东思想，坚持人民民主专政，坚持社会主义道路，这是全国各族人民团结前进的共同的政治基础，也是社会主义现代化建设顺利进行的根本保证。马克思列宁主义、毛泽东思想是我们的根本指导思想。社会主义制度是中华人民共和国的根本制度。禁止任何组织或者个人破坏社会主义制度。人民民主专政，除了在人民内部实行民主的一面，还有全体人民对于人民的敌人实行专政的一面。公民在行使自由和权利的时候，不得损害国家的、社会的、集体的利益和其他公民的合法的自由和权利。国家维护社会秩序，镇压叛国和其他反革命的活动，制裁危害社会治安、破坏社会主义经济和其他犯罪的活动，惩办和改造犯罪分子。

发展社会主义民主，健全社会主义法制，是我们国家面临的一项根本任务。《决定》重申我国宪法中关于坚持四项基本原则的有关规定以及维护宪法尊严的必要性；指出任何组织或者个人都不得有超越宪法和法律的特权，一切违反宪法和法律的行为，必须予以追究。1987年1月28日，中共中央发出《关于宣传贯彻全国人大常委会关于加强法制教育维护安定团结的决定的通知》，指出："这个《决定》是在全体人民中进行以宪法为核心的法制教育的重要教材，是当前坚持四项基本原则、反对资产阶级自由化、维护安定团结的强有力的法律武器和思想武器，必须认真组织学习、宣传和贯彻执行。"《决定》的学习、宣传和贯彻执行，对于发展社会主义民主，健全社会主义法制，保障公民的合法的自由和权利，维护社会秩序，维护安定团结的政治局面，有领导、有计划、有步骤地进行经济体制改革、政治体制改革，顺利地进行社会主义现代化建设，意义重大。

8.城镇住房制度改革

中国传统的城镇住房制度是一种以国家统包、无偿分配、低租金、无限期使用为特点的实物福利性住房制度，到改革开放前夕这一制度的弊端已充分暴露，最主要的是住房短缺，难以为继。有鉴于此，1978年邓小平就开始思考住房制度改革的思路。1980年，他在同中央负责同志的谈话中指出：关于住宅问题，要考虑城市建筑住宅、分配房屋和一系列政策。城镇居民个人可以购买房屋，也可以自己盖。不但新房可以出售，老房子也可以出售。可以一次付款，也可以分期付款，10年、15年付清。住宅出售后，房租恐怕要调整。要联系房价调整房租，使人们考虑到买房合算。因此要研究逐步提高房租。房租太低，人们就不买房子了。繁华的市中心和偏僻地方的房子，交通方便地区和不方便地区的房子，城区和郊区的房子，租金应该有所不同。将来房租提高了，对低工资的职工要给予补贴。这些政策要联系起来考虑。建房还可以鼓励公私合营或民建公助，也可以私人自己想办法。1984年六届全国人大二次会议的政府工作报告中提出，城市住宅建设，要进一步推行商品化试点，开展房地产经营业务，通过多种途径，增加资金来源，逐步缓和城市住房的紧张状况。1986年，六届全国人大四次会议上《关于第七个五年计划的报告》中指出，要结合工资调整，研究、确定合理的房租和住房销售价格，以利于逐步推行住宅商品化。1987年党的十三大报告中指出，以积极推行住宅商品化为契机，大力发展建筑业，使它逐步成为国民经济的一大支柱。1991年，李鹏在《关于国民经济和社会发展十年规划和第八个五年计划纲要的报告》中指出，"八五"期间，要按照国家、集体和个人共同负担的原则，加快住房制度和保险制度的改革。要逐步改变低租金、无偿分配住房的办法，调动各方面的积极性，加快住宅建设，改善人民的住房条件。

从具体的探索过程来看，1980年6月，中共中央、国务院在批转《全国基本建设工作会议汇报提纲》中提出"准许私人建房、私人买房，准许私人拥有自己的住宅"，从政策上允许实行住房商品化。1982年，有关部门提出了国家、单位、个人三者负担的"三三"制售房原则，并选择郑州、常州、四平、沙市作为试点城市。在此基础上，1984年10月，城乡建设环境保护部向国务院提交了《关于扩大城市公有住宅补贴出售试点的报告》，并把北京、天津、上海三个直辖市增列为公有住宅补贴出售试点城市。到1985年底，已有27个省、直辖市和自治区在160个城市和300个县镇进行试点，共计出售住宅1092.8万平方米。1984年国务院决定，建立城乡综合开发公司，对城市土地、房屋实行综合开发，并出台《关于城市建设综合开发公司暂行办法》。1986年初，为加强对全国房改工作的领导，成立国务院住房制度改革领导小组，下设房改办公室。

在试点售房的同时，公房租金的改革也在进行，并逐渐形成了"提租补贴"的改革思路，即提高工资，增加工资，变暗贴为明补，变住房实物分配为货币分配，通过提高租金促进售房。1986年确定烟台、常州、蚌埠、唐山等城市作为住房改革试点城市。在试点基础上，国务院于1988年1月召开第一次全国住房制度改革工作会议，印发了《关于全国城镇分期分批推行住房制度改革实施方案》，提出我国城镇住房制度改革的目标是，按照社会主义有计划的商品经济的要求，实现住房商品化。从改革公房低租金制度着手，将现在的实物分配逐步改变为货币分配，由住户通过商品交换，取得住房的所有权或使用权，使住房这个大商品进入消费品市场，实现住房资金投入产出的良性循环。为此，调整公房租金，按折旧费、维修费、管理费、投资利息、房产税五项因素的成本租金计租，促进职工个人买房，为实现住房商品化奠定基础。截至1990年，全国共有12个城市、13个县镇出台了以提租补贴为主要内容的住房制度改革方案。

允许城镇居民自建住房也是住房制度改革的重要内容。1983年，国家城乡建设环境保护部在河南省南阳市召开了住房民建公助现场会。6月，该部发布了《城镇个人建造住宅管理办法》，指出城镇个人建造住宅，主要包括自筹自建、民建公助和互助自建等。12月，国务院颁布了《城市私有房屋管理条例》，提出私有房屋是指个人所有、数人共有的自用或出租的住宅和非住宅用房，国家依法保护公民城市私有房屋的所有权。据有关方面统计，1979—1985年间，我国城镇住宅投资中个人投资规模由1.5亿元上升到25.5亿元。

1991年6月，国务院发出《关于继续积极稳妥地推进城镇住房制度改革的通知》，指出住房制度改革是经济体制改革的重要组成部分，也是人民群众十分关注的重大问题，其根本目的是要缓解居民住房的困难，不断改善住房条件，正确引导消费，逐步实现住房商品化，发展房地产业。通知提出了分步提租、交纳租赁保证金、新房新制度、集资合作建房、出售公房等多种形式推进房改的思路。10月，全国第二次房改工作会议在北京召开。会后，国务院批转国务院住房制度改革领导小组的《关于全面推进城镇住房制度改革的意见》，提出了城镇住房制度改革的总目标和分阶段目标。"八五"计划期间的目标是，以改变低租金、无偿分配为基本点，公房租金计租标准力争达到实现简单再生产的三项因素（维修费、管理费、折旧费）的水平，逐步增加家庭收入中住房消费支出的比重。房改方案正式出台的城市，要建立城市、单位和个人三级住房基金，并使之合理化、固定化、规范化，保证住房建设有稳定的资金来源，通过改革奠定机制转换的基础。此后，从1994年开始全面推进住房商品化、社会化（相应建立起了住房公积金制度）。1994年7月，国务院下发《关于深化城镇住房制度改革的决定》，提出要建立以中低收入家庭为对象、具有社会保障性质的经济适用房供应体系和以高收入家庭为对象的商品房供应体系，这一规定可以视为开始构建与社会主义市场经济体制相适应的城镇居民住房保障体系的标志。

9.中国共产党第十三次全国代表大会

1987年10月25日至11月1日，中国共产党第十三次全国代表大会在北京举行。参加这次大会的正式代表1936人，特邀代表61人，代表全国4600多万名党员。全国人大常委会党外副委员长、全国政协党外副主席、各民主党派、全国工商联负责人和无党派爱国民主人士、少数民族和宗教界人士96人列席了大会，并有中外记者400多名采访了大会。邓小平主持了开幕式，大会通过了《沿着有中国特色的社会主义道路前进》的政治报告。报告阐述了社会主义初级阶段理论，提出了党在社会主义初级阶段的"一个中心、两个基本点"的基本路线，制定了到21世纪中叶分三步走，实现社会主义现代化的发展战略。

党的十二大以后，党领导全国人民坚决推进全面改革和对外开放，经历了一个从农村改革到城市改革、从经济体制的改革到各方面体制的改革、从对内搞活到对外开放的波澜壮阔的历史进程。认真总结改革开放以来的成就和经验，从政治上、组织上、理论上保证党的十一届三中全会以来的路线长期稳定地延续下去，并在此基础上全面系统地加快改革开放，成为十三大迫切需要解决的问题。1986年9月28日，党的十二届六中全会通过了在1987年10月召开党的十三大的决议。随后，邓小平发表一系列讲话，明确了党的十三大的主题和中心任务。1987年2月,邓小平同中央几位负责同志谈十三大筹备问题时提出,党的十三大报告要在理论上阐述什么是社会主义,讲清楚我们的改革是不是社会主义。同年9月,邓小平会见外宾时指出,十三大要作的报告将从理论上阐述改革和开放的重要性、必要性,这是十三大的主题。政治体制改革要做的第一件事是使党和国家的领导层逐步年轻化。

大会的议程是:听取和审查党的第十二届中央委员会的报告;审查中央顾问委员会的报告;审查中央纪律检查委员会的报告;审议并通过《中国共产党章程部分条文修正案》;选举党的第十三届中央委员会,新一届中央顾问委员会,新一届中央纪律检查委员会。

党的十三大报告共分7个部分:历史性成就和这次大会的任务;社会主义初级阶段和党的基本路线;关于经济发展战略;关于经济体制改革;关于政治体制改革;在改革开放中加强党的建设;争取马克思主义在中国的新胜利。

报告指出,这次大会的中心任务是加快和深化改革。改革是振兴中国的唯一出路,是人心所向,大势所趋,不可逆转。报告第一次系统地阐述了社会主义初级阶段的理论,并指出我国目前正处在社会主义的初级阶段。这个论断包括如下两层含义:第一,我国社会已经是社会主义社会,我们必须坚持并且不能离开社会主义;第二,我国的社会主义还处在初级阶段,我们的一切工作都必须从这个实际出发,而不能超越这个阶段。报告认为,社会主义初级阶段,不是泛指任何国家进入社会主义都会经历的起始阶段,而是特指我国在生产力落后,商品经济不发达条件下建设社会主义必然要经历的特定阶段。我国从20世纪50年代生产资料私有制的社会主义改造完成,到社会主义现代化的实现,至少需要上百年时间,都属于社会主义初级阶段。这个阶段的任务是,逐步摆脱贫穷、落后,由农业人口占多数的手工劳动为基础的农业国,逐步变为非农业人口占多数的现代化工业国;由自然经济、半自然经济占很大比重变为商品经济高度发达。根据这个理论,报告明确提出了党在社会主义初级阶段的基本路线,这就是:领导和团结各族人民,以经济建设为中心,坚持四项基本原则,坚持改革开放,自力更生,艰苦创业,为把我国建设成为富强、民主、文明的社会主义现代化国家而奋斗。这条基本路线,可以概括为"一个中心,两个基本点",即以经济建设为中心,坚持四项基本原则,坚持改革开放。

报告提出了到21世纪中叶分三步走,实现社会主义现代化的发展战略:第一步,1981至1990年实现国民生产总值比1980年翻一番,解决人民的温饱问题;第二步,到20世纪末,使国民生产总值再增长一倍,人民生活达到小康水平;第三步,到下个世纪中叶,人均国民生产总值达到中等发达国家水平,人民生活比较富裕,基本实现现代化。这是从社会主义初级阶段的实际出发,对党的十二大规定的我国发展战略目标的丰富和发展。

报告指出,政治体制改革的关键首先是党政分开,党政分开即党政职能分开;要进一步下放权力；改革政府工作机构；改革干部人事制度；建立社会协商对话制度。进行干部人事制度的改革，就是要对"国家干部"进行合理分解，改变集中统一管理的现状，建立科学的分类管理体制，重点是建立国家公务员制度，即制定法律和规章，对政府中行使国家行政权力、执行国家公务的人员，依法进行科学管理。

报告指出，有中国特色的社会主义，是马克思主义基本原理同中国现代化建设相结合的产物，是扎根于当代中国的科学社会主义。它是全党同志和全国人民统一认识、增强团结的思想基础，是指引我们事业前进的伟大旗帜。马克思主义与我国实践的结合，经历了六十多年。在这个过程中，有两次历史性飞跃。第一次飞跃，发生在新民主主义革命时期，中国共产党人经过反复探索，在总结成功和失败经验的基础上，找到了有中国特色的革命道路，把革命引向胜利。第二次飞跃，发生在党的十一届三中全会以后，中国共产党人在总结建国三十多年来正反两方面经验的基础上，在研究国际经验和世界形势的基础上，开始找到一条建设有中国特色的社会主义道路，开辟了社会主义建设的新阶段。党的十一届三中全会以来，我们党在对社会主义再认识的过程中，在哲学、政治经济学和科学社会主义等方面，发挥和发展了一系列科学理论观点。包括：关于解放思想，实事求是，以实践作为检验真理的唯一标准的观点；关于建设社会主义必须根据本国国情，走自己的路的观点，等等。这些观点，构成了建设有中国特色的社会主义理论的轮廓，初步回答了我国社会主义建设的阶段、任务、动力、条件、布局和国际环境等基本问题，规划了我们前进的科学轨道。

党的十三大中央委员、中央候补委员、中央纪委委员候选人，都经过差额预选，中央委员、中央纪委委员候选人的差额不少于预提候选人数的 5%，中央候补委员候选人的差额不少于预提候选人数的 12%。这种选举方式在党的历史上是第一次。大会最后选出中央委员 175 人，中央候补委员 110 人，中央顾问委员会委员 200 人，中央纪委委员 69 人。11 月 2 日，党的十三届一中全会选举产生了新一届中央政治局和中央书记处成员。全会选举新一届的中央政治局常委，决定邓小平为中央军事委员会主席，批准陈云为中央顾问委员会主任，乔石为中央纪律检查委员会书记。

中国共产党第十三次全国代表大会是社会主义建设时期我们党的一次重要代表大会。大会提出的"一个中心，两个基本点"的基本路线，是党的十一届三中全会以来党的路线的继续、丰富和发展。社会主义初级阶段理论的提出，是中国共产党人对科学社会主义理论的重大贡献。大会提出的"三步走"发展战略，为保证我国现代化建设沿着健康轨道持续发展提供了指南。党的十三大在总结新中国成立以来历史经验和党的十一届三中全会以来改革开放实践的基础上，比较系统地论述社会主义初级阶段的理论，明确概括和全面阐发党在社会主义初级阶段的基本路线，从而为我国现代化建设和改革开放的进一步深化提供了行动指南。

10.中国残疾人联合会

中国残疾人联合会是国家法律确认、国务院批准的由残疾人及其亲友和残疾人工作者组成的人民团体，是全国各类残疾人的统一组织，简称中国残联，1988年3月11日在北京正式成立。

1978年，中国盲人聋哑人协会恢复活动，各省、自治区、直辖市的盲人聋哑人协会及其下属组织也相继恢复工作。1982年宪法首次规定："国家和社会帮助安排盲、聋、哑和其他有残疾的公民的劳动、生活和教育。"1984年3月，中国残疾人福利基金会成立。1986年7月，联合国"残疾人十年"（1983—1992）中国组织委员会成立。1987年4月，进行了全国残疾人抽样调查。1988年3月11日，来自全国各省、自治区、直辖市、解放军推选的500多位残疾人代表，在北京中南海怀仁堂参加了中国残疾人联合会首届全国代表大会的开幕式。中国残疾人联合会正式成立。在大会开幕式上，中国残疾人联合会筹备小组组长邓朴方向大会作了题为《团结奋斗，开创残疾人事业新局面》的报告。大会选举产生了中国残疾人联合会主席团和执行理事会，选举邓朴方为中国残联主席团主席和执行理事会理事长，黄乃、李石涵、谢晋、刘小江、江亦曼为中国残联主席团副主席。大会还确定了中国盲人协会、中国聋人协会、中国肢残人协会的领导机构。

中国残联的宗旨是：弘扬人道主义思想，发展残疾人事业，促进残疾人平等、充分参与社会生活，共享社会物质文化成果。中国残联具有代表、服务、管理三种职能：代表残疾人共同利益，维护残疾人合法权益；团结教育残疾人，为残疾人服务；履行法律赋予的职责，承担政府委托的任务，管理和发展残疾人事业。维护残疾人在政治、经济、文化、社会等方面平等的公民权利，密切联系残疾人，听取残疾人意见，反映残疾人需求，全心全意为残疾人服务。

中国残联的最高权力机构是全国代表大会。全国代表大会每五年举行一次，由中国残联主席团召集。主席团每届任期五年。在全国代表大会闭会期间，负责贯彻全国代表大会决议，领导全国残联工作。主席团由主席一人、副主席若干人、委员若干人组成。主席团委员中残疾人及残疾人亲友应超过半数。执行理事会是中国残联全国代表大会及其主席团的常设执行机构，由理事长一人、副理事长若干人、理事若干人组成。

中国残联分设中国盲人协会、中国聋人协会、中国肢残人协会和中国智残人、精神病残疾人亲友会等残疾人专门协会。省（自治区、直辖市）、市（自治州）、县（区）成立的各级残疾人联合会是中国残联的地方组织，受同级政府领导，上级残联指导。中国残联的经费来源包括：政府财政拨款；社会捐助；其他。

残疾人事业是我国社会主义建设事业的重要组成部分，中国残疾人联合会的成立对于发展残疾人事业；动员社会发扬社会主义人道主义精神、理解、尊重、关心、帮助残疾人，促进残疾人平等参与社会生活；鼓励残疾人坚持爱国主义和乐观主义、自尊、自信、自强、自立，为社会贡献力量等都具有重要的现实意义。

11.菜篮子工程

20世纪80年代中期，在城乡人民消费水平不断提高、人口总量持续增长的情况下，社会总需求和社会总供给的矛盾日益突出，大中城市肉、禽、蛋、奶、鱼、菜供应紧缺，价格上涨。为了缓解供需矛盾的压力，农业部领导责成所属有关部门共同组织有关行政、科研、教学、生产等方面的专家，研究制定了"菜篮子工程"总体规划。在此基础上，农业部于1988年5月9日向国务院提出了《关于发展副食品生产保障城市供应的建议》（这个建议后来被称为"菜篮子工程"）。受国务院的委托，国家计委1988年7月中旬批复同意实施这项工程。

实施"菜篮子工程"的目的是运用系统工程的方法，合理开发利用国土资源，调整副食生产、供应结构，强化基础设施建设，理顺副食品价格，改革生产、流通体制，逐步提高副食品供给水平。总的指导方针是：发展副食品生产要从我国实际出发，实行分类指导，合理利用和综合开发国土资源，调整生产与供应结构，改进经营管理，提高经济效益，改善城市副食品供应。具体来说，畜牧业要稳定肉猪生产，重点发展家禽和牛羊兔等节粮型畜禽；要增加物质投入，强化基础设施建设，大力推进技术改造，充分依靠科技进步，提高单位饲料资源的生产率。水产业要以养殖为主，养殖、捕捞、加工并举，因地制宜，各有侧重；在充分挖掘城市郊区县资源潜力发展海淡水养殖、增加自给量的同时，继续建设重点商品基地；在合理安排近海作业的同时，加快发展外海和远洋渔业，增加对城市的供应量。蔬菜业要加强菜田基本建设，适当发展保护地和加工、贮藏业；加快开发南方亚热带冬季蔬菜生产带和北方夏秋菜生产带，相应增强贮运能力；在保证大路菜满足消费需求的前提下，适当提高细菜比重。"菜篮子工程"是一项系统工程，实行菜篮子市长负责制，按照"菜篮子大家提，菜园子大家建"的原则，主要依靠地方增加投入，国家有重点地扶持。"菜篮子工程"的实施，有利于推进我国副食产业整体素质的提高和产业经济结构的优化，促进我国畜牧、水产、蔬菜生产的长期稳定增长；也有利于组织和协调社会有关方面的力量，共同推动我国副食品生产的发展，从根本上缓解我国副食品总量性短缺和结构性短缺的矛盾。

20世纪80年代末期开启的"菜篮子工程",重点是建立中央和地方的肉、蛋、奶、水产和蔬菜生产基地及良种繁育、饲料加工等服务体系,以保证居民一年四季都有新鲜蔬菜吃。到1993年底,城市的副食品问题基本得到解决,除奶类和水果外,其余"菜篮子"产品的人均占有量均已达到或超过世界人均水平。建立了2000多个集贸市场,初步形成了以蔬菜、肉、水果和蛋奶为主的大市场大流通格局。食品数量得到饱和,但质量还存在问题,主要是农药用量过多。此后,"菜篮子工程"建设持续推进。从1995年起到1999年底,扩展到城乡结合地区甚至城市郊区,扩大了范围,同时大力实施"设施化、多产化和规模化"三化政策。从1999年到2009年底进入"菜篮子工程"快速发展、着力提高农产品安全性的阶段,1999年的第十二次"菜篮子工程"产销体制改革经验交流会议,正式宣布国内菜篮子供求形势从长期短缺转向供求基本平衡,预示着"菜篮子工程"建设进入全面质量提升阶段。2001年农业部开始实施无公害农产品行动计划并推广至全国,在农村建立了大规模无公害建设基地。从2010年初开始,按照2010年中央1号文件的要求,"菜篮子工程"发展的重点进一步转到加快技术进步、推进发展方式转变上来。

12.希望工程

"希望工程"是共青团中央、中国青少年发展基金会于1989年10月发起,以救助贫困地区失学少年儿童为目的公益活动,是我国社会参与最广泛、最富影响的民间公益事业。

20世纪80年代末,我国每年有100多万小学生因家庭贫困交不起书杂费而失学。1989年3月,共青团中央发起成立中国青少年发展基金会(以下简称中国青基会),其使命是通过资助服务、利益表达和社会倡导,帮助青少年提高能力,改善青少年成长环境。当时,中国青基会秘书长徐永光等认为,儿童是家庭的希望、国家的希望;教育是民族的希望;基金会的事业也将因救助失学儿童而充满希望。于是,"希望工程"正式定名。同年10月30日,中国青基会召开"救助贫困地区失学少年"新闻发布会。理事长刘延东在会上宣布,建立我国第一个"救助贫困地区失学少年基金",长期实施"希望工程"。1991年5月25日,《人民日报》刊登"希望工程——为救助贫困地区失学少年募捐"的广告,这是新中国历史上第一个募捐广告。

"希望工程"有一个使命,叫作"助农民的后代人人有书读",其宗旨是根据政府关于多渠道筹集教育经费的方针,以民间的方式广泛动员海内外财力资源,建立"希望工程"基金,资助贫困地区的失学儿童继续完成学业、改善贫困地区的办学条件,以促进贫困地区基础教育事业的发展。主要项目是援建希望小学与资助贫困学生。安徽金寨县希望小学,由徐向前元帅亲笔题写校名,是第一所希望小学。1990年9月5日,邓小平欣然为"希望工程"题名，并以"一个老共产党员"的名义两次向"希望工程"捐款。到1994年，中国青基会和省级青基会接受的捐款总额达到了3.85亿元，救助总规模达到了101.5万名，兴建希望小学的总数量达到了749所。截至2014年底，全国"希望工程"累计接受捐款107.25亿元，累计资助支出99.19亿元，资助学生5188528名，援建希望小学18642所，援建希望工程图书室21841套、希望厨房4111个、快乐体育7106套、快乐音乐1083套、快乐电影610套、电脑教室1103间。

"希望工程"通过救助因家庭贫困而失学的儿童继续学业、建设希望小学等措施，提高了贫困地区适龄儿童的入学率、巩固率、升学率，降低了辍学率，改善了办学条件，提高了办学质量，成效显著。"希望工程"通过动员全社会力量，集资办学，开辟了一条动员社会力量协助政府办教育的新路子，促进了我国贫困地区教育的改革，推动了基础教育事业的发展。它的实施唤起了全社会的重教意识和公益意识，弘扬了扶贫济困、助人为乐的优良传统，促进社会主义精神文明建设和社会的公平发展，推动社会的全面进步。

13.第11届亚洲运动会在北京举行

第11届亚洲运动会于1990年9月22日至10月7日在北京举行。这是中国举办的第一次综合性的国际体育大赛，也是亚运会诞生以来的40年间第一次由中国承办的亚洲运动会。来自亚奥理事会成员的37个国家和地区的体育代表团的6578人参加了这届亚运会。中国派出636名运动员参加了全部27个项目和2个表演项目的比赛。

中国在1983年向亚奥理事会提出申办1990年亚运会的申请，1984年在汉城召开的亚奥理事会代表大会上，北京以43比22的票数夺得主办权。1990年8月7日，藏族少女达娃央宗在青藏高原念青唐古拉山用聚光镜采集亚运圣火火种，"体操王子"李宁从达娃央宗手中接过圣火。8月22日，中共中央总书记江泽民在北京天安门广场点燃火炬，从这一天起，展开了以"亚运之光"为主题的火炬接力传递活动。亚运圣火传遍了中国29个省、自治区和直辖市，行程18万多公里，沿途参与火炬接力传递人数数以亿计。

1990年9月22日，象征着亚洲人民"团结、友谊、进步"的第11届亚运会在北京隆重开幕。在开幕式上，大型团体操表演《相聚在北京》以其磅礴的气势和壮观的场面，向现场7万多名中外观众展示了中华民族的灿烂文化和中国人民的崭新精神面貌。

本届亚运会会徽图案中除亚奥理事会会徽中的太阳光芒外，以雄伟的长城组成"A"字，长城图案还构成罗马数字"XI"，表示本届亚运会是第11届。本届亚运会的吉祥物为中国的大熊猫，取名"盼盼"，由来自长春电影制片厂的美术设计师刘忠仁以福州熊猫馆的熊猫"巴斯"为原型设计。本届亚运会会歌为《高举起亚运会的火炬》。

本届亚运会比赛项目有：田径、游泳、射箭、羽毛球、篮球、拳击、皮划艇、卡巴迪、自行车、击剑、足球、高尔夫、体操、手球、曲棍球、柔道、帆船帆板、藤球、射击、软式网球、乒乓球、网球、排球、举重、摔跤、武术、赛艇等。经过参赛健儿的奋勇拼搏，本届亚运会共打破7项世界纪录和89项亚洲纪录，并平1项世界纪录和7项亚洲纪录。中国选手喜获大面积丰收，金牌和奖牌总数均居第一，金牌183枚，银牌107枚，铜牌51枚，总计341枚。韩国以54金54银73铜位居第二，日本以38金60银76铜排在第三。中国女子举重选手邢芬获得本届运动会第一枚金牌。

第11届亚运会的闭幕式于1990年10月7日晚在北京工人体育场举行，中国近万名文艺工作者和青少年演出《今夜星光灿烂》，中央电视台向国内外转播了闭幕式盛况。

中国作为东道主成功举办亚运会，不仅有利于发展我国和亚洲各国及地区的体育事业，弘扬奥林匹克精神，促进亚洲人民的团结、友谊和进步，而且对于展现我国安定团结和改革开放的重大成就，振奋民族精神，激扬爱国主义，推动我国社会主义物质文明和精神文明的建设，维护亚洲与世界和平，都具有重大和深远的意义。

14.第四次全国人口普查

1990年，我国进行了第四次全国人口普查。1989年5月9日，国务院发出《关于进行第四次全国人口普查的通知》中指出，这次人口普查采取广泛动员社会力量的办法进行，普查员全部从党政机关干部、企事业单位职工、户籍民警、中小学教师以及离退休干部中选调。国务院决定成立第四次全国人口普查领导小组，负责人口普查的组织实施工作，办公室设在国家统计局。

1989年10月25日，国务院发布了《第四次人口普查办法》，共33条。规定全国人口普查登记的标准时间为1990年7月1日零时。普查表有21项，其中：按人填报项目为15项，即姓名、与户主关系、性别、年龄、民族、户口状况和性质、1985年7月1日常住地状况、迁来本地的原因、文化程度、在业人口的行业、在业人口的职业、不在业人口状况、婚姻状况、妇女生育、存活子女数、1989年1月1日以来的生育状况；按户填报的有6项，即本户编号、户别、本户人数、本户出生人数、本户死亡人数、本户户籍人口中离开本县市一年以上的人数。第四次全国人口普查的对象是具有中华人民共和国国籍并在中华人民共和国境内常住的人口。按照规定，人口普查，以户（分为家庭户和集体户）为单位进行登记，并采用按常住人口登记的原则；每个人都必须在常住地进行登记，并且一个人只能在一个地方进行登记。

第四次人口普查总的结果是：全国人口为1160017381人。大陆30个省、自治区、直辖市（不包括福建省的金门、马祖等岛屿，下同）和现役军人的人口共 1133682501 人。大陆 30 个省、自治区、直辖市共有家庭户 276947962 户，人口为 1097781588 人，占总人口（不含现役军人）的 97.1%，平均每个家庭户的人口为 3.96 人。大陆 30 个省、自治区、直辖市和现役军人的人口中，男性为 584949922 人，占 51.6%；女性为 548732579 人，占 48.4%。性别比（以女性为 100，男性对女性的比例）为 106.6。大陆 30 个省、自治区、直辖市和现役军人的人口中，汉族人口为 1042482187 人，占 91.96%；各少数民族人口为 91200314 人，占 8.01%。大陆 30 个省、自治区、直辖市和现役军人的人口中，具有大学（指大专以上）文化程度的 16124678 人，具有高中（含中专）文化程度的 91131539 人，具有初中文化程度的 264648676 人，具有小学文化程度的 420106604 人。大陆 30 个省、自治区、直辖市中，居住在市、镇的总人口为 296512111 人，占全国总人口的 26.23%，其中市的总人口为 211230050 人，占全国总人口的 18.69%；镇的总人口为 85282061 人，占全国总人口的 7.54%。大陆 30 个省、自治区、直辖市的人口密度为每平方公里 118 人（含现役军人），比 1982 年人口普查时的 105 人增加了 13 人。与 1982 年人口普查数据相比，56 个民族中人口超过百万的民族由 16 个增加到 19 个，他们是汉族、蒙古族、回族、藏族、维吾尔族、苗族、彝族、壮族、布依族、朝鲜族、满族、侗族、瑶族、白族、土家族、哈尼族、哈萨克族、傣族、黎族等。

第四次人口普查在各级政府的统一领导和全国各族人民的积极支持配合下，充分发挥社会主义制度的优越性，广泛动员社会力量，近 700 万普查工作人员艰苦努力，进行了认真细致的调查工作，胜利地完成了普查登记任务。这次人口普查，对于准确地查清第三次全国人口普查以来我国人口在数量、地区分布、结构和素质方面的变化，为科学地制定国民经济和社会发展战略与规划，检查人口政策执行情况，提供了可靠的资料。对于实现我国经济社会发展战略目标，以及安排好人民的物质文化生活，具有十分重要的意义。

四、"八五"期间社会改革与发展概况

1.中华人民共和国国民经济和社会发展十年规划和第八个五年计划纲要

1990年12月30日,党的十三届七中全会讨论并通过《中共中央关于制定国民经济和社会发展十年规划和"八五"计划纲要的建议》。1991年3月25日,李鹏在七届全国人大四次会议上作《关于国民经济和社会发展十年规划和第八个五年计划纲要的报告》。4月9日,七届全国人大四次会议经审议批准《中华人民共和国国民经济和社会发展十年规划和第八个五年计划纲要》(以下简称《纲要》)。会议认为,《纲要》和报告提出的今后十年的主要奋斗目标和基本指导方针、国民经济和社会发展的任务和政策、深化经济体制改革和扩大对外开放的部署和措施,符合建设中国特色社会主义的总要求,反映了全国各族人民的共同愿望和根本利益,经过各级政府和全国人民的努力奋斗是能够实现的。

国民经济和社会发展十年规划和第八个五年计划纲要,是我国各族人民实现现代化建设第二步战略目标的行动纲领。其主要精神有两点:第一,强调以经济建设为中心,把经济发展作为改善人民生活和促进社会进步的基础。第二,强调继续深化经济体制改革和扩大对外开放,加强社会主义精神文明和民主法制建设。这将为实现第二步战略目标和21世纪初叶的持续发展提供经济体制、政治、思想和其他方面的保证。

《纲要》提出,1991—2000年的主要目标是,实现我国社会主义现代化建设的第二步战略目标,把国民经济的整体素质提高到一个新的水平。在大力提高经济效益和优化经济结构的基础上,使国民生产总值按不变价格计算,到20世纪末比1980年翻两番。人民生活从温饱达到小康,生活资料更加丰裕,消费结构趋于合理,居住条件明显改善,文化生活进一步丰富,健康水平继续提高,社会服务设施不断完善。发展教育事业,推动科技进步,改善经济管理,调整经济结构,加强重点建设,为21世纪初叶我国经济和社会的持续发展奠定物质技术基础。初步建立适应以公有制为基础的社会主义有计划商品经济发展的、计划经济和市场调节相结合的经济体制和运行机制。社会主义精神文明建设达到新的水平，社会主义民主和法制进一步健全。其中，"八五"计划总的要求是：实现中国社会主义现代化建设的第二步战略目标，把国民经济的整体素质提高到一个新的水平，到20世纪末使国民生产总值按不变价格计算比1980年翻两番，10年平均每年增长6%，工农业总产值平均每年增长6.1%，人民生活从温饱达到小康。

《纲要》指出，国民经济和社会发展十年规划的基本指导方针是：坚定不移地走建设有中国特色的社会主义道路；坚定不移地推进改革开放；坚定不移地保持国民经济持续、稳定、协调发展，始终把提高经济效益作为全部经济工作的中心；坚定不移地执行独立自主、自力更生、艰苦奋斗、勤俭建国的方针；坚定不移地贯彻物质文明建设和精神文明建设一起抓的方针。

"八五"计划是在20世纪80年代国民经济高速增长和治理整顿经济环境的背景下制定的，最初要求保持6%左右的中速增长，设想建立计划经济与市场调节相结合的经济体制。1992年邓小平南方谈话和党的十四大之后，人们的观念和经济发展态势发生了巨大变化。"八五"期间成为中国改革开放推进最快的时期，确立了社会主义市场经济目标，形成了总体开放的格局。国民生产总值平均年增长达到12%，是同期世界各国中经济增长最快的，也是新中国成立以来经济增长速度最快、波动最小的时期。"八五"计划期间取得的最大成就，是提前五年完成了到2000年实现国民生产总值比1980年翻两番的战略目标。1995年中国的国民生产总值达到57600亿元，扣除物价因素，是1980年的4.3倍，提前完成了"翻两番"的任务。这是一个了不起的成就，在中国经济发展史上是一个重要的里程碑。"八五"时期，中国的一些主要产品的产量稳步增长。总量居世界第一位的有煤炭、水泥、棉布、电视机、粮食、棉花、肉类。居世界第二位的是钢和化学纤维。发电量居世界第三位。"八五"期间，经济体制改革取得突破性进展。以分税制为核心的新财政体制，以增值税为主体的新税制基本建立并正常运行。政策性金融和商业性金融初步分开，汇率顺利并轨，新的宏观经济调控框架初步建立，市场在资源配置中的作用明显增强，以公有制为主体、多种经济成分共同发展的格局已经形成。对外开放的范围和规模进一步扩大，形成了由沿海到内地、由一般加工工业到基础工业和基础设施的总体开放格局。以上海浦东为龙头的长江地区的开发开放，成为"八五"期间对外开放区域布局的一项重要举措。中国对外开放的县市超过1100个，兴办了一大批经济开发区和13个保税区。对外贸易迅速发展，占世界商品贸易的比重从"七五"的1.6%增加到3%。1995年，中国进出口贸易总额居世界第11位；国家外汇储备已达到736亿美元，比"七五"末期的111亿美元增加5.6倍。城乡人民生活继续改善，扣除物价因素，城乡居民收入年均增长分别为

7.7%和4.5%，大大高于"七五"的3.7%和2.8%；社会商品零售总额年均增长10.6%，大大高于"七五"时期3.3%的水平。1995年底，城乡居民储蓄余额接近3万亿元，比"七五"末期增加两万多亿元。"八五"期间人口过快增长的势头得到抑制，人口自然增长率由1990年的14.39‰降到1995年的10.55‰。

"八五"期间存在的主要问题是：经营管理比较粗放，经济素质不高，经济效益较差；农业基础薄弱，不适应人口增加、生活改善和经济发展的需要；国有企业生产经营困难较多，管理体制和经营机制不适应社会主义市场经济的要求；在经济快速增长和经济体制转换过程中，通货膨胀压力依然较大；国家财力不足，宏观调控实力不强；地区发展差距扩大，部分社会成员之间收入差别悬殊；腐败现象有所滋长，精神文明和民主法制建设面临不少新问题。

2.关于企业职工养老保险制度改革的决定

1991年6月26日，国务院发布《关于企业职工养老保险制度改革的决定》（以下简称《决定》），《决定》确定了在国有企业实行多层次养老保险制度。《决定》是对过去退休制度的一个重大的改革。决定共12条。

我国企业职工的养老保险制度是新中国成立初期建立的，以后在1958年和1978年两次作了修改。改革开放以来，随着形势的发展，各地区进行了以退休费用社会统筹为主要内容的改革，取得一定成效。按照国民经济和社会发展十年规划和第八个五年计划纲要的要求，在总结各地经验的基础上，国务院对企业职工养老保险制度改革作出了新的决定。

《决定》的主要内容有：一、随着经济的发展，逐步建立起基本养老保险与企业补充养老保险和职工个人储蓄性养老保险相结合的制度。改变养老保险完全由国家、企业包下来的办法，实行国家、企业、个人三方共同负担，职工个人也要缴纳一定的费用。二、基本养老保险基金由政府根据支付费用的实际需要和企业、职工的承受能力，按照以支定收、略有结余、留有部分积累的原则统一筹集。三、企业和职工个人缴纳的基本养老保险费分别记入《职工养老保险手册》。企业缴纳的基本养老保险费，按本企业职工工资总额和当地政府规定的比例在税前提取，由企业开户银行按月代为扣缴。企业逾期不缴，要按规定加收滞纳金，滞纳金并入基本养老保险基金。职工个人缴纳基本养老保险费，在调整工资的基础上逐步实行，缴费标准开始时可不超过本人标准工资的3%，以后随着经济的发展和职工工资的调整再逐步提高。四、企业和职工个人缴纳的基本养老保险费转入社会保险管理机构在银行开设的"养老保险基金专户"，实行专项储存，专款专用，任何单位和个人均不得擅自动用。五、职工退休后的基本养老金计发办法目前不作变动，今后可结合工资制度改革,通过增加标准工资在工资总额中的比重,逐步提高养老金的数额。六、尚未实行基本养老保险基金省级统筹的地区,要积极创造条件,由目前的市、县统筹逐步过渡到省级统筹。七、企业补充养老保险由企业根据自身经济能力,为本企业职工建立,所需费用从企业自有资金中的奖励、福利基金内提取。八、社会保险管理机构可从养老保险基金中提取一定的管理服务费,具体的提取比例根据实际工作需要和节约的原则,由当地劳动部门提出,经同级财政部门审核,报养老保险基金委员会批准。九、本决定适用于全民所有制企业。城镇集体所有制企业可以参照执行;对外商投资企业中方职工、城镇私营企业职工和个体劳动者,也要逐步建立养老保险制度。

这个决定的颁布实施,是保障退休职工生活、维护社会安定的一项重要措施,对减轻国家和企业负担、促进经济体制改革以及合理引导消费有重要作用。

3.中国签署《儿童生存、保护和发展世界宣言》

联合国成立以来,儿童的幸福和权利始终是其关心的一个重要问题。联合国最初采取的行动之一,就是于1946年12月11日设立了联合国儿童基金会。1948年,联合国大会通过的《世界人权宣言》承认儿童必须受到特殊的照顾和协助。以后,联合国在一般性的国际条约如国际人权公约和专门针对儿童权利的文件,即1959年11月20日的《儿童权利宣言》中都始终强调保护儿童的权利。鉴于《儿童权利宣言》不具有条约法的效力,而给儿童权利以条约法的保障已日益成为必要,于是,1978年联合国大会决定制定一份具有法律效力的《儿童权利公约》并成立了起草工作组。1989年11月20日,联合国大会通过了《儿童权利公约》。1990年9月2日,公约在获得20个国家批准加入后正式生效。1990年9月,在《儿童权利公约》刚刚生效之后,世界儿童问题首脑会议在纽约联合国总部召开,这是历史上第一次专门讨论儿童问题的首脑会议。会议通过了《儿童生存、保护和发展世界宣言》和《执行九十年代儿童生存、保护和发展世界宣言行动计划》,它们是国际社会对保护儿童权利所作的政治承诺和具体方案。

联合国《儿童生存、保护和发展世界宣言》提出了保护儿童和改善生活的10点方案,主要内容包括:推动尽早批准和执行1989年44届联合国大会通过的《儿童权利公约》,保证儿童的生存、卫生和教育以及保护他们免受暴力和剥削等方面的最低标准;促进世界各国采取全国范围和国际性的行动,以增进儿童健康;制定减少文盲、提供教育和就业机会的方案;以及改善生活在特殊困难环境中的儿童的命运等。

1991年3月,中国时任总理李鹏代表中国政府签署了《儿童生存、保护和发展世界宣言》。随后,同年12月29日中国批准加入联合国《儿童权利公约》。同时声明,中国将在符合其宪法第 25 条关于计划生育的规定的前提下,并据《中华人民共和国未成年人保护法》第 2 条之规定,履行公约第 6 条所规定的义务。

中国政府签署《儿童生存、保护和发展世界宣言》,是我国儿童工作的里程碑事件。之后,中国政府采取了一系列措施,充分保障儿童的生存、发展、受保护和参与权利,为儿童创造美好未来。中国政府积极履行承诺,认真改善儿童生存发展状况,维护儿童的合法权益,为推动儿童事业的发展进行了不懈的努力。

4.邓小平南方谈话

1992 年 1 月 18 日至 2 月 21 日,邓小平先后赴武昌、深圳、珠海和上海等地视察,并就一系列重大问题发表谈话。邓小平精辟分析国际国内形势,科学总结十一届三中全会以来党的基本实践和基本经验,明确回答了长期困扰和束缚人们思想的许多重大认识问题。邓小平南方谈话是把改革开放和社会主义现代化建设推向新阶段的又一个解放思想、实事求是的宣言书。

20 世纪 80 年代末 90 年代初,中国社会主义事业面临严峻考验。国际上,世界性新科技革命进程加快,亚太地区经济发展势头良好;苏联解体,东欧剧变,世界社会主义运动出现低潮;世界出现多极化趋势。在国内,中国经济环境和经济秩序出现有利于改革的形势,但挑战依然严峻:市场疲软,经济结构不合理;部分干部群众思想出现困惑,对社会主义前途信心不足。能否汲取东欧剧变、苏联解体的深刻教训,将改革开放顺利向前推进,成为进入 20 世纪 90 年代后中国共产党必须解决的重大问题。

邓小平"南方谈话"的要点是:一、革命是解放生产力,改革也是解放生产力。社会主义基本制度确立以后,还要从根本上改变束缚生产力发展的经济体制,建立起充满生机和活力的社会主义经济体制,促进生产力的发展。要坚持党的十一届三中全会以来的路线、方针、政策,关键是坚持"一个中心,两个基本点"。不坚持社会主义,不改革开放,不发展经济,不改善人民生活,只能是死路一条。基本路线要管一百年,动摇不得。二、改革开放胆子要大一些,敢于试验。看准了的,就大胆地试,大胆地闯。没有一点闯的精神,没有一点"冒"的精神,就干不出新的事业。改革开放迈不开步子,不敢闯,说来说去就是怕资本主义的东西多了,走了资本主义道路。要害是姓"资"还是姓"社"的问题。判断的标准,应该主要看是否有利于发展社会主义社会的生产力,是否有利于增强社会主义国家的综合国力,是否有利于提高人民的生活水平。三、计划多一点还是市场多一点,不是社会主义与资本主义的本质区别。计划经济不等于社会主义,资本主义也有计划;市场经济不等于资本主义,社会主义也有市场。计划和市场都是经济手段。社会主义的本质，是解放生产力，发展生产力，消灭剥削，消除两极分化，最终达到共同富裕。四、社会主义要赢得与资本主义相比较的优势，就必须大胆吸收和借鉴人类社会创造的一切文明成果，吸收和借鉴当今世界各国包括资本主义发达国家的一切反映现代社会化生产规律的先进经营方式、管理方法。五、走社会主义道路，就是要逐步实现共同富裕。共同富裕的构想是这样的：一部分地区有条件先发展起来，一部分地区发展慢点，先发展起来的地区带动后发展的地区，最终达到共同富裕。社会主义制度就应该而且能够避免两极分化。解决的办法之一，就是先富起来的地区多交点利税，支持贫困地区的发展。六、抓住时机，发展自己，关键是发展经济。我国的经济发展，总要力争隔几年上一个台阶。要扎扎实实，讲求效益，稳步协调地发展。我们国内条件具备，国际环境有利，再加上发挥社会主义制度能够集中力量办大事的优势，在今后的现代化建设长过程中，出现若干个发展速度比较快、效益比较好的阶段，是必要的，也是能够办到的。经济发展得快一点，必须依靠科技和教育。我说科学技术是第一生产力。七、要坚持两手抓，一手抓改革开放，一手抓打击各种犯罪活动。这两只手都要硬。在整个改革开放的过程中，必须始终注意坚持四项基本原则。在整个改革开放过程中都要反对腐败。对干部和共产党员来说，廉政建设要作为大事来抓。还是要靠法制，搞法制靠得住些。只要我们的生产力发展，保持一定的经济增长速度，坚持两手抓，社会主义精神文明建设就可以搞上去。在整个改革开放的过程中，必须始终注意坚持四项基本原则，反对资产阶级自由化。八、正确的政治路线要靠正确的组织路线来保证。中国的事情能不能办好，社会主义和改革开放能不能坚持，经济能不能快一点发展起来，国家能不能长治久安，从一定意义上说，关键在人。要注意培养人，要按照"革命化、年轻化、知识化、专业化"的标准，选拔德才兼备的人进班子。要进一步找年轻人进班子。要注意下一代接班人的培养。九、现在有一个问题，就是形式主义多。形式主义也是官僚主义。要腾出时间来多办实事，多做少说。学马列要精，要管用的。实事求是是马克思主义的精髓。要提倡这个，不要提倡本本。实践是检验真理的唯一标准。十、坚信世界上赞成马克思主义的人会多起来的，因为马克思主义是科学。它运用历史唯物主义揭示了人类社会发展的规律。一些国家出现严重曲折，社会主义好像被削弱了，但人民经受锻炼，从中吸取教训，将促使社会主义向着更加健康的方向发展。中国反对霸权主义、强权政治，永不称霸。中国是维护世界和平的坚定力量。我们要在建设有中国特色的社会主义道路上继续前进。

邓小平的"南方谈话"全面总结了改革开放 14 年的经验教训，完整阐述了党的十一届三中全会以来的路线、方针、政策，深刻回答了长期困扰和束缚人们思想的许多重大认识问题，系统提出了对整个社会主义现代化建设具有现实和长远指导意义的重要思想，为推动中国改革开放和社会主义现代化建设进入新阶段作出了重大贡献。它是坚持党在社会主义初级阶段基本路线、创新中国特色社会主义理论的又一个宣言书，是邓小平理论的集大成之作。邓小平"南方谈话"的前瞻性和真理性，已为中国经济的长期持续高速增长、综合国力的不断增强，中国特色社会主义道路的越走越宽广所充分验证。

5.中国共产党第十四次全国代表大会

1992年10月12日至18日，中国共产党第十四次全国代表大会在北京举行。大会的正式代表1989人，特邀代表46人，代表全国5100万党员。大会总结党的十一届三中全会以来14年的实践经验，决定抓住机遇，加快发展，集中力量把经济建设搞上去；明确中国经济体制改革的目标是建立社会主义市场经济体制；确立邓小平建设有中国特色社会主义理论在全党的指导地位。

1978年12月召开的党的十一届三中全会，一致拥护中央政治局提出的把全党工作重点转移到社会主义现代化建设上来的战略决策，解决了中国共产党从1957年以来未能解决好的工作重点转移问题，揭开了以改革开放为主旋律的中国社会主义现代化建设的新篇章。从1978年到1992年的14年，中国改革开放和现代化建设取得了举世瞩目的成就，现代化建设的第一步战略目标已经实现，国家经济实力显著增强，城乡人民的生活明显改善。14年间，中国国民生产总值和城乡居民收入翻了一番还多，成为新中国成立以来国家经济实力增长最快、人民得到实惠最多的时期。特别是党的十三大以后的5年里，中国共产党经受了前所未有的政治考验，还遇到了国际政治风云的急剧变化。正是在这种尖锐、复杂的矛盾面前，中国共产党坚定沉着，作出一系列重大而正确的决策，领导全国人民实现了社会稳定、政治稳定和经济发展。1992年初，邓小平视察了中国南方，就坚定不移地贯彻执行党的基本路线，坚持走有中国特色的社会主义道路，抓住有利时机，加快改革开放步伐，集中精力把经济建设搞上去等一系列重大问题，发表了重要谈话，把中国改革开放和社会主义现代化建设推进到一个新的发展阶段。为加快改革开放步伐，把经济建设搞上去，中国共产党召开了第十四次全国代表大会。

这次代表大会的任务是，以邓小平同志建设有中国特色社会主义的理论为指导，认真总结党的十一届三中全会以来14年的实践经验，确定今后一个时期的战略部署，动员全党同志和全国各族人民，进一步解放思想，把握有利时机，加快改革开放和现代化建设步伐，夺取有中国特色社会主义事业的更大胜利。大会议程包括：（1）听取和审查第十三届中央委员会的报告；（2）审查中央顾问委员会的报告；（3）审查中央纪律检查委员会的报告；（4）审议并通过中国共产党章程（修正案）；（5）选举第十四届中央委员会；（6）选举新一届中央纪律检查委员会。李鹏主持大会开幕式。江泽民代表第十三届中央委员会向大会作《加快改革开放和现代化建设步伐，夺取有中国特色社会主义事业的更大胜利》的报告。

党的十四大报告分为4部分：14年伟大实践的基本总结；20世纪90年代改革和建设的主要任务；国际形势和我们的对外政策；加强党的建设和改善党的领导。

报告明确指出，中国经济体制改革的目标是建立社会主义市场经济体制。报告提出，为了加速改革开放，推动经济发展和社会全面进步，必须努力实现十个方面关系全局的主要任务：第一，围绕社会主义市场经济体制的建立，加快经济改革步伐；第二，进一步扩大对外开放，更多更好地利用国外资金、资源、技术和管理经验；第三，调整和优化产业结构，高度重视农业，加快发展基础工业、基础设施和第三产业；第四，加速科技进步，大力发展教育，充分发挥知识分子的作用；第五，充分发挥各地优势，加快地区经济发展，促进全国经济布局合理化；第六，积极推进政治体制改革，使社会主义民主和法制建设有一个较大的发展；第七，下决心进行行政管理体制和机构改革，切实做到转变职能、理顺关系、精兵简政、提高效率；第八，坚持两手抓，两手都要硬，把社会主义精神文明建设提高到新水平；第九，不断改善人民生活，严格控制人口增长，加强环境保护；第十，加强军队建设，增强国防实力，保障改革开放和经济建设顺利进行。

党的十四大作出了三项具有深远意义的决策：第一，抓住机遇、加快发展的决策和战略部署。报告指出，中国经济能不能加快发展，不仅是重大的经济问题，而且是重大的政治问题。因此，对经济发展速度作了大幅度的调整，决定将90年代我国经济的发展速度，由原定的国民生产总值平均每年增长6%调整为增长8%至9%。十四大对加快经济发展作出了战略部署，提出了必须努力实现的十个方面关系全局的主要任务。第二，确立社会主义市场经济体制的改革目标。报告指出，中国经济体制改革确定什么样的目标模式，是关系整个社会主义现代化建设全局的一个重大问题。这个问题的核心，是正确认识和处理计划与市场的关系。党的十四大在党的历史上第一次明确提出了建立社会主义市场经济体制的目标模式。把社会主义基本制度和市场经济结合起来，建立社会主义市场经济体制，这是中国共产党的一个伟大创举。第三，确立了邓小平建设有中国特色社会主义理论在全党的指导地位。这是十四大最突出的特点和最重要的贡献。邓小平是中国社会主义改革开放和现代化建设的总设计师，对建设有中国特色社会主义理论的创立，作出了历史性的重大贡献。党的十四大对建设有中国特色社会主义理论的主要内容作了概括，并将这一理论和党的基本路线写进了党章。

大会强调指出，适应加快改革开放和现代化建设步伐的新形势，必须用邓小平同志建设有中国特色社会主义的理论武装全党。大会以无记名投票方式，选举出第十四届中央委员会委员189名，中央委员会候补委员130名，中央纪律检查委员会委员108名。大会分别通过了《关于十三届中央委员会报告的决议》、《关于中央顾问委员会工作报告的决议》、《关于中央纪律检查委员会工作报告的决议》和《关于〈中国共产党章程（修正案）〉的决议》。大会决定不再设立中央顾问委员会。

10月19日党的十四届一中全会选举了新一届中央政治局成员，选举了江泽民、李鹏、乔石、李瑞环、朱镕基、刘华清、胡锦涛为中央政治局常委，选举江泽民为中央委员会总书记，决定江泽民任中央军事委员会主席，批准尉健行任中央纪律检查委员会书记。

6.中共中央关于建立社会主义市场经济体制若干问题的决定

1993年11月11日至14日，党的十四届三中全会在北京举行。全会审议并通过了《关于建立社会主义市场经济体制若干问题的决定》（以下简称《决定》）。这个《决定》，勾画了社会主义市场经济体制的基本框架，是我国20世纪90年代进行经济体制改革的行动纲领。

《决定》共50条，分10部分，包括：一、中国经济体制改革面临的新形势和新任务；二、转换国有企业经营机制，建立现代企业制度；三、培育和发展市场体系；四、转变政府职能，建立健全宏观经济调控体系；五、建立合理的个人收入分配和社会保障制度；六、深化农村经济体制改革；七、深化对外经济体制改革，进一步扩大对外开放；八、进一步改革科技体制和教育体制；九、加强法律制度建设；十、加强和改善党的领导，为20世纪末初步建立社会主义市场经济体制而奋斗。

《决定》指出，在邓小平建设有中国特色社会主义的理论指导下，经过十多年改革，中国经济体制发生了巨大变化。以公有制为主体的多种经济成分共同发展的格局初步形成，农村经济体制改革不断深入，国有企业经营机制正在转换，市场在资源配置中的作用迅速扩大，对外经济技术交流与合作广泛展开，计划经济体制逐步向社会主义市场经济体制过渡。改革解放和发展了社会生产力，推动中国经济建设、人民生活和综合国力上了一个大台阶。以邓小平1992年年初重要谈话和党的十四大为标志，中国改革开放和现代化建设事业进入了一个新的发展阶段。改革开放迈出新的步伐，宏观调控取得积极成效，经济蓬勃发展，社会政治稳定。要紧紧抓住国内国际的有利时机，加快建立社会主义市场经济体制的进程，实现国民经济持续、快速、健康发展。

《决定》指出，社会主义市场经济体制是同社会主义基本制度结合在一起的。建立社会主义市场经济体制，就是要使市场在国家宏观调控下对资源配置起基础性作用。为实现这个目标，必须坚持以公有制为主体、多种经济成分共同发展的方针，进一步转换国有企业经营机制，建立适应市场经济要求，产权清晰、权责明确、政企分开、管理科学的现代企业制度;建立全国统一开放的市场体系,实现城乡市场紧密结合,国内市场与国际市场相互衔接,促进资源的优化配置;转变政府管理经济的职能,建立以间接手段为主的完善的宏观调控体系,保证国民经济的健康运行;建立以按劳分配为主体,效率优先、兼顾公平的收入分配制度,鼓励一部分地区一部分人先富起来,走共同富裕的道路;建立多层次的社会保障制度,为城乡居民提供同中国国情相适应的社会保障,促进经济发展和社会稳定。这些主要环节相互联系又相互制约,构成社会主义市场经济体制的基本框架。

《决定》指出,建立社会主义市场经济体制是一项开创性的伟大事业。要毫不动摇地坚持邓小平同志建设有中国特色社会主义的理论和党在社会主义初级阶段的基本路线,以是否有利于发展社会主义社会的生产力,是否有利于增强社会主义国家的综合国力,是否有利于提高人民的生活水平,作为决定各项改革措施取舍和检验其得失的根本标准。在推进改革的过程中,必须解放思想,实事求是;以经济建设为中心,改革开放、经济发展和社会稳定相互促进,相互统一;尊重群众首创精神,重视群众切身利益;实行整体推进和重点突破相结合。各级党委和政府要用党的基本理论和基本路线统揽全局,把更大的精力集中到加快改革上来。当前要紧紧抓住建立现代企业制度、市场体系和金融、财税、计划、投资、外贸等重点领域的改革,制定具体方案,采取实际步骤,取得新的突破。

《决定》指出,建立社会主义市场经济体制,加快现代化建设步伐,必须坚持和改善党的领导,加强党的自身建设。要用邓小平同志建设有中国特色社会主义的理论武装全党,提高贯彻执行党的基本路线和发展社会主义市场经济的方针政策的坚定性和自觉性。适应建立社会主义市场经济体制和经济发展的要求,积极推进政治体制改革,加强社会主义民主政治和法制建设。坚持两手抓、两手都要硬的方针,加强社会主义精神文明建设。深入开展反腐败斗争,切实抓好廉政建设。加强社会治安综合治理。巩固和发展安定团结的政治局面。

《决定》把党的十四大确定的经济体制改革的目标和基本原则加以系统化、具体化,是中国建立社会主义市场经济体制的总体规划,是 20 世纪 90 年代进行经济体制改革的行动纲领,对中国改革开放和社会主义现代化建设产生了重大而深远的影响。

7.国家八七扶贫攻坚计划

1994 年 4 月 15 日,国务院制定和发布了《国家八七扶贫攻坚计划》(以下简称《计划》)。"八七"的含义是:对当时全国农村 8000 万贫困人口的温饱问题,力争用 7 年左右的时间(从 1994 年到 2000 年)基本解决。

1978 年到 2000 年,中国的扶贫开发大致经过三个阶段。第一阶段是 1978—1985 年的体制改革推动扶贫阶段。1978年,农村贫困人口为2.5亿人,占农村总人口的30.7%。农村经济体制改革后,提高农产品价格、发展多种经营和乡镇企业等多项措施为解决农村贫困问题打开了出路。从1978年到1985年,没有解决温饱的贫困人口从2.5亿人减少到1.25亿人,占农村人口比例下降到14.8%。第二阶段是1986—1993年的大规模开发式扶贫阶段。20世纪80年代中期,为进一步加大扶贫力度,中国政府于1986年成立专门扶贫工作机构,安排专项资金,制定优惠政策,确定开发式扶贫方针。到1993年底,农村贫困人口由1.25亿人减少到8000万人,占农村总人口的比重为8.7%。第三阶段即是1994—2000年的扶贫攻坚阶段。以1994年《国家八七扶贫攻坚计划》的公布实施为标志,中国的扶贫开发进入攻坚阶段。该计划明确提出,集中人力、物力、财力,动员社会各界力量,力争用7年左右的时间,基本解决农村贫困人口的温饱问题。

《国家八七扶贫攻坚计划》的内容包括9个方面：一、形势与任务。到1992年底,全国农村没有完全稳定解决温饱问题的贫困人口还有8000万人,这些贫困人口主要集中在国家重点扶持的贫困县,分布在中西部的深山区、石山区、荒漠区、高寒山区、黄土高原区、地方病高发区以及水库库区,扶贫开发的任务十分艰巨。二、奋斗目标。到20世纪末,绝大多数贫困户年人均纯收入有较大增长;为扶持贫困户创造稳定解决温饱问题的基础条件,有条件的地方人均建成半亩到一亩稳产高产的基本农田;户均一亩林果园,或一亩经济作物;户均向乡镇企业或发达地区转移一个劳动力;户均一项养殖业,或其他家庭副业。牧区户均一个围栏草场,或一个"草库伦"。与此同时,巩固和发展现有扶贫成果,减少返贫人口;加强基础设施建设;改变教育文化卫生的落后状况。三、方针与途径。方针——鼓励贫困地区广大干部、群众发扬自力更生、艰苦奋斗的精神,在国家的扶持下,以市场需求为导向,依靠科技进步,开发利用当地资源,发展商品生产,解决温饱进而脱贫致富。基本途径——重点发展投资少、见效快、覆盖广、效益高、有助于直接解决群众温饱问题的种植业、养殖业和相关的加工业、运销业;积极发展能够充分发挥贫困地区资源优势、又能大量安排贫困户劳动力就业的资源开发型和劳动密集型的乡镇企业;通过土地有偿租用、转让使用权等方式,加快荒地、荒山、荒坡、荒滩、荒水的开发利用;有计划有组织地发展劳务输出,积极引导贫困地区劳动力合理、有序地转移;对极少数生存和发展条件特别困难的村庄和农户,实行开发式移民。主要形式——依托资源优势,按照市场需求,开发有竞争力的名特稀优产品;坚持兴办贸工农一体化、产加销一条龙的扶贫经济实体;引导尚不具备办企业条件的贫困乡村,自愿互利,带资带劳,到投资环境较好的城镇和工业小区进行异地开发试点,兴办二、三产业;扩大贫困地区与发达地区的干部交流和经济技术合作;在优先解决群众温饱问题的同时,帮助贫困县兴办骨干企业;对贫困残疾人开展康复扶贫。四、资金的管理使用。为确保本计划的实施,国家现在用于扶贫的各项财政、信贷资金继续安排到 2000 年；从 1994 年起，再增加一部分以工代赈资金和扶贫贴息贷款，执行到 2000 年；各部门和各级地方政府也要逐渐增加资金投入。五、政策保障。实行信贷优惠、财税优惠、经济开发优惠政策。六、部门任务。政府计划、内外贸、农林水、科教、工交、劳动、民政、民族工作、文化卫生和计划生育、财政、金融、工商、海关等部门要根据本计划总的要求，分别制定本部门、本系统的八七扶贫攻坚实施方案，充分发挥各自优势，在资金、物资、技术上向贫困地区倾斜。七、社会动员。动员和组织中央国家机关、非正式组织以及社会各界帮扶和支持贫困地区开发建设。八、国际合作。积极开展同扶贫有关的国际组织、区域组织、政府和非政府组织的交流与合作，努力改善贫困地区的投资环境。九、组织与领导。本计划由国务院扶贫开发领导小组统一组织中央各有关部门和各省、自治区、直辖市具体实施。坚持分级负责、以省为主的省长（自治区主席、市长）负责制。

《国家八七扶贫攻坚计划》是新中国历史上第一个有明确目标、明确对象、明确措施和明确期限的扶贫开发行动纲领。该《计划》对加快贫困地区经济和社会发展，逐步缩小东西部地区差距，加强民族团结，促进社会稳定，实现共同富裕，为改革和发展创造更为有利的条件，都具有极其重大的意义。

经过多方努力，到 2000 年底，国家"八七"扶贫攻坚目标基本实现，前后 20 余年的扶贫开发取得巨大成就：一、解决了 2 亿多农村贫困人口的温饱问题。农村尚未解决温饱问题的贫困人口由 1978 年的 2.5 亿人减少到 2000 年的 3000 万人，农村贫困发生率从 30.7% 下降到 3% 左右。二、生产生活条件明显改善。1986 年到 2000 年的 15 年间，在中国农村贫困地区修建基本农田 9915 万亩，解决了 7725 万多人和 8398 万多头大牲畜的饮水困难。到 2000 年底，贫困地区通电、通路、通邮、通电话的行政村分别达到 95.5%、89%、69% 和 67.7%。三、经济发展速度明显加快。"八七"计划执行期间，国家重点扶持贫困县农业增加值增长 54%，年均增长 7.5%；工业增加值增长 99.3%，年均增长 12.2%；地方财政收入增加近 1 倍，年均增长 12.9%；粮食产量增长 12.3%，年均增长 1.9%；农民人均纯收入从 648 元增加到 1337 元，年均增长 12.8%。四、各项社会事业发展较快。贫困地区人口过快增长的势头得到初步控制，人口自然增长率有所下降。办学条件得到改善，592 个国家重点扶持贫困县中有 318 个实现基本普及九年义务教育和基本扫除青壮年文盲的目标。职业教育和成人教育发展迅速。大多数贫困地区乡镇卫生院得到改造或重新建设。推广了一大批农业实用技术。群众的文化生活得到改善。五、解决了一些集中连片贫困地区的温饱问题。沂蒙山区、井冈山区、大别山区、闽西南地区等革命老区群众的温饱问题已经基本解决。一些偏远山区和少数民族地区，面貌也有了很大的改变。历史上"苦瘠甲天下"的甘肃定西地区和宁夏的西海固地区，经过多年开发建设，基础设施和基本生产条件明显改善，贫困状况大为缓解。

8.《中国21世纪议程》与可持续发展战略

1992年6月，联合国环境与发展首脑会议在巴西里约热内卢召开，会议通过了《里约环境与发展宣言》、《21世纪议程》、《关于森林问题的原则声明》等重要文件并签署了联合国《气候变化框架公约》、联合国《生物多样性公约》，充分体现了当今人类社会可持续发展的新思想，反映了关于环境与发展领域合作的全球共识和最高级别的政治承诺。

中国政府高度重视联合国环境和发展大会，李鹏总理率团出席会议并承诺要认真履行会议所通过的各项文件。根据《21世纪议程》的要求，中国政府由国家计委、国家科委、国家经贸委、国家环保局负责，组织52个部门、机构和社会团体，在联合国开发署（UNDP）的支持和帮助下，编制完成了《中国21世纪议程——中国21世纪人口、环境与发展白皮书》，1994年3月25日，经国务院第16次常务会议审议通过。为推动《中国21世纪议程》的实施，还制定了《中国21世纪议程优先项目计划》。

《中国21世纪议程》包括20章，设78个方案领域。它从中国具体国情和人口、环境与发展总体联系出发，提出了人口、经济、社会、资源和环境相互协调、可持续发展的总体战略、对策和行动方案。《中国21世纪议程》第1章序言中写道："中国是发展中国家，要提高社会生产力、增强综合国力和不断提高人民生活水平，就必须毫不动摇地把发展国民经济放在第一位，各项工作都要紧紧围绕经济建设这个中心来开展。中国是在人口基数大、人均资源少、经济和科技水平都比较落后的条件下实现经济快速发展的，在这种形势下，中国政府只有遵循可持续发展的战略思路，才能实现国家长期、稳定发展。""中国政府决定将《中国21世纪议程》作为各级政府制定国民经济和社会发展计划的指导性文件。"

两年后，1996年3月八届全国人大第四次会议把可持续发展正式确定为中国今后经济和社会发展的两大基本战略之一，可持续发展战略从此正式成为我国的一项长远发展战略。同年7月16日，江泽民在第四次全国环境保护会议上发表讲话，指出：在社会主义现代化建设中，必须把贯彻实施可持续发展战略始终作为一件大事来抓。经济发展，必须与人口、资源、环境统筹考虑，不仅要安排好当前的发展，还要为子孙后代着想，为未来的发展创造更好的条件，决不能走浪费资源和先污染后治理的路子，更不能吃祖宗饭、断子孙路；控制人口增长，保护生态环境，是全党全国人民必须长期坚持的基本国策；环境意识和环境质量如何，是衡量一个国家和民族的文明程度的一个重要标志；各级党委和政府要把环境保护工作摆上重要议事日程，每年要听取环保工作的汇报，及时研究和解决出现的问题，这要成为一项制度。基于这一要求，在国家发展和改革委员会、科学技术部以及相关部门的大力推动下，我国成立了由多部门组成的全国推进可持续发展战略领导小组，编制了《中国 21 世纪初可持续发展行动纲要》，推进可持续发展战略的实施；将可持续发展战略思想纳入国民经济和社会发展计划和规划，增强实施的力度；加强可持续发展宣传培训，提高可持续发展的能力；制定《可持续发展科技纲要》，依靠科技进步与技术创新推动可持续发展；积极推进可持续发展试点示范工作，努力实践科学发展观，探索不同地区可持续发展的模式；积极开展可持续发展领域的国际合作，树立了良好的国际形象。

9.中华人民共和国劳动法

劳动法，是调整劳动关系以及与劳动关系密切联系的社会关系的法律规范总称。

中国共产党和中国政府历来十分重视保护劳动者的合法权益，重视劳动法制建设。早在 1978 年，邓小平在中央工作会议上就提出要制定劳动法。1979、1980 年，五届全国人大第二次会议和第三次会议都提出制定劳动法。此后，有关部门经过大量调查研究、反复论证，先后形成劳动法草案 30 余稿。党的十四大以后，根据建立社会主义市场经济体制的要求，有关部门对草案进一步作了大量的论证、修改工作。1994 年 1 月，国务院常务会议讨论通过了《中华人民共和国劳动法（草案）》，建议提交八届全国人大常委会审议。7 月 5 日，《中华人民共和国劳动法》（以下简称《劳动法》）经八届全国人大常委会第八次会议审议通过后向社会公布，自 1995 年 1 月 1 日起施行。

《劳动法》共 13 章 107 条，根本宗旨是保护劳动者的合法权益，调整劳动关系，建立和维护适应社会主义市场经济的劳动制度，促进经济发展和社会进步。在社会主义市场经济体制下，为更好地保障职工的合法权益，《劳动法》从改革新形势、新要求出发，至少在六个方面有较大的突破：一、劳动合同制方面。企业单位用人必须建立劳动合同，这是劳动法最重要的规定之一，是保护职工权益、也是保证用人单位合法权益的基础。在过去发生的众多危害职工权益的事件中，不少是因为没有劳动合同约束，一些用人单位也因没有劳动合同，致使因骨干"跳槽"流失而造成了经济损失。《劳动法》是国家第一次用法律把建立劳动关系应当订立劳动合同这一制度确定下来，使双方权益都有保障。《劳动法》关于劳动合同的规定，确立了企业用人自主权和职工个人择业权，为深化企业改革，建立现代企业制度提供了法律基础。二、工作时间方面。过多地加班加点工作，是一些企业方侵害职工权益的主要行为，为此，《劳动法》专门一章规定了工作时间和休息休假时间，如每天加班不得超过一小时，每月加班累计不得超过 36 小时；加班时间的报酬不得低于工资的 150%，休息日加班报酬不得低于工资的 200%，国家法定休假日加班不得低于 300%。三、工资方面。《劳动法》规定了用人单位的工资自主权，并规定国家实行最低工资保障制度,规定不能克扣和无故拖欠职工工资,这两条保障了职工的基本收入。四、职业证书制度。国家将确定职业分类,制定职业技能标准,实行职业资格证书制度。职工培训制度法制化,是保障职工不断提高素质的有效手段,从根本上增强了劳动者就业能力。五、社会保险法制化。社会保险是保障职工在失业、患病、工伤、生育、退休时获得帮助和补偿的制度。过去,因没有相应的法律规定,社会保险部门工作进展困难重重。《劳动法》将社会保险法制化,为解决这个问题创造了条件。六、劳动争议处理法制化。有关部门统计,1993年全国发生劳动诉讼事件一万多起,比上年增加了50%。出现大量的劳动争议在建立市场经济过程中是难以避免的。《劳动法》出台后,因劳动争议得不到及时处理而发生的激化矛盾的事件将会减少,有利于消除社会不安定的隐患。

《劳动法》的出台,填补了中国法律体系的一大空白,是市场经济法律体系的一次完善。劳动法是一个基本法,是一个龙头法,它的出台,将促进下一步《社会保险法》、《劳动合同法》、《就业促进法》、《工资法》、《安全生产法》、《劳动保护法》、《劳动争议法》、《职业技能开发法》、《劳动监察法》等专项配套法律的制定和实施。这一系列法律出台后,中国适应社会主义市场经济体制需要的劳动法律体系将基本形成。同时,《劳动法》为规范今后劳动制度改革指明了方向,有利于促进政府部门的职能转变。认真贯彻执行《劳动法》,对保护劳动者的合法权益,确立、维护和发展用人单位和劳动者之间稳定和谐的劳动关系,促进改革,发展经济,稳定社会,都具有重大意义。

10.中华人民共和国教育法

教育法是规范教育关系和教育活动,指引国家教育事业发展的基本法律。国家教委从1985年起,组织力量着手教育法的起草工作。经过近10个年头的广泛调查研究,在总结中国教育发展正反两方面的实践经验和借鉴国外教育法制建设有益经验的基础上,形成了《中华人民共和国教育法(草案)》。1994年12月,国务院将草案提请全国人大常委会审议。1995年3月八届全国人民代表大会第三次会议审议并通过,3月18日向社会公布,自1995年9月1日起施行。

制定并实施《中华人民共和国教育法》(以下简称《教育法》),旨在发展教育事业,提高全民族的素质,促进社会主义物质文明和精神文明建设。《教育法》共10章84条,主要内容包括:一、教育基本制度。国家实行学前教育、初等教育、中等教育、高等教育的学校教育制度,实行九年制义务教育制度,以及职业教育制度、成人教育制度、国家教育考试制度、学业证书制度、学位制度等。二、学校及其他教育机构。国家制定教育发展规划，并举办学校及其他教育机构。鼓励企业事业组织、社会团体、其他社会组织及公民个人依法举办学校及其他教育机构。任何组织和个人不得以营利为目的举办学校及其他教育机构。三、教师和其他教育工作者。教师享有法律规定的权利，履行法律规定的义务。国家保护教师的合法权益，改善教师的工作条件和生活条件，提高教师的社会地位。学校及其他教育机构中的管理人员，实行教育职员制度。学校及其他教育机构中的教学辅助人员和其他专业技术人员，实行专业技术职务聘任制度。四、受教育者。规定受教育者在入学、升学、就业等方面依法享有平等权利，以及受教育者应履行的义务。从业人员有依法接受职业培训和继续教育的权利和义务。国家鼓励学校及其他教育机构、社会组织采取措施，为公民接受终身教育创造条件。五、教育与社会。国家机关、军队、企业事业组织、社会团体及其他社会组织和个人，应当依法为儿童、少年、青年学生的身心健康成长创造良好的社会环境。鼓励企业事业组织、社会团体及其他社会组织同高等学校、中等职业学校在教学、科研、技术开发和推广等方面进行多种形式的合作。鼓励社会团体、社会文化机构及其他社会组织和个人开展有益于受教育者身心健康的社会文化教育活动。六、教育投入。建立以财政拨款为主、其他多种渠道筹措教育经费为辅的体制，逐步增加对教育的投入，保证国家举办的学校教育经费的稳定来源。国家财政性教育经费支出占国民生产总值的比例应当随着国民经济的发展和财政收入的增长逐步提高。各级人民政府的教育经费支出，按照事权和财权相统一的原则，在财政预算中单独列项。七、对外交流与合作。国家鼓励开展教育对外交流与合作。教育对外交流与合作坚持独立自主、平等互利、相互尊重的原则，不得违反中国法律，不得损害国家主权、安全和社会公共利益。八、法律责任。违反国家有关规定，依法追究相关责任。违反本法规定，颁发学位证书、学历证书或者其他学业证书的，由教育行政部门宣布证书无效，责令收回或者予以没收；有违法所得的，没收违法所得；情节严重的，取消其颁发证书的资格。违反本法规定，侵犯教师、受教育者、学校或者其他教育机构的合法权益，造成损失、损害的，应当依法承担民事责任。

《教育法》是新中国第一部教育领域的根本大法。制定教育法，是确保教育优先发展的战略地位、促进教育事业健康发展的迫切需要，是巩固教育体制改革成果、引导和保障教育体制改革的深入进行、建立适应社会主义市场经济体制的新的教育体制和运行机制的迫切需要，是全面实现"依法治教"的需要。它的制定和颁布实施，标志着中国教育事业进一步走上全面依法治教的轨道，对于确保教育在国民经济和社会发展中的战略地位，落实国家优先发展教育的重大决策，促进教育的改革和发展，实现建立社会主义市场经济体制和社会主义现代化建设的宏伟目标，具有重大的现实意义和深远的历史意义。

11. "科教兴国"战略

"科教兴国"是党中央、国务院按照邓小平理论和党的基本路线,科学分析和总结世界近代以来特别是当代经济、社会、科技发展趋势和经验,并充分估计未来科学技术特别是高技术发展对综合国力、社会经济结构、人民生活和现代化进程的巨大影响,根据我国国情,为实现社会主义现代化建设三步走的宏伟目标而提出的发展战略。"科教兴国"是指全面落实科学技术是第一生产力的思想,坚持教育为本,把科技和教育摆在经济、社会发展的重要位置,增强国家的科技实力及向现实生产力转化的能力,提高全民族的科技文化素质,把经济建设转移到依靠科技进步和提高劳动者素质的轨道上来,加速实现国家的繁荣强盛。

"科教兴国"思想的理论基础是邓小平关于科学技术是第一生产力的思想。1977年,邓小平在科学和教育工作座谈会上提出:我们国家要赶上世界先进水平,从何着手呢?我想,要从科学和教育着手。不抓科学、教育,四个现代化就没有希望,就成为一句空话。明确地将科教发展作为发展经济、建设现代化强国的先导,摆在我国发展战略的首位。从20世纪70年代后期到90年代初期,邓小平坚持"实现四个现代化,科学技术是关键,教育是基础"的核心思想,为"科教兴国"发展战略的形成奠定了坚实的理论和实践基础。

1992年,党的十四大报告指出:必须把经济建设转移到依靠科技进步和提高劳动者素质的轨道上来。1995年5月6日颁布的《中共中央、国务院关于加速科学技术进步的决定》,首次提出在全国实施科教兴国的战略,指出:从现在起到21世纪中叶,是实现中国现代化建设三步走战略目标的关键历史时期。实现国民经济持续、快速、健康的发展,必须依靠科技进步解决好产业结构不合理、技术水平落后、劳动生产率低、经济增长质量不高等问题。面对国际经济、科技竞争的严峻挑战和人口多、底子薄、人均资源相对短缺的国情,加速国民经济增长从外延型向效益型转变已迫在眉睫,实现这一战略转变必须依靠科技进步,大力解放和发展第一生产力,加速科技成果向现实生产力的转化,切实把经济建设转移到依靠科技进步和提高劳动者素质的轨道上来。为此,中共中央、国务院决定,坚定不移地实施"科教兴国"的战略。1995年9月,党的十四届五中全会在关于国民经济和社会发展"九五"计划和2010年远景目标的建议中,把实施"科教兴国"战略列为今后15年直至21世纪加速我国社会主义现代化建设的重要方针之一。1996年,八届全国人大四次会议正式提出了国民经济和社会发展"九五"计划和2010年远景目标,其中"科教兴国"成为我们的基本国策。

实施"科教兴国"战略,一要重视和支持科技进步创新,二要尊重知识、崇尚科学、尊重人才、加大科技用人制度的改革力度，三要尽快形成有利于创新的文化环境和社会氛围，四要尽快形成有利于创新的体制和机制，五要建立精干、高效、充满活力的科研体系，六要有合适的创新精神、学术氛围、竞争环境和团队精神，七要加大科技投入，努力提高科技工作者的待遇，八要提高科技工作者的综合素质。

"科教兴国"战略是中共中央、国务院在总结历史经验的基础上，根据我国社会主义现代化建设的现实情况作出的重大战略部署。实施"科教兴国"战略，是全面落实科学技术是第一生产力思想，保证国民经济持续、快速、健康发展的根本措施，是实现社会主义现代化宏伟目标的必然抉择，也是中华民族振兴的必由之路。实施"科教兴国"战略，必将大大提高我国经济发展的质量和水平，使生产力有一个新的解放和更大的发展。

12.联合国第四次世界妇女大会在北京举行

1995年9月4日至15日，联合国第四次世界妇女大会在中国北京举行。本次大会是在新的国际形势下联合国举办的各国政府共同研究妇女问题、促进妇女事业发展的一次重要会议。会议选举中国全国人大常委会副委员长、全国妇联主席、世妇会中国政府代表团团长陈慕华任联合国第四次世界妇女大会主席，并选举了其他22名副主席，通过了议事规则和其他组织事项。

本次世妇会的主题是"以行动谋求平等、发展与和平"，次主题是"健康、教育和就业"。大会共举行了16次全体会议，197个国家和地区的代表以及国际组织、非政府组织的代表在平等、求实的气氛中就消除贫困、制止战争、制止对妇女施行暴力、消除男女不平等等问题展开了热烈的辩论，取得了较为一致的意见。大会审查讨论了《提高妇女地位内罗毕前瞻性战略》，制定和通过了旨在提高全球妇女地位的《北京宣言》和《行动纲领》，确定了提高妇女地位的12个重大关切领域，指出了提高全球妇女地位的主要障碍，制定了今后的战略目标和具体行动。与此同时，3万余人参加了本次大会的辅助性会议非政府组织妇女论坛，举行了3900多场研讨会，以及各种展览、表演等活动5000多场。联合国副秘书长基塔尼和中国代表团常务副团长彭珮云，分别代表联合国秘书长加利和中国政府在大会上发言。基塔尼在发言中回顾了联合国50年来在提高妇女地位，消除对妇女的歧视，从法律上承认妇女的尊严和价值、承认男女平等等方面所起的作用，认为没有男女充分而平等地参与促进和平、保障环境、实现可持续发展，参与人权、人口、保健、教育、政府、家庭和民间社会各方面活动，便不可能取得任何进展；强调使男女在法律和事实上平等，是20世纪政治上的大计划。彭珮云在发言中就妇女发展问题提出四点主张：（1）妇女在创造人类文明、推动社会发展中具有伟大的作用；（2）妇女事业的发展与整个社会的进步始终是紧密结合在一起的;(3)在20世纪末实现《内罗毕战略》的目标是各国政府义不容辞的责任;(4)发展妇女事业需要加强国际合作。她还介绍了中国执行《内罗毕战略》的主要进展:中国政府从国情出发,制定并颁布了1995—2000年《中国妇女发展纲要》,这是指导和促进我国妇女进步与发展的行动纲领。为了实现这个目标,中国政府作出承诺:到20世纪末,妇女的整体素质有明显提高,在全面参与经济建设和社会发展、参与国家和社会事务管理的过程中,使法律赋予妇女在政治的、经济的、文化的、社会的、家庭的生活等各方面享有同男子平等的权利进一步得到落实。

《北京宣言》以"平等、发展与和平"为总目标,肯定了10年来国际社会在提高妇女地位方面取得的成绩,指出了存在的主要障碍和问题,重申了联合国宪章的宗旨与原则,着重反映了发展中国家所关心的问题,要求各国政府和国际社会本着合作的精神作出承诺并付诸行动。《行动纲领》从贫穷、教育、保健、暴力行为、武装冲突、经济、参与决策、提高妇女地位、人权、新闻媒体、环境和女童12个领域,具体阐述了各国妇女面临的主要问题,把发展中国家最关注的问题放在突出位置,提出了解决这些问题的战略目标和为实现这些目标应采取的行动。《北京宣言》和《行动纲领》反映了各国妇女共同关心的问题,确定了各国和国际社会20世纪末和21世纪初在提高妇女地位方面的共同目标,是指导全球妇女事业前进的重要指导性文件。

妇女问题一向是联合国社会和发展领域的重点之一。为促进全世界妇女事业的发展,联合国迄今已召开过4次世界妇女大会。出席本次妇女大会和妇女论坛的中外人士达46876人,是联合国历史上参加人数最多的一次国际盛会,也是迄今为止中国承办的规模最大的一次国际会议。会议取得了圆满成功,它将作为全球提高妇女地位、推动和平与发展的一个里程碑而载入史册。

五、"九五"期间社会改革与发展概况

1.国民经济和社会发展"九五"计划和2010年远景目标纲要

1996年3月17日,八届全国人大四次会议审议批准《国民经济和社会发展"九五"计划和2010年远景目标纲要》(以下简称《纲要》)。《纲要》提出了我国今后15年的发展方针、奋斗目标和主要任务,是发展社会主义市场经济条件下的第一个中长期规划,是一个宏观的预测性、指导性计划。

1995年9月,党的十四届五中全会通过了《中共中央关于制定国民经济和社会发展"九五"计划和2010年远景目标的建议》(以下简称《建议》),提出全面实现第二步战略目标、并向第三步战略目标迈进的指导方针和主要任务。国务院根据《建议》精神,制定了《国民经济和社会发展"九五"计划和2010年远景目标纲要(草案)》,提请1996年八届全国人大四次会议审议批准。

《纲要》将中国现代化建设分三步走发展战略中的第二步和第三步战略衔接起来。1995年,第二步战略部署中提出的国民生产总值比1980年翻两番的任务已经提前五年实现,《纲要》着重规划了到2000年全面实现的第二步战略目标,同时对开始实施第三步战略部署做了规划。确定的目标是到2000年在全国人口比1980年增加3亿左右的情况下,实现人均国民生产总值比1980年翻两番、基本消除贫困现象、人民生活达到小康水平、初步建立社会主义市场经济体制;到2010年,实现国民生产总值比2000年翻一番、人民的小康生活更加宽裕、形成比较完善的社会主义市场经济体制。

《纲要》确定,今后15年国民经济和社会发展必须坚持"抓住机遇、深化改革、扩大开放、促进发展、保持稳定"的基本方针,正确处理改革、发展、稳定三者关系,认真贯彻执行以下9条重要指导方针,即:保持国民经济持续、快速、健康发展;积极推进经济增长方式转变,把提高经济效益作为经济工作的中心;实施科教兴国战略,促进科技、教育与经济紧密结合;把加强农业放在发展国民经济的首位;把国有企业改革作为经济体制改革的中心环节;坚定不移地实行对外开放;实现市场机制和宏观调控的有机结合,把多方面的积极性引导好、保护好、发挥好;坚持区域经济协调发展,逐步缩小地区发展差距;坚持物质文明和精神文明共同进步,经济和社会协调发展。

《纲要》确定了"九五"期间(1996—2000)的宏观调控目标,主要是:一、在经济结构和产业结构不断优化的前提下,经济增长率年均保持在8%左右。二、把抑制通货膨胀作为宏观调控的主要任务,保持社会总需求与总供给的基本平衡,使物价上涨率明显降低并低于经济增长率。三、固定资产投资率大体保持在30%。四、财政收支方面,通过努力增收节支,调整分配结构,实行适度从紧的财政政策,逐步减少财政赤字,实现财政收支基本平衡。同时要控制国债规模,使年度发债规模保持在合理界限之内。五、实行适度从紧的货币政策,以保持人民币币值稳定。六、国际收支方面,经常项目中的进出口贸易保持基本平衡;非贸易往来力争较少逆差;资本项目在借贷资本略有逆差的情况下,通过吸引直接投资保持适当的顺差。到2000年,进出口总额达到4000亿美元,出口额和进口额各为2000亿美元。国家外汇储备比1995年有所增加,人民币汇率保持相对稳定。加强金融监管,防范金融风险,完善金融法律法规。七、到2000年,人口控制在13亿以内,5年新增城镇就业4000万人,向非农产业转移4000万农业劳动力。城镇失业率控制在4%左右。建立与社会主义市场经济相适应的新型劳动制度,以及失业保险和促进再就业的新机制。

《纲要》提出了"九五"期间和后十年经济建设的战略布局,主要是:确保农业和农村经济持续稳定增长;积极推进企业结构的调整;引导区域经济协调发展;保持宏观经济的稳定;不断提高城乡人民生活水平。

《纲要》强调,实现上述目标和任务的关键,在于实行经济体制和经济增长方式两个具有全局意义的根本转变,即由计划经济体制向社会主义市场经济体制的转变,经济增长由粗放经营向集约经营的转变;同时,大力实施科教兴国和可持续发展两大战略,并进一步扩大对外开放,提高对外开放水平。

"九五"计划时期,中国改革开放和现代化建设面对的国内外环境,是历次五年计划实施中比较少见的。国际上,全球化趋势进一步增强,1997年始发于泰国的金融危机迅速波及整个亚洲,对中国的出口、利用外资以及经济增长都带来了较大的冲击。在国内,"九五"前期,针对通货膨胀率过高的突出矛盾,把抑制通货膨胀作为宏观调控的首要任务。通过综合治理,高通胀得到了有效控制,需求过热的局面得以扭转,国民经济顺利实现了"软着陆"。而在后期,在出现有效需求不足后,又适时通过增加投资、刺激消费等措施，实现了国民经济持续快速健康发展。5年间，国内生产总值（GDP）年平均增长8.3%，不但超过计划目标，而且大大高于世界平均3.8%的增长速度。顺利完成了社会主义现代化建设的第二步战略目标，在1997年比预期提前3年实现了人均国民生产总值比1980年翻两番的目标，人民生活总体上达到了小康水平，为进一步实现第三步战略目标奠定了良好的基础。在体制改革方面，非公有制经济进一步发展壮大，国有企业改革取得进展；市场在资源配置中的基础性作用明显增强。但是，产权制度、政府管理体制改革还比较滞后，要素市场"双轨制"问题依然突出，收入分配制度仍有待完善。

2.职工医疗保障制度改革

新中国成立40多年来，原有的公费、劳保医疗制度对于保障职工身体健康、促进经济发展、维护社会安定发挥了重要作用。但是，随着经济发展和改革深入，原有医疗制度存在的一些缺陷日益突出，表现在：医疗费用由国家、企业包揽，缺乏有效制约机制，浪费严重；缺乏合理医疗经费筹措机制和稳定医疗费用来源，部分企业经营发生困难时，职工得不到应有的基本医疗保障；医疗保障覆盖面窄，管理和服务社会化程度低，不利于劳动力流动和减轻企业社会负担。为解决计划经济体制下建立的传统职工医疗制度的种种弊端，从1984年开始，国家先后在公费医疗和劳保医疗单位，实行定额包干、超定额部分按一定比例报销的办法，在部分城市实行了大病医疗费用社会统筹办法。1993年10月劳动部发出《关于职工医疗保险制度改革试点意见的通知》，首次提出"建立职工个人医疗保险账户，为职工个人所有"。同年党的十四届三中全会作出的《关于建立社会主义市场经济体制若干问题的决定》明确提出：城镇职工养老和医疗保险金由单位和个人共同负担，实行社会统筹与个人账户相结合。1994年，国家体制改革委员会会同有关部门制定了《关于职工医疗制度改革的试点意见》，经国务院批准后印发，由此全面启动了城镇职工医疗保障制度改革的试点工作。

试点意见提出职工医疗保障制度改革的目标是建立社会统筹医疗基金与个人医疗账户相结合的社会保险制度，并使之逐步覆盖城镇所有劳动者。建立职工医疗保险制度的基本原则是：适应建立社会主义市场经济体制的要求，使城镇全体劳动者都能获得基本医疗保障；基本医疗保障的水平和方式要与中国社会生产力发展水平以及各方面的承受能力相适应；公平与效率相结合，职工享受基本医疗保障的待遇要与个人对社会的贡献适当挂钩；建立对医患双方的制约机制；公费、劳保医疗制度按照统一的新制度和政策同步改革，保险费用的筹集方式和基本结构要统一，但经费使用可以分别独立核算；实行政事分开，政府主管部门制定政策、制度、标准，职工医疗保险资金的收、付和运营等由相对独立的社会医疗保险事业机构承担。试点的主要内容包括：职工医疗保险费用的筹集由用人单位和职工共同缴纳；建立社会统筹医疗基金和职工个人医疗账户相结合的制度；建立对职工个人的医疗费用制约机制，减少浪费；加强对医疗单位的有效制约，改善医疗服务；加强管理，强化监督；对特殊人员实行政策性照顾，等等。试点从1994年上半年开始在江西省九江市、江苏省镇江市进行。1996年，国务院办公厅又转发了国家体改委、财政部、劳动部和卫生部《关于职工医疗保障制度改革扩大试点意见的通知》，决定选择全国部分城市进行职工医疗保障制度改革扩大试点。截至1997年，全国共有58个城市申报参加了扩大试点。试点工作取得了一定成效，初步建立了医疗费用筹措的新机制，提高了职工的基本医疗保障水平，抑制了医疗费用增长过快的势头，推动了医疗机构内部的改革，为进一步深化医疗保障改革积累了一定的经验，为建立新的医疗社会保险制度探索了路子。

随着改革的深入，日益触及深层次问题，如财政和事业单位现实的供给能力难以支持日益膨胀的医疗消费需求，企业职工尤其是困难职工的医疗需求增大，医疗保障制度改革与医疗机构改革滞后的矛盾，等等。为此，1997年12月国务院又针对医疗保障制度改革作了重要指示，要求坚持职工医疗保障制度改革的目标和基本原则；积极探索建立社会统筹和个人账户相结合的社会医疗保险制度的实现形式，合理确定基本医疗保障水平；积极发展商业医疗保险，完善医疗保障体系；改革医疗机构，完善医疗服务；坚持属地管理原则，落实属地管理的具体办法；切实解决困难企业参保问题，保证职工的基本医疗；研究完善社会医疗保险管理体制；加强职工医疗保障制度改革的组织领导。1998年12月国务院发布《关于建立城镇职工基本医疗保险制度的决定》（以下简称《决定》），着眼于制度创新和机制转换，促进医疗保险服务和管理的社会化、制度化。《决定》强调了以下几点：一是坚持"低水平、广覆盖"，保障职工基本医疗需求；二是实行基本医疗保险费由单位和个人共同负担，形成新的筹资机制；三是建立社会统筹与个人账户相结合的基本医疗保险制度；四是合理确定基本医疗保险统筹范围，加强基金管理；五是要加快医药卫生体制改革，降低医疗成本，提高医疗服务质量和水平。至此，城镇职工医疗保障制度改革与职工养老、失业等保险制度一起，齐头并进，加快了改革进程。

职工医疗保险制度是社会保障体系的重要组成部分，是社会主义市场经济体制的一项基础性建设。只有建立起新型的城镇职工医疗保险制度，使它和职工养老、失业等保险制度一起，形成比较完善的社会保障体系，才能使职工的基本生活得到较好的保障，促进经济发展和各项改革继续深入进行。建立职工基本医疗保险制度关系到改善人民生活、维护社会公平和社会稳定，关系到国家的长治久安。但这一时期的城镇职工医疗保障制度改革在取得快速进展的同时，也逐渐暴露出政府缺位、顶层设计不足、医疗保险功能单一却承担任务重、联动效果不明显等问题。

3.中共中央关于加强社会主义精神文明建设若干重要问题的决议

1996年10月10日,党的十四届六中全会通过了《中共中央关于加强社会主义精神文明建设若干重要问题的决议》(以下简称《决议》)。

《决议》分析了党的十四届六中全会专门讨论精神文明建设问题的历史和现实背景,指出:改革开放一开始,以邓小平为核心的党中央就强调两个文明一起抓的战略方针。在党的历次重要会议上作出一系列重大决定,十二届六中全会专门作出《关于社会主义精神文明建设指导方针的决议》,明确了精神文明建设的战略地位、根本任务和重大方针,引导全党全国人民逐步加深对精神文明建设的认识,展开了各方面的工作,推动了经济和社会的发展。但是,对两个文明一起抓的方针,在执行过程中出现过不一贯的情况。20世纪80年代末邓小平指出,十年最大的失误是教育,主要是思想政治教育削弱了,一手比较硬、一手比较软。党的十三届四中全会后,以江泽民为核心的党中央坚持两手抓、两手都要硬的方针,从多方面加强精神文明建设,作了积极有效的努力,对促进改革、发展、稳定起了重要作用。同时必须清醒看到,在一些地方和部门的领导工作中,忽视思想教育,忽视精神文明,"一手比较硬、一手比较软"的问题还没有解决。在社会精神生活方面存在不少问题,有的还相当严重。一些领域道德失范,拜金主义、享乐主义、个人主义滋长;封建迷信活动和黄赌毒等丑恶现象沉渣泛起;假冒伪劣、欺诈活动成为社会公害;文化事业受到消极因素的严重冲击,危害青少年身心健康的东西屡禁不止;腐败现象在一些地方蔓延,党风、政风受到很大损害;一部分人国家观念淡薄,对社会主义前途发生困惑和动摇。估量精神文明建设的形势,决不能忽视这些问题的存在。

《决议》指出,精神文明建设的指导思想是:以马克思列宁主义、毛泽东思想和邓小平建设有中国特色社会主义理论为指导,坚持党的基本路线和基本方针,加强思想道德建设,发展教育科学文化,以科学的理论武装人,以正确的舆论引导人,以高尚的精神塑造人,以优秀的作品鼓舞人,培育有理想、有道德、有文化、有纪律的社会主义公民,提高全民族的思想道德素质和科学文化素质,团结和动员各族人民把我国建设成为富强、民主、文明的社会主义现代化国家。

《决议》提出,今后十五年的奋斗目标是:在全民族牢固树立建设有中国特色社会主义的共同理想,牢固树立坚持党的基本路线不动摇的坚定信念;实现以思想道德修养、科学教育水平、民主法制观念为主要内容的公民素质的显著提高,以积极健康、丰富多彩、服务人民为主要要求的文化生活质量的显著提高,以社会风气、公共秩序、生活环境为主要标志的城乡文明程度的显著提高;在全国范围内形成物质文明建设和精神文明建设协调发展的良好局面。

《决议》指出：在新形势下加强精神文明建设，是对全党同志的一个重要考验。如何在以经济建设为中心的前提下，使物质文明建设和精神文明建设相互促进，协调发展，防止和克服一手硬、一手软；如何在深化改革、建立社会主义市场经济体制的条件下，形成有利于社会主义现代化建设的共同理想、价值观念和道德规范，防止和遏制腐朽思想和丑恶现象的滋长蔓延；如何在扩大对外开放、迎接世界新科技革命的情况下，吸收外国优秀文明成果，弘扬祖国传统文化精华，防止和消除文化垃圾的传播，抵御敌对势力对我"西化"、"分化"的图谋，这是在社会主义现代化进程中必须认真解决的历史性课题。

《决议》根据邓小平建设有中国特色社会主义理论特别是关于精神文明建设的思想，正确地回答了在发展社会主义市场经济和对外开放的新的历史条件下，如何建设社会主义精神文明的指导思想和一系列方针政策，是中国共产党对科学社会主义理论的重大发展和巨大贡献。1997年，中共中央成立中央精神文明建设指导委员会，加强了对相关工作的统筹和指导。

4.中共中央、国务院关于卫生改革与发展的决定

1996年12月9日—12日，全国卫生工作会议在北京举行。这是新中国成立以来由中共中央、国务院召开的第一次全国卫生工作会议。会后，发布了《中共中央、国务院关于卫生改革与发展的决定》（以下简称《决定》），明确了今后15年卫生工作的任务及改革发展目标。

新中国成立以来，特别是改革开放以来，卫生事业有了很大发展，卫生队伍已具规模，卫生服务体系基本形成，卫生科技水平迅速提高。但是，还必须看到，卫生事业发展也存在着一些困难和问题，不能适应人民群众日益增长的卫生服务需求，不能适应社会主义市场经济发展的需要，必须进行改革。这些困难和问题主要是：卫生投入不足，目前卫生总费用占国内生产总值的比例为3.8%，低于世界卫生组织对发展中国家提出的5%的建议指标。有限卫生资源配置不合理，利用率不高，甚至存在浪费现象。医疗保障制度不健全，城乡之间以及社会不同人群之间，卫生服务的利用存在较大差距。卫生机构的经济运行机制不合理。在精神文明与行业作风建设中，还不同程度地存在一手比较硬、一手比较软的问题。卫生事业改革滞后于经济体制改革，一些政策、机制不适应变化了的客观形势。因此，适应新的形势，积极推动卫生事业的改革与发展势在必行。

《决定》提出，今后一段时期卫生工作的奋斗目标是：以马克思列宁主义、毛泽东思想和邓小平建设有中国特色社会主义理论为指导，坚持党的基本路线和基本方针，不断深化卫生改革；到2000年，初步建立起具有中国特色的包括卫生服务、医疗保险、卫生执

法监督的卫生体系,基本实现人人享有初级卫生保健,国民健康水平进一步提高;到 2010 年,在全国建立起适应社会主义市场经济体制和人民健康需求的、比较完善的卫生体系,国民健康的主要指标在经济较发达地区达到或接近世界中等发达国家的平均水平,在欠发达地区达到发展中国家的先进水平。为实现上述目标,必须坚持以下方针:以农村为重点,预防为主,中西医并重,依靠科技与教育,动员全社会参与,为人民健康服务,为社会主义现代化建设服务。必须遵循以下基本原则:一、坚持为人民服务的宗旨,正确处理社会效益和经济收益的关系,把社会效益放在首位;二、以提高人民健康水平为中心,优先发展和保证基本卫生服务,体现社会公平、逐步满足人民群众多样化的需求;三、发展卫生事业要从国情出发,合理配置资源,注重提高质量和效率;四、举办医疗机构要以国家、集体为主,其他社会力量和个人为补充;五、扩大对外开放,加强国际卫生领域的交流与合作,积极利用和借鉴国外先进科学技术和管理经验;六、加强卫生行政职业道德建设,不断提高卫生队伍的思想道德素质和业务技术水平。

今后 15 年卫生改革与发展主要包括以下八个方面:一、积极推进卫生改革;二、加强农村卫生工作,实现初级卫生保健规划目标;三、切实做好预防保健工作,深入开展爱国卫生运动;四、中西医并重,发展中医药;五、推动科技进步,加强队伍建设;六、加强药品管理,促进医、药协调发展;七、完善卫生经济政策,增加卫生投入;八、加强党和政府对卫生工作的领导。

中共中央、国务院《关于卫生改革与发展的决定》的发布,意味着开始对医疗卫生体制进行全面改革。此后,以医疗保险制度改革、医疗机构改革、药品流通体制改革三项内容为标志的第二轮医改开始推进。这一轮改革的思路,是面向全社会提供医疗服务、扩大供给、放开管制、加强监督、引入竞争。

5.建立城市居民最低生活保障制度

城市居民最低生活保障制度是 20 世纪 90 年代中国政府为推进国有企业改革而设计的"三条保障线"之一(另外两条是下岗职工基本生活保障制度和失业保险制度),是社会主义市场经济条件下中国特色社会保障体系的重要组成部分。

新中国成立后一直到 20 世纪 90 年代,城市贫困人口主要由"三无"(无劳动能力、无生活来源、无法定赡养人和抚养人)人员,特别是那些鳏、寡、孤、独及残疾人构成。进入 90 年代后,农村绝对贫困人口锐减的同时,城市相对贫困问题日渐突出。尤其是由于国有企业大面积减员增效,下岗职工增多,城市开始出现新的贫困群体,原有的城市救济制度已经不能适应贫困救济的需要,影响了社会的稳定和改革的推进,从 1994 年起,一些沿海经济发达城市推广上海的经验，尝试建立最低生活保障制度。在此基础上，1997年，国务院正式发出《关于在全国建立城市居民最低生活保障制度的通知》（以下简称《通知》），两年后出台《城市居民最低生活保障条例》（以下简称《条例》）。

按照《通知》精神和《条例》的规定，城市居民最低生活保障制度的保障对象是家庭人均收入低于当地最低生活保障标准的持有非农业户口的城市居民，主要是以下三类人员：（1）无生活来源、无劳动能力、无法定赡养人或抚养人的居民；（2）领取失业救济金期间或失业救济期满仍未能重新就业，家庭人均收入低于最低生活保障标准的居民；（3）在职人员和下岗人员在领取工资或最低工资、基本生活费后以及退休人员领取退休金后，其家庭人均收入仍低于最低生活保障标准的居民。城市居民最低生活保障标准由各地人民政府自行确定。按照当地基本生活必需品费用和财政承受能力，由各地民政部门会同当地财政、统计、物价等部门制定保障标准，并且随着生活必需品的价格变化和人民生活水平的提高适时调整。所定标准要与其他各项社会保障标准相衔接。按照当地维持城市居民基本生活所必需的衣、食、住费用，并适当考虑水电燃煤（燃气）费用以及未成年人的义务教育费用确定。实施城市居民最低生活保障制度所需资金，由地方各级人民政府列入财政预算，纳入社会救济专项资金支出科目，专账管理。国家鼓励社会组织和个人为城市居民最低生活保障提供捐赠、资助；所提供的捐赠资助，全部纳入当地城市居民最低生活保障资金。《条例》还对申请享受城市居民最低生活保障待遇的具体程序作出了明确的规定。国务院的《通知》要求：1997年底以前，已建立这项制度的城市要逐步完善，尚未建立这项制度的要抓紧做好准备工作；1998年底以前，地级以上城市要建立起这项制度；1999年底以前，县级市和县政府所在地的镇要建立起这项制度。总而言之，要确保"九五"期间在全国建立城市居民最低生活保障制度，使城市居民的基本生活得到保障；各地要根据当地实际情况，逐步使非农业户口的居民得到最低生活保障。至1999年9月底，全国668个城市和1638个县政府所在地的建制镇全部建立起新制度，享受最低生活保障待遇的困难人口为282万人，基本完成《通知》的部署安排。

进入21世纪以来，城市居民最低生活保障制度得到不断完善。2001年1月，民政部下发通知，要求努力扩大最低生活保障覆盖面，同时建立稳定的可靠的最低生活保障资金筹措机制。同年11月，国务院办公厅下发《关于进一步加强城市居民最低生活保障工作的通知》，提出坚决克服按非农业人口一定比例下达保障对象指标等简单化的办法，尽快把所有符合条件的城市贫困人口纳入最低生活保障范围，并明确了相应的目标和要求。2003年6月、12月，针对部分市、县配套低保资金不能及时、足额到位，部分地区压低水平发放、平均发放、不按月发放低保金等问题，民政部连续下发了《关于加强地城市居民最低生活保障金发放情况监督管理的紧急通知》、《关于做好今冬明春城市低保工作的紧急通知》。民政部还针对基本生活消费品价格出现较大幅度、较长时期的上涨，于 2004 年 4 月、2007 年 8 月分别出台了《关于进一步加强和规范城市居民最低生活保障工作的通知》、《关于妥善安排城市居民最低生活保障家庭生活的有关问题的通知》。此外，还与其他相关部门协作，探索和建立以低保制度为主体，以医疗救助、教育救助、住房救助等相配套的综合性社会救助体系，争取为城市贫困居民解决更多的实际困难。与此同时，从 2003 年开始，在城市低保制度取得重大突破后，民政部开始重新部署农村低保制度的建设工作。其中一项重要举措是，在全面摸清农村特困户底数的基础上，决定在未开展农村低保制度的地区建立农村特困户救助制度，由此在中国广大的农村地区形成了农村低保制度和农村特困户救助制度"双轨并行"的局面。也正是因为这一创新性的制度安排，为近十多年来顺利实现"全民低保"目标奠定了坚实的基础。

6.中国共产党第十五次全国代表大会

1997 年 9 月 12 日至 18 日，中国共产党第十五次全国代表大会在北京举行。大会正式代表 2048 人、特邀代表 60 人，代表了全党 5800 多万党员。江泽民代表第十四届中央委员会向大会作《高举邓小平理论伟大旗帜，把建设有中国特色社会主义事业全面推向二十一世纪》的报告。报告阐述了邓小平理论的历史地位和指导意义，指出作为毛泽东思想的继承和发展的邓小平理论，是指导中国人民在改革开放中胜利实现社会主义现代化的正确理论。在当代中国，只有邓小平理论能够解决社会主义的前途和命运问题。中央建议十五大在党章中把邓小平理论确立为党的指导思想，表明中央领导集体和全党把邓小平开创的建设有中国特色社会主义事业全面推向新世纪的决心和信念，也反映了全国人民的共识和心愿。报告强调，这次大会的灵魂就是高举邓小平理论的伟大旗帜。

党的十五大是在我国改革开放和社会主义现代化建设发展的关键时刻召开的，是在世纪之交，承前启后，继往开来，保证全党继承邓小平遗志，坚定不移地沿着十一届三中全会以来正确路线胜利前进的大会。大会的议程是：一、听取和审查十四届中央委员会的报告；二、审查中央纪律检查委员会的工作报告（书面）；三、审议通过《中国共产党章程修正案》；四、选举第十五届中央委员会；五、选举新一届中央纪律检查委员会。

党的十五大报告共分 10 部分：世纪之交的回顾和展望；过去五年的工作；邓小平理论的历史地位和指导意义；社会主义初级阶段的基本路线和基本纲领；经济体制改革和经济发展战略；政治体制改革和民主法制建设；有中国特色社会主义的文化建设；推进祖国和平统一；国际形势和对外政策；面向新世纪的中国共产党。

党的十五大报告对社会主义初级阶段和初级阶段怎样建设社会主义作了深刻的阐述，

对建设有中国特色社会主义的经济、政治、文化的基本目标和基本政策作了论述。报告指出，这些基本目标和基本政策有机统一，不可分割，构成党在社会主义初级阶段的基本纲领。报告强调，实现这次大会确定的任务，把社会主义事业全面推向21世纪，关键在于坚持、加强和改善党的领导，进一步把党建设好。要加强党的思想建设、组织建设、作风建设，反对腐败，从严治党。

大会批准了江泽民代表十四届中央委员会所作的报告；通过了关于十四届中央委员会报告的决议；通过了关于中央纪律检查委员会工作报告的决议；通过了关于《中国共产党章程修正案》的决议。

大会以无记名投票方式，选举出第十五届中央委员会委员193名，中央委员会候补委员151名，中央纪律检查委员会委员115名。

9月19日，党的十五届一中全会选举了新一届的中央政治局成员，选举江泽民、李鹏、朱镕基、李瑞环、胡锦涛、尉健行、李岚清为中央政治局常委，选举江泽民为中央委员会总书记，决定江泽民任中央军事委员会主席，批准尉健行任中央纪律检查委员会书记。

党的十五大高举邓小平理论伟大旗帜，总结了中国改革和建设的新经验，把邓小平理论确定为党的指导思想，把依法治国确定为党领导人民治理国家的基本方略，把坚持公有制为主体、多种所有制经济共同发展，坚持按劳分配为主体、多种分配方式并存，确定为中国在社会主义初级阶段的基本经济制度和分配制度。党的十五大对建设有中国特色的社会主义事业的跨世纪发展作出了全面部署。

党的十三大后，按照"三步走"的经济发展战略，中国经济在1990年提前实现国民生产总值翻一番的情况下，又分别于1995年和1997年提前实现国内经济总值、人均国民生产总值翻两番。根据这一实际情况，党的十五大对十三大确定的"三步走"发展战略、主要是第三步战略作出了具体安排，即：21世纪第一个十年实现国民生产总值比2000年翻一番，使人民的小康生活更加宽裕，形成比较完善的社会主义市场经济体制；再经过十年的努力，到建党100周年时，使国民经济更加发展，各项制度更加完善；到建国100周年时，基本实现现代化，建成富强民主文明的社会主义国家。这个"新三步走"的经济发展战略，把党的十三大确定的"第三步"经济发展战略具体化，为21世纪中国经济社会的发展确定了发展目标和基本任务。

7.国有企业下岗职工基本生活保障和再就业工作

20世纪90年代以来，在国有企业改革加快推进的同时，国企职工下岗问题日益突出，引起全社会的普遍关注。下岗职工增多的原因很多，根本上是中国经济发展中多年积累的深层次矛盾的综合反映,也是改革和发展进程中不可避免的问题。具体表现在:盲目投资、重复建设严重,产品生产能力大于社会需求,企业停产,工人被迫下岗;建设规模过大,项目资本金不足,债务严重,项目投产即亏损,导致下岗职工增多;中国人口多,就业压力大,长期实行低工资、高就业政策,主要靠国有企业安置就业,造成国有企业人员过多,等等。这些问题积累已久,在市场化改革以来激烈的市场竞争中愈发凸显出来,特别是 1998 年又遭遇了亚洲金融风暴的外部冲击,这一年国企亏损面达三分之二,国企总利润一年只有 213.7 亿元。也正是从这一年开始,国企改革打响了包括国有中小企业改革和国有困难企业关闭破产的三年攻坚战,中央决定从 1998 年起用三年左右的时间,通过改革、改组、改造和加强管理,使大多数国有大中型亏损企业摆脱困境,力争到 20 世纪末使大多数国有大中型骨干企业初步建立起现代企业制度。实现这个目标,除了坚决克服盲目重复建设外,企业富余人员下岗分流、减员增效是根本途径。

中国是在社会保障体系还未完善、市场就业机制不健全的特殊背景下着手解决企业富余人员问题的。1986 年才开始建立的失业保险,就其基金支撑能力而言,远不足以承受如此大规模的支付压力,劳动力市场也难以承受数千万企业富余人员直接进入失业的洪水般冲击。为制定适合中国国情的政策和措施,1998 年 5 月 14 日至 16 日,中共中央、国务院在北京召开国有企业下岗职工基本生活保障和再就业工作会议,明确要求各级党委和政府采取积极措施,切实保障下岗职工的基本生活,大力实施再就业工程,确保党的十五大提出的国有企业改革目标的实现,完成国有经济布局的战略性调整。6 月 22 日,中共中央、国务院下发《关于切实做好国有企业下岗职工基本生活保障和再就业工作的通知》,对国有企业下岗职工基本生活保障和再就业工作作了全面部署。基本思路是:不以失业而以下岗的方式进行减员,不直接推向社会而通过建立企业再就业服务中心为他们开展服务,不通过失业保险而通过"三三制"筹集资金向下岗职工提供生活保障。具体说来有五方面:

一是在企业建立面向下岗职工的管理服务机构——再就业服务中心。凡是有下岗职工的企业,都建立再就业服务中心或类似机构。企业在按照规定的程序安排职工下岗以后,下岗职工统一进入本企业的再就业服务中心,并签订协议,约定各自的权利和义务。协议期限一般不超过 3 年。再就业服务中心有三项职能:负责按月向下岗职工发放基本生活费;代下岗职工向社会保险机构缴纳养老、医疗、失业等社会保险费用;组织下岗职工参加职业指导和再就业培训,引导和帮助他们实现再就业。

二是通过"三三制"筹集资金,用于向下岗职工发放基本生活费并为其缴纳社会保险费。所谓"三三制",即企业负责 1/3、社会筹集(包括从失业保险基金中调剂和社会募捐 1/3、财政负担 1/3)。实际执行中,由于不少亏损企业经营困难,支付所需的 1/3 资金存在困难,社会筹集部分也由于失业保险基金支付能力有限而达不到 1/3,由此而产生的资金缺口由财政兜底。地方财政确有困难，难以做到兜底安排的，由中央财政通过转移支付给予一定的支持。1998—2003年，共发放国有企业下岗职工基本生活保障资金1090亿元，其中中央财政用于补助国有企业下岗职工基本生活保障和再就业的资金就近740亿元。

三是建立三条社会保障线。下岗职工在再就业服务中心3年协议期内由中心保障基本生活，协议期满未实现再就业的，与原企业解除劳动关系，符合条件的可以享受规定的失业保险待遇，最长可达24个月。在上述期间以及在享受上述待遇期满后，家庭困难的，可以享受城市居民最低生活保障待遇。通过国有企业下岗职工基本生活保障制度、失业保险制度、城市居民最低生活保障制度这样三条保障线，为保障下岗失业人员的基本生活构筑了一个可靠的安全网。

四是千方百计促进下岗职工再就业。主要措施是：一、把扩大内需与扩大就业结合起来，通过实施积极的财政政策、稳健的货币政策，加大基础设施建设投资力度，提高低收入居民收入等措施，保持较高的经济增长速度，保持经济增长对就业的拉动能力，扩大就业规模，开辟就业门路。二、对下岗职工自谋职业的，在工商登记、税费减免、资金信贷、场地安排等方面给予优惠和扶持。三、建立公共就业服务制度，及时为下岗职工提供就业服务，其中对就业困难人员提供公益性就业岗位、一对一职业指导、免费再就业培训等多种形式的帮扶。四、加强再就业培训，提高下岗职工的再就业能力。在1998年至2000年实施"三年千万再就业培训计划"的基础上，2001年开始实施第二个"三年千万再就业培训计划"。至2003年底，全国累计有1890多万下岗职工通过各种渠道实现了再就业，传统计划经济体制遗留下来的国有企业富余人员问题基本得到解决。与此同时，就业规模不断扩大，新增就业规模每年都保持在近800万人，2003年就业人员总量达到7.44亿，其中农村4.88亿，城镇2.56亿。就业结构有所改善，其中具有标志性意义的变化是非农产业就业人员已经超过第一产业，特别是第三产业就业人员增长较快，成为扩大就业的主要领域。在总结上述经验的基础上，2002年9月，中共中央、国务院又召开了全国再就业工作会议，并下发了《关于进一步做好下岗失业人员再就业工作的通知》，对促进就业和再就业作出了一系列新的政策规定，构成了中国特色积极就业政策的基本框架。

五是完善社会保障体系。一、完善失业保险制度。在建立国有企业下岗职工基本生活保障制度的同时，在失业保险方面采取了两个方面的措施，将企业缴纳失业保险费的比例由1%提高到2%，规定职工个人缴纳相当于工资1%失业保险费，为实现从下岗职工基本生活保障制度向失业保险并轨创造条件。发布了新的《失业保险条例》，进一步规范了失业保险制度。二、为下岗失业人员接续社会保险关系，保障他们的合法权益。三、推进下岗职工基本生活保障制度向失业保险并轨。2002年起，失业人员的数量已经超过下岗职工数量，这是一个具有标志性的变化。

从上述五个方面不难看出，国有企业下岗职工基本生活保障和再就业工作，是一个顺应时势变化，有计划、有步骤、有组织地解决过去多年积累的矛盾和问题的过程；是一个与国有经济战略性调整和企业改革进程相配套的劳动力结构大调整过程；是一个不断探索、循序渐进、平稳有序的发展过程。特别是1997年以来的这一个时期，其力度之大、规模之巨、进展之快举世罕见，构成中国改革发展史上一个壮丽的篇章。

8."九八"抗洪斗争

1998年夏季，中国南方的长江流域出现了继1934年、1954年两次洪水之后，20世纪发生的又一次全流域型的特大洪水。接着，北方松花江和嫩江流域发生了超历史纪录的特大洪水，南方珠江流域的西江和闽江也发生了百年一遇的大洪水。洪灾发生的直接原因是受厄尔尼诺现象、大气环流异常和北方冰川融雪加剧等因素的影响，气候发生反常，从欧洲过来的冷空气频繁，全国大部分地区降雨偏多，雨量成倍增加。本次洪水水量大，影响范围广，持续时间长，洪涝灾害严重。全国29个省（区、市）2.3亿人（次）不同程度受到灾害影响。据民政部公布，受到水灾影响，因灾死亡3656人，紧急转移安置2044万人；倒塌房屋733万间，损坏房屋1379万间；农作物受灾2544万公顷，成灾1599万公顷，绝收614万公顷；水灾造成的直接经济损失达2642亿元。

中国政府和有关部门基于预测，事先对1998年可能发生大洪水做好了准备，洪灾到来后，团结全国力量，立即展开抗击。4月9日，温家宝副总理主持召开国家防总1998年第一次全体会议，部署全国防汛抗旱工作。7月2日，长江上游出现第一次洪峰。3日，空降兵某部1770多名官兵奉命奔赴湖北监利抗洪抢险。7月18日，长江上游出现第二次洪峰。湖北省军区舟桥旅、空降兵某队快速出动4000多名官兵，急行军450公里赶赴公安县的松东、松西，在大堤上筑起一条"堤上堤"。7月23日，洞庭湖澧水发生历史最大洪水。24日，长江上游出现第三次洪峰。温家宝副总理连夜主持召开国家防总全体会议，分析长江防汛形势，对迎战即将到来的第三次洪峰作出紧急部署。7月30日，位于鄱阳湖东岸的江西省鄱阳县鄱阳镇出现险情，86座圩堤因水漫顶而溃决，全县20多万干部群众和工程技术人员死守大堤。31日，洞庭湖水位急剧上涨，达到历史最高水位。1.2万多名驻湘解放军、武警官兵一马当先，与230多万抗洪群众并肩携手，同洪水搏斗。8月1日，湖北省嘉鱼县合镇垸溃决，省防汛指挥部紧急调动2000名解放军、武警官兵和公安干警，动用150多艘冲锋舟、橡皮船，全力抢救，并空投1万件救生衣。在抢险中有19名解放军官兵牺牲。8月4日，温家宝副总理主持召开国家防总第三次全体会议，部署防汛抗洪工作。当日晚，位于九江县江心洲大堤突然溃决，8000多名群众被洪水围困。解放军和武警出动250名官兵、41艘冲锋舟和快艇营救群众。8月7日,长江九江大堤发生决口。中央军委紧急调动部队进行堵口,南京军区、北京军区某集团军和福建、江西武警等联合作战,于12日堵口成功。8月11日,国家防总发出《关于加强东北地区防汛抗洪工作的通知》,部署嫩江、松花江防汛工作。8月12日,长江上游出现第五次洪峰。同日,齐齐哈尔地区再降特大暴雨,嫩江第四次洪峰到达齐齐哈尔市区。沈阳军区1100多名官兵到达现场,很快筑好一条长1100米、宽4米、高1.8米的堤坝。8月16日,长江上游出现第六次洪峰,济南军区7000多名指战员,奔向大堤迎战洪峰。同时,海军首次出动2600余名海军陆战队员,乘坐大型运输机从湛江赶到长江抗洪前线,增援包围长江大堤。8月22日,松花江第三次洪峰到达哈尔滨。8月24日,全军和武警部队投入抗洪抢险兵力总计已达27.6万人,这是自渡江战役以来在长江集结兵力最多的一次。8月25日,长江上游出现1998年第七次洪峰。8月27日,全军部队和武警投入抗洪的兵力达到日最高峰,共27.85万人,其中长江中下游各省17.8万人,嫩江、松花江地区10.05万人。8月31日,温家宝副总理主持召开国家防总第四次全体会议。会后,国家防总发出了《关于做好决战阶段抗洪抢险工作的通知》,对迎战长江第八次洪峰作出部署,同时要求做好救灾工作、修复水毁工程的准备工作。同日,长江出现第八次洪峰,嫩江、松花江干流水位开始全线回落。9月4日,总书记江泽民在江西视察抗洪救灾工作时发表《发扬抗洪精神重建家园发展经济》的重要讲话,宣布全国抗洪抢险斗争已取得了决定性的伟大胜利,并强调受灾地区各级党委和政府要一手抓抗洪救灾,一手抓经济发展,力争夺取抗洪和生产双胜利。

9月29日,全国抗洪抢险总结表彰大会在京隆重举行。江泽民总书记发表重要讲话,宣布抗洪抢险斗争已经取得全面胜利。他强调,在同洪水搏斗中,我们的民族和人民展现出了一种十分崇高的精神,这就是万众一心、众志成城、不怕困难、顽强拼搏,坚韧不拔、敢于胜利的伟大的抗洪精神。抗洪精神,是爱国主义、集体主义和社会主义精神的大发扬,是社会主义精神文明的大发扬,是我们党和军队的光荣传统和优良作风的大发扬,是中华民族的民族精神在当代中国的集中体现和新的发展。抗洪精神,同我们党一贯倡导的革命精神和新时期的创业精神一样,都是我国人民的宝贵精神财富。我们世世代代都要继承和弘扬这些精神,激励我们的广大干部和群众不断从胜利走向新的胜利。

9.中国签署《公民权利和政治权利国际公约》

1998年10月5日,中国常驻联合国代表秦华孙大使在联合国总部代表中国政府签署了《公民权利和政治权利国际公约》。《公民权利和政治权利国际公约》是联合国制订的最重要的国际人权文书之一,1966年12月16日由联合国大会通过并开放供签署,1976年3月23

日生效，共有 53 条。至 2011 年 11 月 30 日，共有 167 个国家成为该公约的缔约国。该公约与《世界人权宣言》和《经济、社会及文化权利国际公约》被通称为《国际人权宪章》。

中国政府认为，人权的普遍性原则应当得到尊重，但人权的普遍性必须与各国具体情况相结合。中国是一个有着 12 亿人口的发展中国家，保障和促进广大人民的生存权和发展权至关重要。半个世纪以来，特别是经过改革开放 20 年来的发展，中国依靠自己的力量基本解决了 12 亿人口的温饱问题，人民生活水平得到了大幅度提高，极大地促进了经济、社会和文化权利的实现。作为一个社会主义法治国家，中国也同样重视公民权利和政治权利，反对一切侵犯公民合法权利的行为。自 1978 年以来，中国立法机关制定了 300 多项法律和有关法律的决议，初步形成了比较完整的保障人权的法律体系。中国在这些方面所取得的巨大进展，为中国签署和加入更多的国际人权文书奠定了坚实的基础。

中国政府重视国际人权文书在促进和保护人权方面的积极作用。此前，中国已加入了包括《消除一切形式种族歧视国际公约》、《消除对妇女一切形式歧视公约》、《禁止酷刑和其他残忍、不人道或有辱人格的待遇或处罚公约》在内的 17 项国际人权公约。1997 年 10 月，中国政府签署《经济、社会及文化权利国际公约》。《公民权利和政治权利国际公约》的签署，进一步表明了中国促进和保护人权的坚强决心，也是中国纪念《世界人权宣言》50 周年和《维也纳宣言和行动纲领》5 周年所采取的实际行动。

中国采取了一系列举措，为批准加入公约及其后的履约创造了良好条件。立法上，对原有的《中华人民共和国刑事诉讼法》和《中华人民共和国刑法》进行了重大的修订或修改，制定了《中华人民共和国国家赔偿法》、《中华人民共和国监狱法》、《中华人民共和国法官法》、《中华人民共和国检察官法》、《中华人民共和国警察法》、《中华人民共和国律师法》等一系列新法，并且于 2004 年将"国家尊重和保障人权"写入宪法，使人权保护上升为宪法原则；在司法上，推进司法体制改革，收回死刑复核权，建立法律援助制度；在执法上，废除强制收容遣送制度，暂停实施"劳教"制度，深入推广警务、审判及狱务公开制度。中国还发表了两起人权行动计划。中国在恢复对香港、澳门行使主权前，英国和葡萄牙作为缔约国，将该公约延伸适用于香港、澳门。香港和澳门回归后，根据中国政府致联合国秘书长的照会，以及《中华人民共和国香港特别行政区基本法》和《中华人民共和国澳门特别行政区基本法》的相关规定，公约适用于香港和澳门的有关规定继续有效，通过香港特别行政区和澳门特别行政区的法律予以实施。

10.中共中央、国务院关于深化教育改革全面推进素质教育的决定

20 世纪 80 年代初，国家急需培养大批适应经济快速发展的各类人才。1985 年 5 月，

中共中央发布《关于教育体制改革的决定》，明确提出必须从体制改革入手，强调权力的下放和高校招生分配制度的改革，这对后来的教育发展尤其是义务教育普及、经济社会发展产生巨大影响。20世纪90年代，基于建立与社会主义市场经济体制相适应的教育体制的迫切需要，1993年2月，中共中央、国务院发布《中国教育改革和发展纲要》，提出教育财政性支出要占GDP比例的4%，同时启动了"211工程"。20世纪末，为培养和造就21世纪新型人才，适应提高国民素质的需要，1999年6月13日，中共中央、国务院发布《关于深化教育改革全面推进素质教育的决定》（以下简称《决定》）。

《决定》的主要内容包括：

一、全面推进素质教育，培养适应21世纪现代化建设需要的社会主义新人。实施素质教育，就是全面贯彻党的教育方针，以提高国民素质为根本宗旨，以培养学生的创新精神和实践能力为重点，造就"有理想、有道德、有文化、有纪律"的、德智体美等全面发展的社会主义事业建设者和接班人。实施素质教育应当贯穿于幼儿教育、中小学教育、职业教育、成人教育、高等教育等各级各类教育，应当贯穿于学校教育、家庭教育和社会教育等各个方面。各级各类学校必须以马克思列宁主义、毛泽东思想和邓小平理论为指导，更加重视德育工作。智育工作要转变教育观念，改革人才培养模式，积极实行启发式和讨论式教学，激发学生独立思考和创新的意识，切实提高教学质量。学校教育要树立健康第一的指导思想，切实加强体育工作。尽快改变学校美育工作薄弱的状况，将美育融入学校教育全过程。从实际出发，加强和改进对学生的生产劳动和实践教育，使其接触自然、了解社会，培养热爱劳动的习惯和艰苦奋斗的精神。

二、深化教育改革，为实施素质教育创造条件。地方各级人民政府要继续将"两基"作为教育工作的"重中之重"，确保2000年"两基"目标的实现和达标后的巩固与提高。调整现有教育体系结构，扩大高中阶段教育和高等教育的规模，拓宽人才成长的道路，减缓升学压力。构建与社会主义市场经济体制和教育内在规律相适应、不同类型教育相互沟通相互衔接的教育体制。进一步简政放权，加大省级人民政府发展和管理本地区教育的权力以及统筹力度，促进教育与当地经济社会发展紧密结合。进一步解放思想、转变观念，积极鼓励和支持社会力量以多种形式办学，满足人民群众日益增长的教育需求，形成以政府办学为主体、公办学校和民办学校共同发展的格局。加快改革招生考试和评价制度，改变"一次考试定终身"的状况。调整和改革课程体系、结构、内容，建立新的基础教育课程体系，试行国家课程、地方课程和学校课程。大力提高教育技术手段的现代化水平和教育信息化程度。努力改变教育与经济、科技相脱节的状况，促进教育和经济、科技的密切结合。

三、优化结构，建设全面推进素质教育的高质量的教师队伍。教师要热爱党，热爱社会主义祖国,忠诚于人民的教育事业;要树立正确的教育观、质量观和人才观,增强实施素质教育的自觉性。把提高教师实施素质教育的能力和水平作为师资培养、培训的重点。建立优化教师队伍的有效机制。合理配置教师资源。努力造就能够带领广大教师和教育工作者积极实施素质教育的学校领导以及管理干部队伍。

四、加强领导,全党、全社会共同努力开创素质教育的新局面。各级党委和人民政府要切实落实教育优先发展的战略地位,充分认识素质教育的重要性和紧迫性,建立自上而下的素质教育评估检查体系。切实做到依法行政,保证教育方针的全面贯彻执行。努力采取有效措施,切实加大教育投入,逐步实现国家财政性教育经费支出占国民生产总值4%的目标。改革社会用人制度,使学生树立正确的择业观。进一步加强学校党的工作,充分发挥党员在实施素质教育中的模范带头作用。

决定提出了实施素质教育的一系列重大改革措施,是国家实施科教兴国战略、迎接知识经济挑战、参与综合国力竞争的重大决策,是面向21世纪教育改革的理论性和纲领性重要文件。

11. "法轮功"事件

"法轮功"是反人类、反社会、反科学的邪教组织。这个组织的创始人李洪志假借"传功"、"练功"之名,极力宣扬他编造的"法轮大法",并通过"明慧网"不断发布经文,散布歪理邪说,编造谎言,蛊惑人心,对"法轮功"练习者实施精神控制。在这种精神控制下,李洪志制造了"法轮功"练习者对他的疯狂崇拜。他以祛病、健身为诱饵,以"真、善、忍"为幌子,使许多带着良好愿望的群众沦为其精神的奴隶,在其毒害下造成了十分严重的恶果。为了压制批评"法轮功"的声音,自20世纪90年代中叶开始,李洪志煽动一些不明真相的"法轮功"练习者,围攻、冲击国家机关、新闻单位,扰乱社会秩序,破坏法律、法规的实施,仅非法聚集300人以上的事件就达78起。1999年4月25日,在"法轮功"邪教组织头目李洪志的直接策划、指挥下,一万多名"法轮功"练习者聚集北京中南海周围,制造了北京"4·25""法轮功"练习者非法聚集中南海事件。这一非法聚集事件,在国内外造成了极其恶劣的政治影响。李洪志不仅散布什么"地球爆炸"、"末日来临",只有练"法轮功""才能消灾避难"、"度人去天国"等歪理邪说,还有目的、有预谋、有组织、有策略地向党和政府示威施压。

1999年7月,中共中央作出坚决处理和解决"法轮功"问题的决定。7月22日,民政部宣布"法轮大法研究会"及其操纵的"法轮功"组织为非法组织,依法予以取缔。同日,中共中央发出关于共产党员不准修炼"法轮大法"的通知。在民政部作出关于取缔非法组织法轮大法研究会的决定之后，新闻出版署、公安部、国家工商局、海关总署、文化部、全国"扫黄打非"工作小组等部门在全国范围内开展了对"法轮功"类出版物和音像制品的集中清理和全面收缴。7月29日，公安部向全国公安机关发布通缉令，公开通缉自任邪教组织"法轮大法研究会"会长的李洪志，并通过国际刑警组织中国国家中心局向国际刑警组织各成员国发出国际协查通报，缉拿李洪志。中央和政府处理、解决"法轮功"问题采取的一系列措施，得到了广大党员、干部和人民群众的拥护，认为是非常及时，完全正确的。一场揭批李洪志及其"法轮功"的斗争在全国开展。

1999年10月19日，"法轮大法研究会"的主要骨干李昌、王治文、纪烈武、姚洁，被北京市公安局依法逮捕。12月26日，北京市第一中级人民法院对"法轮功"邪教组织骨干李昌等人组织、利用邪教组织破坏法律实施，组织、利用邪教组织致人死亡和非法获取国家秘密一案作出一审判决，依法分别判处李昌有期徒刑18年，剥夺政治权利5年；判处王治文有期徒刑16年，剥夺政治权利4年；判处纪烈武有期徒刑12年，剥夺政治权利2年；判处姚洁有期徒刑7年，剥夺政治权利1年。截至2000年3月25日，全国各级法院一、二审已审结"法轮功"案件91件，判决发生法律效力的共99人，其中给予刑事处罚的84人，免于刑事处分的15人。

中央在处理和解决"法轮功"问题时提出，要严格掌握政策，正确处理人民内部矛盾，着眼于团结大多数、教育大多数、解脱大多数。政府采取的方针是，团结、教育、转化、解脱大多数受蒙骗、不明真相和中毒较深的练习者，依法打击极少数别有用心、扰乱社会秩序的违法犯罪人员。应该看到，绝大多数"法轮功"练习者参加练功是出于健身强体的愿望。他们对李洪志等极少数人的政治目的，并不了解。相信他们在知道真相后，就会提高认识，维护大局，拥护党和政府的决定。对于那些极少数借练功"弘法"之名，存心作乱，宣扬迷信邪说，蒙骗群众，挑动制造事端，破坏社会稳定的人，坚决依法惩处。经过一年的斗争，在各级党委、政府和有关部门真心、爱心、苦口婆心的教育下，全国98%以上的"法轮功"练习者认清了"法轮功"的反动本质，很快与"法轮功"组织划清界限。但是这场斗争并未结束，"法轮功"组织被政府取缔后，李洪志及其余党投靠了西方反华势力，将其指挥中心移到了美国。该组织极力与境外各种敌对势力勾连，实施的是"境外策划、网上指挥、国内闹事"的反宣策略。"法轮功"为适应境外各种反华反共势力的需要，不断淡化邪教色彩，强化政治色彩。到2004年底，以抛出《九评共产党》彻底否定中国共产党的领导和社会主义制度为标志，"法轮功"已完全沦为西方反华势力和"台独"分裂势力所豢养，以推翻中国共产党的领导为目的，以邪教方式进行活动的反动政治组织。

20世纪六七十年代以来，西方国家邪教组织不断出现，活动猖獗，制造了一系列震惊世界的事件，对社会构成严重危害，要求打击取缔邪教的呼声日益高涨。任何一个负责任的政府，都不会听任邪教危害人民的生命安全，破坏公共秩序和社会稳定。以人民利益为最高利益的中国共产党人和人民政府对邪教决不姑息。因为，对于邪教组织的仁慈，就是对公民人权的践踏。《人民日报》在1999年7月23日发表的社论中指出，揭批"法轮功"的斗争是一场严肃的思想政治斗争，关系到我们共产党人的根本信仰，关系到全国人民团结奋斗的根本思想基础，关系到我们党和国家的前途命运。我们一定要提高认识，看清危害，把握政策，维护稳定，夺取这场斗争的胜利。

12.成立全国老龄工作委员会

全国老龄工作委员会是国务院主管全国老龄工作的议事协调机构，成立于1999年10月。委员会下设办公室，办公室设在民政部，日常工作由中国老龄协会承担。2005年8月，全国老龄工作委员会办公室与中国老龄协会实行合署办公，在国内以全国老龄工作委员会办公室的名义开展工作；在国际上主要以中国老龄协会的名义开展老龄事务的国际交流与合作。

全国老龄工作委员会由中央组织部、中央宣传部、中直机关工委、中央国家机关工委、外交部、国家发展改革委、教育部、国家民委、公安部、民政部、司法部、财政部、人力资源和社会保障部、住房和城乡建设部、文化部、卫生计生委、国家税务总局、国家新闻出版广电总局、国家体育总局、国家统计局、国家旅游局、中国保监会、总政治部、全国总工会、共青团中央、全国妇联、中国老龄协会等27个单位组成。其主要职责是：一、研究、制定老龄事业发展战略及重大政策，协调和推动有关部门实施老龄事业发展规划。二、协调和推动有关部门做好维护老年人权益的保障工作。三、协调和推动有关部门加强对老龄工作的宏观指导和综合管理，推动开展有利于老年人身心健康的各种活动。四、指导、督促和检查各省、自治区、直辖市的老龄工作。五、组织、协调联合国及其他国际组织有关老龄事务在国内的重大活动。

1999年10月23日，全国老龄工作委员会第一次会议在京举行。第一届委员会主任李岚清在会上发表讲话指出：党中央、国务院非常重视老龄工作，决定成立全国老龄工作委员会，这是加强老龄工作的一项重大举措，对推动我国老龄事业的发展将起到重要作用。他强调，要从以下几方面做好老龄工作：第一，加强对老龄工作的领导，把老龄事业纳入经济和社会发展计划，逐步增加对老龄事业的投入，制定相应的扶持政策，鼓励、引导和扶持社会力量兴办各种老年福利事业。第二，加强学习，加大老龄工作的宣传力度。要了解人口老龄化的成因及其发展过程，掌握老年经济学、人口学、社会学、医学、文化、体育、法律和社会保障等方面的理论知识。要在全社会开展尊老、养老、助老的传统道德教育。要加强对老龄问题的宣传。第三，扎扎实实做好为老年人服务的各项工作。要加强对老干部工作的领导，组织好老年人的组织生活和政治学习。进一步健全和完善社会养老保障体系。大力发展老年福利事业和社区养老服务。加强老年文体和教育工作。第四，要加强老龄工作的法制建设，认真贯彻执行《老年人权益保障法》，依法维护老年人的权益。

到1999年10月，中国已提前进入人口老龄化社会。全国60岁以上的老年人的总数超过人口总数的10%。老年群体以低龄健康老人为主，又很快向高龄化发展。这迫切需要在做好老年人的物质生活保障的同时，加大对老年群体的引导和管理，加强和丰富老年人的精神文化生活，提高他们的生活质量。改革开放以来，国家老龄事业发展取得了一定成绩。但是还存在一定的问题：认识不够到位，还没有为人口老龄化的到来做好思想、舆论、物质、环境等方面的准备，而且这方面的工作长期处于多头管理，缺乏统一规划，难以形成合力等，设立这一高层次高规格的议事协调机构，有利于理顺和健全老龄工作机制，真正从组织上保证把老龄工作摆上各级党委和政府的议事日程。2000年8月26至28日，全国老龄工作大会在北京顺利召开，这是新中国成立以来第一次全国老龄工作会议。

13.西部大开发战略

实施西部大开发战略，加快中西部地区发展，是中国共产党和中国政府贯彻邓小平关于现代化建设"两个大局"战略思想、面向新世纪所作出的重大决策。

中国西部地区有着丰富的能源矿产资源、国土资源、旅游资源、劳动力资源和农牧产业资源。新中国成立以来，中国西部地区经济社会面貌发生了很大变化。特别是改革开放以来，西部地区的市场经济得到发展，对外开放的格局基本形成，建成了一大批水利、能源、交通、通信等基础设施。但由于自然、历史、社会等原因，西部地区经济发展相对落后，21世纪初其人均国内生产总值仅相当于全国平均水平的三分之二，不到东部地区平均水平的40%，迫切需要加快改革开放和现代化建设步伐。为了进一步加快地区经济结构调整，促进我国国民经济的均衡发展，提高人民生活水平，增强民族团结，推动社会全面进步，保障社会稳定和边疆安全，2000年前后中国政府作出了实施西部大开发、加快中西部地区发展的战略决策，并进行了相应的战略部署。其政策适用范围包括12个省、自治区、直辖市（加上湖北省恩施、湖南省湘西、吉林省延边州）：重庆市、四川省、陕西省、甘肃省、青海省、云南省、贵州省、广西壮族自治区、内蒙古自治区、宁夏回族自治区、新疆维吾尔自治区、西藏自治区、恩施土家族苗族自治州、湘西土家族苗族自治州。

面积为 685 万平方公里，约占全国面积的 71.4%。2002 年末人口 3.67 亿人，约占全国人口的 25%。

1988 年，邓小平提出了现代化建设"两个大局"战略思想，即中西部地区要服从东部沿海地区先发展起来这一大局；在东部沿海地区发展起来以后，要服从支持中西部地区发展这一大局，从而推动整个国家现代化建设事业的发展。1993 年 6 月，江泽民在西北五省区经济座谈会上提出了加快西北地区经济发展的思路，要求西北地区加快找出一条适合自身的发展路子。1995 年，江泽民在《正确处理社会主义现代化建设中的若干重大关系》的讲话中，具体地阐述了"东部地区和中西部地区的关系"问题。他指出，应当把缩小地区差距作为一条长期坚持的重要方针；解决地区发展差距，坚持区域经济协调发展，是今后改革和发展的一项战略任务。1997 年，党的十五大报告提出，国家要加大对中西部地区的支持力度，从多方面努力，逐步缩小地区发展差距。1999 年 6 月，江泽民在西北地区国有企业改革和发展座谈会上指出：加快中西部地区发展步伐的条件已经基本具备，时机已经成熟，如果看不到这些条件，不抓住这个时机，不把该做的事情努力做好，就会犯历史性错误。9 月，江泽民在党的十五届四中全会上再次明确指出，国家要实施西部大开发战略。2000 年 3 月 5 日，朱镕基在向九届全国人大三次会议所作的《政府工作报告》中，就西部大开发实施的基本原则和要集中抓好的几个主要方面的工作作了说明。2000 年 6 月，江泽民在西北地区党建工作和西部开发座谈会上进一步阐述了西部大开发的意义。他指出：实施西部大开发，将为 21 世纪我国经济发展开拓新的广阔空间，是保持我国经济持续快速健康发展的重大战略措施。西部大开发创造出的大量投资机遇，将有力地增强对经济增长的拉动；西部地区优势资源的开发和东送，将为中部和东部地区的发展提供有力的支撑；中西部地区人民群众收入水平的提高，将创造巨大的市场需求。加强国内经济联合，进一步促进生产力的合理布局，使东、中、西部地区形成各具特色、优势互补的经济，将大大提高我国的生产社会化水平和经济效益、竞争能力，有利于我们更好地凝聚全国力量参与国际竞争和拓展国际市场。他要求全党同志和全国人民从实现社会主义现代化的战略目标、维护国家统一和稳定、逐步达到社会主义共同富裕和实现中华民族伟大复兴的高度，认识西部大开发的战略意义。10 月，党的十五届五中全会通过了《中共中央关于制定国民经济和社会发展第十个五年计划的建议》，对西部大开发战略作了专门说明。

根据中共中央的决策，国务院于 2000 年 1 月 26 日发出《关于实施西部大开发若干政策措施的通知》（以下简称《通知》），正式启动了这一世纪工程。《通知》指出，实施西部大开发是一项宏大的系统工程和艰巨的历史任务，既要有紧迫感，又要充分做好长期艰苦奋斗的思想准备。要坚持从实际出发，按客观规律办事，积极进取、量力而行，立足当前、着眼长远,统筹规划、科学论证,突出重点、分步实施,防止一哄而起,反对铺张浪费,不搞"大呼隆"。要加快转变观念,加大改革开放力度,贯彻科教兴国和可持续发展战略,把发挥市场机制作用同搞好宏观调控结合起来,把西部地区广大干部群众发扬自力更生精神同各方面支持结合起来。当前和今后一段时期,实施西部大开发的重点任务是:加快基础设施建设;加强生态环境保护和建设;巩固农业基础地位,调整工业结构,发展特色旅游业;发展科技教育和文化卫生事业。力争用5到10年时间,使西部地区基础设施和生态环境建设取得突破性进展,西部开发有一个良好的开局。到21世纪中叶,要将西部地区建成一个经济繁荣、社会进步、生活安定、民族团结、山川秀美的新西部。通知还具体提出了关于增加资金投入、改善投资环境、扩大对外对内开放、吸引人才和发展科技教育等各方面的政策。

在中共中央、国务院的正确领导和各方面的共同努力下,西部大开发得到扎扎实实的推进。2001年3月,九届全国人大四次会议通过国民经济和社会发展第十个五年计划纲要,对实施西部大开发战略再次进行了具体部署。2006年12月,国务院常务会议审议并原则通过《西部大开发"十一五"规划》,目标是努力实现西部地区经济又好又快发展,人民生活水平持续稳定提高,基础设施和生态环境建设取得新突破,重点区域和重点产业的发展达到新水平,教育、卫生等基本公共服务均等化取得新成效,构建社会主义和谐社会迈出扎实步伐。2012年2月,国务院批复《西部大开发"十二五"规划》,在认真总结经验的基础上,围绕主题主线,进一步明确了深入实施西部大开发战略部署的基本思路。

西部大开发战略实施以来,西部地区基础设施建设加快,人才开发、科技教育和社会发展工作力度加大,有力地推动西部地区的经济发展和社会进步。西部大开发战略的实施,对于扩大内需、推动国民经济持续增长,对于促进各地区经济协调发展、最终实现共同富裕,对于加强民族团结、维护社会稳定和巩固边防,具有十分重大的经济和政治意义。

14.农村税费改革

农村税费改革是2000年以来中国政府为深化农村经济体制改革、解决农民负担过重问题实施的一项重要举措。

20世纪80年代,由于长期形成的城乡二元结构以及农村体制机制等历史原因,农村乱收费、乱摊派、乱罚款问题凸显。特别是进入90年代,农民负担过重问题愈发突出,引起全社会的强烈关注。为探索减轻农民负担的治本之策,中共中央决定将工作重心由治乱减负转向农村税费改革。1998年9月,成立了由财政部、农业部、中央农村工作领导小组办公室的主要负责同志组成的国务院农村税费改革工作小组。2000年3月,印发《中共中央、国务院关于进行农村税费改革试点工作的通知》,决定率先在安徽全省开展农村税费改革试点。2001年江苏全省开展试点，2002年进一步扩大到河北、内蒙古等20个省份，2003年在全国推开。改革的主要内容是：取消乡统筹费、农村教育集资等专门面向农民征收的行政事业性收费和政府性基金、集资，取消屠宰税，逐步取消统一规定的劳动积累工和义务工；调整农业税和农业特产税政策；改革村提留征收使用办法。2004年中央进一步作出"五年内取消农业税"的重大决定，率先在黑龙江省、吉林省进行试点，并在全国全面取消除烟叶外的农业特产税。2005年，对592个国家扶贫开发工作重点县免征农业税，进一步降低其他地区农业税税率，鼓励地方根据财力自主扩大农业税免征范围，当年全国免征农业税的省份达到28个，同时全面取消牧业税。2005年12月29日，十届全国人大常委会第十九次会议决定，2006年1月1日起废止农业税条例，标志着具有2600多年历史的农业税正式退出历史舞台。至此，农村税费改革圆满完成阶段性历史任务，转入农村综合改革新阶段。

经过6年多的探索与实践，农村税费改革成效显著。一是减轻了农民负担。据统计，2006年全面取消农业税后，与改革前的1999年相比，全国农民一年减轻负担约1250亿元，人均减负约140元，对规范政府行为、密切干群关系、有效化解农村矛盾、促进农村社会和谐稳定发挥了重要作用。二是加快了统筹城乡发展步伐。公共财政逐步覆盖农村，财政对农村基层组织运转和社会事业发展的保障力度不断加大。2000—2006年，中央财政累计安排农村税费改革转移支付2634亿元，各地也相应增加了投入。三是推动了农村体制机制变革。各地积极开展以乡镇机构、农村义务教育、县乡财政管理体制改革为主要内容的配套改革，促进了农村上层建筑领域的深刻变革。

农村税费改革积累了宝贵经验。一是坚持把维护广大农民的利益和民主权利放在首位，以减轻农民负担为首要目标，让农民享受到实实在在的好处。二是坚持有利于科学发展的体制机制创新，着力理顺国家、集体与农民个人的分配关系，为农民平等参与市场竞争奠定了基础，统筹推动了相关配套改革，激发了农业农村发展的内在动力。三是充分尊重基层干部和农村群众的首创精神，充分调动其积极性，确保了改革健康有序推进和不断深入。四是通过试点先行、逐步推开的改革方式，及时发现问题、完善政策，促进了农村社会稳定。

15.第五次全国人口普查

在中共中央和国务院领导下，以2000年11月1日0时（北京时间）为标准时间，进行了第五次全国人口普查。

1990年第四次全国人口普查以来，中国的人口状况发生了巨大变化，人口总量继续增长，家庭规模缩小，老龄化进程加快，农业劳动力加速向非农产业转移，人口迁移流动量增加，失业率上升，人口文化素质、就业结构、民族构成等都有了很大的变化。这些变化必然对社会经济的发展产生影响。为查清第四次全国人口普查以来中国人口在数量、结构、分布和居住环境等方面的变化情况，全面检查"九五"计划的执行情况，为科学地制定国民经济和社会发展"十五"计划以及2010年远景规划提供可靠的依据，统筹安排人民的物质和文化生活，实现可持续发展战略，国务院1998年6月决定于2000年进行第五次全国人口普查，并于1998年6月17日向全国发出《国务院关于进行第五次全国人口普查的通知》，另于2000年1月25日发布了《第五次全国人口普查办法》。

第五次全国人口普查是在中国实行社会主义市场经济条件下进行的，与前四次相比，情况更复杂，任务更艰巨。为了获得准确的人口数据，国务院颁布了《第五次全国人口普查办法》。国务院人口普查领导小组会同有关部门制定了一系列政策和规定。同时，国务院成立第五次全国人口普查领导小组，负责人口普查的组织实施；地方各级人民政府建立相应的组织实施机构，切实加强对人口普查的领导；有关部门通力合作，认真负责，高标准，严要求，确保第五次全国人口普查任务的顺利完成。这次人口普查采取广泛动员社会力量的办法进行，从党政机关干部、企事业单位职工、户籍民警、中小学教师、村（居）民委员会干部以及离退休人员中临时选调工作人员和普查员。此外，为保证普查人口质量，做好普查登记工作，第五次全国人口普查领导小组联合相关部门于2000年2月22日和3月9日分别颁布了《关于在2000年第五次全国人口普查中认真做好人口普查登记工作防止漏报瞒报的通知》、《关于第五次全国人口普查前进行户口整顿工作的意见》。

第五次全国人口普查，在坚持以往普查成功经验的基础上，又吸收了国际上一些先进做法：第一，增加了普查项目。这次人口普查按户调查的项目有23项，按人调查的项目有26项，共49个项目，比1990年第四次全国人口普查时的21个项目增加了许多。这次主要是增加住房和人口素质方面的项目，普查内容比前几次更充实。第二，应用短表长表技术。把普查和抽样调查结合起来，短表内容包括有关人口的自然属性等基本指标和简单的住房状况指标，由全国90%的家庭填报；长表内容包括有关人口素质、经济活动、婚姻、妇女生育状况、住房状况等指标，在全国抽取10%的户填报。这样，既可以尽可能多地获得人口信息，又可以尽可能少地增加对普查的投入。第三，增设了《暂住人口调查表》，为了防止流动人口漏报、对人口总量额数据的质量进行控制，增设了《暂时人口调查表》，作为人口普查的附表。第四，实行光电录入，这样能够节省人力，不受人工因素影响，精度高，提高录入速度。但对纸张和印刷的质量要求高，填写普查表也必须严格规范。第五，首次建立地理信息系统。利用计算机将人口、社会、经济数据与地理区域数据相结合，生成人口地理信息系统。本次调查在中心城市建立人口地理信息系统。

2001年3月28日，国家统计局发布了这次人口普查手工汇总的主要数据公报。2000年11月1日0时，全国总人口为129533万人。其中：大陆31个省、自治区、直辖市（不包括福建省的金门、马祖等岛屿，下同）和现役军人的人口共126583万人。男性为65355万人，占51.63%；女性为61228万人，占48.37%。性别比（以女性为100，男性对女性的比例）为106.74。汉族人口为115940万人，占总人口的91.59%；各少数民族人口为10643万人，占总人口的8.41%。城镇人口45594万人，占36.09%；比1990年的26.23%上升了9.86个百分点。普查登记结束后，全国统一抽取602个调查小区进行了登记质量的抽样调查。抽查结果，人口漏登率为1.81%。2001年4月2日，国家统计局公布了人口地区分布数据。

六、"十五"期间社会改革与发展概况

1.中华人民共和国国民经济和社会发展第十个五年计划纲要

2001年3月,九届全国人大四次会议审议批准《中华人民共和国国民经济和社会发展第十个五年计划纲要》(以下简称《纲要》)。这是我国进入新世纪的第一个五年计划,是21世纪初我国经济和社会发展的行动纲领。

"九五"期间,我国有效治理了通货膨胀,成功实现经济"软着陆",针对经济形势变化,实行扩大内需,果断实施积极的财政政策和稳健的货币政策,抑制了通货紧缩趋势,克服了亚洲金融危机和国内有效需求不足带来的困难,国民经济和社会发展取得巨大成就,国内生产总值年均增长8.3%,社会主义市场经济体制初步建立。但是,也存在一些突出问题:如产业结构不合理,地区发展不协调,城镇化水平低;科技、教育比较落后,科技创新能力弱;水、石油等重要资源短缺,部分地区生态环境恶化等。为更好地完善社会主义市场经济体制和扩大对外开放,根据《中共中央关于制定国民经济和社会发展第十个五年计划的建议》编制了《国民经济和社会发展第十个五年计划纲要》(以下简称《纲要》)。该《纲要》是战略性、宏观性、政策性的规划,是"十五"期间(2001—2005年)国民经济和社会发展的宏伟蓝图,是全国各族人民共同奋斗的行动纲领。《纲要》主要阐述国家战略意图,明确政府工作重点,引导市场主体行为方向,产业发展方向和重点。

《纲要》指出,面对改革开放和现代化建设新阶段的形势和任务,必须坚持党在社会主义初级阶段的基本理论、基本路线和基本纲领,进一步解放思想,实事求是,正确处理改革、发展、稳定的关系,确保社会稳定。"十五"期间,要突出贯彻以下重要指导方针:坚持把发展作为主题;坚持把结构调整作为主线;坚持把改革开放和科技进步作为动力;坚持把提高人民生活水平作为根本出发点;坚持经济和社会协调发展。

《纲要》提出的"十五"期间国民经济和社会发展的主要预期目标是：

国民经济保持较快发展速度，经济结构战略性调整取得明显成效，经济增长质量和效益显著提高，为到2010年国内生产总值比2000年翻一番奠定坚实基础；国有企业建立现代企业制度取得重大进展，社会保障制度比较健全，完善社会主义市场经济体制迈出实质性步伐，在更大范围内和更深程度上参与国际经济合作与竞争。

经济增长速度预期为年均7%左右，到2005年按2000年价格计算的国内生产总值达到12.5万亿元左右，人均国内生产总值达到9400元；五年城镇新增就业和转移农业劳动力各达到4000万人，城镇登记失业率控制在5%左右；价格总水平基本稳定；国际收支基本平衡。

产业结构优化升级，国际竞争力增强；2005年第一、二、三产业增加值占国内生产总值的比重分别为13%、51%和36%，从业人员占全社会从业人员的比重分别为44%、23%和33%；国民经济和社会信息化水平显著提高；基础设施进一步完善；地区间发展差距扩大的趋势得到有效控制；城镇化水平有所提高。

2005年全社会研究与开发经费占国内生产总值的比例提高到1.5%以上，科技创新能力增强，技术进步加快；初中毛入学率达到90%以上，高中阶段教育和高等教育毛入学率力争分别达到60%左右和15%左右。

人口自然增长率控制在9‰以内，2005年全国总人口控制在13.3亿人以内；森林覆盖率提高到18.2%，城市建成区绿化覆盖率提高到35%；城乡环境质量改善，主要污染物排放总量比2000年减少10%；资源节约和保护取得明显成效。

城镇居民人均可支配收入和农村居民人均纯收入年均增长5%左右；2005年城镇居民人均住宅建筑面积增加到22平方米，全国有线电视入户率达到40%；城乡医疗卫生服务水平进一步提高，文化生活更加丰富。

与过去多个五年计划有很大不同，"十五"计划纲要有如下几个特点：一、它是一个以市场为基础的五年计划，市场经济体制初步建立，经济发展的市场环境发生了重大变化，但经济和社会生活中还存在许多矛盾和问题，必须依靠深化体制改革去加以解决。二、主要目标的范围扩大。以往各个五年计划的主要目标偏重于经济增长速度，"九五"计划则加进了体制改革目标，"十五"计划的主要目标范围进一步扩大，涵盖经济增长、改革开放和社会进步等多个方面，是一个目标比较全面、强调均衡发展的五年计划。三、明确提出以发展为主题。"九五"计划在处理发展、改革和稳定的关系时，更加重视稳定问题。"十五"计划则提出以发展为主题，强调要抓住机遇，加快发展。四、以三大因素作为发展动力。过去多个五年计划都是以数量扩张作为经济增长的主要动力，"九五"计划开始提出经济增长方式从粗放型向集约型转变，"十五"计划更进一步提出经济发展动力主要来自三大内在因素,即结构调整、改革开放和科技进步。五、计划的层次更加丰富。"十五"计划由三个层次组成:一是《国民经济和社会发展第十个五年计划纲要》;二是在《纲要》之下,编制少数主要由政府组织落实的重点专项规划,以保障"十五"计划《纲要》的顺利实施;三是行业规划和地区规划,主要由各部门、各地区根据《纲要》和重点专项规划精神编制和审定。

"十五"计划纲要的实施取得满意效果。经过5年的努力,我国综合国力明显增强,人民生活明显改善,国际地位明显提高。面对复杂多变的国内外形势,在全国各族人民共同努力下,我们有效抑制经济运行中出现的不稳定不健康因素,成功战胜"非典"疫情和重大自然灾害的挑战,从容应对加入世界贸易组织后的新变化,国民经济持续较快发展,"十五"计划纲要确定的主要发展目标提前实现。工业化、城镇化、市场化、国际化步伐加快,经济体制改革不断深化,对外贸易迈上新台阶,国家财政收入大幅度增加,价格总水平保持基本稳定,城乡面貌和人民生活进一步改善,民族团结不断巩固,各项社会事业取得新进步,国防和军队建设取得新进展,社会主义民主政治和精神文明建设继续加强。更为重要的是,党中央提出了树立科学发展观和构建社会主义和谐社会的重大战略思想。这些都为"十一五"时期的发展奠定了良好基础。

2.中国农村扶贫开发纲要(2001—2010)

2001年6月13日,国务院颁布《中国农村扶贫开发纲要(2001—2010)》(以下简称《纲要》)。《纲要》对2001—2010年扶贫开发总的奋斗目标、基本方针、对象与重点、内容和途径、政策保障、组织领导等作出了明确的规定,是指导新世纪前10年扶贫开发工作的行动纲领。

《纲要》指出,改革开放以来,特别是实施《国家八七扶贫攻坚计划》以来,中国农村贫困现象明显缓解,贫困人口大幅度减少。到2000年底,除了少数社会保障对象和生活在自然环境恶劣地区的特困人口,以及部分残疾人以外,全国农村贫困人口的温饱问题已经基本解决,《国家八七扶贫攻坚计划》确定的战略目标基本实现。但是,扶贫工作依然存在若干困难,当前尚未解决温饱的贫困人口虽然数量不多,但是解决难度很大;初步解决温饱问题的群众还不稳定,巩固任务仍很艰巨;从根本上改变贫困地区社会经济的落后状况,缩小地区差距,更是一个长期的历史性任务。为此党中央、国务院决定,从2001年到2010年,集中力量,加快贫困地区脱贫致富的进程,把扶贫开发事业推向一个新的阶段。

《纲要》提出,我国2001—2010年扶贫开发的奋斗目标是:尽快解决少数贫困人口温饱问题，进一步改善贫困地区的基本生产生活条件，巩固温饱成果，提高贫困人口的生活质量和综合素质，加强贫困乡村的基础设施建设，改善生态环境，逐步改变贫困地区经济、社会、文化的落后状况，为达到小康水平创造条件。扶贫开发的基本方针是：坚持开发式扶贫方针；坚持综合开发、全面发展；坚持可持续发展；坚持自力更生、艰苦奋斗；坚持政府主导、全社会共同参与。扶贫开发的首要对象是贫困地区尚未解决温饱问题的贫困人口，同时，继续帮助初步解决温饱问题的贫困人口增加收入。按照集中连片的原则，把贫困人口集中的中西部少数民族地区、革命老区、边疆地区和特困地区作为扶贫开发的重点，并在上述四类地区确定扶贫开发工作重点县。

2011年11月16日，国务院新闻办公室发表《中国农村扶贫开发的新进展》白皮书，总结了从2001年到2010年中国农村扶贫开发取得的成绩。成绩主要表现在：一、中国农村居民的生存和温饱问题得到基本解决，全国农村扶贫标准从2000年的865元人民币逐步提高到2010年的1274元人民币，以此标准衡量的农村贫困人口数量，从2000年底的9422万人减少到2010年底的2688万人，农村贫困人口占农村人口的比重从2000年的10.2%下降到2010年的2.8%。二、贫困人口的生产生活条件明显改善。十年来，592个国家扶贫开发工作重点县人均地区生产总值从2658元人民币增加到11170元人民币，年均增长17%；人均地方财政一般预算收入从123元人民币增加到559元人民币，年均增长18.3%。农民人均纯收入从1276元人民币增加到3273元人民币，年均增长11%（未扣除物价因素）。三、贫困地区基础设施不断完善。从2002年至2010年，592个国家扶贫开发工作重点县新增基本农田5245.6万亩，新建及改扩建公路里程95.2万公里，新增教育卫生用房3506.1万平方米，解决了5675.7万人、4999.3万头大牲畜的饮水困难。四、贫困地区社会事业不断进步。到2010年底，国家扶贫开发工作重点县7至15岁学龄儿童入学率达到97.7%；青壮年文盲率为7%，比2002年下降5.4个百分点；国家扶贫开发工作重点县参加新农合的农户比例达到93.3%，有病能及时就医的比重达到91.4%。五、生态恶化趋势得到初步遏制。十年来，国家扶贫开发工作重点县实施退耕还林还草14923.5万亩，新增经济林22643.4万亩。国家扶贫开发工作重点县饮用水水源受污染的农户比例从2002年的15.5%下降到2010年的5.1%，获取燃料困难的农户比例从45%下降到31.4%。

3.中国加入世界贸易组织

世界贸易组织（World Trade Organization，简称WTO）的前身是1947年成立的关税及贸易总协定（General Agreement on Tariffs and Trade，简称GATT）。关税贸易总协定

是一个关于关税和贸易准则的多边国际协定和组织，其成员国从1947年至1994年共举行了8轮多边贸易谈判，对几千种产品的关税进行了削减，并把全球贸易规则扩大到农产品和服务业。从1996年1月1日起，根据乌拉圭回合多边贸易谈判达成的协议，由成立于1995年1月1日的世界贸易组织取代关贸总协定。与原则上只适用于商品货物贸易的关贸总协定相比，世贸组织涵盖的范围更广，几乎囊括了所有的货物贸易、服务贸易以及知识产权贸易，因此，世贸组织与世界银行、国际货币基金组织一起并称为当今世界经济体制的"三大支柱"。目前，该组织的贸易量已占世界贸易的95%以上。2001年11月10日，世贸组织第四届部长级会议在卡塔尔首都多哈以全体协商一致的方式，审议并通过了中国加入世贸组织的决定。12月11日，中国正式成为世贸组织成员。

中国原本是1947年成立的关税及贸易总协定创始国之一。1949年中华人民共和国成立后，台湾当局占据中国席位。1950年3月台湾退出总协定，但以观察员身份列席总协定会议。1971年11月总协定取消台湾的观察员资格。1984年1月，中国获得关贸总协定观察员地位。1986年7月，中国正式提出恢复关贸总协定缔约国地位的申请，从此开始了"复关"和"入世"谈判15年的漫漫征程。

1986年9月，中国开始全面参与关贸总协定乌拉圭回合多边贸易谈判。1987年3月，关贸总协定设立中国工作组，并于同年10月举行第一次会议。至1992年10月，工作组基本结束对中国经贸体制的审议，进入有关复关议定书内容的实质性谈判。1994年4月，中国签署乌拉圭回合最后文件和世界贸易组织协定。签署这两个文件是中国复关的必备条件之一。同年11月，中国提出在年底完成复关的实质性谈判，并成为定于1995年1月1日成立的世贸组织创始成员的要求。由于美国等少数缔约方阻挠，在12月份召开的关贸总协定中国工作组第19次会议上，未能就中国成为世贸组织创始成员问题达成协议。1995年世贸组织成立后，中国成为该组织的观察员，相应地关贸总协定中国工作组更名为世贸组织中国工作组。中国"复关"谈判转为"入世"谈判。1997年5月23日，第四次世贸组织中国工作组会议就中国加入世贸组织议定书中关于非歧视原则和司法审议两项主要条款达成协议。到年底，中国先后与新西兰、韩国、匈牙利、捷克等国签署了入世双边协议。1998年4月7日，中国在第七次世贸组织中国工作组会议上提出了近6000个税号的降低关税的方案。1999年7月，中日实质性结束关于中国加入世贸组织的全部双边谈判。11月15日，中美两国政府在北京签署了关于中国加入世贸组织的双边协议。2000年5月19日，中国与欧盟代表在北京签署了关于中国加入世贸组织的双边协议。2001年6月28日—7月4日，第十六次世贸组织中国工作组会议就多边谈判中遗留的12个主要问题达成全面共识。7月16日—20日，第十七次世贸组织中国工作组会议对中国加入世贸组织的法律文件及其附件和工作组报告书进行了磋商，并最终完成了这些法律文件的起草工作。

2001年9月13日，中国和墨西哥就中国加入世贸组织达成双边协议。至此，中国完成了与世贸组织成员的所有双边市场准入谈判。9月17日，世贸组织中国工作组第十八次会议通过了中国入世议定书及附件和中国工作组报告书，这标志着中国加入世贸组织的谈判全部结束。

中国加入世贸组织所享受的主要权利有10条，包括：全面参与世界贸易体制，享受非歧视待遇，享受发展中国家权利，获得市场开放和法规修改的过渡期，保留国营贸易体制，对国内产业提供必要的支持，维持国家定价，保留征收出口税的权利，保留对进出口商品进行法定检验的权利，有条件、有步骤地开放服务贸易领域并进行管理和审批。中国加入世贸组织承担的具体义务有11条，包括：遵守非歧视原则，统一实施贸易政策，确保贸易政策的透明度，为当事人提供司法审议的机会，逐步放开外贸经营权，逐步取消非关税措施，不再实行出口补贴，实施《与贸易有关的投资措施协议》，以折中方式处理反倾销、反补贴条款额可比价格，接受特殊保障条款，接受过渡性审议。

中国加入世贸组织之后，切实履行承诺，认真行使权利，积极参与世贸组织各项活动，发挥了建设性作用。2011年12月7日，国务院新闻办公室发布的《中国的对外贸易》白皮书指出，截至2010年，中国加入世界贸易组织的所有承诺全部履行完毕，建立起了符合规则要求的经济贸易体制，成为全球最开放的市场之一。2011年在一场隆重纪念中国加入世界贸易组织十周年的学术会议上，世贸组织总干事拉米发表书面发言，发言指出：具有世贸组织成员资格，在产品和服务方面，为中国提供了一个更加透明、更加安全、更加可以预测的世界市场。正是这种稳定性，使得中国成为世界工业产品的第一大出口国。其中的许多产品，并非全在中国制造；零部件多是来自各个经济体，然后中国组装而成。在全球价值链轴，中国独领风骚，尤其是在亚洲地区。各个经济体之间，随着相互依赖程度的加深，世贸组织规则为其贸易来往提供了重要的保障。

4.《中国的农村扶贫开发》白皮书

2001年10月15日，国务院新闻办公室发布《中国的农村扶贫开发》白皮书。白皮书回顾了自20世纪70年代末以来，中国政府为解决贫困人口温饱问题实施大规模扶贫开发计划及完成情况，分析了21世纪初中国农村扶贫开发面临的机遇和挑战，并提出了下一步农村扶贫开发工作的目标、原则及措施等。

白皮书阐述了扶贫开发的历程与成就。从1978年到2000年，中国的扶贫开发大致经过三个阶段。第一阶段：体制改革推动扶贫阶段（1978—1985年），制度变革是这一阶段缓解贫困的主要途径。第二阶段：大规模开发式扶贫阶段（1986—1993年），在这一阶段，

1986年成立专门扶贫工作机构,确定开发式扶贫方针。第三阶段:扶贫攻坚阶段(1994—2000年),以1994年3月《国家八七扶贫攻坚计划》的公布实施为标志。经过20多年不懈的艰苦奋斗,扶贫开发取得巨大成就:解决了两亿多农村贫困人口的温饱问题。农村尚未解决温饱问题的贫困人口由1978年的2.5亿人减少到2000年的3000万人。生产生活条件明显改善。1986年到2000年的15年间,在中国农村贫困地区修建基本农田9915万亩,解决了7725万多人和8398万多头大牲畜的饮水困难。到2000年底,贫困地区通电、通路、通邮、通电话的行政村分别达到95.5%、89%、69%和67.7%。经济发展速度明显加快。"八七"扶贫攻坚计划执行期间,国家重点扶持贫困县农业增加值增长54%,工业增加值增长99.3%,地方财政收入增加近1倍,粮食产量增长12.3%,农民人均纯收入从648元增加到1337元。各项社会事业发展较快。贫困地区人口过快增长的势头得到初步控制,人口自然增长率有所下降。办学条件得到改善,"两基"工作(即基本普及九年义务教育和基本扫除青壮年文盲)成绩显著。职业教育和成人教育发展迅速,大多数贫困地区乡镇卫生院得到改造或重新建设。解决了一些集中连片贫困地区的温饱问题。沂蒙山区、井冈山区、大别山区、闽西南地区等革命老区群众的温饱问题已经基本解决。

白皮书阐明了扶贫开发的政策保障。第一,制定符合国情的贫困标准。贫困人口的标准1985年为农村人均纯收入206元,1990年为300元,2000年为625元。第二,确定国家重点扶持贫困县。1986年第一次确定国家重点扶持贫困县标准,1994年作出调整,依据标准,重点扶持的贫困县共有592个,分布在27个省、自治区、直辖市,涵盖全国72%以上的农村贫困人口。第三,扶贫重点向中西部贫困地区倾斜。从1994年起开始调整国家扶贫资金投放的地区结构:把用于沿海经济比较发达省的中央扶贫信贷资金调整出来,集中用于中西部贫困状况严重的省、自治区;中央新增的财政扶贫资金只支持中西部贫困地区。第四,加大扶贫开发投入力度。2000年中央各项扶贫专项资金达到248亿元,主要包括两大类:财政扶贫资金和信贷扶贫资金。同时,制定《国家扶贫资金管理办法》,加强对各类扶贫资金的管理。第五,制定支持贫困地区、贫困农户发展的优惠政策,包括帮助贫困户解决温饱和支持贫困地区经济开发。第六,落实扶贫工作责任制。1986年6月成立国务院贫困地区经济开发领导小组(1993年更名为国务院扶贫开发领导小组),专门负责组织、领导、协调、监督、检查贫困地区的扶贫开发工作。实行分级负责、以省为主的行政领导扶贫工作责任制。第七,加强贫困地区农村基层组织建设。加强村级组织建设,以此提高农户的自我组织程度,引导农户积极参与扶贫开发。

白皮书介绍了扶贫开发的主要内容与途径。开发式扶贫方针包括五方面:第一,倡导和鼓励自力更生、艰苦奋斗精神,克服贫困农户中普遍存在的"等、靠、要"思想;第二,针对贫困地区基础设施薄弱、抵御自然灾害能力较差的实际情况,国家安排必要的以工代赈资金，鼓励、支持贫困农户投工投劳，开展农田、水利、公路等方面的基础设施建设；第三，国家安排优惠的扶贫专项贴息贷款，制定相关优惠政策，重点帮助贫困地区、贫困农户发展以市场为导向的种植业、养殖业以及相应的加工业项目；第四，开展农业先进实用技术培训，提高贫困农户的科技文化素质；第五，扶贫开发与水土保持、环境保护、生态建设相结合，实施可持续发展战略。扶贫开发途径包括：强调扶贫到村到户，重视科技教育扶贫，动员和组织社会各界参与扶贫，开展东西部协作扶贫，实施自愿移民扶贫开发，输出贫困地区劳动力，实行扶贫开发与生态环境保护、计划生育相结合，开展扶贫领域的国际交流与合作等。

　　白皮书介绍了特殊贫困群体的扶贫开发情况。第一，少数民族和民族地区扶贫开发。特殊照顾，提高标准，扩大对少数民族地区的扶持范围；中央资金重点向少数民族地区倾斜。这方面的工作成效显著，全国五个自治区和三个少数民族人口较多的省，贫困人口由1995年的2086万人下降到1999年的1185万人，贫困发生率由1995年的15.6%下降到1999年的8.7%。农民收入快速增长，生活条件得到改善。232个国家重点扶持贫困县，农民人均纯收入从1995年的630元增加到1998年的1189元，增长88.7%。基础设施明显改善，社会事业不断发展。第二，残疾人扶贫。将残疾人扶贫作为一项重要内容列入国家扶贫计划，1998年专门制定《残疾人扶贫攻坚计划（1998—2000年）》，对残疾人扶贫工作进行全面部署。安排专项贷款，开展残疾人扶贫。1992年，设立康复扶贫专项贷款，到2000年，累计投放贷款26亿元。加强基层残联扶贫服务体系建设，为农村残疾人提供及时、有效的服务。1998年3月，出台《关于加强基层残联建设的决定》，制定《农村残疾人扶贫开发实施办法（1998—2000年）》，对加强基层残联服务体系建设提出要求。选择适合残疾人特点的扶贫开发项目和方式。通过采取上述措施，近十年有1000万人解决了温饱，到2000年底贫困残疾人口下降到979万人。第三，妇女扶贫。农村贫困地区妇女积极参加"双学双比"（学文化、学技术，比成绩、比贡献）活动，众多妇女脱盲。中华全国妇女联合会通过建立扶贫联系点、联系户，开展文化技术培训和小额信贷，组织贫困地区妇女劳务输出、手拉手互助，以及兴办妇女扶贫项目等多种形式，先后帮助347万贫困妇女脱贫致富。国家广泛动员社会力量，支持各种帮助贫困地区妇女的社会救济活动。

　　白皮书阐述了21世纪初农村扶贫开发的目标、任务和要求。国务院颁布的《中国农村扶贫开发纲要（2001—2010年）》提出，2001年至2010年，中国扶贫开发的总体目标是：尽快解决极少数贫困人口温饱问题，进一步改善贫困地区的基本生产生活条件，巩固温饱成果，提高贫困人口的生活质量和综合素质，加强贫困乡村的基础设施建设，改善生态环境，逐步改变贫困地区社会、经济、文化的落后状况，为达到小康水平创造条件。指导原则是：按照集中连片的原则，把贫困人口集中的中西部少数民族地区、革命老区、边疆地区和特困地区作为扶贫开发的重点，并确定扶贫开发工作重点县，集中财力、物力和人力，实行统筹规划、分年实施、分类指导、综合治理。措施和途径：继续重点支持发展种养业，发展有特色、有市场的种养业项目；积极推进农业产业化经营，形成有特色的区域性主导产业；增加财政扶贫资金和扶贫贷款，对财政扶贫资金实行专户管理；改善贫困地区的基本生产生活条件，加强基本农田、基础设施、环境改造和公共服务设施建设；提高贫困地区群众的科技文化素质，实行农科教结合，普通教育、职业教育、成人教育统筹；鼓励多种所有制经济组织参与扶贫开发，注重动员全社会帮助贫困地区的开发建设，增加社会扶贫的资源；推动扶贫开发领域的国际交流与合作，加强与国际组织在扶贫开发领域里的交流；推进扶贫开发的规范化建设，切实落实扶贫工作责任制，坚持省负总责、县抓落实、工作到村、扶贫到户。

5.中国共产党第十六次全国代表大会

2002年11月8日至14日，中国共产党第十六次全国代表大会在北京举行。大会正式代表2114名，特邀代表40名，代表了全党6600多万党员。江泽民代表第十五届中央委员会向大会作《全面建设小康社会，开创中国特色社会主义事业新局面》的报告。大会总结过去5年的工作和改革开放13年的实践经验，阐述全面贯彻"三个代表"重要思想的根本要求，提出全面建设小康社会的奋斗目标。大会通过关于《中国共产党章程（修正案）》的决议，把"三个代表"重要思想确立为党必须长期坚持的指导思想。

这次大会的主题是：高举邓小平理论伟大旗帜，全面贯彻"三个代表"重要思想，继往开来，与时俱进，全面建设小康社会，加快推进社会主义现代化，为开创中国特色社会主义事业新局面而奋斗。

大会的议程为：一、听取和审查十五届中央委员会的报告；二、审查中央纪律检查委员会的工作报告；三、审议通过《中国共产党章程（修正案）》；四、选举十六届中央委员会；五、选举新一届中央纪律检查委员会。

党的十六大报告共分10个部分：过去5年的工作和13年的基本经验；全面贯彻"三个代表"重要思想；全面建设小康社会的奋斗目标；经济建设和经济体制改革；政治建设和政治体制改革；文化建设和文化体制改革；国防和军队建设；"一国两制"和实现祖国的完全统一；国际形势和对外工作；加强和改进党的建设。大会以无记名投票方式，选举出第十六届中央委员会委员198名，中央委员会候补委员158名，中央纪律检查委员会委员121名。江泽民主持大会闭幕式并发表讲话。

11月15日,党的十六届一中全会选举了新一届的政治局成员,选举胡锦涛、吴邦国、温家宝、贾庆林、曾庆红、黄菊、吴官正、李长春、罗干为中央政治局常委,胡锦涛为中央委员会总书记,决定江泽民任中央军事委员会主席,批准吴官正任中央纪律检查委员会书记。

报告指出,13年来的实践,加深了我们对什么是社会主义、怎样建设社会主义,建设什么样的党、怎样建设党的认识,积累了十分宝贵的经验。这些经验是:一、坚持以邓小平理论为指导,不断推进理论创新。二、坚持以经济建设为中心,用发展的办法解决前进中的问题。三、坚持改革开放,不断完善社会主义市场经济体制。四、坚持四项基本原则,发展社会主义民主政治。五、坚持物质文明和精神文明两手抓,实行依法治国和以德治国相结合。六、坚持稳定压倒一切的方针,正确处理改革发展稳定的关系。七、坚持党对军队的绝对领导,走中国特色的精兵之路。八、坚持团结一切可以团结的力量,不断增强中华民族的凝聚力。九、坚持独立自主的和平外交政策,维护世界和平与促进共同发展。十、坚持加强和改善党的领导,全面推进党的建设新的伟大工程。报告强调指出,以上十条,是党领导人民建设中国特色社会主义必须坚持的基本经验。这些经验,联系党成立以来的历史经验,归结起来就是,我们党必须始终代表中国先进生产力的发展要求,代表中国先进文化的前进方向,代表中国最广大人民的根本利益。这是坚持和发展社会主义的必然要求,是我们党艰辛探索和伟大实践的必然结论。

党的十六大立足于我国已经解决温饱、人民生活总体达到小康水平的基础,进一步提出了全面建设小康社会的构想,即在21世纪头20年,集中力量,全面建设惠及十几亿人口的更高水平的小康社会,使经济更加发展、民主更加健全、科教更加进步、文化更加繁荣、社会更加和谐、人民生活更加殷实。经过这一阶段的建设,再继续奋斗几十年,到本世纪中叶基本实现现代化,把我国建设成为富强、民主、文明的社会主义现代化国家。全面建设小康社会的阶段,是实现现代化建设第三步战略目标必经的承上启下的发展阶段,提出这一奋斗目标完全符合我国国情和现代化建设的实际。

党的十六大在中国共产党的历史上具有重要的意义。大会深刻论述了"三个代表"重要思想的历史地位和指导意义,第一次把它作为党的指导思想写进党章;深刻总结了改革开放13年来的实践经验,将其概括为党领导人民建设中国特色社会主义必须坚持的十条基本经验;深刻论述了经济体制改革和经济发展战略,第一次明确提出一切合法的劳动收入和合法的非劳动收入,都应该得到保护等一系列新的思想和观点;深刻论述了社会主义政治文明建设的基本方向和根本任务,进一步创新与发展了中国特色社会主义政治文明的理论;着眼于世界科学文化发展的前沿,强调积极进行文化创新,深刻论述了社会主义精神文明建设的一系列重要问题;深刻论述了全面推进党的建设新的伟大工程的问题,标志着我们党对执政条件下加强自身建设规律的认识达到了一个新的水平。

6.全国抗击"非典"

"非典",即传染性非典型肺炎,又称严重急性呼吸综合征,简称SARS,是一种因感染SARS冠状病毒而导致的以发热、干咳、胸闷为主要症状的新型呼吸道传染病,严重者出现快速的呼吸系统衰竭,具有极强的传染性。

2002年岁末和2003年初,中国广东省接连发现"非典"患者。2003年2月,"非典"疫情在深圳、广州等地突然加剧。2月11日,广东宣布,"非典"已感染了300多人,5人死亡。当时正值中国传统节日春节期间,随着大规模的人口流动,"非典"疫情开始在全国范围内广泛传播。2003年3月初,疫情扩散到北京。面对首例"非典"患者,北京医护人员措手不及,没有思想准备,防护隔离措施跟不上,大批医护人员、家属被大规模连锁感染。3月27日,世界卫生组织宣布北京为非典疫区。很快地,全国除海南、贵州、云南、西藏、青海、黑龙江、新疆外,其余24个省份均有非典临床诊断病例报告。4月下旬,北京最高一天新增病例达150多人。4月底,全国有疫情报告的省份增加到26个,广东、北京、山西、内蒙古、天津等成为重灾区。全国累计报告诊断病例5327例(其中医务人员969例),死亡349例。

面对这场突如其来的"非典"灾难,中国政府发出了"万众一心、众志成城、科学防治、战胜非典"的号召,及时作出了一系列重大部署和决策。4月13日,国务院举行全国"非典"防治工作会议。随后,各级政府多次召开专门会议研究部署防治措施。这些措施包括:设立防治基金;支持"非典"防治科技攻关;建设各地预防控制中心;免费治疗患者。在防治"非典"最关键的时刻,胡锦涛主席、温家宝总理和其他中央领导同志多次深入到防治第一线,要求各级政府把防治"非典"作为工作的重中之重。4月20日,国务院明确提出及时发现、报告和公布疫情;卫生部决定疫情每天公布一次;调整卫生部和北京市主要领导人职务。此后,全国防治"非典"情况改观。国务院决定调整"五一"长假;向各省市派出督察组。北京市也采取有力措施防治"非典",包括先后确定16家"非典"定点医院;对"非典"疫情重点区域采取隔离控制措施;颁布多项规章等。5月1日,经过8天的紧急筹建,北京市第一家专门治疗"非典"的临时性传染病医院小汤山医院开始接收病人,军队支援北京的医护人员1200余人陆续到位。6月2日,北京疫情统计首次出现新收治直接确诊病例、疑似转确诊病例、死亡人数均为零。6月13日,世界卫生组织宣布从13日起解除到中国河北省、内蒙古自治区、山西省和天津市的旅游警告。6月24日,世界卫生组织解除对北京的旅行警告,同时将北京从"非典"疫区名单中排除。7月2日,广东最后3名"非典"型肺炎病人治愈出院,至此,广东全省已无"非典"病例。

2003年7月28日,全国防治"非典"工作会议在北京举行。中共中央总书记、国家主席胡锦涛在会上发表重要讲话,从8个方面对抗击"非典"斗争积累的经验、获得的启示进行了总结。他指出,面对"非典"疫情,党中央、国务院高度重视、果断决策,地方各级党委和政府认真负责、靠前指挥,充分发挥了中流砥柱作用;我们实行全民动员、群防群控,紧紧依靠广大人民群众,充分发挥了人民群众的伟大力量;社会各方面团结一致、齐心协力,一方有难、八方支援,形成了共克时艰的强大合力;我们坚持依靠科学、运用科学,充分发挥科技人员的作用和科学技术的力量,使科学技术成为战胜疫病的有力支撑;我们坚持依法执政、依法行政,制定和运用有关法律法规,使法律成为战胜疫病的有力保障;广大基层党组织战斗在第一线,广大党员干部冲锋在最前面,成为群众抗击"非典"的主心骨、贴心人;我们坚持经济建设这个中心不动摇,统筹安排、促进发展,为战胜困难提供了强大的物质基础;全民族万众一心、迎难而上,伟大的民族精神得到锤炼和升华,形成了凝聚人心、克敌制胜的强大精神支柱。他进一步指出,通过抗击"非典"斗争,我们比过去更加深刻地认识到,我国的经济发展和社会发展、城市发展和农村发展还不够协调;公共卫生事业发展滞后,公共卫生体系存在缺陷;突发事件应急机制不健全,处理和管理危机能力不强;一些地方和部门缺乏应对突发事件的准备和能力。我们要高度重视存在的问题,采取切实措施加以解决,真正使这次防治"非典"斗争成为我们改进工作、更好地推动事业发展的一个重要契机。从今后的工作来说,我们不仅要继续保持经济较快增长的良好势头,而且要重视提高经济增长的质量和效益;不仅要确保今年经济社会发展目标的实现,而且要高度重视研究和解决经济社会发展中存在的深层次问题;不仅要努力做好当前的工作,而且要为长远发展打下良好的基础。从长远发展看,要进一步研究并切实抓好促进经济社会协调发展、统筹城乡经济社会发展、加强公共卫生建设工作、推进社会管理体制的建设和创新、加强宣传舆论工作、狠抓依法治国基本方略的落实、增强对外开放条件下做好工作的能力、加强党的执政能力建设、做好关心群众生产生活工作等9个方面的工作。

7.制定突发公共卫生事件应急条例

2003年5月9日,国务院发布实施《突发公共卫生事件应急条例》(以下简称《条例》)。《条例》是依照《中华人民共和国传染病防治法》的规定,特别是针对2003年防治"非典"工作中暴露出来的突出问题制定的,为抗击"非典"提供了有力的法规武器。《条例》着重解决突发公共卫生事件应急处理工作中存在的信息渠道不畅、信息统计不准、应急反应不快、应急准备不足等问题,旨在建立统一、高效、有权威的突发公共卫生事件应急处理机制。《条例》的颁布实施是中国公共卫生事业发展史上的一个里程碑,标志着中国将突发公共卫生事件应急处理纳入了法制轨道。

突发公共卫生事件是指突然发生,造成或者可能造成社会公众健康严重损害的重大传染病疫情、群体性不明原因疾病、重大食物和职业中毒以及其他严重影响公众健康的事件。2003年的抗击"非典"斗争就是一场突发性的遭遇战。从当时"非典"防治工作暴露出来的问题看,我国处理突发公共卫生事件的应急处理机制还不够健全,在应急处理工作中还存在着信息不准、反应不快、应急准备不足等问题。针对实践中存在的问题,国务院决定制定《突发公共卫生事件应急条例》,一方面根据新情况、新问题,把《传染病防治法》等有关法律规定的一些制度具体化,增强可操作性;另一方面根据行政应急的特点,设定了一些新的制度和措施,既为解决防治"非典"工作中的实践问题提供更具有可操作性的法律依据,而且为今后各级政府及时有效地处置突发公共卫生事件建立起"信息畅通、反应快捷、指挥有力、责任明确"的行政应急法律制度。

《条例》共6章、54条,包括总则、预防与应急准备、报告与信息发布、应急处理、法律责任、附则。《条例》明确规定了处理突发公共卫生事件的组织领导、遵循原则和各项制度、措施,明确了各级政府及有关部门、社会有关组织和公民在应对突发公共卫生事件工作中承担的责任和义务,还明确了违反《条例》行为的法律责任。

《突发公共卫生事件应急条例》重点对现行的应急处理机制进行了规范和完善:一、为了强化处理突发公共卫生事件的指挥系统,明确了政府负责对突发公共卫生事件应急处理的统一领导和指挥。二、明确和完善了突发公共卫生事件的信息报告制度,强化了政府对突发公共卫生事件的报告责任及时限。同时明确规定任何单位和个人均有权向政府报告突发公共卫生事件。三、明确了对突发公共卫生事件预防控制体系和应急处理能力建设的要求,要求县级以上地方人民政府应当建立和完善突发公共卫生事件监测和预警系统,确保其保持正常运行状态。同时还要加强对急救医疗服务网络的建设,配备和提高医疗卫生机构应对各类突发公共卫生事件的救治能力。四、进一步明确规定了突发公共卫生事件应急处理中专业技术机构、医疗卫生机构及有关部门、单位的职责。五、加大了对不按照规定履行应急处理义务、扰乱社会和市场秩序的违法行为的处罚力度。

8.行政审批制度改革

改革行政审批制度,是进入21世纪以来中共中央、国务院作出的一项重大决策,是完善市场经济体制、转变政府职能、推动简政放权的重要突破口。

行政审批制度是推进政府职能转变的客观需要。在我国原高度集中的计划经济体制下，行政审批是各级政府的一项最为广泛的职能，政府利用行政审批权广泛干预社会事务和微观经济活动，以致造成"政企不分"、"政事不分"、"政社不分"。改革以来，虽然政府职能从总体上有所转变，总的发展趋势在逐步缩小，但作为政府的一项最广泛职能的行政审批并未从根本上有所触动。行政审批实质上是政府权力的具体运行，行政审批的无所不包和滥用，也实际上是政府权力高度集中和不断扩张与膨胀的结果。而行政审批权的背后又潜伏着大大小小的不同利益，因而改起来很难。一些政府部门死死守住"行政审批权"这块乐于经营的"领地"，不愿改革，从而使转变职能十分困难。政府机构精简一次膨胀一次，形成恶性循环。实践证明，不从权力配置入手改革行政审批制度，转变政府职能就难以真正到位。改革行政审批制度，就是要从"权力配置"这个源头上斩断某些政府部门"增生"的权力触角，真正按照市场经济通行的规则，大幅度筛选和减少行政审批事项，改进行政审批方式，规范审批程序和时限，将不必要的"审批制"改为"登记制"或"备案制"、"核准制"，逐步与国际惯例接轨。这一改革实际上是在更深层次和更大范围上转变政府职能，使政府真正从"全能"向"有限"转变，从"微观经济管理"向"宏观调控"转变，从"运动员"兼"裁判员"角色向"裁判员"角色转变，加速实现政企分开、政事分开、政社分开，更好地为社会主义市场经济的发展创造良好的制度环境。

2001年9月，国务院行政审批制度改革工作领导小组成立。10月6日，国务院颁发《关于废止2000年底以前发布的部分行政法规的决定》，全面清理了截至2000年底的现行行政法规共756件。10月9日，国家监察部、国务院法制办、国家体改委、中央机构编制委员会办公室联合提交《关于行政审批制度改革工作的实施意见》。10月18日，国务院下发《国务院批转关于行政审批制度改革工作实施意见的通知》。10月24日，国务院行政审批制度改革工作电视电话会议在北京召开，全面部署加快推进行政审批制度改革工作。10月30日，国务院领导小组办公室根据国务院领导的要求，将审批项目数量较多、审批事项对经济和社会事务影响较大的国家计委、国家经贸委、教育部、公安部、农业部、劳动保障部、建设部、交通部、外经贸部、卫生部、税务总局、广电总局、质检总局、民航总局、环保总局、工商总局、烟草专卖局等17个部门确定为审核工作重点。11月7日，国家计委宣布，取消第一批5大类行政审批事项。11月14日，国务院领导小组办公室组织了4个督查组，分3批深入到国务院62个部门和单位，对贯彻落实国务院行政审批制度改革工作电视电话会议精神、开展行政审批制度改革工作的情况进行现场督促检查。12月11日，国务院领导小组下发《关于印发〈关于贯彻行政审批制度改革的五项原则需要把握的几个问题〉的通知》，对各地区、各部门贯彻落实《关于行政审批制度改革工作的实施意见》确定的五项原则提出指导性意见。这五项原则分别是：合法原则，合理原则，效能原则，责任原则，监督原则。领导小组的文件为贯彻落实这五条原则设定了具体的标准。

2002年4月，国务院行政审批制度改革工作领导小组办公室下发了《关于对建立与社会主义市场经济体制相适应的审批制度进行课题研究的实施方案》，确定了15个大中城市率先开展行政审批制度改革课题研究，此后又组织了国务院各部门开展这项工作。2003年8月27日，十届全国人民代表大会常务委员会第四次会议审议通过了《中华人民共和国行政许可法》，2004年7月1日颁布实施。这标志着我国政府行政审批制度逐渐走上了法制化、规范化、科学化的道路。2008年10月17日，国务院办公厅转发监察部等部门《关于深入推进行政审批制度改革意见的通知》。2011年11月14日，在北京召开国务院深入推进行政审批制度改革工作电视电话会议，总结行政审批制度改革工作，研究部署下一阶段行政审批工作，进一步推进政府职能转变和管理创新。2012年8月23日，国务院批准广东省"十二五"时期在行政审批制度改革方面先行先试，对行政法规、国务院及部门文件设定的部分行政审批项目在本行政区域内停止实施或进行调整。党的十八大以来，行政审批制度改革显著加快，取得多项实质性进展。中央和地方各级政府把机构改革和职能转变有机结合起来，把职能转变作为核心，把行政审批制度改革作为突破口和抓手，实现了改革思路的进一步创新。党的十八大提出：深化行政审批制度改革，继续简政放权，推动政府职能向创造良好发展环境、提供优质公共服务、维护社会公平正义转变。国务院公开承诺本届政府任期内，国务院部门实施的行政审批事项要减少1/3以上。2015年2月4日，国务院下发《关于规范国务院部门行政审批行为改进行政审批有关工作的通知》，要求坚持依法审批，坚持公开公正，坚持便民高效，坚持严格问责。

通过改革，大批行政审批项目先后取消：2002年10月，取消789项行政审批项目。2003年2月，取消406项行政审批项目，改变82项行政审批项目的管理方式。2004年5月19日，取消和调整495项行政审批项目，其中取消409项；改变管理方式39项；下放47项。在取消和调整的行政审批项目中有25项属于涉密事项，按规定另行通知。2007年10月9日，取消和调整186项行政审批项目。其中取消128项；下放29项；改变管理方式8项；合并21项。2010年7月4日，取消和下放行政审批项目184项。其中取消113项，下放71项。2012年8月22日，取消和调整314项部门行政审批项目，其中取消184项；下放117项；合并13项。重点对投资领域、社会事业和非行政许可审批项目，特别是涉及实体经济、小微企业发展、民间投资等方面的审批项目进行了清理。2013年5月15日，取消和下放117项行政审批项目等事项。其中，取消行政审批项目71项，下放管理层级行政审批项目20项，取消评比达标表彰项目10项，取消行政事业性收费项目3项；取消或下放管理层级的机关内部事项和涉密事项13项。2014年全年分三批取消下放行政审批事项247项，完成了2014年国务院政府工作报告提出的"今年再取消和下放行政审批事项200项以上"的任务。其中，关系投资创业创新和就业的有160多项，涉及社会组织、事业单位业务活动有70多项。到该年年底，国务院共取消下放审批事项538项，初步实现了本届政府任期内国务院部门行政审批事项削减1/3以上的目标。2015年5月，国务院经研究论证，决定在前期大幅减少部门非行政许可审批事项的基础上，再取消49项非行政许可审批事项，将84项非行政许可审批事项调整为政府内部审批事项。今后不再保留"非行政许可审批"这一审批类别。

行政审批制度改革有力地促进了政府职能转变，进一步增强了市场配置资源的决定性作用；有力地促进了依法行政，进一步规范了政府行为；有力地促进了政府管理创新，提高了行政效能；有力促进了反腐倡廉建设，进一步完善了政府系统预防和治理腐败的体制机制。

按照党的十八届三中全会关于深化体制改革的精神，转变政府职能，就是要解决好政府与市场、政府与社会的关系问题。通过简政放权，一方面是要进一步发挥市场在资源配置中的决定性作用，激发市场主体的创造活力，增强经济发展的内生动力；另一方面是要更好地发挥政府的作用，把政府工作重点转到创造良好发展环境、提供优质公共服务、维护社会公平正义上来。也就是说，既要把该放的权力放开放到位，又要把该管的事务管住管好。这是在新的历史起点上全面深化改革的必然要求，是推进国家治理体系和治理能力现代化的必然要求，也是市场经济发展的必然要求，而行政审批制度改革，就是转变政府职能的"牛鼻子工程"。

9.科学发展观

党的十六大以后，以胡锦涛为总书记的党中央立足社会主义初级阶段基本国情，总结我国发展实践，借鉴国外发展经验，适应新的发展要求，提出了科学发展观。科学发展观，是对党的三代中央领导集体关于发展的重要思想的继承和发展，是马克思主义关于发展的世界观和方法论的集中体现，是同马克思列宁主义、毛泽东思想、邓小平理论和"三个代表"重要思想既一脉相承又与时俱进的科学理论，是我国经济社会发展的重要指导方针，是发展中国特色社会主义必须坚持和贯彻的重大战略思想。

2003年4月15日，胡锦涛在广东视察时首次提出"要坚持全面的发展观"。7月28日，他在全国防治"非典"工作会议上进一步提出"要更好地坚持协调发展、全面发展、可持续发展的发展观"。10月14日，他在党的十六届三中全会上明确提出了"坚持以人为本，树立全面、协调、可持续的发展观，促进经济社会和人的全面发展"；并提出了"五个统筹"（统筹城乡发展、统筹区域发展、统筹经济社会发展、统筹人与自然和谐发展、统筹国内发展和对外开放）。该次会议将胡锦涛的讲话精神写入决议，科学发展观概念得到了完善，并正式被确立为中国共产党的执政理念之一。其后，中共中央迅速组织了省部级主要领导干部树立和落实科学发展观专题研究班，2004年2月29日在研究班的结业式上，温家宝在讲话中要求，全党"统一思想，牢固树立和认真落实科学发展观"，将科学发展观提高到全党"统一思想"的高度。2004年3月10日，胡锦涛在中央人口资源环境工作座谈会上就科学发展观发表讲话，指出：要实现全面建设小康社会的奋斗目标，开创中国特色社会主义事业新局面，必须坚持贯彻'三个代表'重要思想和十六大精神，牢固树立和认真落实以人为本、全面、协调、可持续的发展观，切实抓好发展这个党执政兴国的第一要务。这是迄今为止对科学发展观最完整、最全面的阐述。2007年11月21日，科学发展观在党的十七大被写入党章。2008年9月5日中共中央政治局召开会议，决定从2008年9月开始，用一年半左右时间，在全党分批开展深入学习实践科学发展观活动。2012年11月，党的十八大报告正式将科学发展观列入党的指导思想。党的十八大通过关于《中国共产党章程（修正案）》的决议，在党章中把科学发展观同马克思列宁主义、毛泽东思想、邓小平理论、"三个代表"重要思想一道确立为党的行动指南。

　　胡锦涛在党的十七大报告中对科学发展观的科学内涵、精神实质、根本要求进行了全面系统深入的阐述。他说，科学发展观，第一要务是发展，核心是以人为本，基本要求是全面协调可持续发展，根本方法是统筹兼顾。一、必须坚持把发展作为党执政兴国的第一要义。要牢牢抓住经济建设这个中心，坚持聚精会神搞建设、一心一意谋发展，不断解放和发展社会生产力。要着力把握发展规律、创新发展理念、转变发展方式、破解发展难题，提高发展质量和效益，实现又好又快发展。二、必须坚持以人为本。要始终把实现好、维护好、发展好最广大人民的根本利益作为党和国家一切工作的出发点和落脚点，尊重人民主体地位，发挥人民首创精神，保障人民各项权益，走共同富裕道路，促进人的全面发展，做到发展为了人民、发展依靠人民、发展成果由人民共享。三、必须坚持全面协调可持续发展。要按照中国特色社会主义事业总体布局，全面推进经济建设、政治建设、文化建设、社会建设，促进现代化建设各个环节、各个方面相协调，促进生产关系与生产力、上层建筑与经济基础相协调。四、必须坚持统筹兼顾。要正确认识和妥善处理中国特色社会主义事业中的重大关系，统筹个人利益和集体利益、局部利益和整体利益、当前利益和长远利益，充分调动各方面积极性。既要总揽全局、统筹规划，又要抓住牵动全局的主要工作、事关群众利益的突出问题，着力推进、重点突破。

　　以胡锦涛为总书记的党中央提出以人为本，全面、协调、可持续的发展观，是我们党对社会主义现代化建设规律认识的进一步深化，是党的执政理念的一次重要升华，具有重要的现实意义和深远的历史意义。科学发展观既是与马列主义、毛泽东思想、邓小平理论、"三个代表"重要思想同根同源、一脉相承，又是立足于中国社会主义现代化建设实践，深刻总结国内社会主义现代化建设的经验教训，借鉴世界其他国家谋求发展的成败得失基础上的,因而是深化了对共产党执政规律、社会主义建设规律和人类社会发展规律的认识,把马克思主义中国化推向了一个新阶段。

10.生态移民工程

中国的生态移民始于20世纪80年代。1983年中国政府开始实施为期10年的"三西"(宁夏西海固地区、甘肃以定西为代表的中部干旱地区和河西走廊地区)区域综合性扶贫开发,试行"吊庄移民",搬迁初期两头有家,待移民点得到开发,生产生活基本稳定后再完全搬迁。"吊庄移民"是把特困区或因为建设需要的移民整体搬迁到有条件安置的地区,不同于投亲靠友、分散安置的"插花移民"。1994年,开始实施"八七扶贫攻坚计划",易地扶贫随之得以在全国各省市区大范围推进。2000年以后转变为保护和改善生态环境与扶贫开发相结合的生态移民。2001年6月,国务院发布实施的《中国农村扶贫开发纲要(2001—2010年)》第十九条规定:"稳步推进自愿移民搬迁。对目前极少数居住在生存条件恶劣、自然资源贫乏地区的特困人口,要结合退耕还林还草实行搬迁扶贫。"2002年12月14日国务院颁布的《退耕还林条例》直接提到涉及生态移民的有关事宜,其中第4条规定:结合生态移民实施退耕还林;第54条规定,国家在退耕还林的过程中,鼓励实施生态移民,对已实施生态移民的农户给予生产、生活方面的补助,等等。

2001年4月,国家计委发布《关于易地扶贫搬迁试点工程的实施意见》,明确了试点工作的基本任务,即"在西部地区开展易地扶贫搬迁试点,是在新形势下探索新世纪扶贫工作新途径,也是促进西部地区生态环境改善的一个有益尝试。通过试点,在解决部分贫困群众脱贫和恢复改善迁出地生态环境的同时,积极探索、总结开展易地扶贫搬迁工作的主要形式、基本特点、主要方法和经验教训,为今后的推广打好基础"。此后,从2001至2003年,我国首先在云南、贵州、内蒙古、宁夏4省(自治区)开展易地扶贫搬迁试点工程,计划搬迁贫困群众74万人;同时,在广西、四川、陕西、甘肃等省(自治区)开展小规模试点,计划搬迁4万多人。2004年,易地扶贫搬迁试点范围由4省(自治区)扩大到9省(自治区),即云南、贵州、内蒙古自治区、宁夏回族自治区、广西壮族自治区、四川、陕西、青海和山西。

2005年起,我国生态移民逐渐步入快速发展轨道。2005年,规划投资75亿元的"三江源"地区(长江、黄河和澜沧江的源头汇水区)生态保护与建设工程启动,5万生态移民陆续从"三江源"地区搬出。自国家实施西部大开发战略以来,到2005年西部地区已有70万人实施了生态移民。从20世纪80年代开始,宁夏就先后组织实施了引黄灌区吊庄移民、"1236工程"、易地扶贫搬迁移民、中部干旱带县内生态扶贫等,累计异地搬迁

66万人。其中自2008年起，该区开始实施生态移民工程，用5年时间完成20.68万人的搬迁任务，到2010年底搬迁定居移民16.08万人。该区计划从2011年开始实施新的生态移民扶贫工程，计划投资105亿元，用5年时间将生活在生存条件极差地区的35万贫困群众搬迁至近水、沿路、靠城的区域；再用5年时间帮助他们脱贫致富。广西壮族自治区计划从2014年起至2020年每年搬迁安置扶贫生态移民10万人。自治区自2006年以来，累计投入近20亿元，完成了32.8万人的易地扶贫搬迁。甘肃省是全国最早开展移民扶贫的省份之一。20世纪80年代初，该省率先在定西等"一方水土不能养活一方人"的特困地区，实施了有计划、有组织的扶贫移民搬迁、异地开发扶贫。至2011年，通过多种形式，全省已累计移民达到130多万人，移民迁出地以中部干旱山区为主，涉及民族地区、革命老区、高寒阴湿区、石山区等53个贫困县（市、区）。"十一五"计划期间，全省贫困地区共实施整村推进移民搬迁1500多个村社，安置人口45万余人。2000年，为改善北京、天津的大气质量，国家紧急启动京津风沙源治理工程。在工程实施的前10年，累计生态移民17万多人。2013年开始的二期工程计划用10年的时间，易地搬迁37.04万人。2010年12月，陕西省政府通过《陕南地区移民搬迁安置总体规划》，并决定从2011年开始启动"陕南地区移民搬迁安置"和"陕北白于山区扶贫移民搬迁"工程，分别从贫困山区搬迁农村居民240万人和39.2万人，彻底远离地质灾害、洪涝灾害或其他自然灾害影响。山西因长期高强度采煤，形成5000平方公里的采空区，因采空区地面塌陷而形成的地质灾害造成了严重的破坏，近10年内计划生态移民数十万人。三峡工程在原有开发性移民120万人的基础上，为了保护淡水战略储备地的水资源安全，后续工作规划中又作出了从2010年起用10年时间生态移民19.9万人的安排。

目前，我国生态移民取得了一定成效，生态移民减少了人类对自然环境的破坏和影响，"三江源"的草地退化趋势得到了初步遏制，内蒙古阿拉善及宁夏、甘肃等地的脆弱生态环境得到了一定程度的保护和恢复；相当一部分生态移民搬迁安置到了有较好环境条件的地区或城镇，生产生活条件有了明显改善，并看到了脱贫致富的希望，安置较为稳定。但我国生态移民工作仍然任重道远，根据国家发展与改革委员会有关调查研究，我国在2050年前将有1000多万人（主要集中在西南、西北的生态环境脆弱地区）需要通过异地搬迁的办法解决所居住地区的生态环境保护与生活贫困问题，其中西部地区需要生态移民的人口总量约1000万，目前急需移民的贫困农民有700万左右。

11.东北地区等老工业基地振兴战略

2003年3月，十届全国人大一次会议提出了支持东北地区等老工业基地加快调整和改造的思路。同年10月，中共中央、国务院发布《关于实施东北地区等老工业基地振兴战略的若干意见》，明确了实施振兴战略的指导思想、方针任务和政策措施。振兴东北地区等老工业基地，是党的十六大审时度势、谋划全局，全面建设小康社会的又一重大战略部署，是继实施沿海发展战略、西部大开发战略后的又一重大战略决策。

东北老工业基地曾是新中国工业的摇篮。新中国成立后，国家在东北等地区集中投资建设了具有相当规模的以能源、原材料、装备制造为主的战略产业和骨干企业，为我国形成独立、完整的工业体系和国民经济体系，为改革开放和现代化建设，作出了历史性的重大贡献。随着改革开放的不断深入，老工业基地的体制性、结构性矛盾日益显现，进一步发展面临着许多困难和问题，主要是：市场化程度低，经济发展活力不足；所有制结构较为单一，国有经济比重偏高；产业结构调整缓慢，企业设备和技术老化；企业办社会等历史包袱沉重，社会保障和就业压力大；资源型城市主导产业衰退，接续产业亟待发展。

老工业基地特别是东北地区拥有丰富的自然资源、巨大的存量资产、良好的产业基础、明显的科教优势、众多的技术人才和较为完整的基础条件，具有投入少、见效快、潜力大的特点，是极富后发优势的地区。支持老工业基地加快调整改造，有利于实现党的十六大提出的翻两番目标，有利于促进地区经济社会协调发展，有利于推进国有经济结构的战略性调整，有利于提高我国产业和企业的国际竞争力，有利于维护社会稳定和保障国防安全。

《关于实施东北地区等老工业基地振兴战略的若干意见》提出，振兴东北地区等老工业基地要重点把握好以下原则：一是坚持深化改革、扩大开放，以改革开放促调整改造；二是坚持主要依靠市场机制，正确发挥政府作用；三是坚持有所为、有所不为，充分发挥比较优势；四是坚持统筹兼顾，注重协调发展；五是坚持自力更生为主，国家给予必要扶持；六是坚持从实际出发，讲求实效。指导思想是：以"三个代表"重要思想为指导，全面贯彻党的十六大精神，进一步解放思想、深化改革、扩大开放，着力推进体制创新和机制创新，形成新的经济增长机制；按照走新型工业化道路的要求，坚持以市场为导向，推进产业结构优化升级，提高企业的整体素质和竞争力；坚持统筹兼顾，实现东北地区等老工业基地经济和社会全面、协调和可持续发展，为全面建设小康社会和实现社会主义现代化作出新贡献。

2003年12月，国务院成立振兴东北地区等老工业基地领导小组，由国务院总理、副总理分别任组长和副组长，国务院有关部门的主要领导出任成员。2005年6月，国务院办公厅出台《关于促进东北老工业基地进一步扩大对外开放的实施意见》，对促进东北老工业基地进一步扩大对外开放作出部署。同年11月，国家发展改革委、国务院振兴东北办发出《关于发展高技术产业促进东北地区等老工业基地振兴指导意见的通知》，强调东北地区要大力发展高技术产业,以此作为促进东北地区等老工业基地振兴的重要手段。

由于组织得力,措施有效,东北地区等老工业基地振兴战略实施顺利,东北地区的面貌很快发生可喜的变化。以国有企业改革为重点的体制机制创新取得重大突破,多种所有制经济蓬勃发展,经济结构进一步优化,自主创新能力显著提升,对外开放水平明显提高,基础设施条件得到改善,以棚户区改造为代表的重点民生问题首先在东北地区开展,并逐步解决,城乡面貌焕然一新。2008年东北三省地区生产总值达到2.82万亿元,比2003年翻了一番多,年均增长13.05%。同期东北三省城乡居民收入也增长近一倍。

2009年9月9日,国务院发出《关于进一步实施东北地区等老工业基地振兴战略的若干意见》。文件总结了5年多来振兴工作取得的成绩和经验,既着眼于应对国际金融危机、克服当前困难,又着眼于长远发展、实现全面振兴,进一步充实了振兴战略的内涵,出台了一系列新的政策措施。文件的核心内容是,在坚持中央此前提出的指导思想、基本原则的前提下,针对新的形势,把应对金融危机与谋划全面振兴有机地结合起来,保持对东北老工业基地的投入和支持力度,更加注重结构调整和产业升级,使东北不仅能成功应对金融危机,而且在金融危机之后能在一个新的产业起点和层面上获得更好更快的发展。

2014年8月8日,国务院再次出台了《关于近期支持东北振兴若干重大政策举措的意见》,围绕着如何激发市场活力、深化国有企业改革、依靠创新驱动发展、全面提升产业竞争力、增强农业可持续发展能力、推动城市转型发展、加快推进重大基础设施建设、切实保障和改善民生、加强生态环境保护、全方位扩大开放合作、强化政策保障和组织实施等十一个方面,提出了系统的意见,这是振兴东北地区等老工业基地战略的进一步深化,是新时期新阶段实施东北地区等老工业基地振兴战略的必然要求,对于稳增长、促改革、调结构、惠民生具有重大意义。

12.中共中央关于完善社会主义市场经济体制若干问题的决定

2003年10月11日至14日,党的十六届三中全会通过《关于完善社会主义市场经济体制若干问题的决定》(以下简称《决定》)。《决定》提出坚持以人为本,树立全面、协调、可持续的新发展观和"五个统筹"的思想,明确了完善社会主义市场经济体制的目标和主要任务,标志着中国经济体制改革进入了一个新的阶段。

《决定》包括以下内容:我国经济体制改革面临的形势和任务;进一步巩固和发展公有制经济,鼓励、支持和引导非公有制经济发展;完善国有资产管理体制,深化国有企业改革;深化农村改革,完善农村经济体制;完善市场体系,规范市场秩序;继续改善宏观调控,加快转变政府职能;完善财税体制,深化金融改革;深化涉外经济体制改革,全面提高对外开放水平；推进就业和分配体制改革，完善社会保障体系；深化科技教育文化卫生体制改革，提高国家创新能力和国民整体素质；深化行政管理体制改革，完善经济法律制度；加强和改善党的领导，为完善社会主义市场经济体制而奋斗。

《决定》最重要的、带有根本性的理论创新成果主要有以下几个方面：

提出坚持以人为本，树立全面、协调、可持续的新发展观。这次会议的主题就是关于社会主义市场经济的问题，而科学发展观和"五个统筹"的思想，正是在这次会议上被正式写入党的文件和会议公报中的。科学发展观从发展的角度，初步回答了在市场经济条件下怎样搞社会主义的重大理论和实践问题，在科学社会主义发展的历史进程中具有重大意义。

提出"五个统筹"与"五个坚持"相统一的新的统筹兼顾理论。《决定》指出，完善社会主义市场经济体制的目标是：按照统筹城乡发展、统筹区域发展、统筹经济社会发展、统筹人与自然和谐发展、统筹国内发展和对外开放的要求，更大程度地发挥市场在资源配置中的基础性作用，增强企业活力和竞争力，健全国家宏观调控，完善政府社会管理和公共服务职能，为全面建设小康社会提供强有力的体制保障。主要任务是：完善公有制为主体、多种所有制经济共同发展的基本经济制度；建立有利于逐步改变城乡二元经济结构的体制；形成促进区域经济协调发展的机制；建设统一开放、竞争有序的现代市场体系；完善宏观调控体系、行政管理体制和经济法律制度；健全就业、收入分配和社会保障制度；建立促进经济社会可持续发展的机制。基本原则是：坚持社会主义市场经济的改革方向，注重制度建设和体制创新；坚持尊重群众的首创精神，充分发挥中央和地方两个积极性；坚持正确处理改革发展稳定的关系，有重点、有步骤地推进改革；坚持统筹兼顾，协调好改革进程中的各种利益关系；坚持以人为本，树立全面、协调、可持续的发展观，促进经济社会和人的全面发展。

提出大力发展混合所有制经济，使股份制成为公有制的主要实现形式的观点。《决定》指出：要坚持公有制的主体地位，发挥国有经济的主导作用。积极推行公有制的多种有效实现形式，加快调整国有经济布局和结构。要适应经济市场化不断发展的趋势，进一步增强公有制经济的活力，大力发展国有资本、集体资本和非公有资本等参股的混合所有制经济，实现投资主体多元化，使股份制成为公有制的主要实现形式。为此，要大力发展和积极引导非公有制经济，建立健全现代产权制度。

提出放宽非公有制经济市场准入，使其与其他企业享受同等待遇的观点和政策。《决定》指出，个体、私营等非公有制经济是促进我国社会生产力发展的重要力量。要清理和修订限制非公有制经济发展的法律法规和政策，消除体制性障碍。放宽市场准入，允许非公有资本进入法律法规未禁入的基础设施、公用事业及其他行业和领域。非公有制企业在投融资、税收、土地使用和对外贸易等方面，与其他企业享受同等待遇。支持非公有制中小企业的发展，鼓励有条件的企业做强做大。非公有制企业要依法经营，照章纳税，保障职工合法权益。改进对非公有制企业的服务和监管。

提出建立有利于逐步改变城乡二元经济结构体制的观点和设想。《决定》强调：农村富余劳动力在城乡之间双向流动就业，是增加农民收入和推进城镇化的重要途径。要建立健全农村劳动力的培训机制，推进乡镇企业改革和调整，大力发展县域经济，积极拓展农村就业空间，取消对农民进城就业的限制性规定，为农民创造更多就业机会。逐步统一城乡劳动力市场，加强引导和管理，形成城乡劳动者平等就业的制度。深化户籍制度改革，完善流动人口管理，引导农村富余劳动力平稳有序转移。加快城镇化进程，在城市有稳定职业和住所的农业人口，可按当地规定在就业地或居住地登记户籍，并依法享有当地居民应有的权利，承担应尽的义务。

提出加快建设与经济发展水平相适应的社会保障体系。《决定》中这方面的部署包括：完善企业职工基本养老保险制度，坚持社会统筹与个人账户相结合，逐步做实个人账户。将城镇从业人员纳入基本养老保险。建立健全省级养老保险调剂基金，在完善市级统筹基础上，逐步实行省级统筹，条件具备时实行基本养老金的基础部分全国统筹。健全失业保险制度，实现国有企业下岗职工基本生活保障向失业保险并轨。继续完善城镇职工基本医疗保险制度、医疗卫生和药品生产流通体制的同步改革，扩大基本医疗保险覆盖面，健全社会医疗救助和多层次的医疗保障体系。继续推行职工工伤和生育保险。积极探索机关和事业单位社会保障制度改革。完善城市居民最低生活保障制度，合理确定保障标准和方式。采取多种方式包括依法划转部分国有资产充实社会保障基金。强化社会保险基金征缴，扩大征缴覆盖面，规范基金监管，确保基金安全。鼓励有条件的企业建立补充保险，积极发展商业养老、医疗保险。农村养老保障以家庭为主，同社区保障、国家救济相结合。有条件的地方探索建立农村最低生活保障制度。

13.中共中央、国务院关于进一步加强人才工作的决定

2003年12月26日，中共中央、国务院作出《关于进一步加强人才工作的决定》（以下简称《决定》）。《决定》对实施人才强国战略、建设宏大的高素质人才队伍作出部署，提出新的历史条件下人才工作的指导思想、根本任务和政策措施。

《决定》共有八个方面的内容：一、实施人才强国战略是党和国家一项重大而紧迫的任务；二、以能力建设为核心，大力加强人才培养工作；三、坚持改革创新，努力形成科学的人才评价和使用机制；四、建立和完善人才市场体系，促进人才合理流动；五、以鼓

励劳动和创造为根本目的,加大对人才的有效激励和保障;六、突出重点,切实加强高层次人才队伍建设;七、推进人才资源整体开发,实现人才工作协调发展;八、坚持党管人才原则,努力开创人才工作新局面。

《决定》指出:人才问题是关系党和国家事业发展的关键问题。当今世界,多极化趋势曲折发展,经济全球化不断深入,科技进步日新月异,人才资源已成为最重要的战略资源,人才在综合国力竞争中越来越具有决定性意义。21世纪头20年是我国全面建设小康社会、开创中国特色社会主义事业新局面的重要战略机遇期。小康大业,人才为本。适应国内外形势的发展变化,完善社会主义市场经济体制,提高党的领导水平和执政水平,牢牢掌握加快发展的主动权,关键在人才。必须把人才工作纳入国家经济和社会发展的总体规划,大力开发人才资源,走人才强国之路。新世纪新阶段人才工作的根本任务是实施人才强国战略。在建设中国特色社会主义伟大事业中,要把人才作为推进事业发展的关键因素,努力造就数以亿计的高素质劳动者、数以千万计的专门人才和一大批拔尖创新人才,建设规模宏大、结构合理、素质较高的人才队伍,开创人才辈出、人尽其才的新局面,把我国由人口大国转化为人才资源强国,大力提升国家核心竞争力和综合国力,完成全面建设小康社会的历史任务,实现中华民族的伟大复兴。实施人才强国战略的基本要求是:用"三个代表"重要思想统领人才工作;把促进发展作为人才工作的根本出发点;树立科学的人才观;加强人才资源能力建设;坚持党政人才、企业经营管理人才和专业技术人才三支人才队伍建设一起抓;推进人才结构调整;创新人才工作机制和优化环境。

《决定》强调,人才培养工作的核心是能力建设。要树立大教育、大培训观念,在提高全民思想道德素质、科学文化素质和健康素质的基础上,重点培养人的学习能力、实践能力,着力提高人的创新能力。要加快构建现代国民教育体系,更好地为经济社会全面发展培养人才。要加快构建终身教育体系,促进学习型社会的形成。

在人才的评价和使用机制建设方面,《决定》指出,要建立以能力和业绩为导向、科学的社会化的人才评价机制。要建立以公开、平等、竞争、择优为导向,有利于优秀人才脱颖而出、充分施展才能的选人用人机制。

《决定》还要求建立和完善人才市场体系,促进人才合理流动;完善分配激励机制,加大对人才的有效激励和保障;加强高层次人才队伍建设;推进人才资源整体开发;坚持党管人才原则,加强对人才工作的领导等。

此前,2003年12月19日至20日,中共中央、国务院召开了新中国历史上第一次全国人才工作会议。胡锦涛发表讲话,指出:人才问题是关系党和国家事业发展的关键问题。全党同志必须从全局和战略的高度,以高度的政治责任感和历史使命感,把实施人才强国战略作为党和国家一项重大而紧迫的任务抓紧抓好,努力造就数以亿计的高素质劳动者、数以千万计的专门人才和一大批拔尖创新人才，建设规模宏大、结构合理、素质较高的人才队伍，充分发挥各类人才的积极性、主动性和创造性，开创人才辈出、人尽其才的新局面，大力提升国家核心竞争力和综合国力，为全面建设小康社会和实现中华民族的伟大复兴提供重要保证。中共中央、国务院《关于进一步加强人才工作的决定》正是在这次会议后印发的，是这次会议精神的正式表达。

14.新世纪关于"三农"工作的12个中共中央一号文件（2004—2015年）

新中国成立以来，特别是改革开放以来，我们党和国家高度重视农业和农村工作。20世纪80年代，从1982年到1986年，中共中央连续发布过5个关于农业和农村工作的一号文件。进入21世纪之后，从2004年到2015年，党中央顺应时代要求，遵循发展规律，与时俱进加强"三农"工作，连续颁发12个中央一号文件。这12个中央一号文件，坚持把解决好"三农"问题作为全党工作的重中之重，不断强化对农业和农村工作领导；坚持统筹城乡发展，不断加大工业反哺农业、城市支持农村的力度；坚持多予、少取、放活，不断完善农业支持保护体系；坚持市场取向改革，不断解放和发展农村生产力；坚持改善民生，不断解决农民生产生活最迫切的问题；坚持把保持农业农村经济平稳较快发展作为首要任务，促进农民收入持续增长；坚持把统筹城乡发展作为全面建设小康社会的根本要求，进一步夯实农业农村发展基础；坚持把农田水利作为农村基础设施建设的重点任务，走出一条中国特色的水利现代化道路；坚持农业科技创新，持续增强农产品供给保障能力；坚持农村改革创新，构建集约化、专业化、组织化、社会化相结合的新型农业经营体系；坚持新型工业化、信息化、城镇化和农业现代化同步发展，走出一条中国特色的新型城镇化道路；坚持稳粮增收、提质增效、创新驱动的总要求，全面深化农村改革，全面推进农村法治建设，推动新"四化"同步发展。这12个中央一号文件的发布实施，促进了由城乡分割向城乡经济社会发展一体化的转型，以工业反哺农业和城乡一体化为内核的新的"三农"政策体系逐步建立，农业现代化、农村城镇化、农民市民化稳步推进，农业和农村发展呈现出蓬蓬勃勃的大好局面。

2004年2月8日，中共中央、国务院发出《关于促进农民增加收入若干政策的意见》，即新世纪的第1个中央一号文件。为促进农民增加收入，文件提出了促进农民增收必须有新思路，采取综合性措施，在发展战略、经济体制、政策措施和工作机制上有一个大的转变。文件提出的"三项补贴"政策，即对种粮农民的直接补贴、良种补贴和农机具购置补贴，是非常直接、有力和受农民欢迎的政策措施。

2005年1月30日，中共中央、国务院发出《关于进一步加强农村工作提高农业综合生产能力若干政策的意见》，即新世纪的第 2 个中央一号文件。文件要求稳定、完善和强化各项支农政策，切实加强农业综合生产能力建设，继续调整农业和农村经济结构，进一步深化农村改革。

2006 年 2 月 21 日，中共中央、国务院发出《关于推进社会主义新农村建设的若干意见》，即新世纪的第 3 个中央一号文件。文件要求完善强化支农政策，加强基础设施建设，加强农村民主政治建设和精神文明建设，加快社会事业发展，推进农村综合改革，促进农民持续增收，确保社会主义新农村建设有良好开局。

2007 年 1 月 29 日，中共中央、国务院发出《关于积极发展现代农业扎实推进社会主义新农村建设的若干意见》，即新世纪的第 4 个中央一号文件。文件提出用现代物质条件装备农业，用现代科学技术改造农业，用现代产业体系提升农业，用现代经营形式推进农业，用现代发展理念引领农业，用培养新型农民发展农业。

2008 年 1 月 30 日，中共中央、国务院发出《关于切实加强农业基础建设进一步促进农业发展农民增收的若干意见》，即新世纪的第 5 个中央一号文件。文件提出要走中国特色农业现代化道路，建立以工促农、以城带乡长效机制，形成城乡经济社会发展一体化新格局。这是我国在全面建设小康社会和实现现代化进程中必须始终坚持的方向。

2009 年 2 月 1 日，中共中央、国务院发出《关于促进农业稳定发展农民持续增收的若干意见》，即新世纪的第 6 个中央一号文件。文件要求把保持农业农村经济平稳较快发展作为首要任务，围绕稳粮、增收、强基础、重民生，进一步强化惠农政策，增强科技支撑，加大投入力度，优化产业结构，推进改革创新，千方百计保证国家粮食安全和主要农产品有效供给，千方百计促进农民收入持续增长，为经济社会又好又快发展继续提供有力保障。

2010 年 2 月 1 日，中共中央、国务院发出《关于加大统筹城乡发展力度进一步夯实农业农村发展基础的若干意见》，即新世纪的第 7 个中央一号文件。文件要求把统筹城乡发展作为全面建设小康社会的根本要求，把改善农村民生作为调整国民收入分配格局的重要内容，把扩大农村需求作为拉动内需的关键举措，把发展现代农业作为转变经济发展方式的重大任务，把建设社会主义新农村和推进城镇化作为保持经济平稳较快发展的持久动力，按照稳粮保供给、增收惠民生、改革促统筹、强基增后劲的基本思路，毫不松懈地抓好农业农村工作，继续为改革发展稳定大局作出新的贡献。

2011 年 1 月 29 日，中共中央、国务院发出《关于加快水利改革发展的决定》，即新世纪的第 8 个中央一号文件。文件出台了一系列针对性强、覆盖面广、含金量高的新政策、新举措，系统部署水利改革发展各项工作。文件强调，把水利作为国家基础设施建设的优先领域，把农田水利作为农村基础设施建设的重点任务，把严格水资源管理作为加快转变经济发展方式的战略举措，大力发展民生水利，努力走出一条中国特色的水利现代化道路。

2012年2月1日，中共中央、国务院发出《关于加快推进农业科技创新持续增强农产品供给保障能力的若干意见》，即新世纪的第9个中央一号文件。这是改革开放以来中央一号文件首次对农业科技创新进行全面部署。文件强调要依靠科技创新驱动，引领支撑现代农业建设，重点抓好种业科技创新。

2013年1月31日，中共中央、国务院发出《关于加快发展现代农业进一步增强农村发展活力的若干意见》，即新世纪的第10个中央一号文件。文件要求着力构建集约化、专业化、组织化、社会化相结合的新型农业经营体系，提出用5年时间基本完成农村土地承包经营权确权登记颁证工作，加快推进征地制度改革。

2014年1月30日，中共中央、国务院发出《关于全面深化农村改革加快推进农业现代化的若干意见》，即新世纪的第11个中央一号文件。文件要求坚决破除体制机制弊端，鼓励探索创新，以解决好地怎么种为导向加快构建新型农业经营体系，以解决好地少水缺的资源环境约束为导向深入推进农业发展方式转变，以满足吃得好吃得安全为导向大力发展优质安全农产品，努力走出一条生产技术先进、经营规模适度、市场竞争力强、生态环境可持续的中国特色新型农业现代化道路。

2015年1月30日，中共中央、国务院发出《关于加大改革创新力度加快农业现代化建设的若干意见》，即新世纪的第12个中央一号文件。文件要求主动适应经济发展新常态，按照稳粮增收、提质增效、创新驱动的总要求，继续全面深化农村改革，全面推进农村法治建设，推动新型工业化、信息化、城镇化和农业现代化同步发展，努力在提高粮食生产能力上挖掘新潜力，在优化农业结构上开辟新途径，在转变农业发展方式上寻求新突破，在促进农民增收上获得新成效，在建设新农村上迈出新步伐。

15.全面推进依法行政实施纲要

2004年3月22日，国务院印发《全面推进依法行政实施纲要》（以下简称《纲要》）。《纲要》要求经过10年左右坚持不懈的努力，基本实现建设法治政府的目标。国务院在同时下发的通知中指出："为适应全面建设小康社会的新形势和依法治国的进程，《全面推进依法行政实施纲要》确立了建设法治政府的目标，明确规定了今后十年全面推进依法行政的指导思想和具体目标、基本原则和要求、主要任务和措施，是进一步推进我国社会主义政治文明建设的重要政策文件。"

《纲要》论述了全面推进依法行政的11个方面的内容：依法行政的重要性和紧迫性；全面推进依法行政的指导思想和目标；依法行政的基本原则和基本要求；转变政府职能，

深化行政管理体制改革；建立健全科学民主决策机制；提高制度建设质量；理顺行政执法体制，加快行政程序建设，规范行政执法行为；积极探索高效、便捷和成本低廉的防范、化解社会矛盾的机制；完善行政监督制度和机制，强化对行政行为的监督；不断提高行政机关工作人员依法行政的观念和能力；提高认识，明确责任，切实加强对推进依法行政工作的领导等。

在全面推进依法行政的重要性和紧迫性方面，《纲要》指出：依法治国、建设社会主义法治国家是党的十五大确立的治理国家的基本方略，而且1999年九届全国人大二次会议已将其载入《宪法》。但是，与完善社会主义市场经济体制、建设社会主义政治文明以及依法治国的客观要求相比，依法行政还存在不少差距，主要是：行政管理体制与发展社会主义市场经济的要求还不适应，依法行政面临诸多体制性障碍；制度建设反映客观规律不够，难以全面、有效解决实际问题；行政决策程序和机制不够完善；有法不依、执法不严、违法不究现象时有发生，人民群众反映比较强烈；对行政行为的监督制约机制不够健全，一些违法或者不当的行政行为得不到及时、有效的制止或者纠正，行政管理相对人的合法权益受到损害得不到及时救济；一些行政机关工作人员依法行政的观念还比较淡薄，依法行政的能力和水平有待进一步提高。这些问题在一定程度上损害了人民群众的利益和政府的形象，妨碍了经济社会的全面发展。解决这些问题，适应全面建设小康社会的新形势和依法治国的进程，必须全面推进依法行政，建设法治政府。

《纲要》明确了全面推进依法行政的指导思想和目标。全面推进依法行政的指导思想是：以邓小平理论和"三个代表"重要思想为指导，坚持党的领导，坚持执政为民，忠实履行宪法和法律赋予的职责，保护公民、法人和其他组织的合法权益，提高行政管理效能，降低管理成本，创新管理方式，增强管理透明度，推进社会主义物质文明、政治文明和精神文明协调发展，全面建设小康社会。全面推进依法行政的奋斗目标是，经过十年左右坚持不懈的努力，基本实现建设法治政府的目标：一、政企分开、政事分开，政府与市场、政府与社会的关系基本理顺，政府的经济调节、市场监管、社会管理和公共服务职能基本到位。中央政府和地方政府之间、政府各部门之间的职能和权限比较明确。行为规范、运转协调、公正透明、廉洁高效的行政管理体制基本形成。权责明确、行为规范、监督有效、保障有力的行政执法体制基本建立。二、提出法律议案、地方性法规草案，制定行政法规、规章、规范性文件等制度建设符合宪法和法律规定的权限和程序，充分反映客观规律和最广大人民的根本利益，为社会主义物质文明、政治文明和精神文明协调发展提供制度保障。三、法律、法规、规章得到全面、正确实施，法制统一，政令畅通，公民、法人和其他组织合法的权利和利益得到切实保护，违法行为得到及时纠正、制裁，经济社会秩序得到有效维护。政府应对突发事件和风险的能力明显增强。四、科学化、民主化、规范化的行政决策机制和制度基本形成,人民群众的要求、意愿得到及时反映。政府提供的信息全面、准确、及时,制定的政策、发布的决定相对稳定,行政管理做到公开、公平、公正、便民、高效、诚信。五、高效、便捷、成本低廉的防范、化解社会矛盾的机制基本形成,社会矛盾得到有效防范和化解。六、行政权力与责任紧密挂钩、与行政权力主体利益彻底脱钩。行政监督制度和机制基本完善,政府的层级监督和专门监督明显加强,行政监督效能显著提高。七、行政机关工作人员特别是各级领导干部依法行政的观念明显提高,尊重法律、崇尚法律、遵守法律的氛围基本形成;依法行政的能力明显增强,善于运用法律手段管理经济、文化和社会事务,能够依法妥善处理各种社会矛盾。

《纲要》提出了依法行政的基本原则和基本要求:基本原则是,依法行政必须坚持党的领导、人民当家作主和依法治国三者的有机统一;必须把维护最广大人民的根本利益作为政府工作的出发点;必须维护宪法权威,确保法制统一和政令畅通;必须把发展作为执政兴国的第一要务,坚持以人为本和全面、协调、可持续的发展观,促进经济社会和人的全面发展;必须把依法治国和以德治国有机结合起来,大力推进社会主义政治文明、精神文明建设;必须把推进依法行政与深化行政管理体制改革、转变政府职能有机结合起来,坚持开拓创新与循序渐进的统一,既要体现改革和创新的精神,又要有计划、有步骤地分类推进;必须把坚持依法行政与提高行政效率统一起来,做到既严格依法办事,又积极履行职责。依法行政的基本要求是:合法行政、合理行政、程序正当、高效便民、诚实守信、权责统一。

《纲要》还把转变政府职能、深化行政管理体制改革和建立健全科学民主的决策机制作为全面推进依法行政、建设法治政府的重要内容,提出了通过提高制度建设质量来推进依法行政、建设法治政府的构想,还就理顺行政执法体制、加快行政程序建设、规范行政执法行为作出了明确的规定。

《纲要》还提出了将积极探索高效、便捷和成本低廉的防范、化解社会矛盾的机制,作为全面推进依法行政,建设法治政府的有效手段之一。要求各级政府积极探索预防和解决社会矛盾的新路子,充分发挥调解在解决社会矛盾中的作用,切实解决人民群众通过信访举报反映的问题。

《纲要》还提出完善行政监督制度和机制,不断提高行政机关工作人员依法行政的观念和能力,这些都是全面推进依法行政、建设法治政府的关键性因素。

《纲要》最后强调,要提高认识,明确责任,切实加强对推进依法行政工作的领导。

《纲要》的出台是与当代中国全面融入国际社会、大力发展社会主义市场经济的大背景密切相关的,也是中国共产党因应时代背景,不断提升自身执政能力的又一重要体现。同日,国务院办公厅发出关于贯彻落实《全面推进依法行政实施纲要》的实施意见,对

《纲要》的贯彻落实中各部门各单位重点工作任务作出了明确分工。

16.反分裂国家法

2005年3月14日，十届全国人大三次会议通过《反分裂国家法》。

《反分裂国家法》的主要内容是反对和遏制"台独"分裂势力分裂国家，促进两岸关系发展，促进两岸和平统一，鼓励两岸继续交流合作；同时，首次明确提出在三种情况下中国大陆可用"非和平手段"处理台湾问题的底线。《反分裂国家法》共10条，仅适用于台湾问题。

《反分裂国家法》阐明了台湾问题的性质，即"世界上只有一个中国，大陆和台湾同属一个中国，中国的主权和领土完整不容分割"，"台湾是中国的一部分"，"国家绝不允许'台独'分裂势力以任何名义、任何方式把台湾从中国分裂出去"；"解决台湾问题，实现祖国统一，是中国的内部事务，不受任何外国势力的干涉"；"完成统一祖国的大业是包括台湾同胞在内的全中国人民的神圣职责"。《反分裂国家法》明确规定："国家和平统一后，台湾可以实行不同于大陆的制度，高度自治。"

为了维护台湾海峡地区和平稳定，发展两岸关系，《反分裂国家法》规定国家将采取五项措施：鼓励和推动两岸居民往来，增进了解，增强互信；鼓励和推动两岸经济交流与合作，直接通邮通航通商，密切两岸经济关系，互利互惠；鼓励和推动两岸教育、科技、文化、卫生、体育交流，共同弘扬中华文化的优秀传统；鼓励和推动两岸共同打击犯罪；鼓励和推动有利于维护台湾海峡地区和平稳定、发展两岸关系的其他活动。《反分裂国家法》明确规定，在"'台独'分裂势力以任何名义、任何方式造成台湾从中国分裂出去的事实，或者发生将会导致台湾从中国分裂出去的重大事变，或者和平统一的条件完全丧失"的情况下，国家将"采取非和平方式及其他必要措施"，以捍卫国家主权和领土完整。

《反分裂国家法》规定，国家主张通过台湾海峡两岸平等的协商和谈判，实现和平统一。协商和谈判可以有步骤、分阶段进行，方式可以灵活多样。台湾海峡两岸可以就下列事项进行协商和谈判：正式结束两岸敌对状态；发展两岸关系的规划；和平统一的步骤和安排；台湾当局的政治地位；台湾地区在国际上与其地位相适应的活动空间；与实现和平统一有关的其他任何问题。

《反分裂国家法》是一部促进两岸关系发展、推进两岸和平统一的法律，是一部符合中华民族根本利益的法律，对于维护国家主权和领土完整、反对和遏制"台独"分裂活动、维护台海及亚太地区和平稳定具有重要的现实意义和深远影响。

17.中华人民共和国公务员法

《中华人民共和国公务员法》（以下简称《公务员法》）由十届全国人大常委会第十五次会议于2005年4月27日通过，自2006年1月1日起施行。《公务员法》共18章、107条，是为了规范公务员的管理、保障公务员的合法权益、加强对公务员的监督、建设高素质的公务员队伍、促进勤政廉政、提高工作效能而制定的。

第一章，总则。规定了公务员法的立法宗旨、依据，公务员的范围，建立公务员制度的指导思想、原则，公务员主管部门及其关系等。

第二章，公务员的条件、义务与权利。规定了公务员应具备的七项条件、公务员应当履行的九项义务和公务员享有的八项权利。

第三章，职务与级别。规定了实行职位分类制度，明确根据职位划分职位类别，设置公务员职务，实行分类管理，并规定了公务员职务的分类和确定公务员级别的依据等。

第四章，录用制度。规定对录用担任主任科员以下及其他相当职务层次的非领导职务公务员，采取公开考试、严格考察、平等竞争、择优录取的办法。《公务员法》还对报考公务员的条件、录用程序、录用方式和录用的组织负责机构作了明确规定。此外，《公务员法》还规定，新录用的公务员，有一年的试用期，试用期满不合格的取消录用。

第五章，考核制度。规定公务员的考核分为平时考核和定期考核。考核内容包括德、能、勤、绩、廉五个方面，重点考核工作实绩。定期考核结果分为优秀、称职、基本称职和不称职四个等次，以此作为调整公务员职务、级别、工资以及对公务员奖励、培训、辞退的依据。此外，还规定了考核的方法和程序。

第六章，职务任免制度。规定公务员职务实行选任制和委任制；领导成员职务实行任期制。此外，还规定了选任制公务员任职和职务终止时间、委任制公务员任职和免职的情形，以及对公务员兼职的限制性规定。

第七章，职务升降制度。公务员晋升职务，应当具备拟任职务所要求的思想政治素质、工作能力、文化程度和任职经历等方面的条件和资格。为了保证晋升质量，防止不正之风，《公务员法》还规定了晋升应遵循的程序。

第八章，奖励制度。规定了对公务员或公务员集体奖励实行的原则、给予奖励的情形、奖励的种类和撤销奖励的情形等。

第九章，惩戒制度。规定了公务员的16种禁止行为、对公务员处分的种类、给予公务员处分的程序及解除公务员处分的条件等。

第十章，培训制度。规定了对公务员培训的主要形式，包括：新录用人员的初任培训,晋升领导职务人员的任职培训,从事专项工作人员的专门业务培训,全体公务员的更新知识、提高能力的在职培训。此外,《公务员法》还对公务员参加培训的时间、培训的登记管理、培训情况和学习成绩的使用和培训机构等作了规定。

第十一章,交流与回避制度。规定了公务员交流制度。公务员可以在公务员队伍内部交流,也可以与公务员队伍外的其他公职人员交流。交流的形式有调任、转任、挂职锻炼等;并规定了公务员回避制度,包括任职回避、地域回避、公务回避。此外,《公务员法》还规定了公务员回避的程序等。

第十二章,工资福利保险制度。规定了公务员工资制度的原则、形式、正常增资机制、工资调查制度等内容,还规定了公务员的福利和保险制度。

第十三章,辞职辞退制度。规定了公务员辞去公职的程序、不得辞职的情形和担任领导职务公务员辞去现在职务的程序,并规定了辞退和不得辞退公务员的情形及辞退公务员的程序等。

第十四章,退休制度。规定了公务员退休的两种形式:强制性退休和自愿提前退休,并规定了自愿提前退休的条件。此外,还规定公务员退休后应享有国家规定的待遇。

第十五章,申诉控告制度。规定了公务员申诉的人事处理决定的情形和申诉的程序,并对公务员控告的权利和公务员申诉、控告的要求等,也作了规定。

第十六章,职位聘任制度。规定机关可以经批准对专业性较强的职位和辅助性职位实行聘任制。

第十七章,法律责任。规定了违反《公务员法》的法律责任,包括责令纠正或宣布无效,给予行政处分、行政处罚,追究赔偿责任和刑事责任等。

第十八章,附则。对领导成员的含义,对行使公共管理职能的事业单位中除工勤人员以外的工作人员的参照管理以及《公务员法》的施行日期等作了规定。

《公务员法》是我国干部人事管理第一部具有总章程性质的法律,在我国干部人事制度发展史上具有里程碑意义。《公务员法》的公布施行,为科学、民主、依法管理公务员队伍提供了重要依据,为提高公务员依法执政、依法行政、依法办事的能力提供了重要保障,为深化干部人事制度改革,建设一支优秀人才密集、善于治国理政的高素质专业化公务员队伍提供了重要支撑,有利于加强党的执政能力建设和各级政权建设,有利于推进社会主义物质文明、政治文明、精神文明与和谐社会建设。

18.社会主义新农村建设

2005年10月8日至11日,党的十六届五中全会提出加强社会主义新农村建设的重要战略任务。会议审议通过的《中共中央关于制定国民经济和社会发展第十一个五年规划的建议》中指出:"建设社会主义新农村是我国现代化进程中的重大历史任务。要按照生产发展、生活宽裕、乡风文明、村容整洁、管理民主的要求,坚持从各地实际出发,尊重农民意愿,扎实稳步推进新农村建设。坚持'多予少取放活',加大各级政府对农业和农村增加投入的力度,扩大公共财政覆盖农村的范围,强化政府对农村的公共服务,建立以工促农、以城带乡的长效机制。搞好乡村建设规划,节约和集约使用土地。培养有文化、懂技术、会经营的新型农民,提高农民的整体素质,通过农民辛勤劳动和国家政策扶持,明显改善广大农村的生产生活条件和整体面貌。"

"社会主义新农村"这一概念,早在20世纪50年代就提出过。20世纪80年代初,我国提出"小康社会"概念,其中建设社会主义新农村就是小康社会的重要内容之一。十六届五中全会所提建设"社会主义新农村",则是在我国总体上进入以工促农、以城带乡的发展新阶段后面临的崭新课题,是时代发展和构建和谐社会的必然要求。

党的十六届五中全会提出的农村"生产发展、生活宽裕、乡风文明、村容整洁、管理民主",既是我国新农村建设长期的奋斗目标,也是新农村建设的必由之路。生产发展、生活宽裕、乡风文明、村容整洁、管理民主,这几个方面相互联系、互为因果,主要包括发展新产业、建设新村镇、构筑新设施、培育新农民、树立新风尚等方面的丰富内涵。发展新产业,就是要打牢物质基础,千方百计增加农民收入,促进农民持续增收,这是全面建设农村小康社会的着力点。建设新村镇,就是要改善农村人居环境,使农村的发展得到合理规划。构筑新设施,就是要改善农村的生产生活基础设施,包括清洁安全饮水、道路交通、电力、信息网络及农业基础设施建设等。培育新农民,就是要加强基础教育和职业培训,推进农村科技推广和医疗卫生体系等,造就"有文化、懂技术、会经营、守法纪、讲文明"的新型农民。树立新风尚,就是要加强和完善农村民主法制建设,创造和谐的发展环境,倡导新风尚。

紧接着,在2005年12月31日,中共中央、国务院发出《关于推进社会主义新农村建设的若干意见》(以下简称《意见》)(即2006年的中央一号文件),对社会主义新农村建设作出全面部署。《意见》指出:"十一五"时期(2006—2010年)是社会主义新农村建设打下坚实基础的关键时期,是推进现代农业建设迈出重大步伐的关键时期,是构建新型工农城乡关系取得突破进展的关键时期,也是农村全面建设小康加速推进的关键时期。必须抓住机遇,加快改变农村经济社会发展滞后的局面,扎实稳步推进社会主义新农村建设。总体要求是:统筹城乡经济社会发展,扎实推进社会主义新农村建设,推进现代农业建设,强化社会主义新农村建设的产业支撑,促进农民持续增收,夯实社会主义新农村建设的经济基础,加强农村基础设施建设,改善社会主义新农村建设的物质条件。

七、"十一五"期间社会改革与发展概况

1. 中华人民共和国国民经济和社会发展第十一个五年规划纲要

2006年3月14日，十届全国人大四次会议通过《中华人民共和国国民经济和社会发展第十一个五年规划纲要》（以下简称《纲要》）。

《纲要》共有14篇，48章。

《纲要》指出，《中华人民共和国国民经济和社会发展第十一个五年（2006—2010年）规划纲要》是根据《中共中央关于制定国民经济和社会发展第十一个五年规划的建议》编制的，主要阐明国家战略意图，明确政府工作重点，引导市场主体行为，是未来五年我国经济社会发展的宏伟蓝图，是全国各族人民共同的行动纲领，是政府履行经济调节、市场监管、社会管理和公共服务职责的重要依据。

《纲要》强调，"十一五"时期是全面建设小康社会的关键时期，具有承前启后的历史地位，既面临难得机遇，也存在严峻挑战。在战略机遇与矛盾凸显并存的关键时期，要有高度的历史责任感、强烈的忧患意识和宽广的世界眼光，准确把握我国发展的阶段性特征，立足科学发展，着力自主创新，完善体制机制，促进社会和谐，全面提高我国的综合国力、国际竞争力和抗风险能力，开创社会主义经济建设、政治建设、文化建设、社会建设的新局面，为后十年顺利发展打下坚实基础，奋力把中国特色社会主义事业推向前进。

《纲要》确立了"十一五"时期我国经济社会发展的主要目标：宏观经济平稳运行。国内生产总值年均增长7.5%，实现人均国内生产总值比2000年翻一番。城镇新增就业和转移农业劳动力各4500万人，城镇登记失业率控制在5%。价格总水平基本稳定。国际收支基本平衡。产业结构优化升级。资源利用效率显著提高。城乡区域发展趋向协调。基本公共服务明显加强。可持续发展能力增强。市场经济体制比较完善。人民生活水平

继续提高。民主法制建设和精神文明建设取得新进展。

《纲要》详细规划了2006—2010年我国经济社会发展多个方面的愿景,具体来说,包括社会主义新农村建设、工业结构优化升级、发展服务业、促进区域协调发展、建设资源节约型和环境友好型社会、实施科教兴国战略和人才强国战略、深化体制改革、实施互利共赢的开放战略、推进社会主义和谐社会建设、加强社会主义民主政治建设、加强社会主义文化建设、加强国防和军队建设等12个方面的内容。此外,《纲要》还对如何建立健全规划实施机制作出了具体的安排。

《纲要》是中华人民共和国在进入新世纪后,面对新的历史发展阶段和国内外形势,对中国经济社会五年发展作出的重要规划。同新中国成立以来实施的10个"五年计划"略有不同,"十一五"首次由以往的"计划"变成了"规划",这是中国社会主义市场经济体制改革深化的必然体现,也意味着我国由高度集中的计划经济向社会主义市场经济转轨的初步完成。同时这也是中国共产党与时俱进,因应时代变化和形势发展,不断提高自身执政能力和执政水平的具体体现。

"十一五"纲要的实施达到了预期的目标。五年里,面对国内外环境的复杂变化和重大风险挑战,中共中央、国务院审时度势,团结带领全国各族人民,坚持发展这个党执政兴国的第一要务,贯彻落实党的理论和路线方针政策,实施正确而有力的宏观调控,充分发挥我国社会主义制度的政治优势,充分发挥市场在资源配置中的基础性作用,使国家面貌发生新的历史性变化。"十一五"规划确定的主要目标和任务胜利完成。综合国力大幅提升,2010年国内生产总值达到39.8万亿元,跃居世界第二位,国家财政收入达到8.3万亿元;载人航天、探月工程、超级计算机等尖端科技领域实现重大跨越。经济结构调整步伐加快,农业特别是粮食生产连年获得好收成,产业结构优化升级取得积极进展,节能减排和生态环境保护扎实推进,控制温室气体排放取得积极成效,各具特色的区域发展格局初步形成。人民生活明显改善,就业规模持续扩大,城乡居民收入增长是改革开放以来最快的时期之一,各级各类教育快速发展,社会保障体系逐步健全。体制改革有序推进,农村综合改革、医药卫生、财税金融、文化体制等改革取得新突破,发展活力不断显现。对外开放迈上新台阶,进出口总额位居世界第二位,利用外资水平提升,境外投资明显加快,我国国际地位和影响力显著提高。社会主义经济建设、政治建设、文化建设、社会建设以及生态文明建设取得重大进展,谱写了中国特色社会主义事业新篇章。同时,必须清醒地看到,我国发展中不平衡、不协调、不可持续问题依然突出,主要是:经济增长的资源环境约束强化,投资和消费关系失衡,收入分配差距较大,科技创新能力不强,产业结构不合理,农业基础仍然薄弱,城乡区域发展不协调,就业总量压力和结构性矛盾并存,社会矛盾明显增多,制约科学发展的体制机制障碍依然较多。

2.国务院关于解决农民工问题的若干意见

2006年3月27日,国务院下发《关于解决农民工问题的若干意见》(以下简称《意见》),强调农民工问题事关我国经济和社会发展全局,维护农民工权益是需要解决的突出问题,解决农民工问题是建设中国特色社会主义的一项战略性任务。

《意见》涉及农民工工资、就业、技能培训、劳动保护、社会保障、公共管理和服务、户籍管理制度改革、土地承包权益等各个方面的政策措施。《意见》要点如下:

建立农民工工资支付保障制度。《意见》要求,确保农民工工资按时足额发放给本人,做到工资发放月清月结或按劳动合同约定执行。同时,要求建立工资支付监控制度和工资保证金制度,对发生过拖欠工资的用人单位,强制在开户银行按期预存工资保证金,实行专户管理。《意见》强调,所有建设单位都要按照合同约定及时拨付工程款项,建设资金不落实的,有关部门不得发放施工许可证,不得批准开工报告。对恶意拖欠、情节严重的,可依法责令停业整顿、降低或取消资质,直至吊销营业执照,并对有关人员依法予以制裁。

合理确定和提高农民工工资水平。《意见》提出,切实改变农民工工资偏低、同工不同酬的状况。各地要严格执行最低工资制度,合理确定并适时调整最低工资标准,制定和推行小时最低工资标准。《意见》要求,严格执行国家关于职工休息休假的规定,延长工时和休息日、法定假日工作的,要依法支付加班工资。农民工和其他职工要实行同工同酬。

保障农民工职业安全卫生权益。《意见》要求,企业必须按规定配备安全生产和职业病防护设施。要向新招用的农民工告知劳动安全、职业危害事项,发放符合要求的劳动防护用品,对从事可能产生职业危害作业的人员定期进行健康检查。从事高危行业和特种作业的农民工要经专门培训、持证上岗。

加强农民工职业技能培训。《意见》要求,继续实施好农村劳动力转移培训阳光工程。完善农民工培训补贴办法,对参加培训的农民工给予适当培训费补贴。推广"培训券"等直接补贴的做法。《意见》提出,要充分利用广播电视和远程教育等现代手段,向农民传授外出就业基本知识。重视抓好贫困地区农村劳动力转移培训工作。要研究制定鼓励农民工参加职业技能鉴定、获取国家职业资格证书的政策。

将农民工纳入工伤保险范围。《意见》要求,所有用人单位必须及时为农民工办理参加工伤保险手续,并按时足额缴纳工伤保险费。在农民工发生工伤后,要做好工伤认定、劳动能力鉴定和工伤待遇支付工作。未参加工伤保险的农民工发生工伤,由用人单位按照工伤保险规定的标准支付费用。

解决农民工大病医疗保障问题。《意见》要求，各统筹地区要采取建立大病医疗保险统筹基金的办法，重点解决农民工进城务工期间的住院医疗保障问题。根据当地实际合理确定缴费率，主要由用人单位缴费。完善医疗保险结算办法，为患大病后自愿回原籍治疗的参保农民工提供医疗结算服务。有条件的地方，可直接将稳定就业的农民工纳入城镇职工基本医疗保险。

探索农民工养老保险办法。《意见》提出，有条件的地方，可直接将稳定就业的农民工纳入城镇职工基本养老保险。已经参加城镇职工基本养老保险的农民工，用人单位要继续为其缴费。劳动保障部门要抓紧制定农民工养老保险关系异地转移与接续的办法。

保障农民工子女平等接受义务教育。《意见》要求，输入地政府要将农民工子女义务教育纳入当地教育发展规划，列入教育经费预算，以全日制公办中小学为主接收农民工子女入学，并按照实际在校人数拨付学校公用经费。城市公办学校对农民工子女接受义务教育要与当地学生在收费、管理等方面同等对待，不得违反国家规定向农民工子女加收借读费及其他任何费用。

多渠道改善农民工居住条件。《意见》要求，招用农民工数量较多的企业，在符合规划的前提下，可在依法取得的企业用地范围内建设农民工集体宿舍。农民工集中的开发区和工业园区，可建设统一管理、供企业租用的员工宿舍。有条件的地方，城镇单位聘用农民工，用人单位和个人可缴存住房公积金，用于农民工购买或租赁自住住房。

保护农民工土地承包权益。《意见》提出，不得以农民进城务工为由收回承包地，要纠正违法收回农民工承包地的行为。农民外出务工期间，所承包土地无力耕种的，可委托代耕或通过转包、出租、转让等形式流转土地经营权，但不能撂荒。农民工土地承包经营权流转，要坚持依法、自愿、有偿的原则，任何组织和个人不得强制或限制，也不得截留、扣缴或以其他方式侵占土地流转收益。

3.促进中部地区崛起战略

促进中部地区崛起战略，是党中央、国务院继作出鼓励东部地区率先发展、实施西部大开发、振兴东北地区等老工业基地战略后，从中国现代化建设全局出发作出的又一重大战略决策，是落实促进区域协调发展总体战略的重大任务。

中部地区包括山西、安徽、江西、河南、湖北和湖南六省，具有承东启西、连南通北的区位优势，是中国重要的粮食基地、工业基地和能源基地。改革开放20多年来，中部地区的发展逐步落后于全国水平。据统计，2004年，中部六省总人口3.65亿人，占全国人口的28.1%，而国内生产总值32099亿元，仅占全国的23.5%；人均生产总值8754.1元，仅为全国平均水平的85%；城镇居民人均可支配收入和农民人均纯收入也只是全国平均水平的84%和92%。中部六省当年财政收入仅占全国财政收入的13.4%，全社会固定资产投资占18%，全社会消费品零售总额占20.4%。

为了落实促进区域协调发展总体战略，中共中央、国务院作出了促进中部地区崛起战略的部署。2004年3月，十届全国人大二次会议首次提出"促进中部地区崛起"。此后经过几年的酝酿和准备，2006年3月十届全国人大四次会议审议通过的《中华人民共和国国民经济和社会发展第十一个五年规划纲要》专设一节部署促进中部发展战略。同年4月15日，中共中央、国务院出台《关于促进中部地区崛起的若干意见》（以下简称《若干意见》），标志着中部崛起开始由战略酝酿阶段走向战略实施阶段。《若干意见》提出了"加快建设全国重要粮食生产基地，扎实稳步推进社会主义新农村建设"；"加强能源原材料基地和现代装备制造及高技术产业基地建设，推进工业结构优化升级"；"提升交通运输枢纽地位，促进商贸流通旅游业发展"；"增强中心城市辐射功能，促进城市群和县域发展"；"扩大对内对外开放，加快体制机制创新"；"加快社会事业发展，提高公共服务水平"；"加强资源节约、生态建设和环境保护，实现可持续发展"等促进中部地区崛起的7大任务和相应的36条政策。《若干意见》计划要把中部建成全国重要的粮食生产基地、能源原材料基地、现代装备制造及高技术产业基地以及综合交通运输枢纽，在发挥承东启西和产业发展优势中崛起，实现中部地区经济社会全面协调可持续发展，为全面建设小康社会作出新贡献。

《若干意见》出台后，国务院和相关职能部门及相关省份相继出台了一系列措施保证促进中部崛起战略的实施。2007年1月15日，国务院下发《关于中部六省比照实施振兴东北地区等老工业基地和西部大开发有关政策范围的通知》，要求国务院有关部门要抓紧研究制订中部六省比照实施振兴东北地区等老工业基地和西部大开发有关政策的具体内容和实施办法；还要求中部六省要认真落实相应的配套措施，并根据实际情况，采取积极措施，对没有列入政策实施范围的地区给予必要的扶持。4月13日，国务院批准设立国家促进中部地区崛起工作办公室，负责研究中部地区发展战略、规划和政策措施，协调和落实促进中部崛起的有关工作。5月11日，财政部、国家税务总局联合下发《关于印发中部地区扩大增值税抵扣范围暂行办法的通知》，对中部六省老工业基地从事装备制造业、石油化工业、冶金业、汽车制造业、农产品加工业、电力业、采掘业、高新技术产业为主的增值税一般纳税人发生规定项目的进项税额的抵扣给予政策倾斜。7月23日，商务部、海关总署联合发布2007年第44号《公告》，特别规定对中西部地区的相关经营企业及其加工企业中在管理上实行有别于东部企业的差别政策，体现出国家鼓励加工贸易业向中西部转移的政策导向。12月14日，经国家发展改革委员会报请国务院同意，武汉城市圈和长沙、株洲、湘潭城市群被批准为全国资源节约型和环境友好型社会建设综合配套改革试验区。2008年1月11日，国务院正式同意建立由国家发展改革委牵头的促进中部地区崛起工作部际联席会议制度，标志着中部崛起战略的组织管理体系进一步完善与强化。2009年9月23日，国务院常务会议讨论并原则通过《促进中部地区崛起规划》。会议提出，实施《促进中部地区崛起规划》，争取到2015年，中部地区实现经济发展水平显著提高、发展活力进一步增强、可持续发展能力明显提升、和谐社会建设取得新进展的目标。2010年8月25日，国家发展和改革委员会公布《促进中部地区崛起规划实施意见》，要求中部地区的山西、安徽、江西、河南、湖北、湖南六省人民政府和有关部门积极落实这份文件提出的各项任务要求，努力推动中部地区经济社会又好又快发展。2010年9月6日，《国务院关于中西部地区承接产业转移的指导意见》正式出台，明确了承接东部地区产业转移的六大重点工作。

促进中部地区崛起战略实施后，中部地区经济社会发展取得了长足的进步。中部地区抢抓机遇、开拓进取，经济实现较快增长，总体实力大幅提升，经济总量占全国的比重逐步提高。从2004年到2013年，中部地区GDP年均增长率高达12.46%，远超全国10.18%的平均水平。2013年，中部六省GDP总量达到12.73万亿元，占全国GDP的比重达到22.38%；实现地方财政收入1.80万亿元，比2004年提高了833.35%；实现出口总额1380.7亿美元，比2004年提高了593.36%。粮食生产基地、能源原材料基地、现代装备制造及高技术产业基地和综合交通运输枢纽（以下简称"三基地、一枢纽"）建设加快，产业结构调整取得积极进展，资源节约型和环境友好型社会建设成效显著。重点领域和关键环节改革稳步推进，区域合作交流不断深入，全方位开放格局初步形成。城乡居民收入持续增加，社会事业全面发展，人民生活明显改善。2012年中部地区城镇居民人均可支配收入达到20697元，与2004年相比增长135.95%，高于同期东部地区13.52个百分点；农民人均纯收入达到7435元，与2004年相比增长150.92%，高于同期东部地区20.85个百分点。城镇化进程快速推进，2013年中部地区城镇化率达到48.95%，与2004年相比提高了13.8个百分点，明显高于全国城镇化的平均速度，与全国平均水平的差距缩小了3个百分点。经过不懈努力，中部地区已经步入了加快发展、全面崛起的新阶段。在此形势下，2012年，国务院发出了《关于大力实施促进中部地区崛起战略的若干意见》，为中部地区崛起战略提出了新的目标要求，即到2020年，中部地区经济发展方式转变取得明显成效，年均经济增长速度继续快于全国平均水平，整体实力和竞争力显著增强，经济总量占全国的比重进一步提高，区域主体功能定位更加清晰，"三基地、一枢纽"地位更加巩固，城乡区域更加协调，人与自然更加和谐，体制机制更加完善，城乡居民收入与经济同步增长，城镇化率力争达到全国平均水平，基本公共服务主要指标接近东部地区水平，努力实现全面崛起,在支撑全国发展中发挥更大作用。

4.中共中央关于构建社会主义和谐社会若干重大问题的决定

2006年10月8日至11日,党的十六届六中全会审议并通过了《中共中央关于构建社会主义和谐社会若干重大问题的决定》(以下简称《决定》)。《决定》从中国特色社会主义事业总体布局和全面建设小康社会全局出发,提出了构建社会主义和谐社会的重大战略任务,第一次全面系统地阐明了构建社会主义和谐社会的指导思想、目标任务、基本原则和重大部署。

一、构建社会主义和谐社会的重要性和紧迫性。《决定》强调:"社会和谐是中国特色社会主义的本质属性,是国家富强、民族振兴、人民幸福的重要保证。""构建和谐社会是中国共产党从中国特色社会主义事业总体布局和全面建设小康社会全局出发提出的重大战略任务,反映了建设富强民主文明和谐的社会主义现代化国家的内在要求,体现了全党全国各族人民的共同愿望。""社会和谐是我们党不懈奋斗的目标。"

《决定》指出,新世纪以来,中国面临的发展机遇前所未有,面对的挑战也前所未有。中国共产党"要始终保持清醒头脑,居安思危,深刻认识中国发展的阶段性特征,科学分析影响社会和谐的矛盾和问题及其产生的原因,更加积极主动地正视矛盾、化解矛盾,最大限度地增加和谐因素,最大限度地减少不和谐因素,不断促进社会和谐"。中国共产党人要"坚持解放思想、实事求是、与时俱进,一切从实际出发,自觉按规律办事,立足当前、着眼长远,量力而行、尽力而为,有重点分步骤地持续推进,切实把构建社会主义和谐社会作为贯穿中国特色社会主义事业全过程的长期历史任务和全面建设小康社会的重大现实课题抓紧抓好"。

二、构建社会主义和谐社会的指导思想、目标任务和原则。《决定》指出,社会主义和谐社会是在中国特色社会主义道路上中国共产党领导全体人民共同建设、共同享有的和谐社会。必须坚持以马克思列宁主义、毛泽东思想、邓小平理论和"三个代表"重要思想为指导,坚持党的基本路线、基本纲领、基本经验,坚持以科学发展观统领经济社会发展全局,按照民主法治、公平正义、诚信友爱、充满活力、安定有序、人与自然和谐相处的总要求,以解决人民群众最关心、最直接、最现实的利益问题为重点,着力发展社会事业、促进社会公平正义、建设和谐文化、完善社会管理、增强社会创造活力,走共同富裕道路,推动社会建设与经济建设、政治建设、文化建设协调发展。

《决定》首次明确了构建社会主义和谐社会的目标和主要任务,即到2020年,社会主义民主法制更加完善,依法治国基本方略得到全面落实,人民的权益得到切实尊重和保障;城乡、区域发展差距扩大的趋势逐步扭转,合理有序的收入分配格局基本形成,家庭财产普遍增加,人民过上更加富足的生活;社会就业比较充分,覆盖城乡居民的社会保障体系基本建立;基本公共服务体系更加完备,政府管理和服务水平有较大提高;全民族的思想道德素质、科学文化素质和健康素质明显提高,良好道德风尚、和谐人际关系进一步形成;全社会创造活力显著增强,创新型国家基本建成;社会管理体系更加完善,社会秩序良好;资源利用效率显著提高,生态环境明显好转;实现全面建设惠及十几亿人口的更高水平的小康社会的目标,努力形成全体人民各尽其能、各得其所而又和谐相处的局面。

《决定》强调,构建社会主义和谐社会,要遵循"必须坚持以人为本"、"必须坚持科学发展"、"必须坚持改革开放"、"必须坚持民主法治"、"必须坚持正确处理改革发展稳定的关系"、"必须坚持在党的领导下全社会共同建设"等六项原则。

三、坚持协调发展,加强社会事业建设。《决定》强调:"社会和谐在很大程度上取决于社会生产力的发展水平,取决于发展的协调性。必须坚持用发展的办法解决前进中的问题,大力发展社会生产力,不断为社会和谐创造雄厚的物质基础。同时,更加注重解决发展不平衡问题,更加注重发展社会事业,推动经济社会协调发展。"为此,《决定》要求:"扎实推进社会主义新农村建设,促进城乡协调发展";"落实区域发展总体战略,促进区域协调发展";"实施积极的就业政策,发展和谐劳动关系";"坚持教育优先发展,促进教育公平";"加强医疗卫生服务,提高人民健康水平";"加快发展文化事业和文化产业,满足人民群众文化需求";"加强环境治理保护,促进人与自然相和谐"。

四、加强制度建设,保障社会公平正义。《决定》提出:"社会公平正义是社会和谐的基本条件,制度是社会公平正义的根本保证。必须加紧建设对保障社会公平正义具有重大作用的制度,保障人民在政治、经济、文化、社会等方面的权利和利益,引导公民依法行使权利、履行义务。"为此,《决定》要求"完善民主权利保障制度,巩固人民当家作主的政治地位";"完善法律制度,夯实社会和谐的法治基础";"完善司法体制机制,加强社会和谐的司法保障";"完善公共财政制度,逐步实现基本公共服务均等化";"完善收入分配制度,规范收入分配秩序";"完善社会保障制度,保障群众基本生活"。

五、建设和谐文化,巩固社会和谐的思想道德基础。《决定》指出:"建设和谐文化,是构建社会主义和谐社会的重要任务。社会主义核心价值体系是建设和谐文化的根本。必须坚持马克思主义在意识形态领域的指导地位,牢牢把握社会主义先进文化的前进方向,弘扬民族优秀文化传统,借鉴人类有益文明成果,倡导和谐理念,培育和谐精神,进一步形成全社会共同的理想信念和道德规范,打牢全党全国各族人民团结奋斗的思想道德基础。"为此,《决定》要求"建设社会主义核心价值体系,形成全民族奋发向上的精神力量和团结和睦的精神纽带";"树立社会主义荣辱观,培育文明道德风尚";"坚持正确导向，营造积极健康的思想舆论氛围"；"广泛开展和谐创建活动，形成人人促进和谐的局面"。

六、完善社会管理，保持社会安定有序。《决定》指出："加强社会管理，维护社会稳定，是构建社会主义和谐社会的必然要求。必须创新社会管理体制，整合社会管理资源，提高社会管理水平，健全党委领导、政府负责、社会协同、公众参与的社会管理格局，在服务中实施管理，在管理中体现服务。"为此，《决定》要求，"建设服务型政府，强化社会管理和公共服务职能"；"推进社区建设，完善基层服务和管理网络"；"健全社会组织，增强服务社会功能"；"统筹协调各方面利益关系，妥善处理社会矛盾"；"完善应急管理体制机制，有效应对各种风险"；"加强社会治安综合治理，增强人民群众安全感"；"加强国家安全工作和国防建设，保障国家稳定安全"。

七、激发社会活力，增进社会团结和睦。《决定》指出："社会主义和谐社会既是充满活力的社会，也是团结和睦的社会。必须最大限度地激发社会活力，促进政党关系、民族关系、宗教关系、阶层关系、海内外同胞关系的和谐，巩固全国各族人民的大团结，巩固海内外中华儿女的大团结。"为此，《决定》要求，"增强全社会创造活力，形成万众一心共创伟业的生动局面"；"巩固和壮大最广泛的爱国统一战线，充分调动各方面积极性"；"加强海内外中华儿女的团结，为实现中华民族的伟大复兴而奋斗"；"坚持走和平发展道路，营造良好外部环境"。

八、加强党对构建社会主义和谐社会的领导。《决定》指出："构建社会主义和谐社会，关键在党。必须充分发挥党的领导核心作用，坚持立党为公、执政为民，以党的执政能力建设和先进性建设推动社会主义和谐社会建设，为构建社会主义和谐社会提供坚强有力的政治保证。"为此，《决定》要求，"提高各级领导班子和领导干部领导社会主义和谐社会建设的本领"；"加强基层基础工作，构建社会主义和谐社会，重心在基层"；"建设宏大的社会工作人才队伍"；"深入开展党风廉政建设和反腐败斗争"。

5.政府信息公开条例

2007年1月17日，国务院第165次常务会议通过《中华人民共和国政府信息公开条例》（以下简称《条例》），4月5日公布，自2008年5月1日起施行。《条例》首次从法律上对政府信息公开作了明确规定，使广大群众对行政机关的职责权限、办事程序、办事结果、监督方式等信息能够一目了然，保障了群众的知情权、参与权和监督权。《条例》是中国行政公开法制建设的一个里程碑，是推进民主法制建设和依法治国的重要举措。

《条例》共分为5章，38条。

《条例》首次明确规定了政府信息的内容和范畴,即"是指行政机关在履行职责过程中制作或者获取的,以一定形式记录、保存的信息";提出了政府信息公开的六大原则,即"公正"、"公平"、"便民"、"及时公开"、"准确公开"和"保障公共利益"等;确立了政府信息公开的工作体制,《条例》明确政府信息公开的主体为:(1)各级行政机关,包括各级人民政府及县级以上人民政府部门;(2)法律法规授权行使行政管理职能的组织;(3)提供公共服务的企事业单位。

《条例》还明确地规定了政府信息公开的内容:

行政机关应当主动公开的四类信息是:涉及公民、法人或者其他组织切身利益的政府信息;需要社会公众广泛知晓或者参与的政府信息;反映本行政机关机构设置、职能、办事程序等情况的政府信息;其他依照法律、法规和国家有关规定应当主动公开的。

除此之外,乡镇人民政府还应当重点公开如下政府信息:贯彻落实国家关于农村工作政策的情况;财政收支、各类专项资金的管理和使用情况;乡(镇)土地利用总体规划、宅基地使用的审核情况;征收或者征用土地、房屋拆迁及其补偿、补助费用的发放、使用情况;乡(镇)的债权债务、筹资筹劳情况;抢险救灾、优抚、救济、社会捐助等款物的发放情况;乡镇集体企业及其他乡镇经济实体承包、租赁、拍卖等情况;执行计划生育政策的情况。

县级以上各级人民政府及其部门应当重点公开如下政府信息:行政法规、规章和规范性文件;国民经济和社会发展规划、专项规划、区域规划及相关政策;国民经济和社会发展统计信息;财政预算、决算报告;行政事业性收费的项目、依据、标准;政府集中采购项目的目录、标准及实施情况;行政许可的事项、依据、条件、数量、程序、期限以及申请行政许可需要提交的全部材料目录及办理情况;重大建设项目的批准和实施情况;扶贫、教育、医疗、社会保障、促进就业等方面的政策、措施及其实施情况;突发公共事件的应急预案、预警信息及应对情况;环境保护、公共卫生、安全生产、食品药品、产品质量的监督检查情况。

设区的市级人民政府、县级人民政府及其部门应当重点公开如下政府信息:城乡建设和管理的重大事项;社会公益事业建设情况;征收或者征用土地、房屋拆迁及其补偿、补助费用的发放、使用情况;抢险救灾、优抚、救济、社会捐助等款物的管理、使用和分配情况。

此外,《条例》还规定了信息公开的具体程序以及政府信息公开的监督制度。

《条例》确立了依申请公开政府信息的制度,除行政机关主动公开的政府信息外,公民、法人或者其他组织还可以根据自身生产、生活、科研等特殊需要,向国务院部门、地方各级政府及县级以上地方政府部门申请获取相关政府信息。对政府信息公开申请的形式、答复方式和时限要求，《条例》也作了规定。同时，《条例》也明确了不予公开的政府信息范围。

《条例》发布后，国务院又出台了一系列配套措施支持《条例》有序实施。2007年8月4日，国务院办公厅发出《关于做好施行〈中华人民共和国政府信息公开条例〉准备工作的通知》。2008年4月29日，国务院办公厅发出《关于实施〈中华人民共和国政府信息公开条例〉的若干问题的意见》。

《条例》的颁布与实施有利于保障相对人依法获取政府信息，有利于提高行政机关工作的透明度，有利于促进行政机关依法行政，有利于发挥政府信息对社会发展的服务作用，有利于从制度上、源头上遏制和预防腐败。

6.中华人民共和国突发事件应对法

2007年8月30日，十届全国人大常委会第二十九次会议通过《中华人民共和国突发事件应对法》（以下简称《突发事件应对法》），自当年11月1日起施行。《突发事件应对法》是中国制定的第一部规范应对各类突发事件的法律，是中国突发事件应对工作不断成熟的经验总结，也是中国应急法律制度走向法制统一的标志；说明突发事件应对工作已全面迈入制度化、规范化、法制化的轨道，为有效应对各类突发事件提供了更加完备的法律依据和法制保障。

2005年，国务院组织召开了第一次全国应急管理工作会议，出台了《关于全面加强应急管理工作的意见》，颁布了《国家突发公共事件总体应急预案》，并在国务院办公厅先后成立了国务院应急管理办公室和应急管理专家组。2006年组织召开了第二次全国应急管理工作会议，不断加大相关工作特别是管理体系建设的力度。2003年5月，国务院法制办组织力量开始了《突发事件应对法》的起草工作。在认真学习研究党中央、国务院关于应对自然灾害、事故灾难、公共卫生事件等突发事件的一系列方针、政策、措施，全面总结中国应对突发事件的实践经验，研究借鉴国外应对突发事件的法律制度，并广泛征求各方面意见的基础上，数易其稿，形成了《中华人民共和国突发事件应对法（草案）》，经国务院常务会议两次讨论修改，于2006年6月提请全国人大常委会审议。全国人大常委会三次审议修改，于2007年8月30日通过。

《突发事件应对法》对"突发事件"进行了定义，并明确了突发事件分级制度。《突发事件应对法》第三条规定：突发事件是指突然发生，造成或者可能造成严重社会危害，需要采取应急处置措施予以应对的自然灾害、事故灾难、公共卫生事件和社会安全事件。按照社会危害程度、影响范围等因素，《突发事件应对法》将自然灾害、事故灾难、公共卫生事件分为特别重大、重大、较大和一般四级。并明确规定，突发事件的分级标准由国务院或者国务院确定的部门制定。《突发事件应对法》首次提出国家建立统一领导、综合协调、分类管理、分级负责、属地管理为主的应急管理体制；明确了"预防为主、预防和应急相结合"的突发事件应对工作原则；明确了国务院和县以上地方各级人民政府是突发事件应对工作的行政领导机关。《突发事件应对法》提出，国家建立健全突发事件应急预案体系、监测制度、预警制度。此外，《突发事件应对法》还对恢复和重建工作作出了原则规定。

《突发事件应对法》是新时期的一部新法律，是中国应急法律体系中起着总体指导作用的龙头性法律。《突发事件应对法》从制定预案、建立队伍、开展宣教培训、经费保障四个方面作了明确规定，提出政府应急管理要建立健全有效的突发事件预防和应急准备制度，要积极做好突发事件应急处置的基础工作，强化了预防和应急准备制度。在经历了南方雨雪冰冻灾害和汶川地震的考验后，中国逐步形成"一案三制"（应急方案和应急体制、应急机制、应急法制）和"一网五库"（应急工作联络网和法规库、救援队伍库、专家库、典型案例库、救援物资库）为主要框架的全国应急管理体系。

7.中华人民共和国就业促进法

2007年8月30日，十届全国人大常委会第二十九次会议审议通过《中华人民共和国就业促进法》（以下简称《就业促进法》），2008年1月1日起施行。《就业促进法》是促进社会主义和谐社会建设的一部重要法律，为中国实施积极的就业政策提供了法律保障，进一步完善了中国劳动保障法律体系。

就业是民生之本，促进就业是安国之策。中国政府长期致力于促进国民充分就业，积累了一系列行之有效的办法和政策，但缺乏法律制度的有效保障和确认。2003年下半年，《就业促进法》的立法起草工作启动，三年多的时间里，经过三次审议，数易其稿。

《就业促进法》共分为总则、政策支持、公平就业、就业服务和管理、职业教育和培训、就业援助、监督检查、法律责任、附则等9章，69条。

《就业促进法》在法律中进一步确立了坚持"劳动者自主择业、市场调节就业、政府促进就业"的就业方针，并将促进就业的各项政策措施法制化和制度化，对于扩大就业、减少失业、提高就业质量和水平具有重要作用。

《就业促进法》在法律上进一步明确了政府促进就业中的职责，主要包括：建立就业工作目标责任制度；制定实施有利于就业的经济和社会政策；推进公平就业；加强就业服务和管理；大力开展职业培训；建立健全失业保险制度；开展就业和失业调查统计工作；发挥社会各方面促进就业的作用。

《就业促进法》要求建立促进就业工作协调机制,规定国务院建立全国促进就业工作协调机制;省、自治区、直辖市人民政府根据促进就业工作的需要,建立促进就业工作协调机制,协调解决本行政区域就业工作中的重大问题;县级以上人民政府有关部门按照各自的职责分工,共同做好促进就业工作。

为了建立促进就业的长效机制,《就业促进法》将经过实践检验行之有效的积极的就业政策上升为法律规范,并按照促进就业的工作要求,规定了政策支持的法律内容,包括实行有利于促进就业的产业政策、财政政策、税收政策、金融政策、区域统筹的就业政策、群体统筹的就业政策、灵活就业的劳动和社会保险政策、就业援助制度和失业保险促进就业政策等10个方面的政策支持体系。

为了维护公平就业,《就业促进法》在法律上明确提出了"劳动者享有平等就业和自主择业的权利。劳动者就业,不因民族、种族、性别、宗教信仰等不同而受歧视"。平等就业和自主择业的权利成为中国公民权利的一部分。

为维护劳动者的平等就业权,反对就业歧视,《就业促进法》提出了8个方面的规定:一、明确了各级人民政府在维护公平就业中的责任。各级人民政府应当创造公平就业的环境,消除就业歧视,并制定政策和采取措施对就业困难人员给予扶持和援助。二、规范用人单位和职业中介机构的行为。用人单位招用人员、职业中介机构从事职业中介活动,应当向劳动者提供平等的就业机会和公平的就业条件,不得实施就业歧视。三、保障妇女享有与男子平等的劳动权利。四、保障各民族劳动者享有平等的劳动权利。五、保障残疾人的劳动权利。六、保障传染病病原携带者的平等就业权。七、保障进城就业的农村劳动者的平等就业权。八、规定了劳动者受到就业歧视时的法律救济途径。

《就业促进法》明确规定,政府应当加强就业服务和管理工作,逐步完善覆盖城乡的就业服务体系。《就业促进法》明确了国家、企业、劳动者和各类职业培训机构在职业教育和培训中的职责及作用,要求通过职业技能培训提高劳动者的素质,以适应人力资源市场的需求,从而促进其实现就业和稳定就业。《就业促进法》明确规定各级人民政府建立健全就业援助制度。

《就业促进法》是中国就业领域第一部基本法律,是中国建设以宪法为依据、以《劳动法》为基础、以《就业促进法》和《劳动合同法》以及《社会保险法》为主干、以相关法律法规为配套的劳动保障法律体系的重要环节。

8.中国共产党第十七次全国代表大会

2007年10月15日至21日,中国共产党第十七次全国代表大会在北京召开。大会主题是：高举中国特色社会主义伟大旗帜，以邓小平理论和"三个代表"重要思想为指导，深入贯彻落实科学发展观，继续解放思想，坚持改革开放，推动科学发展，促进社会和谐，为夺取全面建设小康社会新胜利而奋斗。大会的突出贡献，是对科学发展观的时代背景、科学内涵和精神实质进行了深刻阐述，对深入贯彻落实科学发展观提出了明确要求。

胡锦涛代表第十六届中央委员会向大会作了题为《高举中国特色社会主义伟大旗帜，为夺取全面建设小康社会新胜利而奋斗》的报告。

报告认真总结了党的十六大以来5年的工作，科学总结了改革开放的伟大历史进程和"十个结合"的宝贵经验，报告指出："在改革开放的历史进程中，我们党把坚持马克思主义基本原理同推进马克思主义中国化结合起来，把坚持四项基本原则同坚持改革开放结合起来，把尊重人民首创精神同加强和改善党的领导结合起来，把坚持社会主义基本制度同发展市场经济结合起来，把推动经济基础变革同推动上层建筑改革结合起来，把发展社会生产力同提高全民族文明素质结合起来，把提高效率同促进社会公平结合起来，把坚持独立自主同参与经济全球化结合起来，把促进改革发展同保持社会稳定结合起来，把推进中国特色社会主义伟大事业同推进党的建设新的伟大工程结合起来，取得了我们这样一个十几亿人口的发展中大国摆脱贫困、加快实现现代化、巩固和发展社会主义的宝贵经验。"

报告强调，改革开放以来我们取得一切成绩和进步的根本原因，归结起来就是：开辟了中国特色社会主义道路，形成了中国特色社会主义理论体系。高举中国特色社会主义伟大旗帜，最根本的就是要坚持这条道路和这个理论体系。

报告强调，在新的发展阶段继续全面建设小康社会、发展中国特色社会主义，必须坚持以邓小平理论和"三个代表"重要思想为指导，深入贯彻落实科学发展观。科学发展观，第一要义是发展，核心是以人为本，基本要求是全面协调可持续，根本方法是统筹兼顾。深入贯彻落实科学发展观，要求我们始终坚持"一个中心，两个基本点"的基本路线。坚持把以经济建设为中心同四项基本原则、改革开放这两个基本点统一于发展中国特色社会主义的伟大实践，任何时候都决不能动摇。社会和谐是中国特色社会主义的本质属性。科学发展和社会和谐是内在统一的。要通过发展增加社会物质财富、不断改善人民生活，又要通过发展保障社会公平正义、不断促进社会和谐。深入贯彻落实科学发展观，要求我们继续深化改革开放。要把改革创新精神贯彻到治国理政各个环节，毫不动摇地坚持改革方向，提高改革决策的科学性，增强改革措施的协调性。要坚持把改善人民生活作为正确处理改革发展稳定关系的结合点，使改革始终得到人民拥护和支持。要坚持把改善人民生活作为正确处理改革发展稳定关系的结合点，使改革始终得到人民拥护和支持。

报告要求确保到2020年实现全面建成小康社会的奋斗目标：经济方面实现人均国内生产总值到2020年比2000年翻两番；政治方面扩大社会主义民主，更好地保障人民权益和社会公平正义；文化方面加强文化建设，明显提高全民族文明素质；社会建设方面加快发展社会事业，全面改善人民生活；生态方面建设生态文明，基本形成节约能源资源和保护生态环境的产业结构、增长方式、消费模式。

报告指出，要实现国民经济又好又快发展，必须进一步增强国家经济实力，彰显社会主义市场经济的强大生机活力。具体措施包括：提高自主创新能力，建设创新型国家；加快转变经济发展方式，推动产业结构优化升级；统筹城乡发展，推进社会主义新农村建设；加强能源资源节约和生态环境保护，增强可持续发展能力；推动区域协调发展，优化国土开发格局；完善基本经济制度，健全现代市场体系；深化财税、金融等体制改革，完善宏观调控体系；拓展对外开放广度和深度，提高开放型经济水平。

报告对坚定不移发展社会主义民主政治提出如下具体措施：扩大人民民主，保证人民当家作主；发展基层民主，保障人民享有更多更切实的民主权利；全面落实依法治国基本方略，加快建设社会主义法治国家；壮大爱国统一战线，团结一切可以团结的力量；加快行政管理体制改革，建设服务型政府；完善制约和监督机制，保证人民赋予的权力始终用来为人民谋利益。

报告对推动社会主义文化大发展大繁荣提出如下具体措施：建设社会主义核心价值体系，增强社会主义意识形态的吸引力和凝聚力；建设和谐文化，培育文明风尚；弘扬中华文化，建设中华民族共有精神家园；推进文化创新，增强文化发展活力。

报告指出，必须在经济发展的基础上，更加注重社会建设，着力保障和改善民生，推进社会体制改革，扩大公共服务，完善社会管理，促进社会公平正义，努力使全体人民学有所教、劳有所得、病有所医、老有所养、住有所居，推动建设和谐社会。

报告指出，国防和军队建设，在中国特色社会主义事业总体布局中占有重要地位。必须站在国家安全和发展战略全局的高度，统筹经济建设和国防建设，在全面建设小康社会进程中实现富国和强军的统一。

报告指出，香港、澳门回归祖国以来，"一国两制"实践日益丰富。"一国两制"是完全正确的，具有强大生命力。按照"一国两制"实现祖国和平统一，符合中华民族根本利益。

报告指出，当今世界正处在大变革大调整之中，和平与发展仍然是时代主题，求和平、谋发展、促合作已经成为不可阻挡的时代潮流。

报告最后指出，中国特色社会主义事业是改革创新的事业。党要站在时代前列带领人民不断开创事业发展新局面，必须以改革创新精神加强自身建设，始终成为中国特色社会主义事业的坚强领导核心。

党的十七大审议并通过了《中国共产党章程（修正案）》，同意将以下几点内容写入党章：科学发展观；改革开放以来我们取得一切成绩和进步的根本原因这个重大论断；把党的基本路线中的奋斗目标表述为"把中国建设成为富强民主文明和谐的社会主义现代化国家";中国特色社会主义事业总体布局是经济建设、政治建设、文化建设、社会建设四位一体,党在领导军队建设、民族工作、宗教工作、统战工作、外交工作等方面形成的方针政策等。

大会以无记名投票方式选举十七届中央委员会委员204名、中央候补委员会167名、中央纪律检查委员会委员127名。

10月22日党的十七届一中全会选举了新一届的中央政治局成员,选举胡锦涛、吴邦国、温家宝、贾庆林、李长春、习近平、李克强、贺国强等人为中央政治局常委,选举胡锦涛为中央委员会总书记,决定胡锦涛任中央军事委员会主席,批准贺国强任中央纪律检查委员会书记。

9.拉萨"3·14"严重暴力犯罪事件

2008年春天,境内外"藏独"分裂势力相互勾结,精心策划,有组织、有预谋、有计划地制造了骇人听闻的拉萨"3·14"打砸抢烧严重暴力犯罪事件,其罪恶目的是为了破坏在北京举办奥运会、破坏民族团结全面建设小康社会的大好局面。

2008年1月4日,"藏青会"等5个"藏独"组织通过互联网叫嚣"西藏人民大起义运动",同时达赖集团还组织策划了境外藏人在印度边境地区的"挺进西藏运动"。"藏青会"宣称,"不惜流血和牺牲生命也要恢复'西藏独立'"。2月7日,达赖"流亡政府"扬言,要"利用中国举办2008年奥运会的机会,开展各种活动,迫使中国政府在2008年或者未来两年内解决'西藏问题'"。

2008年3月14日,一群不法分子在拉萨市区主要路段焚烧过往车辆,追打过路群众,冲击商场、电信营业网点和政府机关,给当地人民群众生命财产造成重大损失,使当地社会秩序受到严重破坏。仅一天之内,不法分子纵火300余处,拉萨908户商铺、7所学校、120间民房、5座医院受损,砸毁金融网点10个,至少20处建筑物被烧成废墟,84辆汽车被毁。有18名无辜群众被烧死或砍死,受伤群众达382人,其中重伤58人。公安民警、武警官兵伤亡242人,其中轻伤218人、重伤23人、牺牲1人。拉萨市直接财产损失达24468.789万元。

与此同时(3月14日前后),中国驻美国、英国、法国、荷兰、比利时、奥地利、印度使馆,驻纽约、芝加哥、多伦多、卡尔加里、法兰克福、慕尼黑、苏黎世、悉尼总领馆,驻欧盟使团和常驻世界贸易组织代表团共17个外交和领事机构接连遭到境外"藏独"分子的暴力冲击。

事件发生后，西藏自治区迅速组织公安、武警和其他有关力量，扑灭着火点，救治受伤人员，并加强了对学校、医院、银行和政府机关的安全保卫。武警官兵从火灾现场共救出580多人，其中包括一所小学和一所中学的全部师生。在依法处置的过程中，公安民警和武警官兵始终保持了极大的克制，没有使用任何杀伤性武器。事发当日，有关部门开始恢复社会秩序，拉萨市救助站免费为无家可归的受害者提供衣食住等方面的保障，为其购买返乡车票。医院开设绿色通道，优先保证受伤群众得到救治，免费提供食宿。西藏军区总医院还成立了医疗巡诊队，走上街头，救治受伤群众。在武警的掩护下，电力部门抢修遭到破坏的设施，尽快恢复了供电。3月17日起，西藏自治区和拉萨市的主要党政机关、企事业单位正常上班，高校、中小学校正常开课，社会秩序逐步恢复正常。

截至3月19日晚，有近170名参与拉萨打砸抢烧事件分子投案自首。据西藏自治区政府负责人透露，截至该年7月10日，西藏司法部门已经对参与拉萨"3·14"打砸抢烧严重暴力犯罪事件的42名不法分子判刑。据西藏自治区人大常委会副主任尼玛次仁在新闻发布会上透露，截至2009年2月10日晚，西藏有关部门共羁押了拉萨"3·14"严重打砸抢烧事件犯罪嫌疑人953名，其中76人已依法宣判。

局势平稳后，中央社会治安综合治理办公室及时下发了《关于进一步加强西藏及其他藏区社会治安综合治理工作的意见》。西藏、四川、青海、甘肃等地公安机关根据僧人和群众对该事件的举报线索，从所涉及寺庙殿外的僧舍中缴获了一批攻击性武器，包括各类枪支185支，其中五四式、六四式手枪及半自动步枪等军用枪支7支，仿制式枪支41支，猎枪、火药枪、小口径手枪、小口径步枪等枪支137支，各类子弹14367发，管制刀具2139把，炸药3862.05公斤，雷管19360枚，手榴弹2枚，土制牛角炸弹2个，导火索1277.15米。

截至2008年7月20日，拉萨市政府为"3·14"事件受损商户减免的各项税费和发放的补助资金已经超过2亿元。7月底，国务院下发《关于近期支持西藏经济社会发展的意见》，针对西藏经济社会发展中需要解决的主要问题出台了一系列优惠政策，由中央财政安排资金帮助解决。

在中国政府的有力应对下，拉萨局势迅速恢复稳定，境内外"藏独"分裂势力破坏奥运会和挑拨民族矛盾的企图没有得逞，中国民族团结、主权独立和国家荣誉得到了维护，西藏民族团结全面建设小康社会的局面得到了进一步巩固。

10.中华人民共和国残疾人保障法

为维护残疾人的合法权益，发展残疾人事业，保障残疾人平等地充分参与社会生活，共享社会物质文化成果，1990年12月28日七届全国人大常委会第十七次会议审议通过了《中华人民共和国残疾人保障法》（以下简称《保障法》）。2008年4月24日十一届全国人大常委会第二次会议又对该法作出了修订，修订后的《保障法》自2008年7月1日起施行。《保障法》的内容涉及残疾人事业的康复、教育、劳动就业、文化生活、社会保障、无障碍环境、法律责任等各方面。

《保障法》首先强调了残疾人事业的基本准则和规划：残疾人在政治、经济、文化、社会和家庭生活等方面享有同其他公民平等的权利，残疾人的公民权利和人格尊严受法律保护。国家采取辅助方法和扶持措施，对残疾人给予特别扶助，减轻或者消除残疾影响和外界障碍，保障残疾人权利的实现。国务院制定中国残疾人事业发展纲要，县级以上地方人民政府根据中国残疾人事业发展纲要，制定本行政区域的残疾人事业发展规划和年度计划，使残疾人事业与经济、社会协调发展。全社会应当发扬人道主义精神，理解、尊重、关心、帮助残疾人，支持残疾人事业。每年5月的第三个星期日为全国助残日。

《保障法》指出，国家保障残疾人享有康复服务的权利。各级人民政府和有关部门应当采取措施，为残疾人康复创造条件，建立和完善残疾人康复服务体系，并分阶段实施重点康复项目，帮助残疾人恢复或者补偿功能，增强其参与社会生活的能力。

《保障法》指出，国家保障残疾人享有平等接受教育的权利。各级人民政府应当将残疾人教育作为国家教育事业的组成部分，统一规划，加强领导，为残疾人接受教育创造条件。政府、社会、学校应当采取有效措施，解决残疾儿童、少年就学存在的实际困难，帮助其完成义务教育。

《保障法》指出，国家保障残疾人劳动的权利。各级人民政府应当对残疾人劳动就业统筹规划，为残疾人创造劳动就业条件。

《保障法》指出，国家保障残疾人享有平等参与文化生活的权利。各级人民政府和有关部门鼓励、帮助残疾人参加各种文化、体育、娱乐活动，积极创造条件，丰富残疾人精神文化生活。

《保障法》指出，国家保障残疾人享有各项社会保障的权利。政府和社会采取措施，完善对残疾人的社会保障，保障和改善残疾人的生活。

《保障法》指出，国家和社会应当采取措施，逐步完善无障碍设施，推进信息交流无障碍，为残疾人平等参与社会生活创造无障碍环境。各级人民政府应当对无障碍环境建设进行统筹规划，综合协调，加强监督管理。

《保障法》指出，残疾人的合法权益受到侵害的，可以向残疾人组织投诉，残疾人组织应当维护残疾人的合法权益，有权要求有关部门或者单位查处。有关部门或者单位应当依法查处，并予以答复。残疾人组织对残疾人通过诉讼维护其合法权益需要帮助的，应当给予支持。残疾人组织对侵害特定残疾人群体利益的行为，有权要求有关部门依法查处。

11.汶川地震抗灾救助行动

2008年5月12日,四川汶川发生特大地震。这是新中国成立以来破坏性最强、波及范围最广、救灾难度最大的一次地震,震级达里氏8级,最大烈度达11度,余震3万多次,涉及四川、甘肃、陕西、重庆等10个省区市417个县(市、区)、4667个乡(镇)、48810个村庄。灾区总面积约55万平方公里、受灾群众4625万多人,其中极重灾区、重灾区面积13万平方公里,造成69227名同胞遇难、17923名同胞失踪,需要紧急转移安置受灾群众1510万人,房屋大量倒塌损坏,基础设施大面积损毁,工农业生产遭受重大损失,生态环境遭到严重破坏,直接经济损失近8500亿元,引发的崩塌、滑坡、泥石流、堰塞湖等次生灾害举世罕见。

灾情就是命令,时间就是生命。党和政府组织开展了新中国历史上救援速度最快、动员范围最广、投入力量最大的抗震救灾斗争,最大限度地挽救了受灾群众生命,最大限度地减低了灾害造成的损失。

救灾工作坚持把抢救人的生命摆在第一位,只要有一线希望就尽百倍努力,84017名群众被从废墟中抢救出来,149万名被困群众得到解救,430万名伤病员得到及时救治,其中1万多名重伤员被快速转送全国20个省区市375家医院。

灾民生活得到安置,1510万名紧急转移安置受灾群众基本生活得到妥善安排,881万名灾区困难群众得到救助,中小学校在新学期开始前全面复课开学,采取有效措施确保大灾之后无大疫,切切实实做到了让灾区人民有饭吃、有衣穿、有干净水喝、有住处、有病能及时得到医治。全力抢修交通、电力、通信、广电、水利、供水、供气等基础设施,及时处理和化解堰塞湖等次生灾害,切实做好余震监测、气象服务、科技支撑、煤电油运保障等各项工作,及时准确公布灾情,为抗震救灾和灾后恢复重建创造了有利条件。国家积极组织资金拨付和物资供应,并及时采取措施加强对管理使用情况的监督检查,确保抗震救灾资金、物资及时有效用于灾区和受灾群众。

在震后第一时间党中央就把抗震救灾确定为全党全国最重要最紧迫的任务,成立国务院抗震救灾总指挥部,周密组织、科学调度,建立上下贯通、军地协调、全民动员、区域协作的工作机制,迅速组织各方救援力量赶赴灾区,紧急调集大批救灾物资运往灾区,精心部署受灾群众安置工作,及时推动灾后恢复重建,举全国之力抗震救灾。

人民解放军指战员、武警部队官兵、民兵预备役人员和公安民警冲锋在前、勇挑重担,发挥了主力军和突击队作用。146000名人民子弟兵,心系灾区人民安危,肩负党和人民期望,从高级将领到普通士兵,发扬英勇顽强、不怕牺牲、连续作战的战斗作风,承担起抗震救灾最紧急、最艰难、最危险的任务。他们勇于突进震中地带,敢于跨越生死界线,克服千难万险,进入千村万户,为灾区人民带去生命的希望和生活的勇气。75000名民兵预备役人员自觉行动,成为解救受灾群众、医疗救护、卫生防疫、公路运输、油料保障、电力抢修、恢复生产等方面的重要突击力量。广大消防特勤、特警、边防等公安救援队伍和公安民警恪尽职守,全力救助群众,全力维护社会稳定,全力保障灾后恢复重建,贡献自己的力量。

"一方有难,八方支援",在整个灾害救助过程中,除了各级政府、人民解放军身先士卒外,也有无数普通民众和社会各界的积极响应。据不完全统计,300多万志愿者进入灾区,社会各界踊跃捐款、捐物,筹集善款达到创纪录的760亿元。此外,还有大量的国际援助。

地震发生不到一个月,国务院就在6月8日颁布实施《汶川地震灾后恢复重建条例》,加强国家政策扶持,全力抓好灾区生产恢复工作,灾区工业、农业、旅游业等恢复取得重大进展。同年9月,国务院发布《国家汶川地震灾后恢复重建总体规划》。从2008年10月到2010年9月,两年时间的呕心沥血,700多个日夜的艰苦奋战,纳入国家重建规划的29700个重建项目已开工99.3%,完工85.2%,概算总投资8613亿元已完成7365.9亿元,占85.6%,圆满完成中央"三年重建任务两年基本完成"的目标。这片曾经山崩地裂、满目疮痍的土地已旧貌换新颜:受灾群众住进了新房,公共服务设施全面上档升级,重建城镇初展新姿,基础设施根本性改善,产业发展优化升级,防灾减灾能力显著提高。灾区从废墟上站立,展示出在灾难后重生、在重建中跨越的生动图景。

四川汶川地震灾害救助和灾后恢复重建的伟大实践,集中体现了全心全意为人民服务的中国共产党的伟大力量,充分展示了中华民族和衷共济、团结奋斗的民族品格;集中体现了中国特色社会主义制度的无比优越,充分展示了改革开放以来不断增强的综合国力;集中体现了科学发展观的重大指导意义,充分展示了"万众一心、众志成城,不畏艰险、百折不挠,以人为本、尊重科学"的伟大抗震救灾精神;集中体现了灾区各级党委、政府对历史负责的高度自觉,充分展示了灾区人民自强奋进、顽强拼搏的不屈意志。

12. 北京成功举办第29届奥运会、第13届残奥会

2008年8月8日至24日、9月6日至17日,北京成功举办第29届奥运会、第13届残奥会。中国政府坚持贯彻绿色奥运、科技奥运、人文奥运理念,发挥举国体制作用,依靠广大人民群众,坚持开展国际交流合作,为北京奥运会、残奥会的成功举办提供了坚强保障。

第一章 改革开放37年社会变革概况

早在改革开放初期，邓小平就明确表示，中国不但要参加奥运会，而且可以承担举办奥运会的义务。1993年，北京曾申请举办2000年第27届奥林匹克运动会，但最终以2票之差败给澳大利亚悉尼。1998年，北京提出申办2008年第29届奥运会。2000年2月1日，申奥会徽和申奥口号"新北京、新奥运"确定，申奥网站正式开通。2001年2月19日至2月24日，国际奥委会评估团17名成员对北京申奥工作进行考察。7月13日，在莫斯科举行的国际奥委会第112次全会上，国际奥委会投票选定北京获得2008年奥运会主办权。

2001年12月13日，第29届奥运会组织委员会（北京奥组委）成立。2002年7月13日，北京市政府和北京奥组委共同制定并正式公布实施《北京奥运行动规划》，提出了"新北京、新奥运"两大主题和"绿色奥运、科技奥运、人文奥运"三大理念。2003年8月3日，第29届奥运会会徽"中国印·舞动的北京"在北京天坛祈年殿发布。2004年7月13日，第13届残奥会会徽"天地人"在中华世纪坛广场发布。

2004年8月29日，北京市市长王岐山在雅典奥林匹克主体育场举行的第28届奥运会闭幕式上接过奥运会会旗，标志奥运会正式进入北京周期。2005年6月5日，北京奥运会志愿者项目正式启动。6月26日，北京奥组委宣布第29届奥运会主题口号："同一个世界、同一个梦想（One World, One Dream）。" 11月11日，第29届奥运会吉祥物"福娃"公布。2006年9月6日，第13届残奥会吉祥物"福牛乐乐"公布。2008年3月24日，第29届奥运会圣火在希腊赫拉神庙遗址取火成功。中共中央总书记、国家主席胡锦涛在仪式上亲手点燃圣火盆，并宣布北京2008年奥运会火炬接力开始。

2008年8月8日晚上8时整，第29届奥运会在北京开幕。91000多名观众以及多国元首政要参加开幕式。开幕式的文艺表演名为《美丽的奥林匹克》，分为上下两篇，上篇展示出中国四大发明、文字等中华历史，下篇展示中国自改革开放后的繁荣景象。之后，中国歌手刘欢和英国著名歌手莎拉·布莱曼演唱奥运会主题曲《我和你》。在运动员入场式中，作为东道主的中国运动员代表队由篮球运动员姚明担任持旗手，最后一个进场。"体操王子"李宁"空中漫步"绕场一周后，点燃祥云造型的主火炬，象征第29届奥运会正式开始。

第29届奥运会为期16天。主办城市是北京，上海、天津、沈阳、秦皇岛、青岛为协办城市，香港承办马术项目。比赛共有28个大项，武术设为本次奥运会的表演项目。来自204个国家和地区的1万余名运动员参加了本届奥运会，创造了43项新世界纪录及132项新奥运纪录，有87个国家和地区在赛事中取得奖牌。中国体育代表团取得51枚金牌、21枚银牌、28枚铜牌，第一次位居奥运会金牌榜首位，创造了中国体育代表团参加奥运会以来的最好成绩。

8月24日，第29届奥运会在北京国家体育场举行闭幕式。闭幕式上举行了名为《相聚》的精彩文艺表演,国际奥委会主席罗格在致辞中盛赞中国举办了一场无与伦比的奥运会。此前,8月20日,国际奥委会终身名誉主席萨马兰奇在接受中央人民广播电台采访时表示:我的评价是北京奥运会是所有奥运会中最好的一届奥运会。在未来应该是很少有人可以做到这种程度。这不光是我个人的看法,同时也是绝大部分媒体和国际奥委会的官员们的看法。

随后在9月6日至17日举行了为期11天的第13届残奥会,主办城市北京,青岛承办帆船比赛,香港承办马术比赛。比赛共设20个项目,中国体育代表团拿下89枚金牌、70枚银牌、52枚铜牌,蝉联奖牌榜首位。

第29届奥运会和第13届残奥会的成功举办,向世界展示了中国改革开放以来的发展变化,展示了中国社会主义现代化建设的巨大成就,展示了中国人民昂扬向上的精神风貌,对于推进中国改革开放和社会主义现代化建设具有十分重要的意义。媒体评论说:北京奥运会,不仅为我们留下了丰富的物质遗产,更留下了宝贵的精神遗产;不仅促进了中国竞技体育的新跨越和不同文明之间的交流,更促进了世界对中国的认识。新北京,新奥运。经历奥运洗礼的中国人,将以更加自信、开放的姿态,为全面建设小康社会、实现民族伟大复兴而努力奋斗。

13.中华人民共和国食品安全法

为保证食品安全,保障公众身体健康和生命安全,中国政府早在1982年就颁布过《中华人民共和国食品卫生法(试行)》,经过十多年的试行,1995年正式颁布《中华人民共和国食品卫生法》。在此基础上,又经过十多年的实践,2009年2月十一届全国人大常委会第七次会议通过了《中华人民共和国食品安全法》,其主要内容涉及食品安全风险监测和评估、食品安全标准、食品生产经营、食品检验、食品进出口、食品安全事故处置、监督管理等多个方面。

2009年颁布的《中华人民共和国食品安全法》(以下简称《食品安全法》)对规范食品生产经营活动、保障食品安全发挥了重要作用,食品安全整体水平得到提升,食品安全形势总体稳中向好。与此同时,我国食品企业违法生产经营现象依然存在,食品安全事件时有发生,监管体制、手段和制度等尚不能完全适应食品安全需要,法律责任偏轻、重典治乱威慑作用没有得到充分发挥,食品安全形势依然严峻。2015年4月24日,十二届全国人大常委会第十四次会议表决通过了新修订的《食品安全法》。

新修订的《食品安全法》共计10章154条,相比2009年颁布的《食品安全法》,内容新增了50多条,对原有70%的条文进行了实质性的修订,新增一些重要的理念、制度、机制和方式。修改的内容主要有：

一、食品安全可全程追溯。新修订的《食品安全法》规定，食品生产经营者应当建立食品安全追溯体系，保证食品可追溯。国家鼓励食品生产经营企业采用信息化手段采集、留存生产经营信息，建立食品安全追溯体系。

二、添加剂不许可不得生产。新修订的《食品安全法》规定，国家对食品添加剂实行许可制度。从事食品添加剂生产，应当具有与所生产食品添加剂品种相适应的场所、生产设备或设施、专业技术人员和管理制度，并依法取得食品添加剂生产许可。

三、只要有危险食品就必须召回。新修订的《食品安全法》规定，食品生产者发现生产的食品不符合安全标准或有证据证明可能危害人体健康的，应当立即停止生产，召回已经上市销售的食品，通知相关生产经营者和消费者。除此之外，食品药品监督管理部门认为必要的，可以实施现场监督。

四、剧毒、高毒农药有禁区。新修订的《食品安全法》规定，禁止将剧毒、高毒农药用于蔬菜、瓜果、茶叶和中草药材等国家规定的农作物。国家对农药的使用实行严格的管理制度，加快淘汰剧毒、高毒、高残留农药，推动替代产品的研发和应用，鼓励使用高效低毒低残留农药。

五、批发市场须抽查农产品。新修订的《食品安全法》规定，食用农产品批发市场应当配备检验设备和人员，或者委托食品检验机构，对进场销售的食用农产品抽样检验。进入市场销售的食用农产品在包装、运输等过程中使用保鲜剂、防腐剂等食品添加剂和包装材料，应当符合食品安全国家标准。

六、网上卖食品必须"实名制"。新修订的《食品安全法》规定，网络食品交易第三方平台提供者应当对入网食品经营者进行实名登记。除此之外，消费者合法权益受损，可以向入网食品经营者或生产者要求赔偿。第三方平台提供者不能提供入网食品经营者真实名称、地址和有效联系方式的，由网络食品交易第三方平台提供者赔偿。

七、保健品不得宣称能当药吃。新修订的《食品安全法》规定，保健食品的标签、说明书不得涉及疾病预防、治疗功能，内容应当真实，与注册或备案的内容一致，载明适宜人群、不适宜人群、功效成分或标志性成分及其含量等，并声明"本品不能代替药物"。

八、婴儿乳粉配方必须注册。新修订的《食品安全法》规定，婴幼儿配方乳粉的产品配方应当经国务院食品药品监督管理部门注册。注册时，应当提交配方研发报告和其他表明配方科学性、安全性的材料。

九、举报食品违法将受保护。新修订的《食品安全法》规定，县级以上政府的食药、质监等部门应公布本部门电子邮件地址或电话，接受咨询、投诉、举报。除此之外，有关部门应当对举报人的信息予以保密，保护举报人的合法权益。举报人举报所在企业的，该企业不得予以解除、变更劳动合同或以其他方式对举报人进行打击报复。

十、监管不到位责任人将"被辞职"。新修订的《食品安全法》规定，县级以上食药、卫生、质监、农业等部门存在法律规定监管不到位情形的，依据情节严重程度，对直接负责的主管人员和其他直接责任人员给予相应处分。

新修改的《食品安全法》被称为"史上最严"，是以法律形式固定监管体制改革成果，对于完善监管制度机制、解决当前食品安全领域存在的突出问题，以法治方式维护食品安全，为最严格的食品安全监管提供体制制度保障，进一步改革完善我国食品安全监管体制，着力建立最严格的食品安全监管制度，积极推进食品安全社会共治格局，具有重要意义。

14.中共中央、国务院关于深化医药卫生体制改革的意见

2009年3月17日，《中共中央、国务院关于深化医药卫生体制改革的意见》发布实施。这是一部为了建立中国特色的医药卫生体制、逐步实现人人享有基本医疗卫生服务远大目标的纲领性文件。

中国新时期的医疗卫生体制改革经历过一个曲折的过程，市场化的改革取向曾导致公立医院盈利动机增强、医患矛盾凸显，公共卫生萎缩，医疗费用快速增长，个人负担比重过大且相当数量的人群（尤其农村居民）不享受任何医疗保障。这一系列的缺陷和后遗症在2003年的"非典"危机中得以充分暴露，医疗卫生事业的本质属性和医疗卫生体制的改革方向引起全社会的关注和热烈讨论。2006年，中共中央《关于构建社会主义和谐社会若干重大问题的决定》提出："坚持公共医疗卫生的公益性质，深化医疗卫生体制改革，强化政府责任，严格监督管理，建设覆盖城乡居民的基本卫生保健制度，为群众提供安全、有效、方便、价廉的公共卫生和基本医疗服务。"2007年召开的党的十七大对卫生工作作出了新的战略部署，提出了到2020年人人享有基本医疗卫生服务的伟大目标，作出了建设基本医疗卫生制度、提高全民健康水平的重大决策。党的十七大报告中指出：健康是人全面发展的基础，关系千家万户的幸福安康。要坚持公共医疗卫生的公益性质，强化政府责任和投入，完善国民健康政策，鼓励社会参与，建设覆盖城乡居民的公共卫生服务体系、医疗服务体系、医疗保障体系、药品供应保障体系，为群众提供安全、有效、方便、价廉的医疗卫生服务。

本着这一原则和方向，经过近三年的充分酝酿和广泛征求意见，终于在2009年出台了新的医改方案，即《中共中央、国务院关于深化医药卫生体制改革的意见》（以下简称《意见》）。《意见》全文13000余字，共分六个部分，包括：一、充分认识深化医药卫生体制改革的重要性、紧迫性和艰巨性；二、深化医药卫生体制改革的指导思想、基本原则和

总体目标；三、完善医药卫生四大体系，建立覆盖城乡居民的基本医疗卫生制度；四、完善体制机制，保障医药卫生体系有效规范运转；五、着力抓好五项重点改革，力争近期取得明显成效；六、积极稳妥推进医药卫生体制改革。《意见》的基本理念是把基本医疗卫生制度作为公共产品向全民提供，强化政府在基本医疗卫生制度中的责任；提出了"有效减轻居民就医费用负担，切实缓解'看病难、看病贵'"的近期目标，以及"建立健全覆盖城乡居民的基本医疗卫生制度，为群众提供安全、有效、方便、价廉的医疗卫生服务"的长远目标；描绘了近期深化医改的"路线图"，明确了近三年的五项重点工作，并以此为抓手促进公共医疗卫生事业落实公益性质，着力解决百姓反映最强烈的突出问题。这5项重点工作是：实现全民医保，减轻群众医疗费用负担；初步建立国家基本药物制度，减轻群众基本用药费用负担；健全基层医疗服务体系，方便群众看病就医；促进基本公共卫生服务均等化，力争让群众少生病；推进公立医院改革试点，提高服务质量和效率，明显缩短病人等候时间，实现同级医疗机构检查结果互认，努力让群众看好病。这五项工作在同时发布的《医药卫生体制改革近期重点实施方案（2009—2011年）》中得到细化和落实。可见，"新医改"是一项覆盖范围很广的系统工程，坚持基本医疗卫生事业的公益性质是贯穿其中的一条主线。

医疗卫生涉及领域很多，主要是投资体系、服务体系、监督管理体系，以及配套的药品、器材、耗材体系和人才培养体系。简单说，截至2014年，新一轮医改主要做了四件事：一是预防方面，让老百姓不得病、少得病、不得大病，促进基本公共卫生服务逐步均等化；二是看病方面，健全基层医疗卫生服务体系，推进公立医院改革试点；三是吃药方面，初步建立国家基本药物制度；四是报销方面，加快推进基本医疗保障制度建设。如果看分项指标，都是超额完成任务的。10年前80%以上的中国人是没有任何保险的，现在我们医保覆盖率已经达到了90%以上。医改最大成就是使我国基层医疗卫生发生了三方面历史性变革。首先，政府对基层医疗卫生的定位和责任发生了历史性变革。其次，政府对基层医疗卫生投入发生了历史性变革。增加政府投入是新医改的重要特征。最后，基层医疗卫生机构的职能和服务方式发生了根本转变，由创收、注重经济效益转变为公益，由过去以疾病为中心转变为以健康为中心，由过去"等病人上门"的服务向深入社区、家庭的主动服务和"上门服务"转变。医改当前存在的主要问题是看病贵的问题没有解决。造成这一问题的原因有三个。第一，目前改革主要是在基层，也就是在农村、乡镇卫生院及社区一级，占总医疗服务量不到20%，城市和发达地区患者感受不深；第二，改革外部环境和配套措施不到位，整个社会还是一个创收趋利的大环境；第三，公立医院改革滞后于基层，没有发挥良好的示范效应。

15.中国加入《残疾人权利公约》

2006年12月,第61届联合国大会通过了《残疾人权利公约》(以下简称《公约》),这是联合国历史上首部为保护残疾人权利而专门制定的具有法律约束力的国际公约。中国是《公约》最早发起国之一,并于2007年3月首批签署《公约》,2008年6月26日全国人大常委会批准加入《公约》。全国人大外事委员会认为,批准加入该公约,有利于在全社会进一步树立尊重残疾人权利和尊严的良好风气,有利于保护社会困难群体、促进社会公平和维护残疾人权益,有利于促进残疾人事业的发展,符合中国利益和实际需要。

《公约》由序言和50条正文组成,主要内容是:一、规定了《公约》的宗旨是促进、保护和确保所有残疾人充分和平等地享有一切人权和基本自由,并促进对残疾人固有尊严的尊重;二、规定了各缔约国应当采取一切适当的立法、行政和其他措施保障残疾人人权和基本自由,保障其经济、社会和文化等方面的权利;三、规定了各缔约国应当采取适当措施,确保残疾人在与其他人平等的基础上,无障碍地使用交通工具,利用信息、通信技术和系统,以及其他设施和服务;四、规定了各缔约国应采取适当措施保障残疾人享有生命权、获得司法保护、免受酷刑和虐待、迁徙自由和享有国籍、参与政治和公共生活等权利;五、规定了各缔约国应采取适当措施保障和促进残疾人获得教育、健康、康复、就业、社会保障、参与文化体育生活等权利;六、规定了在《公约》生效时应当成立残疾人权利委员会,并对其组成方式和议事规则做了规定;七、规定了各缔约国应当承担的履约义务;八、规定了《公约》的生效、修改和退出程序。

2010年8月,按照《公约》有关条款规定,中国首次向联合国残疾人权利委员会递交履约报告。履约报告指出,中国积极参与国际残疾人事务,在国际残疾人领域中展现出负责任的大国形象,中国残疾人事业的进步与国际残疾人运动的发展相得益彰。中国采取切实措施履行《公约》,修订了《残疾人保障法》,颁布了《残疾人教育条例》、《残疾人就业条例》等专项法规。2008年3月,《中共中央、国务院关于促进残疾人事业发展的意见》提出了中国政府促进和保护残疾人权益的总体思想、指导原则、目标任务和重大措施。中国政府先后实施了五个"国家残疾人事业五年规划",其中《中国残疾人事业"十一五"发展纲要(2006—2010)》充分结合《残疾人权利公约》全面规划了残疾人康复、教育、就业、扶贫、社会保障、维权、文化体育、无障碍环境建设、残疾人组织建设等各项工作。通过这一系列重大举措,残疾人状况得到了不断的改善。

16.国家中长期教育改革和发展规划纲要（2010—2020年）

为促进教育事业的科学发展，2010年7月29日，中共中央、国务院印发了《国家中长期教育改革和发展规划纲要（2010—2020年）》（以下简称《纲要》）。《纲要》是21世纪中国第一个中长期教育改革和发展规划，是一个时期指导全国教育改革和发展的纲领性文件。

新中国成立以来，中国教育事业取得了举世瞩目的成就，建成了世界最大规模的教育体系，保障了亿万人民群众受教育的权利，但教育的发展还不能适应现代化建设新阶段新形势的更高要求，迫切需要进行新一轮改革和重新规划。未来十年是我国实施现代化建设"三步走"战略的关键阶段。制定并实施《国家中长期教育改革和发展规划纲要（2010—2020年）》，在新的历史起点上加快推进教育改革和发展，对于建设人力资源强国、满足群众接受良好教育的需求、全面建成惠及十几亿人口的小康社会具有重大战略意义。

《纲要》全文包括总体战略、发展任务、体制改革和保障措施4大部分，共4章。

《纲要》提出了今后一个时期教育改革的工作方针：第一，教育优先发展是党和国家提出并长期坚持的一项重大方针，要把教育摆在优先发展的战略地位；第二，人力资源是中国经济社会发展的第一资源，教育是开发人力资源的主要途径，要把育人为本作为教育工作的根本要求，努力培养造就数以亿计的高素质劳动者、数以千万计的专门人才和一大批拔尖创新人才；第三，教育要发展，根本靠改革，要把改革创新作为教育发展的强大动力，要以体制机制改革为重点，鼓励地方和学校大胆探索和试验，加快重要领域和关键环节改革步伐；第四，教育公平是社会公平的重要基础，要把促进公平作为国家基本教育政策，教育公平的关键是机会公平；第五，树立科学的质量观，要把提高质量作为教育改革发展的核心任务，以促进人的全面发展、适应社会需要作为衡量教育质量的根本标准。

《纲要》指出，到2020年，教育改革和发展的战略目标是：基本实现教育现代化，基本形成学习型社会，进入人力资源强国行列；教育改革和发展的战略主题是"坚持以人为本、全面实施素质教育"。

《纲要》明确了学前教育、义务教育、高中阶段教育、职业教育、高等教育、继续教育等六大发展任务，同时还部署了民族教育和特殊教育的发展任务。《纲要》提出，到2020年，要普及学前一年教育，基本普及学前两年教育，有条件的地区普及学前三年教育，重视0至3岁婴幼儿教育，要努力提高农村学前教育普及程度；全面提高义务教育普及水平，全面提高教育质量，基本实现区域内均衡发展，确保适龄儿童少年接受良好义务教育；普及高中阶段教育，满足初中毕业生接受高中阶段教育需求；形成适应经济发展方式转变和产业结构调整要求、体现终身教育理念、中等和高等职业教育协调发展的现代职业教育体系；高等教育结构更加合理，特色更加鲜明，人才培养、科学研究和社会服务整体水平全面提升，建成一批国际知名、有特色、高水平的高等学校，若干所大学达到或接近世界一流大学水平，高等教育国际竞争力显著增强；基本实现市（地）和30万人口以上、残疾儿童少年较多的县（市）都有一所特殊教育学校。另外，《纲要》还提出，加快发展继续教育，重视和支持民族教育事业，切实解决少数民族和民族地区教育事业发展面临的特殊困难和突出问题。

《纲要》认为，实现教育事业的科学发展，需要深化教育体制改革。这包括：一、人才培养体制改革，更新人才培养观念，创新人才培养模式，改革教育质量评价和人才评价制度；二、考试招生制度改革，完善中等学校和高等学校考试招生制度，建立现代学校制度；三、办学体制改革，积极鼓励行业、企业等社会力量参与公办学校办学，大力支持民办教育；四、管理体制改革，形成统筹有力、权责明确的教育管理体制；五、扩大教育开放，加强国际交流与合作，引进优质资源，提高交流合作水平，扩大政府间学历学位互认。

《纲要》最后部分提出了教育改革的保障措施，主要包括：一、加强教师队伍建设，提高教师队伍素质，提高教师地位待遇；二、保障经费投入，要健全以政府投入为主、多渠道筹集教育经费的体制，继续增加教育投入，逐步提高国家财政性教育经费支出占国内生产总值比例，到2012年达到4%；三、加快教育信息化进程，重视教育信息基础设施建设，加强优质教育资源开发与应用，构建国家教育管理信息系统；四、推进依法治教，完善教育法律法规，依法行政，依法治校；五、组织实施重大项目和改革试点；六、加强和改进教育系统党的建设。

《纲要》既系统设计、谋划长远，又突出重点、部署近期任务；既注重在理念和思路上进行阐述，又提出一些扎扎实实的政策举措；既明确了各级政府的职责，又对全社会提出了要求，是一个具有战略意义的指导性文件。

17.国家中长期人才发展规划纲要（2010—2020年）

为更好实施人才强国战略，2010年4月1日，中共中央、国务院印发《国家中长期人才发展规划纲要（2010—2020年）》（以下简称《纲要》）。《纲要》是中国第一个中长期人才发展规划，是一个时期全国人才工作的指导性文件。

新中国成立以来，党和国家采取了一系列加强人才工作的政策措施，培养造就了各个领域的大批人才，科学人才观逐步确立，以高层次人才、高技能人才为重点的各类人才队伍不断壮大，有利于人才发展的政策体系进一步完善，市场配置人才资源的基础性作用初步发挥,人才效能明显提高,党管人才工作新格局基本形成。但还存在着一些问题,高层次创新型人才匮乏,人才创新创业能力不强,人才结构和布局不尽合理,人才发展体制机制障碍尚未消除,人才资源开发投入不足,等等。在此背景下,中共中央、国务院制定了指导人才工作开展的规划纲要。

《纲要》全文共分序言,人才发展指导方针、战略目标和总体部署,人才队伍建设主要任务,体制机制创新,重大政策,重大人才工程,组织实施等部分。人才发展的指导方针是:服务发展、人才优先、以用为本、创新机制、高端引领、整体开发。总体目标是:培养和造就规模宏大、结构优化、布局合理、素质优良的人才队伍,确立国家人才竞争比较优势,进入世界人才强国行列,为在21世纪中叶基本实现社会主义现代化奠定人才基础。总体部署是:一、实行人才投资优先,健全政府、社会、用人单位和个人多元人才投入机制,加大对人才发展的投入,提高人才投资效益;二、加强人才资源能力建设,创新人才培养模式,注重思想道德建设,突出创新精神和创新能力培养,大幅度提升各类人才的整体素质;三、推动人才结构战略性调整,充分发挥市场配置人才资源的基础性作用,改善宏观调控,促进人才结构与经济社会发展相协调;四、造就宏大的高素质人才队伍,突出培养创新型科技人才,重视培养领军人才和复合型人才,大力开发经济社会发展重点领域急需紧缺专门人才,统筹抓好党政人才、企业经营管理人才、专业技术人才、高技能人才、农村实用人才以及社会工作人才等人才队伍建设,培养造就数以亿计的各类人才,数以千万计的专门人才和一大批拔尖创新人才;五、改革人才发展体制机制,完善人才管理体制,创新人才培养开发、评价发现、选拔任用、流动配置、激励保障机制,营造充满活力、富有效率、更加开放的人才制度环境;六、大力吸引海外高层次人才和急需紧缺专门人才,坚持自主培养开发与引进海外人才并举,积极利用国(境)外教育培训资源培养人才;七、加快人才工作法制建设,建立健全人才法律法规,坚持依法管理,保护人才合法权益;八、加强和改进党对人才工作的领导,完善党管人才格局,创新党管人才方式方法,为人才发展提供坚强的组织保证。主要任务是:突出培养造就创新型科技人才,大力开发经济社会发展重点领域急需紧缺专门人才,统筹推进各类人才队伍建设。

《纲要》提出,推动人才发展,要进行机制体制创新。坚持党管人才原则,创新党管人才方式方法,完善党委统一领导,组织部门牵头抓总,充分发挥政府人力资源管理部门作用,有关部门各司其职、密切配合,社会力量广泛参与的人才工作格局。围绕用好用活人才,完善政府宏观管理、市场有效配置、单位用人自主、人才自主择业的人才管理体制。创新人才培养开发、评价发现、选拔任用、流动配置、激励保障机制,营造充满活力、富有效率、更加开放的人才制度环境。

《纲要》还围绕人才工作和人才队伍建设的重点领域和关键环节,提出了"实施促进人才投资优先保证的财税金融政策"、"实施人才创业扶持政策"、"实施更加开放的人才政策"等10项重大政策，确定了"创新人才推进计划"、"青年英才开发计划"、"海外高层次人才引进计划"等12项重大人才工程。

《纲要》的发布和落实对于贯彻落实科学发展观、更好实施人才强国战略具有重要意义，对于在激烈的国际竞争中赢得主动的战略选择，加快经济发展方式转变、实现全面建设小康社会奋斗目标具有重大意义。

18.第六次全国人口普查

根据国家普查项目和周期安排的有关规定，国务院决定于2010年开展第六次全国人口普查。此次人口普查标准时点为11月1日零时，人口普查主要调查人口和住户的基本情况，内容包括：性别、年龄、民族、受教育程度、行业、职业、迁移流动、社会保障、婚姻生育、死亡、住房情况等。人口普查的对象是在中华人民共和国（不包括香港、澳门和台湾地区）境内居住的自然人。与前五次人口普查调查对象仅限定在具有中华人民共和国国籍并在境内常住的人口相比，第六次全国人口普查首次将中国境内的境外人员纳入普查对象。

为科学有效地组织实施第六次全国人口普查，根据《全国人口普查条例》，国家统计局、国务院第六次全国人口普查领导小组办公室颁布了《第六次全国人口普查方案》。人口普查表分为《第六次全国人口普查表短表》和《第六次全国人口普查表长表》。人口普查区域包括省级（指省、自治区、直辖市）、地级（指地区、地级市、州、盟）、县级（指县、区、县级市、旗）、乡级（指乡、镇、街道）区域以及普查区（居委会、村委会）和普查小区共六级。国务院第六次全国人口普查领导小组办公室开发了"全国人口普查地图标绘系统"和"全国人口普查地图验收系统"。由于所需人手数量庞大，单靠政府工作人员难以完成，所以人口普查工作的人员构成以政府工作人员及临时聘用人员组成。本次人口普查的三年经费总预算约为80亿元人民币。

国家统计局2011年4月28日发布了初步汇总的第六次全国人口普查主要数据，主要内容如下：

一、人口总量与人口增长。大陆31个省、自治区、直辖市和现役军人的人口为1339724852人，与2000年第五次全国人口普查相比，十年增加7390万人，增长5.84%，年平均增长0.57%，比1990年到2000年的年平均增长率1.07%下降0.5个百分点。数据表明，十年来中国人口增长处于低生育水平阶段。

二、家庭户规模。大陆31个省、自治区、直辖市共有家庭户40152万户，家庭户人口124461万人，平均每个家庭户的人口为3.10人，比2000年人口普查的3.44人减少0.34

人。数据表明十年来中国家庭户规模继续缩小。

三、性别构成。此次人口普查中,男性人口占51.27%,女性人口占48.73%,总人口性别比由2000年人口普查的106.74下降为105.20(以女性人口为100.00)。男女性别比例差别有所减小但仍然较大。

四、年龄构成。从年龄构成看,0—14岁人口占16.60%,比2000年人口普查下降6.29个百分点;60岁及以上人口占13.26%,比2000年人口普查上升2.93个百分点,其中65岁及以上人口占8.87%,比2000年人口普查上升1.91个百分点。人口年龄结构的变化,说明随着经济社会快速发展,人民生活水平和医疗卫生保健事业的巨大改善,生育率持续保持较低水平,老龄化进程逐步加快。

五、民族构成。此次人口普查中,汉族人口占91.51%,比2000年人口普查的91.59%下降0.08个百分点;少数民族人口占8.49%,比2000年人口普查的8.41%上升0.08个百分点。少数民族人口十年年均增长0.67%,高于汉族0.11个百分点。

六、各种受教育程度人口。从人口受教育程度看,与2000年人口普查相比,每十万人中具有大学文化程度的由3611人上升为8930人,具有高中文化程度的由11146人上升为14032人;具有初中文化程度的由33961人上升为38788人;具有小学文化程度的由35701人下降为26779人。文盲率(15岁及以上不识字的人口占总人口的比重)为4.08%,比2000年人口普查的6.72%下降2.64个百分点。

七、城乡构成。全国居住在城镇的人口为66557万人,占总人口的49.68%,居住在乡村的人口为67415万人,占50.32%。同2000年人口普查相比,城镇人口比重上升13.46个百分点。这表明2000年以来经济社会的快速发展极大地促进了城镇化水平的提高。

八、地区分布。这次人口普查,东部地区人口占31个省(区、市)常住人口的37.98%,中部地区占26.76%,西部地区占27.04%,东北地区占8.22%。与2000年人口普查相比,东部地区的人口比重上升2.41个百分点,中部、西部、东北地区的比重都在下降,其中西部地区下降幅度最大,下降1.11个百分点;其次是中部地区,下降1.08个百分点;东北地区下降0.22个百分点。按常住人口分,排在前五位的是广东省、山东省、河南省、四川省和江苏省。2000年人口普查排在前五位的是河南省、山东省、广东省、四川省、江苏省。

九、人口的流动。这次人口普查,居住地与户口登记地所在的乡镇街道不一致且离开户口登记地半年以上的人口为26139万人,其中市辖区内人户分离的人口为3996万人,不包括市辖区内人户分离的人口为22143万人。同2000年人口普查相比,居住地与户口登记地所在的乡镇街道不一致且离开户口登记地半年以上的人口增加11700万人,增长81.03%;其中不包括市辖区内人户分离的人口增加10036万人,增长82.89%。这主要是多年来中国农村劳动力加速转移和经济快速发展促进了流动人口大量增加。

根据国家统计局发布的第六次全国人口普查主要数据显示,全国人口呈现出人口增长率放缓、老龄化进程加快、家庭规模持续缩小、城镇人口比重大幅上升和流动人口大量增加等特征。

第六次全国人口普查基本掌握了2000年以来中国人口在数量、结构、分布和居住环境等方面的变化情况,为科学制定国民经济和社会发展规划,统筹安排人民的物质和文化生活,实现可持续发展战略,构建社会主义和谐社会,提供了不可缺少的统计信息支持。

八、"十二五"期间社会改革与发展概况

1. 中华人民共和国国民经济和社会发展第十二个五年规划纲要

2011年3月14日,十一届全国人大四次会议审议通过了《中华人民共和国国民经济和社会发展第十二个五年规划纲要》(以下简称《纲要》)。《纲要》阐明了第十二个五年规划期间(2011—2015年)的国家战略意图,明确政府工作重点,引导市场主体行为,是2011—2015年五年间中国经济社会发展的宏伟蓝图,是全国各族人民共同的行动纲领,是政府履行经济调节、市场监管、社会管理和公共服务职责的重要依据。

《纲要》全文共16篇,分别是:一、转变方式,开创科学发展新局面;二、强农惠农,加快社会主义新农村建设;三、转型升级,提高产业核心竞争力;四、营造环境,推动服务业大发展;五、优化格局,促进区域协调发展和城镇化健康发展;六、绿色发展,建设资源节约型、环境友好型社会;七、创新驱动,实施科教兴国战略和人才强国战略;八、改善民生,建立健全基本公共服务体系;九、标本兼治,加强和创新社会管理;十、传承创新,推动文化大发展大繁荣;十一、改革攻坚,完善社会主义市场经济体制;十二、互利共赢,提高对外开放水平;十三、发展民主,推进社会主义政治文明建设;十四、深化合作,建设中华民族共同家园;十五、军民融合,加强国防和军队现代化建设;十六、强化实施,实现宏伟发展蓝图。

《纲要》回顾了"十一五"时期社会主义经济建设、政治建设、文化建设、社会建设以及生态文明建设取得的重大进展和存在的主要问题,明确提出"十二五"时期是全面建设小康社会的关键时期,因而要在中国特色社会主义伟大旗帜引领下,以邓小平理论和"三个代表"重要思想为指导,以科学发展为主题,以加快转变经济发展方式为主线,深化改革开放,保障和改善民生,巩固和扩大应对国际金融危机冲击成果,促进经济长期平

稳较快发展和社会和谐稳定。为此,《纲要》强调坚持五项基本要求:第一,坚持把经济结构战略性调整作为加快转变经济发展方式的主攻方向;第二,坚持把科技进步和创新作为加快转变经济发展方式的重要支撑;第三,坚持把保障和改善民生作为加快转变经济发展方式的根本出发点和落脚点;第四,坚持把建设资源节约型、环境友好型社会作为加快转变经济发展方式的重要着力点;第五,坚持把改革开放作为加快转变经济发展方式的强大动力。

《纲要》规定的"十二五"期间经济社会发展的七项主要目标为:

一、经济平稳较快发展。国内生产总值年均增长7%,城镇新增就业4500万人,城镇登记失业率控制在5%以内,价格总水平基本稳定,国际收支趋向基本平衡,经济增长质量和效益明显提高。

二、结构调整取得重大进展。居民消费率上升。农业基础进一步巩固,工业结构继续优化,战略性新兴产业发展取得突破,服务业增加值占国内生产总值比重提高4个百分点。城镇化率提高4个百分点,城乡区域发展的协调性进一步增强。

三、科技教育水平明显提升。九年义务教育质量显著提高,九年义务教育巩固率达到93%,高中阶段教育毛入学率提高到87%。研究与试验发展经费支出占国内生产总值比重达到2.2%,每万人口发明专利拥有量提高到3.3件。

四、资源节约环境保护成效显著。耕地保有量保持在18.18亿亩。单位工业增加值用水量降低30%,农业灌溉用水有效利用系数提高到0.53。非化石能源占一次能源消费比重达到11.4%。单位国内生产总值能源消耗降低16%,单位国内生产总值二氧化碳排放降低17%。主要污染物排放总量显著减少,化学需氧量、二氧化硫排放分别减少8%,氨氮、氮氧化物排放分别减少10%。森林覆盖率提高到21.66%,森林蓄积量增加6亿立方米。

五、人民生活持续改善。全国总人口控制在13.9亿人以内。人均预期寿命提高1岁,达到74.5岁。城镇居民人均可支配收入和农村居民人均纯收入分别年均增长7%以上。新型农村社会养老保险实现制度全覆盖,城镇参加基本养老保险人数达到3.57亿人,城乡三项基本医疗保险参保率提高3个百分点。城镇保障性安居工程建设3600万套。贫困人口显著减少。

六、社会建设明显加强。覆盖城乡居民的基本公共服务体系逐步完善。全民族思想道德素质、科学文化素质和健康素质不断提高。社会主义民主法制更加健全,人民权益得到切实保障。文化事业加快发展,文化产业占国民经济比重明显提高。社会管理制度趋于完善,社会更加和谐稳定。

七、改革开放不断深化。财税金融、要素价格、垄断行业等重要领域和关键环节改革取得明显进展,政府职能加快转变,政府公信力和行政效率进一步提高。对外开放广度和深度不断拓展，互利共赢开放格局进一步形成。

"标本兼治，加强和创新社会管理"首次独立成篇，写入《纲要》。《纲要》对加强和创新社会管理作出了创新社会管理体制、强化城乡社区自治和服务功能、加强社会组织建设、完善维护群众权益机制、加强公共安全体系建设五个方面的部署，体现了"适应经济体制深刻变革、社会结构深刻变动、利益格局深刻调整、思想观念深刻变化的新形势，创新社会管理体制机制，加强社会管理能力建设，建立健全中国特色社会主义社会管理体系，确保社会既充满活力又和谐稳定"的新需求。

《纲要》发布后，各个部门、各个领域也大都相应地制定并发布了各自的同一时期的发展规划，故《纲要》及其配套规划是迄今最为完备的规划纲要。

《纲要》是在我国全面建设小康社会关键时期，深化改革开放、加快转变经济发展方式攻坚时期发布实施的纲领性文件。全面评估《纲要》实施进展情况，推进《纲要》顺利实施，对推动科学发展、全面建成小康社会具有十分重要的意义。按照《中华人民共和国各级人民代表大会常务委员会监督法》要求，2014年，国务院重点围绕《纲要》明确的主题主线、主要目标、战略任务、重大改革、重点工程等实施进展情况进行了全面评估，并在深入分析存在的主要问题和挑战基础上，立足《纲要》实施、着眼长远发展，提出对策建议。评估报告显示，2011年国内生产总值增长9.3%，2012年增长7.7%，2013年上半年增长7.6%，经济增速高于《纲要》年均增长7%的预期目标。就业、物价、国际收支等主要宏观调控目标也基本实现。此外，经济结构调整取得新进展，科教水平稳步提高；资源节约环境保护力度加大；人民生活水平不断提高；社会事业和社会管理得到加强；改革开放稳步推进。总体上，《纲要》提出的主要目标、重点任务、重大工程实施进展顺利，24个主要指标大多数达到预期进度。但受经济增长速度超过预期、产业结构优化升级较慢、能源结构优化调整进展不快、部分企业减排力度不够等因素影响，能源消费强度、二氧化碳排放强度、能源消费结构和氮氧化物排放量等4个节能环保方面的约束性指标实现进度滞后。特别是鉴于经济增长面临下行压力、结构优化升级进展缓慢、环境污染形势严峻、财政金融风险增大、社会矛盾复杂多发等多重不利因素的影响，全面完成《纲要》提出的各项目标任务存在一些挑战。"十二五"后半期，必须坚持以科学发展为主题，以加快转变经济发展方式为主线，深入贯彻落实党的十八大精神和十八届二中、三中、四中全会作出的一系列新部署，坚定不移地推进改革开放，加快建立有利于科学发展的体制机制，切实解决《纲要》实施中存在的突出问题，强力推进节能减排和生态环境保护各项举措，努力促进《纲要》目标任务全面实现。

2.加强和创新社会管理

新世纪以来,随着中国的发展进入更高阶段,社会的快速转型和社会结构的深刻调整,当代中国的社会管理面临新要求和新挑战,社会建设的任务紧迫而艰巨。党的十六大以来,加强和创新社会管理的任务就是适应这样的新形势,作为社会建设和党的执政能力建设的一项重要任务提出来的。

2002年,党的十六大从维护社会稳定的角度提出要改进社会管理、保持良好的社会秩序。此后,2003年党的十六届三中全会在阐述科学发展观时,"社会建设和管理"是五个统筹之一。2004年9月召开的党的十六届四中全会强调,要坚持最广泛最充分地调动一切积极因素,不断提高构建社会主义和谐社会的能力,不断增强全社会的创造活力,妥善协调各方面的利益关系,推进社会管理体制创新,加强和改进新形势下的群众工作,维护社会稳定。会议作出的《关于加强党的执政能力建设的决定》明确提出:"加强社会建设和管理,推进社会管理体制创新。深入研究社会管理规律,完善社会管理体系和政策法规,整合社会管理资源,建立健全党委领导、政府负责、社会协同、公众参与的社会管理格局。"2007年党的十七大重申了这一精神。2009年12月,全国政法工作电视电话会议要求抓住影响社会和谐稳定的源头性、根本性、基础性问题,深入推进社会矛盾化解、社会管理创新、公正廉洁执法三项重点工作。2010年10月,中共中央政法委员会、中央社会治安综合治理委员会确定了35个市、县(市、区)作为全国社会管理创新综合试点,并制定了《全国社会管理创新综合试点指导意见》,细化了社会管理创新的主要内容。从中央到各省(区、市)、地市、县(市、区),层层开展社会管理创新综合试点,下发试点工作实施方案或指导意见,加强对试点工作的指导,及时总结经验、培育典型,推动了试点工作有序进行。各地抓住社会管理的主要环节和瓶颈制约,围绕服务民生和社会矛盾化解、特殊人群服务管理、社会治安重点地区排查整治、综治基层基础建设、"两新组织"服务管理、互联网管理等工作,积极探索建立新的管理体制和运行机制,创造了一些新的经验和亮点。北京市东城区针对社会安全稳定存在的薄弱环节和重点难点问题,充分运用网格理念和现代化信息技术,综合考虑"人、地、物、事、组织"等因素,在全区17个街道、205个社区划分社会管理网格588个,通过精细化管理使基层真正成为维护社会稳定的"屏障"和"第一道防线"。浙江省诸暨市坚持发展"枫桥经验",通过构建组织化的社会稳定保障体系、多元化的社会矛盾化解体系、立体化的社会安全防控体系、人本化的社会事务管理体系、信息化的社会管理网络体系和规范化的社会公平执法体系六大工作体系,形成了科学、高效、惠民的社会管理新路子。安徽省合肥市扎实推进社会稳定风险评估工作,在全市所有乡镇街道建立了综治工作中心，较好地实现了"小事不出村、大事不出乡镇、矛盾不上交"，实现了社会稳定风险早知道、早防控、早化解。江西省丰城市以特殊人群服务管理为突破口，整体推进社会管理创新，通过破解刑释解教人员在信息互通、人员交接、过渡安置、就业扶助四方面难题，实现了刑释解教人员出监所评估、衔接管理、安置帮教等工作"无缝对接"；通过对肇事肇祸精神病人建立定期排查、分类处理、经费保障、部门协助四项机制，有效防止了肇事肇祸精神病人引发的治安灾害案件及刑事案件。

2011年可以说是一个"社会管理创新年"。这一年，"加强和创新社会管理"成为整个国家发展战略的重要组成部分，并且第一次明确了加强和创新社会管理的八大重点任务。

2011年2月，一年一度的省部级主要领导干部专题研讨班锁定"社会管理及其创新"，在中央党校进行了为期4天半的学习研讨。开班仪式上，中共中央总书记胡锦涛发表讲话，强调要牢牢把握最大限度激发社会活力、最大限度增加和谐因素、最大限度减少不和谐因素的总要求，扎扎实实提高社会管理科学化水平，建设中国特色社会主义社会管理体系。

2011年3月，"标本兼治，加强和创新社会管理"独立成篇，写入"十二五"规划纲要，从创新社会管理体制、强化城乡社区自治和服务功能、加强社会组织建设、完善维护群众权益机制、加强公共安全体系建设等方面，对加强和创新社会管理的工作进行了全面规划。5月，中共中央政治局专门召开会议研究加强和创新社会管理问题。7月，中共中央、国务院印发《关于加强和创新社会管理的意见》，进一步明确了加强和创新社会管理的指导思想、基本原则、目标任务和主要措施。8月，中央社会治安综合治理委员会正式更名为中央社会管理综合治理委员会，并赋予其协调和指导社会管理工作的重要职能，充实了领导力量，增加了成员单位，加强了工作机构。9月，召开全国加强和创新社会管理工作电视电话会议，提出要不断提高社会管理能力和科学化水平，促进经济社会协调发展。

2012年2月，全国社会管理创新综合试点工作座谈会提出，要加强整体规划设计，因地制宜搞好典型培育，积极探索具有中国特色、地方特点、时代特征的社会管理新路子，不断提高社会管理科学化水平。6月，中央综治委第二次全体会议总结推广试点工作经验，提出对流动人口融入城镇、特殊人群融入社会、"两新组织"服务管理、信息网络服务管理、社会矛盾化解、维护社会治安、社会诚信建设、基层基础建设等重大问题，要一个一个地攻坚克难，一步一步地推动解决。

2012年11月，党的十八大召开，在全会通过的报告中强调，要在改善民生和创新管理中加强社会建设。报告对加强和创新社会管理作出了系统部署，提出了明确要求。报告指出，要提高社会管理科学化水平，必须加强社会管理法律、体制机制、能力、人才队伍和信息化建设。改进政府提供公共服务方式，加强基层社会管理和服务体系建设，增强城乡社区服务功能,强化企事业单位、人民团体在社会管理和服务中的职责,引导社会组织健康有序发展,充分发挥群众参与社会管理的基础作用。完善和创新流动人口和特殊人群管理服务。正确处理人民内部矛盾,建立健全党和政府主导的维护群众权益机制,完善信访制度,完善人民调解、行政调解、司法调解联动的工作体系,畅通和规范群众诉求表达、利益协调、权益保障渠道。建立健全重大决策社会稳定风险评估机制。强化公共安全体系和企业安全生产基础建设,遏制重特大安全事故。加强和改进党对政法工作的领导,加强政法队伍建设,切实肩负起中国特色社会主义事业建设者、捍卫者的职责使命。深化平安建设,完善立体化社会治安防控体系,强化司法基本保障,依法防范和惩治违法犯罪活动,保障人民生命财产安全。完善国家安全战略和工作机制,高度警惕和坚决防范敌对势力的分裂、渗透、颠覆活动,确保国家安全。

2014年4月发布的国务院十二五规划纲要中期评估报告强调指出:我国正处于社会阶层多样化、利益主体结构多元化阶段,对创新社会治理提出了更高要求。要强化薄弱环节,推进制度创新,着力保障和改善民生,积极预防和化解社会风险,促进社会和谐稳定。具体说来,就是要坚持系统治理,加强党委领导,发挥政府主导作用,鼓励和支持社会各方面参与,实现政府治理和社会自我调节、居民自治良性互动。激发社会组织活力,加快实施政社分开,推进社会组织明确权责、依法自治、发挥作用。引导社会公众有序参与社会治理,支持和发展志愿服务组织。创新有效预防和化解社会矛盾体制,健全重大决策社会稳定风险评估机制,建立畅通有序的诉求表达、心理干预、矛盾调处、权益保障机制,使社会矛盾得到有效化解,群众合法权益得到有效保障。改革信访工作制度,实行网上受理信访,提高信访公信力,使群众合理诉求得到充分反映和及时就地解决。加快社会信用体系建设,尽快出台社会信用体系建设规划,完善社会成员信用记录,健全失信联合惩戒机制,创建良好的市场和社会运行环境。

通过各地的积极探索,一个与社会主义市场经济体制和社会全面转型相适应的社会管理新格局初步形成,与此同时,政府的角色和职能也在发生着变革。

3.国家基本公共服务体系"十二五"规划

2012年5月16日,国务院总理温家宝主持召开国务院常务会议,讨论通过《国家基本公共服务体系"十二五"规划》。这个规划是国家"十二五"规划纲要的配套规划之一,主要阐明国家基本公共服务的制度安排,明确基本范围、标准和工作重点,引导公共资源配置,是"十二五"乃至更长一段时间构建国家基本公共服务体系的综合性、基础性和指导性文件,是政府履行公共服务职责的重要依据。

规划的主要内容包括七个方面。

一是明确了"十二五"时期基本公共服务的范围和项目。在基本公共教育、劳动就业服务、社会保险、基本社会服务、基本医疗卫生、人口和计划生育、基本住房保障、公共文化体育及残疾人基本公共服务领域,确定了44类80个基本公共服务项目,如公共教育领域的义务教育免费、寄宿生生活补助、农村义务教育学生营养改善等。

二是按照服务对象、保障标准、支出责任、覆盖水平等四个方面,提出了每一项基本公共服务的国家基本标准,旨在体现公民权利、政府责任和基本公共服务工作目标,以明确基本公共服务在国家层面的管理和技术规范。所有标准的内容均依据现行法律法规和有关政策提出。

三是实施一批保障工程,如义务教育学校标准化建设工程、公共卫生服务体系建设工程等,改善各领域基本公共服务领域基础设施条件,健全服务网络。

四是要逐步建立城乡一体化的基本公共服务制度,健全促进区域基本公共服务均等化的体制机制,加大公共资源向农村、贫困地区和社会弱势群体倾斜力度,把更多的财力、物力投向基层,缩小基本公共服务水平差距,促进资源均衡配置、发展机会均等。

五是建立与经济发展和政府财力增长相适应的基本公共服务财政支出增长机制,明确政府间事权和支出责任,完善转移支付制度,健全财力保障机制,切实增强各级财政特别是县级财政提供基本公共服务的保障能力。

六是加快建立政府主导、社会参与、公办民办并举的基本公共服务供给模式。在坚持政府负责的前提下,充分发挥市场机制作用,鼓励社会力量参与,推动基本公共服务提供主体和提供方式多元化。

七是切实加强组织领导和统筹协调,建立健全规划实施机制,明确各地区、各部门责任分工,加强评估、监督和问责。

规划指出:"十二五"时期是我国全面建设小康社会的关键时期,是深化改革开放、加快转变经济发展方式的攻坚时期。建立健全基本公共服务体系,促进基本公共服务均等化,是深入贯彻落实科学发展观的重大举措,是构建社会主义和谐社会、维护社会公平正义的迫切需要,是全面建设服务型政府的内在要求,对于推进以保障和改善民生为重点的社会建设,对于切实保障人民群众最关心、最直接、最现实的利益,对于加快经济发展方式转变、扩大内需特别是消费需求,都具有十分重要的意义。规划提出的指导思想是:高举中国特色社会主义伟大旗帜,以邓小平理论和"三个代表"重要思想为指导,深入贯彻落实科学发展观,把基本公共服务制度作为公共产品向全民提供,着力保障城乡居民生存发展基本需求,着力增强服务供给能力,着力创新体制机制,不断深化收入分配制度改革,加快建立健全符合国情、比较完整、覆盖城乡、可持续的基本公共服务体系,逐步推进基本公共服务均等化。主要原则是：以人为本，保障基本；政府主导，坚持公益；统筹城乡，强化基层；改革创新，提高效率。主要目标是：经过努力，"十二五"时期，覆盖城乡居民的基本公共服务体系逐步完善，推进基本公共服务均等化取得明显进展；到2020年实现全面建设小康社会奋斗目标时，基本公共服务体系比较健全，城乡区域间基本公共服务差距明显缩小，争取基本实现基本公共服务均等化。

4.中共中央关于深化文化体制改革推动社会主义文化大发展大繁荣若干重大问题的决定

2011年10月18日，党的十七届六中全会审议通过《中共中央关于深化文化体制改革推动社会主义文化大发展大繁荣若干重大问题的决定》（以下简称《决定》）。《决定》全面总结了党领导文化建设的成就和经验，深刻分析了文化建设面临的新形势和新任务，阐明了中国特色社会主义文化发展道路，确立了建设社会主义文化强国的宏伟目标，提出了新形势下推进文化体制改革的指导思想、重要方针、目标任务和政策举措，是当前和今后一个时期推进我国文化改革和发展的行动纲领，具有长远的指导意义。

《决定》除引言和结束语外，共9个部分，分为3个板块。第一、第二部分构成第一板块，主要阐述新形势下深化文化体制改革、推动社会主义文化大发展大繁荣的重大意义、指导思想、奋斗目标、重要方针。第三、第四、第五、第六、第七、第八6个部分构成第二板块，主要部署文化改革发展重点任务。第九部分是第三板块，阐述加强和改进党对文化工作的领导。

《决定》从5个方面回顾了改革开放特别是党的十六大以来我们党推动文化建设取得的成就及其对党和国家事业全局作出的贡献，用"四个更加"、"四个越来越"、"三个关系"集中阐述推进文化改革发展的重大意义，从8个方面分析了当前文化领域存在的突出矛盾和问题。强调我们必须抓住和用好我国发展的重要战略机遇期，在坚持以经济建设为中心的同时，自觉把文化繁荣发展作为坚持发展是硬道理、发展是党执政兴国第一要务的重要内容，作为深入贯彻落实科学发展观的一个基本要求。要求全党准确把握我国经济社会发展新要求，准确把握当今时代文化发展新趋势，准确把握各族人民精神文化生活新期待，增强责任感和紧迫感，解放思想，转变观念，抓住机遇，乘势而上，在全面建设小康社会进程中、在科学发展道路上奋力开创社会主义文化建设新局面。

《决定》提出的推进文化改革发展的指导思想是：坚持中国特色社会主义文化发展道路，深化文化体制改革，推动社会主义文化大发展大繁荣，必须全面贯彻党的十七大精神，高举中国特色社会主义伟大旗帜，以马克思列宁主义、毛泽东思想、邓小平理论和

"三个代表"重要思想为指导,深入贯彻落实科学发展观,坚持社会主义先进文化前进方向,以科学发展为主题,以建设社会主义核心价值体系为根本任务,以满足人民精神文化需求为出发点和落脚点,以改革创新为动力,发展面向现代化、面向世界、面向未来的,民族的科学的大众的社会主义文化,培养高度的文化自觉和文化自信,提高全民族文明素质,增强国家文化软实力,弘扬中华文化,努力建设社会主义文化强国。总体要求是:着力推动社会主义先进文化更加深入人心,推动社会主义精神文明和物质文明全面发展,不断开创全民族文化创造活力持续迸发、社会文化生活更加丰富多彩、人民基本文化权益得到更好保障、人民思想道德素质和科学文化素质全面提高的新局面,建设中华民族共有精神家园,为人类文明进步作出更大贡献。奋斗目标是:社会主义核心价值体系建设深入推进,良好思想道德风尚进一步弘扬,公民素质明显提高;适应人民需要的文化产品更加丰富,精品力作不断涌现;文化事业全面繁荣,覆盖全社会的公共文化服务体系基本建立,努力实现基本公共文化服务均等化;文化产业成为国民经济支柱性产业,整体实力和国际竞争力显著增强,公有制为主体、多种所有制共同发展的文化产业格局全面形成;文化管理体制和文化产品生产经营机制充满活力、富有效率,以民族文化为主体、吸收外来有益文化、推动中华文化走向世界的文化开放格局进一步完善;高素质文化人才队伍发展壮大,文化繁荣发展的人才保障更加有力。主要方针是"五个坚持":坚持以马克思主义为指导;坚持社会主义先进文化前进方向;坚持以人为本;坚持把社会效益放在首位;坚持改革开放。

《决定》围绕建设社会主义文化强国和实现到2020年文化改革发展奋斗目标,围绕各地区各部门各方面普遍关注的重点问题,从六个方面作出工作部署、提出重大举措。这六个方面,一是推进社会主义核心价值体系建设,巩固全党全国各族人民团结奋斗的共同思想道德基础;二是全面贯彻"二为"方向和"双百"方针,为人民提供更好更多的精神食粮;三是大力发展公益性文化事业,保障人民基本文化权益;四是加快发展文化产业,推动文化产业成为国民经济支柱性产业;五是进一步深化改革开放,加快构建有利于文化繁荣发展的体制机制;六是建设宏大文化人才队伍,为社会主义文化大发展大繁荣提供有力人才支撑。

5.事业单位分类改革

事业单位分类改革是指对现行事业单位按照其承担的不同社会功能分类推进改革。具体来说,就是将承担行政职能的变为行政机构,将从事生产经营活动的转为企业推向市场,保留从事公益服务的事业单位。这一改革有学者形象地概括为"甩掉两头,留下中间

(中坚)"。

据统计,2011年,我国有126万个事业单位,3000多万正式职工,900万离退休人员。70%以上的科研人员、95%以上的教师和医生,相当比例的传媒、体育、文化等公共服务事业,各种社团、群团组织,都集中在"事业单位"的大旗下,其经费支出占政府财政支出的30%以上。长期以来,我国社会事业发展相对滞后,一些事业单位功能定位不清,政事不分、事企不分,机制不活;公益服务供给总量不足,供给方式单一,资源配置不合理,质量和效率不高;支持公益服务的政策措施还不够完善,监督管理薄弱。这些问题影响了公益事业的健康发展,迫切需要通过分类推进事业单位改革加以解决。

早在20世纪80年代中期,伴随科学技术、教育、卫生、文化等体制改革,事业单位改革就已逐步展开。1995年,全国事业单位机构和人事制度改革会议在河南郑州举行,正式开启全国事业单位人事制度改革的试点工作。2001年8月,国家陆续下发关于调整学校管理体制、地质勘查队伍管理体制、中央国家机关和省区市厅局报刊结构等若干决定,事业单位改革分领域推进。2002年,党的十六大强调"按照政事分开原则,改革事业单位管理体制"。2005年的《政府工作报告》首次提出要"积极稳妥地分类推进事业单位改革",党的十六届五中全会重申了这一要求。根据《中共中央、国务院关于深化文化体制改革的若干意见》,文化事业单位改革全面推进。2006年,中央机构编制委员会办公室经国务院批准,制定了《关于事业单位分类及相关改革的试点方案》(征求意见稿),提出事业单位分类及分类改革意见,并拟选择浙江、山西、重庆开展改革试点工作。同年,事业单位人事制度改革开始推进,启动岗位设置管理制度实施工作,聘用制度、岗位管理两大基本人事制度开始形成,为由固定用人向合同用人转变、由身份管理向岗位管理转变,实现职务能上能下、人员能进能出、待遇能高能低奠定基础;同时改革事业单位工作人员收入分配制度,建立岗位绩效工资制度。2007年,党的十七大要求围绕加快行政管理体制改革,建设服务型政府,加快推进事业单位分类改革。2008年党的十七届二中全会通过的《关于深化行政管理体制改革的意见》对事业单位改革提出了具体要求,明确"按照政事分开、事企分开和管办分离的原则,对现有事业单位分三类进行改革。主要承担行政职能的,逐步转为行政机构或将行政职能划归行政机构;主要从事生产经营活动的,逐步转为企业;主要从事公益服务的,强化公益属性,整合资源,完善法人治理结构,加强政府监管。推进事业单位养老保险制度和人事制度改革,完善相关财政政策"。按照党的十七大和十七届二中全会要求,在国务院领导下,有关部门在广泛深入调查研究的基础上,抓紧起草深化事业单位改革的总体方案和配套改革措施。为了探索经验,2008年国务院决定在山西、上海、浙江、广东、重庆进行事业单位改革试点。这些改革探索积累了有益经验,取得了明显成效,为进一步深化改革奠定了基础。

第一章 改革开放37年社会变革概况

2011年3月下发的《中共中央、国务院关于分类推进事业单位改革的指导意见》，标志着我国事业单位改革进入全新阶段。指导意见立足贯彻落实科学发展观，重视改革顶层设计与体制机制创新，对改革的重要意义、指导思想、基本原则、总体目标与主要内容等进行整体部署、战略谋划，提出按照政事分开、事企分开和管办分离的要求，以促进公益事业发展为目的，以科学分类为基础，以深化体制机制改革为核心，总体设计、分类指导、因地制宜、先行试点、稳步推进，进一步增强事业单位活力，不断满足人民群众和经济社会发展对公益服务的需求。指导意见明确了改革总体目标及阶段性目标，提出到2020年建立起功能明确、治理完善、运行高效、监管有力的管理体制和运行机制，形成基本服务优先、供给水平适度、布局结构合理、服务公平公正的中国特色公益服务体系；到2015年，在清理规范基础上完成事业单位分类，承担行政职能事业单位和从事生产经营活动事业单位的改革基本完成，从事公益服务事业单位在人事管理、收入分配、社会保险、财税政策和机构编制等方面改革取得明显进展，管办分离、完善治理结构等改革取得较大突破，社会力量兴办公益事业的制度环境进一步优化，为实现改革的总体目标奠定坚实基础。同年下发了9个配套文件，分别是：《关于事业单位分类的意见》；《关于承担行政职能事业单位改革的意见》；《关于创新事业单位机构编制管理的意见》；《关于建立和完善事业单位法人治理结构的意见》；《关于分类推进事业单位改革中财政有关政策的意见》；《关于分类推进事业单位改革中从事生产经营活动事业单位转制为企业的若干规定》；《关于分类推进事业单位改革中加强国有资产管理的意见》；《关于深化事业单位工作人员收入分配制度改革的意见》；《事业单位职业年金试行办法》。此后随着改革的推进，又陆续出台了关于事业单位人员养老制度改革、退休制度改革、收入分配制度改革、人事制度改革和财政政策改革等多项规定。

2011年以来，事业单位分类改革工作稳步推进。一是改革工作机制全面建立。中央建立了分类推进事业单位改革工作部际联席会议制度，制定了联席会议工作规则和工作要点。各地普遍成立了分类推进事业单位改革工作领导小组，多数由政府主要负责同志担任组长，并建立了工作机制，配备了专门力量，明确了工作责任。二是清理规范工作基本完成。各地区各部门按照要求，扎实稳妥地开展了事业单位清理规范。到目前，这项工作已基本完成，进一步摸清了事业单位"家底"，并解决了一些突出问题，为下一步分类工作奠定了坚实基础。三是事业单位分类稳步推进。山西、上海、浙江、广东、重庆5个试点省市分类工作进展较快，创造了不少好的做法经验。其他地方和部门结合清理规范，已着手研究分类工作，有的还进行了模拟分类。中央编办开展了细化分类目录、指导地方制定区域性分类参考目录等工作。四是体制机制创新迈出步伐。一些地方和部门积极探索事业单位管理体制机制创新，着力解决影响公益事业发展的深层次矛盾和问题。广东、重庆、浙江、北京、上海、深圳等地在管办分离、法人治理结构试点等方面取得了积极进展。

6.国务院关于促进红十字事业发展的意见

2012年7月10日，为推进红十字事业发展，国务院印发《关于促进红十字事业发展的意见》（以下简称《意见》）。这是新中国成立以来国务院专门为红十字会工作下发的第一个文件。《意见》进一步明确了红十字会的性质、地位、作用和职能职责，是指导我国新时期红十字事业发展的纲领性文件，为今后一个时期我国红十字事业的健康发展指明了方向。

一、关于红十字会的定位。《意见》明确肯定，中国红十字会作为中华人民共和国统一的红十字组织和国际红十字运动的重要成员，遵守宪法和法律，遵循国际红十字运动基本原则，依照中国参加的日内瓦公约及其附加议定书，认真履行法定职责，充分发挥其在人道领域的政府助手作用，为我国经济社会发展作出了重要贡献，成为社会主义和谐社会建设的重要力量、精神文明建设的生力军和民间外交的重要渠道。

二、关于红十字会的作用。《意见》明确提出红十字事业是中国特色社会主义事业的重要组成部分。中国红十字会积极服务经济社会发展大局，在参与应急救援、应急救护、人道救助、无偿献血、造血干细胞捐献、遗体和人体器官捐献、国际人道援助以及开展民间外交等方面发挥了不可替代的作用。红十字会作为从事人道主义工作的社会救助团体，在开展人道救助、反映民生诉求、化解社会矛盾等方面具有独特优势。

三、关于红十字会的改革创新。《意见》提出了三方面要求：一是要建立与社会主义市场经济体制和国际人道主义原则相适应的体制机制，强调通过改革和完善红十字会内部治理结构，创新管理模式，强化民主决策机制，提高组织执行能力等措施，探索建立"高效、透明、规范"的管理体制和运行机制；二是要求各级红十字会按照规定严格执行信息公开制度，做到资金募集、财务管理、招标采购、分配使用等捐赠信息的公开透明，切实保障捐赠人和社会公众的知情权、监督权，同时要求将红十字会的信息化建设纳入各地信息化建设总体规划，通过信息化手段着力打造公开透明的红十字会；三是全面建立综合性监督体系，强调要建立和完善法律监督、政府监督、社会监督、自我监督相结合的综合性监督体系，同时要求监察、审计部门加强对红十字会的监察、审计，要建立绩效考评和问责机制，严格实行责任追究。

四、关于红十字会的法定职责。《意见》从五个方面支持红十字会依法履行职责：一是应急救援，强调要建立健全红十字应急救援体系，加强备灾工作，依托志愿人员建立各类专业救援队伍，依法保障红十字会组织社会力量执行国内国际应急救援任务；二是建立红十字应急救护培训长效机制,充分发挥红十字会在公众参与的应急救护培训中的主体作用,支持红十字会在重点领域和行业开展相关培训;三是支持红十字会面向困难群体开展符合其宗旨的人道救助工作;四是加强无偿献血、造血干细胞捐献、遗体和人体器官捐献工作;五是积极开展国际人道援助和港澳台交流合作,强调要将红十字会的对外人道援助工作纳入国家对外援助整体部署,并加强与香港、澳门红十字会以及台湾红十字组织的交流与合作。

五、关于红十字会的组织队伍建设。《意见》从四个方面提出了要求:一是组织建设,强调要理顺管理体制,加强市、县级红十字会的组织机构建设,在乡村、街道、社区、学校等积极发展红十字志愿服务组织;二是法人治理结构,强调要优化理事会、常务理事会人员构成,提高执行委员会的执行力,完善专家咨询论证制度,健全民主决策程序,强化决策和监督职能;三是人才队伍职业化,强调要创新选人用人机制,通过公开选拔、竞争上岗等多种方式充实红十字会管理队伍,通过招聘项目人员等方式充实专业人才队伍;四是志愿者队伍,强调要将红十字志愿服务工作纳入当地志愿服务工作整体规划和公共文明指数测评体系,建立和完善按专业、分领域的红十字志愿服务体系。

六、关于不断优化红十字事业发展的社会环境。《意见》强调要营造有利于红十字事业发展的法制环境、政策环境和舆论环境。在法制环境方面,《意见》指出要加强执法监督检查,保障红十字会依法办会,依法履责,同时要推动修订和完善相关法律法规,依法查处擅自使用或滥用、篡改红十字标志的违法行为。

七、关于红十字会的资金管理。《意见》从四个方面作了规定:一是红十字会应将财政拨款资金和社会捐赠资金分开管理,对于使用捐赠资金开展人道救助工作所产生的实际成本,可从捐赠资金中据实列支,并向社会公开,但要严格限制列支额度和使用范围;二是各级政府要根据红十字会的法定职能,逐步增加对红十字事业的经费投入,保障红十字会依法履行职责;三是建立并完善政府向包括红十字会在内的社会组织购买服务制度,推动红十字事业可持续发展;四是对资金使用情况进行绩效考评,严格资金管理,提高使用效益。

八、关于切实加强对红十字事业的领导和支持。《意见》要求加强对红十字事业的组织领导和加大财政投入。各级政府要把红十字工作列入重要议事日程,在编制国民经济和社会发展规划时,同步编制红十字事业发展专项规划。依法对红十字会开展工作给予支持和资助,保障红十字会履行法定职责。要形成促进红十字事业发展的合力。红十字事业需要社会各方面力量广泛参与和支持。各级红十字会要切实增强责任感和使命感,动员社会组织、企事业单位、人民群众等各界力量,形成促进红十字事业的合力,不断开创我国红十字事业发展的新局面。

7.中国共产党第十八次全国代表大会

2012年11月8日至14日,中国共产党第十八次全国代表大会在北京召开。出席会议的代表2268人,特邀代表57人,代表全国8260万名党员。大会的主题是:高举中国特色社会主义伟大旗帜,以邓小平理论、"三个代表"重要思想、科学发展观为指导,解放思想,改革开放,凝聚力量,攻坚克难,坚定不移沿着中国特色社会主义道路前进,为全面建成小康社会而奋斗。会议听取和审议了党的十七届中央委员会的报告,审议了党的十七届中央纪律检查委员会的工作报告,审议并通过了《中国共产党章程(修正案)》,选举党的十八届中央委员会,选举党的十八届中央纪律检查委员会。

胡锦涛代表第十七届中央委员会向大会作了题为《坚定不移沿着中国特色社会主义道路前进,为全面建成小康社会而奋斗》的报告。报告描绘了全面建成小康社会、加快推进社会主义现代化的宏伟蓝图,为党和国家事业进一步发展指明了方向,是全党全国各族人民智慧的结晶,是我们党团结带领全国各族人民夺取中国特色社会主义新胜利的政治宣言和行动纲领,是马克思主义的纲领性文献。报告阐明的大会主题对我们党带领人民继往开来、奋勇前进具有十分重大的意义。全党要高举中国特色社会主义伟大旗帜,以邓小平理论、"三个代表"重要思想、科学发展观为指导,解放思想,改革开放,凝聚力量,攻坚克难,坚定不移沿着中国特色社会主义道路前进,为全面建成小康社会而奋斗。

大会强调,总结十年奋斗历程,最重要的就是我们坚持勇于推进实践基础上的理论创新,围绕坚持和发展中国特色社会主义提出一系列紧密相连、相互贯通的新思想、新观点、新论断,形成和贯彻了科学发展观。科学发展观是中国特色社会主义理论体系最新成果,是中国共产党集体智慧的结晶,是指导党和国家全部工作的强大思想武器。科学发展观同马克思列宁主义、毛泽东思想、邓小平理论、"三个代表"重要思想一道,是党必须长期坚持的指导思想。

大会指出,在新的历史条件下夺取中国特色社会主义新胜利,要牢牢把握以下基本要求:必须坚持人民主体地位,必须坚持解放和发展社会生产力,必须坚持推进改革开放,必须坚持维护社会公平正义,必须坚持走共同富裕道路,必须坚持促进社会和谐,必须坚持和平发展,必须坚持党的领导。

大会认为,根据我国经济社会发展实际,要在党的十六大、十七大确立的全面建设小康社会目标的基础上努力实现新的要求:经济持续健康发展,人民民主不断扩大,文化软实力显著增强,人民生活水平全面提高,资源节约型、环境友好型社会建设取得重大进展。全面建成小康社会,必须以更大的政治勇气和智慧,不失时机深化重要领域改革,坚决破除一切妨碍科学发展的思想观念和体制机制弊端，构建系统完备、科学规范、运行有效的制度体系，使各方面制度更加成熟更加定型。

大会同意报告关于我国社会主义经济建设、政治建设、文化建设、社会建设、生态文明建设的部署，强调要把生态文明建设融入经济建设、政治建设、文化建设、社会建设各方面和全过程，努力建设美丽中国，实现中华民族永续发展。大会强调，必须坚持以国家核心安全需求为导向，建设与我国国际地位相称、与国家安全和发展利益相适应的巩固国防和强大军队。

大会强调，全面准确贯彻"一国两制"、"港人治港"、"澳人治澳"、高度自治的方针，必须把坚持一国原则和尊重两制差异、维护中央权力和保障特别行政区高度自治权、发挥祖国内地坚强后盾作用和提高港澳自身竞争力有机结合起来。必须坚持"和平统一、一国两制"方针，巩固和深化两岸关系和平发展的政治、经济、文化、社会基础，为和平统一创造更充分的条件。大会同意报告对国际形势的分析和提出的对外工作方针。

大会强调，要以改革创新精神全面推进党的建设新的伟大工程，全面提高党的建设科学化水平。全党要牢牢把握加强党的执政能力建设、先进性和纯洁性建设这条主线，全面加强党的思想建设、组织建设、作风建设、反腐倡廉建设、制度建设，增强自我净化、自我完善、自我革新、自我提高能力，建设学习型、服务型、创新型的马克思主义执政党，确保党始终成为中国特色社会主义事业的坚强领导核心。大会强调，要坚持中国特色反腐倡廉道路，全面推进惩治和预防腐败体系建设，做到干部清正、政府清廉、政治清明。大会强调，党面临的形势越复杂，肩负的任务越艰巨，就越要加强党的纪律建设，越要维护党的集中统一，形成全党上下步调一致、奋发进取的强大力量。

大会强调，面对人民的信任和重托，面对新的历史条件和考验，全党必须增强忧患意识，谦虚谨慎，戒骄戒躁，始终保持清醒头脑；必须增强创新意识，坚持真理，修正错误，始终保持奋发有为的精神状态；必须增强宗旨意识，相信群众，依靠群众，始终把人民放在心中最高位置；必须增强使命意识，求真务实，艰苦奋斗，始终保持共产党人的政治本色。

关于对党章的修改，大会一致同意在党章中把科学发展观同马克思列宁主义、毛泽东思想、邓小平理论、"三个代表"重要思想一道确立为党的行动指南。大会决定把中国特色社会主义制度同中国特色社会主义道路、中国特色社会主义理论体系一道写入党章。大会同意将生态文明建设写入党章并作出阐述，使中国特色社会主义事业总体布局更加完善，使生态文明建设的战略地位更加明确，有利于全面推进中国特色社会主义事业。大会决定把十七大以来党的建设的新成果、新认识、新要求充实到党章关于党的建设总体要求中，使党的建设的主线、总体布局、总体目标更加完善，有利于全面推进党的建设新的伟大工程。大会认为,总结吸收近年来党的建设的成功经验,并与总纲部分的修改相衔接,对党章部分条文作适当修改十分必要。党的十八大作出的各项决策部署、取得的各项成果,必将对全面推进中国特色社会主义伟大事业和党的建设新的伟大工程发挥十分重要的指导作用,具有重大现实意义和深远历史意义。

大会选举了新一届的中央领导层,包括中央委员会委员、中央委员会候补委员、中央纪律检查委员会委员。11月15日,党的十八届一中全会上,选举了新一届的中央政治局成员,选举习近平、李克强、张德江、俞正声、刘云山、王岐山、张高丽为中央政治局常委,选举习近平为中央委员会总书记,决定习近平任中央军事委员会主席,批准王岐山任中央纪律检查委员会书记。

8."五位一体"总体布局

2012年11月,党的十八大报告明确提出:必须深入贯彻落实科学发展观,全面落实经济建设、政治建设、文化建设、社会建设、生态文明建设"五位一体"总体布局;强调指出,建设中国特色社会主义,总依据是社会主义初级阶段,总布局是"五位一体",总任务是实现社会主义现代化和中华民族伟大复兴。

"五位一体"总体布局是在中国特色社会主义事业不断发展中逐步形成的,是党的十一届三中全会以来,我们党对中国特色社会主义建设规律认识不断深化的结果。改革开放初期,邓小平同志提出,要"一手抓精神文明,一手抓物质文明",要"两手抓、两手都要硬"。此后,从党的十六大报告里的经济建设、政治建设、文化建设"三位一体",到十七大报告中提出经济建设、政治建设、文化建设和社会建设的"四位一体",再到十八大报告将生态文明建设纳入中国特色社会主义事业总体布局,正式形成了"五位一体"总体布局。

"五位一体"总布局是一个相互联系、相互促进的有机整体,其中经济建设是根本,政治建设是保证,文化建设是灵魂,社会建设是条件,生态文明建设是基础。我们党在不断开创中国特色社会主义事业新局面的过程中逐渐认识到:中国特色社会主义是全面发展的社会主义,社会的发展进步不仅包括经济的发展,也包括民主法制的健全、文化艺术的繁荣、社会的和谐稳定、生态环境的优美等,五者相辅相成。只有坚持"五位一体"建设全面推进、协调发展,才能形成经济富裕、政治民主、文化繁荣、社会公平、生态良好的发展格局,把我国建设成为富强民主文明和谐的社会主义现代化国家。

"五位一体"总布局的安排,为的就是规划蓝图,实现总目标。统筹推进"五位一体"总体布局,必须深刻理解、准确把握这一总布局的基本内涵和要求。

第一章 改革开放37年社会变革概况

在经济建设方面,坚持走中国特色社会主义新型工业化、信息化、城镇化、农业现代化道路,发展社会主义市场经济。发展必须是科学发展,经济增长必须是实实在在和没有水分的增长。要以提高发展质量和效益为中心,以供给侧结构性改革为主线,加快形成引领经济发展新常态的体制机制和发展方式,深入实施创新驱动发展战略,推动科技与经济深度融合,促进新型工业化、信息化、城镇化、农业现代化同步发展,形成区域协调发展新格局,发展更高层次的开放型经济。

在政治建设方面,坚持走中国特色社会主义政治发展道路,充分发挥我国社会主义政治制度优越性。坚持党的领导、人民当家作主、依法治国有机统一,以保证人民当家作主为根本,以增强党和国家活力、调动人民积极性为目标,以加强党的领导为根本保证,把制度建设摆在突出位置,加快建设社会主义法治国家,推进国家治理能力和治理体系现代化。

在文化建设方面,坚持走中国特色社会主义先进文化发展道路,扎实推进社会主义文化强国建设。坚持把社会效益放在首位,社会效益和经济效益相统一。以社会主义核心价值观为引领,加强思想道德建设和社会诚信建设,丰富文化产品和服务,发挥文化引领风尚、教育人民、服务社会、推动发展的作用。

在社会建设方面,坚持改善和保障民生,建设社会主义和谐社会。解决好人民群众最关心最直接最现实的利益问题,在学有所教、劳有所得、病有所医、老有所养、住有所居上持续取得新进展。围绕构建中国特色社会管理体系,加快形成党委领导、政府主导、社会协同、法治保障的社会管理体制,提高公共服务共建能力和共享水平。正确处理人民内部矛盾,建立健全党和政府主导的维护群众权益机制。

在生态文明建设方面,坚持实施可持续发展战略,建设社会主义生态文明。党的十八大把生态文明建设纳入中国特色社会主义事业总体布局,使生态文明建设的战略地位更加明确,有利于把生态文明建设融入经济建设、政治建设、文化建设、社会建设各方面和全过程。要加快建设资源节约型、环境友好型社会,形成人与自然和谐发展现代化建设新格局,推进美丽中国建设,为全球生态安全作出新贡献。

"五位一体"总体布局的形成,是时代召唤、实践推动、理论创新的结果,它使中国特色社会主义事业的发展方略更加完善、发展目的更加明确、发展内涵更加丰富、发展道路更加广阔,标志着我们党对共产党执政规律、社会主义建设规律、人类社会发展规律的认识达到新的高度。"五位一体"总体布局的形成,为到建党100周年时建成惠及十几亿人口的更高水平的小康社会打下了坚实基础,为到新中国成立100周年时建成富强民主文明和谐的社会主义现代化国家打下了坚实基础。坚定不移地推动经济建设、政治建设、文化建设、社会建设、生态文明建设"五位一体"协调发展,必将推动全面建成小康社会目标如期实现,创造中华民族更加美好的未来!

9.中国梦

"中国梦"是习近平担任中共中央总书记以后提出的对实现"中华民族伟大复兴"的一个构想,也是党的十八大召开以后中国共产党新的中央领导集体的执政理念。"中国梦"的核心目标可以概括为"两个一百年"的目标,也就是:到2021年中国共产党成立100周年和2049年中华人民共和国成立100周年时,逐步并最终顺利实现中华民族的伟大复兴。具体表现是国家富强、民族振兴、人民幸福。实现途径是走中国特色的社会主义道路、坚持中国特色社会主义理论体系、弘扬民族精神、凝聚中国力量。实施手段是经济、政治、文化、社会、生态文明"五位一体"建设。

2012年11月29日,在参观国家博物馆《复兴之路》展览时,中共中央总书记习近平第一次阐释了"中国梦"的概念。他说:大家都在讨论中国梦。我以为,实现中华民族伟大复兴,就是中华民族近代以来最伟大的梦想。

2013年3月17日,习近平在十二届全国人大一次会议上的讲话中明确阐述了"中国梦"的基本内涵。习近平指出:实现全面建成小康社会、建成富强民主文明和谐的社会主义现代化国家的奋斗目标,实现中华民族伟大复兴的"中国梦",就是要实现国家富强、民族振兴、人民幸福,既深深体现了今天中国人的理想,也深深反映了我们先人们不懈追求进步的光荣传统。2013年3月23日,习近平在莫斯科国际关系学院发表演讲时指出:实现中华民族伟大复兴,是近代以来中国人民最伟大的梦想,我们称之为"中国梦",基本内涵是实现国家富强、民族振兴、人民幸福。同年5月,习近平在接受拉美三国媒体联合采访时强调:在新的历史时期,"中国梦"的本质是国家富强、民族振兴、人民幸福。

关于"中国梦"的核心目标,2013年3月27日习近平在金砖国家领导人第五次会晤时讲话指出:大家都很关心中国的未来发展。面向未来,中国将相继朝着两个宏伟目标前进:一是到2020年国内生产总值和城乡居民人均收入比2010年翻一番,全面建成惠及十几亿人口的小康社会。二是到2049年新中国成立100年时建成富强民主文明和谐的社会主义现代化国家。为了实现这两大目标,我们将继续把发展作为第一要务,把经济建设作为中心任务,继续推动国家经济社会发展。我们将坚持以人为本,全面推进经济建设、政治建设、文化建设、社会建设、生态文明建设,促进现代化建设各个方面、各个环节相协调,建设美丽中国。此后,4月7日他在博鳌亚洲论坛2013年年会作主旨演讲时再次指出:我们的奋斗目标是,到2020年国内生产总值和城乡居民人均收入在2010年的基础上翻一番,全面建成小康社会;到本世纪中叶建成富强民主文明和谐的社会主义现代化国家,实现中华民族伟大复兴的中国梦。他指出,我们也认识到,中国依然是世界上最大的发展中国家,中国发展仍面临着不少困难和挑战,要使全体中国人民都过上美好生活,还需要付出长期不懈的努力。我们将坚持改革开放不动摇,牢牢把握转变经济发展方式这条主线,集中精力把自己的事情办好,不断推进社会主义现代化建设。

"人民对美好生活的向往,就是我们的奋斗目标。" 2012年11月15日,在新一届中央政治局常委媒体见面会上,习近平总书记近20分钟的讲话,说得最多的是人民,分量最重的是民生。习近平总书记说:我们的人民热爱生活,期盼有更好的教育、更稳定的工作、更满意的收入、更可靠的社会保障、更高水平的医疗卫生服务、更舒适的居住条件、更优美的环境,期盼着孩子们能成长得更好、工作得更好、生活得更好。这里面,一共列举了老百姓期盼的"十个更好",可谓对接现实、顺应民情。教育、就业、收入分配、医疗、住房……一直就是民生领域的关键词,也是社会关切、百姓呼声的集中点。从这个意义上说,十八大报告中提出的一系列民生发展目标、习近平总书记后来在讲话中提出的"十个更好",都是对民生关切的一个积极回应,具体而明确地向人民描绘了未来的幸福生活图景,这也便是"中国梦"为我们勾勒的未来社会建设的美好愿景。

10.中共中央政治局关于改进作风、密切联系群众的八项规定

2012年12月4日,习近平总书记主持召开中共中央政治局会议,审议通过了关于改进工作作风、密切联系群众的八项规定。会议强调,抓作风建设,首先要从中央政治局做起,要求别人做到的自己先要做到,要求别人不做的自己坚决不做,以良好党风带动政风民风,真正赢得群众信任和拥护。

"八项规定"的内容是:

一、中共中央政治局全体要改进调查研究,到基层调研要深入了解真实情况,总结经验、研究问题、解决困难、指导工作,向群众学习、向实践学习,多同群众座谈,多同干部谈心,多商量讨论,多解剖典型,多到困难和矛盾集中、群众意见多的地方去,切忌走过场、搞形式主义;要轻车简从、减少陪同、简化接待,不张贴悬挂标语横幅,不安排群众迎送,不铺设迎宾地毯,不摆放花草,不安排宴请。

二、精简会议活动,切实改进会风,严格控制以中央名义召开的各类全国性会议和举行的重大活动,不开泛泛部署工作和提要求的会,未经中央批准一律不出席各类剪彩、奠基活动和庆祝会、纪念会、表彰会、博览会、研讨会及各类论坛;提高会议实效,开短会、讲短话,力戒空话、套话。

三、精简文件简报,切实改进文风,没有实质内容、可发可不发的文件、简报一律不发。

四、规范出访活动,从外交工作大局需要出发合理安排出访活动,严格控制出访随行人员,严格按照规定乘坐交通工具,一般不安排中资机构、华侨华人、留学生代表等到机场迎送。

五、改进警卫工作,坚持有利于联系群众的原则,减少交通管制,一般情况下不得封路、不清场闭馆。

六、改进新闻报道,中央政治局出席会议和活动应根据工作需要、新闻价值、社会效果决定是否报道,进一步压缩报道的数量、字数、时长。

七、严格文稿发表,除中央统一安排外,个人不公开出版著作、讲话单行本,不发贺信、贺电,不题词、题字。

八、厉行勤俭节约,严格遵守廉洁从政有关规定,严格执行住房、车辆配备等有关工作和生活待遇的规定。

"八项规定"是一个庄严承诺,体现了从严管党、从严治党的根本要求,反映出中国未来施政的动向。自中央"八项规定"出台以来,中央相继出台了多项制度规定,涵盖公务接待、办公用房、会议费差旅费培训费、因公临时出国(境)、外宾接待、公车改革、领导干部秘书管理、央企负责人薪酬管理等方方面面。诸如《党政机关厉行节约反对浪费条例》、《党政机关国内公务接待管理规定》等文件也陆续颁布。除了中央层面,各地也出台了各自不同的"约束"标准。中央纪委监察部和各级纪检监察机关认真贯彻落实中央部署和要求,加强执纪监督,坚持和深化落实中央"八项规定"精神,驰而不息纠正"四风"(形式主义、官僚主义、享乐主义和奢靡之风),有效遏制了"四风"蔓延势头,推动党风政风明显好转,得到广大党员干部和人民群众的认可。截至2015年3月,全国共查处违反中央"八项规定"精神问题82693起,处理党员干部109047人,给予党纪政纪处分35456人。中央纪委监察部先后13次对66起典型问题通报曝光,各省(区、市)纪委监察厅局先后172次对897起典型问题通报曝光,发挥了从严执纪的正面引导和惩戒警示作用。

11.党政机关厉行节约反对浪费条例

2013年11月25日,中共中央、国务院印发《党政机关厉行节约反对浪费条例》(以下简称《条例》)。《条例》分总则、经费管理、国内差旅和因公临时出国(境)、公务接待、公务用车、会议活动、办公用房、资源节约、宣传教育、监督检查、责任追究、附则等共12章65条,自发布之日起施行。1997年5月25日发布的《中共中央、国务院关于党政机关厉行节约制止奢侈浪费行为的若干规定》予以废止。其他有关党政机关厉行节约反对浪费的规定，凡与本条例不一致的，按照本条例执行。《条例》是贯彻中央"八项规定"的具体措施，是党风廉政建设的制度化建设。

2012年12月4日，中央政治局召开专门会议，审议通过关于改进工作作风、密切联系群众的八项规定，其中第八项规定提出："要厉行勤俭节约，严格遵守廉洁从政有关规定，严格执行住房、车辆配备等有关工作和生活待遇的规定。"2013年4月19日，中央政治局召开会议，决定从下半年开始，用一年时间，在全党自上而下分批开展党的群众路线教育实践活动。会议指出，有的领导机关、领导班子和一些领导干部形式主义、官僚主义、享乐主义突出，奢靡之风严重。同年6月，习近平对全党开展教育实践活动进行部署，他在会上强调，这次教育活动的主要任务聚焦到党的作风建设上，要集中解决形式主义、官僚主义、享乐主义、奢靡之风这"四风"问题。10月29日，中央政治局召开会议，审议并同意印发《党政机关厉行节约反对浪费条例》。

《条例》对党政机关经费管理、国内差旅、因公临时出国（境）、公务接待、公务用车、会议活动、办公用房、资源节约等都作出了全面规范，包括"建立预算执行全过程动态监控机制"、"推进国内公务接待服务社会化改革"、"建立厉行节约反对浪费监督检查机制"等内容的提出，具有很强的针对性和指向性。它是党政机关做好节约工作、防止浪费行为的总依据和总遵循，是党的群众路线教育实践活动的重要成果，对推进厉行节约反对浪费工作制度化、规范化、程序化，从源头上狠刹奢侈浪费之风，具有重要意义。

《条例》强调，党政机关要坚持从严从简，降低公务活动成本；坚持依法依规，严格按程序办事；坚持总量控制，严格控制经费支出总额；坚持实事求是，从实际出发安排公务活动；坚持公开透明，除涉及国家秘密事项外，公务活动中的资金、资产、资源使用等情况应予公开并接受监督；坚持深化改革，通过改革创新破解体制机制障碍，建立健全厉行节约反对浪费工作长效机制。

《条例》指出，党政机关应当遵循先有预算、后有支出原则，严格执行预算，严禁超预算或者无预算安排支出，建立预算执行全过程动态监控机制。要综合考虑经济发展水平、有关货物和服务的市场价格水平，制定分地区的公务活动经费开支范围和开支标准，建立开支标准调整机制。

《条例》规定：（1）要建立健全公务接待集中管理制度、接待单位审批控制制度、公务接待清单制度、接待费支出总额控制制度，强化公务接待管理。要建立接待资源共享机制，积极推进国内公务接待服务社会化改革。（2）坚持社会化、市场化方向改革公务用车制度，改革公务用车实物配给方式，取消一般公务用车，保留必要的执法执勤、机要通信、应急和特种专业技术用车及按规定配备的其他车辆，普通公务出行实行社会化提供，适度发放公务交通补贴。（3）要严格控制出国团组数量和规模，不得安排照顾性、无实质内容的一般性出访，不得安排考察性出访，加强出国培训总体规划和监督管理。要精简会议，从严控制会议数量、会期和参会人员规模，严格执行会议费开支范围和标准。（4）党政机关办公用房建设应当从严控制，凡是违反规定的拟建办公用房项目，必须坚决终止；凡是未按照规定程序履行审批手续、擅自开工建设的办公用房项目，必须停建并予以没收；凡是超规模、超标准、超投资概算建设的办公用房项目，应当根据具体情况限期腾退超标准面积或者全部没收、拍卖。

《条例》强调，各级党委和政府要建立厉行节约反对浪费监督检查机制，积极开展民主生活会监督、办公厅（室）督查监督、纪检监察监督、巡视监督、财政监督、审计监督、人大监督、政协监督、舆论监督、群众监督。要建立党政机关厉行节约反对浪费工作责任追究制度，对违反规定造成浪费的，依纪依法追究相关人员的责任，对负有领导责任的主要负责人或者有关领导干部实行问责。

中央要求，各地区各部门要结合开展党的群众路线教育实践活动，抓好《条例》的学习宣传贯彻，使各级党组织和广大党员、干部深刻领会《条例》精神，坚决执行《条例》提出的各项要求。要认真贯彻党的十八届三中全会精神，坚持深化改革、标本兼治，着力推进财政预算、差旅费管理、公务接待、公务用车、公务活动公开等方面改革。要加强督促检查，加大惩戒问责力度，对铺张浪费行为要发现一起、查处一起，坚决维护制度的刚性约束力，坚决杜绝"破窗效应"。

12.大气污染防治行动计划

大气环境保护事关人民群众根本利益，事关经济持续健康发展，事关全面建成小康社会，事关实现中华民族伟大复兴中国梦。当前，我国大气污染形势严峻，以可吸入颗粒物（PM10）、细颗粒物（PM2.5）为特征污染物的区域性大气环境问题日益突出，损害人民群众身体健康，影响社会和谐稳定。随着我国工业化、城镇化的深入推进，能源资源消耗持续增加，大气污染防治压力继续加大。为切实改善空气质量，2013年9月10日国务院印发《大气污染防治行动计划》（以下简称《行动计划》），提出涉及燃煤、工业、机动车、重污染预警等十条措施，被称为"空气国十条"或"大气十条"。

《行动计划》按照政府调控与市场调节相结合、全面推进与重点突破相配合、区域协作与属地管理相协调、总量减排与质量改善相同步的总体要求，提出要加快形成政府统领、企业施治、市场驱动、公众参与的大气污染防治新机制，本着"谁污染、谁负责，多排放、多负担，节能减排得收益、获补偿"的原则，实施分区域、分阶段治理。

《行动计划》提出，经过五年努力，使全国空气质量总体改善，重污染天气较大幅度减少;京津冀、长三角、珠三角等区域空气质量明显好转。力争再用五年或更长时间,逐步消除重污染天气,全国空气质量明显改善。具体指标是:到2017年,全国地级及以上城市可吸入颗粒物浓度比2012年下降10%以上,优良天数逐年提高;京津冀、长三角、珠三角等区域细颗粒物浓度分别下降25%、20%、15%左右,其中北京市细颗粒物年均浓度控制在60微克/立方米左右。

为实现以上目标,《行动计划》确定了十项具体措施:一是加大综合治理力度,减少多污染物排放。全面整治燃煤小锅炉,加快重点行业脱硫、脱硝、除尘改造工程建设。综合整治城市扬尘和餐饮油烟污染。加快淘汰黄标车和老旧车辆,大力发展公共交通,推广新能源汽车,加快提升燃油品质。二是调整优化产业结构,推动经济转型升级。严控高耗能、高排放行业新增产能,加快淘汰落后产能,坚决停建产能严重过剩行业违规在建项目。三是加快企业技术改造,提高科技创新能力。大力发展循环经济,培育壮大节能环保产业,促进重大环保技术装备、产品的创新开发与产业化应用。四是加快调整能源结构,增加清洁能源供应。到2017年,煤炭占能源消费总量比重降到65%以下。京津冀、长三角、珠三角等区域力争实现煤炭消费总量负增长。五是严格投资项目节能环保准入,提高准入门槛,优化产业空间布局,严格限制在生态脆弱或环境敏感地区建设"两高"行业项目。六是发挥市场机制作用,完善环境经济政策。中央财政设立专项资金,实施以奖代补政策。调整完善价格、税收等方面的政策,鼓励民间和社会资本进入大气污染防治领域。七是健全法律法规体系,严格依法监督管理。国家定期公布重点城市空气质量排名,建立重污染企业环境信息强制公开制度。提高环境监管能力,加大环保执法力度。八是建立区域协作机制,统筹区域环境治理。京津冀、长三角区域建立大气污染防治协作机制,国务院与各省级政府签订目标责任书,进行年度考核,严格责任追究。九是建立监测预警应急体系,制定完善并及时启动应急预案,妥善应对重污染天气。十是明确各方责任,动员全民参与,共同改善空气质量。

我国大气污染问题是长期积累形成的。治理大气污染任务重、难度大,必须付出长期艰苦的努力;必须坚持防治大气污染人人有责,在全社会树立"同呼吸、共奋斗"的行为准则;必须坚持在保护中发展、在发展中保护,实现环境效益、经济效益和社会效益多赢。

13.中共中央关于全面深化改革若干重大问题的决定

2013年11月9日至12日,党的十八届三中全会在北京召开。全会由中央政治局主持,中共中央总书记习近平发表了重要讲话。11月12日,会议通过了《中共中央关于全面深化改革若干重大问题的决定》(以下简称《决定》)。

《决定》共 16 个部分，分三大板块。第一部分构成第一板块，是总论，主要阐述全面深化改革的重大意义、指导思想、总体思路。第二至第十五部分构成第二板块，是分论，主要从经济、政治、文化、社会、生态文明、国防和军队等 6 个方面，具体部署全面深化改革的主要任务和重大举措。其中，经济方面共 6 条（第二至第七部分），政治方面共 3 条（第八至第十部分），文化方面有 1 条（第十一部分），社会方面有 2 条（第十二至第十三部分），生态方面有 1 条（第十四部分），国防和军队方面有 1 条（第十五部分）。第十六部分是第三板块，主要阐述加强和改善党对全面深化改革的领导。

《决定》指出，面对新形势新任务，全面建成小康社会，进而建成富强民主文明和谐的社会主义现代化国家、实现中华民族伟大复兴的中国梦，必须在新的历史起点上全面深化改革，不断增强中国特色社会主义道路自信、理论自信、制度自信；全面深化改革的总目标是完善和发展中国特色社会主义制度，推进国家治理体系和治理能力现代化。为此，中央决定成立全面深化改革领导小组，负责改革总体设计、统筹协调、整体推进、督促落实。

《决定》指出，要紧紧围绕使市场在资源配置中起决定性作用，深化经济体制改革，坚持和完善基本经济制度，加快完善现代市场体系、宏观调控体系、开放型经济体系，加快转变经济发展方式，加快建设创新型国家，推动经济更有效率、更加公平、更可持续发展；紧紧围绕坚持党的领导、人民当家作主、依法治国有机统一深化政治体制改革，加快推进社会主义民主政治制度化、规范化、程序化，建设社会主义法治国家，发展更加广泛、更加充分、更加健全的人民民主；紧紧围绕建设社会主义核心价值体系、社会主义文化强国深化文化体制改革，加快完善文化管理体制和文化生产经营机制，建立健全现代公共文化服务体系、现代文化市场体系，推动社会主义文化大发展大繁荣；紧紧围绕更好保障和改善民生、促进社会公平正义深化社会体制改革，改革收入分配制度，促进共同富裕，推进社会领域制度创新，推进基本公共服务均等化，加快形成科学有效的社会治理体制，确保社会既充满活力又和谐有序；紧紧围绕建设美丽中国深化生态文明体制改革，加快建立生态文明制度，健全国土空间开发、资源节约利用、生态环境保护的体制机制，推动形成人与自然和谐发展现代化建设新格局；紧紧围绕提高科学执政、民主执政、依法执政水平深化党的建设制度改革，加强民主集中制建设，完善党的领导体制和执政方式，保持党的先进性和纯洁性，为改革开放和社会主义现代化建设提供坚强政治保证。

《决定》明确提出，到 2020 年，要在重要领域和关键环节改革上取得决定性成果，完成《决定》提出的改革任务，形成系统完备、科学规范、运行有效的制度体系，使各方面制度更加成熟更加定型。

在经济领域，《决定》提出，坚持和完善基本经济制度：完善产权保护制度、积极发展混合所有制经济、推动国有企业完善现代企业制度、支持非公有制经济健康发展；加快完善现代市场体系：建立公平开放透明的市场规则、完善主要由市场决定价格的机制、建立城乡统一的建设用地市场、完善金融市场体系、深化科技体制改革；加快转变政府职能：健全宏观调控体系、全面正确履行政府职能、优化政府组织结构；深化财税体制改革：改进预算管理制度、完善税收制度、建立事权和支出责任相适应的制度；健全城乡发展一体化体制机制：加快构建新型农业经营体系、赋予农民更多财产权利、推进城乡要素平等交换和公共资源均衡配置、完善城镇化健康发展体制机制；构建开放型经济新体制：放宽投资准入、加快自由贸易区建设、扩大内陆沿边开放等方面内容。

在政治领域，《决定》提出，加强社会主义民主政治制度建设：推动人民代表大会制度与时俱进、推进协商民主广泛多层制度化发展、发展基层民主；推进法治中国建设：维护宪法法律权威、深化行政执法体制改革、确保依法独立公正行使审判权检察权、健全司法权力运行机制、完善人权司法保障制度；强化权力运行制约和监督体系：形成科学有效的权力制约和协调机制、加强反腐败体制机制创新和制度保障、健全改进作风常态化制度等方面的内容。

在文化领域，《决定》提出，推进文化体制机制创新：完善文化管理体制、建立健全现代文化市场体系、构建现代公共文化服务体系、提高文化开放水平等方面内容。

在社会领域，《决定》提出，推进社会事业改革创新：深化教育领域综合改革、健全促进就业创业体制机制、形成合理有序的收入分配格局、建立更加公平可持续的社会保障制度、深化医药卫生体制改革；创新社会治理体制：改进社会治理方式、激发社会组织活力、创新有效预防和化解社会矛盾体制、健全公共安全体系、设立国家安全委员会等方面的内容。

在生态领域，《决定》提出，加快生态文明制度建设：健全自然资源资产产权制度和用途管制制度、划定生态保护红线、实行资源有偿使用制度和生态补偿制度、改革生态环境保护管理体制等方面的内容。

在国防军事领域，《决定》提出，深化国防和军队改革：深化军队体制编制调整改革、推进军队政策制度调整改革、推动军民融合深度发展等方面的内容。

在党的建设领域，《决定》提出，加强和改善党对全面深化改革的领导。《决定》要求全党要把思想和行动统一到中央关于全面深化改革重大决策部署上来，正确处理中央和地方、全局和局部、当前和长远的关系，正确对待利益格局调整，充分发扬党内民主，坚决维护中央权威，保证政令畅通，坚定不移实现中央改革决策部署。中央成立全面深化改革领导小组，负责改革总体设计、统筹协调、整体推进、督促落实。《决定》指出全面深化改革，需要有力的组织保证和人才支撑。《决定》强调人民是改革的主体，要坚持党的群众路线，建立社会参与机制，充分发挥人民群众积极性、主动性、创造性，充分发挥工会、共青团、妇联等人民团体作用，齐心协力推进改革。鼓励地方、基层和群众大胆探索，加强重大改革试点工作，及时总结经验，宽容改革失误，加强宣传和舆论引导，为全面深化改革营造良好社会环境。

党的十八届三中全会的改革举措，意义重大，影响深远。党的十八届三中全会及其所通过的《决定》对日后中国的改革作出了宏观全面的规划和路径选择，必然影响改革的进程与方向。全会在一些基本制度和理论问题上取得了新的突破，如首次定义市场在资源配置中的"决定性作用"；更加明确强调了公有制经济和非公有制经济都是社会主义市场经济的重要组成部分；提出"完善产权保护制度"，特别提出了"赋予农民更多财产权利"；提出"推进国家治理体系与治理能力现代化"；建立全国和地方资产负债表制度、自然资源资产负债表制度、股票发行注册制度、权力清单制度、官邸制、涉法涉诉信访依法终结制度，等等。这些重大突破，巩固和发展了社会主义制度，丰富和完善了社会主义理论，对个人、社会、国家以及世界都将产生深远的影响。

14.国家新型城镇化规划（2014—2020年）

2014年3月16日，中共中央、国务院印发《国家新型城镇化规划（2014—2020年）》（以下简称《规划》），并发出通知，要求各地区各部门结合实际认真贯彻执行。通知指出，《规划》是今后一个时期指导全国城镇化健康发展的宏观性、战略性、基础性规划。城镇化是现代化的必由之路，是解决农业农村农民问题的重要途径，是推动区域协调发展的有力支撑，是扩大内需和促进产业升级的重要抓手。制定实施《规划》，努力走出一条以人为本、四化同步、优化布局、生态文明、文化传承的中国特色新型城镇化道路，对全面建成小康社会、加快推进社会主义现代化具有重大现实意义和深远历史意义。通知要求，各级党委和政府要进一步提高对新型城镇化的认识，全面把握推进新型城镇化的重大意义、指导思想和目标原则，切实加强对城镇化工作的指导，着重解决好农业转移人口落户城镇、城镇棚户区和城中村改造、中西部地区城镇化等问题，推进城镇化沿着正确方向发展。各地区各部门要科学规划实施，坚持因地制宜，推进试点示范，既要积极、又要稳妥、更要扎实，确保《规划》提出的各项任务落到实处。

改革开放以来，伴随着工业化进程加速，我国城镇化经历了一个起点低、速度快的发展过程。1978—2013年，城镇常住人口从1.7亿人增加到7.3亿人，城镇化率从17.9%提升到53.7%，年均提高1.02个百分点；城市数量从193个增加到658个，建制镇数量从2173个增加到20113个。京津冀、长江三角洲、珠江三角洲三大城市群，以2.8%的国土面积集聚了18%的人口，创造了36%的国内生产总值，成为带动我国经济快速增长和参与国际经济合作与竞争的主要平台。城市水、电、路、气、信息网络等基础设施显著改善，教育、医疗、文化体育、社会保障等公共服务水平明显提高，人均住宅、公园绿地面积大幅增加。城镇化的快速推进，吸纳了大量农村劳动力转移就业，提高了城乡生产要素配置效率，推动了国民经济持续快速发展，带来了社会结构深刻变革，促进了城乡居民生活水平全面提升，取得的成就举世瞩目。但是，在城镇化快速发展过程中，也存在一些必须高度重视并着力解决的突出矛盾和问题：大量农业转移人口难以融入城市社会，市民化进程滞后；"土地城镇化"快于人口城镇化，建设用地粗放低效；城镇空间分布和规模结构不合理，与资源环境承载能力不匹配；城市管理服务水平不高，"城市病"问题日益突出；自然历史文化遗产保护不力，城乡建设缺乏特色；体制机制不健全，阻碍了城镇化健康发展。为推动和指导城镇化的健康发展，中共中央和中国政府根据中国共产党第十八次全国代表大会报告、《中共中央关于全面深化改革若干重大问题的决定》、中央城镇化工作会议精神、《中华人民共和国国民经济和社会发展第十二个五年规划纲要》和《全国主体功能区规划》编制，按照走中国特色新型城镇化道路、全面提高城镇化质量的新要求，明确未来城镇化的发展路径、主要目标和战略任务，统筹相关领域制度和政策创新，是指导全国城镇化健康发展的宏观性、战略性、基础性规划。

《规划》分8篇31章，全文3万字，主要内容可以归纳为一条主线、四大任务、五项改革。一条主线，就是要紧紧围绕全面提高城镇化质量，加快转变城镇化发展方式，以人的城镇化为核心，以城市群为主体形态，以综合承载能力为支撑，以体制机制创新为保障，走以人为本、四化同步（新型城镇化与新型工业化、信息化和农业现代化同步发展）、优化布局、生态文明、文化传承的中国特色新型城镇化道路。四大任务就是有序推进农业转移人口市民化，优化城镇化布局和形态，提高城市可持续发展能力，推动城乡发展一体化。五项改革就是要统筹推进人口管理、土地管理、资金保障、城镇住房、生态环境保护等制度改革，完善城镇化发展体制机制。

《规划》提出了城镇化水平和质量稳步提升、城镇化格局更加优化、城市发展模式科学合理、城市生活和谐宜人、城镇化体制机制不断完善等5大目标。具体而言，《规划》提出，到2020年，常住人口城镇化率达到60%左右，户籍人口城镇化率达到45%左右，户籍人口城镇化率与常住人口城镇化率差距缩小2个百分点左右，努力实现1亿左右农业转移人口和其他常住人口在城镇落户；"两横三纵"为主体的城镇化战略格局基本形成，城市群集聚经济、人口能力明显增强，东部地区城市群一体化水平和国际竞争力明显提高，中西部地区城市群成为推动区域协调发展的新的重要增长极；城市规模结构更加完善，中心城市辐射带动作用更加突出，中小城市数量增加，小城镇服务功能增强；密度较高、功能混用和公交导向的集约紧凑型开发模式成为主导，人均城市建设用地严格控制在

100平方米以内，建成区人口密度逐步提高，绿色生产、绿色消费成为城市经济生活的主流，节能节水产品、再生利用产品和绿色建筑比例大幅提高，城市地下管网覆盖率明显提高；稳步推进义务教育、就业服务、基本养老、基本医疗卫生、保障性住房等城镇基本公共服务覆盖全部常住人口，基础设施和公共服务设施更加完善，消费环境更加便利，生态环境明显改善，空气质量逐步好转，饮用水安全得到保障，自然景观和文化特色得到有效保护，城市发展个性化，城市管理人性化、智能化；户籍管理、土地管理、社会保障、财税金融、行政管理、生态环境等制度改革取得重大进展，阻碍城镇化健康发展的体制机制障碍基本消除。

《规划》发布后，国务院建立并探索了一系列配套机制，如建立推进新型城镇化工作部际联席会议制度等。鉴于我国各地情况差别较大、发展不平衡，推进新型城镇化要因地制宜、分类实施、试点先行。国家在新型城镇化综合试点方案中，确定省、市、县、镇不同层级、东中西不同区域共62个地方开展试点，并以中小城市和小城镇为重点，围绕农业转移人口市民化成本分担机制等开展改革探索。

15.户籍制度改革

2014年7月30日，国务院印发《关于进一步推进户籍制度改革的意见》（以下简称《意见》），部署深入贯彻落实党的十八大、十八届三中全会和中央城镇化工作会议要求，进一步推进户籍制度改革，促进有能力在城镇稳定就业和生活的常住人口有序实现市民化，稳步推进城镇基本公共服务常住人口全覆盖。《意见》的出台，标志着进一步推进户籍制度改革开始进入全面实施阶段。

《意见》明确了进一步推进户籍制度改革的指导思想、基本原则、发展目标、政策措施和实现路径，要求适应推进新型城镇化需要，进一步推进户籍制度改革，落实放宽户口迁移政策。统筹推进工业化、信息化、城镇化和农业现代化同步发展，推动大中小城市和小城镇协调发展、产业和城镇融合发展。统筹户籍制度改革和相关经济社会领域改革，合理引导农业人口有序向城镇转移，有序推进农业转移人口市民化。

《意见》指出，改革要坚持积极稳妥、规范有序，坚持以人为本、尊重群众意愿，坚持因地制宜、区别对待，坚持统筹配套、提供基本保障。到2020年，基本建立与全面建成小康社会相适应，有效支撑社会管理和公共服务，依法保障公民权利，以人为本、科学高效、规范有序的新型户籍制度，努力实现1亿左右农业转移人口和其他常住人口在城镇落户。

《意见》就进一步推进户籍制度改革提出3个方面11条具体政策措施。一是进一步调整户口迁移政策。全面放开建制镇和小城市落户限制,有序放开中等城市落户限制,合理确定大城市落户条件,严格控制特大城市人口规模,有效解决户口迁移中的重点问题。二是创新人口管理。建立城乡统一的户口登记制度,建立居住证制度,健全人口信息管理制度。三是切实保障农业转移人口及其他常住人口合法权益。完善农村产权制度,扩大义务教育、就业服务、基本养老、基本医疗卫生、住房保障等城镇基本公共服务覆盖面,加强基本公共服务财力保障。

《意见》强调,进一步推进户籍制度改革,是涉及亿万农业转移人口的一项重大举措。各地区、各有关部门要深刻把握城镇化进程的客观规律,切实落实户籍制度改革的各项政策措施,防止急于求成、运动式推进。各省、自治区、直辖市人民政府要抓紧出台具体改革措施并向社会公布,各有关部门要按照职能分工,抓紧制定相关配套政策。

总体上看,这次出台的户籍制度改革举措有三个比较鲜明的特点:一是这次户籍政策是一次总体调整,与以往相比,过去的历次改革一般都是局部的、部分的、条文的调整,某一个方面的调整。这次是在中央对新型城镇化建设作出全面的规划后,决定在全国实施差别化的落户政策,这对合理布局大中小城市和小城镇、合理引导人口的分布将起着十分重要的作用。二是按照中央全面深化改革的统一部署进行的一次综合配套的改革,就是户籍制度的改革不仅是户籍制度本身单项的改革,而是各有关部门配套进行的改革。三是对新型户籍制度的一次整体构建。这次户籍制度的改革不仅是落户政策的调整,还包括要建立城乡统一的户口登记制度,全面实施居住证制度,健全人口信息管理制度等多个方面。可以说,这次户籍制度改革决心之大、力度之大、涉及面之广、措施之实是以往所没有的。

16.考试招生制度改革

2014年9月4日,国务院印发《关于深化考试招生制度改革的实施意见》(以下简称《实施意见》),部署深入贯彻落实党的十八届三中全会关于推进考试招生制度改革的要求,进一步促进教育公平,提高选拔水平。《实施意见》的出台,标志着新一轮考试招生制度改革全面启动。

《实施意见》指出,考试招生制度是国家基本教育制度。改革开放30多年来,中国考试招生制度不断改进完善,初步形成了相对完整的考试招生体系,为学生成长、国家选才、社会公平作出了历史性贡献。这一制度总体上符合国情,权威性、公平性社会认可,但也存在一些社会反映强烈的问题,主要是唯分数论影响学生全面发展,一考定终身使学生学习负担过重,区域、城乡入学机会存在差距,中小学择校现象较为突出,加分造假、违规招生现象时有发生,深化考试招生制度改革势在必行。

《实施意见》提出，要坚持育人为本，遵循教育规律；着力完善规则，确保公平公正；体现科学高效，提高选拔水平；加强统筹谋划，积极稳妥推进。《实施意见》要求，2014年启动考试招生制度改革试点，2017年全面推进，到2020年，基本建立中国特色现代教育考试招生制度，形成分类考试、综合评价、多元录取的考试招生模式，健全促进公平、科学选才、监督有力的体制机制，构建衔接沟通各级各类教育、认可多种学习成果的终身学习立交桥。

《实施意见》就深化考试招生制度改革提出五大任务：一是改进招生计划分配方式，提高中西部地区和人口大省高考录取率，增加农村学生上重点高校人数，完善中小学招生办法破解择校难题。二是改革考试形式和内容，完善高中学业水平考试，规范高中学生综合素质评价，加快推进高职院校分类考试，深化高考考试内容改革。三是改革招生录取机制，减少和规范考试加分，完善和规范自主招生，完善高校招生选拔机制，改进录取方式，拓宽社会成员终身学习通道。四是改革监督管理机制，加强信息公开，加强制度保障，加大违规查处力度。五是启动高考综合改革试点，改革考试科目设置，改革招生录取机制。

《实施意见》指出，考试招生制度改革要统筹规划、试点先行、分步实施、有序推进。各地各有关部门要高度重视，切实加强领导。教育部等有关部门要抓紧研究制定配套文件。各省（区、市）要结合实际制订本地考试招生制度改革实施方案。要充分考虑教育的周期性，提前公布考试招生制度改革实施方案，给考生和社会以明确、稳定的预期。及时研究解决改革中遇到的新情况新问题，不断总结经验、完善措施。

同年12月16日，教育部又印发了《关于普通高中学业水平考试的实施意见》，奠定了新一轮考试招生改革中学业水平考试的制度框架。

17.劳动教养制度

2013年12月28日，十二届全国人大常委会第六次会议通过了关于废止有关劳动教养法律规定的决定，自公布之日起施行。决定规定：一、废止1957年8月1日一届全国人大常委会第七十八次会议通过的《全国人民代表大会常务委员会批准国务院关于劳动教养问题的决定的决议》及《国务院关于劳动教养问题的决定》；二、废止1979年11月29日五届全国人大常委会第十二次会议通过的《全国人民代表大会常务委员会批准国务院关于劳动教养的补充规定的决议》及《国务院关于劳动教养的补充规定》；三、在劳动教养制度废止前，依法作出的劳动教养决定有效；劳动教养制度废止后，对正在被依法执行劳动教养的人员，解除劳动教养，剩余期限不再执行。

劳动教养是对适用对象实行强制性劳动、教育和培养的行政措施，创制于20世纪50年代，是党和政府借鉴社会主义兄弟国家经验，从中国国情和当时的社会历史条件出发作出的一项重要决策。1957年8月一届全国人大常委会第七十八次会议批准《国务院关于劳动教养问题的决定》，标志着劳动教养初步纳入了法制轨道。在建立之初，劳动教养制度兼有教育矫治和收容安置功能。"文化大革命"期间，劳动教养制度停止实施。1979年五届全国人大常委会第十二次会议批准了《国务院关于劳动教养的补充规定》，明确了劳动教养的审批、管理、期限和监督等问题。此后，全国人大常委会、国务院颁布了一系列法律、法规和规范性文件，特别是行政诉讼法、行政复议法、治安管理处罚法、禁毒法等法律相继出台，对劳动教养制度作了补充、调整和完善。可以说，对于那些主观恶性较深、屡教不改但又没有达到犯罪定量标准要求，既不能给予刑事处罚，适用治安处罚又不足以为戒的违法和轻微犯罪行为，予以劳动教养，创造性地解决了刑法结构上的缺陷和治安管理处罚程度上的不足。劳动教养制度创立50多年来，对维护治安秩序、确保社会稳定、教育挽救违法人员发挥了历史性的重要作用。

随着中国经济社会的快速发展，近年来中国依法治国进程的不断加快，经过各方面坚持不懈地共同努力，中国法律制度进一步完备，处理违法犯罪的法律不断完善、有机衔接，劳动教养的功能逐步被相关法律制度所替代，劳动教养的适用逐年减少乃至基本停用，废止劳动教养制度的社会共识已逐渐形成，时机日益成熟。按照法律规定，劳动教养制度应由国务院提请全国人大常委会，通过法律程序予以废止。

总体而言，提出废止劳动教养制度，是贯彻依法治国方略的必然要求，是强化以法治思维和法治方式管理社会的重要体现，是社会发展进步的必然选择，既必要又可行。需要强调的是，为保护广大人民群众的合法利益免受违法犯罪分子不法行为的侵害，中国目前还需要完善对违法犯罪行为的惩治和矫正法律。

18.国务院关于建立统一的城乡居民基本养老保险制度的意见

2014年2月，国务院印发《关于建立统一的城乡居民基本养老保险制度的意见》（以下简称《意见》），部署在全国范围内建立统一的城乡居民基本养老保险制度的工作。《意见》提出到"十二五"末，在全国基本实现新农保和城居保制度合并实施，并与职工基本养老保险制度相衔接；2020年前，全面建成公平、统一、规范的城乡居民养老保险制度，与社会救助、社会福利等其他社会保障政策相配套，充分发挥家庭养老等传统保障方式的积极作用，更好保障参保城乡居民的老年基本生活。

《意见》按照党的十八大精神和十八届三中全会关于整合城乡居民基本养老保险制度

的要求，依据《中华人民共和国社会保险法》有关规定，在总结新型农村社会养老保险（简称新农保）和城镇居民社会养老保险（简称城居保）试点经验的基础上而形成。

《意见》高举中国特色社会主义伟大旗帜，以邓小平理论、"三个代表"重要思想、科学发展观为指导，贯彻落实党中央和国务院的各项决策部署，按照全覆盖、保基本、有弹性、可持续的方针，以增强公平性、适应流动性、保证可持续性为重点，全面推进和不断完善覆盖全体城乡居民的基本养老保险制度，充分发挥社会保险对保障人民基本生活、调节社会收入分配、促进城乡经济社会协调发展的重要作用。

《意见》指出，城乡居民养老保险的参保范围是：年满16周岁（不含在校学生），非国家机关和事业单位工作人员及不属于职工基本养老保险制度覆盖范围的城乡居民，可以在户籍地参加城乡居民养老保险。

城乡居民养老保险基金由个人缴费、集体补助、政府补贴构成。个人缴费标准目前设12个档次，省（区、市）人民政府可以根据实际情况增设缴费档次，参保人自主选择档次缴费，多缴多得。有条件的村集体经济组织应当对参保人缴费给予补助，鼓励有条件的社区将集体补助纳入社区公益事业资金筹集范围。鼓励其他社会经济组织、公益慈善组织、个人为参保人缴费提供资助。政府对符合领取城乡居民养老保险待遇条件的参保人全额支付基础养老金，其中，中央财政对中西部地区按中央确定的基础养老金标准给予全额补助，对东部地区给予50%的补助。

国家为每个参保人员建立终身记录的养老保险个人账户，个人缴费、地方人民政府对参保人的缴费补贴、集体补助及其他社会经济组织、公益慈善组织、个人对参保人的缴费资助，全部记入个人账户。个人账户储存额按国家规定计息。

城乡居民养老保险待遇由基础养老金和个人账户养老金组成，并支付终身。年满60周岁、累计缴费满15年，且未领取国家规定的基本养老保障待遇的，可以按月领取城乡居民养老保险待遇。城乡居民养老保险待遇领取人员死亡的，从次月起停止支付其养老金。有条件的地方政府可以结合本地实际探索建立丧葬补助金制度。

《意见》要求省级人民政府切实加强城乡居民养老保险经办能力建设，科学整合现有公共服务资源和社会保险经办管理资源，做到精确管理，便捷服务。

建立统一的城乡居民基本养老保险制度，是中国经济社会发展的必然要求和推进"新四化"建设的需要，既有利于促进人口纵向流动、增强社会安全感，也有利于使群众对民生改善有稳定的预期，对于拉动消费、鼓励创新创业，具有重要意义。

19.中国共产党第十八届中央委员会第四次全体会议

2014年10月23日，为贯彻落实党的十八大作出的战略部署，加快建设社会主义法治国家，党的十八届四中全会审议通过了《中共中央关于全面推进依法治国若干重大问题的决定》（以下简称《决定》）。受中央政治局委托，习近平就《决定》起草情况向全会作了说明。

党的十八届三中全会后，中央即着手研究和考虑党的十八届四中全会的议题。2014年1月，中央政治局决定，党的十八届四中全会重点研究全面推进依法治国问题并作出决定。2月，文件起草工作正式启动。文件起草组在成立以来的8个多月时间里，深入调查研究，广泛征求意见，开展专题论证，反复讨论修改。

《决定》起草中突出了5个方面的考虑：一是贯彻党的十八大和十八届三中全会精神，贯彻党的十八大以来党中央工作部署，体现全面建成小康社会、全面深化改革、全面推进依法治国这"三个全面"的逻辑联系；二是围绕中国特色社会主义事业总体布局，体现推进各领域改革发展对提高法治水平的要求，而不是就法治论法治；三是反映目前法治工作基本格局，从立法、执法、司法、守法4个方面作出工作部署；四是坚持改革方向、问题导向，适应推进国家治理体系和治理能力现代化要求，直面法治建设领域突出问题，回应人民群众期待，力争提出对依法治国具有重要意义的改革举措；五是立足中国国情，从实际出发，坚持走中国特色社会主义法治道路，既与时俱进、体现时代精神，又不照抄照搬别国模式。

《决定》全文共分三大板块。导语和第一部分构成第一板块，属于总论。第一部分旗帜鲜明提出坚持走中国特色社会主义法治道路、建设中国特色社会主义法治体系、建设社会主义法治国家，阐述全面推进依法治国的重大意义、指导思想、总目标、基本原则，阐述中国特色社会主义法治体系的科学内涵，阐述党的领导和依法治国的关系等重大问题。

第二部分至第五部分构成第二板块，从目前法治工作基本格局出发，对科学立法、严格执法、公正司法、全民守法进行论述和部署。第二部分讲完善以宪法为核心的中国特色社会主义法律体系、加强宪法实施，从健全宪法实施和监督制度、完善立法体制、深入推进科学立法民主立法、加强重点领域立法4个方面展开，对宪法实施和监督提出基本要求和具体措施，通过部署重点领域立法体现依法治国同中国特色社会主义事业总体布局的关系。第三部分讲深入推进依法行政、加快建设法治政府，从依法全面履行政府职能、健全依法决策机制、深化行政执法体制改革、坚持严格规范公正文明执法、强化对行政权力的制约和监督、全面推进政务公开6个方面展开。第四部分讲保证公正司法、提高司法公信力,从完善确保依法独立公正行使审判权和检察权的制度、优化司法职权配置、推进严格司法、保障人民群众参与司法、加强人权司法保障、加强对司法活动的监督6个方面展开。第五部分讲增强全民法治观念、推进法治社会建设,从推动全社会树立法治意识、推进多层次多领域依法治理、建设完备的法律服务体系、健全依法维权和化解纠纷机制4个方面展开。

第六部分、第七部分和结束语构成第三板块。第六部分讲加强法治工作队伍建设,从建设高素质法治专门队伍、加强法律服务队伍建设、创新法治人才培养机制3个方面展开。第七部分讲加强和改进党对全面推进依法治国的领导,从坚持依法执政、加强党内法规制度建设、提高党员干部法治思维和依法办事能力、推进基层治理法治化、深入推进依法治军从严治军、依法保障"一国两制"实践和推进祖国统一、加强涉外法律工作7个方面展开。最后,号召全党全国为建设法治中国而奋斗。

《决定》强调,全面推进依法治国,必须贯彻落实党的十八大和十八届三中全会精神,高举中国特色社会主义伟大旗帜,以马克思列宁主义、毛泽东思想、邓小平理论、"三个代表"重要思想、科学发展观为指导,深入贯彻习近平总书记系列重要讲话精神,坚持中国共产党的领导,坚持人民主体地位,坚持法律面前人人平等,坚持依法治国和以德治国相结合,坚持从中国实际出发。

全面推进依法治国,总目标是建设中国特色社会主义法治体系,建设社会主义法治国家。具体工作包括:加强和改进党对依法治国的领导,形成完备的法律规范体系、高效的法治实施体系、严密的法治监督体系、有力的法治保障体系,形成完善的党内法规体系,坚持依法治国、依法执政、依法行政共同推进,坚持法治国家、法治政府、法治社会一体建设,实现科学立法、严格执法、公正司法、全民守法,促进国家治理体系和治理能力现代化。

党的十八届四中全会是党的历史上第一次专门研究法治建设的中央全会,这次全会作出的决定也是第一个关于加强法治建设的专门决定,在建设社会主义法治国家的征程上树起了一座新的里程碑。

20. "四个全面"战略布局

"四个全面"是党的十八大以来,以习近平为总书记的党中央从坚持和发展中国特色社会主义全局出发,提出并形成的全面建成小康社会、全面深化改革、全面依法治国、全面从严治党的战略布局。

"全面建成小康社会"是党中央提出的我国"三步走"发展战略的重要步骤。党的十八大适应国内外形势的新变化,在党的十六大、十七大确立的全面建设小康社会目标的基础上提出了新要求，强调要"确保到 2020 年实现全面建成小康社会宏伟目标"，即经济持续健康发展，人民民主不断扩大，文化软实力显著增强，人民生活水平全面提高，资源节约型、环境友好型社会建设取得重大进展。同时强调要确保全面建成的小康社会，是发展改革成果真正惠及十几亿人口的小康社会，是经济、政治、文化、社会、生态文明全面发展的小康社会，是为实现社会主义现代化建设宏伟目标和中华民族伟大复兴奠定坚实基础的小康社会。

"全面深化改革"是党的十八届三中全会作出的重要部署。2013 年 11 月召开的党的十八届三中全会审议通过了《中共中央关于全面深化改革若干重大问题的决定》，对全面深化改革作出了全面部署。党的十八届三中全会强调指出，改革开放是决定当代中国命运的关键抉择，是党和人民事业大踏步赶上时代的重要法宝。全面深化改革的总目标是完善和发展中国特色社会主义制度，推进国家治理体系和治理能力现代化。

"全面依法治国"是党的十八届四中全会作出的重要部署。2014 年 10 月召开的党的十八届四中全会审议通过了《中共中央关于全面推进依法治国若干重大问题的决定》，对全面推进依法治国、建设社会主义法治国家作出了整体规划和全面部署。党的十八届四中全会强调指出，依法治国是坚持和发展中国特色社会主义的本质要求和重要保障，是实现国家治理体系和治理能力现代化的必然要求。

"全面从严治党"是 2014 年 10 月习近平总书记在党的群众路线教育实践活动总结大会上的讲话中提出的战略部署，习近平总书记在讲话的开篇就明确提出了"全面推进从严治党"的重大命题。结合党的建设的实际，习近平总书记还提出了"新形势下坚持从严治党"八个方面的任务要求，即落实从严治党责任、坚持思想建党和制度治党紧密结合、严肃党内政治生活、坚持从严管理干部、持续深入改进作风、严明党的纪律、发挥人民监督作用、深入把握从严治党规律。

2015 年 2 月 2 日，在省部级主要领导干部学习贯彻党的十八届四中全会精神全面推进依法治国专题研讨班开班仪式上，习近平总书记发表讲话，集中论述了"四个全面"战略布局的逻辑关系：全面建成小康社会是我们的战略目标，全面深化改革、全面依法治国、全面从严治党是三大战略举措。"四个全面"相辅相成，相互促进，相得益彰。

"四个全面"是新时期新阶段治国理政的总方略，是实现"中国梦"的战略指引。当前，在中国，全面建成小康社会处于决定性阶段，全面深化改革进入攻坚期和深水区，全面依法治国正在大力推进，全面从严治党面临许多亟待解决的重大课题。如何主动适应和引领经济发展新常态，树立新观念、把握新机遇、展现新作为，推动经济实现中高速增长、迈进中高端水平；如何进一步汇聚改革力量、破解改革难题，推动各项改革任务的落实；如何引导全社会自觉尊法学法守法用法，促进社会主义法治国家建设；如何巩固管党治党成果、增强党的凝聚力战斗力、更好地用党风政风引领社风民风,都是摆在中国政府和中国共产党人面前的重大考验。

21.屠呦呦获2015年诺贝尔生理学或医学奖

诺贝尔奖是根据已故瑞典化学家阿尔弗雷德·诺贝尔遗嘱所设基金提供的奖项(1969年起由5个奖项增加到6个),每年由4个机构(瑞典3个,挪威1个)评选。1901年12月10日即诺贝尔逝世5周年时首次颁发。诺贝尔在其遗嘱中规定,该奖应授予在物理学、化学、生理学或医学、文学与和平领域内"在前一年中对人类作出最大贡献的人"。

2015年10月5日,2015年诺贝尔生理学或医学奖在瑞典斯德哥尔摩揭晓,中国药学家屠呦呦和爱尔兰科学家威廉·坎贝尔、日本科学家大村智分享了该奖项。屠呦呦之所以获得诺贝尔医学奖,是由于她开创性地从中草药中分离出青蒿素应用于疟疾治疗,对人类健康事业作出了巨大贡献。这是中国科学家在中国本土进行的科学研究而首次获诺贝尔科学奖,是第一位获得诺贝尔生理学或医学奖的华人科学家。这是中国医学界迄今为止获得的最高奖项,也是中医药成果获得的最高奖项。

屠呦呦获奖后,国务院总理李克强致函祝贺。李克强总理在贺信中说,屠呦呦获得诺贝尔生理学或医学奖,是中国科技繁荣进步的体现,是中医药对人类健康事业作出巨大贡献的体现,充分展现了我国综合国力和国际影响力的不断提升。

由寄生虫引发的疾病困扰了人类几千年,构成重大的全球性健康问题。20世纪60年代,疟原虫对奎宁类药物已经产生了抗药性,严重影响到治疗效果。青蒿素及其衍生物能迅速消灭人体内疟原虫,对恶性疟疾有很好的治疗效果。在极为艰苦的科研条件下,屠呦呦团队与中国其他机构合作,从《肘后备急方》中受到启发,先驱性地发现了青蒿素,创造性地研制出抗疟新药——青蒿素和双氢青蒿素,获得对疟原虫100%的抑制率,开创了疟疾治疗新方法。屠呦呦团队成功提取出的青蒿素应用在治疗中,使疟疾患者的死亡率显著降低,被誉为"拯救2亿人口"的发现。目前,以青蒿素为基础的复方药物已经成为疟疾的标准治疗药物,世界卫生组织将青蒿素和相关药剂列入其基本药品目录。

诺贝尔生理学或医学奖评委说,屠呦呦是第一个证实青蒿素可以在动物体和人体内有效抵抗疟疾的科学家。她的研发成果对人类的生命健康贡献突出,为科研人员打开了一扇崭新的窗户。屠呦呦既有中医学知识,也了解药理学和化学,她将东西方医学相结合,取得了一加一大于二的效果,屠呦呦的发明是这种结合的完美体现。

22.中共中央关于制定国民经济和社会发展第十三个五年规划的建议

党的十八届五中全会,于 2015 年 10 月 26 日至 29 日在北京举行。全会听取和讨论了习近平受中央政治局委托作的工作报告,审议通过了《中共中央关于制定国民经济和社会发展第十三个五年规划的建议》(讨论稿)(以下简称《建议》)。习近平就《建议》讨论稿向全会作了说明。

《建议》全文 2 万余字,共八部分,除第一部分介绍总体形势、指导思想,第八部分强调坚持党的领导外,其余各部分围绕 5 个关键理念展开:创新、协调、绿色、开放、共享,"坚持创新发展、协调发展、绿色发展、开放发展、共享发展"。

《建议》明确,到 2020 年全面建成小康社会,是我们党确定的"两个一百年"奋斗目标的第一个百年奋斗目标。"十三五"时期是全面建成小康社会决胜阶段,"十三五"规划必须紧紧围绕实现这个奋斗目标来制定。

《建议》深入分析了"十三五"时期我国发展环境的基本特征,认为我国发展仍处于可以大有作为的重要战略机遇期,也面临诸多矛盾叠加、风险隐患增多的严峻挑战。我们要准确把握战略机遇期内涵的深刻变化,更加有效地应对各种风险和挑战,继续集中力量把自己的事情办好,不断开拓发展新境界。

《建议》提出了"十三五"时期我国发展的指导思想:高举中国特色社会主义伟大旗帜,全面贯彻党的十八大和十八届三中、四中全会精神,以马克思列宁主义、毛泽东思想、邓小平理论、"三个代表"重要思想、科学发展观为指导,深入贯彻习近平总书记系列重要讲话精神,坚持全面建成小康社会、全面深化改革、全面依法治国、全面从严治党的战略布局,坚持发展是第一要务,以提高发展质量和效益为中心,加快形成引领经济发展新常态的体制机制和发展方式,保持战略定力,坚持稳中求进,统筹推进经济建设、政治建设、文化建设、社会建设、生态文明建设和党的建设,确保如期全面建成小康社会,为实现第二个百年奋斗目标、实现中华民族伟大复兴的中国梦奠定更加坚实的基础。

《建议》强调,如期实现全面建成小康社会奋斗目标,推动经济社会持续健康发展,必须遵循以下原则:坚持人民主体地位,坚持科学发展,坚持深化改革,坚持依法治国,坚持统筹国内国际两个大局,坚持党的领导。

《建议》提出了全面建成小康社会新的目标要求:经济保持中高速增长,在提高发展平衡性、包容性、可持续性的基础上,到 2020 年国内生产总值和城乡居民人均收入比 2010 年翻一番,产业迈向中高端水平,消费对经济增长贡献明显加大,户籍人口城镇化率加快提高。农业现代化取得明显进展,人民生活水平和质量普遍提高,我国现行标准下农村贫困人口实现脱贫，贫困县全部摘帽，解决区域性整体贫困。国民素质和社会文明程度显著提高。生态环境质量总体改善。各方面制度更加成熟更加定型，国家治理体系和治理能力现代化取得重大进展。

《建议》强调，实现"十三五"时期发展目标，破解发展难题，厚植发展优势，必须牢固树立并切实贯彻创新、协调、绿色、开放、共享的发展理念。坚持创新发展、协调发展、绿色发展、开放发展、共享发展，这是关系我国发展全局的一场深刻变革。全党同志要充分认识这场变革的重大现实意义和深远历史意义，统一思想，协调行动，深化改革，开拓前进，推动我国发展迈上新台阶。中共中央总书记习近平在对"十三五"规划建议作说明时强调，"发展理念是发展行动的先导，是管全局、管根本、管方向、管长远的东西。发展理念搞对了，目标任务就好定了，政策举措也就跟着好定了"。

《建议》提出，创新是引领发展的第一动力。必须把创新摆在国家发展全局的核心位置，不断推进理论创新、制度创新、科技创新、文化创新等各方面创新，让创新贯穿党和国家一切工作，让创新在全社会蔚然成风。

《建议》提出，协调是持续健康发展的内在要求。必须牢牢把握中国特色社会主义事业总体布局，正确处理发展中的重大关系，重点促进城乡区域协调发展，促进经济社会协调发展，促进新型工业化、信息化、城镇化、农业现代化同步发展，在增强国家硬实力的同时注重提升国家软实力，不断增强发展整体性。

《建议》提出，绿色是永续发展的必要条件和人民对美好生活追求的重要体现。必须坚持节约资源和保护环境的基本国策，坚持可持续发展，坚定走生产发展、生活富裕、生态良好的文明发展道路，加快建设资源节约型、环境友好型社会，形成人与自然和谐发展现代化建设新格局，推进美丽中国建设，为全球生态安全作出新贡献。

《建议》提出，开放是国家繁荣发展的必由之路。必须顺应我国经济深度融入世界经济的趋势，奉行互利共赢的开放战略，坚持内外需协调、进出口平衡、引进来和走出去并重、引资和引技引智并举，发展更高层次的开放型经济，积极参与全球经济治理和公共产品供给，提高我国在全球经济治理中的制度性话语权，构建广泛的利益共同体。

《建议》提出，共享是中国特色社会主义的本质要求。必须坚持发展为了人民、发展依靠人民、发展成果由人民共享，作出更有效的制度安排，使全体人民在共建共享发展中有更多获得感，增强发展动力，增进人民团结，朝着共同富裕方向稳步前进。

《建议》强调要以新的发展理念推动发展，其中一系列新提法、新表述、新举措，透露出未来五年中国经济社会发展的新信号。

"三大战略"、"五大工程"引领创新。"十三五"时期，创新将贯穿党和国家一切工作，《建议》围绕提高发展质量和效益，提出实施"三大战略"和"五大工程"。在培育发展新动力方面,为加快实现发展动力转换,对拉动经济增长的"三驾马车"作出定位,提出发挥消费对增长的基础作用、投资对增长的关键作用、出口对增长的促进作用。在拓展发展新空间方面,区域发展在"四大板块"和"三个支撑带"基础上,提出形成沿海沿江沿线经济带为主的纵向横向经济轴带。同时提出两大战略和两大工程,即实施网络强国战略和国家大数据战略,实施重大公共设施和基础设施工程、城市地下管网改造工程。在实施创新驱动发展战略方面,也明确将实施一大工程,即积极提出并牵头组织国际大科学计划和大科学工程。在科技创新上,提出重视颠覆性技术创新,在重大创新领域组建一批国家实验室等。在农业现代化方面,为确保农业安全、提高粮食产能,提出实施藏粮于地、藏粮于技战略,还提出要培养新型职业农民。在构建产业新体系方面,提出实施工业强基、智能制造两大工程,以加快建设制造强国。

"四大领域"重点发力,形成平衡发展新结构。《建议》从发展整体性出发,强调处理好发展中的重大关系,特别是在"四大领域"打造平衡发展的新结构。在区域协调发展方面,提出加大对资源枯竭、产业衰退、生态严重退化等困难地区的支持力度。依托京津冀协同发展和长江经济带建设,培育若干带动区域协同发展的增长极。在城乡协调发展方面,强调完善农民收入增长支持政策体系,推进以人为核心的新型城镇化,把社会事业发展重点放在农村和接纳农业转移人口较多的城镇。在物质文明和精神文明协调发展方面,坚持把社会效益放在首位、社会效益和经济效益相统一。用中国梦和社会主义核心价值观凝聚共识、汇聚力量,注重通过法律和政策向社会传导正确价值取向。在经济建设和国防建设融合发展方面,形成全要素、多领域、高效益的军民深度融合发展格局。到 2020 年基本完成国防和军队改革目标任务。健全军民融合发展的体系建设,提出制定统筹经济建设和国防建设专项规划。

五招"大棋"布局"绿色中国"。《建议》浓墨重彩描绘绿色发展,展现出一幅美丽图景。为此,布下五招"大棋",亮出"绿色"举措。一是有度有序利用自然,划定农业空间和生态空间保护红线,设立统一规范的国家生态文明试验区,根据资源环境承载力调节城市规模,推动全社会形成绿色消费自觉。二是发布全国主体功能区规划图和农产品主产区、重点生态功能区目录,防治"城市病",逐年减少建设用地增量,重点生态功能区实行产业准入负面清单,整合设立一批国家公园。三是推进能源革命,有序开放开采权,积极开发天然气、煤层气、页岩气,实施新能源汽车推广计划,提高建筑节能标准,主动控制碳排放,实施循环发展引领计划。四是实施全民节能行动计划,开展能效、水效领跑者引领行动,实行最严格的水资源管理制度,坚持最严格的节约用地制度,管住公款消费,深入开展反过度包装、反食品浪费、反过度消费行动。五是实施工业污染源全面达标排放计划,实现城镇生活污水垃圾处理设施全覆盖,将细颗粒物等环境质量指标列入约束性指标,建立全国统一的实时在线环境监控系统……提高环境质量,未来将构建政府、企业、公众共治的环境治理体系。

"三大布局"打造对外开放新格局。开放是国家繁荣发展的必由之路。从《建议》可以看出,更高层次参与全球经济治理是"十三五"对外开放的着力点,"三大布局"将带来"开放中国"的全新格局。布局决定全局。《建议》特别强调完善对外开放战略布局,包括对外开放区域、对外贸易和投资"三大布局"。布局之下,提出建设一批经济走廊和经济区:区域布局上,开辟跨境多式联运交通走廊,培育有全球影响力的先进制造基地和经济区;投资布局上,建设一批大宗商品境外生产基地;推进"一带一路"中,共同建设国际经济合作走廊,共建境外产业集聚区。对外开放上强调形成新机制,包括建立便利跨境电子商务等新型贸易方式的体制,有序扩大服务业对外开放,扩大银行、保险、证券、养老等市场准入,扩大金融业双向开放,推进资本市场双向开放。

"公平+保障"中实现共享发展。人人参与、人人尽力、人人享有。作为"十三五"时期的重要理念,共享发展更加着眼于"注重机会公平,保障基本民生",为实现全体人民共同迈入全面小康社会打下坚实基础。扶贫,衡量着共享发展的水平。《建议》用相当篇幅部署"实施脱贫攻坚工程",明确农村贫困人口脱贫是全面建成小康社会最艰巨的任务,给出精准扶贫、精准脱贫的路线图:对"一方水土养不起一方人"的实施扶贫搬迁;对丧失劳动能力的实施兜底性保障政策;探索对贫困人口实行资产收益扶持制度;教育方面,"十三五"时期着眼于"提高质量",加强对家庭经济困难学生资助,还鼓励普惠性幼儿园发展;建立学习账号和学分累计制度。更加公平,更加可持续。"十三五"时期,养老、医疗制度将在制度整合、水平提高上"深耕细作",将出台渐进式延迟退休年龄政策,实现跨省异地安置退休人员住院医疗费用直接结算等。在"坚持就业优先战略"中,将建立面向人人的创业服务平台、提高技术工人待遇等。在缩小收入差距上,提出加快建立综合和分类相结合的个人所得税制,遏制以权力、行政垄断等非市场因素获取收入等一系列举措。

23.中共中央、国务院关于打赢脱贫攻坚战的决定

改革开放以来,我们党和国家实施大规模扶贫开发,使7亿农村贫困人口摆脱贫困,取得了举世瞩目的伟大成就,谱写了人类反贫困历史上的辉煌篇章。党的十八大以来,党中央、国务院把扶贫开发工作纳入"四个全面"战略布局,作为实现第一个百年奋斗目标的重点工作,摆在更加突出的位置,大力实施精准扶贫,不断丰富和拓展中国特色扶贫开发道路,不断开创扶贫开发事业新局面。现在,我国扶贫开发已进入啃硬骨头、攻坚拔寨

的冲刺期。实现到 2020 年让 7000 多万农村贫困人口摆脱贫困的既定目标,时间十分紧迫、任务相当繁重。必须在现有基础上不断创新扶贫开发思路和办法,坚决打赢这场攻坚战。

2015 年 11 月 27 日至 28 日,中央扶贫工作会议在北京召开。中共中央总书记、国家主席、中央军委主席习近平发表重要讲话。他强调,消除贫困、改善民生、逐步实现共同富裕,是社会主义的本质要求,是我们党的重要使命。全面建成小康社会,是我们对全国人民的庄严承诺。脱贫攻坚战的冲锋号已经吹响。我们要立下愚公移山志,咬定目标、苦干实干,坚决打赢脱贫攻坚战,确保到 2020 年所有贫困地区和贫困人口一道迈入全面小康社会。11 月 29 日,《中共中央、国务院关于打赢脱贫攻坚战的决定》(以下简称《决定》)正式发布。《决定》共八项,33 条。

《决定》指出,打赢脱贫攻坚战的指导思想是,全面贯彻落实党的十八大和十八届二中、三中、四中、五中全会精神,以邓小平理论、"三个代表"重要思想、科学发展观为指导,深入贯彻习近平总书记系列重要讲话精神,围绕"四个全面"战略布局,牢固树立并切实贯彻创新、协调、绿色、开放、共享的发展理念,充分发挥政治优势和制度优势,把精准扶贫、精准脱贫作为基本方略,坚持扶贫开发与经济社会发展相互促进,坚持精准帮扶与集中连片特殊困难地区开发紧密结合,坚持扶贫开发与生态保护并重,坚持扶贫开发与社会保障有效衔接,咬定青山不放松,采取超常规举措,拿出过硬办法,举全党全社会之力,坚决打赢脱贫攻坚战。

《决定》提出,打赢脱贫攻坚战的总体目标是,到 2020 年,稳定实现农村贫困人口不愁吃、不愁穿,义务教育、基本医疗和住房安全有保障。实现贫困地区农民人均可支配收入增长幅度高于全国平均水平,基本公共服务主要领域指标接近全国平均水平。确保我国现行标准下农村贫困人口实现脱贫,贫困县全部摘帽,解决区域性整体贫困。

《决定》强调,打赢脱贫攻坚战,要坚持以下基本原则:坚持党的领导,夯实组织基础;坚持政府主导,增强社会合力;坚持精准扶贫,提高扶贫成效;坚持保护生态,实现绿色发展;坚持群众主体,激发内生动力;坚持因地制宜,创新体制机制。

《决定》还从实施精准扶贫方略,加快贫困人口精准脱贫;加强贫困地区基础设施建设,加快破除发展瓶颈制约;强化政策保障,健全脱贫攻坚支撑体系;广泛动员全社会力量,合力推进脱贫攻坚;大力营造良好氛围,为脱贫攻坚提供强大精神动力;切实加强党的领导,为脱贫攻坚提供坚强政治保障等六个方面作了具体部署。

《决定》作为指导当前和今后一个时期脱贫攻坚的纲要性文件,对打赢脱贫攻坚战提出了许多实举措、硬政策,其中六大看点尤为引人关注。

一是贫困县"摘帽不摘政策"。《决定》指出,抓紧制定严格、规范、透明的国家扶贫开发工作重点县退出标准、程序、核查办法。重点县退出,由县提出申请,市(地)初审,省级审定,报国务院扶贫开发领导小组备案。重点县退出后,在攻坚期内国家原有扶贫政策保持不变,抓紧制定攻坚期后国家帮扶政策。长期以来,由于"贫困县"的帽子可以带来政策上的诸多"好处",导致很多贫困县不愿"摘帽",甚至存在"戴帽炫富"、"争戴贫困帽"现象。重点县退出后,在攻坚期内国家原有扶贫政策保持不变,可以说是"扶上马,送一程",充分考虑到了贫困县的实际情况,有助于贫困地区稳步脱贫、避免返贫。

二是建档立卡贫困户孩子上高中、中职免学杂费。《决定》指出,普及高中阶段教育,率先从建档立卡的家庭经济困难学生实施普通高中免除学杂费、中等职业教育免除学杂费,让未升入普通高中的初中毕业生都能接受中等职业教育。加强有专业特色并适应市场需求的中等职业学校建设,提高中等职业教育国家助学金资助标准。扶贫先扶智,治贫先治愚。对于贫困家庭来说,培养出一个孩子,就可能给全家人的生活带来巨大改变。对建档立卡的家庭经济困难学生上高中、中职免除学杂费,有助于缓解他们的上学负担,掌握一技之长,从而带动整个家庭脱贫致富。

三是贫困人口全部纳入重特大疾病救助范围。《决定》指出,新型农村合作医疗和大病保险制度对贫困人口实行政策倾斜,门诊统筹率先覆盖所有贫困地区,降低贫困人口大病费用实际支出,对新型农村合作医疗和大病保险支付后自负费用仍有困难的,加大医疗救助、临时救助、慈善救助等帮扶力度,将贫困人口全部纳入重特大疾病救助范围,使贫困人口大病医治得到有效保障。疾病是人类的天敌,在部分贫困地区,因病致贫、因病返贫的比例甚至超过40%。实施健康扶贫工程,可以有效减轻贫困群众医疗费用负担,为脱贫致富打下坚实基础。

四是加大"互联网+"扶贫。《决定》指出,实施电商扶贫工程。加快贫困地区物流配送体系建设,支持邮政、供销合作等系统在贫困乡村建立服务网点。支持电商企业拓展农村业务,加强贫困地区农产品网上销售平台建设。加强贫困地区农村电商人才培训。对贫困家庭开设网店给予网络资费补助、小额信贷等支持。在"互联网+"时代,尽管一些贫困地区可能暂时通不了高速公路,但是可以通上"信息高速公路",把当地特有的农产品推向更广阔的市场,从而实现就地脱贫致富。

五是加大财政扶贫投入力度。《决定》指出,中央财政继续加大对贫困地区的转移支付力度,中央财政专项扶贫资金规模实现较大幅度增长,一般性转移支付资金、各类涉及民生的专项转移支付资金和中央预算内投资进一步向贫困地区和贫困人口倾斜。加大中央集中彩票公益金对扶贫的支持力度。农业综合开发、农村综合改革转移支付等涉农资金要明确一定比例用于贫困村。各部门安排的各项惠民政策、项目和工程,要最大限度地向贫困地区、贫困村、贫困人口倾斜。政府投入在扶贫开发中发挥着主体和主导作用。从2011年到2015年,中央财政专项扶贫资金从272亿元增长到467.45亿元,几乎翻了一番。尽管当前经济下行压力犹存，但政府对扶贫开发的投入力度不但不会减少，反而会明显增加。

六是国开行、农发行设立扶贫金融事业部。《决定》指出，国家开发银行、中国农业发展银行分别设立扶贫金融事业部，依法享受税收优惠。中国农业银行、邮政储蓄银行、农村信用社等金融机构要延伸服务网络，创新金融产品，增加贫困地区信贷投放。对有稳定还款来源的扶贫项目，允许采用过桥贷款方式，撬动信贷资金投入。扶贫开发仅靠政府投入难免不足，必须靠金融手段撬动更多资金。两大政策性银行专门设立扶贫金融事业部等一系列政策安排，有望为扶贫开发事业带去更多"源头活水"。

24.关于实施全面两孩政策 改革完善计划生育服务管理的决定

2013年11月12日，党的十八届三中全会通过《中共中央关于全面深化改革若干重大问题的决定》，明确"坚持计划生育的基本国策，启动实施一方是独生子女的夫妇可生育两个孩子的政策，逐步调整完善生育政策，促进人口长期均衡发展"。2014年1月，国家卫生计生委发布了《关于贯彻落实〈中共中央国务院关于调整完善生育政策的意见〉的通知》，就实施单独两孩政策作出更具体的安排。2015年10月29日，党的十八届五中全会通过《中共中央关于制定国民经济和社会发展第十三个五年规划的建议》，明确"促进人口均衡发展，坚持计划生育的基本国策，完善人口发展战略。全面实施一对夫妇可生育两个孩子政策"。同年12月31日，中共中央国务院印发了《关于实施全面两孩政策 改革完善计划生育服务管理的决定》（以下简称《决定》）。

《决定》充分肯定了计划生育工作取得的巨大成就。长期以来，我国坚持计划生育基本国策，实施人口与发展综合决策，不断完善计划生育政策，走出了一条中国特色统筹解决人口问题的道路。人口过快增长的势头得到有效控制，资源、环境压力有效缓解，妇女儿童发展状况极大改善，人口素质明显提高，促进了经济快速发展和社会进步，有力支撑了改革开放和社会主义现代化事业，为全面建成小康社会奠定了坚实基础。我国实行计划生育也为世界人口发展和减贫作出了重大贡献，树立了负责任大国的良好形象。

《决定》指出，当前我国正处于人口大国向人力资本强国转变的关键时期。必须从全局和战略高度出发，充分认识坚持计划生育基本国策的重要性和长期性，立足国情，遵循规律，正确处理当前与长远、总量与结构、人口与资源环境的关系，逐步调整完善生育政策，促进人口长期均衡发展，最大限度发挥人口对经济社会发展的能动作用，牢牢把握战略主动权。《决定》明确要求，各级党委政府要增强责任感和使命感，用法治的思维、创新的精神和务实的作风，不断探索新形势下落实计划生育基本国策的体制机制和方式方法，使计划生育成为惠及亿万家庭的甜蜜事业。

《决定》明确提出了新时期计划生育工作的主要目标：到2020年，计划生育服务管理制度和家庭发展支持体系较为完善，政府依法履行职责、社会广泛参与、群众诚信自律的多元共治格局基本形成，计划生育治理能力全面提高；覆盖城乡、布局合理、功能完备、便捷高效的妇幼保健计划生育服务体系更加完善，基本实现人人享有计划生育优质服务，推动联合国2030年可持续发展议程的落实；保持适度生育水平，人口总量控制在规划目标之内。

《决定》指出，要稳妥扎实有序实施全面两孩政策。依法组织实施全面两孩政策，各省（自治区、直辖市）政府综合评估本地人口发展形势、计划生育工作基础和政策实施风险，科学制定实施方案，报国务院主管部门备案，确保政策平稳落地，生育水平不出现大幅波动。改革生育服务管理制度，实行生育登记服务制度，对生育两个以内（含两个）孩子的，不实行审批，由家庭自主安排生育。加强出生人口监测预测，加强人口变动情况调查，科学预测出生人口变动趋势，建立出生人口监测和预警机制。合理配置公共服务资源，根据生育服务需求和人口变动情况，合理配置妇幼保健、儿童照料、学前和中小学教育、社会保障等资源，满足新增公共服务需求。

《决定》指出，要大力提升计划生育服务管理水平。加强妇幼健康计划生育服务，推进优生优育全程服务，落实孕前优生健康检查，加强孕产期保健服务和出生缺陷综合防治，提高出生人口素质。推进流动人口基本公共卫生计生服务均等化，按照常住人口配置服务资源，将流动人口纳入城镇基本公共卫生和计划生育服务范围。强化基层基础工作，完善宣传倡导、依法管理、优质服务、政策推动、综合治理的计划生育长效工作机制。充分发挥社会组织作用，加强政府与社会协同治理，广泛动员工会、共青团、妇联等群团组织和其他社会组织共同做好计划生育工作。

《决定》明确提出，要构建有利于计划生育的家庭发展支持体系。加大对计划生育家庭扶助力度，切实保障计划生育家庭合法权益，使他们优先分享改革发展的成果。增强家庭抚幼和养老功能，建立完善包括生育支持、幼儿养育、青少年发展、老人赡养、病残照料等在内的家庭发展政策，鼓励按政策生育。促进社会性别平等，深入开展关爱女孩行动，创造有利于女孩成长成才的社会环境。

《决定》提出，要切实加强组织领导。落实党政责任，将实施全面两孩政策、改革完善计划生育服务管理作为全面深化改革的重要任务，加强统筹规划、政策协调和工作落实。加强部门协作，进一步完善计划生育兼职委员和领导小组制度。深化人口发展战略研究，深入研究新形势下人口与经济、社会、资源、环境之间的互动关系以及人口数量、素质、结构和分布的变动趋势，加强前瞻性研究，完善人口发展战略，编制中长期规划。

做好宣传和舆论引导，大力宣传计划生育取得的伟大成就，做好实施全面两孩政策解读。强化督导落实，各地区各有关部门要按照本决定要求，制定实施方案，细化改革任务，明确实施步骤。

遵循人口发展规律，顺应人民群众期盼，实施全面两孩政策，有利于优化人口结构、保持经济社会发展活力、促进家庭幸福与社会和谐，有利于中华民族长远发展和"两个一百年"奋斗目标的实现。

本章撰写负责人：李文
撰写成员：李成武、吴超、冯军旗、徐轶杰、王晓慧

第二章
社会结构变迁与社会体制改革

当/代/中/国/社会大事典（1978—2015）

一、社会结构变迁

1.农村改革

始于20世纪70年代末的农村改革是一场伟大的制度变革，它促使中国农村发生了翻天覆地的变化，广泛而深刻地影响着当代中国的历史进程。

党的十一届三中全会以后，在中国农村发生了一场伟大而深刻的变革。这场变革，是以真理标准大讨论为舆论准备展开的。真理标准大讨论统一了人们的认识，用"实践是检验真理的唯一标准"这把尺子，重新审视了人民公社制度下的"三级所有，队为基础"的体制。由于这种"一大二公"的旧体制存在着过分集中、过分平均、过分单一的弊端，而其致命弱点又在于"大呼隆"、"大锅饭"，于是在我国一部分地区，农民率先冲破了这种旧体制的框框，先是实行"包产到户"，继而实行"包干到户"。党中央充分尊重农民群众这一首创精神，在"包干到户"的基础上，在我国农村普遍推行了以家庭联产承包责任制为基础的统分结合双层经营的新体制。这场变革的性质，是社会主义农村经济制度的自我完善。它既有继承，又有改革、发展与创新，具有鲜明的中国特色。

回顾改革开放30多年走过的历程，我国改革开放最初从农村改革中取得重大突破，增强了改革决策者的信心，鼓舞了改革实践者的斗志，从而使得农村经济体制改革成为我国改革开放进程中最辉煌的一页。概括起来说，我国农村经济体制改革取得的重大突破主要体现在四个方面。

一是家庭联产承包责任制的全面推行。家庭联产承包责任制的优越性，在20世纪80年代得到充分发挥和体现。农业劳动生产率和土地生产率大幅度提高，农副产品极大丰富。中国彻底告别食品短缺时代，广大农民也顺利实现从贫穷向温饱阶段的过渡。

二是乡镇企业大发展与产权制度改革。冲破城市工业、农村农业的城乡二元结构桎梏，发端于苏南农村的乡镇企业异军突起，同样体现了中国农民的伟大智慧。1978年，新中国成立后经过约30年的发展和工业增长，中国10亿人口中仍有75%的人居住在农村并以农耕为生。而乡镇企业的大发展，对农村经济和整个中国经济产生了巨大的影响。全国数以亿计的农村剩余劳动力从种植业转移到非农产业。农村经济结构发生划时代的改变。

三是农村税费改革与免征农业税。经过理论界和实际工作部门同志多年的研究与争论、探讨和酝酿，农村税费改革大幕终于在21世纪初拉开。继2000年安徽在全国率先试点后，2001年江苏等数省市便跟进在全省范围内推行。2005年，江苏在全省范围内全面取消农业税及其附加。2006年农业税及其附加则在全国范围全面取消。

四是发展理念的重大突破——统筹城乡发展。重大理论上的突破，产生于2002年党的十六大提出的城乡统筹发展观。城乡统筹发展的关键，在于摒弃现实中的一切阻碍城乡统筹发展的不合理制度设计，按照市场经济体制运行要求。促进城乡协调发展，使得不同社会群体共享经济发展与社会进步的成果。

尽管计划经济体制下形成的城乡二元经济结构早已随着市场经济改革的深化、乡镇企业的异军突起而被冲破。但在社会其他领域，城乡区别对待的政策仍在继续演绎着诸多社会不公平现象，束缚着农民的手脚，损害着农民的权益，阻碍着农村的进步。统筹城乡发展，如今已成为各级政府出台各项社会与经济政策的基点。促进农村社会发展的未来改革方向和政策选择，主要是三个方面：

第一，加快推进农村生产要素市场化改革。我国的市场化改革从农村起步。但现在市场化改革滞后的仍是农村。尤其是农业生产中最重要的土地、资金等资源的市场化程度都很低，这是要解决的关键问题。

第二，加快推进财政体制改革。财政体制改革最终目标是建立公共财政体制。对促进农村发展而言，推进财政体制改革的重点任务，一是通过改革努力加大对"三农"的公共投入的力度，二是解决财政支农投入的资金使用效率。

第三，促进和引导各类农业生产合作社健康发展。大力促进农民专业合作社的健康发展，一方面应进一步加大宣传、组织和扶持力度，尤其是要尽快出台相关税收优惠政策。努力加大财政扶持力度。与此同时，也要充分关注农民专业合作社的发展动态，使农民合作事业沿着正确的方向发展，让农民合作事业真正惠及面广量大的小农户。这既有利于稳定农村家庭联产承包基本经济制度，又能够促进农村经济又好又快发展。

我国改革是从农村走向城市的。在由计划经济体制向社会主义市场经济体制变革过程中，我们要进一步深化农村改革，包括土地流转制度、流通体制、金融体制、社会保障体制等方面的改革，从而完善社会主义市场体系，推进农村的现代化进程。

2.恢复高考制度

高等学校招生考试制度是高等教育制度的重要组成部分。1952年6月，我国教育部发布关于全国高等学校暑期招收新生的规定，首次明确规定高等学校招生实行全国统一招生考试。1966年5月开始"文化大革命"，废除高考制度，1966—1970年期间高校停止招生。1977年8月，邓小平在一次有40多位教育界著名人士及干部参加的会议上提出：立即恢复高考。当年10月，国务院批转教育部《关于1977年高等学校招生工作的意见》，正式恢复了高等学校招生统一考试的制度。按照规定，从1977年起，对高等学校招生制度进行改革。今后实行德、智、体全面衡量，择优录取的原则，采取自愿报名，统一考试，市地初选，学校录取，省、直辖市、自治区批准的办法。这种招生制度，同"文化大革命"期间的"自愿报名，群众推荐，领导批准，学校复审"的招生办法比较，有以下特点：一、招生对象广泛了。二、对文化水平的要求提高了。三、重视了文化考试，使新生的质量有较大提高。1977年底，全国约有570万青年参加了高等学校招生考试，各大专院校从中择优录取了27.3万名学生，使新生质量有了提高。高等学校招生恢复考试录取制度，是教育战线拨乱反正的一个重要步骤，它对提高教育质量，培养社会主义现代化建设所需要的合格人才，有极其重要的意义。

改革开放以后，我国高校招生考试制度不断完善。1983年，教育部正式提出"定向招生，定向分配"的方法。规定在中央部门或国防科工委系统所属的某些院校，按一定比例实行面向农村或农场、牧场、矿区、油田等艰苦行业的定向招生。1985年，教育部规定：可以从参加统一高考的考生中招收少数国家计划外的自费生。一向由国家"统包"的招生制度，变成了不收费的国家计划招生和收费的国家调节招生同时并存的"双轨制"。1985年以后，高考改革向减少高考科目的方向发展。先是将理科7门、文科6门各减为3+2共5门，上海则实行3+1方案。同年，国家教委决定在北京大学等43所高等学校进行招收保送生的试点。1989年8月，国家教委决定将标准化考试逐步在全国推行。1996年，中国高等教育试行并轨招生，高校学费开始增加。1997年，普通高校招生并轨改革。1999年，扩大高校招生规模，并揭开了新一轮高考改革的序幕。教育部开始推行"3+X"科目考试方案。广东省率先开始在高考科目设置和考试内容上进行改革，进行"3+X"方案试点，采取语文、数学、英语3门算总分，外加一个"X科"作为录取资格线。2000年，一直由国家"全包"的师范专业也实行收费，招生并轨改革完成。2001年，教育部出台新政策，允许 25 周岁以上公民参加高考，彻底放开高校招生的年龄限制。江苏省 3 所高校率先实行了"自主招生"的试点工作。2003 年，北京大学、清华大学等 22 所高校被赋予 5% 的自主招生权。同年，教育部允许香港高校在内地自主招生。2003 年，实施 20 多年 7 月高考的制度迎来变革，高考时间提前 1 个月，固定安排在每年 6 月的 7、8 日，个别省份会有所延长，如广东延长为 6 月的 7、8、9 日。

自恢复高考以来，我国在考试招生制度领域的改革探索从未止步。从"一卷考天下"的全国统一命题到分省命题；从高校招生计划并轨到高校连续扩招；从部分高校拥有招生自主权到高职院校实行分类考试、注册入学；从人工判卷到网上录取再到网上评卷。可以看到，在考试科目、命题形式、录取方式等方面，高考改革的步伐不断加大。党的十八大以来，高校考试招生制度改革成为教育领域综合改革"牵一发而动全身"的重点领域和关键环节。2013 年 11 月，党的十八届三中全会通过的《中共中央关于全面深化改革若干重大问题的决定》对推进考试招生制度改革作出部署。《决定》明确提出："探索招生和考试相对分离、学生考试多次选择、学校依法自主招生、专业机构组织实施、政府宏观管理、社会参与监督的运行机制，从根本上解决一考定终身的弊端。"我们相信，这一制度改革的顶层设计，再跟进系列配套政策，将是我国教育考试招生制度系统性综合性最强的一次改革，将明显扭转应试教育倾向，更加有利于促进学生健康成长、科学选拔人才、维护社会公平，彰显有教无类、因材施教、终身学习、人人成才的理念，为亿万学生提供多样化的学习选择和成长途径，搭建符合基本国情的人才成长"立交桥"。

3. "三结合"就业方针

在计划经济时代，中国曾建立了"统包统配"的就业管理体制。这一体制的基本特征是所有新增劳动力的就业由国家统一调配和安置。这种就业管理体制对于解决中国的就业问题，曾发挥过重要的作用。但随着情况的变化，这一管理体制的弊端不断显现出来。多年来，由于我国人口增长过快，"文化大革命"中大批知识青年上山下乡问题逐年累积，城市劳动就业问题，成为需要解决的重大社会问题。当时的国家劳动总局向党中央、国务院提出建议，大力发展集体和个体经济开拓就业门路，发展第三产业、服务业，扩大就业空间，并在制度上对国家"统包统配"的办法进行改革，更多发挥劳动者组织起来就业和自谋职业的积极性。

1980 年 8 月初，中共中央在北京召开全国劳动就业工作会议。会议分析了形成劳动就业问题的原因，提出了解决劳动就业的根本途径，要求解放思想、放宽政策、发展生产，广开就业门路，实行在政府统筹规划和指导下，劳动部门介绍就业、自愿组织起来就业和自谋职业相结合的方针。这就是"三结合"就业方针。会议还提出,给企业根据生产需要增减劳动力的自主权;搞活个体劳动制,拓宽就业门路。

1980年8月17日,中共中央转发了这次会议议定的文件《进一步做好城镇劳动就业工作》,开始进行城镇劳动就业改革。"劳动部门介绍就业"与国营单位安排就业相对应,但又不是统包统配,为以后的市场就业改革和公共就业服务发展奠定了基础。"组织起来就业"与发展集体经济扩大就业相对应,但又不是仅限于集体经济就业,为以后多元经济,特别是民营经济发展扩大就业打开了空间。"自谋职业"与发展个体经济扩大就业相对应,但自谋职业含义更广,为以后的劳动者自主就业、自主创业、灵活就业铺平了道路。多种就业渠道和门路的展开,多种就业形态和形式的变革,与经济体制改革、产业结构调整相适应。因此,在解决就业问题中发挥了重要作用,并为以后就业制度改革的深化开辟了道路。

在"三结合"就业方针指导下,我国城镇就业出现了以下特点。

一、城镇待业人员由消极待业向积极创业的方向转化。"三结合"就业方针打破了"国家投资创业,然后通过劳动部门统一分配或招工到已准备好了的工作岗位上去"的传统就业观,给青年们指出了一条创业之路。这就是除了通过国家分配或招工外,国家支持和鼓励青年自筹资金和用自己的劳动积累来发展集体经济或个体经济,走集体创业和自谋职业之路。

二、"三结合"就业方针,能够促进产业结构的调整,使就业向多渠道的方向转化。"三结合"就业方针,是在国民经济保持较高速度的前提下进行的,针对过去产业结构不合理,劳动力过多地投入重工业而带来的就业结构上的不合理,着重发展与人民生活息息相关的日用消费品工业、商业和其他服务性行业,使这些行业的就业人数有较快的增长。

三、由劳动部门一家抓就业向各个部门和单位协同安置就业的方向转化。"三结合"就业方针,改变了只靠劳动部门单枪匹马做工作的状况。参与劳动就业工作的不仅有党和政府各部门,还有厂矿企业、事业单位、军队、民主党派和群众团体等各个方面,四面八方,通力合作。

总体上来说,"三结合"就业方针不仅解决了当时我国城镇严重的失业问题,也启动了我国劳动就业制度的改革,有力地推动了我国劳动力市场的发育,改变了人们的就业观念,促进了我国集体经济、个体经济和民营经济等多种所有制经济的发展。

4.村民自治制度

新中国成立以来,我国的村治模式经历了一个发展变化的过程。新中国成立初期,实行行政村人民政府领导下的乡村治理模式。1950年，政府颁布《乡（行政村）人民政府组织通则》，规定在全国范围内成立行政村人民政府，领导和组织行政村的基本工作，行政村与乡人民政府并存，互不干涉。1954年，我国宪法和地方政权组织法规定撤销行政村。随后，进一步发布了《关于健全乡政权组织的指示》，规定直接由乡镇政府领导行政村的治理工作，从而开启了乡、镇政府直接领导下的乡村治理模式。1958年以后，实行人民公社领导下的乡村治理模式。"文化大革命"结束后，我国进入改革开放新时期，开始进行村民自治制度的实践探索。

20世纪80年代，中国农村发生了两个意义深远的历史性变革，一个是"包产到户"，另一个是"村民自治"。1980年1月，广西宜州市合寨村经过村民民主选举，成立了中国第一个村民自治组织——村民委员会，合寨因而被称为"中国村民自治第一村"。我国1982年宪法第111条明确规定："城市和农村按居民居住地区设立的居民委员会或者村民委员会是基层群众性自治组织。"1983年10月，中共中央、国务院发出《关于实行政社分开建立乡政府的通知》，正式宣告人民公社体制的结束，从而在全国范围内为村委会的建立铺平了道路。在这个文件指导下，政社分设、建立乡政府和村委会的工作进入了普遍的、具体的实施阶段。到1985年，全国建立村民委员会的工作基本完成，共建立村民委员会948628个。1986年9月，中共中央、国务院发出《关于加强农村基层政权建设工作的通知》，在强调加强农村基层政权建设的同时，对如何搞好村委会建设作了较详细的规定。1987年11月，六届全国人大常委会第二十三次会议通过《村民委员会组织法（试行）》。这部法律依据我国现行宪法相关规定，对村民委员会的性质、地位、职责、产生方式、组织机构和工作方式以及村民会议的权力和组织形式等作出了比较全面的规定。这是一部由国家立法机关制定并颁布的村民自治的法律，尽管它只是"试行"，但具有开创性，它对发展基层民主，把村民自治实践纳入法制轨道具有重大作用。1998年4月，中共中央办公厅、国务院办公厅发出《关于在农村普遍实行村务公开和民主管理制度的通知》。随后，各地陆续出现了一些加强村务公开和民主管理的新做法，如安徽省和县建立了农村"一事一议"筹资筹劳制度，北京市通州区潞城镇常屯村设立了"村民议事厅"，湖北省蕲春县漕河镇设置了电化"明白墙"，浙江省台州市在"民主恳谈"、"民主听证"基础上建立了"村务大事村民票决制度"和"民主评议制度"，江苏省滨海县在村务公开栏内设置"提问栏"和"回音壁"，等等。1998年11月，九届全国人大常委会第五次会议通过《村民委员会组织法》。这部法律吸收了大量村民自治实践中的有益成果，比如公布选民名单、由村民提名候选人、由村民推选产生村民选举委员会、秘密划票、村民代表会议、村务公开、村委主任和委员的罢免程序等，农民在实践中创造的很多成功经验被这部法律吸收。村民自治从此迈上一个新的台阶，农民不仅拥有了民主选举的权利，在民主决策、民主管理、民主监督上的权利也在逐步扩大,村民自治逐步走向完善。2010年10月28日,十一届全国人大常委会第十七次会议通过修订的《村民委员会组织法》。这次修订后的组织法相比上一部法律更加完善,吸收了自1998年组织法实施后的有益探索和成功经验,尤其是对民主监督、村务公开、民主议事、民主评议和罢免程序等方面作了进一步的细化和补充,使"四个民主"更加完善和具有可操作性。

总体来说,村民自治制度作为我国农村基层民主的制度创新,由村民自主选举乡村治理骨干,并集合成代表村民利益的村委会,形成了具有中国特色的基层治理模式。实行村民自治制度,促进了农村经济的发展,规范了基层乡村干部的行为,促使基层治理主体提高自身素质、强化责任,初步实现了乡村党群、干群、群众与群众之间关系的和谐。村民自治制度的实施,推动了农村基层政治民主化的进程,对民主政治建设与发展有积极的影响。进入新时期以来,随着我国经济社会的发展转型,社会主义民主政治建设的加速,社会主义新农村建设的不断推进,村民自治在实践中也暴露出一些突出问题,如:民主选举的监督不到位,村民自治权与乡镇政府行政权冲突以及民主决策失衡,村委会在执行各种政策时,存在由村干部个人独断的状况,直接损害村民利益等问题。这些问题,只能在农业现代化、新型城镇化、农村社区化的过程中,通过加强农村民主法治建设,逐步得到解决。

5.个体工商户

个体工商户,是指生产资料属于私人所有,主要以个人劳动为基础,劳动所得归个体劳动者自己支配的自然人或家庭。据统计,新中国成立初期全国城乡存在的个体工商业者人数接近3000万,其中城镇个体工商业者有700多万人。随着我国1956年实行生产资料私有制的社会主义改造,个体工商业者纷纷走上合作化的道路。1978年底,全国城乡只有14万个体工商业者。党的十一届三中全会后,个体工商业者逐步得到发展。1980年8月,中央召开专门的劳动就业工作会议,提出要在国家统筹规划指导下,实行劳动部门介绍就业、自愿组织起来就业和自由谋取职业相结合的方针,其中自由谋取职业主要就是指从事个体商业和服务业。1980年12月,中共中央工作会议提出:"在公有制经济占绝对优势的条件下,允许城镇个体所有制经济的发展。"个体工商业重新获得合法性,城镇个体工商业迅速发展起来。1982年12月,五届全国人大五次会议通过的《中华人民共和国宪法》第十一条规定:"在法律规定范围内的城乡个体劳动者个体经济,是社会主义公有制经济的补充。国家保护个体经济的合法的权利和利益。"这是我国第一次在宪法中确定个体经济的法律地位。1986年公布的《民法通则》第一次明确了个体工商户的基本概念,同时还规定了个体工商户的债务承担方式：个人经营的，以个人财产承担；家庭经营的，以家庭财产承担。从此，个体工商户的民事主体地位得以确立。国务院在1987年发布了《城乡个体工商户管理暂行条例》，对个体工商户的具体问题进行了详细规定，明确了个体工商户可以开设账户、带帮手、学徒等权利。在改革开放初期，国家对个体工商户的政策及具体规定符合当时的宏观经济环境，又适应了个体工商户的需要，为个体工商户的发展提供了制度上的保障。

1988年6月，国务院颁布的《私营企业暂行条例》第二条规定："私营企业是指企业资产属于私人所有、雇工八人以上的营利性的经济组织。"个体工商户与私营企业的界限据此划分开来，即雇工8人以上的属于私营企业，帮手、学徒总数7人以下的为个体工商户。如果依照企业形态法定主义的原则，该条例实施后，凡雇工超过8人的均应登记为私营企业，个体工商户与私营企业可以有效衔接和并存发展。

1999年8月，全国人大常委会通过《个人独资企业法》，将个人独资企业界定为"依照该法在中国境内设立，由一个自然人投资，财产为投资人个人所有，投资人以其个人财产对企业债务承担无限责任的经营实体"。据此，个体经营者被分为三类：真正的个体工商户、个人独资企业、个人合伙企业。从性质上看，个人独资企业与个体工商户之间并无实质区别，从规范商事主体的角度来说，应当将其统一于个人独资企业这种组织形式中，对家庭经营的个体工商户来说，其性质应属于合伙企业。

2006年以来，国家为推动经济社会发展，进一步扩大就业和拉动内需，相继出台了很多政策促进个体私营经济发展，个体工商户又进入一个发展高潮期。2011年4月，国务院颁布的《个体工商户条例》取消了20多年前出台的《城乡个体工商户管理暂行条例》中对个体工商户的一些限制：一是放开了可以成为个体经营人员的范围，使"有经营能力的公民"经登记都可成为个体工商户；二是放宽了经营范围，只要"不属于法律、行政法规禁止进入的行业"都可以从事经营；三是放开了经营规模限制，由过去有雇工人数限制变为"根据经营需要可以招用从业人员"；四是支持有条件的个体工商户做大做强，对个体工商户申请转变为企业组织形式、符合法定条件的，有关部门应当为其提供便利。这些规定为个体工商户的发展提供了较宽松的制度环境。

20世纪80年代和90年代初，我国法律提供的可供选择的企业组织形式较为单一，从而使得个体工商户获得迅猛发展。但是1997年8月1日《合伙企业法》开始施行，2000年1月1日《个人独资企业法》开始施行，2006年1月1日修改后的《公司法》开始施行，其中更是明确规定了"一人有限公司"的形式，这些企业形式的出现对个体工商户产生了更大的激励，越来越多的人更认同企业这一形式，纷纷跨过个体工商户直接选择企业形式投资创业，以较高的起点进入市场，从而推动非公有制市场主体不断提质增量。

总体上来看,改革开放后我国个体工商户呈"N"字形发展,其数量在1999年达到了当时的最高峰3160万户。2000—2004年,个体工商户数量下降至2350万户,直到2005年后才得到重新发展。截至2013年底,全国实有个体工商户4436.29万户。个体工商户作为一直存在的经营方式,在吸收农村剩余劳动力就业、提高农民生活质量方面具有重要作用。

6.实行计划生育基本国策

实行计划生育政策,是由我国的基本国情和社会主义现代化建设的需要所决定的。我国是世界上最大的发展中国家,人口多,底子薄,人均资源相对不足,经济和社会发展水平不平衡。这是我国的基本国情。人口过快增长同经济和社会的发展、资源的利用和环境的保护存在着明显的矛盾,是制约我国经济和社会发展,影响人民生活水平和人口素质提高的重要原因。"计划生育",指对生育子女的数量和时间进行计划,主要内容及目的是:提倡晚婚、晚育,少生、优生,从而有计划地控制人口增长。

一、新中国成立后人口迅速增长与马寅初"新人口论"。新中国成立后,人民生活明显改善,我国人口再生产类型迅速实现了从新中国成立前的高出生、高死亡、低增长到高出生、低死亡、高增长的转变,进入了人口增长的高峰期。20世纪50年代后期,以马寅初为代表的学者积极主张计划生育,1957年他在《人民日报》发表了"新人口论",主张适度控制人口(提倡晚婚晚育和节育,但是反对堕胎),提高人民素质。但是,在20世纪五六十年代,政府对于人口快速增长所带来的人口问题的严重性还没有清楚的认识,因此,国家整个计划生育的力度是十分有限的。

1959—1961年发生了国民经济严重困难,此期间人口出生率下降,死亡率大幅度上升,1960年首次出现不正常的人口负增长。但经历三年困难时期后,生育率迅速反弹,人口自然增长率迅速达到1962年的26.99‰,1963年出生率高达43.37‰,自然增长率高达33.33‰,创造了我国人口增长历史的最高水平。

二、计划生育与独生子女政策。计划生育政策初步推行。1970年2月,周恩来总理在全国计划会议上说,现在人口多,70年代人口要注意计划生育。1971年7月,国务院批转《关于做好计划生育工作的报告》,提出"人类在生育上完全无政府主义是不行的,也要有计划生育",在全国城乡普遍推行计划生育政策。1973年12月,国务院计划生育领导小组办公室在北京召开全国计划生育工作汇报会,提出"晚、稀、少"的计划生育政策。"晚"是指男25周岁以后、女23周岁以后结婚,女24周岁以后生育,"稀"是指生育间隔为3年以上,"少"是指一对夫妇生育不超过两个孩子。1974年12月29日,毛泽东在国家计委《关于一九七五年国民经济计划的报告》上批示"人口非控制不行"。1978年10

月,中共中央批转国务院计划生育领导小组《关于国务院计划生育领导小组第一次会议的报告》,提出:提倡一对夫妇生育子女数"最好一个,最多两个"的生育政策。批语指出:"计划生育搞得好不好,直接关系到发展国民经济十年规划纲要和四个现代化的实现,关系到中华民族的健康、科学文化水平的提高和国家的繁荣富强。"同年,第一次将"国家提倡和推行计划生育"写入宪法。

"独生子女政策"的实施。1980年2月11日,《人民日报》发表题为"一定要有计划地控制人口增长"的社论,指出:"有计划地控制我国人口的增长,使人口的增长速度同国民经济的发展相适应,是直接关系现代化建设速度和中华民族兴旺发达的一件大事","为了确保这一战略任务的实现,当务之急,是尽快地把计划生育工作的重点放到提倡一对夫妇生一个孩子的工作上来","这是降低人口出生率、缓解人口出生高峰的唯一的最好的办法"。同年9月25日,中共中央发表《关于控制我国人口增长问题致全体共产党员、共青团员的公开信》,开始在全国大力提倡"一对夫妇只生育一个孩子"的独生子女政策。要求"所有共产党员、共青团员,特别是各级干部,要用实际行动带头响应国务院的号召,并且积极负责地、耐心细致地向广大群众进行宣传教育"。1982年9月,党的十二大报告提出:"在我国经济和社会的发展中,人口问题始终是极为重要的问题。实行计划生育,是我国的一项基本国策。"同年新修改的宪法规定"国家推行计划生育,使人口的增长同经济和社会发展计划相适应","夫妻双方有实行计划生育的义务"。从法律上保证了计划生育基本国策的地位。20世纪80年代初,全国曾一度普遍实行较为严格的一胎生育政策,并形成了在入托儿所、入学、就医、招工、招生、城市住房和农村宅基地分配等方面,照顾独生子女及其家庭的配套措施。

三、计划生育政策的调整。为了既有效地控制人口的增长,同时也照顾农民的切身利益,1984年4月,中共中央发出《关于计划生育工作情况汇报的批示》,对一孩生育政策进行调整,继续在城镇地区提倡一对夫妇生育一个孩子的政策,在农村地区改为"开放女儿户"政策,允许第一个孩子为女婴的家庭相隔一定年限后再生育第二个孩子。文件提出:要把计划生育政策建立在合情合理、群众拥护、干部好做工作的基础上。

到21世纪初,中国的计划生育政策又作出了一些调整。2013年11月,党的十八届三中全会通过的《中共中央关于全面深化改革若干重大问题的决定》提出:"坚持计划生育的基本国策,启动实施一方是独生子女的夫妇可生育两个孩子的政策,逐步调整完善生育政策,促进人口长期均衡发展。""单独二孩"政策正式实施。

7. 实施九年制义务教育

义务教育,又称强迫教育和免费义务教育,是根据宪法规定,适龄儿童和青少年都必须接受，国家、社会、家庭必须予以保证的国民教育。其实质是国家依照法律的规定对适龄儿童和青少年实施的一定年限的强迫教育的制度。义务教育具有强制性、公益性、普及性的基本特点。

我国从新中国成立之初提出普及小学教育任务以后，便积极探索普及道路，其中曾受到"左"的干扰，但普及教育事业总的是不断向前发展并积累了经验，探索出若干规律，打下了良好的普及教育基础。十年"文化大革命"使整个事业遭到严重破坏，直到"文化大革命"结束，普及教育事业才得以恢复。

1980年12月3日，中共中央、国务院发布《关于普及小学教育若干问题的决定》，提出在20世纪80年代全国基本普及小学教育的历史任务。1985年5月27日颁布《中共中央关于教育体制改革的决定》，明确规定要在全国有步骤地实施九年义务教育，这是新中国成立以后历史上也是我国历史上第一次提出实施九年义务教育的宏伟任务。1986年4月12日，《中华人民共和国义务教育法》经六届全国人大四次会议通过，于7月1日实施。义务教育法对于学龄儿童入学的年龄、接受义务教育的年限、权利和义务，对国家、社会、学校、家长执行义务教育法的权利、义务及法律责任都作出了明确的规定。

1992年10月党的十四大提出："到本世纪末，基本扫除青壮年文盲，基本普及九年义务教育。"1993年2月，中共中央、国务院颁布《中国教育改革和发展纲要》，1994年召开了全国教育工作会议，为我国义务教育的发展绘制了更为具体的宏图，提出了"积极进取，实事求是，分区规划，分类指导，分步实施"的原则，并以县为单位提出了"三步走"，即：累计到1996年在40%—45%人口地区"普九"（城市和经济发展较快的农村），1998年在60%—65%人口地区"普九"（增加了经济发展中等地区人口），到2000年在85%人口地区"普九"（又增加了经济发展中等地区和少部分贫困地区人口）。1995年3月18日，八届全国人大三次会议通过《中华人民共和国义务教育法》，在《中华人民共和国义务教育法》第二章"教育基本制度"中规定："国家实行九年制义务教育制度。"

到2000年，我国在全国范围内如期实现了基本普及九年义务教育的目标，"普九"人口覆盖率达到85%，青壮年人口文盲率下降到5%以下，全国有11个省市通过"两基"[①]达标验收。2001年1月1日，国家主席江泽民在全国政协新年茶话会上的讲话中向全世界庄严宣布：我国如期实现了基本普及九年义务教育和基本扫除青壮年文盲的战略目标。随后，我国又适时提出：力争到2010年在全国实现全面普及九年义务教育和全面提高义务教育质量的目标。为达到这项新目标，国家采取了以下有力措施：一是国务院制订《国家西部地区"两基"攻坚计划（2004—2007年）》，采取了一系列涉及地区补助、教师工资、

---

① 基本实施九年义务教育和基本扫除青壮年文盲的简称。

学生助学金、教科书、危房改造、学生寄宿、远程教育等强有力的新措施支援西部义务教育。二是进一步增加义务教育投入。到2008年，各地农村义务教育阶段中小学生均公用经费全部达到该省、自治区、直辖市规定的标准；中央财政安排经费由免除学杂费，扩大到免费教科书覆盖范围。三是全面加强和提高质量。这主要通过贯彻中共中央和国务院《关于深化教育改革全面推进素质教育的决定》、国务院《关于基础教育改革与发展的决定》、经国务院同意由教育部印发的《基础教育课程改革纲要（试行）》、国务院《关于进一步加强农村教育工作的决定》、中共中央《关于推进农村改革发展若干重大问题的决定》等，促使义务教育得到全面加强和质量得到有效提高。四是修订《义务教育法》。2006年6月29日，十届全国人大常委会第二十二次会议表决通过修订的《义务教育法》。该法规定："国家将义务教育全面纳入财政保障范围，义务教育经费由国务院和地方各级人民政府依照本法规定予以保障"，完成了"人民教育人民办"到"义务教育政府办"的转变。通过上述工作，义务教育完成了由基本普及向全面普及和提高质量的转变。

从上可以清楚地看到，在中华人民共和国60年的伟大历程中，小学学龄儿童入学率从20%左右提升到99%以上，并且按质按量地稳步实现了普及九年义务教育。这是中华人民共和国教育史上的一个历史性跨越，也是中国当代教育对世界教育所作出的新的重要贡献。我国义务教育事业从总体上看取得了很大成绩，义务教育阶段"上学难"、"上学贵"的问题基本得到解决，但仍面临着许多困难，如义务教育经费保障机制虽然建立起来，但保障水平仍然偏低；义务教育发展不均衡问题仍然比较突出；教育机制有待完善；在实施素质教育方面仍面临诸多困难等。

8.人民公社体制解体

农村人民公社是指实行"一大二公"的生产体制、"政社合一"的管理体制以及供给制和分配制相结合的分配制度等在内的组织或制度。人民公社是1958年"大跃进"的产物。1958年8月，毛泽东提出"还是办人民公社好"，与此同时，中共中央政治局在北戴河举行扩大会议，通过《关于在农村建立人民公社问题的决议》。随后在全国掀起人民公社化的高潮。其特点是"一大二公"、"三化"，许多地方出现了大搞平均主义和刮"共产风"的错误。第一，组织规模大。全国平均原28.5个高级社合并成一个人民公社，平均一个公社有9600多农户，大社有1万—2万户农户。第二，财产公有。社员除了很少的生活用具是自己的，其余都是公家的。第三，生产和生活方式实行组织军事化、行动战斗化、生活集体化。

1959年2月底3月初，党中央召开第二次郑州会议，提出整顿和建设人民公社的方针：统一领导，队为基础；分级管理，权力下放；三级核算，各计盈亏；分配计划，由社决定；适当积累，合理调剂；物资劳动，等价交换；按劳分配，承认差别。从1960年10月起，中央再度调整政策，1961年上半年制定了《农村人民公社工作条例（修正草案）》，要求划清社会主义与共产主义两个历史阶段和全民所有制与集体所有制两种所有制的界限，反对急于过渡，调整了生产关系，实行"三级所有，队为基础"，即实行以生产大队所有制为基础的包括生产队、生产大队和人民公社在内的三级所有制。1962年9月，党的八届十中全会正式通过《农业六十条》。其主要规定有：三级所有，队为基础；按劳分配，多劳多得；允许社员经营家庭副业和自留地，等等。确定以生产队为基本核算单位，恢复到初级社水平，接近生产力发展程度，应基本肯定。"文化大革命"期间，"左"倾思潮极度泛滥，又一次鼓吹"穷过渡"，使生产队为基础的人民公社三级所有制又受到严重冲击，农业生产长期徘徊。

1978年12月，党的十一届三中全会原则通过了《关于加快农业发展若干问题的决定（草案）》，决定实行不改变土地公有制性质的联产承包责任制，改革人民公社的管理体制。1979年，以联产承包责任制为主要内容的农村体制改革在全国范围开展起来，它迅速取代原来农村人民公社的体制。1982年12月，五届全国人大五次会议修改宪法，决定改变人民公社"政社合一"的体制，重新设立乡政权。1982年宪法规定，农村建立乡政府和群众性自治组织村民委员会，基层政权机构和地区性合作经济组织分开设立。1983年10月，中共中央、国务院发出《关于实行政社分开建立乡政府的通知》，要求各地将人民公社中属于政权的那部分职权分离出去，建立乡政府作为农村基层政权；乡政府对各级经济组织仅进行行政领导；乡以下设立村民委员会，行使原来大队的行政职能，取消大队的经济职能。通知发出的当年，全国就有12702个人民公社摘掉了牌子。至1985年6月初，全国农村建乡工作全部完成，建乡前全国共有56000多个人民公社、镇，政社分开后，全国共建了92000多个乡（包括民族乡）、镇人民政府。1992年10月，八届全国人大常委会第一次会议修改宪法，正式将现行宪法中关于人民公社的提法删除，改为家庭联产承包责任制作为农村的基本经营管理体制长期不变，家庭承包责任制被正式列入国家根本大法。

人民公社时期的中国农业保持了略高于人口增长的实绩，其农业生产条件的改善与同期其他发展中国家相比也是相当显著的；公社的某些制度安排诸如家庭副业等为新时期农村经济体制改革提供了丰富的经验。但其超现实公有化和强制手段剥夺了农民的自主权、压抑了自主需要和能动性，不仅使组织起来的成效被公社化和强制手段所抵消，而且组织本身也对农民形成压制。其政社合一，政企合一，政府直接操作、经营农业，是导致人民公社失败的根本原因之一；排斥市场机制，企图跨越不可逾越的市场经济充分发展的历史阶段，是人民公社生产力停滞不前的又一个主要原因；严重的平均主义，也是导致人民公社解体的重要因素。

9.社队企业的变迁

社队企业是农村人民公社、生产大队办的集体所有制企业。乡镇企业的前身是社队企业，乡镇企业是指农村集体经济组织或者农民投资为主，在乡镇（包括所辖村）举办的承担支援农业义务的各类企业。从社队企业到乡镇企业，不只是名称上的变化，更反映了社会经济体制的变革。1987年6月，邓小平在会见南斯拉夫来宾时说：农村改革中，我们完全没有预料到的最大收获，就是乡镇企业发展起来了，突然冒出搞多种行业，搞商品经济，搞各种小型企业，异军突起。

社队企业有三大主要来源：中国农村早期普遍存在的副业和手工业；人民公社化运动中兴办的各式小型社办工业；公社化运动时期下放给公社管理的一些原属国家管理的集体工业和国营工商企事业单位。

1978年党的十一届三中全会原则通过《中共中央关于加快农业发展若干问题的决定（草案）》，1979年党的十一届四中全会正式通过了这个决定。决定要求，"社队企业要有一个大发展"，"凡是符合经济合理的原则，宜于农村加工的农副产品，要逐步由社队企业加工"，还要求城市工厂加强对社队企业的设备支援和技术指导，把一部分产品扩散给社队企业。

1979年7月，国务院发布《关于发展社队企业若干问题的规定（试行草案）》，明确了国家对社队企业的扶持态度，规定了对社队企业的低税、免税政策，其中税率仅为其他企业税负的20%。1981年5月，国务院发布《关于社队企业贯彻国民经济调整方针的若干问题》，明确指出"社队企业已成为农村经济的重要组成部分，符合农村经济综合发展的方向"。

在规模和产值扩大的同时，农村企业向多元化发展，出现了许多联产合办、跨区联办等形式的联营、自营企业，这就突破了"社队企业"的原有概念和范围。随着形式的多样化演变，历经曲折的社队企业成为中国改革开放后生机勃勃的新生经济力量。而伴随着人民公社体制的解体，"社队企业"中的"社"也成为历史。1984年初，中共中央决定，在兴办社队企业的同时，鼓励农民个人兴办或联合兴办各类企业。同年3月，党中央、国务院批转农牧渔业部和部党组《关于开创社队企业新局面的报告》（简称1984年中央四号文件），并同意报告提出的将社队企业名称改为乡镇企业的建议。从这时起，社队企业正式更名为乡镇企业，四个轮子（乡办、村办、户办、联户办）一起转，六大产业（农、工、商、建、运、服）同发展的局面开始形成。随后，党中央和国务院又适应形势发展的需要，提出了一系列具体政策，大力支持和引导乡镇企业发展。

10.集镇落户制度改革

集镇落户制度改革，是我国户籍制度改革中的一项重要措施。从1958年实行城乡分割的二元户籍制度，到1984年允许农民自理口粮进集镇落户，与集镇居民享受同等权利，履行同等义务，表明我国的户籍制度改革的目的——逐步剥离附加在户口上的各种利益，通过居民身份证、暂住证的实行，粮油关系的废除，以及住房的商品化和就业的市场化，以明显地弱化户口的作用，从而达到调整失衡的城乡利益格局的目的，最终实现城乡居民真正的身份平等式的自由迁徙。

新中国成立后，国家进行了土地改革，根除了封建时期通过土地束缚人口流动的基础，基于"肃反"工作、安置就业、计划供应粮食以及维护公共秩序和有关发展的需要，创立了崭新的户籍制度。根据对人口迁移流动的限制松紧程度，新中国的户籍制度可分为三个阶段。

第一阶段，人口自由迁徙阶段（1949—1957年）。

公安部于1951年7月颁布实施了《城市户口管理暂行条例》，对城市户口进行管理。1953年4月，为了解全国准确的人口数字和做好各级人民代表大会的选举工作，国务院发布了《为准备普选进行全国人口调查登记的指示》和《全国人口调查登记办法》，在农村建立了简单的农村户口登记制度。

1955年6月，国务院发出《关于建立经常户口登记制度的指示》，其主要目的是掌握全国人口及变动情况，为国家计划经济体制的运行提供准确的人口数据。1956年2月，全国户籍管理工作和人口资料的统计汇总业务统一移交到公安机关。至此，新中国初步确立了"户警一体"的户籍管理形式，城乡的户口管理工作和组织机构得到了统一。

第二阶段，人口迁移流动控制阶段（1958—1978年）。

这一历史时期经历了"大跃进"、三年困难时期和十年"文化大革命"，国民经济处于严重的困难时期，第二产业提供就业机会的速度减缓，加之城镇劳动适龄人口又呈现出线性增长的态势，第二产业无法吸纳大量农村剩余劳动力。面对城市就业人口处于饱和状态，粮食、副食品、住房、交通、就学、就医等问题逐步凸显的现实，于是政府把"自由迁移"的政策调整为控制城市人口规模的政策，采取的措施包括精简职工、知识青年上山下乡、干部下放农村等，酿成了所谓的"逆城市化运动"。

1958年《中华人民共和国户口登记条例》的颁布，标志着我国户籍制度开始由自由迁徙转向迁移流动控制。1957年12月，中共中央、国务院联合发出《关于制止农村人口盲目外流的指示》，要求城乡户口管理部门严格户籍管理，切实做好制止农业人口盲目外流工作。1958年1月，我国第一个户籍管理法规——《中华人民共和国户口登记条例》（以下简称《条例》）正式颁布。《条例》明确规定，中华人民共和国公民都应当依照条例的规定履行以户为单位的户口登记。户口登记簿和户口簿登记的事项，具有证明公民身份的效力。《条例》对常住户口登记、暂住户口登记、出生登记、死亡登记、迁移登记、变更登记以及法律责任等户籍管理的基本内容作了详细规定，将户籍管理纳入了法制轨道。正式确立了户口迁移审批制度和凭证落户制度，首次以法规形式限制农村人口迁往城镇。至此，限制农民进城的二元户籍制度开始以立法形式正式确定下来。

第三阶段，人口迁移流动逐步松动阶段（1978年以后）。

1980年9月，公安部、粮食部、国家人事局联合颁布了《关于解决部分专业技术干部的农村家属迁往城镇由国家供应粮食问题规定》，开始打破户籍制度的指标控制，标志着户籍制度进入了一个新的阶段。1984年，国务院颁发的《国务院关于农民进入集镇落户问题的通知》规定，凡申请到集镇务工、经商、办服务业，或在乡镇企事业单位长期务工的农民和亲属，准予自理口粮落户集镇。到集镇落户的农民应事先办好土地转让手续，因故返回者应准予"回流落户"。自理口粮户口的实施使农民基本上取得了进入建制镇与非建制镇（县城关镇以外）的权利，这是中国户籍制度的一项重大突破。它的历史功绩在于打破了几十年来僵硬的二元户籍制度，使城乡人口流动成为可能，标志着我国户籍制度改革在集镇开始由指标控制向准入条件控制过渡。

同时，随着流动人口的空前骤增，一户一本的《户口簿》难以保证公民进行合法的社会活动，面对人户分离日益严重，流动人口的管理趋于失控的形势，1985年7月，公安部出台的《关于城镇暂住人口管理规定》，标志着中国公民在非户籍地长期居住具有了合法性。同年9月，全国人大常委会颁布《中华人民共和国居民身份证条例》规定："居民在办理涉及政治、经济、社会生活等权益事务时，可出示居民身份证，证明其身份。"为规范流动人口的管理，当年公安部又颁发了《关于城镇暂住人口管理的暂行规定》。其中规定：对暂住时间拟超过3个月的16周岁以上的人员，可申领《暂住证》；对外来开店、办厂、从事建筑安装、联营运输、服务行业的暂住时间较长的人员，采取雇用单位和常住户口所在地主管部门管理相结合的办法，由这些单位的负责人登记造册，及时报送公安派出所或户籍办公室，登记为寄住户口，发给《寄住证》。这一法规与1984年国务院颁布的《关于农民进入集镇落户问题的通知》可视为国家对乡镇之间、城乡之间公民迁徙自由的初步放开，标志着公民开始拥有在非户籍所在地长期居住的合法权利。

11.鼓励出国留学

出国留学旧称出国留洋,一般是指一个人去母国以外的国家接受各类教育,时间可以为短期或长期(从几个星期到几年),这些人被称为"留学生"。20世纪50—60年代,中国政府实行向苏联大量派遣出国留学人员的政策。60年代初期,中国已经开始试行向西方发达国家派遣出国留学人员政策。虽然到70年代初期,中国向西方发达国家派遣出国留学人员的规模有所扩大,但派遣数量仍十分有限。改革开放后,我国派遣出国留学人员的规模大量增加。自1978年以来,我国出国留学政策先后进行了4次大的调整,反映了当代留学教育事业发展4个阶段的基本轨迹。

一、20世纪70年代末期,出国留学教育事业开始得到恢复。当时,出国留学工作的根本任务是立足于打破封闭、开创局面、建立交流、扩大派出。1978年6月23日,时任中共中央副主席的邓小平在与清华大学负责人座谈时表示:我赞成留学生的数量增大,主要搞自然科学。……要成千成万地派,不是只派十个八个。教育部研究一下,花多少钱,值得。根据邓小平的意见和中共中央的指示要求,教育部于1978年7月11日向中共中央和国务院提交了《关于加大选派留学生数量的报告》,制定了"扩大派遣"的一系列政策原则。1978年8月4日,教育部又发出《关于增选出国留学生的通知》,确定将1978年出国留学生的派遣名额增至3000人。

二、20世纪80年代初,自费留学开始兴起,并且人数不断增加。这时公派出国留学的政策是"突出重点、统筹兼顾、保证质量、力争多派",出国留学工作达到了一个新的高潮。1980年11月,中共中央书记处第61次会议研究决定,向外国派遣留学生的政策应该多派研究生,少派或不派到国外接受本科教育的留学生。1981年,国务院批转了教育部等七部门《关于自费出国留学的请示》、《关于自费出国留学的暂行规定》,指出自费出国留学是我国留学工作的组成部分,对自费留学人员和公费留学人员在政治上应一视同仁。1982年12月,五届全国人大五次会议批准的《国民经济和社会发展第六个五年计划(1981—1985年)》提出,要在第六个五年计划期间,争取达到派出1.5万名出国留学人员,留学回国人员要达到1.1万人。

三、20世纪80年代中后期,国务院批转国家教委《关于出国留学人员工作的若干暂行规定》中,提出了"按需派遣、保证质量、学用一致"的公派留学工作方针,标志着我国出国留学政策开始走向成熟。1984年11月召开的全国出国留学工作会议,决定今后除国家预算每年派出3000名留学人员外,从1985年起,额外增加由工商企业派出技术和管理人员到国外学习的名额,并逐年扩大,增派学习应用科学、管理科学、工程技术和农林等国内急需的专业人才。

四、自20世纪90年代初,出国留学政策形成了"支持留学、鼓励回国、来去自由"的新方针,使出国留学工作政策进一步适应市场经济发展的需要。出国留学工作的重点不仅仅是关注"送出去"的问题,对"请回来"的工作更加重视,并形成一系列配套的优惠措施和办法,出国留学工作真正开始进入成熟期。

1991年,国家教委、人事部联合表彰优秀留学回国人员。国家教委与中科院、上海市、陕西省、大连市等组成招聘组,赴日本招聘留学生回国工作。国家教委对在国外获得博士学位的回国人员给予科研启动经费资助。1992年,邓小平在南方谈话中说,所有出国学习的人,希望他们都回来,告诉他们,要作出贡献,还是回国好。国务委员兼国家教委主任李铁映在与长春高校师生座谈时,首次提出我国留学工作总方针:支持留学,鼓励回国,来去自由。1996年,国家留学基金管理委员会成立。国家教委决定全面试行国家公费出国留学选拔办法,即"个人申请,专家评审,平等竞争,择优录取,签约派出,违约赔偿"。1997年,国家教委和人事部联合召开"全国留学回国工作会议",表彰优秀留学回国人员和留学工作先进单位。国家教委全面启动"春晖计划",支持和鼓励在外留学人员短期回国服务。2003年,教育部设立教育涉外监管处,中外合作办学、自费出国留学中介服务、外籍人员子女学校以及中外合作举办教育考试、举办国际教育展览等活动,由教育涉外监管处专门监管。2005年,人事部、教育部、科技部、财政部联合发布《关于在留学人才引进工作中界定海外高层次留学人才的指导意见》,其中规定了界定"高层次留学人才"的"八项标准"。2007年,"国家建设高水平大学公派研究生项目"启动。至2011年,我国将每年选派5000名研究生赴国外一流大学、科研机构攻读博士学位。

出国留学教育的价值在高等教育领域主要体现在六个方面:文化价值、经济价值、思想价值、知识传播价值、发展价值和人才培养价值。留学人员回国工作或为国服务,不仅有力地促进了我国高等教育与国际教育的接轨,而且为我国全面深化改革和社会主义现代化建设,提供了有力的人才支持。

12.单位制解体

单位制是新中国成立后确立的社会管理体制。改革开放前,单位是一个集政治、经济、社会等多种功能于一身的综合性组织,履行着社会资源配置、社会整合及社会动员的功能。社会成员在单位中获取生活必需的经济资源、福利保障以及个人的身份和社会地位。通过各级单位,国家权力全面渗入社会生活的各个领域和层面,整个社会实现了高度整合。单位对成员的全面管理和控制,能够迅速有效地形成动员机制。单位的特征是:

组织形式是科层同构，即"条块分割"；资源配置的行政特性；社会活动的行政特性，一种单位身份；功能的复合性，包括政治、社会保障，生产功能。其典型形态是城市社会中的党和政府机构（行政单位）、国有管理及服务机构（事业单位）和国有企业单位。

长期以来，单位制使整个社会生活高度组织化，全国上下一盘棋，对维持社会稳定发挥了重要作用。但是，单位制作为计划经济体制下的一种制度设置，在市场经济时代产生许多事与愿违的后果，诱发许多社会问题，如腐败问题、社会分化问题、社会公正等问题。改革的冲击和单位制固有的弊端，使得单位制在社会转型中逐渐衰落。

第一，单位职能的泛化不仅导致效率低下，而且单位办社会致使社会空间萎缩。在单位制下，不仅有专业功能，而且承担了更多的社会管理职能。单位办社会是一种普遍现象，单位成为既能最大效益地安排生产与生活，又能把居民家庭和社会生活以及政治管理统合起来的空间组织。那么，单位就必须投入大量人力、物力、财力承担本应由社会来提供的社会服务、社会管理与社会保障的职能，导致效率低下。

第二，单位制形成了个人—单位—国家三者间的依附链条。单位同国家及上下级单位的关系、单位同职工的关系是行政性的而非契约性的。在我国单位体制下，单位被赋予了不同的行政级别，级别不同，占有的资源、利益和机会有很大差别，这使单位依附于国家。计划经济体制又使国家的运行离不开单位。单位对国家的依附，最终导致行政单位和事业单位的高效性消失了，经济单位追求资源增值和效益至上的观念被淡忘了。单位对国家的依附性又引发了个人对单位的依附性，因为单位赋予个人以社会行为的权利、身份和合法性，没有"单位"的个人，意味着社会身份和地位的丧失，就难以在社会上合法立足。

第三，单位具有相对封闭性，资源不能有效合理地配置和流动。单位所获得的资源是国家根据单位级别和计划予以分配的，单位只与它的主管上级部门发生垂直的单向联系，不同单位之间缺乏横向联系，各种资源不能通过等价交换渠道在单位之间互相调剂。单位的资源、权力、社会福利等只有单位内的成员才享有，而对非单位成员则具有排他性。单位成员由于就业和户籍制度的限制，几乎没有自由流动的空间，每个单位成员的生活空间是相对稳定和封闭的，这些阻碍了现代社会体系的发育。

随着计划经济向社会主义市场经济的转型，非国有经济及非单位制度的迅速和持续发展，不仅打破了长期以来在中国社会结构中"单位制度"及国有经济占主导地位的状况，而且也形成了当前中国社会单位与非单位制度并存的特殊结构格局。

与此同时，国家和个人的相对位置也发生了极大的变化，城市所有制结构的变化使得单位已不再是城市唯一的组织形式，城市劳动力人口可以在不依赖单位的情况下，获得生产、生活所需的资源。这些生活在非单位制度中的成员，或是按照市场的机制，或是同时利用市场与非市场新旧两种机制，也在不断地改善自己的社会经济地位。而在单位内部，过去在单位制中实行的统一的工资制度与按劳分配原则虽一度确立了单位与个人之间的利益关系,但在单位体制的运作过程中已经逐渐异变为一种平均主义,只要是单位成员,就拥有同等分配的权利。国有中小企业在经历了改制之后,其职工逐渐改变了原有的地位,成为合同制的劳动者;国有大型企业改为股份制,有外商和私营企业主入股,国有股部分强调企业经营者是产权代表,企业经营者持有股份,并实行年薪制,年薪所得高于普通职工的十几倍、几十倍以至百倍以上。但伴随着向市场经济的转型,国有企业开始出现内退、终止劳动合同、有偿买断工龄等现象,还有大量职工下岗,而能够就业或再就业的却逐年减少。转型时期单位制体系的剧烈变化,使得国企工人阶层在经济收入、政治权利、文化素质乃至社会评价等方面都随之发生了重大的变化。这种变化意味着传统的社会群体地位关系格局已被打破,国企工人的社会地位发生了深刻的变化。一方面是民企的蓬勃兴起,另一方面是国企的"非单位化"和成建制地撤销,单位社会的逐渐萎缩和彻底瓦解就只是一个时间的问题了。

13.国有企业改革

我国国有企业改革,源于原有体制存在弊端。新中国成立以后,伴随着计划经济体制的确立,逐步建立起以国有企业为主体的公有制经济体系。在高度集中的传统计划体制下,国有企业在人员上实行统包统配,财务上实行统收统支,物资上实行统购统销,企业已然成为行政机构的附属物,职工积极性受到很大抑制,整体上缺乏活力,经济效益状况并不理想。能否通过改革焕发国有企业的生机与活力,就成为摆在人们面前的一个重大问题。改革开放以来,我国的国有企业改革可以划分为两个阶段:

第一阶段:在所有权框架内的经营权改革(1978—1992年)。

在这一阶段内,我国国有企业改革主要坚持在不改变企业所有权的基础上,通过对经营控制权的改革来搞活国有企业。具体来说,这一阶段又可以分为两个时段。

一是以扩权让利为重点,实行企业利润留成制度,调整国家与企业的利益分配关系(1978—1984年)。这一时期的改革主要是扩大国营工业企业的经营管理自主权,采取了提高利润留成,开征固定资产税等措施。后来在1981年年底和1982年年底,国务院又提出加强国营工业企业内部的经济责任制,以提高经济效益。1983年4月国务院又开始实行两步"利改税",希望通过把利润分成以税收的形式固定下来,增强国有企业的经济自主权,增强其经营的主动性和积极性。这一阶段改革意在使国企成为自负盈亏、自主经营、自我约束、自我发展的"四自"经济实体。

二是以承包经营责任制为重点,实行企业所有权与经营权适当分离,确立企业的市场主体地位（1984—1992年）。1984年12月党的十二届三中全会通过了《中共中央关于经济体制改革的决定》，提出了社会主义经济是以公有制为基础的有计划的商品经济的著名论断，并提出国有企业应该实行政企分开，向市场主体转变。从1987年开始，在原国家经济贸易委员会的主导下，全国的工业企业陆续开始承包，到1992年经历了两轮承包，国有大中型企业的98%都实行了不同程度的承包。在这一时期，虽然我国也开始了股份制的试点，但是主导国有企业改革的模式还是承包制。承包制的实行也是在不改变国有企业所有权的基础上，进一步下放企业经营管理权的改革。通过本轮改革，企业拥有了一定的生产自主权，利益主体地位得以明确，生产经营的积极性有所提高。由于并未触及所有权改革，所有者虚置的根本弊端并未消除，加之承包制所固有的承包基数确定随意、承包者行为短期化等因素的影响，后期改革效果并不理想。

第二阶段：国有企业所有权改革阶段（1993年以后）。

这一阶段，又可以分为两个时段。

一是以建立现代企业制度为重点，实行规范的公司制改革，转化企业经营机制，探索公有制的多种有效实现形式（1992—2002年）。1993年11月14日，党的十四届三中全会作出了《关于建立社会主义市场经济体制若干问题的决定》，第一次提出国有企业改革的方向是建立现代企业制度，并指出现代企业制度的特征是：产权清晰、权责明确、政企分开、管理科学。从此，我国国有企业改革进入制度创新阶段。1993年12月29日八届全国人大常委会第五次会议通过的《中华人民共和国公司法》，明确规定公司是企业法人，有独立的法人财产，享有法人财产权。1999年9月22日，党的十五届四中全会通过的《关于国有企业改革和发展若干重大问题的决定》对国有企业改革的目标、方针政策和主要措施作出了全面部署，提出公司制是现代企业制度的一种有效的组织形式。

二是以深化国有资产管理体制改革为重点，实行政资分开，推进企业体制、技术和管理创新（2002年以后）。2002年11月8日，党的十六大报告提出，坚持和完善公有制为主体、多种所有制经济共同发展的基本经济制度，必须毫不动摇地巩固和发展公有制经济；必须毫不动摇地鼓励、支持和引导非公有制经济发展。根据十六大的精神，继续深化国有企业改革，积极探索公有制特别是国有制的多种有效实现形式，大力推进企业的体制、技术和管理创新。除极少数必须由国家独资经营的企业外，积极推行股份制，发展混合所有制经济。实行投资主体多元化，重要的企业由国家控股。

我国国有企业经过多年改革和制度创新，不但走出了困境，而且激发了企业的活力，使其逐步成为具有较高劳动生产率、较强盈利能力和竞争力的市场主体。国有经济不断向能发挥自己优势的重要行业和关键领域集中，向大企业大集团集中，成为我国社会主义市场经济的支柱和骨干力量。

在国有企业产权制度改革过程当中，也出现了国有资产价值低估的问题；腐败在国有资产转让价格确定过程中发生，国有资产流失问题；原国有企业职工合法权益保护的问题。同时，还存在急需解决的几个问题：由企业内部权责利关系、人事管理制度、分配制度及科学管理构成的现代企业制度尚需完善；企业人员负担重，失业、医疗保险未健全，下岗职工再就业压力增大等；企业办社会职能依然存在，如企业的物业、学校、医院、后勤等社会职能与当地有关部门、社区或企业在移交衔接上仍存在一些问题；政府行政干预企业经营管理现象依然存在。

14.第一家国有企业倒闭

党的十一届三中全会后，国家就尝试进行国有企业的改革。1978年至1982年，改革的重点放在扩大企业自主权的试点上，使企业在人、财、物、产、供、销等方面拥有较大的自主权。1983年2月，在国有工业企业开始试行"利改税"的改革方案，其中就有企业破产的改革。1984年10月，中共中央发布《关于经济体制改革的决定》（以下简称《决定》）。《决定》突破了把计划经济同商品经济对立起来的传统观念，指出社会主义的国家机构可以决定企业的创建和关、停、并、转、迁。《决定》明确提出，增强企业活力是经济体制改革的中心环节；要使企业真正成为相对独立的经济实体，成为自主经营、自负盈亏的社会主义商品生产者和经营者，具有自我改造和自我发展的能力，成为具有一定权利和义务的法人。从1985年起，在国有企业全面推行国有资产投资由无偿拨款改为银行贷款。这样，到20世纪80年代中期，中国企业的改革已经如火如荼地展开了。

沈阳市政府1985年年初基本完成了《沈阳市关于城市集体工业企业破产倒闭处理试行规定》（以下简称《试行规定》）的起草工作，并在1985年2月9日市政府会议上获正式通过，以市政府文件形式下发。至此，沈阳"破产试验"拉开了序幕。《试行规定》总计为十条，二十六款。主要内容包括：破产倒闭企业的界限，达到破产界限企业的整顿和拯救，破产倒闭企业的确定程序；破产倒闭企业的处理，破产倒闭企业的救济金；破产倒闭企业的职工就业，破产倒闭企业的责任追究，破产倒闭企业的违法处理和附则。按照《试行规定》要求，连续亏损两年，亏损额超过资产总额80%，达到破产警戒线的企业先给予黄牌警告，经过一年整改后，仍无起色的，宣布破产。《试行规定》下发以后，沈阳市对集体企业进行了一次调查，确定了43个达到破产企业界限的集体企业，又筛选出11户，再从11户企业中选择了3户企业进行破产实践。

1985年8月3日，沈阳市政府举行了一次在我国经济生活中具有特殊意义的新闻发布会——破产警戒发布会，向沈阳市防爆器械厂、沈阳市五金铸造厂和沈阳市农机三厂3家企业发出"破产警戒通告"。这3家工厂获得了为期一年的整顿和拯救时间。如果有能力复苏，则撤销其警戒通告；反之，就将以破产倒闭处理之。

始建于1966年的沈阳市防爆器械厂，原是沈阳变压器厂为解决职工生活困难安排家属就业组建起来的一个职工家属生产组，几经变革后于1983年改名为沈阳市防爆器械厂。由于企业素质差，技术力量薄弱，生产设备简陋，加上经营管理混乱，企业常年没有定型产品，致使企业连年亏损，截至1985年7月底，已累计亏损49万元，在全国各地共有247位债权人。一年以后，五金铸造厂和农机三厂成功摘掉"黄牌"帽子，而连续多年亏损的沈阳市防爆器械厂，被正式宣布破产。

1986年8月3日，在沈阳市迎宾馆北苑会议厅，沈阳市工商行政管理局局长宣读了《沈阳市工商行政管理局企业破产通告第一号》。

沈阳市防爆器械厂的破产，表明我国在市场经济改革中冲破社会主义企业不存在破产的观念，打破吃"大锅饭"和搞"平均主义"的决心。同时，引进企业破产机制，可以引起市场竞争，而竞争的结果就是优者胜劣者汰，促进国有企业在市场经济中提高自身的竞争力，从而减少更多的企业破产。沈阳的大胆尝试和理论突破，为后来在全国更大范围内建立企业的优胜劣汰机制，为我国企业破产法的出台，进行了有益的实践。我国全国性统一的破产立法，是于1986年12月2日六届全国人大常委会第十八次会议通过的《中华人民共和国企业破产法（试行）》，其蓝本和基础，就是沈阳市防爆器械厂破产案。到1988年底，全国共有3800家股份制企业，其中800家由国有企业改制而成，60家企业发行了股票，其余3000家原是集体企业。

鉴于企业破产法仅适用于全民所有制企业，而全民所有制企业以外的其他企业同样需要破产法的规范。1991年4月9日，七届全国人大四次会议通过施行的《中华人民共和国民事诉讼法》于第二编"审判程序"中专设第十九章"企业法人破产还债程序"，适用于全民所有制企业以外的具有法人资格的其他企业的破产案件。

2006年8月27日，十届全国人大常委会第二十三次会议通过新的《中华人民共和国企业破产法》，并于2007年6月1日起实施。

15.私营经济载入宪法

所谓私营经济，是指生产资料归企业主或企业主集团私人所有，并存在着雇佣劳动关系的经济形式。党的十一届三中全会以后，国家对私营经济采取鼓励、支持和引导发展的政策。我国私营经济每发展一步，在宪法和宪法修正案中都会有相应的体现。私营经济入宪的过程，反映了我国由计划经济向市场经济过渡的社会结构变迁。

1981年6月，党的十一届六中全会通过的《关于建国以来若干历史问题的决议》首次明确提出：国营经济和集体经济是我国的基本的经济形式，一定范围的劳动者个体经济是公有制经济的必要补充。1982年9月，党的十二大报告进一步提出：在农村和城市，都要鼓励劳动者个体经济在国家规定的范围内和工商行政管理下适当发展，作为公有制经济的必要的有益的补充。1982年12月，五届全国人大五次会议通过的《中华人民共和国宪法》明确规定：在法律规定范围内的城乡劳动者个体经济，是社会主义公有制经济的补充。国家保护个体经济的权利和利益。个体经济不断壮大，在市场规律的作用下，雇用大量员工的私营企业应运而生。

在1987年党的十三大召开之前，我党对私营经济的认识尚处于初始阶段，有关方面对私营经济在一定程度上还存有戒备心理，采取默认、观望的态度。1987年，党的十三大报告首次使用私营经济的概念，并明确提出了鼓励发展私营经济的政策："私营经济是公有制经济必要的和有益的补充，必须尽快制定有关私营经济的政策和法律，保护他们的合法权益，加强对他们的引导、监督和管理。"

1988年4月，七届全国人大一次会议通过宪法修正案，明确规定：国家允许私营经济在法律规定的范围内存在和发展。私营经济是社会主义公有制经济的补充。国家保护私营经济的合法的权利和利益，对私营经济实行引导、监督和管理。

1993年宪法修正案并没有提及私营经济问题，但是它把党的十四大关于我国经济体制改革的目标以宪法的形式固定下来，提出"国家实行社会主义市场经济"，这就在两个方面促进了私营经济的发展：一是进一步解放了人们的思想；二是市场经济引入竞争机制，这就为私营经济的发展、私营经济地位的提高扫清了理论上的障碍。

1993年，党的十四届三中全会通过《中共中央关于建立社会主义市场经济体制若干问题的决定》，对党的私营经济政策作了更加明确的说明：一是私营经济与公有制经济长期共同发展，二是国家对各类企业一视同仁。决定指出，要"坚持以公有制为主体、多种经济成分共同发展的方针。在积极促进国有经济和集体经济发展的同时，鼓励个体、私营、外资经济发展，并依法加强管理"，"国家要为各种所有制经济平等参与市场竞争创造条件，对各类企业一视同仁"。

1997年党的十五大明确提出"私营经济是社会主义市场经济的重要组成部分"，首次在党的文件中把私营经济的地位提升到了一个新的高度。1999年3月，九届全国人大二次会议通过的宪法修正案规定："在法律规定范围内的个体经济、私营经济等非公有制经济，是社会主义市场经济的重要组成部分。""国家保护个体经济、私营经济的合法的权利和利益。国家对个体经济、私营经济实行引导、监督和管理。"从"补充论"到"重要组成部分论"，私营经济成为和公有制经济平等竞争、共同发展的市场主体。

16.科学技术是第一生产力

"科学技术是第一生产力"是邓小平根据当代科学技术发展的趋势和现状提出的科学论断。1978年3月18日,邓小平在全国科学大会上指出:现代科学技术正在经历着一场伟大的革命。近三十年来,现代科学技术不只是在个别的科学理论上、个别的生产技术上获得了发展,也不只是有了一般意义上的进步和改革,而是几乎各门科学技术领域都发生了深刻的变化,出现了新的飞跃,产生了并且正在继续产生一系列新兴科学技术。现代科学为生产技术的进步开辟道路,决定它的发展方向。他驳斥了"四人帮"打击迫害知识分子、破坏我国科学技术事业的种种谬论,阐明马克思主义关于科学技术在社会发展中的地位和作用,旗帜鲜明地指出"科学技术是生产力",重申知识分子是工人阶级的一部分,是"为社会主义服务的脑力劳动者,是劳动人民的一部分",强调"必须打破常规去发现、造就和培养杰出的人才",把"尽快培养出一批具有世界第一流水平的科学技术专家,作为我们科学、教育战线的重要任务"。这篇重要讲话成为新时期全国科技工作的理论基础和行动纲领。

1988年邓小平在同捷克斯洛伐克总统胡萨克谈话时进一步指出:马克思说过,科学技术是生产力,事实证明这话讲得很对。依我看,科学技术是第一生产力。1992年春,邓小平在南方谈话中进一步指出:经济发展得快一些,必须依靠科技和教育。我说科学技术是第一生产力。近一二十年来,世界科学技术发展得多快啊!高科技领域的一个突破,带动一批产业的发展。我们自己这几年,离开科学技术能增长得这么快吗?要提倡科学,靠科学才有希望。

"科学技术是第一生产力"思想,其着眼点和最终目的就是强调以经济建设为中心,实现现代化,关键是科学技术的现代化。

科技的发展,其核心是人才问题。邓小平一再强调要有战略眼光,要懂得知识和人才的重要,懂得教育的重要。他指出,靠空讲不能实现现代化,必须有知识,有人才。一定要在党内造成一种空气:尊重知识,尊重人才。

邓小平指出:发展科学技术,不抓教育不行。科学技术人才的培养,基础在教育。我们要在科学技术上赶超世界先进水平,不但要提高高等教育的质量,而且首先要提高中小学教育质量,按照中小学生所能接受的程度,用先进的科学知识来充实中小学的教育内容。

邓小平关于"科学技术是第一生产力"的思想,可以归结为"生产力—科技—知识和人才—教育"这样一个公式。其中,生产力是结果,科技是关键,教育是基础,知识和人才既是掌握和创造科技的主体和活的载体,又是教育的产出和结果。

"科学技术是第一生产力"的观点,形象地表达了现代科技同生产力各构成要素的正确关系,指明了科学技术是生产力各要素中最重要的因素,是决定和影响其他因素发展的力量,揭示了现代科技对当代生产力发展的第一位的变革作用。这就丰富和发展了马克思主义关于科学技术和生产力的学说,实现了理论上的一次重大飞跃。同时,也由于这一观点指明了科学技术在生产力中的决定性的地位和作用,从而也就指明了科技生产力在现代经济建设和社会发展中的决定性的地位和作用,这就使得以承认社会生产力为历史发展最终动力的历史唯物主义学说增添了新内容。

随着改革开放的深入推进,党中央坚持"科学技术是第一生产力"的科学论断,相继提出"科教兴国战略"、"建设创新型国家战略"。1995年,江泽民在全国科技大会上指出,科教兴国,是指全面落实"科学技术是第一生产力"的思想,坚持教育为本,把科技和教育摆在经济、社会发展的重要位置,增强国家的科技实力及科技向现实生产力转化的能力,提高全民族的科技文化素质。科教兴国战略由此正式提出并开始实施。党的十六大以后,党中央作出建设创新型国家的重大战略决策,把推动自主创新摆在全部科技工作的突出位置,把提高自主创新能力作为调整经济结构、转变经济发展方式的中心环节。2005年10月,党的十六届五中全会通过关于"十一五"规划的建议,提出要深入实施"科教兴国"战略和"人才强国"战略。2006年,胡锦涛在全国科学技术大会上以《坚持走中国特色自主创新道路,为建设创新型国家而努力奋斗》为题作了重要讲话,对建设创新型国家进行了全面阐述。

17.民工潮

"民工潮"是农民纷纷外出打工所形成的潮流。民工潮的出现,反映了改革开放以后我国农村剩余劳动力大规模向城市转移的现象。

党的十一届三中全会以后,家庭承包责任制在农村普遍推行,一方面打破了农村人民公社集体劳动管理体制,农户在获得土地经营自主权的同时,也获得了在农业劳动之外寻求就业和收入的权利;另一方面农业劳动生产率的提高使粮食等主要农产品产量大幅度增长,基本上能够满足进城就业农民食品供给,这就为农村劳动力流动提供了最基本物质生活条件保障。

中国农业剩余劳动力转移有两条主要途径:一是离土不离乡,二是离土又离乡。20世纪80年代,第一条途径由于转移成本偏低而吸纳了千百万贫困农民,推动了乡村工业与小城镇的发展。到了90年代,第二条途径以其比较利益更优而引发了大规模的人口流动,越来越多的农民走出家园,涌向沿海地区和城市,汇成浩浩荡荡的"民工潮"。

从 20 世纪 80 年代初至今，农民工数量急剧增长，主要表现在三个时间段。第一个时间段是 20 世纪 80 年代后期，从 1983 年到 1989 年仅 6 年的时间，农民工数量就实现了从数百万到数千万的跃升；第二个时间段是 1990 年代初中期，到 1996 年就已经达 7000 多万；第三个时段是在进入新世纪之初，农民工数量突破 1 亿大关（2002 年）。

农民工的巨大浪潮在城市就业体制改革难有突破之时，促成了一个"体制外"劳动力市场。它使资源配置转向劳动力密集型产业，为中国沿海地区承接国际产业转移创造了条件，促进了诸如玩具、服装、鞋类、皮革制品等劳动密集型加工业的发展和产品大规模出口。中国成为"世界工厂"，农民工功不可没。城市环卫、家政、保安、餐饮服务以及其他苦、累、脏、险的岗位，也都是农民工。农民工不仅已成为第一线产业工人的主体，城市生活离开了农民工也已经难以运转。

实践证明，"民工潮"为我国创造了一条农村剩余劳动力向非农产业和城镇转移，有效推进工业化、城镇化、现代化和农民市民化历史进程的独特发展道路。从流出地来看，有利于流出地农村经济的发展；有利于流出地人力资源存量的增大；有利于增加农民收入，提高农民的生活水平；有利于提高流出地人口的素质；有利于流出地的妇女解放。从流入地来看，促进了城市经济和城市建设的发展；促进了城市消费市场的扩大，从而可以牵动生产的发展和储蓄的增加；促进城市劳动力市场的形成和完善；"民工潮"推动了国民经济的增长，促进了产业结构的调整，大批廉价劳动力的充分供给，实现了港台资本、沿海地区的土地和中西部地区大量廉价劳动力的相互结合，促进了我国劳动密集型加工业的发展；促进了城市第三产业尤其是服务业等的发展，方便了人民生活。

"民工潮"也引发了一些社会问题。从流出地来看，不利于农村土地资源的合理利用和农业生产率的提高；加重农村人口老化程度，导致农村出现"386199 部队"（妇女、儿童、老人）；给计划生育造成一定的压力。从流入地来看：加重城市交通运输紧张状况以及城市基础设施的负担；给城市社会治安和社会风气带来负面影响；扰乱城市正常的社会经济生活秩序。同时，外出民工权利得不到保护，甚至人身安全也无法保障，经常出现拖欠农民工工资、不签订劳动合同、不购买工伤医疗保险等侵害农民工权益的事件。许多常年居住在城市的农民工的小孩入学、就医、享受公共福利等根据当地情况都无从解决。

18.城市社区建设

城市社区建设指的是在党和政府的领导下，依靠社会力量，利用社会资源，强化社区功能，完善社区服务，解决社区问题，促进社区政治、经济、文化、环境协调和健康发展，不断提高社区成员的生活水平和生活质量的过程。

在西方社会，社区建设指的是强化社区要素，发展社区组织，增强社区活力，提高社区居民生活水平的活动。社区建设与社区规划、社区内外资源的发掘、社区力量的凝聚等相联系，是社区工作和发展领域的重要内容。

20世纪80年代中期以来，随着我国经济体制改革和社会管理体制改革的不断深入，原来由政府和企事业单位统包统揽的社会管理与社会服务职能开始分化并逐渐回归于社会及社区，社会成员原有的"单位人"属性逐渐向"社会人"过渡，社区在改革开放和现代化进程中的独特地位、价值、功能等日渐凸显出来。

总体来看，我国巨大社会转型出现的新情况主要表现在四个方面：社会分层、社会流动、社会组织和社会分工。新情况引发新问题，与之相关联，我国的社会建设面临的新问题也主要表现在四个方面：民稳问题，即单位制解体与基层社会管理主体缺失及管理真空问题；民生问题，即公共需求增长与公共服务或产品供给短缺问题；民主问题，即公民的选择权、自由权、差异性增强与自治渠道、自治制度、自治机制不完善问题；文化问题，即精神文明建设与核心价值体系统领问题。面对这些新情况和新问题，党和国家逐步形成了通过社区来整合社会的中国城市社区建设道路，形成了中国共产党独特的城市社区建设理论并指导着城市社区建设实践不断向前发展。

1980年国家重新颁布了《城市居民委员会条例》、《城市街道办事处组织条例》等法规，1989年颁布了《城市居民委员会组织法》，"街居制"组织体系及其功能得以恢复。同时，"单位制"解体，"单位"的"泛功能化"受到最严重挑战，单位的各项服务功能逐步外溢，而广大居民需求则在不断增强，导致社区居民服务极度短缺。于是，1983年民政部门开始酝酿城市社会福利工作和社区服务改革思路。1986年，为了配合城市经济体制改革和社会保障制度建设，国家民政部倡导在城市基层开展以民政对象为服务主体的"社区服务"。1987年和1989年，民政部分别在武汉和杭州召开城市社区服务工作座谈会，推进社区服务发展。

社区建设这一概念由民政部于1991年5月首次提出。按照民政部负责人的解释，社区建设是从我国国情出发并借鉴了国外先进经验提出的。改革开放以来，民政部在城市广泛开展社区服务，但它又难以包含政府希望的城市基层社区组织所要承担的职能。在这种情况下民政部提出社区建设的概念，并力图以此去开拓民政工作。随着我国城市改革的进一步深入，城市的社会问题及服务、管理体制中的问题日益暴露出来。在这种情况下，中央将城市社区建设提上议事日程。1996年3月7日，江泽民在八届全国人大四次会议期间参加上海代表团的讨论时指出：要大力加强城市社区建设，充分发挥街道办事处、居委会的作用。在这之后，社区建设作为民政部门的一项工作被纳入议事日程。1998年，国务院的政府体制改革方案确定，民政部在原基层政权建设司的基础上设立基层政权和社区建设司,进一步推动了社区建设在全国的发展。

近年来,我国城市社区建设取得了巨大成效。概括地说,主要成效是"五个建立、五个格局":一是社区组织体系基本建立,初步形成了基层社会有序管理格局;二是社区民主制度基本建立,初步形成了广泛参与居民自治格局;三是社区服务体系基本建立,初步形成了小社区大服务格局;四是社区建设保障机制基本建立,初步形成了齐抓共建格局;五是社区文明氛围基本建立,初步形成了文明祥和格局。

社区建设是我国城市行政管理体制改革的需要,也是建构与社会主义市场经济体制相适应的城市社会组织方式的需要。这是一个由政府推动的社会体制的改革,又是政府由权力、责任中心脱离出来,通过培育社区社会组织,形成政府与社区组织共同服务和管理社区(社会)的过程,即由单位体制主导转向社区体制主导的过程。由于长期以来城市街居体制羸弱,民间组织不发达,政府把社会稳定置于首要目标,因此将权力和责任向街居体制转移并实现服务到位。然而,保持社会稳定并不是容易的事,特别是社会的急剧变化,就使得社区建设面临着更多困难。在这种情况下,一方面要求有强有力的推动,一方面又要实现政府权力的下沉甚至让渡,这对政府是一个考验。社区建设不仅是一个长时间的过程,更是一个包含着经济、政治、社会文化等多种因素综合的复杂过程。

19.下海经商潮

"下海",指政府机关人员、企事业单位工作人员等放弃传统体制内的位置,转而创业经商、谋求发展的行为。"下海经商潮"指改革开放以后,随着市场经济的繁荣,许多人放弃原有职业转而经商的一种社会潮流。

我国改革开放后形成的下海经商潮,大致可分为两个阶段:第一阶段是20世纪80年代形成的两次经商潮(1984年和1988年);第二阶段是90年代形成的经商潮。

1984年元旦后,中央宣布开放14个沿海城市和海南岛,并鼓励个人创业。1984年初,邓小平来到南方,遍走特区,并为深圳、珠海两个经济特区题词。1984年10月,党的十二届三中全会通过《中共中央关于经济体制改革的决定》。当年中国出现了壮观的"孔雀东南飞"景象,大批青年奔向了南方的热土,这一年后来被称为"中国公司元年","我们都下海吧"成为民间最为流行的一句话。

1987年10月,党的十三大报告提出:"全民所有制以外的其他经济成分,不是发展得太多了,而是还很不够。""实践证明,城乡私营经济是对于公有制经济必要的和有益的补充。"1988年4月12日,七届全国人大一次会议修改后的宪法第11条增加规定:"国家允许私营经济在法律规定的范围内存在和发展。私营经济是社会主义公有制经济的补充。

国家保护私营经济的合法的权利和利益,对私营经济实行引导、监督和管理。"根据宪法的规定,同年6月国务院发布《中华人民共和国私营企业暂行条例》等法规。此后,私营企业的发展与管理被纳入了法制化轨道。

在第一波下海经商潮中,个体经济的从业人员以待业青年为主体,中央允许个体经济适当发展也是以解决待业青年的就业问题为主要目的,但随着越来越多万元户的出现,各种职业的人纷纷选择下海。就文化程度而言,既有文盲又有硕士;就政治地位而言,既有全国政协委员,又有刑满释放者。下海经商潮的兴起,在缓解就业压力、稳定社会秩序、促进国家经济发展等方面起到推动作用。

但是到80年代末,个体、私营经济被当作资本主义尾巴受到打击,个体、私营经济姓"资"姓"社"的问题引来全社会的争论。

1992年初邓小平南方谈话发表后,越来越多的人投身商海,形成改革开放后的第二次下海经商浪潮。在第二次下海经商潮中,除了原有的待业青年、企业职工数量增加外,又加入了大批的党政机关、科研部门、国有企业和其他方面的人员,这一变化使经商者队伍的整体素质、科研开发能力和管理能力大大提高,经商者的能力正由低水平不断地向高水平演变。经商的范围也发生了很大的变化,从过去只从事小型加工业、饮食业、零售商业扩大到从事电子、机械、化工甚至高新技术开发等众多行业,打破了这些行业只能由国有企业一统天下的局面。

下海经商潮,在改革开放初期缓解了就业压力,也成为下岗职工再就业的重要途径。个体、私营经济的发展,促进了人们思想观念的更新和社会经济的增长,而企业改革的深化,使一大批优秀的企业家成长起来。

20.城镇住房制度改革

在传统计划经济体制下,我国城镇住房制度是"统一管理,统一分配,以租养房"的低租金、高补贴的公有住房实物福利分配制度,把住房当作福利产品,各级政府和单位将住房建设纳入统一的国民经济计划和基建投资计划,住房建设资金的来源90%主要靠政府拨款,少量靠单位自筹。住房建好后,单位以低租金分配给职工居住,城市政府对城市住房的管理范围和管理权限都很小,有很少的产籍管理、产权管理,不存在房屋交易管理,各单位房产管理部门也只起一般管理与维修作用。

随着时间的推移和工业化、城市化进程的加快,原来的住房分配制度的弊端越来越明显地暴露出来,已不能满足人们日益提高的物质需求,无法从根本上解决城镇居民的住房问题。因此,城镇住房制度改革就被提上日程。

我国城镇住房制度改革（简称"房改"），开始于20世纪70年代末80年代初，至今大致可分为五个阶段。

一、房改探索和试点阶段（1978—1985年）

1978年邓小平提出了关于房改的问题。1980年4月5日，邓小平在与中央负责同志的谈话中提出：关于住宅问题，要考虑城市建筑住宅、分配房屋的一系列政策。城镇居民个人可以购买房屋，也可以自己盖。不但新房子可以出售，老房子也可以出售。……要研究逐步提高房租。1982年，我国开始实行补贴出售试点，即政府、单位、个人各负担房价的1/3的"三三制"售房，并且先在郑州、常州、四平及沙市四市进行试点。1984年，国务院批准北京、上海、天津三大直辖市扩大试点。

二、房改全面实施阶段（1986—1993年）

1988年1月，国务院组织召开了"第一次全国住房制度改革工作会议"，同年2月，国务院住房制度改革领导小组印发了《关于在全国城镇分期分批推行住房制度改革的实施方案》，这标志着我国城镇住房制度改革进入了整体方案设计和全面试点阶段。

1991年6月，国务院发布了《关于继续积极稳妥地进行城镇住房制度改革的通知》，提出了部分产权政策，要求新房实行新制度，强调了国家政策的统一性和严肃性。10月17日，国务院批转国务院住房制度改革领导小组提出的《关于全面进行城镇住房制度改革的意见》，提出了城镇住房制度改革的指导思想、总体目标和分阶段目标，提出了城镇住房制度改革的四大基本原则，规定了城镇住房制度改革的十二条重要政策。

三、房改综合配套改革阶段（1994—1997年）

1994年7月18日，国务院印发了《关于深化城镇住房制度改革的决定》，这是根据党中央关于建立社会主义市场经济体制的要求，在总结全国各地房改实践的基础上制定的。1995年12月，全国房改经验交流会在上海召开，标志着我国的房改进入了全面推进和综合配套改革阶段。1996年8月，国务院办公厅转发了国务院房改领导小组《关于加强住房公积金管理的意见》，对住房公积金的功能和性质作了重新界定，并进一步规范了住房公积金的管理体制。

四、实物福利分房的终结阶段（1998—2004年）

1998年国务院下发了《关于进一步深化城镇住房制度改革加快住房建设的通知》，标志着我国实行近40年的住房实物分配制度正式退出历史舞台。2003年8月，国务院下发了《国务院关于促进房地产市场持续健康发展的通知》。这是我国城镇住房制度改革过程中发布的两个非常重要的文件，前者第一次明确提出把建立以经济适用房为主体的城镇住房体系作为我国房改的目标，促使房地产业成为国民经济新的增长剂；后者则对房地产业自身的持续健康发展以及与整个国民经济的和谐发展提出了具体的要求。

五、房地产市场调控时期（2005年以来）

为加强和改善房地产市场宏观调控，解决市场运行中的突出矛盾，特别是房价过快上涨的问题，国务院连续打出"国八条"（2005）、"国四条"（2009）、"国十一条"（2010）、"新国十条"（2010）、"国五条"（2010）、"新国八条"（2011）、"新国八条"（2013）等的房地产市场调控组合拳，对合理引导住房需求、缓解供需矛盾、稳定房价特别是遏制一些热点城市房价过快上涨，发挥了重要作用。

经过20多年的住房制度改革，中国彻底告别了住房实物分配的福利化时代，已经基本确立了与经济体制改革进程相适应的住房新体制，基本形成了住房投资多元化、分配货币化、消费市场化、管理专业化的新格局，逐步建立了与之相适应的商品住房、保障房、廉租房等多种住房供应制度，建立了相应的住房金融、税收制度、房地产交易与权属登记制度、住房使用与维修制度，建立了与住房商品化、社会化相适应的专业化物业管理模式。总之，具有中国特色的城镇住房新制度已经初步建立起来了。但城镇住房改革也存在许多问题，如：房价收入比过高，居民住房负担较大；无房、空房、多房现象并存，中低收入家庭买不起房与商品房的高空置率并存；保障性住房未充分发挥其住房保障作用；住房金融体系尚不健全，住房金融市场发育滞后等。

21.私营企业主

"私营企业主"是指拥有一定数量的私人资本，进行投资并获取利润者。我国的私营企业主阶层是指在社会主义经济关系中，在党的政策、法律规范下，自20世纪70年代以来成长起来的一个新的、相对独立的社会阶层。

新中国成立以后，经过1956年生产资料私有制的社会主义改造，公有制已经成为在国民经济中占据绝对主体地位的所有制形式，私营经济基本消亡，其企业资方人员成为拿定息的阶层。1966年，定息制度被取消，原初意义上的私营企业基本上不存在了。我国实行改革开放以后，私有经济重新发展起来，并由此逐渐形成一个新生的社会阶层，即私营企业主。这个新生社会阶层与社会主义改造以前的私营企业没有任何联系，而是从中国现实社会中产生的。

在20世纪80年代初期，大多数私营企业或者混迹于个体工商户里，或者隐形于集体企业中。直到1984年，才有第一家私营企业正式注册登记。1986年冬，中央农村工作会议上，对私营企业问题进行了讨论，于1987年初中共中央发出《关于把农村改革引向深入》的通知，指出：在一个较长的时期内，个体经济和少量私人企业的存在是不可避免的。文件提出，对私人企业应当采取"允许存在，加强管理，兴利除弊，逐步引导"的方针。至此,在党的文件中,第一次确定了私营企业的地位。这"十六字方针"至今仍是国家指导私营经济发展的基本原则。

1987年11月,党的十三大明确提出社会主义初级阶段的基本路线和鼓励个体、私营经济发展的方针,认为私营经济一定程度的发展,有利于促进生产、活跃市场、扩大就业,更好地满足人民多方面的生活需求,是公有制经济必要的和有益的补充。

1988年4月,七届全国人大一次会议通过《中华人民共和国宪法修正案》,在宪法第十一条下增加如下规定:"国家允许私营经济在法律规定的范围内存在和发展。私营经济是社会主义公有制经济的补充。国家保护私营经济的合法的权利和利益,对私营经济实行引导、监督和管理。"同年6月15日,国务院发布《中华人民共和国私营企业暂行条例》以及相配套的税收法规。条例明确地规定:"私营企业是指企业资产属于私人所有,雇工八人以上的营利性组织。"这是一部关于私营企业的综合性基本法规。该法规明确地规定了私营企业的含义、特点、作用、种类、开办条件、经营行业、经营方式、权利和义务等,把私营经济的发展和管理纳入了法制轨道。至此,私营企业终于以合法身份存在和发展。

从1992年起,中国私营企业和私营企业投资人数都进入长期持续高速增长和发展阶段。1992年初,邓小平南方谈话提出了社会主义也可以搞市场经济,并提出了"三个有利于"的标准,极大地推进了人们的思想解放,推动了社会主义经济和各项事业的大发展。1992年10月,党的十四大明确规定了我国经济体制改革的目标是建立社会主义市场经济体制。党的十四大报告指出:"在所有制结构上,以公有制包括全民所有制和集体所有制为主体,个体经济、私营经济、外资经济为补充,多种经济成份长期共同发展。""不同经济成分可以自愿实行多种形式的联合经营。"从此以后,陆续从体制内转向体制外的下海人员从原来的党政机关或各类国有企业部门出来,成立自己的私营企业。

1997年后,国家对国有企业实行抓大放小的政策,对国有中小型企业,尤其是乡镇企业实行了企业的转制,即将这些中小型国有企业转为非国有企业,这使得一部分人得以通过各种方式(如买断、收购和兼并等)获得这些国有企业的所有权,从而把企业转制为个人所有的私营企业。从1992年开始的享有体制内优势或者具有享有体制内优势资格的人,也借助自己的技术资源、社会关系资源或政治资源(权力资源)的优势,转向私营企业的生产经营领域。

1999年3月,九届全国人大二次会议通过的宪法修正案,把宪法第十一条中关于"个体经济、私营经济是社会主义公有制经济的补充",修正为:"个体经济、私营经济等非公有制经济,是社会主义市场经济的重要组成部分。"

目前,私营企业主在已经拥有的经济资源基础上,正在不断提升自己文化(技术)资源,以便在未来的经济竞争中,稳定和扩展经济实力。特别是经过了几十年商海的历练,私营企业主动员各类资源与生产要素的配置能力也越来越强,正在发展成为中国经济建设的一支不可或缺的重要力量。

22.小城镇建设

在我国,由于地域、社会经济发展的差异较大,小城镇的存在形态表现出多样性,如县级镇、建制镇以及集镇等形态。按照我国《城市规划法》的法定释义,县级镇一般是指县级机关所在地,是全县政治、经济、文化的中心;而建制镇是指国家按行政建制设立的镇,不包括县城关镇;集镇则是建制镇的基础,是指乡人民政府所在地和经县级人民政府确认,由自由集市发展而成的作为农村一定区域经济、文化和生活服务中心的非建制镇。小城镇是介于城市和乡村之间,以实现城乡之间有机联系而形成的一个完整又相对独立的区域,它是城市在乡村的延伸,乡村中城市的雏形。小城镇建设应理解为农业人口转变成非农业人口的过程,城镇设施的数量和质量不断提高的过程,城镇生活方式、文化和价值观念在居民中形成扩散的过程,同时包括向行政建制过渡。

根据小城镇的主要功能,可以将其划分为以下五种类型:工业型小城镇;交通型小城镇;旅游型小城镇;综合型小城镇;农业型小城镇。从城镇经济发展模式看,小城镇可以分为以下四种类型:一、地方驱动型。这是一种以乡镇工业发展为动力、农工相辅的城镇化形式,以长江三角洲地区的"苏南模式"最为典型。二、市场推动型。这是一种以发展家庭工业和民间市场为主要特征的农商相辅的城镇化形式,以"温州模式"为代表。三、外贸促进型。这是一种以经济特区和开发区建设为契机的城镇化形式,以珠江三角洲及福建沿海地区为代表。四、产业带动型。这是一种从本地实际情况出发,大力发展主导产业使其形成经济支柱的城镇化形式。这种模式遍及沿海、内地中心城市和大型工矿区的城郊。

20世纪80年代,费孝通在多次江村调查中就意识到小城镇建设的重要性以及与乡村工业的关联性,提出"小城镇,大问题"的观点,使小城镇建设成为乡村建设乃至整个社会发展的动力。1998年,江泽民考察江浙沪地区乡镇企业发展情况时提出"小城镇、大战略"的著名论断之后,城市规划学、地理学、社会学和经济学等众多学科竞相参与小城镇发展建设的研究。从此,我国小城镇研究进入繁荣阶段。同年党的十五届三中全会的决定指出:发展小城镇,是带动农村经济和社会发展的一个大战略,有利于乡镇企业相对集中,更大规模地转移农业富余劳动力,避免向大中城市盲目流动,有利于提高农民素质,改善生活质量,也有利于扩大内需,推动国民经济更快增长。2010年"一号文件"《中共中央、国务院关于加大统筹城乡发展力度,进一步夯实农业农村发展基础的若干意见》指出,要"推进城镇化发展的制度创新。积极稳妥推进城镇化,提高城镇规划水平和发展质量,当前要把加强中小城市和小城镇发展作为重点"。可以说,这一提法把城镇化改革提到了一个前所未有的高度。

首先,小城镇建设的主要依据是,城乡二元结构制度安排还没有从根本上被破除,城乡之间生产要素的自由流动尚面临着许多体制障碍,而消除这些障碍还需要一个比较长的时间过程,尤其是现有大城市数量不多,管理体制和管理方式落后,公共品供给严重不足。在这种条件下,让大量农村人口涌入城市,把大量农村人口转移到城市中从事非农业的生产活动,容易导致"城市病"。"城市病"在印度、孟加拉国教训尤为突出,我国不能重蹈覆辙。由此,我们不能单纯依靠扩大大中型城市规模的途径来吸纳农村富余劳动力,实现农村人口向城市的转移。在农村与城市之间的过渡地带发展小城镇,是消除历史形成的城市与农村、工业与农业、市民与农民二元结构的一个重要途径与手段。

其次,小城镇建设有利于乡镇企业增长方式的转移,乡镇企业的进一步发展必须要以小城镇为载体。分散在各个村落的乡镇企业,不能共享能源、交通、信息、市场,难以集约经营,造成的污染,更是难以解决的灾害。只有引导乡镇企业到小城镇集中建设,才能形成企业规模经营和聚集效应。一些农业产业化的龙头企业,也只有以城镇为依托,才能稳步健康发展。

农村人口向小城镇转移,是城镇化的一种类型,是农民参与工业化、城镇化过程的伟大实践。小城镇发展的历程,就是农民自己造城造镇,从而完成自身身份改变的历程。发展小城镇的城镇化道路,有别于"大城市化"之路。第一,在发展小城镇的过程中,农民是主体力量。第二,发展小城镇意味着中国的城镇化是从规模较小的小城镇起步,然后通过逐步的积累而向小城市、中等城市乃至大城市发展。第三,在发展小城镇的过程中,城镇化的动力主要来自市场的推动。第四,在这种城镇化模式下,农民的转化经历了一个从职业转移、地域性转移、专业化分工的渐进过程。

小城镇蕴藏的巨大消费潜力将会转化为现实购买力,创造出新的消费热点,扩大内需,活跃城乡市场,推动城镇相关产业的发展,促进城镇经济结构优化升级,繁荣城镇经济。因此,发展小城镇,可以使城乡之间形成一种优势互补、双向互动的经济关系,实现城镇与农村产业互相衔接、经济有效融合的良性互动和一体化发展。发展小城镇,要深刻理解和把握我国城镇化发展的战略和方针。

23.公务员制度

国家公务员,系指国家工作人员,是代表国家从事社会公共事务管理、行使行政职权、履行国家公务的人员。公务员制度，是指现代国家以法律为依据，对公务员实行科学管理而建立的一套法规和制度体系。公务员制度最早形成于19世纪中叶的英国，二战后为美国、德国等西方国家效仿，我国于20世纪80年代在改革干部人事管理制度过程中开始建立公务员制度。公务员制度本质上是科学的人事管理方式，是针对公务员这一特殊身份的社会群体制定的不同于一般的人事管理制度。

1980年，邓小平明确提出：要坚决解放思想，克服重重障碍，打破老框框，勇于改革不合时宜的组织制度、人事制度。强调改革干部人事制度关键是健全干部的选举、招考、任免、考核、弹劾、轮换制度，对各级领导干部（包括选举产生、委任和聘用的）职务的任期，以及离休、退休，要按照不同情况，作出适当的、明确的规定。这些要求，为我国干部人事制度改革指明了方向，提供了理论依据。

1984年下半年，中央决定加强干部人事立法，将干部的升迁、选拔、考核、奖惩等环节用法律规定下来。1984年11月，中央组织部和劳动人事部开始组织力量进行相关法规的研讨起草工作。1987年党的十三大提出："进行干部人事制度的改革，就是要对'国家干部'进行合理分解，改革集中统一管理的现状，建立科学的分类管理体制；改变用党政干部的单一模式管理所有人员的现状，形成各具特色的管理制度；改变缺乏民主法制的现状，实现干部人事的依法管理和公开监督。""当前干部人事制度改革的重点，是建立国家公务员制度。"自此开始，逐步建立了正常的离退休制度，打破了终身任职制，实现新老干部交替正常化；打破干部任用的单一委任制模式，实行委任、选任、考任等制度。在考核制度方面也有了新的尝试。1988年4月召开的七届全国人大一次会议，进一步提出要"抓紧建立和逐步实施国家公务员制度"。

根据边实践、边探索、边修改条例的精神，从1989年初开始，首先在国务院六个部门即审计署、海关总署、国家统计局、国家环保局、国家税务局、国家建材局进行国家公务员制度试点。1990年，又在哈尔滨市和深圳市进行试点。

1993年8月14日，国务院发布《国家公务员暂行条例》，自1993年10月1日起施行。之后，国务院召开会议，对公务员制度的推行工作进行部署，提出"争取用三年或更多一些时间在全国基本建立起公务员制度，然后再逐步加以完善"。同年，国务院又制定了《国家公务员制度实施方案》作为制度推进的依据。到1998年底，国家公务员制度入轨工作基本到位，有中国特色的国家公务员制度在中央和省、地（市）、县、乡（镇）五级政府机关基本建立，公务员制度显示了蓬勃的生命力。

2005年4月27日，十届全国人大常委会第十五次会议通过《中华人民共和国国家公务员法》，于2006年1月1日起施行。它是我国干部人事制度改革的又一重大成果，具有里程碑意义。至此，我国完整的法规体系初步形成，公务员管理步入法治化、科学化轨道。2009年12月，国家公务员局批复同意《深圳市行政机关公务员分类管理改革方案》，深圳市将采取"制度先行、逐步推进"的办法，用3年时间分步组织实施国家公务员分类管理改革，这是我国公务员管理制度的又一次积极探索。

对于普通公众来说，公务员制度改革所带来的最大变化，莫过于从分配到公开考试的转变。公务员系统从封闭走向开放，普通民众也可以通过公开竞争的方式吃上"国家粮"。采用"凡进必考"的方式，考完之后还有审核，择优录用，结果向社会公布，接受社会监督，这不仅有利于遏制一些机关存在的不良风气，消除了递条子、找关系等暗箱操作的可能，也在很大程度上实现了人民期待的"玻璃房子里的竞争"。

时至今日，公务员分类管理和聘任制公务员制度建设，公务员养老保险制度改革以及公务员薪酬制度改革等一系列旨在打破公务员的"铁饭碗"，消除腐败和特权，使公务员更好地履行为人民服务职责的改革措施正在进行。

24. "三农"问题

"三农"问题是指农业、农村和农民这三个问题。1993年，党中央召开会议专门研究农业问题，国务院颁布了《九十年代中国农业发展纲要》，第一次把农业、农村和农民一起称为"三农"。我国的"三农"问题，实质是整个经济社会系统中的结构问题，即工业与农业、城市与乡村、城镇居民与农村居民发展失衡；"三农"问题的形成及难以根本解决的原因，除历史遗留因素外，主要是由于在实施国家工业化战略中，选择了工业和城市偏向政策，以及保障这种偏向政策能够得以实施的城乡二元制度，使有限的资源向工业部门过度集中配置、城乡居民享受公共服务的条件与水平的不平等、经济社会的发展机会与发展能力存在较大差距，进而陷入城乡二元经济社会结构的困境。

新中国成立以来，我国在处理工农关系、城乡关系方面，曾经走过一段曲折的路。改革开放前，我们党和国家在推进社会主义工业化过程中，比较注意调整和改善工业与农业、城市与乡村、工人与农民的关系，强调要巩固工农联盟，实行工农结合、"城乡兼顾"；提出了发展工业和发展农业同时并举，要以农业为基础、以工业为主导，按照农、轻、重的次序来安排国民经济等重要观点。与此同时，党和国家在认识和处理工农、城乡关系问题上也发生过重大失误。特别是由于长期实行计划经济体制，形成了特殊的城乡二元经济社会结构，严重扭曲了我国的工农、城乡关系，制约了国家的经济和社会发展。

党的十一届三中全会以后，党中央为指导农业和农村工作的健康发展，制定和实施了一系列重大政策，包括《中共中央关于加快农业发展若干问题的决定（草案）》（1978年12月）、《关于进一步加强和完善农业生产责任制的几个问题》（1980年9月），中共中央、国务院转发国家农委《关于积极发展多种经营的报告》的通知（1981年3月）等。

从1982年到1986年，为了推动农村的改革和发展，中共中央连续颁发了5个中央一号文件。1982年1月1日，中共中央发出第一个关于农业和农村工作的"一号文件"——《中共中央批转全国农村工作会议纪要》（以下简称《纪要》）。《纪要》对我国20世纪70年代末期开展的具有划时代意义的农村改革进行了全面总结，并对当年和此后一个时期农村改革和农业发展作出了具体部署。《纪要》明确指出包产到户、包干到户"都是社会主义生产责任制"。1983年1月，第二个中央一号文件《当前农村经济政策的若干问题》正式颁布。文件从理论上肯定家庭联产承包责任制"是在党的领导下中国农民的伟大创造，是马克思主义农业合作化理论在我国实践中的新发展"。文件要求全面推行家庭联产承包责任制。1984年1月1日，中共中央发出《关于一九八四年农村工作的通知》，即第三个中央一号文件，强调要继续稳定和完善联产承包责任制，延长土地承包期。规定土地承包期一般应在15年以上。文件使农民吃了"长效定心丸"。1985年1月，中共中央、国务院发出《关于进一步活跃农村经济的十项政策》，即第四个中央一号文件，中心内容是调整农村产业结构，取消30年来农副产品统购派购的制度，对粮、棉等少数重要产品采取国家计划合同收购的新政策。国家还将农业税由实物税改为现金税。1986年1月1日，中共中央、国务院下发《关于一九八六年农村工作的部署》，即第五个中央一号文件。文件进一步摆正了农业在国民经济中的地位，在肯定原有的一靠政策、二靠科学的同时，强调增加投入，进一步深化农村改革。

20世纪80年代，在农村实行的家庭联产承包为主的农业生产责任制，极大地解放了农村生产力，激发了广大农民的积极性，促进了我国农业和农村经济的飞速发展，从1978年到1985年，农业附加值增长55.4%，农村居民家庭人均纯收入增长1.7倍。我国创造了以不足世界10%的耕地养活了21%的世界人口的伟大奇迹。但是进入到20世纪90年代中期以后，我国出现了农村经济发展普遍减缓的迹象，而且由于农产品价格的持续下跌和其他多种不利因素的影响，许多地方的农民增产不增收，甚至出现了人均收入负增长的局面。特别是自1996年以来，农民负担进一步加重、农民收入增幅再次减缓、农村干群关系紧张、城乡居民收入差距重现持续扩大之势，使得"三农问题"日趋严重。2000年3月，时任湖北监利县棋盘乡党委书记的李昌平在上总理书中列举了农村中触目惊心的危机：盲流如"洪水"、负担如"泰山"、债台如"珠峰"、干部如"蝗虫"、责任制如"枷锁"、政策如"谎言"、假话如"真理"。李昌平的上书通过媒体震动了全国，"三农"问题的危机顿时暴露在公众面前。

2002年11月，党的十六大召开以后，党中央把解决"三农"问题提升到了"重中之重"的高度。2003年12月，中共中央、国务院通过的《关于促进农民增加收入若干政策的意见》第一次公开使用了"三农"概念和"三农"问题的提法。从2004—2015年，中共中央、国务院连续发布了12个中央"一号文件"，主要目的都是解决"三农"问题，实现城乡公平发展。

"三农"问题之所以成为社会关注的热点，其主要原因在于农民收入增长缓慢，由此而引发的问题已经影响到我国社会的稳定和可持续发展。从短期来看，不利于国民经济的持续健康发展；从长期来看，不利于社会稳定。因此，"三农"问题不只是农业、农村和农民的问题，而是一个全社会的问题。"三农"问题得不到妥善解决，整个国家的发展也很难健康持续。因此，解决这一问题的出路不仅仅是打破现行的某些不合理分配制度，而是需要进行全面深入的社会制度改革。从根本上解决"三农"问题，还有很长的路要走。

25.农民减负

农民减负，就是减轻农民负担。改革开放后，农民负担从20世纪80年代后期不断加重，到20世纪末最为严重。2006年农业税取消前，农民负担从其性质上可以分为四个部分：一是农业税收。主要包括农业税、农业特产税、屠宰税等。二是"三提五统"（即村提留和乡统筹）。"三提"是指公积金、公益金、管理费，"五统"是指计划生育费、民兵训练费、卫生事业费、教育费以及村干部提留费。三是农民义务工。四是各种"三乱"，即各种针对农民的乱集资、乱罚款和乱摊派。前三者属于合法负担，"三乱"则属于非法负担。

1985年我国农村完成了"撤社建乡"的体制改革，国家建立起了庞大的乡镇基层政权以及更为庞大的村组组织。这一年国务院决定实行"划分税种、核定收支、分级包干"的新财政体制，这一"分灶吃饭"的财政包干政策，进一步挤压了乡镇一级的收入。1985年在农业产量持续增长的情况下出现的"卖粮难"，直接导致了农民负担问题的出现。为了减轻农民负担，党和政府早在1985年采取了减轻农民负担的政策措施。中共中央、国务院在1985年10月下发了《关于制止向农民乱派款、乱收费的通知》，明确指出造成农民负担过重的主要原因在于各级机关及其领导。然而，农民负担并未因此减下来，随着城市改革的扩展，经济体制在全国范围内进行着快速的制度变迁，与农业生产有关的工业品的价格逐步放开，农民从事生产的成本日益上升，农业的比较收益在降低。20世纪90年代初开始的农村各种达标活动，更使农民背上了沉重的负担，农民生产积极性又遭遇挫折，其对农业投入随之减少。

农民负担日益增重之日，也是政府减轻农民负担的公共政策及法规不断出台之时：1990年《国务院关于切实减轻农民负担的通知》出台；1991年《农民承担费用和劳务管理条例》下发；1992年国办《关于进一步做好农民负担和劳务监督管理工作的通知》下发；1993年中办《关于减轻农民负担的紧急通知》下发；1993年中办《关于涉及农民负担项目审核处理意见的通知》下发。然而，农民的负担并没有因政策的下发而减轻，在有些地区反而有所加重。其中一个很重要的原因在于，从1994年开始实施的分税。分税后，税费征收按先中央后地方，中央拿大头，地方拿小头；中央将一些优质税源收为直管，省市依次效仿，因此，中央、省市财政较为充足，而县乡财政紧张。乡镇财政赤字增加，乡镇作为基层政府运转失灵。要维护政府的运转，向农民转嫁负担成了唯一可行的选择，因此，农民负担节节攀升。1996年12月中共中央、国务院再次发出《关于切实做好减轻农民负担工作的决定》，强调要坚决把农民承担的村提留乡统筹费和劳务全面控制在国家规定的限额之内，严禁面向农村的乱收费、乱集资、乱涨价、乱罚款和各种摊派，取消一切加重农民负担的达标升级活动。

由于乡镇财政无法保持政府的正常运转，造成地方"三乱"问题更加严重，农民负担日益沉重。这一时期，农村税费负担名目繁多。2000年，农民承担的税费总额达1359亿元，比1990年的469亿元增长1.89倍，农民人均负担增长2.01倍。这一时期因农民负担引发的恶性事件逐年增多。

从2000年开始，中央开始大力推行农民减负政策。2000年3月，中共中央、国务院下发了《关于进行农村税费改革试点工作的通知》，明确取消乡统筹费、农村教育集资等专门面向农民征收的行政事业性收费和政府性基金、集资；取消屠宰税；取消统一规定的劳动积累工和义务工；调整农业税政策；调整农业特产税政策；改革村提留征收使用办法。2001年，国务院进一步完善农村税费改革的有关政策。直到2006年农业税在全国范围内取消，标志着"无税"时代的到来。农业税自古有之，是中国共产党给农业税的历史画上了句号。农业税取消以后，那些搭载农业税的收费也没有了载体。

乡村税费改革一方面减少了乡村两级直接向农民收费的权力，另一方面减少了政策外财力，乡村财政收入迅速减少。税费改革遏制了乱收费，但是乡村财政危机却日益严重，特别是乡村教育经费危机显现，乡村公共设施投入也捉襟见肘，如何维护农村政权的运转、农民教育的运行，都成了问题。于是国家又对农民实行直接补贴和间接补贴相结合的农业补贴政策，加大国家财政对农村的投入力度，直接促进农民增收，减轻农民负担；国家的公共财政开始向农村倾斜，如完善农村基础设施建设，帮助农民建学校，修路等；加大对农村社会事业的投入；实行九年义务教育阶段学费全免；覆盖农村的农村合作医疗制度，社区卫生室的建立等，不断减轻农民负担。

26.最低生活保障制度

最低生活保障制度,是政府对城乡贫困人口按最低生活保障标准进行差额补助的新型社会救济制度,是对我国传统社会救济制度的重大改革,作为一项特殊的制度设计,在我国社会转型期,发挥着稳定社会、维护公平的重要作用。

20世纪90年代以来,我国进入了经济体制转轨和社会结构转型期,特别是90年代末,随着国有企业改革的不断深入,我国出现了一些职工的下岗、转岗,他们的生活一度陷入困境。因而,最低生活保障制度应运而生。这一制度经历了从城市向农村的扩展。

1992年,党的十四大作出了建立社会主义市场经济体制的决定。此后,改革力度不断加大,"下岗分流,减员增效"成为国有企业和集体经济组织改革的流行语,失业人员和下岗人员开始涌现。与此同时,有些企业效益较差,在职职工的收入也出现下降趋势。加上当时的通货膨胀,就使得一些职工的实际购买能力下降,有的甚至逐渐演变成为城市贫困群体。

上海市首先感受到了这一社会压力。一些"政府管不上、企业靠不上、家庭顾不上"的"三不管"人员的生活陷入了困境,传统的社会救济制度由于救助标准低、覆盖面窄,且多为临时补助,无法发挥社会安全网的作用。1993年元月,上海市民政等部门经过深入调研,提出了《关于解决本市市区部分老年人生活困难的意见》(以下简称《意见》)。该《意见》出台后,民政部门提出了确定一条能够随物价指数进行调整的最低生活保障线,作为各行业实施困难补助的基本标准的建议,该建议立即得到了市领导的认同,并责成民政等部门拿出具体意见。经反复调查,民政局提出四套方案,最后经市政府研究决定,建立两条线:一是居民最低生活保障线,二是职工最低工资收入线。1993年5月7日,上海市民政局等六个部门联合发布《关于本市城镇居民最低生活保障线的通知》,宣布上海从1993年6月1日起开始实施城市居民最低生活保障制度。上海最低生活保障制度的建立拉开了中国社会救助制度改革的序幕。

在各级政府的共同努力下,城市最低生活保障制度建设取得了明显进展。但截至1997年8月底,全国还有2/3的城市没有建立该项制度,已建立制度的地方差异非常大、保障标准低、保障人数和保障范围也很有限。最低生活保障制度在全国推广还有很大困难。1997年9月2日,国务院发布了《国务院关于在全国建立城市居民最低生活保障制度的通知》(以下简称《通知》)。《通知》要求各地要将建立城市最低生活保障制度当作一项重要的工作来抓,同时还对保障范围、保障标准、保障资金的来源等重要政策问题进行了界定。1999年9月28日,国务院颁布了《城市居民最低生活保障条例》,并于当年10月1日正式施行。该条例对城市居民最低生活保障的对象、适用原则、领导机构和管理部门、资金筹措、保障标准、保障程序、动态管理及监督处罚等都作了详尽的规定。该条例的颁布实施，标志着城市居民最低生活保障条例在全国范围内的建立。

能够申请城市最低生活保障的对象主要是以下三类人员：一是无生活来源、无劳动能力、无法定赡养人或抚养人的居民；二是领取失业救济金期间或失业保险期满仍未重新就业，家庭人均收入低于当地最低生活保障标准的居民；三是在职人员和下岗人员在领取工资或最低工资、基本生活费后以及退休人员领取退休金后，其家庭人均收入仍低于当地最低生活保障标准的居民。

农村最低生活保障制度的建立比城市要晚。1992年山西省左云县在总结定期定量救济经验的基础上，率先在全国开展了建立农村最低生活保障制度试点工作，拉开了正式建立农村最低生活保障制度的序幕。1994年，第十届全国民政工作会议提出到20世纪末，"在农村初步建立起与经济发展水平相适应的层次不同、标准有别的社会保障制度"。会后，各地均积极开始了对农村特困群众救助长效机制的探索。同年，上海市和山西省阳泉市率先在全国开展了农村最低生活保障的试点工作，提出县、乡、村根据各自经济发展的不同状况，确定基本保障线，家庭人均纯收入低于当地保障线的农村居民，由政府和村集体给予差额补助。1996年元月，全国民政厅局长会议将改革农村社会救济制度、积极探索农村低保制度列入当年的工作重点。民政部印发了《民政部关于加快农村社会保障体系建设的意见》和《农村社会保障制度建设指导方案》，认真总结了各地的试点经验，并对建立农村低保制度正式提出了原则要求与基本意见。

1996年至2001年，是农村最低生活保障制度的推广阶段。到1997年底，绝大部分省份不同程度地开展了农村最低生活保障试点，大部分县级政府出台了农村最低生活保障制度。2007年6月，国务院在北京召开农村最低生活保障工作会议，并于7月下发了《关于在全国建立农村最低生活保障制度的通知》，对农村低保标准、保障对象、规范管理、资金落实等内容作出明确规定，要求在年内全面建立农村低保制度，并保证低保金按时足额发放。农村最低生活保障制度的建立标志着我国政府进入了农村社会保障领域。

27.留守妇女、留守儿童、留守老人

20世纪80年代以来，随着农村以联产承包责任制为主的改革推进以及城镇经济体制改革的开始，以及受城乡分割二元社会体制和结构的影响，城乡差距扩大，农村大量年轻的剩余劳动力开始流向城镇，从中西部经济不发达地区流向沿海经济较发达地区。2001年，我国农村外出的劳动力已经占到农村劳动力总量的18.6%，据推测，2001年中国农村有8961万人外出，2005年我国农村地区外出务工人数达到1.3亿人。2000年的第五次全

国人口普查显示,我国流动人口主要是15—35岁的年轻人。在性别上,流动人口中男性多于女性。

农村劳动力的外流对农村的发展有着明显的积极影响,在增加农民收入、推动城市化进程、促进劳动力从第一产业向其他产业转移方面都发挥了重要的作用。然而,在农村劳动力大量外出的过程中,一种新的社会现象表现得日益突出,那就是"386199"现象,这组数字分别用妇女、儿童、重阳三个节日代表了不同的群体,"38"代表妇女,"61"代表儿童,"99"代表老年人,这组数字的意思是指以男性为主的中青年劳动力的外出使得农村中留守的家庭成员主要由妇女、孩子和老人构成,人们形象地将他们称为"386199部队",成为农村中的"留守军"。

留守妇女是指丈夫外出务工半年以上或一年内累计超过半年,本人独自留居家中负担起农业生产、赡养老人及抚养孩子重任的农村已婚妇女。目前,农村妇女劳动力约占农村劳动力总数的65%。随着越来越多的农村男子进城务工,留守妇女问题在两个层面上日益引起社会关注:一方面,由于留守妇女已成为农业生产和发展农村地方特色产业的主力军,家庭教育的实际承担者,以及文明乡风和基层民主的主要参与者,因此,重视留守妇女在社会主义新农村建设中的作用,对于和谐社会的构建具有重大意义。另一方面,作为又一个弱势群体,留守妇女不仅从另一个侧面反映了农民工的困境,她们自身也承担着生理、心理、安全等多重负担。

留守儿童是指由于父母双方或一方长期在外务工,而留守在家乡的18岁以下的儿童。据全国妇联2013年发布的《中国农村留守儿童、城乡流动儿童状况研究报告》指出,中国农村留守儿童数量超过6000万,总体规模扩大。留守儿童正处于身体发育、初涉人生的关键时期,由于受到关爱相对较少、家庭监护不到位等多种原因,在他们身上潜伏着"三重危机"。第一,留守儿童的安全问题是一个十分突出的社会问题。一方面,儿童缺乏自卫心理和自卫能力,容易受到邪恶力量的攻击。另一方面,儿童缺乏健全的性格和自制能力,容易违法犯罪攻击别人。第二,家庭教育缺位,使他们的学习成绩和学习能力普遍不如正常家庭的儿童。第三,由于父母长年不在身边,留守儿童缺乏亲情,不少儿童出现了心理障碍。

留守老人是指家中子女长期外出务工而自己留守家中的60岁及以上的老人。这些已到了风烛残年的留守老人,既要从事繁重的农田劳动,又要照看未成年的孙子孙女,羸弱的骨架支撑着贫困的家。有关资料显示,我国目前农村留守老人至少有1800余万。他们的身上牢牢地锁着几副"桎梏"。第一,子女外出务工后,本该颐养天年的年纪又重新成为家里的顶梁柱,锄地、犁田、收割,什么重体力活都得干,留守老人面临经济困难,劳作辛苦的问题。第二,留守老人除了要照顾家外,还要照看孩子,不仅包括生活照顾、经济供给,还包括道德教育、学习辅导、心理关怀等,教育孙辈,力不从心。第三,由于子女长期外出打工,年初而出,年终而归,独居老人、空巢老人、二代户老人缺少亲情的慰藉,生活寂寞,孤独感强。第四,留守老人中患有大病的,缺乏照料。

农村留守人口现象是中国现代化和城市化进程中农村剩余劳动力向城市转移而产生的。"留守儿童"、"留守妇女"、"留守老人"是新农村建设所必须面对的农村群体,"留守一族"问题是一个涉及城乡劳动、用工、教育、户籍制度、"三农"政策等多个方面的综合性课题,"留守一族"的长期存在以及他们的生活和生存环境现状不容乐观,这一问题将影响农村社会的稳定与发展,关乎和谐社会的建设,需要发挥各方面力量,合力研究解决。要从解决"三农"问题中的顽症入手,让农村经济发展起来,农业发展水平提高起来,农民增收的幅度更大一点,才能解决留守人员的贫困状况。针对留守人口的社会问题,政府与社会各部门可以开展各种各样的关爱和帮扶活动。同时,政府应该针对这类社会问题制定相应的社会政策。在新农村建设中与留守人口相关的社会政策中,最主要的是农村社会保障政策,因此,应健全和完善农村社会保障制度。各级政府必须加强农村基础设施、社会和文化设施等与留守人口生活密切相关的设施建设,关注留守人口的生产和生活,关注留守儿童的成长发育、留守妇女的安全健康、留守老人的养老保障,让"386199部队"这支"留守军"在农村生活得安定、幸福、和谐,并让留守妇女和留守老人在新农村建设中发挥更大的作用。

28.人才市场

人才市场是利用市场规律调节人才供求的一种机制,它由人才、单位及其流动服务机构、人才交流场所、社会保障制度等要素组成,是按照市场规律对人才资源进行配置和调节的一种机制,是人才劳动力交换关系和交换场所的总和。狭义地讲,人才市场是人才供求双方直接进行见面洽谈、相互选择的场所,即人才交流场所。

20世纪70年代后期,经过拨乱反正,国家各项建设事业都急需大量的专业技术人才。但是,由于当时"左"的影响还没有完全消除,大量的科技人员用非所学,大批的知识分子还在等待落实政策,人才问题成为十分突出的问题。在启动高校招生、抓紧培养人才的同时,中央也积极研究制定对专业技术人员使用、调整的政策。国家有关部门从1978年开始,根据当时的实际情况部署了对外语人才、自然科学技术人才普查工作,并由国务院相继下发了对闲散在社会上的科技人员安排使用的规定、对用非所学专业技术人员调整归队工作的规定。根据国家的政策和各地的实际需要,当时一些中小城市通过聘请星期日工程师、开展厂校联营、兼职等形式,从大城市吸引科技人才,有了人才流动管理的需求,可以被认为是我国人才流动和人才市场的萌芽。

1983年,"沈阳市人才服务公司"和"广东省人才交流服务中心"相继成立,初步形成了我国人才服务的标准和规范,调整了人才的结构布局,引导了人才的合理流动。拉开了我国人力资源市场化配置的序幕,同时也标志着我国人才市场的建设即将展开。随后的8年时间,我国的14个省市先后成立了60多家人才服务机构。这个时期我国政府背景人才服务机构占据了行业的主导地位,人才服务机构的主要业务仍然依靠行政手段,市场化业务较少。

1988年,一些地市开始建立有固定场所的常设性人才市场;1992年党的十四大明确提出人才的分配方式由原先的统包统分转向为供需双方自由选择,明确了人才和单位在人才市场中的主体地位,完善了政策法规和人才市场的体系建设。1993年第二次全国人才流动工作会议和当年12月的全国人事厅(局)长会议,提出了培育和发展人才市场的基本思路,把人才市场提到了人事工作前所未有的高度。

1994年8月,中央组织部和人事部共同发出《加快培育和发展人才市场的意见》,把我国人才市场的总目标确定为实现个人自主择业,单位自主择人,市场调节供求,社会服务完善,社会保障健全,在国家宏观调控下,使人才市场在人才资源配置方面起基础性作用。1994年9月28日,国家人事部和天津市人民政府共同组建了我国第一家国家级区域性人才市场——中国北方人才市场。1995年,人事部、河北省人事厅、唐山市人民政府合办的全国第一家区域性专业化人才市场——唐山企业家人才市场,是我国人才市场体系建设的又一重要里程碑。

进入21世纪以后,我国的人才市场进入快速发展阶段。这一时期以国有企业改制、产业结构调整和加入世贸组织为历史背景,人力资源取代一切生产要素成为21世纪最重要战略性资源。我国对人才的重视程度、人才流动的市场化程度、劳动合同的普及程度、户籍管理制度的开放程度、人才服务机构的发展程度均得到全面提高,人才市场的体系已基本成熟,市场机制明显发挥作用。

2001年,为适应我国加入WTO和人才市场自身发展的需要,人事部和国家工商总局共同发布了《人才市场管理规定》,并于同年10月1日生效,此规定允许外资有条件地进入中国人才中介服务领域,从此我国人才市场向外资开启了大门。2002年10月,美国两大猎头公司海德思哲和光辉国际分别领取了《北京市人才市场中介服务许可证》,标志着我国人才中介市场迈出了对外开放的第一步,由此我国国有人才市场进入了一个多元化竞争的、新的发展阶段。

2004年7月1日开始实施《行政许可法》,对人才中介机构实行准入制度,各种资本可以进入人才中介市场。国家人事部、商务部、工商行政管理总局联合出台了《中外合资人才中介机构管理暂行规定》,明确指出:具有良好信誉、从事3年以上人才中介服务、注册资本金不少于30万美元、出资比例不低于25%的外资人才中介机构可以同中方符合条件的人才中介机构依法成立中外合资人才中介机构,开展人才中介业务。这意味着我国人才中介市场正式向外资开放。

经过多年的探索和开拓,我国人才市场体系已初步形成,人才市场机制开始发挥作用。全国先后建立了七个区域性人才市场和一批专业性人才市场,各省、地(市)以及95%的县都建立了基础性人才市场,而且向农村纵深发展,出现了越来越多的农村人才市场。

我国国有人才市场是随着我国经济体制的转型而出现的,人们对人才市场的认识也是随着整个经济体制的改革而不断深化的。与经济体制改革步伐相一致,人才流动也经过了三个阶段:一是以计划调配为主,人才流动为辅,充当一个普通的配角;二是人才流动和计划调配并重,两条腿走路各有侧重;三是人才市场成为主体,成为人才资源配置起基础作用的机制。同时也表明,在符合世界发展总趋势的情况下,把握人生,抓住机遇,确立人才的主体地位乃是不可抗拒的历史潮流。如果说经济体制的改革是人才市场形成的外在动力,那么可以说人才实现自身价值的理想和愿望则是人才市场发展的内在动力。人才市场的出现使人才更大程度地实现自我价值的愿望有可能变为现实。

29.深化国有企业改革

我国的国有企业改革历程大致分为四个阶段:

第一阶段是放权让利式的改革。主要是在国家保持所有权不变情况下,不同程度下放经营权。比如先后试行了利润留成制度和承包制等。

第二阶段是1984年中后期对国有企业进行股份制改造,推行产权制度改革,通过产权多元化推进产权明晰化,实行公有制实现形式多样化等改革。

第三阶段是1992年邓小平南方谈话以后,对国有经济进行战略性调整,就是国有企业能搞好的就保持,搞不好的国有企业就退出。但当时这种"抓大放小"的做法,被很多地方政府理解为所谓"退出"就是简单的破产倒闭,不仅造成了国有资产的大量流失,而且还造成今天很多乡镇乃至县市不再存在国有企业的局面。

第四阶段是2003年党的十六届三中全会要求要进一步增强公有制经济的活力,大力发展国有资本、集体资本和非公有资本等参股的混合所有制经济,实现投资主体多元化,使股份制成为公有制的主要实现形式。这一阶段的国企改革主要从五个方面加快推进:一是加大股份制改革力度,通过股权置换、相互持股、引入战略投资者等方式加快产权主体多元化改革。二是积极稳妥地推进股权分置改革,基本完成股权分置改革任务,消除了阻碍股份制健康发展的制度弊端,促进了上市公司的迅速发展。三是建立完善的董事会,引入外部董事制度,规范公司法人治理结构。四是主辅分离、辅业改制。在分离办社会职能的基础上,将企业的辅业从主业中分离出去,突出主业发展,将辅业资产进行整合改制。五是继续实施政策性关闭破产。

经过30多年的探索和实践,我国国有企业改革总体上是不断深入的,企业经营机制发生了根本变化。国有资产总量逐步壮大、质量显著提升,一批具有国际竞争力的大企业、大集团不断涌现,国企改革总体上取得了历史性成就。当然,面对日益激烈的国际国内竞争形势和不断开放的市场环境,国有企业改革发展中还存在国有经济布局不合理、产业发展不够平衡、公司法人治理结构不完善、企业活力不足、部分垄断领域改革滞后等问题。

2013年,党的十八届三中全会通过了《中共中央关于全面深化改革若干重大问题的决定》。该决定在"坚持和完善基本经济制度"中,详细阐述了深化国有企业改革的内容和要求。

一、积极发展混合所有制经济。允许更多国有经济和其他所有制经济发展成为混合所有制经济。国有资本投资项目允许非国有资本参股。允许混合所有制经济实行企业员工持股,形成资本所有者和劳动者利益共同体。

完善国有资产管理体制,以管资本为主加强国有资产监管,改革国有资本授权经营体制,组建若干国有资本运营公司,支持有条件的国有企业改组为国有资本投资公司。国有资本投资运营要服务于国家战略目标,更多投向关系国家安全、国民经济命脉的重要行业和关键领域,重点提供公共服务、发展重要前瞻性战略性产业、保护生态环境、支持科技进步、保障国家安全。

划转部分国有资本充实社会保障基金。完善国有资本经营预算制度,提高国有资本收益上缴公共财政比例,2020年提高到30%,更多用于保障和改善民生。

二、推动国有企业完善现代企业制度。国有企业属于全民所有,是推进国家现代化、保障人民共同利益的重要力量。国有企业总体上已经同市场经济相融合,必须适应市场化、国际化新形势,以规范经营决策、资产保值增值、公平参与竞争、提高企业效率、增强企业活力、承担社会责任为重点,进一步深化国有企业改革。

准确界定不同国有企业功能。国有资本加大对公益性企业的投入,在提供公共服务方面作出更大贡献。国有资本继续控股经营的自然垄断行业,实行以政企分开、政资分开、特许经营、政府监管为主要内容的改革,根据不同行业特点实行网运分开、放开竞争性业务,推进公共资源配置市场化。进一步破除各种形式的行政垄断。

健全协调运转、有效制衡的公司法人治理结构。建立职业经理人制度,更好发挥企业家作用。深化企业内部管理人员能上能下、员工能进能出、收入能增能减的制度改革。

建立长效激励约束机制,强化国有企业经营投资责任追究。探索推进国有企业财务预算等重大信息公开。国有企业要合理增加市场化选聘比例,合理确定并严格规范国有企业管理人员薪酬水平、职务待遇、职务消费、业务消费。

三、支持非公有制经济健康发展。非公有制经济在支撑增长、促进创新、扩大就业、增加税收等方面具有重要作用。坚持权利平等、机会平等、规则平等,废除对非公有制经济各种形式的不合理规定,消除各种隐性壁垒,制定非公有制企业进入特许经营领域具体办法。鼓励非公有制企业参与国有企业改革,鼓励发展非公有资本控股的混合所有制企业,鼓励有条件的私营企业建立现代企业制度。

30.高校扩招

高校扩招,也称为大学扩招或大学生扩招,是指高等教育(包括大学本科、研究生)不断扩大招生人数的教育改革政策。高校扩招源于1999年教育部出台的《面向21世纪教育振兴行动计划》。文件提出到2010年,高等教育毛入学率将达到适龄青年的15%。进入2008年后,教育部针对1999年开始的扩招存在的过快过急现象,采取措施逐渐控制扩招比例。在2009年国际金融风暴的背景下,教育部开始研究生招生比例的调节。

任何政策的实施都会伴随着一个评价与调整的过程。目前,高等教育正在逐步放缓扩招步伐;正在大力实施教育质量工程;加强高等教育奖助学金等配套工程,促进教育公平;促进教育结构合理化等。

扩招数量的调整较为明显。从1999年本专科招生增长比例达到47.4%,本专科的招生增长比例不断放慢,2006年的增长比例为8.24%。博士生招生增长比例在2000年达到41.85%,2006年放缓到2.19%。硕士生招生增长比例于2000年达到50.05%,之后也在不断放缓,2006年下降为10.30%。虽然增长率在降低,但由于前几年的迅速扩招使得基数较大,因此,每年扩招的绝对数量还是很大。毛入学率是一个可比性较强的指标,2006年达到22%也说明招生比例是在增长的。

高等教育扩招是教育政策,也是社会政策。提供更多的高等教育机会的思路是正确的,但是,扩招的比例要与经济社会发展的各项指标相匹配,而不能单兵突进。高校扩招在考虑经济效益的同时,更要尊重教育自身的发展规律,并且充分兼顾社会效益。可以说,高等教育规模的扩大是中国社会和教育发展的必然,但是扩招的过程与步伐应当由适当的政策来调节与保证。

31.高校合并

随着社会主义市场经济体制的确立,对原有的高等教育管理体制进行改革,是大势所趋。高校合并的目的,就是要使高校的学科建设形成优势,资源配置切实得到优化,高层次人才培养真正实现突破。高校合并体现了国家以"共建、联合、调整、合并"为主要内容的高等教育管理体制改革的政策。高等学校要想求生存、求发展,就必须改变过去条块分割、封闭办学、规模过小、效益低下的局面,合并作为一种有效的改革形式,在我国广泛地实施开来。

我国高校合并大致经历两个阶段:第一阶段:始于20世纪50年代。1952年,我国高校进行了历史上绝无仅有的重大结构调整。这次调整以院系调整为主要内容,是同类项的合并、重组和调整;这次调整也注意到高校区域布局的调整。比较典型的是,上海各高校的建筑专业并入同济大学,造船专业则并入交通大学,而各高校的汽车专业大都并入清华大学。经过这一阶段的调整,我国高等教育除保留少数多科性的大学外,主要向专业方向发展。

第二阶段:始于20世纪90年代。这次调整以1992年5月扬州大学成立拉开序幕,到2000年8月新武汉大学问世告一段落,前后跨越8年,涉及近400所普通高校。这次调整的指导思想是,通过调整,逐步建立中央和省(直辖市、自治区)两级管理、以省(直辖市、自治区)级管理为主的新型高等教育管理体制,使中国高等教育的规模、结构、质量和效益趋向统一协调发展,增强高等学校面向社会和市场自主办学的积极性和为地方经济、社会发展服务的能力,为我国高等教育的发展创造良好的环境。

我国高校合并的原则主要有:收益大于成本,政府积极引导,学科融合、优势互补,人员和机构精简,优化办学层次和布局及因地制宜、尽量就近原则。合并是将各方办学资源重新配置、办学模式重新设计的过程,通过合并使各校原有的优势得到充分发挥,资源得到更加合理的利用,办学效益和办学水平得到明显提高,即合并后的学校在基础设施、教学科研设备、图书信息资料、教师队伍结构及素质、教育教学手段等方面都比合并前的各校有明显改观,学科专业也因为不同传统、不同方向的结合而使总体结构更合理,优势更明显,充分体现出一加一大于二的效应。在目前已经实施合并的高校中,有的确实收到了较好效果,通过合并达到了合理配置办学资源、提高办学效益的目的。

实践证明,高校合并切合中国高等教育发展的实际,符合经济建设和社会发展的需求,极大地促进了高等教育事业的发展。高校合并本身就是教育资源的重组,是联合办学、优化资源配置的最高形式,是体制改革中体制变动最深、涉及各方利益最广的一种形式,因而高校合并不可避免地要产生"阵痛",面临的困难和存在的问题很多,具体表现在:一、有些高校合并未经认真调查研究和充分论证,片面追求"大"和"全",把规模与效益等同起来。他们对高校合并后的整体效益能否大于各组成学校合并前独立运行的效益之和的预测、论证不够。就把几所单科性院校或几所多科性院校组合起来,片面追求规模扩大,追求"一大二全"。二、有些高校还没有进行实质性合并。高校"联合体"现象仍然存在。三、合并重组的新校未及时根据新情况制定整体发展规划和合理定位。四、缺乏必要的中介组织沟通政府与高校的联系,协调合并过程。政府行为的过滥使用,也不能调动学校自身的积极性,难以按办学规律优化资源配置。五、政府对高校合并的配套政策和机制还不健全,主要体现在政府对合并高校的优惠和扶持政策及评价机制、激励机制、利益补偿机制等方面。

32.小城镇户籍制度改革

逐步改革小城镇户籍管理制度,完善农村户籍管理制度,是国家一项重要的基础性工作,事关经济发展、社会进步和维护社会稳定的大局。

我国现行的户籍管理制度是新中国成立以后逐步建立起来的,在促进经济和社会发展、保障公民合法权益以及维护社会秩序等方面,发挥了重要作用。但是,改革开放以来,特别是在发展社会主义市场经济的形势下,现行的户籍管理制度已经不能完全适应形势发展的需要。根据党的十四届三中全会确定的关于逐步改革小城镇户籍管理制度,允许农民进入小城镇务工经商、发展农村第三产业,促进农村剩余劳动力转移的精神,应当适时进行户籍管理制度改革,允许已经在小城镇就业、居住并符合一定条件的农村人口在小城镇办理城镇常住户口,以促进农村剩余劳动力就近、有序地向小城镇转移,促进小城镇和农村的全面发展,维护社会稳定。同时,继续严格控制大中城市特别是北京、天津、上海等特大城市人口的机械增长。

我国的小城镇户籍制度改革,大体经历了三个阶段:

一、改革初期:1984年自理口粮户口政策出台

国务院于1984年10月13日发出《关于农民进入集镇落户问题的通知》(以下简称《通知》)。《通知》规定:凡申请到集镇务工、经商、办服务业的农民和家属,在集镇有固定住所,有经营能力,或在集镇企事业单位长期务工的,公安部门应准予落常住户口,及时办理入户手续,发给"自理口粮户口簿",统计为非农业户口。粮食部门要做好加价粮油供应工作,可发给"加价粮油供应证"。地方政府要为他们建房、买房、租房提供方便。从此,便出现了一种介于农村户口与城市户口之间的非农业户口——"自理口粮户"。但

是，《通知》并没有具体规定进镇落户农民的"合法权益"的内容，而且在各地的实际做法中，自理口粮户持有者与原非农业人口在所享受权益待遇方面仍存在巨大的差别。

二、初步探索与综合试点：20 世纪 90 年代

初步探索："蓝印户口"的市场化。1992 年 8 月，公安部发出《关于实行当地有效城镇居民户口的通知》征求意见稿，决定实行当地有效城镇户口制度，范围是小城镇、经济特区、经济开发区等，对象是外商亲属、投资者、被征地的农民。1992 年 10 月，广东、浙江、山东、山西等十多个省市先后试行"当地有效城镇居民户口"，这种户口又被称为"蓝印户口"。这种"蓝印户口"是一种介于正式户口与暂住户口之间的户籍，拥有"蓝印户口"的人基本上可以享受正式户口的利益，但是要经过若干年后才能转变为正式户口。1992 年底，国务院户籍制度改革文件起草小组成立，标志着中国户籍制度改革正式启动。党的十四届三中全会在《中共中央关于建立社会主义市场经济体制若干问题的决定》中明确提出了改革小城镇户籍管理制度。

综合试点：小城镇户籍改革的逐步放开。1997 年 6 月，国务院批转公安部《小城镇户籍制度改革试点方案》和《完善农村户籍管理制度意见的通知》，规定在继续严格控制大中城市特别是北京、天津、上海等大城市人口机械增长的同时，改革小城镇的户籍管理制度。小城镇户籍制度改革试点方案的实施，使在中国实行了 50 年的城乡分割的户籍制度本身发生了较大的改变，有条件地放开小城镇户口，大大放宽了农村人口进入小城镇的大门。截至 1988 年底，已有 17 个省、直辖市、自治区的小城镇试点工作进入最后审批阶段。两年中，公安机关共在 382 个小城镇办理小城镇户口 544031 人，平均每镇 1400 余人。

三、全面推进：进入 21 世纪以来的改革

2000 年 6 月，中共中央、国务院颁布《关于促进小城镇健康发展的若干意见》。2001 年 3 月，国务院批转公安部《关于推进小城镇户籍管理制度改革意见》，提出改革小城镇的户籍管理制度。2001 年，一些大中城市、甚至省市的户籍制度开始进行较彻底的改革，这些改革涉及户籍政策的核心，即户口迁移和户口性质的划分，其中最有代表性的是河北省石家庄市。

2002 年，党的十六大报告首次提出：我国的"城乡二元结构还没有改变"，强调在 2020 年实现全面建设小康社会的目标。2003 年 10 月，党的十六届三中全会通过《中共中央关于完善社会主义市场经济体制若干问题的决定》，明确提出要深化户籍制度改革，完善流动人口管理，加快城镇化进程。

党的十八大、十八届三中全会和中央城镇化工作会议都要求进一步推进户籍制度改革。为深入贯彻落实这些要求，促进有能力在城镇稳定就业和生活的常住人口有序实现市

民化，稳步推进城镇基本公共服务常住人口全覆盖，2014年7月，国务院发布《关于进一步推进户籍制度改革的意见》（以下简称《意见》）。《意见》明确提出，进一步调整户口迁移政策，统一城乡户口登记制度，全面实施居住证制度，加快建设和共享国家人口基础信息库，稳步推进义务教育、就业服务、基本养老、基本医疗卫生、住房保障等城镇基本公共服务覆盖全部常住人口。到2020年，基本建立与全面建成小康社会相适应，有效支撑社会管理和公共服务，依法保障公民权利，以人为本、科学高效、规范有序的新型户籍制度，努力实现1亿左右农业转移人口和其他常住人口在城镇落户。

在进一步调整户口迁移政策方面，提出要全面放开建制镇和小城市落户限制。在县级市市区、县人民政府驻地镇和其他建制镇有合法稳定住所（含租赁）的人员，本人及其共同居住生活的配偶、未成年子女、父母等，可以在当地申请登记常住户口。还提出要有序放开中等城市落户限制，严格控制特大城市人口规模，有效解决户口迁移中的重点问题。

在创新人口管理方面，提出要建立城乡统一的户口登记制度。取消农业户口与非农业户口性质区分和由此衍生的"蓝印户口"等户口类型，统一登记为居民户口，体现户籍制度的人口登记管理功能。建立与统一城乡户口登记制度相适应的教育、卫生计生、就业、社保、住房、土地及人口统计制度。要建立居住证制度。以居住证为载体，建立健全与居住年限等条件相挂钩的基本公共服务提供机制。居住证持有人享有与当地户籍人口同等的劳动就业、基本公共教育、基本医疗卫生服务、计划生育服务、公共文化服务、证照办理服务等权利。要健全人口信息管理制度。建立健全实际居住人口登记制度，建设和完善覆盖全国人口、以公民身份号码为唯一标识、以人口基础信息为基准的国家人口基础信息库，逐步实现跨部门、跨地区信息整合和共享，为制定人口发展战略和政策提供信息支持，为人口服务和管理提供支撑。

进一步推进户籍制度改革，是涉及亿万农业转移人口的一项重大举措。《意见》要求各地区、各有关部门要充分认识户籍制度改革的重大意义，切实落实户籍制度改革的各项政策措施，防止急于求成、运动式推进。各省、自治区、直辖市人民政府要根据本《意见》，统筹考虑，因地制宜，抓紧出台本地区具体可操作的户籍制度改革措施，并向社会公布，加强社会监督。公安部和发展改革委、人力资源社会保障部要会同有关部门对各地区实施户籍制度改革工作加强跟踪评估、督查指导。公安部和各地公安机关要加强户籍管理和居民身份证管理，严肃法纪，做好户籍制度改革的基础工作。

33.新生代农民工

"新生代农民工"受到了党和政府的高度关注。2010年中央一号文件《中共中央、国务院关于加大统筹城乡发展力度进一步夯实农业农村发展基础的若干意见》，第一次使用"新生代农民工"的概念。所谓"新生代农民工"，主要指的是"80后"、"90后"，这批人在农民工外出打工的1.5亿人里面占到60%，大约1亿人。

农民工的代际可依据"出生年代"划分为新生代、中生代和老一代。在2010年这个时点上，可以将1980—1994年出生的界定为新生代农民工（他们的年龄为16—30岁）；将1980之前出生的农民工细分为：1965—1979年出生的为中生代农民工（他们的年龄为31—45岁）和1965年之前出生的为老一代农民工（他们的年龄为46岁及以上）。这种划分代际的"出生年代"标准是动态的，比如在2020年分析农民工代际差异的时候就需要重新设定"出生年代"的标准，但不同代际农民工的年龄段依然可以保持这种间隔不变。

新生代农民工这一劳动群体的形成是有着其深刻的社会背景的。随着30多年的改革开放，我国劳动力市场逐渐放开，同时，农业技术的进步和农业机械化的推广使农村劳动生产率大幅度提高，这就必然会产生农村劳动力剩余问题。正在此时，城市加快发展，城市的劳动力缺口迅速扩大，正好与农村劳动力的过剩形成了互补。于是，第一代农民工便浩浩荡荡地涌进了城里。时至今日，老一代农民工难以再胜任过去繁重的体力劳动，这些新生代农民工便顺应时代的需要，开始充当起城市建设的主力。

2010年国家统计局在常规的农民工监测调查的基础上，对河北、辽宁、浙江、山东、河南、湖北、湖南、重庆、四川和陕西等10个省份进行了新生代农民工专项调查。调查采用电话访问的方式了解6000多名新生代农民工，具体情况如下：

根据2009年对全国31个省（自治区、直辖市）的农民工监测调查，在所有外出农民工中，新生代农民工即1980年之后出生的外出农民工的比例超过了一半，占到58.4%。按照2009年外出从业6个月及以上的外出农民工数量为14533万人来推算，新生代农民工的数量已经达到8487万人。

从输出地看，新生代农民工中来自东部地区、中部地区、西部地区的比例分别为31.4%、38.2%和30.4%。从输入地看，新生代农民工中在东部地区、中部地区、西部地区务工的比例分别为72.3%、12.9%和14.4%。与上一代农民工相比，新生代农民工更倾向在东部地区务工。

从性别比例看，在较为年轻的外出农民工中，男女比例较为均衡。新生代农民工中女性的比例达到40.8%，而上一代农民工中女性的比例仅为26.9%。同时，由于年龄的关系，约70%的新生代农民工还没有结婚。

从文化程度来看，在全部外出农民工中，新生代农民工的受教育程度更高。

规模不断增加，已占农民工整体的半壁河山。国家人口和计划生育委员会2010年流动人口动态监测调查数据表明，农民工样本量共有102598人，其中16—30岁的新生代占

47.0%。2005年全国1%人口抽样调查数据显示,我国新生代农民工占34.6%。新生代农民工的规模增长很快,他们已经成为农民工的主体,所占比重也越来越大。

受教育年限明显提高。2010年,新生代农民工的平均受教育年限达到9.8年,而同期中生代和老一代分别只有8.4年和7.6年。仅观察教育年限的两端就可以看出,新生代的受教育年限提高幅度很大。

面临婚育的双重压力。新生代农民工未婚比例远大于没有结婚的中生代和老一代的比例;已婚新生代农民工有85%的人要抚养15周岁及以下的子女,其中抚养一个的占70.1%,抚养两个的占14.3%。也就是说,已婚者占到新生代农民工的半数以上,这部分群体大多面临着抚养后代的重任。

就业期望发生了较大的变化。首先,新生代农民工向制造业集中,从批发零售、建筑和农林牧渔这三个行业退出。其次,新生代农民工大量选择产业工人和商业服务业员工为职业,他们从事个体工商户、农业劳动者或无固定职业的比例却在大幅减少。再次,新生代农民工选择的工作环境相对较好。

合同签订率低、部分岗位缺乏有效的防护措施、社会保障参保率低等权益保障的缺失是新生代农民工就业面临的突出问题。

部分新生代农民工有较大工作压力,对收入的满意度较低。

在身份认同上处于"农民"和"市民"之间的尴尬境地。缺乏幸福感。新生代农民工的精神健康和心理疏导问题需要引起重视。

近一半的新生代农民工有在城市定居的打算,但是收入太低和住房问题是制约新生代农民工在城市定居最主要的困难和障碍。

34.当代中国社会阶层研究报告

1998年8月,时任中共中央政治局委员、中国社会科学院院长李铁映,指示社会学研究所要进行社会结构变迁的研究。社会学研究所于1999年初成立了"当代中国社会结构变迁研究"课题组,从此开展了这个重大课题的研究。三年来,开展了大规模的社会调查,先后对湖北省汉川市、辽宁省海城市、福建省福清市、贵州省镇宁布依族苗族自治县、安徽省合肥市、江苏省无锡市和吴江市七都镇、广东省深圳市、北京燕山石化总厂、吉林省长春第一汽车制造厂和天津南开大学等市、县、厂、校,进行了抽样问卷调查、入户访谈和召开各种座谈会、调研会,取得了11000多个样本和近千份各类成员的访谈记录。

为了保证此项重大课题研究,能够全面系统地反映当代中国社会阶层结构变动的整体状况,从2001年6月开始着手进行全国规模的抽样问卷调查。课题组聘请抽样专家,按概率抽样方法，在全国12个省、直辖市、自治区，72个市、县（区）进行6000份问卷调查，由课题组成员汇同这12个省、直辖市、自治区的同行学者合作实施。

2002年1月，《当代中国社会阶层研究报告》由社会科学文献出版社出版。研究报告由三个部分组成。第一部分，是课题组集体研究讨论后撰写的研究总报告，对当前社会阶层变化作了总体分析，提出了以职业分类为基础，以组织资源、经济资源、文化资源占有状况，作为划分社会阶层的标准，把当今中国的社会群体划分为十个阶层，并对每个阶层的地位、特征和数量做了界定；对现有的社会阶层结构做了初步分析，指出了目前中国的社会阶层结构正在向现代社会阶层结构变化，但还只是现代社会阶层结构的雏形，并提出了相应的政策建议。第二部分，是课题组部分成员分别撰写的关于产业工人阶层、农业劳动者阶层、私营企业主阶层和社会中间阶层等4个专题报告。第三部分，是5个地区的分课题组，各自撰写的深圳、合肥、福清、汉川和镇宁等5个市县的社会阶层结构状况的地区个案研究报告。

《当代中国社会阶层研究报告》以职业分类为基础，以组织资源、经济资源和文化资源的占有状况为标准，将当代中国社会划分为10个社会阶层，即国家与社会管理者阶层、经理人员阶层、私营企业主阶层、专业技术人员阶层、办事人员阶层、个体工商户阶层、商业服务业员工阶层、产业工人阶层、农业劳动者阶层和城乡无业失业半失业者阶层。不可否认，这种划分具有重要的现实意义，它比较全面地勾画或描述了当代中国社会分化的具体图像，揭示了当前中国社会市场化改革中的某些不平等性，而"职业"则是这种不平等性的一个主要标签。

35.老龄社会

按照联合国有关规定，一个国家或地区，60岁以上人口占总人口数的10%以上或65岁以上人口占总人口数的7%以上，即为老年型国家或老龄社会。进入新世纪，我国60岁以上老年人口超过总人口的10%，人口年龄结构开始进入老龄化阶段。今后一个时期，我国老年人口还将以较快速度增长，到2015年60岁以上人口将超过2亿，约占总人口的14%，到2040年60岁以上人口将占到总人口的25%，每4个人中就有一个老年人。

理论上说，老龄社会是从人口年龄结构的角度来识别人类社会形态的一个新概念，它是指对应于老年型人口年龄结构的新的社会形态。从人口年龄结构的角度来说，自从有人类以来的整个人口发展历史呈现为三种形态，即分别是青年型、成年型和老年型三种人口年龄结构形态。因此，当我们说老龄社会的时候，实际上也就是指对应于老年型人口年龄结构的社会。

老龄社会的首要特征是其年龄结构的老龄化。从人口年龄结构来说，老龄社会的特征是由出生率减少、死亡率降至最低水平、长寿水平达到前所未有的状态所决定的总人口年龄结构的老龄化。这是青年型和成年型社会所没有的。人口老龄化还表现出两个具体特征：一是人口的高龄化，即随着预期寿命的延长，高龄老年人占老年总人口比例不断上升；二是老年人口的女性化，即女性寿命长于男性而导致的女性老年人口占老年总人口比例不断上升。

老龄社会是一种新的经济结构。在老龄社会条件下，人口构成的变化，即人口的老龄化意味着多方面经济因素的变化。首先是劳动年龄人口结构，也就是人力资源结构的变化。其次是抚养结构的变化。对于如何抚养少儿人口，我们已经积累了充分的经验和制度，但在如何抚养老年人的问题上，即便是发达国家也还有许多未知领域。至于如何应对总抚养结构发生的重大转型，在经历老龄社会只有一个半世纪的情况下，可以说还是问题多于经验。第三是消费群体结构的变化。少儿人口的减少，老年人口的增多，同时也意味着整个社会消费结构的根本变化。消费结构和投资结构、储蓄结构以及生产结构和产业结构是紧密地联系在一起的经济因素。

老龄社会是一种新的社会结构。首先是家庭结构的变迁。在老龄社会，则主要以核心家庭和空巢家庭为主。其次是养老方式的变化。在老龄社会，必须依靠发达的社会养老，即社会保障制度，辅之以家庭养老。第三是公共基础设施、公共卫生、教育和社会服务。老龄社会条件下，公共基础设施需要考虑建设适合老年人特点的无障碍环境，这意味着公共基础设施建设的重大转折。在公共卫生方面，需要发展以老年人为使用主体的公共卫生体系。第四是代际关系的变化。人口年龄结构的变化同时也是少儿、成年人和老年人代际关系的重大变迁。

老龄社会也是一种新的政治结构。老年选民的大幅度增多必然会形成一个重要的压力群体，会成为许多政党争取的对象。随着民主政治的进一步成熟，未来老年公民的参政意识将会不断增强。

老龄社会具有新的文化价值导向。老龄社会，在经历了老年崇拜和青年崇拜两种极端文化价值观念的痛苦经验之后，人们找到了新的文化价值观念，这就是联合国提出的"建立不分年龄人人平等的社会"这一年龄平等的文化价值导向。现在，在人类经历老龄社会的初期，在这一新的文化价值观念的导引下，需要系统检讨以往社会的文化价值观念，分析其导引下的社会、政治、法律、制度，从而构建起新的适合老龄社会要求的文化。

实践表明，老龄社会会带来一系列的问题。

一是养老问题。老年人口的增多面临的首要问题就是养老问题。老有所养排在首位。养老主要有两个问题，一是养老金问题，二是养老方式问题。

二是老年人的婚姻家庭问题。老年人的婚姻问题表现是多方面的,比如因丧偶而产生的痛苦、精神失常及各种病痛。因离异而出现的各种矛盾纠葛、财产分割中的官司纠纷以及引发的社会犯罪,单身老年重新寻找老伴产生的各种矛盾纠纷问题等。老年人的家庭问题更是突出。20年前计划生育开始实施时,人们就谈到家庭结构将出现"4—2—1"倒金字塔,今天已成为事实,将来还会出现"8—4—2"更为严重的情况。处在塔顶的老年人除了面临养老大问题外,还得面临许许多多的家庭问题,比如住房问题,人际关系与代际矛盾,失去子女的痛苦,子女外出造成的老人孤苦伶仃的生活,疾病痛苦的缠绕,等等。

三是高龄老人群体问题。因为高龄老人机体衰老、患病率高、家庭残缺不全和收入水平有限等特点决定了他们需要消费的医疗资源也多,需要更多的护理和关怀,面临的家庭问题也更多,解决的难度很大。高龄老人群体的问题是新世纪老年人问题中越来越严重的问题。

四是老年人的医疗、康复、护理问题。在新的世纪里,我国人口的疾病谱和死因谱由急性传染病和感染性疾病为主转向以慢性非传染性疾病为主的特点更加突出。心脑血管病、恶性肿瘤、糖尿病、骨质疏松、老年性痴呆症等成为影响人们健康,导致残障、威胁生命的主要疾病,且有逐年增多之趋势。这些疾病对老年人的健康和生命的威胁尤其显著。

五是发挥老年人作用问题。健康的老人是社会的宝贵财富,必须发挥他们的作用。一定要做到人尽其用、人尽其才。

六是老年人合法权益保护问题。老年人应该享有社会保障的权利,享有政治活动权利,享有经济活动权利,享有家庭生活权利,享有社会和社区服务的权利,享有科学技术和产业发展成果的权利。一句话,老年人应该公平、公正地享受社会创造的一切物质财富和精神财富的权利。

七是老年人文化生活、精神生活问题、心理问题和犯罪问题。

36.小康社会

党的十一届六中全会首次正式提出"我们的社会主义制度还处在初级阶段"的科学论断,而且这个阶段不是泛指,而是特指,其时间至少要一百年。邓小平在改革开放之初,又提出了著名的初级阶段"三步走"的发展战略。1979年,他在会见日本首相大平正芳时指出:我们要实现的四个现代化,是中国式的四个现代化。我们的四个现代化的概念,不是像你们那样的现代化概念,而是小康之家。

所谓"小康",在汉语语义里,一是指可以维持中等水平生活的家庭经济状况;二是借鉴类似于《礼记》所言以"礼义"正君臣、笃父子、睦兄弟、和夫妇的"周公之治"。邓小平用来比喻我国向社会主义现代化迈进的总体进程中的一种过渡状态。

1997年，党的十五大明确提出到21世纪中叶、跨度达50年建设小康社会的目标。2002年，党的十六大报告进一步提出：我们要在本世纪头20年，集中力量，全面建设惠及十几亿人口的更高水平的小康社会，使经济更加发展、民主更加健全、科教更加进步、文化更加繁荣、社会更加和谐、人民生活更加殷实。2007年，党的十七大进一步提出了发展社会事业的任务，即提出"加快发展社会事业，全面改善人民生活"的要求，使全面建设小康社会的内容增加到五个方面。十七大还提出要注意发展的质量问题，强调"实现经济又好又快发展"，把"好"字放到了"快"的前面。

要"全面建设小康社会"，这意味着：一、我国人民生活虽说从总体上达到了小康水平，但有相当一部分城乡居民只是解决了温饱问题，离小康水平还有一定差距，并没有完全达到小康。而且，无论是农村还是城市，都有少部分居民的生活比较贫困，脱贫的任务仍很艰巨。二、地区经济发展不协调，有些地区虽说也达到了第二步战略部署要求的经济指标，也可以说是达到了小康，但经济结构不合理，科学技术落后，企业的整体素质和竞争力不强，生态环境恶化，经济发展质量不高，后劲不足。这种状态，不能为这些地区现代化建设第三步战略目标奠定应有的物质基础，实际上不能说是真正达到了小康。三、小康不是一个单纯的经济范畴，还包括重要的政治、文化等社会内涵。在这些方面，虽说原定目标基本上实现了，但就各地区、各方面的实际情况而言，发展不够协调的问题还比较严重，有些地区和方面与小康的要求还有较大差距。

小康社会全面发展的内容十分丰富，它要求社会的各要素交互作用，形成总的合力，推动社会的发展。因而它既有经济、政治、文化的互动发展，也有人口、资源、环境的可持续发展和社会区域的协调发展，还有综合国力的整体发展和社会机制的综合发展，以及社会发展的价值指向和根本目的即人的全面发展等。

全面建设小康社会主要包括以下几个方面：

第一，注重提高我国经济发展的信息化水平、竞争力水平和全球化水平，坚持以发展为主题。要继续坚持以经济建设为中心，积极进取。加快国民经济和社会信息化的步伐，努力提高我国的综合国力和国际竞争力。

第二，注重提高我国经济结构的科学化水平、集约化水平和可持续发展水平，坚持以经济结构调整为主线。这种调整，不是一般意义的适应性调整，而是新技术革命带动的对经济的全局和长远发展具有重大影响的战略性调整；不是局部的调整，而是包括所有制结构、产业结构、地区结构和城乡结构在内的全面调整。

第三，注重提高我国社会的经济市场化水平、政治民主化水平和社会成员知识化水平，坚持以改革开放和科技进步为动力。

第四，注重提高我国社会的生态化水平、社会公平化水平和文明水平，坚持把提高人民生活水平作为根本出发点。首先，要加强人口和资源管理，重视生态建设和环境保护。其次，要积极扩大就业，完善社会保障制度。再次，进一步提高城乡居民吃穿住用消费水平，优化消费结构；丰富居民文化生活，提高医疗保健水平；建立良好的社会秩序，保障人民安居乐业，保证人民群众向更加宽裕的小康生活迈进。

2012年11月，党的十八大报告提出全面建成小康社会，到2020年实现全面建成小康社会宏伟目标。报告提出了"经济指标翻一番"的要求，即"实现国内生产总值和城乡居民人均收入比2010年翻一番"。这里面有两个重大变化：一是基点变了，十六大、十七大都是以2000年为基点，这次则是以2010年为基点；二是除了人均GDP指标外，还增加了人均收入翻一番的指标，这一点意义重大，它真正体现了发展成果由人民共享的理念。报告明确提出了经济建设、政治建设、文化建设、社会建设和生态文明建设"五位一体"总体布局的思想，即建设小康社会不能只抓一个方面，而要全面抓。其中经济建设是中心，政治建设是保证，文化建设是精髓，社会建设是基础，生态文明建设则是外延。

37.新社会阶层

改革开放新时期是经济稳定、持续发展的高速增长期，也是社会结构剧烈变迁的社会转型期。在市场经济推进、城市化进程加速、产业与职业结构变迁的不断冲击下，原来简单、固化的社会结构出现了越来越明显的松动与裂变。社会结构的变迁，使我们正面对一个更为复杂与多元的社会。这种变迁是在日渐加剧的社会分化与社会流动过程中实现的。在先后展开并不断深入的社会分化、社会流动中，在原先简单的社会阶层结构（即两个阶级、一个阶层：工人阶级、农民阶级、知识分子阶层）之外，已经形成并还在不断分化出更为复杂的新社会阶层。

2001年7月1日，在庆祝中国共产党成立80周年大会上的讲话中，江泽民首次使用了"新的社会阶层"的提法，以此概括我国自20世纪70年代末期改革开放以来出现的不同于工人、农民、知识分子的新的社会群体。2002年，党的十六大报告确认，新的社会阶层中的广大成员都是中国特色社会主义事业的建设者。在2006年7月召开的全国统战工作会议上，新阶层的概念得以更加明确。中共中央统战部在《关于巩固和壮大新世纪新阶段统一战线的意见》中，称"新的社会阶层人士是统一战线工作新的着力点"，"要把新的社会阶层代表人士的培养选拔纳入党外代表人士队伍建设的总体规划"。按照文件的界定，新社会阶层包括民营科技企业的创业人员和技术人员、受聘于外资企业的管理技术人员、个体户、私营企业主、中介组织的从业人员和自由职业人员六个方面的人员。

概括新社会阶层的社会特征，我们可以清楚地看到以下几点。

（一）新社会阶层都是高风险、高收入群体。新阶层的共同之处就在于自主择业，自担风险。风险是对未来状态把握的某种不确定性。如果对未来能够完全预知，就没有风险；如果基本上能预知，就是低风险；如果很难预测和控制，就是高风险。新阶层承担了破产、失业的风险，没有与单位相联系的福利，理应并且确实也获得了高收入。

（二）新社会阶层成员拥有的经济资源与文化资源分配正逐渐趋于一致。现代社会，受教育程度高低往往能够决定一个人的职业地位和社会地位，高学历者将拥有更多财富。

（三）新社会阶层具有较大的流动性和可变性。改革开放以来，一部分社会成员从原来的阶层中游离出来，形成了新社会阶层。流动不仅使人们完成向新社会阶层转变的过程，也成为新社会阶层固有的基本品格。这种流动基本遵循着由经济落后地区向沿海经济发达地区流动、农村向城市流动、低层向高层流动的规律。

（四）新阶层成员的自主自立、风险意识、流动意识、竞争意识、创新意识，给社会成员树立了榜样。新阶层成员脱胎于工人阶级、农民阶级，有许多是下岗工人，他们摒弃依赖心理，不怨天尤人，不自怨自艾，走向市场，自我创新，去寻求自己的利益和价值，走出一条艰辛的成才创业之路。

"新社会阶层"与其他社会阶层的关系主要表现为四个方面。

（一）新社会阶层是实现中华民族伟大复兴的一支重要力量。这个新崛起的社会阶层以他们的投资创业活动及投入的体力、脑力劳动在为中国特色社会主义事业作贡献。正因为如此，他们与其他社会阶层的中国人民在最基本的政治利益上是完全一致的，就是建设一个有中国特色社会主义的、富强民主文明和谐的现代化中国。

（二）在当代中国，新社会阶层与其他社会阶层在具体经济关系中的利益基本一致。

（三）新社会阶层是中国社会从封闭走向开放的产物，具有开放的特性。因此，其他社会阶层的成员都有转换成新社会阶层成员的可能。

（四）新社会阶层与其他社会阶级和阶层的矛盾是可以调节的。

对于新的社会阶层的地位和作用，我们应给予充分的认识。

（一）新的社会阶层对建设有中国特色的社会主义作出了不可低估的贡献。第一，促进了经济的发展，增强了综合国力。第二，缓解了就业压力，维护了社会稳定。第三，加速了社会主义市场经济体制的发育。第四，加速了农业产业化和农村城镇化的发展进程。

（二）新的社会阶层在社会主义建设的全局中起着不可替代的作用。在社会主义建设的全局中，处于核心地位并起关键作用的是发展，发展是硬道理，而要发展就必须遵循经济规律,顺应市场经济的要求,包括支持、引导和发展私营个体经济,调动各方面的积极性。事实上,新的社会阶层在发展我国经济中发挥着不可替代的作用,是我国经济发展的重要支撑点。

(三)新的社会阶层对我国在当前国际竞争中立于不败之地有着重要意义。

38.中等收入群体

所谓中等收入群体,是指以从事脑力劳动为主,靠工资及薪金谋生,具有谋取一份较高收入、较好工作环境及条件的职业就业能力及相应的家庭消费能力,有一定的闲暇生活质量;对其劳动、工作对象拥有一定的支配权;具有公民、公德意识及相应修养的社会群体。换言之,中等收入群体经济地位、政治地位和社会文化地位上均居于社会阶层结构的中间层次。调整社会资源的配置机制,使我国现有的阶层结构由"金字塔"型向"橄榄型"转变,大力培育中等收入群体,是我国建设社会主义和谐社会的根本举措。

中等收入群体是社会成员的一个组成部分,在不同的国家和地区以及不同的经济发展时期都存在,并且对现实的经济与社会运行产生作用和影响。从经济的发展和社会的稳定来看,中等收入群体的作用越来越强,其规模和数量的大小已经成为现代社会构成的重要标志。因此,培育规模宏大的中等收入群体就成为现实社会发展所要追求的重要目标。

根据实践,界定中等收入群体的原则主要有四条。

(一)要现实、具体地考察中等收入群体,而不能抽象地笼统地谈中等收入。在划分收入层次时也应该从实际出发,可以把中等收入群体分为不同的类型,如可以分为城镇居民中等收入群体和农村居民中等收入群体。这样的划分比较有实际意义,否则,就会十分容易地把占人口绝大多数农民中的相当部分定位在低收入人群之中。

(二)不能简单地以发达国家中等收入水平作为我国中等收入群体定位的直接标准。不能简单地用国外的标准去衡量我国的中等收入水平,更不能直接把国外的标准作为我国的标准。

(三)不能把平均收入或占社会成员大多数在同一收入水平上的那部分人群看成是中等收入群体。中等收入群体是一个社会的组成部分,但中等收入并不意味着是社会的平均收入,不能简单地把达到社会平均收入水平的人群都划分为中等收入的范畴。

(四)中等收入群体并不等同于中产阶级,两者不能简单地画等号。两者既有联系又有区别,中等收入群体主要是从收入的角度即从经济的方面对社会群体进行分析和界定,而中产阶级则是更侧重于考察在一定经济基础上的政治定位,其阶级内涵和政治色彩更为明显。

一般来讲，中等收入群体划分的现实标准应涵盖六个方面的因素。

（一）收入及财富水平。中等收入者一般应具有稳定而较为可观的收入来源。其收入的主要来源是指工资、薪金等所从事合法职业的合法报酬和经合法手续获得的私人财富：包括以合法方式拥有的收入、报酬，如股票、利息、私人馈赠、遗产等，其收入及财富状况在社会中处于中等水平的群体。

（二）职业选择与劳动方式。中等收入者群体一般都从事脑力劳动的职业，或者从事以脑力劳动为主、兼具体力劳动的职业。一般都以较高的知识素质和较强的劳动能力为前提。根据我国现阶段的职业划分，目前中等收入阶层较为集中的职业主要是：国家机关、党群组织、企事业单位负责人，专业技术人员，以及相关的人员和职业等。

（三）就业能力与个人素质。一般说来，中等收入群体的知识素质相对较高，大都接受过较为系统的教育培训，其知识和学历水平高于社会的中等程度。他们普遍具有中等以上国民教育学历水平，具有专业技术培训资质及掌握相应的职业和专业技能，相当一部分人具有高级或中级专业技术职称，以脑力劳动为主，个人素质和就业能力都比较强。

（四）工作范围与职业权力。与收入水平相适应，中等收入者一般在其单位都居于较为重要和关键的职务和岗位，其职务和所在的岗位也赋予其相应的职业权力。

（五）消费水平与生活方式。一般说来，中等收入者的经济收入状况相对较好，他们有能力支付并维持其中等水平的家庭消费。在家庭消费支出中，生存性消费比重逐步下降，而享受性和发展性消费比重逐步提高。消费水平和生活方式开始向较高的层次过渡。

（六）公民意识与道德修养。中等收入群体不仅仅是一个经济收入的概念，还包括着较为深刻的文化内涵和社会定位。中等收入者由于具有良好的经济条件，其基本的生活需要已经得到较好的满足，因此对文化素质的提高看得比较重，其自律精神较为突出。

中国已经由低收入国家步入中等收入国家的行列。但是，我国中等收入群体的比例仍然偏小，实际地影响着经济社会发展。形成这一状况的原因主要有：第一，成长时间较短导致中等收入群体的弱势。第二，低水平城市化抑制中等收入群体的成长。第三，分配政策缺陷降低中等收入群体的实力。

39.最低工资线

最低工资是指劳动者在法定工作时间或依法签订的劳动合同中约定的工作时间内，用人单位依法应该支付的最低劳动报酬。20世纪初，最低工资制度首先出现在新西兰和澳大利亚。目前，世界上80%的国家建立了最低工资制度。国家劳动部于1993年发布了《企业最低工资规定》，开始建立最低工资保障制度。

最低工资保障制度是我国一项劳动和社会保障制度。2003年12月30日，国家劳动和社会保障部颁布《最低工资规定》，自2004年3月1日起施行。《最低工资规定》明确规定，最低工资标准一般采取月最低工资标准和小时最低工资标准的形式。月最低工资标准适用于全日制就业劳动者，小时最低工资标准适用于非全日制就业劳动者。各地区的最低工资标准每两年至少要调整一次。最低工资标准的确定和调整方案，由各省、自治区、直辖市人民政府劳动保障行政部门会同同级工会、企业联合会/企业家协会研究拟订，并报经劳动和社会保障部同意。

最低工资标准是国家为了保护劳动者的基本生活，在劳动者提供正常劳动的情况下，强制规定用人单位必须支付给劳动者的最低工资报酬。《中华人民共和国劳动法》第四十八条规定，国家实行最低工资保障制度。用人单位支付劳动者的工资不得低于当地最低工资标准。最低工资标准每年会随着生活费用水平、职工平均工资水平、经济发展水平的变化而由当地政府进行调整。确定最低工资标准一般要考虑的因素有：当地城镇居民生活费用支出、职工个人缴纳社会保险费、住房公积金、职工平均工资、失业率、经济发展水平等。确定的方法通常有比重法和恩格尔系数法。比重法是确定一定比例的最低人均收入户为贫困户，再统计出其人均生活费用支出水平，乘以每一就业者的赡养系数，加上一个调整数。恩格尔系数法就是根据有关数据，计算出最低食物支出标准，除以恩格尔系数，再乘以赡养系数，加上调整数。我国内地所有省、自治区、直辖市人民政府均正式颁布实施了当地的最低工资标准。

合理的收入分配制度是社会公平正义的最重要体现。尤其在当前绝大多数劳动者的收入都来自劳动收入的情况下，增加劳动报酬就显得更为重要。在一定程度上，工资水平直接关系到普通劳动者的幸福指数，关系到他们的生活尊严。据统计，2008年全国城镇私营企业职工月均工资仅为1423元。在包括房价在内的各种消费品价格快速增长的背景下，倘若工资水平没有合理上涨，将让劳动者背负更多压力。

不断提高一线劳动者报酬，是促进公平和谐的基础性工作。全国总工会的调查表明，75.2%的职工认为当前收入分配不太公平，61%的职工认为普通劳动者收入过低是当前社会收入分配中最大、最突出的问题。要解决收入差距过大这个最突出问题，就必然要坚持"提低"与"控高"并举。一方面，要把提高农民、农民工和灵活就业人员以及企业退休人员、下岗失业人员等低收入群体的收入水平作为重点，通过逐步提高最低工资标准、建立工资增长机制和支付保障机制等措施来"提低"；同时，公共财政应优先投向民生领域，在二次分配时应当明确从财政收入中切出一块并逐年增加，用于提高城乡居民最低生活保障、失业保险、社会救助等标准。

人力资源和社会保障部公布的数据显示，2011年全国有24个省份调整了最低工资标准,平均增幅22%;2012年有25个省份调整最低工资标准,平均增幅20.2%;2013年全国有27个地区调整了最低工资标准,平均调增幅度为17%。

据不完全统计,到2014年7月,全国已有重庆、陕西、深圳、山东、北京、上海、天津、山西、青海、甘肃、云南、四川、江西、贵州、内蒙古15个地区上调了最低工资标准。从绝对数上看,上海的月最低工资标准和小时最低工资标准最高,分别为1820元和17元。四川省2014年月最低工资标准由2013年的4档调整为3档,最高档为每月1400元;江西省一类区域最低工资标准为1390元,较去年提高160元。贵州省一类区上调为每月1250元。内蒙古一类地区由每月1350元上调为每月1500元。

根据国务院批转《深化收入分配制度改革的若干意见》,到2015年绝大多数地区最低工资标准要达到当地城镇从业人员平均工资的40%以上。目前,各地正朝着这一目标稳步迈进。

40.和谐社会建设

2006年10月,党的十六届六中全会通过《关于构建社会主义和谐社会若干重大问题的决定》,全面、深刻地阐明了社会主义和谐社会的性质和定位,指明了构建社会主义和谐社会的指导思想、目标任务、工作原则和重大部署,继承、丰富和发展了科学社会主义理论,开辟了中国特色社会主义事业的新境界。

社会和谐是中国特色社会主义的本质属性,是国家富强、民族振兴、人民幸福的重要保证。构建社会主义和谐社会,是我们党从中国特色社会主义事业总体布局和全面建设小康社会全局出发提出的重大战略任务,反映了建设富强、民主、文明、和谐的社会主义现代化国家的内在要求,体现了全党全国各族人民的共同愿望。2002年,党的十六大报告确立21世纪头20年全面建设小康社会的发展目标时,就提出了"社会更加和谐"的奋斗目标。党的十六届三中全会,中央提出了科学发展观,要求通过"五个统筹"实现更快更好地协调发展。党的十六届四中全会通过的《中共中央关于加强党的执政能力建设的决定》(以下简称《决定》),进一步明确了构建社会主义和谐社会的任务,并将之作为全党要不断提高的"五个方面的能力"之一。2005年初,在省部级主要领导干部"提高构建社会主义和谐社会能力"专题研讨班上,胡锦涛深刻阐述了构建社会主义和谐社会的基本特征、重要原则、深刻内涵和主要任务,强调要建设"民主法治、公平正义、诚信友爱、充满活力、安定有序、人与自然和谐相处"的社会主义和谐社会。党的十六届五中全会上,又把构建社会主义和谐社会作为全党贯彻科学发展观的一项重大任务。党的十六届六中全会是我们党第一次在党的中央全会上研究和谐社会建设问题,标志着我们党对和谐社会的认识上升到了一个新高度。

《决定》指出，目前，我国社会总体上是和谐的。但是，也存在不少影响社会和谐的矛盾和问题，主要是：城乡、区域、经济社会发展很不平衡，人口资源环境压力加大；就业、社会保障、收入分配、教育、医疗、住房、安全生产、社会治安等方面关系群众切身利益的问题比较突出；体制机制尚不完善，民主法制还不健全；一些社会成员诚信缺失、道德失范；一些领导干部的素质、能力和作风与新形势新任务的要求还不适应；一些领域的腐败现象仍然比较严重；敌对势力的渗透破坏活动危及国家安全和社会稳定。

《决定》提出了到2020年构建社会主义和谐社会的九大目标、六大原则和五方面重点部署，勾勒出当前和今后一个时期我国和谐社会建设的"路径图"。

《决定》提出，到2020年，构建社会主义和谐社会的目标和主要任务是：社会主义民主法制更加完善，依法治国基本方略得到全面落实，人民的权益得到切实尊重和保障；城乡、区域发展差距扩大的趋势逐步扭转，合理有序的收入分配格局基本形成，家庭财产普遍增加，人民过上更加富足的生活；社会就业比较充分，覆盖城乡居民的社会保障体系基本建立；基本公共服务体系更加完备，政府管理和服务水平有较大提高；全民族的思想道德素质、科学文化素质和健康素质明显提高，良好道德风尚、和谐人际关系进一步形成；全社会创造活力显著增强，创新型国家基本建成；社会管理体系更加完善，社会秩序良好；资源利用效率显著提高，生态环境明显好转；实现全面建设惠及十几亿人口的更高水平的小康社会的目标，努力形成全体人民各尽其能、各得其所而又和谐相处的局面。

《决定》提出了构建和谐社会必须遵循的六项原则：必须坚持以人为本；必须坚持科学发展；必须坚持改革开放；必须坚持民主法治；必须坚持正确处理改革发展稳定的关系；必须坚持在党的领导下全社会共同建设。这些规定，涵盖了和谐社会建设工作出发点和落脚点、工作方针、工作动力、工作保证、工作条件、领导核心和依靠力量。

《决定》从发展社会事业、促进社会公平正义、建设和谐文化、完善社会管理、增强社会创造活力五个方面，提出了构建社会主义和谐社会28个方面的政策措施。这是在党的重要文献中第一次全面系统地提出关于社会发展的目标体系，具有重要的历史意义。

在坚持协调发展，加强社会事业建设方面，《决定》指出，社会要和谐，首先要发展。社会和谐在很大程度上取决于社会生产力的发展水平，取决于发展的协调性。必须坚持用发展的办法解决前进中的问题，大力发展社会生产力，不断为社会和谐创造雄厚的物质基础。同时，更加注重解决发展不平衡问题，更加注重发展社会事业，推动经济社会协调发展。

在加强制度建设，保障社会公平正义方面，《决定》指出，社会公平正义是社会和谐的基本条件,制度是社会公平正义的根本保证。必须加紧建设对保障社会公平正义具有重大作用的制度,保障人民在政治、经济、文化、社会等方面的权利和利益,引导公民依法行使权利、履行义务。一是完善民主权利保障制度,巩固人民当家作主的政治地位。二是完善法律制度,夯实社会和谐的法治基础。三是完善司法体制机制,加强社会和谐的司法保障。四是完善公共财政制度,逐步实现基本公共服务均等化。五是完善收入分配制度,规范收入分配秩序。六是完善社会保障制度,保障群众基本生活。

在建设和谐文化,巩固社会和谐的思想道德基础方面,《决定》提出,建设和谐文化,是构建社会主义和谐社会的重要任务。社会主义核心价值体系是建设和谐文化的根本。一是建设社会主义核心价值体系,形成全民族奋发向上的精神力量和团结和睦的精神纽带。马克思主义指导思想,中国特色社会主义共同理想,以爱国主义为核心的民族精神和以改革创新为核心的时代精神,社会主义荣辱观,构成社会主义核心价值体系的基本内容。坚持把社会主义核心价值体系融入国民教育和精神文明建设全过程、贯穿现代化建设各方面。坚持以社会主义核心价值体系引领社会思潮,尊重差异,包容多样,最大限度地形成社会思想共识。二是树立社会主义荣辱观,培育文明道德风尚。三是坚持正确导向,营造积极健康的思想舆论氛围。四是广泛开展和谐创建活动,形成人人促进和谐的局面。

在完善社会管理,保持社会安定有序方面,《决定》提出,加强社会管理,维护社会稳定,是构建社会主义和谐社会的必然要求。必须创新社会管理体制,整合社会管理资源,提高社会管理水平,健全党委领导、政府负责、社会协同、公众参与的社会管理格局,在服务中实施管理,在管理中体现服务。一是建设服务型政府,强化社会管理和公共服务职能。二是推进社区建设,完善基层服务和管理网络。三是健全社会组织,增强服务社会功能。四是统筹协调各方面利益关系,妥善处理社会矛盾。五是完善应急管理体制机制,有效应对各种风险。六是加强社会治安综合治理,增强人民群众安全感。七是加强国家安全工作和国防建设,保障国家稳定安全。

在激发社会活力,增进社会团结和睦方面,《决定》提出,社会主义和谐社会既是充满活力的社会,也是团结和睦的社会。必须最大限度地激发社会活力,促进政党关系、民族关系、宗教关系、阶层关系、海内外同胞关系的和谐,巩固全国各族人民的大团结,巩固海内外中华儿女的大团结。一是增强全社会创造活力,形成万众一心共创伟业的生动局面。二是巩固和壮大最广泛的爱国统一战线,充分调动各方面积极性。三是加强海内外中华儿女的团结,为实现中华民族的伟大复兴而奋斗。四是坚持走和平发展道路,营造良好外部环境。

《决定》指出:"构建社会主义和谐社会,关键在党。必须充分发挥党的领导核心作用，坚持立党为公、执政为民，以党的执政能力建设和先进性建设推动社会主义和谐社会建设，为构建社会主义和谐社会提供坚强有力的政治保证。"一是提高各级领导班子和领导干部领导社会主义和谐社会建设的本领。二是加强基层基础工作。构建社会主义和谐社会，重心在基层。以增强社会服务功能和提高社会管理、依法办事能力为重点，大力加强基层政权建设。三是建设宏大的社会工作人才队伍。四是深入开展党风廉政建设和反腐败斗争。

41.新兴职业

新兴职业是相对传统职业而言，具有时代特性的一类型职业。21世纪的中国社会在变革：社会成分日益复杂，社会结构再度调整，社会利益重新分配，社会生活急剧变化，社会分工不断细化。在社会职能不断转变与完善的过程中，诞生了许多新兴的职业。

2004年8月，人力资源和社会保障部建立了定期官方发布新兴职业的制度。至今，共计发布了12批共122个新兴职业的信息，其中110个新兴职业配合有"国家职业标准"。"新兴职业"的发布，主要是为了完善我国国家职业分类和标准体系，培养劳动力市场需要的技能人才。122个新兴职业目前呈现4种状况：第一类"老瓶装新酒型"，指那些原来就有的职业，只是现在有了新名。比如人保部2004年第三季度发布的"锁具修理工"、2005年第一季度发布的"玩具设计师"，另外还有"游泳救生员"、"驾驶教练员"等，这些新职位在企业中早有类似岗位，只是名称各有不同，新兴职业发布统一了岗位名称。第二类新职业是太过超前，以至于市场需求少。它包括一度很时尚的"公共营养师"、"糖果工艺师"、"创业咨询师"等。这些新职业至今还停留在概念阶段，实际技能适用范围很少。第三类新职业是需求量大，但其实技术含量低、收入低。根据求职网站统计，在122个新职业中需求量最大的是"呼叫服务员"，即电话呼叫中心的客服人员。此外还有"房地产经纪人"。第四类岗位则是技能要求高、人才难觅的"有市场无人才型"新职业。在122个新职业中，"珠宝设计师"、"景观设计师"、"会展设计师"等就属于此类。

这些新兴职业主要分为两大类：公司需求类和私人需求类。

公司需求类：超市理货员、APP开发师、酒店试睡员、旅行体验师、微博运营官、定位管理员、试衣模特、神秘顾客、花束插摆师、职业点菜员、糖果工艺师、马术骑手等。

私人需求类：如私人律师、私人理财师、私人裁缝、私人医生、私人理发师、私人健身教练、婴儿头发护理师、孕期保健师、儿童情商老师、公共营养师、手机美容师、私人衣橱顾问、绘画心理分析师、婚礼策划师、创业咨询师、色彩搭配师、时尚买手、宠物摄影师、情感治愈师、汽车整体评价师等。

这些新兴的公司需求类职业岗位大都由外资企业引进而来,像物流经理、品牌经理、营销经理等职位,都是西欧跨国公司或港台企业常驻代表们频频招聘的,随着市场的需求变化,经营理念的嬗变,国内一些企业也需要"出思路、定方针、打市场、搞开拓"的人才。同时,随着多种经济实体的发展和产业结构的调整,一些新兴的职业必将代替传统的职业名称。如行销员、导购员等新兴职业,受到人才单位的青睐。

私人需求类新兴职业则与消费时代的到来和互联网的兴起密切相关。随着生产力的发展,工业化大规模生产,逐渐催生出社会对于差异化、个性化服务的需求空间。在人们对衣、食、住、行、游、购、娱等各项需求中,越来越多的职业从诞生到被细化都经历了漫长的过程。然而,在信息化成熟的今天,诸多的新兴职业在人们一轮又一轮的新需求中产生,种类也日趋多元化。

新兴职业在一定程度上拓宽了各类人才的就业领域,解决了从业人员的就业问题。但在发展中也还存在很多隐患和问题:首先,这些新兴职业仍缺少相应的规范制度。其次,与新职业配套的行业标准、服务内容等都有待明确,这些法律上的空白亟待填补,以确保有关消费者的合法权益不受损害。再次,由于这些职业都比较前沿,其管理还不太成熟。

42.保护私有财产写入宪法

我国对私有财产权的性质与功能有一个长期的认识过程。由于受传统理念的影响,从1954年宪法开始,新中国的几部宪法对公民的合法财产和私有财产的继承权等问题做了不同形式的规定,但内容与体系不完整,尤其是缺乏尊重和保障私有财产的社会与法律基础。改革开放以来,随着我国由计划经济向市场经济转轨,对私有经济的认识也经历了由否定到肯定的过程。而历次宪法的修订,与对于私有经济的认识是合拍的,四次修宪总共涉及31处内容的自我修正,平稳而清晰地划出了一条中国与时俱进的历史轨迹。

1988年修宪通过承认私营经济和允许土地使用权的有偿转让,加大了经济体制改革的力度,而承认私营经济则不可避免地要承认其所有者的财产权。

1993年修宪是中国走向"富强"的里程碑,背景是"十四大"把建立社会主义市场经济体制作为中国经济体制改革的目标模式。第二次宪法修正案在多达九项的修改内容中,对于经济制度的变革和发展具有突破性意义的有如下几处重要修正:第一,核心是市场经济入宪;第二,实行市场经济的基础"我国正处于社会主义初级阶段"被明确写入;第三,国家的奋斗目标进行调整,将建设"高度文明、高度民主的社会主义国家"变为建设"富强、民主、文明的社会主义国家"。增加"富强"且排序首位。由此可见,1993年修宪是继"私营经济"正名之后再为"市场经济"正名,市场经济目标模式的确立是中国的一次具有划时代意义的事件。

1999年修宪为经济体制改革提供了更强有力的保障,强调"我国长期处于社会主义初级阶段",并将"发展社会主义市场经济"作为国家根本任务。据此,修正案第14条规定:"国家在社会主义初级阶段,坚持公有制为主体、多种所有制经济共同发展的基本经济制度,坚持按劳分配为主体、多种分配方式并存的分配制度";并在修正案第16条中规定:"在法律规定范围内的个体经济、私营经济等非公有制经济,是社会主义市场经济的重要组成部分。"

2004年修宪进一步提升了私有财产和非公有经济在宪法中的地位,规定"私有财产不受侵犯"和"鼓励、支持非公有制经济的发展"。第四次宪法修正案的新内容有:一是对私营经济增加"鼓励、支持"的政策。二是在对非公有经济"实行监督和管理"之前加了"依法"二字,这显然是对行政权的限制,反映了宪法对非公有经济的保护。三是赋予了私有财产权与其他财产权同等的法律地位。四是将保护公民合法财产的"所有权"变为保护公民的私有"财产权",明显地拓宽了保护范围:只要是合法的财产,就受法律保护,不仅限于生活资料,还包括生产资料;不仅包括所有权和继承权,还包括经营权、采矿权、无形知识产权等在内的"财产权"。

这一历程告诉我们:"八二宪法"为个体经济的存在开了一个口子;1988年中国第一次修宪在肯定私营经济时说它是公有经济的"补充",从而承认了私营经济的宪法地位;1993年将"社会主义市场经济"首次写入宪法,为经济形式的多元化奠定了基石,同时也就为各种形式的财产权的法律保护奠定了基石;1999年把非公有经济提升为社会主义市场经济的"重要组成部分",隐含了保护私有的生产资料等财产;2004年修宪实际上确立了私有财产不可侵犯的宪法原则。这充分说明,以产权制度改革为核心的中国经济体制改革,一直在稳步推进,不可逆转。

私有财产权是公民的基本权利,私有财产的经营是国家和人民财产增长和积累的重要来源。加强对公民的合法的私有财产的保护,有利于坚持和完善基本经济制度,促进非公有制经济发展;有利于保障公民权利的实现,推进依法治国;有利于调动广大人民群众的积极性和创造性,全面建设小康社会。

43.农民工成为工人阶级新成员

农民工是指农民身份还未能得以转换而又常年或大部分时间在城镇从事非农产业生产经营的被雇佣群体,他们仍然是农业户口,户籍在农村,有承包田,身份还是农民,不享受城镇居民的各种补贴,不享受公费医疗等劳保待遇,实质上农民工就是有着农民身份的工人。这一阶层大体可被分为两类：一、离土离乡的农民工。他们在城市的厂矿、机关、商业、服务行业劳动。二、离土不离乡的农民工。他们在本乡本村的乡镇企业或在附近城镇的工厂、商店、机关劳动，住在农村的家里。

中国工人阶级在最初形成时，其成员绝大部分就来自破产的农民。只是20世纪60年代后由于我国的户籍制度，割裂了工人和农民之间的渊源关系。在计划经济时期，农民向工人的转化主要是通过行政手段和"招工"方式实现的。这是一种比较彻底的转化方式，没有出现所谓的"农民工"现象。1978年后，改革开放的全面展开，大大加速了中国工业化的进程，广大农村劳动者开始挣脱土地的羁绊，从农民向工人转变中的新型工资劳动者大量出现。特别是1984年以后，随着乡镇企业的迅速崛起，农业劳动力开始大规模向乡镇工业转移，向第二、第三产业转移。这一时期，乡镇企业是农民工就业的主要渠道，农民工以就地转移为主。1992年邓小平南方谈话后，中国经济发展进入了新时期。我国政府对农村劳动力的流动政策开始发生了变化，逐渐采取一系列措施对农村劳动力流动加以引导和调控。1993年，党的十四届三中全会通过《中共中央关于建立社会主义市场经济体制若干问题的决定》，取消对农民进城的限制性规定，引导农村富余劳动力平稳有序转移。这一时期，各种限制农村劳动力转移的制度逐渐放开，农民工突破了就地转移形式，"离土又离乡"，大规模向城市进军，跨省流动比重大幅上升，城市二、三产业成为农民工就业的主要渠道，形成了当时的"民工潮"。

2003年，中国工会第十四次全国代表大会报告明确提出：一大批进城务工人员成为工人阶层的新成员。2004年中央一号文件再次提出：进城就业的农民工已经成为产业工人的重要组成部分。

在改革开放以后的社会转轨时期，进城的农民工大批涌入产业工人队伍，成为产业工人阶层的重要组成部分，这既有理论依据又有现实基础。

一、从理论依据上看，农民工应该属于工人阶级的范畴。工人阶级是指：个人不占有生产资料，靠工资收入为生，从事生产的劳动者所形成的阶级。而"农民"是指：在农村长期从事农业生产的劳动者。农民工在家时每人只有一亩左右承包地，所有权归集体所有，个人只有经营权和扣除税费外的劳动所得。外出到工厂工作的农民工，既没有生产资料也没有生产工具，主要靠工资收入养家糊口。因此，应该承认他们为工人的一部分，属于工人阶级。

二、从职业来看，农民工从事的工作与工人一样。长期以来，我国划分工人和农民的标准是户籍和职业。农民由于属于农村户籍，所以只能从事农业劳动；而工人因具有非农户籍而从事非农职业。自从1958年以来，严格的户籍制度使得农民和工人泾渭分明，农民除了极特殊的机会（招工、参军转干、升学和接班等）之外，很难向工人阶层流动。随着改革开放的深化，我国对于农民进城务工的苛刻限制逐步放开，由开始时的口粮自理到有条件地放开户籍。一些农民工在自己所打工的城市工作多年，有的户籍也从农村户籍转化为非农村户籍。从职业上看，他们所从事的工作无论是建筑业、家政、商业贸易、运输业还是自己开公司办企业当老板，与农民在土地上从事农业劳动已经没有任何相似之处。

三、从工作场所上看，农民工的工作场所与工人更接近。农民的工作场所是农村，更具体地说，主要是在耕地上进行劳作。工人工作的场所，基本上集中在大中城市和小城镇的厂矿、企事业单位、中外公司以及行政机关。而农民工的工作场所，主要集中于城市、城镇的二、三产业，也有极少数农民工在农村的家庭作坊中从事生产，但这个比例极低，而且，他们的生产是一种商品生产，与农民自给自足的生产在本质上存在着区别。

四、从收入的形式来看，农民工的收入与工人相同。农民的收入以土地产出和家庭养殖以及手工艺为最重要的来源，其中，最主要的还是农产品和养殖的实物收入。工人因为个人不拥有生产资料是"以工资收入为主"。他们通过从事产业劳动而获得货币报酬。

五、从生活方式和价值观念方面看，农民工远离农民而逐步向工人靠拢。农民工在城市工作和生活，有的在城市长期居住，他们在工作、生活、娱乐和学习中受到城市文明的耳濡目染，农村传统的观念和习俗，如随遇而安、安土重迁、重男轻女、家族宗族观念浓厚、重视人情等，在城市生活中受到巨大的冲击和消解。城市的民主观念，法律意识、平等观念逐渐融入他们的生活中，农民工的生活方式和价值观念开始向都市人的生活方式和价值观念转化。

44.社会主义新农村建设

农业、农村和农民，即"三农"问题，关系我国经济和社会发展的全局，历来受到党和国家的关注。新中国成立后，中国共产党为使广大农民彻底摆脱贫困，在积极引导农民完成生产资料所有制的社会主义改造，走集体化道路不久，就提出建设社会主义新农村的构想。

1958年，全国兴起大办人民公社的热潮，建设社会主义新农村的口号不胫而走。结果，违背了经济规律，没有成功。党的十一届三中全会后，邓小平立足我国实际，又提出建设社会主义新农村的理论，这是改革开放后中国开展的第一个阶段的乡村建设，其主要特征是以农村土地制度为中心的经济制度及利益格局的重构，它以恢复农户经营与实现村民自治制度为核心内容和特征,由此产生了出人意料的巨大推动力,积极推动了我国现代农业生产、乡村企业和小城镇的发展,也为改革开放的深入开展提供了原动力。然而,由于多方面的原因,我国农业和农村发展相对滞后,在一定程度上影响了经济社会的全面进步。

在这种情况下,党的十六大明确提出统筹城乡经济社会发展的要求,党的十六届三中全会又进一步明确了这一要求。在党的十六届四中全会上,中央领导同志提出了"两个趋向"的重要论断:纵观一些工业化国家发展的历程,在工业化初始阶段,农业支持工业、为工业提供积累是带有普遍性的趋向;但在工业化达到相当程度以后,工业反哺农业、城市支持农村,实现工业与农业、城市与农村协调发展,也是带有普遍性的趋向。党的十六届五中全会提出建设"生产发展、生活宽裕、乡风文明、村容整洁、管理民主"的社会主义新农村的目标和要求,并明确指出:"建设社会主义新农村是我国现代化进程中的重大历史任务。"

这次党和政府提出建设社会主义新农村的历史任务具有重要的战略意义,主要体现在:建设新农村,是提高农业综合生产能力、建设现代农业的重要保障;建设新农村,是增加农民收入、繁荣农村经济的根本途径;建设新农村,是发展农村社会事业、构建和谐社会的主要内容;建设新农村,是缩小城乡差距、全面建设小康的重大举措。经过30多年的改革开放,我国取得了重大的成就,已经具备了建设新农村的条件。

概括地讲,社会主义新农村建设主要新在四个方面。

一是以"社会主义新农村建设"解决"三农"问题。"三农"问题长期困扰我国的经济发展,也是构建社会主义和谐社会和全面建设小康社会的关键所在。通过建设社会主义新农村破解"三农"问题,是推进"三农"工作的出发点和归宿,也是破解"三农"问题的新途径,是农村建设基本思路的创新。其新就新在不是单纯就"三农"抓"三农",而是通过工农业协调推进、城乡一体化发展来解决"三农"问题。

二是改变城乡二元经济结构,形成城市与乡村、工业与农业新型互动关系。随着近年来经济社会发展步伐的加快和城市综合实力的明显增强,城市具备了加大对农业农村支持的力度,形成了工业反哺农业、城市支持农村的良好条件。党和政府站在贯彻落实科学发展观的高度,把建设社会主义新农村摆到了重要战略位置,这将有利于确立新型的工农关系和城乡关系,统筹城乡发展规划、产业布局、基础设施建设、社会保障和社会事业,推动城乡和谐发展、共同进步、共同繁荣。

三是明确"社会主义新农村建设"的具体要求,突出"以人为本",注重公平、统筹发展的新理念。党的十六大明确提出了统筹城乡发展的重大战略,在这种情况下,《中共中央国务院关于推进社会主义新农村建设的若干意见》明确提出建设社会主义新农村必须按照"生产发展、生活宽裕、乡风文明、村容整洁、管理民主"的目标要求,协调推进农村经济、政治、文化、社会、生态文明建设和党的建设。

四是合理调整国民经济分配格局,切实减轻农民负担。中央要积极调整国民收入分配格局,按照存量适度调整、增量重点倾斜的原则,不断增加对农业和农村的投入,重点在"多予"上下功夫。

社会主义新农村建设是一项长期而艰巨的历史任务,需要形成社会合力,开拓新途径。

(一)大力发展县域经济。建设社会主义新农村首要的还是发展问题、经济问题,其关键就在于培育发展县域强大的产业优势,增强地方经济实力,为新农村建设奠定坚实的物质基础,提供持久的动力支持。

(二)以工促农,以城带乡,实行全社会共建。推进社会主义新农村建设不能就农村建设搞农村建设,能否建立工业反哺农业、城市带动农村的长效机制,是确保推进社会主义新农村建设的重要条件。我们要充分发挥工业化建设的主导作用,加强城市化对新农村建设的带动和支持。

(三)突出农村基层党组织的领导作用。加强农村基层组织建设是建设社会主义新农村的组织保证。

(四)切实提高农民自身素质。提高农民素质的起点是努力提高其自身文化素质。要实现农业和农村现代化,建设社会主义新农村,就必须培养出千千万万"有文化、懂技术、会经营"的高素质的新型农民。

(五)努力创建文明生态村。文明生态村的建设,是按照全面建设小康社会和科学发展观的需要,以改善农村人居环境为突破口,以提高农民素质和生活质量为根本,以"经济发展、民主健全、精神充实、环境良好"为内涵,融经济发展、社会进步和生态优化为一体,物质文明、政治文明、精神文明协调发展,生态环境、生态经济、生态文化共同进步,经济效益、社会效益、生态效益良性统一,从而建设一个富裕、民主、文明的社会主义新农村。

45.农民工返乡潮

城市农民工是 20 世纪 80 年代以来中国农村剩余劳动力大量涌向城镇的一个特殊群体,是中国工业化、城市化的必然产物。据人力资源和社会保障部与国家统计局联合发布的《2008 年度人力资源和社会保障事业发展统计公报》显示,2008 全国农民工总量为 22542 万人,其中外出农民工数量为 14041 万人。预计到 2010 年全国将有近 2 亿农民工进城。这支"劳动大军"在推动中国现代化进程中发挥了巨大作用,已成为中国产业工人的重要组成部分。但是在国际金融危机冲击下,沿海地区很多出口导向型、出口加工型企业相继减产、停产、倒闭，直接导致了对农民工需求的急剧下降。2009年约有2000万农民工由于经济不景气失去工作而返乡，占外出就业农民工总数的53%。

改革开放以来，中国农民经历了家庭联产承包责任制和进城务工两大历史潮流，2011年第六次全国人口普查结果显示，中国城市外来流动人口数量为2.6亿人，占到了总人口的19%。农民工进城，在制造业和服务业等产业领域发挥着非常重要的作用。如今，大城市的餐饮、建筑、家政、娱乐、环卫、零售、房地产服务等众多领域，都依靠着这些城市外来人口而维持正常运转。

然而，近几年来，一些大城市却出现了农民工返乡的现象，如2008年春节后，200万农民工回家过节后没有返回深圳，到2009年底，仍然有18%的农民工决定离开。再如，北京市统计局公布的数据显示，2011年全市暂住人口825.8万人，比2010年减少了60.3万人，这是北京市有分区县数据以来，暂住人口首次出现下降。

农民工进城不外乎两种原因：一是由于农村生活艰难，进城寻求工作；二是第二、三产业的收益高于务农收入，吸引着农村人口向城市流动以获取更好的生活。形成农民工"返乡潮"的直接原因是国际金融危机导致中国一些加工企业的萎缩，但实际上因素是多重的。

一是户籍制度的约束。进城务工的农民几乎不可能获得与城市居民同等的发展机会和社会地位。他们在大城市要随身备着身份证、暂住证、健康证；不能进人才市场，只能进劳务市场；即使交了借读费，他们的孩子也很难在城里上学；没有养老保险，被欠薪时，起诉和要求劳动仲裁都非常艰难。

二是惠农政策的实施。惠农政策措施的实施，大大减轻了农民负担，增加了农民的农业收入，加大了农业劳动力流动的机会成本，相对的进城务工净收益不断减少，在很大程度上减低了劳动力外出务工的积极性，部分农民权衡之后就选择了留在家乡，不再外出打工。

三是城市经济的放缓。宏观经济增长的速度放缓，经济下滑的趋势明显，这就使社会各行业为外来务工人员提供的就业岗位减少，很多农民进城找不到工作岗位，只好选择回乡。

四是城市生活成本太高。高涨的房价以及禁止出租地下室等新的规定，对于长期居住在郊区或者地下室的农民工而言，相当于是一道驱逐令，他们只能选择回乡，另谋生路。

从宏观上转变我国经济发展方式，走产业化升级道路，才能适应中国产业工人升级换代的时代要求。同时，需要加强对第二代农民工的职业培训，使他们尽快走上技术岗位，成为工业化发展新阶段的主力军。

随着宏观经济形势的变化、东部产业向中西部的梯度转移、农民工多年打工经验的积累，农民工回流的态势正日益加强。当前，一部分农民工返乡创业的条件已经具备，但创业环境尚待改善，创业政策仍需优化。

46.公共服务均等化

"逐步推进基本公共服务均等化",在 2006 年被正式确定为我国今后一个时期内经济社会发展的目标。

在社会发展的不同阶段,政府提供的公共服务的内容不尽相同。从各国公共服务的提供情况来看基本公共服务范围涉及公共安全、民生保障、公共事业、公益性基础事业等方面。基本公共服务均等化表现为:不同区域之间、城乡之间、群体之间、个人之间在同一阶段享受的基本公共服务水平和机会大体相同。需要明确的是:基本公共服务均等化是指大体均等或相对均等,是相对概念并非绝对的平均主义;基本公共服务均等化不同于计划经济体制下的"配给制",应尊重社会成员的自由选择权。

基本公共服务均等化是一个渐进的过程,在现阶段,我国在公共服务提供方面还存在着一些矛盾。

(一)城乡间的矛盾。一是农村在基础设施和文化娱乐设施等方面严重不足,农村不仅水、电、路、通讯、医院、学校等基础设施差,图书馆、体育馆、影剧院等文化设施相当短缺;二是城乡间在公共卫生、教育等公共资源方面配置不均衡,拉大了城乡发展的差距。

(二)区域间的矛盾。中国西部地区用于公共服务的人均财政支出要比东部更大才能达到均等化的要求。但目前的实际情况是,东部地区用于公共服务的投入远远高于中西部地区,而且这一差距有逐年扩大的趋势。

(三)供需间的矛盾。公共服务供需矛盾主要表现在两个方面:一是不断增长的需求与供给不足之间的矛盾。中国现有的公共服务供给已经不能满足人们对公共产品日益增长的需求。二是供需结构的失衡。

解决这些矛盾的前提,是正确分析与认识我国公共服务均等化面临的现实制约条件。

一是社会领域里的约束条件。从根本上看,公共服务均等化要求的是人与人之间享有的公共服务水平的大体相等。虽然公共服务具有共同消费性的特征,从理论上说受益范围内的社会成员均可以从中平等地获益,但在现实中纯粹的公共服务并不多见,如果不采取适当的干预措施,不同社会成员从公共服务的提供中并不会平等地获益。在这种情况下,人口数量与公共服务均等化的实现之间就存在着直接的关联。

二是经济领域里的约束条件。公共服务均等化的实现是要以一定的经济发展水平为基础的。只有经济发展了,政府才有足够的财力来支撑既定标准的公共服务均等化。现有的经济发展水平和政府财力无疑构成我国现阶段实现公共服务均等化的重要瓶颈。我国的财政体制还很不完善。尚未完成的市场化改革在一定程度上限制了财政体制的改革。

特别是当前财政管理水平不高、财政透明度较低，这些都对我国的公共服务均等化形成了负面约束。

三是政治领域里的约束条件。公共服务均等化的实现，也需要依靠公共管理体系来保障。我国长期推行的是一种"权力"型的行政管理模式，一级政府的公共服务提供活动往往只对"上面"负责，而极少考虑来自"下面"的声音，此时弱势群体平等享有公共服务的权利往往被忽视。这些都不利于公共服务中公平的实现。

四是法律领域里的约束条件。由于缺乏法律规范和约束，社会成员平等地享有公共服务的权利就得不到有效保护，地方政府在公共服务提供中的机会主义行为倾向比较明显，而这是仅靠行政手段根本是无法遏制住的。较低的法治化程度以及相关法律规定的缺失，是我国推行公共服务均等化过程中的又一个重要障碍。

在现代社会，无论是社会转型还是经济转轨，或者是发展民主政治，都需要在法治的框架内完成，法律是实现社会正义最基本的制度安排。因此，我国的公共服务均等化进程应首先从完善相关法律规范入手，创建一套相对完整的公共服务均等化法律体系。

要在宪法中确定所有社会成员都平等地享有从政府提供的公共服务中获益的权利，这是推进均等化改革的法源依据；要制定相应的法律来规范公共服务的提供，明确中央和各级地方政府在实现公共服务均等化过程中的权责与义务；用法律来规范政府间财政收支的划分和政府间财政转移支付制度的运行，并约束地方政府的机会主义和不规范的行为；要建立健全用于调整公共服务均等化实施过程中出现矛盾和冲突的法律机制；要建立社会成员平等地享有政府提供公共服务的权利受到侵害后的法律救济制度。当然，仅仅建立起有序化和定型化的法律规范对于实现公共服务均等化是远远不够的，还需要这些法律规范必须是建立在纳税人权利本位基础之上并得到有效的实施。

47.废除农业税

《中华人民共和国农业税条例》自1958年开始施行。现行的农业税，实际上包括农业税、农业特产税和牧业税。农业税条例实施近50年来，对于正确处理国家与农民的分配关系、发展农业生产、保证国家掌握必要的粮源、保证基层政权运转等发挥了重要的积极作用。但是，现在我国经济社会状况已经发生了重大变化。在建立起比较完整的工业体系的同时，农业与工业、农村与城市差距逐步扩大，"三农"问题依然制约着我国经济和社会发展。近年来，中央出台了一系列强有力的政策措施，其中一条就是2004年开始进行减免农业税试点，并确定从2006年起全部免征农业税。这一重大举措得到广大农民的衷心拥护。2005年12月29日，十届全国人大常委会第十九次会议高票通过决定,自 2006 年 1 月 1 日起废止农业税条例。这意味着在中国延续两千多年的农业税正式走入历史。

取消农业税是减轻农民负担、增加农民收入、推进社会主义新农村建设的重要举措。在当前农民收入水平总体偏低、农民负担过重、国家财政收入结构发生根本变化的情况下,全面取消农业税,使广大农民更多地分享改革开放和现代化建设的成果,有利于加快构建社会主义和谐社会、维护国家长治久安,有利于全面建设小康社会。

取消农业税是巩固和加强农业基础地位,增强农业竞争力,提高农业综合生产能力的重大措施。随着我国加入世贸组织过渡期结束和市场化改革的深入,我国农业面临着严峻的挑战。取消农业税,有利于进一步增加农业生产投入,提高农业综合生产能力和农产品的国际竞争力,促进农村经济健康发展。

取消农业税是逐步消除城乡差别、促进城乡统筹发展的客观需要。取消农业税,有利于加快公共财政覆盖农村的步伐,逐步实现基层政权运转、农村义务教育等供给由农民提供为主向政府投入为主的根本性转变;有利于促进城乡税制的统一,推进工业反哺农业、城市支持农村;有利于落实科学发展观和统筹城乡发展。

在农村费税改革过程中,我们逐渐认识到了农业税是核心问题。只有把农业税问题解决了,其他的乱收费、乱摊派才可得到解决。同时取消除烟叶以外的农业特产税、全部免征牧业税,对种粮农民实行直接补贴、对部分地区农民实行良种补贴和农机具购置补贴。

全面取消农业税的时机已经成熟,国家财政已经具备了这样的承受能力和良好的工作基础。经过 20 多年的改革开放,国家财政实力不断增强,财政收入稳定增长的机制已经基本形成,农业税占国家财政收入的比重不断下降,取消农业税对财政减收的影响不大。另外,对取消农业税减少地方财政收入,中央财政已作出安排,2005 年减免农业税中央财政安排转移支付 356 亿元,为农村税费改革和全面取消农业税提供了财力保证。加上自主决定免征农业税的 20 个省份,2005 年全国实际免征农业税的省份达到 28 个,也为取消农业税积累了工作经验。据统计,免征农业税、取消除烟叶税外的农业特产税可减轻农民负担五百亿元左右,2005 年已有约八亿农民受益。

全国人大常委会有关负责人介绍,废止农业税条例、取消农业税后,并不意味着农民不再交税。"如果农民经商、开办企业,还是需要缴纳相应的税种。"该负责人表示:"这有利于城乡税制的统一。"

取消农业税可以从根本上解决农村地方政府和社会乱收税、乱收费的问题。很多地方政府并没有根据国家规定的农业税标准征收,有的按人口征收,有的按土地面积征收,还有一些地方为扩大税源,随意扩大税种征收范围、提高税率,或者借征收农业税"搭车"

收费,严重侵害了农民利益。

农业税的废除确实有效地减轻了农民负担。但这只是一个环节,要跳出"黄宗羲定律",防止农民负担反弹,还必须将相关的配套改革真正付诸实施。其中最根本的则应该是改变农民权利贫困的现状,创设农民有效地发挥创造性的制度化途径。当前正是由于农民权利的不落实以及相应制度渠道的缺乏,在农业税取消的时候,一些农民仍遭遇几倍于农业税减免额的土地流转收益被剥夺的尴尬现实,农民仍然很难获得足够的教育、卫生等公共物品和公共服务,人力资本存量和劳动回报率始终在低位徘徊。这是我们不愿意却又不得不看到的事实,但这正是需要下气力解决的问题。

48.新型城镇化

城镇化是伴随工业化发展,非农产业在城镇集聚、农村人口向城镇集中的自然历史过程,是人类社会发展的客观趋势,是国家现代化的重要标志。2012年11月,党的十八大报告明确提出,坚持走中国特色新型工业化、信息化、城镇化、农业现代化道路,促进工业化、信息化、城镇化、农业现代化同步发展。2013年11月,党的十八届三中全会通过的《中共中央关于全面深化改革若干重大问题的决定》明确提出,坚持走中国特色新型城镇化道路,推进以人为核心的城镇化,推动大中小城市和小城镇协调发展、产业和城镇融合发展,促进城镇化和新农村建设协调推进。优化城市空间结构和管理格局,增强城市综合承载能力。同年12月12日至13日,中央城镇化工作会议在北京举行。习近平总书记在会上发表重要讲话。2014年3月16日,中共中央、国务院正式发布《国家新型城镇化规划(2014—2020年)》(以下简称《规划》)。

《规划》主要阐明新型城镇化的发展路径、主要目标和战略任务,统筹相关领域制度和政策创新,是今后一个时期指导全国城镇化健康发展的宏观性、战略性、基础性规划。全面实施好《规划》,努力走出一条中国特色新型城镇化道路,对全面建成小康社会、加快推进社会主义现代化、实现中华民族伟大复兴的中国梦,具有重大现实意义和深远历史意义。

改革开放以来,我国城镇化经历了一个起点低、速度快的发展过程。1978—2013年,城镇化率年均提高1.02个百分点;2000年以来,城镇化率年均提高1.35个百分点,"十二五"以来分别提高了1.32、1.3和1.16个百分点,2013年城镇化率达到53.73%,超过世界平均水平。城镇数量和规模不断扩大,一批辐射带动力强的城市群正在成长壮大,京津冀、长江三角洲、珠江三角洲三大城市群以2.8%的国土面积集聚了18%的人口,创造了36%的国内生产总值,成为拉动我国经济快速增长和参与国际经济合作与竞争的主要平台。城市综合服务能力明显提升，基础设施和人居环境明显改善。城镇化吸纳了大量农业劳动力转移就业，改变了亿万人民的生产生活条件，取得了举世瞩目的成就。

在城镇化快速发展的同时，质量不高的问题也日益突出。被统计为城镇人口的2.34亿农民工及随迁家属难以融入城市社会，市民化进程滞后。"土地城镇化"快于人口城镇化，城镇用地粗放低效，新城新区、开发区和工业园区占地过多。城镇空间分布和规模结构不合理，与资源环境承载能力不匹配。城市管理服务水平不高，"城市病"问题日益突出。自然历史文化遗产保护不力，城乡建设缺乏特色。现行户籍管理、土地管理、社会保障、财税金融、行政管理等制度，固化着已经形成的城乡利益失衡格局，阻碍了城镇化健康发展。

走新型城镇化道路是城镇化转型发展的内在要求。我国未来城镇化的外部环境和内在条件正在发生深刻变化，随着国际金融危机以来全球经济再平衡和产业格局再调整，国际能源资源和市场空间争夺更加激烈，传统高投入、高消耗、高排放的工业化城镇化发展模式难以为继；随着我国农业富余劳动力减少和人口老龄化程度提高、资源环境瓶颈制约日益加剧、城市内部二元结构矛盾日益凸显，主要依靠劳动力廉价供给、土地等资源粗放消耗、压低公共服务成本推动城镇化快速发展的模式不可持续，城镇化由速度型向质量型转型发展的要求日益迫切。《规划》提出：推进新型城镇化，要紧紧围绕全面提高城镇化质量，加快转变城镇化发展方式，以人的城镇化为核心，有序推进农业转移人口市民化；以城市群为主体形态，推动大中小城市和小城镇协调发展；以综合承载能力为支撑，提升城市可持续发展水平；以体制机制创新为保障，通过改革释放城镇化发展潜力，走以人为本、四化同步、优化布局、生态文明、文化传承的中国特色新型城镇化道路，促进经济转型升级和社会和谐进步，为全面建成小康社会、加快推进社会主义现代化、实现中华民族伟大复兴的中国梦奠定坚实基础。《规划》提出，推进新型城镇化，要坚持以下七项基本原则：以人为本，公平共享；四化同步，统筹城乡；优化布局，集约高效；生态文明，绿色低碳；文化传承，彰显特色；市场主导，政府引导；统筹规划，分类指导。

《规划》提出，我国城镇化是在人口多、资源相对短缺、生态环境比较脆弱、城乡区域发展不平衡的背景下推进的，这决定了必须从社会主义初级阶段这个最大的国情出发，遵循城镇化发展规律，走出一条以人为本、四化同步、优化布局、生态文明、文化传承的中国特色新型城镇化道路。这就科学地揭示了中国特色新型城镇化道路的基本特征和丰富内涵：中国特色新型城镇化是以人为本的城镇化，是四化同步的城镇化，是优化布局的城镇化，是生态文明的城镇化，是文化传承的城镇化。《规划》提出了我国新型城镇化的五大发展目标：一是城镇化水平和质量稳步提升。城镇化健康有序发展，常住人口城镇化率达到60%左右，户籍人口城镇化率达到45%左右，户籍人口城镇化率与常住人口城镇化率差距缩小 2 个百分点左右,努力实现 1 亿左右农业转移人口和其他常住人口在城镇落户。二是城镇化格局更加优化。"两横三纵"为主体的城镇化战略格局基本形成,城市群集聚经济、人口能力明显增强,东部地区城市群一体化水平和国际竞争力明显提高,中西部地区城市群成为推动区域协调发展的新的重要增长极。城市规模结构更加完善,中心城市辐射带动作用更加突出,中小城市数量增加,小城镇服务功能增强。三是城市发展模式科学合理。密度较高、功能混用和公交导向的集约紧凑型开发模式成为主导,人均城市建设用地严格控制在 100 平方米以内,建成区人口密度逐步提高。绿色生产、绿色消费成为城市经济生活的主流,节能节水产品、再生利用产品和绿色建筑比例大幅提高。城市地下管网覆盖率明显提高。四是城市生活和谐宜人。稳步推进义务教育、就业服务、基本养老、基本医疗卫生、保障性住房等城镇基本公共服务覆盖全部常住人口,基础设施和公共服务设施更加完善,消费环境更加便利,生态环境明显改善,空气质量逐步好转,饮用水安全得到保障。自然景观和文化特色得到有效保护,城市发展个性化,城市管理人性化、智能化。五是城镇化体制机制不断完善。户籍管理、土地管理、社会保障、财税金融、行政管理、生态环境等制度改革取得重大进展,阻碍城镇化健康发展的体制机制障碍基本消除。

《规划》提出了我国新型城镇化的四大战略任务:一是有序推进农业转移人口市民化,统筹推进户籍制度改革和基本公共服务均等化。二是优化城镇化布局和形态,以城市群为主体形态,促进大中小城市和小城镇协调发展。三是提高城市可持续发展能力,增强城市经济、基础设施、公共服务和资源环境对人口的承载能力。四是推动城乡发展一体化,让广大农民平等参与现代化进程、共同分享现代化成果。

《规划》提出,新型城镇化涉及人、地、钱、房和生态环境等诸多重点领域的体制机制改革,需要加强顶层设计,尊重市场规律,统筹推进相关领域改革和政策创新。一是推进人口管理制度改革。二是深化土地管理制度改革。三是创新城镇化资金保障机制。四是健全城镇住房制度。五是强化生态环境保护制度。

49.法治社会建设

回首中国共产党执政求索之路,可以清晰观察到中国法治建设的两条脉络:其一,是从规范、制度体系的文本创制到法治理念、精神的纵向提升;其二,是从依法行政、法治政府的重点攻坚到社会各方面事业全面法治化的横向延展。在经历十余年的摸索后,1997 年党的十五大报告提出"依法治国,建设社会主义法治国家"的方略和目标,并于 1999 年载入宪法。21 世纪以来,国家一方面大力推进具体的制度文本的建立健全,另一方面着手从观念层面建设法治。经过持续不懈的努力,以宪法为统帅,由法律、行政法规、地方性法规等组成，多法律部门有机统一的有形法律体系于2010年形成；党中央通过"树立社会主义法治理念"（2005），"弘扬法治精神"（2007），"重视社会主义法律文化建设"（2009），同步致力于无形的法治观念载体的发掘与培育。1997年提出的依法治国，旨在"保证国家各项工作都依法进行"；2007年党的十七大报告要求的"实现国家各项工作法治化"，体现出国家层面法治建设的目标与任务的日益深入；2012年末，"法治国家、法治政府、法治社会一体建设"的提出，其实质是对法治建设的全方位展开。

党的十八届四中全会通过的《中共中央关于全面推进依法治国若干重大问题的决定》对全面推进依法治国，建设社会主义法治国家作出全面部署，强调要"增强全民法治观念，推进法治社会建设"。

一是要充分认识法治社会建设在全面推进依法治国中的重大意义。法治社会建设在全面推进依法治国中具有重要地位和作用。在法治中国建设"三位一体"工作格局中，法治社会是法治国家、法治政府建设的重要基础和基本前提，法治国家、法治政府是法治社会建设的重要保障。

二是要深入开展法治宣传教育，推动全社会树立法治意识。法治宣传教育是传播法律知识、培育法治信仰的重要途径。1985年以来，我国已制定实施六个五年普法规划，2014年是"六五"普法规划实施第四年。近30年来，法制宣传教育不断深化，潜移默化、润物无声地改变了人民群众对法律的认知，公民法律意识和法律素质明显增强，全社会法治化管理水平不断提高。

三是要推进多层次多领域依法治理，提高社会治理法治化水平。依法治理是法治社会建设的有效途径。要坚持系统治理、依法治理、综合治理、源头治理，提高社会治理法治化水平；强调深入开展多层次、多形式法治创建活动，深化基层组织和部门、行业依法治理，发挥人民团体和社会组织在法治社会建设中的积极作用。

四是要建设完备的法律服务体系，推动法律服务更好地惠及人民群众。大力加强法律援助工作，推动落实法律援助政府责任，扩大援助范围，提高援助质量，保证群众在遇到法律问题或者权利受到侵害时获得及时有效的法律帮助。大力发展律师法律服务业，加强涉外法律服务，努力提升我国律师业的国际竞争力。大力发展公证服务业，健全完善公证执业规范体系，加强公证执业管理，不断提高公证公信力。统筹城乡、区域法律服务资源，制定完善法律服务发展规划，推动法律服务业均衡发展。继续深化司法鉴定管理体制改革，进一步加强司法鉴定监督管理，提高司法鉴定质量。

五是要健全社会矛盾纠纷预防化解机制，促进社会和谐。要健全社会矛盾纠纷预防化解机制，完善调解、仲裁、行政裁决、行政复议、诉讼等有机衔接、相互协调的多元化纠纷解决机制；加强行业性、专业性人民调解组织建设，完善人民调解、行政调解、司法调解联动工作体系；完善仲裁制度；健全行政裁决制度。我们要积极运用法治思维和法治方式，依法预防化解社会矛盾纠纷，促进社会和谐。

法治社会建设一方面需要在法治国家建设方面进行深耕，既往建设法治国家的各种路径、方式应当持续坚持运作；另一方面，法治社会的实质或者说关键举措在于法治建设的重心下移。法治社会建设的基本方略就是透过法治社会化实现社会法治化的育化过程，具体包括法制的社会化以及司法社会化两个主要层面。

二、社会体制改革

1. "政社分开"的提出

20世纪80年代,全国农村普遍实行家庭联产承包责任制,原有的人民公社"政社合一"的体制已不能适应生产力发展的需要。1979年3月至1982年12月,在全国9个省、直辖市的213个公社开展试点工作,有5个县全部建立了乡政府。1982年12月至1983年秋,1982年12月五届全国人大五次会议通过修改后的宪法规定设立乡政府,保留人民公社作为单纯的经济组织,此后各地继续扩大试点。1983年10月12日,在总结试点经验基础上,中共中央、国务院发布《关于实行政社分开,建立乡政府的通知》(以下简称《通知》)。《通知》指出,当前农村改变"政社合一"体制的首要任务是把政社分开,建立乡政府;同时按乡建立乡党委,并根据生产的需要和群众的意愿逐步建立经济组织。《通知》规定,乡的规模一般以原有公社的管辖范围为基础,要求各地有领导、有步骤地搞好农村政社分开的改革,争取在1984年底以前大体上完成建立乡政府的工作,改变党不管党、政不管政和政企不分的状况。

历史时期不同,"政社分开"的含义不同。20世纪80年代,"政社分开"主要是指在计划经济体制向市场经济体制变革的过程中,基于农村经济体制改革的需要,解体"政社合一"的人民公社、生产大队和生产队,将基层政权的政治职能和经济职能分离,建立新型基层政权组织形式——乡政府的政治行为。1988年,我国政府在第二次行政机构改革方案中提出"转变政府职能"的战略目标,从此"政社分开"被赋予了新的含义,主要探讨政府与社会之间的关系,促进实现社会各类角色的合理分化,让政府不再担当"千手观音"的全能职责,按照社会事务管理的规律,还原社会组织也就是民间组织或者"非政府非营利组织"的应有社会地位,在我国建构一个多元参与的公共管理新格局。进入新世纪以来,随着深化社会体制改革,政府改革得到推进和落实。厘清政府职能边界、进一步简政放权、建构政府与社会合作共治的协同局面等问题的提出,使得"政社分开"的内涵得到丰富和发展。进入新世纪后,"政社分开"内涵得到丰富与发展。2007年6月5日,国务院办公厅发布《关于加快推进行业协会商会改革和发展的若干意见》,提出要大力推进行业协会的体制机制改革,实行"政会分开"。要求行业协会"从职能、机构、工作人员、财务等方面与政府及其部门、企事业单位彻底分开"。该文件是改革开放以来,党和政府出台的比较全面、系统的阐述行业协会商会关于改革和发展意见的文件,是在对政府、企业、社团之间关系深刻认识的基础上提出的。2012年10月10日,国务院发布《国务院关于第六批取消和调整行政审批项目的决定》,指出"凡公民、法人或者其他组织能够自主决定,市场竞争机制能够有效调节,行业组织或者中介机构能够自律管理的事项,政府都要退出。凡可以采用事后监管和间接管理方式的事项,一律不设前置审批"。该文件通过清理、取消和调整行政审批项目,把政府不该管的交给企业、社会和市场,逐步理顺政府与市场、政府与社会的关系,进一步推动了政府职能转变和"政社分开"。2012年11月,党的十八大报告指出,"加快形成政社分开、权责明确、依法自治的现代社会组织体制"。这是"政社分开"第一次见于党的最高层次的纲领性文献中。2013年11月,党的十八届三中全会通过的《中共中央关于全面深化改革的若干重大问题的决定》明确提出:要"激发社会组织活力。正确处理政府和社会关系,加快实施政社分开,推进社会组织明确权责、依法自治、发挥作用。适合由社会组织提供的公共服务和解决的事项,交由社会组织承担。支持和发展志愿服务组织。限期实现行业协会商会与行政机关真正脱钩,重点培育和优先发展行业协会商会类、科技类、公益慈善类、城乡社区服务类社会组织,成立时直接依法申请登记。加强对社会组织和在华境外非政府组织的管理,引导它们依法开展活动"。这是党和政府加快落实"政社分开",努力实现向社会放权和释放更多的公共空间,积极扶植和支持社会组织建设,推动社会组织参与社会治理创新实践活动的重大决定。

为了实现政社分开,中央出台一系列意见或决定。如2013年9月30日,国务院办公厅公布了《关于政府向社会力量购买服务的指导意见》,用于激发社会活力,加快推进"政社分开",指导各级政府向社会力量购买服务。全国各地积极实践,探索"政社分开"的有益经验。如北京市从2007年开始,进行社会建设的系统工程,核心是建立"枢纽型社会组织"。广东省从2006年开始,对社会组织的双重管理体制进行改革,取消对行业协会管理的业务主管单位,统一由民政部门行使对行业协会的登记和管理。

2.户籍管理制度

户籍管理制度是指政府对公民实施的、以户为单位的人口管理制度。户籍管理制度有广义和狭义之分,狭义的概念是指以反映人口基本信息为核心的户籍登记、统计、档案、证件等内容的行政法律制度;广义的概念则包括与户籍密切相关的一系列社会管理制度,不仅有提供人口统计的基本信息资料,而且包括与公民的身份、职业、迁徙等权利相关的一系列的社会管理制度。我国户籍管理制度的特点是在户籍分类上按照常居地和口粮供应两种口径进行划分。根据常居地的类型把人口分为农村户籍和城镇户籍,根据口粮供应把人口分为农业户籍和非农业户籍。自新中国成立以来,我国户籍管理制度经历了曲折的发展阶段。

1951年7月16日,公安部颁布《城市户口管理暂行条例》,规定了对人口出生、死亡、迁入、迁出、"社会变动"(社会身份)等事项的管制办法。这是新中国成立后第一部户口管理条例,基本统一了全国城市的户口登记制度。1954年,中国颁布实施第一部《宪法》,其中规定公民有"迁徙和居住的自由"。1958年1月9日,全国人大常委会第九十一次会议通过《中华人民共和国户口登记条例》,首次明确将城乡居民区分为"农业户口"和"非农业户口"两种不同户籍,奠定了我国现行户籍管理制度的基本格局,"城乡二元户籍制度"由此产生。1964年8月14日国务院批转《公安部关于处理户口迁移的规定(草案)》,规定体现了该时期户口迁移的两个"严加限制"基本精神,即对从农村迁往城市、集镇的要严加限制,对从集镇迁往城市的要严加限制,城乡二元制结构确定。在严格的户籍管理制度下,城市生活柴米油盐都是凭户口凭票证供应,没有票证,意味着无法生存。自1975年宪法取消"迁徙自由"之后,之后的1978年宪法、1982年宪法都没有恢复这一条款。1985年7月13日,公安部印发《公安部关于城镇暂住人口管理的暂行规定》,标志着城市暂住人口管理制度走向健全,同年9月,作为人口管理现代化基础的居民身份证制度颁布实施。2001年3月30日,《国务院批转公安部关于推进小城镇户籍管理制度改革意见的通知》颁布,标志着小城镇户籍制度改革全面推进。通知规定,对办理小城镇常住户口的人员不再实行计划指标管理。

户籍制度是在新中国成立之初特定的历史条件下形成和发展起来的。不可否认,户籍制度曾经发挥过重要的历史作用,但是,随着市场经济体制的建立,特别是城镇化进程的加快,户籍制度在社会管理、经济利益分配以及社会福利待遇中的作用越来越重要。公安部主管副部长表示:改革开放以来,国家出台了一系列户籍制度改革政策措施,在解决农业转移人口及其他常住人口落户城镇方面取得了一定成效。但是,许多长期在城镇稳定就业的农业转移人口及其他常住人口还没有落户，许多农业转移人口还未能在教育、就业、医疗、养老、住房保障等方面享受城镇居民的基本公共服务，这些都对户籍制度形成了问题倒逼、提出了改革要求。

2013年11月9日至12日，党的十八届三中全会通过了《中共中央关于全面深化改革若干重大问题的决定》（以下简称《决定》），《决定》指出要"创新人口管理，加快户籍制度改革，全面放开建制镇和小城市落户限制，有序放开中等城市落户限制，合理确定大城市落户条件，严格控制特大城市人口规模"。党的十八届三中全会关于户籍制度改革的部署，对维护人的自由迁徙权、打破城乡二元结构、改善人居环境具有重要的意义。2014年7月24日，国务院印发《关于进一步推进户籍制度改革的意见》（以下简称《意见》），《意见》规定取消农业户口和非农业户口的性质区分，统一登记为居民户口，强调要进一步调整户口迁移政策，统一城乡户口登记制度，全面实施居住证制度，加快建设和共享国家人口基础信息库，稳步推进义务教育、就业服务、基本养老、基本医疗卫生、住房保障等城镇基本公共服务覆盖全部常住人口。建立依法保障公民权利，以人为本、科学高效、规范有序的新型户籍制度。该文件的出台是当前和今后一个时期指导全国各地推进户籍制度改革的纲领性文件，标志着户籍管理制度改革开始进入全面实施阶段。

党和政府颁布有关户籍制度改革政策以来，各地尤其是特大城市积极探索户籍制度改革。2009年，上海市政府颁布了《持有〈上海市居住证〉人员申办本市常住户口试行办法》及其实施细则。此项政策被称为"居住证转户籍"政策，明确持有上海市居住证的人员在同时符合规定条件时可以申办上海市常住户口。2010年11月16日，成都出台《关于全域成都城乡统一户籍实现居民自由迁徙的意见》，提出到2012年成都将实现全域成都城乡统一户籍，彻底破除城乡居民身份差异，建立户籍、居住一元化管理。成都"户籍一元化模式"改革被誉为迄今为止中国"最彻底"的户籍制度改革，受到社会各界的关注。2011年，广州、深圳、珠海、东莞、中山、佛山等城市先后全面开展积分入户工作。

3.人事档案制度

新中国成立后，为了使干部档案工作尽快适应社会主义建设的需要，1956年8月，中央组织部召开了第一次全国干部档案工作座谈会，制定了《干部档案管理工作暂行规定》。从此，我国的人事档案工作开始向正规化迈步，但人事档案仍然以干部档案为主。1966年至1976年"文化大革命"期间，人事档案工作遭受严重破坏。党的十一届三中全会以后，人事档案工作重新得到发展。1980年2月第二次全国干部档案工作座谈会召开，标志着我国人事档案工作进入新阶段。

人事档案制度的初步建立。中组部、人事部、劳动部、教育部等机构制定和颁布了一系列制度和规定，如1991年《干部档案工作条例》和《干部档案整理工作细则》、1992年《企业职工档案管理工作规定》、1993年《国家公务员暂行条例》、1996年《干部人事档案材料收集归档规定》。中组部还确定了在全国范围内开展干部档案工作目标管理活动，出台了《干部人事档案工作目标管理暂行办法》、《干部人事档案工作目标管理检查验收细则》等。1989年，中组部、人事部发布《关于加强流动人员人事档案管理工作的通知》以及补充通知，并于1996年发布《流动人员人事档案管理暂行规定》，建立了由县以上（含县）党委组织部门和政府人事部门所属的人才流动服务机构，对流动人员人事档案实行"集中统一、归口管理"，推行人事代理制度，使流动人员人事档案得到规范化、现代化的管理，促进了人才的合理流动。

人事档案的法制建设与完善。1987年9月5日，六届全国人大常委会第二十二次会议通过《中华人民共和国档案法》（以下简称《档案法》）。《档案法》明确规定了我国档案工作"统一领导、分级管理"的基本原则；规定了档案管理的基本内容和任务；规定各级档案行政管理机构和档案馆的性质、职能与任务等。同时，《档案法》将我国档案行政管理体制以法律形式肯定下来，从法律角度确定了我国档案工作实行统一领导、分级管理的基本原则。1996年7月5日，八届全国人大常委会第二十次会议作出关于修改《档案法》的决定，修正了《档案法》。

近年来，人事档案管理出现了一些问题，如流动人员的弃档、党政机关干部档案造假、档案个人信息泄露等。面对信息社会的到来、经济社会体制的变革，如何深化人事档案管理制度改革，成为人事档案制度建设亟待解决的课题。

4.居民身份证制度

《中华人民共和国居民身份证法》第一条规定，居民身份证制度建立的目的是证明公民身份、保障公民合法权益、便利公民进行社会活动、维护社会秩序。我国的身份证制度经历了一个从探索到成熟的发展历程。

1984年4月6日，国务院发布了《中华人民共和国居民身份证试行条例》（以下简称《条例》），标志着我国开始实行居民身份证制度。《条例》规定凡居住在中华人民共和国境内的中国公民，除未满16岁者、服现役的人民解放军军人和人民武装警察，以及依照法律正在服刑的犯人和被劳动教养的人员，均应申领居民身份证；居民身份证具有证明公民身份的法律效力；居民身份证登记项目包括姓名、性别、民族、出生日期、住址和有效期；居民身份证的有效期分为10年、20年、长期三种；居民身份证，由公安部统一印制，由公安机关负责颁发和管理；在办理涉及公民政治、经济、社会生活等权益的事务时，有关机关、团体、企业、事业单位，可以要求公民出示居民身份证，但不得任意扣留、抵押。

1985年9月6日，六届全国人大常委会第十二次会议通过《中华人民共和国居民身份证条例》，这是实施居民身份证制度的重要法规。1986年11月28日公安部公布了《中华人民共和国居民身份证条例实施细则》，这是继《中华人民共和国居民身份证条例》之后的一个重要行政法规，是我国居民身份证管理工作的具体规范。1999年10月1日起，建立和实行公民身份号码制度，身份代码是唯一的、终身不变的18位号码。2003年6月28日，十届全国人大常委会第三次会议通过了《中华人民共和国居民身份证法》，规定居住在中华人民共和国境内的年满16周岁的中国公民，应当申请领取居民身份证；未满16周岁的中国公民，也可以依照本法的规定申请领取居民身份证。2004年1月1日，第二代居民身份证开始换发，第一代居民身份证已经于2013年1月1日正式停用。

居民身份证制度是一人一证的人户结合的管理方法，不仅解决了原先户籍制度在流动、暂住人口管理上的难题，也方便了动态社会环境下人口管理工作。同时，随着经济社会发展、人口流动加快以及社会管理的信息化，居民身份证在升学、就业、经商、探亲访友、出差旅游、选民登记、参与诉讼活动、办理公证事务、参加社会保险等诸多事务中的作用越来越重要。

5.中共中央、国务院关于严格控制成立全国性组织的通知

党的十一届三中全会以后，改革经济体制，发展市场经济，为社会事业的发展注入了新的活力，也为社会团体的发展带来了强大的驱动力。伴随着经济的不断发展，由于政治、经济因素的相互作用，人民群众的结社意识不断提高，社会团体的数量大幅度增长。一些从事经济技术咨询、信息服务和专题研究的民间组织相应出现，对搞活经济、促进智力开发，发挥了积极作用。新成立的各种"协会"、"学会"、"研究会"、"基金会"、"中心"等组织越来越多。据不完全统计，1984年包括专业性学术团体在内的各类全国性的组织已有700多个，正在酝酿成立的还有一批。社会团体的大量涌现，是历史发展进步的必然，但也存在一些不容忽视的因素。

1969年1月，主管社团工作的内务部被撤销，其主管的大部分工作由财政部、公安部、卫生部和国家计委承担。社会团体的管理工作呈现多部门管理的状态，许多从内务部分立出来的部门都可以审批和管理社团。1978年2月，国家民政部成立，但社团管理格局并没有随之改变，之前内务部的社团管理权限实际上分散至包括民政部在内的各部门，未设立统一的管理机关，这导致合法社团和非法社团呈现出多头管理、无序生长的态势。

党的十二届三中全会指出，进行经济体制改革的同时，政府部门要简政放权，精简机

构。过多成立这类跨行业、跨部门、跨地区的全国性组织,使已经膨胀的上层机构、人员继续增加,不符合党的十二届三中全会的精神。原有的社团法规已经不能适应新形势的要求,国家有关部门依据原有的结社法规难以对社会团体进行有效的调控。

1984年11月17日,中共中央、国务院下发《关于严格控制成立全国性组织的通知》,国家体改委制定了相应的规定,针对社会团体的问题进行政策性调整,并取得了一定成效。一是严格控制成立跨行业、跨部门、跨地区的全国性组织,应否成立这类组织要由中央、国务院统筹考虑,任何部门和个人无权决定。成立部门所属的专业性学术组织,要由中央、国务院主管部门审查,并报国家体改委审定。二是未经中央、国务院批准已经成立的全国性组织,属于专业性的学术组织由中央和国务院主管部门复查,其中必须成立的可补办批准手续;属于跨行业、跨部门、跨地区的其他各类组织,由其主管部门重新审查。凡不需要的,要做好工作,予以撤销;确有必要的,经国家体改委统一审查提出意见后,报中央、国务院批准。三是各级领导同志、退居二线和离、退休老同志,未经上级批准不要担任或兼任这类组织的职务;各部门、各单位对未按规定办理批准手续而自行成立的组织不得动用公款、公物予以支持。从全局来看,社会团体"多头审批"和擅自成立的状况并没有改变。显然,要从根本上解决问题,就必须制定新的结社法规,建立新的社团管理体制。

6.关于卫生工作改革若干政策问题的报告

中华人民共和国卫生部于1985年3月29日制定《关于卫生工作改革若干政策问题的报告》。同年4月25日,国务院批转了卫生部《关于卫生工作改革若干政策问题的报告》(以下简称《报告》),并发布了相关通知,通知的颁布拉开了医疗机构转型的序幕。

从新中国成立到1985年,在党和政府的领导下,我国卫生事业建设取得了很大成绩。到1983年底,全国卫生机构已发展到19.6万个,医院病床211万张,专业卫生人员409万人。医疗、卫生防疫、妇幼保健、教育、科研和药检机构基本建立起来,形成了一个遍布城乡的医疗卫生网。各种疾病的发病率有了大幅度下降,人民的健康水平普遍有了提高。但是,仍然存在卫生事业发展缓慢,与我国经济建设和人民群众的医疗需要不相适应等问题。如到1983年底,我国医院病床平均每千人口只有2.07张,医生(医师和医士)平均每千人口只有1.33人,各种传染病年发病人数1500万人左右。每年都有很多需要住院的病人住不进医院。造成这种状况的主要原因,一是卫生事业经费和投资严重不足,加之六十年代以来三次大幅度降低收费标准,致使医疗收费标准过低。医疗机构亏损严重,二是在政策上限制过严,管得过死,吃"大锅饭"的问题十分严重,没有把各方面办医的积极性调动起来。为更好地解决影响卫生事业发展的问题,推进卫生工作顺利开展,卫生部制定出《关于卫生工作改革若干政策问题的报告》。

《报告》提出"调动各方面的积极性,改善服务态度,提高服务质量和管理水平,有利于防病治病和便民利民"的改革目标以及把"放宽政策,简政放权,多方集资,开阔发展卫生事业的路子"作为改革的手段。这标志着我国医药卫生体制改革开始启动。《报告》认为医院的改革要坚持正确的治疗原则,注意合理用药和合理检查,避免浪费,不能单纯考虑经济问题。《报告》同时提出了8点具体政策问题:关于发展全民所有制卫生机构的方针问题;关于扩大全民所有制卫生机构的自主权问题;积极发展集体卫生机构;支持个体开业行医;关于在职人员应聘和业余服务问题;关于农村村一级卫生机构的设置问题;继续搞好农村医疗卫生;改革收费制度等。

国务院批转卫生部《报告》的通知发布以后,各地积极贯彻落实《报告》精神,如福建省人民政府颁布批转并发布省卫生厅《贯彻执行〈国务院批转卫生部关于卫生工作改革若干政策问题的报告〉实施办法》的通知,提出加强专科重点建设和康复机构的建设,鼓励工交企业和其他部门建立卫生机构,并向社会开放等。

7.国家体委关于体育体制改革的决定

1984年洛杉矶奥运会上,中国体育代表团实现了奥运会"零"的突破,金牌总数名列第四,这极大地振奋了民族精神,并在全国掀起了一场前所未有的"体育热"。但我国体育事业的发展规模和水平同世界体育发达国家相比,还有相当的差距。长期以来,由于受"左"的思想束缚,办体育的路子不宽、不活,领导体制和训练、竞赛体制等方面存在一些弊端,与经济体制改革的进展相比较,体育体制改革的步子迈得不大,已经实行的改革措施还没有触动原有体制的核心,对体育体制改革中的理论和实践问题研究得不够,没有设计出一个宏伟的改革蓝图和总体的构思。加之受经济条件的制约,在一定程度上影响了体育社会化和科学化的进程。国家体委在《关于1986年全国体委主任会议情况向国务院的报告》中提出:为实现20世纪内建成体育强国的目标,全面落实中央1984年二十号文件的各项要求,必须坚持改革开放,以革命化为灵魂,以体育社会化、科学化为两翼,实现体育腾飞,不断总结经验,存利除弊,理顺各种关系,调动各方面办体育的积极性,继续开拓具有中国特色、充满生机与活力的社会主义体育发展道路。

在全国各领域改革逐步深化的影响和挑战下,体育体制存在弊端日益显露。国家体委在总结以往体育改革历史经验和教训的基础上,经过长时间的酝酿讨论和调查研究,于1986年4月15日下发了《国家体委关于体育体制改革的决定(草案)》(以下简称《决定

（草案）》）。这一《决定（草案）》是全面指导体育体制改革的纲领性文件，是新时期体育改革与发展的战略方针。它的颁布，标志着体育体制改革的全面启动。

《决定（草案）》系统分析了体育体制改革的必要性和迫切性，确立了以社会化为突破口、以竞赛和训练改革为重点的改革思路，制定了10个方面53条改革措施。改革的核心是由国家包办体育过渡到国家办与社会办相结合，转变国家体委等行政机构的职能，理顺体委与各方面的关系，恢复、发展行业体协和基层体协，放手发动全社会办体育，并对竞赛体制、训练体制、科研体制等分别进行了一系列的变革。为体育工作指明了总的方向，对于体育事业的发展具有重要的指导作用。

《决定（草案）》中关于改革的内容与措施具体包括：改善体育领导体制，切实发挥体委对体育事业的领导、协调、监督作用；建立办学的训练体制，形成多形式、多渠道、多层次的运动人才梯队；继续改革竞赛体制，逐步做到社会化、多样化、制度化；发挥各方面积极性，把群众体育推向新的广度和深度；大力繁荣民族传统体育，逐步实现科学化、规范化；逐步实现体育科学化，把体育科研与体育运动实践紧密结合起来；改革体育教育体制，实行多层次、多规格、多形式办学；加强和改进思想政治工作，改进体育宣传；进一步改善物质保证，继续改进奖励制度；体育活动对外实行更灵活的开放政策，适应体育全面走向世界的新形势。

《决定（草案）》中提出的改革要求，主要为了解决项目水平落后、后备力量缺乏、运动训练科学化进展缓慢、体育部门领导监管不足等问题，虽然也提出现行体制"没有放手发动全社会来办（体育）"的弊端，但其基本目标尚不明确，且认为"现行领导体制基本上是可行的"，总体的改革趋势是体育体制内的完善，并未触及计划经济体制下的体育体制转变的根本问题。

8.国务院关于深化科技体制改革若干问题的决定

1988年5月3日，《国务院关于深化科技体制改革若干问题的决定》（以下简称《决定》）正式出台。这是贯彻落实中共中央关于科学技术体制改革决定的又一项重要政策，是实现"面向"和"依靠"的又一重大措施，在广大科技界和经济界引起强烈反响。

1985年3月，中共中央作出关于科学技术体制改革决定以来，为贯彻"经济建设必须依靠科学技术、科学技术工作必须面向经济建设"的战略方针，党和政府采取了开拓技术市场、改革拨款制度、推动科研与生产的结合、强化企业的技术吸收和开发能力和科技人员管理制度。1987年初，国务院颁发了《关于进一步推进科技体制改革的若干规定》和《关于推进科研设计单位进入大中型工业企业的规定》，在全国掀起了以"双放"（即放活科研机构、放活科技人员政策）为重点的深化科技体制改革的新高潮，使科技工作的运行机制和组织结构发生了深刻的变化，取得了令人瞩目的成效，科技工作已逐步转向适应社会主义市场经济发展的轨道。《国务院关于深化科技体制改革若干问题的决定》就是在这样的政策环境和时代背景下出台的。

《决定》指出："党的第十三次全国代表大会把发展科学技术放到我国经济发展战略的首要位置。经济、政治体制改革的发展也对科技体制改革提出了新的要求。当前，科技体制改革必须从社会主义初级阶段的实际出发，适应有计划商品经济的需要，发挥科技优势，以发展生产力为目标，进一步建立科技与经济紧密结合的机制，促进传统产业技术改造和新技术、高技术产业的形成，提高我国科学技术水平，推动经济和社会发展。要在继续贯彻执行已公布的各项改革措施的同时，以积极推行各种形式的承包经营责任制为重点，进一步加快和深化科技体制改革。"

《决定》内容共14条，内涵十分丰富。出现了一些新思想，如进一步鼓励科研机构引入竞争机制并积极推行各种形式的承包经营责任制；继续推进各种联合、进入等促进科技与经济结合的形式外，鼓励和支持科研机构以各种形式长入经济，发展成为新型的科研生产经营实体；进一步放活科技人员政策，把科研机构和科技人员的利益同他们对社会和经济发展的贡献挂钩，使他们能通过为社会创造财富和作出贡献来改善自身的工作条件和物质待遇；在深化全民所有制科研机构改革的同时，必须支持和促进集体、个体和私营等不同所有制形式科研机构的发展，把发展民办科技机构作为一项重要政策而突出出来；改革现有农业技术推广服务机构的运行机制，通过有偿技术服务、技术经济承包和经营与技术服务有关的农用生产资料等业务，发展成独立的技术经营实体；对企业的技术开发和厂办科研机构可以实行承包，允许厂办科研机构和科技人员在完成本企业任务的前提下，可有组织地承揽社会委托任务，对其技术性收入可放宽政策；科研机构出口创汇金额留成，自主使用；大专院校享受本决定的优惠条件。

9.中共中央关于加强和改善党对工会、共青团、妇联工作领导的通知

工会、共青团、妇联是党领导的工人阶级、先进青年、各族各界妇女的群众组织，是党联系群众的桥梁和纽带，是国家政权的重要社会支柱。为了推动现代化建设和改革事业的发展，必须切实加强和改善党对工会、共青团、妇联工作的领导，充分发挥这些群众组织的作用。

1989年12月21日，中共中央发布《关于加强和改善党对工会、共青团、妇联工作领导的通知》（以下简称《通知》）。

《通知》要求，各级党委必须牢固树立全心全意依靠工人阶级和广大人民群众的思想，充分认识加强和改善党对工会、共青团、妇联工作领导的重要意义，通过工会、共青团、妇联带动亿万职工、青年、妇女，同心同德，艰苦奋斗，战胜一切困难，巩固和发展安定团结的政治局面，巩固和发展建设和改革的伟大成果。

《通知》指出，党组织对工会、共青团、妇联实行统一领导。坚持党的领导，是做好工会、共青团、妇联工作的根本保证。各级党组织都要按照党的路线、方针、政策，对同级工会、共青团、妇联实行统一领导，使这些组织坚持正确的政治方向，同党中央在政治上、思想上、行动上保持高度的一致。工会、共青团、妇联受同级党委和它们上级组织的双重领导，以同级党委领导为主。

《通知》提出，党组织应当支持工会、共青团、妇联依照法律和各自的章程，执行它们上级组织的决议，独立自主地、创造性地开展工作。这样，工会、共青团、妇联才能更好地体现各自的性质和特点，才能广泛地吸引和团结各自联系的群众。要支持工会、共青团、妇联在维护全国人民总体利益的同时，更好地维护各自所代表的群众的具体利益。职工、青年、妇女作为不同的社会群体，都有各自的具体利益。广大职工、青年、妇女需要通过各自的组织表达和维护自己的具体利益，党和政府也需要工会、共青团、妇联经常反映群众的意见和要求、帮助党和政府改进工作。工会、共青团、妇联应密切同广大群众的联系、倾听群众的呼声，关心群众的疾苦，维护群众的合法权益，尽力解决群众的困难；同时，要在实际工作中引导职工、青年、妇女自觉做到个人利益服从国家利益、局部利益服从整体利益、眼前利益服从长远利益。这样工会、共青团、妇联才会具有强大的凝聚力和吸引力，才能更好地调动广大群众的积极性。

《通知》指出，各级党组织要指导和帮助工会、共青团、妇联把思想政治教育放在重要位置上，按照培养"有理想、有道德、有文化、有纪律"的社会主义新人的目标，根据职工、青年、妇女的不同情况，分层次、有重点地进行马克思主义基本理论教育，革命传统、理想、道德教育，民主、法制、纪律教育，国情、形势、政策教育和科学文化技术教育，提高群众的思想政治觉悟和科学文化水平。

《通知》强调，要发挥工会、共青团、妇联在国家和社会管理中的民主参与、民主监督作用。各级政府应当建立和完善工会、共青团、妇联对政府工作民主参与的制度。各级政府要支持工会、共青团、妇联充分发挥民主监督作用，经常听取它们对改进政府工作的意见和建议，认真处理它们对国家机关及其工作人员违法乱纪、以权谋私和严重官僚主义等行为的举报。

《通知》强调，要增强基层工会、共青团、妇联组织的活力。工会、共青团、妇联所联系的群众主要在基层。各级党委要指导工会、共青团、妇联把工作的重点放在基层，树立为基层服务、为群众服务的思想,努力使基层组织的工作活跃起来。要把工会、共青团、妇联基层组织是否具有活力作为检查和考核工会、共青团、妇联工作的一个重要标准。

10.社会团体登记管理条例

在20世纪80年代中后期,为推动社会团体的登记注册,国务院决定民政部设立社会团体登记管理部门。1989年10月,《社会团体登记管理条例》经国务院公布施行,确立了登记管理机关和业务主管单位双重负责的管理体制。这是国家加强民间组织管理工作所迈出的关键的历史性的一步。双重管理体制肯定了社会组织所属业务管理部门的相应权限,为社会组织和业务主管部门之间在行政及人事上长期形成的互补关系提供了体制保障,这也正是多年来"政社不分"的体制根源。业务主管部门不仅能为社会组织提供许多行政性的资源、权力、职能以及种种便利,而且在干部任免上拥有一定的权限,能够实现两个不同部门之间的"人事交流",一方面为频繁进行的政府机构改革留有可进行人事调剂的"蓄水池",另一方面也加强对社会组织的管理。

1998年10月25日,国务院发布新修订的《社会团体登记管理条例》。这构成了我国现行民间组织监管体制的基本框架,即"双重管理"模式。该模式的主要特点,可以概括为"归口登记、双重负责、分级管理、限制竞争、选择性扶持"。

归口登记。《社会团体登记管理条例》规定,除法律、法规规定免于登记外,所有社会团体、民办非企业单位由县级以上各级民政部门统一登记,颁发《社会团体法人登记证书》。经合法登记的社会组织,有了法人地位,具备民事主体资格,依法享有民事权利,承担民事义务。免于登记的团体包括三类:参加中国人民政治协商会议的八大人民团体;由国务院机构编制机关核定,并经国务院批准免予登记的团体;机关、团体、企事业单位内部经本单位批准成立,在本单位内部活动的团体。

双重负责,又称双重管理。指对民间组织的登记注册管理及日常管理实行登记管理机关和业务主管单位双重负责的体制。根据《社会团体登记管理条例》规定,民政部门是社会团体的登记管理机关,负责社会团体的成立、变更、注销的登记或者备案;对社会团体实施年度检查;对社会团体违反条例的情况进行监督检查,对违反条例的行为给予行政处罚。同级政府有关部门或政府授权的机构,是有关行业、学科或者业务范围内社会团体的业务主管单位。业务主管单位负责社会团体筹备申请、成立登记、变更登记、注销登记前的审查;监督、指导社会团体遵守宪法、法律、法规和国家政策,依据其章程开展活动;负责社会团体年度检查的初审;协助登记管理机关和其他有关部门查处社会团体的违法行为等。

分级管理。根据社会组织按照其开展活动的范围和级别，实行分级登记、属地管理。《社会团体登记管理条例》第七条规定："全国性的社会团体，由国务院的登记管理机关负责登记管理；地方性的社会团体，由所在地人民政府的登记管理机关负责登记管理；跨行政区域的社会团体，由所跨行政区域的共同上一级人民政府的登记管理机关负责登记管理。"相应的，业务主管单位对社会组织实行职能归口管理，要求相关业务范围内的政府部门作为社会组织的业务主管单位，这说明业务主管单位与社会组织的关系，不仅是行政管辖的地域范围和级别相适应，而且是职能相关，二者在业务范围上存在一致性。

限制竞争，即非竞争原则，为了避免社会组织开展竞争，禁止在同一行政区域内设立业务范围相同或者相似的社会组织，这一原则在1989年的《社会团体登记管理条例》中得到确立，该条例第十六条规定："在同一行政区域内，不得重复成立相同或者相似的社会团体。"这在1998年新的《社会团体登记管理条例》中得到保留，该条例第十三条规定："在同一行政区域内已有业务范围相同或者相似的社会团体，没有必要成立的，登记管理机关不予批准。"

选择性扶持。政府对社会组织进行严格管理的同时，通过制定法规及相关政策给社会组织的发展提供支持，主要包括税收减免，经费、场地、人力支持和扩大宣传等。

2016年3月，国务院公布了经过再次修订的《社会团体登记管理条例》。

11.外国商会管理暂行规定

20世纪80年代末，随着外企数量的增加，外国商会数量日增。为了促进国际贸易和经济技术交往，加强对外国商会的管理，保障其合法权益，1989年6月14日，国务院颁布了《外国商会管理暂行规定》（以下简称《规定》）。该《规定》明确规定外国商会是指外国在中国境内的商业机构及人员在中国境内成立，不从事任何商业活动的非营利性团体，外国商会的活动应当以促进其会员同中国发展贸易和经济技术交往为宗旨，为其会员在研究和讨论促进国际贸易和经济技术交往方面提供便利。

外国商会成立的条件和程序。《规定》指出成立外国商会，应当具备下列条件：有反映其会员共同意志的章程；有一定数量的发起会员和负责人；有固定的办公地点；合法的经费来源。《规定》对成立外国商会的程序进行了规定，"应当通过中国国际商会提出书面申请，由其报送中华人民共和国对外经济贸易部（以下简称'审查机关'）审查"，"审查合格后到民政部登记注册并依法开展活动"。《规定》指出：外国商会的名称应当冠其本国国名加上"中国"二字。

外国商会的发展存在以下困难。一是登记注册困难，这是诸多没有获得合法身份的外国商会组织开展活动的最大障碍。很多外国商会因此而在办公室租赁、对外交流、签署合同等方面面临较大困难。二是一国一会的注册原则给不同地区的外国商会之间合作带来困难。三是存在税收难题。中国税务部门要求登记注册的外国商会活动和印刷品都交税。四是注册难等因素导致许多外国商会以咨询公司的名义登记。这些商会组织有很强的营利动机，扰乱了商会、行业协会非营利的取向，给中国政府的社会管理带来难度。

2013年12月7日，国务院对《外国商会管理暂行规定》进行修订。删去原《规定》第七条。第九条改为第七条，对原条文"成立外国商会，应当通过中国国际商会提出书面申请，由其报送中华人民共和国对外经济贸易部（以下简称审查机关）审查"进行了修正，改为"成立外国商会，应当向中华人民共和国民政部（以下称登记管理机关）提出书面申请，依法办理登记。登记管理机关应当自收到本规定第八条规定的全部文件之日起60日内作出是否准予登记的决定，准予登记的，签发登记证书；不予登记的，书面说明理由。外国商会经核准登记并签发登记证书，即为成立"。

第十一条改为第十条，修改为："外国商会应当于每年1月向登记管理机关提交上一年度的活动情况报告。中国国际贸易促进委员会应当为外国商会设立、开展活动和联系中国有关主管机关提供咨询和服务。"

第十二条改为第十一条，修改为："外国商会需要修改其章程，更换会长、副会长以及常务干事或者改变办公地址时，应当依照本规定第七条、第八条规定的程序办理变更登记。"

12.民政部清理整顿社会团体

20世纪80年代末，我国社会团体存在不少问题：一是由于自由化思潮的影响，有些社会团体存在着一些不稳定因素；二是部分社会团体从事以营利为目的的经营活动，干扰了国家正常的经济秩序；三是有些社会团体不经批准非法成立或开展与其名称和宗旨不符的活动；四是社会团体设立过多过滥，业务交叉重复，随意搞摊派或变相摊派，加重了基层和企业的负担。此外，一些联谊性社会团体的不断发展，形成某些利益集团，影响正常的社会经济生活和工作秩序。

为此，1990年5月18日，民政部向国务院提出《关于清理整顿社会团体请示》。清理整顿社会团体的主要内容是通过社会团体的清理整顿，对社会团体进行复查登记，对非法成立或问题严重的社会团体要坚决取缔，对合法的社会团体要予以确认，维护其合法权益，使我国的社会团体管理工作逐步走上法制化轨道。要求用1年时间在全国全面开展清理整顿社会团体（包括复查登记）工作。清理整顿和复查登记工作先从社会科学和文学艺术类社会团体入手，然后逐步对其他社会团体进行清理整顿。

1996 年，中共中央办公厅、国务院办公厅发布《关于加强社会团体和民办非企业单位管理工作的通知》，要求分期分批对所有社会团体普遍进行一次检查、清理、整顿。1997 年 1 月 28 日民政部《关于清理整顿社会团体的意见》出台。这次清理整顿的目标是清理非法社会团体，查处违法违纪社会团体，规范社会团体行为，加强社会团体管理，确保社会团体在我国的改革开放、经济建设和社会发展中发挥积极作用。

清理整顿工作要坚持三个原则，一是"双重"负责的原则；二是从严的原则；三是统一归口登记的原则。登记管理机关、业务主管部门和挂靠单位以国家有关法律法规为依据，主要对社会团体在政治方向、业务活动、财务管理、组织人事、遵纪守法等方面的情况进行检查，作出保留、整改、合并、撤销的处理。

清理整顿的方法。清理整顿采取社会团体自查与业务主管部门审查及登记管理机关审定相结合的方法。

清理整顿的时限。清理整顿时限是 1997 年 4 月至 1998 年 2 月，第一阶段为社会团体自查阶段；第二阶段为业务主管部门审查阶段；第三阶段为登记管理机关审定与换发证书阶段。

13.中央社会治安综合治理委员会

中央社会治安综合治理委员会（以下简称"中央综治委"）是协助中共中央、国务院领导全国社会治安综合治理的常设机构，下设办公室作为办事机构，与中共中央政法委员会合署办公，中央政法委员会书记一般兼任中央综治委主任。

1991 年 3 月 21 日，中共中央决定成立中央社会治安综合治理委员会。其职能定位：作为协助党中央、国务院领导全国社会治安综合治理工作的常设机构。

2011 年 8 月，中央办公厅、国务院办公厅印发通知，中央社会治安综合治理委员会更名为中央社会管理综合治理委员会。其职能定位：赋予协调和指导全国社会管理工作的重要职能，充实领导力量，增加成员单位，加强工作机构。要求中央综治委全体成员，要进一步深化对加强和创新社会管理重要性、紧迫性的认识，按照中央提出的指导思想、基本原则、目标任务和主要措施，以高度的政治责任感和强烈的历史使命感，以奋发有为的精神状态和工作状态，把加强和创新社会管理工作抓紧抓好抓出成效，决不辜负党和人民的重托。

2014 年，中央决定将"中央社会管理综合治理委员会"恢复为"中央社会治安综合治理委员会"，以便于集中精力抓好平安建设。中央政法委、中央综治委、中央维稳办、中央联席办要会同各地政法、综治、维稳、信访部门，加强调查研究，认真总结经验做法，深入剖析问题症结，研究提出创新社会治理、深化平安建设的意见措施。

中央社会治安综合治理委员会的主要任务是：贯彻执行党的基本路线、方针、政策和国家法律，根据国民经济和社会发展的总体规划及社会治安形势，指导和协调全国社会治安综合治理工作。其主要职责是：根据全国社会治安状况，研究提出社会治安综合治理的方针、政策和重大措施，供党中央、国务院决策；对一个时期全国社会治安综合治理工作作出部署，并督促实施；指导、协调、推动各地区、各部门落实社会治安综合治理的各项重大措施；总结推广实践经验，表彰先进，组织有关部门加强社会治安综合治理的理论研究，探索和逐步完善具有中国特色的维护社会治安的新路子；办理党中央、国务院交办的有关事项。

中央社会治安综合治理委员会办公室的主要职责任务是：根据党中央、国务院和中央社会治安综合治理委员会的部署，研究社会治安综合治理的方针政策和需要采取的重大措施，提出建议；掌握各地区、各部门社会治安综合治理工作进展情况，及时向委员会反映；开展调查研究，推动各地区、各部门落实综合治理的各项措施；总结交流典型经验，鼓励先进，推动后进；办理中央社会治安综合治理委员会交办的其他事项。

为充分发挥有关部门的职能作用，组织协调各有关部门围绕群众反映强烈的治安重点、难点问题齐抓共管，中央综治委还根据工作需要设立了五个专门工作领导小组，即中央综治委铁路护路联防工作领导小组、流动人口治安管理工作领导小组、刑释解教人员安置帮教工作领导小组、预防青少年违法犯罪工作领导小组、学校及周边治安综合治理工作领导小组，以加强对这些专门工作的组织领导。

各领导小组办公室分别设在铁道部、公安部、司法部、共青团中央和教育部，具体负责领导小组的日常工作。

14.关于深化卫生医疗体制改革的几点意见

1992年初，邓小平同志视察我国南方并发表重要谈话，把我国改革开放和社会主义现代化建设推进到一个新的发展阶段，同年下半年召开的党的十四大，明确提出经济体制改革的目标是建立社会主义市场经济体制。这些成为了我国医疗卫生政策改革的指导思想，对卫生事业的发展产生了深远影响。

1992年9月23日，国务院下发《关于深化卫生医疗体制改革的几点意见》（以下简称《意见》）。《意见》的目标是："认真贯彻邓小平同志南方谈话与中共中央政治局会议精神，全面落实中共中央、国务院关于加快发展第三产业的决定，促使卫生事业更快更好地上一个新台阶，以建立健全基本适应社会经济发展和人民'小康'生活水平，具有中国特色的卫生服务、监督体系和健康保障制度，向社会提供更多的优质高效服务、最大限度地满足人们日益增长和不同层次的医疗预防保健需求，加快实现2000年人人享有卫生保健的目标。"其主要内容包括6个方面：改革卫生管理体制，提高卫生服务的整体效能；拓宽卫生筹资渠道，完善补偿机制；转换运行机制，推进劳动人事及工资制度改革；加强经营开发，增强卫生经济实力；改革医疗保健制度，完善健康保障体系；扩大对外开放，开拓国际医药卫生市场。

卫生部在贯彻文件中提出"建设靠国家，吃饭靠自己"的方针，要求医院在"以工助医、以副补主"方面取得新成绩。从此，医疗卫生机构开始提供专家门诊、点名手术、特殊护理、特需病房等特色服务。然而，这些政策大大地刺激了医院"创收营利"的倾向，严重影响了医疗机构公益性的发挥。此后，医改领域内的政府主导和推进市场化的争论几乎就没有停止过，而且逐步成为一个焦点问题而被社会各界所讨论。1993年5月，在全国医政工作会议上，卫生部有关领导明确表示反对市场化，要求多顾及医疗的大众属性和起码的社会公平，但被市场论者的"汹汹"之声淹没。由于对卫生事业发展的自身规律和特性认识不足，只是机械地、片面地模仿其他领域的改革，使得"医改"具有明显的随波逐流性质和盲目性，此时改革仍属于初级阶段。

15. "政事分开"的提出

随着改革开放的全面铺开，政企分开取得了实质性的进展。与企业改革相比，事业单位的改革明显滞后，其管理与运作模式还带有强烈的计划经济时代的特征。计划经济体制之下形成的"大政府"，已经无法适应市场经济发展的需要，建构新型的组织模式成为当务之急。而要完成这一使命，前提就是要对事业单位与政府、与市场、与社会之间的相互关系作出明确界定，其中与政府之间的关系尤为重要。

1992年，党的十四大从党政机构与事业单位同步改革的高度提出了政事分开的事业单位改革思路。1993年，党中央印发《关于党政机构改革的方案》和《关于党政机构改革方案的实施意见》，明确提出"事业单位改革的方向是实行政事分开，推进事业单位的社会化"。所谓"政事分开"，就是根据"决策"与"执行"相分离的原则，通过对"行政"与"事业"两大部门职责界限的明确划分，将公共服务的举办主体和实施主体之间由传统的隶属关系而转换为一种现代契约关系。

需要指出的是，"政事分开"并不意味着弱化或放弃政府在公共服务领域中的责任。因为"政事分开"所改变的只是"行政事业一体化"的管理体制，只是政府与事业单位之间的传统关系，而政府作为社会公益事业主要举办者、公共产品主要提供者的角色并没有发生改变。一方面，实行"政事分开"之后，政府部门应该继续加大对公共服务事业的投入，以避免事业单位走完全市场化道路，保证事业单位的公共服务性质，让老百姓能够享受到更多价廉质优的公共服务；另一方面，政府部门应该加大对事业单位的监管力度，特别是价格和收费标准上的监管，以防止事业单位借改革之名多收费、乱收费，变成背离其公共服务性质的商业机构。

16.中国教育改革和发展纲要

为了实现党的十四大确定的战略任务，指导20世纪90年代乃至21世纪初的教育改革和发展，使教育更好地为社会主义现代化建设服务，中共中央、国务院于1993年2月13日印发了《中国教育改革和发展纲要》（以下简称《纲要》）。《纲要》是适应中我国经济社会发展和建立社会主义市场经济体制要求的一个纲领性文件，在我国教育发展史上特别是改革开放以来的教育改革发展进程中，占有重要的历史地位。

《纲要》对教育体制改革作出了全面谋划和部署，明确提出"初步建立起与社会主义市场经济体制和政治体制、科技体制改革相适应的教育新体制"的目标，并分别对办学体制、基础教育管理体制和高等教育管理体制等各个领域的改革思路和目标进行了明确的规定。其中有关教育制度的主要内容有：

到20世纪末教育发展的总目标是：基本普及九年义务教育，基本扫除青壮年文盲，要全面贯彻党的教育方针，全面提高教育质量，要建设好一批重点学校和一批重点学科。简称为"两基"、"两全"、"两重"。

在教育结构上，《纲要》确定了基础教育、职业教育、成人教育、高等教育四种类型。基础教育是提高民族素质的奠基工程，必须大力加强。职业技术教育是现代化教育的重要组成部分，是工业化和生产社会化、现代化的重要支柱，要积极发展。高等教育担负着培养高级专门人才、发展科学技术文化和促进现代化建设的重大任务。成人教育是传统学校教育向终身教育发展的一种新型教育制度。另外，还要重视和扶持少数民族教育事业，重视和支持残疾人教育事业，积极发展广播电视教育。

在办学体制上，改变政府包揽办学的传统格局，逐步建立以政府办学为主体、社会各界共同办学的体制。基础教育应以地方政府办学为主，高等教育要逐步形成以中央、省（自治区、直辖市）两级政府办学为主，社会各界参与办学的新格局，职业教育和成人教育主要依靠行业、企业、事业单位和社会各方面联合办学。

在改革高校的招生和毕业生就业制度上，实行国家任务计划与调节性计划相结合，并逐步实行收费制度，改变"统包统分"和"包当干部"的就业制度，实行少数毕业生由国家安排就业，多数毕业生"自主择业"的制度。

在改革和完善投资体制上，增加教育经费，逐步建立以国家财政拨款为主，以征收教育税费、收取学费、校办产业收入、社会捐资集资、设立教育基金等为辅的多渠道筹措教育经费的制度。要努力实现"三个增长"，即"中央和地方政府教育拨款的增长要高于财政经常性收入的增长，并使按在校学生人数平均的教育费用逐步增长，切实保证教师工资和学生平均公用经费逐年有所增长"。

17.国家体委关于深化体育改革的意见

1993年5月24日，《国家体委关于深化体育改革的意见》（以下简称《意见》）正式出台。《意见》确立了90年代体育体制改革的基本思路，即实现由计划经济体制下的体育体制向与社会主义市场经济体制相适应的体育体制转变，逐步建立符合现代体育运动发展规律、国家调控、依托社会、自我发展、充满生机与活力的体育体制和良性循环的运行机制。

《意见》包括10个部分，具体内容与措施是：深化体育事业改革，需要进一步改革体育行政管理体制，加强宏观调控能力；加快运动项目协会实体化步伐，建立具有中国特色的协会制；建立集中与分散相结合、多强对抗的训练体制；改革竞赛制度，实行分级分类管理；坚持社会化方向；以产业化为方向，增强体育自我发展能力；转换科技、教育运行机制，加速体育科学化；实行全方位对外开放，拓展国际与地区间的体育交往；完善激励机制和约束机制，推动配套改革；从实际出发，积极稳妥地推进体育改革。

值得提出的是，这次体育改革在组织架构上推动了"管办分离"的进程，迈出了政事分开、管办分离的第一步；形成了体育行政部门集中领导下的"双轨制"，即大型综合性国内国际大赛、以"奥运争光"为核心的竞技体育赛事、大型公共体育设施建设以国家办为主，群众性体育活动、非奥体育运动项目发展、职业化体育、商业化体育等由社会办为主；初步建构了以"俱乐部"为单位的职业联赛制度，推动了相关体育项目的职业化发展，激活了体育竞赛、人才与资本市场，推动了体育产业化发展，形成了以体育本体产业为主的体育健身娱乐业、体育竞赛、体育信息咨询、体育广播电视、体育服装器材等为主体的体育市场。与此同时，体育无形资产也得到了进一步开发。另外，这次改革，改变了人们的观念，把体育社会化、产业化，将体育与市场联合起来，取得了较好的经济效益与社会效益。但深层矛盾也随之暴露出来，如体育社会组织与政府部门的关系仍未理顺；虽然体育事业的法制建设有所改善，但"人治"色彩依然很浓。1994年，实质性的大范围改革在体委内部展开。显然，中国体育体制改革任重而道远。

18.中共中央、国务院关于加速科学技术进步的决定

1995年5月6日,中共中央、国务院作出《中共中央、国务院关于加速科学技术进步的决定》(以下简称《决定》),《决定》由11个部分组成,提出科教兴国的战略,是推动我国科学技术进步的纲领性文件。5月26日至30日,中共中央、国务院在北京召开全国科学技术大会。《决定》和全国科技大会,明确了新时期科技工作的大政方针,要求全面落实邓小平同志关于"科学技术是第一生产力"的思想,把经济建设真正转移到依靠科技进步和提高劳动者素质的轨道上来。

《决定》强调"科学技术是第一生产力,是经济和社会发展的首要推动力量,是国家强盛的决定性因素。为大幅度提高社会生产力,增强综合国力,提高人民生活水平,确保我国现代化建设三步走战略目标的顺利实现,必须大力发展科学技术,加速全社会的科技进步"。《决定》11个部分主要内容是,全面落实科学技术是第一生产力的思想;大力推进农业和农村科技进步;依靠科技进步提高工业增长的质量和效益;发展高技术及其产业;推动社会发展领域的科技进步;切实加强基础性研究;深化科技体制改革,建立适应社会主义市场经济体制和科技自身发展规律的新型科技体制;建设高水平的科技队伍,提高全民族科技文化素质;多渠道、多层次地增加科技投入;进一步扩大对外开放,广泛开展国际科技合作与交流;切实加强党和政府对科技工作的领导。

在《决定》和全国科技大会召开以后,全国各地、各级单位积极响应,认真贯彻落实,纷纷出台相应办法。如文化部出台《贯彻〈中共中央、国务院关于加速科学技术进步的决定〉的几点意见》,指出在《决定》中第一次提到要加强文化和体育领域的科技工作,这是新形势下文化事业深入发展对文化科技工作提出的新要求,也是对文化科技工作者的莫大鼓舞。要求进一步提高认识,加强文化科技管理,发展文化科技产业,实施人才培养工程等。杭州市委市政府出台《贯彻〈中共中央国务院关于加速科学技术进步的决定〉的若干意见》,要求全面实施科教兴市战略、加快推进"科教兴农"、大力发展高新技术及其产业等。

19.中央机构编制委员会关于事业单位改革若干问题的意见

1996年7月8日中央机构编制委员会发布《中央机构编制委员会关于事业单位机构改革若干问题的意见》。意见提出了事业单位机构改革的总体方向和基本思路:遵循政事分开、推进事业单位社会化的方向,建立起适应社会主义市场经济体制需要和符合事业单位

自身发展规律、充满生机与活力的管理体制、运行机制和自我约束机制。改革的基本思路是：确立科学化的总体布局，坚持社会化的发展方向，推行多样化的分类管理，实行制度化的总量控制。

遵循政事分开的方向。一是要合理划分党政机关与事业单位的职责。事业单位承担的行政管理职责原则上要交归行政机关。党政机关分离出来的一些辅助性、技术性的工作，事业单位要积极承担起来，以促进机关的职能转变，但不应因行政机构和行政编制数额的限制，将行政机构转为事业单位。二是现在属于行政机构序列、但以事业性工作为主的政事合一机构，应根据政事职责的具体情况分别进行调整。三是研究建立符合事业单位自身特点的等级规格，逐步取消事业单位机构的行政级别。四是规范事业单位的名称。事业单位的名称要体现事业单位的特点，并与党政机关、企业和社会团体的名称相区别。

推进事业单位的社会化。一是改革主管部门对事业单位的管理方式。主管部门对事业单位的管理，主要是政策引导，进行监督，管好领导班子（或只管法人代表），监管国有资产。事业单位在符合党的方针政策和国家法律规定，保证完成国家和主管部门下达的任务的前提下，享有内部管理等方面的自主权，真正成为面向社会服务的独立法人。二是逐步打破事业单位的条块分割。要遵循"区域覆盖"和就近服务的原则，按照区域经济和社会公益事业发展的要求，对事业单位的设置进行统筹规划。三是加强对民办事业单位的管理。要制定有关政策、法规，有领导、有计划、有步骤地发展适宜民办的事业单位。四是建立事业单位登记管理制度。要把建立登记管理制度作为推进事业单位机构改革和加强管理的重要手段。

根据事业单位的不同情况，分类进行改革。一是积极发展既为社会主义市场经济所急需，又在经费上实行自收自支或企业化管理的事业单位。二是撤并压缩不适应国民经济和社会发展需要的事业单位。三是把财政拨款事业单位的机构编制控制在与国民经济发展水平相适应的范围内。四是对主要从事生产经营活动，性质应为企业，但现在作为事业单位管理的单位，原则上应改为企业；一些现在实行企业化管理，可以主要由市场引导资源配置的应用技术开发单位等，也可以并入企业或改办为科技先导型企业。

加强事业单位机构编制的宏观管理。一是建立和实行事业单位机构编制宏观管理制度。对事业单位机构编制实行总量控制，是实现事业单位与经济建设和社会事业协调发展的客观要求。二是加强事业单位机构编制法制建设。要抓紧出台中华人民共和国事业单位登记管理条例，研究拟定事业单位管理方面的其他法规，规范事业单位机构编制管理行为。

加快事业单位机构编制标准的制定工作。一是要通过制定和实施科学合理的事业单位机构编制标准，规范事业单位的设立行为，优化事业单位组织结构，控制事业单位机构编制总量。二是严格事业单位机构编制审批制度。

加强领导，统筹规划，逐步推进。一是调查研究、统筹规划。各地区、各部门要特别注意搞好调查研究，摸清情况，统筹规划各类事业单位的改革，提出切实可行的措施。搞好试点，总结经验。二是要先易后难，逐步推进。在改革过程中，要注意区分不同情况和轻重缓急，从实际出发，先易后难。防止不加区别，不顾条件的"一刀切"、"齐步走"。三是加强领导，协同配合。

20.中共中央、国务院关于卫生改革与发展的决定

从1995年到2010年，这是我国社会主义现代化建设承前启后、继往开来的重要时期。到2000年，我国人口比1980年增长3亿左右。人均国民生产总值比1980年翻两番；到2010年国民生产总值比2000年翻一番。在这期间，我国正在积极推进社会主义市场经济体制的建立与完善。与此同时，20世纪90年代，我国卫生事业遇到了许多困难和问题，如卫生投入不足；有限的卫生资源配置不合理，利用率不高，甚至存在浪费现象；医疗保障制度不健全，卫生机构的经济运行机制不合理等问题。为解决好这些问题，适应社会主义市场经济建设的需要，同时为了贯彻党的十四届五中全会、六中全会精神，落实《中华人民共和国国民经济和社会发展"九五"计划和2010年远景目标纲要》提出的卫生工作任务，保证跨世纪宏伟目标的顺利实现，1996年12月9日至12日召开了新中国成立后首次全国卫生工作会议，讨论了《中共中央、国务院关于卫生改革与发展的决定》。1997年1月15日，《中共中央、国务院关于卫生改革与发展的决定》（以下简称《决定》）正式出台。

《决定》明确提出了新时期中国卫生事业改革与发展的指导思想，卫生工作奋斗目标和主要任务，以及重要政策措施，为在新的历史时期进一步作好卫生工作指明了方向。《决定》指出卫生工作的奋斗目标是"到2000年，初步建立起具有中国特色的包括卫生服务、医疗保障、卫生执法监督的卫生体系，基本实现人人享有初级卫生保健，国民健康水平进一步提高。到2010年，在全国建立起适应社会主义市场经济体制和人民健康需求的、比较完善的卫生体系，国民健康的主要指标在经济较发达地区达到或接近世界中等发达国家的平均水平，在欠发达地区达到发展中国家的先进水平"。这个目标包括建立具有中国特色的卫生体系和提高人民健康水平两个方面的内容，从《决定》出台起到2000年和到2010年两个阶段的要求，以及经济较发达地区和欠发达地区应分别达到的水平。

《决定》共有9个部分，40个具体改革措施。主要内容包括：改革城镇职工医疗保障制度，"九五"期间基本建立起城镇职工社会医疗保险制度；改革卫生管理体制，提高卫生资源利用率，逐步实现企业卫生机构社会化；改革城市卫生服务体系，发展社区卫生服务，逐步形成功能合理、方便群众的卫生服务网；改革卫生机构运行机制，实行并完善院（所、站）长负责制等。

《决定》颁布之后，各省、市、自治区陆续召开了卫生工作会议，结合具体情况从增加投入、调整卫生服务价格、农村卫生建设和卫生扶贫以及改革职工医疗保障制度等方面提出了种种措施，出现了振兴卫生事业的大好形势。

21."社会管理"成为政府基本职能

新中国成立至改革开放之前，我国政府在计划经济体制下履行着全能型政府的职能。这一社会管理模式，僵化了社会的思想与活力，抑制了经济、文化、社会领域的平衡发展。改革开放以后，政府职能主要集中在经济建设，经济职能成为政府工作重点。但随着经济社会转型期出现的各种矛盾和挑战，实践提出了重在经济社会全面均衡发展的要求。经过多年的探索，我国政府的社会管理职能正在得以增强。

1993年，党的十四届三中全会提出，政府经济管理部门要转变职能，加强政府社会管理职能，保证国民经济正常运行和良好社会秩序。这是党的会议文件首次把社会管理作为政府的重要职能之一明确提出，并视其为维护社会秩序的保障性、基础性工作。

2002年，党的十六大强调要"完善政府经济调节、市场监管、社会管理、公共服务职能，改进管理方式，保持良好社会秩序"，第一次将社会管理和公共服务放在同等位置，作为政府职能的重要方面。但是，政府职能仍偏重于"经济调节"和"市场监管"，而"社会管理"及"公共服务"方面的职能显得薄弱。

2003年，"非典"疫情的爆发，充分暴露了我国政府社会管理职能的缺失。温家宝在《深化行政管理体制改革，加快实现政府管理创新》的讲话中指出："非典"疫情的发生和蔓延，给我们一个重要启示，就是要在继续加强经济调节和市场监管职能的同时，更加重视政府的社会管理和公共服务职能。随后，我国政府将社会管理职能提升到了一个新的高度。

2004年，党的十六届四中全会首次提出的建立"党委领导、政府负责、社会协同、公众参与"的社会管理格局。2004年的政府工作报告中明确提出"在继续抓好经济调节、市场监管的同时，更加注重社会管理和公共服务，把财力物力等公共资源更多地向社会管理和公共服务倾斜"。2005年《政府工作报告》继续重申"更加注重履行社会管理和公共服务功能"，并提出"努力建设服务型政府"的目标。2012年，党的十八大报告关于社会建设理论新概括，在"党委领导、政府负责、社会协同、公众参与"的基础上新增"法治保障"，形成"五位一体"的社会管理工作格局。有学者认为，政府负责，就是要发挥政府担当主要责任的作用,各级政府必须切实履行社会管理和公共服务的职能,明确部门责任,健全职责体系,培育社会组织,创新公共政策体系,把社会管理工作落到实处。

22.民政部设立"民间组织管理局"

1988年,国务院批准民政部成立社团管理司。此后,地方各级民政部门先后设立了社团管理处(办公室)等机构,社团管理干部队伍初步建立。1997年,民政部社团管理司更名为社会团体和民办非企业单位管理司,1998年6月改称组建了民政部民间组织管理局。地方各省(直辖市、自治区)机构改革后,也先后设立了民间组织管理局。近年来,中央高度重视社会组织管理工作。考虑到社会组织管理工作的重要性和任务繁重,2007年,国家为民政部民间组织管理局新增编制和局领导职数,对外称"国家民间组织管理局",并加挂了"民间组织执法监察局"的牌子,增加了工作经费,配备了执法设备。

民政部民间组织管理局的主要职责包括拟定社会团体、民办非企业单位和基金会管理的方针、政策、规章并监督实施;负责全国性社会团体、跨省(自治区、直辖市)社会团体、在内地的香港特别行政区及澳门和台湾同胞社会团体、外国人社会团体、国际性社会团体在华机构的登记和管理研究提出会费标准规则;监督社会团体活动,查处社会团体的违法行为和未经登记而以社会团体名义开展活动的非法组织;指导和监督地方社会团体的登记管理工作;负责中央单位主管的民办非企业单位的登记和管理;研究提出有关财务、收费管理办法;研究民办非企业单位发展规划,拟定管理民办非企业单位的政策措施;查处民办非企业单位的违法行为和未经注册的民办非企业单位;指导和监督地方民办非企业单位登记管理工作。负责全国性公募基金会,拟由非内地居民担任法定代表人的基金会,原始基金超过2000万元、发起人向国务院民政部门提出设立申请的非公募基金会,境外基金会在中国内地设立的代表机构的登记管理工作;研究基金会发展规划,拟定基金会管理政策措施;对基金会、境外基金会代表机构实施年度检查;依照有关法规及其规定进行日常监督管理;查处基金会、境外基金会代表机构的违法行为和未经过注册的基金会、境外基金会代表机构;指导和监督地方基金会的登记管理工作。

23.民办非企业单位登记管理暂行条例

国务院于1998年10月颁布《民办非企业单位登记管理暂行条例》,进一步确立了归口登记、双重负责、分级管理的"双重管理"体制。

归口登记。民办非企业单位根据其依法承担民事责任的不同方式分为民办非企业单位

（法人）、民办非企业单位（合伙）和民办非企业单位（个体）三种。民办非企业单位登记管理机关审核登记的程序是受理、审查、核准、发证、公告。举办民办非企业单位，应按照下列所属行（事）业申请登记：教育事业、卫生事业、文化事业、科技事业、体育事业、劳动事业、民政事业、社会中介服务业、法律服务业，等等。民办非企业单位的登记事项为：名称、住所、宗旨和业务范围、法定代表人或者单位负责人、开办资金、业务主管单位。登记手续进一步简化。办理登记时，只需向登记管理机关提交下列文件：登记申请书；章程草案；拟任法定代表人或单位负责人的基本情况、身份证明；业务主管单位出具的执业许可证明文件。

申请登记民办非企业单位的条件。民办非企业单位的名称，必须符合国务院民政部门制订的《民办非企业单位名称管理暂行规定》。民办非企业单位必须拥有与其业务活动相适应的合法财产，且其合法财产中的非国有资产份额不得低于总财产的三分之二。开办资金必须达到本行（事）业所规定的最低限额。

双重负责。条例规定："民办非企业单位变更业务主管单位，须在原业务主管单位出具不再担任业务主管的文件之日起90日内找到新的业务主管单位，并到登记管理机关申请变更登记。"民办非企业单位申请变更登记事项时，应向登记管理机关提交业务主管单位对变更登记事项审查同意文件；民办非企业单位的住所、业务范围、法定代表人或单位负责人、开办资金、业务主管单位发生变更的，应向登记管理机关提交原业务主管单位不再承担业务主管的文件；民办非企业单位修改章程或合伙协议的，应当报原登记管理机关核准。报请核准时，应提交业务主管单位审查同意的文件。申请注销登记时，应向登记管理机关提交业务主管单位审查同意的文件。

24.事业单位登记管理暂行条例

1998年9月25日国务院第八次常务会议通过《事业单位登记管理暂行条例》（以下简称《暂行条例》），1998年11月6日发布。事业单位经县级以上各级人民政府及其有关主管部门（以下统称审批机关）批准成立后，应当依照规定登记或者备案。事业单位应当具备法人条件。事业单位实行分级登记管理。

登记。《暂行条例》规定，申请事业单位法人登记，应当具备下列条件：经审批机关批准设立；有自己的名称、组织机构和场所；有与其业务活动相适应的从业人员；有与其业务活动相适应的经费来源；能够独立承担民事责任。事业单位法人登记事项包括：名称、住所、宗旨和业务范围、法定代表人、经费来源（开办资金）等情况。

《暂行条例》规定，事业单位的登记事项需要变更的，应当向登记管理机关办理变更登记。事业单位被撤销、解散的,应当向登记管理机关办理注销登记或者注销备案。事业单位的登记、备案或者变更名称、住所以及注销登记或者注销备案,由登记管理机关予以公告。

监督管理。《暂行条例》规定,事业单位开展活动,按照国家有关规定取得的合法收入,接受捐赠、资助,必须用于符合其宗旨和业务范围的活动。事业单位必须执行国家有关财务、价格等管理制度,接受财税、审计部门的监督。

2004年6月27日国务院颁布《国务院关于修改〈事业单位登记管理暂行条例〉的决定》,将《事业单位登记管理暂行条例》第五条第一款中的"国务院机构编制管理机关和县级以上地方各级人民政府机构编制管理机关是本级人民政府的事业单位登记管理机关(以下简称登记管理机关)。事业单位实行分级登记管理。分级登记管理的具体办法由国务院机构编制管理机关规定。法律、行政法规对事业单位的监督管理另有规定,依照有关法律、行政法规的规定执行",修改为:"县级以上各级人民政府机构编制管理机关所属的事业单位登记管理机构(以下简称登记管理机关)负责实施事业单位的登记管理工作。县级以上各级人民政府机构编制管理机关应当加强对登记管理机关的事业单位登记管理工作的监督检查。"

25.取缔非法民间组织暂行办法

中华人民共和国民政部《取缔非法民间组织暂行办法》(以下简称《暂行办法》)在2000年4月6日部务会议通过,限制社会组织的发展一度成为一些党政机关社会管理的一项职责。《暂行办法》首先对非法民间组织进行了界定:"未经批准,擅自开展社会团体筹备活动的;未经登记,擅自以社会团体或者民办非企业单位名义进行活动的;被撤销登记后继续以社会团体或者民办非企业单位名义进行活动的。"

登记管理机关负责制。社会团体和民办非企业单位登记管理机关(以下统称登记管理机关)负责对非法民间组织进行调查,收集有关证据,依法作出取缔决定,没收其非法财产。取缔非法民间组织,由违法行为发生地的登记管理机关负责。涉及两个以上同级登记管理机关的非法民间组织的取缔,由他们的共同上级登记管理机关负责,或者指定相关登记管理机关予以取缔。对跨省(自治区、直辖市)活动的非法民间组织,由国务院民政部门负责取缔,或者指定相关登记管理机关予以取缔。对非法民间组织,登记管理机关一经发现,应当及时进行调查,涉及有关部门职能的,应当及时向有关部门通报。

登记管理机关的调查取证工作。登记管理机关对非法民间组织进行调查时,执法人员不得少于两人,并应当出示证件。登记管理机关对非法民间组织进行调查时,有关单位和个人应当如实反映情况,提供有关资料,不得拒绝、隐瞒、出具伪证。登记管理机关依法调查非法民间组织时,对与案件有关的情况和资料,可以采取记录、复制、录音、录像、照相等手段取得证据。对经调查认定的非法民间组织,登记管理机关应当依法作出取缔决定,宣布该组织为非法,并予以公告。

非法所得的处理。非法民间组织被取缔后,登记管理机关依法没收的非法财物必须按照国家规定公开拍卖或者按照国家有关规定处理。登记管理机关依法没收的违法所得和没收非法财物拍卖的款项,必须全部上缴国库。

对被取缔的非法民间组织的处理。登记管理机关应当收缴其印章、标识、资料、财务凭证等,并登记造册。登记管理机关取缔非法民间组织后,应当按照档案管理的有关规定及时将有关档案材料立卷归档。非法民间组织被取缔后,继续开展活动的,登记管理机关应当及时通报有关部门共同查处。

26.原国家经贸委所属十个国家局改制为行业协会

2001年2月国务院机构改革中,撤销了国家经贸委所属的内贸局、冶金局、建材局、纺织局、轻工局、机械局、石化局、有色金属局、煤炭局、烟草局10个国家局。被撤销的国家局工作职能并入国家经贸委有关司局。国家内贸局与贸易市场司合并,成立贸易市场局,内贸局原有汽车更新、散装水泥推广、再生资源利用等管理职能划归再生资源司,而其他8个工业局合并成立行业管理局。

为加强对10个国家局所属行业的管理,国家经贸委成立相应的10大工业行业协会,赋予这些协会部分政府职能。新的行业协会包括机械工业协会、钢铁工业协会等,根据商业流通行业的实际情况,设立物资流通协会和商业联合会两个协会。并且赋予这些行业协会部分政府职能。10个国家局所属事业单位均分别划归各协会,同时行业协会还负责对各类专业协会的组织领导。

2001年2月28日,《国家经贸委印发委管行业协会管理意见》出台。国家经贸委决定对其中15个协会进行直接管理(以下简称直管协会),并委托其分别代管其他协会(以下简称代管协会)。协会之间具有平等的法人地位,各自独立承担民事责任。直管协会和代管协会没有隶属关系,其业务主管单位都是国家经贸委。直管协会对代管协会的管理不能超出国家经贸委委托的职责范围,不得干涉代管协会依据章程开展业务活动。

国家经贸委直管协会包括中国工业经济联合会、中国企业联合会、中国质量管理协会、中国包装技术协会、中国中小企业国际合作协会、中国商业联合会、中国物资流通协会、中国煤炭工业协会、中国机械工业联合会、中国钢铁工业协会、中国石油和化学工协会、中国轻工行业协会联合会、中国纺织工业协会、中国建筑材料工业协会、中国有色金属工业协会 15 家协会。

27.中共中央、国务院关于进一步加强和改进新时期体育工作的意见

2002 年 7 月 22 日，中共中央、国务院发布《关于进一步加强和改进新时期体育工作的意见》（以下简称《意见》）。《意见》全面深刻地阐明了体育在社会发展、经济建设中的重要地位和作用，科学分析了体育工作面临的形势和任务，明确提出了新时期发展体育事业的指导思想、工作方针和总体要求，是指导我们做好新时期体育工作的纲领性文件。

《意见》指出：加快我国体育事业的全面发展，满足广大人民群众日益增长的体育文化需求，并借此推动我国社会主义物质文明建设和精神文明建设的发展，是全党、各级政府和全国各族人民的一项共同任务。《意见》内容主要包括 6 个方面和 29 条具体政策措施。在推进全民健身计划、实施竞技体育发展战略、深化体育体制改革等方面，提出了具体要求。尤其在阐述竞技体育发展战略时，《意见》指出："举办 2008 年奥运会是一个系统工程。各有关地区、部门和有关方面要密切配合，开拓创新，把筹备和举办奥运会作为推动我国经济、社会发展的难得机遇，作为提高我国竞技运动水平和国际大型赛事组织能力的大舞台，作为学习国际体育事务、掌握现代体育运作方式的大学校，作为锤炼体育队伍思想、业务素质的大熔炉，进一步提高我国在国际体坛的地位和声望。同时，要重视和支持残疾人运动员的选拔、集训、组团、参赛等工作，按照国际惯例，确保 2008 年残疾人奥运会的圆满成功。"

《意见》详细阐释新时期体育工作部署的背景和原因，认为虽然自 1984 年以来，尤其是发布了《关于进一步发展体育运动的通知》以后，各项体育事业蓬勃发展。但是，我国人均体育场地、人均体育消费和经常参加体育活动的人数，与世界发达或较发达国家相比，仍处在较低水平；地区之间、城乡之间体育发展程度差距较大；竞技体育优势项目不多，后备力量不足等问题依然存在。同时，2001 年，北京成功赢得 2008 年奥运会举办权。为筹备和举办 2008 年奥运会及残疾人奥运会，党和政府希望各级党委、政府以此为契机，进一步加强和改进新时期体育工作。就是在这样的社会背景下，党和政府发布了此《意见》。

《意见》颁布以后，全国各地积极响应，认真贯彻落实。2003 年 2 月 18 日，广州市体育局草拟的《市委、市政府贯彻落实〈中共中央、国务院关于进一步加强和改进新时期体育工作的意见〉的决定》，提出增强宏观指导性和可操作性的修改意见，并提出了到 2010 年广州市体育工作要实现"创建全国一流体育城市"的奋斗目标。云南省委省人民政府贯

彻《意见》的发布，提出以全民健身为目标，努力构建具有云南特色的群众性多元化体育服务体系。

28.京沪粤成立社会建设专门机构

2003年，上海成立了全国首家省级社会工作委员会。2007年底，北京市成立了社会工作委员会和社会建设办公室。2008年，北京各个区县也相继成立了社会工作委员会和社会建设办公室，社会建设工作在北京全市范围内铺开。2011年，广东继上海和北京之后，成为第三个成立社会工作委员会的城市。

一、北京市设立社会建设专门机构

北京市社会建设工作办公室（以下简称"市社会办"）与中共北京市委社会工作委员会（以下简称"市委社会工委"）合署办公。市委社会工委是负责本市社会建设工作的市委派出机构。市社会办是负责本市社会建设工作的市政府组成部门。设有办公室（人事处）、研究室（政策法规处）、综合处（宣传处）、党建工作处、社会工作队伍建设处、社区建设处、社会组织工作处、社会动员工作处（志愿者工作处）、机关党委（工会）等机构。

北京市委社会工委主要职责包括，贯彻执行党的路线、方针、政策和市委关于加强本市社会建设的决议、决定，研究提出工作意见并组织实施；研究提出本市社会建设的总体规划、重大方案和重要政策，为市委宏观决策服务；宏观指导、统筹协调和督促检查本市社会建设重点任务的落实；拟订并组织实施本市社会管理体制改革和社会领域社会动员体制机制建设的规划和政策措施；负责综合研究和统筹协调本市街道管理体制改革相关工作；负责本市社会领域党建工作，拟订并组织实施社会领域党建工作的规划和政策措施，协调指导各区县、各有关单位开展社区党建、社会组织党建和新经济组织党建工作；协调指导本市社会工作人才队伍建设工作，拟订并组织实施社会工作人才队伍建设的规划和政策措施，建立健全以培养、评价、使用、激励为主要内容的制度和机制；综合协调本市志愿者工作，拟订并组织实施志愿者工作的规划和政策措施；负责对各区县社会建设工作进行指导和督促检查。

市社会办的主要职责包括，贯彻执行国家关于社会建设方面的法律、法规、规章和政策，提出加强本市社会建设的意见和建议；拟订并组织实施本市社会建设的总体规划、改革方案和宏观政策，组织协调相关部门起草社区、社会组织、社会工作人才队伍、志愿者等方面的地方性法规草案、政府规章草案；组织拟订本市社会公共服务体制机制建设的规划和政策措施，协调推进社会公共服务体系建设；统筹推进本市社区建设，拟订并组织实施社区建设的规划和政策措施，综合协调解决社区建设中的重点、难点问题；

宏观指导本市社会组织建设与发展，拟订并组织实施社会组织建设的规划和政策措施，协调推进社会组织改革和发展工作；对各区县、各部门的社会建设工作落实情况进行指导和督促检查。

二、上海市设立社会建设专门机构

2003年8月，根据《上海市机构改革方案》，设置中共上海市社会工作委员会，成为全国首家省级社会工作委员会。2004年7月，根据市委、市政府《关于建立上海市社会服务局的批复》，在上海市行业协会发展署（上海市市场中介发展署）的基础上建立上海市社会服务局，与中共上海市社会工作委员会合署办公。2008年10月，根据《上海市机构改革方案》，不再保留上海市社会服务局。2009年11月，根据市委、市政府《关于建立上海市社会建设工作领导小组及其组成人员的通知》，建立上海市社会建设工作领导小组，下设办公室，设在中共上海市社会工作委员会。2012年7月，上海市社会建设工作领导小组更名为上海市社会建设委员会，下设办公室，为委员会具体工作部门，设在上海市社会工作党委。

上海市社会建设委员会，内设机构有办公室、研究室、基层工作处、人力资源处、协调指导处。按有关规定设置机关党委。市社会纪工委为中共上海市纪律检查委员会的派驻机构。主要工作职责有，中共上海市社会工作委员会是中共上海市委的派出机构，根据市委授权，负责对本市新社会组织、新经济组织党的工作的指导、协调、研究和督查。上海市社会建设委员会办公室设在市社会工作党委，其主要职能是就本市社会建设开展调查研究、进行统筹规划、提出政策建议、加强指导协调。

三、广东省设立社会建设专门机构

2011年8月8日，省委省政府设立广东省社会工作委员会（以下简称"省社工委"），既是省委的工作部门，也是省政府的工作部门。内设办公室、社会建设指导处、公共服务促进处、社会组织工作处4个处室。

省社工委主要职责。一是贯彻执行党和国家有关法律、法规和政策；牵头研究拟订并组织实施全省社会工作规划和重大政策，协调相关部门起草社会工作方面的地方性法规、规章草案，研究社会工作重大问题并提出政策建议；二是统筹指导和综合协调全省开展社会工作，督促检查社会工作规划、政策和重点任务落实情况，建立健全社会建设和管理绩效评估体系；三是参与拟订教育、民政、司法、劳动就业、社会保障、住房和城乡建设、文化、卫生、人口和计划生育、体育等政策，统筹推进扩大公共服务、保障和改善民生，协调构建综合性社会救助体系；四是负责推进和创新群众工作，协调建立健全群众利益协调、诉求表达、矛盾调处、权益保障机制；五是配合推进社会领域党建工作，推动建立健全共同价值体系和社会规范，统筹加强社会公德和社会诚信建设；六是研究推动社会建设和管理体制改革创新，参与拟订社区治理、社会组织培育和发展、社会工作队伍建设等政策并协调实施，协调构建社会治安防控、流动人口和特殊人群管理服务、虚拟社会管理等体系。七是承办省委、省政府和中央有关部门交办的其他事项。省社工委实行委员制。目前共有省委、省政府工作部门，群众团体等44个委员单位，委员单位各派出1名副厅级以上领导作为委员。省社工委建立决策、执行既相对分离又相互协调的社会工作运行机制，省社工委负责研究和统筹处理全省社会工作重大问题，委员单位按照委员会决策和部门职责分工做好贯彻落实工作。

29.基金会管理条例

2004年3月，国务院颁布了《基金会管理条例》并于同年6月正式施行，1988年9月27日国务院发布的《基金会管理办法》同时废止。《基金会管理条例》对基金会设立、变更和注销，组织机构，财产的管理和使用，监督管理，法律责任等做了具体规定。并确定了基金会的法定公益支出比例、内部治理结构以及利益冲突规则等内容。

《基金会管理条例》首次将基金会划分为公募性基金会和非公募性基金会，公募性基金会按照募捐的地域范围，分为全国性公募基金会和地方性公募基金会。全国性公募基金会的原始基金不低于800万元人民币，地方性公募基金会的原始基金不低于400万元人民币，非公募基金会的原始基金不低于200万元人民币；原始基金必须为到账货币资金。

基金会理事会制度。理事为5人至25人，理事任期由章程规定，但每届任期不得超过5年。理事任期届满，连选可以连任。理事会设理事长、副理事长和秘书长，从理事中选举产生，理事长是基金会的法定代表人。理事会每年至少召开两次会议。理事会会议须有2/3以上理事出席方能召开；理事会决议须经出席理事过半数通过方为有效。

基金会的财产管理制度。基金会的财产及其他收入受法律保护，任何单位和个人不得私分、侵占、挪用。基金会应当根据章程规定的宗旨和公益活动的业务范围使用其财产；捐赠协议明确了具体使用方式的捐赠，根据捐赠协议的约定使用。接受捐赠的物资无法用于符合其宗旨的用途时，基金会可以依法拍卖或者变卖，所得收入用于捐赠目的。基金会应当按照合法、安全、有效的原则实现基金的保值、增值。公募性基金会每年用于从事章程规定的公益事业支出，不得低于上一年总收入的70%；非公募性基金会每年用于从事章程规定的公益事业支出，不得低于上一年基金余额的8%。基金会工作人员工资福利和行政办公支出不得超过当年总支出的10%。基金会理事会违反本条例和章程规定决策不当，致使基金会遭受财产损失的，参与决策的理事应当承担相应的赔偿责任。基金会理事、监事以及专职工作人员私分、侵占、挪用基金会财产的，应当退还非法占用的财产；构成犯罪的，依法追究刑事责任。

《基金会管理条例》的颁布实施有利于广泛调动社会力量参与公益事业，培育基金会发展，保护基金会、捐赠人和受益人的合法权益，推动经济和社会的协调发展。

30.网格化管理

网格化管理是指借用空间网格及计算机网格管理的思想，将管理对象按照一定的标准划分成若干网格单元，利用现代信息技术和网格技术的协调机制，使各个网格单元之间能有效地进行信息交流，透明地共享系统的各种资源，以最终达到整合系统资源、提高管理效率的现代化管理思想。城市网格化管理是将城市管理区域按一定的标准划分为若干网格单元，利用现代信息技术和网格单元之间的协调机制，依据"各司其职、优势互补、依法管理、规范运作、快速反应"的原则，按照政府流程再造的要求，将各网格内的经济、巡警、环卫、城管人员之间的联系、协作、支持等内容以制度的形式固定下来，形成新的城市管理体系，以提高城市的管理水平和管理效率。

网格化管理最早起源于上海市在抗击"非典"时所应用的"两级政府、三级管理、四级网络"的城市管理体制，后来经过不断总结完善，在2003年正式提出"网格化管理"的概念。2003年，北京市东城区成立了以区委书记为组长的创新城市管理课题组，针对依托《数字城市技术创建城市管理模式》课题进行了深入调查研究，依托相对成熟的技术，结合东城区城市管理的实际，提出了网格化城市管理的思想，按照这一构想，北京市东城区进行网格化管理试点，并取得了很大成效。在此基础上，2005年，建设部确定了深圳、成都、杭州等10个城市为数字化城市管理的第一批试点城市。2006年，建设部又确定了天津市河西区、重庆市高新区等17个城市（区）为第二批试点城市。2007年，建设部又确定了23个城市（区）为第三批试点城市。试点工作的开展，为数字化城市管理的推广提供了实践经验。

网格化管理的基本做法是划分网格，即根据实际情况和管理便利的原则，将所辖区域划分为若干"网格"，每个网格配备一定数量的工作人员，负责网格内事务的处理。如深圳市南山区蛇口街道办事处，综合考虑居住人口状况、出租屋套数、社区管理工作的难易程度等因素，将街道12个社区共划分成80个网格，每个网格配备3名工作人员，即网格协管员、网格管理员和网格督导员，分别由社区综合协管员、社区工作站专职人员和街道办事处挂点社区干部担任。

网格化管理也是一种配置体制和协作机制，是组织创新，其实质是资源的有机整合。它在不改变现行管理体制、不增加政府机关工作人员的前提下，通过不断完善社区服务、管理、监督等环节，把基层组织和基层干部的工作重心转移到为群众提供更好的公共服务上来，是做好基层群众工作的长效机制和有效载体。十八届三中全会《中共中央关于全面深化改革若干重大问题的决定》（以下简称《决定》），指出坚持源头治理，标本兼治、重在治本，以网格化管理、社会化服务为方向，健全基层综合服务管理平台，及时反映和协调人民群众各方面各层次利益诉求。这是首次将"网格化管理"写入党的文件，提升到国家层面，显示了党和政府对完善网格化管理、推动社会治理创新的高度重视。十八届三中全会以来，各级政府积极响应《决定》精神，以网格化为方向，以信息化为支撑，有效整合各类资源，建立信息数据库，建立网格巡察巡访机制、问题分级处置机制、多维评价考核机制等，全力推进网格化管理工作，至此，网格化管理在全国得到普遍推行。

31.关于深化文化体制改革的若干意见

在全面建设小康社会、实现中华民族伟大复兴的历史进程中，繁荣和发展社会主义先进文化具有全局性战略性意义和作用。2005年12月，中共中央、国务院发出《关于深化文化体制改革的若干意见》（以下简称《意见》）。《意见》是按照党的十六大和十六届三中、四中、五中全会精神，在总结文化体制改革试点工作的基础上制定的，对推进文化体制改革作了全面部署。

《意见》明确了文化体制改革的目标任务：以发展为主题，以改革为动力，以体制机制创新为重点，形成科学有效的宏观文化管理体制、富有效率的文化生产和服务的微观运行机制、以公有制为主体、多种所有制共同发展的文化产业格局和统一、开放、竞争、有序的现代文化市场体系；要形成完善的文化创新体系，形成以民族文化为主体、吸收外来有益文化，推动中华文化走向世界的文化开放格局。

《意见》对推进文化事业单位改革作出部署：要根据现有文化事业单位的性质和功能，区别对待、分类指导，明确不同的改革要求。要加大公益性文化事业投入，调整资源配置，逐步构建公共文化服务体系。《意见》要求，深化文化企业改革，要规范国有文化事业单位的转制。加快文化领域结构调整，要合理配置文化资源，盘活存量，优化增量，解决国有文化资产结构失衡、效益不高、闲置浪费问题，科学规划和配置公益性文化事业资源、报刊及广播电视资源，促进文化资源配置向农村和中西部地区倾斜。培育现代文化市场体系，要加强文化产品和要素市场建设，打破条块分割、地区封锁、城乡分离的市场格局，形成统一、开放、竞争、有序的现代文化市场体系，重点培育书报刊、电子音像制品、演出娱乐、影视剧等文化产品市场。加强和改进文化领域宏观管理，加快转变政府职能，明确文化行政管理部门职责，理顺文化行政管理部门与所属文化企事业单位的关系。

健全文化法律法规和政策体系，加强文化立法，通过法定程序将党的文化政策逐步上升为法律法规。继续执行实践证明行之有效的文化经济政策，制定和完善扶持公益性文化事业、发展文化产业、激励文化创新等方面的政策。各地可根据改革发展的需要，制定适合本地实际的相关政策。

《意见》是新中国成立以来党中央、国务院第一次就文化体制改革作出重大决策，也是在"十一五"规划开局之年，对全面推进文化体制改革，加快发展文化事业和文化产业，发展和繁荣社会主义文化进行工作部署的纲领性文件。《意见》既是对文化体制改革试点经验的概括与总结，又是对马克思主义文化观的阐释与发展。《意见》的实施，对于加快发展我国文化事业和文化产业，推进社会主义先进文化建设，促进文化建设与经济建设、政治建设、社会建设全面协调发展，具有极其重要的意义。

32.事业单位工作人员收入分配制度改革方案

2006年6月15日人事部、财政部发布《关于印发事业单位工作人员收入分配制度改革方案的通知》（以下简称《改革方案》）。

实施范围。事业单位收入分配制度改革的实施范围，限于科教文卫等单位中2006年7月1日在册的正式工作人员。机关、团体附属独立核算的事业单位；列入事业编制的各类学会、协会、基金会、监管机构，以及其他事业单位。经批准参照公务员法管理的事业单位、各类企业所属的事业单位和事业单位所属独立核算的企业，不列入这次事业单位收入分配制度改革的范围。

岗位绩效工资制度的实施。事业单位实行岗位绩效工资制度。岗位绩效工资由岗位工资、薪级工资、绩效工资和津贴补贴四部分组成，其中岗位工资和薪级工资为基本工资。一是岗位工资的实施。专业技术人员按本人现聘用的专业技术岗位，执行相应的岗位工资标准。管理人员按本人现聘用的岗位（任命的职务）执行相应的岗位工资标准。技术工人按本人现聘用的岗位（技术等级或职务）执行相应的岗位工资标准。二是薪级工资的实施。工作人员按照本人套改年限、任职年限和所聘岗位，结合工作表现，套改相应的薪级工资。套改年限和任职年限的计算截至2006年6月30日。三是绩效工资的实施。事业单位在上级主管部门核定的绩效工资总量内，按照规范的分配程序和要求，采取灵活多样的分配形式和办法，自主决定绩效工资的分配。绩效工资分配应以工作人员的实绩和贡献为依据，合理拉开差距。四是特殊岗位津贴补贴的实施。对在事业单位苦、脏、累、险及其他特殊岗位工作的人员，实行特殊岗位津贴补贴。

工资分类管理的实施。对从事公益服务的事业单位，根据其功能、职责和资源配置等不同情况，实行工资分类管理。基本工资执行国家统一的政策和标准。绩效工资按照事业单位分类改革所确定的不同类型实行不同的管理办法。

正常调整工资办法。《改革方案》规定了正常增加薪级工资；岗位变动人员工资调整办法；调整基本工资标准；调整津贴补贴标准。

高层次人才和单位主要领导分配激励约束机制。一是高层次人才分配激励措施。二是对于个别考核不胜任本职工作的可适当延期定级。三是其他新聘用人员，已明确岗位的，岗位工资按所聘岗位确定，薪级工资比照同等条件人员确定；未明确岗位的，由所在单位根据实际情况，确定其工资待遇。

相关政策。一是中小学教师、护士的岗位工资和薪级工资标准提高10%。二是对在县以下基层单位工作的农林科技人员，已按国家规定固定过1档工资的，在套改薪级工资的基础上可高定1级；已固定过2档及以上工资的，可高定2级。仍在执行浮动工资的人员，浮动工资的时间可连续计算。三是军队转业干部按本人现聘岗位（职务）套改岗位工资和薪级工资。四是到事业单位工作的退役运动员按本人现聘岗位（职务）套改工资，薪级工资按所聘岗位并参考本人原体育津贴水平和同等条件人员的工资水平确定。五是这次套改增资，事业单位原工资构成中津贴比例统一按30%计算。六是事业单位未聘及缓签聘用合同人员参加收入分配制度改革，按照原聘岗位套改岗位工资和薪级工资作为计发生活费待遇的基数，其计发比例仍按国家和省现行规定执行。七是被授予省部级以上劳动模范和先进工作者等荣誉称号，且1993年工资制度改革以来按国家规定高定了工资档次的人员，仍保持荣誉的，薪级工资可适当高定：曾经高定过两个及以上工资档次的，可高定两个薪级；曾经高定过一个工资档次的，可高定一个薪级。因同一事迹同时获得过多个荣誉称号的，不得重复高定薪级。

33.以改善民生为重点的社会建设

社会建设主要包括发展社会事业、优化社会结构、完善社会服务功能、促进社会组织发展。2007年，党的十七大报告强调指出，"社会建设"关系到广大人民群众的切身利益，推进以改善民生为重点的社会建设，具有十分重要的战略意义。

推进"以改善民生为重点的社会建设"是党的十六大以来的一贯主张。2002年12月4日，胡锦涛总书记在首都各界纪念中华人民共和国宪法公布施行20周年大会上的讲话中指出：宪法促进了我国人权事业和各项社会事业的发展。积极发展教育、科技、文化、卫生、体育等各项事业……推进社会全面进步。2003年1月8日，胡锦涛在中央农村工作会议上的讲话中指出，农村工作的重要任务之一是加强农村生活和卫生设施建设，开发农村旅游资源，发展农村社会事业，等等。2004年5月14—16日，胡锦涛在吉林考察时要求：要按照统筹社会经济发展的要求，积极促进各项社会事业发展。同年9月16日，胡锦涛在党的十六届四中全会第一次全体会议上又强调：在推进经济发展的同时，我们注重促进社会全面进步，对教育、科技、卫生、环保、体育等社会事业发展作出部署。2005年2月19日，胡锦涛在省部级主要领导干部提高构建社会主义和谐社会能力专题研讨班上的讲话中指出：随着我国经济社会的不断发展，中国特色社会主义事业的总体布局，更加明确地由社会主义经济建设、政治建设、文化建设"三位一体"发展为社会主义经济建设、政治建设、文化建设、社会建设"四位一体"。10月8日，胡锦涛在党的十六届五中全会上的报告再次强调：要抓紧研究和解决社会事业发展相对滞后的问题，特别是要大力推进农村教育、卫生、文化等事业加快发展。12月15日，胡锦涛在青海考察工作期间在谈到建设社会主义新农村时强调，要注意做好三个结合，其中之一就是把加快农村经济发展与促进农村社会进步结合起来，要加快农村教育、文化、卫生等各项社会事业的发展，搞好农村群众文化建设，倡导健康文明新风，逐步改变农村社会事业发展滞后的状况。

2007年6月25日，胡锦涛总书记在中共中央党校省部级干部进修班上的讲话中要求：社会建设与广大人民群众的切身利益紧密相连，必须摆在更加突出的位置。加强社会建设，要以解决人民最关心、最直接、最现实的利益问题为重点，使经济发展成果更多体现到改善民生上，尤其要注重优先发展教育，实施扩大就业的发展战略，深化收入分配制度改革，基本建立覆盖城乡居民的社会保障体系，建立基本医疗卫生制度，提高全民健康水平，完善社会管理，维护社会安定团结。

2007年10月15日，胡锦涛总书记在中国共产党第十七次全国代表大会上的报告提出，社会建设与人民幸福安康息息相关。必须在经济发展的基础上，更加注重社会建设，着力保障和改善民生，推进社会体制改革，扩大公共服务，完善社会管理，促进社会公平正义，努力使全体人民学有所教、劳有所得、病有所医、老有所养、住有所居，推动建设和谐社会。

2007年11月16日，时任国务院研究室主任的魏礼群在《人民日报》上发表文章《加快推进以改善民生为重点的社会建设》，文章全面阐述了加快推进以改善民生为重点的社会建设的重大意义、主要任务以及需要正确认识和处理的几个重要关系。认为社会建设作为中国特色社会主义事业总体布局的重要组成部分，其内涵主要包括发展社会事业、扩大公共服务、协调利益关系、完善社会管理、调处社会矛盾、促进社会公平正义等，以及这些方面的改革和建设。将社会主义经济建设、政治建设、文化建设"三位一体"发展为社会主义经济建设、政治建设、文化建设、社会建设"四位一体"的总体布局，并强调以改善民生为重点加快推进社会建设，这是我们党对中国特色社会主义事业的新认识、新概括，在理论上和实践上都具有重大意义。这体现了中国特色社会主义本质的要求，体现了深入贯彻落实科学发展观的要求，体现了构建社会主义和谐社会的要求。

34."民间组织"统一改称"社会组织"

我国社会组织，大致可以划分为民间结社、社会团体、民间组织和社会组织四个发展阶段：

民间结社。民间结社是中国的社会组织的雏形。中国传统社会一向具有结社的传统，各种结社活动和各种互助行为、与慈善相关的组织有着悠久的历史。政治领域如中国古代的朋党和近代的强学会等，经济领域如行会、商会、会馆等，文化领域如诗社、讲学社等，社会领域如互助会、慈善堂等。

社会团体。新中国成立后，1950年政务院颁布《社会团体登记暂行办法》，依法对各种社会团体进行登记。但是由于实行计划经济体制，政府扮演着"全能政府"的角色，社会团体的活动空间不大，作用发挥受限。

民间组织。党的十一届三中全会以后，随着改革开放的不断深入，我国的民间组织开始蓬勃发展，作用日益显现，得到党和政府的高度重视。1998年，国务院将设于民政部的原社会团体管理局改为民间组织管理局，"民间组织"正式成为中国官方的正式用语。

社会组织。2007年，党的十七大报告正式使用社会组织。社会组织逐步成为政府文件和媒体报道使用的主要术语。十七大以后，国内政界、学界基本形成共识，逐渐以社会组织来统称非政府组织（NGO）、非营利组织（NPO）、第三部门、民间组织等，从而赋予了社会组织的特定含义——社会组织是由社会力量设立的公益性非营利的组织。社会组织一般是指介于政府与企业之间的一种组织，它与政府、企业共同组成了现代社会的三大组织支柱。

"民间组织"的"民间"是与"政府"、"官方"相对应的，反映了传统社会政治秩序中"官"与"民"相对应的角色关系，容易让人误解民间组织是与政府相对应甚至是相对立的。社会组织称谓的提出和使用，有利于纠正社会上对这类组织存在的片面认识，形成各方面重视和支持这类组织的共识。社会组织以登记为依据：分为社会团体、民办非企业单位和基金会三大类。

社会团体是社会群众团体的一个分支。中国有全国性社会团体近2000个。其中使用行政编制或事业编制，由国家财政拨款的社会团体约200个。在这近200个团体中，以全国总工会、共青团、全国妇联为代表的人民团体的政治地位特殊，社会影响广泛。还有18个社会团体的政治地位虽然不及上述人民团体，但也比较特殊。它们分别是：中国文联、中国科协、全国侨联、中国作协、中国法学会、对外友协、贸促会、中国残联、宋庆龄基金会、中国记协、全国台联、黄埔军校同学会、外交学会、中国红十字总会、中国职工思想政治工作研究会、欧美同学会、中华职业教育社、全国工商联合会。以上21个社会团体的主要任务、机构编制和领导职数由中央机构编制管理部门直接确定，它们虽然是非政府性的组织，但在很大程度上行使着部分政府职能。

35.事业单位工作人员养老保险制度改革试点方案

2008年3月，国务院同意劳动保障部、财政部、人事部制订的《事业单位工作人员养老保险制度改革试点方案》（以下简称《试点方案》），并予以印发。建立完善的事业单位工作人员养老保险制度，是加快建立覆盖城乡居民社会保障体系的重要举措，直接关系事业单位工作人员切身利益，涉及面广，政策性强，必须先行试点，积累经验，积极稳妥地推进。国务院决定，在山西省、上海市、浙江省、广东省、重庆市先期开展试点，与事业单位分类改革试点配套推进。

《试点方案》首先提出了改革的方向："根据分类推进事业单位改革的需要，遵循权利与义务相对应、公平与效率相结合、保障水平与经济发展水平及各方面承受能力相适应的原则，逐步建立起独立于事业单位之外，资金来源多渠道、保障方式多层次、管理服务社会化的养老保险体系。"改革试点方案适用于分类改革后从事公益服务的事业单位及其工作人员。

实行社会统筹与个人账户相结合的基本养老保险制度。基本养老保险费由单位和个人共同负担，单位缴纳基本养老保险费（以下简称单位缴费）的比例，一般不超过单位工资总额的20%，具体比例由试点省（市）人民政府确定。个人缴纳基本养老保险费（以下简称个人缴费）的比例为本人缴费工资的8%，由单位代扣。做实个人账户的起步比例为3%，以后每年提高一定比例，逐步达到8%。有条件的试点省（市）可以适当提高起步比例。个人账户储存额只能用于本人养老，不得提前支取。参保人员死亡的，其个人账户中的储存余额可以继承。

基本养老金的计发办法。方案实施后参加工作、个人缴费年限（含视同缴费年限，下同）累计满15年的人员，退休后按月发给基本养老金。基本养老金由基础养老金和个人账户养老金组成，退休时的基础养老金月标准以当地上年度在岗职工月平均工资和本人指数化月平均缴费工资的平均值为基数，缴费每满1年发给1%。在《试点方案》实施前参加工作、实施后退休且个人缴费年限累计满15年的人员，按照合理衔接、平稳过渡的原则，在发给基础养老金和个人账户养老金的基础上，再发给过渡性养老金。在《试点方案》实施后达到退休年龄但个人缴费年限累计不满 15 年的人员，不发给基础养老金；个人账户储存额一次性支付给本人，终止基本养老保险关系。在《试点方案》实施前已经退休的人员，继续按照国家规定的原待遇标准发放基本养老金，参加国家统一的基本养老金调整。

建立基本养老金正常调整机制。为使事业单位退休人员享受经济社会发展成果，保障其退休后的基本生活，根据职工工资增长和物价变动等情况，国务院统筹考虑事业单位退休人员的基本养老金调整。

建立职业年金制度。为建立多层次的养老保险体系，提高事业单位工作人员退休后的生活水平，增强事业单位的人才竞争能力，在参加基本养老保险的基础上，事业单位建立工作人员职业年金制度。

逐步实行省级统筹。进一步明确省、市、县各级人民政府的责任，建立健全省级基金调剂制度。

改革的保障措施。一是加强基本养老保险基金管理。事业单位基本养老保险基金单独建账，与企业职工基本养老保险基金分别管理使用，待条件具备时，与企业职工基本养老保险基金统一管理使用。基金纳入社会保障基金财政专户，实行收支两条线管理，保证专款专用。基金按照国家规定管理和投资运营，确保安全，实现保值增值。二是做好养老保险关系转移工作。事业单位工作人员在同一统筹范围内流动时，只转移养老保险关系，不转移基金。跨统筹范围流动时，在转移养老保险关系的同时，个人账户基金随同转移。三是逐步实行社会化管理服务。按照建立和完善独立于企事业单位之外的社会保障体系的要求，提高事业单位社会保险社会化管理服务水平，基本养老金实行社会化发放。四是提高社会保险管理服务水平。试点地区可根据事业单位工作人员养老保险制度改革的实际需要，适当充实社会保险经办机构工作人员和经费，为社会保险机构提供相适应的工作条件。五是加强组织领导。事业单位工作人员养老保险制度改革情况复杂，涉及面广，政策性强，各试点地区人民政府和有关部门要高度重视，加强领导，周密部署，精心组织，结合当地实际情况，认真做好实施工作。

36. "枢纽型" 社会组织

"枢纽型" 社会组织概念集中出现在 2008 年 9 月北京市社会建设 "1 + 4" 文件中。在北京市《关于构建市级 "枢纽型" 社会组织工作体系的暂行办法（试行）》中指出："枢纽型" 社会组织是由社会建设有关机构认定，对同类别、同性质、同领域社会组织进行联系、服务和管理的联合性组织，在政治上发挥桥梁纽带作用，在业务上发挥引领聚合作用,在日常工作中发挥服务管理平台作用。构建"枢纽型"社会组织工作体系,是创新社会组织管理体制和工作机制的一项重要措施,旨在将性质相同、业务相近的社会组织联合起来,进一步形成合力。

"枢纽型"社会组织的认定条件。"枢纽型"社会组织的认定条件要求满足以下四条:领导班子政治立场坚定,指导协调能力强,联系群众广泛,能够团结同类别、同性质、同领域社会组织及其联系的各界群众一道开展工作;有健全的党组织,能够在所服务和管理的社会组织中推进和加强党的建设;在业务发展中处于龙头地位,能够带领同类别、同性质、同领域社会组织共同发展;具有独立法人地位和健全的管理制度,能够充分发挥业务主管职能,对同类别、同性质、同领域社会组织进行有效管理、提供良好服务。

"枢纽型"社会组织以人民团体为骨干,在此基础上,也可以根据实际工作需要,在符合条件的其他社会组织中确认。2009年,北京市认定了第一批10家市级"枢纽型"社会组织,包括市总工会、团市委、市妇联等;2010年认定了市工商联、市志愿者联合会、市律师协会等12家单位;2012年认定了市对外友协、市民间组织国际交流协会等5家单位。截至目前,市级"枢纽型"社会组织达到36家,已基本构建起市级"枢纽型"社会组织工作体系的整体框架。区县、街道(乡镇)级"枢纽型"社会组织体系构建工作也同步进行。

"枢纽型"社会组织的职能。"枢纽型"社会组织在政治上发挥桥梁纽带作用、在业务上发挥引领聚合作用、在日常服务管理上发挥平台作用。一要承担有关社会组织的政治领导责任政治职能,包括团结带领有关社会组织认真贯彻执行党的路线方针政策和国家法律法规;负责在所管理和联系的社会组织中开展党建工作,逐步推进党组织和党的工作的广泛覆盖;积极反映各方利益诉求,做好思想政治工作,加强精神文明建设,化解社会矛盾,维护社会稳定。二要承担国家有关法规规定的业务主管单位职责,主要包括:负责有关社会组织成立、变更、注销登记前的审查工作;负责有关社会组织的日常管理工作,指导、监督社会组织依照法律和章程开展活动;负责有关社会组织年度检查的初审;协助有关部门查处相关社会组织的违法行为。三要积极为相关社会组织发展、管理提供服务,主要包括:加强业务指导;搭建服务平台;扩大工作交流。

"枢纽型"社会组织实行动态管理。因条件变化,不再适合作为"枢纽型"社会组织或不能有效履行"枢纽型"社会组织职责的,经履行必要程序,可以进行调整。

37.社会组织免税资格认定制度

2014年1月29日,财政部、国家税务总局联合下发《关于非营利组织免税资格认定管理有关问题的通知》(以下简称《通知》),这是两部门继2009年之后,再次对非营利组织免税资格认定管理的有关问题出台新政。

年检需合格,强调非营利性质。通知指出,非营利组织取得免税资格必须同时满足九项条件,其中第八条明确提出,"除当年新设立或登记的事业单位、社会团体、基金会及民办非企业单位外,事业单位、社会团体、基金会及民办非企业单位申请前年度的检查结论为'合格'"。除了年检合格这一必要条件,以及对依法登记的要求之外,其余的条件均与组织的非营利性质有关,包括:从事公益性或者非营利性活动;取得的收入除用于与该组织有关的、合理的支出外,全部用于登记核定或者章程规定的公益性或者非营利性事业;财产及其孳息不用于分配,但不包括合理的工资薪金支出;按照登记核定或者章程规定,该组织注销后的剩余财产用于公益性或者非营利性目的,或者由登记管理机关转赠给与该组织性质、宗旨相同的组织,并向社会公告;投入人对投入该组织的财产不保留或者享有任何财产权利,本款所称投入人是指除各级人民政府及其部门外的法人、自然人和其他组织;工作人员工资福利开支控制在规定的比例内,不变相分配该组织的财产,其中:工作人员平均工资薪金水平不得超过上年度税务登记所在地人均工资水平的两倍,工作人员福利按照国家有关规定执行;对取得的应纳税收入及其有关的成本、费用、损失应与免税收入及其有关的成本、费用、损失分别核算。

薪酬要求依旧,范围小步扩大。通知延续了2009年的"工作人员平均工资薪金水平不得超过上年度税务登记所在地人均工资水平的两倍"的要求。与对薪酬的限定依旧不同,可获取免税资格的非营利组织范围有所改变。《通知》删除了"活动范围主要在中国境内"的条件,一定程度扩大了可获取免税资格的非营利组织范围,使得一些主要致力于在国外开展公益慈善项目的组织也将在税收方面享受优待。

同级申报,联合审核。免税资格的申报遵循"同级申报、联合审核"的原则,通知强调,"经省级(含省级)以上登记管理机关批准设立或登记的非营利组织,凡符合规定条件的,应向其所在地省级税务主管机关提出免税资格申请,并提供相关材料;经市(地)级或县级登记管理机关批准设立或登记的非营利组织,凡符合规定条件的,分别向其所在地市(地)级或县级税务主管机关提出免税资格申请,并提供相关材料"。

取得资格,还需办理免税手续。取得免税资格的非营利组织应按照规定向主管税务机关办理免税手续,免税条件发生变化的,应当自发生变化之日起十五日内向主管税务机关报告;不再符合免税条件的,应当依法履行纳税义务;未依法纳税的,主管税务机关应当予以追缴。取得免税资格的非营利组织注销时,剩余财产处置违反规定的,主管税务机关应追缴其应纳企业所得税款。

主管税务机关应根据非营利组织报送的纳税申报表及有关资料进行审查,当年符合

《企业所得税法》及其《实施条例》和有关规定免税条件的收入，免予征收企业所得税；当年不符合免税条件的收入，照章征收企业所得税。主管税务机关在执行税收优惠政策过程中，发现非营利组织不再具备本通知规定的免税条件的，应及时报告核准该非营利组织免税资格的财政、税务部门，由其进行复核。

免税资格动态管理。取得免税资格并不能一劳永逸，非营利组织免税优惠资格的有效期为五年。非营利组织应在期满前三个月内提出复审申请，不提出复审申请或复审不合格的，其享受免税优惠的资格到期自动失效。如果出现问题，非营利组织免税优惠资格将被取消。

《通知》明确了出现下述情况之一的，应取消其资格：事业单位、社会团体、基金会及民办非企业单位逾期未参加年检或年度检查结论为"不合格"的；在申请认定过程中提供虚假信息的；有逃避缴纳税款或帮助他人逃避缴纳税款行为的；通过关联交易或非关联交易和服务活动，变相转移、隐匿、分配该组织财产的；因违反《税收征管法》及其《实施细则》而受到税务机关处罚的；受到登记管理机关处罚的。

38.社会组织评估管理办法

2010年12月20日民政部部务会议通过《社会组织评估管理办法》（以下简称《办法》），自2011年3月1日起施行。社会组织评估是指各级人民政府民政部门为依法实施社会组织监督管理职责，促进社会组织健康发展，依照规范的方法和程序，由评估机构根据评估标准，对社会组织进行客观、全面的评估，并作出评估等级结论。《办法》首先提出社会组织评估的原则，"社会组织评估工作应当坚持分级管理、分类评定、客观公正的原则，实行政府指导、社会参与、独立运作的工作机制"。《办法》还明确了负责社会组织评估工作的部门，"各级人民政府民政部门按照登记管理权限，负责本级社会组织评估工作的领导，并对下一级人民政府民政部门社会组织评估工作进行指导"。

评估对象。《办法》提出："申请参加评估的社会组织应当符合下列条件之一：取得社会团体、基金会或者民办非企业单位登记证书满两个年度，未参加过社会组织评估；获得的评估等级满5年有效期。"并进一步提出有下列情形之一，评估机构不予评估："未参加上年度年度检查；上年度年度检查不合格或者连续2年基本合格；年度受到有关政府部门行政处罚或者行政处罚尚未执行完毕；正在被有关政府部门或者司法机关立案调查；其他不符合评估条件的。"

评估内容。对社会组织评估，按照组织类型的不同，实行分类评估。社会团体、基金会实行综合评估，评估内容包括基础条件、内部治理、工作绩效和社会评价。民办非企业单位实行规范化建设评估,评估内容包括基础条件、内部治理、业务活动和诚信建设、社会评价。

评估机构。《办法》提出:"各级人民政府民政部门设立相应的社会组织评估委员会和社会组织评估复核委员会,并负责对本级评估委员会和复核委员会的组织协调和监督管理。评估委员会由7至25名委员组成,设主任1名、副主任若干名。复核委员会由5至9名委员组成,设主任1名、副主任1名。"《办法》进一步提出:"评估委员会召开最终评估会议须有2/3以上委员出席。最终评估采取记名投票方式表决,评估结论须经全体委员半数以上通过。"

评估程序和方法。《办法》提出了社会组织的评估程序:发布评估通知或者公告;审核社会组织参加评估资格;组织实地考察和提出初步评估意见;审核初步评估意见并确定评估等级;公示评估结果并向社会组织送达通知书;受理复核申请和举报;民政部门确认社会组织评估等级、发布公告,并向获得3A以上评估等级的社会组织颁发证书和牌匾。《办法》还进一步提出:"地方各级人民政府民政部门应当将获得4A以上评估等级的社会组织报上一级民政部门审核备案。省级人民政府民政部门应当在每年12月31日前,将本行政区域社会组织等级评估情况以及获得5A评估等级的社会组织名单上报民政部。"

评估等级管理。社会组织评估结果分为5个等级,由高至低依次为5A级、4A级、3A级、2A级、1A级。社会组织评估等级有效期为5年。不同的评估等级可享受不同的优惠条件:"获得3A以上评估等级的社会组织,可以优先接受政府职能转移,可以优先获得政府购买服务,可以优先获得政府奖励。获得3A以上评估等级的基金会、慈善组织等公益性社会团体可以按照规定申请公益性捐赠税前扣除资格。获得4A以上评估等级的社会组织在年度检查时,可以简化年度检查程序。"

39.国家中长期教育改革和发展规划纲要(2010—2020年)

2010年6月21日,中共中央政治局召开会议,审议并通过《国家中长期教育改革和发展规划纲要(2010—2020年)》(以下简称《纲要》),2010年7月29日,《国家中长期教育改革和发展规划纲要(2010—2020年)》正式全文发布。这是中国进入21世纪之后的第一个教育规划,是今后一个时期指导全国教育改革和发展的纲领性文件。

根据党的十七大作出的优先发展教育、建设人力资源强国的战略部署,2008年8月29日,国务院成立了以温家宝总理为组长、刘延东国务委员为副组长、国家科教领导小组成员参加的领导小组。温家宝总理在主持教育规划纲要研究制定工作过程中,先后发表两篇重要文章,在境内外先后召开座谈会、研讨会1800余次,参与人员35000余人次。历时

2年的时间，《纲要》正式颁布。《纲要》除序言和实施外，分四大部分：总体战略，发展任务，体制改革，保障措施。共22章70条。

《纲要》提出了20字的教育工作方针，即"优先发展，育人为本，改革创新，促进公平，提高质量"。提出了"两个基本一个进入"的发展战略目标，即"到2020年基本实现教育现代化，基本形成学习型社会，进入人力资源强国行列"。其主要内容包括：推进素质教育改革试点、义务教育均衡发展改革试点、职业教育办学模式改革试点、终身教育体制机制建设试点、拔尖创新人才培养改革试点、考试招生制度改革试点、现代大学制度改革试点、深化办学体制改革试点、地方教育投入保障机制改革试点以及省级政府教育统筹综合改革试点等10个方面。

《纲要》出台以后，获得了社会各界的强烈反响，专家学者普遍认为《纲要》具有五大亮点：第一，更加体现遵循规律、科学发展。提出要立足社会主义初级阶段基本国情，把握教育发展阶段性特征，坚持以人为本，遵循教育规律、教学规律和人才成长规律，面向社会需求，优化结构布局，提高教育现代化水平，推动教育事业在新的历史起点上实现科学发展。第二，明确新的战略目标。确定到2020年我国要基本实现教育现代化、基本形成学习型社会、进入人力资源强国行列。第三，突出改革创新。把改革创新贯穿于全过程，提出以人才培养体制改革为核心，系统推进教育体制改革，强调先行试点，注重改革的科学性、协调性和稳妥性。第四，强调完善中国特色社会主义现代教育体系。对学前教育、义务教育、高中阶段教育、职业教育、高等教育、继续教育和民族教育、特殊教育等各级各类教育进行了全面部署。第五，注重促进教育公平。强调把促进教育公平作为国家基本教育政策，保障公民依法享有受教育的权利。

40.全国社会管理创新综合试点指导意见

2004年，党的十六届四中全会提出要加强社会建设和管理，推进社会管理体制创新。2007年党的十七大报告提出要"建立健全党委领导、政府负责、社会协同、公众参与的社会管理格局"。社会管理创新成为2009年底全国政法工作电视电话会议强调的"社会矛盾化解、社会管理创新、公正廉洁执法"三项重点工作之一。

为通过试点地区在全国率先建立起与社会主义市场经济体制相适应的社会管理体系，对全国起到示范引领作用，2010年10月，中央政法委、中央综治委确定了35个（后增加了3个地区，分别是西藏拉萨市、山东省诸城市和河北省肃宁县）市、县（市、区）作为全国社会管理创新综合试点，并制定了《全国社会管理创新综合试点指导意见》，细化社会管理创新的主要内容，从中央到各省（区、市）、地市、县（市、区），层层开展社会管理创新综合试点，下发试点工作实施方案或指导意见，加强对试点工作的指导，及时总结经验、培育典型，推动了试点工作有序进行。

这35个地区包括副省级城市、地级城市和县（市、区）。其中，副省级城市5个，有辽宁省沈阳市、浙江省宁波市、广东省深圳市、天津市滨海新区、陕西省西安市；地级城市16个，有河北省石家庄市（省会、地级市）、贵州省贵阳市（省会、地级市）、山西省太原市（省会、地级市）、安徽省合肥市（省会、地级市）、湖南省长沙市（省会、地级市）、黑龙江省大兴安岭地区（省直属地区）、内蒙古自治区鄂尔多斯市、江苏省南通市、湖北省宜昌市、山东省泰安市、河南省三门峡市、四川省德阳市、甘肃省嘉峪关市、北京市东城区（市辖区）、北京市朝阳区（市辖区）、上海市长宁区（市辖区）；县级城市14个，有重庆市大渡口区、吉林省延边朝鲜族自治州延吉市、西藏自治区林芝地区、浙江省绍兴市诸暨市、福建省泉州市晋江市、河南省郑州市新郑市、广西壮族自治区崇左市凭祥市、云南省楚雄彝族自治州楚雄市、青海省海西蒙古族藏族自治州格尔木市、宁夏回族自治区银川市灵武市、新疆维吾尔自治区乌鲁木齐市天山区、新疆生产建设兵团农六师共青团农场、江西省宜春市丰城市、海南省琼海市。

2010年12月7日，全国社会管理创新综合试点工作推进会召开。

在中央选定全国35个地区作为全国社会管理创新综合试点后，各地相继对试点工作作出动员部署。2010年11月27日，合肥市召开全国社会管理创新综合试点城市动员大会。中央综治委希望合肥在试点工作中，继续解放思想，结合实际大胆创新，创造更多更好的经验，在发挥好试点城市应有作用的基础上，为安徽乃至全国的社会管理创新作出示范。合肥市是全国6个试点省会城市之一。各地在深入开展调查研究的基础上，纷纷制定了加强社会建设、创新社会管理的实施意见或方案。北京市出台《社会服务管理创新行动方案》，重点围绕社会保障体系、社会组织服务管理、互联网等新媒体管理创新6个方面、34项重点工作，提出了具体措施和要求。2012年2月7日，全国社会管理创新综合试点工作座谈会在北京召开。

试点工作开展以后，各地抓住社会管理的主要环节和瓶颈制约，围绕服务民生和社会矛盾化解、特殊人群服务管理、社会治安重点地区排查整治、综治基层基础建设、"两新组织"服务管理、互联网管理等工作，积极探索建立新的管理体制和运行机制，创造了一些新的经验和亮点。北京市东城区针对当前社会安全稳定存在的薄弱环节和重点难点问题，充分运用网格理念和现代化信息技术，综合考虑"人、地、物、事、组织"等因素，在全区17个街道、205个社区划分社会管理网格588个，通过精细化管理使基层真正成为维护社会稳定的"屏障"和"第一道防线"。浙江省诸暨市坚持发展"枫桥经验"，通过构建组织化的社会稳定保障体系、多元化的社会矛盾化解体系、立体化的社会安全防控体系、人本化的社会事务管理体系、信息化的社会管理网络体系和规范化的社会公平执法体系六大工作体系，形成了科学、高效、惠民的社会管理新路子。

41.中共中央、国务院关于加强和创新社会管理的意见

党的十七届五中全会审议并通过了《中共中央关于制定国民经济和社会发展第十二个五年规划的建议》，提出了今后五年我国经济社会发展的主要目标，特别强调"社会建设明显加强"，提出要"加强和创新社会管理，正确处理人民内部矛盾，切实维护社会和谐稳定"。这是中央全面审视我国经济社会发展形势和进程作出的重大决策部署。2011年7月5日，中共中央、国务院印发《关于加强和创新社会管理的意见》（以下简称《意见》），进一步明确了加强和创新社会管理的指导思想、基本原则、目标任务和主要措施。这是中央第一份关于社会管理的专题文件。

《意见》指出，加强和创新社会管理，事关巩固党的执政地位，事关国家长治久安，事关人民安居乐业，对继续抓住和用好我国发展重要战略机遇期、推动党和国家事业发展、实现全面建设小康社会宏伟目标具有重大战略意义。党和国家始终高度重视社会管理，对形成和发展适应我国国情的社会管理制度进行了长期探索和实践。特别是改革开放以来，根据国内外形势发展变化，党和国家不断就加强和改进社会管理制定方针政策、作出工作部署，有力推进社会管理改革创新。经过长期探索和实践，我国建立了社会管理工作领导体系，构建了社会管理组织网络，制定了社会管理基本法律法规，初步形成党委领导、政府负责、社会协同、公众参与的社会管理格局，社会管理与我国国情和社会主义制度总体上是适应的。

《意见》指出，当前，我国既处于发展的重要战略机遇期，又处于社会矛盾凸显期，社会管理任务更为艰巨繁重。我国经济实力和综合国力不断增强，为不断满足人民日益增长的物质文化需要、解决社会管理领域存在的问题奠定了重要物质基础。同时，我国仍处于并将长期处于社会主义初级阶段的基本国情没有变，人民日益增长的物质文化需要同落后的社会生产之间的矛盾这一社会主要矛盾没有变。随着实际情况的变化，我国社会管理理念思路、体制机制、法律政策、方法手段等方面还存在很多不适应的地方，解决社会管理领域存在的问题既十分紧迫又需要长期努力。

《意见》指出，加强和创新社会管理，要高举中国特色社会主义伟大旗帜，全面贯彻党的十七大和十七届三中、四中、五中全会精神，以邓小平理论和"三个代表"重要思想为指导，深入贯彻落实科学发展观，全面落实依法治国基本方略，充分发挥党领导的政治优势和我国社会主义制度优势，总结推广我国社会管理成功经验，借鉴国外社会管理有益

成果，推动中国特色社会主义社会管理体系自我完善和发展。要紧紧围绕全面建设小康社会的总目标，牢牢把握最大限度激发社会活力、最大限度增加和谐因素、最大限度减少不和谐因素的总要求，积极推进社会管理理念、体制、机制、制度、方法创新，完善党委领导、政府负责、社会协同、公众参与的社会管理格局，加强社会管理法律、能力建设，完善基层社会管理服务，建设中国特色社会主义社会管理体系。要以解决影响社会和谐稳定突出问题为突破口，通过协调社会关系、规范社会行为、化解社会矛盾和深入细致的群众工作，维护人民群众权益，促进社会公平正义，保持社会良好秩序，有效应对社会风险，为党和国家事业发展营造更加良好的社会环境。

《意见》指出，加强和创新社会管理，要坚持以人为本、服务为先，多方参与、共同治理，关口前移、源头治理，统筹兼顾、协商协调，依法管理、综合施策，科学管理、提高效能的原则，立足基本国情，坚持正确方向，推进改革创新。要加强和完善社会管理格局，加强社会管理制度建设，加强基层社会管理和服务，完善党和政府主导的维护群众权益机制，加强流动人口和特殊人群服务管理，加强非公有制经济组织、社会组织服务管理，加强公共安全体系建设，完善信息网络服务管理，营造良好社会环境。各地区各部门要深刻认识加强和创新社会管理的重要性和紧迫性，把加强和创新社会管理摆在更加突出的位置，加强调查研究，加强政策制定，加强工作部署，加强任务落实，全面提高社会管理科学化水平。

42.中华人民共和国社会保险法

为了规范社会保险，维护公民参加社会保险和享受社会保险待遇的合法权益，使公民共享发展成果，促进社会和谐稳定，十一届全国人大常委会第十七次会议于 2010 年 10 月 28 日通过了《中华人民共和国社会保险法》（以下简称《社会保险法》）。《社会保险法》自 2011 年 7 月 1 日起正式施行。这是继《中华人民共和国劳动合同法》、《中华人民共和国就业促进法》、《劳动争议调解仲裁法》之后，在保障和改善民生领域又一部支架性法律，是新中国成立以来第一部社会保险制度的综合性法律。

《社会保险法》共 12 章 98 条。从草案起草，到国务院审议，再到全国人大常委会审议修改，始终坚持了贯彻落实党中央的重大决策部署，使广大人民群众共享改革发展成果，公平与效率相结合，权利与义务相适应，确立框架，循序渐进的原则。确立了中国社会保险体系的基本框架，明确国家建立基本养老保险、基本医疗保险、工伤保险、失业保险、生育保险等社会保险制度。明确了各项社会保险制度的覆盖范围，规定了社会保险制度的筹资渠道，规定了社会保险的待遇项目和享受条件，完善了社会保险费征缴制度，规定了社会保险基金管理制度、社会保险经办服务的内容、社会保险监督制度、法律责任等。

法案具有诸多亮点。如基本养老保险基金逐步实行全国统筹，其他社会保险基金逐步实行省级统筹；个人跨统筹地区就业的，其基本养老保险、医疗保险关系随本人转移，缴费年限累计计算；社会保险行政部门和卫生行政部门应当建立异地就医医疗费用结算制度，方便参保人员享受基本医疗保险待遇；征收农村集体所有的土地，应当足额安排被征地农民的社会保险费，按照国务院规定将被征地农民纳入相应的社会保险制度。社会保险经办机构应当按时足额支付社会保险待遇。国家建立全国统一的个人社会保障号码。个人社会保障号码为公民身份号码等。

《社会保险法》出台后保障并提高了公民在年老、疾病、工伤、失业、生育等情况下依法从国家和社会获得物质帮助的权利，为了配合社会保险法的学习、宣传，帮助用人单位、社会保险行政部门、社会保险征缴机构、社会保险经办机构和广大人民群众准确理解立法的原意和各项规定，保证社会保险法的贯彻实施，有关部门出版了法案解读本。

43.中共中央、国务院关于分类推进事业单位改革的指导意见

2011年3月23日，中共中央、国务院制定出台《中共中央、国务院关于分类推进事业单位改革的指导意见》（以下简称《指导意见》），这是指导当前和今后一个时期我国事业单位改革和发展的纲领性文件。《指导意见》分为改革的重要性和紧迫性，改革的指导思想、基本原则和总体目标，科学划分事业单位类别，推进承担行政职能事业单位改革，推进从事生产经营活动事业单位改革，推进从事公益服务事业单位改革，构建公益服务新格局，完善支持公益事业发展的财政政策，认真做好组织实施工作等9部分。《指导意见》首先指出了改革的重要性和紧迫性，"面对新形势新要求，我国社会事业发展相对滞后，一些事业单位功能定位不清，政事不分、事企不分，机制不活；公益服务供给总量不足，供给方式单一，资源配置不合理，质量和效率不高；支持公益服务的政策措施还不够完善，监督管理薄弱。这些问题影响了公益事业的健康发展，迫切需要通过分类推进事业单位改革加以解决"。《指导意见》还进一步提出了改革的方向："按照政事分开、事企分开和管办分离的要求，以促进公益事业发展为目的，以科学分类为基础，以深化体制机制改革为核心，总体设计、分类指导、因地制宜、先行试点、稳步推进，进一步增强事业单位活力，不断满足人民群众和经济社会发展对公益服务的需求。"

改革指导思想、基本原则。《指导意见》提出了改革要坚持的基本原则："坚持以人为本，把提高公益服务水平、满足人民群众需求作为出发点和落脚点；坚持分类指导，根据不同类别事业单位的特点，实施改革和管理；坚持开拓创新，破除影响公益事业发展的体

制机制障碍,鼓励进行多种形式的探索和实践;坚持着眼发展,充分发挥政府主导、社会力量参与和市场机制的作用,实现公益服务提供主体多元化和提供方式多样化;坚持统筹兼顾,充分发挥中央和地方两个积极性,注意与行业体制改革、政府机构改革等相衔接,妥善处理改革发展稳定的关系。"

总体目标和阶段性目标。到2020年,建立起功能明确、治理完善、运行高效、监管有力的管理体制和运行机制,形成基本服务优先、供给水平适度、布局结构合理、服务公平公正的中国特色公益服务体系。今后5年,在清理规范基础上完成事业单位分类,承担行政职能事业单位和从事生产经营活动事业单位的改革基本完成,从事公益服务事业单位在人事管理、收入分配、社会保险、财税政策和机构编制等方面改革取得明显进展,管办分离、完善治理结构等改革取得较大突破,社会力量兴办公益事业的制度环境进一步优化,为实现改革的总体目标奠定坚实基础。科学划分事业单位类别。一是清理规范现有事业单位。对未按规定设立或原承担特定任务已完成的,予以撤销。对布局结构不合理、设置过于分散、工作任务严重不足或职责相同相近的,予以整合。二是划分现有事业单位类别。在清理规范基础上,按照社会功能将现有事业单位划分为承担行政职能、从事生产经营活动和从事公益服务三个类别。三是细分从事公益服务的事业单位。根据职责任务、服务对象和资源配置方式等情况,将从事公益服务的事业单位细分为两类:承担义务教育、基础性科研、公共文化、公共卫生及基层的基本医疗服务等基本公益服务,不能或不宜由市场配置资源的,划入公益一类;承担高等教育、非营利医疗等公益服务,可部分由市场配置资源的,划入公益二类。

推进承担行政职能事业单位改革。一是严格认定标准和范围。根据国家有关法律法规和中央有关政策规定,按照是否主要履行行政决策、行政执行、行政监督等职能,从严认定承担行政职能的事业单位。二是区分不同情况实施改革。结合行政管理体制改革和政府机构改革,特别是探索实行职能有机统一的大部门体制,推进承担行政职能事业单位改革。

推进从事生产经营活动事业单位改革。一是推进转企改制。周密制定从事生产经营活动事业单位转企改制工作方案,按照有关规定进行资产清查、财务审计、资产评估,核实债权债务,界定和核实资产,由同级财政部门依法核定国家资本金。转制单位要按规定注销事业单位法人,核销事业编制,进行国有资产产权登记和工商登记,并依法与在职职工签订劳动合同,建立或接续社会保险关系。二是完善过渡政策。为平稳推进转制工作,可给予过渡期,一般为5年。

推进从事公益服务事业单位改革。一是明确改革目的。强化事业单位公益属性,进一步理顺体制、完善机制、健全制度。二是改革管理体制。实行政事分开,理顺政府与事业单位的关系。三是建立健全法人治理结构。面向社会提供公益服务的事业单位,探索建立理事会、董事会、管委会等多种形式的治理结构。四是深化人事制度改革。以转换用人机制和搞活用人制度为核心，以健全聘用制度和岗位管理制度为重点，建立权责清晰、分类科学、机制灵活、监管有力的事业单位人事管理制度。五是深化收入分配制度改革。以完善工资分配激励约束机制为核心，健全符合事业单位特点、体现岗位绩效和分级分类管理要求的工作人员收入分配制度。六是推进社会保险制度改革。七是加强对事业单位的监督。八是全面加强事业单位党的建设。

构建公益服务新格局。一是通过改革，形成提供主体多元化、提供方式多样化的公益服务新格局，努力为人民群众提供广覆盖、多层次的公益服务。二是强化政府责任。按照逐步实现基本公共服务均等化的要求，优先发展直接关系人民群众基本需求和国家安全、社会稳定的公益服务，创新公益服务提供方式，完善购买服务机制，提高服务质量和效率。三是鼓励社会力量兴办公益事业。完善相关政策放宽准入领域，推进公平准入，鼓励社会力量依法进入公益事业领域。四是充分发挥市场机制作用。完善扶持政策，充分发挥市场在公益事业领域资源配置中的积极作用，为社会资本投资创造良好环境，推动相关产业加快发展，满足人民群众多层次、多样化服务需求。

完善支持公益事业发展的财政政策。一是加大财政对公益事业发展的支持力度。二是改革和完善财政支持方式。三是推进预算管理、政府采购和国有资产管理改革。

44.中共中央、国务院关于深化科技体制改革加快国家创新体系建设的意见

2012年9月23日，《中共中央、国务院关于深化科技体制改革加快国家创新体系建设的意见》（以下简称《意见》）印发。这是指导我国科技改革发展和创新型国家建设的又一个纲领性文件，标志着我国建设创新型国家的进程进入到新的历史阶段。《意见》共8个部分21条。其8个部分的内容分别是：充分认识深化科技体制改革、加快国家创新体系建设的重要性和紧迫性；深化科技体制改革、加快国家创新体系建设的指导思想、主要原则和主要目标；强化企业技术创新主体地位，促进科技与经济紧密结合；加强统筹部署和协同创新，提高创新体系整体效能；改革科技管理体制，促进管理科学化和资源高效利用；完善人才发展机制，激发科技人员积极性创造性；营造良好环境，为科技创新提供有力保障；加强组织领导，稳步推进实施。

《意见》提出了深化科技体制改革、加快国家创新体系建设的指导思想、主要原则和主要目标等。其制定的目的是"为加快推进创新型国家建设，全面落实《国家中长期科学和技术发展规划纲要（2006—2020年）》，充分发挥科技对经济社会发展的支撑引领作用，为深化科技体制改革、加快国家创新体系建设而制定"。《意见》明确了加快国家创新体系

建设的目标，即 2020 年基本建成中国特色国家创新体系、进入创新型国家行列。

2012 年 7 月 10 日，时任科技部部长万钢在首都科技界学习贯彻全国科技创新大会精神报告会上指出，《意见》主要针对强化企业主体、加强协同创新、完善科技管理、加强人才培养、优化创新环境五个突出问题作出新的部署和突破。万钢强调，此次深化改革的核心是推进科技与经济结合，关键是要将科技成果尽快转化为现实生产力，最迫切需要解决的问题是能否真正强化企业技术创新的主体地位。要鼓励和引导实力强、有条件的企业参与基础前沿研究，为我国基础前沿研究和原始创新增添新的动力。本次改革的另一大亮点是提出加强统筹部署和协同创新，提高创新体系整体效能。具体来说，统筹技术创新、知识创新、国防科技、区域创新和科技中介服务五个体系的建设，建立基础研究、应用研究、技术创新和成果转化紧密结合、协调发展的机制；发挥地方主导作用，加强分类指导，加快建设各具特色的区域创新体系，加强区域科技合作；还要强化科技资源开放共享。在完善人才评价方面，改变过去评价与奖励、经费、论文简单挂钩的做法，根据不同类型科技活动特点，制定评价标准和方法。在营造环境方面，要完善相关法律法规和政策措施。2012 年 9 月 24 日，新华网发表文章指出，《意见》聚焦如何让企业真正成为技术创新主体；提出完善科技支撑战略性新兴产业发展和传统产业升级的机制；提出完善人才评价标准，改变以论文、项目、经费、专利论人才。其核心是解决科技和经济"两张皮"问题，推进科技与经济的紧密结合，真正建立企业主导产业技术研发创新的主体。

《意见》出台以后，各地迅速行动，第一时间贯彻落实精神，纷纷出台配套举措。如北京市于 2012 年 9 月 29 日发布《关于深化科技体制改革加快首都创新体系建设的意见》，提出要进一步深化科技体制改革，加快首都创新体系建设的要求。安徽省省委省政府发布《关于深化科技体制改革加快区域创新体系建设的实施意见》，要求深化科技体制改革、加快建设具有安徽特色区域创新体系。

45.中国特色社会主义社会管理体系

在我国，社会管理主要是指党委和政府以及其他社会主体运用法律、法规、政策、道德、价值等社会规范体系，直接或间接地对社会领域各方面、各环节进行服务、协调、组织、监控的过程和活动。社会管理的根本目的是维护社会秩序、促进社会和谐，其基本任务包括协调社会关系、规范社会行为、解决社会问题、化解社会矛盾、促进社会公正、应对社会风险、保持社会稳定，创造既有活力又有秩序的经济社会发展环境。"中国特色社会主义社会管理体系"的提出，是党和政府对"社会管理"内涵和外延认识的深化。

1982 年，党的十二大明确提出，实现社会风气的根本好转，主要是要做到社会秩序明显改善。当时，社会管理的概念还没有真正形成，仅是对"社会风气"、"社会秩序"的文字描述。1993年，十四届三中全会提出，"政府经济管理部门要转变职能，加强政府社会管理职能，保证国民经济正常运行和良好社会秩序"。这是党的会议文件首次把社会管理作为政府的重要职能之一明确提出，并视其为维护社会秩序的保障性、基础性工作。2002年召开的党的十六大，强调要"完善政府经济调节、市场监管、社会管理、公共服务职能，改进管理方式，保持良好社会秩序"。党已经把社会管理和公共服务放在了同等重要的位置，作为一项重要任务来统筹推进。2004年党的十六届四中全会提出要"加强社会建设和管理，推进社会管理体制创新"，2006年，党的十六届六中全会又明确提出，要"整合社会管理资源，提高社会管理水平，在服务中实施管理，在管理中体现服务"。执政党对社会管理与公共服务辩证关系的认识，得到了进一步提升。2007年党的十七大报告提出要"建立健全党委领导、政府负责、社会协同、公众参与的社会管理格局"。这为加强和改进社会管理工作，推进社会管理创新，指明了前进的方向和明确的目标。2011年2月19日至23日，"社会管理及其创新"是海内外观察中国年度施政方向窗口的省部级主要领导干部专题研讨班的主题，中央政治局常委出席研讨班的开班式。胡锦涛指出，各级党委和政府要充分认识新形势下加强和创新社会管理的重大意义，统筹经济建设、政治建设、文化建设、社会建设以及生态文明建设，把社会管理工作摆在更加突出的位置。胡锦涛在讲话中强调，要扎扎实实提高社会管理科学化水平，建设中国特色社会主义社会管理体系。这是首次提出"建设中国特色社会主义社会管理体系"。2011年7月1日，胡锦涛在庆祝中国共产党成立90周年大会上，提出了新形势下提高党的建设科学化水平和全面推进中国特色社会主义伟大事业的主要任务，其中，社会建设和社会管理是重要内容之一。他强调，必须从维护最广大人民根本利益和实现国家长治久安的战略高度抓好社会建设，推动社会建设与经济建设、政治建设、文化建设协调发展。要加强和创新社会管理，完善党委领导、政府负责、社会协同、公众参与的社会管理格局，建设中国特色社会主义社会管理体系，全面提高社会管理科学化水平，确保人民安居乐业、社会和谐稳定。

2012年11月，党的十八大报告指出，要围绕构建中国特色社会主义社会管理体系，加快形成"党委领导、政府负责、社会协同、公众参与、法治保障"的社会管理体制，加快形成政府主导、覆盖城乡、可持续的基本公共服务体系，加快形成政社开开、权责明确、依法自治的现代社会组织体制，加快形成源头治理、动态管理、应急处置相结合的社会管理机制。这段论述是对中国特色社会主义社会管理体系的全面阐述，具有重大而深远的理论意义和现实意义。

"中国特色社会主义社会管理体系"在这样的背景下提出来了。此后，各领域专家学者从不同角度对这一问题进行了阐释和解读。如有的专家学者认为，中国特色社会管理体系具体包括，社会管理工作格局体系、社会管理制度体系、维护群众权益机制体系、公共服务体系、社会规范体系、公共安全体系、虚拟社会管理体系7个方面。

46.社会组织直接登记制度

自2008年起，深圳对工商经济类、社会福利类、公益慈善类三类社会组织实行"无主管登记"。2010年，北京也首次明确社会组织"直接登记"试点，中关村园区的社会组织设立可以直接向民政局登记，不再需要挂靠。2012年5月1日起，广州市全面实施社会组织直接登记，即除法律、行政法规规定成立社会组织须经政府有关主管单位前置审批或审核外，可以直接向民政部门申请登记。这是全国最早全面改革社会组织双重管理体制，实行直接登记的城市。

《第十二届全国人民代表大会第一次会议关于国务院机构改革和职能转变方案的决定（草案）》于2013年3月14日经十二届全国人大一次会议批准通过。国务院机构改革和职能转变方案明确了社会组织管理制度改革的安排。特别强调要加快形成政社分开、权责明确、依法自治的现代社会组织体制，其中行业协会商会要与行政机关脱钩，自主开展活动，并且引入竞争机制，探索发展一业多会；对四大类社会组织，就是行业协会商会类、科技类、公益慈善类、城乡社区服务类组织，实行民政部门直接登记，不再由业务主管单位审查同意。同时，要建立健全统一登记、各司其职、协调配合、分级负责、依法监管的社会组织管理体制。

社会组织管理制度改革以后，政府向社会组织转移职能的范围、步伐、力度加大加快，把一些事务性的管理职能和公共服务职能转移给社会组织，这有利于提高政府的行政效能，从总体上看，我国社会组织在经济社会发展中的作用将进一步扩大和加强。

民政部门对工商经济类、公益慈善类、社会福利类和社会服务类社会组织，与民政业务相关的，按照业务主管和登记一体化来进行直接登记试点。到现在为止，经过一年多的直接登记试点，民政部已经直接登记了40多个全国性的社会组织。

为深入贯彻落实党的十八大和十八届三中、四中全会提出加强社会组织登记管理制度改革的决策部署，在各级政府的支持和指导下，很多地方也相继展开了省、市两级的试点工作，已经有大量的社会组织通过两个一体化的直接登记方式而登记成立，壮大了社会组织的力量。

47.社会保障"十二五"规划纲要

2012年5月2日,温家宝主持召开国务院常务会议,讨论并通过了《社会保障"十二五"规划纲要》(以下简称《社保规划》)。2012年6月14日,国务院发布了关于批转社会保障"十二五"规划纲要的通知。《社保规划》是社会保障领域第一个国家级专项规划。

《社保规划》确定了社会保障事业发展的主要目标:社会保障制度基本完备,体系比较健全,覆盖范围进一步扩大,保障水平稳步提高,历史遗留问题基本得到解决,为全面建设小康社会提供水平适度、持续稳定的社会保障网。《社保规划》同时强调,要坚持"广覆盖、保基本、多层次、可持续"的基本方针,以增强公平性、适应流动性、保证可持续性为重点,加快建立覆盖城乡居民的社会保障体系,使广大人民群众得到基本保障,共享经济社会发展的成果,促进社会主义和谐社会建设。

《社保规划》内容分为10个部分,即发展环境、指导思想、发展目标、保障制度建设、保障体系建设、社会保障、提高保障标准、社会事业、管理与监督、强化基础保障。确定了"十二五"期间6个方面任务,即大力推进社会保障制度建设,基本解决制度缺失问题;加快城乡统筹,稳步推进保障制度和管理服务一体化建设;进一步扩大社会保障覆盖范围,基本养老、基本医疗保险保障人群实现基本覆盖;根据经济社会发展,逐步提高各项社会保障水平,缩小城乡、区域、群体之间的社会保障待遇差距;建立健全社会救助体系,大力发展福利和慈善事业;加强社会保障管理与监督,提升管理服务水平。

人力资源与社会保障部相关负责人对纲要进行了解读,认为《社保规划》对我国社会保障体系建设进行了全方位、系统化的布局和谋划不仅覆盖城镇,而且覆盖农村;不仅突出制度建设,而且强调经办管理服务;不仅明确中央责任,而且给予地方政策指导;不仅指出发展方向,而且提出保障措施。一些专家学者也对《社保规划》进行了解读。有的学者归纳了《社保规划》的诸多亮点:"一是提出了建立公民社会保险登记制度,实现登记管理模式从以单位为依托,向以社区为依托、以个人为对象的转变,实现网上申报、缴费与结算;二是提出了以实现社会保障一卡通为目标,完善协调机制,建立统一标准,全面发行社会保障卡,实现社会保障卡跨险种、跨地区广泛应用;三是提出了加强社会保障科学研究和宣传,开展资金中长期平衡等涉及全局和长远的发展战略、基础理论和重大政策研究,加强政策评估、技术标准、量化分析、预警预测与社会保险精算等专题研究,为社会保障事业长期健康发展提供理论支撑。"

48.创新社会治理体制

2013年11月12日,党的十八届三中全会通过的《中共中央关于全面深化改革若干重大问题的决定》指出:"全面深化改革的总目标是完善和发展中国特色社会主义制度,推进国家治理体系和治理能力现代化。"同时首次提出"创新社会治理体制"。

创新社会治理,必须着眼于维护最广大人民根本利益,最大限度增加和谐因素,增强社会发展活力,提高社会治理水平,全面推进平安中国建设,维护国家安全,确保人民安居乐业、社会安定有序。主要包括4个方面重要内容。

一是改进社会治理方式。坚持系统治理,加强党委领导,发挥政府主导作用,鼓励和支持社会各方面参与,实现政府治理和社会自我调节、居民自治良性互动。坚持依法治理,加强法治保障,运用法治思维和法治方式化解社会矛盾。坚持综合治理,强化道德约束,规范社会行为,调节利益关系,协调社会关系,解决社会问题。坚持源头治理,标本兼治、重在治本,以网格化管理、社会化服务为方向,健全基层综合服务管理平台,及时反映和协调人民群众各方面各层次利益诉求。

二是激发社会组织活力。正确处理政府和社会关系,加快实施政社分开,推进社会组织明确权责、依法自治、发挥作用。适合由社会组织提供的公共服务和解决的事项,交由社会组织承担。支持和发展志愿服务组织。限期实现行业协会商会与行政机关真正脱钩,重点培育和优先发展行业协会商会类、科技类、公益慈善类、城乡社区服务类社会组织,成立时直接依法申请登记。加强对社会组织和在华境外非政府组织的管理,引导它们依法开展活动。

三是创新有效预防和化解社会矛盾体制。健全重大决策社会稳定风险评估机制。建立畅通有序的诉求表达、心理干预、矛盾调处、权益保障机制,使群众问题能反映、矛盾能化解、权益有保障。改革行政复议体制,健全行政复议案件审理机制,纠正违法或不当行政行为。完善人民调解、行政调解、司法调解联动工作体系,建立调处化解矛盾纠纷综合机制。改革信访工作制度,实行网上受理信访制度,健全及时就地解决群众合理诉求机制。把涉法涉诉信访纳入法制轨道解决,建立涉法涉诉信访依法终结制度。

四是健全公共安全体系。完善统一权威的食品药品安全监管机构,建立最严格的覆盖全过程的监管制度,建立食品原产地可追溯制度和质量标识制度,保障食品药品安全。深化安全生产管理体制改革,建立隐患排查治理体系和安全预防控制体系,遏制重特大安全事故。健全防灾减灾救灾体制。加强社会治安综合治理,创新立体化社会治安防控体系,依法严密防范和惩治各类违法犯罪活动。坚持积极利用、科学发展、依法管理、确保安全的方针，加大依法管理网络力度，加快完善互联网管理领导体制，确保国家网络和信息安全。设立国家安全委员会，完善国家安全体制和国家安全战略，确保国家安全。

创新社会治理体制，是在党的领导下运用中国特色社会主义制度有效治理社会的深刻社会变革，是党的十八届三中全会提出的新要求、新部署。将"社会管理"改为"社会治理"，由"管理"到"治理"，只有一字之差，但含义更深刻、内容更丰富、要求更明确。这标志着由传统的社会体制向适应时代发展要求的现代社会体制转变，也就是要通过深化体制改革和管理创新逐步实现国家社会治理的现代化。这是我们党对人类社会发展规律、对中国特色社会主义建设规律认识的新飞跃，是社会建设理论和实践的创新发展。创新社会治理，需要创新社会治理理念、创新社会治理主体、创新社会治理方式、创新社会治理体系、创新社会治理制度、创新社会治理机制、创新社会治理能力。需要从多方面着力，特别应当把握好政府善治、合作共治、基层自治、社会法治、全民德治等五个关键环节。

2013年12月5日，国新办举行深化改革创新促进民政事业发展等情况新闻发布会。民政部在回答记者提问时表示，创新社会治理体制，主要是转变社会治理方式，要从四个方面来着手：第一，坚持系统治理，把社会管理从政府单向管理向政府主导、社会多元主体共同治理转变。第二，坚持依法治理，从治理方式、管控规制向法治保障转变。第三，坚持综合治理，治理手段从行政手段为主的单一手段运用过多，向多种手段综合运用转变。第四，坚持源头治理。把治理关口从事后处置向事前和事中延伸来转变。

自此以后，全国各地积极推进社会治理创新实践，先后涌现了一批创新社会治理的做法，形成了具有可推广性的先进经验。如北京市朝阳区的团结湖街道智慧型社会治理做法，贵州省贵阳市的"加减乘除"法解题社会治理，江苏省南通市的创建"网上基层社会治理平台"的经验等。2014年，党的十八届四中全会提出："加快保障和改善民生、推进社会治理体制创新法律制度建设。"加强"创新社会治理体制"的法制建设成为学术界和实务界热议的课题。

49.关于政府向社会力量购买服务的指导意见

2013年9月26日，国务院办公厅发布《关于政府向社会力量购买服务的指导意见》（以下简称《指导意见》）。政府向社会力量购买服务，是指通过发挥市场机制作用，把政府直接向社会公众提供的一部分公共服务事项，按照一定的方式和程序，交由具备条件的社会力量承担，并由政府根据服务数量和质量向其支付费用。

《指导意见》首先阐述了政府向社会力量购买服务的重要性。"改革开放以来，我国公共服务体系和制度建设不断推进，公共服务提供主体和提供方式逐步多样化，初步形成了政府主导、社会参与、公办民办并举的公共服务供给模式。同时，与人民群众日益增长的公共服务需求相比，不少领域的公共服务存在质量效率不高、规模不足和发展不平衡等突出问题，迫切需要政府进一步强化公共服务职能，创新公共服务供给模式，有效动员社会力量，构建多层次、多方式的公共服务供给体系，提供更加方便、快捷、优质、高效的公共服务。"

政府向社会力量购买的目标任务。"十二五"时期，政府向社会力量购买服务工作在各地逐步推开，统一有效的购买服务平台和机制初步形成，相关制度法规建设取得明显进展。到2020年，在全国基本建立比较完善的政府向社会力量购买服务制度，形成与经济社会发展相适应、高效合理的公共服务资源配置体系和供给体系，公共服务水平和质量显著提高。

购买主体和承接主体。政府向社会力量购买服务的主体是各级行政机关和参照公务员法管理、具有行政管理职能的事业单位。纳入行政编制管理且经费由财政负担的群团组织，也可根据实际需要，通过购买服务方式提供公共服务。《指导意见》指出了"承接政府购买服务的主体包括依法在民政部门登记成立或经国务院批准免予登记的社会组织，以及依法在工商管理或行业主管部门登记成立的企业、机构等社会力量"。《指导意见》还进一步指出："承接政府购买服务的主体应具有独立承担民事责任的能力，具备提供服务所必需的设施、人员和专业技术的能力，具有健全的内部治理结构、财务会计和资产管理制度，具有良好的社会和商业信誉，具有依法缴纳税收和社会保险的良好记录，并符合登记管理部门依法认定的其他条件。"

购买内容。政府向社会力量购买服务的内容为适合采取市场化方式提供、社会力量能够承担的公共服务，突出公共性和公益性。教育、就业、社保、医疗卫生、住房保障、文化体育及残疾人服务等基本公共服务领域，要逐步加大政府向社会力量购买服务的力度。非基本公共服务领域，要更多更好地发挥社会力量的作用，凡适合社会力量承担的，都可以通过委托、承包、采购等方式交给社会力量承担。

购买机制。《指导意见》强调："各地要按照公开、公平、公正原则，建立健全政府向社会力量购买服务机制，及时、充分向社会公布购买的服务项目、内容以及对承接主体的要求和绩效评价标准等信息，建立健全项目申报、预算编报、组织采购、项目监管、绩效评价的规范化流程。"

绩效管理。《指导意见》提出要"建立健全由购买主体、服务对象及第三方组成的综合性评审机制，对购买服务项目数量、质量和资金使用绩效等进行考核评价。评价结果向社会公布，并作为以后年度编制政府向社会力量购买服务预算和选择政府购买服务承接主体的重要参考依据"。

50.关于深化收入分配制度改革的若干意见

在进入全面建成小康社会的决定性阶段,2013年2月,国务院批转了国家发展与改革委员会、财政部、人力资源和社会保障部联合制定的《关于深化收入分配制度改革的若干意见》(以下简称《意见》),构成了新时期深化收入分配领域改革的重要指导性文件。

《意见》指出,改革开放以来,特别是党的十六大以来,我国收入分配制度改革不断推进,与基本国情、发展阶段相适应的收入分配制度基本建立。同时,收入分配领域仍存在一些亟待解决的突出问题,城乡区域发展差距和居民收入分配差距依然较大,收入分配秩序不规范,隐性收入、非法收入问题比较突出,部分群众生活比较困难。这些收入分配领域出现的问题是发展中的矛盾、前进中的问题,必须通过促进发展、深化改革来逐步加以解决。

《意见》指出,深化收入分配制度改革的主要目标包括:一是城乡居民收入实现倍增。到2020年实现城乡居民人均实际收入比2010年翻一番,力争中低收入者收入增长更快一些,人民生活水平全面提高。二是收入分配差距逐步缩小。城乡、区域和居民之间收入差距较大的问题得到有效缓解,扶贫对象大幅减少,中等收入群体持续扩大,"橄榄型"分配结构逐步形成。三是收入分配秩序明显改善。合法收入得到有力保护,过高收入得到合理调节,隐性收入得到有效规范,非法收入予以坚决取缔。四是收入分配格局趋于合理。居民收入在国民收入分配中的比重、劳动报酬在初次分配中的比重逐步提高,社会保障和就业等民生支出占财政支出比重明显提升。

《意见》强调,要继续完善劳动、资本、技术、管理等要素按贡献参与分配的初次分配机制。重点推进以下方面工作:一是促进就业机会公平。二是提高劳动者职业技能。三是促进中低收入职工工资合理增长。四是加强国有企业高管薪酬管理。五是完善机关事业单位工资制度。六是健全技术要素参与分配机制。七是多渠道增加居民财产性收入。八是建立健全国有资本收益分享机制。九是完善公共资源占用及其收益分配机制。

《意见》强调,要加快健全以税收、社会保障、转移支付为主要手段的再分配调节机制。重点推进以下方面工作:一是集中更多财力用于保障和改善民生。二是加大促进教育公平力度。三是加强个人所得税调节。四是改革完善房地产税。五是完善基本养老保险制度。六是加快健全全民医保体系。七是加大保障性住房供给。八是加强对困难群体救助和帮扶。九是大力发展社会慈善事业。

《意见》强调,要建立健全促进农民收入较快增长的长效机制。重点推进以下方面工作:一是增加农民家庭经营收入。二是健全农业补贴制度。三是合理分享土地增值收益。

四是加大扶贫开发投入。五是有序推进农业转移人口市民化。

《意见》强调,要推动形成公开透明、公正合理的收入分配秩序。重点推进以下方面工作:一是加快收入分配相关领域立法。二是维护劳动者合法权益。三是清理规范工资外收入。四是加强领导干部收入管理。五是严格规范非税收入。

51.成立"社会体制改革专项小组"

党的十八届三中全会公报指出,中央成立全面深化改革领导小组,负责改革总体设计、统筹协调、整体推进、督促落实。2014年1月22日,中共中央总书记、国家主席、中央军委主席、中央全面深化改革领导小组组长习近平,主持召开中央全面深化改革领导小组第一次会议并发表重要讲话。会议审议通过了《中央全面深化改革领导小组工作规则》、《中央全面深化改革领导小组专项小组工作规则》、《中央全面深化改革领导小组办公室工作细则》;审议通过了中央全面深化改革领导小组下设经济体制和生态文明体制改革、民主法制领域改革、文化体制改革、社会体制改革、党的建设制度改革、纪律检查体制改革6个专项小组。与此同时,全国各省市也纷纷成立"全面深化改革领导小组",并设立相应的社会体制改革专项小组。社会体制改革专项小组的设立,表明中央对加强社会建设、创新社会治理的高度重视,使得其改革具有了更加坚实深厚的制度保障。2014年2月28日,中央全面深化改革领导小组组长习近平主持召开中央全面深化改革领导小组第二次会议并发表重要讲话。会议审议通过了《关于经济体制和生态文明体制改革专项小组重大改革的汇报》、《深化文化体制改革实施方案》、《关于深化司法体制和社会体制改革的意见及贯彻实施分工方案》。由此,社会体制改革在全面深化改革的总体布局中的角色占位和路线图更加明晰。

52.事业单位人事管理条例

长期以来,我国事业单位工作人员管理一直沿用党政机关的管理模式。随着社会主义市场经济体制的逐步建立,这一管理模式的弊端日益显现,存在人事管理方式行政化,用人机制不灵活,实际上的身份终身制,人浮于事、效率不高等问题,事业单位人事制度改革势在必行。

1992年,党的十四大提出,按照机关、企业和事业单位的不同特点,逐步建立健全分类管理的人事制度。2000年7月21日,中共中央组织部、人事部《关于加快推进事业单位人事制度改革的意见》,提出了以推行聘用制度和岗位管理制度为重点,逐步建立适应不同类型事业单位特点的人事管理制度,明确了事业单位人事制度改革的方向。2002年,国务院办公厅转发了原人事部《关于在事业单位试行人员聘用制度的意见》,明确了聘用制度的相关政策规定,对聘用制推行工作提出了具体要求。2011年,《中共中央国务院关于分类推进事业单位改革的指导意见》下发,对事业单位改革作了全面部署;中办、国办印发了《关于进一步深化事业单位人事制度改革的意见》,对下一步人事制度改革工作提出了明确要求。2014年4月25日,国务院总理李克强签署第652号国务院令,公布《事业单位人事管理条例》(以下简称《条例》)。

《条例》共10章44条,自2014年7月1日起施行。这是我国第一部系统规范事业单位人事管理的行政法规。《条例》适应事业单位改革发展的新形势新要求,将岗位设置、公开招聘、竞聘上岗、聘用合同、考核培训、奖励处分、工资福利、社会保险、人事争议处理,以及法律责任作为基本内容,确立了事业单位人事管理的基本制度。《条例》的颁布和实施,对于建立权责清晰、分类科学、机制灵活、监管有力、符合事业单位特点和人才成长规律的人事管理制度,建设高素质的事业单位工作人员队伍,促进公共服务发展,具有十分重要的意义。

《条例》规定,事业单位人事管理,坚持党管干部、党管人才原则,全面准确贯彻民主、公开、竞争、择优方针。国家对事业单位工作人员实行分级分类管理。

《条例》明确,中央事业单位人事综合管理部门负责全国事业单位人事综合管理工作。县级以上地方各级事业单位人事综合管理部门负责本辖区事业单位人事综合管理工作。事业单位主管部门具体负责所属事业单位人事管理工作。

《条例》规定,事业单位按照国家有关规定设置岗位,明确岗位类别、等级。事业单位新聘用工作人员,应当面向社会公开招聘。

《条例》规定了聘用合同的期限、初次就业人员的试用期,明确了订立聘用至退休的合同的条件、列明了聘用合同解除的情形以及合同解除、终止后人事关系的终止。

《条例》规定,事业单位应当根据聘用合同规定的岗位职责任务,全面考核工作人员的表现,重点考核工作绩效。事业单位应当根据不同岗位的要求,对工作人员进行分级分类培训。

《条例》明确了奖励的情形,确立了奖励的原则,明确了奖励种类。《条例》规定了处分的情形,明确了处分种类,提出了处分工作的要求,确立了处分解除制度。

《条例》规定,国家建立激励与约束相结合的事业单位工资制度。事业单位工资分配应当结合不同行业事业单位特点,体现岗位职责、工作业绩、实际贡献等因素。

《条例》规定,事业单位工作人员与所在单位发生人事争议的,依照劳动争议调解仲裁法等有关规定处理。《条例》特别规定,事业单位工作人员对涉及本人的考核结果、处分决定等不服的,可以申请复核、提出申诉。

53.关于机关事业单位工作人员养老保险制度改革的决定

为贯彻落实党的十八大和十八届三中、四中全会精神,根据《中华人民共和国社会保险法》等相关规定,为统筹城乡社会保障体系建设,建立更加公平、可持续的养老保险制度,2015年1月,国务院印发《关于机关事业单位工作人员养老保险制度改革的决定》,这标志着我国养老保险制度改革正式并轨。

根据《决定》,机关事业单位人员养老保险制度改革的基本目标是,坚持全覆盖、保基本、多层次、可持续方针,以增强公平性、适应流动性、保证可持续性为重点,改革现行机关事业单位工作人员退休保障制度,逐步建立独立于机关事业单位之外、资金来源多渠道、保障方式多层次、管理服务社会化的养老保险体系。改革应遵循的基本原则包括:一是公平与效率相结合;二是权利与义务相对应;三是保障水平与经济发展水平相适应。四是改革前与改革后待遇水平相衔接。五是解决突出矛盾与保证可持续发展相促进。

根据《决定》,机关事业单位人员养老保险制度改革的重点政策主要有9项:

第一,改革的范围。确定为按照公务员法管理的单位、参照公务员法管理的机关(单位)、事业单位及其编制内的工作人员参加机关事业单位养老保险。纳入改革范围的单位和人员,实行社会统筹与个人账户相结合的基本养老保险,从而根本改变了制度模式,从单位保障变为社会保障。

第二,缴费的基数和比例。规定单位及其工作人员都要缴纳养老保险费。单位按工资总额的20%缴费;个人按本人缴费工资的8%缴费,本人缴费工资高于当地职工平均工资3倍的部分不纳入缴费基数,低于平均工资60%的以60%为基数缴费,即"300%封顶、60%托底"。个人缴费全部计入个人账户,统一计息。

第三,基本养老金待遇计发办法。改革后,基本养老金待遇分为两部分:一是基础养老金,以社会平均工资和本人缴费工资的平均值为基数,每缴费1年计发1个百分点,即缴费年限越长,待遇水平越高。二是个人账户养老金,累计历年个人缴费的本息,除以规定的计发月数。

第四,改革前后待遇的衔接政策。总的原则是"老人老办法、新人新制度、中人逐步过渡"。"老人"是指改革前已退休的人员,他们原待遇维持不变,并参加今后的待遇调整。"新人"是指改革后新参加工作的人员,他们将来退休时,基本养老金为基础养老金与个人账户养老金两部分之和。"中人"是指改革前参加工作、改革后退休的人员,是目前数量最大的群体。

第五，基本养老金待遇的调整。改革后，机关事业单位退休人员待遇调整不再与同职级在职职工增长工资直接挂钩，而是与企业退休人员以及城乡老年居民基本养老待遇调整统筹考虑。

第六，严格基金管理和监督。规定具备条件的省（区、市）可以从改革一开始就实行省级统筹；暂不具备条件的，可先实行省级基金调剂制度，并积极创造条件，加快向省级统筹过渡。机关事业单位养老保险基金单独建账，与企业职工基本养老保险基金分别管理使用。基金纳入社会保障基金财政专户，实行收支两条线管理，专款专用，确保安全。

第七，养老保险关系转续。规定参保人在机关事业单位养老保险制度内同一统筹范围转移，只转养老保险关系，不转统筹基金；在同一制度内跨统筹范围转移，或者在机关事业单位和企业之间转移养老保险关系的，要在转移个人账户累计储存额的同时转移部分统筹基金。

第八，建立职业年金。职业年金在机关事业单位实施，资金来源由两部分构成：单位按工资总额的8%缴费，个人按本人缴费工资的4%缴费，两部分资金构成的职业年金基金都实行个人账户管理。工作人员退休时，依据其职业年金积累情况和相关约定按月领取职业年金待遇。

第九，加强经办服务。机关事业单位养老保险原则上实行属地化管理。各地社会保险经办机构按照国家统一的业务经办流程和信息系统，开展经办管理服务，普遍发放社会保障卡，退休人员基本养老金由社保机构确保按时足额支付，提供方便快捷的服务，从而更好地保障退休人员的基本生活和合法权益。

54.深化农村改革综合性实施方案

农村改革是全面深化改革的重要内容。党的十八届三中全会以来，党中央部署的农村各项改革正在扎实推进，农村土地征收、集体经营性建设用地入市、宅基地制度改革试点，已在33个有基础、有条件的县（市、区）获批分类开展，全国人大常委会已授权试点地区在试点期内暂停实行相关法律条款。农村土地确权登记颁证工作整省试点已扩大到12个省，全国2215个县（市、区）都已安排了试点工作，已完成确权登记面积2.6亿亩以上。农村集体资产管理、运行体制改革试点进展顺利，29个试点县（区、市）启动赋予农民对集体资产股份权能改革试点。农村土地经营权流转平稳有序，到2015年6月底，全国家庭承包耕地经营权流转面积达到4.3亿亩，占家庭承包耕地总面积的32.3%。新型农业经营主体不断壮大，目前全国有家庭农场87万家，工商注册农民专业合作社140.2万家，龙头企业12.6万家，产业化组织35.4万个。棉花和大豆目标价格改革试点稳步开

第二章 社会结构变迁与社会体制改革

展。供销合作社、农垦、水利、林业、农业科技体制改革逐步深化,户籍制度改革正有序推进。当前,我国经济发展进入新常态,新型工业化、城镇化深入推进,农村经济社会深刻变革,农村改革涉及的利益关系更加复杂、目标更加多元、影响因素更加多样,任务也更加艰巨。农村各项改革靠单兵突进难以奏效,必须树立系统性思维,做好整体谋划和综合性顶层设计,找准牵一发而动全身的牛鼻子和主要矛盾。因此要从总体上把握好农村改革的方向,提出深化农村改革总的目标、大的原则、基本任务、重要途径,从全局上更好地指导和协调农村各项改革,加强各项改革之间的衔接配套,最大限度释放改革的综合效应。根据党中央、国务院的决策部署和全面深化改革的工作安排,从提高农村改革的系统性、整体性、协同性出发,中央农村领导小组办公室同有关部门起草了《深化农村改革综合性实施方案》,经中央全面深化改革领导小组会议、中央政治局常委会议审议通过,已由中央办公厅、国务院办公厅于2015年8月31日发布。

《深化农村改革综合性实施方案》(以下简称《实施方案》)共分4个部分,包括总体要求、任务目标及深化农村改革要聚焦的关键领域和重大举措等内容。

《实施方案》指出,到2020年,农村各类所有制经济尤其是农村集体资产所有权、农户土地承包经营权和农民财产权的保护制度更加完善,新型农业经营体系、农业支持保护体系、农业社会化服务体系、农业科技创新体系、适合农业农村特点的农村金融体系更加健全,城乡经济社会发展一体化体制机制基本建立,农村社会治理体系和农村基层组织制度更加完善,农民民主权利得到更好保障,农业农村法律法规进一步完善并加强,农村基层法治水平进一步提高,农业现代化水平和农民生活水平进一步提升,农村经济社会发展更具活力。

《实施方案》明确了改革的7项原则:坚持农村多种所有制经济共同发展,坚持和完善农村基本经营制度,坚持社会主义市场经济改革方向,坚持保障农民权益,坚持统筹兼顾,坚持循序渐进、试点先行,坚持党对"三农"工作的领导。

《实施方案》指出,全面深化农村改革涉及经济、政治、文化、社会、生态文明和基层党建等领域,涉及农村多种所有制经济主体。当前和今后一个时期,深化农村改革要聚焦农村集体产权制度、农业经营制度、农业支持保护制度、城乡发展一体化体制机制和农村社会治理制度五大领域。在《实施方案》的"关键领域和重大举措"部分,针对五个关键领域,分别提出了26个方面的改革举措。

一是深化农村集体产权制度改革。以保护农民集体经济组织成员权利为核心,以明晰农村集体产权归属、赋予农民更多财产权利为重点,探索社会主义市场经济条件下农村集体所有制经济的有效组织形式和经营方式,确保集体经济发展成果惠及本集体所有成员。这其中包括3个方面的改革举措:深化农村土地制度改革,分类推进农村集体资产确权到户和股份合作制改革,深化林业、水利相关领域改革。

二是加快构建新型农业经营体系。以提高土地产出率、资源利用率、劳动生产率为核心,坚持家庭经营在农业中的基础性地位,培育家庭农场、专业大户、农民合作社、农业产业化龙头企业等新型农业经营主体,推进家庭经营、集体经营、合作经营、企业经营等共同发展,构建符合国情和发展阶段的以农户家庭经营为基础、合作与联合为纽带、社会化服务为支撑的立体式、复合型现代农业经营体系。这其中包括6个方面的改革举措:推动土地经营权规范有序流转,加强农民合作社规范化建设,创新农业社会化服务机制,培养职业农民队伍,健全工商资本租赁农地的监管和风险防范机制,推进农垦改革,全面深化供销合作社综合改革。

三是完善农业支持保护制度。坚持多予少取放活的基本方针,加大农业支持保护力度,提高农业支持保护效能,完善农业生产激励机制,加快形成覆盖全面、指向明确、重点突出、措施配套、操作简便的农业支持保护制度。这其中包括7个方面的改革举措:建立农业农村投入稳定增长机制,完善农产品价格形成机制和农产品市场调控制度,完善农业补贴制度,建立农田水利建设管理新机制,深化农业科技体制改革,建立农业可持续发展机制,加快农村金融制度创新。

四是健全城乡发展一体化体制机制。坚持工业反哺农业、城市支持农村的基本方针,协调推进城镇化和新农村建设,加快形成以工促农、以城带乡、工农互惠、城乡一体的新型工农城乡关系。这其中包括5个方面的改革举措:完善城乡发展一体化的规划体制,完善农村基础设施建设投入和建管机制,推进形成城乡基本公共服务均等化的体制机制,加快推进户籍制度改革,完善城乡劳动者平等就业制度。

五是加强和创新农村社会治理。坚持党政主导、农民主体、社会协同,发挥好农村基层党组织领导核心作用,完善村民自治组织民主制度,形成规范有序、充满活力的乡村治理机制。这其中包括5个方面的改革举措:加强农村基层党组织建设,健全农村基层民主管理制度,加强农村精神文明建设,创新农村扶贫开发体制机制,深化农村行政执法体制改革。

《实施方案》还强调各级党委、政府要加强对农村改革工作的组织和领导,在深入开展改革督查、扎实开展改革试点、建立改革预警监测机制、建立有效协调机制等方面作出具体安排。

2015年10月,党的十八届五中全会对加快推进农业现代化、提升社会主义新农村建设水平、加大扶贫攻坚力度、全面深化农村改革、推动城乡协调发展等作出了全面部署。《实施方案》涉及的5个关键领域重要改革,五中全会都有原则要求或具体安排。党中央、国务院要求各级党政部门和广大干部群众,深入学习领会、全面贯彻落实党的十八届五中全会精神，精心组织和统筹推进农村各项改革，不断激发农村发展活力，开创农业农村发展的新局面。

55.居住证暂行条例

随着我国城镇化的快速推进，大量农村劳动力向城市转移就业，同时，城市间的人口流动也不断加速。据第六次人口普查数据显示，全国跨县（市、区）居住半年以上的人口达到1.7056亿。这部分常住人口为当地经济社会发展作出了重大贡献，但在教育、医疗、养老、住房保障等方面仍难以与当地户籍人口享受同等的基本公共服务，工作和生活面临诸多问题。这些问题如果长期得不到有效解决，将会引发一系列的社会风险和矛盾。党中央、国务院高度重视上述问题，近年来作出一系列推进城镇化建设和户籍制度改革的重大决策部署，特别是2014年3月中共中央、国务院印发的《国家新型城镇化规划（2014—2020年）》和同年7月国务院印发的《国务院关于进一步推进户籍制度改革的意见》，都将建立居住证制度作为创新人口管理的一项重要举措提出了明确要求。因此，有必要制定居住证暂行条例，以落实党中央、国务院的决策部署，为流动人口享受居住地基本公共服务和便利提供制度框架、有序推进城镇化进程。

2015年11月26日，李克强总理签署国务院令，公布《居住证暂行条例》（以下简称《条例》），《条例》于2016年1月1日起施行。《条例》共23条，以《国务院关于进一步推进户籍制度改革的意见》为依据，以各地已出台的居住证制度为参考，注意与户口、身份证制度的比较，突出居住证的赋权功能，突出政府及其相关部门的服务职能，在明确居住证的性质和申领条件的基础上，一方面确立了为居住证持有人提供的基本公共服务和便利，另一方面鼓励各地不断创造条件提供更好的服务。

《条例》规定：居住证是持证人在居住地居住、作为常住人口享受基本公共服务和便利、申请登记常住户口的证明；公民离开常住户口所在地，到其他城市居住半年以上，符合有合法稳定就业、合法稳定住所、连续就读条件之一的，可以依照本条例的规定申领居住证。

《条例》在不影响其他流动人口按照国家有关法律政策享受基本公共服务和便利的基础上，进一步规定了居住证持有人享受的各项基本公共服务和便利。具体包括：一是规定了居住证持有人享受的劳动就业，参加社会保险，缴存、提取和使用住房公积金，义务教育，基本公共就业服务，基本公共卫生服务和计划生育服务，公共文化体育服务，法律援助和其他法律服务等基本公共服务，以及按照国家有关规定办理出入境证件，换领、补领居民身份证，机动车登记，申领机动车驾驶证，报名参加职业资格考试、申请授予职业资格,办理生育服务登记和其他计划生育证明材料等便利。二是建立了梯度赋权的机制。条例要求国务院有关部门、地方各级人民政府及其有关部门逐步扩大向居住证持有人提供公共服务和便利的范围、提高服务标准,并定期向社会公布。三是建立了居住证持有人通过积分落户制度等方式申请登记常住户口的衔接通道,并明确了各类城市确定落户条件的标准。

《条例》按照寓管理于服务之中的精神,突出了政府及其相关部门的服务职能。一是明确县级以上人民政府应当建立健全为居住证持有人提供基本公共服务的机制,有关部门应当根据各自职责,做好居住证持有人的权益保障、服务和管理工作。二是规定县级以上人民政府应当将为居住证持有人提供基本公共服务和便利的工作纳入国民经济和社会发展规划,完善财政转移支付制度,将提供基本公共服务和便利所需费用纳入财政预算。三是规定县级以上人民政府有关部门应当建立和完善人口信息库,分类完善各类信息系统及居住证持有人信息采集、登记工作,加强信息共享,为实现基本公共服务常住人口全覆盖提供信息支持。四是规范了国家机关及其工作人员的服务和管理行为,如限期制发居住证、对持证人个人信息予以保密、免费办理首次证件及签注手续等,并对无故拒绝受理、发放,违反规定收取费用,利用便利收受他人财物等违法行为,规定了相应的法律责任。

《条例》的公布施行,必将对促进新型城镇化的健康发展,推进城镇基本公共服务和便利常住人口全覆盖,保障公民合法权益,促进社会公平正义发挥重要作用。

56.中共中央、国务院印发《生态文明体制改革总体方案》

生态文明是人类文明发展的一个新的阶段,即工业文明之后的文明形态;生态文明是人类遵循人、自然、社会和谐发展这一客观规律而取得的物质与精神成果的总和;生态文明是以人与自然、人与人、人与社会和谐共生、良性循环、全面发展、持续繁荣为基本宗旨的社会形态。2012年11月,党的十八大从新的历史起点出发,作出"大力推进生态文明建设"的战略决策,从10个方面绘出生态文明建设的宏伟蓝图。2015年5月5日,中共中央、国务院印发的《关于加快推进生态文明建设的意见》进一步明确提出,加快推进生态文明建设是加快转变经济发展方式、提高发展质量和效益的内在要求,是坚持以人为本、促进社会和谐的必然选择,是全面建成小康社会、实现中华民族伟大复兴中国梦的时代抉择,是积极应对气候变化、维护全球生态安全的重大举措。为此,2015年9月21日,中共中央、国务院印发《生态文明体制改革总体方案》(以下简称《方案》)。

《方案》明确提出了生态文明体制改革的总体要求:按照党中央、国务院决策部署,坚持节约资源和保护环境基本国策，坚持节约优先、保护优先、自然恢复为主方针，以建设美丽中国为目标，以正确处理人与自然关系为核心，以解决生态环境领域突出问题为导向，保障国家生态安全，改善环境质量，提高资源利用效率，推动形成人与自然和谐发展的现代化建设新格局。《方案》要求坚持生态文明体制改革的理念，包括树立尊重自然、顺应自然、保护自然的理念，树立发展和保护相统一的理念，树立绿水青山就是金山银山的理念，树立自然价值和自然资本的理念，树立空间均衡的理念，树立山水林田湖是一个生命共同体的理念，增强生态系统循环能力，维护生态平衡。《方案》要求坚持生态文明体制改革的原则，包括坚持正确改革方向，坚持自然资源资产的公有性质，坚持城乡环境治理体系统一，坚持激励和约束并举，坚持主动作为和国际合作相结合，坚持鼓励试点先行和整体协调推进相结合的原则，支持各地区根据本方案确定的基本方向，因地制宜，大胆探索、大胆试验。

《方案》明确提出了生态文明体制改革的目标：到2020年，构建起由自然资源资产产权制度、国土空间开发保护制度、空间规划体系、资源总量管理和全面节约制度、资源有偿使用和生态补偿制度、环境治理体系、环境治理和生态保护市场体系、生态文明绩效评价考核和责任追究制度等八项制度构成的产权清晰、多元参与、激励约束并重、系统完整的生态文明制度体系，推进生态文明领域国家治理体系和治理能力现代化，努力走向社会主义生态文明新时代。

《方案》明确提出了生态文明体制改革的八项具体目标，也是生态文明体制改革的八项重点任务和措施。

一是构建归属清晰、权责明确、监管有效的自然资源资产产权制度，着力解决自然资源所有者不到位、所有权边界模糊等问题。要建立统一的确权登记系统，建立权责明确的自然资源产权体系，健全国家自然资源资产管理体制，探索建立分级行使所有权的体制以及开展水流和湿地产权确权试点。

二是构建以空间规划为基础、以用途管制为主要手段的国土空间开发保护制度，着力解决因无序开发、过度开发、分散开发导致的优质耕地和生态空间占用过多、生态破坏、环境污染等问题。要完善主体功能区制度，健全国土空间用途管制制度，建立国家公园体制以及完善自然资源监管体制。

三是构建以空间治理和空间结构优化为主要内容，全国统一、相互衔接、分级管理的空间规划体系，着力解决空间性规划重叠冲突、部门职责交叉重复、地方规划朝令夕改等问题。建立空间规划体系，主要包括编制空间规划，推进市县"多规合一"，创新市县空间规划编制方法。

四是构建覆盖全面、科学规范、管理严格的资源总量管理和全面节约制度，着力解决资源使用浪费严重、利用效率不高等问题。完善最严格的耕地保护制度和土地节约集约利用制度，完善最严格的水资源管理制度，建立能源消费总量管理和节约制度，建立天然林保护制度、草原保护制度、湿地保护制度、沙化土地封禁保护制度，健全海洋资源开发保护制度、矿产资源开发利用管理制度，完善资源循环利用制度。

五是构建反映市场供求和资源稀缺程度、体现自然价值和代际补偿的资源有偿使用和生态补偿制度，着力解决自然资源及其产品价格偏低、生产开发成本低于社会成本、保护生态得不到合理回报等问题。加快自然资源及其产品价格改革，完善土地有偿使用制度、矿产资源有偿使用制度、海域海岛有偿使用制度，加快资源环境税费改革，完善生态补偿机制，完善生态保护修复资金使用机制，建立耕地草原河湖休养生息制度。

六是构建以改善环境质量为导向，监管统一、执法严明、多方参与的环境治理体系，着力解决污染防治能力弱、监管职能交叉、权责不一致、违法成本过低等问题。完善污染物排放许可制，建立污染防治区域联动机制，建立农村环境治理体制机制，健全环境信息公开制度，严格实行生态环境损害赔偿制度，完善环境保护管理制度。

七是构建更多运用经济杠杆进行环境治理和生态保护的市场体系，着力解决市场主体和市场体系发育滞后、社会参与度不高等问题。培育环境治理和生态保护市场主体，推行用能权和碳排放权交易制度、排污权交易制度、水权交易制度，建立绿色金融体系，建立统一的绿色产品体系。

八是构建充分反映资源消耗、环境损害和生态效益的生态文明绩效评价考核和责任追究制度，着力解决发展绩效评价不全面、责任落实不到位、损害责任追究缺失等问题。建立生态文明目标体系，建立资源环境承载能力监测预警机制，探索编制自然资源资产负债表，对领导干部实行自然资源资产离任审计，建立生态环境损害责任终身追究制。

《方案》明确提出了生态文明体制改革的实施保障。一是加强对生态文明体制改革的领导。二是积极开展试点试验。三是完善法律法规。四是加强舆论引导。五是加强督促落实。

《方案》将对加快建立系统完整的生态文明制度体系，加快推进生态文明建设，增强生态文明体制改革的系统性、整体性、协同性提供重要依据。

本章撰写负责人：王春光
成员：宗世法、刘森林、陈鹏、朱瑞、汪永涛、韩亚栋

第三章
民主法治与社会规范

当/代/中/国/社会大事典(1978—2015)

一、民主政治制度建设

1.新时期的统一战线和人民政协的任务

1978年12月,党的十一届三中全会在北京召开,从此,我国进入改革开放新时期,统一战线和人民政协工作进入新的历史发展阶段。

1979年6月15日至7月2日,全国政协五届二次会议在北京举行。邓小平发表了《新时期的统一战线和人民政协的任务》的重要讲话（以下简称《讲话》），对新时期统一战线和人民政协的性质和任务作了全面阐述。《讲话》是指导我国新时期统一战线和人民政协工作的纲领性文件。

《讲话》科学阐明了我国社会阶级关系发生的根本变化和由此所带来的统一战线各方面的变化。邓小平说：新中国成立三十年中,我国的社会阶级状况发生了根本的变化。我国工人阶级的地位已经大大加强,我国农民已经是有二十多年历史的集体农民。工农联盟将在社会主义现代化建设的新的基础上更加巩固和发展。我国广大的知识分子,包括从旧社会过来的老知识分子的绝大多数,已经成为工人阶级的一部分,正在努力自觉地为社会主义事业服务。我国各兄弟民族经过民主改革和社会主义改造,早已陆续走上社会主义道路,结成了社会主义的团结友爱、互助合作的新型民族关系。各民族的不同宗教的爱国人士有了很大的进步。我国的资本家阶级,他们中有劳动能力的绝大多数人已经改造成为社会主义社会中的自食其力的劳动者。我国的各民主党派,现在它们都已经成为各自所联系的一部分社会主义劳动者和一部分拥护社会主义的爱国者的政治联盟,都是在中国共产党领导下为社会主义服务的政治力量。台湾同胞、港澳同胞和海外侨胞将在实现统一祖国大业、支援祖国现代化建设和加强国际反霸斗争方面,日益发挥着重要的积极作用。

《讲话》阐明了我国新时期爱国统一战线的性质、范围和任务。邓小平说：我国的统一战线已经成为工人阶级领导的、工农联盟为基础的社会主义劳动者和拥护社会主义的爱国者的广泛联盟。新时期统一战线和人民政协的任务，就是要调动一切积极因素，努力化消极因素为积极因素，团结一切可以团结的力量，同心同德，群策群力，维护和发展安定团结的政治局面，为把我国建设成为现代化的社会主义强国而奋斗。为了实现这个任务，邓小平提出，在下列三个方面的工作中，人民政协要充分发挥自己的作用：一是发扬社会主义民主，加强社会主义法制；二是在人民内部广泛地加强思想政治教育；三是积极开展工作，发展爱国统一战线，促进台湾早日回归祖国，实现祖国统一大业。

《讲话》阐明了新时期人民政协的性质、地位和作用。邓小平说，人民政协是发扬人民民主、联系各方面人民群众的一个重要组织。中国的社会主义现代化建设事业，继续需要政协就有关国家的大政方针、政治生活和四个现代化建设中的各项社会经济问题，进行协商、讨论，实行互相监督，发挥对宪法和法律实施的监督作用。在新的历史时期，人民政协作为统一战线组织，任务是十分光荣的，工作是大有作为的。

邓小平这篇重要讲话，对我国新时期统一战线和人民政协的性质和任务进行了科学阐述，从根本上回答了人们关心与思索的有关统一战线和政协工作的重大理论和政策问题。《讲话》既是在统一战线理论政策上的拨乱反正、正本清源，使党的统一战线理论政策重新回到了马克思主义的正确轨道，又是对社会主义统一战线理论的进一步发展。

2.地方各级人民代表大会和地方各级人民政府组织法

我国宪法规定，中华人民共和国的一切权力属于人民。人民行使国家权力的机关是全国人民代表大会和地方各级人民代表大会。人民依照法律规定，通过各种途径和形式，管理国家事务，管理经济和文化事业，管理社会事务。

党的十一届三中全会后，中央确定由全国人大常委会统筹立法工作。1979年1月，中央决定在全国人大常委会设立法制委员会。1979年2月，五届全国人大常委会第六次会议决定设立全国人大常委会法制委员会，并通过了由80人组成的委员会名单，彭真为主任。彭真对立法工作抓得很紧，要求很高。他考虑，"文化大革命""无法无天"，人民群众吃尽了苦头，绝不能再让它重演。现在是"人心思法"，改革开放新时期必须加快立法工作。根据彭真的意见，法制委员会组织法学界和有关方面同志，对地方各级人大和地方各级政府组织法等7个法律草案逐条进行研究修改。7个法律草案初稿起草出来后，法制委员会进行了认真审议，提出许多好的修改意见。中共中央政治局就地方各级人大和地方各级政府组织法等法律草案两次开会，进行专门讨论。经过认真准备，这几个法律草案正式提交全国人大常委会审议。经过修改后，提交6月7日至12日召开的五届全国人大常委会第八次会议审议。1979年7月1日,五届全国人大二次会议通过了关于修正宪法若干规定的决议和选举法、地方各级人大和地方各级人民政府组织法。

1979年6月召开的五届全国人大二次会议审议通过的《地方各级人民代表大会和地方各级人民政府组织法》(以下简称《地方组织法》),是一部规范我国地方各级人大和政府组织管理的法律。《地方组织法》对地方各级人民代表大会、县级以上地方各级人民代表大会常务委员会、地方各级人民政府的机构设置、职权配置、选举制度、领导人员的罢免等内容作了规定。随着我国改革开放、现代化建设的发展,民主政治建设特别是地方政权建设的深入推进,《地方组织法》不断得到修正和完善。1982年12月10日,五届全国人大五次会议进行第一次修正。1986年12月2日,六届全国人大常委会第十八次会议进行第二次修正。1995年2月28日,八届全国人大常委会第十二次会议进行第三次修正。2004年10月27日,十届全国人大常委会第十二次会议进行第四次修正。

现行的《地方组织法》共5章69条。

第一章,总则,共3条,分别对在地方各级行政区域设立人民代表大会和人民政府,县级以上的地方各级人民代表大会设立常务委员会,自治地方的自治机关的权限问题作了规定。

第二章,地方各级人民代表大会,共36条,分别对地方各级人大的性质,代表的选举方式,各级人大每届的任期,地方性法规的制定,人大的职权,各级人大会议召开的程序、议案、建议、批评意见及罢免案质询案的提出及处理程序、地方各级国家机关领导人员的选举方法、各专门委员会的设立,对代表的法律保护等作了规定。

第三章,县级以上的地方各级人民代表大会常务委员会,共14条,分别对各级人大常委会的性质,常委会的组成、任期、职权、制定地方性法规的权限、常委会召开的程序,议案、质询案的提出及处理程序,主任会议的组成、职责、召开程序,代表资格审查委员会的设立和职责,如何组织特定问题调查委员会,常委会设立办事机构和其他工作机构等,都作了具体规定。

第四章,地方各级人民政府,共15条,分别对地方各级人民政府的性质、地位、组成人员、任期、职权、工作制度、机构设置等作了规定。

第五章,附则,共1条,规定了省级人大及其常委会可以对本法执行中的问题作出具体规定。

3.全国人民代表大会和地方各级人民代表大会选举法

选举是民主政治的基石。人民代表大会制度是我国的根本政治制度,人民行使国家权力的机关是全国人民代表大会和地方各级人民代表大会。人民通过民主选举产生自己的代表，组成各级人民代表大会，行使国家权力。因此，人大代表选举制度是我国人民代表大会制度的组织制度基础，是我国社会主义民主政治的重要组成部分。

党的十一届三中全会后，为适应全党全国工作重心转移、发展市场经济和民主法治建设的需要，亟须制定新的选举法、组织法和其他相关法律。1953年，中央人民政府委员会第22次会议通过新中国首部选举法，同年3月1日公布实施。到20世纪70—80年代，它已不能适应新的历史条件和历史任务。党的十一届三中全会后不久，全国人大常委会就开始着手研究健全法制，组织有关方面起草选举法和地方组织法等法律草案的工作；中共中央政治局就选举法、地方组织法等法律草案两次开会进行专门讨论。

1979年7月1日，五届全国人大二次会议召开，通过《全国人民代表大会和地方各级人民代表大会选举法》（以下简称《选举法》）。《选举法》对我国选举制度作出了重要改革和完善：扩大了普选的范围，改进选区划分的办法，实行自下而上、自上而下、充分民主地酝酿候选人的办法，赋予省级人大常委会决定地方人大代表名额的权利，明确规定每一个少数民族至少应有一名代表参加全国人民代表大会，特别是将直接选举人大代表的范围扩大到县一级，实行普遍的差额选举。从1979年下半年起，在试点基础上，我国开展了全国范围的县级人大代表直接选举工作。根据《选举法》，此后的选举工作普遍采取差额选举等民主选举方式，受到广大人民群众热烈拥护。1982年12月、1986年12月、1995年2月、2004年10月和2010年3月，全国人大和全国人大常委会，对选举法进行了五次重要修改。1986年第二次修改选举法规定，地方国家政权机关领导人员的选举，一律实行差额选举，并规定了具体的差额数。1995年第三次修改选举法，将县级人大的任期由三年改为五年。2004年第四次修改选举法，将乡级人大的任期由三年改为五年。

确定和设立选举机构，是顺利开展选举工作的重要保证。1979年修订的《选举法》规定，县、乡两级设立选举委员会主持选举工作。县的选举委员会受本级人大常委会的领导。1983年全国人大常委会《关于县级以下人民代表大会代表直接选举的若干规定》，对选举委员会组成人员的产生和选举委员会的职责作了规定。2010年在修改选举法时，增加了"选举机构"一章，对选举委员会的产生、职责、回避和工作要求等作了具体规定。为加强对选举委员会履行职责的监督，保证选举组织工作的公开透明，2010年修改选举法增加规定，选举委员会应当及时公布与选举有关的各种信息，如选民名单、选举日期、代表候选人名单、当选代表名单等。

选区是选民参加选举活动和当选代表联系选民的基本单位。我国选区的大小按选一至三名代表划分，既控制了选区的规模，有利于选民了解代表候选人的情况和参加选举活动，也便于增强当选代表的责任感，又保持了一定的灵活性，可以适应选区划分中的多种不同情况,根据选区的人口数,确定应选代表人数,不必把一个较大的单位或村落拆分为两个选区。本行政区域内各选区每一代表所代表的人口数应当大体相等。

推荐、介绍、确定代表候选人,是选举中一个十分重要的环节。为了保障人民自由地行使选举权利,《选举法》规定,实行自下而上、自上而下、充分民主地提出代表候选人的办法,政党、人民团体和选民或代表联名都可以依法提出代表候选人。

2010年3月,十一届全国人大三次会议通过的关于修改选举法的决定,明确城乡按相同人口比例选举人大代表。从8:1、4:1再到1:1,农村和城市全国人大代表所代表人口数比例的变化,反映出我国城乡经济社会的发展变迁,成为我国推进社会主义民主政治的生动写照。

改革开放30多年来,通过五次修改选举法,制定和完善具体规定,人大代表选举更加民主、科学、有效,选举程序和选举办法更加简便、易行、规范,逐步形成了一套适合我国国情、具有鲜明中国特色的选举制度。从1979年到2008年,我国先后进行过9次乡级人大代表直接选举,8次县级人大代表直接选举,6次县级以上人大代表间接选举。从等额选举到差额选举,从农村和城市全国人大代表所代表的人口数比例为8:1、4:1发展到现在的"同票同权",实践证明,我国人大代表选举制度的不断改进和完善,有利于保障人民自由地行使民主选举权利,有利于增强当选代表的公仆意识,增强人民群众当家作主的积极性,坚持和完善人民代表大会制度,显示了伟大的功效。

4.县级以上地方各级人民代表大会设立常务委员会

党的十一届三中全会以来,我国的人民代表大会制度在改革中不断发展完善。1979年7月1日,五届全国人大二次会议通过的关于修正宪法若干规定的决议对宪法有关条文作出修改,其中第35条增加1款作为第4款,规定:"县和县以上的地方各级人民代表大会设立常务委员会,它是本级人民代表大会的常设机关,对本级人民代表大会负责并报告工作,它的组织和职权由法律规定。"这是新时期我国推进民主法治建设的重大举措,是人民代表大会制度的重大发展,也是地方政权建设的重大革新。

县级以上地方人大设立常委会从最初的研究论证,到最终的决定和设立,历经"四次酝酿、三次搁置"的曲折过程。1954年,第一次"酝酿"和"搁置"。1954年制定宪法时,一些学者提出地方各级人大也应当同全国人大一样设立常务委员会,这个意见没有被宪法起草委员会采纳。1954年宪法第30条规定,"全国人民代表大会常务委员会是全国人民代表大会的常设机关",没有对地方各级人大的常设机关作出规定。1957年,第二次"酝酿"和"搁置"。根据中央指示,全国人大常委会党组经过反复研究,于1957年5月提出关于健全人民代表大会制度的具体方案和措施，其中包括县级以上地方人大设立常委会等内容，并相应拟出了相关决议草稿，准备提请一届全国人大四次会议审议。但是，随后发生的反右斗争扩大化，使地方人大设立常委会的方案又一次被"搁置"。1965年，第三次"酝酿"和"搁置"。1965年，全国人大常委会再次提出县级以上地方各级人大设立常委会的问题。但此后"文化大革命"爆发，不仅地方人大设立常委会的方案第三次被"搁置"，而且地方各级人大也全部停止活动。

1979年，第四次"酝酿"顺利实现。党的十一届三中全会后，人民代表大会制度步入一个崭新的发展阶段，县级以上地方各级人大设立常委会的问题再次提到了重要议事日程上来。1979年5月17日，全国人大法制委员会主任彭真专门向中央写了关于县以上各级人民代表大会设常务委员会等事项的报告。中央领导同志审阅了这个报告，邓小平作出批示，赞成县级以上地方各级人大设立常委会。1979年6月18日至7月1日，五届全国人大二次会议举行，审议通过了《关于修正宪法若干规定的决议》和地方组织法，县级以上地方各级人大设立常委会作为一项重要制度被正式确立下来。1979年8月，西藏自治区和青海省在全国率先设立了省级人大常委会。随后，其他省、自治区、直辖市也先后设立了人大常委会。1979年下半年，在县、自治县、不设区的市和市辖区进行直接选举试点的基础上，产生了首批66个县级地方人大常委会。1980年下半年，全国范围的县级直接选举工作全面展开，到1981年底，全国共有2756个县级行政单位，先后召开人民代表大会会议，建立县级人大常委会。我国地方人大及其常委会的组织建设、制度建设和工作开展进入崭新阶段。

为了促进地方人大常委会健康发展，1981年4月，中共中央发出有关地方人大常委会建设和工作的第一个文件，即批转了彭真在两次座谈会上的讲话，并作出批语。1984年又连续发出了两个关于加强地方人大工作的文件，要求各级党委加强对人大常委会的领导，定期讨论人大常委会的工作，支持人大常委会依法行使职权，充分发挥国家权力机关的作用。

地方人大设立常委会完善了地方政权组织体系，使地方国家权力机关能够在闭会期间开展经常性工作。1979年地方组织法第28条对地方人大常委会的职权作出了11项规定，除领导和主持本级人大代表选举、召集本级人大会议、补选上一级人大出缺代表和撤换个别代表外，其他各项职权可以概括为决定本行政区域内重大事项、任免国家机关工作人员、监督同级"一府两院"工作3项。

县级以上地方各级人大设立常委会，是一个重大改革，由于这个改革，在全国县级以上地方范围内，人民经过自己的代表、代表大会和它的常委会，能够大大加强对县级以上地方各级人民政府的管理和监督，大大加强自己行使管理国家的权利。

县级以上地方人大设立常委会，使我们国家的政治制度和民主生活更加健全。30多年来，我国地方各级人大常委会认真行使宪法和法律赋予的各项职权，不断完善组织制度和工作机制，为推进民主法制建设，促进地方经济和社会事业发展，发挥了不可替代的重要作用。我国现行有效的地方性法规，百分之九十以上是由地方人大常委会制定的。30多年来，地方各级人大常委会认真履行宪法和法律赋予的监督职责，积极开展监督工作；同时，在监督实践中，积极探索新的监督形式，研究改进监督制度机制，监督实效不断增强。

5.县级人民代表大会代表由选民直接选举

人民代表大会制度是我国的根本政治制度。这一根本政治制度的本质特征，就是由人民通过民主选举产生人大代表，组成人民代表大会，再由人民代表大会产生其他国家政权机关，人民通过人民代表大会行使当家作主的权利。根据我国经济社会发展的实际情况，我国选举人大代表的方式，采取了以直接选举为基础，直接选举与间接选举相结合的方式。直接选举是指将代表名额分配到选区，由选民以选区为单位直接投票选举产生代表的制度。

党的十一届三中全会后，为适应全党全国工作重心转移、发展市场经济和民主法治建设的需要，亟须制定新的选举法、组织法和其他相关法律。我国1953年就制定了选举法，但到20世纪70—80年代，它已不能适应新的历史条件和历史任务。党的十一届三中全会后不久，全国人大常委会就开始着手研究健全法制，组织有关方面起草选举法和地方组织法等法律草案；中共中央政治局就选举法、地方组织法等法律草案两次开会进行专门讨论。经过认真准备，这几个法律草案正式提交全国人大常委会审议。

1979年7月1日，五届全国人大二次会议通过《全国人民代表大会和地方各级人民代表大会选举法》，规定县级人民代表大会代表由选民直接选举。在这次会议上，时任全国人大法制委员会主任彭真在《关于七个法律草案的说明》中指出，把直接选举人民代表大会代表的范围扩大到县一级，是我国选举制度的一项重要改革。在一个县的范围内，群众对于本县国家机关和国家工作人员的情况是比较熟悉和了解的，实行直接选举不仅可以比较容易地保证民主选举，而且便于人民群众对县级国家机关和国家工作人员实行有效的监督。从1979年下半年起，在试点基础上，我国开展了全国范围的县级人大代表直接选举工作。

我国1953年选举法规定，乡、镇、市辖区和不设区的市实行直接选举。1979年重新修订选举法，根据我国经济社会发展的新情况，将直接选举人大代表的范围扩大到县一级，即县、自治县、不设区的市、市辖区的人大代表，都由选区选民直接选举产生。由于县、自治县是当时县一级行政区划的主体，规定县、自治县的人大代表由选民直接选举产生，是直接选举范围的重大发展。在直接选举与间接选举相结合的情况下，直接选举，特别是县一级直接选举，具有特别重要的作用，不仅担负着产生该级国家权力机关的任务，而且为上级国家权力机关以至最高国家权力机关的产生提供了基础。

为了搞好县级以下人大代表的选举，1983年3月，五届全国人大常委会第二十六次会议通过了全国人大常委会《关于县级以下人民代表大会代表直接选举的若干规定》。1986年12月六届全国人大常委会第十八次会议、1995年2月八届全国人大常委会第十二次会议、2004年10月十届全国人大常委会第十二次会议和2010年3月十一届全国人大三次会议，又五次对选举法进行重要修改。

改革开放30多年来，通过五次修改选举法，制定和完善具体规定，人大代表选举更加民主、科学、有效，选举程序和选举办法更加简便、易行、规范，逐步形成了一套适合我国国情、具有鲜明中国特色的选举制度。从2011年上半年开始，到2012年底，全国31个省、自治区、直辖市圆满完成了新一轮县乡两级人大代表换届选举工作。这次全国县乡人大换届选举是1979年以来依法进行的第十次乡级人大代表选举、第九次县级人大代表选举。参加这次县级人大代表选举的选民达9.81亿人，参加乡级人大代表选举的选民达7.23亿人，已选举产生县乡两级人大代表254万人，涉及县级政权2878个、乡级政权33281个。这次换届选举是新修改的选举法颁布实施后的第一次，最大亮点是"实行一个相同"、"体现三个平等"。"一个相同"，即实行城乡按相同人口比例选举人大代表；"三个平等"，即人人平等、地区平等和民族平等。

6.中国村民自治第一村

合寨是广西宜州市一个比较偏远的山村，全村有12个自然屯，1050户，人口4298人，其中壮族占95.3%，70%为山地。中国第一个村民自治组织当年就产生于原合寨生产大队的一个自然村——果地屯，合寨因而被称为"中国村民自治第一村"。

1979年，合寨的农民自发地将田地分到农户，农民的生产积极性调动起来了，但原来的生产队成了空架子，社会矛盾也多了。在这种情况下，1980年1月，在果地屯（自然村）原老支书蒙宝亮和老党员蒙光新等人的主持下，召开了全屯户主会议，选举蒙光新为村民委员会主任，同时制定了"村规民约"。果地村委会是迄今发现的全国第一个有正式记录为依据的村民委员会（后按规定改为村民小组），也是首个利用村规民约进行村民自治、民主管理的村委会，蒙光新则成为全国第一个由村民自选的"村官"。

1982年，合寨村成立了"议事会"和"明白墙"。"议事会"（即"村民代表会议"），由村民代表推选曾担任乡村干部的有威望的老人、参政议政能力强的党员以及部分现任村干部组成。村里重大事情必须通过"议事会"讨论研究。"议事会"作出的决定，经村民会议通过后才提交村委会办理。"议事会"每个季度开一次，20多年来从未间断过。每年初，合寨村的村民们总会汇集到村民委员会所在地，争相观看最新公布的"政务公开"、"民主管理"专栏墙报。合寨村委会设立的村务公开专栏，密密麻麻占了几个墙面，内容包括财务公开、村民自治事务公开、协助上级的政务公开、村民意见征询与反馈情况公开等。群众称之为"明白墙"。合寨村的村委会允许村民按程序查看村里的账目，要求村干部如实回答村民提出的问题。村委会还将群众关心的热点、难点、敏感性问题，村里重大建设项目，定时向村民公开。

2003年，合寨村集体林场因管理不善，出现了"只砍不种"的现象。当时，合寨村村委会提出：将林场卖给个人，用拍卖所得资金为各屯修路。"议事会"对此进行讨论时，多数人表示反对，认为林场是集体财产，不能轻易放弃，而应收归村委会管理，指定专人负责，让全村人得到长久的利益。村委会执行了"议事会"的决定，如今，合寨村1850亩的集体林场每年为村里创收10多万元。

这些年来，通过实行村民自治，合寨村解决了村里用电、用水、校舍修建、硬化道路、水渠、安装闭路电视等与群众生产生活息息相关的问题。如今，全村有九成以上的农户安装了闭路电视，七成以上的农户住进了钢混结构的楼房。村民年人均收入由1980年的57.83元提高到2007年的3050元。村里还投资50多万元，兴建了老年人活动中心、五保新村和村委会办公楼等活动场所。在合寨村各项硬件设施逐渐完善的情况下，村委会越来越注重发展村民素质文化教育，并举办各种文体活动，力求提高村民的各方面素质。

全国人大法制委员会、民政部等曾派出工作组到合寨进行实地考察，充分肯定了广西农民的这一创举。

7.邓小平发表《党和国家领导制度的改革》的讲话

1980年8月18日，邓小平在中共中央政治局扩大会议上发表《党和国家领导制度的改革》的讲话（以下简称《讲话》）。在《讲话》中，邓小平总结了我国及其他社会主义国家党和政权建设的历史经验，特别是中国十年"文化大革命"的深刻教训，深刻分析了党和国家领导制度存在的种种弊端及其产生的原因，指出了党和国家领导制度改革的目的和路径，形成了较为系统的党和国家领导制度改革的基本思想。这篇《讲话》，经中央政治局讨论通过，成为我国政治体制改革的纲领性文件。《讲话》包括五部分内容。

《讲话》指出，国务院领导成员的变动，将是五届人大三次会议的主要议题之一。关于国务院负责人人选的调整，中央做这样的考虑，原因一是权力不宜过分集中；二是兼职、副职不宜过多；三是着手解决党政不分、以党代政的问题；四是从长远着想，解决好交接班的问题。

《讲话》强调，改革党和国家领导制度及其他制度，是为了充分发挥社会主义制度的优越性，加速社会主义现代化建设事业的发展。为此，应当努力实现以下三个方面的要求：一、经济上，迅速发展社会生产力，逐步改善人民的物质文化生活；二、政治上，充分发扬人民民主，保证全体人民真正享有通过各种有效形式管理国家，特别是管理基层地方政权和各项企业事业的权力，享有各项公民权利，健全革命法制，正确处理人民内部矛盾，打击一切敌对力量和犯罪活动，调动人民群众的积极性，巩固和发展安定团结、生动活泼的政治局面；三、组织上，迫切需要大量培养、发现、提拔、使用坚持四项基本原则的、比较年轻的、有专业知识的社会主义现代化建设人才。邓小平强调指出：我们进行社会主义现代化建设，是要在经济上赶上发达的资本主义国家，在政治上创造比资本主义国家的民主更高更切实的民主，并且造就比这些国家更多更优秀的人才。达到上述三个要求，时间有的可以短些，有的要长些，但是作为一个社会主义大国，我们能够也必须达到。所以，党和国家的各种制度究竟好不好，完善不完善，必须用是否有利于实现这三条来检验。

《讲话》指出，党和国家现行的一些具体制度中，还存在不少的弊端，主要是官僚主义现象，权力过分集中的现象，家长制现象，干部领导职务终身制现象和形形色色的特权现象。邓小平深刻指出：我们现在的官僚主义现象，除了同历史上的官僚主义有共同点以外，还有自己的特点，既不同于旧中国的官僚主义，也不同于资本主义国家中的官僚主义。它同我们长期认为社会主义制度和计划管理制度必须对经济、政治、文化、社会都实行中央高度集权的管理体制有密切关系。我们的各级领导机关，都管了很多不该管、管不好、管不了的事，这些事只要有一定的规章，放在下面，放在企业、事业、社会单位，让他们真正按民主集中制自行处理，本来可以很好办，但是统统拿到党政领导机关、拿到中央部门来，就很难办。谁也没有这样的神通，能够办这么繁重而生疏的事情。这可以说是目前我们所特有的官僚主义的一个总病根。邓小平说，官僚主义的另一病根是，我们的党政机构以及各种企业、事业领导机构中，长期缺少严格的从上而下的行政法规和个人负责制，缺少对于每个机关乃至每个人的职责权限的严格明确的规定，以至事无大小，往往无章可循，绝大多数人往往不能独立负责地处理他所应当处理的问题，只好成天忙于请示报告，批转文件。有些本位主义严重的人，甚至遇到责任互相推诿，遇到权利互相争夺，扯不完的皮。还有，干部缺少正常的录用、奖惩、退休、退职、淘汰办法，反正工作好坏都是铁饭碗，能进不能出，能上不能下。这些情况，必然造成机构臃肿，层次多，副职多，闲职多，而机构臃肿又必然促成官僚主义的发展。因此，必须从根本上改变这些制度。邓小平指出：当然，官僚主义还有思想作风问题的一面，但是制度问题不解决，思想作风问题也解决不了。所以，过去我们虽也多次反过官僚主义，但是收效甚微。

《讲话》指出，我国现行政治体制中存在的种种弊端，多少都带有封建主义色彩。我们的新民主主义革命，推翻封建主义的反动统治和封建土地所有制，是成功的，彻底的。但是，肃清思想政治方面的封建主义残余影响这个任务，因为我们对它的重要性估计不足，以后很快转入社会主义革命，所以没有能够完成。现在应该明确提出继续肃清思想政治方面的封建主义残余影响的任务，并在制度上做一系列切实的改革。如果不坚决改革现行制度中的弊端，过去出现过的一些严重问题今后就有可能重新出现。只有对这些弊端进行有计划、有步骤而又坚决彻底的改革，人民才会信任我们的领导，才会信任党和社会主义，我们的事业才有无限的希望。邓小平深刻指出：我们过去发生的各种错误，固然与某些领导人的思想、作风有关，但是组织制度、工作制度方面的问题更重要。这些方面的制度好可以使坏人无法任意横行，制度不好可以使好人无法充分做好事，甚至会走向反面。即使像毛泽东同志这样伟大的人物，也受到一些不好的制度的严重影响，以至对党对国家对他个人都造成了很大的不幸。我们今天再不健全社会主义制度，人们就会说，为什么资本主义制度所能解决的一些问题，社会主义制度反而不能解决呢？这种比较方法虽然不全面，但是我们不能因此而不加以重视。斯大林严重破坏社会主义法制，毛泽东同志就说过，这样的事件在英、法、美这样的西方国家不可能发生。他虽然认识到这一点，但是由于没有在实际上解决领导制度问题以及其他一些原因，仍然导致了"文化大革命"的十年浩劫。这个教训是极其深刻的。不是说个人没有责任，而是说领导制度、组织制度问题更带有根本性、全局性、稳定性和长期性。这种制度问题，关系到党和国家是否改变颜色，必须引起全党的高度重视。同时，决不能丝毫放松和忽视对资产阶级思想和小资产阶级思想的批判，对极端个人主义和无政府主义的批判。

《讲话》最后指出，中央经多次酝酿，正考虑逐步进行如下重大改革：一、向五届全国人大三次会议提出修改宪法的建议，关于不允许权力过分集中的原则，将在宪法上表现出来。二、设立一个顾问委员会，由党的全国代表大会选举产生。三、真正建立从国务院到地方各级政府从上到下的强有力的工作系统。四、有准备有步骤地改变党委领导下的厂长负责制、经理负责制，经过试点，逐步推广、分别实行工厂管理委员会、公司董事会、经济联合体的联合委员会领导和监督下的厂长负责制、经理负责制。五、各企业事业单位普遍成立职工代表大会或职工代表会议。六、各级党委要真正实行集体领导和个人分工负责相结合的制度。邓小平强调指出：改革党和国家的领导制度，是为了坚持和加强党的领导，坚持和加强党的纪律。

8.职工代表大会制度

我国宪法明确规定，国有企业依照法律规定，通过职工代表大会和其他形式，实行民主管理。

改革企业的领导制度，是改革党和国家领导制度的一个重要组成部分。企业领导制度改革的一项重要内容，是发扬职工群众主人翁的责任感和当家作主的积极性，实行民主管理。职工代表大会是我国基层民主制度的重要组成部分。

1981年7月13日，中共中央、国务院转发中华全国总工会、国家经委、中共中央组织部制定的《国营工业企业职工代表大会暂行条例》（以下简称《暂行条例》），并发出通知。《暂行条例》规定，职工代表大会（或职工大会）是企业实行民主管理的一种基本形式，是职工群众参加决策和管理、监督干部的权力机构。通知指出：推广和完善职工代表大会制，关键在于加强和改善党的领导。企业党委要积极领导和支持职工当家作主，保障职工代表大会行使规定的权力。

1986年9月，国务院颁发《全民所有制工业企业职工代表大会条例》（以下简称《条例》）。《条例》指出：职工代表大会是企业实行民主管理的基本形式，是职工行使民主管理权力的机构。企业在实行厂长负责制的同时，必须建立和健全职工代表大会（或职工大会）制度和其他民主管理制度，保障与发挥工会组织和职工代表在审议企业重大决策、监督行政领导、维护职工合法权益等方面的权力和作用。企业工会委员会是职工代表大会的工作机构，负责职工代表大会的日常工作。职工代表大会接受企业党的基层组织的思想政治领导，贯彻执行党和国家的方针、政策，正确处理国家、企业和职工三者利益关系，在法律规定的范围内行使职权。职工代表大会应当积极支持厂长行使经营管理决策和统一指挥生产活动的职权。职工代表大会实行民主集中制。

《条例》规定，职工代表大会行使下列职权：定期听取厂长的工作报告，审议企业的经营方针、长远和年度计划、重大技术改造和技术引进计划、职工培训计划、财务预决算、自有资金分配和使用方案，提出意见和建议，并就上述方案的实施作出决议；审议通过厂长提出的企业的经济责任制方案、工资调整计划、奖金分配方案、劳动保护措施方案、奖惩办法及其他重要的规章制度；审议决定职工福利基金使用方案、职工住宅分配方案和其他有关职工生活福利的重大事项；评议、监督企业各级领导干部，并提出奖惩和任免的建议。主管机关任命或者免除企业行政领导人员的职务时，必须充分考虑职工代表大会的意见。职工代表大会根据主管机关的部署，可以民主推荐厂长人选，也可以民主选举厂长，报主管机关审批。

《条例》规定，职工代表大会至少每半年召开一次。每次会议必须有三分之二以上的职工代表出席。遇有重大事项，经厂长、企业工会或三分之一以上职工代表的提议，可召开临时会议。《条例》对职工代表的条件、产生办法、产生范围、任期等事项，都作出了规定。

2012年3月，中央纪委、中央组织部、国务院国资委、监察部、中华全国总工会、全国工商联联合下发《企业民主管理规定》（以下简称《规定》）。这是全面规范以职工代表大会为基本形式的企业民主管理制度的重要规章。《规定》最大的突破，在于打破了企业所有制界限，明确非公有制企业也应实行民主管理，农民工、劳务派遣工同样可成为职代会代表。《规定》主要有三大亮点：一是明确"职工代表大会是职工行使民主管理权力的机构，是企业实行民主管理的基本形式"。二是在对企业职工代表大会职权、组织和工作制度作出统一规范的同时，关照了不同性质、不同规模、不同治理结构企业的实际情况，增强企业实行民主管理的针对性和操作性。三是明确"与企业签订劳动合同建立劳动关系以及与企业存在事实劳动关系的职工，有选举和被选举为职工代表大会代表的权利"，解决一些企业农民工、劳务派遣工等所谓"非正式职工"不能成为职工代表的问题，扩大职工代表大会的代表性，有效地保障普通职工参与企业管理的合法权益。《规定》进一步完善了企业实行民主管理的程序和规则。

2015年3月21日，中共中央、国务院发布《关于构建和谐劳动关系的意见》，强调要加强企业民主管理制度建设，推进企业普遍建立职工代表大会，认真落实职工代表大会职权；要推进厂务公开制度化、规范化；推行职工董事、职工兼事制度。

9.中共中央关于建立老干部退休制度的决定

1978年4月，中共中央组织部成立老干部局，并下发通知，要求全国建立老干部工作机构；同年6月，国务院颁发《关于安置老弱病残干部的暂行办法》，搭建了离退休制度的政策框架；同年12月，中共中央组织部下发《关于加强老干部工作的几点意见的通知》，强调老干部工作是党的干部工作的重要组成部分。

1982年2月，中共中央作出《关于建立老干部退休制度的决定》（以下简称《决定》），标志着我国老干部退休制度正式建立。同年4月，国务院发布《关于老干部离职休养制度的几项规定》。

《决定》强调，建立老干部离休退休和退居二线的制度，妥善解决新老干部适当交替的问题，是一场干部制度方面的深刻改革，是关系我们党兴旺发达，国家长治久安，社会主义现代化建设事业顺利实现的具有战略意义的重大决策。妥善地安排新老干部有秩序有步骤地实行适当的交替，已经成为党和国家干部制度根本改革的重要组成部分。《决定》明确要求各级党委的组织部门，应当建立健全老干部工作机构，专司其事。

《决定》指出，我们党的老干部是党的宝贵财富。中国革命和建设的历史反复证明，我们党的老干部，不愧为中国人民伟大事业的中坚力量。没有他们的艰苦卓绝、可歌可泣的长期斗争，中国人民革命和建设事业的胜利和发展，是不可想象的。对于党的老干部的不可磨灭的历史功勋，我们永远不会忘记。但是，今天仍然健在的老干部的相当一部分，毕竟年老体弱，精力差了，越来越难以承受领导工作的沉重负担。为了使我们的事业后继有人，保持我们党的路线、方针和政策的连续性，保持党的领导的稳定性，必须用极大的努力，选拔和培养成千上万的德才兼备、年富力强的中青年干部，逐步地从老干部手里接好班。

《决定》指出，必须立即着手有系统地建立和健全老干部离休退休和退居二线的制度。老干部离休退休年龄的界限，考虑到当前干部的实际状况和接替条件，应当规定省部级正职一般不超过65岁，副职一般不超过60岁。担任司局长一级的干部，一般不超过60岁。个别虽已达到离休退休年龄，但因工作确实需要，身体又可坚持正常工作的，经过组织批准，也可以在一定时间内暂不离休退休，继续担任领导职务。《决定》强调指出，在党和国家领导人中，需要保留少量超过离休退休年龄界限的老革命家。

《决定》指出，老干部离休退休以后，一定要很好地安排照顾，基本政治待遇不变，生活待遇还要略为从优，并注意很好地发挥他们的作用。《决定》要求，在老干部离休退休的同时，大胆提拔中青年干部到各级主要领导岗位上来。

10.制定全国人民代表大会组织法

全国人民代表大会的组织制度和议事制度，在我国现行宪法和其他几部有关的法律中作了规定。宪法对全国人大及其常委会的组织、职权、活动原则和基本工作程序，专门委员会的组织和职责，都作了明确规定。1982年12月，五届全国人大五次会议通过了《全国人民代表大会组织法》（以下简称《组织法》）。

《组织法》共有4章46条，是根据宪法制定的一部基本法律，它对全国人大常委会和专门委员会的组成、活动原则和工作程序，作了进一步规定，成为一项重要的法律制度。

《组织法》规定，全国人民代表大会会议，依照国家宪法的有关规定召集。全国人大常委会应在全国人大会议举行一个月以前，将开会日期和建议大会讨论的主要事项通知全国人大代表。全国人大代表按照选举单位组成代表团。各代表团分别推选代表团团长、副团长。全国人大每次会议举行预备会议，选举本次会议的主席团和秘书长，通过本次会议的议程和其他准备事项的决定。主席团主持全国人大会议。全国人大会议设立秘书处，在秘书长领导下工作。国务院的组成人员，中央军事委员会的组成人员，最高人民法院院长和最高人民检察院检察长，列席全国人大会议。

《组织法》规定，全国人民代表大会主席团，全国人大常委会，全国人大各专门委员会，国务院，中央军事委员会，最高人民法院，最高人民检察院，可以向全国人大提出议案，由主席团决定交各代表团审议，或者先交有关的专门委员会审议、提出报告，再由主席团审议决定提交大会表决。一个代表团或者三十名以上的代表，可以向全国人大会议提出议案，由主席团决定是否列入大会议程，或者先交有关的专门委员会审议、提出是否列入大会议程的意见，再决定是否列入大会议程。

《组织法》规定，全国人大常委会委员长、副委员长、秘书长、委员的人选，中华人民共和国主席、副主席的人选，中央军事委员会主席的人选，最高人民法院院长和最高人民检察院检察长的人选，由主席团提名，经各代表团酝酿协商后，再由主席团根据多数代表的意见确定正式候选人名单。国务院总理和国务院其他组成人员的人选、中央军事委员会除主席以外的其他组成人员的人选，依照宪法有关规定提名。

《组织法》规定，在全国人大会议期间，一个代表团或者三十名以上的代表，可以书面提出对国务院和国务院各部、各委员会的质询案，由主席团决定交受质询机关书面答复，或者由受质询机关的领导人在主席团会议上或者有关的专门委员会会议上或者有关的代表团会议上口头答复。在主席团会议或者专门委员会会议上答复的，提质询案的代表团团长或者提质询案的代表可以列席会议，发表意见。在全国人大审议议案的时候，代表可以向有关国家机关提出询问，由有关机关派人在代表小组或者代表团会议上进行说明。全国人大会议进行选举和通过议案，由主席团决定采用无记名投票方式或者举手表决方式或者其他方式。

《组织法》规定，全国人大会议公开举行；在必要的时候，经主席团和各代表团团长会议决定，可以举行秘密会议。

《组织法》规定，全国人大代表向全国人大或者全国人大常委会提出的对各方面工作的建议、批评和意见，由全国人大常委会的办事机构交由有关机关、组织研究处理并负责答复。

《组织法》规定，全国人大常委会行使国家宪法规定的职权。全国人大常委会由委员长，副委员长若干人，秘书长，委员若干人组成。常委会的组成人员不得担任国家行政机关、审判机关和检察机关的职务；如果担任上述职务，必须辞去常委会的职务。常委会的委员长、副委员长、秘书长组成委员长会议，处理常委会的重要日常工作。常委会会议由委员长召集，一般两个月举行一次。常委会在全国人大每次会议举行的时候，必须向全国人大会议提出工作报告。

《组织法》规定，全国人民代表大会设立民族委员会、法律委员会、财政经济委员会、教育科学文化卫生委员会、外事委员会、华侨委员会和全国人民代表大会认为需要设立的其他专门委员会。各专门委员会受全国人民代表大会领导；在全国人大闭会期间，受全国人大常委会领导。各专门委员会由主任委员、副主任委员若干人和委员若干人组成。各专门委员会主任委员主持委员会会议和委员会的工作。各专门委员会可以根据工作需要，任命专家若干人为顾问。

《组织法》规定，全国人大或者全国人大常委会可以组织对于特定问题的调查委员会。调查委员会的组织和工作，由全国人大或者全国人大常委会决定。

《组织法》规定，全国人大代表每届任期五年。全国人大代表应当同原选举单位和人民保持密切联系，可以列席原选举单位的人大会议，听取和反映人民的意见和要求，努力为人民服务。全国人大代表受原选举单位的监督。原选举单位有权罢免自己选出的代表。

全国人民代表大会是我国的最高国家权力机关。由于全国人大代表将近3000人，人数较多，不便于经常开会讨论决定问题。全国人大一般一年只召开一次会议，只能对国家最重大的问题进行讨论，作出决定。为了使最高国家权力机关能够经常性地开展工作，全国人大设立了常务委员会，作为它的常设机关，在全国人大闭会期间，依照宪法规定行使最高国家权力机关的有关职权，以保证国家机器正常有效地运转。全国人大还设立了若干专门委员会作为它的常设专门机构。各专门委员会受全国人大领导，大会闭会期间，受全国人大常委会领导。

11. 全国人大常委会关于国务院机构改革问题的决议

1976年10月，"四人帮"被粉碎后，鉴于当时国民经济已濒于崩溃边缘，故沿用并发展了50年代后期的管理体制和机构设置。到1981年，国务院的工作部门增加到100个，达到新中国成立以来的最高峰。臃肿的管理机构已不能适应新时期改革开放和经济社会发展的需要，政府机构改革势在必行。1981年12月，在五届全国人大四次会议的政府工作报告中，国务院决定，从国务院各部门首先做起，自上而下地进行各级政府机构改革，限期完成。

1982年3月8日，五届全国人大常委会第二十二次会议通过了全国人大常委会《关于国务院机构改革问题的决议》（以下简称《决议》）。根据《决议》和国务院部署，第一批先行一步改革的有12个单位：电力工业部、水利部、商业部、全国供销合作社、粮食部、国家进出口管理委员会、对外贸易部、对外经济联络部、国家外国投资管理委员会、化学工业部、煤炭工业部和纺织工业部。随后,其他部门陆续确定了方案,付诸实施。

这次改革的主要内容包括:减少副总理人数,设置国务委员职位,由总理、副总理、国务委员和秘书长组成国务院常务会议。精简调整机构,将98个部、委、直属机构和办事机构裁减、合并为52个,同时撤销了大量临时性机构。精干领导班子,紧缩编制。减少部分副职,推进新老干部更替。废除实际存在的领导干部职务终身制,实行干部离退休制度。

这次改革,在领导班子方面,明确规定了各级和各部委的职数、年龄和文化结构,减少了副职,提高了素质;在精简机构方面,国务院各部委、直属机构、办事机构从100个减为61个;省、自治区政府工作部门从50—60个减为30—40个;直辖市政府机构稍多于省政府工作部门;城市政府机构从50—60个减为45个左右;行署办事机构从40个左右减为30个左右,县政府部门从40多个减为25个左右;在人员编制方面,国务院各部门从原来的5.1万人减为3万人;省、自治区、直辖市党政机关人员从18万人减为12万余人。市县机关工作人员约减20%;地区机关精简幅度更大一些。改革之后,国务院各部委正职职是一正二副或者一正四副,领导班子平均年龄也有所下降,部委平均年龄由64岁降到60岁,局级平均年龄由58岁降到54岁。

1982年的政府机构改革历时三年,是新中国成立以来规模较大、目的性较强的一次建设和完善行政体制的努力。这次改革,其历史性进步可用三句话来概括:一是开始废除领导干部职务终身制;二是精简了各级领导班子;三是加快了干部队伍年轻化建设步伐。这次改革坚持了精兵简政的原则,并注意到了经济体制改革的进一步发展可能对政府机构设置提出的新要求,力求使机构调整能为经济体制改革的深化提供有利条件,较大幅度地撤并了经济管理部门,将其中一些条件成熟的单位改革成了经济组织。但是,由于当时经济体制改革的重点在农村,对于行政管理没有提出全面变革的要求,没有触动高度集中的计划经济管理体制,政府机构和人员都没有真正减下来。

12.多党合作"十六字"方针

中国共产党领导的多党合作和政治协商制度,是在我国新民主主义革命、社会主义革命和社会主义建设的长期实践中逐步形成的。1949年9月,中国人民政治协商会议第一届全体会议在北京召开,中国共产党与各民主党派、人民团体和无党派民主人士等单位的代表(含候补代表)共662人会聚一堂,制定《共同纲领》,建立新中国,标志着我国的多党合作制度正式确立。1956年,我国生产资料私有制的社会主义改造基本完成,社会主义制度基本建立,不少人认为,民主党派已经可有可无。对此,1956年4月,毛泽东在中央政治局扩大会议上发表的《论十大关系》的重要讲话中指出：究竟是一个党好，还是几个党好？现在看来，恐怕还是几个党好。不但过去如此，而且将来也可以如此，就是长期共存，互相监督。这就明确提出了中国共产党与各民主党派、无党派人士"长期共存、互相监督"的八字方针，确立了社会主义条件下我国多党合作的基本格局。1956年9月，中国共产党的八大正式把"长期共存，互相监督"确定为中国共产党同各民主党派长期合作的基本方针。

党的十一届三中全会以后，我们党根据我国社会阶级关系发生的根本变化和由此所带来的统一战线各方面的变化，对新时期统一战线和人民政协的性质、任务和作用，对我国各民主党派的性质、地位和作用，作出新的科学判断，强调在新的历史条件下，爱国主义和社会主义的一致性进一步增强。1981年12月21日至1982年1月6日，第十五次全国统战工作会议在北京召开。会议闭会的前夕，1月5日，胡耀邦在与出席全国统战工作会议的同志座谈时强调，各民主党派同我们党风雨同舟几十年，我们之间的关系不仅要"长期共存、互相监督"，而且要"风雨同舟、鱼水相依"。会后，胡耀邦在修改新闻稿时，经过反复推敲，把原讲话中"风雨同舟、鱼水相依"改为"肝胆相照、荣辱与共"。1月16日新闻稿发表后，我国各民主党派、无党派人士及社会各界都对此称赞不已。1982年9月，在党的十二大报告中，在讲到中国共产党领导的多党合作和政治协商制度时，把"肝胆相照、荣辱与共"与"长期共存、互相监督"并列，形成"长期共存、互相监督、肝胆相照、荣辱与共"的十六字方针。这十六字方针，成为新时期中国共产党与各民主党派、无党派人士、爱国人士长期合作的方针。从八字方针发展为十六字方针，是中国共产党领导的多党合作制度在新的历史条件下的深化和发展。

"长期共存、互相监督、肝胆相照、荣辱与共"，作为中国共产党与我国各民主党派实行长期合作的基本方针，具有深刻的思想内涵和重要的理论与实践价值。"长期共存"，是指共产党的寿命有多长，民主党派的寿命就有多长，一直长到共产主义。确认并坚持多党合作的长期性，对保证我们国家政治体制的稳定性，对我们党和国家社会主义事业的发展，对保证我们国家的长治久安和社会的和谐稳定至关重要。"互相监督"，是指共产党与民主党派相互进行监督，但由于共产党处在领导地位，主要是民主党派监督共产党。"肝胆相照"，是讲共产党与我国各民主党派彼此信任、开诚相见。"荣辱与共"，是讲共同的事业把共产党和民主党派的命运紧紧地联系在一起。这"十六字方针"，体现了中国共产党与民主党派新型的亲密合作的社会主义政党关系，是指引我国共产党领导的多党合作制度的行动指南。

1989年，中共中央发布《关于坚持和完善中国共产党领导的多党合作和政治协商制度建设的意见》。2005年，中共中央发布《关于进一步加强中国共产党领导的多党合作和政治协商制度建设的意见》。这两个重要文件,都把"长期共存、互相监督、肝胆相照、荣辱与共"这十六字方针,明确为新世纪新阶段多党合作必须坚持的一条重要政治准则,这对于发扬团结合作、协商共事的优良传统,发展社会主义民主政治,建设社会主义政治文明具有重要意义。

我国的民主党派是中国共产党的亲密友党,是参政党,具有进一步政治协商、民主监督和参政议政的职能。无论是在同中国共产党进行政治协商中,还是在履行参政议政、民主监督的职能时,民主党派都能充分表达自己的意见和建议。这是我国政治制度和政党制度的一个优势所在,也是我国政党制度民主价值的重要体现。

新中国成立60多年来,特别是改革开放30多年来,随着我国现代化事业和民主政治建设的发展,各民主党派有了很大发展。新中国成立初期,我国八个民主党派成员共有1万多人;改革开放初期,民主党派成员共有6万多人;2011年,我国民主党派成员总量已经达到84万人。

13.城市居民委员会

城市居民委员会是中国城市居民实现自我管理、自我教育、自我服务的基层群众性自治组织,是在城市基层实现直接民主的重要形式。

1954年12月,一届全国人大常委会第四次会议通过了《城市居民委员会组织条例》,居委会正式成为我国城市基层群众性自治组织。1980年1月,全国人大常委会重新颁布了《城市居民委员会组织条例》。1981年,中共中央在《关于建国以来党的若干历史问题的决议》中提出,在基层政权和基层社会生活中逐步实现人民的直接民主。1982年,居民自治制度首次被写入宪法,宪法第一百一十一条明确规定:城市和农村按居民居住地区设立的居民委员会或者村民委员会是基层群众性自治组织。1989年,全国人大常委会制定了《城市居民委员会组织法》(以下简称《居委会组织法》),为城市居民委员会发展提供了法律基础和制度保障。

根据《居委会组织法》的有关规定,居民委员会的基本职能和任务是:一、宣传宪法、法律、法规和国家的政策,维护居民的合法权益,教育居民履行依法应尽的义务,爱护公共财产,开展多种形式的社会主义精神文明建设活动;二、办理本居住区居民的公共事务和公益事业;三、调解民间纠纷;四、协助维护社会治安;五、协助人民政府或者它的派出机关做好与居民利益有关的公共卫生、计划生育、优抚救济、青少年教育等项工作;六、向人民政府或者它的派出机关反映居民的意见、要求和提出建议。

居民委员会按照居民的居住状况和便于居民自治的原则设立。一般以100—700户居民设立一个居民委员会。居民委员会由主任、副主任和委员5—9人组成。主任、副主任和委员,由本居住地区全体有选举权的居民或者由每户派代表选举产生;根据居民意见也可以由每个居民小组选举的2—3名代表中选举产生。居民委员会根据需要设人民调解、治安保卫、公共卫生等委员会。

居民委员会同城市基层政权的关系是:居民委员会在街道办事处的指导下进行工作,市、市辖区人民政府的有关部门也可以对居民委员会有关的下属委员会进行业务指导。这些单位如需要居民委员会或其下属委员会协助工作,应当经市、市辖区人民政府或其派出机关同意并统一安排。

14.村民委员会

村民委员会是农村的基层群众性自治组织。它是20世纪80年代以来,为适应农村联产承包责任制和政社分开的体制改革而建立起来的。我国1982年宪法第一百一十一条明确规定,"城市和农村按居民居住地区设立的居民委员会或者村民委员会是基层群众性自治组织"。

1983年10月,中共中央、国务院发出《关于实行政社分开建立乡政府的通知》,正式宣告人民公社体制的结束,从而在全国范围内为村委会的建立铺平了道路。在这个文件指导下,政社分设、建立乡政府和村委会的工作进入了普遍的、具体的实施阶段。到1984年底,99.7%的农村人民公社实行了政社分设。到1985年,全国建立村民委员会的工作基本完成,共建立村委会948628个。1986年9月,中共中央、国务院发出《关于加强农村基层政权建设工作的通知》,在强调加强农村基层政权建设的同时,对如何搞好村委会建设做了较详细的规定。

1987年11月24日,六届全国人大常委会第二十三次会议通过《村民委员会组织法(试行)》。这部法律依据我国现行宪法相关规定,对村民委员会的性质、地位、职责、产生方式、组织机构和工作方式以及村民会议的权力和组织形式等做了比较具体、全面的规定,从而使村民自治作为一项新型的群众自治制度和直接民主制度在法律上正式确立起来,并基本定型。这是一部遵循农村基础性权利结构变化的现实,由国家立法机关制定并颁布的村民自治的法律,尽管它只是"试行",但具有开创性,它对发展基层民主,把村民自治实践纳入法制轨道具有重大作用。

1998年11月4日,九届全国人大常委会第五次会议通过《村民委员会组织法》。2010年10月28日,十一届全国人大常委会第十七次会议通过修订的《村民委员会组织法》(以下简称《村委会组织法》)。

《村委会组织法》明确规定，村民委员会是村民自我管理、自我教育、自我服务的基层群众性自治组织，实行民主选举、民主决策、民主管理、民主监督。村民委员会办理本村的公共事务和公益事业，调解民间纠纷，协助维护社会治安，向人民政府反映村民的意见、要求和提出建议。村民委员会向村民会议、村民代表会议负责并报告工作。

根据《村委会组织法》的有关规定，村民委员会的基本职能和任务是：一、办理本村的公共事务和公益事业；二、调解民间纠纷，促进村民团结、家庭和睦；三、协助人民政府和公安机关维护社会治安，维护良好的社会秩序和生产秩序；四、向人民政府反映村民的意见、要求和建议。村民委员会通过自己的工作，促进农村社会主义物质文明和精神文明建设。在执行此任务时，要坚持群众路线，充分发扬民主，不得强迫命令、打击报复。

《村委会组织法》规定，村民委员会根据村民居住状况、人口多少和便于群众自治的原则设立。一般设在自然村。几个小的自然村可以联合设立一个村民委员会，一个大的自然村也可以分设几个村民委员会。村民委员会由主任、副主任和委员3—7人组成，村民委员会根据需要设人民调解、治安保卫、公共卫生等委员会。村规民约是以法律与政策为指导，结合本村实际情况而制定的行为规范和自治规章，由村民会议讨论制定，报乡、民族乡、镇的人民政府备案，由村民委员会监督、执行。村规民约不得与宪法、法律和法规相抵触。

村民委员会不是乡政府的派出机构，但在工作关系上，乡、民族乡、镇的人民政府对村民委员会的工作应当给予指导、支持和帮助，村民委员会也应当协助乡、民族乡、镇的人民政府开展工作。

新的《村委会组织法》对村民代表会议的组成和议事程序进行了完善。修订后的《村委会组织法》规定，人数较多或者居住分散的村，可以设立村民代表会议，讨论决定村民会议授权的事项。村民代表会议由村民委员会成员和村民代表组成，村民代表应当占村民代表会议组成人员的五分之四以上，妇女村民代表应当占村民代表会议组成人员的三分之一以上。村民代表由村民按每5户至15户推选一人，或者由各村民小组推荐若干人。村民代表应当向其推选户或者村民小组负责，接受村民监督。村民代表会议由村民委员会召集。村民代表会议每季度召开一次。有五分之一以上的村民代表提议，应当召集村民代表会议。村民代表会议有三分之二以上的组成人员参加方可召开，所作决定应当经到会人员的过半数同意。同时，修改后的《村委会组织法》进一步充实了村民会议讨论决定的事项，并规定了村民会议可以授权村民代表会议讨论决定的事项。此外，为了切实保障村民依法办理自己的事情，保障其利益不受侵害，增加了村民小组会议制度，并规定：属于村民小组的集体所有土地、企业和其他财产的经营管理以及公益事项的办理，由村民小组会议依照有关法律的规定讨论决定，所作决定及实施情况应当及时向本村民小组的村民公布。

修改后的《村委会组织法》完善了对村委会成员的罢免程序，规定：本村五分之一以上有选举权的村民或三分之一以上的村民代表联名,可以提出罢免村民委员会成员的要求。并说明要求罢免的理由。被罢免的村民委员会成员有权提出申辩意见。罢免村民委员会成员,须有登记参加选举的村民过半数投票,并须经投票的村民过半数通过。

修改后的《村委会组织法》完善了村级民主管理和民主监督制度:一是增加村务监督机构;二是完善民主评议内容;三是增加村务档案制度;四是完善村民委员会成员任期和离任经济责任审计制度,并明确任期和离任审计包括的事项。

15.中国人民政治协商会议章程

新中国成立初期,我国人民政协曾经代行全国人大的职权。1954年9月,一届全国人大召开,人民政协不再代行全国人大的职权;国家宪法已经通过并开始实施,人民政协制定的《共同纲领》也完成了历史任务。同年12月,全国政协二届一次会议制定了《中国人民政治协商会议章程》(以下简称《政协章程》)。《政协章程》对人民政协的性质、任务、共同遵守的准则以及基本组织原则都作了明确的规定。

1976年10月,粉碎"四人帮"及其后"文化大革命"结束,人民政协开始恢复工作。1978年2月至3月召开的全国政协五届一次会议通过了人民政协的第二部章程。同年12月,党的十一届三中全会召开后,我国进入改革开放新时期,统一战线和人民政协的工作也进入新的发展阶段。为适应新形势新任务的需要,1982年12月,全国政协五届五次会议通过了人民政协的第三部章程。这部章程,排除了上一部章程中"左"的错误理论和提法,对人民政协的性质、任务、作用以及工作总则和组织总则作了明确规定。1982年,人民政协的性质、作用被庄严载入新宪法。

随着我国改革开放和现代化建设事业的不断推进,人民政协工作的不断发展,1994年,全国政协八届二次会议对政协章程作了必要修改。这次修改章程的一大特点,是对人民政协政治协商和民主监督的主要内容、形式和程序作了具体规定,并在此基础上增加了参政议政的新职能。这对推动政协工作的制度化、规范化具有十分重要的意义。2000年,全国政协九届三次会议对《政协章程》又一次作了必要修改。

2004年2月23日,中共中央政治局会议讨论修改《政协章程》部分内容。同年3月12日,全国政协十届二次会议通过现行《政协章程》。现行《政协章程》在总纲中对人民政协有"三句话"的规定,即:"中国人民政治协商会议是中国人民爱国统一战线的组织,是中国共产党领导的多党合作和政治协商的重要机构,是我国政治生活中发扬社会主义民主的重要形式。"

《政协章程》明确规定:政协全国委员会和地方委员会,按照中国人民政治协商会议章程进行工作。没有规矩不成方圆,《政协章程》就是各级政协的总规矩。它是参加政协的各党派、无党派民主人士、各团体、各族各界代表人士共同协商、一致通过的行为准则,是各级政协设立组织、开展工作的根本依据,参加政协的单位和个人都有遵守和履行政协章程的义务。

《政协章程》包括总纲、工作总则、组织总则、全国委员会、地方委员会和附则共六章。"总纲"论述了人民政协的重要作用,规定了人民政协的性质、共同政治基础、根本任务和主要职能,以及人民政协开展工作的基本方针和根本准则。"工作总则"着重对政协三项主要职能的内容和方式作了规定,并从15个方面阐述了政协工作的范围和要求。"组织总则"主要规定了人民政协的组织构成、参加政协的条件、各级组织间的关系、政协各参加单位与政协委员的权利和义务。

"全国委员会"一章主要规定了政协全国委员会参加单位和人选的产生、变更、任期及其职权,常委会的组成、人选的产生及其职权,主席会议的组成及其职权,副秘书长及工作机构的设立。"地方委员会"一章主要规定了政协地方委员会的设立原则和地方委员会组织与工作方面的内容。

16.人民政协的会议制度

会议是人民政协履行职能和政协委员发挥作用的基本形式;人民政协的政治协商活动,一般以会议形式进行。

1949年9月21日至30日,中国人民政治协商会议第一届全体会议在北京(当时称北平)召开。为了开好这次会议,人民政协制定了《中国人民政治协商会议第一届全体会议议事规则》。这是新中国的第一个国家议事规则,是全国政协初期的会议制度。

1954年12月,全国政协二届一次会议制定的《中国人民政治协商会议章程》,对人民政协的会议制度作了明确规定。1978年、1982年、2000年、2004年,全国政协对《政协章程》进行过几次修订,人民政协的会议制度不断完善。根据2004年全国政协十届二次会议通过的现行《政协章程》和《政协全国委员会关于政治协商、民主监督、参政议政的规定》,人民政协现有的会议制度主要有:全体委员会议制度、常务委员会会议制度、主席会议制度和秘书长会议制度、专门委员会会议制度。除此之外,还有根据形势、任务和工作需要召开的协商座谈会、情况通报会、意见听取会、研讨会等。坚持和不断完善政协各种协商会议制度,是人民政协工作制度化、规范化、程序化的重要内容。

全体委员会议制度。全体委员会议是人民政协履行职能最高层次的协商会议形式。政协全国委员会和各级地方委员会的全体会议,分别由同级政协委员会常务委员会召集并主持。政协全国委员会全体会议每年举行一次。政协各级地方委员会的全体会议每年至少举行一次。政协全国委员会和地方委员会的每届第一次全体会议由会议选举主席团主持。政协全国委员会全体委员会议日程安排主要有：开幕会、闭幕会、大会发言、界别联组讨论和分组讨论、列席全国人大会议。每届第一次全体委员会议还要安排选举会、主席团会。

常务委员会会议制度。常务委员会会议是全体委员会议闭会期间的主要协商会议形式。政协常务委员会是政协委员会的常设机构，是政协组织中的一个重要层面，在政协工作中起着承上启下的作用。政协常委会是主持政协全国（或地方）委员会会务的重要机构，在全体会议闭会期间行使全国（或地方）委员会的职权，处理全国（或地方）委员会的重大事务。政协常委是政协常务委员会的组成人员，政协常委从政协委员中选举产生。政协常务委员会由主席、副主席、秘书长、常务委员组成，由主席主持同级常务委员会工作，副主席和秘书长协助主席工作。常务委员会会议一般每季度举行一次，必要时可临时举行。

主席会议制度。主席会议是常务委员会会议闭会期间的重要协商会议形式。政协主席、副主席、秘书长组成主席会议，处理常务委员会的重要日常工作。主席会议受常务委员会的委托，主持下一届第一次全体会议预备会议。主席会议一般每月举行一次，必要时可临时召集。主席会议由主席主持，也可由主席委托副主席主持。

秘书长会议制度。秘书长会议是对提交主席会议审议的议题和重要事项的初步协商形式。秘书长会议由秘书长、副秘书长组成，一般每月举行一次，必要时可临时召集。会议的议题、召开日期由秘书长决定。会议由秘书长主持，也可由秘书长委托副秘书长主持。政协全国委员会设副秘书长若干人，协助秘书长进行工作。设立办公厅，在秘书长领导下进行工作。

专门委员会会议制度。专门委员会会议是组织委员开展经常性协商议政活动的形式。专门委员会是在常务委员会和主席会议领导下的工作机构。专门委员会工作是政协工作的重要组成部分，是政协履行职能的重要方式。专门委员会日常工作由主任或主任委托副主任主持，政协秘书长或秘书长委托的副秘书长负责协调。各专门委员会会议一般不定期举行，由主任或主任委托副主任召集并主持。

专门委员会会议的形式比较多样，主要形式有：主任联席会议、全体委员会议、主任会议、主任扩大会议，以及同中共党委、人大、政府的有关部门及民主党派、人民团体的有关机构举行的联席会议等。

17.人民代表大会代表议案与代表建议制度

根据1982年12月全国人大组织法的规定,从1983年6月六届全国人大一次会议开始,全国人大代表提案分开为代表议案与代表建议、批评和意见(以下简称"代表建议"),标志着人大代表议案与代表建议制度正式建立。

从1954年至1982年,人大代表依法提出的议案也称为提案,由会议临时设立的提案审查委员会或者议案审查委员会在会议期间进行审查,提出审查意见并向会议报告,最终由会议审议、表决审查意见。1982年12月,五届全国人大五次会议通过的全国人大组织法明确规定:一个代表团或者三十名以上的代表,可以向全国人大提出属于全国人大职权范围内的议案,由主席团决定是否列入大会议程,或者先交有关的专门委员会审议、提出是否列入大会议程的意见,再决定是否列入大会议程。全国人大代表向全国人大或者其常委会提出的对各方面工作的建议,由全国人大常委会办事机构交由有关机关、组织研究处理并负责答复。之所以作出与以往做法不同的规定,五届全国人大常委会副委员长习仲勋在这个法律草案的说明中讲得很清楚。他说,草案规定了代表提出议案须经一定程序,"这和过去每次全国人大会议上代表们提出的大量提案是不同的。那些提案主要是对各方面工作提出的建议、批评和意见,涉及的问题很多并不属于全国人大的职权范围,大会不好通过实质性的决议,只能决定转交有关方面研究处理"。草案又规定,代表向全国人大及其常委会提出的对各方面工作的建议,由有关机关、组织研究处理并负责答复,"这样规定,比较符合实际,既简化了工作程序,又可以使代表提出的建议、批评和意见同样能够得到适当的处理和答复"。

从六届全国人大至今,全国人大代表提出的议案由大会秘书处向大会主席团提出处理意见的报告,大会主席团会议通过。全国人大代表提出的建议由全国人大常委会办事机构交由有关机关、组织研究处理并答复代表。八届全国人大常委会副委员长王汉斌认为,把代表议案与代表建议区分开,是议事程序的一项重要改进。

1992年4月七届全国人大五次会议通过的代表法规定:代表有权依照法律规定的程序向本级人大提出属于本级人大职权范围内的议案。议案应当有案由、案据和方案。代表有权向本级人大提出对各方面工作的建议,县级以上的各级人大代表有权向本级人大常委会提出对各方面工作的建议,有关机关、组织必须研究处理并负责答复。

2005年5月,中共中央发出通知,转发了中共全国人大常委会党组《关于进一步发挥全国人大代表作用,加强全国人大常委会制度建设的若干意见》,要求建立健全代表依法履行职责的各项具体制度，要完善有关工作制度，提高代表议案与代表建议的提出和处理的质量。这个文件出台不到一个月，全国人大常委会办公厅就配套出台了5个相关工作文件，包括全国人大代表议案与代表建议的"两个处理办法"等，从工作层面上提出了落实中央要求的具体措施和办法。

2010年10月十一届全国人大常委会第十七次会议修改代表法时，增加了代表议案处理程序的规定。同时要求，代表建议应当明确具体，注重反映实际情况和问题；有关机关、组织在研究办理代表建议过程中应当与代表联系沟通，办理的情况应当向本级人大常委会报告并印发下一次人大会议。

在全国人大会议期间，1983年六届全国人大一次会议代表提出议案的数量是61件，其中作为议案处理件数是33件，作为建议处理件数是28件。此后，代表议案数量不断增加，在2004年十届全国人大二次会议上这三个数字分别达到1374件、641件、733件。全国人大代表提出的建议，由1983年至2002年每年全国人大会议上的2000至4000来件，到2003年十届全国人大一次会议达4000多件。2012年十一届全国人大五次会议，代表提出的建议达到8189件，为历年最多，2013年十二届全国人大一次会议为7569件。全国人大代表在闭会期间也向全国人大常委会提出了一些建议。

代表议案与代表建议制度的建立和在实践中的不断完善，进一步坚持和完善了人民代表大会制度，其中一个重要成效，就是人大代表更加重视代表议案与代表建议的提出质量，有关机关或者组织更加重视代表议案与代表建议的办理质量。近年来，全国人大代表围绕党和国家工作大局与人民群众关心的问题，根据代表法和中央相关文件的要求，普遍是在深入群众和实际进行调查研究、认真思考和准备的基础上，尽可能多地结合自己的本职工作，根据本级人大的职权提出议案和根据本级机关、组织的职责提出建议，并且注意议案与建议的区别，注重质量不追求数量，联名提出的共同负责，符合具体规范要求等。十届全国人大常委会第二十八次会议审议的民事诉讼法修正案草案，就是全国人大常委会法工委以一份代表议案为基础，并吸收其他各方面意见最终形成的。2005年至2012年，全国人大常委会办公厅、国务院办公厅会同有关单位共同研究确定的事关国计民生的88项重点处理的全国人大代表建议的办理，尤其产生了良好的社会效果。

这反映出代表提出的议案质量越来越高，也说明全国人大及其常委会越来越重视发挥代表作用。高质量的提出也带来了高质量的办理。有关机关或者组织依据法定职责，认真办理代表议案与代表建议。承办单位普遍重视办理工作，建立健全办理工作制度，落实领导责任制，加强与代表、有关机关或者组织的联系和沟通。

18.撤社建乡

我国的人民公社是在 1958 年"大跃进"时期建立起来的。20 世纪 70 年代后期,人民公社的体制已严重脱离我国生产力发展的实际,弊端愈发凸现。于是,一些地方悄悄地搞起了各种形式的生产责任制。1978 年,四川广汉县向阳公社就成立了工商联合公司,在公司内部实行工效结合、惩奖挂钩的目标责任制,工商联合公司实际上取代了公社的经济职能。1980 年 6 月 18 日,向阳公社摘下人民公社的牌子,将公社一分为三:乡党委、乡政府、农工商总公司,在全国率先冲破了人民公社管理体制。这一撤社建乡的改革,引起国内外舆论的广泛关注,成为轰动一时的爆炸性新闻。

1982 年 12 月,五届全国人大五次会议颁布的《中华人民共和国宪法》第九十五条明确规定:乡镇设立人民代表大会和乡镇政府。1983 年 10 月 12 日,中共中央、国务院发出《关于实行政社分开,建立乡政府的通知》(以下简称《通知》),正式宣告人民公社体制的结束。《通知》指出:当前农村改变政社合一体制的首要任务是把政社分开,建立乡政府;同时按乡建立乡党委,并根据生产的需要和群众的意愿逐步建立经济组织。《通知》规定乡的规模一般以原有公社的管辖范围为基础,要求各地有领导、有步骤地搞好农村政社分开的改革,争取在 1984 年底以前大体上完成建立乡政府的工作。到 1984 年底,全国 99.7% 的农村人民公社实行了政社分设,完成撤社建乡工作,人民公社制度被彻底废除。到 1985 年,全国建立村民委员会的工作基本完成,共建立村委会 948628 个。1986 年 9 月中共中央、国务院发出《关于加强农村基层政权建设工作的通知》(以下简称《通知》)。该《通知》在强调加强农村基层政权建设的同时,对如何搞好村委会建设做了较详细的规定。同时表明,在基本完成政社分开、建立乡镇政府和村委会的工作以后,党和政府将进一步把注意力集中于村级组织体制和民主制度的建设上。

撤社建乡是我国农村继普遍推行联产承包责任制以后,又一项具有深远意义的改革。这项改革已经取得了初步成效。对人民公社进行政社分设的改革,开始改变党不管党、党政不分、政企不分的状况,加强了党的领导和基层政权的建设,逐步形成了农村基层民主制度运行的新的体制框架,适应了农村经济体制改革的新形势,促进了农村经济和社会的发展。

19.邓小平关于政治体制改革的思想

党的十一届三中全会以后,我国进入改革开放新时期,经济健康发展,社会安定团结，人民生活水平不断得到提高。1984年10月，党的十二届三中全会通过《中共中央关于经济体制改革的决定》，经济体制改革稳步推进。经济社会的发展，特别是经济体制改革，迫切要求政治体制改革与之相适应。

1987年10月中央决定把政治体制改革作为党的十三大的主要议程之一。正是在这样的历史背景下，1986年9月到11月，邓小平就政治体制改革问题多次发表谈话（以下简称《讲话》）。收录在《邓小平文选》第三卷中的《关于政治体制改革问题》一文，是邓小平在四次谈话中有关政治体制改革问题的内容。《讲话》集中体现了邓小平关于政治体制改革的重要思想和主张。

《讲话》指出，政治体制改革是经济体制改革的必然要求。邓小平说，我们越来越感到进行政治体制改革的必要性和紧迫性。现在我们的经济体制改革进行得基本顺利，但是随着改革的发展，不可避免地会遇到障碍，主要是政治体制不适应经济体制改革的要求。现在经济体制改革每前进一步，都深深感到政治体制改革的必要性。不改革政治体制，就不能保障经济体制改革的成果，不能使经济体制改革继续前进，就会阻碍生产力的发展，阻碍四个现代化的实现。

《讲话》强调，进行政治体制改革的目的，总的来讲是要消除官僚主义，发展社会主义民主，调动人民和基层单位的积极性。要通过改革，处理好法治和人治的关系，处理好党和政府的关系。党的领导是不能动摇的，但党要善于领导，党政需要分开，这个问题要提上议事日程。

《讲话》指出，政治体制改革包括什么内容，应该议一下，理出个头绪。我想政治体制改革的目的是调动群众的积极性，提高效率，克服官僚主义。改革的内容，首先是党政要分开，解决党如何善于领导的问题。这是关键，要放在第一位。第二个内容是权力要下放，解决中央和地方的关系，同时地方各级也都有一个权力下放问题。第三个内容是精简机构，这和权力下放有关。

《讲话》明确指出，我们政治体制改革总的目标是三条：第一，巩固社会主义制度；第二，发展社会主义社会的生产力；第三，发扬社会主义民主，调动广大人民的积极性。

《讲话》还指出，我国政治体制改革要向着三个目标进行：第一个目标是始终保持党和国家的活力。这里说的活力，主要是指领导层干部的年轻化。几年前我们就提出干部队伍要"四化"，即革命化、年轻化、知识化、专业化。这些年在这方面做了一些事情，但只是开始。领导层干部年轻化的目标，并不是三五年就能够实现的，十五年内实现就很好了。第二个目标是克服官僚主义，提高工作效率。第三个目标是调动基层和工人、农民、知识分子的积极性。《讲话》强调，领导层有活力，克服了官僚主义，提高了效率，调动了基层和人民的积极性，四个现代化才真正有希望。

20.农村基层政权建设

改革开放初期,农村撤社建乡是我国农村继普遍推行联产承包责任制以后,又一项具有深远意义的改革。到1984年底,这项改革已经取得了初步成效。全国农村完成撤社建乡工作,开始改变党政不分、政企不分的状况,加强了党的领导和基层政权建设,适应了农村经济体制改革的新形势,促进了农村经济的发展。但由于这项改革的时间不长,与此相关的一系列配套改革措施没有跟上去,使得农村基层政权建设中还存在不少问题,主要是党、政、企之间的关系还没有完全理顺,有些地方党政不分、政企不分的现象依然存在,少数地方乡政府还没有完全起到一级政权的作用。

基层政权是国家政权的基础组织,一系列的工作都要通过基层政权才能完成。为了进一步巩固和发展已取得的改革成果,真正把农村基层政权建设成为密切联系群众、全心全意为人民服务,并且能够有效地领导和管理本行政区域的政治、经济、文化和各项事务的有活力、有权威、高效能的一级政权,1986年9月,中共中央、国务院发出《关于加强农村基层政权建设工作的通知》(以下简称《通知》)。

《通知》要求,各地要进一步理顺农村党组织、政府、企业之间的关系,着力做好以下几项工作:一是明确党政分工,理顺党政关系;二是实行政企分开,促进农村经济进一步发展;三是简政放权,健全和完善乡政府的职能;四是切实搞好乡政权的自身建设;五是努力提高干部素质,认真改进工作作风;六是搞好村(居)民委员会的建设;七是加强对农村基层政权建设工作的领导。

在明确党政分工,理顺党政关系方面,《通知》要求,乡党委要集中精力抓好党的路线、方针、政策的贯彻执行,抓好基层党的思想建设和组织建设,加强对共青团、妇联和民兵的领导,抓好农民群众的政治思想教育,促进党风和社会风气的稳定好转。乡党委对乡政府的领导,主要是政治、思想和方针政策的领导,对干部的选拔、考核、监督,对经济、行政工作中重大问题的决策,而不是包办政府的具体工作。乡党委要保证乡政府依照宪法和法律的规定独立行使职权,支持乡长大胆地开展工作。县级和县级以上党政机关也要解决好党政合理分工的问题,按照党政分工的正常工作渠道领导基层工作。凡属于乡政府的工作,就不要布置给乡党委。县级人民政府每年要召开几次乡长会议,研究安排政府工作。

在实行政企分开,促进农村经济进一步发展方面,《通知》指出,乡政府应按实际需要配备必要的专职干部,行使政府管理经济的职能。乡政府管理经济,主要是运用经济的、法律的和行政的手段,为发展商品生产服务。乡政府要支持乡经济组织行使其自主权，不能包揽或代替经济组织的具体经营活动，更不能把经济组织变成行政管理机构。

在简政放权，健全和完善乡政府的职能方面，《通知》指出，要改革条块分割的管理体制。凡属可以下放的机构和职权，要下放给乡；少数必须由县集中统一领导的机构，仍要集中统一领导。在县级综合改革试点中已经把一些机构下放给乡管理的地方，要认真总结经验，做好巩固和完善工作。各地要尽快把乡一级财政建立起来。乡财政超收部分，要给乡适当留一些，并尽量实行一定几年不变的办法，以调动基层聚财的积极性，加速乡村建设。随着政企分开和条块矛盾的逐步解决，要提高乡政府的工作效率，减少管理层次，凡是设了镇政府的地方，就不再设立乡政府；要坚决撤销那些不必要的临时机构；大力精简以农代干的行政人员。

在切实搞好乡政权的自身建设方面，《通知》指出，要按期召开乡人民代表大会，乡政府要向人民代表大会报告工作，听取代表的建议、批评和意见，以加强乡人民代表大会对政府工作的监督。要逐步改革和完善选举制度，在基层政权中实现人民的直接民主，使人民充分行使作为国家主人的权利，使乡人民代表大会成为有权威的权力机关。对于那些不称职、不能代表人民利益的乡长，乡人民代表大会有权予以罢免。从农村优秀人才中聘用干部的制度要继续坚持，并不断总结经验，使之完善。基层干部应做到能上能下，能官能民。《通知》强调，要高度重视和解决一些地方基层政权软弱涣散的问题。要采取有力措施，加强政法工作，动员各方面的力量，经过扎扎实实的努力，使社会治安和社会风气在近几年内得到根本好转，为改革和建设创造良好的社会环境。

在努力提高干部素质，认真改进工作作风方面，《通知》要求，各地要做好乡干部分期分批培训工作。乡干部要深入群众，加强调查研究，关心群众疾苦，帮民致富。要少说空话，多办实事。要妥善处理人民内部矛盾，坚持启发疏导，多做思想政治工作，防止简单化和强迫命令。县以上党政机关要组织力量，分期分批地到基层，特别是到那些较为贫困的乡村去，调查研究，帮助工作；要建立、健全乡级干部岗位责任制，实行目标管理；对那些工作卓有成效的干部，要大力进行表彰，并给以奖励。

在搞好村（居）民委员会的建设方面，《通知》要求，各地要采取措施，认真整顿农村基层组织。要帮助村（居）民委员会建立健全人民调解、治安保卫、公共卫生、社会福利等工作委员会（组）和各项工作制度，妥善解决村（居）民委员会工作人员的经济补贴和工作中遇到的困难。村（居）民委员会要进一步完善村规民约，大力开展创建文明村、评选五好家庭等活动，发动广大村（居）民积极参加社会生活的民主管理，以进一步发挥群众自治组织的自我教育、自我管理、自我建设、自我服务的作用。

在加强对农村基层政权建设工作的领导方面，《通知》要求，各级党委和政府要把农村基层政权建设列入重要议事日程，注意总结经验，及时解决存在的问题。要积极推进县级综合改革,做到经济体制改革同政治体制改革互相配合,同步进行,县级以上的体制改革同基层体制改革配套进行,上下左右协调动作,健全和完善基层政权体制。

21.人民代表大会常务委员会联系人大代表制度

加强各级人大常委会同本级人大代表的联系,是做好人大及其常委会工作的基础,也是发挥代表作用,使之更好地履行宪法、法律赋予的职权的重要保证。我国宪法和有关法律分别规定了人大常委会联系人大代表,代表与原选区选民或者原选举单位和人民群众保持密切联系的要求。1987年6月,六届全国人大常委会出台《关于全国人大常委会加强同代表联系的几点意见》,正式确定由全国人大常委会和地方人大常委会共同联系全国人大代表。

这些年来,全国和地方各级人大常委会在联系人大代表、人大代表在联系人民群众方面做了大量工作,使人大代表成为党和国家机关联系人民群众的桥梁纽带,推动了代表工作卓有成效地开展。

2013年12月16日,十二届全国人大常委会第十四次委员长会议讨论《全国人大常委会委员长会议组成人员联系全国人大代表的意见(试行)》,要求每位委员长会议组成人员直接联系5名以上全国人大代表,并对联系内容、联系方式、联系代表的职责、服务保障工作等方面作了明确规定。这在全国人大常委会历史上尚属首次。

2014年4月,十二届全国人大常委会第二十二次委员长会议审议通过《关于全国人大常委会委员联系全国人大代表的意见(试行)》,要求每位常委会委员直接联系1至3名所在选举单位的全国人大代表。一年来,共有140名常委会委员通过走访、电话、微信群以及邀请代表参加专题调研、推荐代表列席常委会会议等形式,与333名代表建立起日常联系和沟通,300多名全国人大代表应邀列席全国人大常委会会议,这些都有力地推动了常委会联系代表的广度和深度。拓展代表参加相关立法调研、执法检查和工作监督等活动的频度和广度,拓宽听取代表意见建议的渠道,逐渐成为新一届全国人大常委会联系代表工作的"新常态"。

人大常委会联系人大代表,人大代表联系人民群众。我国有267万各级人大代表,每位代表平均联系10名群众,联系的群众就是2670万……通过这样的方式,群众的诉求和愿望就能直达国家权力机关,党的主张和人民的意愿就能在国家权力机关更好地统一起来,人民代表大会制度的优势和功效就会进一步彰显。

人大代表来自人民,依靠人民,密切与代表的联系,密切代表与人民群众的联系,更好地发挥人大代表深入了解民情、充分反映民意、广泛汇集民智的桥梁纽带作用,人民的意志就能更好地通过人民代表大会这一主要民主渠道得以实现。

22.社会协商对话制度

选举民主和协商民主是我国社会主义民主的两种基本实现形式。这两种民主形式，都是在我国革命、建设和改革开放的长期历史发展过程中形成的；而这两种民主形式的有机结合，正是中国式民主的突出优势和鲜明特色。

人民政协是我国协商民主的主要载体和重要渠道。1949年9月21日，人民政协的成立就标志着中国共产党领导的多党合作和政治协商制度的确立，也标志着人民政协协商民主的产生。就在这一年9月7日，周恩来在全国政协一届全体会议召开前向政协代表所作的报告中说：新民主主义议事的特点之一，就是会前经过多方协商和酝酿，使大家都对要讨论决定的东西事先有个认识和了解，然后再拿到会议上去讨论决定，达成共同的协议。新民主主义的议事精神不在于最后的表决，主要是在于事前的协商和反复的讨论。

协商民主的本质是对话和协商。新中国成立以来，特别是进入改革开放新时期，我国选举民主和协商民主，从内容到形式，都得到了丰富和发展。在这个过程中，协商民主逐步向着广泛、多层、制度化方向发展；社会协商对话制度，就是协商民主的一种新形式、新制度。

1987年，党的十三大报告正式提出，要"建立社会协商对话制度"。报告指出：正确处理和协调各种不同的社会利益和矛盾，是社会主义条件下的一个重大课题。各级领导机关的工作，只有建立在倾听群众意见的基础上，才能切合实际，避免失误。领导机关的活动和面临的困难，也只有为群众所了解，才能被群众所理解。群众的要求和呼声，必须有渠道经常地顺畅地反映上来，建议有地方提，委屈有地方说。这部分群众同那部分群众之间，具体利益和具体意见不尽相同，也需要有互相沟通的机会和渠道。因此，必须使社会协商对话形成制度，及时地、畅通地、准确地做到下情上达，上情下达，彼此沟通，互相理解。

2006年2月，中共中央颁发了《中共中央关于加强人民政协工作的意见》，明确提出，"人民通过选举、投票行使权利和人民内部各方面在重大决策之前进行充分协商，尽可能就共同问题取得一致意见，是我国社会主义民主的两种重要形式"。2011年，中共中央办公厅转发全国政协党组关于《中共中央关于加强人民政协工作的意见》贯彻落实情况的报告，正式提出"协商民主"这个概念，并强调要把选举民主与协商民主这两种民主形式结合起来，推动民主政治的发展。2012年，党的十八大报告提出，健全社会主义协商民主制度，完善协商民主制度和工作机制，推进协商民主广泛、多层、制度化发展。2013年，党的十八届三中全会通过的《中共中央关于全面深化改革若干重大问题的决定》进一步强调，推进协商民主广泛多层制度化发展。要构建程序合理、环节完整的协商民主体系，拓宽协商渠道，深入开展立法协商、行政协商、民主协商、参政协商、社会协商。

现在，全国人大常委会审议的法律草案一般都在中国人大网站上公开征求意见，重要法律草案还在主要新闻媒体上公布。十一届全国人大以来，有48部法律草案向社会公布，共有30多万人次提出近180万条意见。较多的如个人所得税修正案草案收到23万多条意见，最多的是劳动合同法修正案草案收到55万多条意见。近年来，我国越来越多的地方政府和政府部门，建立多种形式的行政协商、民主协商、参政协商和社会协商对话制度。一些地方政府利用网络接受群众的批评，端正政府行为，调整政府政策，在对话协商方面取得了初步成效。一些地方发生群体性事件，由于建立了畅通有效的社会协商对话机制，使典型的群体性事件得到顺利平息，党群、政群关系大大改善。

23.全国人民代表大会常务委员会议事规则

程序是民主的运作形式，也是民主的重要保障。为了保证全国人大常委会严格履行宪法和法律赋予的职责，法律和议事规则规定了常委会的议事程序。

我国宪法规定全国人大常委会有21项职权，通常将这些职权概括为4个大的方面，即国家立法权，选举任免权，重大事项决定权和监督权。由于这些职权的行使，都关系到国家全局和广大人民群众的根本利益，因此，无论在法律的制定还是其他重大问题的决定上，都必须由常委会全体组成人员按照民主集中制的原则，充分发扬民主，集体决定问题，以求真正集中人民的共同意愿，代表人民的根本利益。常委会的议事程序，从启动到作出决定，始终贯穿着按照民主集中制，集体行使权力的原则。

1987年11月24日，六届全国人大常委会第二十三次会议通过《全国人民代表大会常务委员会议事规则》（以下简称《议事规则》）。《议事规则》包括会议制度和议事程序等多方面的内容。

议事程序首先涉及会议制度。全国人大常委会集体行使权力，决定了任何法律的制定和重大问题的决定，都必须通过开会审议、讨论。《议事规则》规定，全国人大常委会会议一般每两个月举行一次；有特殊需要的时候，可以临时召集会议。常委会会议由委员长召集并主持。委员长可以委托副委员长主持会议。常委会会议必须有全体常委会组成人员过半数参加，才得举行。常委议事规则和常委会组成人员守则规定，常委会组成人员必须出席常委会会议。因特殊情况不能出席会议，需请假。每次会议由办公厅将会议出席情况印发常委会组成人员。常委会有列席制度。常委会有旁听制度。常委会会议分为全体会议、分组会议和联组会议三种形式。三种会议形式各有不同作用。

《议事规则》对全国人大常委会的具体议事程序作了明确规定。议事程序是讨论决定问题的方式和步骤。不同问题，讨论决定的具体方式和步骤有所不同，但一般都包括四个环节，即议案的提出、审议、表决和公布。这里所称的议案，包括法律案、决定案、决议案以及人事任免案等。

在议案的提出方面，《议事规则》规定，有权向全国人大常委会提出议案的法律主体，有三个方面：一是委员长会议可以提出议案，直接列入常委会会议议程进行审议。二是全国人大专门委员会、国务院、中央军委、最高人民法院和最高人民检察院可以提出议案。三是常委会组成人员10人以上联名也可以提出议案。人事任免案，由有关国家机关和委员长会议按照宪法和有关法律规定的权限提出。

在议案的审议方面，《议事规则》规定，列入常委会会议议程的议案，一般先在全体会议上听取对议案的说明，然后由分组会议进行审议，在分组审议的基础上，必要时召开联组会议进行审议，就议案中的主要问题，展开讨论或辩论。同时，有关专门委员会根据委员长会议的交付，也对有关议案进行审议，提出审议报告或审议意见。在常委会审议过程中，提案机关的负责人，可以在常委会全体会议、联组会议上对议案作补充说明。为保证常委会组成人员在审议过程中都有机会发表意见，提高议事效率，议事规则对发言时间作了规定。

在议案的表决方面，《议事规则》规定，常委会表决议案，采用无记名投票方式、举手方式或者其他方式。议案的通过采取绝对多数原则，即由常委会全体组成人员过半数通过。

在法律和决定、决议的公布方面，《议事规则》规定，常委会通过的法律，由国家主席签署公布。法律签署公布后，在常务委员会公报和在全国范围内发行的报纸上刊登。

《议事规则》颁布施行20多年来，对于健全全国人大常委会的工作制度，规范议事程序，提高议事效率，保障全国人大常委会依法履行职权，发挥了重要作用。为了总结多年来的实践经验，进一步完善全国人大常委会的议事程序，全国人大常委会决定对《议事规则》进行修改。《议事规则》修改工作从2008年5月开始启动，经过认真研究各方面意见、反复进行沟通协商，历时一年的时间。

2009年4月24日，十一届全国人大常委会第八次会议审议通过了关于修改《议事规则》的决定，这是对《议事规则》首次进行修改。《议事规则》的修改主要有13处，修改后的《议事规则》由原来的5章34条，变为7章36条。修改的主要内容：一是增加了临时调整议程的规定。二是扩大了列席人员的范围。三是增加了分组会议和联组会议的召集和主持的内容。四是对任命案和免职案作出了规定。五是增加了批准决算和预算调整方案、批准条约和协定的议案的审议程序。六是增加了听取和审议报告的内容。七是对发言规则和发言时间予以明确。八是明确规定，对在常委会会议上的发言，都由常委会办事机构工作人员记录，经发言人核对签字后，编印会议简报和存档。

24.全国人民代表大会议事规则

在我国，每年的全国人大会议都是在3月初开幕，在北京人民大会堂举行，近3000名全国人大代表参加，会议议程都是审议政府工作报告等6个报告。这表明全国人大会议和会议组织工作越来越程式化、固定化、规范化和公开化，这是制度化本身的要求，是中国的程序民主，是政治的进步。

党的十一届三中全会开创了人民代表大会制度建设新的历史时期。经历从1979年五届二次至1989年七届二次的11次会议，全国人大会议制度逐项恢复、不断改进并走向规范。在这期间，1982年宪法和全国人大组织法，对全国人大会议制度建设的阶段性重要成果予以肯定，并作出规定。1982年宪法规定，全国人大常委会须在全国人大会议举行一个月前，将开会日期和建议大会讨论的主要事项通知代表。将1954年规定的全国人大代表按照选举单位分别组成"代表小组"，修改为组成"代表团"。一个代表团或30名以上的代表联合可以提出"议案"，代表还可以提出对各方面工作的"建议、批评和意见"（通常简称"建议"）。一届至五届全国人大会议时，不区分"议案"和"建议"，统称为"提案"，由提案审查委员会向大会提出审查报告，大会通过。四届全国人大一次会议和五届全国人大一次会议没有提出提案。从1983年六届全国人大一次会议开始，由大会秘书处向主席团提出关于代表提出议案处理意见的报告，主席团通过。上述规定和做法，在全国人大会议制度建设中具有划时代的重要意义。

1989年，七届全国人大二次会议制定了《全国人民代表大会议事规则》（以下简称《议事规则》），至此，全国人大会议制度实现了系统化、规范化、法制化，这是全国人大会议制度发展史上的重要里程碑。《议事规则》包括以下主要内容：一是规定全国人大会议固定在每年第一季度举行。二是明确了预备会议的会期和议程。三是具体规定了主席团会议和主席团的任务。主席团会议由主席团常务主席召集并主持。主席团第一次会议由全国人大常委会委员长召集。主席团常务主席可以对属于主席团职权范围内的事项向主席团提出建议，并可以对会议日程安排作必要的调整。主席团的主要任务是，主持全国人大会议，提出议案。四是确定了审议议案的三种形式：代表团全体会议；代表小组会议；大会全体会议。五是对发言和表决方式作出规定。六是规定了决定全国人大会议秘密举行的特别程序。全国人大会议公开举行为"一般"，公开举行的会议，需整理代表发言印发简报，会议设立旁听席，举行记者会；会议秘密举行为"例外"，这须经主席团征求各代表团的意见后,由有各代表团团长参加的主席团会议作出决定。

《议事规则》施行25年来,全国人大会议组织工作的各个环节、各个细节都形成了工作惯例。2005年8月,总结梳理以往的经验,形成了《全国人民代表大会会议工作程序》(以下简称《程序》),并经委员长会议同意。《程序》包括以下重要规定:全国人大任期届满前一年,作出关于下届全国人大代表名额和选举问题的决定;召开全国人大会议的决定在头一年的12月作出;2月份的全国人大常委会会议为当年的全国人大会议做准备工作;举行预备会议,议程是选举主席团和秘书长、通过大会议程;合理安排主席团第一次会议,决定会议日程,后推选执行主席;全国人大会议安排在3月5日开幕;会议一般分为五个单元进行;会议选举和决定任命的办法、专委会人选的表决办法、表决议案办法,这三个办法各自的内容和决定的主体有严格的区分;安排多场新闻采访活动。这些程序性规定,有力地保障了会议合法、合理、高效、有序地运行。

25.中共中央关于坚持和完善中国共产党领导的多党合作和政治协商制度的意见

新中国成立以来,中国共产党领导的多党合作和政治协商制度不断巩固和发展,在国家政治和社会生活中发挥着重要作用。1978年实行改革开放以来,根据形势和任务的变化,中国共产党进一步明确多党合作是我国政治制度的一个特点和优势,确立了中国共产党与各民主党派"长期共存、互相监督、肝胆相照、荣辱与共"的十六字方针,提出了一整套关于多党合作和政治协商的理论和政策,使坚持和完善多党合作制度成为中国特色社会主义理论和实践的重要组成部分。

我国宪法规定:中华人民共和国是工人阶级领导的、以工农联盟为基础的人民民主专政的社会主义国家。与这种国体相适应的政权组织形式是人民代表大会制度,与这种国体相适应的政党制度是中国共产党领导的多党合作和政治协商制度。人民代表大会制度、中国共产党领导的多党合作和政治协商制度、民族区域自治制度以及基层群众自治制度,构成了中国政治制度的核心内容和基本框架,是社会主义民主政治的集中体现。

1989年12月30日,中共中央发出《关于坚持和完善中国共产党领导的多党合作和政治协商制度的意见》(以下简称《意见》)。《意见》明确指出:中国共产党领导的多党合作和政治协商制度是我国的一项基本政治制度,人民政协是共产党领导的多党合作和政治协商的一种重要组织形式。

《意见》明确规定了中国共产党和各民主党派在国家政治生活中的地位、作用和相互关系。《意见》明确指出:在国家政治生活中,中国共产党处于领导和执政地位;各民主党派是中国的参政党;中国共产党与各民主党派形成了团结合作的新型政党关系。在中国共产党的领导和执政地位方面,《意见》指出,中国共产党的领导地位是在长期革命、建设、改革实践中形成并巩固起来的,是历史的选择、人民的选择。中国共产党代表中国先进生产力的发展要求,代表中国先进文化的前进方向,代表中国最广大人民的根本利益。中国共产党的坚强领导是中国实现社会主义现代化的根本保证,是维护中国国家统一、社会和谐稳定的根本保证,是把亿万人民团结起来、共同建设美好未来的根本保证。这是中国各族人民在长期革命、建设、改革实践中形成的政治共识。在民主党派的参政党地位方面,《意见》指出,中国人民民主专政的内在要求和各民主党派在中国政治生活中的实际作用,决定了民主党派的参政党地位。各民主党派参政,是人民民主的重要体现。民主党派参政的基本点是"一个参加、三个参与":参加国家政权,参与国家大政方针和国家领导人选的协商,参与国家事务的管理,参与国家方针政策、法律法规的制定和执行。民主党派作为参政党的地位和参政权利受到宪法和法律的保护。在新型政党关系方面,《意见》指出,中国共产党与各民主党派在长期的共同奋斗中,形成了亲密的友党关系。中国共产党的基本理论、基本路线、基本纲领、基本经验得到各民主党派的认同,建设中国特色社会主义成为中国各政党的共同目标。在保持宽松稳定、团结和谐的政治环境中,中国共产党与各民主党派实行广泛的政治合作,照顾同盟者的政治利益和物质利益,团结他们一道前进。

《意见》明确指出,中国共产党与各民主党派的合作具有丰富的内容。第一,中国共产党就重大方针政策和重要事务同各民主党派进行政治协商,实行相互监督。第二,各民主党派成员在国家权力机关中占有适当数量,依法履行职权。第三,各民主党派成员担任国家及地方人民政府和司法机关的领导职务;各级人民政府通过多种形式与民主党派联系,发挥他们的参政议政作用。第四,各民主党派通过人民政协参加国家重大事务的协商。第五,中国共产党支持民主党派参加改革开放和社会主义现代化建设。为经济社会发展服务,是各民主党派履行参政党职能的重要内容,是中国多党合作制度的一大特色。

《意见》明确指出,中国共产党与各民主党派互相监督。这种监督是通过提出意见、批评、建议的方式进行的政治监督。由于中国共产党处于领导和执政地位,更需要来自民主党派的监督。民主党派民主监督的内容是:国家宪法和法律法规的实施情况;中国共产党和政府重要方针政策的制定和贯彻执行情况;中国共产党各级党委的工作和中共党员领导干部履行职责、为政清廉等方面的情况。民主党派的监督,对于加强和改善中国共产党的领导,健全社会主义监督体系,有着重要而独特的作用。

《意见》强调,中国的多党合作制度创立了一种新型的政党制度形式,在世界政党制度中独具特色。中国共产党同各民主党派既亲密合作又互相监督,而不是互相反对。中国共产党依法执政,各民主党派依法参政,而不是轮流执政。这一制度与人民代表大会制度相适应，实现人民当家作主，而不是少数人的民主。中国多党合作制度的价值和功能主要体现在：一是政治参与。二是利益表达。三是社会整合。四是民主监督。五是维护稳定。

《意见》对"进一步发挥民主党派在人民政协中的作用"作了规定，主要内容包括：

一、人民政协是我国爱国统一战线组织，也是共产党领导的多党合作和政治协商的一种重要组织形式。人民政协应当成为各党派、各人民团体、各界代表人物团结合作、参政议政的重要场所。人民政协要对国家大政方针、地方重要事务、政策法令的贯彻、群众生活和统一战线中的重大问题，加强政治协商和民主监督。

二、在政协的各种会议上，要切实保障政协委员提出批评的自由和发表不同意见的自由。在政协会议上，民主党派可以本党派名义发言、提出提案。

三、要保证民主党派和无党派人士在政协常委和政协领导成员中占有一定比例。政协各专门委员会要有民主党派和无党派人士参加，政协机关中应有一定数量的民主党派和无党派人士担任专职领导干部，并真正做到有职、有权、有责。政协机关要更好地为民主党派开展活动创造条件。注意安排民主党派和无党派人士参加有关的出国访问和国际活动。

四、尊重民主党派和无党派政协委员的视察、举报及参与调查和检查活动的权利。对他们的提案和举报，有关部门应认真研究处理，及时答复。

五、中共和政府有关部门应同政协及其有关专门委员会建立联系，发挥它们在决策咨询中的作用。

六、政协要组织和推动政协委员在自愿的基础上学习马克思列宁主义、毛泽东思想，学习中国共产党和国家的方针政策，学习时事政治，以利于统一认识，增进共同政治基础上的团结合作。

1989年《意见》的提出和实施，标志着中国共产党领导的多党合作和政治协商走上了制度化轨道。1993年，八届全国人大一次会议，将"中国共产党领导的多党合作和政治协商制度将长期存在和发展"载入宪法，中国多党合作制度有了明确的宪法依据。2002年党的十六大后，从建设社会主义政治文明的高度，中国共产党先后制定了《关于进一步加强中国共产党领导的多党合作和政治协商制度建设的意见》和《加强人民政协工作的意见》，使多党合作制度进一步规范化和程序化。

2005年中共中央《关于进一步加强中国共产党领导的多党合作和政治协商制度建设的意见》首次提出：要逐步建立一套适合民主党派自身特点、有利于促进民主党派工作规范化和科学化运行的制度，健全参政党的工作机制。强调中国共产党要把支持民主党派加强自身建设作为一项重要政治责任，要支持民主党派加强制度建设。要切实为民主党派和无党派人士履行职能、发挥作用创造条件。要善于通过广泛深入的协商和讨论，使中国共产党的主张成为各民主党派的共识。中共党委要切实完善民主监督机制，自觉接受监督。

要在知情环节、沟通环节、反馈环节上建立健全制度，及时通报重要情况和重大问题，畅通民主监督的渠道。

26.党和国家机关领导干部交流制度

有计划地对领导干部进行交流，是我们党的优良传统，是培养锻炼干部、提高干部素质的一个重要措施。多年的实践证明，实行领导干部交流制度，有利于领导干部在更广阔的范围内经受锻炼，开阔眼界，丰富经验，增长才干，提高领导水平；有利于领导干部在新的环境中大胆放手地工作，振奋精神，转变作风，深入调查研究，密切联系群众。同时，也便于对领导班子的结构进行合理调整，增强领导班子的整体功能。

为了使领导干部交流制度化、经常化，1990年7月7日，中共中央作出《关于实行党和国家机关领导干部交流制度的决定》（以下简称《决定》），要求从中央党和国家机关各部委，各省、自治区、直辖市做起，实行各级党和国家机关领导干部的交流制度。

《决定》提出，中央党和国家机关各部委，各省、自治区、直辖市党委、政府和法院、检察院的领导干部，在一个地区或部门工作时间较长的，应当进行交流；在同一岗位工作时间较长的，可在本地区的同级岗位之间进行交流；中央党和国家机关各部委，各省、自治区、直辖市的省（部）级领导干部，可以在中央与地方之间进行交流，也可以在不同地区之间进行交流，有的还可以在中央各部门之间进行交流。特别要注意从经济比较发达的地区交流一部分领导干部到经济相对落后的地区任职；中央党和国家机关各部委，各省、自治区、直辖市中，属中央管理的干部，由中央组织部负责拟定交流方案，经中央批准后实施；全国总工会、共青团中央、全国妇联等人民团体，以及中央党和国家机关所属事业单位的主要领导干部的交流，由中央组织部参照本决定精神办理。

《决定》提出，为了加强中青年干部的培养锻炼，中央组织部应会同中央党和国家机关各部委，各省、自治区、直辖市党委，有计划地抽调部分司（局）、厅（部）、地（市）级干部，在中央与地方之间及中央各部门之间进行交流。

《决定》强调，干部交流要有领导、有计划、有步骤地进行，并尽可能地同换届选举、调整领导班子结合起来。如换届选举时需要交流的干部过于集中，可分期分批地进行。一个地区的党政主要领导干部，一般不要同时交流，以保持领导班子的相对稳定。

《决定》强调，领导干部交流是一项重要而又细致的工作，各级党委（党组）要统筹规划，周密安排，认真做好思想政治工作。安排干部交流要出以公心，坚持"五湖四海"，改变某些地方和部门存在的干部调不出、派不进的状况，克服地域观念和排斥外来干部的不良倾向。各级党和国家机关都要为干部交流工作的顺利进行，创造良好的环境和条件。

《决定》强调,实行党和国家机关领导干部交流制度,是我国干部制度的一项重要改革,需要在实践中不断地加以完善。各级领导干部要充分认识进行干部交流的重要意义,正确对待这种正常的工作变动,自觉珍惜这一锻炼成长的好机会。各级党委及其组织部门,要注意调查研究,总结经验,把领导干部交流制度逐步地健全完善起来,并坚持下去。

27.村民自治示范活动

农村开展村民自治示范活动,是我国发展基层民主的创新性实践探索。20世纪80年代末期,辽宁省沈阳市等地在贯彻实施《中华人民共和国村民委员会组织法(试行)》过程中,首先创建了村民自治示范活动这种民主形式。

1990年9月26日,民政部专门发出《关于在全国农村开展村民自治示范活动的通知》(以下简称《通知》)。《通知》要求各级民政部门选择有一定工作基础的县(市)、乡(镇)、村作为示范单位,组织示范活动。县级民政部门侧重抓示范村,有条件的也可以抓示范乡(镇);地级民政部门侧重抓示范乡(镇);省级民政部门主要抓示范县。

《通知》对村民自治示范活动的内容和标准提出了明确要求。开展村民自治示范活动的目的:一是积累和摸索经验,总结村民自治的办法、措施;二是树立和推广典型,通过典型使干部、群众明白什么是村民自治,如何实行村民自治;三是以点带面,全方位推动村民自治进程。此后,各地开始了声势浩大的村民自治示范活动。

在总结经验的基础上,1994年2月,民政部印发了《全国村民自治示范活动指导纲要(试行)》,对示范活动的目标、示范单位的任务、示范活动的措施提出了明确要求。同年12月,民政部办公厅又印发了《关于全国农村村民自治示范单位命名管理工作的意见》,对命名标准、示范单位布局、命名程序进一步提出了要求。1995年11月,民政部在京召开了全国村民自治示范工作经验交流暨表彰会议,第一次命名表彰了31个"全国村民自治模范县(市、区)"。1998年4月上旬,民政部在河南省许昌市召开了全国村民自治工作经验交流会议,总结交流了十年来村民自治工作的基本经验,研究部署了贯彻落实党的十五届三中全会精神和新颁布的村委会组织法的任务措施,命名表彰了第二批95个全国村民自治模范县(市、区、旗)。村民自治示范活动,是民政部门推动农村基层民主的一条成功经验,也是推动工作的一个有力抓手和有效措施。

村民自治的核心内容是"四个民主",即民主选举、民主决策、民主管理、民主监督。"四个民主"的内容是随着村民自治实践的发展和基层群众的创造而逐步提炼、归纳而成的。首先,在村民自治开展的初期,最早受到关注和重视的是民主选举,在选举的实践中,候选人确定从上级指派、党团组织提名、村民联名到村民一人一票直接提名,出现了

"海选"、竞选，设立秘密写票处，村主任、副主任和委员三个职务都实行差额选举，当场计票、唱票，当场公布选举结果，彻底摆脱了"上面定框子，群众画圈子"的不正常状况，实行了真正的公正、公开、公平的选举，并逐步走上规范化、制度化的轨道。其次是民主决策，如何实现群众当家作主，自己的事情自己说了算，最大的突破莫过于村民代表会议的创立和完善。村民自治试行法时，民主决策只是规定了村民会议一种形式，但由于中国农村千差万别，村落规模大小不一，在一些人数较多、居住分散的村庄，召开村民会议面临着难组织、难召开、难议决等实际困难，在这种情况下，山东、河北、四川等地的一些农村创设了村民代表会议这种形式，效果相当不错。民政部及时总结推广了这一做法，并明确要求各地在开展村民自治示范活动中建立村民代表会议制度。修订后的村委会组织法专门把村民代表会议纳入了法律条文。再次是民主管理，民政部及时总结推广了山东章丘等地创造的"依法建制、以制治村、民主管理"的经验，通过发动村民制定村民自治章程、村规民约等形式，实现村民的自我管理、自我教育，做到既约官又约民，改变了过去农村规约只约民不约官的现象。最后是民主监督，村民如何有效地监督村干部，始终是农村基层管理中的一个难题。在实践中，基层干部和群众创造了村务公开、民主评议村干部、村委会定期向村民报告工作等方式，发挥了有效的作用。特别是村务公开，得到了村民群众的普遍欢迎，还了干部一个清白，给了群众一个明白，干群关系明显改善。民政部门在总结各地经验的基础上，把村民自治的内容概括、提炼为"四个民主"，并在实践中不断丰富发展。1995年，"四个民主"第一次写进了党的十五大报告，1998年通过的党的十五届三中全会决定和修订后的村委会组织法，进一步肯定了这一提法。"四个民主"的内容正逐步被人们所接受，并在社会生活中发挥着愈益重要的作用。

在推行村民自治过程中，民政部门始终把制定和完善相关法律法规作为自己的一项重要任务。1987年，根据中央领导和全国人大的指示，民政部门负责起草的《村委会组织法（试行）》获得六届全国人大常委会第二十三次会议通过，为开展村民自治提供了法律保障。在试行期间，全国共有25个省、自治区、直辖市制定了贯彻试行法的实施办法和意见，9个省、自治区制定了专门的村委会选举法规或行政规章。根据试行法的情况，民政部门又及时提出了修订村委会组织法的草案和意见，在充分征求全国人民意见的基础上，获得九届全国人大常委会第五次会议的通过，取消了"试行"二字，更加明确地规定了"四个民主"的内容，为村民自治、保障农民直接行使民主权利提供了更为可靠的法律保障。此后，在短短的三年时间内，有19个省、自治区、直辖市制定出台了村委会组织法实施办法和村委会选举办法（即"两个办法"），有5个省制定了实施办法，其中4个省的实施办法详细规定了村委会的选举程序，另外有6个省份专门制定了村委会选举办法。在市、县级层面，制定出台了一些指导村民自治工作的政策规定；在村级层面，则是制订或修订村规民约和村民自治章程，有近80%的村制定了规约或章程。法律法规、规章制度的出台和完善，初步形成了较为完善的村民自治法律制度体系，为全面推进村民自治提供了法律依据和政策依据，大大加快了村民自治的法律化、制度化、规范化进程。

28. 全国政协提案工作条例

1978年12月，党的十一届三中全会进行了拨乱反正，将党的工作重心转移到经济建设上来。从此，统战工作、政协工作都走上了正确健康的发展道路。

1979年6月，全国政协五届二次会议上提案工作真正恢复。1980年召开的全国政协五届三次会议，对提案工作作了一些改进：一是取消了对委员提案的时间限制。以前委员提案只能在大会期间，五届三次会议以后，大会期间、平时都可以提提案。二是提案审查委员会不仅负责大会期间的提案审查工作，也要负责平时提案的审查工作，并责成秘书处设专人负责平时提案审查工作，后来还设立了提案办公室。三是提案数量大量增加后，按提案内容确定处理办法。因工作量太大，将提案审查意见由过去的四种、三种改为一种，即交给有关部门"研究办理"。

1984年5月召开的全国政协六届二次会议，提案审查委员会改为提案工作委员会，成为常设工作机构，提案办公室是它的办事机构，全年都工作。时任全国政协主席邓颖超强调，办理提案要有交代，有结果，要随时催办。1988年召开的全国政协七届一次会议，李先念当选为政协主席。七届政协期间，提案工作委员会改名为提案委员会，提案工作在原有基础上不断总结经验，有所发展，有所改进，特别是在制度建设上有了比较大的发展和突破。1988年，制定了提案工作试行条例草案。在此基础上，经过两年试行、总结、修改，1991年1月，全国政协七届十二次常委会议审议通过并正式颁布实施了《中国人民政治协商会议全国委员会提案工作条例》（以下简称《条例》）。

《条例》是提案工作制度化的重要体现，是开展提案工作的重要依据，是提高提案工作科学化水平的重要保障。《条例》颁布之后，根据形势任务变化和提案工作发展需要，全国政协先后于1994年、2000年、2005年、2011年四次对条例进行修订和完善。

从全国政协九届三次会议开始，恢复了在全会开幕式上向全体委员报告提案工作情况，并由一位副主席代表常委会作报告，由全会对报告作出相应决议，体现了政协常委会对提案工作的高度重视。八届、九届政协全委会期间，按照时任主席李瑞环关于提案"选题要精，内容要有分量，文字要严谨"的要求，提案质量有很大提高。

十届、十一届政协期间，中共中央、国务院对政协提案工作的支持力度不断加大。2012年4月5日，中共中央办公厅、国务院办公厅联合颁发了《关于进一步加强人民政协提案办理工作的意见》。这是中央关于政协提案工作的第一个制度性文件，是政协提案工作的一件大事，对促进提案工作乃至人民政协事业的发展起到重要推动作用。

十二届全国政协领导对提案工作高度重视。俞正声主席多次听取提案工作的情况汇报并作出指示和批示，多位副主席分别出席提案交办会、提案办理协商工作座谈会等会议或带队督办重点提案。主席会议决定由3位副主席联系提案委员会工作，将研究重点提案工作列入主席办公会议议题，并就加强和改进提案工作进行研究和部署，明确了完善提案立案标准、加大重点提案督办力度等工作任务。2013年9月，召开了全国政协提案办理协商工作座谈会，这是十二届全国政协首次专题研究提案办理协商工作的会议。对提案办理协商进行了理论与实践的研究和总结。

2014年8月19日，俞正声主席主持召开主席办公会议，听取重点提案办理落实情况汇报。这是全国政协第一次以主席办公会议的形式研究重点提案办理工作，促进有关部门进一步高度重视政协提案办理和落实。全国政协还印发了新修订的《重点提案遴选与督办办法》。积极创新重点提案督办方式方法，增强了督办的针对性和实效性。

全国政协2005年修订了《提案工作条例》，2006年印发了《全国政协关于加强和改进提案工作的意见》，2007年制定了《全国政协办公厅关于加强和改进提案工作的若干意见》。据此，各级政协从实际出发，制定了各地关于加强和改进提案工作的意见。特别是《中共中央关于加强人民政协工作的意见》颁布后，各级政协不断创新工作思路和工作方式，完善提案工作的各项规章制度。《中共中央关于加强人民政协工作的意见》明确提出"要切实发挥政协提案、建议案在民主监督方面的作用，对政协的提案和建议案要认真办理，及时给予正式答复"等相关要求，有力推动了各级政协提案工作的创新发展。政协提案工作日益呈现出党委重视、政府支持、政协主动、各方参与、社会关注的良好局面。

29.山东章丘埠西村《村民自治章程》

发展基层民主自治是我们党和国家的一贯方针。1991年6月7日，山东章丘县埠村镇埠西村召开了第三届第三次村民代表大会，通过了《埠西村村民自治章程》（以下简称《村民自治章程》）。这是全国第一部村民自治章程。《村民自治章程》的制定和实施，标志着埠西村步入了依法治村的轨道，并影响和带动了农村基层民主建设的进程。

《村民自治章程》共5章102条。

第一章，总则（5条），重点阐述制定章程的目的、依据、原则、通用范围和执行。

第二章，村民组织（5节15条），包括：一、村民会议的组成、职权，村民代表会的组成、性质、职权范围、活动方式、村民代表的产生办法，村民代表会的召集与主持；村民代表会的会议制度、议事决策程序；明确规定村内人事由村民代表会讨论决定。二、村民委员会的性质、组成、职责、工作制度等内容。明确规定了村民委员会是在国家法律、法规范围内由村民自我管理、自我教育、自我服务的群众性自治组织，规定了村委会下设工作委员会；明确规定了村委会的工作制度包括：学习制度、会议制度、任期目标和年度目标及分工负责制度、村务公开制度等。三、村民小组。主要规定村民小组的性质、组成、划分和村民小组长的职责、任期。四、村民。主要规定村民的权利和义务。如明确规定具有"遵守村民自治章程，执行村民代表会和村委会决定、决议"，"按时完成村委会分配给的各项任务"等项义务。五、村干部。主要规定了对村干部的要求，如规定村干部必须牢固树立全心全意为人民服务的思想，立足本职工作。努力为民造福。要求村干部"以身作则。各项工作中起带头模范作用"，"执行会议决议，共同开展好工作"。

第三章，经济管理（6节40条），主要包括：一、劳动积累。规定了义务工、基建工"两工"的有关制度。二、土地管理。主要规定有：土地范围、产权关系、土地承包、土地保护、土地开垦、土地调整、土地转让、土地管理档案等制度。三、承包费的收取和使用。主要规定承包费的性质、收取范围、承包或租赁办法、土地承包费的收取标准、承包费的使用办法等内容。四、生产服务。主要规定农村农业服务公司等组织，明确其管理内容及服务的项目。五、财务管理。主要规定全村各企业、事业单位的财务管理制度。财务人员的职责，村财务办公室的组成、职责、工资、资金制度；固定资产的购置、使用制度；审计制度等。六、村办企业。规定了村办企业的性质、管理制度、企业承包制度、利润分配制度等。

第四章，社会秩序（6节39条），主要包括：一、社会治安。主要规定有关维护社会治安的制度和对违反者的处理办法。二、村风民俗。主要规定农村社会主义精神文明建设的有关制度，如喜事新办，丧事从俭，搞好公共卫生，维护村容整洁等。三、相邻关系。主要规定正确处理邻里关系的有关制度，如在经营、生活、借贷、社会交往中，应遵循平等、自愿、互利的原则等。四、婚姻家庭。主要规定正确处理家庭关系有关制度。如男女平等，一夫一妻，婚姻自由，赡养父母，抚养子女，财产继承等。五、计划生育。主要规定了计划生育的具体措施和对村民的要求。六、村民档案。主要规定建立村民档案的要求、管理办法。

第五章附则（3条），主要规定村民自治章程执行、监督、解释权的归属。

如今的埠西村，党总支"三会一课"和"党员活动日"已成制度。村民委员会成员每天按规定时间上下班，每天一次碰头会，10天一次办公会，年底一次总结会；每月10日为村委会成员集体学习日，学习党和国家的政策、法律、经济管理及科技等方面的知识。村民委员会下设财务监理委员会，代表全体村民对村财务实行监理监督，村务、财务定期向村民公开。村"两委"带领群众多次外出考察,分析论证后,确立了"兴办商场、发展三产"的新发展思路。

1994年,建筑面积2000多平方米的大星商厦在省道244旁边落成,结束了埠村镇没有大型商场的历史。在方便群众生活购物的同时,也成了埠西村集体经济新的增长点。18年过去,大星商厦依然是埠村镇的商业中心,楼前车来人往,熙熙攘攘。大星商厦一年可为村集体带来近20万元的租赁收入。靠着大星商厦的带动和辐射,随着街道美化、净化和亮化,省道244埠村段渐渐发展成集商业、餐饮、娱乐等于一体的商业金街。宽阔亮丽的街道两旁商铺云集,银行、医院来此抢滩,处处散发着现代新农村的迷人光彩。

为贯彻落实科学发展观,走集约发展、和谐发展之路,2004年,埠西村引来了济南市新植物园建设项目。同年3月,济南市园林局在埠西村征地5000多亩,总投资5亿元,开工建设济南市植物园;2006年9月26日正式开园纳客。作为国家4A级风景区,济南植物园植物展览区以收集栽培我国东北、西北、华北、中南地区的温带树种为主,已引种栽培活植物73科149属317种,建成木兰园、樱花园、海棠园、蔷薇园、紫薇石榴园、牡丹园、木樨园、菊园、竹园、松柏银杏园、药用芳香园、彩色植物区12个植物专类园及植物科普馆,配套建成盲人植物园、婚庆、童乐园以及游乐园等观光游览游乐的特色园区;承载着植物科学研究、种质资源保存、植物知识普及、新优植物推广、游览观赏休憩、生态示范展示等功能;富有时代特色,实现了艺术外貌与科学内涵、文化内涵的有机结合,填补了济南市无综合性生态园区的空白。

济南植物园的建成为埠西村发展带来新的契机。不仅安置近300名村民就业,有效拉动餐饮、购物、住宿等第三产业的发展,大大改善埠西村居民的生产、生活环境,优化埠西村的投资环境,提升埠西村的形象和品位,而且推动了埠西村经济的转型升级,成了埠西村对外宣传的新名片。村"两委"审时度势,推动村办企业进行股份制改造、建立现代企业制度,淘汰高耗能、高污染企业,剥离不良资产,引导村办、民办企业转型升级。

为了进一步加强农村民主政治建设,依法搞好村民"自我管理、自我教育、自我服务",埠西村依照国家法律、法规,制定了包括"村级组织建设"、"经济管理"、"社会秩序管理"及"婚姻管理"等107条与广大村民切身利益息息相关的《村民自治章程》。这部《村民自治章程》被全文刊登在《乡镇论坛》杂志上,向全国作了推广。

30.吉林省梨树县的"海选"

"海选"是中国农民在村民自治中创造的一种直接选举方式,通俗地说,就是"村官直选"。这种选举方式是吉林省梨树县梨树乡北老壕村在1986年换届选举时首创的,因而该县被称为"海选"故乡。"海选"的具体做法，就是在村委会换届选举时，"不划框框，不定调子"，将候选人提名权完全交给村民，由村民直接提名、直接投票决定，这其实就是一种大海捞针式的选举模式。此后，"海选"在各地农村被迅速复制，并在20世纪90年代吸引了许多国际观摩团。

1998年11月4日，九届全国人大常委会第五次会议通过了《中华人民共和国村民委员会组织法》，其中第14条规定：选举村民委员会，由本村有选举权的村民直接提名候选人。从此，"海选"成了法定的选举办法。

自"海选"这种确定候选人的形式出现后，吉林省在以后的换届选举中不断加以完善和推广，到2000年第五次换届选举，吉林省已经全部实行了"海选"提名确定候选人的制度。出现于1991年该省村委会第二次换届选举中的"海选"，同现在大家所理解的"海选"存在一定的差别，当时的"海选"还不是候选人的一种提名形式，实际上是一次预选，并不是完整意义上的"海选"。在第二次换届选举中，以这种"海选"形式确定候选人的村有34个，占全省村委会的0.3%。到1994年吉林省第三次换届选举时，在省换届选举文件中对"海选"的做法做了统一规范和推广，文件规定："海选"是一种独立的提名确定候选人形式，指本村半数以上村民直接提名候选人并根据得票多少按照差额选举的原则确定正式候选人，并要求各地都要搞一定比例的"海选"。至此，"海选"提名确定候选人的做法得以统一固定，即现在所说的"海选"。在第三次换届选举中，全省"海选"率为15.8%。到1997年第四次换届选举，吉林省换届选举文件要求：各地的"海选"面不能低于60%。据统计，全省的"海选"率达到86.8%。2000年，吉林省人大常委会审议通过《吉林省村民委员会选举办法》规定："村民委员会成员候选人，由本村有选举权的村民直接投票提名产生。"村民委员会成员确定候选人的制度在全省得到全面实行。第五次换届选举，"海选"率达到100%。

有学者指出：由梨树农民创造的"海选"这一村委会直接选举方式，同小岗村农民创造的"土地承包制"一道，犹如"双子星座"闪耀在历史的天空，成为中国农村改革的两大里程碑。

梨树人实践中创造的许多探索性做法，不仅获得了国家有关部门的充分肯定和高度评价，还充实为国家相关法律法规的具体条款。1987年，我国颁布的《中华人民共和国村民委员会组织法（试行）》就吸收了梨树县的做法，1998年颁布的《中华人民共和国村民委员会组织法》，也采纳了梨树县"海选"的多项实践经验。

"海选"作为中国农民创造的新的民主政治术语，被收入《现代汉语词典》。2012年，《瞭望》新闻周刊曾发表《让民主在脚下成长——吉林省梨树县"海选模式"调查与思考》一文，认为"海选"，这一最初由农民自下而上的探索实践，又在党的正确领导下自上而下地有序推进,并以法律制度等逐步规范完善。这种上下结合、良性互动的方式,也许正是中国基层民主政治发展道路的特点与优势。

31.全国人民代表大会和地方各级人民代表大会代表法

人民代表大会制度是我国的根本政治制度,各级人大代表是本级国家权力机关的组成人员,依靠和发挥代表的作用,是做好人大及其常委会工作的基础。为了保证人大代表依法行使代表职权,履行代表义务,发挥代表作用,1992年4月,七届全国人大五次会议通过了《中华人民共和国全国人民代表大会和地方各级人民代表大会代表法》(以下简称《代表法》),《代表法》对人大代表的性质、地位、职责、权利、义务、工作方式以及代表执行职务的保障等作出具体规定,保证各级人大代表依法行使代表职权。

我国在1992年之前,并没有一部关于人大代表的专门法律,有关人大代表工作的一些规定只是散见在宪法和有关法律中。1992年颁布的《代表法》,以代表为主线,按照总则、会议期间的工作、闭会期间的活动、履职保障、代表职务的停止与终止等作出了规定,是我国保障和规范各级人大代表工作的专门的、基本的法律。这部法律,细化了宪法和有关法律的有关规定,总结了此前多年代表工作积累的成熟做法和经验,根据实践的需要,系统地规定了保障和规范代表执行职务的问题,使代表工作走上了有法可依的轨道。

《代表法》的颁布实施,提高了对代表工作的认识,充分发挥代表作用成为坚持和完善人民代表大会制度的重要内容;促进了代表工作的制度化,并在实践中不断创新发展;代表依法履职的保障不断加强;增强了代表依法履职的责任感和使命感。但是,随着实践的深入、情况的变化,《代表法》在实施过程中遇到了一些需要研究或解决的问题:一是代表履职保障存在不少困难;二是代表履职的责任感需要进一步增强;三是履职的方式需要进一步明确。

2005年5月,中共中央转发全国人大常委会党组《关于进一步发挥全国人大代表作用加强全国人大常委会制度建设的若干意见》,就保障代表的知情权、进一步提高代表议案和建议的提出和办理质量、进一步增强代表在闭会期间活动实效、代表在闭幕期间活动的机构和经费保障等问题作了明确规定,为发挥代表作用起着指引作用,非常有必要上升为法律。为进一步支持、规范和保障各级人大代表依法履行职责,充分发挥人大代表的作用,2010年10月,十一届全国人大常委会第十七次会议通过了关于修改《代表法》的决定,对我国的人大代表制度作了修改完善。

《代表法》的修改,围绕支持、规范和保障各级人大代表依法履行职责这个重点,统筹兼顾，着力完善制度，主要体现在四个"进一步"：一是进一步明确代表的权利和义务；二是进一步细化代表的履职规范；三是进一步加强对代表履职的保障；四是进一步强化对代表的监督。

现行《代表法》共6章，原来是6章44条，现在变成了6章52条，增加了八个条款。原来有些条里面又增加了一些款项和内容。除了总则和附则外，分别对代表在本级人大会议期间的工作、代表在本级人大闭会期间的活动、代表执行职务的保障、对代表的监督等内容作了规定。

32.全国政协关于政治协商、民主监督、参政议政的规定

人民政协是中国特色社会主义民主政治的重要载体；政治协商、民主监督、参政议政是人民政协的主要职能。从1949年第一届全国政协开始，到改革开放前，政治协商和民主监督一直是我国人民政协开展工作的重要内容。改革开放以来，随着我国民主法治建设的发展和认识的深化，逐步明确了人民政协的主要职能是政治协商、民主监督和参政议政。1982年12月，全国政协五届五次会议通过了政协章程（修正案）。虽然章程并未对政协职能的提法作出明确规定，但时任全国政协副主席的刘澜涛在关于政协章程（修改草案）的说明中强调：根据历史经验，人民政协的主要职能是对国家的大政方针和地方重要事务以及群众生活、统一战线内部关系等重要问题进行政治协商，并通过提出建议和批评，发挥民主监督的作用。这实际上是首次明确了政治协商、民主监督是人民政协的主要职能。1989年1月27日通过的《政协全国委员会关于政治协商、民主监督的暂行规定》更明确指出：人民政协的主要职能是对国家的大政方针和地方重要事务以及群众生活、爱国统一战线内部关系等重要问题进行政治协商，并通过提出建议和批评，发挥民主监督的作用。1989年12月，中共中央颁发了《关于坚持和完善中国共产党领导的多党合作和政治协商制度的意见》（以下简称《意见》）。《意见》第一次明确地将我国各民主党派定位为参政党，并对民主党派参政的基本点作了科学概括。《意见》中围绕政治协商、民主监督和参政议政三个方面，比较详细地阐述了人民政协的作用和工作要求，但参政议政尚未从人民政协职能上加以概括。1994年3月，全国政协八届二次会议通过的政协章程（修正案）指出：参政议政与政治协商、民主监督是一致的。人民政协参政议政的主要内容和基本特征就是政治协商、民主监督。

1995年1月，全国政协八届九次常委会议通过《全国政协关于政治协商、民主监督、参政议政的规定》（以下简称《规定》）。《规定》是依据政协章程制定的、对政协履行主要职能加以规范的重要文件。《规定》指出："人民政协的主要职能是政治协商和民主监督，

组织参加本会的各党派、团体和各族各界人士参政议政。"《规定》明确地对"切实履行政治协商、民主监督、参政议政主要职能"提出了具体的要求。中共中央对这个文件十分重视，正式发出通知，要求各地区、各部门结合实际，认真贯彻执行。

《规定》全文共15条，主要内容有：

一、明确指出政协的主要职能是政治协商、民主监督和参政议政，政协履行三项主要职能的目的是发扬社会主义民主，反映社会各方面的意见和要求，为参加政协的民主党派、无党派爱国人士、人民团体和各族各界人士发挥作用开辟畅通的渠道，为社会主义建设事业和实现祖国统一大业服务。

二、明确规定政治协商的主要内容是就国家和地方的大政方针及政治、经济、文化和社会生活中的重要问题，政治协商在决策之前进行和在决策执行的过程中进行；政治协商的主要形式是政协全体会议、常委会议、主席会议、专委会议、常委专题座谈会和根据需要召开的协商座谈会等。

三、明确规定民主监督的主要内容是国家宪法、法律、法规、重大方针政策的贯彻实施和国家机关及其工作人员的工作情况；民主监督的性质是提出建议和批评；民主监督的主要形式是政协组织向中共中央或国务院提出建议案、建议或有关报告，委员视察、提案、举报或提出批评和建议，参加党政部门组织的调查和检查活动。

四、明确规定参政议政是政治协商、民主监督的拓展和延伸。它的形式与内容除政治协商、民主监督所规定的以外，还包括选择群众关心、党政重视、政协可做的课题，组织调查研究，提出建设性的意见，通过多种方式广开言路才路，充分发挥委员作用，积极献计献策等。

五、明确规定了政治协商的主要程序：政协主席会议可根据党政机关、有关部门和参加政协的党派团体的提议安排协商活动并决定协商的形式和参加范围，也可建议他们把问题提交政协协商；进行协商时政协可视情况邀请党政机关及有关部门负责人参加，并请有关负责人就协商的问题作出说明。

六、明确规定应保护委员的民主权利，在政协会议上各种意见都可充分发表。

七、明确规定了专委会的主要工作内容，规定了专委会重要建议和委员重要提案转化为政协建议案的程序，政协建议、意见和批评的办理方式等。

八、为切实履行好主要职能，对政协组织和政协委员提出了要求。

人民政协的政治协商、民主监督、参政议政三项职能，充分体现了我国人民政协的性质和特点，是人民政协区别于外国议会和国内其他政治组织的重要标志。2002年党的十六大报告提出，要"保证人民政协发挥政治协商、民主监督和参政议政的作用"。2004年3月，全国政协十届二次会议通过的政协章程（修正案）明确提出："中国人民政治协商会议全国委员会和地方委员会的主要职能是政治协商、民主监督、参政议政。"这就正式把参政议政与政治协商、民主监督职能并列在一起进行表述,并分别作出具体规定。

33.党政领导干部选拔任用工作条例

改革开放以来,特别是进入新世纪以来,随着干部人事制度改革的不断深化,干部选拔任用监督制度越来越完善,监督机制越来越健全,监督力度越来越大,监督成效也越来越明显。1994年,党的十四届四中全会通过的《关于加强党的建设几个重大问题的决定》,提出要加快党政领导干部选拔任用等重要制度的改革,强调要扩大民主,完善考核,推进交流,加强监督,逐步形成优秀人才能够脱颖而出、富有生机与活力的用人机制。1995年2月,中共中央颁发了《党政领导干部选拔任用工作暂行条例》(以下简称《暂行条例》),对干部选拔任用的原则、条件、程序、纪律与监督等都作出了具体规定。2002年,党中央在总结实践经验的基础上,对《暂行条例》进行了修订,颁布了《党政领导干部选拔任用工作条例》(以下简称《干部任用条例》)。《干部任用条例》颁布以来,在规范干部选拔任用工作,建立健全科学的选拔任用机制,防止和纠正选人用人上的不正之风,推进干部工作科学化、民主化、制度化等方面,发挥了十分重要的作用。但是随着改革开放进程的不断深入,近些年来,干部工作面临的形势任务、干部队伍状况等都发生了很大变化,《干部任用条例》已经不能完全适应新的要求。2014年1月15日,中共中央印发了新的《党政领导干部选拔任用工作条例》,根据干部工作形势任务和干部队伍状况变化,对2002版《干部任用条例》进行了修订。

修订后的《干部任用条例》,体现了党中央对干部工作的新精神新要求,吸收了干部人事制度改革的新经验新成果,对干部选拔任用制度进行了改进完善,是在实践中总结经验,探索规律,推进干部制度建设的重要成果,是做好党政领导干部选拔任用工作的基本遵循,也是从源头上预防和治理选人用人不正之风的有力武器。

修订后的《干部任用条例》,在保持原有框架和内容总体稳定的基础上,增设"动议"一章,拆分"酝酿"一章并将有关要求分别体现到选拔任用的各个环节之中。修订后,《干部任用条例》共13章71条,分总则、选拔任用条件、动议、民主推荐、考察、讨论决定、任职、依法推荐提名和民主协商、公开选拔和竞争上岗、交流回避、免职辞职降职、纪律和监督、附则,对干部选拔任用工作作出了实体性和程序性规定。其中,从"动议"到"任职"五个环节,构成了干部选拔任用工作的基本流程。

修订后的《干部任用条例》,有以下几个显著特点:一是坚持党管干部原则,把加强党的领导与发扬民主结合起来,进一步体现党组织在干部选拔任用工作中的领导和把关作用，同时坚持发扬民主的方向和行之有效的办法措施，对有关制度作了进一步改进完善。二是坚持好干部标准，树立科学发展、以德为先、注重基层的用人导向，把人岗相适、重视一贯表现等要求贯穿到干部选拔任用工作的全过程。三是坚持全面深化干部人事制度改革，将经过较长时间、较大范围实践检验、比较成熟的做法上升为制度规定。突出问题导向，针对新情况新问题提出了一些新的改革措施。着重完善民主推荐，改进考察方式方法，规范公开选拔和竞争上岗、破格提拔、干部交流等。四是坚持从严管理干部，在严格标准条件、规范选拔程序的基础上，进一步严明选拔任用纪律、强化责任追究，对党组织、领导干部和选拔对象提出了更严格的要求。五是坚持有效管用、简便易行，优化程序、删繁就简。

修订后的《干部任用条例》，鲜明地将好干部标准写进总则第一条，并围绕有利于选准用好党和人民需要的好干部，提出了新要求。2013 年 6 月，习近平总书记在全国组织工作会议上强调，要着力培养选拔党和人民需要的好干部，并明确提出"信念坚定、为民服务、勤政务实、敢于担当、清正廉洁"的好干部标准，进一步丰富和发展了德才兼备、以德为先干部标准的时代内涵，既为广大干部明确了个人努力方向，也为干部选拔任用工作提供了重要遵循。修订后的《干部任用条例》，体现了习近平总书记对干部工作的新要求。一是完善了选拔任用党政领导干部的基本条件和资格，突出了理想信念的要求，政治立场、政治态度、政治纪律的要求，坚持原则、敢于担当的要求，加强道德品行、作风修养的要求，树立正确政绩观，作出经得起实践、人民、历史检验实绩的要求。二是在考察内容上按照好干部标准，突出了品德、实绩、作风和廉政情况的考察。三是拓宽干部选拔的来源渠道，注意从担任过县、乡党政领导职务的干部和国有企事业单位领导人员中选拔，推进地区之间、部门之间、地方与部门之间、党政机关与国有企事业单位及其他社会组织之间的干部交流。四是严把人选关，明确了六种不得列为考察对象的情形，包括群众公认度不高的，近三年年度考核有基本称职以下等次的，有跑官和拉票行为的，配偶已移居国（境）外或者没有配偶、子女均已移居国（境）外的，受到组织处理或者党纪政纪处分影响使用的，以及因其他原因不宜提拔的，把不符合好干部标准的人挡在考察人选之外。五是在程序和方法的设计上，把选准用好干部贯穿体现到选拔任用的各个环节，努力用科学的制度机制把党和人民需要的好干部及时发现出来、合理使用起来。

修订后的《干部任用条例》，突出体现了党管干部的原则，强调党领导干部选拔任用工作，在原则标准和程序方法等多方面，都要体现党组织的主体地位和主导作用。一是新增"动议"一章，规范了选拔任用的初始环节，强调党组织从干部选拔任用的启动环节就应当发挥领导和把关作用。二是突出对考察对象人选的把关，规定考察对象由党组织集体研究确定，防止简单以票、以分取人。三是加强了党组织对公开选拔、竞争上岗、交流任用、破格提拔等特殊情形选拔任用人选的审批把关。四是严格监督检查，充实了"十不准"纪律要求，规定对干部选拔任用工作实行全程监督，严肃查处违反组织人事纪律的行为。

发挥党组织及其职能部门在干部选拔任用中的把关作用，既要强化党组织在推荐、考察、识别、使用干部中的责任，也要防止个人或少数人说了算。为此，修订后的《干部任用条例》还采取了不少有针对性的措施。

修订后的《干部任用条例》，把民主推荐作为选拔任用的必经程序，坚持了民主推荐中行之有效的基本程序、方法，并根据新的实践经验作了进一步丰富完善。一是对民主推荐进行合理定位，由选拔任用的初始环节调整为第二个环节，将推荐结果由选拔任用的"重要依据"改为"重要参考"。规定民主推荐情况只是确定考察对象应当综合考虑的因素之一，防止把推荐票等同于选举票、简单以推荐票取人，同时明确群众公认度不高的不得列为考察对象，以起到挡住民意较差干部的"门槛"作用。二是进一步改进民主推荐方法，以利于正确集中民意，提高民主质量。三是完善了参加民主推荐的人员范围。四是强调要把民主推荐情况与人选的德才素质、一贯表现和工作需要等进行综合分析。

修订后的《干部任用条例》坚持继承与创新相结合，坚持全面、历史、辩证地看干部，提出了一系列改进措施。一是完善考察内容。强调加强对政治品质和道德品行、科学发展实绩、作风表现、廉政情况的考察，防止单纯以经济增长速度评定干部工作实绩。二是改进考察方法。三是突出对干部廉政情况的把关。四是体现看平时、重一贯的要求，强化了党组织在平时考察了解干部的责任。

修订后的《干部任用条例》，既坚持将公开选拔、竞争上岗作为干部选拔任用的方式之一，保留专章规定，又针对突出问题着力规范。一是合理确定范围。二是严格资格条件的设置。三是加强组织把关。四是提高竞争性选拔科学化水平。

修订后的《干部任用条例》，进一步体现了从严治党、从严管理干部的要求，并为此提出了新措施：一是明确规定有跑官、拉票行为的干部和"裸官"等不得列为考察对象。二是对干部任职前公示的时间、内容等进行了规范。三是对被问责干部的重新任职进行了规范。四是进一步充实了"十不准"纪律要求。五是加强干部选拔任用工作全程监督。

总之，修订后的《干部任用条例》，贯彻了中央关于干部工作的新精神，对干部选拔任用的基本原则、标准条件、程序方法和纪律要求等作了全面的改进完善，标志着我们党的干部选拔任用制度建设取得了新的重大进展。它的颁布实施，对于解决干部工作中的突出问题，健全科学的干部选拔任用机制，把信念坚定、为民服务、勤政务实、敢于担当、清正廉洁的好干部标准落实到选拔任用工作中去，建设高素质的党政干部队伍，保证党的理论、路线、方针、政策全面贯彻执行和中国特色社会主义事业顺利发展，具有十分重要的意义。

34.中华人民共和国村民委员会组织法

从 20 世纪 80 年代初开始，我国农村群众性自治组织——村民委员会逐渐在全国各地推行。到 2008 年，全国共有 699974 个村民委员会。

1987 年，民政部门负责起草的《中华人民共和国村民委员会组织法（试行）》获得六届全国人大常委会第二十三次会议通过，为开展村民自治提供了法律保障。这部法律依据《宪法》第一百一十一条规定，对村民委员会的性质、地位、职责、产生方式、组织机构和工作方式以及村民会议的权力和组织形式等做了比较具体、全面的规定，从而使村民自治作为一项新型的群众自治制度和直接民主制度在法律上正式确立起来，并基本定型。这部由国家立法机关制定并颁布实施的村民自治的法律，尽管它只是"试行"，但具有开创性，对发展基层民主，把村民自治实践纳入法制轨道具有重大意义。在试行期间，全国共有 25 个省、自治区、直辖市制定了贯彻试行法的实施办法和意见，9 个省、自治区制定了专门的村委会选举法规或行政规章。1994 年 10 月，中央发出《关于农村基层组织建设的通知》，明确指出：要广泛开展依法建制、以制治村、民主管理活动，调动农民群众当家作主的积极性。继续开展村民自治示范活动。当前应着重抓好：一是村民选举制度。二是村民议事制度。三是村务公开制度。凡涉及全村群众利益的事情，特别是财务收支、宅基地审批、当年获准生育的妇女名单及各种罚款的处理等，都必须定期向村民张榜公布，接受群众监督。四是村规民约制度。这四项制度的提出，表明农村基层民主制度的基本框架初步形成。

1994 年，根据近 8 年的实践，开始对村民委员会组织法进行修订。1995 年 5 月，民政部召开部务会议，通过了修订稿，上报国务院。1998 年 11 月 4 日，九届全国人大常委会第五次会议审议通过了《中华人民共和国村民委员会组织法》，并正式在全国范围内施行。这标志着我国村民自治工作开始进入全面推进的发展阶段。此后，在短短的三年时间内，有 19 个省、自治区、直辖市制定出台了村委会组织法实施办法和村委会选举办法（即"两个办法"），有 5 个省制定了实施办法。在市、县级层面，制定出台了一些指导村民自治工作的政策规定。在村级层面，则是制订或修订村规民约和村民自治章程，有近 80% 的村制定了规约或章程。法律法规、规章制度的出台和完善，初步形成了较为完善的村民自治法律制度体系，为全面推进村民自治提供了法律依据和政策依据，大大加快了村民自治的法律化、制度化、规范化进程。

村民委员会组织法是农村推行村民自治的主要法律依据，对保障村民实行自治，由村民群众依法办理群众自己的事情，促进农村基层民主政治建设起到了重要作用。

我国农村建立村民自治制度，为进一步推进农村基层民主建设，使农民群众在最基层直接行使政治民主权利和经济民主权利，提供了有力的法律保障。更深远的意义是，它使中国广大农村成为世界上最大的民主训练班。河南一个村办厂，赚了钱，干部说要买两部好车，村民开大会说"不"，应该修条马路，让大家受益。福建龙溪一个村的村民选举时，到了中午12点，不回家做饭，饿着肚子也要等着开票箱。正是在这种选举热情下，出现了一个个农民自选的当家人。美国《华盛顿邮报》称之为"了不起的民主实践"。

35.四川步云乡直选乡长

四川遂宁市步云乡被人们称为"中国大陆直选第一乡"。步云乡是一个纯农业乡镇，全乡共有10个村，16000多人。步云乡民风纯朴，社会矛盾相对较少。随着农村经济社会发展和人们思想观念的变化，村民在发展经济的同时，强烈要求参与公共事务的民主管理。

1997年，党的十五大报告指出：扩大基层民主，保证人民群众直接行使民主权利，依法管理自己的事情。1998年，遂宁市市中区步云乡利用乡镇领导班子换届的时机，开展了由选民直接选举乡长工作。整个直选活动从1998年11月下旬开始，到1999年1月4日结束。乡长直选得到参选者、竞选者和广大选民的积极支持和参与。

步云乡乡长直选工作，始终按照"坚持党的领导，充分发扬民主，严格依法办事"的原则进行。其主要做法：一是加强领导，精心组织。乡人大主席团作出由选民直接选举乡长的决定，成立了以党委书记任组长的乡选举委员会，各村也成立了由村党支部书记任组长的村直选领导小组。区委、区人大成立了以一名人大常委会副主任任组长，区委常委、组织部长和宣传部长任副组长的指导小组。乡人大主席团研究制定了《步云乡选民直接选举乡人民政府乡长试行办法》（以下简称《试行办法》）。区、乡两级党委自始至终组织、引导选民参与直选活动，并监督直选全过程，保证公开、公正、公平的工作原则贯穿直选工作的始终。二是广泛宣传，鼓励竞争。利用会议、广播、电视、板报、标语和设立咨询站等形式，大张旗鼓地开展宣传活动。乡选举委员会制发了选举公告、给在外务工人员的公开信和给全乡选民的公开信。三是公开报名，资格审查。《试行办法》规定了依法享有选举权和被选举权的人的条件，公开报名和推荐乡长候选人的办法，并规定由选举委员会对报名者进行资格审查。四是各选区协商，确定正式候选人。全乡各选区派出有各村党支部书记、村委会主任、村民小组组长和村民代表等共161人组成的选区联席会。按联席会通过的协商办法，15名报名者分别发表施政演讲，抽签轮流回答各选区提出的各类问题，现场回答参会者的提问。通过演讲答辩，联席会议正式代表以无记名投票方式协商产生出两名正式候选人，并与党组织提名的1名正式候选人一起共3人于当日张榜公布。

五是巡回竞职演讲答辩，公开竞争。由乡选举委员会负责安排候选人按照《正式候选人活动规则》开展竞选活动。竞选遵循公开、公正、公平、文明、合法的原则进行。六是严明纪律，投票选举。全乡共设投票站13个，每个投票站设立秘密画票间。全乡共有选民11347人，直接参选6236人，参选率达54.95%（在家选民参选率为81%）。七是代表行权，表决确认。召开乡人大会议，乡选举委员会向乡人大主席团作乡长直选工作情况汇报，乡人大主席团作《关于步云乡乡长直接选举工作的报告》，提交人大会议进行审查。到会的46名人民代表一致通过了乡人大关于确认步云乡直接选举乡长结果的决议，并由乡人大向新一届人民政府乡长颁发当选证书。在乡人代会上，当选乡长在乡人大主席的监督下，手执国旗向全乡人民进行庄严宣誓。为使当选乡长切实履行职责，制定了相应的述职、质询、弹劾、罢免办法，以确保直选工作的完整性。

步云乡乡长直选工作取得圆满成功。这次直选活动，群众参加人数之多，积极性之高，演讲、选举场面之壮观，发言之踊跃，是多年来少见的。选举日这天，细雨绵绵，寒风刺骨，道路泥泞，但全乡选民除在外务工、守楼护院、年老病残人员外，基本上都到场参加了选举活动。直选工作更加密切了党群、干群关系。候选人与选民通过演讲答辩、调查研究、个别座谈等形式，进行了广泛深入的接触。有的选民说，通过直选，我们才知道当乡长实在不容易。同时，由选民直接选出的乡长，更加贴近群众，容易得到群众对其工作的配合。直选过程是政府与选民广泛对话的过程，是政府调查民情、民意的过程，是群众接受党和国家方针政策的宣传教育过程，也是选民在实践中学习正确行使民主权利的过程。

36.贵阳市的人大旁听制度

扩大公民有序的政治参与，不断拓宽公民有序政治参与的渠道和形式，是我国改革开放新时期民主政治建设取得的一条重要经验，也是一项重要成果。

贵阳市人大常委会在全国首创了市民旁听并发言的制度。1999年1月，贵阳市第十届人大常委会决定，从第11次会议开始，贵阳市民可以自由旁听常委会会议并在会上发言。1月23日，贵阳市人大常委会办公厅发布公告：凡年满18周岁、具有完全行为能力的市民，都可自愿报名参加旁听市人大常委会会议，并可在会上作简短发言；公告同时公布了上半年常委会会议的议题，以供市民选题参会。短短几天，报名旁听的市民达108人，他们中有工人、农民、机关干部、个体户、教师和学生，年纪最大的84岁，最小的刚满18岁。从那时起，到2001年9月第32次常委会会议，全部21次常委会会议都实行了这项制度，参加旁听的市民超过200人。

贵阳市实行市民旁听的基本办法是：人大常委会每年分两次在贵阳市的报纸、广播电台和人大的墙报上公布未来半年常委会各次会议的议题。市民可以根据自己的兴趣报名参加某次或某几次会议的旁听。然后，人大常委会根据报名的情况通知报名的市民，参加具体某次会议的旁听。

实行这一制度，拓宽了公民有序政治参与的渠道，人大的工作与广大群众的距离拉近了。群众的许多意见可以通过旁听市民的发言直接反映出来，是对人大代表工作的有益补充。实行这一制度，有助于提高人大常委会的立法和执法检查质量。一方面，由于有市民的旁听，人大常委的工作更加认真负责；另一方面，在立法和执法检查的过程中，市民的参与起到了集思广益的作用。实行这一制度，有助于加强人大的监督。由于有市民旁听并有市民发言，人大对"一府两院"的监督从过去的谈成绩变成了谈问题。在第32次常委会议上，市政府有两个局的候任局长的供职报告没有通过。人大监督的加强，促进了政府干部工作态度和工作作风的转变。实行这一制度，还能够帮助市民更好地了解国家权力结构的运行、重大法律法规，市民的政治参与能力也得到了一定训练和提高。

目前，贵阳市人大常委会会议的市民旁听席位有12个，人大常委会的领导表示，今后随着会议场地的扩大市民旁听的席位要大大增加。与此同时，贵阳市人大还实行了立法公示、公开征集执法检查项目、设立市民谏言信箱、上任干部要在常委会作供职报告、在任干部每半年要向常委会作述职报告、述职报告不评功摆好等一系列的改革。

贵阳市人大常委会的市民旁听制度还产生了良好的示范效应。贵阳市各区县的人大常委会已经陆陆续续实行了开放市民旁听并听取市民发言的制度，省人大常委会也作出了开放公民旁听的决议。

37.中国地方政府创新奖

2000年启动的"中国地方政府创新奖"（以下简称"政府创新奖"），是"中国地方政府改革创新研究与奖励计划"的重要组成部分，旨在激励地方党政机关和群众团体的改革与创新，总结并弘扬地方改革与创新的先进经验和先进典型，促进并完善地方党政机关的公共服务。"政府创新奖"是国内第一个由专业机构举办的对政府创新进行评估的民间奖项，由中央编译局、中央党校和北京大学的研究机构联合创办，每两年举行一次。该研究和奖励计划设全国选拔委员会和全国专家委员会。

"政府创新奖"有六大目标：一是发现地方政府在制度创新、机构改革和公共服务中的先进事例，宣传、交流和推广地方政府创新的先进经验。二是鼓励地方党政机关积极进行与社会主义市场经济和人民民主要求相适应的政府管理体制改革，推进地方的善政和善治。三是通过对政府创新实践的科学研究，创立和发展具有中国特色的政府创新理论。

四是建立一套适合中国国情的科学的政府绩效评估体系，为确立科学的政绩观提供智力支持。五是加入世界政府创新网络，推介中国的政府创新经验，分享其他国家和国际组织的优秀成果。六是树立公平、清正、科学、规范的良好评奖风气，为净化国内的评奖氛围作出努力。

2000年，第一届"中国地方政府创新奖"在北京启动。在320多个地方政府自愿申报的创新项目中，全国选拔委员会最终评选出10名"中国地方政府创新奖"优胜奖、10名"中国地方政府创新奖"入围奖。经过12年的艰苦探索，"政府创新奖"取得了累累硕果。到2012年，共有1700多个项目参加评选，125个项目获得入围奖，60个项目获得优胜奖，2个来自中央国家机关的优秀创新项目获得特别奖，1名媒体传播特别奖。许多优秀政府创新项目，已经在全国范围内得以推广。

"政府创新奖"以其公开、公正、公平、透明、独立、清廉、公益的鲜明风格，独树一帜，已经成为一个联系国内外政府创新实践者和研究者的重要平台，一个检视我国政治文明进步成就和政府改革创新的重要窗口。专家学者在总结过去12年来"政府创新奖"的评选经验时，得出了以下几点重要结论：第一，由相对独立的权威学术机构，依据一套科学的评估标准和严格的评估程序，对政府行为进行研究、评估和奖励，不仅有利于评估活动的科学性、客观性和公正性，有助于消除评估过程中容易产生的腐败和不公正，更重要的是能够促进政府不断完善自身的制度和行为，增强公民对政府的认同和信任，推动学术界对政府行政改革进行学术研究和对策研究。第二，改革开放以来，我国地方各级党政部门、社会团体等在体制机制、公共服务和社会管理等方面进行了大量改革和创新，有力地推进了中国特色的社会主义政治文明建设。第三，政府创新大有可为。不断地提高民主治理的水平，是中国政治现代化和政府创新的内在要求。我国经济社会的发展和公民政治需求的增大，正在催逼着政府管理体制进行突破性改革，实质性地推进我国的民主法治进程，提高政府民主治理的水平。第四，中国的政府创新遵循着政治现代化的五个普遍性发展趋势，即从管制政府走向服务政府，从全能政府走向有限政府，从人治走向法治，从集权走向分权，从统治走向治理。政府改革创新的目标是：民主、法治、公平、责任、透明、廉洁、高效、和谐。在可见的未来，社会公正、生态平衡、公共服务、社会管理、官员廉洁、党内民主和基层民主将是政府创新的重点领域。第五，"政府创新奖"以其科学性、严肃性和公正性博得了崇高的声誉，在党政部门和社会各界已经具有重要的影响力。它不仅获得了各级党政干部的广泛认可和重视，也获得了知识界、新闻界和社会各界的高度赞赏；不仅在国内对推动我国的政治体制改革和民主法治建设起到了十分积极的作用，而且在国际社会也产生了广泛反响，对提升我国的国际形象发挥了重要作用。

38.行政决策听证会

公共决策中的听证制度是现代民主政治的一种重要制度设计。我国的行政决策听证制度是行政决策机制的重要组成部分,是实现行政决策民主化、科学化的重要环节。1996年3月17日,八届全国人大四次会议通过的《中华人民共和国行政处罚法》,在行政处罚决定程序中规定了听证程序,第一次以立法的形式确立了行政处罚领域的听证制度。行政处罚法颁布后,国务院各职能部门以及有关省市相继制定了行政处罚听证程序实施办法。1997年12月八届全国人大常委会第二十九次会议审议通过、1998年5月1日实施的《中华人民共和国价格法》明确提出,要建立听证会制度。价格法第二十三条规定:"制定关系群众切身利益的公用事业价格、公益性服务价格、自然垄断经营的商品价格等政府指导价、政府定价,应当建立听证会制度,由政府价格主管部门主持,征求消费者、经营者和有关方面的意见,论证其必要性、可行性。"随后,2001年12月,广东省举行公路春运价格听证会;2002年1月12日,国家发展改革委员会在北京主持召开全国性的行政决策听证会,就"铁路部分旅客列车车票实行政府指导价方案"进行听证,引起社会广泛关注。除行政处罚法、价格法之外,我国的立法法、行政许可法、环境影响评价法和收费公路管理条例等法律法规,都对举行听证作出了明确规定,一些地方政府也就行政决策的听证制定了相关规章。

2008年6月,国务院发布《关于加强市县政府依法行政的决定》(以下简称《决定》),就加强市县两级政府依法行政的相关问题予以明确规定。《决定》要求,完善市县政府行政决策机制,推行重大行政决策听证制度。根据《决定》,要扩大听证范围,法律、法规、规章规定应当听证以及涉及重大公共利益和群众切身利益的决策事项,都要进行听证。还要规范听证程序,科学合理地遴选听证代表,确定、分配听证代表名额要充分考虑听证事项的性质、复杂程度及影响范围。《决定》要求,听证代表确定后,应当将名单向社会公布。听证举行10日前,应当告知听证代表拟作出行政决策的内容、理由、依据和背景资料。《决定》强调,除涉及国家秘密、商业秘密和个人隐私外,听证应当公开举行,确保听证参加人对有关事实和法律问题进行平等、充分的质证和辩论。对听证中提出的合理意见和建议要吸收采纳,意见采纳情况及其理由要以书面形式告知听证代表,并以适当形式向社会公布。

39.珠海"万人评政府"

政府过去一年的工作成效如何,老百姓无疑最有发言权。从 1999 年 5 月开始,珠海市计划 3 年内对全市的机关作风进行全面整顿,其中一项重要内容是"万人评政府"。整个活动由机关作风建设民主测评团测评、1 万份问卷测评以及市政府投诉中心测评 3 部分组成,所占比例分别为 40%、35%、25%。

珠海之所以选择"万人评政府"的形式作为整顿机关作风的抓手,这背后有一段发人深省的故事。"硬环境令人留恋,软环境望而却步"这是 10 多年前一位外商送给珠海市政府的对联。当时,全市引进外资从 1993 年的 16 亿美元骤降至 1999 年的 4.2 亿美元。机关作风问题在 20 世纪 90 年代成为珠海发展经济的掣肘。之后,以"两高一满意"为诉求的机关作风整顿在 20 世纪末的珠海红红火火地展开了。目的是在依法行政、规范运作的前提下,高效率办事,高质量服务,让人民群众满意。珠海"万人评政府"活动应运而生。

2001 年,在电视屏幕上,三位被评为 2000 年"最差单位"的一把手先后亮相,向观众解释被评为最差的原因以及今后的整改措施。

2002 年 1 月,珠海市开展了 2001 年度的"万人评政府"活动。机关作风建设民主测评团由 50 人组成,成员分别来自人大、政协、民主党派、企业、各县区和新闻界。其中企业代表最多,为 19 人。深入企业和基层,向群众广泛征求对被测评单位的意见,考核各被测评单位 2001 年度机关作风工作情况,最后进行打分评比。1 万份问卷测评、市政府投诉中心的测评同期启动。1 万份问卷测评直接面向社会发放,其中,70% 的测评表发给各类企业;市政府投诉中心根据 2001 年全年各单位经查属实的被投诉次数进行折算计分。这是珠海市自 1999 年以来开展的第三次声势浩大的"万人评政府"活动,经过前两次"万人评政府"活动和 3 年来的集中整治,珠海市机关干部积极主动地为社会提供"热情服务"、"有效服务"和"贴身贴心服务",基本实现了"高质量服务、高效率办事、让人民群众满意"的既定目标,不仅有效地转变了机关作风,提高了办事效率,促进了政府职能转型,而且营造了优良的投资环境,开创了新时期党群、干群关系的新局面,极大地推动了珠海社会经济各项事业的健康发展,受到社会各界的广泛关注和热烈欢迎。这次被测评的对象是珠海市委办公室、珠海市公安局等 54 个市直党政机关和有管理权的事业单位、人民团体机关。拱北海关、珠海市工商局等 13 个中央和广东省驻珠海单位也参加了由测评团进行的测评。

2005 年"万人评政府"活动邀请公证员,对考评表的发放、回收、统计和结果的公布等关键环节进行监督。同年,为了加强考评的公正性,减少人工误差,考评表全部使用电脑阅读。

2006年,已连续开展了7年的考评形式又进行了重大调整:从一年一度改为每两年进行一次,而中间一年则以开展专项整治的方式进行考核。

"万人评政府"活动也遇到过一些问题。这样的大面积测评是否浪费了政府行政资源?能否客观公正?11年间,类似的质疑声从未间断。对此,珠海市在请教相关专家之后,又进行了相应的调整。

2010年3月10日,珠海市机关作风建设领导小组办公室宣布启动2009年全市机关事业单位社会满意度测评工作(即"万人评政府")。这已经是珠海开展"万人评政府"活动的第11个年头了。这一次,与往年的测评方式不同,为增强测评工作的客观性、公正性,对企业、社会组织和群众代表测评引入第三方进行,即委托国家统计局珠海调查队和市志愿者协会采取抽样通知调查,在小区、商场、广场设点调查,入户调查以及企业上门调查、专访等多种方式进行。为了更加体现民意的作用,2010年的测评,群众代表和企业及社会组织代表的权重由2007年的40%提升到60%。珠海致力于建设服务型政府,与单纯地在"满意"、"比较满意"、"一般"、"不满意"等选项上勾勾画画相比,越来越多的珠海人意识到,这是一份沉甸甸的信任和责任。

珠海的"万人评政府"11年的实践,引起了学界的重视。兰州大学中国地方政府绩效评价中心将珠海这种监督政府的形式称为"珠海模式"。

据不完全统计,继珠海的"万人评政府"之后,沈阳、南京、邯郸、辽源等地均开展了"万人评政府"活动;哈密万人评、江门万人评、湛江万人评、乌鲁木齐万人评……也体现了与珠海相同的监督诉求。

如今,坚持十一载的"万人评政府"活动,已经成为珠海的一个"城市品牌"。而珠海这样一个处在改革前沿的特区城市,也在这种民主氛围中大步前进。

40.优化人民代表大会常务委员会组成人员结构

优化常委会组成人员结构是坚持和完善人民代表大会制度的必然要求,是提高人大常委会决策水平,发挥人大常委会整体效能的重要保证,是增强人大常委会的活力,保持人大工作连续性、稳定性的迫切需要。改革开放以来,我国的人民代表大会制度不断发展和完善,其重要成果之一,就是人大及其常委会的组织建设得到加强,人大常委会组成人员的结构不断优化。

1987年,党的十三大报告提出,要加强全国人大特别是它的常委会的组织建设,在逐步实现委员比较年轻化的同时,逐步实现委员的专职化。2002年,党的十六大报告明确提出，要优化人大常委会组成人员的结构。2003年3月，十届全国人大一次会议选出了159名常委会委员。一批年轻的专业人士被选进常委会，使全国人大常委会的人员结构发生了重大变化。他们大多是政府官员、学界精英，共同特点是年富力强、学识精深。2007年，党的十七大报告提出，加强人大常委会制度建设，优化组成人员知识结构和年龄结构。2012年，党的十八大报告进一步明确提出，要健全国家权力机关组织制度，优化常委会、专委会组成人员知识和年龄结构，提高专职委员比例，增强依法履职能力。

目前，我国人大常委会组成人员构成中还存在着一些问题：一是专职委员比例较低。二是年龄结构偏大。三是知识结构不够合理，专业人才数量较少。这种状况，难以适应人大常委会依法行使各项职权的需要。

各级人大常委会组成人员是同级人大的常务代表，应充分考虑到各方面的要求，使各个地域、各个民族、各个社会阶层、各个党派都有自己的代表。我国有13亿多人，56个民族，8个民主党派和全国工商联。随着改革开放的不断深入和市场经济的不断发展，在一些领域出现了民营科技企业的创业人员和技术人员、自由职业人员等社会阶层。适应社会变革，各级人大代表的来源必然更加丰富，常委会组成人员的职业构成必须更加多元化。

我国各级人大常委会作为同级人大的常设机关，在代表大会闭会期间开展工作。我国1982年宪法扩大了全国人大常委会的职权，常委会承担着越来越重要的职责，只有逐步扩大人大常委会的规模，汇集各个方面的专家，畅所欲言，集思广益，才能满足国家政治生活和社会发展的需要。

优化各级人大常委会组成人员的年龄结构。现在各级人大常委会组成人员的年龄结构偏向老龄化。各级人大常委会要切实行使宪法和法律赋予的职责，做好各项工作，常委会组成人员必须年富力强，精力充沛。人大常委会应适当增加相当数量至少能够任满两届的年轻委员，形成"两头小中间大"的梯次结构，并逐步降低人大常委会组成人员的平均年龄。只有形成年龄相对年轻的梯队，才能使人大常委会每一届都有相当数量的委员继续留任，才能避免出现大出大进、一届一茬、频繁换班的现象，才能不断增强人大常委会的活力，保持人大常委会工作的稳定性和连续性。

逐步实现各级人大常委会组成人员专职化。人大常委会工作范围涉及国家和社会生活的各个方面。增加专职委员的数量，充分考虑专职委员的年龄、文化程度、职业经历、专业背景等方面的因素，扩大专职委员的来源，才能全面提升常委会组成人员的议政能力和效率。为此，就要注重吸纳具有法律、经济、管理、政治学等专业背景的专家，和在党委、政府、法院、检察院、军队和其他单位从事过管理工作的干部，整体提升各级人大常委会组成人员的议政素质和治理能力，从而更加准确地、更加有效地履行各项职能。十届全国人大常委会增加了19名"特别成员"，一些地方在换届选举中也注意吸收部分比较年轻的专业人员进入人大常委会工作，不仅使人大常委会组成人员的年龄下降，同时，也提升了常委会组成人员在法律、经济等方面的专业性。

41.村务民主听证会

健全农村民主决策、民主管理制度，是保证人民群众直接行使民主权利，依法管理自己的事情的必然要求；是发展社会主义民主，建设社会主义政治文明的基础性工作。党的十六届四中全会提出："对同群众利益密切相关的重大事项，要实行公示、听证等制度，扩大人民群众的参与度。"

2002年4月，山东乳山市南黄镇高家屯村"两委"考虑要对村街道进行修整，以改善村容村貌和群众的生产生活环境。村"两委"经过研究，召开了由党员、村民代表、退职干部、镇包片干部及反对动议的各方代表共56人参加的听证会。在听取了各方面的意见后，村"两委"召开联席会议，否决了街道整修项目，采纳了兴修水利设施项目。听证会后，党支部将准备修街的20万元，连同向上级争取的80万元资金全部用于水利设施建设，收到了较好效果，得到群众的一致拥护。自2002年以来，高家屯村共召开民主听证会33次，形成决议35条，解决各种难题33个。从此，该村由乱到治，经济和各项事业得到快速发展。

村务民主听证会，是村"两委"（村党支部委员会、村委会）应村级组织或群众代表要求，在涉及村民利益或重大村务决策作出之前举行的会议。村务民主听证会的基本做法：第一，围绕群众关心的热点难点问题确定议题。听证议题主要由村党支部、村委会根据一个时期本村经济社会发展情况确定，或村"两委"在广泛征求党员、群众意见基础上确定。三分之一以上的村民代表或五分之一以上有选举权的村民联名提出，也要列为议题。第二，严格挑选确定听证代表。听证会代表分固定代表和临时邀请代表。固定代表由党员、群众代表、干部组成。临时代表为镇驻村干部、驻村离退休人员及有关专业技术人员。第三，规范听证程序。听证会议由村"两委"主持，首先解释该项村务的具体方案、计划，并澄清一些疑问；然后由包括赞成和反对动议的双方群众代表发言，群众代表可以当场提问、质询，村"两委"负责人进行答复。经过讨论，最后由村"两委"主持召开由党员和村民代表参加的联席会议，动议表决此村务方案是否可行。

近年来，山东各地在抓好农村民主选举工作的同时，在民主管理、民主决策、民主监督等方面进行了一系列实践和探索，逐步健全了各项管理制度。但从实践看，管理制度的逐步健全，只是解决了村级组织的规范化问题，但决策过程中的失误多、决策执行中的落实难等问题，仍然没有得到很好地解决。为了解决这些问题，山东乳山市从2003年开始在全市农村推广民主听证的做法。他们把民主听证会作为村务公开的延伸和扩展,作为村民自治的重要内容,作为群众参政议政的主渠道,作为保证村"两委"决策科学化、民主化的重要手段,通过几年的努力推进,取得了明显成效:一是密切了党群干群关系。民主听证敞开了干群"对话"的窗口,增强了群众的民主意识,让群众拥有了更多的参与权、咨询权、评议权,村干部与群众面对面交流、沟通,拉近了距离,干群关系进一步密切。二是规范了决策程序。民主听证会是群众参与决策最民主的形式,为干部决策提供了最直接的参考。通过民主听证,提高了群众的参与程度,推动了民主决策和民主管理。三是转变了农村干部的工作作风。实施村级事务民主听证会制度对村干部的能力和素质是一种全方位的"考验"。在听证会上,党员和村民代表可以向村"两委"干部提出质询,给村干部的工作施加了压力,增强了动力。

42.农村基层民主法制建设

党和国家历来十分重视农村基层民主法制建设。改革开放以来,特别是党的十三届四中全会以来,农村基层民主法制建设有了长足发展,取得了显著成效。进入新世纪新阶段,面临新形势新任务,进一步加强农村基层民主法制建设,对于全面贯彻落实"三个代表"重要思想,实现和维护农民群众的根本利益;落实党在农村的各项方针政策,调动农民群众的积极性;推进我国民主政治建设进程,建设社会主义政治文明,保证农民当家作主;增强广大农村干部群众的法律素质,提高农村依法治理水平;密切党群干群关系,维护社会稳定,都具有十分重要的意义。

为认真贯彻党的十六大关于扩大基层民主、加强社会主义法制建设的精神,落实依法治国基本方略,保障农民当家作主,促进农村各项事业的依法管理,推进农村全面建设小康社会的进程,2003年1月,民政部、司法部联合下发了《关于进一步加强农村基层民主法制建设的意见》(以下简称《意见》)。

《意见》明确了进一步加强农村基层民主法制建设的指导思想,这就是:高举邓小平理论伟大旗帜,全面贯彻"三个代表"重要思想,按照党的十六大要求,扩大农村基层民主,完善村民自治,进一步加强农村法制宣传教育,提高农民的法律素质,增强农村干部群众的法制观念和依法办事的能力,推进农村依法治理,提高农村法治化管理水平,促进农村物质文明、政治文明、精神文明的协调发展,为农村全面建设小康社会作出积极贡献。

《意见》确定了加强农村基层民主法制建设的基本原则:坚持党的领导、坚持人民当家作主、坚持依法治国、坚持为农村工作大局服务。

《意见》提出了进一步加强农村基层民主法制建设的具体目标和任务。其目标是：农村基层民主更加健全，农村基层自治组织切实发挥作用，民主选举、民主决策、民主管理、民主监督制度更加完善，农民群众参与管理基层公共事务和公益事业的权利得到切实尊重和保障，不断健全村党组织领导的充满活力的村民自治机制。农村基层法制更加完备，农民群众的法律意识明显增强，法律素质得到进一步提高，村民自治章程、村规民约以及各项规章制度更加完善，农村干部群众的依法决策、依法管理、依法办事的能力进一步增强，农村的法治化管理水平逐步提高。社会秩序良好，人民安居乐业，形成农村物质文明、政治文明和精神文明建设进一步协调发展的良好局面。其任务包括九个方面：以"三个代表"重要思想为指导，进一步深入学习宣传党的十六大关于完善社会主义民主法制、建设社会主义政治文明的重要论述；认真实施《中华人民共和国村民委员会组织法》，进一步健全村民自治组织；完善村民选举程序，进一步健全村级民主选举制度；完善民主议事程序，进一步健全村级民主决策制度；完善村民自治章程，进一步健全村级民主管理制度；完善公开办事程序，进一步健全民主监督制度；加强农村的法制宣传教育，进一步提高农村干部群众的法律素质；为村民提供优质法律服务，进一步促进农村基层依法治理；加强社会治安综合治理，进一步维护农村社会稳定。同时，还强调了组织领导的问题，要求在党委、政府的统一领导下，有步骤、有秩序地推进这项工作。

司法部、民政部要求各级民政、司法行政部门，要高度重视农村基层民主法制建设工作，把这项工作摆上重要的议事日程，抓紧抓实，不断取得成效。要建立目标责任制，把农村基层民主法制建设工作作为考核工作实绩的重要内容。县、乡民政、司法行政部门要带头学法用法、依法行政、依法管理，做推动农村基层民主法制建设的模范。要积极指导乡镇加强自身建设，坚持依法行政，规范管理，实行政务公开，方便群众办事，接受群众监督，在推进农村基层民主法制建设中发挥作用。推动乡镇切实履行职责，认真普及法律知识，支持和保障村民开展自治活动，帮助村级组织解决在民主法制建设中遇到的实际困难，不断提高广大农民和基层干部的民主意识和法律素质，提高农村法治化管理水平。

43.民主法治示范村创建活动

加强农村基层民主法制建设，村是基础，农村基层干部群众是主体。1992年8月，中央组织部、司法部、民政部、中央政策研究室在山东省章丘市联合召开了"依法治村、民主管理"经验交流会，把章丘"依法建制、以制治村、民主管理"的经验推向全国。1999年，浙江省宁波市率先在全国提出开展民主法治示范村创建活动。2002年，党的十六大报告提出：完善村民自治，健全村党组织领导的充满活力的村民自治机制。为贯彻落实党的十六大精神，推动农村基层民主法制建设，2003年1月，民政部、司法部联合下发了《关于进一步加强农村基层民主法制建设的意见》，并于同年6月下发《关于开展"民主法治示范村"创建活动的通知》，从此，民主法治示范村创建活动在全国各地开展起来。

"民主法治示范村"创建活动是深入推进农村基层民主法制建设的有效措施。广泛开展"民主法治示范村"创建活动，对于进一步统一思想认识，调动农村干部群众学法用法的积极性，增强其法制观念和依法办事的能力；对于积累工作经验，发挥典型单位的示范、辐射作用，健全村党组织领导的充满活力的村民自治机制；对于规范村级事务管理，维护农村社会稳定，促进农村物质文明、政治文明、精神文明的协调发展，具有重要意义。

党的十六大以来，各地认真贯彻党在农村基层民主法制建设方面的方针政策，在开展民主法治示范村创建活动中，涌现出了一大批先进典型，有力地促进了农村各项事业的发展。为进一步推动农村基层民主法制建设，2004年7月，司法部、民政部联合作出决定，授予北京市昌平区郑各庄村等299个村"全国民主法治示范村"荣誉称号。这些受命名表彰的示范村的共同特点是：村级组织健全，村党组织充分发挥领导核心作用；法制教育深入，村民法律素质明显提高；民主选举、民主决策、民主管理、民主监督和村务、财务公开"四民主、两公开"落实，村民自治得到保障；依法建章立制，村务管理规范有序；矛盾纠纷调处及时，村民和睦社会稳定；小康建设成效显著，"三个文明"协调发展。

目前，全国已有10%左右的村跨入了民主法治示范村行列，并呈现出良好的发展趋势。此次受表彰的示范村，就是他们中的突出代表。司法部、民政部要求，各地要以受命名表彰的单位为榜样，深入贯彻党的十六大和中共中央办公厅、国务院办公厅有关文件关于扩大基层民主、加强社会主义法制建设的精神，搞好村民民主选举，健全村务公开制度，规范民主决策机制，完善民主管理制度，强化村务管理的监督制约机制，保障农民群众的知情权、决策权、参与权和监督权。加大农村法制宣传教育力度，继续做好法律服务、人民调解和治安防范工作，努力推进农村基层民主法制建设，把民主法治示范村创建活动不断引向深入，为全面建设小康社会作出新的更大贡献。

44.乡镇综合配套改革

进入新世纪以来，随着农村税费改革向纵深推进，原有的乡镇体制已严重不适应农村经济社会发展要求。从2003年起，湖北在全国率先试点开展乡镇综合配套改革。

湖北乡镇综合配套改革，包括乡镇行政机关改革和乡镇事业单位改革两个方面。行政机关改革的主要内容是：规范乡镇机构设置，精简领导职数、内设机构和工作人员，同时逐步推进基层民主政治建设。事业单位改革的主要内容是：转变经费管理方式，转变单位用人机制；建立养老保险制度，建立"以钱养事"的新机制，建立公益性服务考评机制。

湖北省在部分县市试行乡镇综合配套改革中，直接向"要害"开刀，将原来乡镇行政机关进行大精简，只设3个办公室，即党政综合办公室、经济发展办公室和社会事务办公室，规模较小的乡镇只设一个综合性办公室。乡镇机关人员编制按乡镇大小分别控制在45名、40名、35名以内，通过竞聘上岗，多余人员全部分流。乡镇领导班子实行"交叉任职"，每个乡镇设党委委员7—9名，党委书记原则上兼任乡镇长；3名党委副书记，1人兼任人大主席团主席，1人兼任纪委书记，1人兼任常务副乡镇长；其他党委委员兼任副乡镇长、人武部长、组织宣传委员等职务。对俗称"七站八所"的乡镇事业单位，如农技站、文化站、水利站等都摘牌子、收章子，转制为面向市场的公益性服务组织；事业单位人员退出事业编制管理序列，办理养老保险，由"单位人"变成了"社会人"。

2005年乡镇综合配套改革在湖北全省范围内全面铺开，到2006年底，共精简分流财政供养人员3.6万多人，其中行政机关分流2万人，减幅达37.7%；财政所和经管站合并后分流8900多人，减幅为45%；延伸、派驻机构分流7000人，减幅为41.4%。全省转制乡镇事业单位人员7.7万人，全部退出事业编制管理。

湖北省乡镇综合配套改革不断推进，乡镇机构和人员不出现反弹，关键在于建立了"以钱养事"的农村公共服务新机制。"七站八所"改革后，湖北省将三农服务项目进行分类打包，向社会公开招标。由"七站八所"改制而来的农村公益服务组织和公益服务人员通过资质认证后，可以参与招投标。中标后，他们向群众提供合同规定的农技、农机、畜牧等服务，年终经政府部门和群众考核认可后，由政府支付服务费用。这种新的模式，被称为"以钱养事"新机制。咸安区双溪桥镇原来的农技站有11人，改革后只有5人拿到了"以钱养事"农技服务合同。有的服务人员说，与以前的服务方式不同，新机制把他们的利益与农民利益捆在了一起，政府购买农技服务，自己得参加竞标，由自己服务的农民群众参与打分，所以不敢有丝毫懈怠，基本上从农作物下种子之后，就一直要对病虫害进行监控和调查。

到2007年改革基本完成，全省乡镇内设机构的平均精简率约40%，领导职数平均精简约40%，乡镇事业单位整体改制，事业单位人员平均精简率超过70%。改革后的湖北农村治理呈现全新局面：乡镇只设党委、人大、政府三大机构，三大机构"班子"成员实行交叉任职，乡镇内设机构重组为"三办一所"，即党政综合办公室、经济发展办公室、社会事务办公室和财政所。重新按照新标准核定各乡镇行政编制，行政机关人员实行"一人一编一卡"的编制实名制管理。

2003年，安徽省率先推行"乡财县管"，目前这项改革已在全国推开。"乡财县管"核心内容为"预算共编、账户统设、票据统管、集中收付",在保证乡镇预算管理权、资金所有权和使用权不变的基础上,严格了乡镇财政支出的预算约束。"财"是"政"的基础,在这一新管理模式下,不仅管好了乡镇财政,还规范了行政,进而引发了乡镇政府职能和权力结构的再调整。安徽省和县一位镇长说,现在我的"一支笔"只值2000元,超过2000元的支出得提交乡镇理财小组,3000元以上得给县里打报告。再乱举债、乱办事是不可能的了。

乡镇综合配套改革是继税费改革后更为深刻的农村改革。改革创新了体制和机制,转变了政府职能,加强了编制管理,构建了新型农村公益性事业服务体系,切实提高了对"三农"的服务水平,推进了基层民主政治建设,促进了农村经济社会持续协调发展。据介绍,湖北乡镇改革最重要的成果,就是把过去为三农服务完全由政府自包自办的模式,转换成为多元化、社会化的服务体系。改革后,湖北省继续从事农村公益服务的总人数为3.79万人,平均每个乡35人,比转制前实际总人数减少近六成,但通过公开招标、合同管理、考核兑现,农村公益服务实现了竞争择优、高效运转。政策公开、方案公开、过程公开、结果公开——"四个公开"保证了改革在群众监督下进行,最大程度减轻了改革阵痛带来的社会冲击。改革以后,湖北省乡镇行政、事业编制由省里统一控制、审批,并实行"实名制",全部在网上公开,接受群众监督。打开湖北省编制与政务信息公开网,就可以查到每个乡镇的编制数额和人员情况。

45.中共中央办公厅、国务院办公厅关于健全和完善村务公开和民主管理制度的意见

改革开放以来,特别是20世纪90年代以来,全国各地推行村务公开和民主管理取得了积极成果,但在一些地方,在村务公开和民主管理中还存在着重形式、轻实效,制度不健全、决策不民主等问题。1998年4月,中共中央办公厅、国务院办公厅发出《关于在农村普遍实行村务公开和民主管理制度的通知》。随后,各地陆续出现了一些加强村务公开和民主管理的新做法,如安徽省和县建立了农村"一事一议"筹资筹劳制度,北京市通州区潞城镇常屯村设立了"村民议事厅",湖北省蕲春县漕河镇设置了电子化"明白墙",浙江省台州市在"民主恳谈"、"民主听证"基础上建立了"村务大事村民票决制度"和"民主评议制度",江苏省滨海县在村务公开栏内设置"提问栏"和"回音壁",等等。

2002年,党的十六大报告提出,要健全基层自治组织和民主管理制度,完善公开办事制度,保证人民群众依法直接行使民主权利,管理基层公共事务和公益事业,对干部实行民主监督。为贯彻落实党的十六大精神,适应农村发展的新形势,推进村务公开和民主管

理,2004年,成立了全国村务公开协调小组(民政部部长任组长);同年6月,中共中央办公厅、国务院办公厅发布《关于健全和完善村务公开和民主管理制度的意见》(以下简称《意见》)。《意见》对村务公开的内容作了具体规定,要求规范村务公开的形式、时间和基本程序,设立村务公开监督小组,还强调规范村级民主决策程序,建立决策责任追究制度,核心就是落实村民的知情权、决策权、参与权和监督权。

《意见》明确指出,要进一步健全村务公开制度,保障农民群众的知情权。

一要完善村务公开的内容。国家有关法律法规和政策明确要求公开的事项,如计划生育政策落实、救灾救济款物发放、宅基地使用、村集体经济所得收益使用、村干部报酬等,应继续坚持公开。要继续把财务公开作为村务公开的重点,所有收支必须逐项逐笔公布明细账目,让群众了解、监督村集体资产和财务收支情况。当前,要将土地征用补偿及分配、农村机动地和"四荒地"发包、村集体债权债务、税费改革和农业税减免政策、村内"一事一议"筹资筹劳、新型农村合作医疗、种粮直接补贴、退耕还林还草款物兑现,以及国家其他补贴农民、资助村集体的政策落实情况,及时纳入村务公开的内容。二要规范村务公开的形式、时间和基本程序。要推进村务事项从办理结果的公开,向事前、事中、事后全过程公开延伸。要充分利用现代科学技术,不断创新村务公开的有效形式和手段。三要设立村务公开监督小组。四要听取和处理群众意见。

《意见》要求进一步规范民主决策机制,保障农民群众的决策权。一要推进村级事务民主决策。凡是与农民群众切身利益密切相关的事项,如村集体的土地承包和租赁、集体企业改制、集体举债、集体资产处置、村干部报酬、村公益事业的经费筹集方案和建设承包方案等,都要实行民主决策,不能由个人或少数人决定。村级民主决策的事项要符合党的方针政策和国家法律法规,不得有侵犯村民人身权利、民主权利和合法财产权利的内容。二要明确村级民主决策的形式。村级民主决策的基本组织形式是村民会议和村民代表会议。涉及农村土地承包、调整等重大事项,应依照相关法律法规进行民主决策。三要规范村级民主决策的程序。四要建立决策责任追究制度。

《意见》要求进一步完善民主管理制度,保障农民群众的参与权。一要推进村级事务民主管理。二要建立村民委员会换届后的工作移交制度。三要加强村民民主理财制度建设。四要规范农村集体财务收支审批程序。

《意见》要求进一步强化村务管理的监督制约机制,保障农民群众的监督权。

一要加强对农村集体财务的审计监督。二要推行民主评议村干部工作制度。三要建立和完善村干部的激励约束制度。《意见》强调,要进一步加强对村务公开和民主管理工作的领导。

据全国村务公开协调小组办公室介绍,各地贯彻落实《意见》,推进村务公开和民主管理取得积极成果。广大农村干部群众锐意进取,创造发明了许多推进农村村务公开和民主管理的好办法、好经验。如:重庆市开县麻柳乡政府通过探索、总结,建立起一套融民主决策、民主管理和民主监督于一体的"八步工作法"制度;浙江省武义县创建了"村务监督委员会"制度,对制度执行和村务决策管理等实施监督,较好地解决了村干部违法违纪、村级财务混乱等问题;江苏省太仓市的一些村民小组自发建立了由3—5人组成村民小组代表会议制度,较好地解决了村域面积扩大所带来的群众知情权、参与权、管理权、监督权削弱的问题;河北省武安市推行村级"一制三化"制度,建立党支部领导下的村民自治运行机制,实现支部工作规范化、村民自治法制化、民主监督程序化,使农村信访量年均降低7.5%,尤其是由农村财务管理不清引发的上访事件明显下降。

46.浙江温岭 "民主恳谈会"

党的十八大提出,健全社会主义协商民主制度,推进协商民主广泛、多层、制度化发展。浙江温岭市从1999年创建民主恳谈制度以来,广大干部群众在实践中不断探索、深化,致力于民主恳谈的制度化、程序化、规范化,使民主恳谈成为我国基层协商民主的典型范式之一。

1999年6月,浙江在全省开展"农业农村现代化教育"活动,台州、温岭两级市委选取松门镇作为试点单位。松门镇试点工作组经过讨论,决定采用"教育论坛"这种形式。其创意就在于,变"干部对群众的说教"为"干部与群众的对话"。每一次论坛,镇里提前五天张贴公告,告知群众何时、何地召开何种主题的论坛,请群众自愿参加。论坛召开时,镇里主要领导和相关职能部门负责人坐在台上,群众坐在台下,就人们关心的一些问题进行干群互动式对话、交流。第一次"教育论坛"召开后,引起了巨大社会反响,群众热烈拥护这种形式。在温岭市委的倡导下,向松门镇学习的活动很快在全市铺开。各镇论坛采用的名称不同,但本质上都跟松门镇的一样,即开展干群对话,解决实际问题。为了进一步规范这种民主形式,温岭市委决定采用"民主恳谈"这个名称在全市统一开展。

民主恳谈是温岭市原创的一种协商民主制度,它以公众参与和协商对话为基本特征,鼓励、引导社会公众参与地方政府公共政策制定和公共事务决策。温岭的民主恳谈会,坚持四个原则,即:坚持党的领导、依法办事、民主集中制和注重实效原则。民主恳谈会的程序:以乡镇为例,民主恳谈会一般由镇党委书记召集、主持,镇长介绍恳谈会的议题、基本情况及镇里的初步方案;群众充分讨论后,恳谈会暂时休会,由镇领导根据群众意见进行讨论,修改原方案;然后恳谈会继续举行,由镇党委书记或镇长宣布镇里的决定性意见。当恳谈会意见不统一、不能达成共识时,由镇人大代表按法定程序进行表决,产生最后决策。

温岭民主恳谈具有以下几个鲜明特征：一是公众参与的广泛性和实效性。二是公开性，包括信息公开、内容公开、过程公开。三是平等性。四是多元性和包容性。五是协商性。协商正是民主恳谈的内核和精髓。

温岭的民主恳谈会，大致有五种类型：一是对话型民主恳谈。对话议题广泛，可适用于土地征用、房屋拆迁、产业政策、社会治安、公共设施建设、村集体资产的使用和管理等所有群众关心的事项和社会热点，群众自愿参与，自由、有序发言，通过双方互动式的对话，建立互信，增进共识。二是决策型民主恳谈。政府事先要经过调查研究，提出决策事项的初步方案或拟定政策的初步意见，参与者对此展开询问、讨论，提出意见，经充分协商，政府吸纳参与者的合理建议和要求。三是参与式预算恳谈。社会公众参与财政预算的编制、初审以及预算执行过程的监督。四是党内民主恳谈。五是行业工资集体协商。

民主恳谈制度已经在温岭各地运行十多年，解决了本地经济社会发展中的许多重大事项和事关民生的具体问题，得到了社会各界的广泛认同。温岭民主恳谈开辟了社会公众有序政治参与的新途径，改进和完善了基层党和政府的执政方式、社会治理方式和决策方式，提高了当地群众对政府的信任度和认同感，营造了公开、透明、开放、民主的社会环境，增强了社会凝聚力，有力地促进了温岭市经济社会的平稳良性发展和社会和谐稳定。

有关专家认为，浙江温岭的民主恳谈会这种基层协商民主方式，对于推进基层协商民主具有示范意义。2004年，民主恳谈获得第二届"中国地方政府创新奖"，2007年，参与式预算类型的民主恳谈被评为"中国十大地方公共决策实验"，参与式预算和行业工资集体协商还分别获得第五届、第六届"中国地方政府创新提名奖"。

47.河南邓州"四议两公开"工作法

《村民委员会组织法》已颁布20多年了，但在不少地方，农民对农村民主管理不满意。一些群众反映，"选举时有民主，选举完没民主"。而基层干部长期习惯于"我说你干"的工作方式，面对农村社会多样化、多元化现实，干部普遍感到工作手段缺乏。"软办法不顶用，硬办法不能用，新办法不会用"，村级矛盾攀升、群体上访、群体性事件时有发生。

河南省邓州市是一个农业大市、人口大市。在过去一段时间，部分村支部发展无思路、工作无抓手、服务无载体、引领无典型，村"两委"好事争着干、难事推着办、麻烦事都不办，各种问题层出不穷，按下葫芦浮起瓢，严重损害了党在群众中的形象。"四议两公开"工作法就是在这种背景下进行探索和尝试的。

2004年，邓州市在农村探索推行"四议两公开"工作法，有效地加强了基层组织建设，健全完善了党领导的充满活力的基层群众自治机制；邓州市农村信访量、集体访、越级访等都大幅下降，农民人均收入也大幅提高。2009年，"四议两公开"工作法得到了时任国家副主席习近平同志的充分肯定，并先后在全省、全国农村全面推广；2010年、2013年，"四议两公开"工作法两次被写入中央一号文件。

"四议两公开"工作法的具体内容是：农村所有村级重大事项，都必须在村级党组织领导下通过"四议两公开"程序决策实施。"四议"即党支部会提议、"两委"会商议、党员大会审议、村民代表大会或村民代表会议决议。"两公开"即决议内容公开、实施结果公开。"四议两公开"工作法的核心是民主决策，通过党内外群众的广泛参与，既保障了村民的知情权、参与权、决策权和监督权，使民主管理的内容具体化、程序规范化，又加强了决策的合法性、合理性和可操作性。"四议两公开"工作法的鲜明特点，是以规范的程序将民主决策、民主管理、民主监督有机统一起来，确保村级民主政治建设有效操作，稳步推进。"四议两公开"工作法最基本的功效是，让干部学会协商和妥协，让村民认同并遵守民主的程序和少数服从多数的"游戏规则"。村里的重大基础建设、重要民生问题办理情况、土地征用及补偿分配、计划生育指标分配、宅基地审批等村级事务都纳入民主决策的内容，改变由个人或少数人说了算的现象。

时任邓州市委书记史焕立认为："四议两公开"工作法的精髓，就是党的领导、发扬民主和依法办事的有机统一。这一理念不仅在村一级适用，还可以拓展到各个层级，运用到不同领域。

南水北调移民迁安，是"四议两公开"工作法的又一次成功实践。在这次移民搬迁中，邓州市共安置移民30345人，约占河南省安置总量的1/5。让移民代表参与到运用"四议两公开"工作法调整土地、建设移民村的全过程，参与审议、决议，使双方在协商中互相谅解，达成共识，迅速完成土地调整接收和移民村建设工作。

当地老百姓把"四议两公开"工作法的好处编成了顺口溜，广为传诵："支部提议好，体现党领导；'两委'商议到，决策科学了；党员审议清，完善要补充；代表决议行，公正又透明；事事公布到，群众不会闹；'四议两公开'，和谐真法宝。"

目前，这种理念伴随着"四议两公开"工作法的拓展延伸，推动了邓州基层民主政治建设的进程。在村级，群众在运用"四议两公开"工作法的实践中增强了参与意识、监督意识、责任意识和法律意识，学会了认同集体决策，能够自主、理性地参与村级事务的决策管理，正确反映自己的诉求，逐渐树立公正、包容、诚信、尊重、恪守等意识。通过"四议两公开"工作法的程序决策，他们认同多数，积极落实；违反程序的，他们不支持、不执行，形成了推动民主管理的强大内生动力。近年来，拒不执行集体决策的"钉子户"

越来越少，在拆迁、征地等工作中，对自身损失补偿的要求和主张越来越合理化。

48.基层民主 "青县模式"

党和国家历来十分重视农村的基层治理。进入新世纪以来，各地农村基层干部和群众对基层治理进行了各种实践，创造出了许多具有地区特色的基层治理模式，开拓了民主政治建设的新视野。河北沧州市的青县，从2002年起，在村民自治方面试点并推广了一种村治"新模式"，被学者和官员称之为"青县模式"。

谈起"青县模式"，不能不说该县陈嘴乡时楼村的成功实践。时楼村曾是青县有名的上访村。由于历史的原因，以时姓家族为主的"北院"和杂姓联合组成的"南院"形成对立，水火不容，纠纷不断。这个村"北院"人少，"南院"人多，过去当干部的多数是"南院"的人，"北院"的人很难参与村庄事务管理，导致双方长期闹矛盾，村务管理一度处于瘫痪状态。为了从根本上解决时楼村的问题，青县县委成立了专门的工作小组进驻该村。在深入细致调查和广泛征求群众意见的基础上，工作组提出了"把该村村民代表会议建成一个有权力的实体组织，与村党支部、村委会共同管理村务"的工作思路。从2002年7月开始，按照这一思路，时楼村逐渐把村代会建成了常设的议事机构，把村务的决策权拿到了村代会。每10—15户选出一名村代表，这样"南院"、"北院"有了参与村务决策和管理的均等机会。通过一段时间的运作，原来对立的双方开始坐在一起商量问题、解决问题，新体制收到了意想不到的良好效果。该村的形势日趋稳定，村容、村貌大有改观。村代会制度在该村的实践成功，成为青县村治模式改革的第一块试金石。

2002年9月至2003年1月，青县分两批在23个村进行了新模式试点。2003年以来，在总结试点经验的基础上，以村民委员会换届为契机，在全县推广。到目前，全县345个村全部建立了村民代表会议。青县345个村，共有6325名村民代表，青县为每名代表刻了一枚小圆章，上书某某村村民代表和代表名字。村民代表反映各自联系户的意见，而且要在会议记录、特别是决议上加盖自己的小圆章。这种大胆的尝试，被称为"一个县委书记的民主试验"。

所谓"青县模式"，是青县干部群众在借鉴各地村代会实践经验的基础上，提出的一种完善农村村级治理结构的理念。"青县模式"的主要功能是：调整村治结构；加强党的领导；充分发扬民主；依法规范管理村务。青县通过做实村民代表会议（以下简称"村代会"）制度，把村代会塑造成行政村的议决机关，而村委会则成为执行机构。村庄的重大事项由村代会商议决定后，交由村委会实施。这样，村代表不仅成了联系村集体和村民的纽带，而且也是村民参政议政的代理人。同时，青县鼓励和支持村党支部书记竞选村代会主席，并积极发展非党员的村民代表入党，在村庄一级巩固了共产党的权力基础、增强了执政能力，并在消解"两委"矛盾等方面显示出明显的效果。

青县的广大群众和基层干部在实践中进行了一系列体制创新，这些创新体现在村民自治、新农合、新城合、农合组织等方面，因此在某种意义上说，青县模式是一系列创新模式，而不是只有一个。但是，在所有这些创新中，居于核心地位的、最为人所瞩目的则是青县在乡村治理体制方面的开拓性成果，这是青县模式最主要的部分，人们一般所说的青县模式就是指青县的村治模式。

青县村治模式的基本内容，可以概括为三个方面，即组织机构、各自职能及其相互关系。首先，青县模式的村治组织机构，包括村党支部、村民会议、村民代表会议、村委会以及上级派驻村的农村工作指导员。村民代表会议是青县村治模式的一个亮点。按照《村委会组织法》的有关规定，应由村民代表会（以下简称村代会）决定和监督村民会议授权的事项，但由于缺少一套完整的规章制度和相对稳定的机构，村代会在许多地方的农村形同虚设。在农民参加村级直选、依法履行了自己的选举权利之后，如何用制度和机构来保障农民在决策、管理和监督方面继续履行民主权利？青县的成功探索是：将村代会由虚变实、由临时性机构变成常设性机构，让村民通过村代会行使村务决策、管理权以及对村委会的监督权。

其次，关于各个村治组织机构的各自职能，中共青县县委根据现实需要和既有方针政策专门作出了相关规定。农村党支部发挥其在村级组织和各项工作中的领导核心作用，主要是在政治、思想和组织上发挥领导作用。在日常工作中抓大事、抓民心，支持和保障村民开展自治活动，行使民主权利。村民会议是村里的最高议事机构，对各种集体事务作出最终裁决，但由于其规模较大而并不经常召开。村民代表会议是村里集体事务的常设性议事机构，在村民会议授权之下、在村民会议闭会期间议决村里的集体事务。村民委员会是村民自我管理、自我服务的基层群众性自治组织，负责村务日常管理。上级派驻村的农村工作指导员主要负责协调乡镇与村级自治组织的关系，协调各项工作的开展。

再次，各个村治组织的相互关系也根据现实需要和既有方针政策作了相应调整。村民会议对本村村务享有最终决定权。村代会是村里的常设性议事机构。农村党支部从思想、政治、组织上领导村民会议、村民代表会议和村委会，其具体途径是通过党支部书记竞选村民代表会议主席或村委会主任。原支部书记未能当选村代会或村委会主要负责人的，一般要主动提出辞职，支部班子需重新选举。党支部以村代会和村委会为载体领导农村的各项建设，将党的领导置于村民自治体制之中。村民委员会是村民会议和村民代表会议的执行机构，对村民会议和村民代表会议负责，受其监督。农村工作指导员主要是协调好上下级之间和各村级组织之间、村民与村级组织之间的关系。

青县模式创新的成效，主要体现在三个方面：一是村民自治的各项民主权利切实落到了实处。二是村务决策管理更加科学公开透明，有利于村务工作开展、农村稳定发展。三是加强和改善了基层党的领导。实施青县模式，有利于实现党支部、村民代表会和村民委员会的相互配合和团结一致，实现党的领导与村民自治的有机结合，实现农村治理的良好绩效。青县模式实施以来，青县农村信访量逐年下降，农村基础设施建设和公共服务加快发展。村里一些原来难以解决的问题可以在平等协商的氛围中得到理性解决。

北京大学中国政府创新研究中心的学者们认为：青县"党支部领导、村代会做主、村委会办事"的模式，比较好地解决了党支部、村代会和村委会的关系问题，为解决"两委矛盾"提供了一条思路。

49.重庆丰都"三会一评"机制

改革开放30多年来，中国农村发生了翻天覆地的变化，特别是近年农村改革的进一步深化，农村进入发展加快、问题凸显的转型期。如何组织和带领亿万农民攻坚克难、推进发展、构建和谐、共奔小康，成为新时期广大农村基层组织的重大课题和严峻挑战。2004年以来，重庆市丰都县在农村探索推行的以"党员代表议事会、村务民主听证会、村民代表会和民主评议"为主要内容的"三会一评"制度体系，着力强化党内民主、扩大基层民主、推进科学发展，构建起村党组织领导的充满活力的村民自治运作新机制，为破解这一难题提供了生动实践和鲜活经验。重庆市丰都县的"三会一评"制度体系，成功入选"全国基层党建理论创新与实践案例库"。

"三会一评"制度，就是在村党组织的领导下，对涉及全村经济社会发展规划、村集体投资举债、产业结构项目调整、基础设施和公益事业建设等与农民群众密切相关的重大事项，通过党员代表议事会充分酝酿，村务民主听证会科学论证，村民代表会民主决策，并对实施结果进行民主评议、接受民主监督的村务管理运作体系。

"三会一评"制度应用范围：村经济社会发展规划，集体投资举债，产业结构调整，集体土地等资产出租、出让及开发利用，基础设施和公益事业建设，涉及村集体和村民重大利益的其他事项等六方面的村务大事。

"三会一评"基本工作程序：对经广泛收集群众意见、"两委"联席会初步拟定办理的村务大事，按"召开党员代表议事会，形成初步方案——召开村务民主听证会，形成审议方案——召开村民代表会，讨论决定实施方案——村委会组织，村民推选代表负责实施——村党组织主持民主评议"的程序进行。这套程序层层递进，环环紧扣，每一步都有具体操作办法，定期公开进展情况，形成完备的决策管理流程。

"三会一评"的基本要件是：组织统筹引导，群众全程参与，村务全程公开，结果群众评议，实现了彻底的"阳光村务"。

"三会一评"的实践效果：一是强化了党对农村工作的领导。始终坚持和突出了党在农村的领导核心地位，畅通了党员发挥作用的渠道，发扬党内民主，促进党员参政议事的制度化、规范化、经常化，调动了广大党员尤其是党员代表的积极性。二是改进了农村工作的领导方式和工作方法。每年村里办哪些大事实事，都经民主决策并事前公示，老百姓一目了然，实施起来也容易得到群众支持。三是提高了基层干部的执政能力。充分尊重群众意愿，学好用活说服、示范、引导等群众易于接受的方法，有效促进了村务科学决策、民主决策、依法决策。四是保障了农民群众的民主权利。实施"三会一评"的过程，就是落实农民群众民主权利的过程。充分保障和维护农民群众的权利，促进了村民民主自治意识的提高。五是促进了好事实事的办理。让老百姓办老百姓自己决定干的事，使过去村民想办、单家独户却无力办的疑难问题得以解决。六是推进了党风廉政建设。从根本上堵住了基层干部不廉不洁的源头，切实建立起了村级党风廉政"不能为"、"不敢为"、"不愿为"的监督防控机制，加强了党风廉政建设。七是密切了党群干群关系。党群干群关系更加融洽，党的执政基础更加巩固。"三会一评"深入人心，得到群众真心拥护，盼望长期坚持。

通过典型的示范带动，丰都县277个村、53个社区全面推广"三会一评"工作法，最终形成"一枝独秀不是春，姹紫嫣红春满园"的喜人局面。"三会一评"工作法的推行，清白了干部，感化了群众，带动了工作。一是密切了党群干群关系，二是促进了基层组织和党风廉政建设，三是突出了村民自治的民主管理，四是加快了村级组织活动场所建设步伐，五是推进了新农村建设的进程。

50.中共中央办公厅、国务院办公厅关于进一步推行政务公开的意见

改革开放以来，党中央高度重视政务公开工作，多次作出部署。1997年，党的十五大报告提出，城乡基层政权机关和基层群众性自治组织，都要实行政务和财务公开，让群众参与讨论和决定基层公共事务和公益事业，对干部实行民主监督。各地区认真贯彻落实十五大精神，积极进行乡镇政务公开工作试点。2000年，中共中央办公厅、国务院办公厅下发《关于在全国乡镇政权机关全面推行政务公开制度的通知》，对在乡（镇）全面推行政务公开作出部署，并对县（市）级以上政府的政务公开提出要求。政务公开推行范围不断扩大，推行层级不断延伸。2002年11月，党的十六大报告提出，要认真推行政务公开，加强组织监督和民主监督，完善公开办事制度，保证人民群众依法直接行使民主权利。为

贯彻落实十六大精神，2003年6月，全国政务公开领导小组成立，加强了对政务公开工作的领导。2005年3月，中共中央办公厅、国务院办公厅下发《关于进一步推行政务公开的意见》（以下简称《意见》），对全国政务公开工作进行总体部署。

《意见》分为5部分，包括：提高对推行政务公开重要意义的认识；明确推行政务公开的指导思想、基本原则和工作目标；进一步推行政务公开的主要任务、重点内容和形式；建立健全政务公开的法规制度；切实加强对政务公开工作的组织领导。

《意见》指出，推行政务公开要以保障人民群众的民主权利、维护人民群众的根本利益为出发点和落脚点，提高行政机关行政行为的透明度和办事效率，切实加强对行政权力的监督，推动行政管理体制改革，促进依法行政，更好地为改革发展稳定的大局服务。

《意见》要求，推行政务公开的工作目标，要与深化行政管理体制改革和全面推进依法行政、建设法治政府的目标和进程相一致，使政务公开成为各级政府施政的一项基本制度，政府工作透明度不断提高，政府与群众沟通的渠道更加畅通，人民群众的知情权、参与权和监督权等民主权利得到切实保障。

《意见》指出，进一步推行政务公开要统筹规划，突出重点，切合实际，稳步实施。各地区各部门要结合实际，确定进一步推行政务公开的主要任务。把人民群众普遍关心、涉及人民群众切身利益的问题作为政务公开的重点内容。要加强制度建设，建立健全主动公开和依申请公开制度，政务公开评议制度和政务公开责任追究制度。

《意见》强调，各级党委和政府要高度重视政务公开工作，切实加强领导，把政务公开工作列入议事日程，研究和解决工作中的重要问题。各地区各部门要设立政务公开工作领导机构及其办事机构，指导、协调政务公开的各项工作。

各地各部门认真贯彻落实《意见》，全国政务公开工作取得显著成效。目前，国务院各部门和地方各级政府都不同程度地推行了政务公开。全国的乡镇政府和县级政府所属部门已普遍设立了政务公开栏，县级以上政府定期发布政府公报。全国80%的县级以上政府或政府部门建立了政府网站，大多数县级以上地方政府和部分中央国家机关建立了行政服务中心，全国已建立综合行政服务中心2100多个。74个国务院部门和31个省（自治区、直辖市）建立了新闻发布和新闻发言人制度。31个省（自治区、直辖市）和36个国务院部门结合实际，制定了政务公开规定，其中，11个省（自治区、直辖市）制定了政府信息公开的地方性法规。港澳台95%以上的普通高等学校、90%以上的中小学校开展了校务公开工作。各地县级以上医院普遍推行了院务公开，其他公用事业单位也不同程度地推行了办事公开制度。

51.中共全国人大常委会党组关于进一步发挥全国人大代表作用,加强常委会制度建设的若干意见

全国人大代表是最高国家权力机关的组成人员。尊重代表权利就是尊重人民的权利,保障代表依法履职就是保证人民当家作主。全国人民代表大会成立60年来,全国人大代表认真履行宪法和法律赋予的职责,代表人民依法参与管理国家事务,为国家各项事业发展作出重大贡献。

2004年是全国人民代表大会建立50周年。党中央对全国人大提出了一个课题研究,就是如何坚持和完善人民代表大会制度,支持人大及其常委会依法履行职权。全国人大常委会认为,当前坚持和完善人民代表大会制度,最主要有两项:一是进一步发挥人大代表的作用,二是进一步加强人大常委会的制度建设。根据这个思路,全国人大常委会党组给中央写了一个报告,就是《关于进一步发挥全国人大代表作用,加强全国人大常委会制度建设的若干意见》。

2005年5月,中共中央转发《中共全国人大常委会党组关于进一步发挥全国人大代表作用,加强全国人大常委会制度建设的若干意见》(以下简称《若干意见》),要求进一步支持、规范和保障人大代表依法行使职权,建立健全代表依法履行职责的各项具体制度,进一步增强代表工作的实效。

《若干意见》有两个方面的内容:一是发挥代表作用,二是常委会制度建设。《若干意见》共18条,其中第一个方面"发挥代表作用"占了13条。依据《若干意见》,进一步发挥全国人大代表作用,要着重从六个方面改进和加强工作。一是要保障代表的知情权,为代表知情知政提供多方面的信息;二是要组织全国人大代表参与全国人大常委会的活动,增强代表活动的实效;三是要认真改进和加强代表议案、代表建议工作,提高代表建议的提出和办理质量;四是要组织好全国人大代表的集中视察和专题调研;五是要搞好全国人大代表的系统培训工作;六是要落实好代表执行职务的保障措施。

《若干意见》提出了进一步发挥全国人大代表作用的具体措施。要为代表知情知政提供信息,扩大代表对常委会活动的参与,为代表深入审议各项议案和报告创造条件,保障代表的知情权,提高代表审议议案、报告的水平和效能。要明确代表议案的基本要求和范围,规范代表提出议案的程序,改进对代表议案的处理工作,提高议案提出和处理的质量。要明确代表提出建议、批评和意见的范围和程序,认真负责地处理代表提出的建议、批评和意见,完善有关工作制度,提高代表建议、批评和意见提出及处理的质量。要明确代表在大会闭会期间活动的内容和原则,改进和加强代表视察和专题调研工作,密切代

表与人民群众的联系,加强和规范代表在大会闭会期间的活动,增强代表活动的实效。要提供经费和时间保障,提供服务保证,为代表在大会闭会期间的活动提供必要的条件和保障。

《若干意见》就加强全国人大常委会的制度建设作了明确规定。要认真落实法律规定的立法制度,继续推进民主立法。进一步健全监督机制、完善监督制度,改进和加强监督工作。规范专门委员会的工作制度,发挥专门委员会的作用。建立和完善若干具体工作制度,促进全国人大常委会工作的制度化、法制化、规范化。从制度上保证和加强党对全国人大工作的领导,保证党的路线、方针、政策的贯彻落实。

根据《若干意见》提出的要求,全国人大常委会办公厅起草了10个相关工作文件,作为工作层面上贯彻落实《若干意见》的具体办法。包括《关于加强和规范全国人大代表活动的若干意见》、《全国人民代表大会代表议案处理办法》、《全国人民代表大会代表建议、批评和意见处理办法》、《全国人大常委会机关信访工作若干规定》、《关于充分发挥专门委员会作用的若干意见》、《关于规范向委员长会议汇报议案的若干规定》、《关于加强为全国人大常委会会议听取和审议报告、议案服务的若干规定》、《关于为全国人大常委会开展对外交往提供服务和保障的若干意见》、《全国人民代表大会会议工作程序》和《全国人大常委会会议工作程序》。这些工作层面的文件,将在实践过程中继续完善。

全国人大常委会及其工作机构坚持尊重代表主体地位,始终把充分发挥代表作用作为坚持和完善人民代表大会制度的重要内容,特别是通过贯彻落实《若干意见》,形成和完善了一整套支持和保障代表依法执行代表职务的制度和办法,代表工作在形式和内容上都取得了创新和突破。2010年10月,全国人大常委会对1992年《中华人民共和国全国人民代表大会和地方各级人民代表大会》作了修改,进一步明确了代表的权利和义务,细化了代表的履职规范,加强了对代表履职的保障,强化了对代表的监督,更有利于发挥代表作用。

52.全国人民代表大会常务委员会关于充分发挥专门委员会作用的若干意见

设立专门委员会是加强全国人大及其常委会工作的一项重要组织措施。人大及其常委会要审议各项议案,如果没有专门委员会来研究和拟定有关议案,工作就很困难。

1954年宪法规定,全国人大设四个委员会:预算审查委员会、代表资格审查委员会、法案委员会、民族委员会。实际上在闭会期间仅有法案委员会、民族委员会两个委员会。

1982年宪法和全国人大组织法规定,全国人大设立民族委员会、法律委员会、财政经济委员会、教育科学文化卫生委员会、外事委员会、华侨委员会和全国人大认为需要设立的其他专门委员会。七届全国人大增设了内务司法委员会。八届全国人大增设了环境与资源保护委员会,九届全国人大增设了农业与农村委员会。目前,全国人大共设有九个专门委员会。

各专门委员会由主任委员、副主任委员若干人和委员若干人组成,其人选由主席团在代表中提名,大会通过。在大会闭会期间,全国人大常委会可以补充任命专门委员会的个别副主任委员和部分委员,由委员长会议提名,常委会通过。各专门委员会可以根据工作需要,任命专家若干人为顾问;顾问可以列席专门委员会会议,发表意见。顾问由全国人民代表大会常务委员会任免。

依据宪法和全国人大组织法,各专门委员会在全国人大和全国人大常委会领导下,研究、审议和拟订有关议案。各专门委员会协助全国人大及其常委会行使监督权,对法律和有关法律问题的决议、决定贯彻实施的情况,进行检查监督。民族委员会还要审议报请全国人大常委会批准的五个自治区的自治条例和单行条例,向全国人大常委会提出报告,并对加强民族团结问题进行调查研究,提出建议。法律委员会在全国人大及其常委会的立法乃至整个法制活动中,担负更多也更重要的责任。法律委员会统一审议向全国人大或者全国人大常委会提出的法律案;其他专门委员会就有关的法律案进行审议,向法律委员会提出意见,并印发全国人民代表大会会议或者常委会会议。由法律委员会统一审议法律案,是中国立法的一个非常重要的制度。实行这一制度,有助于保证立法质量,有助于统筹国家立法大局,分清立法的轻重缓急,有利于维护法制的统一,避免和消除法律之间的矛盾和冲突,保证法律体系的协调发展。

2005年6月,全国人大常委会办公厅发布《关于充分发挥专门委员会作用的若干意见》(以下简称《意见》),要求全国人大各专门委员会做好拟订和审议有关法律案、协助常委会开展监督、认真处理代表议案和建议批评意见等方面的工作,进一步发挥其应有作用。

《意见》分为7个方面,共有17条。《意见》规定,专门委员会可以向全国人大常委会提出五年立法规划和年度立法计划有关立法项目的建议;可以向全国人大常委会提出法律案,这些法律案一般应是与本委员会工作有关、综合性强、涉及面广、其他国家机关难于单独起草的法律;国务院、中央军委、最高人民法院、最高人民检察院提请全国人大常委会审议的法律案,在委员长会议决定列入常委会会议议程前,委员长会议可以根据情况,先交有关专门委员会审议,专门委员会审议后,向委员长会议提出审议报告;法律案一审后,有关专门委员会应根据常委会组成人员的审议意见,就法律案中涉及的问题继续调查研究,进行审议,并提出审议意见。

《意见》规定,专门委员会在监督工作中有三项主要职责,即协助常委会开展执法检查、听取和审议"一府两院"工作报告、对法规进行备案审查;专门委员会应通过调查研究,深入了解改革发展稳定中的重大问题和人民群众普遍关注的热点、难点问题,在此基础上,向常委会提出常委会听取和审议有关专题工作报告的建议;专门委员会应加强对法规的备案检查;专门委员会要为代表提出议案和建议批评意见提供服务,提高处理代表议案的质量,认真处理和答复代表建议批评意见。对全国人大常委会办事机构交由"一府两院"承办的涉及人民群众切身利益、代表反映比较集中应当重点办理的建议、批评和意见,有关专门委员会应进行跟踪督办。

《意见》还对专门委员会规范与地方人大专门委员会的联系,大力加强调查研究,开展对外交往工作和加强专门委员会的自身建设等作了规定。

53.全国人民代表大会代表建议和全国政协委员提案办理工作

全国人大代表向全国人大提出对各方面工作的建议、批评和意见(以下简称代表建议),是执行代表职务,参加管理国家事务、管理经济和文化事业、管理社会事务的一项重要工作。办好代表的建议是充分发挥代表作用、坚持和完善人民代表大会制度的一个十分重要的方面。认真研究处理代表建议并负责答复,是有关机关、组织的法定职责。全国人大常委会高度重视代表建议工作,一再要求改进代表建议的办理工作,切实提高代表建议的办理质量。

《全国人民代表大会议事规则》第二十九条规定:"全国人民代表大会代表向全国人民代表大会提出的对各方面工作的建议、批评和意见,由全国人民代表大会常务委员会办事机构交由有关机关、组织研究处理,并负责在大会闭会之日起三个月内,至迟不超过六个月,予以答复。"

2005年5月,全国人大常委会党组提出关于进一步发挥全国人大代表作用,加强全国人大常委会制度建设的若干意见,要求完善有关工作制度,认真负责地处理代表提出的建议。同年6月,全国人大常委会办公厅出台了《全国人民代表大会代表建议、批评和意见处理办法》(以下简称《办法》)。

《办法》指出,各单位要按照"提高认识,统一交办,分别承办,严格责任,突出重点,认真答复"的要求,认真研究办理代表建议,并负责在规定期限内向代表作出答复。《办法》提出以下具体要求:一、各承办单位应建立健全办理代表建议的责任制度,实行部委主管领导、司局负责人、具体承办人员分级责任制,严格办理程序,努力提高办理工作的效率和质量。二、各承办单位接收全国人大常委会办公厅交办的代表建议后,对确实不属于本单位职责范围的,要做好转办协调工作。三、各承办单位应对代表建议进行研究分析,拟定办理工作方案。对代表建议中提出的主要问题或者同类问题,应统一研究办理措施。四、由主办单位会同有关单位研究办理的代表建议,协办单位应在收到代表建议之日起一个月内将办理意见函告主办单位,由主办单位答复代表。 需要两个以上单位分别办理的,有关承办单位应依照各自的职责办理,并分别答复代表。 由多家单位共同办理的重点建议,牵头办理单位应主动与参加办理单位协商和共同研究,参加办理单位应积极配合。 五、各承办单位应认真负责地研究办理代表建议,努力提高办理质量。 六、各承办单位应在做好代表建议办理工作的基础上,区别不同情况答复代表。 七、各承办单位对代表建议的答复,要有实际内容,意见要明确、有针对性,要力戒空话、套话,避免答复流于形式。 八、承办单位在代表建议全部办结后,应及时向全国人大常委会办公厅综合报告办理情况。 九、代表对答复不满意的,由全国人大常委会办公厅交由有关机关、组织再作研究处理,承办单位应在三个月内再次答复代表。

2014 年 10 月,国务院办公厅发出《关于做好全国人大代表建议和全国政协委员提案办理结果公开工作的通知》(以下简称《通知》)。

《通知》指出,做好人大代表建议和政协委员提案办理结果公开工作,对于各地区、各部门接受全国人大及其常委会依法监督和全国政协民主监督,密切政府与人民群众的联系,提高政府工作透明度,加强法治政府、创新政府、廉洁政府建设具有重要意义。 要分阶段推进建议和提案办理结果公开,逐步扩大公开范围。 建议和提案办理结果公开工作分两个阶段实施。 第一阶段,推进建议和提案办理复文摘要公开。 第二阶段,进一步推动建议和提案办理复文全文公开。 对于涉及公共利益、公众权益、社会关切及需要社会广泛知晓的建议和提案办理复文,原则上都应全文公开。

《通知》强调,建议和提案办理结果公开工作政治性、政策性强,社会影响大,各地区、各部门要切实做好解读、回应和舆论引导工作。 建议和提案办理复文涉及国家经济社会发展重要政策和重大改革举措的,在公开办理复文的同时,可配发解读材料,做好解疑释惑工作,便于公众理解。 建议和提案办理复文公开后,应及时了解舆情反映,认真做好舆论引导工作,并积极采纳合理建议,切实回应公众关切,不断推动改进工作。

按照这些要求和规定,经代表以及各有关方面的共同努力,加强和改进代表建议工作,人大代表建议和政协提案办理结果公开工作,都取得了初步成效。

54.《中国的民主政治建设》白皮书

2005 年 10 月 19 日,国务院新闻办公室发表《中国的民主政治建设》白皮书。 这是中国政府首次发表关于民主政治建设的政府文告。 白皮书全文 3 万多字,全面介绍了中国特色社会主义民主政治的由来、中国实现和保证人民当家作主的基本政治制度和主要特征,全面反映了中国民主政治建设的历程、主要成就和蓬勃发展的形势。 白皮书分 12 个部分,包括符合国情的选择、中国共产党领导人民当家作主、人民代表大会制度、中国共产党领导的多党合作和政治协商制度、民族区域自治制度、城乡基层民主、尊重和保障人权等。

白皮书指出，中国的社会主义民主政治，植根于中华民族几千年来赖以生存和发展的广阔沃土，产生于中国共产党和中国人民为争取民族独立、人民解放和国家富强而进行的伟大实践，是适合中国国情和社会进步要求的选择。

白皮书指出，中国的社会主义民主政治，使占世界约五分之一人口的这个东方大国的人民，在自己的国家和社会生活中当家作主，享有广泛的民主权利，这是对人类政治文明发展的重大贡献。白皮书说，中国的社会主义民主政治建设，始终坚持以马克思主义民主理论与中国实际相结合的基本原则为指导，借鉴了人类政治文明包括西方民主的有益成果，吸收了中国传统文化和制度文明中的民主性因素，因此，中国的社会主义民主政治具有鲜明的中国特色。包括：中国的民主是中国共产党领导的人民民主；中国的民主是由最广大人民当家作主的民主；中国的民主是以人民民主专政作为可靠保障的民主；中国的民主是以民主集中制为根本组织原则和活动方式的民主。

白皮书强调，中国共产党的领导地位，是在中国人民追求民族独立、国家富强、生活幸福的长期斗争和实践中逐步形成的，是历史的选择、人民的选择。在当代中国，中国共产党的领导和执政，是中国发展和进步的客观要求。

白皮书指出，中国共产党的领导和执政，是推进社会主义现代化建设和实现中华民族伟大复兴的需要，是维护中国国家统一，社会和谐稳定的需要，是保证政权稳定的需要，是把亿万人民团结凝聚起来，共同建设美好未来的需要。

白皮书说，近20多年来，中国社会主义民主政治建设在实践中取得了许多重大进展。人民代表大会制度、中国共产党领导的多党合作和政治协商制度、民族区域自治制度等国家民主制度不断完善和发展，城乡基层民主不断扩大，公民的基本权利得到尊重和保障，中国共产党民主执政能力进一步提高，政府民主行政能力显著增强，司法民主体制建设不断推进。同时，国家领导制度、立法制度、行政管理制度、决策制度、司法制度、人事制度和监督制约制度等方面的改革取得了显著成效。在依法治国，建设社会主义法治国家目标的指引下，社会主义民主的制度化、规范化和程序化建设不断加强，以宪法为核心的中国特色社会主义法律体系初步形成，国家政治、经济、文化、社会生活的主要方面基本做到了有法可依。

白皮书指出，100多年以来中国人民为争取实现民主而进行的艰辛探索和奋斗，特别是中国社会主义民主政治建设的成功实践，使中国共产党和中国人民深刻地认识到，中国的民主政治建设一定要从中国的实际出发，总结自己的实践经验，珍重自己的实践成果，同时借鉴其他国家政治文明的有益经验和成果，但绝不能照搬别国政治制度的模式。

白皮书说，中国的民主政治建设遵循以下原则：坚持中国共产党的领导、人民当家作主和依法治国的有机统一；发挥社会主义制度的特点和优势；有利于社会稳定、经济发展和人民生活水平的不断提高；有利于维护国家主权、领土完整和尊严；符合渐进有序发展的客观规律。

白皮书指出，中国的社会主义民主政治符合中国的国情，保证了人民以国家和社会主人的身份充分发挥建设国家、管理国家的积极性、主动性和创造性，不断推动中国的经济发展和社会全面进步。同时，中国共产党和中国人民也清醒地看到，虽然中国社会主义民主政治建设取得了巨大成就，但仍有许多需要克服和解决的问题。这些问题主要表现在：民主制度还不够健全，人民在社会主义市场经济条件下当家做主管理国家和社会事务、管理经济和文化事业的权利在某些方面还没有得到充分实现；有法不依、执法不严、违法不究的现象依然存在；官僚主义作风、腐败现象在一些部门和地方滋生和蔓延；对权力运行进行制约和监督的有效机制有待进一步完善；全社会的民主观念和法律意识有待进一步提高；公民有序的政治参与尚需扩大。

白皮书说，在当前和今后一个时期，中国共产党和中国政府将通过积极稳妥地推进政治体制改革，坚持和完善社会主义民主制度，加强和健全社会主义法制，改革和完善中国共产党的领导方式和执政方式，改革和完善政府决策机制，推进行政管理体制改革，推进司法体制改革，深化干部人事制度改革，加强对权力的制约和监督，努力维护社会稳定，促进经济发展和社会全面进步。

白皮书最后说，中国特色社会主义建设取得的巨大成就，使中国共产党和中国人民对自己选择的政治发展道路充满信心。完全可以相信，随着中国经济的发展和社会的不断进步，中国的社会主义民主政治必将越来越完备，其巨大优越性和强大生命力必将越来越充分地展现出来。

55.北京"美丽园事件"

2005年3月，北京海淀区美丽园小区业委会将北京市鸿铭物业公司告上法庭，对保安费、保洁费、电梯费、税率等收费提出质疑。其间经过一审、二审、再审，法院最后判决：美丽园小区业委会胜诉。"美丽园事件"是"北京首例业委会告赢物业案"。

2004年8月，位于北京市海淀区五棵松路20号的美丽园小区成立了业委会。这是业主经过单打独斗的实践与挫折后，找到的一条自救之路。此前，部分业主因对物业公司乱收费行为不满，缓交有争议部分的物业费，却被物业公司告上法庭，两审法院均未支持业主的抗辩理由，业主完全败诉且承担滞纳金。法院判决称，"小区公共事务应由业主委员会起诉"。

2005年3月,根据多数业主的要求,美丽园小区业委会将北京市鸿铭物业公司告上法庭,提出13项诉讼请求,要求"挤掉"物业管理费中的水分。同年9月,一审法院驳回业委会全部诉讼请求。业委会随后提起上诉。同年12月,在当年秋末发生的法院强制执行一些小区业主交纳物业管理费的"堵被窝事件"风波影响下,业委会终审反败为胜,一中院判决支持了业委会13项诉求中的12项,小区物业费从2.72元下调至1.58元。美丽园小区业委会一度获得了压倒性的胜利,并因此成为北京首个打赢物业费纠纷官司的业主委员会。

但是,判决一直未能执行。其间,2006年1月,物业公司向北京一中院提交再审申请,要求对此案进行重新审理。同年3月,5名法律专家出具《论证意见书》,认为一中院的判决改变了合同规定的价格条款,是不妥当的。同年4月,北京市物业管理协会向一中院主管领导发出一封《行业专家对美丽园物业纠纷案给物业管理行业造成严重影响的意见及情况反映》,认为法院的判决会引发北京物业全行业的混乱,要求重审。同年5月30日,一中院发出《民事裁定书》,决定另行组成合议庭对此案进行审理,同时裁定在审理期间中止原判决的执行。同年8月11日,北京市一中院再审宣布,维持此前一中院作出的终审判决:物业费由原来的2.72元每月每平方米降为1.58元每月每平方米,并判令物业将3年电梯广告费18万元返还业主。这一结果使很多人确信,中国社会正在发生着巨大变化。

由于不满法院作出的降低物业收费标准的判决,2006年9月1日,负责美丽园物业服务的鸿铭物业公司突然撤离,给业主生活造成巨大不便。由于家中停水、电梯停运、门禁系统失效,美丽园小区立刻陷入了混乱。政府随即介入,北京市建委、海淀区政府办等部门在美丽园召开协调会,并指定物业公司代管小区。应当说,政府已经尽到了一定责任。但是,鉴于事态的发展,政府仍有必要多方面开展工作,承担责任,维护社区和谐。

"美丽园事件"显示,目前关于物业管理的法律规章体系存在缺陷:没有从法律上明确业委会的法人地位,这注定了在物业管理纠纷中,业主天然处于弱势;政府规章规定了物业公司的行为,却没有向业委会提供相应的救济权利。就像"美丽园事件",物业公司的行为给业主生活造成巨大不便,政府或司法部门却缺少强制该公司继续履行合同的必要手段。

美丽园业主的困境提醒我们,建设和谐小区,需要平等对待物业公司和业委会,严格执行相关法规。在目前物业公司与业委会力量严重失衡的情况下,尤其需要为业主自治创造良好政治与法律环境,在尽可能短的时间内,实现物业公司与业委会的力量平衡。

56.中共中央关于加强人民政协工作的意见

中国人民政治协商会议（以下简称人民政协）是中国人民爱国统一战线的组织，是中国共产党领导的多党合作和政治协商的重要机构，是我国政治生活中发扬社会主义民主的重要形式。

2005年以来，中共中央先后颁发了三个与人民政协事业发展密切相关的重要文件，即《关于进一步加强中国共产党领导的多党合作和政治协商制度建设的意见》、《关于加强人民政协工作的意见》、《关于巩固和壮大新世纪新阶段统一战线的意见》。其中，2006年2月颁发的《关于加强人民政协工作的意见》（以下简称《意见》），是中共中央第一次专门就人民政协工作颁发的文件，为新世纪新阶段人民政协事业的发展提供了理论基础、政策依据和制度保障，成为指导人民政协事业发展的纲领性文件。《意见》对人民政协的性质、主要职能以及履行政治协商、民主监督、参政议政职能的相关程序，作了全面规范。

《意见》指出，人民政协事业是中国特色社会主义事业的重要组成部分，是实行中国共产党领导的多党合作和政治协商制度的重要政治形式和组织形式。

人民政协是我国政治体制的重要组成部分，在我国政治生活中具有不可替代的作用。人民通过选举、投票行使权利和人民内部各方面在重大决策之前进行充分协商，尽可能就共同性问题取得一致意见，是我国社会主义民主的两种重要形式。坚持和完善人民政协这种民主形式，既符合社会主义民主政治的本质要求，又体现了中华民族兼容并蓄的优秀文化传统，具有鲜明的中国特色。

《意见》指出，人民政协的主要职能是政治协商、民主监督、参政议政。要支持政协围绕团结和民主两大主题履行职能，把加强团结和发扬民主贯穿于政协工作的各个方面，推进政治协商、民主监督、参政议政的制度化、规范化和程序化。

《意见》指出，人民政协的政治协商是中国共产党领导的多党合作的重要体现，是党和国家实行科学民主决策的重要环节，是党提高执政能力的重要途径。把政治协商纳入决策程序，就国家和地方的重要问题在决策之前和决策执行过程中进行协商，是政治协商的重要原则。人民政协政治协商的主要内容是：国家和地方的大政方针以及政治、经济、文化和社会生活中的重要问题；各党派参加人民政协工作的共同性事务，政协内部的重要事务以及有关爱国统一战线的其他重要问题。人民政协政治协商的主要形式有：政协全体会议，常务委员会会议，主席会议，常务委员专题协商会，政协党组受党委委托召开的座谈会，秘书长会议，各专门委员会会议，根据需要召开由政协各组成单位和各界代表人士参加的内部协商会议。

《意见》指出，人民政协的民主监督是我国社会主义监督体系的重要组成部分，是在坚持四项基本原则的基础上通过提出意见、批评、建议的方式进行的政治监督。人民政协民主监督的主要内容是：国家宪法、法律和法规的实施，重大方针政策的贯彻执行，国家机关及其工作人员的工作，参加政协的单位和个人遵守政协章程和执行政协决议的情况。人民政协民主监督的主要形式有：政协全体会议、常委会议、主席会议向党委和政府提出建议案；各专门委员会提出建议或有关报告；委员视察、委员提案、委员举报、大会发言、反映社情民意或以其他形式提出批评和建议；参加党委和政府有关部门组织的调查和检查活动；政协委员应邀担任司法机关和政府部门特约监督人员等。

《意见》指出，人民政协的参政议政是人民政协履行职能的重要形式。人民政协的参政议政是对政治、经济、文化和社会生活中的重要问题以及人民群众普遍关心的问题，开展调查研究，反映社情民意，进行协商讨论，通过调研报告、提案、建议案或其他形式，向党和国家机关提出意见和建议。人民政协要选择经济社会发展中具有综合性、全局性、前瞻性的课题，深入调查研究，开展咨询论证，提出意见和建议。要建立健全人民政协参政议政的各项工作制度，形成合理有效的工作机制。

《意见》指出，要切实抓好人民政协的自身建设。要支持各民主党派和无党派人士参与国家重大方针政策的讨论协商及其履行职责的各种活动。要根据界别的特点和要求开展活动，充分调动各界别参政议政的积极性，认真探索发挥界别作用的方法和途径。要通过界别渠道密切联系群众，努力协调关系、化解矛盾、理顺情绪，增进社会各阶层和不同利益群体的和谐。要认真组织政协委员的学习和培训，促进政协委员提高自身素质，遵守政协章程，履行委员职责，密切联系群众，积极参加政协组织的会议和活动。要尊重和依法保护政协委员的各项民主权利，为他们发挥作用提供方便。大力加强人民政协的机关建设。要高度重视并切实加强人民政协组织的干部队伍建设。

《意见》指出，加强和改善党对人民政协的领导。按照党总揽全局、协调各方的原则，进一步加强和改善党对人民政协的领导，支持人民政协依照章程独立负责、协调一致地开展工作。发挥政协组织中共产党员的先锋模范作用。努力创造全党全社会重视和支持人民政协工作的新局面。

57. 湖南妇女参与村级治理

20世纪末的一次调查显示，湖南省农村妇女参与村级治理出现青黄不接的情况：一方面，村委会成员中女性比例呈下降趋势；另一方面，随着城市的扩容，大批优秀农村男青年迈向城市，妇女成了农村生产生活的"主角"。从1999年开始，湖南省民政厅、省委组织部和省妇联开始探索解决这个问题的途径。三个部门同心携手，推动政策和工作机制创新，为农村妇女参与村级治理搭建平台。

2000年，湖南省抓住正在修订《村委会选举办法》的机遇，在办法中明确规定，"村民委员会成员中至少应当有一名妇女"。在2002年第五次村委会换届选举中，对农村妇女骨干当选村干部的比例提出了刚性要求。在换届开始前，省妇联和省民政厅结成"共同体"，要求相关部门加强对农村妇女骨干的培训；各级妇联要积极主动，参与到此项工作中去，配合民政部门抓好村委会换届选举工作。在这次换届选举中，全省有2600多个乡镇以上妇联主席进入同级村委会换届选举的领导班子。她们广泛动员女能人、妇女骨干参加选举，号召农村妇女积极投票；选举后，还对已完成选举工作的村委中没有女性成员的进行了补选，全省共督促补选女村委200多名。根据第五届换届选举中执行政策的偏差，省妇联和省民政厅明确政策导向，补充规定：如果提名的候选人中没有女性，应将妇女中得票最多的1名增列为候选人；如果选出来的村委会成员中没有女性，成员职数缺额的可以就女性成员单独投票；成员已满原定名额的，应增加村委会成员职数，确定女性候选人进行差额选举，直至选出女性成员为止。

湖南省妇联从实践中认识到：农村妇女要在村务管理中挑大梁唱好大戏，必须增强发展意识，提高治理本领，挺直参与村级治理的腰杆。于是，村务管理培训就成了妇女参与村级治理的必由之路。没有专项培训资金，省妇联就把目光瞄向了国际，以项目促进工作。2002年，省妇联获得了美国福特基金会23万美元的项目支持，2004年7月，又获得了中国—欧盟村务管理培训项目100万元的项目资金，专门用于培训。2005年3月，正值湖南省进行第六届村委会换届选举，省妇联瞄准时机，先后在古丈县、凤凰县等7个县（市、区）开展了为期3个月的培训。省妇联邀请有关专家学者，以专题讲座的形式对市县乡各级领导干部和男村委培训，改变他们的传统观念；对农村女骨干进行培训，激发她们的政治热情；对当选的女村官进行培训，提高她们的治村能力。

农村妇女参与村级治理的民主浪潮席卷三湘大地，农村妇女骨干主动参与竞争，选女村委已成了选民们的自愿行为。据民政部门统计，第五届村委会换届选举后，湖南全省47471个村民委员会中，有女村委49903人，占总数的29.38%。第六届村委会换届选举后，女村委占了总数的30.09%，比同期16%的全国平均水平高出将近一倍。第六届选举中涌现出了881名女村委主任。

以"换届选举确保女性比例"为突破口，湖南省妇女参与村级治理的形式不断丰富，治理内容日益广泛。各村民主理财小组都有妇女参与，她们更加关注村务公开。2004年，省妇联、省民政厅联合清理村规民约，农村妇女表现出了极大的热情。据不完全统计，她们对上万条不合理的村规民约提出了修改意见。农村妇女自发组织纷纷涌现，如女子篮球队、腰鼓队、秧歌队、护卫队等,还有女能手协会,在村级综合治理中发挥了特殊作用。

湖南省推动农村妇女参与村级治理得到了社会的广泛认可。2005年3月,在联合国经济和社会理事会提高妇女地位司召开的第49次会议上,中国政府向世界介绍了湖南省妇联的经验。民政部基层政权和社区建设司将湖南省的经验作为典型案例,收入《当前中国提高妇女当选村委会成员比例的促进政策与实践》一书中,并评价说:湖南的做法有很多创新,有效地保证了妇女当选村委会成员的比例。全国妇联组织部认为,湖南促进农村妇女参与村级治理,为推动中国妇女参政作出了贡献。

58.农村"一事一议"筹资筹劳制度

开展"一事一议"筹资筹劳,是2000年我国农村税费改革初期作出的制度安排,是推进农村基层民主政治建设、提高民主管理水平,充分调动广大农民积极性的一项有效措施。2000年7月,农业部根据中央精神,印发了《村级范围内筹资筹劳管理暂行规定》。各地结合实际情况积极探索,陆续制定了村内一事一议筹资筹劳的实施办法,逐步建立健全了民主议事制度,有的地方还创造了通过以奖代补等方式支持一事一议筹资筹劳的经验。

农村税费改革的深化和社会主义新农村建设的全面推进,对一事一议筹资筹劳提出了新的要求。2004年,国务院《关于做好深化农村税费改革试点工作的通知》指出:"要完善村内'一事一议'筹资筹劳管理办法。"按照中央的部署,从2004年下半年开始,农业部牵头着手研究完善一事一议筹资筹劳制度。在深入基层调研、总结各地经验、广泛征求意见的基础上,对《村级范围内筹资筹劳管理暂行规定》进行修改,形成了"一事一议"筹资筹劳管理办法。2007年,中央1号文件进一步指出:"完善农村'一事一议'筹资筹劳办法,支持各地对'一事一议'建设公益设施实行奖励补助制度。对农户投资投劳兴建直接受益的生产生活设施,可给予适当补助。"

2007年1月16日,国务院办公厅转发农业部会同有关部门制定的《村民一事一议筹资筹劳管理办法》(以下简称《办法》),标志着我国以农民群众为主体开展农村生产生活公益性事业建设进入了一个新的发展阶段。

《办法》规定,开展一事一议筹资筹劳,应遵循村民自愿、直接受益、量力而行、民主决策、合理限额五项原则。一事一议筹资筹劳,以村民的意愿为基础。一事一议筹资筹劳项目的受益主体,与议事主体、出资出劳主体相对应,即谁受益、谁议事、谁投入。全村受益的项目全村议,部分人受益的项目部分人议。确定一事一议筹资筹劳项目、数额,要充分考虑绝大多数农民的收入水平和承受能力。筹资数额和筹劳数量较大的项目可制定规划,分年议事,分步实施。一事一议筹资筹劳项目、数额等事项,必须按规定的民主程序议事，经村民会议讨论通过，或者经村民会议授权由村民代表会议讨论通过，充分体现民主决策、民主监督。这是一事一议筹资筹劳制度的核心和关键。省级政府应根据当地经济发展水平和农民承受能力，分地区制定筹资筹劳的限额标准，村民每年人均筹资额、人均筹劳量不能超过限额标准。

《办法》规定，筹资筹劳的议事范围为建制村。按照受益范围划分，一般有三种情况：（一）全村范围受益的项目。（二）建制村中部分群体受益的项目。这类项目在不影响村整体利益和长远规划的前提下，根据受益主体和筹资筹劳主体相对应的原则，可适当缩小议事范围，在村民小组或自然村范围进行议事。（三）受益群体超出建制村范围的项目。对于符合《办法》规定条件的、受益群体超出建制村范围的小型农田水利设施项目，在涉及的相邻村中先以村级为基础议事，涉及的村所有议事通过后，再履行相关手续。这类情况不能随意扩大议事范围，主要考虑以村为基础议事，农民的意愿能够直接表达，真正体现民主决策、民主监督。

一事一议筹资筹劳是农村税费改革后，农民参与村内集体生产生活等公益事业建设的主要方式。通过一事一议筹资筹劳引导农民参与社会主义新农村建设，要抓好四个关键点：一是所议之事要符合大多数农民的需要。二是议事过程要坚持民主程序。三是实施过程和结果要由群众全程参与监督。四是将财政投入与农民投入相结合。推进社会主义新农村建设，需要充分发挥农民主体和国家主导的作用。在引导农民参与一事一议筹资筹劳的同时，政府加大财政投入，争取社会各方面的广泛支持，使之形成合力。

59.各级人民代表大会常务委员会监督法

立法和监督是宪法赋予人大的两项重要职权，这两项职权的行使，都需要有相应的法律使之制度化、规范化和程序化。人大对立法权的行使，立法法作了规定，人大对监督权的行使，一直缺乏法律规范，制定监督法是加强人民代表大会制度建设的需要。2006年8月27日，十届全国人大常委会第二十三次会议通过《各级人民代表大会常务委员会监督法》（以下简称《监督法》），2007年1月1日起施行。

《监督法》从1986年起草到颁布实施，这部法律经历了20年。这主要是因为这部法律的政治性强，涉及我国的政治体制，需要经过实践，积累经验，统一认识。其间，全国人大代表提出的相关议案共计222件，参与联名的代表共计4044人次。

1985年六届全国人大三次会议期间，许多代表向全国人大常委会提出议案，要求制定监督法。1986年8月，全国人大常委会办公厅开始立法调研，1990年5月起草了全国人大及其常委会监督法（草案）。同年9月，全国人大常委会成立了监督法起草领导小组和办公室，1997年8月完成了全国人大和地方各级人大监督法（内部试行拟稿）。2000年3月完成了监督法草案。2002年，九届全国人大常委会开始对监督法草案进行审议，认为制定监督法很有必要，但由于对草案认识不统一，确定不急于制定监督法。2004年8月，十届全国人大常委会第一次会议对修改后的草案二次审议稿进行审议。2005年全国人大常委会进一步调研，召开座谈会，继续听取各方面的意见。2006年，在深入调研和座谈的基础上，形成了监督法草案第三次审议稿。其内容将法律调整范围确定为规划各级人大常委会的监督工作。2006年8月27日，全国人大常委会第二十三次会议通过的《监督法》是第四审议稿。

《监督法》是规范各级人大常委会监督工作的一部专门法律，共设9章48条。《监督法》主要有以下内容：一是明确了行使监督权的主体。根据宪法和法律规定，国家权力机关的监督权只能由各级人大及其常委会行使。监督法仅规范各级人大常委会依法行使监督权，因此，行使监督权的主体是各级人大常委会。人大各专门委员会只是协助人大常委会行使监督权，而不是法律上的监督权主体。二是规定了人大常委会的监督对象。人大常委会的监督对象，主要是"一府两院"机关和"一府两院"国家机关中由人大及其常委会选举或任命的国家机关工作人员，还包括对下级人大及其常委会进行法律监督，对垂直管理部门的有关执法和工作进行监督。三是明确了人大常委会的监督内容。人大常委会的监督，主要有工作监督、法律监督和人事监督。四是规定了人大常委会的监督形式。《监督法》规定，人大常委会主要有七种监督形式：一、听取和审议"一府两院"的专项工作报告。二、对预算和计划进行监督。三、法律法规实施情况的检查。四、规范性文件的备案审查。五、询问和质询。六、特定问题调查。七、撤职案的审议和决定。

《监督法》规定，人大常委会履行监督职权，应遵守下列基本原则：必须坚持党的领导原则；必须坚持依法行使监督权的原则；必须坚持民主集中制，集体行使监督权的原则；必须接受人民代表大会监督的原则；必须坚持公开原则。

《监督法》的颁布施行，具有重大意义：加强对权力的监督，能够防止权力腐败，有利于巩固中国共产党的执政地位；加强对"一府两院"执法监督，确保行政机关依法行政、司法机关公正司法，有利于推进依法治国进程；规范人大常委会的监督内容和程序，使人大常委会的监督工作有章可循，切实提高了人大的监督实效；人大常委会把监督"一府两院"和支持"一府两院"的工作有机结合起来，对促进社会经济发展，构建社会主义和谐社会具有重大作用。

60.北京大兴参与式社区治理新模式

北京市大兴区清源街道社区服务中心成立几年来，在市区两级政府的支持和帮助下，实现了市区街居社区管理软件四级联网，开通了街道社区服务热线，开展了家政、保洁等十大类社区服务项目。随着城市化进程的不断加快，社会问题不断突显，社区居民的需求呈现多样性和复杂性。同时，由政府提供的统一模式的社区服务，不仅不能以社区居民的需求为导向，而且效率低下。为了改变这种状况，就必须转变工作思路和工作方式，动员社区居民参与到社区服务中来，让被服务群体变为服务的提供者。

自2007年起，大兴区清源街道以社区服务中心体制改革为契机，与北京社区参与行动服务中心合作，在街道实行"参与式社区服务项目化管理"，探索参与式社区治理新模式。经过几年的发展完善，取得了显著成效，2008年获得了"全国社区创新奖"、"全国优秀服务项目奖"。

参与式社区服务项目化管理的具体做法是：一、设立社区服务项目。根据对社区特点和居民需求的分析，选取部分公共服务作为项目，实行项目化管理。二、运用参与式方法。在项目运作过程中，居民和非政府组织成员根据需要，灵活地选择信息搜集与分享、磋商与征求意见、协作与联合决策、赋权与共同控制等不同的参与方式，并做好参与式分析、规划、实施、监督和评估等。三、强调主体间分工协作，在街道、居委会、社区服务中心、非政府组织、居民之间构建新型的合作伙伴关系。四、关注弱势群体在项目中的有效表达和参与。通过"新居民之家"和"e家亲服务社"等项目，帮扶弱势群体，促进外来人口融入城市生活。五、强调社区组织的能力建设。如专门为能力强、乐于奉献的居民举办了"能人工作坊"培训，为"e家亲服务社"成员举办专业的家政知识培训等。

参与式社区服务项目化管理的成效，主要体现在以下五个方面：一是工作方式得到转变，强化了政府服务职能。清源街道注重发挥政府主导作用，通过对社区提供项目资金支持，打破了原来公益金使用平均分配的传统工作模式，使更多的资金流向为社区弱势群体服务的项目。社区服务中心通过组织能力建设培训、参观考察、交流学习、项目跟进等活动，实现了从直接提供服务到组织服务的转变。社区的工作方式变被动为主动，由政府要求做什么转变为要为居民做什么。二是居民参与度得到提高，强化了居民主体地位。居民不仅是受益者，同时又是全程的参与者、服务的提供者，体现了居民在决策、实施、管理等全过程的参与性，发挥了主体作用，强化了居民主体地位。三是社区组织不断壮大，强化了社区居民自治。自2007年至今已成立了自助型、互助型、专业性的服务组织87支，吸引了3000多人参加各种组织。通过开展各种活动，为居民排忧解难，寓管理于服务之中，提高了居民的社区认同感。四是社会资源有效整合，强化了社会力量参与。清源街道办、社会组织、社区居委会、居民志愿者在项目运作过程中保持良好的互动合作，在实际操作中建立了多元互动、平等互助、优势互补的参与式治理新机制，促进了社区繁荣与发展，初步形成政府主导、社会参与、居民自治的新局面。五是社区矛盾得到化解，强化了和谐与稳定。一些曾组织群众聚众示威反映问题的业主和一些缠访重访的上访户，也加入到项目服务的居民志愿者队伍，积极投身项目活动，甚至成为志愿服务组长或项目带头人。通过项目开展，既减少了居民邻里之间、居民与物业之间的矛盾，又促进了社区和谐与稳定。

61.浙江乐清市人大常委会"人民听证"制度

2007年4月，乐清市人大常委会决定，在常委会开会期间，以专题会议的形式，听取各位副市长关于分管的专项工作情况报告。会场的布置独具匠心：人大常委会全体委员和市委领导坐在主席台上；主席台两侧是两个屏幕，发言者和重点人物的图像，被放大在屏幕上；台下分成三列，两边各是市人大代表、旁听市民、乡镇人大主席团成员和机关人员，中间一列是"一府两院"领导和政府各部门负责人；双方靠侧面的位置是发言席。网络和电视媒体对听证会的整个过程进行现场直播。会议主要是听取副市长的汇报。与会代表可以现场发表意见。除了会上反馈意见，会后，人大常委会还将5—10项群众普遍关注的重点工作，以公告形式在当地媒体发布。

2008年8月，乐清市人大作出关于人民听证议事方式的暂行规定，使"人民听证"制度成为市人大常委会的一项常规性制度。从2010年开始，乐清人大进一步扩大了听证的范围，从副市长延伸到政府部门的局长。"人民听证"的功能和形式又有进一步拓展，质量和效果进一步提高。

乐清实施的"人民听证"，是指由人大常委会出面组织，有人大代表和群众代表参加，通过网络等媒体直播、向公众开放的，以政府官员为对象的质询和公共政策辩论制度。这一尝试和探索，其目的在于加强人大监督，扩大基层群众的有序参与。它有两个基本内容，一是把对政府的一般性监督转移到对政府官员的监督上来。二是构建民意表达的平台，让民众有序参与重大问题的讨论和决策。

"人民听证"会议的流程是：在专门的人大常委会会议上，针对同一议题，副市长或政府部门首先报告该议题的工作开展及相关情况，人大把调研情况进行阐述，群众通过代表直接把自己的要求、意见带到会场，部门与部门之间、代表与部门之间对同一问题进行辩论、说明，会后人大相关工委根据会议讨论意见整理审议意见，经人大常委会主任会议研究通过后，以公告形式告知政府，并进行跟踪监督，要求副市长们在规定时间内作出答复，确保落实出成效。

"人民听证"制度有三个特点：一是形成了较为完整的制度链条。在会前两个月定下议题。通知政府有关部门，要求会前20天提交报告，人大同步调研并形成独立报告。会议上政府部门和人大调研组分别作出报告。会议就相关议题进行辩论。会后一周，人大常委会召开主任会议，就某些议题的意见向政府发出正式公函。三个月一轮回，下一次专门会议上，副市长围绕人大公函的内容作出答复，必要时对落实报告进行评议票决。整个过程环环相扣、首尾相接，依法、有序。二是议题来自于群众。会议讨论的议题来自代表的议案、建议，或调研中发现的突出问题，是民众普遍关心的事，与政府的政策和工作存在直接的关系。三是会议上有辩论。会议上有关方面陈述事实和观点，公开辩论，把社会普遍关注的某些问题依法转为民众诉求，并促使政府作出回应，人大代表的作用和权力得到充分体现。《浙江日报》称这种方式为"辩论式议政"。同时，会议通过视频和电视对全市同步直播。

自2007年始，乐清市探索实行人民听证制度，把人民听证同人大工作监督有机结合起来，进一步加强和改善了人大监督，促进了法治政府建设，扩大了公民有序政治参与，引起国内学术界和中央媒体的关注与肯定。截至2010年7月，乐清市人大的"人民听证"共举行了11场，涉及教育、环保、城建、交通、社会治安等"一府两院"相关专项工作46项。

乐清实施的"人民听证"制度，取得了很大成效。"人民听证"加强了人大对政府工作的监督和支持，在老百姓和政府之间搭建了一个互相沟通的平台，成功创造了"问计于民"的渠道。人大代表的作用得到进一步发挥。保障了代表的知情权，为代表发挥作用创造了条件，激发了代表的履职热情，提高了代表议案建议办理质量。监督实效进一步增强。有效推进了若干民生重大问题的解决，切实加强了对财政的监督工作。人大常委会的自身建设进一步加强。

62.《中国的政党制度》白皮书

2007年11月15日，国务院新闻办公室发表了《中国的政党制度》白皮书。这是继2005年《中国的民主政治建设》白皮书发表后，又一次围绕我国政治文明建设发表的白皮书。白皮书全文近1.5万字，由前言、中国社会历史发展的必然选择、中国的一项基本政治制度、社会主义民主的重要体现、多党合作制度中的政治协商、多党合作制度与国家政权建设、多党合作制度与人民政协、多党合作制度与现代化建设、结束语等部分组成。这是我们国家第一次全面系统地介绍中国的政党制度。

白皮书指出，中国实行的政党制度是中国共产党领导的多党合作和政治协商制度，它既不同于西方国家的两党或多党竞争制，也有别于有的国家实行的一党制。这一制度在中国长期的革命、建设、改革实践中形成和发展起来，以其独特的结构功能和运行机制，体现了社会主义民主的本质要求，体现了中华民族和而不同、兼容并蓄的优秀文化传统，具有鲜明的中国特色。这项制度，既合乎时代发展潮流，又体现了中国社会发展的内在要求，是适合中国国情的一项基本政治制度，是具有中国特色的社会主义政党制度，是中国社会主义民主政治的重要组成部分。

白皮书指出，中国多党合作制度规定了中国共产党和各民主党派在国家政治生活中的地位、作用和相互关系。中国共产党处于领导和执政地位。各民主党派是中国的参政党。民主党派参政的基本点是：参加国家政权，参与国家大政方针和国家领导人选的协商，参与国家事务的管理，参与国家方针政策、法律法规的制定和执行。参政党的地位和参政权利受到宪法和法律的保护。中国共产党与各民主党派形成了团结合作的新型政党关系。中国共产党与各民主党派的合作具有丰富的内容。中国共产党与各民主党派互相监督。

白皮书指出，中国多党合作制度中包括中国共产党和八个民主党派。中国人民政治协商会议是中国共产党领导的多党合作和政治协商的重要机构。在中国多党合作制度中，中国共产党与各民主党派长期共存、互相监督、肝胆相照、荣辱与共，共同致力于建设中国特色社会主义，形成了"共产党领导、多党派合作，共产党执政、多党派参政"的基本特征。中国多党合作制度在中国的政治和社会生活中显示出独特的政治优势和强大的生命力，发挥了不可替代的重大作用。

白皮书指出，选举民主与协商民主相结合，拓展了社会主义民主的深度和广度，是中国社会主义民主的一大特点。在中国，人民代表大会制度与中国共产党领导的多党合作和政治协商制度，有着相辅相成的作用。经过多年的实践，中国多党合作制度中的政治协商形成了两种基本方式：一种是中国共产党同各民主党派的协商；一种是中国共产党在人民政协同各民主党派和各界代表人士的协商。

白皮书指出，中国多党合作制度走过了58年的光辉历程。实践证明，作为国家的一项基本政治制度，中国多党合作制度具有历史的必然性、伟大的创造性和巨大的优越性。

《中国的政党制度》白皮书的发表，可以让国际社会了解中国政党制度的确立和发展是中国社会历史发展的必然选择，了解中国政党制度是一种崭新的、具有中国特色的社会主义政党制度，了解中国的政党制度在中国革命、建设和改革事业中的重要作用、巨大优越性和强大生命力。

63.中国共产党十七届二中全会关于深化行政管理体制改革的意见

我国现行的行政管理体制基本适应经济社会发展要求。改革开放特别是党的十六大以来,我国不断推进行政管理体制改革,加强政府自身建设,取得了明显成效。但是,面对新形势新任务,现行的行政管理体制还存在一些不相适应的方面,主要是政府职能转变还不到位,政府机构设置还不尽合理,部门职责交叉、权责脱节和效率不高的问题比较突出,有些方面权力仍然过于集中,且缺乏有效制约和监督等。因此,必须深化行政管理体制改革。

2008年2月27日,党的十七届二中全会通过《关于深化行政管理体制改革的意见》(以下简称《意见》),确立了我国深化行政管理体制改革的指导思想、基本原则,确立了到2020年我国深化行政管理体制改革的总体目标和今后5年的重点任务,确立了组织实施这项重大改革的具体要求。要求加强依法行政和制度建设,加快建设法治政府,推行政府绩效管理和行政问责制度。

《意见》强调,深化行政管理体制改革,要按照建设服务政府、责任政府、法治政府和廉洁政府的要求,着力转变职能、理顺关系、优化结构、提高效能,做到权责一致、分工合理、决策科学、执行顺畅、监督有力,为全面建设小康社会提供体制保障。

《意见》指出,遵守宪法和法律是政府工作的根本原则,必须全面推进依法行政,加快建设法治政府。健全行政执法体制和程序。完善行政复议、行政赔偿和行政补偿制度。要以强化责任为核心,建立健全政府运行和管理的各项制度,坚持用制度管权、管事、管人。要推行政府绩效管理和行政问责制度,健全对行政权力的监督制度,完善政务公开制度,加强公务员队伍建设,加强政风建设和廉政建设。切实做到有权必有责、用权受监督、违法要追究。

《意见》要求,各级政府要自觉接受同级人大及其常委会的监督,自觉接受政协的民主监督。加强政府层级监督,充分发挥监察、审计等专门监督的作用。依照有关法律的规定接受司法机关实施的监督。高度重视新闻舆论监督和人民群众监督。完善政务公开制度,及时发布信息,提高政府工作透明度,切实保障人民群众的知情权、参与权、表达权、监督权。

《意见》指出,推进行政管理体制改革的总目标和基本要求是,到2020年,实现政府职能向创造良好发展环境、提供优质公共服务、维护社会公平正义的根本转变,实现政府组织机构及人员编制向科学化、规范化、法制化的根本转变,实现行政运行机制和政府管理方式向规范有序、公开透明、便民高效的根本转变,建设人民满意的政府。

《意见》指出，政府职能转变是深化行政管理体制改革的核心。实现政府职能根本转变，必须把不该由政府管理的事项转移出去，把该由政府管理的事项切实管好，从制度上更好地发挥市场在资源配置中的基础性作用，更好地发挥公民和社会组织在社会公共事务管理中的作用，更加有效地提供公共产品。政府职能转变的具体要求主要有三个方面：一是要全面履行政府职能，在改善经济调节、严格市场监管的同时，更加注重社会管理和公共服务。二是中央和地方政府要按照职能转变的要求，突出各自的管理和服务重点。三是要进一步理顺部门职责关系，合理界定政府部门的职责，做到权力与责任对等，避免职能交叉重叠。

《意见》指出，深化政府机构改革，要按照精简统一效能的原则和决策权、执行权、监督权既相互制约又相互协调的要求，紧紧围绕转变职能和理顺职责关系，探索实行职能有机统一的大部门体制，进一步规范机构设置，优化组织结构，完善行政运行机制。主要有四个方面的任务：一是深化国务院机构改革；二是推进地方政府机构改革；三是精简和规范各类议事协调机构及其办事机构；四是加快事业单位分类改革。此外，在深化机构改革的同时，必须严格机构编制管理，加快推进机构编制管理的法制化进程。

64.政府信息公开条例

2007年1月17日，国务院常务会议通过《中华人民共和国政府信息公开条例》（以下简称《条例》），《条例》自2008年5月1日起施行。这是我国政府行政管理理念和方式的一次重大变革，标志着我国各级政府将迈入信息公开的新时期。

《条例》共5章38条，分总则、公开的范围、公开的方式和程序、监督和保障、附则。《条例》对我国政府信息公开的范围和主体、方式和程序、监督和保障等内容作出了全面、系统的规定，明确了政府及其部门进行信息公开的法定义务。制定这一条例，旨在保障公民、法人和其他组织依法获取政府信息的权利，提高政府工作的透明度，促进依法行政，充分发挥政府信息对人民群众生产、生活和经济社会活动的服务作用。这是一部政府加强依法行政，加强自身建设的重要法律制度。

《条例》规定，行政机关对符合下列基本要求之一的政府信息，应当主动公开：一、涉及公民、法人或者其他组织切身利益的；二、需要社会公众广泛知晓或者参与的；三、反映本行政机关机构设置、职能、办事程序等情况的；四、其他依照法律、法规和国家有关规定应当主动公开的。行政机关应当按照上述要求，确定主动公开政府信息的具体内容。同时，为了保证主动公开的要求能够落到实处，根据县级以上各级人民政府及其部门、乡（镇）人民政府的工作职责，《条例》还分别规定了其应当重点公开的政府信息。

《条例》规定,除涉及国家秘密、商业秘密、个人隐私和国家法律法规明确规定不允许公开的信息外,所有政府信息都应当向社会公开。这表明,政府信息以公开为原则、不公开为例外。

《条例》规定,行政机关公开政府信息应通过以下一种或几种方式及时予以公开:一、政府综合门户网站;二、政府新闻发布会以及报刊、广播、电视、互联网等新闻媒体;三、在有关行政机关主要办公地点、部分公共场所等地设立公共查阅室、资料索取点、信息公开亭、公开栏、电子屏幕、电子触摸屏等设施;四、在各级国家档案馆、公共图书馆设置政府信息查阅场所,并配备查询设施、软硬件设备等。

《条例》规定,行政机关依申请提供政府信息,除可以收取检索、复制、邮寄等成本费用外,不得收取其他费用。行政机关不得通过其他组织、个人以有偿服务方式提供政府信息。

《条例》规定,各级人民政府应当加强对政府信息公开工作的组织领导。各级人民政府及县级以上人民政府部门应当建立健全本行政机关的政府信息公开工作制度,并指定机构负责本行政机关政府信息公开的日常工作。

《条例》颁布后,各省、自治区、直辖市和国务院各部门积极采取了各种措施,加强政府信息公开工作。

65.深化医药卫生体制改革公开征求民众意见

2006年6月30日,国务院决定成立以国家发展改革委、卫生部牵头,财政部、人力资源和社会保障部等16个部门参加的深化医药卫生体制改革部际协调工作小组,负责研究医药卫生体制改革的总体思路和政策措施。在此后两年多的时间里,工作小组深入各地进行了大量实际调研,广泛听取各方意见;先后对改革基本方向和总体框架、国家基本药物制度、公立医院管理体制和机制等重点难点问题进行专题讨论;委托世界卫生组织、北京大学等国内外知名机构,开展独立平行研究,并进行比较论证,召开了研讨会;同时在网上公开征集建议方案。在此基础上,反复讨论,几易其稿,起草形成《关于深化医药卫生体制改革的意见》初稿。2008年10月14日,中共中央国务院发布《关于深化医药卫生体制改革的意见(征求意见稿)》(以下简称《意见》),公开向社会征求意见,征求意见时间为一个月。

征求意见稿分6个部分,共24节,集中体现了党的十七大精神,始终贯穿公共医疗卫生公益性这条主线,既注重顶层设计,比较系统地提出了医药卫生体制改革的方向、目标、基本原则和主要措施,强调了深化医药卫生体制改革的重要性、紧迫性和艰巨性,又立足当前,从解决群众反映强烈的"看病难、看病贵"问题着手,提出了近期抓好的五项改革:加快推进覆盖城乡的基本医疗保障制度建设,建立国家基本药物制度,健全基层医疗卫生服务体系,促进基本公共卫生服务均等化,推进公立医院改革试点。其总体目标是:到2020年,基本建立覆盖城乡居民的基本医疗卫生制度,为群众提供安全、有效、方便、价廉的医疗卫生服务,实现人人享有基本医疗卫生服务。其主要任务是:建设覆盖城乡居民的公共卫生服务体系、医疗服务体系、医疗保障体系和药品供应保障体系,努力建立协调统一的医药卫生管理体制、高效规范的医药卫生机构运行机制、政府主导的多元卫生投入机制、科学合理的医药价格形成机制、严格有效的医药卫生监管体制、可持续发展的医药卫生科技创新机制和人才保障机制、实用共享的医药卫生信息系统,建立健全医药卫生法律制度。

这次向社会公开征求意见,在一个月的时间内,共收到各类建议和意见近3.6万条。有关专家认为,这是中国推进医改前所未有的大手笔,充分体现了政府决策的谨慎、科学和民主。同时,《意见》吸纳各界建议进行完善,对"民声"作出了切实回应。如针对农民工、老年人等群体反映强烈的医保关系接续和异地就医报销问题,《意见》中特别增加了"以城乡流动的农民工为重点积极做好基本医疗保险关系转移接续,以异地安置的退休人员为重点改进异地就医结算服务"的内容。征求意见过程中,对基本药物定价和供应方式争议较多,中国医药企业管理协会曾就基本药物制度提出"十四条建议",认为"统购统销"的做法违背市场规律。这次修改中,《意见》将"基本药物由国家实行招标定点生产或集中采购,直接配送"改为"基本药物实行公开招标采购,统一配送",将"统一制定零售价"改为"国家制定基本药物零售指导价格,在指导价格内,由省级人民政府根据招标情况确定本地区的统一采购价格"。有关专家认为,这些修改更加尊重市场经济规律,这是政府倾听社会各方意见的切实行动。征求意见中,许多医务人员觉得"不解渴",对医务人员的权益几乎没有提及,感觉不到激励。为此,修改后的《意见》中增加了保护医务人员合法权益,完善医疗执业保险及医疗纠纷处理机制,开展医务社会工作,增进医患沟通等内容。在向全社会公开征求意见后,工作小组对各方反馈意见进行了认真梳理,本着尽可能吸收的原则对《意见》进行修改,共修改190余处。

2009年4月6日,中共中央、国务院《关于深化医药卫生体制改革的意见》全文正式公布。把基本医疗卫生制度作为公共产品向全民提供,实现人人享有基本医疗卫生服务,这是我国医疗卫生事业发展从理念到体制的重大变革。

抑制药价虚高是新医改要集中解决的问题。为此,《意见》提出抑制药价虚高的五项措施:一是合理调整政府管理价格的范围。二是配合国家基本药物制度的建立,合理制定基本药物价格。三是切实加强流通环节药品差价率的管理。四是在医疗机构实行药品差别加价。五是原研药和仿制药价格的衔接。

根据《意见》，2009—2011年重点抓好五项改革：一是加快推进基本医疗保障制度建设，二是初步建立国家基本药物制度，三是健全基层医疗卫生服务体系，四是促进基本公共卫生服务逐步均等化，五是推进公立医院改革试点。推进五项重点改革，旨在着力解决群众反映较多的"看病难、看病贵"问题。推进基本医疗保障制度建设，将全体城乡居民纳入基本医疗保障制度，切实减轻群众个人支付的医药费用负担。建立国家基本药物制度，完善基层医疗卫生服务体系，方便群众就医，充分发挥中医药作用，降低医疗服务和药品价格。促进基本公共卫生服务逐步均等化，使全体城乡居民都能享受基本公共卫生服务，最大限度地预防疾病。推进公立医院改革试点，提高公立医疗机构服务水平，努力解决群众"看好病"问题。

66.中共中央办公厅、国务院办公厅关于加强和改进村民委员会选举工作的通知

村民委员会选举，是我国民主在农村最广泛的实践形式之一。近年来，村民委员会选举工作在全国各地农村深入开展，对保障村民实行自治、发展农村基层民主发挥了重要作用。但也应看到，有的地方村民委员会选举竞争行为不规范，贿选现象严重，影响了选举的公正性；有的地方没有严格执行村民委员会选举的法律法规和相关政策，影响了村民的参与热情；有的地方对村民委员会选举中产生的矛盾纠纷化解不及时，影响了农村社会稳定。为进一步做好村民委员会选举工作，保障村民委员会选举的公正有序，保障村民享有更多更切实的民主权利，推动农村经济平稳较快发展，确保农村社会和谐稳定，2009年4月，经党中央和国务院同意，中办、国办发出《关于加强和改进村民委员会选举工作的通知》（以下简称《通知》），就进一步做好村委会选举工作提出了新要求。

《通知》强调，要充分认识加强和改进村委会选举工作的重要意义。不断加强和改进村民委员会选举工作，进一步完善选举各项程序，做深做细做实选举各个环节，有利于保障村民依法直接行使民主权利，发展农村基层民主；有利于密切党群干群关系，维护农村社会和谐稳定；有利于调动亿万农民群众建设社会主义新农村的积极性、主动性和创造性，推动农村全面建设小康社会进程。要认真研究解决目前选举工作中存在的问题，把以直接选举、公正有序为基本要求的村民委员会选举实践进一步推向深入。

《通知》指出，要切实加强村民委员会选举前的各项准备工作。一要加强选举领导机构和工作机构。二要加强选举教育和培训工作。三要加强选举方案制定工作。四要加强村级财务审计工作。

《通知》要求，要依法规范村民委员会选举程序。一要规范村民选举委员会产生程序。

二要规范村民委员会成员候选人提名方式。三要规范候选人的竞争行为。四要规范投票行为。

《通知》指出,要扎实做好村民委员会选举后续工作。一是扎实做好新老村民委员会交接工作。二是扎实做好新当选村民委员会成员培训工作。三是扎实做好村务公开和民主管理制度健全工作。四是扎实做好村民委员会成员合法权益保障工作。

《通知》要求,要坚决查处村民委员会选举中的贿选等违法违纪行为。对于村民委员会选举中的贿选行为,要坚决制止和查处。对选举工作人员违法违纪行为,要加大查处力度。

《通知》要求,要加强对村民委员会选举工作的领导。一是要健全和落实领导责任制。二是要认真做好群众来信来访工作。三是要加大对村民委员会选举的监督力度。四是要加强对村民委员会选举工作的舆论引导。

67.新闻发布会和新闻发言人制度

我国的新闻发布制度,起源于我国外交部的新闻发布会。20世纪60年代,时任国务院副总理兼外交部长陈毅曾举行过精彩的中外记者招待会。我国改革开放以来,政府新闻发布工作有了明显的进步。

1982年3月26日,外交部召开第一次新闻发布会,此后逐渐确立起定期的新闻发布制度。1983年4月23日,中国记协首次向中外记者介绍国务院各部委和人民团体的新闻发言人,正式宣布我国建立新闻发言人制度。

2003年以来,以"非典"为代表的突发事件,使我国政府机构充分认识到及时发布权威信息对维护社会正常秩序的意义。2003年12月16日,中国国务院新闻办公室一年一度的新年招待会上,政府首次将各部委各自的新闻发言人介绍给新闻媒体,并公布他们的联系方式。

从2003年起,上海、重庆、广州、成都、深圳等大中城市的市政府,以地方立法形式,颁布了各自的政府信息公开规定。其中,建立新闻发布制度、定期召开新闻发布会,成为规章中规定的信息公开形式之一。到2004年底,国务院新闻办、国务院部门和省级政府三个层次的新闻发布体制已基本建立,62个国务院部门建立了新闻发布制度,并设立了75位发言人。全国有23个省(自治区、直辖市)建立了新闻发布制度,有20个已设立了省级政府发言人。

2004年,国务院44个部门举办了约270场新闻发布会,28个省(自治区、直辖市)召开了460多场新闻发布会。2004年12月28日,国务院75位新闻发言人的名单和联系方式首次向社会公布。时任国务院新闻办公室主任的赵启正宣布,今后每年都将公布新闻发言人及其工作机构的通讯方式,国家安全部、国防部等少数尚未确定新闻发言人的部门，国务院新闻办也将尽快确定并公之于众。这是在全国广泛建立信息公开制度的前奏。

2005年，国务院新闻办共举办了68场新闻发布会，这是自2003年以来，国务院新闻办新闻发布会数量连续第三年稳步上升，也是自1993年来数量最多的一年。国务院各部门和各省区市的新闻发布工作2005年也上了一个新台阶，举办的新闻发布会数量均为历年来最高。据不完全统计，2005年，外交部、教育部、卫生部、公安部等51个国务院有关部门以本部门名义召开了390场新闻发布会；北京、黑龙江、上海、广西壮族自治区、重庆等31个省区市组织举办了630场发布会。国务院新闻办、国务院各部门和省级人民政府三个层次共举办新闻发布会1088场。2005年，我国31个省区市中，27个省区市已建立了此项制度；国务院近70个部门建立了这一制度，设立了80多位新闻发言人。

到了2008年，我国举办新闻发布会数量再次创历史之最。不包括2008年奥运会期间举办的300多场新闻发布活动，2008年国务院新闻办公室（以下简称"国新办"）、中央各部门和各省区市政府三个层次举办的新闻发布会的总数已达1587场，大大超过了往年。2008年国新办共举办了83场新闻发布会，是历史上数量最多的一年。此外，党中央国务院各部门共举行新闻发布会521场，各省区市人民政府新闻办公室共举行新闻发布会983场。

密度高、时效强、权威性突出的新闻发布活动，及时回应了国内外公众的关注，满足了公众知情权，也为媒体记者更加客观、准确地报道中国提供了便利。

2008年国新办还围绕国际社会关注的重大问题，先后发表了《中国的法治建设》、《中国的药品安全监管状况》、《中国应对气候变化的政策与行动》和《西藏文化的保护与发展》四部白皮书。至此，国新办自1991年以来共发表了59部白皮书，阐述了中国政府在有关重大问题上的政策主张和原则立场。

新闻发布会和新闻发言人制度的实施，极大地提升了政府工作的透明度，使政务信息更为公开透明，已经成为政府与群众之间的有效沟通渠道。

68.县级大部制改革的富阳模式

2008年国务院机构改革明确了大部制改革的方向，通过实行职能有机统一的"大部门体制"，进一步优化部门间协调配合机制。在国务院大部制改革的带动下，地方政府也开始大部制改革的探索。其中，浙江富阳市在改革中创建的"神变形不变"的专委会制度，被称为县级大部制改革的富阳模式。

长期以来，我国县域的公共权力运行有三个缺陷。一是部门过多，分割过细，资源配置非常分散。而且每个部门站在自己角度来决定自己的工作内容，从而造成决策公共性的缺失。二是由于部门分割过多，造成了部门的力量过散，影响决策的执行力。三是权力的制约也比较散，监督的权威性不够。2009年，浙江富阳市确定政府基建项目197项，计划总投资135.62亿元，其中2009年计划投资41.89亿元，然而2008年全市财政总收入45.07亿元，其中地方可用资金仅为21.6亿元。这些可用资金既要确保政府的日常机构运转，又要确保基本的民生改善，留给政府基本建设的资金屈指可数。不仅如此，仅有的这点财力还几乎全部分散在各个部门，成为"部门财政"、"碎片型财政"，政府无法进行统一的调度，形成了"部门代替政府、屁股指挥脑袋"的局面。

正是出于对这种缺陷的认识，2007年初，中共富阳市委出台了《关于建立市四套班子重大事项协调运作机制的意见（试行）》和中共富阳市委、市政府《关于建立和完善市政府工作推进运作机制的意见（试行）》，把四套班子分工负责与合作共事结合起来，把现代政府统筹整合理念与现有的部门分工体系有机地结合起来。这套机制，富阳把它称为"5+15"运作机制。"5"，指从四套班子层面，建立工业化战略推进领导小组、城市化战略推进领导小组、作风建设领导小组、决策咨询委员会、监督管理委员会5个机构。其中3个领导小组是市委重大事项议事机构，只议事不决策，决策权仍由市委常委会或市委常委扩大会议乃至四套班子联席会议行使。决策咨询委员会是全市重大事项的决策咨询机构，由人大、政协牵头，市内外专家组成。监督管理委员会整合全市各类体制内外监督资源，实现事前事中事后全过程、全方位监管。"15"，指从政府层面建立15个专门委员会（以下简称"专委会"），即建立计划统筹委员会、规划统筹委员会、公有资产管理运营委员会、土地收储经营委员会、体制改革委员会、社会保障委员会、工业经济委员会、环境保护委员会、重大工程建设委员会、城乡统筹委员会、社会事业发展委员会、现代服务业发展委员会、招商委员会、信息化工作委员会、运动休闲委员会。"专委会"是富阳市政府的统筹协调执行机构，它不是一个有形的大部门，而是按照职能有机统一的思路，把各部门中的相同相近职能梳理出来，整合归类组成。

富阳用"神变形不变"来概括自己所进行的大部制改革。其原因就是其"专委会制度"是在基本不动机构、不动人员的情况下，通过把分散在部门中的决策权有机地收归到"专委会"，让部门真正成为执行机构而实现的。

据介绍，富阳的"专委会制度"有以下几个方面的好处：一是以软件创新促进硬件提升。富阳市设立的"专委会制度"，其核心是政府职能的整合归类。"专委会"的机构是虚拟的，并没有涉及政府机构的调整和人员的增减，只是在机制上进行了创新，对交叉重叠的政府职能进行了整合，跳出传统的部门设置，体现了统筹整合的理念，较好地避免了过去机构改革"精减—膨胀—再精减—再膨胀"的弊端。二是实现体制内决策、执行、监督的既相互协调又相互制约。富阳市的15个"专委会"可分成统筹决策、执行、监督三类，体现了决策、执行、监督相协调，形成了较为完整的系统。三是逐步消除了部门权力的利益化。政府对分散在各个部门的政府资金、资产、资源进行集中管理、统一调度,最大限度地增强政府的可用财源。彻底改变过去按基数逐年递增切块给部门的做法,统一编制政府大预算,资金一律不通过部门拨付,由财政直接集中拨付,减少中间环节。

69.县级大部制改革的顺德模式

2009 年 8 月,广东启动省市县政府机构改革,以探索大部门体制为主攻点,进一步转变政府职能,理顺政府机构之间的职责关系,并将深圳市、佛山市顺德区、广州市和珠海市作为行政管理体制创新试点。在新中国迎来 60 华诞之际,"改革明星"顺德又一次承担了历史使命。顺德大部制改革,把 41 个党政机构大刀阔斧地调整到 16 个部门,其力度之大,创新之多,被外界称为"石破天惊"。

2002 年前,顺德一直是中国县域经济发展排头兵,但是后来,顺德无论在经济实力、还是城镇化进程等方面都落后于江苏昆山、江阴、张家港等城市。究其原因,是行政权限限制了顺德,是"人大衣小,束缚了手脚伸展"。顺德的经济社会发展进入了重要的转型期,率先发展遇到了一系列深层矛盾和问题,比如在经济高起点上如何探索继续发展的空间和动力。顺德的商业力量之强大,足以对政府形成倒逼机制,逼使其顺应市场经济的要求,约束政府的行为机制,做该做的事,不做不该做的事。

广东顺德作为佛山市的一个区,行政级别虽然只相当于一个县,但考虑到其经济比较发达,中央赋予该区地级市的管理权限。

在这次大部制改革中创出的顺德模式,有三个最大的亮点。

一是党政统合的组织架构。将党政机构进行统筹考虑,将原有的 41 个机构,大规模地整合为 16 个机构:其中党委 6 个,政府 10 个。党的部门包括党委办公室、纪检委、政法委、宣传部、组织部、社会工作部;政府部门包括发展规划和统计局、经济促进局、教育局、民政宗教和外事侨务局、公安局、司法局、财税局、人力资源和社会保障局、国土城建和水利局、文体旅游局、卫生和人口计划生育局、政务监察和审计局、市场安全监管局、环境运输和城市管理局、办公室。在新设立的市场安全监管局,整合原来政府 8 个管理市场和安全的机构,将原来的 8 个大盖帽,整合为 1 个,包括工商、质检中央垂直管理的部门。

二是按照决策相对集中、执行专业、监督独立的思路,重组党政权力结构。其主要做法是,建立有党委、政府、人大、政协四套领导班子成员参与的重大问题决策联动机制,设立区政务委员制度,区政务委员也参与联动决策过程;打破传统的党委、政府领导分管模式以及副秘书长配合工作的模式,16 个大部门,均有党委的副书记、政府的副市长或常委中的一个领导人分管，使16个部门能够快速地执行党政的重大决策，减少了层次，提高了效率。

三是确立了扁平化、高效率的党政运作模式。有关专家认为，以大部制改革为重点的政府组织结构调整，要跳出政府的行政圈，统筹考虑党委、政府、人大的机构设置，结构优化。顺德的大部制统合模式，有很强的操作性，在党政难以真正分开的情况下，顺德模式是最经济、最有效的一种县级党政管理运作模式。

县级大部制改革的广东顺德模式，是党政统合联动的大部制。这种党政统合的大部制高效率运作模式，不单是政府部门间的撤并，而是在构建大规划、大经济、大建设、大监管、大文化、大保障的思路下进行党政部门的整合。

据介绍，顺德大部制改革的核心是转变政府职能。推行"大部制"改革，不能只停留在做简单的加减法，而是要进行"同类项合并"，实现党政职能有机整合的"化学反应"。这次顺德的党政机构整合优化，不仅是顺德历史上机构"瘦身"幅度最大的一次，也是全国县级党政机构改革中缩减整合力度最大的。其中政府机构10个，大大低于广东省提出的"由县级市改设的区设24个以内"的机构数限额。构建大规划、大经济、大建设、大监管、大文化、大保障等的工作格局，解决了过去部门分设过细、职能重叠、多头管理、部门间"耍太极"和"踢皮球"的问题，通过部门整合，变部门之间协调为部门内部协调，减少了协调工作量，提高了执行力和服务效能。中共顺德区委强调，减少机构并不是改革的核心问题，"根本目的是更好地向服务型政府转变，让老百姓办事更方便"。从根本上厘清政府、市场和社会三者的关系，最大限度地释放社会生产力，走出机构改革"精简、膨胀、再精简、再膨胀"的怪圈。

70.县级大部制改革的深圳模式

2009年8月，广东启动省市县政府机构改革，以探索大部门体制为主攻点，进一步转变政府职能，理顺政府机构之间的职责关系，并将深圳市作为行政管理体制创新试点之一。2009年7月，深圳市出台《深圳市综合配套改革三年（2009—2011年）实施方案》，明确要求理顺部门行政管理与综合执法的事权关系，合理配置市、区、街道事权，完善大部门管理体制，提高电子政务水平；深化行政层级改革，加快功能区、管理区体制改革，整合街道办事处、社区工作站行政管理资源，缩短管理链条。上述行政改革的思路与举措，成为深圳随后推进大部制改革的指导思想。

2009年8月，深圳市正式启动以大部制改革为内容的机构改革。从具体改革内容来看，这次深圳机构改革坚持"小政府、大部制"的原则，从政府决策权、执行权、监督权相对分离与相互制衡的原则出发,重构政府的部门设置。大部制改革后的政府部门,统一分为委、局、办三类:一、"委"承担制定政策与规划,设定标准、监督执行的职能。改革之后共设立了7个委,包括发展和改革委员会、科技工贸和信息化委员会、财政委员会、规划与国土资源委员会、交通运输管理委员会、卫生和人口计划生育委员会、人居环境委员会。二、"局"主要承担行政执行和监管的职能。局的调整幅度较大,除了原公安局、教育局、民政局、司法局、审计局、口岸办、台办7个部门保持不变之外,新成立人力资源和社会保障局、文体旅游局、市场监督管理局等部门。三、"办"负责协助市长办理专门事项,不具有独立行使行政管理职能。

2011年12月,深圳启动的第七轮行政体制改革,提出以决策、执行、监督适度分离的改革理念,作为提升政府决策监督力度和执行效率的具体举措。决策机构负责研究、拟定相关行业与领域中长期发展战略、法规规章、行业政策,监督和协调政策执行情况;政府执行体系负责执行决策机构制定的各项政策法规,监管职责范围内的事项,为民众、企业、社会提供公共服务;政府监督体系加大审计、监察机构的独立性和监督力度,发挥人大常委会、政协、社会各界、新闻舆论等主体的监督作用。深圳按照"撤一建一"的原则,将科技工贸和信息化委员会分解为经济贸易和信息化委员会和深圳市科技创新委员会两个部门,同时不再将农业和渔业局并入经济贸易和信息化委员会。改革后,深圳市政府部门精简12个(由46个调整为34个),政府部门人员编制净减492名,其中公务员编制356名,雇员136名。局级干部编制几乎减少了1/4。

在市级大部门制改革前后,深圳在推进"新区"体制的同时也进行了区级大部制的试点。深圳市先后将原先的宝安区和龙岗区加以分解,设置光明、坪山、龙华、大鹏4个"新区",统归市政府直接领导。这样,深圳的行政区划出现"6个行政区+4个新区"的基本格局。新区设有新区党工委和新区管理委员会,作为市委市政府的派出机构,全面负责辖区内的经济发展、城市建设和管理以及社会事务管理的相关事务,但不设新区人大和新区政协。在具体部门设置上,这些新区也体现出大部制特点,如光明新区政府内设14个局(办),市公安、规划国土、市场监管、税务、社保、交委、烟草7个市直部门在新区设立派驻机构。上述部门实现了党政群三位一体,总数控制在21个,不仅远远低于市级政府机构数量,也远低于同级行政区部门数量(深圳区级政府的党、政、群部门总数约在40—45个)。

71.深化干部人事制度改革规划纲要

党中央高度重视干部人事制度改革。改革开放以来,我国干部人事制度改革取得了重大进展。2000年6月，中共中央办公厅印发了《深化干部人事制度改革纲要》，有力地推进了新时期各级领导班子和干部队伍建设。但也要看到，干部人事工作中一些深层次矛盾和问题还没有得到根本解决，新情况新问题也不断出现。为适应新形势新任务的需要，进一步推进干部人事制度改革，根据党的十七大和十七届四中全会的有关部署和要求，2009年，中共中央办公厅发布《2010—2020年深化干部人事制度改革规划纲要》（以下简称《规划纲要》）。《规划纲要》提出了今后10年深化干部人事制度改革的指导思想、基本目标、重点突破项目和整体推进任务，并对统筹推进国有企事业单位人事制度改革、加强对干部人事制度改革中长期问题的研究探索、加强对干部人事制度改革的领导提出了明确要求。《规划纲要》是中央下发的第二个专门规划部署干部人事制度改革的纲领性文件。

《规划纲要》包括基本目标和方针原则、党政干部制度改革、国有企业人事制度改革、事业单位人事制度改革、加强对干部人事制度改革的领导五方面内容。

《规划纲要》强调，按照加强党的执政能力建设和先进性建设的要求，坚持党管干部原则，坚持德才兼备、以德为先用人标准，坚持民主、公开、竞争、择优方针，坚持科学化、民主化、制度化方向，解放思想、勇于创新，着力解决领导班子和干部队伍建设中的关键问题、干部人事工作中的重点难点问题和干部群众反映强烈的突出问题，树立坚定信念、注重品行、科学发展、崇尚实干、重视基层、鼓励创新、群众公认的正确用人导向，提高选人用人公信度，把各方面优秀人才集聚到党和国家事业中来，为实现全面建设小康社会奋斗目标提供坚强组织保证。

《规划纲要》提出，要通过坚持不懈的努力，逐步形成广纳群贤、人尽其才、能上能下、公平公正、充满活力的中国特色社会主义干部人事制度。广纳群贤，就是要创新识人选人用人育人机制，努力形成群贤毕至、人才辈出的生动局面。人尽其才，就是要因事择人、量才任职，把最优秀的干部选配到最关键的岗位上去，让能干事者有机会、干成事者有舞台。能上能下，就是要建立健全干部退出机制，做到职务能升能降、待遇能高能低、身份能官能民，使干部队伍的新老交替、优进绌退制度化。公平公正，就是要保证选人用人的标准、程序、方法公平公正，公道正派地选拔干部，不让老实人吃亏，不让投机钻营者得利。充满活力，就是要与时俱进地推进干部人事制度改革创新，永不僵化、永不停滞。这20个字是中国特色社会主义干部人事制度改革目标的核心要求，是衡量改革成效的重要标准。

《规划纲要》提出了"四个坚持"的原则要求。一是坚持党管干部原则。二是坚持德才兼备、以德为先用人标准。三是坚持民主、公开、竞争、择优的改革方针。四是坚持科学化、民主化、制度化方向。

《规划纲要》确定了今后10年干部人事制度改革的11个重点突破项目。中央认为，这些重点项目抓住了当前干部群众最关注、反映最强烈的问题，是文件最重要、最管用的部分，但真正突破要花很大力气。要对这些重点项目逐项分析研究，分解任务，把《规划纲要》提出的原则要求具体化为可直接操作的办法，花大力气抓好落实，以重点项目突破带动干部人事制度改革整体推进。主要包括：一、规范干部选拔任用提名制度。二、健全促进科学发展的党政领导班子和领导干部考核评价机制。三、推行差额选拔干部制度。四、加大竞争性选拔干部力度。五、逐步扩大基层党组织领导班子成员公推直选范围。六、坚持和完善从基层一线选拔干部制度。七、建立健全干部职务与职级并行制度。八、健全调整不适宜担任现职干部制度。九、探索建立拟提拔干部廉政报告制度。十、深入整治用人上的不正之风。十一、实行干部工作信息公开制度。为了鼓励干部在熟悉的岗位上安心工作，更好地调动干部的积极性，《规划纲要》对建立健全职务与职级并行制度提出了原则要求。要对此进行深入研究，适时制定出台相关办法。

《规划纲要》要求在抓好以上重点突破项目的同时，要统筹推进、全面落实各项改革任务。一是整体推进党政干部制度改革，抓好干部选拔任用、考核评价、管理监督、激励保障4个机制建设，把《规划纲要》提出的具体改革措施落到实处。二是统筹推进国有企事业单位人事制度改革。三是把解决当前问题与研究探索中长期问题结合起来，加强对干部人事制度改革全局性、前瞻性、基础性问题的研究，增强工作的预见性。

《规划纲要》强调加强对干部人事制度改革的领导。一是落实领导责任。各级党委和政府要高度重视干部人事制度改革，切实把这项工作摆上重要议事日程。二是鼓励探索创新。三是坚持稳妥有序推进。四是加强舆论引导。五是搞好阶段性评估。

《规划纲要》是指导今后10年干部人事制度改革的行动纲领，要按照中央要求，切实加强对改革的组织领导，既积极探索创新，又稳妥有序推进。

72.村务公开和民主管理"难点村"治理

近年来，在各级党委、政府的领导下，村务公开和民主管理工作的领域不断拓展，载体不断丰富，制度化、规范化、程序化水平进一步提高。但是，工作中还存在一些问题和不足，农民群众还有不满意的地方。有的村级组织不健全，领导班子软弱涣散，村干部能力不强；有的政策法规不落实，村务不公开、半公开或假公开，村务管理不民主现象长期存在；有的村干群关系紧张，经济社会发展滞后，等等。据不完全统计，全国共有3万多个这样的"难点村"，约占行政村总数的6%。"难点村"大多表现为经济发展慢、民主管理弱、民生服务少、社会风气坏、社会治安差、矛盾纠纷多、村级运转困难。"难点村"虽然是少数，但如不及时解决，势必影响村务公开和民主管理工作整体水平的提高，势必影响农村经济社会又好又快发展。

为深入贯彻落实党的十七大和十七届三中全会精神,经全国村务公开协调小组研究决定,从2009年至2011年,在指导做好村务公开和民主管理面上工作的同时,开展"难点村"专项治理,力争用三年的时间,使现有"难点村"面貌发生根本性转变。2009年2月,中央纪委、中央组织部、中央农村工作领导小组办公室、监察部、民政部等12部门发布《关于开展村务公开和民主管理"难点村"治理工作的若干意见》(以下简称《意见》)。同年7月,又制定了开展村务公开和民主管理"难点村"治理工作计划。全国村务公开协调小组印发了村务公开和民主管理"难点村"治理工作宣传提纲。

《意见》指出,开展村务公开和民主管理"难点村"治理工作,要以解决村民群众最关心最直接最现实的利益问题为切入点,以村级组织建设为重点,以健全和完善村务公开和民主管理制度为着力点,保障村民群众的合法权益,促进农村社会和谐,推动农村经济社会又好又快发展。

《意见》指出,治理"难点村"要实现四项目标要求:一是提高农村基层干部群众民主法制素质。二是健全并落实村务公开和民主管理制度。三是加强农村基层组织建设。村党组织的领导核心作用明显发挥,村委会能够履行法定职责,在村党组织领导下,积极协助乡镇政府开展工作。四是促进各项工作。党在农村的各项方针政策得到贯彻落实,农民群众反映强烈的突出问题得到有效解决,村内各项事业得到发展,群众生活水平稳步提高,干群关系和谐,社会稳定,村风文明。

《意见》指出,治理"难点村",要坚持五条主要原则:一是坚持治理工作与促进农村科学发展相结合。二是坚持发扬民主,走群众路线。三是坚持从实际出发,分类指导。根据本地区农村经济社会发展的实际情况,有针对性地提出具体的治理方案和治理方法,对症下药,有什么问题就解决什么问题,什么问题突出就重点解决什么问题,不搞一刀切,确保治理工作取得成效。四是坚持上下结合,综合治理,标本兼治。五是坚持制度建设,着力形成长效机制。

《意见》指出,治理"难点村"的主要任务有五项:一是加强农村基层组织建设,解决村级组织软弱涣散、村干部能力不强的问题。二是完善村务公开和民主管理制度,解决村务不公开、管理不民主的问题。三是加强农村党风廉政建设,解决群众反映强烈的突出问题。四是帮助发展农村经济和社会事业,解决"难点村"经济和社会发展长期落后的问题。五是强化农村社会管理,消除可能引发农村社会不稳定的因素。

《意见》强调,"难点村"治理工作任务繁重,责任重大,各地区各部门要在党委和政府统一领导下,把治理工作列入重要议事日程,切实抓紧抓好。

经过各级组织和广大干部群众的共同努力,"难点村"治理工作取得了明显成效。3年前全国排查出的 13000 多个村务公开民主管理"难点村"得到有效治理。许多地方针对不同类型的"难点村",采取不同措施,注重从基础抓起,很好地解决了"难点村"普遍存在的无人管事、无钱办事、无章理事等方面的问题。

73.江苏沛县村级事务"1+5管理法"

村级事务管理是农村社会管理的主要组成部分,也是农村社会管理的关键和基石。村级事务是村民的事务,村民事务的管理需要通过村民自治来实现。

近年来,江苏省沛县推行的村级事务"1+5管理法",正是创新社会管理的体制机制建设的有益尝试。村级事务"1+5管理法"中的"1",是指一个核心,即村级党组织的领导;"5"是指由大家协同参与村级事务管理的提议、商议、决议、执行、监督五个环节。就是在村级党组织领导下,大家通过提议、商议、决议、执行、监督五个环节决定村级重大事项,解决村级重大问题。村级事务"1+5管理法"的提出,这一民主制度性的程序设计,缘起于沛县栖山镇胡楼村农民协商民主建设新社区的实践。

栖山镇胡楼村是沛县第一个实行"1+5"民主议事决策机制的村庄。胡楼村辖6个自然村,共650余户、2700多人,占地面积977亩,散居着308户村民。随着孩子的长大,翻盖新房成为村民迫切的需求。但是按照新农村建设的要求,已经不允许在原来的宅基地上翻盖新房了。于是,集中居住、集中盖房的念头在几个头脑活络的村民中达成共识,村民们向村委会提交了迁村并居的提案。村党支部接到提案后,感觉到这是一条既符合新农村建设要求,又能满足群众生活需求的建议。于是,村党支部决定利用这次机会,引导农民积极参与新农村建设的规划、实施和管理的全过程,建设适合农民生产生活实际需要的新住房。村两委召集村民代表、党员代表组成民主议事会,充分听取群众意见,精心规划,形成了迁村并居的可行性议案。之后将议案拿到村民代表大会上,村党支部仔细地向全体村民代表报告议案的动因、事项和前景,与会代表大多数举手同意,于是形成了胡楼村迁村并居的决议。村委会一班人带领群众自主迁村、自主选房、自主选人、自主购物、自主施工,很快一幢幢新房拔地而起,村民们高兴地迁入新居。

2009年以来,沛县在胡楼村试点成功的基础上,推动"1+5"民主议事决策机制在全县383个村(居)委会全面施行。为确保"1+5"工作法的顺利推广,沛县编印了《基层民主政治建设资料汇编》下发各村(居),指导村民自治工作的开展,内容包括"1+5"工作法实施办法及民主决策、民主管理和民主监督的各项规章制度,村务公开目录,党建、村委会和社区服务的相关内容。围绕民主监督,沛县创新"三资四化"工作机制,对"三资"实行民主化、服务化、网络化、公开化管理,增强了集体资金、资产、资源的管理意识和村干部的廉洁自律意识。全县初步形成产权明晰、权责明确、经营高效、管理民主、监督到位的管理体制和运行机制，集体"三资"管理水平全面提升，有力促进了农村经济社会又好又快发展。沛县将"1+5"民主议事决策机制的运用情况纳入县、镇、村"法治沛县建设"考核内容同部署、同检查、同考核，并通过健全档案资料，利用"七簿一册"规范好台账资料，指导村级民主决策，有效促进了机制规范运行。

推行"1+5"民主议事决策机制以来，村干部找到了推动发展的方法和途径，党员、群众参政议政的热情全面激发，有力推动了全县经济社会和谐稳定发展。据了解，目前，该县村民民主意识、参与基层自治的积极性明显提高，村民自治的参与度明显上升。

74.党政领导干部选拔任用责任追究制度

2010年3月，中共中央办公厅印发了《党政领导干部选拔任用工作责任追究办法（试行）》（以下简称《责任追究办法》），并为此发出通知，要求各地区各部门认真贯彻执行。

健全党政领导干部选拔任用责任追究制度，是深入贯彻落实党的十七大和十七届四中全会精神，进一步匡正选人用人风气、提高选人用人公信度的重要举措。《责任追究办法》的颁布实施，对于促进各级党政领导干部提高认真执行《党政领导干部选拔任用工作条例》及相关政策法规的自觉性，严格依规照章办事；对于防止用人失察失误，严肃处理干部选拔任用工作中的违规违纪行为，深入整治用人上的不正之风；对于进一步提高干部选拔任用工作的科学化、规范化水平，进一步深化干部人事制度改革，不断提高选人用人质量，切实加强各级领导班子和干部队伍建设，都具有重要意义。通知要求，各级党委（党组）及纪检监察机关、组织人事部门，要按照《责任追究办法》的要求，切实履行职责，强化监督检查，完善举报措施，严格责任追究，发挥制度应有的作用。

通知提出，为健全干部选拔任用工作监督机制，切实加强对干部选拔任用工作全过程的监督，经中央领导同志同意，中央组织部制定了《党政领导干部选拔任用工作有关事项报告办法（试行）》、《地方党委常委会向全委会报告干部选拔任用工作并接受民主评议办法（试行）》、《市县党委书记履行干部选拔任用工作职责离任检查办法（试行）》。这3个试行办法与《责任追究办法》配套衔接，共同构成事前要报告、事后要评议、离任要检查、违规失责要追究的干部选拔任用监督体系。各地区各部门要在认真贯彻执行《责任追究办法》的同时，一并抓好上述3个试行办法的贯彻落实，切实提高干部选拔任用监督工作水平。

《责任追究办法》共计20条内容。主要规定了党政领导干部选拔任用工作中党委、组织部门等相关部门的具体责任、追责方式等方面内容。

《责任追究办法》主要着眼于惩戒与教育警示相结合,抓住了目前干部选任中的薄弱环节,针对性、可操作性非常强,可以说新意迭出,最大的亮点是破解了以往干部选拔任用工作中存在的责任主体界定不清、责任情形划分不明、违规失责难以追究等突出问题,为全面落实干部选拔任用工作责任追究制提供了实际有效的法规依据。在实际操作上做到了"三个明白"。一是明白了追究谁。《责任追究办法》划分了5类责任主体:党委(党组)主要领导或者有关领导、组织人事部门主要领导和有关人员、干部考察组负责人和有关人员、纪检监察机关有关领导和人员、有关领导干部和人员。这5类对象,既涵盖了介入干部选拔任用工作、具有一定职责权限、能够对干部选拔任用结果产生影响的各类主体,同时又突出了负重要责任的党委(党组)主要领导和组织(人事)部门主要负责同志这一重点。二是明白了谁追究。《责任追究办法》对此作了明确规定。一是党委(党组);二是纪检监察机关;三是组织人事部门。由这三个部门按照职责权限及时进行追究。三是明白了咋追究。《责任追究办法》主要规定了组织处理、纪律处分和法律处置等3种追究方式。

《责任追究办法》的出台,充分体现了党中央对匡正选人用人风气、提高选人用人公信度的坚决态度。制度的执行力决定制度的约束力。好的制度,关键在执行。对4个法规文件,各级党委(党组)及有关机关和部门要认真贯彻、严格执行、深入落实,真正做到有章必依、执行必严、违规必究,用铁的纪律保证选人用人风清气正。

75.黑龙江佳木斯"五环工作法"

2010年4月,佳木斯市委市政府决定在全市乡镇深入推行"五环工作法"。

所谓"五环工作法",就是乡镇党委和政府立足于改进领导和工作方式,以"群众参与提建议、党委科学定决策、政府实施干实事、社会监督评优劣、组织考核问实效"为核心内容,抓住"提、定、干、评、考"五个关键环节,全面规范乡镇党委和政府的工作职能、议事规则、办事程序,融决策、管理、监督、考评于一体,建立相互配合、相互制约、相互促进、环环相扣的工作运行机制。

推行"五环工作法",要遵循以下四条原则:一是坚持服务大局、促进发展的原则。二是坚持尊重民意、扩大民主的原则。三是坚持改进工作、公开绩效的原则。四是坚持完善机制、长效发展的原则。

"五环工作法"的主要内容:一是群众参与提建议,包括收集民情、汇总整理、分析提议、处理反馈四个环节。二是党委科学定决策。乡镇党委要充分发挥总揽全局、协调各方的作用,集思广益,科学决策。主要做法和要求是确定议题、调研论证、征求意见、会议决定。三是政府实施干实事。乡镇政府要实施项目化管理，把党委的每项决策作为一个项目，实施工程化推进。主要做法和要求是制定方案、专项推进、协调调度、定期报告。四是社会监督评优劣。乡镇党委、政府要拓宽渠道，加强对项目实施的全程监督。主要做法和要求是及时公开、阶段质询、视察调研、结果评价四项要求。项目完成后，党委召开评议测评大会，组织党代表、人大代表、政协委员和部分村民代表对重点项目实施情况、群众关心的热点难点问题解决情况进行民主评议和满意度测评。要把评议测评结果作为评价部门和干部工作实绩的重要依据。五是组织考核问实效。乡镇党委要成立由书记任组长的考核领导小组，加大对决策执行情况的考核力度。主要做法和要求是科学定标、跟踪督查、严格考核、综合运用。要把考核结果作为领导班子建设和党员干部选拔任用、培养教育、奖励诫勉的重要依据，对重点项目建设成效显著的部门和领导干部，给予表彰奖励；对重点项目考核未达标的领导班子和领导干部，予以通报批评、诫勉谈话或进行组织调整。考核结果和奖惩情况要通过广播电视、政务公开栏、政府网站等多种方式向社会公布。

推行"五环工作法"的保证措施：一是加强领导，精心组织。县（市）区委要把推行"五环工作法"工作纳入农村党建年度目标考核内容，加强组织领导，精心研究实施方案，明确工作目标，提出具体要求，强化指导推进。乡镇党委要从本地实际出发，完善推进措施，按照步骤和程序，因事制宜地组织实施。县乡党组织要定期召开专题会议，研究解决工作中出现的新情况、新问题，确保把推行"五环工作法"工作任务落到实处。二是完善机制，规范运作。要建立健全民情日记、民意征询会、民情恳谈会等制度，使党委决策符合群众利益和政策要求；要建立健全决策论证、反复酝酿、重大事项票决等制度，使党委决策具有科学性和操作性；要建立健全责任追究、专项推进、定期调度、阶段汇报等制度，使党委决策得到高效率、高质量落实；要建立决策公开、实施过程公开、考核结果公开、视察调研、民主评议、跟踪考核等制度，使党委政府工作始终处于群众的有效监督之下，努力构建以章理事、以制治乡的工作格局。三是搞好衔接，整体推进。要积极探索，大胆实践，搞好"五环工作法"与民主治村模式"八步工作法"的有效衔接。对通过民主治村模式汇集的重要民情民意和群众反映的热点难点问题，村党组织要及时向乡镇党委反馈；对党委作出的重大决策，村党组织要采取"八步工作法"，动员和聚集村民力量，及时抓好落实，促进乡村基层民主建设同步发展，整体推进。四是强化宣传，营造氛围。要充分利用报纸、广播、电视、网络等媒体，采取党员干部进村入户讲解、召开座谈会、发放宣传单、播放"五环工作法"电教片等形式，广泛宣传推行"五环工作法"的重要意义和目标任务，调动广大群众参政议政的积极性，努力营造浓厚氛围。要深入挖掘和提炼总结基层的鲜活经验，突出培育民主管理的亮点，大力宣传和推广保障人民当家作主权利的典型，以点带面，推动农村基层民主建设深入发展。

实践证明，推行"五环工作法"是推进民主型、服务型、法制型乡镇党委和政府建设的重要途径和方法，有利于发展完善党领导下的基层民主，提高党的民主执政和依法执政能力，巩固党在农村的执政地位；有利于贯彻落实科学发展观，提高领导发展和服务发展能力，加快建设社会主义新农村；有利于创新改进工作方式，提高科学决策能力和政策执行能力，转变工作作风，强化机关效能；有利于提高为民办事和服务群众的能力，密切党群干群关系，建设和谐社会。

76.村务监督委员会

2004年，浙江省武义县后陈村选举产生的村务监督委员会，是全国农村成立的第一个村务监督委员会。

武义县后陈村地处城郊，2000年以来，村里陆续被征用约1000多亩土地，村集体能支配的征地款有1900余万元。然而，当时，村民对村级财务不公开、管理混乱深感不满，连续上访，干群关系紧张，连续两任村主要干部受到查处。一次关于1000万元土地补偿款怎么使用和分配的意见分歧，再次加剧了村民对村干部的"不信任"。2003年下半年，后陈村成立了由村民代表组成的财务管理小组，每笔财务支出，都要张贴在村办公楼围墙外，任何人都能看到。后陈村自发加强村财务管理的做法引起了县委关注，县纪委牵头各部门，进驻后陈村调研，指导后陈村召开村民代表会议，按照"一个机构、两项制度"的架构，选举产生村务监督委员会。"一个机构"，即村民委员会；"两项制度"，即村务管理制度和村务监督制度。监委会受村民代表会议委托独立行使村务监督权，对村民代表会议负责并报告工作。村监委会由主任、副主任和成员根据村委会的总人数由3—7人组成，其中主任1名，副主任1—2名，委员2—4名，与村委会同届。监委会根据各村实际情况，可下设村务公开、财务、重点工程、治保安全、环境卫生等监督小组，组长一般由监委会成员担任。

2004年6月18日，全国第一个"村务监督委员会"（以下简称监委会）在浙江省武义县后陈村选举产生。当时监委会在《村民委员会组织法》等法律法规上无章可循，曾遭到法律上和可行性上的双重质疑。4天后，6月22日，中共中央办公厅、国务院办公厅联合发出了《关于健全和完善村务公开和民主管理制度的意见》。文件要求，要强化村务管理的监督制约机制，设立村务公开监督小组。这一文件的发布，为监委会的设立提供了依据。

民主监督是村民自治的重要环节。武义县后陈村的村务监督委员会制度是一项民主监督制度创新，它是农村治理危机、农民自主行为和地方政府主动推动等多种力量共同作用的结果，既促进村民自治和基层民主，又有利于农村社会和谐与发展。

2010年10月，《村民委员会组织法》经十一届全国人大常委会第十七次会议修订发布，其中第三十二条明确规定："村应当建立村务监督委员会或者其他形式的村务监督机构，负责村民民主理财，监督村务公开等制度的落实。"从此，全国农村越来越多的村民委员会建立起村务监督委员会，或者其他形式的村务监督机构。例如，浙江、陕西两省，2009年底，全省行政村全部成立了村务监督委员会。北京市和山东、吉林等省，2011年底，全面建立农村村务监督委员会。

77. 广东陆丰"乌坎事件"

2011年9月，在广东省陆丰市乌坎村，因土地问题而引发了一起官民冲突和群体性事件，即"乌坎事件"。

冲突导火索与当地港籍侨商陈文清有关。陈文清祖籍乌坎，1962年到香港定居，是香港东隆海外集团公司董事长，是广东省第七、第八届政协委员，连续四届当选为汕尾市政协委员。此次引发冲突的，即是陈文清开办养猪场所用的500亩土地。这块被陈文清称为"征用"的土地，租期20年，已于2010年到期但并未归还。村民多年来一直通过各种渠道反映土地问题，都未获解决。

2011年9月21日，有村民看到房地产企业"碧桂园"的铲车等机械设备开进村内，怀疑土地承租人陈文清与村干部勾结，在村民不知情的情况下，将该土地转手他人，并流传"碧桂园"为此支付7亿元补偿。村民遂聚集到村委会门口讨说法。村民认为自己丝毫没有分享到村内土地租用的补偿收益，十分不满。数百名村民拉着"有集体签名"的横幅到村委会、派出所和市政府反映情况，要求"归还祖先地"，期间村民一度激愤，砸坏了警车、村委会、陈文清经营的餐厅，并与民警发生冲突。

2011年9月24日，乌坎村村民选出13位代表与陆丰市政府、东海镇政府协商。按照协商结果，村民代表要求查清乌坎村土地买卖、换届选举情况，并公开村务、财务；陆丰市政府同意由市领导带队组成市、镇两级工作组，从9月26日起进村调查村民提出的问题。11月17日，陆丰市纪委决定对乌坎村原党支部书记薛昌、村委会原主任陈舜意立案查处。11月21日，乌坎村4000多村民参加游行，从乌坎村一直行进到陆丰市政府。他们的主要诉求，是彻查乌坎村村委会选举和土地交易中的违规现象。12月9日，乌坎村村民庄烈宏、薛锦波等五人因参与9月21日、22日事件，先后被陆丰市公安机关刑拘。12月11日，汕尾、陆丰二级公安机关出面清理了路障，并缴获了一批阻车钉板、刀具、木棍等。

2011年12月14日，汕尾市委、市政府举行乌坎事件媒体见面会，表示收回404亩事件所涉用地，通过征求规划部门和村民意见后再进行新的开发，并充分保障村民的利益。12月21日，广东省委工作组进驻陆丰，倾听民众诉求。广东陆丰乌坎事件迎来转机。

2011年12月9日下午，汕尾市政府举行新闻发布会，汕尾市委书记、陆丰市委书记、陆丰市长向多家媒体通报了乌坎村事件的处置情况，乌坎村村民提出的财务审计问题、土地问题、选举问题和扶贫助学等五项合理诉求已全部得到落实。12月30日，乌坎村原党支部书记薛昌、村委会原主任陈舜意等，被查证存在违纪侵占村集体资产的行为。2012年4月23日，广东省工作组专项小组通报了乌坎村原村两委（村党支部和村委会）干部涉嫌违纪违法问题的调查处理情况。乌坎原党支部书记薛昌、村委会原主任陈舜意均被开除党籍，并分别收缴两人的违纪所得18.92万元、8.6万元。原村党支部委员、村委会出纳邹钗留党察看一年，收缴违纪所得12.86万元。

2011年12月28日，广东省驻乌坎村工作组认定，乌坎村2011年2月的第五届村委会换届选举整体无效。工作组将尽快组织开展村委会重新选举工作。

2012年1月15日，乌坎村召开党员大会，组建乌坎村党总支部。林祖恋被任命为乌坎村党总支书记、村委会重新选举筹备小组组长。2月1日，乌坎村选举产生了张水妹、洪天彬等11名乌坎村村民选举委员会成员。2月11日，乌坎村举行推选村民代表和选举村民小组长大会，选出109名村民代表和7名村民小组组长。2月29日，乌坎村村民纷纷自荐报名，为参选村委会成员登台演讲，介绍自己参选的理由和承诺。3月3日，乌坎村举行村委会海选，重新选举村民委员会。

"乌坎事件"是近年来中国内地发生的标志性群体性事件。"乌坎事件"的处理方式，其可贵之处在于将"党政维稳"与"民众维权"比较有效地统一起来，而不是将两者机械地对立起来。在群体性事件发生后，由于当地政府积极介入和进行信息公开，并建立了比较有效的社会协商对话机制，将民众维权放到了非常重要的位置，从而比较成功地化解了社会矛盾，避免了公共权力简单化处置甚至暴力应对的倾向。该事件对矛盾凸显期的中国社会管理创新与维稳模式转型带来深层次的启示，也为各级党委和政府的社会协商对话机制建设和风险管理，进而对和谐社会建设提供了相对典型和成功的样本。民政部有关领导表示，2011年9月份发生在广东省陆丰市乌坎村的事件，已经成为我国农村基层民主政治建设过程当中的一个典型案例。

78.工资集体协商

1994年7月5日，八届全国人大常委会第八次会议通过了《中华人民共和国劳动法》（以下简称《劳动法》）。《劳动法》第三十三条、三十四条、三十五条、八十四条、九十七条,对集体合同的主体、内容、订立程序、审查、生效条件、效力、争议处理和无效时的赔偿责任作了明确的规定,为我国推行集体合同制度提供了最基本的法律规范。同年12月5日,我国劳动部发布了《集体合同规定》。该规章包括总则、集体合同签订、集体合同审查、集体合同争议处理、附则五章,共41条,对集体合同制度各个方面的内容作了比较全面、具体的规定。自1995年起,集体合同制度在全国各地大力推行。

2000年11月8日,劳动和社会保障部发布《工资集体协商试行办法》(以下简称《试行办法》)。凡在我国境内的企业依法开展工资集体协商,签订工资协议,都适用这个办法。《试行办法》包括总则、工资集体协商内容、工资集体协商代表、工资集体协商程序、工资协议审查、附则,共6章26条。制定这一《试行办法》的目的,是为了规范工资集体协商和签订工资集体协议的行为,保障劳动关系双方的合法权益,促进劳动关系的和谐稳定。

所谓工资集体协商,是指职工代表与企业代表依法就企业内部工资分配制度、工资分配形式、工资收入水平等事项进行平等协商,在协商一致的基础上签订工资协议的行为。《试行办法》明确规定,订立集体合同的,工资协议作为集体合同的附件,与集体合同具有同等效力,任何一方不得擅自变更或解除工资协议。《试行办法》规定,工资集体协商一般包括工资协议的期限,工资分配制度、标准和分配形式,职工年度平均工资水平及其调整幅度,奖金、津贴、补贴等分配办法,工资支付办法,变更、解除工资协议的程序,工资协议的终止条件以及工资协议的违约责任等。集体协商确定职工年度工资水平,应符合国家有关工资分配的宏观调控政策,并综合参考当地政府发布的工资指导线、本地区城镇居民消费价格指数等。

《试行办法》同时明确,工资集体协商代表职工一方由工会代表,未建工会的企业需由职工民主推举且半数以上同意的代表。企业代表由法人或法人指定的人员担任。协商双方享有平等的建议权、否决权和陈述权,任何一方不得采取过激、威胁、收买、欺骗等行为。职工代表的合法权益受法律保护,企业不得对其采取歧视性行为,不得违法解除或变更其劳动合同。

《试行办法》对工资集体协商程序也作了明确规定。同时强调,工资协议签订后,应报送劳动保障部门审查。经同意后,协商双方应将已生效的工资协议向本方全体人员公布。工资集体协商一般一年进行一次。

2011年1月,中华全国总工会制定了《2011—2013年深入推进工资集体协商工作规划》(以下简称《工作规划》)。《工作规划》提出,从2011年起用3年时间,到2013年底,已建工会组织的企业80%以上建立工资集体协商制度,基本实现已建工会企业普遍开展工资集体协商,其中世界500强在华企业全部建立工资集体协商制度。在提高工资集体协商制度覆盖面的同时,不断增强工作的实效性。《工作规划》强调,要着力抓好区域性、行业性工资集体协商;着重抓好非公有制企业工资集体协商制度建设;切实抓好世界 500 强在华企业建制工作。

79.县乡两级人大代表换届选举城乡同票同权

1953 年,新中国制定第一部选举法,翻身的人们以写选票、投豆子等方式,选出了自己的代表,实现了人民当家作主的神圣权利。当时,这部法律规定全国人大代表的选举,各省按每 80 万人选代表 1 人、直辖市和人口在 50 万以上的省辖市按每 10 万人选代表 1 人。应当说,这一在选举上不同比例的规定是符合中国政治制度和当时实际情况的,是实现更为平等和完全平等的选举所完全必要的过渡。1953 年,时任政务院副总理的邓小平在关于《选举法》草案的说明中,曾就此专门指出:这些在选举上不同比例的规定,就某种方面来说,是不完全平等的,但是只有这样规定,才能真实地反映我国的现实生活,才能使全国各民族各阶层在各级人民代表大会中有与其地位相当的代表。

从我国第一部选举法公布实施到 1979 年之前,我国农村与城镇每一名人大代表所代表的人口比例为 8∶1。1979 年,全国人大常委会修订选举法时,将农村与城乡每一代表所代表的人口比例明确为全国 8∶1、省区 5∶1、州县 4∶1。1995 年,全国人大常委会再次修改选举法,将比例统一调整为 4∶1。

改革开放以来,随着城市化进程不断加速,我国的城乡社会结构发生了深刻的变化,我国城镇化率在 2009 年已接近 50%。步入新世纪之后,全国人大会议中,有代表多次提出议案,认为废除"四分之一条款"、还权于农的历史时机已经成熟,建议农村每一代表所代表的人口数两倍于或相等于城镇每一代表所代表的人口数。民间社会主张"同票同权"的呼声,渐趋高涨。2007 年,党的十七大报告正面回应了这一呼声,就人大代表产生的人口比例正式承诺:"建议逐步实行城乡按相同人口比例选举人大代表。" 2008 年,全国人大将选举法的修改纳入了立法计划。全国人大会议期间,新闻发言人姜恩柱在新闻发布会上表示,修改选举法,逐步实行城乡按相同人口比例选举人大代表,是有必要的。2009 年,全国人大常委会对选举法修正案草案已经进行了两次审议。修正案草案提出,实行城乡按相同人口比例选举人大代表,删除了农民在选举权上的"四分之一"条款,一步到位实行城乡按相同人口比例选举人大代表。

2010 年,十一届全国人大三次会议通过了修改后的选举法,明确实行城乡按相同人口比例选举人大代表这一重要原则。2012 年,十一届全国人大五次会议通过了《关于十二届全国人大代表名额和选举问题的决定》,规定十二届全国人大的代表将实行城乡按相同人口比例选举，按城乡约每67万人分配1个代表名额。据介绍，每67万人分配1名，是根据第六次全国人口普查数和2010年年底公安部公布的户籍人口数加权平均后作出的规定。选举结果表明，党政领导干部的比例比上届下降6.93%，来自基层的工农代表比上届提高5.18%，全国人大常委会委员选举差额比例扩大到8%。

实行城乡按相同人口比例选举代表，立法时的总要求包括三个层面：一是保障公民都享有平等的选举权，实行城乡按相同人口比例选举代表，体现人人平等；二是保障各地方在国家权力机关有平等的参与权，各行政区域不论人口多少，都有相同的基本名额，都能选举一定数量的代表，体现地区平等；三是保障各民族都有适当数量的代表，人口再少的民族，也要有一名代表，体现民族平等。此外，各方面代表性人物比较集中的地方，也应给予适当的照顾。平等是我国人大代表选举制度的核心原则之一。平等原则体现在选举制度中应包含两层意义：一是投票权平等，一人一票；二是代表名额分配从"同票不同权"到"同票同权"，传达了中国发展民主政治的坚定决心。从8比1、4比1到1比1，在城乡选举人大代表人口比例变化的背后，反映出的是中国城乡经济社会的历史变迁，是中国稳步推进社会主义民主法治的不懈努力。

正在审议的选举法修正案草案规定，全国人大代表名额，由全国人大常委会根据各省、自治区、直辖市的人口数，按照每一代表所代表的城乡人口数相同的原则，以及保证各地区、各民族、各方面都有适当数量代表的要求进行分配；草案对地方人大代表的选举也作了类似规定。这一重要修改，鲜明地体现了人人平等、地区平等和民族平等，有利于进一步调动全体人民的积极性和创造性，发展社会主义民主政治，统筹城乡发展和促进社会和谐。

全国人民代表大会首次实现"同票同权"，获评2013年"民主政治建设十大新闻"。

80.村民委员会选举规程

村民委员会选举是我国社会主义民主在农村最广泛的实践形式之一。1986年9月，中共中央、国务院下发《关于加强农村基层政权建设工作的通知》，对理顺农村基层政权建设中党、政、企关系作出明确规范。2012年11月，党的十八大对加强农村基层政权建设，进一步理顺政府行政管理和村民自治的关系提出了新的要求。

目前，全国有59万个村委会，选举产生村委会成员232万人。三年一度的村委会换届选举，已在广大乡村田野深深扎下根来。全国村委会换届选举的平均参选率达到95%以上，全国85%以上的村建立了村民代表会议制度。村民自治的实践，使广大农民实现了民主选举、民主决策、民主管理和民主监督。

为加强对村民委员会换届选举工作的指导，2013年5月，国家民政部印发《村民委员会选举规程》（以下简称《选举规程》），明确规范村民委员会的选举程序和场地要求，深入推进以直接选举、公正有序为基本要求的村民委员会选举工作实践。《选举规程》共设8章，包括村民选举委员会的产生、选举宣传、登记参加选举的村民、提名确定候选人、选举竞争、投票选举、选举后续工作、村民委员会成员的罢免和补选。《村民委员会选举程序》和《村民委员会选举场地要求》予以废止。

《选举规程》明确规定，村民选举委员会主持村民委员会的选举。村民选举委员会由主任和委员组成，由村民会议、村民代表会议或者村民小组会议推选产生，实行少数服从多数的议事原则。村民选举委员会的人数应当根据村民居住状况、参加选举村民的多少决定，不少于三人，以奇数为宜。户籍不在本村，在本村居住一年以上，本人申请参加选举的公民，经村民会议或者村民代表会议同意，也可参加选举。村民选举委员会成员被提名为村民委员会成员候选人的，应当退出村民选举委员会。村民选举委员会成员的变动，应当及时公布，并报乡级人民政府或者乡级村民委员会选举工作指导机构备案。村民委员会选举工作方案应当由村民会议或者村民代表会议讨论通过，并报乡级人民政府或者乡级村民委员会选举工作指导机构备案。

《选举规程》明确规定，村民选举委员会主要履行以下职责：制定村民委员会选举工作方案；宣传有关法律、法规和政策；解答有关选举咨询；召开选举工作会议，部署选举工作；提名和培训本村选举工作人员；公布选举日、投票地点和时间，确定投票方式；登记参加选举的村民，公布参加选举村民的名单，颁发参选证；组织村民提名确定村民委员会成员候选人，审查候选人参选资格，公布候选人名单；介绍候选人，组织选举竞争活动；办理委托投票手续；制作或者领取选票、制作票箱，布置选举大会会场、分会场或者投票站；组织投票，主持选举大会，确认选举是否有效，公布并上报选举结果和当选名单；建立选举工作档案，主持新老村民委员会的工作移交；受理申诉，处理选举纠纷等。

《选举规程》对选举宣传的内容和方式，对做好选民登记工作的各项要求，对如何提名确定候选人，对如何正确进行选举竞争、投票选举、选举后续工作、村民委员会成员的罢免和补选，都作出了明确具体的规定。

《选举规程》的发布，对于推进农村基层民主，密切党群、干群关系，建设社会主义新农村具有重要意义。

81.推进协商民主广泛多层制度化发展

社会主义协商民主是中国共产党和中国人民的伟大创造，源自中国共产党领导人民进行革命、建设、改革的长期实践。党的十八大和十八届三中全会深刻总结我国社会主义民主政治建设的经验和规律，作出健全社会主义协商民主制度、推进协商民主广泛多层制度化发展的重大战略部署。协商民主在我国具有深厚的文化基础、理论基础、实践基础、制度基础，为发展中国社会主义民主政治丰富了形式，拓展了渠道，增加了内涵。2013年11月15日，《中共中央关于全面深化改革若干重大问题的决定》（以下简称《决定》）发布，《决定》中指出要推进协商民主广泛多层制度化发展。

《决定》指出，要推进协商民主广泛多层制度化发展。协商民主是我国社会主义民主政治的特有形式和独特优势，是党的群众路线在政治领域的重要体现。在党的领导下，以经济社会发展重大问题和涉及群众切身利益的实际问题为内容，在全社会开展广泛协商，坚持协商于决策之前和决策实施之中。

《决定》要求构建程序合理、环节完整的协商民主体系，拓宽国家政权机关、政协组织、党派团体、基层组织、社会组织的协商渠道。深入开展立法协商、行政协商、民主协商、参政协商、社会协商。加强中国特色新型智库建设，建立健全决策咨询制度。

《决定》强调要发挥统一战线在协商民主中的重要作用。完善中国共产党同各民主党派的政治协商，认真听取各民主党派和无党派人士意见。中共中央根据年度工作重点提出规划，采取协商会、谈心会、座谈会等进行协商。完善民主党派中央直接向中共中央提出建议制度。贯彻党的民族政策，保障少数民族合法权益，巩固和发展平等团结互助和谐的社会主义民族关系。

《决定》进一步强调要发挥人民政协作为协商民主重要渠道作用。重点推进政治协商、民主监督、参政议政制度化、规范化、程序化。各级党委和政府、政协制定并组织实施协商年度工作计划，就一些重要决策听取政协意见。完善人民政协制度体系，规范协商内容、协商程序。拓展协商民主形式，更加活跃有序地组织专题协商、对口协商、界别协商、提案办理协商，增加协商密度，提高协商成效。在政协健全委员联络机构，完善委员联络制度。

2014年12月29日，中共中央政治局召开会议，审议通过《关于加强社会主义协商民主建设的意见》（以下简称《意见》）。2015年2月，中共中央印发了《意见》。《意见》明确了社会主义协商民主的本质属性和基本内涵，阐述了加强社会主义协商民主建设的重要意义、指导思想、基本原则和渠道程序，对新形势下开展政党协商、人大协商、政府协商、政协协商、人民团体协商、基层协商、社会组织协商等作出全面部署，是指导社会主义协商民主建设的纲领性文件。

《意见》明确指出，加强协商民主建设，必须坚持和完善我国根本政治制度和基本政治制度，以保证人民当家作主为根本，构建程序合理、环节完整的协商民主体系，推进协商民主广泛多层制度化发展。在基本原则方面,《意见》明确提出了"六个坚持",这是保证协商民主建设健康开展的"定海神针",管总、管全局、管方向,必须旗帜鲜明地坚持这些原则。同时,《意见》还对协商渠道和程序作出了明确的规定。各级党委要自觉坚持协商民主建设的这些"基本点",确保协商民主沿着正确轨道推进。

《意见》强调,加强协商民主建设,有利于扩大公民有序政治参与、更好实现人民当家作主的权利,有利于促进科学民主决策、推进国家治理体系和治理能力现代化,有利于化解矛盾冲突、促进社会和谐稳定,有利于保持党同人民群众的血肉联系、巩固和扩大党的执政基础,有利于发挥我国政治制度优越性,增强中国特色社会主义道路自信、理论自信、制度自信。

《意见》进一步规范了政党协商的形式,提出要完善政党协商的会议形式,包括专题协商座谈会、人事协商座谈会、调研协商座谈会等;完善了民主党派中央直接向中共中央提出建议制度,提出民主党派中央每年以调研报告、建议等形式直接向中共中央提出意见和建议,民主党派中央负责同志可以个人名义向中共中央和国务院直接反映情况、提出建议等;明确了加强政党协商保障机制建设的要求,主要包括健全知情明政机制,加强政府有关部门、司法机关与民主党派的联系,完善协商反馈机制,支持民主党派加强协商能力建设等。

《意见》最后强调,要加强和完善党对协商民主建设的领导。一是高度重视协商民主建设。二是建立健全党领导协商民主建设的工作制度。建立党委统一领导、各方分工负责、公众积极参与的领导体制和工作机制。三是要支持鼓励协商民主建设探索创新。协商民主建设是一个不断发展的过程。各级党委要加强领导和组织协调,鼓励探索创新,通过各种途径、各种渠道、各种方式进行广泛协商,建立健全提案、会议、座谈、论证、听证、公示、评估、咨询、网络、民意调查等多种协商方式。四是要营造协商民主建设良好氛围。

82.全国政协双周协商座谈会

全国政协召开的双周协商座谈会(简称"双周协商"),是我国发展协商民主的重要形式。

双周协商座谈会是对新中国成立初期就出现的双周座谈会的继承和创新。在政协第一至第四届全国委员会时期,双周座谈会曾是民主协商的重要形式之一。1950年3月,各民主党派、无党派民主人士联合发起,由参加政协全国委员会的中国共产党、各民主党派、各人民团体所派的代表及政协全国委员会常务委员为主体的时事政治座谈会。座谈会每两周举行一次。1955年4月15日举行的政协第二届全国委员会常务委员会第五次会议决定,双周座谈会改为不定期举行，由秘书长根据情况召集。1957年以后，双周座谈会改称各民主党派、无党派民主人士座谈会，共青团、妇联、工会等人民团体不再派代表参加。从1950年4月至1966年7月，全国政协共举行了114次座谈会，"文化大革命"开始后停止活动。2013年9月18日，在全国政协第六次主席会议上，主席团审议通过了《政协全国委员会双周协商座谈会工作办法（试行）》，使得"双周协商"这一参政议政重要渠道又重新出现在公众视野中。从双周座谈会到双周协商座谈会，名称增加了"协商"两个字，一是区别于历史上的双周座谈会，二是增加了协商民主的意味。参加双周协商座谈会的人数却大大减少。

党的十八大报告明确提出："要完善协商民主制度和工作机制，推进协商民主广泛、多层、制度化发展。""双周协商"是十二届全国政协贯彻党的十八大精神，进一步发展协商民主而建立的一项重要制度。全国政协委员是各党派、各团体和各族各界的代表性人物，很多委员享有很高的声誉，是相关领域的专家。搭建良好的协商平台，更好地发挥政协委员的参政议政作用，对于中国经济社会发展无疑具有重大的意义。"双周协商"正是一个发挥人民政协界别优势和委员专业特长的平台。座谈会每两周举行一次，每次有约20位委员参加，并以党外人士为主。通过邀请各界别委员尤其是民主党派成员、无党派人士座谈交流，对中国共产党制定的方针政策，共产党与各民主党派、各人民团体的关系，统一战线工作以及国内外时事政治等问题交换意见，能够实现沟通思想、增进共识、协调关系、凝心聚力的目的。

"双周协商"采取的是专题协商座谈会的形式，重点研究党和国家的重大关键性课题、研究涉及人民群众根本利益的战略课题，每次会议都要求所提建议突出务实性、可行性、前瞻性。2013年共举行五次双周协商座谈会，主题依次是：分析当前宏观经济形势；建筑产业化；发挥人民政协的界别优势，为维护职工群众切身利益、促进社会公平正义建言献策；深化科技体制改革、着力提升原始创新能力；加强汽车尾气治理、减少城市大气污染。参会人员主要是与专题座谈会主题相关界别的委员，其中大多数是相关领域的知名专家。为了确保协商效果、推动建言献策成果转化，每次双周协商座谈会都会邀请国家有关部门负责人听取意见，国家发改委、财政部、民政部、住建部、教育部等相关部委已成为"常客"。委员们在座谈会上所提的很多意见建议已被党中央、国务院及时采纳，推动了民主决策、科学决策。"双周协商座谈会开辟了政协委员和中央高层交流的直接通道。"全国政协常委李毅中深有感触地说。

双周协商座谈会作为全国政协新的协商形式，通过一年多的探索实践，已成为政协协商民主经常性平台和重要品牌。2014年，围绕产能过剩、大学毕业生就业环境、核电和清洁能源发展等问题，举办过19次协商活动，全部都是全国政协主席俞正声亲自主持。座谈会上委员们的意见如实快捷地报送给党中央、国务院，不少被采纳落实，效果很好。

2015年3月23日，全国政协在京召开双周协商座谈会，围绕"《促进科技成果转化法》的修订"协商讨论、建言献策。全国政协主席俞正声主持会议并讲话。座谈会上，16名全国政协委员和两位专家学者，围绕"《促进科技成果转化法》的修订"问题提出意见建议。全国政协副主席、科技部长万钢在座谈会上发言。科技部有关领导介绍了《促进科技成果转化法》修订的有关情况。

83.湖南衡阳贿选案

2012年12月28日至2013年1月3日，湖南省衡阳市召开十四届人大一次会议。在差额选举湖南省人大代表的过程中，发生了以贿赂手段破坏选举的严重违纪违法案件。经查明，衡阳市当时当选的76名省人大代表中，共有56人存在送钱拉票行为，涉案金额总计人民币1.1亿余元，人均送钱近200万元，这还不包括平时请客吃饭的钱。在全部参会的527名衡阳市人大代表中，有518人收受钱物。衡阳市人大的大会工作人员参与收受与分发钱物，68名大会工作人员收受钱款共计1001万元。包括时任衡阳市委书记、市人大常委会主任、纪委书记、组织部长在内的衡阳一批党员干部，在案件中严重失职、渎职、违纪，人数近500人。

2013年12月27日至28日，湖南省人大常委会召开全体会议，对在衡阳市十四届人大一次会议期间，以贿赂手段当选的56名省人大代表，依法确认当选无效并予以公告。衡阳市有关县（市、区）人大常委会分别召开会议，决定接受512名收受钱物的衡阳市人大代表辞职。随后，最高人民检察院经审查，湖南省政协原副主席童名谦在衡阳破坏选举案中失职渎职，涉嫌玩忽职守罪，依法决定对其立案侦查并采取强制措施，并对所有涉案人员依法依纪进行严肃处理。

2014年8月18日，北京市和湖南省检察机关对衡阳破坏选举案66案、69人依法提起公诉，北京市第二中级人民法院以及湖南省相关12家法院对全部被告人依法作出了相应判决。对此案负有第一责任的童名谦被开除党籍、开除公职，以玩忽职守罪被判处有期徒刑5年；衡阳前任市人大常委会主任胡国初，以玩忽职守罪、受贿罪被判处有期徒刑5年零6个月。此外，湖南省纪委分两批给予466人党纪政纪处分，其中处级以上干部近200人。涉案的500多名省、市人大代表已辞职或终止代表资格。

这是我国人大制度建立以来发生的最严重的破坏选举案件。这起案件发生在湖南省衡阳市，并非偶然。在衡阳市人大代表选举开始阶段，贿选开始冒头，有干部建议当时的衡阳市委书记、市人大换届领导小组组长童名谦立即采取措施，整肃选举秩序。对此，童名谦和市委采取的态度是：不听、不管、不查。在选举期间，贿选全线升级，有的省人大代表候选人向市委组织部和有关部门反映贿选问题，但市委还是没有行动，直至后来东窗事发。对于当时发生的问题，时任衡阳市纪委书记的肖斌及纪委主要领导其实很清楚，但就是视而不见、听之任之。2003年，衡阳贿选人大代表就开始露头，到2007年至2008年开始蔓延，直到2012至2013年演变成大面积、多层级的贿选行为。一些代表当上县代表时花了钱，因此给市代表候选人投票时也要收钱。在衡阳，一段时间选代表变成了官员和老板的"投资游戏"，形成了一条"投资回报"的利益链。衡阳破坏选举案的一个重要环节，是在确定代表结构时"狸猫换太子"，很多老板摇身一变成了"工人"、"农民"、"专业技术人员"等。列入省人大代表候选人的93人中，有44人为各色老板。这些老板大多以专业技术人员、工人、农民身份成为候选人。在衡阳当地一些老板的眼中，花钱当人大代表俨然是一种回报率很高的"投资"。

破坏选举案萌生的根子，出在衡阳当地政风不清、官风不正，官商沆瀣勾结，政治生态恶化。在衡阳市，不少干部群众后来谈到破坏选举案时说："破坏选举案就是一个大脓包，它是这么多年衡阳政治生态恶化、干部作风腐化的集中爆发。""在衡阳，只要你傍上了大官，事就好办；只要你肯花钱，为你办事的官就好找。"

对衡阳破坏选举案的严肃查处，海内外舆论一致认为，这充分反映了党中央惩治腐败的坚强决心。当地的一位老同志说："只要坚持用制度管权管事管人，让人民监督权力，让权力在阳光下运行，按习近平总书记的要求把权力关进制度的笼子里，衡阳就会有希望，湖南就会有希望，中国就会有希望。"

84.地方各级政府工作部门权力清单制度

推行地方各级政府工作部门权力清单制度，是党中央、国务院部署的重要改革任务，是国家治理体系和治理能力现代化建设的重要举措，对于深化行政体制改革，建设法治政府、创新政府、廉洁政府具有重要意义。近年来，一些地方在推行权力清单和相应责任清单方面进行了有益探索，取得了积极成效。为全面推进这项工作，2015年3月，中共中央办公厅、国务院办公厅印发了《关于推行地方各级政府工作部门权力清单制度的指导意见》（以下简称《指导意见》），并发出通知，要求各地区各部门结合实际认真贯彻执行。

《指导意见》提出，将地方各级政府工作部门行使的各项行政职权及其依据、行使主体、运行流程、对应的责任等，以清单形式明确列示出来，向社会公布，接受社会监督。通过建立权力清单和相应责任清单制度，进一步明确地方各级政府工作部门职责权限，大力推动简政放权，加快形成边界清晰、分工合理、权责一致、运转高效、依法保障的政府职能体系和科学有效的权力监督、制约、协调机制，全面推进依法行政。

《指导意见》明确，地方各级政府工作部门作为地方行政职权的主要实施机关，是这次推行权力清单制度的重点。依法承担行政职能的事业单位、垂直管理部门设在地方的具有行政职权的机构等，也应推行权力清单制度。

《指导意见》要求，地方各级政府对其工作部门经过确认保留的行政职权，除保密事项外，要以清单形式将每项职权的名称、编码、类型、依据、行使主体、流程图和监督方式等，及时在政府网站等载体公布。垂直管理部门设在地方的具有行政职权的机构，其权力清单由其上级部门进行合法性、合理性和必要性审核确认，并在本机构业务办理窗口、上级部门网站等载体公布。

根据《指导意见》，省级政府 2015 年年底前，市县两级政府 2016 年年底前要基本完成政府工作部门、依法承担行政职能的事业单位权力清单的公布工作。乡镇政府推行权力清单制度工作由各省（自治区、直辖市）结合实际研究确定。垂直管理部门设在地方的具有行政职权的机构权力清单公布，要与当地政府工作部门权力清单公布相衔接。

自 2013 年以来，浙江、广东、安徽等全国多省市已经开始试行公布权力清单。对于此次全国范围内推进权力清单工作，有关专家学者认为，全国统一部署，就是要使改革落实到地方。《指导意见》规定得很详细，尤其是突出了权力清单要有法律依据，明确了法律依据、权力主体、权力运行和对应的责任四部分内容。对于公布清单的工作程序，也从清权、确权、晒权、制权四个部分作了明确的指导，是一次可操作的改革部署。

85.关于加强和改进党的群团工作的意见

群团事业是党的事业的重要组成部分，党的群团工作是党治国理政的一项经常性、基础性工作，是党组织动员广大人民群众为完成党的中心任务而奋斗的重要法宝。工会、共青团、妇联等群团组织联系的广大人民群众是全面建成小康社会、坚持和发展中国特色社会主义的基本力量，是全面深化改革、全面推进依法治国、巩固党的执政地位、维护国家长治久安的基本依靠。

为更好发挥群团组织作用，把广大人民群众更加紧密地团结在党的周围，汇聚起实现"两个一百年"奋斗目标、实现中华民族伟大复兴中国梦的强大正能量，2015 年 7 月，中共中央发布《关于加强和改进党的群团工作的意见》（以下简称《意见》）。

《意见》指出，党的群团工作在新形势下仍存在许多不相适应的问题，主要表现在：有的地方和部门党组织对群团工作重视不够，对群团工作的特点和规律缺乏深入研究，对发挥群团组织作用缺乏有力指导和支持。群团组织基层基础薄弱、有效覆盖面不足、吸引力凝聚力不够，问题突出，特别是在非公有制经济组织、社会组织和各类新兴群体中的影响力亟待增强；有的群团组织工作和活动方式单一，进取意识和创新精神不强，存在机关化、脱离群众现象；群团干部能力素质需要进一步提高，作风需要改进。

《意见》指出，新形势下加强和改进党的群团工作具有重要性和紧迫性。在革命、建设、改革各个历史时期，党始终高度重视群团工作，加强群团组织建设，发挥群团组织特殊优势，团结带领广大人民群众共同为实现党在各个时期的历史任务而奋斗。新形势下，党的群团工作只能加强，不能削弱；只能改进提高，不能停滞不前。

《意见》指出，要坚定不移走中国特色社会主义群团发展道路。中国特色社会主义群团发展道路，是对党的群团工作长期奋斗历史经验的科学总结。这条道路是中国共产党开展群众工作、推进党的事业的伟大创造，是党领导群众实现共同梦想的历史选择，是群团组织与时俱进、发展壮大的必由之路。这条道路是中国特色社会主义道路的重要组成部分，其基本特征是各群团自觉接受党的领导、团结服务所联系群众、依法依章程开展工作相统一。新形势下加强和改进党的群团工作，必须坚持党对群团工作的统一领导，坚持发挥桥梁和纽带作用，坚持围绕中心、服务大局，坚持服务群众的工作生命线，坚持与时俱进、改革创新，坚持依法依章程独立自主开展工作。

《意见》指出，要加强党委对群团工作的组织领导。群团组织实行分级管理、以同级党委领导为主的体制，工会、共青团、妇联受同级党委和各自上级组织双重领导。地方党委要建立和完善研究决定群团工作重大事项制度。党委在每届任期内应该召开专门的群团工作会议。建立党委群团工作联席会议制度，协调解决问题，推动工作落实。建立党委群团工作考核制度，把群团工作成效作为考核党委领导班子和分管负责同志工作的重要内容。地方党委有关工作会议应该请工会、共青团、妇联等群团组织主要负责人参加或列席。把群团建设纳入党建工作总体部署。群团组织中的党组要充分发挥领导核心作用。领导干部要加强对群团工作理论政策的学习研究。加强群团工作学科建设，群团工作研究列入国家哲学社会科学研究规划。

《意见》认为，新形势下群团组织要重点在以下方面改革创新：一是推动群团组织团结动员群众围绕中心任务建功立业。群团组织要把深化改革开放、推动科学发展、促进社会和谐作为发挥作用的主战场，把工人阶级主力军、青年生力军、妇女半边天作用和人才第一资源作用，转化为促进经济社会发展的强大力量。二是推动群团组织引导群众自觉培育和践行社会主义核心价值观。群团组织要从所联系群众的实际出发，设计务实管用的载体，把社会主义核心价值观转化为生动活泼、特色鲜明、富有成效的群众性实践。三是支持群团组织加强服务群众和维护群众合法权益工作。群团组织服务群众要盯牢群众所急、党政所需、群团所能的领域，重点帮助群众解决日常工作生活中最关心、最直接、最现实的利益问题和最困难、最操心、最忧虑的实际问题。四是支持群团组织在社会主义民主中发挥作用。按照协商于民、协商为民的要求，拓宽人民团体参与政治协商的渠道，规范人民团体参与协商民主的内容、程序、形式。五是支持群团组织参与创新社会治理和维护社会稳定。群团组织是创新社会治理和维护社会和谐稳定的重要力量。要合理配置职能和资源，支持群团组织依法参与社会事务管理，把适合群团组织承担的一些社会管理服务职能按照法定程序转由群团组织行使；支持群团组织立足自身优势，以合适方式参与政府购买服务。六是推动群团组织改革创新、增强活力。完善群团组织代表大会制度和委员会制度，建立重大事项报告制度，代表和委员履职述职制度和直接联系群众、接受群众评议制度。

86.关于加强城乡社区协商的意见

城乡社区协商是基层群众自治的生动实践，是社会主义协商民主建设的重要组成部分和有效实现形式。当前，我国经济社会发生深刻变化，利益主体日益多元，利益诉求更加多样。社区是社会的基本单元，加强城乡社区协商，有利于解决群众的实际困难和问题，化解矛盾纠纷，维护社会和谐稳定；有利于在基层群众中宣传党和政府的方针政策，努力形成共识，汇聚力量，推动各项政策落实；有利于找到群众意愿和要求的最大公约数，促进基层民主健康发展。

目前，全国直接参与基层群众自治的农村人口达到6亿，城镇居民超过3亿，各地普遍建立了以村（居）民会议和村（居）民代表会议为主要载体的民主决策的组织形式，涉及村（居）民利益的重大事项，基本由村（居）民协商决定。同时，结合参与主体的情况和协商的具体事项，各地还探索了民情恳谈会、乡村论坛、社区议事会和民主听证会等多种协商形式，搭建起城乡居民参与公共事务和公益决策的平台。

2015年7月，中共中央办公厅、国务院办公厅印发《关于加强城乡社区协商的意见》（以下简称《意见》）。《意见》明确，到2020年，基本形成协商主体广泛、内容丰富、形式多样、程序科学、制度健全、成效显著的城乡社区协商新局面。

《意见》指出，加强城乡社区协商，要遵循以下基本原则：要坚持党的领导，把党的领导贯穿于城乡社区协商的各个环节，把党的领导地位体现在协商程序、协商环节之中，确保城乡社区协商正确的发展方向；要贯彻民主集中制，协商时既要依靠群众、发扬民主，广泛听取意见，又要坚持教育和引导群众，防止议而不决、决而不行，实现发扬民主和提高效率相统一；要坚持和完善基层群众自治制度，尊重城乡居民在协商中的主体地位，引导城乡居民广泛参与协商、自由表达真实意见，充分保障人民群众的知情权、参与权、表达权、监督权；要坚持依法协商、在法律法规许可的范围内组织城乡居民开展协商活动，保证协商成果合法有效；同时，还要注重坚持全过程协商和因地制宜，增强决策的科学性和实效性，防止社区协商流于形式，不断提升基层治理能力和治理水平。

《意见》明确了社区协商的主要任务：

一、明确协商内容。根据当地经济社会发展实际，坚持广泛协商，针对不同渠道、不同层次、不同地域特点，合理确定协商内容，主要包括：城乡经济社会发展中涉及当地居民切身利益的公共事务、公益事业；当地居民反映强烈、迫切要求解决的实际困难问题和矛盾纠纷；党和政府的方针政策、重点工作部署在城乡社区的落实；法律法规和政策明确要求协商的事项；各类协商主体提出协商需求的事项。

二、确定协商主体。基层政府及其派出机关、村（社区）党组织、村（居）民委员会、村（居）务监督委员会、村（居）民小组、驻村（社区）单位、社区社会组织、业主委员会、农村集体经济组织、农民合作组织、物业服务企业和当地户籍居民、非户籍居民代表以及其他利益相关方可以作为协商主体。涉及行政村、社区公共事务和居民切身利益的事项，由村（社区）党组织、村（居）民委员会牵头，组织利益相关方进行协商。涉及两个以上行政村、社区的重要事项，单靠某一村（社区）无法开展协商时，由乡镇、街道党委（党工委）牵头组织开展协商。人口较多的自然村、村民小组，在村党组织的领导下组织村民进行协商。专业性、技术性较强的事项，可以邀请相关专家学者、专业技术人员、第三方机构等进行论证评估。协商中应当重视吸纳威望高、办事公道的老党员、老干部、群众代表，党代表、人大代表、政协委员，以及基层群团组织负责人、社会工作者参与。

三、拓展协商形式。坚持村（居）民会议、村（居）民代表会议制度，规范议事规程。结合参与主体情况和具体协商事项，可以采取村（居）民议事会、村（居）民理事会、小区协商、业主协商、村（居）民决策听证、民主评议等形式，以民情恳谈日、社区（驻村）警务室开放日、村（居）民论坛、妇女之家等为平台，开展灵活多样的协商活动。推进城乡社区信息化建设，开辟社情民意网络征集渠道，为城乡居民搭建网络协商平台。

四、规范协商程序。协商的一般程序是：村（社区）党组织、村（居）民委员会在充分征求意见的基础上研究提出协商议题，确定参与协商的各类主体；通过多种方式，向参与协商的各类主体提前通报协商内容和相关信息；组织开展协商，确保各类主体充分发表意见建议，形成协商意见；组织实施协商成果，向协商主体、利益相关方和居民反馈落实情况等。对于涉及面广、关注度高的事项，要经过专题议事会、民主听证会等程序进行协商。通过协商无法解决或存在较大争议的问题或事项，应当提交村（居）民会议或村（居）民代表会议决定。跨村（社区）协商的协商程序，由乡镇、街道党委（党工委）研究确定。

五、运用协商成果。建立协商成果采纳、落实和反馈机制。需要村（社区）落实的事项，村（社区）党组织、村（居）民委员会应当及时组织实施，落实情况要在规定期限内通过村（居）务公开栏、社区刊物、村（社区）网络论坛等渠道公开，接受群众监督。受政府或有关部门委托的协商事项，协商结果要及时向基层政府或有关部门报告，基层政府和有关部门要认真研究吸纳，并以适当方式反馈。对协商过程中持不同意见的群众，协商组织者要及时做好解释说明工作。协商结果违反法律法规的，基层政府应当依法纠正，并做好法治宣传教育工作。

《意见》指出，县（市、区、旗）和乡镇、街道要进一步加大支持力度，通过村级组织运转经费保障机制等现有渠道，为城乡居民开展协商活动提供必要条件和资金。有条件的地方，经村（居）民会议或者村（居）民代表会议讨论决定，可以制定具体实施办法，对符合规定且受村（居）民委员会委托组织群众协商的人员，给予适当误工补贴，并按照村（居）务公开的要求予以公示。

87.关于加强政党协商的实施意见

政党协商是中国共产党同民主党派基于共同的政治目标，就党和国家重大方针政策和重要事务，在决策之前和决策实施之中，进行政治协商的重要民主形式。政党协商在协调推进全面建成小康社会、全面深化改革、全面依法治国、全面从严治党战略布局中具有独特优势和作用。加强政党协商，有利于扩大民主党派和无党派人士有序政治参与、畅通意见表达渠道，有利于增进政治共识、广泛凝心聚力，有利于促进科学民主决策、推进国家治理体系和治理能力现代化。无党派人士是政治协商的重要组成部分，参加政党协商。工商联是具有统战性的人民团体和商会组织，参加政党协商。

为贯彻落实2015年2月印发的《中共中央关于加强社会主义协商民主建设的意见》，进一步加强政党协商，2015年12月，中共中央办公厅印发《关于加强政党协商的实施意见》（以下简称《实施意见》）。《实施意见》就政党协商的指导思想、重要意义、主要内容、协商形式、协商程序、保障机制、加强和完善党对政党协商的领导等问题作出了明确规定。

《实施意见》明确，中共中央同民主党派中央开展政党协商的主要内容包括：中国共产党全国代表大会、中共中央委员会的有关重要文件；宪法的修改建议，有关重要法律的制定、修改建议；国家领导人建议人选；国民经济和社会发展的中长期规划以及年度经济社会发展情况；关系改革发展稳定等重要问题；统一战线和多党合作的重大问题。

《实施意见》明确，政党协商有三种协商形式；对协商的次数和程序同时作出了规定。一是会议协商。专题协商座谈会。由中共中央主要负责同志主持召开，就党和国家重要方针政策、事关全局的重大问题进行协商,一般每年4至5次。人事协商座谈会。由中共中央负责同志主持召开,就重要人事安排在酝酿阶段进行协商。调研协商座谈会。由中共中央负责同志主持召开,主要就民主党派中央的重点考察调研成果及建议进行协商,邀请有关部门参加,一般每年两次。其他协商座谈会。由中共中央负责同志或委托中共中央统战部主持召开,通报重要情况,听取意见建议。二是约谈协商。中共中央负责同志或委托中共中央统战部,不定期邀请民主党派中央负责同志就共同关心的问题开展小范围谈心活动,沟通情况、交换意见。民主党派中央主要负责同志可约请中共中央负责同志个别交谈,就经济社会发展以及参政党自身建设等重要问题反映情况、沟通思想。三是书面协商。中共中央就有关重要文件、重要事项书面征求民主党派中央的意见建议,民主党派中央以书面形式反馈。民主党派中央以调研报告、建议等形式直接向中共中央提出意见和建议。民主党派中央负责同志可以个人名义向中共中央和国务院直接反映情况、提出建议。

《实施意见》明确了政党协商的四大保障机制,确保协商质量。一是知情明政机制。有关部门应适时向民主党派中央直接提供有关材料。中共中央统战部定期组织专题报告会和情况通报会,邀请有关部门介绍情况。二是考察调研机制。中共中央每年委托民主党派中央就经济社会发展重大问题开展重点考察调研,由中共中央统战部组织实施。中共中央统战部每年召开选题介绍会,协助民主党派中央确定调研题目,协调有关部门参与调研,做好组织保障工作。支持民主党派中央结合自身特色开展经常性考察调研。三是工作联系机制。中共中央政治局常委、委员开展的国内考察调研以及重要外事、内事活动,可根据需要、经统一安排邀请民主党派中央负责同志参加。最高人民法院、最高人民检察院和国务院有关部门应加强同民主党派中央的联系,视情况邀请民主党派列席有关工作会议、参加专项调研和检查督导工作。四是协商反馈机制。需要办理的协商意见由中共中央办公厅会同中共中央统战部交付有关部门,办理情况一般在3个月内向中共中央办公厅报告,并抄送中共中央统战部,由中共中央统战部反馈民主党派中央。

88.中共中央印发《中国共产党统一战线工作条例(试行)》

统一战线,是指中国共产党领导的、以工农联盟为基础的,包括全体社会主义劳动者、社会主义事业建设者、拥护社会主义的爱国者、拥护祖国统一和致力于中华民族伟大复兴的爱国者的联盟。为加强和规范统一战线工作,巩固和发展爱国统一战线,根据《中国共产党章程》,2015年9月22日,中共中央正式颁布《中国共产党统一战线工作条例(试行)》(以下简称《条例》)。这是我们党关于统一战线工作的第一部党内法规。

《条例》全面贯彻党的十八大以来以习近平同志为总书记的党中央关于统一战线工作

的新思想新要求，明确了一系列重要理论观点和政策规定。《条例》共分总则、组织领导与职责、民主党派和无党派人士工作、党外知识分子工作、民族工作、宗教工作、非公有制经济领域统一战线工作、港澳台海外统一战线工作、党外代表人士队伍建设以及附则等10章46条，明确了统一战线服务"四个全面"战略布局的方向原则，规定了各领域统战工作的方针政策。

《条例》有六大亮点：

一是完善丰富了统一战线基础理论。《条例》对统一战线性质和地位作用作了新概括，对指导思想和主要任务、范围和对象作了新完善，强调要坚持正确处理一致性和多样性关系的方针。党的十八大以来，习近平总书记提出实现中华民族伟大复兴的中国梦，成为团结海内外中华儿女的最大公约数，拓展了统一战线团结奋斗的共同思想政治基础。《条例》将"致力于中华民族伟大复兴"写入统一战线性质，使其完善为"全体社会主义劳动者、社会主义事业建设者、拥护社会主义的爱国者、拥护祖国统一和致力于中华民族伟大复兴的爱国者的联盟"。《条例》强调，统一战线"是夺取革命、建设、改革事业胜利的重要法宝，是增强党的阶级基础、扩大党的群众基础、巩固党的执政地位的重要法宝，是全面建成小康社会、加快推进社会主义现代化、实现中华民族伟大复兴中国梦的重要法宝"，将我们党对统一战线地位作用的认识提升到新的高度，充分体现了以习近平同志为总书记的党中央对统一战线的高度重视。《条例》将"私营企业、外资企业的管理人员和技术人员"、"中介组织从业人员"、"自由职业人员"合并为"新的社会阶层人士"，还包括"新媒体从业人员"及今后可能出现的新群体。《条例》把正确处理一致性和多样性关系明确为统战工作方针，体现了统一战线的发展规律。

二是发展完善了民主党派和无党派人士工作的理论政策。《条例》将民主党派职能完善为"参政议政、民主监督，参加中国共产党领导的政治协商"，并对支持民主党派履行职能的内容、程序、形式等作了进一步规范。同时，将无党派人士定义完善为"没有参加任何政党、有参政议政愿望和能力、对社会有积极贡献和一定影响的人士，其主体是知识分子"。《条例》对民主党派和无党派人士职能和作用的规范，为民主党派和无党派人士履行职能、发挥作用确定了制度保障，有利于提高其参政议政、民主监督、参加中国共产党领导的政治协商的成效和水平。

三是明确了统一战线各领域工作的基本要求和方针政策。《条例》作为统一战线工作的总规范，明确了民主党派和无党派人士工作、党外知识分子工作、民族工作、宗教工作、非公有制经济领域统战工作、港澳台海外统战工作的基本要求、方针政策、主要任务、体制机制和方式方法等。《条例》对统一战线各领域工作的要求，既有刚性规定，也有一些原则性要求，使统战工作有章可循、有规可依。

四是明确了党外代表人士队伍建设的政策举措。《条例》用了一整章的篇幅,对党外代表人士队伍培养、使用、管理作了明确规定。《条件》强调,加强党外代表人士的发现储备,开展理论培训。在各级人大代表、人大常委会委员和人大专门委员会主任委员、副主任委员,省市两级地方政府领导班子,各级政协以及各级人民法院、人民检察院领导班子应当配备适当比例的党外干部。

五是深化了加强党对统战工作领导的职责要求。《条例》第一次对各级党委(党组)做好统战工作的职责作出全面规定,明确党委(党组)主要负责人是统战工作的第一责任人,党委(党组)领导班子成员要带头学习宣传和贯彻落实党的统一战线理论、方针、政策和法律法规,带头参加统一战线重要活动,带头广交深交党外朋友。

六是规范了统战部门履行职责、发挥作用的要求。统战部是党委主管统战工作的职能部门。《条例》将统战部门职能完善为"了解情况、掌握政策、协调关系、安排人事、增进共识、加强团结",并细化了主要职责。其中"增进共识、加强团结"是第一次写入统战部门职能。《条例》对统战工作机构的设置、干部配备以及统战部门与相关组织和部门的关系等作了明确规定。

统一战线作为党的总路线总政策的重要组成部分,是党凝心聚力、攻坚克难、夺取胜利的重要法宝。制定《中国共产党统一战线工作条例》,明确统一战线服务"四个全面"战略布局的方向原则,规定各领域统战工作的方针政策,既是贯彻落实党的十八届四中全会精神的重要举措,也是提高党的统战工作科学化水平的必然要求。《条例》立足党的工作全局,全面贯彻党的十八大以来以习近平同志为总书记的党中央关于统一战线的新思想新要求,吸收统战工作新经验新成果,注重研究解决新形势下统战工作面临的新情况新问题,坚持大团结大联合的主题,对推进统战工作制度化、规范化、程序化建设,对全面建成小康社会、加快推进社会主义现代化、实现中华民族伟大复兴中国梦,具有重要意义。

89.中共中央、国务院关于深入推进城市执法体制改革改进城市管理工作的指导意见

改革开放以来,我国城镇化快速发展,城市规模不断扩大,建设水平逐步提高,保障城市健康运行的任务日益繁重,加强和改善城市管理的需求日益迫切,城市管理工作的地位和作用日益突出。深入推进城市管理执法体制改革,改进城市管理工作,是落实"四个全面"战略布局的内在要求,是提高政府治理能力的重要举措,是增进民生福祉的现实需要,是促进城市发展转型的必然选择。为理顺城市管理执法体制,解决城市管理面临的突出矛盾和问题,消除城市管理工作中的短板,进一步提高城市管理和公共服务水平,2015

年12月，中共中央、国务院颁布《关于深入推进城市执法体制改革改进城市管理工作的指导意见》（以下简称《意见》）。

《意见》明确提出，要深入贯彻党的十八大和十八届二中、三中、四中、五中全会及中央城镇化工作会议、中央城市工作会议精神，以"四个全面"战略布局为引领，牢固树立创新、协调、绿色、开放、共享的发展理念，以城市管理现代化为指向，以理顺体制机制为途径，将城市管理执法体制改革作为推进城市发展方式转变的重要手段，与简政放权、放管结合、转变政府职能、规范行政权力运行等有机结合，构建权责明晰、服务为先、管理优化、执法规范、安全有序的城市管理体制，推动城市管理走向城市治理，促进城市运行高效有序，实现城市让生活更美好。

《意见》明确提出，深入推进城市执法体制改革，改进城市管理工作，总体目标是：到2017年年底，实现市、县政府城市管理领域的机构综合设置；到2020年，城市管理法律法规和标准体系基本完善，执法体制基本理顺，机构和队伍建设明显加强，保障机制初步完善，服务便民高效，现代城市治理体系初步形成，城市管理效能大幅提高，人民群众满意度显著提升。

《意见》提出，要理顺管理体制。一是匡定管理职责，具体实施范围包括：市政公用设施运行管理、市容环境卫生管理、园林绿化管理等方面的全部工作；市、县政府依法确定的，与城市管理密切相关、需要纳入统一管理的公共空间秩序管理、违法建设治理、环境保护管理、交通管理、应急管理等方面的部分工作。二是明确主管部门，积极推进地方各级政府城市管理事权法律化、规范化。《意见》明确，国务院住房和城乡建设主管部门负责对全国城市管理工作的指导，研究拟定有关政策，制定基本规范，做好顶层设计，加强对省区市城管工作的指导监督协调。各省区市政府应确立相应的城市管理主管部门，加强对辖区内城市管理工作的业务指导、组织协调、监督检查和考核评价。各地应科学划分城市管理部门与相关行政主管部门的工作职责，有关管理和执法职责划转城市管理部门后，原主管部门不再行使。三是综合设置机构，建立健全以城市良性运行为核心，地上地下设施建设运行统筹协调的城市管理体制机制。四是推进综合执法。《意见》明确提出，综合执法的五个重点领域是：与群众生产生活密切相关、执法频率高、多头执法扰民问题突出、专业技术要求适宜、与城市管理密切相关且需要集中行使行政处罚权的领域。《意见》明确规定了综合执法的具体执行范围。城市管理部门可实施与圈定范围内法律法规定的行政处罚权有关的行政强制措施。到2017年年底，实现住房城乡建设领域行政处罚权的集中行使。《意见》提出，要整合归并执法队伍。要求按照精简统一效能的原则，住建部会同中央编办指导地方整合归并省级执法队伍，推进市县两级政府城市管理领域大部门制改革，整合市政公用、市容环卫、园林绿化、城市管理执法等城市管理相关职能，实现管理执法机构综合设置。统筹解决好机构性质问题，具备条件的应当纳入政府机构序列。有条件的市和县应当建立规划、建设、管理一体化的行政管理体制，强化城市管理和执法工作。五是下移执法重心。

《意见》提出，要强化队伍建设。一是优化执法力量，各地应根据执法工作特点合理设置岗位，科学确定城市管理执法人员配备比例标准，统筹解决好执法人员身份编制问题，在核定的行政编制数额内，具备条件的应当使用行政编制。执法力量要向基层倾斜，适度提高一线人员的比例，通过调整结构优化执法力量，确保一线执法工作需要。区域面积大、流动人口多、管理执法任务重的地区，可以适度调高执法人员配备比例。二是严格队伍管理，建立符合职业特点的城市管理执法人员管理制度。《意见》提出，根据执法工作需要，统一制式服装和标志标识，制定执法执勤用车、装备配备标准，到2017年年底，实现执法制式服装和标志标识统一。严格实行执法人员持证上岗和资格管理制度，到2017年年底，完成处级以上干部轮训和持证上岗工作。建立符合职业特点的职务晋升和交流制度，切实解决基层执法队伍基数大、职数少的问题，确保部门之间相对平衡、职业发展机会平等。完善基层执法人员工资政策。三是注重人才培养。四是规范协管队伍。《意见》要求，各地可以根据实际工作需要，采取招用或劳务派遣等形式配置执法协管人员。建立健全协管招聘、管理、奖惩、退出等制度。协管数量不得超过在编人员，并应随城市管理执法体制改革逐步减少。

《意见》提出，要提高执法水平。一是制定权责清单，依法建立城市管理和综合执法部门的权力和责任清单；二是规范执法制度，积极推行执法办案评议考核制度和执法公示制度；三是改进执法方式；四是完善监督机制。《意见》要求，到2016年年底，市、县两级城市管理部门要基本完成权力清单和责任清单的制定公布工作。各地城市管理部门应当切实履行城市管理执法职责，完善执法程序，规范办案流程，明确办案时限，提高办案效率。积极推行执法办案评议考核制度和执法公示制度。健全行政处罚适用规则和裁量基准制度、执法全过程记录制度。严格执行重大执法决定法制审核制度。《意见》指出，各地城市管理执法人员应严格履行执法程序，严禁随意采取强制执法措施。

《意见》提出，要完善城市管理。一是加强市政管理，加强市政公用设施管护工作，保障安全高效运行；二是维护公共空间，加强城市公共空间规划，提升城市设计水平；三是优化城市交通，坚持公交优先战略，着力提升城市公共交通服务水平；四是改善人居环境，切实增加物质和人力投入；五是提高应急能力；六是整合信息平台，积极推进城市管理数字化、精细化、智慧化，到2017年年底，所有市、县都要整合形成数字化城市管理平台；七是构建智慧城市。

《意见》提出，要创新治理方式。一是引入市场机制，吸引社会力量和社会资本参与城市管理;二是推进网格管理,建立健全市、区(县)、街道(乡镇)、社区管理网络;三是发挥社区作用;四是动员公众参与;五是提高文明意识。

《意见》提出,要完善保障机制。一是健全法律法规,加快制定修订一批城市管理和综合执法方面的标准,形成完备的标准体系。二是保障经费投入,因地制宜加大财政支持力度,统筹使用有关资金。《意见》要求,按照事权和支出责任相适应原则,健全责任明确、分类负担、收支脱钩、财政保障的城市管理经费保障机制。城市政府要将城市管理经费列入同级财政预算,并与城市发展速度和规模相适应。严格执行罚缴分离、收支两条线制度,不得将城市管理经费与罚没收入挂钩。各地要因地制宜加大财政支持力度,统筹使用有关资金,增加对城市管理执法人员、装备、技术等方面的资金投入,保障执法工作需要。三是加强司法衔接。

《意见》提出,要加强组织领导。一是明确工作责任,加强党对城市管理工作的组织领导;二是建立协调机制,建立全国城市管理工作部际联席会议制度,统筹协调解决制约城市管理工作的重大问题,以及相关部门职责衔接问题;三是健全考核制度;四是严肃工作纪律;五是营造舆论环境。

深入推进城市管理执法体制改革,改进城市管理工作,有利于落实"四个全面"战略布局的要求,有利于提高政府治理能力,有利于增进民生福祉,有利于改善城市秩序、促进城市和谐、提升城市品质。

90.中共中央、国务院印发《法治政府建设实施纲要(2015—2020年)》

2012年11月,党的十八大首次将"法治政府基本建成"确立为"全面建成小康社会"的重要目标之一,并同时确定了完成这一重任的时间表:到2020年"法治政府基本建成"。2013年2月,党的十八届二中全会审议通过了《国务院机构改革和职能转变方案》,要求深入推进政企分开、政资分开、政事分开、政社分开,健全部门职责体系,建设职能科学、结构优化、廉洁高效、人民满意的服务型政府。2013年11月,党的十八届三中全会通过了《关于全面深化改革若干重大问题的决定》,将"完善和发展中国特色社会主义制度,推进国家治理体系和治理能力现代化"确定为全面深化改革的总目标,提出了"建设法治政府和服务型政府"的任务。2014年10月,党的十八届四中全会通过了《关于全面推进依法治国若干重大问题的决定》,对"深入推进依法行政,加快建设法治政府"作了全面部署,明确提出了"加快建设职能科学、权责法定、执法严明、公开公正、廉洁高效、守法诚信的法治政府"的任务。2015年10月,党的十八届五中全会审议通过了《中共中央关于制定国民经济和社会发展第十三个五年规划的建议》,明确提出"十三五"期间基本建成法治政府。为深入推进依法行政,加快建设法治政府,如期实现法治政府基本建成的奋斗目标,针对当前法治政府建设实际,2015年12月,中共中央、国务院印发了《法治政府建设实施纲要(2015—2020年)》(以下简称《纲要》)。《纲要》是"十三五"期间和"国民经济和社会发展第十三个五年规划"相配套的法治建设规划。《纲要》由中共中央和国务院联合发布,体现了党中央对法治政府建设的高度重视。

《纲要》以深入推进依法行政为路径,全面部署了未来五年法治政府建设包括依法全面履行政府职能、完善依法行政制度体系、推进行政决策科学化、民主化、法治化、坚持严格规范公正文明执法、强化对行政权力的制约和监督、依法有效化解社会矛盾纠纷、全面提高政府工作人员法治思维和依法行政能力等7个方面的任务和44项具体工作措施,是新时期我国法治政府建设的"方向图"、"任务书"、"责任状"和"时间表"。

《纲要》第一部分,明确规定了法治政府建设的指导思想、总体目标、基本原则和衡量标准,凸显了对于实现"两个一百年"奋斗目标、实现中华民族伟大复兴中国梦的意义,是新时期我国法治政府建设的"方向图"。

《纲要》第二部分,对各级政府依次规定了依法全面履行政府职能、完善依法行政制度体系等7个方面的具体任务,并且有针对性地布置了40项相关的具体措施,是新时期我国法治政府建设的"任务书"。其中,在政府依法全面履行职能方面,《纲要》规定了一系列措施,如深化行政审批制度改革;大力推行权力清单、责任清单、负面清单制度并实行动态管理;优化政府组织结构;完善宏观调控;加强市场监管;创新社会治理;优化公共服务;强化生态环境保护等,以推动政府职能向创造良好发展环境、提供优质公共服务、维护社会公平正义转变。强化对行政权力的制约和监督,是督促各级行政机关及其工作人员严格依法行政的重要途径。《纲要》提出6项具体措施:一是健全行政权力运行制约和监督体系,发挥政府诚信建设示范作用,加快政府守信践诺机制建设,建立公务员诚信档案。二是各级政府自觉接受党内监督、人大监督、民主监督、司法监督。三是加强行政监督和审计监督。四是完善社会监督和舆论监督机制。五是全面推进政务公开。六是完善纠错问责机制。政府工作人员的法治素养,直接关系到政府各项工作能否在法治轨道上推进,直接影响着中国法治政府建设进程。《纲要》对提高政府工作人员的法治思维和依法行政能力提出了4项措施:一是树立重视法治素养和法治能力的用人导向;二是加强对政府工作人员的法治教育培训;三是完善政府工作人员法治能力考查测试制度;四是注重通过法治实践提高政府工作人员法治思维和依法行政能力。

《纲要》第三部分,既规定了各级政府及其部门部署、带动和开展法治工作的工作责任,又突出了党政主要负责人作为推进法治建设第一责任人的领导责任,还明确了各级领导班子和领导干部政绩考核中的相关责任,是新时期我国法治政府建设的"责任状"。《纲要》正文中有 10 处明确规定了法治政府建设相关工作的具体时间要求,对于没有明确规定时限的工作,要求在 2019 年年底前完成,是新时期我国法治政府建设的"时间表"。

《纲要》遵循我国依法行政的基本脉络,总结了地方依法行政的成功经验,探索了符合新形势需求的发展路径,做到了四个"结合"。

第一,规范权力与保障权利相结合。《纲要》遵循行政权的产生、行政立法权的行使、行政决策权的行使、行政执法权的行使、行政权的监督和行政权的救济的脉络逐步展开,"规范权力"是法治政府建设中的"明线"。与之相随,"保障权利"则是隐藏其中的一条"暗线"。如在深化行政审批制度改革中,特别强调对增加企业和公民负担的证照进行清理规范;在行政立法中,明确指出拓展社会各方有序参与政府立法的途径和方式;在行政决策中,具体规定对社会关注度高的决策事项,应当公开信息、解释说明,及时反馈意见采纳情况和理由。在行政执法中,设定目标包括公民、法人和其他组织的合法权益得到切实保障。

第二,工作任务与评价指标相结合。《纲要》特别规定了法治政府的"衡量标准",这是一个非常重要的制度创新。法治工作不像经济工作,很难形成数字化的评价指标体系,往往无法真实准确地对地方政府的法治建设进行评估和考核。而《纲要》第一部分规定的七项"衡量标准",其实就是第二部分的七项"主要任务"。"衡量标准"是按照结果导向来表述,而"主要任务"是按照行为方式来表述。这两者的统一,就使我们在 2019 年评估和考核地方政府是否建成法治政府时有了明确而又可行的标准。

第三,工作目标与具体措施相结合。《纲要》将目标与举措相结合,统一于具体的某项主要任务中,改变了以前法治举措与法治目标不衔接、不统一和不协调的问题。比如,关于坚持严格规范公正文明执法的主要任务,设定了直接法治目标(法律法规被严格执行)和间接社会目标(社会满意度提高)两级目标,围绕这两级目标,有针对性地规定改革执法体制、完善执法程序、创新执法方式、落实执法责任、健全执法人员管理等具体措施,其中前三项措施依据直接法治目标而设,后两项则依据间接社会目标而设。

第四,突出重点与统筹全局相结合。《纲要》第二部分特别突出"主要任务",是一种抓重点、焦点和难点的思维。从整个文件来看,各地法治政府建设的重中之重应当为"三大体系"和"四种机制"。"三大体系"为诚信体系(包括企业信用记录、公民信用记录和政府工作人员信用记录)、依法行政制度体系、行政权力运行制约和监督体系。"四种机制"为行政法规章和规范性文件清理长效机制、依法决策机制、社会监督和舆论监督机制(包括纠错问责机制)、依法化解纠纷机制和组织保障和落实机制。同时,《纲要》特别注重统筹全局,为法治政府建设提供强有力的政治保障,主要体现为处理好了"四种关系"。一是党和政府的关系。《纲要》强调了各级政府必须坚持党总揽全局、协调各方的核心作用,把党的领导贯彻到法治政府建设各方面。同时,明确了各级政府主动向党委报告法治政府建设中的重大问题,及时消除制约法治政府建设的体制机制障碍的政治责任。可见,在法治政府建设中,党是总揽者、协调者和保障者,政府是部署者、开展者和推动者。二是中央与地方的关系。《纲要》既对地方政府规定了很多具体要求,也对中央政府规定了很多自我要求。这表明,在法治政府建设中,中央政府既是推动者和监督者,也是引领者和践行者;地方政府则不仅是部署者和落实者,也是探索者和反馈者。三是改革与法治的关系。《纲要》明确规定:"坚持在法治下推进改革、在改革中完善法治,实现立法和改革决策相统一、相衔接,做到重大改革于法有据、立法主动适应改革和经济社会发展需要。"四是政府与市场、社会的关系。《纲要》关于简政放权的规定,非常清晰地遵循了"国家辅助作用"这一公法原则,展现了社会、市场优先于政府的公共治理思路,突出了政府对于社会无力、市场失灵情形下的国家责任。

2020年法治政府基本建成是党和政府对人民作出的庄严承诺。"言必行,行必果",《纲要》的出台表明,党和政府为践行承诺又迈出了坚实的一步。法治是天下归心的事业。我们坚信,当政府积极、主动、坚定而忠实地奉行法治,为个人立规、为社会立公、为政府立信,必将有利于推动民生改善和社会公正,有利于推动法治政府建设一步一个脚印向前迈进,为实现"两个一百年"奋斗目标、实现中华民族伟大复兴的中国梦提供有力法治保障。

二、法治中国建设

1.重新设置人民检察院

人民检察院是国家的法律监督机关，担负着依法打击刑事犯罪、查办国家工作人员贪污贿赂和渎职侵权等职务犯罪的职责，并依法履行对诉讼活动的法律监督职责，维护司法公正和法制统一。

1978年12月，党的十一届三中全会成功召开，中国进入了新的历史发展时期，健全国家的政治生活、召开全国人民代表大会、修改1975年宪法，已经提到议事日程上来，中断10年之久的检察机关要不要恢复，也成为修改宪法的重要议题之一。1977年10月，中共中央下达了关于修改宪法的意见的通知，广泛征求社会各界对宪法的修改意见。在全国各地区、各部门和广大干部群众讨论修改宪法的过程中，都提出了"重新设立人民检察院"的建议。中共中央和中央修改宪法小组接受了这一意见，把重新设置人民检察院列入宪法修改草案。

1978年3月5日，五届全国人大一次会议通过了《中华人民共和国宪法》，宪法规定重新设置人民检察院。同一天，五届全国人大第一次会议主席团发布公告：会议选举黄火青为最高人民检察院检察长。

根据新宪法的规定，在检察长黄火青的领导下，最高人民检察院筹备组开始检察院筹建工作。经过几个月的紧张筹备，最高人民检察院的机构初步建立起来了。检察院暂设办公厅、一厅（主管批捕、起诉、劳改监督）、二厅（主管来信来访）、研究室、政治部五个部门。最高人民检察院在筹备自身组建的同时，领导全国各省、自治区、直辖市人民检察院的筹备和组建。在中央和地方各级党委的关怀与支持下，组建各级人民检察院的工作进展得比较迅速。

为了加快人民检察院的建设，1978年5月24日，中共中央发出通知，明确指出："新宪法规定重新设置人民检察院，与公安机关、人民法院相互配合又相互制约，同各种违法乱纪行为作斗争，这对于保护人民、打击敌人，保证宪法和法律、法令的实施，实现新时期的总任务是十分重要的。"通知强调：最高人民检察院正在建立，地方各级人民检察院应慎选干部，检察长必须是专职；在没有召开地方人民代表大会选举检察长之前，先以代理检察长名义执行任务。

1978年12月16日至27日，第七次全国检察工作会议在北京召开。会议贯彻党的十一届三中全会精神，提出新时期检察工作的方针：党委领导，群众路线，执法必严，违法必究，保障民主，加强专政，实现大治，促进四化。会议还讨论了人民检察院组织法修改草案，通过集中大家意见，形成了一个修正草案，提交给全国人大常委会讨论。

最高人民检察院恢复重建之初，把平反冤假错案作为人民检察机关的一项重要工作。1978年，全国各级检察机关共查处2000多件严重违法乱纪案件，处理人民来信来访27万余件，参与复查了近7万起案件。1978年至1983年的五年里，全国检察机关共受理群众控告、申诉623万余件，平反、纠正冤假错案40万余件。

人民检察院作为国家法律监督机关，担负着依法打击刑事犯罪、查办国家工作人员贪污贿赂和渎职侵权等职务犯罪的职责，并依法履行对诉讼活动的法律监督职责，维护司法公正和法制统一。在对刑事诉讼的法律监督中，全面开展立案监督、侦查活动监督、审判活动监督和刑罚执行监督，坚持打击犯罪与保障人权并重。在对民事诉讼和对行政诉讼的监督中，平等保护诉讼主体的合法权益，重点监督严重违反法定程序，贪赃枉法、徇私舞弊导致裁判不公的案件。近年来，检察机关全面推行检务公开，建立了诉讼参与人权利义务告知制度，不起诉案件、刑事申诉、民事行政抗诉案件的公开审查制度，以及保障律师在刑事诉讼中依法执业的工作机制，切实保障司法公正。2004年，检察机关对依法不应当逮捕的嫌疑人决定不准逮捕68676人；作出不起诉决定26994人；对侦查机关不应当立案而立案，纠正2699件；裁定提出抗诉的刑事判决3063件；裁定提出抗诉的民事行政判决13218件，提出再审检察建议4333件；立案复查刑事申诉案件5569件，改变原处理决定786件。

中国检察机关设立最高人民检察院、地方各级人民检察院和军事检察院等专门人民检察院。2004年底，共有各级人民检察院3630个，检察官140077人。

2.法制建设"十六字"方针

新中国建立，中国共产党执政以后，用什么样的方式治理好国家，如何更好地维护和实现最广大人民的根本利益，始终是党的领导集体着力探索的一个重大理论问题和实践问题。以毛泽东同志为核心的党的第一代中央领导集体，领导人民建立起人民民主专政的国家政权，开创了新中国社会主义法制建设的伟大事业。然而，新中国的法制事业也经历了曲折。"文化大革命"中，国家法制惨遭破坏。针对这种情况，以邓小平为核心的党的第二代中央领导集体，在总结过去经验教训的基础上，坚定地提出了"加强社会主义民主，健全社会主义法制"的历史性任务，确定了"有法可依，有法必依，执法必严，违法必究"的社会主义法制建设方针。邓小平强调指出：为了保障人民民主，必须加强法制。必须使民主制度化、法律化，使这种制度和法律不因领导人的改变而改变，不因领导人的看法和注意力的改变而改变。他还强调：还是要靠法制，搞法制靠得住些。1978年12月，党的十一届三中全会公报强调指出："为了保障人民民主，必须加强社会主义法制，使民主制度化、法律化，使这种制度和法律具有稳定性、连续性和极大的权威，做到有法可依，有法必依，执法必严，违法必究。从现在起，应当把立法工作摆到全国人民代表大会及其常务委员会的重要议程上来。检察机关和司法机关要保持应有的独立性；要忠实于法律和制度，忠实于人民利益，忠实于事实真相；要保证人民在自己的法律面前人人平等，不允许任何人有超越于法律之上的特权。"

"有法可依，有法必依，执法必严，违法必究"，是一个有机整体。有法可依指法律法规要完善，解决问题要有法律可循，是法制建设的前提和基础。有法必依指一切国家机关、社会团体、组织、个人都必须遵守法律，依法办事，是法制建设的中心环节。执法必严指执法机关、司法机关及工作人员，必须严格按法律的规定实施法律，坚决维护法律权威和尊严，是法制建设的关键。违法必究指任何公民只要是违反了法律，必须受到追究，法律面前人人平等，是法制建设的保障。

改革开放初期，我国法治建设几近空白，百废待兴。因此，重点抓立法，集中力量制定最急需的法律，实现"有法可依"，就成为我国恢复与重建法治的紧迫任务。在这一方针指导下，我国现行宪法、刑法、刑事诉讼法、民法通则、民事诉讼法（试行）、行政诉讼法、全国人民代表大会和地方各级人民代表大会选举法、全国人民代表大会组织法、国务院组织法、地方各级人民代表大会和地方各级人民政府组织法、人民法院组织法和人民检察组织法等国家政权组织机构、保障人民权利、规范社会生活和社会秩序的重要法律相继出台。这些法律与其他涉及经济和行政管理的法律、行政法规一起，从根本上改变了我国政治、经济和社会领域无法可依的局面，为经济建设和社会发展提供了强有力的保障。

1997年，党的十五大确定了依法治国的基本方略；1999年，九届全国人大二次会议将依法治国庄严写入了宪法，使之成为宪法原则。2011年3月，全国人大常委会宣布，中国特色社会主义法律体系已经形成,国家经济、政治、文化、社会生活的各方面实现了有法可依。经过30多年的时间,我国从无法可依发展为有法可依,是一个巨大的历史进步。与此同时,司法、行政执法、普法、法律监督、法律服务等各项工作都取得了显著的成绩。但是,执法不严、违法不究、执法犯法的现象还严重存在,尤其是在依法行政、公正司法和党政领导干部带头守法方面,现实状况与社会发展的要求和人民的期待之间还存在着明显的差距。

实施依法治国,要求各级领导干部带头学法用法、依法管理,司法、行政执法人员严格执法、依法行政,青少年养成法律素质,企业经营管理人员依法经营、依法管理,总而言之,要提高全体公民的法律素质,提高全社会法治化管理水平。

依法治国的基本要求是:有法可依、有法必依、执法必严、违法必究。其中,有法可依是依法治国的前提;有法必依是依法治国的中心环节;执法必严是依法治国的关键;违法必究是依法治国的必要保障。一切国家机关都必须依法行使职权。行政机关要依法行政,依法行政的重心和实质是依法治官、依法治权。

党的十八大报告提出,"要推进科学立法、严格执法、公正司法、全民守法,坚持法律面前人人平等,保证有法必依、执法必严、违法必究"。其中,"科学立法、严格执法、公正司法、全民守法"被称为依法治国的"新十六字方针"。这一"新十六字方针"的提出,表明我国社会主义法治建设进入了新阶段。"科学立法",为社会各方参与立法的途径和方式创造更多条件,以提升司法的公平公正;强调"严格执法",则是特别针对政府在行政过程中的违法行为。政府是执法主体,对执法领域存在的有法不依、执法不严、违法不究甚至以权压法、权钱交易、徇私枉法等突出问题,老百姓深恶痛绝,必须下大气力解决。"公正司法"是通过司法体制改革,预防权力对司法审判的干预。"全民守法",是提出构建法治社会的基本要求。

古往今来,把制定的法律付诸实施始终是法制建设的最大难点。习近平总书记多次引用古人"世不患无法,而患无必行之法"和"天下之事,不难于立法,而难于法之必行"的名言,并强调指出:如果有了法律而不实施,束之高阁,或者实施不力、做表面文章,那制定再多法律也无济于事。

3.恢复重建司法部

司法行政机关在新中国成立初期的10年间,为建立社会主义的司法制度,巩固新生的人民政权,作出了历史性的贡献。但因受"左"的错误思想和法律虚无主义思潮的影响,1959年4月,司法部被撤销,原司法部管理的工作由最高人民法院管理,地方各级司法行政机构也相继撤销。我国司法行政制度在此后 20 年跌入停滞的境地，司法行政事业受到极大的影响。

党的十一届三中全会以后，1979 年 8 月，党中央、国务院决定重建司法部。1979 年 9 月，司法部恢复重建。同年 10 月，中共中央和国务院发出《关于迅速建立地方司法行政机构的通知》。1980 年底，全国大部分省、自治区、直辖市的司法厅（局）相继建立并开始工作。当时，司法部的主要任务包括：一、司法干部的思想政治工作；二、管理法院的机构设置、人员编制、物资、设备和司法统计；三、协同法院建立与健全各项审判制度；四、按照党中央的规定管理司法干部；五、建设各种政法院校，大力培养法律专业人才；六、组织管理公证、律师工作；七、组织开展法制宣传工作，组织出版法律书刊，研究、整理和编纂法规，协同科研单位开展法律科学研究；八、领导人民调解委员会和基层政权司法助理员的工作；九、开展司法外事活动，发展国际友好往来，交流法学知识和司法经验。

1982 年机构改革中，司法部的机构设置和职责范围作了一些调整，撤销了普通法院司、专门法院司、计划财务司、法制局，增加了政策研究室和人民调解司，并确定了司法行政部门的任务。

4.全国人民代表大会常务委员会设立法制工作委员会

党的十一届三中全会后，中央确定由全国人大常委会统筹立法工作。1979 年 1 月，中央决定在全国人大常委会设立法制委员会。1979 年 2 月，五届全国人大常委会第六次会议决定设立全国人大常委会法制委员会，并通过了由 80 人组成的委员会名单，彭真为主任。同年 3 月，全国人民代表大会常务委员会法制委员会成立。

全国人大常委会法制委员会成立初期，彭真对立法工作抓得很紧，要求很高。他在恢复工作后，不顾年事已高，争分夺秒地忘我工作。他考虑，"文化大革命""无法无天"，吃尽了苦头，绝不能再让它重演。现在是"人心思法"，改革开放新时期必须加快立法工作。彭真对立法工作抓得很紧，要求很高。根据彭真的意见，法制委员会组织专家对刑法、刑事诉讼法等七部法律草案逐条进行研究修改。七部法律草案初稿起草出来后，法制委员会进行了认真审议，提出许多好的修改意见。经过修改后草案提交 1979 年 6 月召开的五届全国人大常委会第八次会议审议，彭真在会上就刑法草案和刑事诉讼法草案作了说明。1979 年 7 月 1 日，法制委员会起草的七部法律草案提请五届全国人大二次会议审议，顺利表决通过。

1983 年 9 月 2 日，六届全国人大常委会第二次会议决定将全国人民代表大会常务委员会法制委员会名称改成全国人民代表大会常务委员会法制工作委员会（以下简称"全国人大法工委")。全国人大法工委,是全国人大常委会下设的工作委员会之一,与全国人大法律委员会不是同一机构。全国人大法律委员会,是全国人大的专门委员会。法律委员会统一审议向全国人大或者全国人大常委会提出的法律案;其他专门委员会就有关的法律案进行审议,向法律委员会提出意见,并印发全国人大会议或者常委会会议。

根据有关规定,全国人大法工委的主要职责为:一、受委员长会议委托,拟订有关刑事、民事、国家机构以及其他方面的基本法律草案。二、为全国人大和全国人大常委会、法律委员会审议法律草案服务。对提请全国人大和全国人大常委会审议的有关法律草案进行调查研究,征求意见,提供有关资料,提出修改建议。三、对省级人大常委会及中央有关国家机关提出的有关法律问题的询问,进行研究答复。四、研究处理并答复全国人大代表提出的有关法制工作的建议、批评和意见以及全国政协委员的有关提案。五、进行法学理论、法制史和比较法学的研究,开展法制宣传工作。六、负责汇编、译审法律文献等。

5.中华人民共和国刑法

1978年12月,邓小平在中央工作会议闭幕会上的讲话中提出,现在的问题是法律很不完备,很多法律还没有制定出来。往往把领导人说的话当作"法",不赞成领导人说的话就叫作"违法",领导人说的话改变了,"法"也就跟着改变。他强调,必须使民主制度化、法律化,使这种制度和法律不因领导人的改变而改变,不因领导人看法和注意力的改变而改变。党的十一届三中全会后,中央确定由全国人大常委会统筹立法工作。

1979年1月,中央决定在全国人大常委会设立法制委员会。同年2月,五届全国人大常委会第六次会议决定设立全国人大常委会法制委员会,彭真为主任。1979年7月1日,五届全国人大二次会议审议通过了《中华人民共和国刑法》、《中华人民共和国刑事诉讼法》等七部法律。这七部法律是在法制委员会日夜兼程的努力之下,在短短三个月时间里草拟完成的,创造了世界立法史上的奇迹。这七部法律的制定,标志着我国新时期的人大工作从立法方面打开了新的局面。

刑法和刑事诉讼法是我国法律体系的重要组成部分。作为新中国第一部刑法和刑事诉讼法,其制定和实施是我国民主法制建设的重要成果,对惩罚犯罪,维护国家和人民的利益具有重大作用;更从保障公民权利的角度,结束了"文化大革命"期间乱抓乱捕、无法无天的混乱局面。

我国刑法自1979年通过、1980年实施后,经过了多次修订。1997年3月,为适应经济体制转轨和经济社会发展的需求,八届全国人大一次会议对刑法进行了全面修订。此后,随着我国经济社会的发展和法治国家建设的推进,又对刑法进行了8次修正。这8次修正,分别为:1999年12月25日的刑法修正案(一)、2001年8月31日的刑法修正案(二)、2001年12月29日的刑法修正案(三)、2002年12月28日的刑法修正案(四)、2005年2月28日的刑法修正案(五)、2006年6月29日的刑法修正案(六)、2009年2月28日的刑法修正案(七)、2011年5月1日的刑法修正案(八)。

与前7次修订相比,刑法修正案(八)的修订涉及范围最广,涉及领域最宽,调整幅度最大,近乎刑法全面修订的简明版本。此前7次修订基本上只涉及分则各罪,基本不涉及总则内容。而此次修改仅涉及的刑法总则条文就有19条,分则条文30条。其中,对于总则的修订,既涉及了犯罪构成一般要件,如犯罪主体刑事责任年龄制度内容的进一步充实,规定"已满七十五周岁的人故意犯罪的,可以从轻或者减轻处罚;过失犯罪的,应当从轻或者减轻处罚";又涉及了刑罚体系中管制、有期徒刑、死刑内容的调整和累犯、自首、缓刑、数罪并罚等量刑制度,以及减刑、假释等刑罚执行制度,未成年人犯罪前科报告义务的免除等内容的修订调整。

6.中华人民共和国刑事诉讼法

《刑事诉讼法》是规范刑事诉讼活动的基本法律,被称为"小宪法"。我国《刑事诉讼法》自1979年通过、1980年实施后,经过了两次修订。1996年3月,八届全国人大四次会议对《刑事诉讼法》进行第一次修正;2012年3月,十一届全国人大五次会议对《刑事诉讼法》进行了第二次修正。

1996年《刑事诉讼法》的第一次修改力度比较大,其条文从164条增加到225条,修改内容在民主化、科学化方面有较大进步,如辩护律师可以在侦查阶段介入案件。这次修改贯彻了"发展民主,健全法制,加强制约,保障人权"的精神,充分听取了司法实际部门的专家和众多学者的意见,经过了广泛深入的论证,瞻前顾后,集思广益,力求科学合理并便于操作,使我国的诉讼法制进一步健全。《刑事诉讼法》的修改和重新颁布,标志着中国民主与法制建设又迈出了新的重要一步。《刑事诉讼法》修改实施后,有力地促进了刑事司法制度的民主化,并保障惩罚犯罪能够依法正常进行,取得了明显的成效。但在贯彻实施中也还存在不少问题,有些问题亟待解决。2004年通过的宪法修正案将"国家尊重与保障人权"写进了宪法,整个社会从上到下要求实行法治的大环境已经形成。在这种形势下,《刑事诉讼法》再次修改的问题又被提了出来,并被正式列入人大的立法议事日程。经过全国人大法工委认真准备,全国人大常委会向全国人大提出了修改刑事诉讼法的议案。

2012年3月14日，十一届全国人大五次会议通过了关于修改刑事诉讼法的决定。修改后的刑事诉讼法，将"尊重和保障人权"明确写入了总则，并在证据制度、强制措施、辩护制度、侦查措施、审判程序、执行规定、特别程序等诸多方面，具体体现了这一原则。修改后的刑事诉讼法条款，从225条增加到290条。新的《刑事诉讼法》，侦查权得到进一步规范，强制措施的适用条件、时限更加明确，程序更加完善；同时，对侦查权的监督制约也进一步加强，对公民权利的保护也更加充分。例如，明确规定不得强迫任何人证实自己有罪，并建立非法证据排除制度，特别增加了5个条款，专门规定哪些证据是非法证据以及如何排除非法证据。辩护权的保障是刑事诉讼领域保障人权的核心，新《刑事诉讼法》在侦查权的制度设计上，给辩护权作了相当大的让步。新《刑事诉讼法》为了以制度遏制刑讯逼供，保障案件质量，修改后的刑事诉讼法明确："严禁刑讯逼供和以威胁、引诱、欺骗以及其他非法方法收集证据，不得强迫任何人证实自己有罪。"

这次修改刑事诉讼法，对进一步加强惩治犯罪、保护人民，进一步加强和创新社会管理，进一步深化司法体制和工作机制改革，全面推进依法治国，意义非常重大。

7. 中共中央关于坚决保证刑法、刑事诉讼法切实实施的指示

无法国必乱，治国必须依法。党的十一届三中全会之后，中国共产党深刻总结"文化大革命"期间法制被践踏的经验教训，全党和整个社会深切呼唤法制的迫切需要，十分重视加强法制建设。1979年7月1日，五届全国人大二次会议审议通过了《刑法》、《刑事诉讼法》等七部法律。党中央认为，《刑法》、《刑事诉讼法》同全国人民每天的切实利益有密切关系，它们能否严格执行，是衡量我国是否实施社会主义法治的重要标志；切实实施《刑法》、《刑事诉讼法》，是一个直接关系到党和国家信誉的大问题。如果我们不下决心解决当前存在的有法不依、执法不严等问题，国家制定的法律就难以贯彻执行，我们党就会失信于民。1979年9月9日，中共中央发布《关于坚决保证刑法、刑事诉讼法切实实施的指示》（以下简称《指示》）。这是关于加强和改善党对司法工作领导的重要指示，是中国共产党首次为两部基本法律——《刑法》和《刑事诉讼法》的实施所发布的文件，到目前为止，这一文件是党的历史上空前绝后的关于专门实施某部法律而作出的重要指示。

《指示》包括前言和五条重要指示：一是严格按照刑法和刑事诉讼法办事，坚决改变和纠正一切违反刑法、刑事诉讼法的错误思想和做法；二是加强党对司法工作的领导，切实保证司法机关行使宪法和法律规定的职权；三是迅速健全各级司法机构，努力建设一支坚强的司法工作队伍；四是广泛、深入地宣传法律，为正式实施刑法和刑事诉讼法做好准备；五是党的各级组织、领导干部和全体党员，都要带头遵纪守法。

《指示》有三个具有划时代意义的内容：

首次提出"社会主义法治"的概念。《指示》明确指出，"在我们党内，由于建国以来对建立和健全社会主义法制长期没有重视，否定法律，轻视法律；以党代政，以言代法，有法不依，在很多同志身上已经成为习惯；认为法律可有可无，法律束手束脚，政策就是法律，有了政策可以不要法律等思想，在党员干部中相当流行。如果我们不下决心解决这些问题，国家制定的法律难以贯彻执行，我们的党就会失信于民。刑法、刑事诉讼法，同全国人民每天的切身利益有密切关系，它们能否严格执行，是衡量我国是否实行社会主义法治的重要标志"。这是党的十一届三中全会后党的文件首次提出"实行社会主义法治"，这一提法，为后来党的十五大和十六大提出"依法治国"的治国方略奠定了基础。

首次提出法律、司法权威与党的领导的关系问题。《指示》指出，"国家法律是党领导制定的，司法机关是党领导建立的，任何人不尊重法律和司法机关的职权，这首先就是损害党的领导和党的威信"。这实际上是明确了法律至上与党的领导的关系，回答了"（党）权大"还是"法大"问题。《指示》认识到，尊重法律与坚持党的领导是一致的，不尊重司法机关独立行使职权，就是损害党的领导和党的威信。《指示》深刻地指出：法律如果不能得到贯彻执行，"我们的党就会失信于民"。《指示》从"党不能失信于民"的高度，强调贯彻执行法律的重要性和迫切性，体现了中国共产党对法律、法治的创新性认识。加强党的领导核心地位，就必须牢固树立法律至上的观念。忠实于法律，便是忠实于党，便是充分实践了代表最广大人民群众的根本利益；违背法律，便是违背了人民的根本利益，便是对党的事业的严重损害。

首次提出"取消党委审批案件的制度"。《指示》明确宣布，中央决定取消各级党委审批案件的制度，明确指出，"党对司法工作的领导，最重要的就是切实保证法律的实施"，这实质上是要求转变党对司法工作的领导方式。《指示》明确规定，"党对司法工作的领导，主要是方针、政策的领导。各级党委要坚决改变过去那种以党代政，以言代法，不按法律规定办事，包揽司法行政事务的作法。现在国家已制定了刑法、刑事诉讼法等一系列重要法律，继续过去的那种习惯和作法就完全不能允许"。"党委与司法机关各有专责，不能互相代替，不能互相混淆。今后，加强党对司法工作的领导，最重要的一条，就是切实保证法律的实施，充分发挥司法机关的作用，保证法院、检察院独立行使职权，不受其他行政机关、团体和个人的干涉。"

《指示》在司法机关起到了拨乱反正、指明路线的作用。最高人民法院院长江华在一次讲话中曾说：我入党50年，这是我看到过的有关民主与法制的最好的党内文件。法律界人士普遍认为，这个文件是新中国成立以来甚至是建党以来，关于政法工作的第一个最重要、最深刻、最好的文件，是我国社会主义法制建设进入新阶段的重要标志。因此，这个文件对于我国社会主义法治建设的进程具有极大的推进作用。

8.审判林彪、江青反革命集团

党的十一届三中全会后，随着社会主义民主和法制建设的逐步恢复，随着国家的立法与司法工作的逐步加强，对于"文化大革命"中罪大恶极的林彪、江青反革命集团，依法进行审判的条件已经逐步具备。

1980年9月26日，中共中央发出关于审判林彪、江青反革命集团的通知，指出：依法审判林彪、江青反革命集团，是全党、全军、全国人民的强烈愿望。现在预审工作已经结束，案件已送到检察院，预定在10月间提起公诉，依法审判。9月29日，五届全国人大常委会第十六次会议宣布：公开审判林彪、江青反革命集团。最高人民检察院检察长黄火青在会上宣布，这次准备提起公诉的10名主犯是：江青、张春桥、姚文元、王洪文、陈伯达、黄永胜、吴法宪、李作鹏、邱会作、江腾蛟。对已死的各犯不再起诉。会议决定成立最高人民检察院特别检察厅和最高人民法院特别法庭，对林彪、江青反革命集团10名主犯进行公开审判。

11月20日下午3时，北京正义路，最高人民法院特别法庭庭长江华宣布开庭。两案移送司法机关的时候，恰是中国律师制度恢复的时候。1980年8月26日，《中华人民共和国律师暂行条例》通过，两案指导委员会决定公开审判中应有律师辩护。案件开审前，江青曾提出会见律师。11月13日，律师张思之、法学家朱华荣曾一起去见江青。但双方"谈崩了"，江青最终没有请律师。根据个人意愿，10名主犯中，姚文元、陈伯达、吴法宪、李作鹏、江腾蛟请了辩护律师。而江青、张春桥、王洪文、黄永胜、邱会作均没有请律师。此次审判，开启了重大政治案件公开审判的先河，被法学界人士称为走向法治的里程碑。中央电视台对庭审还进行了实况转播，直接收看的观众有6万多人。特别检察厅厅长黄火青宣读了起诉书，列举了林彪、江青这两个反革命集团的4大罪状48条罪行。特别法庭庭长江华宣布，对10名被告，将由第一审判庭和第二审判庭分别审理。

经过两个月零五天的审理，林彪、江青反革命集团的这10名主犯终于受到国家法律的制裁。1981年1月25日，最高人民法院特别法庭宣布了如下判决：判处江青、张春桥死刑，缓期二年执行，剥夺政治权利终身；判处姚文元有期徒刑二十年，剥夺政治权利五年；判处王洪文无期徒刑，剥夺政治权利终身；判处陈伯达有期徒刑十八年，剥夺政治权利五年，判处黄永胜有期徒刑十八年，剥夺政治权利六年；判处吴法宪有期徒刑十七年，剥夺政治权利六年；判处李作鹏有期徒刑十七年，剥夺政治权利五年；判处邱会作有期徒刑十六年，剥夺政治权利五年；判处江腾蛟有期徒刑十八年，剥夺政治权利五年。这次审判，进一步清算了林彪、江青反革命集团的反革命罪行，给了这伙罪大恶极的反革命分子以应有的法律惩处。

此后，各地人民法院、军事法院，对林彪、江青反革命集团的其他案犯也陆续分别进行了审判。

审判林彪、江青反革命集团，大快人心，得到全党全国人民的热烈拥护。这两个反革命集团在"文化大革命"中倒行逆施，罪行累累，罄竹难书。他们无法无天，到处煽风点火，践踏民主法治，肆意诬蔑陷害革命干部和广大群众，造成人员伤亡和生命财产的巨大损失。这次审判林彪、江青反革命集团，开启了重大政治案件公开审判的先河，体现了公民在法律面前一律平等的原则，彰显了法律在惩治政治犯罪中的巨大威力，被法学界人士称为我国走向法治的里程碑。

9.恢复律师制度

我国律师制度是中国特色社会主义司法制度的重要组成部分，律师是中国特色社会主义法律工作者，律师队伍是落实依法治国基本方略、建设社会主义法治国家的重要力量。

党的十一届三中全会后，我国社会主义民主和法制建设进入快车道，国家的立法与司法工作逐步加强，迫切需要恢复律师制度。

1979年9月，司法部恢复重建。1979年12月9日，司法部发出关于恢复律师制度的通知。在这个通知之前，各地已经开始由法院出面，组建律师制度和律师协会的工作。到通知发下去的时候，全国已经有212个律师。

1980年8月26日，五届全国人大常委会审议并通过《中华人民共和国律师暂行条例》。我国第一次有了一部法规来规范律师的职业行为，规范律师的组织。1980年9月26日，中共中央发出关于审判林彪、江青反革命集团的通知，中央两案指导委员会决定，公开审判"四人帮"应有律师辩护。这让全社会知道有了律师。

1983年，我国在深圳有了第一家律师事务所组织，从此全国统一叫律师事务所。1986年，实行全国律师资格考试。1986年7月7日，中华全国律师协会成立，律师管理由司法行政机关开始延伸到律师协会行业管理。

1988年，司法部开始进行律师制度改革试点。1993年，我国进行律师制度组织机构的改革，从合作制到合伙制的改革。合伙制出现以后律师的积极性增强了，增强了内在发展的动力。1995年，全国律师事务所协会开始实行完全由职业律师担任领导职务的改革。1995年也是"律师蒙难年"，那个时候有律师被关，有律师被拘禁的，各种各样的情况都集中发生在这一年。最具标志性的是湖南的彭杰律师，因为他会见的犯人逃跑了，然后就追究他的责任，使全社会的司法系统对这个事情进行思考。这个事件没有结果，但是由此开始重视到司法律师协会对律师维权工作的思考和探索。

1996年5月15日，八届全国人大常委会第十九次会议通过了《中华人民共和国律师法》（以下简称《律师法》）。《律师法》初步确立了中国特色律师制度的基本框架，对律师在司法程序、行政程序以及其他社会生活中的权利义务作出规定。《律师法》的颁布实施，促进了律师事业的发展。到2006年底，全国共有执业律师13万多人，律师事务所1.3万多个，2006年办理诉讼案件180多万件，办理非诉讼法律事务115万多件，开展义务法律咨询520多万件。有17个国家的148个外国律师事务所驻华代表处获准在中国境内执业，香港特别行政区也在内地设立了48个律师事务所代表处。律师制度的建立和健全，使律师能够有效地运用法律手段维护当事人的合法权益和法律的正确实施，维护社会公平和正义。

2001年12月29日，九届全国人大常委会第二十五次会议通过了关于修订《律师法》的决定，对《律师法》进行第一次修正，自2002年1月1日起施行。

2007年10月28日，十届全国人大常委会第三十次会议通过了关于修订《律师法》的决定，对《律师法》进行第二次修正，自2008年6月1日起施行。这次修订的《律师法》，以立法的形式肯定了我国律师制度改革发展取得的成果，从律师执业许可、律师事务所组织形式、律师执业权利和义务、律师业务和律师执业监督管理、法律责任等诸多方面，进一步改革和完善了我国律师制度。新《律师法》针对实践中的问题，尤其是律师会见难、阅卷难和调查取证难问题，在加强对律师权利保护的同时，对律师权利进行了扩展。据统计，1995年至2002年期间，全国有200多位刑辩律师在履行律师职责时被捕。针对这一情况，新《律师法》第三十七条明确规定了辩护律师法庭言论豁免权，即律师在执业活动中的人身权利不受侵犯，律师在法庭上发表的代理、辩护意见不受法律追究；但是，发表危害国家安全、恶意诽谤他人、严重扰乱法庭秩序的言论除外。

2008年5月21日，最高人民法院、司法部联合颁布了《关于充分保障律师依法履行辩护职责确保死刑案件办理质量的若干规定》，强调了对死刑案件中辩护律师的权利保护问题。

2010年，中共中央办公厅、国务院办公厅转发了《司法部关于进一步加强和改进律师工作的意见》（以下简称《意见》）。《意见》阐述了律师工作在全面建设小康社会和社会主义现代化建设全局中的重要地位和作用，阐明了坚持律师工作社会主义方向的根本要求，进一步明确了健全完善律师工作体制机制的主要内容和途径，强调了对律师行业发展的扶持和保障政策，回答了律师事业发展面临的重大理论和实践问题，是新时期推动律师事业又好又快发展的重要指导性文件。《意见》的出台，对于坚持和完善中国特色社会主义律师制度、促进律师工作更好地服务党和国家的大局，将起到十分重要的作用。

2012年10月26日，十一届全国人大常委会第二十九次会议通过了关于修订《律师法》的决定，对我国《律师法》进行第三次修订，自2013年1月1日起施行。修订后的《律师法》，新增、修订条款40余条，从律师执业许可、律师事务所组织形式、律师执业权利和义务、律师业务和律师执业监督管理、法律责任等诸多方面进行了改革和完善。

10.恢复公证制度

新中国成立初期，我国公证制度发展很快，但到20世纪50年代末，由于受"左"的错误思潮的影响，公证制度受到极大削弱。1959年司法部被撤销，公证工作划归人民法院管理。这一时期，除根据国际惯例办理少量涉外公证外，其他公证业务基本处于停滞状态。这种状况一直持续到20世纪70年代末。

党的十一届三中全会吹响了改革开放的号角，也赋予公证制度和公证工作以新的生机和活力。1979年，随着司法部的重建，沉寂20年的公证制度得到全面恢复。1980年，司法部发出《关于公证处的设置和管理体制问题的通知》。1982年2月，全国人大常委会颁布《民事诉讼法（试行）》，规定了公证文书的证据效力和强制执行效力。1982年4月，国务院正式颁发了《中华人民共和国公证暂行条例》，第一次用法律形式确定了我国社会主义公证制度，对于恢复和发展我国公证制度发挥了重要作用。该条例对公证的性质、业务范围、公证组织机构、公证员条件、公证管辖、公证程序等都作了明确规定，奠定了我国公证制度建设的法律基础。此后，司法部和国家有关部门又制定了《公证程序规则（试行）》等一系列公证法规、规章和规范性文件。2000年7月，国务院批准司法部《关于深化公证工作改革的方案》，进一步明确了新时期公证工作改革的目标和任务。到2003年，全国已设立公证机构3162个，比1980年增长了5倍；有公证从业人员2万多人，比1980年增长了15倍；年办证量超过了1000万件，比1980年增长了110多倍。但是，随着改革开放的不断深入和经济社会的发展，暂行条例的许多规定已不能适应现实公证工作的需要。根据形势发展的需要，制定公证法是必要的。

2003年9月，司法部向国务院报送了《中华人民共和国公证法（送审稿）》。2004年10月26日，国务院第68次常务会议讨论通过了《公证法（草案）》。2005年8月，十届全国人大常委会第十七次会议审议通过《中华人民共和国公证法》，于2006年3月1日正式施行。公证法从多方面对公证制度进行了完善，特别是明确规定公证机构是依法设立，不以营利为目的，依法独立行使公证职能、承担民事责任的证明机构。《公证法》的颁布实施，对我国公证事业的发展必将产生长期的深远的影响。

进入21世纪以来，我国公证事业蓬勃发展，不断介入经济建设主战场、社会事业大舞台。公证工作积极为三峡工程、中国载人航天工程等国家重点建设项目提供法律服务。在世人瞩目的北京奥运会中，北京市方圆公证处、长安公证处、国信公证处等多家公证机构为奥运场馆的招投标、奥运门票的顺利销售以及奥运物资的证据保全提供了优质高效的公证服务。公证服务领域逐步延伸到国家经济政治社会文化生活的许多方面，成为保障和促进经济社会发展的重要法制力量。公证工作更加关注保障经济安全、维护社会稳定、促进社会诚信，更加关注保护弱势群体的合法权益，合同协议、证据保全、现场监督、遗嘱继承等方面的公证事项有较快增长。

随着我国对外开放的进一步扩大，涉外公证事项已经从1980年的14万件增长到目前的近300万件，有效促进了民商事往来和对外交流合作。在香港、澳门实行的委托公证人制度以及内地与香港、澳门关于"建立更紧密经贸关系的安排"，进一步增强了公证业务在促进内地与港澳地区民事交往与经济合作中的作用；根据海峡两岸公证文书使用查证制度，各公证机构每年办理10万件左右涉台公证文书，对于促进两岸交往交流、维护两岸同胞正当权益方面发挥了不可替代的重要作用。

11.全民普法

建设法治国家，离不开"尊法、学法、守法、用法"的公民。1985年11月，中共中央、国务院批转中宣部、司法部《关于向全体公民基本普及法律常识的五年规划》。同月，全国人大常委会作出《关于在公民中基本普及法律常识的决议》。从此，一场由政府组织开展的法制宣传教育活动，有领导、有计划、有步骤地开展起来了。五年一轮的法制宣传教育活动，简称为"一五"普法（1986—1990年）、"二五"普法（1991—1995年）、"三五"普法（1996—2000年）、"四五"普法（2001—2005年）、"五五"普法（2006—2010年）、"六五"普法（2011—2015年）。

从1985年开展全民普法教育以来，这场声势空前、影响深远的全民普法运动已持续推进30年，无论在规模、内容和形式上，都堪称中外法治建设史上的一大创举。从"一五"普法到"六五"普法，既反映了我国普法教育活动的连续性和阶段性，又体现出这场观念革命的深刻性和创新性。"一五"普法，开创性地提出了在全体公民中开展法制宣传教育，要求在全体公民中普及法律常识。"二五"普法，强调以宪法为核心、以专业为重点，加强部门和行业专业法律知识的宣传教育。"三五"普法，重点宣传市场经济法律知识，并将普法向依法治理延伸。"四五"普法，明确将我国现行宪法实施日即12月4日，作为每年的全国法制宣传日。"五五"普法，第一次明确提出将农民作为法制宣传教育的重点对象，创新性地提出开展法律进机关、进乡村、进社区、进学校、进企业、进单位的"法律六进"活动。"六五"普法，突出学习宣传宪法，深入学习宣传社会主义法治理念、中国特色社会主义法律体系和国家基本法律，深入学习宣传促进经济发展、保障和改善民生、社会管理的法律法规，加强反腐倡廉法制宣传教育，积极推进社会主义法治文化建设，继续深化"法律六进"主题活动，深入推进依法治理。

让法治光芒照亮每一颗心灵。30年持续不断的普法教育，如同一场深刻的观念革命。20多年前，曾有一位老农把一头生了病的牛送到检察院，请他们帮忙"检查检查"牛得了什么病。这是一个曾经在我国基层普法干部中流传甚广的真实故事。如今，我国国民法律知识和法治素养，已经发生了翻天覆地的变化。从过去不知"法"为何物，到今天越来越多的人懂得法律是维护自身权利的有力武器，这本身就是普法效果的具体体现，也是一种巨大的社会进步。持续多年的普法教育，使公民与法律之间的疏离感明显降低。一位多年从事普法工作的同志告诉记者，在晋江一个外来务工人员高密度集中的地方，以往发生劳资纠纷，工人们习惯于找老板、找政府，甚至以跳楼自杀、堵门堵路相挟；但近年来这种状况发生了变化，司法部门受理的劳资纠纷、劳动仲裁案件逐年增加，申请法律援助的也越来越多。全国普法办的统计数据显示，目前全国司法行政机关中普法和依法治理专兼职工作人员超过1.1万，普法志愿者队伍达4.7万多支、总人数超过157万，各类报刊、广播、电视、网络、新媒体法制宣传栏目总数达2.4万个。一个由党委领导、人大监督、政府实施、部门各负其责、司法行政部门具体组织、全社会参与、"纵向到底、横向到边"的全民普法工作网络基本形成。

30年的全民普法，一直与社会主义现代化建设相适应，随社会主义现代化建设的发展而发展；一直与国家经济发展相适应，随经济发展而发展；一直与国家民主法治建设进程相适应，随民主法治建设的发展而发展；一直与人民群众不同阶段的法律需求相适应，随人民群众不断增加的法律需求而发展。在这种适应、发展的过程中，总的趋势从未改变：普法日益向纵深发展，其内涵不断丰富，层次逐渐提高，领域持续拓展，影响更加深远。数字显示，仅"五五"普法期间，就有24600多人次的省部级领导干部、41.53万人次的地厅级领导干部参加各种法制讲座。更有4200多万人次的公务员参加法律培训，2700多万人次的公务员参加法律知识考试，98%以上的公务员达到了每年法律知识学习、培训不少于40学时的要求。如今，"研究问题先学法、制定决策遵循法、解决问题依照法"已逐渐成为各级领导干部的共识，"合不合法，合不合程序"，成为领导干部决策时常问的问题；遇到涉法问题，老百姓也从"讨说法"到自觉拿起法律武器。最高人民法院统计，近几年，人民法院受理的"民告官"行政案件数量逐年上升。与此同时，从2005年开始，我国连续7年保持信访总量、集体上访、重信重访、非正常上访数量持续下降的总体态势。行政案件上升、信访总量下降。这"一升一降"反映的是公民法律素质、法律意识的提高，折射的是依法解决问题正逐渐成为普通群众的行为习惯。

一些法学专家认为，近30年的全民普法在向公众普及法律知识、了解法律常识层面成效斐然，但在"用法、守法、敬法"上，还有很长的路要走。

12.中华人民共和国民法通则

1986年4月12日，六届全国人大四次会议修订通过《中华人民共和国民法通则》（以下简称《民法通则》），自1987年1月1日起施行。《民法通则》是我国对民事活动中一些共同性问题所作的法律规定。颁布实施《民法通则》，是为了调整平等主体的公民之间、法人之间、公民和法人之间的财产关系和人身关系，保障公民、法人的合法的民事权益，正确调整民事关系，适应社会主义现代化建设事业发展的需要。

新中国成立以来，从1954年至1982年，立法机关先后三次组织起草民法典，然而三个民法草案都因为各种原因而搁浅。其中始于1979年的第三次民法法典化活动，前后准备了4稿，但最终还是没能整体通过。当时，我国已经有了一些单行的民事立法，如修订后的婚姻法，配合改革开放的经济合同法、涉外经济合同法、商标法、专利法等。这些单行立法，一定程度上解决了经济活动无法可依的问题，但是基本的民事法律制度无法通过单行法来确定，比如法人的法律地位、法律行为、代理、时效制度等。这些法律制度的确立，需要一部民事基本法。在这样的背景下，作为变通或者过渡性的考虑，制定一部浓缩的、简明版的民法，即《民法通则》，已成当务之急。

《民法通则》共9章，156条，具体包括：第一章，基本原则；第二章，公民（自然人）；第三章，法人；第四章，民事法律行为和代理；第五章，民事权利；第六章，民事责任；第七章，诉讼时效；第八章，涉外民事关系的法律适用；第九章，附则。

《民法通则》的基本原则有：当事人在民事活动中的地位平等；民事活动应当遵循自愿、公平、等价有偿、诚实信用的原则；公民、法人的合法的民事权益受法律保护，任何组织和个人不得侵犯；民事活动必须遵守法律，法律没有规定的，应当遵守国家政策；民事活动应当尊重社会公德，不得损害社会公共利益，破坏国家经济计划，扰乱社会经济秩序；在中华人民共和国领域内的民事活动，适用中华人民共和国法律，法律另有规定的除外。

《民法通则》的重要规定包括：18周岁以上的公民是成年人，具有完全民事行为能力，可以独立进行民事活动,是完全民事行为能力人。法人是具有民事权利能力和民事行为能力,依法独立享有民事权利和承担民事义务的组织。公民、法人可以通过代理人实施民事法律行为。财产所有权是指所有人依法对自己的财产享有占有、使用、收益和处分的权利。债是按照合同的约定或者依照法律的规定,在当事人之间产生的特定的权利和义务关系,享有权利的人是债权人,负有义务的人是债务人。公民享有姓名权,有权决定、使用和依照规定改变自己的姓名,禁止他人干涉、盗用、假冒。公民、法人享有名誉权,公民的人格尊严受法律保护,禁止用侮辱、诽谤等方式损害公民、法人的名誉等。

1988年4月,最高人民法院印发关于贯彻执行《民法通则》若干问题的意见。1990年12月,最高人民法院发布了关于贯彻执行《民法通则》若干问题的意见修改稿。

2009年8月27日,十一届全国人大常委会第十次会议决定:对《民法通则》中明显不适应社会主义市场经济和社会发展要求的规定,作出以下修改:一是将《民法通则》第7条修改为:"民事活动应当尊重社会公德,不得损害社会公共利益,扰乱社会经济秩序。"二是删去第58条第1款第6项:"经济合同违反国家指令性计划的。"

《民法通则》的颁布,结束了我国多年来没有民事基本法的历史,是我国民事立法日趋完善的重要标志,是我国社会主义法制建设的一项重大成就。《民法通则》的颁布实施,对于保护公民和法人的合法权益,维护社会主义经济秩序和社会秩序,促进和保证社会主义经济体制改革的顺利进行,开展国际性的经济、文化、技术的交流和合作,加速社会主义物质文明和精神文明的建设,都有着十分重要的意义。

13.重组监察部

新中国成立初期,我国政务院曾设有人民监察委员会。1954年9月,政务院改为国务院,人民监察委员会改为监察部。人民监察委员会和监察部在贯彻国家政策法令,维护国家纪律,保护国家财产,监督国家行政机关、国营企业、公私合营企业、合作社方面,作了许多卓有成效的工作,取得了良好的效果。1959年4月,由于种种原因,撤销了监察部。

我国宪法第八十九条第八项规定,国务院"领导和管理民政、公安、司法行政和监察等工作"。根据宪法的规定,1986年六届全国人大四次会议上,安徽省代表团提出议案,还有一些人大代表和政协委员也多次提出建议,在国务院和县以上地方各级政府设立国家行政监察机关。全国人大代表和政协委员关于设立国家行政监察机关的建议,反映了我国社会主义现代化建设的客观需要。为保证国家机关工作人员清正廉明的工作,更好地为全面改革和现代化建设服务,我国政府系统迫切需要设立监察机关,对国家行政机关及其工作人员、国家行政机关任命的企事业单位的领导干部,就其执行国家政策和法律法规的情况，违反政纪的行为，进行监察，以改善和加强行政管理，提高行政效能，保障社会主义建设事业健康发展。1986年12月，六届全国人大常委会第十八次会议决定设立中华人民共和国监察部。1987年7月，监察部正式挂牌办公。1993年1月，党中央、国务院决定中央纪律检查委员会与监察部合署办公，实行一套工作机构、两个机关名称，履行党的纪律检查和政府行政监察两项职能。

党的十八大以来，各级纪检监察机关围绕中央的新要求、新部署，进一步转职能、转方式、转作风，推动党风廉政建设和反腐败工作深入开展，取得明显成效。与此同时，中央纪委监察部认真研究分析当前党风廉政建设和反腐败工作的形势和任务，改革党的纪律检查体制，健全反腐败领导体制和工作机制，先后两次调整内设机构和人员配置。在机构和编制总数不变的前提下，重新排列组合、优化结构、内部挖潜，使人员的分布更合理，力量更集中，战斗力更强，实现了资源的优化整合。在两次机构改革中，共有5个内设机构在整合中撤销；而新设的5个内设机构中，4个是纪检监察室，还有一个是纪检监察干部监督室。由此，纪检监察室的总数由机构改革前的8个增加到12个，占27个内设机构的将近一半；每个纪检监察室均设立4个处，配备人员30名。与此同时，案件监督管理室、案件审理室、中央巡视工作领导小组办公室等与监督执纪关系密切的几个机构的编制也有所增加。两轮改革后，直接从事纪检监察业务工作的人员增加了100多名。对过去参与的领导小组、协调小组、联席会议等议事协调机构进行了调整，由原来的125个精简至39个，确保主要精力集中到党风廉政建设和反腐败工作上来。"聚焦主业主责"，是党的十八大以来中央纪委监察部机关内部出现的一个高频词汇。对中央纪委监察部而言，其主要职责就是监督执纪问责。纪检监察室在数量增加的同时，其职能也有所拓展——全面履行党的纪律检查和行政监察两项职能，而不是单纯的办案。除查办违纪违法案件外，纪检监察室还将及时清理反映的问题线索；对有反映的同志及时约谈，要求其作出说明，立足于抓早抓小，治病救人。通过转变工作方式，做到"情况明、数字准、责任清、作风正、工作实"，进一步形成监督合力。

在中央纪委监察部的示范带动下，全国31个省（区、市）和新疆生产建设兵团纪检监察部门积极改进工作思路，进一步转职能、转方式、转作风，聚指成拳再发力，不断推动党风廉政建设和反腐败工作深入开展。各地纪检监察机构结合实际，积极转变工作方式，突出查办案件职能，加大惩治腐败力度。

2015年2月28日，中央纪委常委会审议通过了《关于公开曝光纪检监察干部违反中央八项规定精神案件的通知》，要求对纪检监察干部违反中央八项规定精神的案件一律点名道姓，在中央纪委监察部网站公开曝光。

14.国家审计署和地方审计机关

新中国成立以来,直到 1983 年 8 月,在长达 34 年的时间里,并没有设立独立的政府审计机关,在此期间,国家财政收支的监督工作,主要由财政部门的监察机关负责。1978 年 12 月,党的十一届三中全会后,实行经济体制改革,发展社会主义市场经济,原有财政监督体系已不能适应改革与发展的需要。1980 年 10 月,全国会计工作会议建议,在全国人大常委会成立审计局,加强政府审计工作。1981 年 6 月,财政部向全国人大常委会提出关于设立全国审计机构的建议,该建议经讨论后纳入宪法草案条文。1982 年 12 月 4 日,五届全国人大五次会议通过的《中华人民共和国宪法》第 91 条、第 103 条规定,国务院及县级以上人民政府设立审计机关,确定了政府审计监督制度。1983 年 9 月 15 日,国家审计署正式成立。到 1983 年底,全国地方审计机关设立 2733 个,政府审计工作在全国全面展开。

审计机关是国家行政部门,依法独立行使审计监督权。国家审计署是我国国务院组成机构之一,在国务院总理领导下,主管全国的审计工作。审计长是审计署的行政首长,是国务院组成人员。国家审计署成立后,按职能在署内设厅、司、局等单位,目前设有办公厅、法制司、财政审计司、金融审计司、行政事业审计司、经贸审计司、农业与资源环保审计司、社会保障审计司、固定资产投资审计司、外资运用审计司、经济责任审计司、外事司、人事教育司、监察局及离退休干部局等 15 个单位。

1985 年 8 月,国务院发布《关于审计工作的暂行规定》,具体规范了审计机关的重要任务、审计职权及审计程序等。1988 年 11 月,国务院发布《中华人民共和国审计条例》,全文 40 条。1989 年 6 月,国家审计署发布《审计条例施行细则》。审计条例及施行细则的发布,促进了我国政府审计的发展。

1994 年 8 月 31 日,八届全国人大常委会第九次会议通过《中华人民共和国审计法》,自 1995 年 1 月 1 日施行。审计法分设总则、审计机关和审计人员,审计机关职责、审计机关权限、审计程序、法律责任及附则等 7 章,全文共 51 条。1997 年 10 月,国务院公布《中华人民共和国审计法实施条例》,共分 7 章 56 条。审计法及审计法实施条例的施行,建立了政府审计法制的基本架构。

1995 年 7 月,国务院发布《中央预算执行情况审计监督暂行办法》,地方政府也相继参照制定各地方预算执行情况审计监督实施办法,作为全面推动本级政府预算执行和其他财政收支审计监督工作的依据。为适应我国政治体制改革和加强党政廉政建设,预防和治理腐败,1999 年 5 月,中共中央和国务院联合发布《县级以下党政领导干部任期经济责任审计暂行规定》及《国有企业及国有控股企业领导人员任期经济责任审计暂行规定》。

国家审计署自1996年起，陆续发布国家审计基本准则、审计人员职业道德准则、审计机关审计专案质量控制办法等审计准则与规范，至2004年底，共发布50余种审计准则及规章，地方人代会及地方政府也制定了适用于本行政区的地方性审计法规。

至此，形成了以宪法为基础，以审计法为核心，以其他有关法律条文、政府审计准则及规章配套组成的政府审计法律规范体系。

2012年11月，党的十八大明确提出，加强对政府全口径预算决算的审查和监督。2013年6月，十二届全国人大常委会第三次会议指出，对决算和审计中反映出的问题，请国务院责成有关方面认真整改、严格问责，并在当年年底前将整改和处理情况向全国人大常委会报告。随着中央关于改进工作作风、密切联系群众的八项规定的出台，对"三公"经费的审计成为人们关注的焦点。2014年6月，在十二届全国人大常委会第九次会议上，审计工作报告指出，"三公"经费和会议费财政拨款支出比上年下降22.93%。但还有一些部门及所属单位未严格落实中央八项规定精神和"约法三章"要求，有的违反财经制度规定。如科技部、中科院生态环境研究中心、中国土木工程学会、中国建筑文化中心违规组织"双跨"（跨地区、跨部门）出国考察或营利性团组7个。新闻出版广电总局及所属单位超编53辆、超标18辆公务用车。林业局所属大兴安岭林业集团公司投资1.45亿元建设三亚接待处项目。等等。直面问题、"指名道姓"，体现了审计监督的铁面本色。但"指名道姓"只是审计监督的起点。公众期待，在风暴般的登场仪式之后，审计监督回归本位的制度化之路能够迈出坚实步伐。

15. 行政审判庭

建立和完善行政诉讼制度，是保障和促进行政机关依法行政的一个重要举措。我国进入改革开放新时期以来，行政审判工作日益繁重。根据最高人民法院的决定，一些地方法院从1986年下半年开始，陆续开展行政审判庭的试点工作。1986年10月6日，湖北省武汉市中级人民法院成立全国第一个中级人民法院行政审判庭；与此同时，湖北省汨罗县人民法院成立第一个基层人民法院行政审判庭。到1988年6月底，全国已有21个高级人民法院、224个中级人民法院、1154个基层法院正式建立了行政审判庭。

1988年6月，全国人大常委会任命黄杰为最高人民法院行政审判庭庭长。经过两个月的紧张筹备，同年9月5日，最高人民法院行政审判庭正式开展工作。同年10月4日，最高人民法院宣布成立行政审判庭。

最高人民法院行政审判庭的主要任务是：一、审理在全国范围内有重大影响应由最高法院管辖的和各高级法院移送的第一审行政案件；二、审理不服各高级人民法院一审判决、裁定而上诉的行政案件；三、监督和指导地方各级人民法院的行政审判工作；四、指定跨省、自治区、直辖市的行政案件的管辖；五、审理按审判监督程序决定由最高人民法院再审的行政案件；六、调查研究行政审判工作中的情况和问题，总结行政审判工作经验。

1989年4月4日，全国人大通过《行政诉讼法》，于1990年10月1日起施行。这标志着中国的行政诉讼制度正式确立。我国《中华人民共和国行政诉讼法》第三条规定："人民法院依法对行政案件独立行使审判权，不受行政机关、社会团体和个人的干涉。人民法院设行政审判庭，审理行政案件。"行政诉讼法的颁布实施，彻底改变了我国几千年来只准"官管民"、不能"民告官"的历史传统，为合法权益受到侵犯的行政相对人提供了重要的救济途径，对于促进行政机关依法行政具有里程碑式的意义。《行政诉讼法》公布实施以来，人民法院受理的行政诉讼案件逐年增多，特别是近几年来出现了急剧增多的趋势，涉及的领域也越来越宽，几乎涵盖了所有的行政管理领域。

最高人民法院建立行政审判庭，对于加快建立健全全国行政审判机构，总结行政审判工作经验，研究解决行政审判工作面临的新情况新问题，指导各级法院开展行政审判工作，推动行政诉讼走向规范化，具有重要意义和作用。到1990年，全国所有的高级人民法院，99%的中级人民法院，91%的基层人民法院，都设立了行政审判庭。到2002年5月底，全国法院行政审判庭共计3227个，行政审判人员共计11720名。

16.中共中央关于全党必须坚决维护社会主义法制的通知

党的十一届三中全会以来，党中央鉴于"文化大革命"的严重教训，为健全社会主义法制做了大量的工作。在立法方面，短短几年时间，除现行宪法外，全国人大和全国人大常委会先后制定了50部法律，国务院也制定了大量的行政法规以及一些有关经济体制改革和对外开放的暂行规定。现在，在主要的、基本的方面已经有法可依。在执法方面，强调了要严格依法办事，做到"有法必依，执法必严，违法必究"和"公民在法律面前一律平等"。这对维护我国的经济秩序和社会秩序，保障社会主义经济建设的顺利进行，发挥了巨大的作用。各级党组织和广大党员、干部的法制观念正在不断增强，依法办事的自觉性正在不断提高。但是，必须指出，目前有的党组织和党员、干部，特别是有的领导机关和领导干部，仍然自恃特殊，以言代法，以权压法，甚至徇私枉法，把自己置于法律之上或法律之外。这些问题的存在，一个重要原因，是一些党员和干部不学法、不懂法，不重视法制。因此，提高全党的法制观念，提高全党维护法制的自觉性，是摆在我们面前的一项长期而艰巨的任务。

1986年7月10日,中共中央发出《关于全党必须坚决维护社会主义法制的通知》(以下简称《通知》)。《通知》指出:在新的历史条件下,要认真贯彻落实"一手抓建设,一手抓法制"的思想,全党必须重视社会主义法制建设,各级干部和全体党员要自觉地接受群众的监督和法制的约束,养成依法办事的习惯。

《通知》指出:建设具有中国特色的社会主义法制,是我党的一项伟大历史任务。全党同志特别是党政军领导机关和领导干部一定要充分认识到加强法制的极端重要性,把法制建设视为己任,时时处处自觉地维护法制。

《通知》指出:坚持党的领导和依法办事是一致的。党领导人民制定宪法和法律,党又要领导人民执行宪法和法律。从中央到基层,所有党组织和党员的活动都不能同国家的宪法、法律相抵触,都只有模范地遵守宪法和法律的义务,而没有任何超越宪法和法律的特权。用五年左右时间在公民中基本普及法律常识,是加强法制建设的一项重大措施,各级党组织都要为实现这个目标而进行切实有效的工作。

《通知》指出:各级人民代表大会是人民行使国家权力的机关。各级党委要加强对人民代表大会工作的领导,坚决支持各级人民代表大会和它的常务委员会依法行使职权。要充分发挥司法机关的职能,提高司法机关的权威。各级党委要加强对司法工作的领导。党对司法工作的领导,主要是保证司法机关严格按照宪法和法律,依法独立行使职权。

《通知》要求,各级党委要高度重视国家权力机关、行政机关和司法机关干部队伍的建设。各级公安、司法机关的党组织和广大党员,要带头学法懂法,模范遵守宪法和法律,把各项工作纳入法制的轨道。要坚持党性原则,以国家和人民的利益为重,以事实为依据,以法律为准绳,实事求是,无私无畏,秉公执法。既要自觉地把自己的工作置于党的领导之下,又要敢于抵制各种违宪违法行为,敢于抵制各种不正之风,保证宪法和法律的正确实施,决不能执法犯法、徇私枉法。对秉公执法的政法干警要大力表扬,对有违法乱纪行为的必须严肃处理,决不能护短,以形成执法守法的良好风气。

党中央相信,经过全党坚持不懈的努力,一定能够把我们的国家建设成为既有高度民主又有健全法制的社会主义强国。

17.中国民告官第一案

1988年3月,一位叫包郑照的浙江农民因不服强行拆除其楼房的行政处罚决定,将苍南县政府告上法庭。这是中国历史上第一起"农民告县长"案。

温州市苍南县舥艚镇有一道建于宋代的拦海防浪古堤。由于海潮的外移和"文化大革命"之初的混乱,堤坝变得无人管理。当地缺房住的农民看到堤坝宽阔平坦,便开始有人在坝上建房。一人带头，多人效仿，陆续有近200户人家在坝上建房，防海堤成了一条繁华的街道，这里的住户也都被编上了街道编号。包郑照家是在坝上盖房的众多人家之一。

1985年，包郑照经镇城建办批准，盖起了3间3层楼房，占地面积126平方米，并办理了房屋产权登记手续。两年后，苍南县根据水电部《水利水电工程管理条例》和国务院关于清除行洪蓄洪障碍，保障防洪安全的指示精神，对坝上部分影响到大坝防洪的违章建筑进行清除。当动员到包郑照家拆房时，双方发生了争执。包郑照认为在坝上建房非他一家，而且他建房是经过政府审批的。而县政府则认为包郑照家的房子是违章建筑。眼看动员工作做不通，1987年7月，苍南县调动70余武警及县、区、镇干部300多人对包郑照家附近进行了封锁，采用爆破手段对包郑照的房屋实施了强行拆除。眼看着自己家新盖不久的三层楼房被炸，包郑照决定讨个说法。他向温州市中级人民法院起诉县长黄德余，要求确认他的房屋合法性，赔偿经济损失并追究主要责任人的法律责任。

然而他的起诉并没有被法院受理，在那个年代，"民告官"尚无法可依。时任《经济生活报》法律顾问、浙江省第四律师事务所兼职律师楼献作为这个案件的代理律师，几经奔走，促使浙江省高级人民法院指定温州市中级人民法院受理了该案。1988年3月29日，温州市中院向苍南县政府发出了应诉通知书。

1988年8月25日，能容纳千人的苍南电影院座无虚席，国内多家新闻媒体均对此事进行了报道。时任苍南县县长的黄德余曾在接受媒体采访时回忆说，接到应诉通知书的苍南县委、县政府，就县长应不应该出庭的事进行了两次激烈的讨论。"当时舆论压力很大，我是代表政府出庭，他们担心万一我说错话，出洋相，会损害政府的形象。"不过，最终他还是说服了大家，决定出庭应诉。8月29日，一审法院作出判决。判决认定，包郑照等所建房屋违反国家关于保护水利设施、严禁毁堤建房的有关规定，是违章建筑。苍南县政府强行拆除其违章建造的部分房屋是合法的。依照水利电力部《水利水电工程管理条例》和国务院关于清除行洪蓄洪障碍，保障防洪安全的行政法规，驳回原告包郑照等人的诉讼请求。包郑照和儿子包松村等对一审判决不服，向浙江省高级人民法院提起上诉。浙江省高级人民法院在温州市公开审理此案，并于1988年12月26日宣判包郑照等人败诉，作出"驳回上诉，维持原判"的终审判决。

浙江省苍南县农民包郑照告县政府一案，在当时引起了巨大反响。尽管案件最终以包的败诉告终，但作为"中国民告官第一人"，包郑照站在了中国行政诉讼的起始点上。包郑照案后不久，1988年11月，在辽宁中部某县发生一起母子三人状告公安局的案件。这是辽宁第一起"民告官"案件。3个月内，中国一南一北两起"民告官"案的相继发生，引发了人们对法治进步的思考和憧憬。而在当时，行政诉讼法尚未出台，并没有专门的法律为老百姓撑腰。几个月之后，1989年4月4日，七届全国人大二次会议通过了《行政诉讼法》，并确定于1990年10月1日起施行。至此，"民告官"有了正式的法律依据，也开启了法治的新时代。

"农民告县长"案产生了良好的社会效果。正如一位权威人士所说："抛开案子的胜败不说，这一案件表明了农民敢于用法律武器来维护自己的权益。同时也引起了全国舆论界的关注和人民群众的觉悟，让更多的老百姓知道了中国是有行政诉讼制度的，只要老百姓的权利受到侵害，是可以告政府的。"

18.中华人民共和国行政诉讼法

行政诉讼，俗称"民告官"。建立和完善行政诉讼制度，是保障和促进行政机关依法行政的一个重要举措。1989年4月，七届全国人大二次会议通过了《中华人民共和国行政诉讼法》（以下简称《行政诉讼法》），并确定于1990年10月1日起施行。这标志着中国的行政诉讼制度正式确立，是中国推进政治民主、走向现代法治的里程碑事件。

《行政诉讼法》的颁布实施，彻底改变了我国几千年来只准"官管民"、不能"民告官"的历史传统，为合法权益受到侵犯的行政相对人提供了重要的救济途径，对于促进行政机关依法行政具有里程碑式的意义。《行政诉讼法》公布实施以来，人民法院受理的行政诉讼案件逐年增多，特别是近几年来出现了急剧增多的趋势，涉及的领域也越来越宽，几乎涵盖了所有的行政管理领域。

1991年6月11日，最高人民法院发布《关于贯彻执行〈中华人民共和国行政诉讼法〉若干问题的意见（试行）》，该司法解释共计115条，分别就受案范围、管辖、诉讼参加人、证据、起诉和受理、审理和判决、执行、侵权赔偿责任、期间、诉讼费用等12个方面的问题作了规定。1997年4月29日，最高人民法院发布了《关于审理行政赔偿案件若干问题的规定》。该司法解释就行政赔偿案件的受案范围、管辖、诉讼当事人、起诉与受理、审理与判决、执行与期间、其他等7个方面的问题进行了规定。2000年9月14日，最高人民法院公布了《关于民事、行政诉讼中司法赔偿若干问题的解释》。该司法解释共14条，就民事、行政诉讼中司法赔偿案件具体适用法律的若干问题作了规定。2002年7月24日最高人民法院公布了《关于行政诉讼证据若干问题的规定》，自2002年10月1日起施行。

《行政诉讼法》颁布之后，为规范行政行为，我国的行政立法步伐大大加快。1994年5月12日，八届全国人大常委会第七次会议通过和公布了《国家赔偿法》。该法也是保障公民合法权益的一部重要的法律，对于进一步保障公民的人身权利和财产权利、促进国家机关及其工作人员依法行使职权，发挥了重要的作用。1996年3月17日，八届全国人大四次会议通过《行政处罚法》，该法就行政处罚的程序作了比较详细的规定，是行政处罚的基本法律。1999年4月29日,九届全国人大常委会第九次会议通过《行政复议法》,该法对行政复议的范围、程序等作了全面的规定。2003年8月27日,十届全国人大常委会第四次会议通过《行政许可法》,该法就行政许可的基本原则、范围和程序作了详细的规定。这四部规范行政权行使的法律的诞生,使我国的行政机关在依法行政的道路上迈出了具有决定意义的步伐。

《行政诉讼法》制定和施行多年来,发挥了积极作用。但随着公民权利意识、法律意识的增强,行政诉讼案件逐渐增多。一些行政机关千方百计不当被告,导致很多应当通过诉讼解决的纠纷进入了信访渠道,一些地方甚至出现了"信访不信法"的情况。统计显示,近年来全国法院年均受理行政案件仅有十几万件,占全部案件总量的比例很低。面对行政诉讼"立案难、审理难、执行难"等问题,人们反映强烈。

2013年12月23日,十二届全国人大常委会第六次会议首次审议《行政诉讼法》修正案草案,这是《行政诉讼法》自1990年10月1日施行以来首次启动修改。2014年11月1日,十二届全国人大常委会第十一次会议通过关于修改《行政诉讼法》的决定,修改后的《行政诉讼法》于2015年5月1日施行。

修改后的《行政诉讼法》扩大了行政诉讼受案范围。受案范围有限是原来"民告官"立案难的原因之一。修改后的法律扩大了法院受理行政诉讼案件的范围,也就是说,过去有一些法院不管的案子,现在也管了。比如行政机关滥用行政权力排除或者限制竞争的,违法集资、摊派费用的,没有依法支付最低生活保障待遇或者社会保险待遇的,还有行政机关不依法履行、未按照约定履行或者违法变更、解除政府特许经营协议、土地房屋征收补偿协议等的,都纳入到了行政诉讼的范围。

修改后的《行政诉讼法》明确规定:行政机关及其工作人员不得干预、阻碍人民法院受理行政案件。为了减少地方政府对行政审判的干预,新修改的《行政诉讼法》引入了集中管辖和提级管辖两种方式。一是规定高级法院可以确定若干基层法院,跨行政区域管辖一审行政案件;二是对县级以上地方政府提起诉讼的案件,由中级人民法院管辖。中级人民法院也可以跨行政区域管辖一审行政案件。这是解决司法公正,防止地方对司法进行干预的重要制度。

修改后的《行政诉讼法》改变了立案方式,畅通了诉讼渠道。原《行政诉讼法》规定,法院接到起诉状,经审查,应当在七天内立案或作出裁定不予受理。这样的"审查"式立案,将大量案件直接挡在了法院门外,导致了"立案难"。为了畅通立案渠道,新法改为:"人民法院在接到起诉状时对符合本法规定的起诉条件的,应当登记立案。对当场不能判定是否符合本法规定的起诉条件的,应当接收起诉状,出具注明收到日期的书面凭证,并在七日内决定是否立案。不符合起诉条件的,作出不予立案的裁定。裁定书应当载明不予立案的理由。原告对裁定不服的，可以提起上诉。"对于不接收起诉状、接收起诉状后不出具书面凭证，以及不一次性告知当事人需要补正的起诉状内容的，当事人可以向上级人民法院投诉，上级人民法院应当责令改正，并对直接负责的主管人员和其他直接责任人员依法给予处分。

修改后的《行政诉讼法》完善了管辖制度，强化了对行政机关的约束监督。现实中，往往是告哪儿的政府就在哪儿的法院起诉，这一做法，难以避免地方保护，由此出现了"审判难"。因此，行政案件管辖制度的调整是法律修改的一大焦点。这次《行政诉讼法》修改调整了法院的管辖，对告县政府的案件统一由中级人民法院来受理；经最高法院批准，高级法院可以确定若干人民法院跨行政区管辖行政案件；最高法院还可以对行政案件进行巡回审理。

修改后的《行政诉讼法》强化了不执行判决责任。"民告官"的官司难打，即便赢了，判决却常停在纸上成了"空文"，这就是"执行难"。为了扭转这一局面，新法规定，行政机关拒绝履行判决、裁定、调解书的，第一审人民法院可以在规定履行期满之日起，对该行政机关负责人按日处五十元至一百元的罚款；拒不履行判决、裁定、调解书，社会影响恶劣的，可以对该行政机关直接负责的主管人员和其他直接责任人员予以拘留。

修改后的《行政诉讼法》明确规定，被诉行政机关负责人应当出庭应诉。"告官不见官"是行政诉讼实践中面临的一个尴尬，这也让办案法官颇感无奈。对于这个突出问题，新法明确规定：被诉行政机关负责人应当出庭应诉。不能出庭的，应当委托行政机关相应的工作人员出庭。无正当理由拒不到庭的，法院可以将拒不到庭的情况予以公告，并可以向监察机关或被告上级机关提出依法给予其处分的司法建议。

修改后的《行政诉讼法》明确提出要解决行政争议。"审理难"，是行政诉讼的三大难之一。老百姓顺利立案后，最盼望的就是法官能作出公正判决。很多案件法院虽然受理了，但往往是程序空转，案件久拖不决，根本解决不了实际争议。

修改后的《行政诉讼法》明确规定要解决行政争议，并为更好地解决争议增加了调解制度。

针对"执行难"问题，即行政机关拒绝履行判决、裁定、调解书的，修改后的《行政诉讼法》增加了三项规定：一是对行政机关负责人按日罚款；二是将拒绝履行的情况予以公告；三是社会影响恶劣的，可以对该行政机关直接负责的主管人员和其他直接责任人员予以拘留。

修改后的《行政诉讼法》进一步拓宽了"民告官"的法律渠道，完善了依法维权和化解行政纠纷的机制。同时，通过对现行《行政诉讼法》起诉、审理、判决、执行等机制的改进和完善，扩大了可诉行政行为的范围，强化对行政机关依法行政的监督。

19.中华人民共和国民事诉讼法

1991年,七届全国人大四次会议通过《中华人民共和国民事诉讼法》(以下简称《民事诉讼法》)。

《民事诉讼法》通过对民事诉讼基本制度(包括管辖、回避、诉讼参加人、民事证据、期间和送达、法院调解、财产保全和先予执行、妨害民事诉讼的强制措施、诉讼费用等)和审判程序、执行程序以及涉外民事诉讼程序的全面规定,为保护当事人行使民事诉讼权利,保证人民法院查明事实,分清是非,正确、及时地适用法律裁判民事案件提供了法律依据。

1993年、1999年、2004年,我国三次修宪,并且在2001年加入了世界贸易组织,签署了《公民权利和政治权利公约》等一系列国际公约。现行《民事诉讼法》与其所适用的社会环境间的差距越来越明显,法律的滞后性日渐突出。

原《民事诉讼法》自1991年颁布实施以来,虽然对于发展和完善民事诉讼起到了十分重要的作用,但该法是在中国市场经济确立之前出台的,难以反映那些与市场经济相契合的现代民事诉讼理念,并且在相当大程度上已不能满足民事诉讼实践的客观要求,有必要进行修改。

2007年,十届全国人大常委会第三十次会议对该法部分规定作了修改。

全国人大常委会法制工作委员会按照立法计划,2010年启动了《民事诉讼法》的修改工作。2011年10月,《民事诉讼法修正案(草案)》(以下简称《修正案(草案)》)首次提请十一届全国人大常委会第二十三次会议审议,《民事诉讼法》的再次修改已进入实质阶段。本次提交审议的《修正案(草案)》共54条,主要涉及以下七个方面的修改:一、完善调解与诉讼相衔接的机制;二、保障当事人的诉讼权利;三、完善当事人举证制度;四、完善简易程序;五、强化法律监督;六、完善审判监督程序;七、完善执行程序。

当前,中国特色社会主义法律体系已经形成,此次启动《民事诉讼法》修改是不断完善法律体系的重要组成部分。从中国特色的社会主义民事法律体系构成上看,中国形成了以《民法通则》为基干,以具体法律为支撑的民事实体法,以及以《民事诉讼法》为基干的民事程序法。其中,多数民事法律都是在现行《民事诉讼法》颁行后制定或修改的,因此,《民事诉讼法》存在诸多如何与这些法律相衔接的问题。近几年来,一些全国人大代表和有关方面陆续提出修改《民事诉讼法》的意见和建议,中央政法委员会《关于深化司法体制和工作机制改革若干问题的意见》也要求进一步完善民事诉讼制度。

在《民事诉讼法》施行的20年间,为使该法适应已变化了的社会实践,最高人民法院已制定了100多个司法解释。在立法职能缺位的情况下，司法解释极度扩张，该法已被各种形式的司法解释所肢解、架空，严重损害了法律的完整性与统一性。对《民事诉讼法》进行修改，不仅可以梳理现行司法解释，摒弃与现代诉讼理念不相契合的规则，将行之有效、科学合理的规则上升为法律，而且可以避免因立法的不完备而采取司法解释的方式进行修补，避免以司法解释替代法律。

2015年1月30日，最高人民法院发布关于适用《中华人民共和国民事诉讼法》的司法解释（以下简称《司法解释》）。《司法解释》是最高人民法院贯彻落实党的十八届四中全会精神的重大举措。《司法解释》共分23章，552条，对人民法院适用民事诉讼法的相关问题作了全面系统、明确具体的规定。《司法解释》以确保民事诉讼程序公正为主线，内容主要包括保障当事人的诉讼权利、保障司法公开、规范证据的审查与运用、提升民事审判工作效率、贯彻诚实信用原则、完善公益诉讼制度、完善法庭纪律等方面。

随着我国改革开放和经济社会的快速发展，当前民事审判和执行工作呈现涉及范围广、案件数量大、增长速度快、新型案件多、审理难度大等新特点，对我国民事审判和执行的立法工作提出了新的要求。

20.《中国改造罪犯的状况》白皮书

近些年来，以美国为首的西方反华势力，不断地以关押和改造罪犯为题，批评我国"侵犯人权"。他们以人权为借口，诋毁中国的罪犯改造制度，干涉中国的内政。为了澄清事实，驳斥西方反华势力的攻击和诽谤，有必要将中国改造罪犯的真实情况向国际社会公开发表；同时，这也有利于世界公众更好地了解中国的社会主义民主与法制建设。1992年8月11日，国务院新闻办公室发表《中国改造罪犯的状况》白皮书。白皮书系统、全面、真实地介绍了中国改造罪犯的实际状况，阐述了中国在这方面取得的巨大成就和经验，是继《中国的人权状况》白皮书之后我国政府公开发表的又一个有关人权问题的重要文献。

白皮书共16000余字，包括前言和八个部分：（1）中国改造罪犯基本原则；（2）依法保障罪犯的权利；（3）对罪犯的劳动改造；（4）对罪犯的法制、道德、文化和技术教育；（5）对罪犯的感化；（6）对罪犯的依法文明管理；（7）对罪犯的刑罚执行；（8）对刑满释放人员的就业安置与教育保护。

白皮书明确指出："把罪犯改造成能够遵守法律、自食其力的新人，并让他们回归社会成为自由公民，是中国改造罪犯的基本目标。"这一基本目标，从两个方面体现了中国政府对人权的关切与保障：一、通过惩罚与改造罪犯，保护全体人民的人权。犯罪有各种各样的性质、情节、手段和后果，例如，杀人、抢劫、盗窃、强奸、拐卖妇女儿童、流氓等刑事犯罪和贪污、贿赂等经济犯罪，归根结底，都是直接或间接地对人民的生命、财产、自由、安全等基本人权的侵犯。不惩办和改造这些犯罪分子，任其继续胡作非为，广大人民的人权就得不到保障。二、通过惩罚与改造，使罪犯改邪归正，从侵犯他人的人权、自己的人权也无保障的道路，走向尊重他人的人权、自己的人权最终也能得到保障的道路。在惩罚与改造罪犯的过程中，罪犯有辩护权、申诉权、控告权、不受虐待权、受教育权、休息权，未被剥夺政治权利的罪犯有选举权等权利，罪犯在刑满释放后，除剥夺其一定期间的政治权利等外，享有同其他公民一样的权利。

白皮书的发表，有利于世界公众准确地了解中国改造罪犯的基本目标、原则、制度、方针政策、经验和巨大成就；有利于国际社会从一个侧面了解中国真实的人权状况和中国特色的社会主义法治，消除这方面存在的各种误解与猜疑。《中国改造罪犯的状况》白皮书，不仅是我国改造罪犯实践活动的反映和总结，也是我国改造罪犯工作理论上的概括和深化，对我国改造罪犯的实践具有重大的指导意义。

21.中华人民共和国国家赔偿法

我国国家赔偿法律制度的建立经历了一个渐进过程。新中国成立后，在第一部宪法（1954年）中就确立了国家赔偿的原则，其中第97条规定："由于国家机关工作人员侵犯公民权利而受到损失的人，有取得赔偿的权利。"之后在1982年宪法中进一步重申了这一原则，并提出了立法的任务。1986年制定的《民法通则》和1989年制定的《行政诉讼法》，对行政赔偿的相关问题作了规定，但这些规定，不仅条文很少，而且非常概括，缺乏操作性。因此，为了解决这些问题，同时也为了解决司法领域的国家赔偿问题，在1989年制定《行政诉讼法》后，全国人大常委会法制工作委员会就开始组织起草国家赔偿法。经过四年多的努力，1994年5月12日，八届全国人大常委会第七次会议通过了《中华人民共和国国家赔偿法》（以下简称《国家赔偿法》），于1995年1月1日施行。2010年4月29日，十一届全国人大常委会第十四次会议通过决定，对《国家赔偿法》进行第一次修正。2012年10月26日，十一届全国人大常委会第二十九次会议通过决定，对《国家赔偿法》进行第二次修正。这部法律的出台，扩大了公民权利的救济途径，健全了我国国家责任制度，标志着我国国家赔偿法律制度的全面确立。

《国家赔偿法》共6章35条，主要包括以下四个方面的内容：国家行政赔偿和刑事赔偿的范围、国家赔偿义务机关、国家赔偿方式和标准、国家赔偿程序。

《国家赔偿法》在总则中明确规定，制定国家赔偿法的目的，是为了保障公民、法人和其他组织享有依法取得国家赔偿的权利，促进国家机关依法行使职权。

国家机关和国家机关工作人员行使职权，有本法规定的侵犯公民、法人和其他组织合法权益的情形，造成损害的，受害人有依照本法取得国家赔偿的权利。本法规定的赔偿义务机关，应当依照本法及时履行赔偿义务。

我国国家赔偿的范围，包括行政赔偿和司法赔偿。行政赔偿是指国家行政机关及其工作人员在行使行政职权时，违法侵犯公民、法人和其他组织的合法权益造成损害的，国家依法向受害人赔偿的制度。《国家赔偿法》明确规定了行政赔偿的范围，包括：违法拘留或者违法采取限制公民人身自由的行政强制措施的；非法拘禁或者以其他方法非法剥夺公民人身自由的；以殴打、虐待等行为或者唆使、放纵他人以殴打、虐待等行为造成公民身体伤害或者死亡的；违法使用武器、警械造成公民身体伤害或者死亡的；造成公民身体伤害或者死亡的其他违法行为；违法实施罚款、吊销许可证和执照、责令停产停业、没收财物等行政处罚的；违法对财产采取查封、扣押、冻结等行政强制措施的；违法征收、征用财产的；造成财产损害的其他违法行为。

司法赔偿指国家司法机关及其工作人员在行使司法职权过程中，违法侵犯公民、法人和其他组织的合法权益造成损害的，国家依法向受害人予以赔偿的制度。司法赔偿分为刑事赔偿和其他司法赔偿。《国家赔偿法》明确规定了刑事赔偿的范围，包括：违反刑事诉讼法的规定对公民采取拘留措施的；对公民采取逮捕措施后，决定撤销案件、不起诉或者判决宣告无罪终止追究刑事责任；依照审判监督程序再审改判无罪，原判刑罚已经执行的；刑讯逼供或者以殴打、虐待等行为或者唆使、放纵他人以殴打、虐待等行为造成公民身体伤害或者死亡的；违法使用武器、警械造成公民身体伤害或者死亡的；违法对财产采取查封、扣押、冻结、追缴等措施的；依照审判监督程序再审改判无罪，原判罚金、没收财产已经执行的。

《国家赔偿法》对国家赔偿义务机关、国家赔偿方式和计算标准、国家赔偿程序等，都作出了明确具体的规定。

我国《国家赔偿法》的制定，贯彻了宪法保障公民权利的立宪精神和目的，是对现行宪法关于国家赔偿请求权规定的具体化，特别是对国家赔偿的范围、赔偿请求人、赔偿义务机关及赔偿程序方面的规定，有效地保证了受害人行使国家赔偿请求权。《国家赔偿法》一方面规定违法致相对人损害的国家机关必须承担赔偿责任，从而可以遏制国家机关违法失职行为的发生，达到监督和控制权力的目的；另一方面《国家赔偿法》又规定国家在赔偿相对人损失后，可以向有故意或重大过失的公务人员行使追偿权，这将进一步防止公务人员滥用国家权力，促使国家机关及其工作人员依法行使职权。

中国确立国家赔偿制度，对国家机关和国家机关工作人员行使职权时给公民、法人和其他组织的合法权益造成的损害，国家依法予以赔偿。2010年修改的国家赔偿法健全了国家赔偿工作机构，畅通了赔偿请求渠道，扩大了赔偿范围，明确了举证责任，增加了精神损害赔偿，提高了赔偿标准，保障了赔偿金及时支付，进一步完善了行政赔偿、刑事赔偿和非刑事司法赔偿制度。2011 年，各级法院审结行政赔偿案件（一审）、刑事赔偿案件、非刑事司法赔偿案件共计 6786 件；其中，审结刑事赔偿案件 868 件，赔偿金额 3067 余万元人民币，与 2009 年相比，分别增长 16.04%、42.9%。

22.中华人民共和国劳动法

劳动法规为健全市场经济体制，实现劳动力配置市场化创造了改革条件。20 世纪 90 年代初，统一的劳动力市场缺失，不同所有制企业职工在平等就业、选择职业等方面存在诸多障碍，严重影响社会主义市场经济体制的建立，急需破除长期以来在计划经济体制下，公有制企业行政分配的劳动用工制度，同时规范非公企业用工制度。正是适应这种客观需要，1994 年 7 月 5 日，八届全国人大常委会第八次会议审议通过了《中华人民共和国劳动法》（以下简称《劳动法》）。

《劳动法》明确规定，在中华人民共和国境内的所有企业、个体经济组织和与之形成劳动关系的劳动者，统一适用《劳动法》。从此，确立了用人单位与劳动者的市场经济主体地位，为建立统一、公平的劳动力市场提供了基本原则和法制规则，为生产要素在价值规律作用下，按照市场规则自由流动打开了通行的闸门。

《劳动法》对劳动合同、集体合同等进行了规制，确立了中国特色的社会主义劳动制度和劳动关系，着重突出了对劳动者权益的保护。

《劳动法》确定了保护劳动者合法权益的基本宗旨，在就业、工资、工时和劳动安全卫生等方面制定了具体可执行的标准，对企业规范用工和政府监督治理提出了明确要求。《劳动法》给了职工群体更多的话语权、更强的博弈力量，它让劳动权益从此看得见、摸得着、抓得住，也让维护劳动者合法权益逐渐成为社会共识，成为衡量社会公平正义的重要标尺。

《劳动法》明确规定，劳动者享有平等就业和选择职业的权利、取得劳动报酬的权利、休息休假的权利、获得劳动安全卫生保护的权利、接受职业技能培训的权利、享受社会保险和福利的权利、提请劳动争议处理的权利以及法律规定的其他劳动权利。用人单位应当依法建立和完善规章制度，保障劳动者享有劳动权利和履行劳动义务。国家采取各种措施，促进劳动就业，发展职业教育，制定劳动标准，调节社会收入，完善社会保险，协调劳动关系，逐步提高劳动者的生活水平。劳动合同是劳动者与用人单位确立劳动关系、明确双方权利和义务的协议。建立劳动关系应当订立劳动合同。订立和变更劳动合同，应当遵循平等自愿、协商一致的原则，不得违反法律、行政法规的规定。

《劳动法》的颁布，为相关法规规章的制定提供了充分的立法依据。国务院制定了十几部与《劳动法》配套的行政法规。为保护女职工、未成年人和残疾人等特殊人群的合法权益，制定了《女职工劳动保护特别规定》、《禁止使用童工规定》、《残疾人就业条例》；为维护劳动者身心健康、加大劳动保护力度，制定了《国务院关于职工工作时间的规定》、《职工带薪年休假条例》、《使用有毒物品作业场所劳动保护条例》、《劳动保障监察条例》；为建立健全社会保险制度，制定了《失业保险条例》、《工伤保险条例》、《社会保险费征缴暂行条例》等。此外，根据《劳动法》和相关法律行政法规的规定，人力资源社会保障部等国务院有关部门制定了劳动领域的部门规章100多部，31个省、自治区、直辖市制定了劳动领域的地方性法规近200部、地方政府关于劳动领域的规章100多部。我国劳动法律制度体系不断得以丰富、完善。

《劳动法》颁布20年来，我国又先后颁布实施了《劳动合同法》、《就业促进法》、《劳动争议调解仲裁法》、《社会保险法》以及一系列配套法规，初步构建了比较完整的人力资源社会保障法律体系框架。20年来，我国就业规模不断扩大，就业结构发生了深刻变化，就业质量逐步提高。

以保护劳动者的合法权益为宗旨的《劳动法》的贯彻实施，有效规范了劳动关系，有力保护了广大职工及相关方的合法权益，极大地激发了广大职工的劳动热情，也为工会组织依法维权工作提供了准则和武器。自1995年《劳动法》实施20年来，全员劳动合同制度在全国普遍推行，企业劳动合同签订率达到88.2%。集体合同、工资专项集体合同覆盖企业997.3万家，覆盖职工4.51亿人。20年来，职工年平均工资从4538元，增长到45676元，年均增长12.2%。

劳动合同制度普遍实行，集体合同制度稳步推进，由政府、工会组织和企业构成的劳动关系三方协调机制逐步健全，促进了劳动关系的和谐稳定。建立健全农民工工作协调机制，推动农民工转移就业规模持续扩大，职业技能不断提高，工资收入大幅增加，参加社会保险人数较快增长，劳动保障权益维护显著加强，享受基本公共服务范围逐步扩大。《劳动法》明确规定企业和职工双方的权利义务，不仅有效维护了劳动者的合法权益，也为企业健康发展提供了坚实的法律保障。非公有制企业占据着我国企业数量的主体，也是劳动关系问题矛盾较为集中的领域，企业的健康发展更加离不开《劳动法》的保驾护航。

法律的尊严在于实施。目前，《劳动法》的实施仍然有很多亟待解决的问题，比如超时加班仍然大量存在，违法解除和终止劳动合同时常发生，欠薪现象难以有效遏制，职工参加社会保险的权利依然很难落实等。还有许多职工的劳动权益问题需要被重视和解决。

当前，我国劳动关系面临的形势主要可概括为三个方面：一、强资本弱劳工的格局正在发生新变化，我国亟待寻求劳资关系的平衡，并纳入法治轨道。二、经济改革市场化取向正在走向成熟、定型，劳动关系也需与时俱进地步入规范、稳定发展阶段。三、法治国家、法治政府、法治社会一体建设已经开启，劳动关系治理应当率先运行在法治化轨道。

贯彻实施《劳动法》、推进劳动法制建设是一项长期的任务，需要一代又一代人的不懈努力。党的十八届三中全会吹响全面深化改革的号角，提出市场在资源配置中起决定性作用和更好发挥政府作用，劳动关系必将进一步市场化和法治化，劳动关系深层次矛盾也必然会在改革一定阶段集中显现，如何切实保护好劳动者的合法权益，建立和维护适应社会主义市场经济的劳动制度，是一个紧迫而又艰巨的重大使命。

《劳动法》为市场配置劳动力资源、协商建立劳动关系开辟了通道，为劳动者依法维权提供了依据。《劳动法》确定的协商建立劳动关系原则，赋予市场化劳动关系双方平等主体地位，改变了用人单位的用工理念和劳动者的就业观念，增强了劳动关系双方的市场意识、协商意识和法律意识。《劳动法》规定的统一劳动标准和民主协商规则，为各类企业职工享有同等权利和保障提供了法律依据，对所有类型企业依法制定规章制度，协商确定分配标准，依法解决劳动争议提出了明确要求。《劳动法》的贯彻实施，大大增强了劳动者依照法定标准和法定程序维护合法权利，通过劳动合同和集体合同争取合理利益的意识和能力；增强了用人单位承认劳动价值、尊重职工人格、建立合作共赢机制的意识和责任，调动了职工和企业双方的积极性，提高了劳动生产效率和企业竞争力，促进了经济健康发展；有效缓解了劳资矛盾，促进了劳动关系的公平公正，增进了劳动者共享经济社会发展成果的机会，推进了社会和谐稳定。

23.成立反贪污贿赂局

人民检察院是国家的法律监督机关，反贪污贿赂局是人民检察院内设机构之一，是专门对国家工作人员贪污、受贿等职务犯罪进行侦查的职能机构，是检察机关履行法律监督职责的重要组成部分。

1978年，我国恢复设立检察机关。1979年下半年，最高人民检察院设立经济检察厅，地方各级检察院也先后设置经济检察机构，对贪污贿赂、偷税抗税、假冒商标等经济犯罪开展检察工作。1982年6月，最高人民检察院法纪检察厅与经济检察厅合并，设置法纪经济检察厅（即最高人民检察院二厅），检察机关的职务犯罪侦查工作全部交由该厅负责。1988年8月，最高人民检察院决定将法纪检察厅和经济检察厅分设，经济检察厅再次独立建制。1982年，全国人大常委会通过《关于严惩严重破坏经济的罪犯的决定》以后，各级检察院重点打击严重经济犯罪活动。1988年，全国人大常委会通过《关于惩治贪污罪贿赂罪的补充规定》，第一次在单行刑法中把贪污贿赂犯罪规定为一类犯罪。

1989年起，反贪污贿赂工作不断得到加强。这一年8月，最高人民检察院经济检察厅更名为贪污贿赂检察厅。与此同时，广东省人民检察院反贪污受贿工作局挂牌成立，成为我国检察机关第一个反贪局。该局是仿照香港廉政公署设立。截至1990年3月，我国共有14个省级检察院、55个地市级检察院、100余个县区级检察院成立了反贪局。

1995年3月，在全国政协八届三次会议上，5位来自各民主党派的最高人民检察院特约检察员联名提出《关于尽快在最高人民检察院设置反贪污贿赂总局的提案》。该提案被转送中央机构编制委员会。4月12日，中央机构编制委员会表示同意最高人民检察院设置反贪污贿赂检察厅，对外称反贪污贿赂总局，其主要任务是负责对全国贪污、贿赂、挪用公款、巨额财产不明、境外存款隐瞒不报等经济犯罪案件侦查，直接立案侦查全国性重大贪污、贿赂等经济犯罪案件；组织、协调、指挥跨省市的重特大经济犯罪案件的侦查和个案协查工作等。

1995年11月10日，最高人民检察院反贪污贿赂总局挂牌成立。这标志着中国检察机关惩治贪污贿赂犯罪工作进入专业化、正规化轨道。该局是最高人民检察院贪污贿赂检察厅对外更名而成，对内仍称最高人民检察院贪污贿赂检察厅。地方各级人民检察院贪污贿赂检察部门随之更名为反贪污贿赂局。至此形成了从中央到地方的各级人民检察院反贪污贿赂机构的完整体系。到1995年底，我国共有28个省级检察院，296个州、市检察院，1283个县、区检察院成立了反贪局。

最高人民检察院反贪污贿赂总局的职责是：负责对全国检察机关办理贪污贿赂、挪用公款、巨额财产来源不明、隐瞒境外存款、私分国有资产、私分罚没财物等犯罪案件侦查、预审工作的指导；参与重大贪污贿赂等犯罪案件的侦查；直接立案侦查全国性重大贪污贿赂等犯罪案件；组织、协调、指挥重特大贪污贿赂等犯罪案件的侦查；负责重特大贪污贿赂等犯罪案件的侦查协作；研究分析全国贪污贿赂等犯罪的特点、规律，提出惩治对策；承办下级人民检察院反贪污贿赂工作中疑难问题的请示；研究、制定贪污贿赂检察业务工作细则、规定。

最高人民检察院反贪污贿赂总局下设办公室、侦查一处、侦查二处、业务指导处、指挥中心。

2000年7月，经中央批准，最高人民检察院机关机构改革方案实施。该方案规定，最高人民检察院的内设业务机构有：侦查监督厅、公诉厅、反贪污贿赂总局、渎职侵权检察厅、监所检察厅、民事行政检察厅、控告检察厅（对外挂牌称最高人民检察院举报中心）、刑事申诉检察厅、铁路运输检察厅、职务犯罪预防厅。

最高人民检察院反贪污贿赂总局成立后，先后参加查办了原北京市副市长王宝森案、原中共贵州省委书记刘方仁案、原浙江省副省长王钟麓案、原黑龙江省政协主席韩桂芝案、原中共上海市委书记陈良宇案等大案要案。但最高人民检察院反贪污贿赂总局的级别仅为局级，不能适应反腐败工作的需要。为加强反腐败工作，同时也为履行《联合国反腐败公约》规定的义务，2007年，我国又成立了国家预防腐败局，为国务院直属机构，负责全国预防腐败工作，在国家监察部加挂牌子，局长由监察部部长兼任。

2013年8月27日，中共中央政治局召开会议，在决定党的十八届三中全会议程时指出，"要改革党的纪律检查体制，加强反腐败工作体制机制创新"。同年10月，中共中央正式批准最高人民检察院党组提出的改革方案，改革将整合力量、优化职能，成立新的反贪总局。新成立的反贪总局，职能配置更加科学，办案力量进一步增加，领导班子进一步配强，局长由一名副部长级的最高人民检察院检察委员会专职委员担任，其检察级别则位列中华人民共和国大检察官序列。最高人民检察院将把反贪总局建设成中国检察特色反腐败专门机构。

党的十八届四中全会对全面推进依法治国作出了新部署，对深入推进反腐败斗争提出了新要求。十八届四中全会决定强调指出：加快推进反腐败国家立法，完善惩治和预防腐败体系，形成不敢腐、不能腐、不想腐的有效机制，坚决遏制和预防腐败现象。新反贪总局的成立，让我们看到了党中央对铲除腐败的坚定决心和信心，进一步增强了人民群众对党和政府的信赖。

24.中华人民共和国行政处罚法

行政处罚法是规范政府行为的重要法律之一。其所确立的行政处罚设定权制度、实施行政处罚的主体资格制度、相对集中行政处罚权制度、听证制度、罚款决定与罚款收缴相分离制度、政府对行政处罚的监督制度等，是对现行行政处罚制度的重大改革，对改革政府机构、转变政府职能和加强政府法治建设都将产生深远影响。

为规范行政处罚权的正当行使，对处罚权作出限定，1996年3月，八届全国人大四次会议通过《中华人民共和国行政处罚法》（以下简称《行政处罚法》），自1996年10月1日起施行。

《行政处罚法》规定，行政法规可以设定除限制人身自由以外的行政处罚，但必须在法律规定的给予行政处罚的行为、种类、幅度的范围内规定；对尚未制定法律、行政法规的，国务院各部委制定的规章可以设定警告或者一定数量罚款的行政处罚。而且，对被授权、委托行使行政处罚权的实施机关也作出严格规定。

根据《行政处罚法》规定，行政处罚原则上只能由行政机关实施，非行政机关的企业、事业单位未经法律、法规授权，不得行使行政处罚权；没有法律、法规或者规章的明确规定，行政机关不得委托事业组织实施行政处罚。

《行政处罚法》明确规定，行政机关应当建立、健全对行政处罚的监督制度；县级以上人民政府应当加强对行政处罚的监督检查。建立和健全规范性文件、重大行政处罚的备案制度以及公民、法人和其他组织对行政处罚的申诉和检举制度、行政处罚决定制度、行政处罚统计制度等。同时，要严格执行规章备案制度和行政复议条例，及时纠正违法设定和实施行政处罚的行为。县级以上地方人民政府加强对行政处罚的监督检查，是上级政府对下级政府、政府对其所属各部门行使监督权的重要形式，也是政府的一项重要责任。县级以上地方人民政府要把对行政处罚的监督检查作为政府工作的一项重要内容，切实抓紧、抓好，务必抓出成效。要把行政处罚的设定权、实施行政处罚的主体资格、当场处罚、罚款决定与罚款收缴的分离等制度的执行情况作为重点进行检查，对检查中发现的问题，要采取有力措施，坚决予以纠正。各级地方人民政府及其各部门的法制工作机构要根据本级政府或者本部门的统一部署，具体组织、承担对行政处罚的监督检查工作。

《行政处罚法》施行以来，对于规范行政处罚的设定和实施，保障和监督行政机关有效实施行政管理，维持公共利益和社会秩序，保护公民、法人或者其他组织的合法权益，发挥了很好的促进作用。

25.依法治国基本方略

依法治国基本方略的形成是中国共产党人智慧的结晶，体现了全国各族人民的共同愿望。中国共产党执政以后，用什么样的方式治理好国家，如何更好地维护和实现最广大人民的根本利益，始终是党中央领导集体孜孜以求、不断探索的一个重大理论问题和实践问题。新中国成立后，建立起人民民主专政的国家政权，开创了我国社会主义法制建设的伟大事业。但新中国的法制事业也经历了曲折，"文化大革命"中，国家法制遭到破坏。改革开放以来，针对这种情况，以邓小平同志为核心的党中央，认真总结经验教训，坚定地提出了"加强社会主义民主，健全社会主义法制"的历史性任务，确定了"有法可依，有法必依，执法必严，违法必究"的社会主义法制建设方针。在此基础上，党中央提出了依法治国的基本方略。

1994年下半年，司法部向党中央提出为中央领导同志举办法制讲座的报告，并且草拟了讲座的选题。党中央很快批准了报告和选题。1994年12月9日，中央第一次法制讲座在中南海举行，江泽民主持讲座并发表了重要讲话。这次讲座后不久，江泽民就明确提出：以后，中央法制讲座要规范化、制度化，每年讲一至两次，形成制度。1995年下半年，中央举办第三次法制讲座筹备工作开始，司法部党组认为，应当介绍法律界最关注的依法治国、建设社会主义法制国家这个根本问题。司法部党组向党中央正式报了这个选题，同时还报了另一个选题。仅过两天，党中央就批准了司法部党组的报告，江泽民在同时报送的两个选题中，亲自圈定了《关于依法治国、建设社会主义法制国家的理论和实践问题》。1996年2月8日下午，中央第三次法制讲座在中南海举行。这是一次非同寻常的法制讲座，正是在这次讲座的总结讲话中，江泽民同志提出了依法治国方略，并对依法治国的重大意义进行了全面深刻的阐述。同年3月，八届全国人大四次会议把"依法治国，建设社会主义法制国家"作为一条基本方针，写入《国民经济和社会发展"九五"计划和2010年远景目标纲要》。与此同时，法律实务界和法学界关于依法治国的探讨形成热潮，有关"法制"与"法治"的讨论成为一大焦点。

1997年9月，党的十五大报告明确提出："依法治国，是党领导人民治理国家的基本方略。"并确立了"建设社会主义法治国家"的目标。1999年3月，九届全国人大二次会议上，"依法治国，建设社会主义法治国家"这一治国方略，正式写入宪法修正案。这标志着中国共产党实现了治国理政方式的根本转变，由过去主要依靠政策、依靠行政手段，转向主要依靠法律手段；标志着我们党实现了由人治到法治的根本转变；标志着我们国家走上了依法治国的道路，进入了法治时代。

实行依法治国，就是广大人民群众在党的领导下，依照宪法和法律的规定，通过各种途径和形式管理国家事务，管理经济和文化事业，管理社会事务，保证国家各项工作都依法进行，逐步实现社会主义民主的制度化、法律化，使这种制度和法律不因领导人的改变而改变，不因领导人看法和注意力的改变而改变。

依法治国的基本含义，主要有以下几点：第一，依法治国的主体是广大人民群众。第二，依法治国的客体，是国家事务、经济文化事业、社会事务。凡是涉及这些事务、事业的人和组织，从普通公民到国家公职人员，从一般企业事业单位到各级国家机构，都应当受到法律的规范、制约和保护，都属于依法治国的范围和对象。依法治国的重点是依法治权、依法治"官"。第三，依法治国的准则，是宪法和法律。第四，依法治国的基本目标，是保证国家各项工作都要依法进行，实现社会主义民主的制度化、法律化，使这种制度和法律不因领导人的改变而改变，不因领导人看法和注意力的改变而改变。第五，依法治国的基本方式，是人民在中国共产党的领导下，依法通过各种途径和形式来共同管理国家事务，管理经济和文化事业，管理社会事务。

依法治国，建设法治国家，有两项最根本的要求：一是坚持党的领导、人民当家作主和依法治国的有机统一。党的领导是人民当家作主和依法治国的根本保证，人民当家作主是社会主义民主政治的本质和核心，依法治国是党领导人民治理国家的基本方略。党的领导、人民当家作主、依法治国，这三者是一个有机整体，统一于法治中国建设的实践中，统一于发展中国特色社会主义民主政治的全过程。二是坚持依宪治国,维护宪法和法律的权威。

2002年11月,党的十六大报告把依法治国作为社会主义民主政治建设的重要内容和目标,强调:"发展社会主义民主政治,最根本的是要把坚持党的领导、人民当家作主和依法治国有机统一起来。党的领导是人民当家作主和依法治国的根本保证,人民当家作主是社会主义民主政治的本质要求,依法治国是党领导人民治理国家的基本方略。"2012年11月,党的十八大报告提出,要全面推进依法治国。2013年11月,党的十八届三中全会提出,要推进法治中国建设。2014年10月,党的十八届四中全会通过《中共中央关于全面推进依法治国若干重大问题的决定》。中国正在建设社会主义法治国家的道路上奋力前行。

26.中华人民共和国行政复议法

行政复议是行政机关自我纠正错误的一种重要监督制度。我国宪法第五条规定,一切国家机关都必须遵守宪法和法律,一切违反宪法和法律的行为都必须予以追究。宪法第二章第四十一条规定,中华人民共和国公民对于任何国家机关和国家工作人员的违法失责行为,有向有关国家机关提出申诉、控告或检举的权利,对于公民的申诉、控告或检举,有关国家机关必须查清事实,负责处理。

1989年4月,七届全国人大二次会议通过了《中华人民共和国行政诉讼法》,并确定于1990年10月1日起施行。这标志着中国的行政诉讼制度正式确立。1990年,国务院为配合《行政诉讼法》的实施,发布了《行政复议条例》,进一步规范、健全和发展了我国的行政复议制度。1994年,国务院又对《行政复议条例》的部分条文作了修正。经过多年实践,行政复议工作积累了不少成功经验。同时,实践中也还存在着申请复议的条条框框较多、对复议申请应当受理而未受理、行政机关"官官相护"等问题。为了及时、有效地纠正违法的和不当的具体行政行为,切实保护公民、法人和其他组织的合法权益,认真总结《行政复议条例》实践经验,制定行政复议法,从制度上进一步完善行政机关内部自我纠正错误的监督机制,就显得十分迫切。

1999年4月,九届全国人大常委会第九次会议通过《中华人民共和国行政复议法》(以下简称《行政复议法》),自1999年10月1日起施行。

《行政复议法》是继《行政诉讼法》、《国家赔偿法》、《行政处罚法》之后又一部规范政府行为的重要法律。《行政复议法》对行政复议的范围、申请、受理、决定、法律责任等都作了明确的规定,进一步完善了行政复议制度,主要是:扩大了行政复议范围,进一步加强行政复议制度在解决行政争议方面的作用;简化了行政复议申请程序,更充分地体现便民原则；赋予了当事人对规范性文件监督机制的启动权；确立了国务院受理涉及国务院部门和省级政府的行政复议案件并作出最终裁决的制度，加强了国务院对所属各部门和省级政府的监督；严格了行政机关不履行行政复议职责的法律责任。

颁布实施《行政复议法》的目的，是为了及时纠正违法和不当的具体行政行为，保护公民、法人或其他组织的合法权益，保障和监督行政机关依法行使职权。

《行政复议法》确立了新的复议原则。《行政复议法》第四条规定："行政复议机关履行行政复议职责，应当遵循合法、公正、公开、及时、便民原则，坚持有错必纠，保障法律法规的正确实施。"

《行政复议法》强调加强对行政复议活动的监督检查。《行政复议法》对行政复议活动监督作了明确规定，并对有关行政机关及其工作人员的违法行为规定了明确的法律责任。

《行政复议法》为行政复议工作的正常开展提供必要的保障。《行政复议法》规定："行政复议机关受理行政复议申请，不得向申请人收取任何费用。行政复议活动所需经费，应当列入本机关的行政经费，由本级财政予以保障。"

行政复议工作是一项法律性、专业性都很强的工作，数量大、涉及面广，需要有一个熟悉法律和行政管理、又相对比较超脱的机构具体办理。《行政复议法》规定："依照本法履行行政复议职责的行政机关是行政复议机关。行政复议机关负责法制工作的机构具体办理行政复议事项，履行下列职责：一、受理行政复议申请；二、向有关组织和人员调查取证，查阅文件和资料；三、审查申请行政复议的具体行政行为是否合法与适当，拟订行政复议决定；四、处理或者转送对本法第七条所列有关规定的审查申请；五、对行政机关违反本法规定的行为依照规定的权限和程序提出处理建议；六、办理因不服行政复议提起行政诉讼的应诉事项；七、法律、法规规定的其他职责。"

为了进一步发挥行政复议制度在解决行政争议、建设法治政府、构建社会主义和谐社会中的作用，2007年5月，国务院颁布了《中华人民共和国行政复议法实施条例》，自2007年8月1日起施行。2008年8月，国务院法制办在贵州召开了行政复议委员会试点工作会议，动员和部署行政复议委员会试点工作。2009年8月，国务院法制办又在北京召开了"行政复议委员会试点工作情况交流会"，总结交流试点工作情况和经验。从试点实验效果看，行政复议委员会增强了复议的专业性和中立性，对有效解决行政争议发挥了积极作用，使得行政复议的社会认知度和认可度都有明显提升。2010年，《行政复议法》修订工作被列入国务院立法计划。国务院法制办要求，各省要及时组织修订《行政复议法》的征求意见工作。目前，《行政复议法》修订工作仍在抓紧准备过程中。

27.国务院关于全面推进依法行政的决定

党的十五大提出:依法治国,是党领导人民治理国家的基本方略。依法行政是依法治国的重要组成部分,对依法治国基本方略的实施具有决定性意义。目前,我国改革进入攻坚阶段,发展到了关键时期。随着依法治国基本方略的实施,人民群众的法律意识和法制观念不断增强,高度关注依法行政的落实。新形势对各级政府和政府各部门依法行政提出了新的更高要求。为扎实贯彻依法治国基本方略,全面推进依法行政,建设廉洁、勤政、务实、高效政府,1999年11月,国务院颁发《关于全面推进依法行政的决定》(以下简称《决定》),明确了依法行政的主要任务和要求。

《决定》明确提出,各级政府和政府各部门要统一思想,更新观念,提高对依法行政重要性的认识。各级政府和政府各部门的领导要认清自己的历史责任,带头依法行政。要把依法行政真正落实到行政活动的各个方面、各个环节。各级政府要通过举办法律讲座等形式,认真学习宪法和法律、法规,不断增强法律意识和法制观念,不断提高依法行政的能力和水平,善于运用法律手段管理国家事务、经济与文化事业和社会事务。各级政府和政府各部门及其领导干部,必须严格遵守宪法和法律、法规,严格执行党和国家的政策,严守纪律,带头依法办事,依法决策,依法处理问题,切实领导、督促、支持本地方、本部门严格依法办事。各地方、各部门要充分发挥法制工作机构在政府法制建设、依法行政中的参谋、助手作用。

《决定》明确提出,加强政府法制建设,全面推进依法行政,要坚持全心全意为人民服务的宗旨,把维护最大多数人民的最大利益作为出发点和落脚点,紧紧围绕经济建设这个中心,自觉服从并服务于改革、发展、稳定的大局,认真履行宪法和法律赋予的职责,严格按照法定权限和程序,管理国家事务、经济与文化事业和社会事务,做到既不失职,又不越权;既要保护公民的合法权益,又要提高行政效率,维护公共利益和社会秩序,保证政府工作在法制轨道上高效率地运行,推进各项事业的顺利发展。

《决定》明确提出,要进一步加强政府立法工作,切实提高政府立法质量,为依法行政奠定坚实的基础。要以宪法为依据,按照法定权限、遵循法定程序立法,坚持行政法规不得同宪法和法律相抵触,地方性法规和规章不得同宪法、法律、行政法规相抵触,规章之间也不能相互矛盾。要按照法规规章备案规定,进一步加强法规、规章的备案审查,从源头上、制度上解决"依法打架"的问题,切实维护社会主义法制的统一。

《决定》明确提出,要加大行政执法力度,确保政令畅通。全面推进依法行政,必须做到有法必依、执法必严、违法必究。各级政府和政府各部门及其工作人员的一切行政行为必须符合法律、法规规范，切实做到依法办事、严格执法。从严治政，依法行政，必须铁面无私，执法如山，决不允许滥用职权、执法犯法、徇私枉法。要坚决消除执法中的腐败现象，坚持纠正不顾国家全局利益和人民根本利益的本位主义和地方保护主义。对违法者，不论涉及什么单位、什么人，都要依法严肃查处，以儆效尤。要以政府机构改革为契机，理顺行政执法体制，转变政府职能，转变工作方式，转变工作作风。行政机关行使职权要与经济利益彻底脱钩。要不折不扣地全面落实国务院关于政府机关与所办经济实体彻底脱钩等一系列加强廉政建设的重大举措，从源头上、制度上防止和消除腐败。要结合地方政府机构改革，调整和优化干部队伍结构，着力提高干部素质。要进一步整顿行政执法队伍。

《决定》明确提出，要强化行政执法监督。各级政府要自觉地接受同级人大及其常委会的监督，接受政协及民主党派的民主监督，接受司法机关依据行政诉讼法实施的监督，接受人民群众监督、舆论监督。同时，要切实加强行政系统内部的层级监督，强化上级政府对下级政府、政府对所属各部门的监督，及时发现和纠正行政机关违法的或者不当的行政行为。要把上级行政机关的监督同监察、审计等专项监督结合起来。各级监察、审计等部门要切实履行自己的职责，恪尽职守，敢于碰硬。要高度重视行政复议法的贯彻落实，在实践中不断完善行政复议制度，切实做到有错必纠。要积极推行行政执法责任制和评议考核制，不断总结实践经验，充分发挥这两项相互联系的制度在行政执法监督中的作用。要十分重视人民群众来信来访工作。要进一步发挥舆论监督的作用，对违法乱纪的人和事要公开曝光。

为了使全面依法行政贯穿于各级政府工作的全过程，落实于每一个环节，2002年，党的十六大报告明确提出："加强对执法活动的监督，推进依法行政。"2004年，国务院颁布《全面推进依法行政实施纲要》，明确提出了依法行政的建设目标，就是用十年左右的时间，基本实现建设法治政府的目标；提出了依法行政的基本要求、主要任务和保障措施。此后，国务院又专门制定了一个落实纲要的方案，各地各部门也随之出台了相应的依法行政的实施方案。2004年7月1日，《中华人民共和国行政许可法》正式实施。

28.中华人民共和国立法法

立法法是关于国家立法制度的重要法律。根据党的十一届三中全会关于发展社会主义民主、健全社会主义法制的精神，1982年宪法对我国立法体制进行了改革。宪法、全国人大组织法、地方组织法对立法权限的划分、立法程序、法律解释等问题作了基本规定，全国人大及其常委会的议事规则对法律的制定程序又进一步作了具体规定。实践表明，这些规定是正确的、可行的。1979年以来，我国的立法工作取得了显著成就，积累了不少经验。但在实际工作中也存在着一些问题，主要是：有些法规、规章规定的内容超越了权限；有些法规、规章的规定同法律相抵触或者法规之间、规章之间、法规与规章之间存在着相互矛盾、冲突的现象；有的质量不高，在起草、制定过程中，有的部门、地方存在着不从国家整体利益考虑而为部门、地方争局部利益的倾向。这些问题在一定程度上损害了国家法制的统一和尊严，也给执法造成困难。因此，需要根据宪法制定立法法，对法律、法规以及规章的制定作出统一规定，使之更加规范化、制度化，以维护国家法制的统一，建立和完善中国特色社会主义法律体系，这对推进依法治国，建设社会主义法治国家，有着十分重要的意义。

1993年下半年，全国人大常委会法制工作委员会着手进行立法法的起草工作，多次召开各有关方面和法律专家参加的座谈会，进行讨论研究，三次将立法法草案征求意见稿印发中央、国家有关部门和省级人大常委会广泛征求意见，反复修改，形成了立法法草案。九届全国人大常委会第十二、十三次会议对立法法草案进行了审议，根据人大常委会组成人员的审议意见和各方面的意见，对立法法草案进一步作了修改完善。

经过七年的立法历程，共和国终于迎来了历史上第一部全面规范立法活动的法律——立法法。

2000年3月，九届全国人大三次会议审议通过了《中华人民共和国立法法》（以下简称《立法法》），自7月1日起施行。《立法法》是我国第一部全面规范立法活动的基本法律。它针对立法过程中存在的问题，对立法应当遵循的基本原则，法律、行政法规、地方性法规、自治条例和单行条例、规章各自的权限范围和制定程序，授权立法、法律解释和适用规则、备案等问题，都作出了比较具体、详细的规定。《立法法》分为总则，法律，行政法规，地方性法规、自治条例和单行条例、规章，适用与备案审查，附则，共6章、94条。

《立法法》总结了自1979年以来立法体制改革的成功经验并加以完善，确立了我国统一而又分层次的立法体制：全国人大及其常委会行使国家立法权；国务院根据宪法和法律，制定行政法规；省、自治区、直辖市的人大及其常委会可以制定地方性法规；自治区、自治州、自治县的人大有权依法制定自治条例和单行条例。有国家立法权、行政法规立法权、地方性法规立法权、自治条例和单行条例立法权，再加上规章立法权、授权立法权、特别行政区立法权，我国就形成了一个较先前体制有重大发展的新的立法权限划分体制。

《立法法》颁布实施14年来，立法工作遇到了一些新情况新问题。为适应推进国家治理体系和治理能力现代化的要求，全国人大常委会法工委深入总结立法经验，提出《立法法》修正案草案。2014年8月25日，草案首度提请全国人大常委会审议。草案共28条，在总则第一条增加了"提高立法质量"、"发挥立法的引领和推动作用"等表述，进一步明确了立法目的。草案从完善授权立法；健全立法起草、论证、审议等机制；公布立法规划、年度立法计划；赋予设区的市地方立法权；加强备案审查；增加法律通过前评估制度等方面，在现行法律的基础上作了修改和完善。

2015年3月15日，十二届全国人大三次会议通过了关于修改《立法法》的决定。新的《中华人民共和国立法法》宣告正式颁布。这是我国15年来首次修改《立法法》。

新修订的《立法法》有十个亮点。

一是增强法律的针对性和可执行性。新《立法法》第六条在原有基础上增加了"适应经济社会发展和全面深化改革的要求"的规定，并增加了第二款"法律规范应当明确、具体，具有针对性和可执行性"的规定。

二是税收必须法定。党的十八届三中全会决定提出落实税收法定原则的明确要求。但现行《立法法》第八条规定了只能制定法律的事项，"税收"是在该条第八项"基本经济制度以及财政、税收、海关、金融和外贸的基本制度"中规定。修改后的《立法法》将"税收"专设一项作为第六项，明确"税种的设立、税率的确定和税收征收管理等税收基本制度"只能由法律规定。这意味着，今后政府收什么税，向谁收，收多少，怎么收等问题，都要通过人大立法决定。

三是规范授权立法，使授权不再放任。修改后的《立法法》规定：授权决定应当明确授权的目的、事项、范围、期限以及被授权机关实施授权决定应当遵循的原则等。授权的期限不得超过五年，被授权机关应在授权期满前六个月，向授权机关报告授权实施情况。

四是特定调整或暂停部分法的适用。随着上海自由贸易试验区的设立及其运行，全国人大常委会已经对在上海自贸区范围内的一些法律及其部分规定作出调整及在试验期内的暂停适用。实践证明，这是进一步改革开放的需要。但是，以往的立法没有这样的规定及其授权，有时候也会引来一些人的诟病。而且近期国务院又相继批准设立新的自由贸易区。在这些区域，同样需要部分法律法规的调整以及部分规定的暂停适用。为此，新《立法法》在第十三条新增规定："全国人民代表大会及其常务委员会可以根据改革发展的需要，决定就行政管理等领域的特定事项授权在一定期限内在部分地方暂时调整或者暂时停止适用法律的部分规定。"这样，类似开放、改革的区域及措施，在法律上得以有法可依。

五是听取意见促进民主立法。修改后的《立法法》将提高立法质量明确为立法的一项基本要求，同时要求建立开展立法协商，完善立法论证、听证、法律草案公开征求意见等制度，并健全审议和表决机制。新《立法法》在第三十六条新增了第二、三款，以确保在立法之前可以公开听取各方面意见、促进科学立法和民主立法："法律案有关问题专业性较强，需要进行可行性评价的，应当召开论证会，听取有关专家、部门和全国人民代表大会代表等方面的意见。论证情况应当向常务委员会报告。"法律案有关问题存在重大意见分歧或者涉及利益关系重大调整,需要进行听证的,应当召开听证会,听取有关基层和群体代表、部门、人民团体、专家、全国人民代表大会代表和社会有关方面的意见。听证情况应当向常务委员会报告。"

六是建立立法评估机制。为了充分保障立法质量,修改后的《立法法》为国家立法建立了立法评估机制,包括立法前的评估和立法后的评估。前者体现在新增的第三十九条之中:"拟提请常务委员会会议审议通过的法律案,在法律委员会提出审议结果报告前,常务委员会工作机构可以对法律草案中主要制度规范的可行性、法律出台时机、法律实施的社会效果和可能出现的问题等进行评估。评估情况由法律委员会在审议结果报告中予以说明。"后者则在新增的第六十三条作了体现:"全国人民代表大会有关的专门委员会、常务委员会工作机构可以组织对有关法律或者法律中有关规定进行立法后评估。评估情况应当向常务委员会报告。"

七是授予设区的市地方立法权,同时划定了边界。目前,中国设区的市有284个,按照现行《立法法》规定,享有地方立法权的有49个,尚没有地方立法权的235个。此次《立法法》修改依法赋予设区的市地方立法权,这意味着具有地方立法权的市实现扩围。修改后的《立法法》还相应明确了地方立法权限和范围,明确设区的市可以对"城乡建设与管理、环境保护、历史文化保护等方面的事项"制定地方性法规。

八是对部门规章和地方政府规章权限进行规范,要求制定规章不得限制公民权利。分析认为,通过修法,一些地方限行、限购等行政手段就不能那么"任性"了。如,修改后的《立法法》规定,部门规章规定的事项应当属于执行法律或者国务院的行政法规、决定、命令的事项。没有法律或者国务院的行政法规、决定、命令的依据,部门规章不得设定减损公民、法人和其他组织权利或者增加其义务的规范,不得增加本部门的权力或者减少本部门的法定职责。

九是加强规范性文件备案审查。规范性文件备案审查是保证宪法法律有效实施、维护国家法制统一的重要制度。修改后的《立法法》明显加强了备案审查力度,明确规定主动审查,如规定:有关的专门委员会和常务委员会工作机构可以对报送备案的规范性文件进行主动审查。还提出建立审查申请人反馈与公开机制,规定全国人大有关的专门委员会和常委会工作机构可以将审查、研究情况向提出审查建议的国家机关、社会团体、企业组织以及公民反馈,并可以向社会公开。

十是对司法机关制定的司法解释加以规范。针对目前实践中司法解释存在的诸多问题,此次《立法法》修改,对司法解释也做了约束性规定。这包括:最高法院、最高检对审判工作、检察工作中具体应用法律的解释,应当主要针对具体的法律条文,并符合立法的目的、原则和原意;最高法院、最高检作出具体应用法律的解释,应当报全国人大常委会备案；除最高法院、最高检外，其他审判机关和检察机关，不得作出具体应用法律的解释等。有分析认为，司法解释决不能突破法律的规定，因此对司法解释加以规范是必要的。

29.哈尔滨律师孙少波"贪污"案

2000年6月13日上午10时许，哈尔滨太平区看守所3楼会议室，正在对律师孙少波一审被判刑11年的上诉案件进行公开宣判：上诉人（原审被告人）孙少波无罪。

孙少波依靠自学，于1985年取得律师资格。1988年3月，任太平律师事务所副主任，1990年任主任。

1988年7月，孙少波在全国率先进行体制改革，取消律师工资待遇，全所专、兼职律师均不再从国家财政领取工资，律师事务所实行"自收自支、自负盈亏、按劳取酬、超额奖励"的工资制度。太平区司法局批准了这个方案，并上报有关部门。太平律师事务所实行的新机制，与后来颁布实施的《律师法》正好吻合，孙少波及其律师事务所的律师已不再是国家工作人员，而是实实在在的"依法取得律师执业证书，向社会提供法律服务"的"中介组织"的"执业人员"了。

1998年7月13日，一份举报材料被递到太平区检察院。太平区检察院根据举报信进行了调查，发现：孙少波采取收案不登记、开具作废的收据、收费不入账等手段，共收取代理费合计人民币25.5万元，除去孙少波应提取的效益工资12.75万元，剩余12.75万元据为己有，有贪污公共财物的嫌疑。于是，1998年10月20日，孙少波以涉嫌贪污被刑事拘留。对此，孙少波向太平区检察院递交了申诉书，从其所在律师事务所的体制和性质、其本人主体资格、适用法律和管辖、律师与国家工作人员的职责4个方面，提出申诉意见。但当年11月9日，孙少波还是被正式逮捕。

1999年6月23日、24日，太平区人民法院公开审理此案。在法庭上控辩双方激烈争论的焦点是，孙少波是否系国家工作人员。7月13日，太平区人民法院继续开庭审理此案。2000年2月16日，太平区人民法院作出刑事判决：孙少波犯贪污罪，判处有期徒刑11年。孙少波不服一审判决，提起上诉。哈尔滨市中级人民法院受理孙少波上诉一案后，依法组成合议庭，经过阅卷、询问上诉人、听取辩护人意见，认为此案事实已经十分清楚，决定不开庭审理此案。哈尔滨中级人民法院经审理认为："原审人民法院审判程序合法，但认定孙少波犯有贪污罪的定性不准。太平律师事务所自成立后，经过新旧体制交替演变，其性质已发生变化，成为自收自支、自负盈亏的性质，该所财产系集体所有。孙少波虽系国家在编干部，但其所从事的是律师职业，不是从事国家公务，其私自代理案件收取代理费的行为，并未利用国家工作人员职务之便，依法应予改判。"2000年6月1日，哈尔滨市中级人民法院作出终审判决,并于6月13日派员向孙少波公开宣读了无罪判决。

30.全国法制宣传日

全民普法是建设法治国家的基础工程。从1986年至2000年,全国实施了三个五年普法规划,全民普法在全国普遍展开,取得了明显成效。按照党中央关于开展法制宣传教育的要求,15年来,宪法和人民群众生产生活密切相关的法律法规得到比较广泛的普及;广大人民群众的法制观念得以提高,遵纪守法的自觉性和运用法律维护自身合法权益的能力不断增强;各级领导干部的法律意识明显增强,依法决策、依法行政、依法管理的能力逐步提高。普法教育的深入,依法治理工作的全面展开,有力地推动了依法治国的进程,有力地维护了社会稳定,有力地促进了经济发展和社会全面进步。

2001年4月,中共中央、国务院转发的《中央宣传部、司法部关于在公民中开展法制宣传教育的第四个五年规划》中确定:将我国现行宪法实施日即12月4日,作为每年一次的全国法制宣传日。宪法是国家的根本大法,它规定了国家的根本制度和根本任务,是国家统一、民族团结、社会稳定的基础,是公民权利的根本法律保障,是实现我国社会主义法制统一的基础,是依法治国的基本依据,是治国安邦的总章程。在全体公民中开展法制宣传教育,首要的任务,就是要进行宪法知识的宣传教育,使广大公民了解宪法、掌握宪法,增强宪法观念,树立宪法权威。因此,将现行宪法的实施日作为全国法制宣传日,充分体现了宪法在我国政治、经济、社会生活中的重要地位,体现了法制宣传教育工作的基本任务。

2001年12月4日是我国历史上第一个法制宣传日。这一年,党中央、国务院批转了"四五"普法规划,九届全国人大常委会第二十一次会议作出了《关于进一步开展法制宣传教育的决议》。为了全面贯彻落实中央文件和全国人大常委会的决议,中宣部、司法部联合召开了第五次全国法制宣传教育工作会议,对"四五"普法工作进行了全面部署。要求通过开展一系列的宣传活动,充分展示自"一五"普法15年来普法教育的成就,向全社会集中进行一次宪法和法律知识的宣传教育。

2001年以来,我国各地、各部门以"12·4"全国法制宣传日为契机,在每年11月中旬至12月中旬,通过举办座谈会、书画展、网上论坛,印发宣传资料,在报刊、广播、电视、网络等媒体制作播出专栏、专版、专题节目等多种形式,开展了丰富多彩的法制宣传教育活动,传播了法律知识,弘扬了法治精神,促进了社会和谐。"12·4"全国法制宣传日正逐步成为我国公民熟悉法律、认知法律、维护权益的有效载体,成为展示中国法治建设成就,树立我国良好法治形象的重要窗口。在法制宣传教育活动中,坚持法制宣传与法治实践相结合,深入开展多层次、多领域的依法治理,注重薄弱环节的依法治理,促进社会管理创新,进一步提高全社会法治化管理水平。

2014年11月底,中共中央宣传部、司法部、全国普法办联合下发了《关于开展国家宪法日暨全国法制宣传日系列宣传活动的通知》,以"弘扬宪法精神,建设法治中国"为主题,对活动作出部署。

31.国家统一的司法考试制度

我国的司法考试制度经历了三个阶段。第一阶段是律师资格考试阶段;第二阶段是律师资格考试、初任法官资格考试和初任检察官资格考试并存阶段;第三阶段是国家统一司法考试阶段。

我国的律师资格考试是由国家举行的一种专业考试,考试内容为法律专业知识,允许具备一定资质条件的人员报考,旨在测试应考人员的法律专业知识水平,从而为选拔律师人才提供筛选机制。全国统一律师资格考试最早开始于1986年,当时司法部决定考试每两年举行一次;从1993年起,考试改为每年一次。2000年10月举行的律师资格考试,是最后一次"律师资格全国统一考试"。从1986年到2000年,律师资格考试一共举行了12次,全国有百万以上人次参加了考试,有14万人通过考试取得了律师资格证书。十几年的律师资格考试,为我国实行统一的司法考试制度,积累了丰富的实践经验。

2001年6月30日,九届全国人大常委会第二十二次会议审议并通过了《中华人民共和国法官法》(以下简称《法官法》)和《中华人民共和国检察官法》(以下简称《检察官法》)的修正案,两法附则中明确规定:国家对初任法官、检察官和取得律师资格实行统一的司法考试制度。修正案自2002年1月1日起施行。

2001年7月15日,最高人民法院、最高人民检察院和司法部共同发布《公告》,明确指出:"国家统一司法考试制度是保证和提高法律职业人员素质,加强法律职业人员管理、保障依法独立行使审判权、检察权,保障法律职业人员依法履行职责,保障司法公正的一项基础制度。这一制度的确立,是我国司法制度的重大进步。"《公告》根据《法官法》、《检察官法》关于实行国家统一司法考试的规定精神,明确要求2001年的律师资格考试、初任法官考试和初任检察官考试都不单独组织,并入拟于2002年1月举办的首次国家统一司法考试。

2001年10月31日,最高人民法院、最高人民检察院和司法部联合发布《国家司法考试实施办法(试行)》(以下简称《实施办法》),规定初任法官、初任检察官,申请律师执业和担任公证员必须通过国家司法考试,取得法律职业资格。《实施办法》明确指出,国家司法考试是国家统一组织的从事特定法律职业的资格考试,每年举行一次,实行全国统一命题,全国统一评卷,具体考试时间在举行考试3个月前向社会公布。考试的内容包括:理论法学、应用法学、现行法律规定、法律实务和法律职业道德。通过国家司法考试的人员,由司法部统一颁发《法律职业资格证书》。根据《实施办法》,司法部设立专门机构具体承办国家司法考试工作。《实施办法》对参加考试的资格、少数民族地区使用民族语言文字试卷进行考试等事项作出了明确规定。

2002年3月,首届统一的司法考试正式举行。

我国建立并不断完善国家司法考试制度,在规范法律职业人员任职资格、提高司法人员综合素质、推动法律人员职业化方面发挥了重要作用。到2011年底,全国共有近50万人通过国家司法考试,取得法律职业资格。

32.孙志刚事件与《城市流浪乞讨人员收容遣送办法》被废止

2003年3月17日晚,27岁的武汉青年孙志刚因未携带任何证件,在广州市天河区黄村大街被派出所民警带回询问,随后被错误作为"三无"人员送至天河区公安分局收容待遣所,后转送广州市收容遣送中转站。18日,孙志刚称有病被送往广州市卫生部门负责的收容人员救治站诊治。20日凌晨,孙志刚遭同病房的8名被收治人员两度轮番殴打,因大面积软组织损伤致创伤性休克死亡。

孙志刚事件引发了许志永、俞江、滕彪3位法学博士的思考,并以公民的身份于2003年5月14日向全国人大常委会提交了一份建议书,认为《城市流浪乞讨人员收容遣送办法》中限制公民人身自由的规定,与中国宪法和有关法律相抵触,应予以改变或撤销。同年5月23日,贺卫方、盛洪、沈岿、萧瀚、何海波5位法学家以中国公民的名义,联合上书全国人大常委会,就孙志刚案及收容遣送制度实施状况提请启动特别调查程序。

2003年6月18日,国务院总理温家宝主持召开国务院常务会议。会议认为,二十多年来,我国经济社会发展和人口流动状况发生了很大变化,1982年5月国务院发布施行的《城市流浪乞讨人员收容遣送办法》,已经不适应新形势的需要。为从根本上解决城市生活无着的流浪乞讨人员的问题,完善社会救助制度和相关法规,会议审议并原则通过了《城市生活无着的流浪乞讨人员救助管理办法(草案)》。会议决定,该办法草案经进一步修改后,由国务院公布施行,同时废止1982年5月国务院发布的《城市流浪乞讨人员收容遣送办法》。2003年6月20日,国务院总理温家宝签署国务院第381号令,公布《城市生活无着的流浪乞讨人员救助管理办法》,新办法自2003年8月1日起正式施行。

对于孙志刚事件,经法院审理,涉嫌故意殴打孙志刚致死的12名被告及在孙志刚被收容过程中涉嫌渎职犯罪的 6 名被告,分别被判处死刑及有期徒刑,对此案负有责任的公安、卫生、民政等部门的负责人及有关人员 20 多人受到了党纪、政纪处分。

2003 年 7 月 16 日,国务院第 15 次常务会议通过《法律援助条例》,自 2003 年 9 月 1 日起施行。《法律援助条例》(以下简称《条例》)明确了法律援助是政府的责任,是我国第一部关于法律援助的行政法规。从此,我国法律援助工作进入加快发展的新时期。

到 2004 年 6 月底,全国各地已经建立政府法律援助机构 2892 个,有法律援助专职人员 9798 名,比《条例》实施前新增机构 250 个,新增人员 899 名。全国 12 万多名律师、十几万名基层法律服务工作者和工、青、妇、残等社会团体以及法律院校的法律援助志愿者,在各级司法行政部门的监督和管理及法律援助机构的组织下也积极参与了提供法律援助的具体工作。随着《条例》的颁布实施,各级人民政府加大了对法律援助的投入,据统计,2003 年全国各地法律援助财政拨款为 1.52 亿元,比 2002 年增加近一倍,有效地缓解了法律援助经费紧缺的难题。

33.浙江张氏叔侄案

2003 年 5 月 18 日,张高平、张辉叔侄俩从老家安徽歙县开车前往上海,途中带上了女同乡王某去杭州,次日,这名女子被发现死于野外,下身赤裸。在犯罪时间对不上、地点指不清、从受害人指甲里提取的 DNA 物质已经排除张氏叔侄的情况下,仅凭借着两份被告人供述,张高平和张辉因涉嫌强奸、杀人被批准逮捕。2004 年 4 月,杭州市中级人民法院以强奸罪判处张辉死刑,判处张高平无期徒刑。同年 10 月,浙江省高级人民法院二审分别改判张辉死刑缓期二年执行,张高平有期徒刑十五年。然而在案件审理过程中,没有任何客观直接证据证明两人强奸杀人。叔侄二人如此被逼供,含冤囚禁了整整十年。

2013 年 2 月 6 日,经浙江省高级人民法院审判委员会讨论认为,有新的证据证明原判决确有错误,决定进行再审。同年 3 月 26 日,张氏叔侄拿到了迟来的无罪判决书。随之,相关部门宣布启动对张氏叔侄的国家赔偿程序,同时着手调查问责相关冤案制造者。

2003 年张氏叔侄案之所以酿成,有着多方面深层次的原因,但最主要的原因,是公安侦查机关的刑讯逼供。我国现行刑事诉讼法第四十三条明确规定,严禁刑讯逼供和以威胁、引诱、欺骗以及其他非法手段收集证据。为了解决这个问题,2010 年 5 月 30 日,最高人民法院、最高人民检察院、公安部、国家安全部和司法部联合发布了《关于办理死刑案件审查判断证据若干问题的规定》和《关于办理刑事案件排除非法证据若干问题的规定》,要求各级司法机关以对人民负责、对历史负责的态度依法履行职责,严格执行刑法和刑事诉讼法,依法惩治犯罪、保障人权,明确将"毒树之果"排除出刑事司法活动程序。

34.中华人民共和国行政许可法

依法行政，需要有法律规范和保障。2003年8月，十届全国人大常委会第四次会议通过《中华人民共和国行政许可法》（以下简称《行政许可法》），2004年7月1日正式实施。《行政许可法》是继国家赔偿法、行政处罚法、行政复议法之后又一部规范政府行为的重要法律。

制定《行政许可法》是规范设定、实施行政许可行为的需要，是深化行政审批制度改革的需要，是适应加入世贸组织新形势的需要。1996年，全国人大常委会法工委着手行政许可法的调研起草工作。九届全国人大常委会将行政许可法列入立法规划，确定由国务院提出法律草案。2000年初，国务院法制办通过调研和论证工作，起草了《行政许可法（征求意见稿）》，于2001年7月印发各界征求意见，并几次召开国内外专家参加的讨论会。在此基础上，形成了《行政许可法（草案）》，经2002年6月国务院常务会议讨论通过，于同年7月5日提请全国人大常委会审议。同年8月23日，九届全国人大常委会首次对《行政许可法（草案）》进行了审议，随后，九届全国人大常委会、十届全国人大常委会又进行了三次审议。2003年8月27日，《行政许可法》由十届全国人大常委会第四次会议审议通过，自2004年7月1日开始实施。

《行政许可法》共8章83条，按照合理与合法、效能与便民、监督与责任的原则，确立了行政许可的一系列原则和制度，在要求政府依法行政的同时，突出了政府行使权力的民主内涵。《行政许可法》规定，政府行使权力，必须遵循以下六项原则：一是合法原则。二是公开、公平、公正原则。三是便民原则。四是救济原则。五是信赖保护原则。六是监督原则。

《行政许可法》根据上述原则，确立了四项重要制度，从行政许可的设定和实施两个环节对行政许可进行了全面规范。

一、行政许可的设定范围制度。《行政许可法》对设定行政许可的范围作了两个方面的规定。首先，规定了可以设定行政许可的事项范围：（一）直接涉及国家安全、公共安全、经济宏观调控、生态环境保护以及直接关系人身健康、生命财产安全等特定活动，需要按照法定条件予以批准的事项。（二）有限自然资源开发利用、公共资源配置以及直接关系公共利益的特定行业的市场准入等，需要赋予特定权利的事项。（三）提供公众服务并且直接关系公共利益的职业、行业，需要确定具有特殊信誉、特殊条件或者特殊技能等资格、资质的事项。比如，律师、会计师、医师、建筑施工企业、医院等职业、行业的资质、资格。（四）直接关系公共安全、人身健康、生命财产安全的重要设备、设施、产品、物品，需要按照技术标准、技术规范，通过检验、检测、检疫等方式进行审定的事项。比如，电梯安装的检测、消防验收，出入境卫生检疫，防洪工程设施验收等。（五）企业或者其他组织的设立等，需要确定主体资格的事项。（六）法律、行政法规规定的其他事项。其次，《行政许可法》规定，在可以设定许可的事项中通过下列方式能够予以规范的，可以不设行政许可：（一）公民、法人或者其他组织能够自主决定的。（二）市场竞争机制能够有效调节的。（三）行业组织或者中介机构能够自律管理的。（四）行政机关采用事后监督等其他行政管理方式能够解决的。

二、行政许可的设定权制度。对行政许可的设定权，《行政许可法》从四个方面作了规定：（一）行政许可的设定主体，就是有权设定行政许可的国家机关。（二）行政许可的设定形式，就是什么样的规范性文件才能设定行政许可。（三）行政许可设定权限：凡行政许可法规定可以设定行政许可的事项，法律都可以设定行政许可；对可以设定行政许可的事项，尚未制定法律的，行政法规可以设定行政许可。（四）设定行政许可应当遵循的规则。

三、行政许可的实施制度。《行政许可法》对实施行政许可的主体、程序以及费用等作了明确规定。

四、行政许可的监督与责任制度。一是监督检查制度。包括书面监督检查制度；实地监督检查制度；属地管辖制度，就是"谁审批、谁负责、谁监管"；举报制度。二是法律责任制度：违法设定行政许可的法律责任；违法实施行政许可的法律责任；实施许可后不履行监督职责的法律责任。

《行政许可法》的颁布施行，对保护公民、法人或其他组织的合法权益，深化行政审批制度改革，推进行政管理体制改革，改变行政管理方式，从根本上促进政府职能转变，从源头上预防和治理腐败，保障和监督行政机关有效实施行政管理，都具有重要作用。

35.人民监督员制度

实行人民监督员制度，是检察机关加强自身监督的一项重要举措，也是人民群众参与司法实践的一项制度创新。这项制度的主要功能是，通过选任的公民有序参与的方式，重点强化对查办职务犯罪等工作的监督，在切实提高执法水平和办案质量的同时，有效促进检察队伍建设。

2002年11月，党的十六大提出，要推进司法体制改革。2003年，最高人民检察院启动人民监督员制度试点工作。为指导试点工作顺利进行，制定了《检察机关直接侦查案件实行人民监督员制度的规定（试行）》。2004年，中央司法体制改革领导小组就司法体制和工作机制改革发出通知,要求人民检察院办理职务犯罪案件实行人民监督员制度,可继续进行试点工作。2005年,各级试点检察院推动人民监督员制度试点工作,取得了新的进展和成效。2006年,党的十六届六中全会《关于构建社会主义和谐社会若干重大问题的决定》和中共中央《关于进一步加强人民法院、人民检察院工作的决定》都写入了人民监督员制度,强调要促进人民监督员制度规范化、法制化。2007年,高检院多次组织调研,对各地试点工作中存在的疑难问题进行认真分析研究,并有针对性地提出了指导意见。2008年,中共中央转发《中央政法委员会关于深化司法体制和工作机制改革若干问题的意见》的通知,要求总结人民监督员制度试点经验,研究并推进人民监督员制度法制化,明确人民监督员的选任管理、监督范围和程序,充分发挥人民监督员的作用。2009年,人民监督员制度试点工作继续深化。

经过7年的试点工作,2010年10月,经中央政法委同意,最高人民检察院部署在全国检察机关全面推行人民监督员制度。通过从社会各界选任人民监督员,依照监督程序对人民检察院办理职务犯罪案件过程中出现的应当立案而不立案、不应当立案而立案、拟撤销案件、拟不起诉等情形进行监督与评议。从2003年10月至2011年底,各地人民监督员共监督案件35514件,提出不同意人民检察院原拟定意见的有1653件,其中908件为人民监督员表决意见被人民检察院采纳,占54.93%。

党中央对实行人民监督员制度高度重视。人民监督员制度得到社会各界的广泛关注和赞誉。人民监督员制度被列入国家司法考试大纲。人民监督员制度相继被写入《2004年中国人权事业的进展》、2005年《中国的民主政治建设》、《2006年中国的国防》、2008年《中国的法治建设》、2010年《中国反腐败和廉政建设》和2012年《中国的司法改革》六个白皮书。

2013年、2014年,党的十八届三中全会、四中全会都对改革人民监督员制度作出总体部署。2015年2月27日,中央全面深化改革领导小组第十次会议审议通过了《深化人民监督员制度改革方案》(以下简称《方案》)。3月7日,最高人民检察院、司法部将该《方案》印发实施。《方案》着眼加强对检察机关职务犯罪案件查办工作的外部监督制约,明确了人民监督员制度改革的总体思路,从人民监督员选任管理方式、监督范围、监督程序、知情权保障、加快制度立法等方面提出了具体改革任务,人民监督员制度自此进入全面深化改革的新阶段。《方案》的亮点之一,是人民监督员的选任和管理由司法行政机关进行,从制度上解决了"检察机关自己选人监督自己"的问题,提高了人民监督员制度的公信力和权威性。

《方案》提出改革人民监督员选任机制,明确了人民监督员的选任机关、选任条件、选任程序等内容。规定人民监督员由司法行政机关负责选任,省级和设区的市级司法行政机关分别选任同级人民检察院人民监督员。《方案》规定，符合条件的公民可以自荐方式参加人民监督员选任。《方案》提出改革人民监督员管理方式，明确司法行政机关负责对人民监督员进行初任培训、考核、奖惩等工作。《方案》提出拓展人民监督员的监督案件范围，明确人民监督员可对检察院办理直接受理立案侦查的 11 种情形的案件实施监督。《方案》提出完善人民监督员监督程序，明确了参与案件监督的人民监督员的产生程序、案情介绍程序、评议表决及审查处理程序等。《方案》提出完善人民监督员知情权保障机制，明确建立职务犯罪案件台账制度、人民监督员监督事项告知制度、人民监督员参与案件跟踪回访及执法检查机制等。《方案》提出推进人民监督员制度立法，明确检察机关和司法行政机关应充分总结人民监督员制度实施经验，加强对相关问题的研究论证，不断完善人民监督员制度，适时提出立法建议，推进人民监督员制度法制化。《方案》还就如何抓好各项改革任务的落实，从组织领导、协同配合、保障举措和宣传引导等方面进行了安排部署。

人民监督员制度是中国特色社会主义司法实践活动中的一项重要制度创新。实践证明，实行人民监督员制度，有利于人民群众有序参与司法，有利于健全权力运行制约和监督体系，有利于防止检察机关在查办职务犯罪案件中可能出现的差错，有利于密切检察机关与人民群众的联系。《方案》的出台，将进一步拓宽人民群众有序参与司法的渠道，提高检察工作的透明度和司法公信力。

36.中国加入《联合国反腐败公约》

面对世界日益严重的腐败问题，2000 年 12 月 4 日，第 55 届联合国大会 55/61 号决议提出，设立特设委员会，起草一份预防和打击腐败的综合性国际法律文件。在完成一系列准备工作后，从 2002 年 2 月开始，包括中国在内的 107 个国家及 28 个国际组织和非政府组织代表，先后进行了 7 轮谈判，起草出《联合国反腐败公约》草案。2003 年 10 月 31 日，第 58 届联合国大会审议通过了《联合国反腐败公约》(以下简称《公约》)。《公约》是世界上第一部全面反腐败国际法律文件，是世界各国反腐败经验的总结，体现了国际社会治理腐败的共同意愿和决心，对于促进各国反腐败工作、加强反腐败国际合作具有重要意义。2003 年 12 月 10 日，中国政府签署了《公约》。截至 2005 年 9 月，已有 33 个国家批准了《公约》。《公约》于 2005 年 12 月 14 日正式生效。

中国政府积极支持《公约》的拟订工作。参与谈判的我国代表团在全面衡量公约对中国利益影响的基础上，制定详细的谈判方案，发挥了建设性作用。2004 年，根据中央要求，中央纪委监察部会同全国人大外事委、全国人大常委会法工委等 15 个单位，组成研究实施《公约》工作协调小组,统筹研究中国政府签署《公约》后的各项事宜。2005年9月,国务院向全国人大常委会提交了批准《公约》的议案。10月27日,十届全国人大常委会第十八次会议批准了《公约》。2006年1月13日,中国政府向联合国秘书长提交了批准书和政府声明,正式成为该《公约》的缔约国。2月12日,《公约》对中国生效。

2006年6月,我国研究实施《公约》协调小组制定了下一步工作方案,明确了需要完成的20项任务。在党中央、国务院的直接领导下,经过各成员单位多年的共同努力,研究实施《公约》的各项任务取得明显成效。其中,设立国家预防腐败局、拟订反洗钱法律制度、建立防范人员外逃工作协调机制、反腐败专职机关和特殊侦查手段4项任务已经完成;履行预防腐败的职责,开展预防和打击私营机构中的腐败工作,打击违法犯罪资产的转移等9项任务基本完成并转为常态化工作。

2009年11月,《联合国反腐败公约》第三届缔约国会议决定建立《公约》履约审议机制,规定所有缔约国都有义务接受审议和审议其他缔约国。履约审议机制于2010年启动。中国成立了部级协调议事机构,对履约审议工作作出总体规划和部署。2011年成立了应对《公约》履约审议事务办公室,建立联络员队伍,确定中国参与审议工作的15名政府专家。为全力以赴做好接受审议工作,2013年国务院对应对履约审议的总体原则、组织协调等重大问题作出了安排。2011年10月,在《公约》第四届缔约国大会上,中国政府代表团大力推动《公约》框架下的反腐败追逃追赃合作,与发展中国家共同推动会议设立"国际合作专家组"。

我国积极推动国内法律法规与《公约》规定衔接。2011年2月,通过刑法修正案(八),新设立"对外国公职人员、国际公共组织官员行贿罪",将《公约》第16条规定转化为国内法。2012年3月,《刑事诉讼法修正案》设专章规定了犯罪嫌疑人、被告人隐匿、死亡案件违法所得的没收程序,增加了对特定案件的证人、鉴定人、被害人采取特别保护措施的规定,体现了《公约》第31条、第32条的有关要求。我国还系统开展《公约》履约审议机制专题培训,加强与香港、澳门特区政府沟通联络,切实履行审议国的职责。

《公约》关于腐败行为的立法规定,既包括实体内容,也包括程序内容。《公约》明确规定了法人实施腐败行为也须承担责任的原则。《公约》还强化资产追回的程序合作,规定了两种形式的资产追回机制,包括直接追回机制和间接追回机制(通过没收事宜追回资产的机制)。

37.推行行政执法责任制

党中央、国务院高度重视推行行政执法责任制工作。党的十五大、十六大和十六届三中、四中全会对推行行政执法责任制提出了明确要求,1999年国务院《关于全面推进依法行政的决定》和2004年国务院《全面推进依法行政实施纲要》就有关工作作出了具体规定。多年来,各地区、各有关部门认真贯彻落实党中央、国务院的要求,积极探索实行行政执法责任制,在加强行政执法管理、规范行政执法行为方面作了大量工作,取得了一定成效。但工作中也存在一些问题:有的地区和部门负责同志认识不到位,对这项工作不够重视;行政执法责任制不够健全,程序不够完善,评议考核机制不够科学,责任追究比较难落实,与相关制度不够衔接;组织实施缺乏必要的保障等。因此,迫切需要进一步健全和完善行政执法责任制。

2005年7月9日,国务院办公厅发布《关于推行行政执法责任制的若干意见》(以下简称《若干意见》),这是我国建设法治政府进程中的一件大事,是在全国行政机关推行行政执法责任制的重要指导文件。

《若干意见》规定,行政执法责任制的主要内容包括:(一)明确行政执法责任制的组织主体。各地行政执法责任制的组织主体,实际上是由各级政府法制工作机构牵头的。(二)设置与实行行政执法责任制相适应的行政执法责任体系。重点是明确行政执法主体、设置行政执法岗位、配置行政执法主体的职责、明确行政执法主体的职权、设定行政执法的标准和程序。(三)对行政执法活动进行评议考核。(四)追究行政执法责任。

《若干意见》明确规定了行政执法责任制的基本运行机制。(一)建立完善的推行行政执法责任制的组织保障体系,确定行政执法责任制的组织主体。依法界定执法职责,内容包括梳理执法依据、分解执法职权、确定执法责任。(二)建立行政执法责任制的保障机制。(1)以执法活动公开为先导,增强透明度。(2)要认真开展评议考核和制约、激励、监督、评价执法状况的工作。《若干意见》对考核评议的要求、主体、内容和方法都作了具体的规定。(三)严格责任追究。《若干意见》所提供的就是为行政执法机关和行政执法人员建立一个最基本的不能不作为,也不能乱作为的执法自律与他律机制。

《若干意见》发布以来,各省、自治区、直辖市政府和国务院有关部门采取多种形式,认真贯彻《若干意见》。多数省、区、市和一些国务院部门制定了推行行政执法责任制实施意见。一些省级政府法制机构制定了推行行政执法责任制具体方案。推行行政执法责任制,初步改变了在行政执法中重权轻责的意识,使行政执法机关和人员实现由"权力本位"向"责任本位"的转变。通过推进行政执法责任制,该制度成为约束行政执法者的"紧箍咒",让依法行政、科学行政落到实处,取得了五个方面的成效:一是梳理执法依据、明确执法主体和职权等,初步厘清了行政执法机关的"权力清单"。二是创新了评议考核机制,强化了对行政执法行为的监督制约。三是抓落实行政执法责任,强化责任追究,促进了廉政建设。四是加强了相关监督制度建设,初步建立起了推行行政执法责任制的长效机制。行政执法的质量和水平不断提高。五是改善了行政执法机关和人员在群众中的形象。有的地方政府针对一些行政执法机关和执法人员"吃拿卡要"、侵犯投资者合法权益的突出问题，组织开展了专项执法检查、保障外来投资服务质量评议、向社会公布评议结果等活动，改善了投资环境。

38.举行立法听证会

立法听证会是立法机关在立法过程中直接、公开地听取社会意见的一种重要方式，是人大常委会增加立法工作透明度，推进立法民主的一项重大举措。

2000年，《立法法》规定实行听证制度。从2000年至2004年底，全国已有24个省级人大常委会共对39件地方性法规草案举行过38次立法听证会。立法听证的内容涵盖了市场管理、消费者权益保护、环境资源保护、城市公用设施建设、拆迁管理和见义勇为等诸多方面。对于听证会上提出的各种意见，各地立法机关审慎地予以尊重、考量和平衡。如2004年9月3日，北京市人大就道路交通安全法的实施办法举行立法听证会；9月29日，北京市人大法制委员会公布立法听证报告，就争议较大的"机动车负全责"等条款提出修改、完善建议。

2005年9月27日，全国人大法律委员会、财经委员会和全国人大常委会法制工作委员会联合举行立法听证会，就《个人所得税法（修正案草案）》有关工薪所得减除费用标准（俗称起征点）在北京举行听证会。这是《立法法》规定听证制度以来全国人大常委会立法中召开的第一次听证会。这次听证会上的意见，将作为全国人大常委会组成人员审议修改个人所得税法的重要参考依据。

个人所得税起征点，准确地说，是指在确定工资、薪金收入的应纳税所得额时，应当依照规定从工资、薪金收入中予以减除的不计入应纳税所得额的费用标准。由于该项减除费用标准的高低，既涉及国家对收入分配的合理调节，也直接关系广大工薪收入者的切身利益，受到社会普遍关注。

此前一个月，8月28日，全国人大三部门发布公告：初次审议的个人所得税法修正案草案规定个人所得税工资、薪金所得减除费用标准为1500元。鉴于这一标准涉及广大工薪收入者的切身利益，全社会普遍关注，为推进立法民主，定于9月27日在北京举行听证会，对这一减除费用标准是否适当，进一步广泛听取包括广大工薪收入者在内的社会各方面的意见和建议。全国人大三部门将共同作为本次听证会的听证人。听证会将安排的听证陈述人，包括年满18周岁，有工资、薪金收入的公民15人至20人；草案起草部门财政部、国家税务总局和国务院法制办公室的代表各1人；全国总工会的代表1人；东中西部省区市财政或者税务部门的代表共 3 人;直辖市财政或者税务部门的代表 1 人。另外还将在申请作为听证陈述人而未被选取的人员中确定 15 人至 20 人作为听证旁听人。在 9 月 27 日的立法听证会上,有从近 5000 名报名者中遴选出来的听证陈述人,有个税法修正案草案起草部门、全国总工会、东中西部省区市财政税务部门人员作为听证会代表,还有从报名参加听证会而未被选取的人员中确定的另外 18 名代表,作为旁听人参加听证会。

通过这次立法听证,当年出台的修改后的法律将个人所得税工薪所得减除费用标准调整为 1600 元。

实践证明,在立法过程中广泛听取各方面的意见,充分反映民意、集中民智,有利于提高立法质量,使制定的法律符合实际并得到有效实施。这次全国人大常委会举行的立法听证会开创了我国立法工作的先河,在立法史上具有重要意义,标志着我国民主立法进入一个新的发展阶段。

39.开展全国行政复议委员会试点工作

开展行政复议委员会试点工作,进一步健全和完善行政复议体制和工作机制,是党中央、国务院的重大决策。国务院法制办根据党中央、国务院的决策,启动行政复议体制改革的试点工作,并作出一系列部署和安排。

2004 年 3 月,国务院《全面推进依法行政实施纲要》(以下简称《纲要》)提出:经过十年左右坚持不懈的努力,基本实现建设法治政府的目标,其中之一就是"高效、便捷、成本低廉的防范、化解社会矛盾的机制基本形成,社会矛盾得到有效防范和化解"。《纲要》针对行政复议工作,明确要求"要完善行政复议工作制度,积极探索提高行政复议工作质量的新方式、新举措"。

2006 年 9 月,中共中央办公厅、国务院办公厅联合下发《关于预防和化解行政争议健全行政争议解决机制的意见》(以下简称《意见》),明确提出要"积极探索符合行政复议工作特点的机制和方法"。该《意见》对当前国家健全行政争议解决机制进行重新定位和分工,要求从立法、司法、行政等多方面采取措施预防和化解行政争议;肯定行政复议是解决行政争议的重要渠道,确定"三化解"的基本要求,即力争把行政争议化解在基层、化解在初发阶段、化解在行政程序中,明确了以政府为主导的纠纷解决机制的发展方向。

2006 年 10 月,党的十六届六中全会通过的《中共中央关于构建社会主义和谐社会若干重大问题的决定》明确提出:"加快建设法治政府,全面推进依法行政,严格按照法定权限和程序行使权力、履行职责,健全行政执法责任追究制度,完善行政复议、行政赔偿制度。"同年 12 月,国务院召开全国行政复议工作会议,对开展行政复议委员会的试点工作作出了具体部署。黑龙江省哈尔滨市率先开展行政复议委员会试点工作。

2007年7月,国务院召开全国市县政府依法行政工作会议,再一次明确提出,市县政府要认真贯彻行政复议法及其实施条例,进一步加强和改进行政复议工作。

2008年3月,温家宝总理在十一届全国人大一次会议上所作的《政府工作报告》中再次明确要求"健全行政复议体制"。同年8月,国务院法制办在贵阳市召开行政复议委员会试点工作会议,总结交流有关情况和经验,进一步听取开展试点工作的意见并部署试点工作。同年9月,国务院法制办印发《关于在部分省、直辖市开展行政复议委员会试点工作的通知》,决定在全国10个省、自治区、直辖市开展行政复议委员会试点工作。试点工作取得了预期效果,形成初步经验。

2009年9月,国务院法制办在北京召开行政复议委员会试点工作情况交流会,北京、黑龙江、江苏、广东等10个省、直辖市分别汇报了试点工作进展情况、存在问题和进一步推进试点的思路和措施。黑龙江哈尔滨市自2007年开始全市统一受理行政复议申请,2009年相对集中了案件调查权,案件议决权完全集中,案件由行政复议委员会审议。近年来案件数量每年同比增长30%,2009年达到600件,协调结案率大幅提高,达到62%。其他试点城市工作也各具特色。如北京市着重深化行政复议委员会议决案件的机制,巩固效果,提高其权威性、专业性和公信力;江苏省以不同模式开展试点工作;广东省中山市将行政复议委员会定位于市政府行政复议工作的议决机构,负责市政府及市属部门行政复议案件的处理,并对市政府行政复议工作中的疑难问题进行研究。

2010年8月,国务院法制办在哈尔滨市召开行政复议委员会试点工作现场会。试点情况表明,行政复议委员会制度,对违法或者不当行政行为的纠错力度明显加大,行政权力受到有力规范。

40.全面推进"检务公开"制度建设

我国的检务公开制度建设,经历了从无到有、由浅及深的探索过程。1997年,党的十五大报告明确提出了"政务公开"的要求。随后,最高人民检察院部署全国检察机关开展集中教育整顿活动,对当年办理的一些案件进行复查,发现有执法不严、执法不公、执法不廉甚至违法违纪问题,引起了人们的重视和反思。1998年10月,最高人民检察院出台《关于在全国检察机关实行"检务公开"的决定》(以下简称《检务公开决定》),确定了"检务十公开"的内容,要求通过检务公开促使检察机关接受人民群众和社会各界的监督,提高检察工作的透明度,促进检察机关正确履行法律监督职能,提高执法水平。

为使检务公开更加程序化和规范化,1999年1月,最高人民检察院颁布了《关于"检务公开"具体实施办法》(以下简称《办法》)。《办法》主要对检务公开的形式进行了拓展,除《检务公开决定》中规定的形式之外,还规定了要运用现代信息手段建立检务公开的信息台、咨询台和网站,开展检务公开宣传日、宣传周,召开新闻发布会或情况通报会等形式。为使"检务公开"进一步深入,2000年以后,我国相继建立了案件公开审查制度、诉讼参与人权利义务告知制度、新闻发言人制度等。2003年,最高人民检察院发布《关于实行人民监督员制度的规定(试行)》,标志着我国"检务公开"由简单的公开运行过程向更深入的公开决策层面发展。

2006年6月,最高人民检察院再次下发《关于进一步深化人民检察院"检务公开"的意见》,对进一步充实和完善检务公开制度作出更加充分细致的规定。

2013年10月,最高人民检察院印发了《深化检务公开制度改革试点工作方案》(以下简称《试点方案》)。《试点方案》扩大了检务公开内容,突出了对检察机关执法办案活动、办案流程、办理结果等群众关注度比较高的内容的公开;丰富了公开形式,更加注重运用现代信息技术手段和新兴媒体向社会公开,增强了公开的及时性和查询的便捷性;强化了机制保障,专门规定了考核评价、督促检查、责任落实等工作机制。《试点方案》确定在黑龙江等5省市开展为期1年的深化检务公开试点工作。2014年6月,又增加北京等5省区市作为改革试点地区。改革试点将执法办案信息公开作为重点,明确提出七项"主动公开"和四项"依申请公开",将检务公开延伸到了执法办案全过程。

2014年10月,党的十八届四中全会通过的《中共中央关于全面推进依法治国若干重大问题的决定》明确提出,要"构建开放、动态、透明、便民的阳光司法机制"。为了细化落实党的十八届四中全会决定提出的要求,2015年2月,最高人民检察院在深入调研、总结各地经验做法的基础上,发布实施《关于全面推进检务公开工作的意见》(以下简称《意见》)。

《意见》对新形势下检察机关全面推进检务公开工作的基本原则、目标任务、内容范围、方式方法、制度机制等提出明确要求。《意见》明确,检务公开的基本原则是"依法、全面、及时、规范、便民",总体目标是"让人民群众在检察机关办理的每一个案件中感受到公平正义"。《意见》提出了"三个转变"的具体目标:从一般事务性公开向案件信息公开转变;从司法依据和结果的静态公开向办案过程的动态公开转变;从单向宣告的公开向双向互动的公开转变。《意见》明确将检察案件、检察事务、检察队伍三类信息列为检务公开的内容,并进一步充实完善。《意见》提出,建立公开审查制度,针对"在案件事实、适用法律方面存在较大争议或在当地有较大影响的审查逮捕、羁押必要性审查、刑事和解等案件,提起抗诉的案件以及不支持监督申请的案件"等情形,明确提出要"探索实行公开审查"。《意见》要求,强化新媒体公开平台建设,提出检察机关要充分依托当前迅猛发展的移动互联网,构建多层次、多角度、全覆盖的检务公开网络。《意见》创造性地提出,要建立健全民意收集转化和检务公开救济两项机制,确保检务公开工作既依法规范开展,又能够充分把握民情、体现民意,真正让人民群众满意。

我国开展检务公开工作以来,检察机关以提升规范司法水平为中心,公开制度机制不断完善。最高检先后制定下发了多个规范性文件,建立了拥有案件程序性信息查询、重要案件信息发布等四大平台的案件信息公开网。全国3600多个检察院都在案件信息公开网同一平台集中公开办案流程、办案结果、办案文书。截至2015年2月底,全国各级检察机关在网上导出案件程序性信息950005条,发布重要案件信息28410条,发布法律文书148952件,案件信息公开工作取得突破性进展。今后,还将继续完善该平台,同时发挥好门户网站、微信、微博、手机客户端、服务窗口的作用,打造全方位、立体式的案件信息公开体系。

41.最高人民法院统一行使死刑案件核准权

最高人民法院统一行使死刑案件核准权,是党中央作出的重大决策,是从司法制度上落实"国家尊重和保障人权"宪法原则的重要措施,是履行国际人权公约的重要体现。死刑复核程序是在一、二审程序之外,专门针对死刑案件所设置的特别程序。这是我国刑事法治发展进程中具有历史意义的大事,体现了少杀慎杀的原则,是对人权和生命的保障。

1983年9月,为了遏制当时严重犯罪活动多发态势、支持"严打",全国人大常委会对法律作出修改:杀人、强奸、抢劫、爆炸以及其他严重危害公共安全和社会治安判处死刑的案件的核准权,最高法院在必要的时候,得授权省、自治区、直辖市的高级法院行使。当时,下放部分死刑案件的核准权有其针对性和积极意义,对群众深恶痛绝的刑事犯罪活动起到了一定遏制和震慑作用。然而,下放部分死刑案件核准权的做法,很快就遭遇到司法实践上的难题。高级法院经常是死刑案件的二审法院,1983年的那次修改导致死刑二审与核准在同一个法院,死刑案件缺少了真正意义上的监督。各地高级法院在死刑标准的掌握上也可能不同,在这个省不判死刑的人换到另一个省就有可能被判死刑。由于存在上述原因,加之个别高级法院对死刑案件事实、证据把关不严,甚至一些地方陆续暴露冤假错案,引起社会各界高度关注,也引起立法者的高度重视。

1996年和1997年,全国人大常委会先后修改了刑事诉讼法和刑法,两部法律均明确规定:死刑由最高法院核准。两个法律的修改与人民法院组织法的有关规定存在着矛盾和冲突。修改人民法院组织法,由最高法院统一行使死刑案件核准权,已成为维护法制统一、促进司法公正所必须解决的迫切问题。时任最高人民法院院长肖扬说,把死刑复核和死刑案件的二审开庭分开,从原来的一个程序变成两个程序,是防止冤假错案发生的重要程序性环节,也是"给判处死刑的被告人多一次在庭上表述自己意见的机会"。

2005年,中国最高法院发布的第二个五年改革纲要明确提出,要"将死刑核准权统一收归最高法院行使"。

2006年9月,最高人民法院提请全国人大常委会审议《人民法院组织法修正案(草案)》。2006年10月31日,全国人大常委会第二十四次会议通过《全国人民代表大会常务委员会关于修改〈中华人民共和国人民法院组织法〉的决定》,将《中华人民共和国人民法院组织法》的第十三条修改为:"死刑除依法由最高人民法院判决的以外,应当报请最高人民法院核准。"此决定自2007年1月1日起施行,即从这一天起,我国所有死刑案件核准权收归最高人民法院统一行使。这成为我国法治的价值追求由"效率优先"回归为"公平正义"的标志性事件。

2006年12月13日,最高人民法院审判委员会第1409次会议通过《最高人民法院关于统一行使死刑案件核准权有关问题的决定》(以下简称《决定》)。《决定》根据修改后的人民法院组织法第十二条的规定,决定自2007年1月1日起,死刑除依法由最高人民法院判决的以外,各高级人民法院和解放军军事法院依法判处和裁定的,应当报请最高人民法院核准。

死刑核准制度改革,是我国司法体制和工作机制改革的重要内容。法律界人士说,修改人民法院组织法,由最高法院统一行使死刑案件核准权,体现了"尊重和保障人权"的宪法精神,有利于从程序上防止发生冤假错案,也有利于在死刑适用上贯彻"慎用死刑、少杀慎杀"的方针。这就维护了中国法制的统一性、程序的正义性,避免了死刑标准上的宽严不一。

实践表明,收回死刑复核权在限制死刑方面已经初见成效。据最高人民法院统计,自2007年收回死刑核准权以来,因原判事实不清、证据不足、程序违法等原因不核准的案件占复核终结死刑案件的15%左右,而且判处死刑缓期执行的人数,首次高于判处死刑立即执行的人数。

42.中华人民共和国物权法

物权法是规范财产关系的重要民事法律,与公民日常生活息息相关,在国家法律体系中属于基本法的性质。物权法上讲的物,主要指不动产和动产,不动产是指土地以及房屋、林木等土地附着物;动产是指不动产以外的物,比如汽车、电视机等。物权是一种财产权,是权利人在法律规定的范围内对一定的物享有直接支配并排除他人干涉的权利。物权包括所有权、用益物权和担保物权。物权法是确认财产、利用财产和保护财产的基本民事法律。

改革开放以来，我国先后制定了不少市场交易规则，同时十分关注财产的归属和利用问题。1986年通过的民法通则专门有一节规定了财产所有权和与财产所有权有关的财产权。1993年物权法开始起草，1994年正式列入立法计划。1998年3月，成立了民法典研究小组，开始对物权法的研究和讨论工作。2002年1月，公布了《中华人民共和国物权法（征求意见稿）》。同年12月，《中华人民共和国民法（草案）》被首次提请审议，物权法是作为其中的一编。2004年，对民法草案第二编物权法进行了修改完善，形成了物权法草案。2004年3月，十届全国人大二次会议通过的宪法修正案明确规定："公民的合法的私有财产不受侵犯。""国家依照法律规定保护公民的私有财产权和继承权。"从2004年10月至2006年10月，十届全国人大常委会先后六次对物权法草案进行审议。其间，这部法律草案曾向社会全文公布征求各方意见，召开的座谈会、立法论证会难以计数，社会各界提出的意见数以万计。2006年12月，全国人大常委会高票通过了有关议案，决定将物权法草案提请十届全国人大五次会议审议。2007年3月16日，十届全国人大五次会议高票通过《中华人民共和国物权法》（以下简称《物权法》），自2007年10月1日起施行。《物权法》分为总则、所有权、用益物权、担保物权、占有，共5编19章247条。

《物权法》具有以下十大亮点：一是公产私产获得平等保护。《物权法》规定：国家实行社会主义市场经济，保障一切市场主体的平等法律地位和发展权利。国家、集体、私人的物权和其他权利人的物权受法律保护，任何单位和个人不得侵犯。二是禁止侵占、哄抢、私分、截留、破坏国有财产。《物权法》规定：国家所有的财产受法律保护，禁止任何单位和个人侵占、哄抢、私分、截留、破坏。违反国有财产管理规定，在企业改制、合并分立、关联交易等过程中，低价转让、合谋私分、擅自担保或者以其他方式造成国有财产损失的，应当依法承担法律责任。三是集体决定侵害集体成员合法权益可请求法院撤销。《物权法》规定：集体经济组织、村民委员会或者其负责人作出的决定侵害集体成员合法权益的，受侵害的集体成员可以请求人民法院予以撤销。四是不得贪污、挪用、私分、截留、拖欠征收补偿费等费用。《物权法》规定：任何单位和个人不得贪污、挪用、私分、截留、拖欠征收补偿费等费用。五是法律、行政法规未禁止抵押的财产均可抵押。《物权法》规定：债务人或者第三人有权处分的法律、行政法规未禁止抵押的财产可以抵押。有权处分可抵押财产还包括：建筑物和其他土地附着物；建设用地使用权；以招标、拍卖、公开协商等方式取得的荒地等土地承包经营权；生产设备、原材料、半成品、产品；正在建造的建筑物、船舶、航空器；交通运输工具。六是土地承包期满可继续承包。《物权法》规定：耕地的承包期为30年。草地的承包期为30年至50年。林地的承包期为

30 年至 70 年；特殊林木的林地承包期，经国务院林业行政主管部门批准可以延长。前款规定的承包期届满，由土地承包经营权人按照国家有关规定继续承包。七是满 70 年后住宅建设用地使用权自动续期。《物权法》规定：住宅建设用地使用权期间届满的，自动续期。八是小区车位车库应首先满足业主需要。九是明确保护"阳光权"。《物权法》规定：建造建筑物，不得违反国家有关工程建设标准，妨碍相邻建筑物的通风、采光和日照。十是业主共同决定选聘和解聘物业服务企业。

43.国务院关于加强市县政府依法行政的决定

依法行政是依法治国的主要环节，建设法治政府是建设法治国家的主体工程。为了全面落实依法治国基本方略，加快推进社会主义法治国家建设，1999 年 11 月，国务院发布《关于全面推进依法行政的决定》，要求各级政府"依法行政，从严治政，建设廉洁、勤政、务实、高效政府"。2004 年 3 月，国务院颁布《全面推进依法行政实施纲要》（以下简称《纲要》），系统规划了我国依法行政的实施蓝图，首次明确提出，经过 10 年左右基本实现建设法治政府的目标。这是我国各级政府依法行政的纲领性文件。《纲要》实施几年来，各地区、各部门先后根据本部门、本系统的实际情况，出台了本地区、本部门的实施办法，采取一系列具体措施推进法治政府建设，取得了重大进展。

市县政府是依法行政的难点、重点。基层政府依法行政的自觉，很大程度上决定着中国政府依法行政进程的快慢时速。随着我国经济社会的快速发展，人民群众民主法治意识不断增强，维护自身合法权益的要求日益强烈，对市县政府工作提出了新的更高要求。适应新形势新要求，加强政府自身改革和建设，都迫切需要加强市县政府依法行政。2008 年 5 月 12 日，国务院发布了《关于加强市县政府依法行政的决定》（以下简称《决定》），就加强市县两级政府依法行政的相关问题作出明确规定。这是国务院贯彻落实党的十七大精神，全面落实依法治国基本方略，加快建设法治政府的一项重要举措。

《决定》从充分认识加强市县政府依法行政的重要性和紧迫性、大力提高市县行政机关工作人员依法行政的意识和能力、完善市县政府行政决策机制、建立健全规范性文件监督管理制度、严格行政执法、强化对行政行为的监督、增强社会自治功能、加强组织领导这八个方面作了规定。

《决定》指出，各地区、各部门要切实增强责任感和紧迫感，采取有效措施加快推进市县政府依法行政的进程。

《决定》要求，完善市县政府行政决策机制。要完善重大行政决策听取意见制度；推行重大行政决策听证制度；建立重大行政决策的合法性审查制度；坚持重大行政决策集体决定制度；建立重大行政决策实施情况后评价制度；建立行政决策责任追究制度。

《决定》指出，要改革行政执法体制，适当下移行政执法重心，减少行政执法层次。对与人民群众日常生活、生产直接相关的行政执法活动，主要由市、县两级行政执法机关实施。继续推进相对集中行政处罚权和综合行政执法试点工作，建立健全行政执法争议协调机制，从源头上解决多头执法、重复执法、执法缺位问题。

《决定》要求，要增强社会自治功能，建立政府行政管理与基层群众自治有效衔接和良性互动的机制。市县政府及其部门要全面正确实施村民委员会组织法和城市居民委员会组织法，扩大基层群众自治范围，充分保障基层群众自我管理、自我服务、自我教育、自我监督的各项权利。严禁干预基层群众自治组织自治范围内的事情，不得要求群众自治组织承担依法应当由政府及其部门履行的职责。

44.国家知识产权战略纲要

当前，经济全球化和知识经济迅速发展，世界科技创新向纵深推进，知识产权战略已经成为许多国家提升核心竞争力的重要发展战略。2005年初，为了积极应对国际挑战，适应我国经济社会发展需要，实施国家知识产权战略，国务院成立了国家知识产权战略制定工作领导小组，启动了国家知识产权战略制定工作，知识产权局、工商总局、版权局、发展改革委、科技部、商务部等三十三家中央部委办局共同推进国家知识产权战略制定工作。2007年，党的十七大报告明确指出，要实施知识产权战略。2008年6月，国务院发布《国家知识产权战略纲要》（以下简称《纲要》）。

知识产权战略是我国运用知识产权制度促进经济社会全面发展的重要国家战略。《纲要》是实施这一战略的纲领性文件，也是今后较长一段时间内指导我国知识产权事业发展的纲领性文件。《纲要》的颁布实施是中国知识产权制度发展史上的一个里程碑，具有特别深远的意义。

《纲要》站在国家经济社会发展顶层战略设计的高度，对我国当前面临的形势和挑战进行了概括，确定了指导方针，明确了战略重点和重大举措。《纲要》提出我国知识产权战略目标是：5年内自主知识产权水平大幅度提高，运用知识产权的效果明显增强，知识产权保护状况明显改善，全社会知识产权意识普遍提高；到2020年，把我国建设成为知识产权创造、运用、保护和管理水平较高的国家。《纲要》共分序言、指导思想和战略目标、战略重点、专项任务、战略措施五个部分。

《纲要》强调，实施国家知识产权战略，大力提升知识产权创造、运用、保护和管理能力，有利于增强我国自主创新能力，建设创新型国家；有利于完善社会主义市场经济体制，规范市场秩序和建立诚信社会；有利于增强我国企业市场竞争力和提高国家核心竞争力；有利于扩大对外开放，实现互利共赢。必须把知识产权战略作为国家重要战略，切实加强知识产权工作。

《纲要》指出，国家知识产权战略的指导思想是，以激励创造、有效运用、依法保护、科学管理为方针，着力完善知识产权制度，积极营造良好的知识产权法治环境、市场环境、文化环境，大幅度提升我国知识产权创造、运用、保护和管理能力，为建设创新型国家和全面建设小康社会提供强有力支撑。

《纲要》提出，国家知识产权战略的重点，一是完善知识产权制度，健全知识产权执法和管理体制，进一步完善知识产权法律法规，强化知识产权在经济、文化和社会政策中的导向作用；二是促进知识产权创造和运用，运用财政、金融、投资、政府采购政策和产业、能源、环境保护政策，引导和支持市场主体创造和运用知识产权，推动企业成为知识产权创造和运用的主体；三是加强知识产权保护，加大司法惩处力度，降低维权成本，提高侵权代价，有效遏制侵权行为；四是防止知识产权滥用，制定相关法律法规，合理界定知识产权的界限，维护公平竞争的市场秩序和公众合法权益；五是培育尊重知识、崇尚创新、诚信守法的知识产权文化。

《纲要》明确了专利、商标、版权、商业秘密、植物新品种、特定领域知识产权、国防知识产权等专项任务，并提出了九项战略措施：提升知识产权创造能力、鼓励知识产权转化运用、加快知识产权法制建设、提高知识产权执法水平、加强知识产权行政管理、发展知识产权中介服务、加强知识产权人才队伍建设、推进知识产权文化建设、扩大知识产权对外交流合作。

《纲要》的颁布实施得到全国上下的高度关注。各地区各相关部门普遍建立了从联席会议成员、联络员到工作联系人逐级负责的工作机制；在《纲要》指导下，专利战略、商标战略、版权战略以及农业、林业、国防、中央企业、科技等分领域知识产权战略或规划相继出台，16个联席会议成员单位、28个省（区、市）和新疆生产建设兵团以及159个市（区），出台了贯彻落实《纲要》的纲领性文件。2009至2012年，联席会议成员单位共部署年度推进计划措施800多项，有力推动了各部门实施战略工作开展。在2010年10月至2011年6月国务院部署的打击侵犯知识产权和制售假冒伪劣商品专项行动中，各级行政执法部门共立案15.6万件，涉案金额34.3亿元，移送司法机关1702件，捣毁窝点9135个。在推进政府机关软件正版化检查整改工作中，中央和国家机关已全部完成软件正版化任务，地方和企业软件正版化工作正不断向前推进。

2012年，党的十八大报告作出了"实施创新驱动发展战略"的重大部署，强调"实施知识产权战略，加强知识产权保护。促进创新资源高效配置和综合集成，把全社会智慧和力量凝聚到创新发展上来"。实施知识产权战略肩负起支撑创新驱动发展的使命，踏上新的起点，开启新的征程。

45. 2008：行政问责年

近年来，党中央、国务院在宪法和法律的框架内，着力于官员问责的制度建设，一批相关条例、规定出台。2001年，国务院颁布实施关于特大安全事故行政责任追究的规定，2003年，中共中央颁布党内监督条例和纪律处分条例。特别是2004年发布的党政领导干部辞职暂行规定，是我国第一部专门对领导干部辞职进行规范的文件。条例列举了官员应当引咎辞职的9种情形，把官员应当问责的内容基本上涵盖。同时，条例对因公辞职、自愿辞职和责令辞职也作出了详尽规定。

2008年是重要的"行政问责年"。这一年2月，党的十七届二中全会通过了《关于深化行政管理体制改革的意见》。意见明确提出了推进行政管理体制改革的指导思想、基本原则、总体目标和主要任务，是中国今后一个时期行政管理体制改革的纲领性文件。在这个重要文件中，对行政问责作出了明确规定。在国务院2008年工作要点中，行政问责制位列其中。这一年5月，国务院颁发《关于加强市县政府依法行政的决定》，强调"要加快实行行政问责制"。

2008年下半年，我国各地连续发生了一系列重大事故，从中央到地方掀起了一场"问责风暴"，一批官员相继落马。例如，9月8日，山西襄汾发生尾矿库溃坝特大事故，200余人遇难。更为恶劣的是，相关基层干部刻意隐瞒事故原因和死亡人数。事故发生后不到一周，党中央、国务院对山西"9·8"特别重大尾矿库溃坝事故负有领导责任人员作出严肃处理：鉴于对事故负有领导责任，依据《国务院关于特大安全事故行政责任追究的规定》和其他有关规定，经党中央、国务院批准，同意接受孟学农引咎辞去山西省省长职务的请求。在对襄汾溃坝事故的处理中，山西省副省长张建民以及临汾市、襄汾县的主要党政负责人，均被免职或停职。又如，同年9月，随着三鹿问题奶粉事件的调查逐步深入，问责的脚步也步步"紧逼"。党中央、国务院对三鹿牌婴幼儿奶粉事件有关责任人员作出严肃处理，依据《国务院关于特大安全事故行政责任追究的规定》、《党政领导干部辞职暂行规定》等有关规定，鉴于在多家奶制品企业部分产品含有三聚氰胺的事件中，国家质量监督检验检疫总局监管缺失，对此，局长李长江负有领导责任，同意接受李长江引咎辞去局长职务的请求。在此前后，石家庄市委书记吴显国、市长冀纯堂，以及该市分管畜牧、食药监、质监等部门的负责人，均被免职或辞职。还有河南登封市矿难、云南阳宗海污染事件、瓮安群体事件、重庆出租车停运事件等，相关领导干部受到免职、停职或警告处分。

这一年，行政问责次数之多、范围之广、所涉官员级别之高、人数之众，都远超往年。这表明，行政问责制正成为一种严厉的常态程序，而进一步加强行政问责的法律化和制度化，明确问责条件，细化问责程序，强化问责的法律后果，完善问责制度体系必定是行政法建设的重要任务。

此后，各地政府也相继着手制定专项规章来规范官员责任，中国的行政问责正朝着常态化、制度化、规范化的方向迈进。

46.全国土地执法"百日行动"

2007年9月，国土资源部召开全国土地执法"百日行动"视频会议，同时印发《全国土地执法百日行动方案》（以下简称《方案》），全面部署开展全国土地执法"百日行动"。

根据《方案》部署，全国土地执法"百日行动"分自查清理、查处纠正和督察整改三阶段进行，历时100天时间，重点查处2005年以来"以租代征"、违反土地利用总体规划扩大工业用地规模、未批先用等土地违法违规行为。这次"百日行动"目的，是有效遏制土地违法违规现象有所上升的态势，进一步落实最严格的土地管理制度，坚守18亿亩耕地红线，保证国家土地法律法规的贯彻执行，确保中央土地调控政策的有效实施。《方案》要求各级国土资源部门加强领导，统一认识；依法查处，督促整改；积极宣传，营造氛围；建章立制，规范管理。同时，要统筹兼顾，积极开展专项行动、专项清理等相关工作。各派驻地方的国家土地督察局要负责全过程督察。为确保百日行动切实开展，国土资源部专门成立了百日行动领导小组。领导小组下设办公室，具体工作由部执法监察局和国家土地总督察办公室负责。

2008年1月28日，国土资源部发出《关于巩固扩大百日行动成果　加快建立土地执法长效机制的通知》（以下简称《通知》）。《通知》指出，全国土地执法"百日行动"基本实现了预期目标，取得了明显成效。经各省（自治区、直辖市）国土资源部门推荐，各派驻地方的国家土地督察局审核，《国土资源报》和国土资源部网站公示，国土资源部决定对在百日行动中遴选出的北京市国土资源局海淀分局等107个先进单位，予以通报表扬。这些先进单位，为建立土地执法长效机制，加强土地管理，创造了一些好做法、好经验。如江西省赣州市建立用地信用等级基础数据库，实现各部门共同监管；甘肃省庆阳市建立健全区、乡、村、组四级执法监察网络，为国土资源管理打下良好基础；北京市房山区实施土地管理"一票否决"，健全耕地保护制度；江苏省大丰市建立执法监管高科技管理机制和市、镇、村三级联动机制；辽宁省鞍山市加强土地管理绩效考核等。

《通知》指出，一些地区案件查处偏轻偏宽，重点整改地区和典型案件的整改和查处工作还没有完全到位，土地执法长效机制建设还任重道远。为切实巩固"百日行动"成果，抓紧建立完善土地执法长效机制，严防违规违法用地反弹，《通知》要求做好百日行动后续工作：一、全面完成案件查处纠正工作。继续推进案件查处纠正工作。抓紧完成重点整改地区和典型案件的整改和查处工作。各督察局要跟踪各地案件查处进展情况，督促地方人民政府逐案处理落实到位。二、加快建立土地执法长效机制。要切实抓好制度建设，建立完善土地执法发现机制、制止机制、部门联动机制和问责奖惩制度等。加强宣传，为长效机制建设营造良好的社会舆论氛围。三、继续严厉打击土地违规违法行为。严防违规违法用地行为反弹。对"百日行动"整顿后又出现重大违法案件，造成严重影响的地区，要加重处理，对当地政府领导进行问责，并由有关督察局发出整改意见书。对违规违法行为性质十分恶劣的地区，由国家土地总督察发出限期整改通知书，暂停该地区农用地转用和土地征收审批。

在这次全国土地执法"百日行动"中，全国查出"以租代征"、开发区擅自设区扩区、未批先用三类违规违法案件3万多件，涉及土地330多万亩。

47.关于司法公开的六项规定

近年来，我国人民法院积极改革司法公开制度，不断加强民意沟通，彰显司法民主。2009年4月，最高人民法院下发《关于进一步加强民意沟通工作的意见》，以建立健全民意沟通表达长效机制。为进一步落实公开审判的宪法原则，扩大司法公开范围，拓宽司法公开渠道，保障人民群众对人民法院工作的知情权、参与权、表达权和监督权，维护当事人的合法权益，提高司法民主水平，规范司法行为，促进司法公正，2009年12月8日，最高人民法院发布《关于司法公开的六项规定》（以下简称《规定》），自公布之日起实施。与《规定》同时发出的，还有《关于人民法院接受新闻媒体舆论监督的若干规定》。

《规定》根据有关诉讼法的规定和人民法院的工作实际，按照依法公开、及时公开、全面公开的原则，作出司法公开的六项规定。

一、立案公开。各类案件的立案条件、立案流程、法律文书样式、诉讼费用标准、缓减免交诉讼费程序、当事人重要权利义务、诉讼和执行风险提示以及可选择的诉讼外纠纷解决方式等内容，应当通过适当的形式向社会和当事人公开。

二、庭审公开。建立健全有序开放、有效管理的旁听和报道庭审的规则，消除公众和媒体知情监督的障碍。人民法院可以发放旁听证或者通过庭审视频、直播录播等方式满足公众和媒体了解庭审实况的需要。所有证据应当在法庭上公开，能够当庭认证的，应当当庭认证。人民法院对公开审理或者不公开审理的案件，一律在法庭内或者通过其他公开的方式公开宣告判决。

三、执行公开。执行的依据、标准、规范、程序以及执行全过程应当向社会和当事人公开，但涉及国家秘密、商业秘密、个人隐私等法律禁止公开的信息除外。进一步健全和完善执行信息查询系统，扩大查询范围，为当事人查询执行案件信息提供方便。人民法院采取查封、扣押等执行措施后应及时告知双方当事人。人民法院选择鉴定、评估、拍卖等机构的过程和结果向当事人公开。执行中的重大进展应当通知当事人和利害关系人。

四、听证公开。人民法院对开庭审理程序之外的涉及当事人或者案外人重大权益的案件实行听证的，应当公开进行。人民法院对申请再审案件、涉法涉诉信访疑难案件、司法赔偿案件、执行异议案件以及对职务犯罪案件和有重大影响案件被告人的减刑、假释案件等，按照有关规定实行公开听证的，应当向社会发布听证公告。听证公开的范围、方式、程序等参照庭审公开的有关规定。

五、文书公开。裁判文书应当充分表述当事人的诉辩意见、证据的采信理由、事实的认定、适用法律的推理与解释过程，做到说理公开。人民法院可以根据执法需要，集中编印、刊登各类裁判文书。除涉及国家秘密、未成年人犯罪、个人隐私以及其他不适宜公开的案件和调解结案的案件外，人民法院的裁判文书可以在互联网上公开发布。人民法院应当注意收集社会各界对裁判文书的意见和建议，作为改进工作的参考。

六、审务公开。人民法院的审判管理工作以及与审判工作有关的其他管理活动应当向社会公开。各级人民法院应当逐步建立和完善互联网站和其他信息公开平台。探索建立各类案件运转流程的网络查询系统，方便当事人及时查询案件进展情况。建立健全过问案件登记、说情干扰警示、监督情况通报等制度，向社会和当事人公开违反规定程序过问案件的情况和人民法院接受监督的情况，切实保护公众的知情监督权和当事人的诉讼权利。

《规定》要求，全国各级人民法院要切实解放思想，更新观念，大胆创新，把积极主动地采取公开透明的措施与不折不扣地实现当事人的诉讼权利结合起来，把司法公开的实现程度当作衡量司法民主水平、评价法院工作的重要指标。最高人民法院将进一步研究制定司法公开制度落实情况的考评标准，并将其纳入人民法院工作考评体系，完善司法公开的考核评价机制。各级人民法院要细化和分解落实司法公开的职责，明确责任，对于在诉讼过程中违反审判公开原则或者在法院其他工作中违反司法公开相关规定的，要追究相应责任，同时要注意树立先进典型，表彰先进个人和单位，推广先进经验，建立健全司法公开的问责表彰机制。

48.立法后评估工作

开展立法后评估工作，是全国人大常委会加强和改进立法工作，提高立法质量，确保法律有效实施的一个新举措。对实施一段时间的法律制度进行评估，对法律制度的科学性、法律规定的可操作性、法律执行的有效性等作出客观评价，为修改完善法律、改进立法工作提供参考依据，有利于进一步加强和改进立法工作，不断提高立法质量，促进法律制度的有效实施。

2010年，根据全国人大常委会有关工作部署，全国人大常委会法工委（以下简称法工委）组织开展科学技术进步法有关制度立法后评估工作。法工委先后两次组织召开立法后评估研讨会，与科技部、农业部等单位反复进行沟通协商，最后确定对科学技术进步法第二十条关于财政性资金科技项目知识产权归属和使用、第三十三条关于鼓励企业增加研发投入两项制度，农业机械化促进法第二十一条关于鼓励农业机械跨区域作业服务、第二十七条关于对农民和农业生产经营组织购买先进适用的农业机械给予补贴、第二十八条关于对农业机械生产作业用燃油安排财政补贴三项制度进行评估。这几项制度的实施，事关结构调整与经济转型的国家战略，具有一定的典型意义。根据各方面的意见，法工委起草了立法后评估工作方案。

这次立法后评估试点工作，遵循了以下几项评估原则：一是客观公正原则。二是科学规范原则。三是公众参与原则。四是注重实效原则。法工委主要开展了以下几方面工作：一是文献研究。通过查阅和研究立法档案资料，梳理有关制度的立法背景和立法宗旨，把握立法原意。二是问卷调查。针对不同调查对象，分别设计了科学技术进步法四份调查问卷和农业机械化促进法三份调查问卷。三是实地调研。法工委工作人员会同科技部有关人员组成五个小组，分赴江苏、浙江、青海、甘肃、吉林、北京等九地进行调研，广泛听取地方各方面人士的意见和建议。农业机械化促进法评估中，法工委与农业部组织了两个调研组，分赴山西、江苏等地进行实地调研，听取各方面的意见和建议。调研后写出了11份专题调研报告。

问卷调查、实地调研等数据收集工作结束后，法工委会同有关方面及时开展数据汇总、处理和分析，分别起草了科学技术进步法和农业机械化促进法有关制度立法后评估报告。评估表明，科学技术进步法规定的两项制度和农业机械化促进法规定的三项制度立法意图明确，条款设计合理、可行，很有必要，对于鼓励自主创新，增强科技创新能力，促进科技进步以及完善促进农业机械化的扶持政策，促进农业机械化和农业现代化的发展，起到了积极的作用，实施的总体效果是好的。同时，评估也发现，两部法律有关制度在实施过程中不同程度地存在配套措施与工作机制不够完善，执行力度有待进一步加强等问题。建议抓紧制定和完善相关配套措施，建立健全相关工作机制，加强法律实施的监督，加强宣传和培训力度，推动法律制度更好地贯彻实施。报告显示，通过科学技术进步法两项制度和农业机械化促进法三项制度的评估工作，达到了立法后评估试点工作的预期效果，为下一步推进这项工作打下了好的基础。

从 2010 年初开始，历时一年多的立法后评估试点工作圆满结束。2011 年 6 月 30 日，十一届全国人大常委会第二十一次会议审议了法工委提交的立法后评估试点工作情况报告及科学技术进步法和农业机械化促进法有关制度立法后评估主要情况报告。全国人大常委会对立法后评估试点工作给予了充分肯定，同时就如何进一步做好立法后评估工作提出了意见和建议。大家认为，立法后评估试点工作是本届人大常委会法制建设工作当中的一项创新举措，对提升立法质量将会产生深远的影响。立法后评估试点工作为以后的立法后评估工作提供了经验。

常委会组成人员对评估试点工作给予了积极评价，认为评估工作比较规范，保证了评估工作的科学性。在评估过程中做得很细致、扎实，评估报告比较全面、准确地反映了实际情况。常委会组成人员对今后进一步开展立法后评估工作提出了一些意见和建议。一是建议总结这次评估的经验，制定一个关于立法后评估的办法。二是建议把立法后评估作为一项制度性工作，长期坚持下去。三是建议逐步建立比较科学完善的评估机制。四是建议立法后评估工作与执法检查结合起来。

49.国务院关于加强法治政府建设的意见

建设法治政府是依法治国的关键，是构建和谐社会的必然要求。所谓"法治政府"，是指整个政府机构的设立、变更、运作，包括行政立法和行政决策在内的政府整体行为和个体行为都实现合法化、合理化、规范化，并对政府整体行为和个体行为的监督实现法治化。法治政府要求政府行政的各个方面和各个环节，都达到有法可依、有法必依、执法必严、违法必究的状态。

1999 年，国务院发布《关于全面推进依法行政的决定》，第一次把依法行政提高到国家制度建设的高度。2004 年，国务院颁布《全面推进依法行政实施纲要》，确立了建设法治政府的目标，明确了今后 10 年全面推进依法行政的指导思想、具体目标、基本原则、要求、主要任务和措施。2008 年，国务院发布《关于加强市县政府依法行政的决定》，对市县政府如何依法行政专门进行安排部署。此后，政府法制建设继续稳步推进，我国法治建设取得了重大成就。当前，我国经济社会发展进入新阶段，国内外环境更为复杂，挑战增多。发展中不平衡、不协调、不可持续问题依然突出,社会矛盾有所增加,群体性事件时有发生,一些领域腐败现象仍然易发多发,执法不公、行政不作为乱作为等问题比较突出。目前存在的这些问题,对我们如何推进依法行政、建设法治政府提出了新要求和新任务。

为在新形势下深入贯彻落实依法治国基本方略,全面推进依法行政,进一步加强法治政府建设,2010年10月10日,国务院发布了《关于加强法治政府建设的意见》(以下简称《意见》)。《意见》指出,当前和今后一个时期,要全面推进依法行政,不断提高政府公信力和执行力,为保障经济又好又快发展和社会和谐稳定发挥更大作用。

《意见》提出了加强法治政府建设的七项重点任务,即提高行政机关工作人员依法行政的意识和能力、加强和改进制度建设、坚持依法科学民主决策、严格规范公正文明执法、全面推进政务公开、强化行政监督和问责、依法化解社会矛盾纠纷,并为落实这七项重点任务规定了具有针对性和有效性的具体措施。

一是提高行政机关工作人员依法行政的意识和能力。要建立法律知识学习培训长效机制,推行依法行政情况考察和法律知识测试制度。行政机关工作人员特别是领导干部要带头学法、遵法、守法、用法,牢固树立社会主义法治理念,自觉养成依法办事的习惯,切实提高运用法治思维和法律手段解决经济社会发展中突出矛盾和问题的能力。同时,要重视提拔使用依法行政意识强,善于用法律手段解决问题、推动发展的优秀干部。

二是加强和改进制度建设。政府立法要突出重点,要符合经济社会发展规律,充分反映人民意愿。要确保制度建设质量,着力解决经济社会发展中的普遍性问题和深层次矛盾,要严格遵守法定权限和程序,除依法需要保密的外,行政法规和规章草案要向社会公开征求意见,并以适当方式反馈意见采纳情况。要加强对行政法规、规章和规范性文件的清理,坚持立"新法"与改"旧法"并重。要健全规范性文件制定程序,把公开征求意见、合法性审查和集体讨论决定作为必经程序。

三是坚持依法科学民主决策。要规范行政决策程序,健全重大行政决策规则,要把公众参与、专家论证、风险评估、合法性审查和集体讨论决定作为重大决策的必经程序。完善行政决策风险评估机制,把风险评估结果作为决策的重要依据。严格重大决策跟踪反馈和责任追究,对违反决策规定、出现重大决策失误、造成重大损失的,要按照谁决策、谁负责的原则严格追究责任。

四是严格规范公正文明执法。各级行政机关要自觉在宪法和法律范围内活动,严格依照法定权限和程序行使权力履行职责,加大行政执法力度。完善行政执法体制和机制,加强行政执法信息化建设,推行执法流程网上管理,提高执法效率和规范化水平。加强程序制度建设,细化执法流程,明确执法环节和步骤,保障程序公正。充分利用信息化手段开展执法案卷评查、质量考核、满意度测评等工作,加强执法评议考核,评议考核结果要作为执法人员奖励惩处、晋职晋级的重要依据。严格落实行政执法责任制。

五是全面推进政务公开。要认真贯彻实施政府信息公开条例，凡是不涉及国家秘密、商业秘密和个人隐私的政府信息，都要向社会公开。要把公开透明作为政府工作的基本制度，拓宽办事公开领域。所有面向社会服务的政府部门都要全面推进办事公开制度。进一步加强电子政务建设。

六是强化行政监督和问责。加强对违法、不当行为的监督力度，支持新闻媒体对违法或者不当行政行为进行曝光。重大责任事故或严重违法行政案件，行政首长将被问责。

七是依法化解社会矛盾。要建立由地方各级人民政府负总责、政府法制机构牵头、各职能部门为主体的行政调解工作体制，完善行政调解制度，推动建立行政调解与人民调解、司法调解相衔接的大调解联动机制。加强行政复议工作，畅通复议申请渠道，简化申请手续。探索开展相对集中行政复议审理工作，建立健全适应复议工作特点的激励机制和经费装备保障机制，完善行政复议与信访的衔接机制。

《意见》强调，加强法治政府建设，关键是要提高对建设法治政府重要性紧迫性的认识，特别是要加强对这项工作的组织领导。

50.量刑规范化改革

"规范裁量权，将量刑纳入法庭审理程序"是重大司法改革项目。量刑规范化改革是法治进步和时代发展的客观需要，是新时期人民群众的新要求新期待。推进量刑规范化改革的主要目的，是进一步规范法官审理刑事案件的刑罚裁量权，通过将量刑纳入法庭审理程序，增强量刑的公开性与透明度，统一法律适用标准，更好地贯彻落实宽严相济的刑事政策。

2010年9月，根据2008年中央关于深化司法体制和工作机制改革的总体部署要求，最高人民法院制定了《人民法院量刑指导意见（试行）》，最高人民法院、最高人民检察院、公安部、国家安全部、司法部联合制定了《关于规范量刑程序若干问题的意见（试行）》。经中央批准同意，从2010年10月1日起在全国全面推行量刑规范化改革。同年11月，最高人民法院、最高人民检察院、公安部、国家安全部、司法部联合下发《关于加强协调配合积极推进量刑规范化改革的通知》（以下简称《通知》）。《通知》要求充分认识量刑规范化改革的重要意义，全面开展量刑规范化改革；更新执法理念，加强协作配合，深入推进量刑规范化改革；加强组织协调，确保量刑规范化改革取得实效。

《通知》要求，侦查机关、检察机关要高度重视调查取证工作，不但要注重收集各种证明犯罪嫌疑人、被告人有罪、罪重的证据，而且要注重收集各种证明犯罪嫌疑人、被告人无罪、罪轻的证据；不但要注重收集各种法定量刑情节，而且要注重查明各种酌定量刑情节。人民检察院要进一步强化审查起诉工作，要客观全面审查案件证据，既要注重审查定罪证据，也要注重审查量刑证据；既要注重审查法定量刑情节，也要注重审查酌定量刑情节；既要注重审查从重量刑情节，也要注重审查从宽处罚量刑情节。检察机关要继续完善量刑建议制度，要依法规范提出量刑建议，注重量刑建议的质量和效果。

《通知》要求，各级司法行政机关、律师协会要加强律师辩护工作指导，加大法律援助工作力度，进一步扩大法律援助范围，加大法律援助投入，壮大法律援助队伍，更好地保护被告人的辩护权。各级人民法院要进一步提高法庭审理的质量和水平，在法庭审理中，应当保障量刑程序的相对独立性，公诉人、辩护人要积极参与法庭调查和法庭辩论，增强量刑的公开性和透明度。

《通知》强调指出，量刑规范化改革牵涉到政法工作全局，必须依靠党委领导、人大监督和政法各部门的相互支持、相互配合，才能保证各项改革措施落到实处。各级人民法院、人民检察院、公安机关、国家安全机关、司法行政机关要高度重视，严格按照中央的部署要求，加强组织领导，形成工作合力，及时协调研究解决量刑规范化改革过程中遇到的问题和困难，认真抓好工作落实。

《通知》要求，要加强业务培训，确保相关刑事办案人员强化量刑程序意识，掌握科学量刑方法，不断提高执法办案的能力和水平，确保刑事办案质量。要进一步加强宣传解释工作，积极传播量刑规范化改革的重要意义和实际成效，让人民群众充分感受到量刑规范化改革带来的成果。要及时总结经验，发现问题，加以改进。

我国司法机关积极推进量刑规范化改革，建立案例指导制度，加强案件管理，有力促进了司法行为的规范化，保障了量刑活动的公开与公正。司法机关选择法律适用问题比较典型的案例作为指导性案例予以发布，供各级司法人员处理类似案件时参照。案例指导制度促进了司法自由裁量权的规范行使，加强了法律适用的统一性。

51.关于办理死刑案件审查判断证据若干问题的规定

证据是刑事诉讼的基石，证据制度是刑事诉讼中的重要制度，对于准确定罪量刑，实现司法公正，具有关键作用。自2007年最高人民法院统一行使死刑案件核准权以来，各高级法院严格依照法定程序和标准办案，报核案件的质量总体是好的，但存在的问题仍然不容忽视。因事实、证据问题不核准的案件很多，一审报送二审的死刑案件，高级法院改判的比例一直较高。这些问题的发生，严重影响了死刑案件的复核质量和效率，也埋下了发生冤假错案的隐患。死刑案件人命关天，质量问题尤为重要，在认定事实和采信证据上绝对不容许出任何差错。为了能从源头和基础工作上切实把好事实关、证据关，2007年3月，最高人民法院、最高人民检察院、公安部和司法部共同制定了《关于进一步严格依法办案确保办理死刑案件质量的意见》，对确保把死刑案件办成铁案发挥了重要作用。

为进一步完善我国刑事诉讼制度，根据2008年中央关于深化司法体制和工作机制改革的总体部署，2010年5月，最高人民法院、最高人民检察院、公安部、国家安全部、司法部联合发布了《关于办理死刑案件审查判断证据若干问题的规定》（以下简称《规定》）和《关于办理刑事案件排除非法证据若干问题的规定》。《规定》不仅全面规定了刑事诉讼证据的基本原则和主要规范，还具体规定了对各类证据的收集、审查、判断和运用，对司法机关办理刑事案件特别是死刑案件提出了更高的标准、更严的要求。这是我国刑事司法制度改革的重要成果，也是我国刑事诉讼制度进一步民主化、法治化的重要标志，对于进一步提高执法办案水平，进一步强化执法人员素质，必将发挥重要作用。

《规定》分为三个部分，共计41条。

第一部分为一般规定，共计5条。该部分规定了证据裁判原则、程序法定原则、未经质证不得认证原则及死刑案件的证明标准等，特别强调了对死刑案件应当实行最为严格的证据规格。《规定》第二条规定，"认定案件事实，必须以证据为根据"，从而第一次明文确立了证据裁判原则。证据裁判原则包括以下三项基本要求：一是裁判的形成必须以证据为依据，没有证据不得认定犯罪事实；二是作为认定犯罪事实基础的证据必须具有证据资格，即证据不被法律禁止，并经过法定的调查程序；三是据以作出裁判的证据必须达到相应的标准和要求。《规定》要求坚决贯彻疑罪从无原则。《规定》第三条规定，"侦查人员、检察人员、审判人员应当严格遵守法定程序，全面、客观地收集、审查、核实和认定证据"，从而确立了程序法定原则。《规定》第四条规定，"经过当庭出示、辨认、质证等法庭调查程序查证属实的证据，才能作为定罪量刑的根据"，从而确立了未经质证不得认证原则。《中华人民共和国刑事诉讼法》第一百六十二条规定，我国刑事案件的证明标准是"事实清楚，证据确实、充分"。《规定》第五条对"证据确实、充分"这一标准予以细化：一是定罪量刑的事实都有证据证明；二是每一个定案的证据均已经法定程序查证属实；三是证据与证据之间、证据与案件事实之间不存在矛盾或者矛盾得以合理排除；四是共同犯罪中被告人的地位、作用均已查清；五是根据证据认定案件事实的过程符合逻辑和经验规则，由证据得出的结论为唯一结论。《规定》明确了死刑案件的证明对象。《规定》第五条第（三）款对须达到确实、充分标准的犯罪事实的具体内容进行了列举。

第二部分为证据的分类审查与认定，共计26条。该部分主要根据不同的证据种类分别规定了审查与认定的内容，除了法定的七种证据种类，还规定了对实践中存在的其他证据材料如电子证据、辨认笔录等的审查与认定。《规定》细化了对每一类证据应当着重审查的内容，明确了对于明显违反法律和有关规定取得的证据实行绝对排除原则，明确了对于证据形式存在瑕疵的实行裁量排除原则，确立了原始证据优先规则，确立了意见证据规则，确立了有限的直接言词证据规则，规定了证人应当出庭作证的情形。

第三部分为证据的综合审查和运用，共计10条。该部分主要规定了对证据的综合认证，包括如何对证据的证明力进行认定，如何依靠间接证据定案，如何对口供进行补强，如何审查被告人是否已满18周岁，严格把握死刑案件中证明量刑事实的证据等内容。《规定》第三十二条首次明文规定了法官认证特别是对于证据证明力如何认定的原则。《规定》第三十三条对如何依靠间接证据定案问题作了具体规定。《规定》第三十四条规定了如何根据被告人的供述定罪的情形，实质上就是关于对口供补强规则的规定。《规定》第三十五条明确了对采用特殊侦查措施所收集的证据材料的使用。《规定》第三十六条强化了对死刑案件证明量刑事实的证据的严格把握。

2012年3月，十一届全国人大五次会议通过关于修改刑事诉讼法的决定，进一步强化了证据裁判原则的贯彻实施，规范了证据的审查与运用。

52.关于实施刑事诉讼法若干问题的规定

2012年3月，十一届全国人大五次会议通过关于修改刑事诉讼法的决定。修改后的刑事诉讼法明确规定，司法人员在办案过程中不得强迫任何人证实自己有罪，保障犯罪嫌疑人、被告人供述的自愿性。采用刑讯逼供等非法方法收集的犯罪嫌疑人、被告人供述和采用暴力、威胁等非法方法收集的证人证言、被害人陈述，应当予以排除；收集物证、书证不符合法定程序，可能严重影响司法公正，不能补正或者作出合理解释的，应当予以排除，并明确了非法证据排除的具体程序。公安机关、人民检察院、人民法院在侦查、审查起诉和审判阶段发现有应当排除的非法证据的，都应当予以排除。

2012年刑事诉讼法修改后，根据实践的需要，全国人大常委会法工委会同最高人民法院等中央政法机关共同研究，针对修改后的刑事诉讼法涉及人民法院、人民检察院、公安机关、国家安全机关、司法行政机关以及律师等参与刑事诉讼活动行使职权时出现的互涉问题，研究起草了《关于实施刑事诉讼法若干问题的规定》，由最高人民法院、最高人民检察院、公安部、国家安全部、司法部、全国人大常委会法工委共同发布实施。

2012年12月，最高人民法院、最高人民检察院、公安部、国家安全部、司法部和全国人大常委会法工委联合发布了《关于实施刑事诉讼法若干问题的规定》（以下简称《规定》），自2013年1月1日起施行。《规定》共11部分，40条，对实施修改后的刑事诉讼法迫切需要解决的涉及多个部门的问题作出了具体规定，内容包括管辖、辩护与代理、证据、强制措施、立案、侦查、提起公诉、审判、执行、涉案财产的处理等。作出这些规定，有利于执法机关统一认识，更有效地保证刑事诉讼法的正确实施。

《规定》明确，辩护律师要求会见在押犯罪嫌疑人、被告人的，看守所应当及时安排会见，保证辩护律师在 48 小时以内见到在押的犯罪嫌疑人、被告人。辩护律师在侦查期间可以向侦查机关了解犯罪嫌疑人涉嫌的罪名及当时已查明的该罪的主要事实，犯罪嫌疑人被采取、变更、解除强制措施的情况，侦查机关延长侦查羁押期限等情况。

《规定》提出，公安机关、人民检察院发现辩护人涉嫌犯罪，或接受报案、控告、举报、有关机关的移送，审查后认为符合立案条件的，应当报请办理辩护人所承办案件的侦查机关的上一级侦查机关指定其他侦查机关立案侦查，或由上一级侦查机关立案侦查。不得指定办理辩护人所承办案件的侦查机关的下级侦查机关立案侦查。

《规定》明确，法庭经对当事人及其辩护人、诉讼代理人提供的相关线索或者材料进行审查后，认为可能存在刑事诉讼法规定的以非法方法搜集证据的，应当对证据收集的合法性进行法庭调查。法庭调查的顺序由法庭根据案件审理情况确定。

《规定》要求，人民检察院可以根据辩护人的申请，向公安机关调取未提交的证明犯罪嫌疑人、被告人无罪或者罪轻的证据材料。人民法院可以根据辩护人的申请，向人民检察院调取未提交的证明被告人无罪或者罪轻的证据材料，也可以向人民检察院调取需要调查核实的证据材料。

53.中国首部司法改革白皮书

司法制度是政治制度的重要组成部分，司法公正是社会公正的重要保障。2012 年 10 月 9 日，国务院新闻办公室发表《中国的司法改革》白皮书。这是中国首次就司法改革问题发布白皮书。白皮书由前言、正文、结束语三部分组成，正文部分从司法制度和改革进程、维护社会公平正义、加强人权保障、提高司法能力、践行司法为民五个方面介绍了中国的司法制度。白皮书全文约 1.8 万字。

白皮书第一次全面、系统地向国内外介绍了中国司法改革的基本情况和主要成就，向国际社会展示中国建设法治国家的形象，表明中国致力于推进依法治国基本方略的态度和决心，增进国内外对中国司法改革以及法治建设的了解、认同和支持。白皮书指出，近些年来，中国积极、稳妥、务实地推进司法体制和工作机制改革，以维护司法公正为目标，以优化司法职权配置、加强人权保障、提高司法能力、践行司法为民为重点，进一步完善中国特色社会主义司法制度，扩大司法民主，推行司法公开，保证司法公正，为中国经济发展和社会和谐稳定提供了有力的司法保障。

白皮书强调，通过司法改革，中国特色社会主义司法制度不断完善。司法改革促进了司法机关严格、公正、文明、廉洁执法，推动了中国司法工作和司法队伍建设的科学发展，赢得了公众的认可与支持。建立公正高效权威的中国特色社会主义司法制度是司法改革的目标，中国将为此继续不懈努力。

白皮书指出，中国保留死刑，但严格控制和慎重适用死刑。中国刑法规定死刑只适用于极少数罪行极其严重的犯罪分子，并规定了严格的适用标准。2011年颁布的刑法修正案（八）取消了13个经济性非暴力犯罪的死刑，占死刑罪名总数的19.1%，规定对审判时已年满75周岁的人一般不适用死刑，并建立死刑缓期执行限制减刑制度，为逐步减少死刑适用创造法律和制度条件。

白皮书强调，死刑直接关系到公民生命权的剥夺，适用死刑必须慎之又慎。从2007年开始，由最高人民法院统一行使死刑案件的核准权。中国实行死刑第二审案件全部开庭审理，完善了死刑复核程序，加强死刑复核监督。最高人民法院复核死刑案件，应当讯问被告人，辩护律师提出要求的，应当听取辩护律师的意见。最高人民检察院可以向最高人民法院提出意见。死刑复核程序的改革，确保了办理死刑案件的质量。

白皮书强调，中国司法机关依法采取有效措施，遏制和防范刑讯逼供，努力把司法领域的人权保障落到实处。中国不断完善法律，防止和遏制个别司法人员在办案过程中出现刑讯逼供等违法取证现象。2012年修改的《刑事诉讼法》明确规定，司法人员在办案过程中不得强迫任何人证实自己有罪，保障犯罪嫌疑人、被告人供述的自愿性。采用刑讯逼供等非法方法收集的犯罪嫌疑人、被告人供述和采用暴力、威胁等非法方法收集的证人证言、被害人陈述，应当予以排除；收集物证、书证不符合法定程序，可能严重影响司法公正，不能补正或者作出合理解释的，应当予以排除，并明确了非法证据排除的具体程序。公安机关、人民检察院、人民法院在侦查、审查起诉和审判阶段发现有应当排除的非法证据的，都应当予以排除。

白皮书说，近年来，中国积极探索建立对刑事被害人的救助制度，对遭受犯罪行为侵害、无法及时获得有效赔偿、生活陷入困境，特别是因遭受严重暴力犯罪侵害，导致严重伤残甚至死亡的刑事被害人或其近亲属，由国家给予适当资助。各地根据经济社会发展状况，确定刑事被害人救助的具体标准和范围，并将刑事被害人救助工作与落实法律援助、社会保障等相关制度相衔接，完善了刑事被害人权益保障体系。2009至2011年，司法机关共向25996名刑事被害人发放救助金3.5亿余元人民币，提供法律援助11593件。

白皮书指出，全国监狱开设各类技术培训班3万余个，服刑人员职业技术获证率达到参加培训总数的75%以上，完成技术革新近1.4万项，获得发明专利500多项。2008年以来，全国共有 126 万名服刑人员在服刑期间完成扫盲和义务教育课程，5800 余人获得国家承认的大专以上毕业证书。

54.跨国药企商业贿赂第一案

开放的中国不是法外之地。2014 年 9 月 19 日，湖南长沙市中级人民法院第二审判庭，在庄严的中华人民共和国国徽之下，审判长公开宣读一审判决结果：以对非国家工作人员行贿罪判处被告单位葛兰素史克（中国）投资有限公司（简称 GSKCI）罚金人民币 30 亿元；判处被告人马克锐有期徒刑三年，缓刑四年，并处驱逐出境。对于上述判决，被告单位诉讼代表人及各被告人均当庭表示认罪服判，不提出上诉。法庭的庄严判决，再一次彰显中国法律的公正和威严。

这是我国司法机关审理的跨国药企商业贿赂第一案。回首本案，从初露端倪进入警方视线进而展开侦办，到检察机关提起公诉，再到法院依法审理，各个环节无不展现出中国司法机关的法治精神和专业水准。

2013 年 3 月，公安部经侦局在工作中发现，一家名不见经传的上海旅行社存在大量违规套现行为。该旅行社在不做旅游业务的情况下，营业额却高达数亿元，而收入来源就是为 GSKCI 等跨国药企在华子公司提供会务服务。一条看似不起眼的线索，可能潜藏着重大案件。同年 6 月，经公安部指定，长沙公安机关成立专案组，对 GSKCI 涉嫌经济犯罪一案立案侦查。

在国内暂无办理跨国企业涉嫌经济犯罪案件先例的情况下，长沙市公安局勇挑重担。300 多个日夜里，专案组民警先后辗转 10 余省区市，行程数十万公里，成功地将大量分散的犯罪事实、人员、证据串联成体系，指证了 GSKCI 单位犯罪这一核心。从 2013 年 8 月起，检察机关派出侦查监督和公诉部门的 10 余名干警提前介入本案，指导侦查取证，并对侦查活动实施法律监督，确保侦查工作合法规范。审查起诉期间，检察机关对 1000 余本案卷材料进行全面审查，提审了所有犯罪嫌疑人，并询问了 40 余名证人。2014 年 6 月和 8 月，检察机关两次以部分事实不清、证据不足为由将案件退回公安机关补充侦查。补充侦查期间，公安机关又为本案收集了上千份证据。由此，GSKCI 以行贿方式扩大药品销量、谋取巨大非法利益的犯罪事实，得以清晰、完整、准确地呈现于法庭之上。

案件移送审查起诉后，为保障被告人和辩护人正当诉讼权利，检察机关对 10 余万份证据进行扫描，形成电子卷宗，刻录成光盘免费提供给律师，切实保障了律师的阅卷权。因本案诉讼代表人和被告人中均有外国公民，检察机关又将起诉书、举证提纲、公诉意见等文书全部翻译成英文，依法保障了被告人的诉讼权利。

公正司法、依法审判是我国司法机关的目标和追求。长沙市中级人民法院受理案件后，严格按照法律规定向被告单位、各被告人和辩护律师送达了起诉书副本，并依法告知被告单位和被告人所享有的诉讼权利，还充分听取了被告单位、被告人与辩护律师的意见。因被告人马克锐是外国公民，法院及时将相关事项通知英国驻华使馆，并在庭审中为其提供全程翻译。

2014年9月4日，长沙市人民检察院以对非国家工作人员行贿罪对GSKCI和原GSKCI法定代表人、董事会主席马克锐等人提起公诉，长沙市中级人民法院依法受理了案件。因涉及商业秘密，长沙市中级人民法院经依法审查，根据刑事诉讼法相关规定，决定于9月19日不公开开庭审理。历时一天的庭审，先后进行了法庭调查、法庭辩论、最后陈述等法定程序。公诉人出示了多组证据，辩护人发表了充分的质证意见；控辩双方展开了法庭辩论；GSKCI诉讼代表人以及马克锐等5名被告人均作出了最后陈述。

在定罪量刑过程中，法院认为，马克锐主动从英国返回中国接受调查并如实交代单位犯罪事实，系单位自首，其他被告人亦如实供述犯罪事实，具有自首情节，且各被告人均自愿认罪，依法可以减轻处罚。

葛兰素史克是一个有着超过300年历史的跨国医药公司，产品遍及全球市场。该公司近年来"丑闻"不断，被美国、意大利、新西兰处罚过。在世界500强企业的在华子公司中，因触犯中国法律而站上中国法庭被告席的，GSKCI是第一家。同时，这也是中国迄今为止开出的最大罚单。此案为医药行业营销行为确立了标准，进一步透射出中国司法机关以法治促开放的坚定决心，表明了中国厉行法治，为创造更加规范、公平、稳定、可预期市场环境而付出的不懈努力。

55.法律法规清理工作

改革开放三十多年来，我国立法工作成绩卓著，以宪法为核心，法律为主干，包括宪法及宪法相关法、民法商法、行政法、经济法、社会法、刑法、诉讼与非诉讼程序法七个法律部门和法律、行政法规、地方性法规三个层次法律规范构成的中国特色社会主义法律体系已基本形成，国家经济、政治、文化、社会生活的各个方面基本做到有法可依。中国特色社会主义法律体系总体上是科学的、统一的、和谐的。但是，随着经济社会发展和改革的不断深化，有些法律规定已明显不适应经济社会发展特别是社会主义市场经济的需要；有些法律规定相互不尽一致、不够衔接；有些法律规定操作性不强，难以用国家强制力保证实施，需要在提高立法质量的前提下，一手抓法律制定，一手抓法律清理。对现行法律进行一次集中清理，找出法律规定中存在的与经济社会发展明显不适应、不协调的突出问题，区分情况分类分步骤加以解决，以更好地发挥法律在国家经济、政治、文化和社会生活中的规范、引导和保障作用。

2008年7月21日，全国人大常委会办公厅发出《关于开展法律清理工作的通知》，提出了法律清理工作的实施方案，成立了法律清理工作小组。7月31日，全国人大常委会法律委员会、法制工作委员会联合召开法律清理工作会议，进行工作部署，并对各单位的相关工作提出了具体要求。全国人大各专门委员会、常委会有关工作机构和办事机构、国务院法制办、中央军委法制局、最高人民法院和最高人民检察院等部门按照确定的清理范围和任务分工，对各自职责范围涉及的法律，认真负责地进行了梳理，查找存在的问题，对200多部法律提出了1972条清理意见和建议。法律清理工作小组经过广泛听取意见，反复论证，并经法律委员会、法制工作委员会召开会议进行研究，提出了《全国人民代表大会常务委员会关于废止部分法律的决定（草案）》和《全国人民代表大会常务委员会关于修改部分法律的决定（草案）》两个法律决定案以及其他处理意见，建议委员长会议提请常委会会议审议。

2009年6月27日，十一届全国人大常委会第九次会议审议通过了《关于废止部分法律的决定》；8月27日，十一届全国人大常委会第十次会议审议通过了《关于修改部分法规的决定》。一年多的法律清理工作取得了显著成果，主要体现在以下几个方面：第一，废止了8件法律和有关法律问题的决定。这8件法律或者有关法律问题的决定，多数是新中国成立初期或者改革开放早期制定的。其中，主要规定已明显不适应经济社会发展需要、实际已不再适用的4件，已被新的法律代替、实际已不再适用的4件。第二，修改了59件法律中的141条规定。第三，建议国务院和有关方面尽快制定现行法律的配套法规。

2010年，全国人大常委会督促和指导有关方面全面完成对现行法规的集中清理工作。行政法规和地方性法规是中国特色社会主义法律体系的重要组成部分，对保证法律的有效实施，推进依法行政，管理国家和地方事务发挥着重要作用。但现行法规有的也存在不适应、不协调、不配套的问题。为此，在2009年完成对现行法律集中清理工作的基础上，2010年着重督促和指导有关方面开展了对现行法规的集中清理工作。国务院和地方人大高度重视，按照各自清理范围，在全面梳理基础上进行分类处理。到2010年年底，共修改行政法规107件、地方性法规1417件，废止行政法规7件、地方性法规455件，全面完成对现行法规的集中清理任务，保证了到2010年中国特色社会主义法律体系如期形成。

56.中央政法委员会关于切实防止冤假错案的指导意见

近年来，随着浙江张氏叔侄冤案等几起案件的曝光和纠正，社会各界呼吁防范冤假错案、加强司法公正的声音日益高涨。2013年8月，针对执法司法中存在的突出问题，中央政法委员会发布《关于切实防止冤假错案的指导意见》（以下简称《指导意见》）。

《指导意见》提出，建立健全冤假错案的责任追究机制，要求法官、检察官、人民警察在职责范围内对办案质量要终身负责；建立健全合议庭、独任法官、检察官、人民警察权责一致的办案责任制，明确冤假错案标准、纠错启动主体和程序。对于刑讯逼供、暴力取证、隐匿伪造证据等行为，依法严肃查处。

《指导意见》对办案程序作出细节规范。如，犯罪嫌疑人被送交看守所羁押后，讯问应当在看守所讯问室进行并全程同步录音或录像；侦查机关移交案件时，应移交证明犯罪嫌疑人、被告人有罪或者无罪、犯罪情节轻重的全部证据；在侦查、审查起诉、审判时发现有应当排除的证据的，应当依法予以排除，不得作为提请批准逮捕、批准或决定逮捕、移送审查起诉、作出起诉决定和判决的依据。

根据现行有关法律，《指导意见》对审判环节疑罪从无原则、证据裁判原则等都作出重申性规定，提出坚持证据裁判原则，证据未经当庭出示、辨认、质证等法庭调查程序查证属实的，不得作为定案根据。对于定罪证据不足的案件，应当坚持疑罪从无原则，依法宣告被告人无罪，不能降格作出"留有余地"的判决。对于定罪确实、充分，但影响量刑的证据存在疑点的案件，应当在量刑时作出有利于被告人的处理。

针对辩护环节，《指导意见》要求，对罪犯提出的申诉、控告、检举材料，监狱或其他刑罚执行机关不得扣压，应当及时转送或者提请有关机关处理，有关机关应当认真审查、及时处理，并将处理结果通知监狱或其他刑罚执行机关。

《指导意见》强调，不能因舆论炒作、当事人及其亲属闹访和"限时破案"等压力，作出违反法律规定的裁判和决定。建立健全科学合理、符合司法规律的办案绩效考评制度，不能片面追求破案率、批捕率、起诉率、定罪率等指标。

中央政法委机关召开会议，就《指导意见》进行专门研究部署，确保《指导意见》落实到执法司法每一个环节，以切实防止冤假错案，不断提高执法司法公信力。有关专家认为，这个指导意见"针对性"强，体现了"绝不冤枉一个好人"的公正司法。

57.司法公开和审判权运行机制改革试点

2013年10月，最高人民法院下发《关于深化司法公开、审判权运行机制改革的试点方案》（以下简称《改革试点方案》）和《关于审判权运行机制改革试点方案》，要求在上海、江苏、浙江、广东、陕西等省市部分法院开展上述两项改革的试点工作。

《改革试点方案》要求，试点法院通过打造与社会公众相互沟通、彼此互动的信息化平台，全面实现审判流程、裁判文书、执行信息的公开透明，为社会公众和当事人及时、全面、便捷地了解司法、参与司法、监督司法提供服务与保障，使司法公开平台成为展现现代法治文明的重要窗口，成为保障当事人诉讼权利的重要手段，成为履行人民法院社会责任的重要途径。

《改革试点方案》要求，试点法院要严格落实相关诉讼法的规定，建立符合司法规律的审判权运行机制，消除审判权运行机制的行政化问题；科学设置审判组织，合理界定各类审判组织的职权范围，理顺各类审判组织之间的关系，调动法官积极性；优化配置法院内部各主体的审判职责与管理职责，依法强化各种职能之间的制约监督，确保独任法官、合议庭及其成员依法公正、独立行使审判职权；严格落实独任法官、合议庭、审判委员会的办案责任，做到"权责统一"；完善审判委员会的议事规则，改进工作运行机制，规范案件讨论范围。

最高人民法院强调，试点法院应当将试点工作列入重要议事日程，切实采取有效措施，确保试点方案提出的各项要求按时落实到位。最高人民法院将通过集中督查和评估，积极总结推广先进经验，及时研究解决试点工作中遇到的问题，待试点经验成熟时，逐步在全国范围内推开。

最高人民法院发布的《关于审判权运行机制改革试点方案》，是对上海市第二中级人民法院等9个中级和基层法院的改革试点工作进行的具体部署。要求各试点法院建立符合司法规律的审判权运行机制，消除审判权运行机制的行政化问题；科学设置审判组织，合理界定各类审判组织的职权范围，理顺各类审判组织之间的关系，调动法官积极性；优化配置法院内部各主体的审判职责与管理职责，依法强化各种职能之间的制约监督，确保独任法官、合议庭及其成员依法公正行使审判职权；严格落实独任法官、合议庭、审判委员会的办案责任，做到"权责统一"；完善审判委员会的议事规则，改进工作运行机制，规范案件讨论范围。

58.人民陪审员制度

人民陪审员制度是人民群众依法参与和监督司法的最重要、最直接的形式。实行陪审制度是当今世界大多数国家的通常做法，其主要目的在于体现司法民主。我国的人民陪审员制度最早始于革命根据地时期，是我国司法制度的一项优良传统。新中国成立之初，国家即在相关法律中规定了实行人民陪审员制度。此后在人民法院组织法等法律中，全面规定了人民陪审员制度。但是，由于现行有关法律关于人民陪审员制度的规定过于笼统，严重影响了这项制度的实行。为适应我国改革开放和全面建设小康社会需要，弘扬司法民主,促进司法公正,必须通过立法进一步完善人民陪审员制度。

2000年9月,最高人民法院向九届全国人大常委会报送《关于完善人民陪审员制度的决定(草案)》,后经审议,未能通过。最高人民法院根据九届全国人大法律委员会提出的修改意见,在全国法院范围内进行深入调查研究和论证,对草案进行相应修改,后经全国人大常委会两次会议对草案进行审议。2004年8月,九届全国人大常委会第十一次会议审议通过了《关于完善人民陪审员制度的决定》(以下简称《决定》),从2005年5月1日起正式施行。《决定》对陪审员参加审判的范围、陪审员的条件、陪审员的产生、陪审员的权利义务等事项进一步作出明确规定。

为确保《决定》有效实施,最高人民法院迅速出台了相应的规范性文件。一是2004年12月与相关部门联合印发了《关于人民陪审员选任、培训、考核工作的实施意见》。二是2005年1月制定下发了《人民陪审员管理办法(试行)》。三是2005年4月与财政部共同制定下发了《关于人民陪审员经费开支有关问题的通知》,要求各级财政部门和人民法院密切配合,将人民陪审员履行职务的经费纳入预算,全额予以保障。2005年1月,最高人民法院制定下发了《人民陪审员培训实施方案》,对人民陪审员的培训工作作出详尽规定。最高人民法院组织编写了《人民陪审员培训教材》。

2013年5月,最高人民法院召开全国法院人民陪审工作电视电话会议,要求各级法院实施人民陪审员"倍增计划",确立两年内实现人民陪审员数量翻一番的基本目标,力争将全国法院人民陪审员数量增至20万左右。要提高陪审员的代表性和广泛性,确保基层群众所占比例不低于新增人民陪审员的三分之二。要研究建立人民陪审员正常选任和退出机制,为人民陪审员工作注入新的活力。

针对一些人民陪审员"陪而不审、审而不议"的问题,最高人民法院要求加强人民陪审员培训工作,切实提高陪审员的履职能力,规范陪审员参与审理案件的方式和流程,改进陪审员参审机制。2013年11月,最高人民法院选择北京、河北、江苏、广东、四川、陕西等地19个中级、基层法院作为试点法院,全面开展人民陪审员制度改革试点工作,进一步完善人民陪审员制度。

2014年12月10日,最高人民法院发布《关于进一步加强新形势下人民法庭工作的若干意见》,要求落实人民陪审员"倍增计划",结合人民法庭工作特点,扩大基层群众入选比例,扩大参审案件范围。要规范人民陪审员参与审理案件的确定方式和流程,认真落实"随机抽取"原则,改变长期驻庭做法。要建立经费保障标准定期调整机制,及时足额发放人民陪审员的交通、误工等补助费用。

2015年4月1日,中央全面深化改革领导小组第十一次会议审议通过了《人民陪审员制度改革试点方案》,拉开了我国人民陪审员制度改革的序幕。会议指出,要通过改革人民陪审员制度，推进司法民主，促进司法公正，提升人民陪审员制度公信度和司法公信力。随后，十二届全国人大常委会第十四次会议作出了《关于授权在部分地区开展人民陪审员制度改革试点工作的决定》。这为人民陪审员制度改革进一步明确了具体方向、基本内容和法律依据。最高人民法院、司法部印发《人民陪审员制度改革试点方案》，将在北京、河北、黑龙江、江苏、福建、山东、河南、广西、重庆、陕西10省、自治区、直辖市共50家中级或基层人民法院开展试点。

据统计，到2013年10月，全国人民陪审员总数已达到12.7万人，比人民陪审员"倍增计划"实施前增加4.2万人，增长幅度为49.4%，有效地缓解了基层法院人民陪审员不足的问题，为让更多的人民群众参与审判工作创造了有利条件。目前，全国人民陪审员大学专科以上学历占85%以上，一大批热心陪审工作、具有良好素质的专家学者、退休干部、社区工作者和群众代表加入陪审队伍，人民陪审员队伍整体素质不断提高。2006年至2013年，全国人民法庭共审结各类案件1929.5万件，占同期全国法院办案数的23.76%。实践证明，人民陪审员来自群众、代表群众，具有通民情、知民意的优势，有助于与职业法官形成优势互补，有效调处矛盾纠纷；有助于增强裁判透明度，促进司法公正，提升司法公信力。但"驻庭陪审"、"编外法官"、"陪而不审"、"审而不议"等现象依然不同程度存在，需要进一步完善制度设计。

59.司法公开三大平台建设

人民法院历来高度重视司法公开工作，始终把深化司法公开作为推进司法改革的重要内容。近年来，最高人民法院开通了中国裁判文书网，成立新闻局和信息中心，出台了一系列关于司法公开的意见和规定，在全国确定200个司法公开示范法院，充分显示了人民法院全面推进司法公开的信心和决心。地方各级人民法院在深化司法公开方面进行了积极有效的探索，积累了许多好的经验。

党的十八届三中全会从全面深化改革、建设法治中国的高度，对人民法院推进司法公开提出了更新更高的要求。为贯彻党的十八届三中全会精神，2013年11月，最高人民法院发布《关于推进司法公开三大平台建设的若干意见》（以下简称《意见》）及《人民法院在互联网公布裁判文书的规定》，要求人民法院以推进审判流程公开、裁判文书公开、执行信息公开三大平台建设为契机，打造阳光司法工程，全面深化司法公开；要求人民法院落实深化审判公开原则，规范人民法院在互联网公布裁判文书工作，逐步实现四级人民法院依法公开的生效裁判文书都在"中国裁判文书网"公布，增强裁判文书说理性，逐步实行庭审全程同步录音录像，并入卷存档。

《意见》包括五大部分。第一部分明确了推进司法公开三大平台的重大意义、基本目标和总体要求。第二、三、四部分依次对审判流程公开、裁判文书公开、执行信息公开三大平台建设提出了具体要求。第五部分对推进司法公开三大平台建设的工作机制提出明确要求，涉及组织领导、物质保障、统筹协调和督促协调等各个层面。

司法公开三大平台并不是三个各自为阵、互不相关的独立平台，而是一个有机联系的整体。它是以人民法院的政务网站为基础，通过互联网聚合联通的三大板块，功能上各有侧重，资源上互联互通，内容上互为补充。审判流程是人民法院在立案、庭审、听证、合议、宣判等诉讼过程中产生的各类静态和动态信息。建设审判流程公开平台，就是借助信息化手段，将人民法院上述信息依法向当事人和社会公开。我们所说的裁判文书公开平台，其实就特指以中国裁判文书网为基础形成的全国统一的操作系统。执行信息是人民法院在执行过程中产生的各类信息，它可以全面及时地反映人民法院依法进行的执行活动。人民法院通过建立执行信息公开平台，可以及时公开执行信息，让公众和当事人及时了解人民法院为实现当事人的胜诉权益所采取的执行措施，争取人民群众对法院执行工作的理解，最大程度挤压利用执行权寻租的空间，充分发挥执行公开的防腐功能。司法公开三大平台，既是人民群众在打官司过程中最关心的三个关键环节，又是制约和影响司法公正的三个关键节点。推进司法公开三大平台建设，着力发挥现代信息技术在服务、交流方面的核心作用，真正将纸面上的司法公开落到实处，发挥实效。

《意见》强调，在互联网公布裁判文书要以公开为原则，不公开为例外，各级人民法院对其在中国裁判文书网公布的裁判文书的质量负责。《意见》还配合《最高人民法院关于人民法院在互联网公布裁判文书的规定》，对如何保障公众知情权与维护公民隐私权和个人信息安全之间的关系、如何确保裁判文书能够被有效查询检索、如何完善裁判文书上网的工作机制，提出了具体而明确的要求。

60.关于人民法院在互联网公布裁判文书的规定

裁判文书向社会公开是实现公民民主权利、保障公民知情权的有效方式。我国宪法第一百二十五条规定：人民法院审理案件，除法律规定的特殊情况外，一律公开进行。

规范人民法院在互联网公布裁判文书工作，是贯彻落实审判公开原则，促进司法公正，提升司法公信力的重要举措。2005年，全国300家人民法院作为会员单位，陆续在中国法院网裁判文书栏目公开裁判文书，迈出全国不同辖区地方人民法院通过同一平台公布生效裁判文书的第一步。2007年6月，最高人民法院发布《关于加强人民法院审判公开工作的若干意见》，第一次对人民法院在互联网公布裁判文书提出具体的指导性意见。2009年3月，最高人民法院印发《人民法院第三个五年改革纲要（2009—2013）》，要求研究建立裁判文书网上发布制度和执行案件信息的网上查询制度。2009年12月，最高人民法院印发《关于司法公开的六项规定》，明确规定各级人民法院在互联网公布裁判文书的范围。

2010年11月21日，最高人民法院发布《关于人民法院在互联网公布裁判文书的规定》（以下简称《2010年规定》），对人民法院在互联网公布裁判文书的原则、范围、程序等作出具体规定。这是第一次通过规范性文件对各级人民法院在互联网公布裁判文书的工作进行全面规范。从此，全国各级法院在互联网公布裁判文书的工作开始走上制度化轨道，并取得了积极的进展和成效，但在实践中也存在一些问题，主要是工作进展不平衡，工作机制不完善，与人民群众的新期待不相适应。为进一步深化和推进司法公开，最高人民法院决定着力建设包括审判流程公开、裁判文书公开、执行信息公开在内的三大司法公开平台，并决定出台具体的司法解释，进一步推进和规范在互联网公布裁判文书的工作。为此，最高人民法院专门成立了起草小组，认真调研各级法院工作实践，广泛听取专家学者、律师及社会各界的意见和建议，对《2010年规定》反复修改十余次，经审判委员会讨论通过后，最终以司法解释的方式出台了新的文件。

2013年，党的十八届三中全会刚刚闭幕，11月21日，最高人民法院发布《关于人民法院在互联网公布裁判文书的规定》（以下简称《规定》），要求自2014年1月1日起，人民法院生效裁判文书应当统一在中国裁判文书网公布。

《规定》明确提出，人民法院在互联网公布裁判文书，应当遵循依法、及时、规范、真实的原则。最高人民法院在互联网设立中国裁判文书网，统一公布各级人民法院的生效裁判文书。各级人民法院对其在中国裁判文书网公布的裁判文书质量负责。各级人民法院应当指定专门机构负责互联网公布裁判文书的管理工作。

《规定》明确指出了在互联网公布裁判文书的范围，要求人民法院在受理案件通知书、应诉通知书中应当告知当事人在互联网公布裁判文书的范围，并通过政务网站等多种方式，向公众告知人民法院在互联网公布裁判文书的相关规定。

《规定》强调当事人实名公开。

《规定》指出，人民法院在互联网公布裁判文书时，应当删除的信息的范围，包括：自然人的家庭住址、通讯方式、身份证号码、银行账号、健康状况等个人信息，未成年人的相关信息，法人以及其他组织的银行账号，商业秘密等。《规定》对裁判文书的一致性作出明确要求。除依照《规定》的要求进行技术处理的内容以外，在互联网公布的裁判文书应当与送达当事人的裁判文书一致。《规定》明确要求遵循严格的修改、更换条件和撤回程序。

《规定》是最高人民法院贯彻落实党的十八届三中全会精神的重大举措，赢得了社会各界高度评价,认为《规定》的实施必将进一步规范人民法院在互联网公布裁判文书工作,促进裁判文书上网功能和价值的全面实现。有关专家认为,裁判文书公开是司法公开的核心,裁判文书上网将使中国司法公开走上新台阶。

截至 2014 年 1 月 5 日 15 时,全国四级人民法院向最高人民法院设立在互联网上的专门平台——中国裁判文书网上传生效裁判文书 23640 份。

61. 防范刑事冤假错案工作机制

防止刑事冤假错案,要求建立健全有效运行的工作机制。2010 年 6 月,针对部分死刑案件因为刑讯逼供等原因出现错判的情况,最高人民法院、最高人民检察院、公安部、国家安全部、司法部五部门联合下发《关于办理死刑案件审查判断证据若干问题的规定》、《关于办理刑事案件排除非法证据若干问题的规定》。这两个规定,对公安机关强调侦查水平、办案质量必须符合法律规定的要求;对人民检察院强调控诉被告人必须做到事实清楚,证据确实充分;对人民法院强调审判必须坚持疑罪从无,按非法证据排除规则作出判决。对于可能判处死刑的案件,这两个规定要求证据与证据之间必须做到没有矛盾,坚持由证据得出的结论为唯一结论的最严格的审查标准。2013 年 8 月,中央政法委员会发布了《关于切实防止冤假错案的指导意见》(以下简称《指导意见》)。《指导意见》和五部门联合下发的两个规定,提出了一系列防止刑事冤假错案的举措,同时强调要加强监督检查,严格责任追究,有效地预防和减少刑事冤假错案的发生。

为深入贯彻落实《指导意见》,2013 年 10 月,最高人民法院制定了《关于建立健全防范刑事冤假错案工作机制的意见》(以下简称《意见》)。《意见》要求各级人民法院建立健全防范刑事冤假错案的工作机制;在刑事审判工作中,要严格依法履行职责,牢固树立惩罚犯罪与保障人权并重的观念,以事实为根据,以法律为准绳,坚守防止冤假错案的底线,切实维护司法公正。

《意见》提出,要坚持刑事诉讼基本原则,树立科学司法理念。坚持尊重和保障人权原则。尊重被告人的诉讼主体地位,维护被告人的辩护权等诉讼权利,保障无罪的人不受刑事追究。坚持依法独立行使审判权原则。必须以事实为根据,以法律为准绳。坚持程序公正原则。坚持审判公开原则。坚持证据裁判原则。认定案件事实,必须以证据为根据。

《意见》要求,严格执行法定证明标准,强化证据审查机制。定罪证据不足的案件,应当坚持疑罪从无原则,依法宣告被告人无罪,不得降格作出"留有余地"的判决。定罪证据确实、充分,但影响量刑的证据存疑的,应当在量刑时作出有利于被告人的处理。死刑案件,认定对被告人适用死刑的事实证据不足的,不得判处死刑。重证据,重调查研究，切实改变"口供至上"的观念和做法，注重实物证据的审查和运用。只有被告人供述，没有其他证据的，不能认定被告人有罪。采用刑讯逼供或者冻、饿、晒、烤、疲劳审讯等非法方法收集的被告人供述，应当排除。对于命案，应当审查是否通过被害人近亲属辨认、指纹鉴定、DNA鉴定等方式确定被害人身份。

《意见》要求，切实遵守法定诉讼程序，强化案件审理机制。庭前会议应当归纳事实、证据争点。控辩双方有异议的证据，庭审时重点调查；没有异议的，庭审时举证、质证适当简化。审判案件应当以庭审为中心。事实证据调查在法庭，定罪量刑辩论在法庭，裁判结果形成于法庭。证据未经当庭出示、辨认、质证等法庭调查程序查证属实，不得作为定案的根据。保障被告人及其辩护人在庭审中的发问、质证、辩论等诉讼权利。

《意见》要求，认真履行案件把关职责，完善审核监督机制。合议庭成员共同对案件事实负责。承办法官为案件质量第一责任人。合议庭成员通过庭审或者阅卷等方式审查事实和证据，独立发表评议意见并说明理由。死刑案件，由经验丰富的法官承办。审判委员会讨论案件，委员依次独立发表意见并说明理由，主持人最后发表意见。复核死刑案件，应当讯问被告人。辩护律师提出要求的，应当听取意见。证据存疑的，应当调查核实，必要时到案发地调查。重大、疑难、复杂案件，不能在法定期限内审结的，应当依法报请延长审理期限。建立科学的办案绩效考核指标体系，不得以上诉率、改判率、发回重审率等单项考核指标评价办案质量和效果。

《意见》要求，充分发挥各方职能作用，建立健全制约机制。严格依照法定程序和职责审判案件。切实保障辩护人会见、阅卷、调查取证等辩护权利。辩护人申请调取可能证明被告人无罪、罪轻的证据，应当准许。重大、疑难、复杂案件，可以邀请人大代表、政协委员、基层群众代表等旁听观审。对确有冤错可能的控告和申诉，应当依法复查。原判决、裁定确有错误的，依法及时纠正。建立健全审判人员权责一致的办案责任制。审判人员依法履行职责，不受追究。审判人员办理案件违反审判工作纪律或者徇私枉法的，依照有关审判工作纪律和法律的规定追究责任。

62.审判委员会制度

我国审判委员会制度是一种特有的司法审判运行体制，通过承办法官的书面汇报来对案件进行裁决。几十年来，各级人民法院审判委员会在总结审判经验，指导审判工作，审理疑难、复杂、重大案件等方面发挥了重要作用。但它延续和发展到现在，已经不符合现代司法审判的精神和原则，存在诸多问题。一是审判委员会制度违背直接审判和审判公开原则。二是审判委员会的决议很大程度上受到"领导意志"的左右。三是对于什么案件提交审判委员会具有很强的随意性。四是审判委员会制度不能有效实施错案责任追究，往往成为某些法官逃避责任、推卸责任，甚至滥用权力、以权谋私的工具。因此，审判委员会制度亟待改革。

最高人民法院十分重视审判委员会改革。为最大限度地发挥审判委员会集思广益、监督指导的优势，2010年1月，最高人民法院出台《关于改革和完善人民法院审判委员会制度的实施意见》，通过规定审判委员会的职责和管理，加大审判委员会总结审判经验、完善审判管理的工作力度，审判委员会工作机制和工作程序日益走向科学化和规范化。

2013年11月，党的十八届三中全会通过的《中共中央关于全面深化改革若干重大问题的决定》明确提出："改革审判委员会制度，完善主审法官、合议庭办案责任制，让审理者裁判、由裁判者负责。明确各级法院职能定位，规范上下级法院审级监督关系。"这是我国审判制度改革的重要举措，也是我国司法体制改革的风向标。同年12月，最高人民法院为贯彻十八届三中全会关于深化司法体制和工作机制改革的总体部署，发布《关于审判权运行机制改革试点方案》（以下简称《试点方案》），选择上海市第二中级人民法院、重庆市第四中级人民法院、辽宁省大连市中级人民法院、广东省深圳市中级人民法院等九家法院作为试点法院，对包括审判委员会制度改革在内的审判权运行机制改革提出了明确要求。

《试点方案》提出，人民法院院长提请人大常委会任命审判委员会委员时，应当按照一定标准和条件，通过竞争性遴选与全体法官推选相结合的方式提名人选。被提名的人选应当包括若干名不担任领导职务，政治素质好、审判经验丰富、法学理论水平较高、具有法律专业高等学历的资深法官。

《试点方案》规定，审判委员会讨论重大、疑难、复杂案件，应当严格限定范围，且仅限于法律适用问题；合议庭认为案件需要审判委员会讨论决定的，应当归纳关于案件法律适用的不同意见，并阐述相应的理由；提交审判委员会讨论决定的案件，院长可以指定二至三名审判委员会委员或者其他资深法官先行审查是否属于审判委员会讨论决定案件的范围，并提出意见，报请院长决定。

《试点方案》规定，对于提交审判委员会讨论决定的案件，应当将拟讨论决定的事项、审判委员会委员名单、召开审判委员会的时间等提前告知当事人。当事人有权申请审判委员会委员回避。当事人对审判委员会拟讨论决定的案件法律适用问题提交新的辩论意见的，应当附卷。审判委员会委员应当事先阅读审理报告，了解合议庭对案件事实问题的认定和对法律问题的意见，并根据需要调阅庭审视频或者查阅案卷。合议庭全体成员列席审判委员会。

《试点方案》规定，审判委员会委员讨论案件时充分发表意见，表决时应当按照资历由低到高的顺序进行,主持人最后发表意见和表决。审判委员会委员可以在讨论后一定时间内就自己已经发表的表决意见补充书面理由。所有参加讨论和表决的委员应当在审判委员会会议记录上署名。审判委员会作出决定的理由应当反映在以合议庭名义制作的裁判文书中。

《试点方案》规定,审判委员会委员在讨论或者表决案件时发表意见,不受追究,但违法违纪和违反职业道德的行为除外。

《试点方案》要求,试点法院应当按照中央批准的总体试点方案,结合工作实际,制定具体实施方案。各试点法院从2013年12月全面开始正式试点,为期2年。2014年12月进行试点工作中期评估后,各试点法院可以适当调整实施方案。2015年12月,最高人民法院对试点工作进行全面总结,并在全国范围内推广成功的改革试点经验。

63.政府法律顾问制度

政府法律顾问是由政府或政府部门聘请或配备的,专为政府机关处理有关政府法律事务或提供专业意见的法律专业人员。世界上许多发达国家都建立了比较完善的政府法律顾问制度。

我国政府建立法律顾问制度始于20世纪80年代末。1989年,司法部制定了《关于律师担任政府法律顾问的若干规定》,将政府法律顾问的工作定位为八个主要方面:对重大决策提供法律意见、论证;对规范性文件提出修改和补充建议;处理政府未形成诉讼的法律纠纷;代理诉讼;审查合同等法律文书;协助法制宣传;就管理中的法律问题提出建议;其他法律事务。这样的定位,今天看来,依然较为科学、准确。现在,我国大部分地区的政府及政府部门都聘请了法律顾问,然而,各地法律顾问工作局限在为政府提供法律咨询、陪同政府领导下访、参与行政复议及行政诉讼等一些简单、传统法律服务事项上。几乎没有全程介入政府有关重大行政决策中,没有全面发挥顾问应有的重要作用。这主要在于当下政府法律顾问制度缺乏刚性。法律和政策对一个地方政府是否建立法律顾问制度、顾问能否参与政府行政事务、参与的范围大小并没有刚性要求。同时,政府聘用顾问鲜有经费保障,即使支付,报酬也很少,这在一定程度上使得顾问工作积极性总体不高。

2013年11月,党的十八届三中全会明确提出,普遍建立法律顾问制度。2014年10月,党的十八届四中全会通过的《中共中央关于全面推进依法治国若干重大问题的决定》进一步指出,积极推行政府法律顾问制度,建立政府法制机构人员为主体、吸收专家和律师参加的法律顾问队伍,保证法律顾问在制定重大行政决策、推进依法行政中发挥积极作用。

建立和完善政府法律顾问制度。第一,应设立专款经费、引入政府采购制度、建立激励考核机制，以保障顾问最基本的劳动报酬权。第二，应当要求地方政府在有关法律、法规、规范性文件出台之前，必须听取顾问意见，并授予顾问查阅、询问、取证等权利。第三，赋予顾问对政府行为质疑的权利，政府应认真听取意见、建议，答复询问、质疑，实现双向互动。第四，政府应当采取有效措施，保障法律顾问的人身及财产安全，尤其在参与处理政府一些重大突发、敏感事件及重大群体上访等矛盾较为冲突的事件中。唯其如此，法律顾问才能走出"顾而不问"的尴尬，真正成为政府违法行政的守门员、依法行政的助推器、科学决策的智囊团、沟通百姓的连心桥。

目前由国务院法制办牵头，中组部、司法部等其他部门参加，正在研究普遍建立法律顾问制度。2015年以来，四川、广西、内蒙古等省、自治区和一些地方政府相继发布专门文件，要求在乡镇以上政府普遍建立健全政府法律顾问制度，完善政府法律顾问服务架构。四川省政府提出，要积极推进政府法律顾问工作向政府治理、行政执法各个领域延伸，由传统的法律咨询、合同审查等服务性工作向提供行政决策论证、参与行政规范性文件制定、转变政府职能、规范行政行为等各项工作延伸，使政府法律顾问在更大范围、更深层次发挥作用。内蒙古自治区正着力建设覆盖自治区、盟市、旗县三级政府法律顾问体系，以此推动全区法律顾问工作向普遍化、规范化、制度化方向发展。

64.行政执法体制改革

行政执法体制是行政体制的核心内容。行政执法是行政机关的主要行政活动，是行政机关实施法律法规、依法管理经济和社会事务的主要途径，是实现政府职能的重要方式。我国大约有80%的法律、90%的地方性法规和几乎所有的行政法规，都是由行政机关执行的。行政执法是否严格公正，直接体现着各级政府依法行政的水平和程度。1999年11月，国务院颁布《关于全面推进依法行政的决定》。2004年3月，国务院制定和颁布了《全面推进依法行政实施纲要》。2005年7月，国务院办公厅发布《关于推行行政执法责任制的若干意见》。这些年来，国务院和各级行政部门认真贯彻上述文件精神，行政执法总体有了很大改善，取得了明显进步，但也仍然存在着不少问题：乱执法、粗暴执法、执法寻租、贪赃枉法，甚至充当黑恶势力"保护伞"的问题时有发生；执法不作为问题日益凸显；执法不重视程序、违反程序的问题较为普遍；一些执法人员素质、水平不高甚至"吃拿卡要"问题比较突出。这些问题的存在，严重地损害了党和政府形象，造成了恶劣的社会影响。因此，必须深化行政执法体制改革。

深化行政执法体制改革的目标，是要全面正确履行政府职能，优化政府组织结构，提高科学管理水平，高效便民，实现公平正义，达到有效的政府治理；是切实转变政府职能，创新行政管理方式，增强政府公信力和执行力，建设法治政府和服务型政府。

2013年11月，党的十八届三中全会通过的《中共中央关于全面深化改革若干重大问题的决定》（以下简称《决定》）指出，要深化行政执法体制改革。按照《决定》提出的要求，深化行政执法体制改革，要着力抓好六项重点任务。

一是完善行政执法体制。要以建立权责统一、权威高效的行政执法体制为目标，着力解决权责交叉、多头执法问题。在横向上，应厘清执法机关职责权限，整合执法主体，相对集中执法权，深入推进综合执法，努力实现执法机构的精简和统一。在纵向上，应根据不同层级政府的职能和事权，合理配置执法力量，减少行政执法层级，推进执法重心向市县政府下移，着力提高基层政府执法能力，特别是要加强食品药品、安全生产、环境保护、劳动保障、海域海岛等重点领域基层执法力量，有效保护人民群众生命财产安全。同时，要在认真调查研究、深入总结经验的基础上，理顺城管执法体制，切实提高执法和服务水平；完善行政执法与刑事司法衔接机制，合力惩治违法犯罪行为。

二是完善行政执法程序。行政程序是约束行政权力、保护公民权利的重要方式。当前行政执法实践中不重视执法程序的现象比较普遍，许多损害、侵犯群众利益的突出问题，如由土地征用、房屋拆迁、环境保护等引发的纠纷甚至群体性事件，往往是执法机关不按程序办事或程序不规范造成的。因此，应把加强行政执法程序建设作为深化行政执法体制改革的重点工作，针对行政检查、行政处罚、行政强制、行政征收等执法行为，制定具体执法细则、裁量标准和操作流程，切实做到步骤清楚、要求具体、期限明确、程序公正。推行行政许可、非许可审批标准化管理。健全行政执法调查取证、告知、听证、集体讨论决定、罚没收入管理、执法争议协调等制度，规范行政执法文书，充分保障行政管理相对人的知情权、表达权、参与权、申请回避权、监督权、救济权。制定执法自由裁量权行使规则，对执法自由裁量权予以细化、量化和严格规范，并公布执行。严格执行重大行政执法决定法制审核制度，未经法制审核或者审核未通过的，不得作出决定。坚持法律面前人人平等，任何公民、法人和其他组织的合法权益都要受到平等保护，一切违法行为都必须予以追究。

三是创新行政执法方式。目前我国行政执法机关还是过度依赖强制手段和硬权力执法。应当加快推进执法方式创新，积极推行行政指导、行政合同、行政奖励等柔性或激励性执法方式，多运用说服教育、调解疏导、劝导示范等非强制手段和软权力执法，给行政管理相对人提供法律帮助、政策指导和技术支持，寓执法于服务之中，融处罚于教育之中，消解执法冲突，克服执法的简单化、粗糙化倾向，严禁暴力执法、野蛮拆迁。

四是严格行政执法人员管理制度。行政执法人员素质高低，直接决定行政执法质量。要严格执法人员持证上岗和资格管理制度，对行政执法人员进行一次全面清理，未取得执法资格的人员不得从事执法工作。健全纪律约束机制，狠抓执法纪律和职业道德教育，加强执法人员思想作风建设，全面提高执法人员素质。定期组织行政执法人员参加通用法律知识培训、专门法律知识轮训和新法律法规专题培训，提高他们运用法治思维和法治方式解决执法中突出矛盾和问题的能力。逐步推行行政执法绩效考核制度，科学合理设计考核指标体系，考核结果作为执法人员奖励惩处、晋职晋级的重要依据。

五是加强行政执法经费财政保障。落实、加强行政执法经费财政保障，是从源头上解决执法经费不足、杜绝执法机关受利益驱动执法的治本之策。行政执法机关履行法定职责所需经费，要统一纳入财政预算予以保障。县级以上地方各级政府要建立责任明确、管理规范、投入稳定的经费保障机制，保证执法经费足额拨付。要严格执行罚缴分离和收支两条线管理制度，罚没收入必须全额上缴国库，纳入预算管理。各级财政部门要健全监督检查制度，加强对行政执法经费使用的监管。

六是全面落实行政执法责任制。严格行政执法责任制，是深化行政执法体制改革的重要环节，也是监督和制约行政执法权力的有效途径。要根据有权必有责的要求，在分解执法职权的基础上，确定不同部门及机构、岗位执法人员的具体执法责任。要加强对行政执法的监督，坚决排除对执法活动的非法干预，坚决防止和克服地方保护主义和部门保护主义，坚决防止和克服执法工作中的利益驱动，坚决惩治腐败现象。对有违法或者不当执法行为的执法机构和执法人员要严格问责，对因不执法、乱执法、暴力执法、执法不当等导致一个地区、一个部门发生重大责任事故、事件或者严重违法案件的，要依法依纪严肃追究有关领导直至行政首长的责任。

深化行政执法体制改革涉及面广、工作量大，任务复杂艰巨，关系到各级政府所属大多数部门和数百万行政执法人员，必须以更大的勇气和力度，积极稳妥予以推进。各级政府和各部门要把深化行政执法体制改革摆上重要议事日程，切实负起领导责任，认真做好深化行政执法体制改革的统筹谋划、组织协调、跟踪检查、督促落实工作，及时研究解决改革中存在的突出问题，提出具体任务和工作措施。要从本地方、本部门实际情况出发，结合经济社会发展状况，因地制宜，有序推进，认真解决实践中发现的问题，总结推广成熟的经验，不断取得新突破。要加强配套制度建设，有立法权的地方可以适时制定地方性法规或政府规章，没有立法权的可以根据需要制定规范性文件，为深化行政执法体制改革提供制度保障。要着力解决人民群众反映强烈的突出问题。要切实增强改革举措的系统性、协调性。要积极鼓励地方部门勇于探索创新。

65.中国连续当选联合国人权理事会成员

联合国人权理事会（United Nations Human Rights Council）是联合国大会的下属机构，总部设在瑞士的日内瓦。其目标是致力于维护各国人权免于侵害。2006年3月15日，第60届联合国大会通过一项决议，决定设立共有47个席位的人权理事会，以取代总部设在瑞士日内瓦的人权委员会。人权理事会成员每届任期三年，最多可连任一次。连续两任后须间隔一年方可寻求新任期。联大每年改选三分之一左右的成员。经三分之二成员国同意，联大可中止严重违反人权国家的人权理事会成员国资格。人权理事会成员由联大秘密投票产生，候选国必须获得联大全体成员国的过半数支持方能当选。在选举理事会成员时，联大应考虑候选国在促进和保护人权方面所作的贡献，及其在这些方面自愿作出的承诺。中国政府高度重视促进和保护人权并取得了显著成绩，同时积极开展人权领域国际合作。

2006年5月9日，第60届联合国大会根据联大有关决议，以无记名投票的方式选出了新成立的人权理事会首届47个成员，其中包括中国、法国、俄罗斯和英国4个联合国安理会常任理事国。

2009年5月，第63届联合国大会改选联合国人权理事会18个成员国，191个联合国会员国的代表出席并投票。经过一轮投票，中国以167票成功连任人权理事会成员，任期自2009年至2012年。

2013年11月11日，第68届联合国大会在纽约联合国总部改选联合国人权理事会成员，中国高票当选，任期自2014年至2016年。中国常驻联合国副代表王民在选举结束后表示，中国政府高度重视促进和保护人权并取得了显著成绩。中国当选联合国人权理事会成员名副其实。这次高票当选，进一步充分说明了国际社会对中国在人权领域取得巨大成就的高度肯定。王民说，中方感谢各国对中国竞选的宝贵支持。中国将积极深入参与联合国人权理事会工作，发挥建设性作用，推动对话、合作，反对对抗、施压，为国际人权事业的健康发展作出更大贡献。中国外交部发言人秦刚说，中国不仅为中国的人权事业，也为推进国际人权事业作出了巨大贡献。中国当选联合国人权理事会成员完全有资格，名副其实。当然，世界上任何一个国家的人权状况都不是完美的，所以中方主张各国在人权问题上应本着相互尊重的原则，加强交流，增进相互了解，共同促进国际人权事业的发展。中方反对施压对抗。

66.劳动教养制度

劳动教养是对被劳动教养的人实行强制性教育的行政措施。我国的劳动教养制度创立于20世纪50年代,是党和政府从我国国情和当时的社会历史条件出发作出的一项重要决策。1957年8月,一届全国人大常委会第七十八次会议批准《国务院关于劳动教养问题的决定》,标志着劳动教养初步纳入了法制轨道。在建立之初,劳动教养制度兼有教育矫治和收容安置功能。"文化大革命"期间,劳动教养制度停止实施。1979年,五届全国人大常委会第十二次会议批准了《国务院关于劳动教养的补充规定》,明确了劳动教养的审批、管理、期限和监督等问题。此后,全国人大常委会、国务院颁布了一系列法律、法规和规范性文件,特别是行政诉讼法、行政复议法、治安管理处罚法、禁毒法等法律相继出台,对劳动教养制度作了补充、调整和完善。

劳动教养制度创立50多年来,对维护治安秩序、确保社会稳定、教育挽救违法人员发挥了历史性的重要作用。司法行政部门认真贯彻落实"教育、感化、挽救"的劳动教养工作方针,加强对被劳动教养人员的法律道德教育、文化教育、心理矫治和职业技术培训,加强被劳动教养人员合法权益的保障,教育挽救质量得到提高。近年来,随着法律的逐步完善,决定适用劳动教养的人数逐年下降,期限也在缩短。在这种情况下,对劳动教养制度的改革确立了"先停止审批,再适时废止"的路线图。废止劳动教养制度的社会共识已逐渐形成,时机日益成熟。按照法律规定,劳动教养制度应由国务院提请全国人大常委会,通过法律程序予以废止。

2013年11月,党的十八届三中全会通过的《中共中央关于全面深化改革若干重大问题的决定》明确提出:"废止劳动教养制度,完善对违法犯罪行为的惩治和矫正法律,健全社区矫正制度。"

2013年12月28日,十二届全国人大常委会第六次会议通过了《关于废止有关劳动教养法律规定的决定》(以下简称《决定》),这意味着已实施50多年的劳教制度被依法废止。《决定》明确,废止1957年8月1日一届全国人大常委会第七十八次会议通过的《全国人民代表大会常务委员会批准国务院关于劳动教养问题的决定的决议》及《国务院关于劳动教养问题的决定》;废止1979年11月29日五届全国人大常委会第十二次会议通过的《全国人民代表大会常务委员会批准国务院关于劳动教养的补充规定的决议》及《国务院关于劳动教养的补充规定》。

《决定》还规定,在劳动教养制度废止前,依法作出的劳动教养决定有效;劳动教养制度废止后,对正在被依法执行劳动教养的人员,解除劳动教养,剩余期限不再执行。

从 2013 年 11 月中央决定提出废止劳动教养制度,到 12 月 28 日全国人大常委会正式废止劳教制度,短短一个多月时间,中央重行践诺的改革魄力体现了对社会民意的尊重,彰显了我国人权司法保障制度的进步。

67.司法救助制度

我国的司法救助制度,有一个不断发展的过程。1989 年,《人民法院诉讼收费办法》(以下简称《收费办法》)规定:如果当事人缴纳诉讼费用确有困难,可向人民法院申请,缓交、减交、免交。1991 年颁布实施的《中华人名共和国民事诉讼法》,重申了《收费办法》的规定。1999 年 6 月,最高人民法院就《收费办法》作出的补充规定中,正式提出了"司法救助"的概念。2000 年,最高人民法院出台《关于对经济确有困难的当事人予以司法救助的规定》(以下简称《救助规定》),对司法救助的概念、对象以及审判程序等内容作了规定。2005 年 4 月,针对近年来经济确有困难群体出现的新的变化,最高人民法院作出了司法救助的新规定,进一步扩大了司法救助的范围,加大了司法救助的力度;简化了司法救助的审判程序;明确了提供经济困难标准的部门。2007 年 1 月,最高人民法院出台《关于为构建社会主义和谐社会提供司法保障的若干意见》,提出要探索建立诉后司法救助制度,包括刑事被害人国家救助制度和执行救助基金制度。此后,我国司法救助工作取得了明显进展。2009 年至 2011 年,司法机关共向 25996 名刑事被害人发放救助金 3.5 亿余元人民币,提供法律援助 11593 件。

现阶段,我国正处于积极推进和谐社会建设的过程中,仍然存在着许多不和谐、不稳定的现象和因素,现行司法救助制度的不足和缺陷也逐步显现出来。健全国家司法救助制度,已经成为完善中国特色社会主义司法制度的内在要求,成为改善民生、健全社会保障体系的重要组成部分。

2013 年 11 月,党的十八届三中全会通过的《中共中央关于全面深化改革若干重大问题的决定》明确提出:健全国家司法救助制度。这是党中央顺应人民群众对司法公正、权益保障的新期待,顺应加强权利救济的现代法治发展趋势,作出的重要部署。为深入贯彻落实党的十八大和十八届三中全会精神,2014 年 1 月,中央政法委等六部门发布《关于建立完善国家司法救助制度的意见(试行)》(以下简称《意见》)。《意见》明确了救助条件和范围、细化了救助标准和程序、规范了救助资金的使用管理,要求地方各级财政部门将国家司法救助资金列入预算,统筹安排。随后,最高人民检察院发布具体贯彻实施《意见》的指导性文件,要求各省级检察院主动报告同级党委政法委,积极沟通协调其他政法单位,共同研究制定本地区国家司法救助制度实施办法,夯实国家司法救助工作健康规范发展的基础。

《意见》实施一年来,最高人民法院、最高人民检察院司法救助主动性增强,救助范围扩大,资金保障得到强化。死刑复核案件的刑事被害人救助工作取得了实质进展,建立了专门制度。司法救助制度改革完善已列入人民法院"四五改革"的重要内容并进行试点。目前,司法救助已经上升为检察机关的一项日常对外业务,范围不限于刑事犯罪案件的被害人及其近亲属,还包括举报人、证人、鉴定人;不限于人身受到侵害,还包括财产遭受重大损失;不仅包括刑事案件,还包括追索赡养费、扶养费、抚育费等,包括道路交通事故等民事侵权行为造成人身伤害的民事案件。按照《意见》规定,各地国家司法救助资金由地方政府财政部门列入预算,并建立动态调解机制。将刑事被害人救助资金、涉法涉诉信访救助资金等专项资金,统一合并为国家司法救助资金,检察机关开展救助工作的资金保障得到明显改善。到2015年3月,全国各省(自治区、直辖市)都出台了本地区国家司法救助制度实施办法,一些省院还制定了本地检察机关开展国家司法救助工作实施细则,国家司法救助工作实现平稳衔接和常态化。

68.法律援助制度

法律援助是国家建立的保障经济困难公民和特殊案件当事人获得必要的法律咨询、代理、刑事辩护等无偿法律服务,维护当事人合法权益、维护法律正确实施、维护社会公平正义的一项重要法律制度。欧洲一位法律界人士曾说过这样的话:"自第二次世界大战以来,法律方面最重要的革命就是法律援助。"法律援助已经成为世界各国推进法治的基本标志。法律援助工作是我国一项重要的民生工程。开展法律援助工作,体现了"法律面前人人平等"的法治原则,对维护司法人权、促进司法公正,维护和保障社会公平正义,具有重要作用。

1994年初,我国司法部提出建立中国司法法律援助制度的设想,并陆续在北京、上海、广州、青岛等城市开展法律援助制度的试点工作。1996年3月,司法部批准成立国家法律援助中心筹备组,以推动全国法律援助试点工作的迅速开展。1996年颁布的《中华人民共和国刑事诉讼法》和《中华人民共和国律师法》,正式规定了法律援助的有关内容。同年6月,司法部发出《关于迅速建立法律援助机构开展法律援助工作的通知》,随后着手组织有关人员制定《法律援助条例(草稿)》,以总结、规范各地已开展的法律援助工作。1996年底,成立司法部法律援助中心。1997年4月,司法部与最高人民法院联合下发《关于开展刑事法律援助工作的通知》。同年5月,中国法律援助基金会正式成立。同时,司法部下发《关于开展法律援助工作的通知》,随后又下发《关于开展公证法律援助工作的通知》。1999年初，司法部法律援助中心草拟了《法律援助法（示范法草案）》。同年3月，九届全国人大二次会议上，部分人大代表提出议案，要求制定《中华人民共和国法律援助法》。随后，司法部将其正式列入司法行政法制工作五年规划。同年4月2日，司法部与最高人民法院联合发布《关于民事法律援助工作若干问题的联合通知》。从中央到地方，初步形成了四级架构的中国法律援助机构体系。截至2000年5月31日，全国已有29个省、16个省级市、285个地（市）级地方、1152个县（区）级地方先后成立了法律援助中心，全国的法律援助专职人员已超过4000名。

中国法律援助的主体，主要是律师，其次是公证处的公证员和乡（镇）法律事务所（司法所）的基层法律工作者。提供法律援助的形式主要有：一、解答法律咨询和代拟法律文书；二、参与刑事辩护和刑事代理，参与刑事附带民事诉讼和代理；三、参与民事诉讼和行政诉讼（为公民）代理；四、提供非诉讼法律事务代理；五、作公证证明；六、其他形式的法律服务。此外，人民法院还以提供法律援助的方式，对符合法定条件的当事人减、免收诉讼费。法律援助资金的来源有三种：一是政府财政拨款；二是法律援助基金，即接受国内社会各界和国外、境外各界的赞助和捐助；三是专项提取，即从律师管理费或者公证管理费中适当提取。

我们党和国家高度重视法律援助工作，为形成和发展适合中国国情的法律援助制度进行了不懈努力。我国政府一直把为困难群体提供法律援助作为保障改善民生和人权司法保障的重要内容，纳入国民经济和社会发展规划，充分发挥法律援助在法治建设中的重要作用。2003年，国务院颁布实施《法律援助条例》。2008年9月，司法部成立法律援助工作司，负责对法律援助工作进行业务指导和工作管理。经过几年努力，法律援助制度改革取得了明显成效。一是制定并实施了"三项标准"（即公民经济困难标准、法律援助事项补充范围和法律援助办案补贴标准），推出法律援助便民服务十项措施，把与民生问题紧密相关的权益保障事项逐步纳入法律援助事项范围。二是制定实施《关于刑事诉讼法律援助工作的规定》、《关于民事诉讼法律援助工作的规定》等一系列规章制度，促进了法律援助工作的制度化、规范化。三是不断加大法律援助财政支持力度。中央和省级设立了法律援助专项经费，支持贫困地区开展法律援助工作。"十一五"期间，全国共组织办理法律援助案件265万件，提供法律咨询2078万人次。法律援助经费支持力度进一步加大，2010年全国法律援助经费总额达10.23亿元，是2004年的4.2倍。

2013年11月，党的十八届三中全会通过的《中共中央关于全面深化改革若干重大问题的决定》明确提出：完善法律援助制度。为深入贯彻落实十八届三中全会精神，2014年1月，最高人民法院、司法部联合发布《关于加强国家赔偿法律援助工作的意见》，规范和促进人民法院办理国家赔偿案件的法律援助工作。2014年10月，党的十八届四中全会通过《中共中央关于全面推进依法治国若干重大问题的决定》。为认真落实中央关于全面推进依法治国的重大战略部署，进一步加强法律援助工作，完善中国特色社会主义法律援助制度，2015年6月，中共中央办公厅、国务院办公厅印发了《关于完善法律援助制度的意见》（以下简称《意见》），并发出通知，要求各地区各部门结合实际认真贯彻执行。

《意见》强调，要扩大法律援助范围，更好地满足群众的法律援助需求。

逐步将劳动保障、婚姻家庭、食品药品、教育医疗等与民生紧密相关的事项纳入法律援助补充事项范围。进一步放宽经济困难标准，降低门槛，使覆盖人群逐步拓展至低收入群体。提出探索建立法律援助参与申诉案件代理制度等。切实履行侦查、审查起诉和审判阶段法律援助工作职责。建立健全法律援助值班律师制度、法律援助参与刑事案件速裁程序试点工作机制、法律援助参与刑事和解、死刑复核案件办理工作机制等作出规定。要重点做好农民工、下岗失业人员、妇女、未成年人、老年人、残疾人和军人军属等群体法律援助工作，切实维护困难群众合法权益。推进法律援助工作站点向城乡社区延伸，依托便民服务窗口、法律援助工作站点、"12348"法律服务热线、网络等新媒体，构建多元化服务平台，方便群众及时就近获得法律咨询。

《意见》强调，要提高法律援助质量。推进法律援助标准化建设。建立法律援助受理、审查、指派、承办等组织实施环节的业务规范和工作标准，使法律援助各个环节的工作有章可循。完善监管机制，加大信息技术在案件质量监管中的应用，推行差别案件补贴制度，完善投诉处理制度。适应困难群众多层次的服务需求，在偏远地区和困难群众集中的地区设立流动工作站巡回受案；对有特殊困难的受援对象推行电话申请、上门受理等服务方式，逐步实行网上受理申请；对特定群体免除经济困难审查，开辟"快速通道"；逐步建立法律援助对象动态数据库，提高审查效率，加强军地法律援助服务网络建设，完善异地协作机制等。

《意见》强调，提高法律援助保障能力。加大对法律援助经费的投入力度。将法律援助经费全部纳入同级财政预算，拓宽资金来源渠道，提高办案补贴标准，建立动态调整机制。加强临街一层便民服务窗口和法律援助工作站（点）建设，完善无障碍配套服务设施，推进信息化建设，提高办公办案设施装备水平。探索队伍专业化、职业化发展模式，加强法律援助人才库建设，加强教育培训工作；完善律师、基层法律服务工作者权益保障、政策扶持措施，鼓励和支持人民团体、社会组织参与法律援助工作，深入开展志愿服务行动；多渠道解决律师资源短缺地区法律援助工作力量不足问题。

《意见》强调，切实加强组织领导。将法律援助工作纳入党的群众工作范围，纳入地方经济和社会发展总体规划、基本公共服务体系、为民办实事项目和民生工程；建立法律援助补充事项范围和经济困难标准动态调整机制，建立法律援助责任履行情况考评机制、报告制度和督导检查制度；推进法律援助立法工作，提高法治化水平。建立健全律师事务所等法律服务机构和人员开展法律援助的考核评价机制，加强对人民团体、社会组织和志愿者从事法律援助服务的指导和规范，维护法律援助秩序。法律援助工作的顺利开展离不开有关部门的支持和参与。《意见》就公检法机关、发展改革、民政、财政等有关部门按照职责分工，各司其职，支持和保障法律援助事业发展作出了规定。

69.中共中央办公厅、国务院办公厅关于依法处理涉法涉诉信访问题的意见

依法处理涉法涉诉信访问题，事关最广大人民群众根本利益，事关国家法制统一、尊严、权威，事关党执政地位巩固和国家长治久安。改革涉法涉诉信访工作机制，依法处理涉法涉诉信访问题，是贯彻落实党的十八大和十八届三中、四中全会精神的要求，是全面推进依法治国的需要，是维护人民群众合法权益的具体体现。2014年3月，中共中央办公厅、国务院办公厅印发《关于依法处理涉法涉诉信访问题的意见》（以下简称《意见》），并发出通知，要求各地区各部门切实加强协调配合，健全涉法涉诉信访工作机制，努力形成依法解决涉法涉诉信访问题的合力。

《意见》包括5个部分：充分认识依法处理涉法涉诉信访问题的重要意义、改革涉法涉诉信访工作机制、进一步提高执法司法公信力、依法维护涉法涉诉信访秩序、加强和改进对依法处理涉法涉诉信访问题的组织领导。

《意见》指出，改革涉法涉诉信访工作机制、依法处理涉法涉诉信访问题，总体思路是：改变经常性集中交办、过分依靠行政推动、通过信访启动法律程序的工作方式，把解决涉法涉诉信访问题纳入法治轨道，由政法机关依法按程序处理，依法纠正执法差错，依法保障合法权益，依法维护公正结论，保护合法信访、制止违法闹访。努力实现案结事了、息诉息访，实现维护人民群众合法权益与维护司法权威的统一。

《意见》提出，实行诉讼与信访分离制度。把涉及民商事、行政、刑事等诉讼权利救济的信访事项从普通信访体制中分离出来，由政法机关依法处理。各级信访部门对到本部门上访的涉诉信访群众，应当引导其到政法机关反映问题；对按规定受理的涉及公安机关、司法行政机关的涉法涉诉信访事项，收到的群众涉法涉诉信件，应当转同级政法机关依法处理。《意见》要求，建立涉法涉诉信访事项导入司法程序机制。对涉法涉诉信访事项，各级政法机关要及时审查、甄别。对于正在法律程序中的，继续依法按程序办理；对于已经结案，但符合复议、复核、再审条件的，依法转入相应法律程序办理；对于已经结案，不符合复议、复核、再审条件的，做好不予受理的解释说明工作；对于不服有关行政机关依法作出的行政复议决定，经释法明理仍不服的，可引导其向人民法院提起行政诉

讼。有关处理程序和结果，应当严格按照规定的期限和方式，及时告知当事人。

《意见》指出，严格落实依法按程序办理制度。各级政法机关对于已经进入法律程序处理的案件，应当依法按程序在法定时限内公正办结。对经复议、审理、复核，确属错案、瑕疵案的，依法纠正错误、补正瑕疵；属于国家赔偿范围的，依照国家赔偿法的有关规定办理。对经复议、审理、复核，未发现错误的，依法维持原裁决，并按照有关规定及时告知当事人。《意见》强调，建立涉法涉诉信访依法终结制度。中央政法机关按照修改后的刑事诉讼法、民事诉讼法和相关法律法规，修改完善涉法涉诉信访终结办法。对涉法涉诉信访事项，已经穷尽法律程序的，依法作出的判决、裁定为终结决定。《意见》要求，健全国家司法救助制度。

《意见》要求，进一步提高执法司法公信力。各级政法机关要严格依照法定权限和程序履行职责、行使权力，确保每一起案件的处理做到实体公正、程序公正、规范高效，经得起检验；要依法加大内部监督力度，促使执法办案中存在的问题依法及时得到解决，对于执法不严、裁判不公、徇私枉法等突出问题，要组织开展专项整治；要完善执法司法责任制，严格落实办案质量终身负责制，健全执法过错发现、调查、问责机制，严格倒查执法办案中存在问题的原因和责任，严肃查处错案背后的执法不公、不廉等问题；要把加强执法公开、扩大群众参与、接受群众监督作为依法处理涉法涉诉信访问题的重要内容，以公开确保公正、促进息诉。

《意见》强调，畅通信访渠道。要进一步规范依法处理涉法涉诉信访工作，坚决杜绝一切"拦卡堵截"正常上访人员的错误做法；坚决杜绝违法限制或变相限制上访人员人身自由的行为。坚持政法机关领导接待来访群众和阅批群众来信制度。要依法规范群众信访行为，引导上访人员依法理性表达诉求，严肃处理违法上访行为。《意见》要求，完善领导体制机制。各级党委政法委要进一步明确职能定位，重点抓好政策指导、执法监督、宏观协调等工作。各级政法机关作为依法处理涉法涉诉信访问题的责任主体，要调整充实工作力量，建立健全工作制度，严格落实工作责任，做到严格规范公正文明廉洁执法。

70.司法体制改革

推进司法体制改革既是法治中国建设的内容，也是法治中国建设的保障。

1997年，党的十五大报告首次提出，要推进司法改革，从制度上保证司法机关依法独立公正地行使审判权和检察权。2004年，中央司法体制改革领导小组发布《关于司法体制和工作机制改革的初步意见》，提出了改革和完善诉讼制度、诉讼收费制度、检察监督体制等10个方面的35项改革任务。2008年，中央政法委员会发布《关于深化司法体制和工作机制改革若干问题的意见》,从优化司法职权配置、加强政法队伍建设、改革司法保障体制等方面提出了深化司法改革的具体任务。此后,执法环节受到规范,外部监督不断加强,公开范围越来越广,司法改革一步一步地向纵深推进。通过司法改革,进一步提高了司法机关严格、公正、文明、廉洁执法的水平,赢得了群众的拥护和支持,推动了经济又好又快发展,维护了社会稳定。

2012年,党的十八大提出:"进一步深化司法体制改革。"深化司法体制改革,是为了建设公正高效权威的社会主义司法制度。建立公正司法,就是要彰显文明,惩处邪恶,不让诚信者吃亏,坚持法律面前人人平等,让人民群众在每一个司法案件中都感受到公平正义;建立高效司法,就是要树立群众观念,方便群众诉讼,在合理的期限内做到案结事了;建立权威司法,就是要确保人民法院和人民检察院能够依法独立公正行使审判权检察权,让每一项司法裁决都能得到执行。

2013年11月,党的十八届三中全会通过的《中共中央关于全面深化改革若干重大问题的决定》,进一步明确了深化司法体制改革的主要任务和具体要求。

一是确保人民法院、人民检察院依法独立公正行使审判权、检察权。要推动省以下地方法院、检察院人财物统一管理;探索与行政区划适当分离的司法管辖制度,通过提级管辖、集中管辖,审理行政案件或者跨地区民商事、环境保护案件。

二是建立符合职业特点的司法人员管理制度。要推进司法人员分类管理改革,突出法官、检察官的办案主体地位,进一步提升司法队伍职业化水平。要完善法官、检察官、人民警察选任招录制度。要完善法官、检察官任免、惩戒制度。建立科学合理、客观公正的业绩评价体系和考核晋升机制。要健全法官、检察官、人民警察的职业保障制度。

三是健全司法权力运行机制。必须遵循司法规律,健全权责统一、权责明晰的司法权力运行机制。建立主审法官、合议庭办案责任制,探索建立突出检察官主体地位的办案责任制,让审理者裁判、由裁判者负责,做到有权必有责、用权受监督、失职要问责、违法要追究。改革审判委员会制度,推进完善院长、副院长、审判委员会委员或审判委员会直接审理重大、复杂、疑难案件的制度。明确四级法院职能定位,探索充分发挥一审法院明断是非定分止争、二审法院案结事了、再审法院有错必究、最高人民法院保证法律统一正确实施的职能。进一步规范和落实上下级法院的审级监督,确保审级独立。

四是深化司法公开。"阳光是最好的防腐剂。"深化司法公开,让司法权力在阳光下运行,有利于保障公众对司法工作的知情权,增强有效监督,促进司法公正,提高司法能力,树立司法公信,提高人民群众对司法工作的满意度。要着力推进审判公开,除法律规定不宜公开的以外,都应公开审判。要大力推进检务公开。建立不立案、不逮捕、不起诉、不予提起抗诉决定书等检察机关终结性法律文书公开制度,增强法律文书说理性。要不断推进警务公开、狱务公开。进一步完善公开机制，创新公开方式，畅通公开渠道，依托现代信息手段确保各项公开措施得到落实，实现以公开促公正。

五是改革人民陪审员制度，健全人民监督员制度。要扩大人民陪审员数量和来源，建立随机抽选的机制，保障人民陪审员参审权利，提高陪审案件比例。要推进人民监督员制度规范化，科学设置人民监督员选任方式，拓展监督案件范围，规范和完善监督程序，增强监督实效，促进检察工作科学发展。

六是严格规范减刑、假释和保外就医程序。减刑、假释、保外就医是刑罚变更执行的重要制度。实施减刑、假释、保外就医，对于激励罪犯改造，促进罪犯回归和融入社会，具有重要意义。要健全对假释、暂予监外执行的管理制度，强化管理责任，防止漏管、脱管和重新违法犯罪，提高矫治效果。

2014年2月28日，中央全面深化改革领导小组第二次会议审议通过了《关于深化司法体制和社会体制改革的意见及贯彻实施分工方案》，进一步明确了司法体制改革的任务和重点。

2014年10月，党的十八届四中全会通过的《中共中央关于全面推进依法治国若干重大问题的决定》（以下简称《决定》），就进一步深化司法体制改革提出了具体要求。《决定》第四部分强调，要保证公正司法，提高司法公信力。要完善确保依法独立公正行使审判权和检察权的制度；优化司法职权配置；推进严格司法；保障人民群众参与司法；加强人权司法保障；加强对司法活动的监督。《决定》第六部分强调，要加强法治工作队伍建设。要建设高素质法治专门队伍；加强法律服务队伍建设；创新法治人才培养机制。

71.上海市司法改革试点工作

2014年6月6日，习近平主持召开中央全面深化改革领导小组第三次会议并发表重要讲话。会议审议通过了《关于司法体制改革试点若干问题的框架意见》和《上海市司法改革试点工作方案》。习近平在讲话中强调，完善司法人员分类管理、完善司法责任制、健全司法人员职业保障、推动省以下地方法院检察院人财物统一管理、设立知识产权法院，都是司法体制改革的基础性、制度性措施。试点工作要在中央层面顶层设计和政策指导下进行，改革具体步骤和工作措施，鼓励试点地方积极探索、总结经验。

2014年7月9日，中共上海市委全面深化改革领导小组召开第二次会议，研究和部署上海司法改革试点推进工作，审议并原则通过了《上海市司法改革试点工作方案》实施意见。7月12日，上海召开全市司法改革先行试点部署会，全面贯彻落实中央和上海市委关于司法改革的决策部署，对先行试点工作进行安排部署。上海市司法体制改革试点工作，主要包括五项内容：一是完善司法人员分类管理制度。划分人员类别，核定法官、检察官员额。突出法官、检察官在司法工作中的主体地位，把法院、检察院工作人员分为法官、检察官，司法辅助人员，行政管理人员三类，分别占队伍总数33%、52%、15%的员额比例。实行法官、检察官单独职务序列管理。设3至5年的过渡期，逐步推行严格的分类管理制度。二是健全法官、检察官及司法辅助人员职业保障制度。建立以专业等级为基础的法官、检察官工资待遇保障机制。建立分级管理的司法辅助人员薪酬制度。三是完善司法责任制。推行主审法官、主任检察官办案责任制，凸显主审法官、主任检察官在办案中的主体地位。四是探索建立省以下法院、检察院的法官、检察官省级统一管理体制。五是探索建立省以下法院、检察院经费省级统一管理机制。

上海市司法改革试点工作进展顺利，效果明显。上海确定市第二中级人民法院、市检察院二分院及徐汇、闵行、宝山区法院、检察院等8家单位，先行开展为期半年的改革试点。这8家单位依照中央和市委的要求，在中央政法委、最高人民法院、最高人民检察院的统一部署和指导下，先行试点，初步形成了一批可复制、可推广的经验，为司法改革在全市全面推进创造了条件。

2015年4月23日，上海市召开全面推进司法体制改革试点工作会议，改革在全市所有法院、检察院全面推开。

与上海市同时被中央确立为司法改革先行试点的省市，还有广东、吉林、湖北、海南、青海5个省。从区域选择来看，基本覆盖了东、中、西部。这样的选择，有助于在全国推广改革试点经验，从而全面推进司法体制改革。

72.刑事案件速裁程序试点工作

当前，中国正处于经济转轨、社会转型的特殊时期，刑事犯罪呈高发态势，进一步推动刑事案件繁简分流，优化司法资源配置，是当前司法实践的迫切需要。刑事案件速裁程序，是指对事实清楚，证据充分，犯罪嫌疑人、被告人自愿认罪，且对适用法律没有争议的特定轻微刑事案件，在保证办案质量和保障诉讼权利的前提下，实行繁简分流办案流程的工作机制。建立刑事案件速裁程序，有利于及时惩治犯罪，维护社会秩序，促进社会和谐稳定，解决司法实践中案多人少的矛盾，也有利于贯彻宽严相济、惩办与教育相结合的刑事政策。

2014年6月27日，十二届全国人大常委会第九次会议通过《关于授权最高人民法院、最高人民检察院在部分地区开展刑事案件速裁程序试点工作的决定》（以下简称《决定》）。《决定》指出，为进一步完善刑事诉讼程序，合理配置司法资源，提高审理刑事案件的质量与效率，维护当事人的合法权益，授权最高人民法院、最高人民检察院在北京、天津、上海、重庆、沈阳、广州、深圳、西安等18个城市开展刑事案件速裁程序试点工作。《决定》明确要求，对事实清楚，证据充分，被告人自愿认罪，当事人对适用法律没有争议的危险驾驶、交通肇事、盗窃、诈骗、抢夺、伤害、寻衅滋事等情节较轻，依法可能判处一年以下有期徒刑、拘役、管制的案件，或者依法单处罚金的案件，进一步简化刑事诉讼法规定的相关诉讼程序。试点刑事案件速裁程序，应当遵循刑事诉讼法的基本原则，充分保障当事人的诉讼权利，确保司法公正。试点办法由最高人民法院、最高人民检察院制定，报全国人大常委会备案。试点期限为二年。

《决定》明确了刑事案件速裁程序试点案件的范围、试点地区和时限，要求进一步简化刑事诉讼法规定的相关诉讼程序，并强调试点刑事案件速裁程序应当遵循刑事诉讼法的基本原则，充分保障当事人的诉讼权利，确保司法公正。

《决定》明确要求，最高人民法院、最高人民检察院应当加强对试点工作的组织指导和监督检查。试点进行中，最高人民法院、最高人民检察院应当就试点情况向全国人大常委会作出中期报告。试点期满后，对实践证明可行的，应当修改完善有关法律；对实践证明不宜调整的，恢复施行有关法律规定。

一年来，18个城市开展刑事案件速裁程序试点工作，进展顺利，取得阶段性效果。2015年3月22日，北京市房山区法院刑事审判庭，对适用刑事速裁程序的4起盗窃案件进行审理。翁某、隗某等4名被告因偷窃工地上的木胶板、钢管等建筑材料，被房山区检察院以盗窃罪提起公诉。这次庭审，省去法庭调查、法庭辩论等常规必经程序，4起案件庭审用时共计25分钟。4名被告分别被判处拘役3个月缓刑6个月到有期徒刑6个月缓刑1年不等，4人均当庭表示服从判决不上诉。2015年4月7日，广州市越秀区人民法院对三起刑事案件进行了公开审理。这3起刑事案件，由于适用刑事速裁程序，案件办理效率大大提升。案件从法院受理到宣判约7天，每件庭审约5分钟，庭审后当庭宣判。

73.职务犯罪国际追逃追赃专项行动

近年来，随着我国对外开放的不断深化，国际交往和人员流动更加频繁，一些贪污贿赂等职务犯罪嫌疑人为逃避法律制裁，携款潜逃境外，坐享犯罪所得，不仅严重阻碍刑事诉讼的顺利进行，而且亵渎法治尊严，损害司法公正，给潜在的腐败分子带来不良示范效应，严重影响反腐败的成效。最高人民检察院高度重视职务犯罪国际追逃追赃，把这项工作摆在与办案同等重要的位置来抓，为此采取了多项切实有效的措施。措施之一，就是从2014年10月起，在全国检察机关开展为期半年的职务犯罪国际追逃追赃专项行动。集中时间、集中精力、集中力量缉捕一批潜逃境外的贪污贿赂等职务犯罪嫌疑人。最高检对携款潜逃境外时间长、数额大、职务高的10件职务犯罪案件和10件境内潜逃案件挂牌交办，强化直接指挥和督办。各省级检察院按照要求，在普遍调查和认真筛选的基础上，对66件潜逃境外的职务犯罪嫌疑人和149件境内潜逃犯罪嫌疑人挂牌督办，掀起强大的追逃追赃攻势。

与此同时，公安部决定，全国公安机关集中开展"猎狐2014"专项行动，缉捕在逃境外经济犯罪嫌疑人。公安部要求各级公安机关，要以对人民、对法律高度负责的精神，以坚定的决心和有力的措施，全力打赢境外追逃这场硬仗，即使犯罪分子逃到天涯海角，也要将其缉捕归案、绳之以法，坚决捍卫法律尊严，坚决维护人民利益。

为使专项行动取得实效，最高检联合最高法、公安部、外交部共同下发《关于敦促在逃境外经济犯罪嫌疑人投案自首的通告》，规劝犯罪嫌疑人限期回国投案自首，占领国际追逃追赃的法律和道义制高点。最高检与公安部联合下发《关于公安机关与检察机关在职务犯罪国际追逃追赃专项行动中加强协调配合的通知》、《关于进一步加强协作配合共同推进缉捕外逃经济犯罪人员专项行动的通知》，推动建立职务犯罪国际追逃追赃工作信息沟通、情况交换、协作配合机制，将检察机关开展的职务犯罪国际追逃追赃专项行动与公安机关开展的"猎狐2014"专项行动有机结合，形成合力。

全面排查潜逃犯罪嫌疑人底数，多措并举开展追逃追赃专项行动。最高检要求各地检察机关与当地公安机关平行对接，根据犯罪嫌疑人涉嫌犯罪的性质、金额、情节以及潜逃的具体经过、家庭背景、社会交往等，确定追逃追赃的主攻方向和重点，综合运用引渡、遣返、劝返和执法合作等多种措施开展追逃追赃工作。切实加强与有关国家和地区的司法协作，建立健全国际追逃追赃机制。加强防逃机制建设，重视对重大案件嫌疑人及其他可能潜逃人员的资金和行踪监测监控。积极探索开展对潜逃犯罪嫌疑人违法所得的没收工作。

这次集中开展职务犯罪国际追逃追赃专项行动，有几个突出特点：一是对潜逃犯罪嫌疑人开展劝返工作成功率较高。二是在潜逃境外人员较多的地区和华人华侨群体中开展追逃追赃攻势效果较好。三是境内抓捕与开展国际司法协作相结合效果好。四是切断境内外经济联系，追逃与追赃相结合是促成在逃人员投案自首的重要条件。

2014年7月至12月底，公安部部署全国公安机关开展的"猎狐2014"专项行动，共抓获外逃经济犯罪嫌疑人680名。"猎狐行动"已成为我国开展国际追逃追赃工作的形象标志，成为公安机关推动平安法治建设、促进社会公平正义的重要举措。

2015年3月，中央反腐败协调小组国际追逃追赃工作办公室召开会议，研究部署2015年反腐败国际追逃追赃工作，决定启动"天网"行动。从4月开始，综合运用警务、检务、外交、金融等手段，集中时间、集中力量"抓捕一批腐败分子，清理一批违规证照，打击一批地下钱庄，追缴一批涉案资产，劝返一批外逃人员"。

2015年3月31日，公安部召开全国公安机关"猎狐2015"专项行动部署会。要求各级公安机关要认真贯彻落实中央关于国际追逃追赃工作的决策部署，全力投入中央反腐败协调小组部署的"天网"行动，从4月1日起，扎实开展"猎狐2015"专项行动，以更加坚定的决心、更加有力的措施，突出工作重点，强化缉捕成效，为全面推进依法治国、全力服务反腐败斗争作出应有贡献。

74.打黑除恶专项斗争

近年来，全国公安机关按照中央政法委的部署要求，坚持严打方针，坚持"打早打小、除恶务尽"，深入开展打黑除恶专项斗争，摧毁了一批黑社会性质组织，打掉了一批恶势力，铲除了一批保护伞，破获了一批严重刑事犯罪案件，沉重打击了黑恶势力的嚣张气焰，有力维护了社会大局稳定。同时，必须清醒地看到，当前滋生黑恶势力的土壤依然存在，黑恶势力犯罪活动在一些地方依然突出，打黑除恶面临的形势依然严峻复杂。种种情况表明，当前和今后一个时期，我国黑恶势力正处于加快滋生发展的活跃期。面对严峻复杂的黑恶势力犯罪形势，各级公安机关必须牢记使命、忠诚履职，深入推进打黑除恶专项斗争，坚持出重拳、下重手，坚决把黑恶势力的嚣张气焰打下去，坚决遏制黑恶势力的滋生发展，不断提升人民群众的安全感。

2009年7月，中央政法委员会出台《关于深入推进打黑除恶专项斗争的工作意见》（以下简称《意见》）。《意见》指出，各地区各部门要继续抓好专项斗争各项工作，始终保持对黑恶势力主动进攻的高压态势，确保专项斗争向纵深推进。

《意见》认为，当前和今后一个时期，我国黑恶势力犯罪活动仍然比较活跃。继续深入推进打黑除恶专项斗争，是积极应对黑恶势力犯罪新动向、新变化，全力维护社会稳定的现实需要；是坚决遏制黑恶势力向经济领域扩张，服务经济又好又快发展的客观要求；是坚决防止黑恶势力向政治领域渗透，巩固党的执政地位的战略决策。

《意见》指出，要进一步提高认识，狠抓组织领导。各级党委和政府要担负起打黑除恶的政治责任，切实加强对打黑除恶专项斗争的组织领导，旗帜鲜明地支持打黑除恶工作，为政法部门排除干扰阻力，关心、支持各级"打黑办"和专业队伍建设，确保专项斗争强劲势头。要坚持和完善领导包案、督查督办、责任追究和定期通报等工作责任制，加强督促检查，运用好社会治安综合治理一票否决权制度，进一步健全完善警示、诫勉谈话、黄牌警告、一票否决等具体办法。要大力表彰打黑除恶专项斗争中涌现出的先进集体和先进个人，深入宣传党委和政府打黑除恶的决心和成效，营造打黑除恶的良好社会氛围。

突出打击重点,切实提高专项斗争的针对性、实效性。一要严厉打击滋生在批发市场、集市贸易、餐饮场所、车站码头、旅游景点等场所部位的市霸、行霸类黑恶势力;二要严厉打击干扰新型城镇化建设、侵占集体财产、欺压残害百姓、侵蚀基层政权的乡霸、村霸等农村黑恶势力;三要严厉打击盘踞在建筑工程、交通运输、仓储物流、矿产开采等领域强揽工程、非法占地、滥开滥采、破坏经济秩序的黑恶势力;四要严厉打击隐匿在娱乐场所组织卖淫、开设赌场、贩卖毒品和组织经营、操纵"黄赌毒"违法犯罪的黑恶势力;五要严厉打击专门受雇他人解决纠纷、暴力讨债、抢占市场等充当"地下出警队"的新型黑恶犯罪团伙;六要严厉打击与境外黑社会相互勾结,实施绑架、洗钱、敲诈勒索、组织偷渡等违法犯罪活动的犯罪团伙。

狠抓线索摸排,着力提升主动发现和主动进攻能力。要紧密结合日常治安管理工作,紧密结合开展扫黄打非、查缉毒品等专项行动,深入摸排黑恶犯罪线索,及时发现苗头、坚持深挖细查。要在看守所、拘留所开辟第二战场,发动在押人员检举揭发犯罪线索。要畅通举报渠道,广辟线索来源,公安部将再次公布打黑除恶举报电话、电子邮箱,并利用公安部刑侦局和全国"打黑办"微博接受群众举报。对摸排掌握的涉黑涉恶重点线索,要严格落实定领导、定人员、定措施、定期限、包倒查"四定一包"责任制,严格落实暗访调查、异地核查、实名反馈制度,切实做到事事有结果、件件有回音。

坚持打早打小,坚决将黑恶势力消灭在萌芽状态。要注重从苗头性问题入手,充分利用信息网络平台,对故意伤害、敲诈勒索、非法拘禁、聚众斗殴等六类警情进行串并侦查,做到情报导侦、精确打击。要注重依法严厉打击,对危害严重的恶势力团伙,要及时收集固定证据。对实施"软暴力"行为、"隐蔽型"手段的新型黑恶团伙,要充分运用刑法修正案对强迫交易、敲诈勒索、寻衅滋事等罪名的新解释,重点打击组织者、策划者和雇佣者。要坚持源头治理防范,对有黑恶犯罪前科劣迹的重点人员,要加强动态管控,严防其"重操旧业";对打击处理过的违法人员,要建立"黑名单"制度,从源头上铲除黑恶势力滋生的土壤。

加强大案侦办,彻底铲除一批危害严重的黑恶势力。要加强对涉黑涉恶大要案侦办工作的领导指挥,主要领导要靠前指挥,组织刑侦、技侦、网侦、经侦、监管等各警种同步上案,着力打好合成战。要创新侦查方式,开展深度侦查,全面摸清其组织机构、内部网络,选好时机,一网打尽。要在提高办案质量上下功夫,紧紧围绕"四个特征"收集固定证据,着力打好证据战。要与纪检监察、检察机关密切配合,坚持侦办涉黑案件与职务犯罪案件同步进行,加强调查取证,深挖"保护伞"。要紧紧围绕彻底铲除黑恶势力经济基础,全面收集固定其非法敛财证据,为依法惩处打下坚实的证据基础。

公安机关各部门、各警种要各司其职、各负其责、密切配合、通力协作,着力打好整体战。工作中，一定要注意严格执法、规范办案，严禁滥用强制措施，严禁刑讯逼供，严禁超期羁押，确保取得良好的法律效果和社会效果。

75.内蒙古呼格吉勒图案

1996年4月9日晚19时45分左右，被害人杨某某称要去厕所，当晚被发现因被扼颈窒息死于内蒙古第一毛纺织厂宿舍57栋平房西侧的公共厕所女厕所内。原审被告人呼格吉勒图于当晚与其同事闫峰吃完晚饭分手后，到过该女厕所，此后返回工作单位叫上闫峰到案发女厕所内，看到杨某某担在隔墙上的状态后，呼格吉勒图与闫峰跑到附近治安岗亭报案。

呼和浩特市人民检察院指控被告人呼格吉勒图犯故意杀人罪、流氓罪一案，呼和浩特市中级人民法院于1996年5月17日作出刑事判决，认定呼格吉勒图犯故意杀人罪，判处死刑，剥夺政治权利终身；犯流氓罪，判处有期徒刑五年，决定执行死刑，剥夺政治权利终身。

宣判后，呼格吉勒图以没有杀人动机，请求从轻处理等为由，提出上诉。内蒙古自治区高级人民法院于1996年6月5日作出刑事裁定，驳回上诉，维持原判，并根据当时有关死刑案件核准程序的规定，核准以故意杀人罪判处呼格吉勒图死刑，剥夺政治权利终身。案发仅仅61天后，1996年6月10日，呼和浩特市毛纺厂年仅18周岁的职工呼格吉勒图被执行死刑。

2005年，被媒体称为"杀人恶魔"的内蒙古系列强奸杀人案凶手赵志红落网。其交代的第一起杀人案就是"4·9"毛纺厂女厕女尸案，从而引发媒体和社会对呼格吉勒图案的广泛关注。

2014年11月19日，呼格吉勒图的父亲李三仁、母亲尚爱云提出申诉。内蒙古自治区高级法院决定启动再审程序，另行组成合议庭并依法进行审理。

2014年11月20日，合议厅在审理中，查阅了本案全部卷宗以及相关材料，听取了申诉人、辩护人和检察机关意见，经合议庭评议并提交审判委员会讨论，认为原审认定呼格吉勒图犯故意杀人罪、流氓罪的事实不清，证据不足，对申诉人的请求予以支持，对辩护人的辩护意见和检察机关的意见予以采纳，判决呼格吉勒图无罪。

2014年12月15日，内蒙古自治区高级法院作出再审判决，宣告原审被告人呼格吉勒图无罪，并向申诉人、辩护人、检察机关送达了再审判决书，之后启动追责程序和国家赔偿。

2014年12月19日，内蒙古公、检、法等部门启动呼格吉勒图案的追责调查程序。

2014年12月22日，呼格吉勒图的父亲李三仁正式委托两名律师商谈国家赔偿事宜，已将聘用协议送交内蒙古高院进行备案。12月25日，李三仁向内蒙古高院提出了国家赔偿申请，内蒙古高院于同日立案，并于 12 月 30 日依法作出国家赔偿决定，决定支付李三仁、尚爱云国家赔偿金共计 2059621.40 元。该决定已于 12 月 31 日送达。

18 年前的呼格吉勒图案得以昭雪，还逝者以公道，给生者以慰藉，让世人感受到正义。

2013 年，中央政法委首次就冤假错案问题发布关于切实防止冤假错案的规定。党的十八届三中、四中全会提出，健全冤假错案有效防范、及时纠正机制和责任追究机制。

呼格吉勒图案是根据"疑案从无"原则宣判被告人无罪的又一起案件。党的十八大以来，23 起重大冤假错案得到纠正，这些冤假错案大多数是由人民法院依法予以纠正的。在公众的印象中，典型的冤假错案，如佘祥林案、赵作海案，由于"真凶再现"或者"亡者归来"而真相大白。但是十八大以来纠正的冤假错案中，大多数是因为"证据不足"，如徐辉案、念斌案。2014 年纠正的 12 起重大冤假错案中，仅有 2 起是因为出现了真凶。纠正的冤假错案在类型上由"真凶再现型"、"亡者归来型"转变为"证据不足型"，说明司法机关在司法理念上有了重大转变。纠正"证据不足型"冤假错案，压力重重。人民法院敢于纠正这些冤假错案，说明其在依法独立公正行使审判权，落实尊重和保障人权、无罪推定、疑罪从无、证据裁判等理念方面有了长足的进步。这是一个非常可喜的变化。

76.安徽于英生案

1996 年 12 月 2 日，蚌埠市民韩露在家中被人杀害。1996 年 12 月 22 日，韩露的丈夫于英生涉嫌故意杀人被批捕。后于英生被判处无期徒刑，剥夺政治权利终身。

于英生入狱后，其父亲等人相继提出申诉。

2013 年 5 月 8 日，最高人民检察院申诉厅就于英生案组织专家论证。中国人民大学法学院教授、证据学研究所所长何家弘参加了论证过程。他说："从现场提取到不属于嫌疑人的生物物证，这实际上就可以作为于英生有可能不是真凶的证据，可是办案人员却片面地忽略了。"5 月 31 日，安徽省高院决定对该案立案复查。8 月 5 日，安徽省高院经再审审理，认为原审认定于英生故意杀人事实的证据不确实、不充分，在案证据之间的矛盾没有得到合理排除，不具有排他性、唯一性。8 月 13 日，安徽省高级法院公开宣判，认为于英生故意杀害其妻事实不清、证据不足，依法撤销原一审判决、二审裁定，宣告于英生无罪。在坐了 17 年牢之后，51 岁的蚌埠市原东市区区长助理于英生被宣判无罪释放。如今，公安机关道了歉，于英生拿到了百余万元的国家赔偿。

在于英生被宣判无罪释放之后，蚌埠市公安局启动再侦程序，重新侦查此案，通过比对当年在凶案现场发现的指纹和精斑 DNA 等，锁定并抓获了真正的犯罪嫌疑人。2013 年 11 月 27 日，蚌埠市警方抓获杀害于英生妻子韩露的真凶武钦元。经审讯，武钦元供述了

17年前强奸杀害韩露的犯罪事实。

2013年8月,中央政法委出台关于切实防止冤假错案的指导意见,要求对于定罪证据不足的案件,应当坚持疑罪从无原则,依法宣告被告人无罪,不能降格作出"留有余地"的判决。对于定罪确实、充分,但影响量刑的证据存在疑点的案件,应当在量刑时作出有利于被告人的处理。不能因舆论炒作、当事人及其亲属闹访和"限时破案"等压力,作出违反法律规定的裁判和决定。于英生昭雪一案,是我国重申"疑罪从无"原则之后,安徽省改判的第一个案例。

过去,我国重大冤案的被发现,主要因循了两条路径:一是"亡者归来"型,比如湖北佘祥林案和河南赵作海案;二是"真凶再现"型,如云南杜培武案、浙江叔侄冤案。然而,安徽省高院对"于英生案"的最终认定,却指出了另一条主动纠错的路径——疑罪从无。

于英生案具有冤假错案的典型特征:一是报案人被当作犯罪嫌疑人,于英生1996年12月2日发现妻子在家被奸杀,他在第一时间报警,警方却怀疑是他杀妻后伪造了现场;二是破案堪称"神速",从案发到于英生被刑拘只用了10天,再到警方宣告破案和于英生被正式逮捕也只用了10天;三是存在非法取证行为,于英生曾被办案人员连续折磨和询问七天七夜;四是有诸多疑点被无视,比如凶案现场发现的不属于于英生的指纹和精斑。

2013年,安徽蚌埠市公安、检察、法院等部门正式宣布,对备受关注的于英生案启动错案追责程序。尽管这起发生在1996年的冤假错案,轰动程度不如呼格吉勒图案、赵作海案、佘祥林案,但公检法三家同时启动错案追责,极富标志性意义。特别是该案中多个疑点例如疑似真凶的指纹、精斑等缘何屡屡被无视,办案机关是否涉嫌故意藏匿关键证据等,均有待最后定论。

自党的十八大以来,随着司法改革渐趋深入,已经有不少冤假错案得到了纠正。而且被纠正的冤假错案,在类型上正在由"真凶再现型"、"亡者归来型",转变为于英生案这样的"证据不足型"。这是一个非常积极的趋势,表明司法机关在落实尊重和保障人权、无罪推定、疑罪从无、证据裁判等理念方面有了显著进步。

77.中共中央关于全面推进依法治国若干重大问题的决定

2014年10月23日,党的十八届四中全会通过了《中共中央关于全面推进依法治国若干重大问题的决定》(以下简称《决定》)。《决定》直面我国法治建设领域的突出问题,立足我国社会主义法治建设实际,确定了全面推进依法治国的总目标,描绘了建设法治中国的总蓝图,作出了加强社会主义法治建设的新部署,发出了建设中国特色社会主义法治体系的动员令。《决定》是我们党团结带领全国各族人民在新的历史起点上全面推进依法治国、加快建设社会主义法治国家的奋斗宣言和行动纲领，是一篇闪耀着马克思主义光辉的历史性文献，在中国法治史上具有里程碑意义。

《决定》共分三大板块。导语和第一部分构成第一板块，属于总论。第一部分旗帜鲜明地提出坚持走中国特色社会主义法治道路、建设中国特色社会主义法治体系、建设社会主义法治国家，阐述全面推进依法治国的重大意义、指导思想、总目标、基本原则，阐述中国特色社会主义法治体系的科学内涵，阐述党的领导和依法治国的关系等重大问题。

第二部分至第五部分构成第二板块，从目前法治工作基本格局出发，对科学立法、严格执法、公正司法、全民守法进行论述和部署。第二部分讲完善以宪法为核心的中国特色社会主义法律体系、加强宪法实施，从健全宪法实施和监督制度、完善立法体制、深入推进科学立法民主立法、加强重点领域立法4个方面展开，对宪法实施和监督提出基本要求和具体措施，通过部署重点领域立法体现依法治国同中国特色社会主义事业总体布局的关系。第三部分讲深入推进依法行政、加快建设法治政府，从依法全面履行政府职能、健全依法决策机制、深化行政执法体制改革、坚持严格规范公正文明执法、强化对行政权力的制约和监督、全面推进政务公开6个方面展开。第四部分讲保证公正司法、提高司法公信力，从完善确保依法独立公正行使审判权和检察权的制度、优化司法职权配置、推进严格司法、保障人民群众参与司法、加强人权司法保障、加强对司法活动的监督6个方面展开。第五部分讲增强全民法治观念、推进法治社会建设，从推动全社会树立法治意识、推进多层次多领域依法治理、建设完备的法律服务体系、健全依法维权和化解纠纷机制4个方面展开。

第六部分、第七部分和结束语构成第三板块。第六部分讲加强法治工作队伍建设，从建设高素质法治专门队伍、加强法律服务队伍建设、创新法治人才培养机制3个方面展开。第七部分讲加强和改进党对全面推进依法治国的领导，从坚持依法执政、加强党内法规制度建设、提高党员干部法治思维和依法办事能力、推进基层治理法治化、深入推进依法治军从严治军、依法保障"一国两制"实践和推进祖国统一、加强涉外法律工作7个方面展开。最后，号召全党全国为建设法治中国而奋斗。

《决定》提出，全面推进依法治国，总目标是建设中国特色社会主义法治体系，建设社会主义法治国家。就是在中国共产党领导下，坚持中国特色社会主义制度，贯彻中国特色社会主义法治理论，形成完备的法律规范体系、高效的法治实施体系、严密的法治监督体系、有力的法治保障体系，形成完善的党内法规体系，坚持依法治国、依法执政、依法行政共同推进，坚持法治国家、法治政府、法治社会一体建设，实现科学立法、严格执法、公正司法、全民守法，促进国家治理体系和治理能力现代化。《决定》提出，实现这个总目标，必须坚持以下原则：一是坚持中国共产党的领导；二是坚持人民主体地位；三是坚持法律面前人人平等；四是坚持依法治国和以德治国相结合；五是坚持从中国实际出发。《决定》提出的社会主义法治体系，包括五大部分：一是完备的法律规范体系；二是高效的法治实施体系；三是严密的法治监督体系；四是有力的法治保障体系；五是完善的党内法规体系。

《决定》明确了全面推进依法治国的总抓手。全面推进依法治国涉及很多方面，在实际工作中必须有一个总揽全局、牵引各方的总抓手，这个总抓手就是建设中国特色社会主义法治体系。依法治国各项工作都要围绕这个总抓手来谋划、来推进。

《决定》提出了全面推进依法治国的六项重点任务：一是完善以宪法为核心的中国特色社会主义法律体系，加强宪法实施；二是深入推进依法行政，加快建设法治政府；三是保证公正司法，提高司法公信力；四是增强全民法治观念，推进法治社会建设；五是加强法治工作队伍建设；六是加强和改进党对全面推进依法治国的领导。

《决定》强调，要深入推进依法行政，加快建设法治政府。法律的生命力在于实施，法律的权威也在于实施。《决定》提出，各级政府必须坚持在党的领导下、在法治轨道上开展工作，加快建设职能科学、权责法定、执法严明、公开公正、廉洁高效、守法诚信的法治政府。《决定》提出了加快建设法治政府的一些重要措施。一是推进机构、职能、权限、程序、责任法定化，规定行政机关不得法外设定权力，没有法律法规依据不得作出减损公民、法人和其他组织合法权益或者增加其义务的决定；推行政府权力清单制度，坚决消除权力设租寻租空间。二是建立行政机关内部重大决策合法性审查机制，积极推行政府法律顾问制度，保证法律顾问在制定重大行政决策、推进依法行政中发挥积极作用；建立重大决策终身责任追究制度及责任倒查机制。三是推进综合执法，理顺城管执法体制，完善执法程序，建立执法全过程记录制度，严格执行重大执法决定法制审核制度，全面落实行政执法责任制。四是加强对政府内部权力的制约，对财政资金分配使用、国有资产监管、政府投资、政府采购、公共资源转让、公共工程建设等权力集中的部门和岗位实行分事行权、分岗设权、分级授权，定期轮岗，强化内部流程控制，防止权力滥用；完善政府内部层级监督和专门监督；保障依法独立行使审计监督权。五是全面推进政务公开，推进决策公开、执行公开、管理公开、服务公开、结果公开，重点推进财政预算、公共资源配置、重大建设项目批准和实施、社会公益事业建设等领域的政府信息公开。这些措施都有很强的针对性，也同党的十八届三中全会精神一脉相承，对法治政府建设十分紧要。

78.公民有序参与立法

改革开放以来，随着社会主义法治建设不断深入，我国立法中的公众参与日益得到重视，途径不断拓宽，开门立法越来越普遍。但从总体上看，公民参与立法的渠道还不够宽，参与的程度还不够广，参与的机制还不够完善，参与的权利还没有得到很好保障。面对我国利益格局深刻调整、利益诉求日益多元化的新形势，迫切需要建立健全各项机制，搭建各种利益诉求利益协商和对话平台，拓展人民有序参与立法途径，加快公民有序参与立法的进程。

2002年，党的十六大报告指出："健全民主制度，丰富民主形式，扩大公民有序的政治参与，保证人民依法实行民主选举、民主决策、民主管理和民主监督，享有广泛的权利和自由，尊重和保障人权。"2004年，国务院在总结经验的基础上，颁布《全面推进依法行政实施纲要》，规定和完善了有关制度和机制，努力保证政府立法能够真正集思广益、体现民意。2012年，党的十八大报告指出："完善中国特色社会主义法律体系，加强重点领域立法，拓展人民有序参与立法途径。"2013年，党的十八届三中全会通过的《中共中央关于全面深化改革若干重大问题的决定》进一步明确指出："完善人大工作机制，通过座谈、听证、评估、公布法律草案等扩大公民有序参与立法途径，通过询问、质询、特定问题调查、备案审查等积极回应社会关切。"

拓宽人民有序参与立法途径，要求进一步完善人民有序参与立法的法律规定。要在现有基础上，进一步制定和完善人民有序参与立法的法律规定，将公众参与立法作为立法特别是地方立法的必经程序，不断扩大公众参与立法的范围和途径，切实保障公众参与立法的权利。

拓宽人民有序参与立法途径，要求进一步完善人民参与立法的机制。要定期向社会公布立法规划，就立法事项征询社会公众意见。要建立健全立法论证、听证、评估机制，充分发挥听证会、论证会、座谈会的作用，广泛征求社会各方面尤其是基层群众的意见和建议，认真听取专家学者的意见和建议，努力提高立法调研的针对性和实效性。要不断完善公布立法草案的工作机制，建立健全采纳公众意见的反馈机制，积极回应社会关切，切实增强公众参与立法的实效。要完善人大代表参与立法的工作机制，把办理代表议案建议同制定修改法律结合起来，把邀请代表参与常委会活动同提高法律草案和审议质量结合起来，认真吸收代表提出的意见和建议，充分发挥人大代表在立法工作中的作用。要不断完善法律草案起草过程中的沟通协调机制，充分发挥法律委员会统一审议和专门委员会审议的作用，调动各方面积极性。要合理确定立法项目，建立健全立法项目论证制度。

拓宽人民有序参与立法途径，要求建立公众参与立法的诉求收集、评估、处理、反馈机制。探索建立不同利益群众权益诉求的收集、整合、协调和平衡机制，把社会不同利益群众的利益诉求通过法律规定的程序收集上来，使之成为立法依据。要发挥工会、共青团、妇联等人民团体和企业家协会、消费者权益保护协会等社会组织和其他各种社会中介组织的积极性,在立法过程中充分表达相关利益团体的意见和建议。要充分发挥网络的作用,通过互联网及时广泛征集社会各阶层各方面对于立法的意见和建议。要建立健全立法参与的反馈和评估机制,对于征集的公众意见和建议要有科学、客观的评估和处理标准,对采纳的公众意见和建议须作出必要的反馈。特别是在制定与群众利益密切相关的法律法规时,要广泛听取意见,及时反馈意见建议采纳情况。

79.重大决策终身责任追究制度及责任倒查机制

重大行政决策是指由政府作出决定或选择的重大政务事项,它直接涉及经济社会发展全局,与公共利益和人民群众利益密切关联,社会涉及面广,对国家或一定区域发展具有全局性、长远性。作出正确的重大决策是政府的重要职责。我们党和国家,对于重大决策一直采用的是民主集中制原则,即重大决策出台前,必须经过领导班子的集体讨论。但由于"一把手"权力过大,所以一些重大决策的讨论过程往往成为"一把手"的"一言堂"。"一把手"一旦完全掌控了重大决策权,追求政绩就容易出现华而不实的政绩工程;牟取私利就会引发官商勾结等贪腐问题。加上监管监督机制不到位,形成了一些干部"拍脑袋决策,拍胸脯执行,拍肩膀求情,拍屁股走人"的"四拍"现象。建设法治国家、法治政府,要求建立重大决策终身责任追究制度及责任倒查机制。

2014年10月,党的十八届四中全会通过了《中共中央关于全面推进依法治国若干重大问题的决定》(以下简称《决定》)。《决定》提出"建立重大决策终身责任追究制度及责任倒查机制",要求对决策严重失误或者依法应该及时作出决策但久拖不决造成重大损失、恶劣影响的,严格追究行政首长、负有责任的其他领导人员和相关责任人员的法律责任。

行政首长、负有责任的相关领导和相关责任人员是主观要件,重大行政决策是包括议程提出、方案拟订、组织论证、风险评估、合法性审查、集体讨论决定等过程的行政决策,上述三类主体尽管因职责要求、个人职权的不同在决策过程中所起的作用存在差异,但都是行政决策过程中的决策主体,因而符合重大行政决策责任的主体资格要求。严重失误是客观要件。"依法应该及时作出决策但久拖不决"与"造成重大损失、恶劣影响的"属于客观要件。其中前者属于重大行政决策不作为,行政决策是包含一系列过程的决策选择和决定,其中任何一个环节的不作为都有可能会造成严重后果,应当承担法律责任。同时,《决定》对不作为责任也作了规定:"行政机关要坚持法定职责必须为、法无授权不可为,勇于负责、敢于担当,坚决纠正不作为、乱作为,坚决克服懒政、怠政,坚决惩处失职、渎职。"重大行政决策中的不作为比一般行政不作为影响更为严重,必须予以终身惩处。重大损失或者恶劣影响是危害后果,属于客观要件。这里重大损失通常涉及财产性损失，是对国家利益、公共利益或个人利益的侵害，因而应当追究责任。恶劣影响则是在一定范围内造成非常不好的影响，当然对行政决策程序本身的严重破坏也是一种恶劣影响。在行政决策所有程序中合法性审查是一个关键和核心环节，为此《决定》规定"建立行政机关内部重大决策合法性审查机制，未经合法性审查或经审查不合法的，不得提交讨论"。因而，行政决策过程中未经合法性审查或经审查不合法的决策方案提交讨论是对决策程序严重破坏，可视为恶劣影响。

《决定》对重大行政决策的问责主体作出全面系统的规定，有助于克服过往重大行政决策问责主体制度之不足。首先，《决定》肯定了以往的对重大行政决策进行监督和制约的主体制度，《决定》规定："加强党内监督、人大监督、民主监督、行政监督、司法监督、审计监督、社会监督、舆论监督制度建设，努力形成科学有效的权力运行制约和监督体系，增强监督合力和实效。"这一规定有助于对重大行政决策形成合力监督，进而在特定条件下启动责任追究。其次，《决定》规定："对公共资金、国有资产、国有资源和领导干部履行经济责任情况实行审计全覆盖。强化上级审计机关对下级审计机关的领导。探索省以下地方审计机关人财物统一管理。推进审计职业化建设。"独立的职业化的全覆盖的审计监督有助于发现公共资金、国有资产和国有资源等方面重大行政决策中的重大问题，进而通过将相关问题移交给相关部门而实现责任追究。再次，《决定》规定："检察机关在履行职责中发现行政机关违法行使职权或者不行使职权的行为，应该督促其纠正。探索建立检察机关提起公益诉讼制度。"检察机关提出公益诉讼制度对重大行政决策责任追究来说是一种更为有效的制度设计，它通过检察机关履行法律监督职责中发现重大行政决策的违法或滥用职权行为，进而以诉讼的方式实现对重大行政决策失误中应承担责任的行政首长等有关人员的责任追究，而提升重大行政决策终身责任追究制度的实施及效力。

80.办案质量终身负责制和错案责任倒查问责制

2014年10月，党的十八届四中全会通过了《中共中央关于全面推进依法治国若干重大问题的决定》（以下简称《决定》）。《决定》强调：必须完善司法管理体制和司法权力运行机制，规范司法行为，加强对司法活动的监督，努力让人民群众在每一个司法案件中感受到公平正义。《决定》指出，要推进严格执法，"明确各类司法人员工作职责、工作流程、工作标准，实行办案质量终身负责制和错案责任倒查问责制，确保案件处理经得起法律和历史检验"。

2015年2月24日，中共中央办公厅、国务院办公厅印发经中央全面深化改革领导小组审议通过的《关于贯彻落实党的十八届四中全会决定进一步深化司法体制和社会体制改革的实施方案》（以下简称《实施方案》）。《实施方案》的一个重要方面，是着眼于加快建设公正高效权威的社会主义司法制度，完善司法管理体制和司法权力运行机制，规范司法行为，加强对司法活动的监督，保证公正司法，提高司法公信力。这方面共有48项改革举措，其中重点内容之一，是实行办案质量终身负责制和错案责任倒查问责制。

贯彻落实《决定》和《实施方案》提出的上述要求，首先，要建立健全办案质量终身负责制。司法人员对案件质量终身负责，就是终身对法律负责，对历史负责和对人民负责。必须针对各类司法人员职责和各类案件的具体情况，建立科学合理、切实可行的案件质量终身负责制度，将"让审理者裁判、由裁判者负责"这一要求落实到执法办案的具体工作之中。其次，要建立健全错案责任倒查问责制。建立错案倒查制度，确保错案发生以后，倒查程序立即启动，保障错案的责任人和错案发生的原因及时查明。建立错案问责制度。对错案的性质、危害后果、社会影响以及责任人的责任承担等，进行客观公正评估，为错案追究提供依据。对于社会广泛关注的错案，要向社会公开有关信息，及时回应社会关切，确保谁办案谁负责，谁违法谁担责全面落实。

2015年1月28日，最高人民法院第一巡回法庭在广东省深圳市挂牌，巡回区为广东、广西、海南三省区；同年1月31日，最高人民法院第二巡回法庭在辽宁省沈阳市揭牌，巡回区为辽宁、吉林、黑龙江。这两个巡回法庭，都将探索建立健全办案质量终身负责制和错案责任倒查问责制。

81.最高人民法院巡回法庭

设立最高人民法院巡回法庭，是党的十八届四中全会作出的重大部署，是我国司法体制改革中的一项重要的制度创新。

最高人民法院巡回法庭是个高规格的审判机构。但巡回法庭、巡回审判对于人民群众来说其实也并不陌生。目前我国四级法院中，基层法院设置有派出法庭，并经常组织巡回审判，包括老百姓熟悉的"马背上的法庭"、"渔船上的法庭"等。依照法律规定，其实每一级法院都可以进行巡回审判。在司法实践中，最高人民法院也存在派员到地方直接审理特殊案件的情况。也就是说，巡回审判一直存在，只是没有完全形成固定的制度。这次最高人民法院设立巡回法庭是首次将巡回审判制度化、固定化。

新中国成立之初，最高人民法院曾在各大行政区设置过"六大分院"，但不久即撤销。最高人民法院巡回法庭明显不同于此前最高人民法院的大区分院。"庭"是一个审判组织，"分院"则是一个包含完整行政建制的法院机关。最高法院设置的巡回法庭即代表最高法院，巡回法庭作出的裁判与最高法院的裁判在效力上是相同的，都要加盖最高法院的印章，是终审判决。巡回法庭和各高级法院之间仍然是上下级审级关系。

2014年12月2日，中央全面深化改革领导小组第七次会议审议通过了《最高人民法院设立巡回法庭试点方案》和《设立跨行政区划人民法院、人民检察院试点方案》，建议根据会议讨论情况进一步修改完善后按程序报批实施。会议指出，最高人民法院设立巡回法庭，设立跨行政区划人民法院、人民检察院，是党的十八届四中全会提出的重要改革举措。最高人民法院设立巡回法庭，审理跨行政区域重大行政和民商事案件，有利于审判机关重心下移、就地解决纠纷、方便当事人诉讼。探索设立跨行政区划的人民法院、人民检察院，有利于排除对审判工作和检察工作的干扰、保障法院和检察院依法独立公正行使审判权和检察权，有利于构建普通案件在行政区划法院审理、特殊案件在跨行政区划法院审理的诉讼格局。这两项改革试点涉及司法管理体制、司法权力运行机制等深层次问题。试点方案先在基础扎实、需求迫切的地方开展试点。这是新生事物，新开门面要站在高起点上，有整体性考虑和系统性设计，创造可复制、可推广的机制制度。

具体地说，巡回法庭有四个新：一是机构设置新。巡回法庭设党组。党组成员由庭长、副庭长和廉政监察员组成，党组书记由庭长担任，第一副庭长任党组副书记，协助庭长负责日常工作。巡回法庭实行扁平化管理，不设固定合议庭和固定审判长，综合行政、司法调研、后勤事务、政工监察工作统一由综合办公室负责，不单设机构。二是运行机制新。巡回法庭按照"让审理者裁判、由裁判者负责"的原则，实行主审法官、合议庭办案责任制。巡回法庭主审法官由最高人民法院从办案能力突出、审判经验丰富的审判人员中选派。巡回法庭的合议庭由主审法官组成。巡回法庭庭长、副庭长参加合议庭审理案件。合议庭审理案件时，由承办案件的主审法官担任审判长。庭长或者副庭长参加合议庭审理案件时，自己担任审判长。巡回法庭作出的判决、裁定，经合议庭成员签署后，由审判长签发。三是人员管理新。巡回法庭贯彻中央要求，完善司法人员分类管理制度，按照一定比例配备主审法官、审判辅助人员、司法行政人员，明确各类人员工作职责，工作流程和工作标准，实行司法人员分类管理。每名主审法官配备1名法官助理、1名书记员组成审判团队，分别负责审判、审判辅助和审判事务性工作，综合办公室人员负责党务、政务、审判管理、后勤保障等司法行政工作，做到各归其位，各尽其责。四是监督机制新。为加强监督，巡回法庭设专职廉政监察员，负责巡回法庭的日常廉政监督工作。实行办案质量终身负责制和错案责任倒查问责制，完善防止内部人员干扰办案的机制，强化防范司法腐败的机制。巡回法庭主审法官由最高人民法院选派，每两年轮换一次，防止与地方形成利益关系。巡回法庭受理的案件统一纳入最高人民法院审判信息综合管理平台进行管理，立案信息、审判流程、裁判文书面向当事人和社会公开，接受社会监督。最高人民法院纪检监察部门负责监督巡回法庭工作，完善网上投诉和举报机制，加强对巡回法庭工作的司法巡查和审务督查，对巡回法庭及其工作人员进行廉政监督。

目前，我国刑事案件的审判权在法院，执行权则在司法部门，监狱、社区矫正中心都属于司法部门；但民事、行政案件的审判权和执行权都归法院所有，法院既是裁判官，又是执行官，不符合互相监督、权力分置原则，也给法院带来很大的负担。

设立巡回法庭，可以防止和克服地方保护主义，维护司法权威。目前地方政府干预司法的问题在司法领域有不同程度的存在，特别是一些跨区的案件，经常发生地方政府干预法院审判的情况。还有部门和个人对法院审理的具体案件作指示、批示，干预法院独立公正审判，而一个巡回法庭管理几个省，可有效解决这类问题。设立巡回法庭，可将最高法从众多工作中解脱出来，提高工作效率，以后有上诉案件等，就不需要再到最高法，也给片区民众提供了便利。设立巡回法庭，巡回区省份的大体情况相似，比较容易求得司法的共同认识，这样，设立巡回法庭更能适应各地的情况，使得判决更加公正。

设立巡回法庭，是为了落实十八届三中全会提出的建立司法与行政辖区适当分离的一个举措。我国司法辖区和行政辖区相互对应，而最高法设立巡回法庭则打破了地区的限制，是流动的，可以直接深入到不同的地区受理案件，打破地方司法保护。当然，最高法的巡回法庭不是任何案件都受理，主要还是针对跨省区的重大民商事案件、刑事案件等。

巡回法庭有些类似于中央巡视组，它在不同地区流动受理案件，解决民众问题，更容易发现冤假错案，为民众提供便利，也能发现案件审判不到位的地方。

设立巡回法庭，使法院工作重心下移。巡回法庭就相当于最高人民法院的派出机构，高于省级高院，对于省级高院的上诉案件、再审案件、申诉案件等进行审理。巡回法庭成立后，会影响到最高法和各省法院的体制，最高法"总部"会缩小，巡回法庭会增大。各省高院的权限也会受影响。一个巡回法庭管理几个省，这为破除地方势力干预司法树立起了一座"防火墙"，确保审判的独立与公正。

巡回法庭审理或者办理巡回区内应当由最高法受理的十一类案件，包括：全国范围内重大、复杂的第一审行政案件；在全国有重大影响的第一审民商事案件；不服高级人民法院作出的第一审行政或者民商事判决、裁定提起上诉的案件；对高级人民法院作出的已经发生法律效力的行政或者民商事判决、裁定、调解书申请再审的案件；刑事申诉案件；依法定职权提起再审的案件；不服高级人民法院作出的罚款、拘留决定申请复议的案件；高级人民法院因管辖权问题报请最高人民法院裁定或者决定的案件；高级人民法院报请批准延长审限的案件；涉港澳台民商事案件和司法协助案件；最高人民法院认为应当由巡回法庭审理或者办理的其他案件。

巡回法庭实行全新的审判机制和管理模式，实行扁平化管理，不设固定合议庭和固定审判长，对于法官司法能力特别是独立办案能力要求非常高。最高人民法院按照"从优选派、严格选拔"的原则,从现任院、庭领导及民事、行政审判部门选派业务骨干到巡回法庭工作。巡回法庭主要由庭长、副庭长、廉政监察员、主审法官、审判辅助人员、综合行政人员组成,实行人员分类管理。2015 年 1 月 28 日,最高人民法院第一巡回法庭在广东省深圳市挂牌,巡回区为广东、广西、海南三省区。第一巡回法庭庭长为最高人民法院审判委员会副部级专职委员、二级大法官刘贵祥。最高人民法院同时发布《关于巡回法庭审理案件若干问题的规定》,其中规定,巡回法庭是最高法派出的常设审判机构。巡回法庭作出的判决、裁定和决定,是最高法的判决、裁定和决定。

2015 年 1 月 31 日,最高人民法院第二巡回法庭在辽宁省沈阳市揭牌,巡回区为辽宁、吉林、黑龙江。第二巡回法庭庭长为最高人民法院审判委员会副部级专职委员、二级大法官胡云腾。

82.国家宪法日

设立"国家宪法日"是我国法律界和全国亿万公民由来已久的呼声。进入新世纪的第一年,2001 年 4 月,党中央、国务院批转的中央宣传部、司法部"四五"普法规划明确确定:"将我国现行宪法实施日即 12 月 4 日,作为每年一次的全国法制宣传日。"从 2001 年起,每年 12 月 4 日,中央宣传部、司法部、全国普法办都发布活动主题,在全国组织开展以宪法为重点内容的法制宣传活动,收到了良好效果。

2014 年 10 月,党的十八届四中全会通过的《中共中央关于全面推进依法治国若干重大问题的决定》提出,将每年 12 月 4 日定为国家宪法日。同年 11 月 1 日,十二届全国人大常委会第十一次会议通过《关于设立国家宪法日的决定》(以下简称《决定》)。《决定》指出,12 月 4 日定为国家宪法日,建立宪法宣誓制度。凡经人大及其常委会选举或者决定任命的国家工作人员正式就职时,公开向宪法宣誓。《决定》要求在全社会普遍开展宪法教育,弘扬宪法精神。

从世界范围看,把本国通过、颁布或者实施宪法的那一天确定为"宪法日",是国际上的通行做法,旨在提高公民对宪法的关注度和认知度,增强全社会的宪法意识和国家观念。在许多国家,宪法日已经成为"国民的节日"。每逢这一天,国家都要举行隆重的纪念活动。

1982 年 12 月 4 日,五届全国人大五次会议通过了现行的《中华人民共和国宪法》。宪法是国家的根本法,是治国安邦的总章程,具有最高的法律地位、法律权威、法律效力。改革开放以来,随着经济社会经历广泛而深刻的变革,我国分别在 1988 年、1993 年、1999 年、2004 年相继通过了 4 个宪法修正案,实现了宪法制度的与时俱进。全面贯彻实施宪法,是全面推进依法治国、建设社会主义法治国家的首要任务和基础性工作。全国各族人民、一切国家机关和武装力量、各政党和各社会团体、各企业事业组织,都必须以宪法为根本的活动准则,并且负有维护宪法尊严、保证宪法实施的职责。任何组织或者个人都不得有超越宪法和法律的特权。

设立国家宪法日,不仅是增加一个纪念日,而是要通过多种形式开展宪法宣传教育活动,使这一天成为全民的宪法"教育日、普及日、深化日",形成举国上下尊重宪法、宪法至上、用宪法维护人民权益的社会氛围。

设立国家宪法日,也是为了让宪法思维内化于所有国家公职人员的心中。权力属于人民,权力服从宪法。公职人员只有为人民服务的义务,没有凌驾于人民之上的特权。一切违反宪法和法律的行为,都必须予以追究和纠正。

83.建设法治社会

2014年10月,党的十八届四中全会通过《中共中央关于全面推进依法治国若干重大问题的决定》(以下简称《决定》)。《决定》对全面推进依法治国,建设社会主义法治国家作出全面部署,强调要"增强全民法治观念,推进法治社会建设"。习近平总书记强调,全面推进依法治国,要坚持依法治国、依法执政、依法行政共同推进,坚持法治国家、法治政府、法治社会一体建设。这指明了法治社会建设在全面推进依法治国中的重要地位和作用,丰富和发展了马克思主义法学思想和中国特色社会主义法治理论。

《决定》强调,法律的权威源自人民的内心拥护和真诚信仰。人民权益要靠法律保障,法律权威要靠人民维护。必须弘扬社会主义法治精神,建设社会主义法治文化,增强全社会厉行法治的积极性和主动性,形成守法光荣、违法可耻的社会氛围,使全体人民都成为社会主义法治的忠实崇尚者、自觉遵守者、坚定捍卫者。

《决定》要求推动全社会树立法治意识。一要坚持把全民普法和守法作为依法治国的长期基础性工作,深入开展法治宣传教育,引导全民自觉守法、遇事找法、解决问题靠法。坚持把领导干部带头学法、模范守法作为树立法治意识的关键,完善国家工作人员学法用法制度,把宪法法律列入党委(党组)中心组学习内容,列为党校、行政学院、干部学院、社会主义学院必修课。把法治教育纳入国民教育体系,从青少年抓起,在中小学设立法治知识课程。二要健全普法宣传教育机制,各级党委和政府要加强对普法工作的领导,宣传、文化、教育部门和人民团体要在普法教育中发挥职能作用。实行国家机关"谁执法谁普法"的普法责任制,建立法官、检察官、行政执法人员、律师等以案释法制度,加强普法讲师团、普法志愿者队伍建设。把法治教育纳入精神文明创建内容,开展群众性法治文化活动，健全媒体公益普法制度，加强新媒体新技术在普法中的运用，提高普法实效。三要牢固树立有权力就有责任、有权利就有义务观念。加强社会诚信建设，健全公民和组织守法信用记录，完善守法诚信褒奖机制和违法失信行为惩戒机制，使遵法守法成为全体人民共同追求和自觉行动。四要加强公民道德建设，弘扬中华优秀传统文化，加强公民道德建设，增强法治的道德底蕴，强化规则意识，倡导契约精神，弘扬公序良俗。发挥法治在解决道德领域突出问题中的作用，引导人们自觉履行法定义务、社会责任、家庭责任。

《决定》要求推进多层次多领域依法治理。要坚持系统治理、依法治理、综合治理、源头治理，提高社会治理法治化水平。深入开展多层次多形式法治创建活动，深化基层组织和部门、行业依法治理，支持各类社会主体自我约束、自我管理。发挥市民公约、乡规民约、行业规章、团体章程等社会规范在社会治理中的积极作用。要发挥人民团体和社会组织在法治社会建设中的积极作用。建立健全社会组织参与社会事务、维护公共利益、救助困难群众、帮教特殊人群、预防违法犯罪的机制和制度化渠道。支持行业协会商会类社会组织发挥行业自律和专业服务功能。发挥社会组织对其成员的行为导引、规则约束、权益维护作用。加强在华境外非政府组织管理，引导和监督其依法开展活动。要高举民族大团结旗帜，依法妥善处置涉及民族、宗教等因素的社会问题，促进民族关系、宗教关系和谐。

《决定》要求建设完备的法律服务体系。要推进覆盖城乡居民的公共法律服务体系建设，加强民生领域法律服务。完善法律援助制度，扩大援助范围，健全司法救助体系，保证人民群众在遇到法律问题或者权利受到侵害时获得及时有效法律帮助。发展律师、公证等法律服务业，统筹城乡、区域法律服务资源，发展涉外法律服务业。健全统一司法鉴定管理体制。

《决定》要求健全依法维权和化解纠纷机制。要强化法律在维护群众权益、化解社会矛盾中的权威地位，引导和支持人们理性表达诉求、依法维护权益，解决好群众最关心最直接最现实的利益问题。要构建对维护群众利益具有重大作用的制度体系，建立健全社会矛盾预警机制、利益表达机制、协商沟通机制、救济救助机制，畅通群众利益协调、权益保障法律渠道。把信访纳入法治化轨道，保障合理合法诉求依照法律规定和程序就能得到合理合法的结果。要健全社会矛盾纠纷预防化解机制，完善调解、仲裁、行政裁决、行政复议、诉讼等有机衔接、相互协调的多元化纠纷解决机制。加强行业性、专业性人民调解组织建设，完善人民调解、行政调解、司法调解联动工作体系。完善仲裁制度，提高仲裁公信力。健全行政裁决制度，强化行政机关解决同行政管理活动密切相关的民事纠纷功能。要深入推进社会治安综合治理，健全落实领导责任制。完善立体化社会治安防控体系，有效防范化解管控影响社会安定的问题，保障人民生命财产安全。依法严厉打击暴力恐怖、涉黑犯罪、邪教和黄赌毒等违法犯罪活动，绝不允许其形成气候。依法强化危害食品药品安全、影响安全生产、损害生态环境、破坏网络安全等重点问题治理。

84.关于深化检察改革的意见（2013—2017年工作规划）

2013年，最高人民检察院发布实施《关于深化检察改革的意见（2013—2017年工作规划）》（以下简称《工作规划》）。2015年2月，为统筹推进党的十八届三中、四中全会部署的司法改革和检察改革任务，最高人民检察院对《工作规划》作了修改，并报经中央政法委批准，形成了《关于深化检察改革的意见（2013—2017年工作规划）》（2015年修订版）（以下简称《意见》）。《意见》就贯彻落实中央部署、全面深化检察改革提出了改革的总体目标、六大重点任务和42项具体任务。

《意见》指出，深化检察改革的总体目标是：保障依法独立公正行使检察权的体制机制更加健全，检察机关宪法地位进一步落实；检察机关与其他政法机关既相互配合又依法制约的体制机制更加健全，法律监督的范围、程序和措施更加完善，在权力运行制约和监督体系中的作用得到充分发挥；检察权运行机制和自身监督制约机制更加健全，法律监督的针对性、规范性和公正性、权威性进一步增强，司法公信力进一步提高；对人权的司法保障机制和执法为民的工作机制更加健全，人民群众的合法权益得到切实维护，检察工作的亲和力和人民群众对检察工作的满意度进一步提升；符合检察职业特点的检察人员管理制度更加健全，检察人员政治业务素质和公正执法水平明显提高，基层基础工作显著加强。

《意见》提出了六个方面重点任务：一是完善保障依法独立公正行使检察权的体制机制；二是建立符合职业特点的检察人员管理制度；三是健全检察权运行机制；四是健全反腐败法律监督机制，提高查办和预防职务犯罪的法治化水平；五是强化法律监督职能，完善检察机关行使监督权的法律制度，加强对刑事诉讼、民事诉讼、行政诉讼的法律监督；六是强化对检察权运行的监督制约。

在完善保障依法独立公正行使检察权体制机制方面，《意见》指出，推动省以下地方检察院人财物统一管理改革，探索实行检察院司法行政事务管理权和检察权相分离，建立健全检察人员履行法定职责保护机制。探索设立跨行政区划的人民检察院。完善防范外部干预司法的制度机制。配合中央有关部门，建立领导干部干预司法活动、插手具体案件处理的记录、通报和责任追究制度。

在建立符合职业特点的检察人员管理制度方面，《意见》提出，实行检察人员分类管理，将检察人员划分为检察官、检察辅助人员和司法行政人员三类，建立检察官员额制度，合理确定检察官与其他人员的比例。建立检察官专业职务序列及与其相配套的工资制度。完善检察官职业准入和选任制度。初任检察官由省级检察院统一招录,一律在基层检察院任职,上级检察院的检察官一般从下一级检察院的优秀检察官中遴选。建立检察官遴选委员会制度。建立从符合条件的律师、法学专家中招录检察官制度。建立检察官宪法宣誓制度、预备检察官训练制度。

在健全检察权运行机制方面,《意见》要求建立健全检察机关执法办案组织,完善检察机关执法办案责任体系。建立严格规范的案件受理、办理、管理工作机制,完善案件流程监控、质量评查工作机制。完善检察业务考评机制。

在健全反腐败法律监督机制,提高查办和预防职务犯罪的法治化水平方面,《意见》明确提出,配合中央有关部门,加快推进反腐败国家立法。配合立法机关,完善惩治贪污贿赂犯罪法律制度,把贿赂犯罪对象由财物扩大为财物和其他财产性利益。推动完善国家保护、奖励职务犯罪举报人制度。建立职务犯罪案件跨行政区域管辖制度,规范指定管辖、交办、提办工作。

在强化法律监督职能,完善检察机关行使监督权的法律制度方面,《意见》提出,建立对公安派出所刑事侦查活动监督机制。健全冤假错案防范、纠正、责任追究机制,完善对限制人身自由司法措施和侦查手段的司法监督,统一错案责任认定标准,建立完善对刑事案件速裁程序的法律监督机制,完善对涉及公民人身、财产权益的行政强制措施实行司法监督制度,强化对行政强制措施实施过程的司法监督。探索对行政违法行为实行法律监督的范围、方式、程序,明确监督的效力,建立行政机关纠正违法行为的反馈机制。探索建立检察机关提起公益诉讼制度,健全督促起诉制度,完善检察建议工作机制。

在强化对检察权运行的监督制约方面,《意见》明确要求,建立检察机关内部人员过问案件的记录制度和责任追究制度,严禁检察人员私下接触当事人及律师、泄露或者为其打探案情、接受吃请或者收受其财物、为律师介绍代理和辩护业务等违法违纪行为。坚决惩治司法掮客行为,防止利益输送。完善人民检察院案件信息公开系统,完善办案信息查询系统,建立检察机关办理的重要案件信息发布制度。

最高检强调,深化检察改革必须严格执行中央和最高检的决策部署,自上而下进行,积极稳妥推进,不得各行其是。凡试点改革项目,应按规定层报最高检批准或备案后,方可组织实施。

85.关于全面推进检务公开工作的意见

2013年10月,最高人民检察院部署在黑龙江等5省市开展为期1年的深化检务公开试点工作。2014年6月又增加北京等5省区市作为改革试点地区。改革试点以执法办案信息公开作为重点，明确提出七项"主动公开"和四项"依申请公开"，将检务公开延伸到了执法办案全过程。

2015年2月，最高人民检察院发布《关于全面推进检务公开工作的意见》（以下简称《意见》）。为了细化落实党的十八届四中全会决定提出的"构建开放、动态、透明、便民的阳光司法机制"的要求，在深入调研、总结各地经验做法的基础上，最高检起草制定了《关于全面推进检务公开工作的意见》，对新形势下检察机关全面推进检务公开工作的基本原则、目标任务、内容范围、方式方法、制度机制等提出明确要求。

《意见》明确，检务公开的基本原则是"依法、全面、及时、规范、便民"，总体目标是"让人民群众在检察机关办理的每一个案件中感受到公平正义"，充分体现了党的十八届四中全会提出的"人民司法为人民，依靠人民推进公正司法"的司法理念。《意见》提出了"三个转变"的具体目标，既是对此前检务公开实践的系统总结，又是下一步检务公开工作的基本遵循。

《意见》提出"三个转变"的具体目标，让检察权在阳光下运行。

一是从一般事务性公开向案件信息公开转变。一直以来，最高检致力于破除检察工作中的"神秘主义"。《意见》明确将检察案件、检察政务、检察队伍三类信息列为检务公开的内容，并进一步充实完善。在检察案件信息方面，《意见》明确提出"逐步开展《人民检察院案件信息公开工作规定（试行）》范围之外的其他生效法律文书统一上网和公开查询以及其他案件信息发布"。在检察政务信息方面，《意见》专门强调要主动公开"违反规定程序过问案件的情况和检察机关接受监督的情况，检察统计数据及综合分析"。在检察队伍信息方面，《意见》除规定"主动公开检察机关领导班子成员任免情况，检察委员会委员、检察员等法律职务任免"等目前已经公开的信息外，还规定"检察人员违法违纪的处理情况和结果"也要主动公开。目前，除涉及国家秘密、商业秘密、个人隐私等依照法律法规和有关规定不应公开的内容以外，基本实现了检察工作一般事务性信息的全覆盖。

二是从司法依据和结果的静态公开向办案过程的动态公开转变。检察机关以便民利民为出发点，不断创新丰富检务公开的方式方法，基本实现了对检察机关司法依据和结果的常态化、全媒体、全方位的公开。《意见》在此基础上，围绕实现办案过程的动态公开，进一步完善创新了检务公开的方式和方法。《意见》提出，建立公开审查制度，针对"在案件事实、适用法律方面存在较大争议或在当地有较大影响的审查逮捕、羁押必要性审查、刑事和解等案件，提起抗诉的案件以及不支持监督申请的案件"等情形，明确提出要"探索实行公开审查"。《意见》要求，加强检察法律文书释法说理，提出要"探索对不立案、不逮捕、不起诉、不予提出抗诉、不支持监督申请决定书等制式法律文书采用制作附页的形式进行释法说理"，进一步规范检察法律文书口头说理，让检察法律文书好懂好理解。

《意见》要求强化新媒体公开平台建设，提出检察机关要充分依托当前迅猛发展的移动互联网，构建多层次、多角度、全覆盖的检务公开网络。

目前，全国3600多个检察院都在案件信息公开网同一平台集中公开办案流程、办案结果、办案文书。截至2015年2月26日，全国各级检察机关在网上导出案件程序性信息950005条，发布重要案件信息28410条，发布法律文书148952件，案件信息公开工作取得突破性进展。

三是从单向宣告的公开向双向互动的公开转变。开展检务公开工作以来，检察机关以提升规范司法水平为中心，公开制度机制不断完善。最高检先后制定下发了多个规范性文件，建立了拥有案件程序性信息查询、辩护与代理网上预约、重要案件信息发布、法律文书公开四大平台的案件信息公开网。在此基础上，《意见》围绕实现办案过程的动态公开，进一步完善创新了检务公开的方式和方法。《意见》改变了以单向宣告为主的传统做法，积极探索推进与人民群众和社会公众的双向互动。

《意见》在提出建立健全公开信息审核把关机制和风险评估和预警、处置机制之外，创造性地提出了建立健全民意收集转化和检务公开救济两项机制，确保检务公开工作既依法规范开展，又能够充分把握民情、体现民意，真正让人民群众满意。在"检务公开需求收集和分析机制"方面，提出要"探索引入第三方调查机构调查，增强民意调查、收集和人民群众满意度的客观性"。在"检务公开救济机制"方面提出，人民群众、当事人或者其他符合条件的案件信息查询人认为检察机关应公开而不公开，或不应公开而公开有关检务信息的，可提出申请或复议，检察机关控申部门统一受理后，根据职责分工及时转交相关责任部门调查、处理和答复。

86.关于在刑事执行检察工作中防止和纠正冤假错案的指导意见

2015年2月，最高人民检察院刑事执行检察厅发布《关于在刑事执行检察工作中防止和纠正冤假错案的指导意见》（以下简称《指导意见》）。

《指导意见》共14条，分别对刑事执行检察工作如何防止造成冤假错案、纠正冤假错案、完善控告申诉处理机制、如何问责等提出了具体的指导，要求全国检察机关刑事执行检察部门切实履行监督职责，认真及时发现冤假错案线索，防止和纠正冤假错案，切实维护刑事诉讼当事人合法权益，维护社会公平正义。

《指导意见》强调，对刑事执行检察人员不认真办理在押人员、被强制医疗人及其法定代理人、近亲属的控告、举报、申诉，对存在冤假错案可能的案件不受理、不办理、不依法转办、不督促办理或者玩忽职守的，要视情节轻重依法依纪追究其责任；构成犯罪的，将依法追究其刑事责任。

在严格防止造成冤假错案方面，《指导意见》要求，看守所检察应当注重发现和纠正刑讯逼供、暴力取证、办案人员体罚虐待或者变相体罚、虐待在押人员等违法行为。应当对入所在押人员的身份核实进行监督，注意发现是否有"冒名顶罪"的情形。加强对所外提解的监督，做好还押时体检情况记录的检察。

在纠正冤假错案方面，《指导意见》明确提出，监狱检察对长年坚持申诉、拒绝减刑及因对裁判不服而自杀、自残等情形的服刑人员应当及时调查了解原因，发现有冤假错案可能的应当依照规定及时报告。

《指导意见》指出，要认真受理在押人员控告申诉，进一步完善控告申诉处理机制，畅通在押人员控告申诉渠道，健全与在押人员定期谈话制度、在押人员约见检察官制度、检察官信箱制度，积极推广设立约见检察官信息系统，及时接受被监管人的控告申诉，依法受理在押人员控告申诉。

《指导意见》强调，对侦查机关刑讯逼供等违法办案行为涉嫌职务犯罪的，应当及时将线索移送反渎职侵权检察部门进一步调查处理。

87.关于深化执法规范化建设全面建设法治公安的决定

2015年3月，公安部印发《关于贯彻党的十八届四中全会精神深化执法规范化建设全面建设法治公安的决定》（以下简称《决定》），就全国公安机关认真贯彻党的十八届四中全会精神，进一步深化执法规范化建设、全面建设法治公安作出部署。《决定》对照党中央全面推进依法治国的新部署，紧紧抓住当前公安执法工作中存在的薄弱环节和群众反映强烈的执法问题，从提升依法履职能力、完善执法制度体系、改革权力运行机制、规范执法办案行为、加强执法监督管理等方面提出了一系列措施要求，通过深化执法规范化建设，全面建设法治公安，确保公安机关忠实履行党和人民、宪法法律赋予的职责任务，确保公安工作各个方面、各个环节都充分体现法治精神，不断提升公安工作法治化水平和公安机关执法公信力。

公安民警是执法活动的主体，其素质能力决定着执法水平的高低。《决定》要求，全体公安民警要牢固树立法治观念，善于运用法治思维维护国家安全、社会稳定，善于依靠法律手段加强社会治理、维护治安秩序，善于运用法治方式化解社会矛盾、促进社会和谐，做自觉守法、严格依法办事的表率，自觉接受监督；领导干部要以身作则，全面建立领导干部学法用法制度，加大对领导干部法律培训力度，加强对领导干部遵法学法用法守法和依法决策情况的考核监督；强化执法实战培训，完善法律规定与实践应用相结合的教育培训机制；全面落实执法资格等级考试结果运用，推动将基本级执法资格考试作为公安民警的准入考试。

证据制度是整个刑事诉讼制度的基石，证据质量是保证严格公正执法的决定因素。针对近年来暴露出来的冤假错案反映出的公安机关在证据的收集、固定、运用等方面存在的问题，《决定》专门就进一步完善证据收集工作机制提出了若干措施，紧紧围绕司法审判的要求，依法全面取证，严格依法收集、固定、保存、审查、运用证据，严格实行非法证据排除规则，切实防止取证不及时、不全面、不规范；依法落实讯问犯罪嫌疑人录音录像制度，依法保障律师参与刑事诉讼活动，强化当事人和其他诉讼参与人诉讼权利的制度保障，健全落实冤假错案防范和纠正机制；规范涉案财物程序，加强涉案财物管理。

完善执法权力运行机制，让权力在阳光下运行，是强化权力制约、防止执法腐败的重要保障。《决定》围绕改革权力运行机制、全面落实依法行政要求，明确了建立权力清单制度、健全依法决策机制、完善权力制约机制、全面推进执法公开等方面的具体措施。坚持法定职责必须为、法无授权不可为，准确界定公安机关各项权力，并以清单形式向社会公开；完善权力制约机制，全面建立违规过问、干预具体案件处理的记录、通报和责任追究制度，健全落实执法办案民警与当事人、律师、特殊关系人、中介组织等接触、交往行为规范；坚持以公开为常态，不公开为例外原则，最大限度公开执法依据、执法程序、执法进度、执法结果，建立生效行政处罚、行政复议决定文书上网和公开查询制度，建立健全群众意见建议收集、办理、反馈机制，充分运用公开听证、质证等方式，增强办理治安行政案件过程的透明度和处理结果的说理性。

为进一步加强执法监督管理，《决定》要求，建立健全执法活动的系统管理机制，积极推行刑事案件统一审核、统一出口制度，对案件质量进行严格控制。建立重大、疑难案件集体讨论制度。健全执法责任制和追究体系，全面落实执法责任，实行办案质量终身负责制和错案责任倒查问责制，明确追责程序启动的主体、时间、流程。完善执法质量考评指标体系。建立常态化监督制度，实行日常检查与集中评查、网上巡查与实地检查相结合，强化执法活动现场督察，加强执法办案场所督导检查，加大执法监督力度。

为充分发挥信息化手段在法治公安建设中的重要作用，《决定》要求，在近年来各地建立网上执法办案信息系统，基本实现案件信息网上录入、案件审核审批网上进行、法律文书网上开具等基础上，进一步深化执法信息化建设，加强执法全流程管理，提高执法办案效能。

《决定》还对不断改进行政管理服务工作，进一步规范行政事项办理程序和执法窗口单位民警行为等提出了明确要求。公安部强调，各级公安机关要加强组织领导，制定工作规划，明确工作任务、具体措施、完成时限和责任主体，扎扎实实地推进法治公安建设不断取得新成效，实现新突破。

643

88.《中国法院的司法公开》白皮书

2015年3月10日,最高人民法院用中英文双语发布《中国法院的司法公开》白皮书,对外推介人民法院推进司法公开的做法和成效。

我国人民法院一直高度重视司法公开,始终把推进司法公开作为深化司法体制和工作机制改革的重要内容,着力构建开放、动态、透明、便民的阳光司法机制。党的十八届三中全会以来,人民法院加快推进司法公开工作,最高人民法院先后出台《关于推进司法公开三大平台建设的若干意见》等规范性文件,并依托现代信息技术,推进审判流程公开、裁判文书公开、执行信息公开三大平台建设,运用网络、微博、微信、移动新闻客户端等载体,进一步拓展司法公开工作的广度和深度。地方各级人民法院也不断创新司法公开举措,增加了司法透明度和司法公信力。

白皮书以中英文双语形式,运用大量数字、图表、实例,全面展现了党的十八届三中全会以来人民法院司法公开取得的成就。白皮书包括前言、人民法院推进司法公开的基本情况、审判流程公开、裁判文书公开、执行信息公开、拓宽和创新司法公开途径、结束语7个部分,中英文合计6万余字,内容全面、表述客观、数字翔实,是了解人民法院司法公开工作的重要文献。

建设审判流程公开、裁判文书公开、执行信息公开三大平台,是新一轮深化司法公开的关键举措。

审判流程公开方面。2014年11月13日,中国审判流程信息公开网正式开通。最高人民法院案件的当事人及其诉讼代理人自案件受理之日起,可以凭有效身份证件、手机号码以及查询码、密码,随时登录查询、下载有关流程信息、材料等,及时了解和监督案件进展。最高人民法院案件的庭审录像和电子卷宗的查阅、程序性诉讼文书的电子送达都可以通过中国审判流程信息公开网进行。截至2014年底,最高人民法院审判流程信息公开平台共公布开庭公告429个,审判信息项目36276个,中国审判流程信息公开网总访问量为76.6万次。自2014年8月至2014年底,最高人民法院新收2109案件的审判流程信息已全部向当事人及其诉讼代理人公开,公开信息项目达41071个,成功推送短信6248条。目前除最高人民法院外,北京等22个省、自治区、直辖市已经基本建成了省级统一的审判流程信息公开平台,并建立与中国审判流程信息公开网的链接。许多法院建设全方位、立体化、一站式的诉讼服务平台,实现了司法公开和司法便民的有机结合。截至2014年底,北京、上海等12个省、自治区、直辖市开通了12368诉讼服务系统。各地加强科技法庭、数字法庭建设,实行庭审活动全程同步录音录像,并以数据形式集中存储、定期备份、长期保存。截至 2014 年底，全国法院建成科技法庭 17740 个。2013 年 12 月 11 日，中国法院庭审直播网正式开通，公民可以在线观看庭审直播和录播。截至 2014 年底，通过中国法院庭审直播网进行庭审直播 519 次，各级人民法院进行庭审直播 8 万余次。

裁判文书公开方面。2013 年 7 月 1 日，最高人民法院开通中国裁判文书网，建立全国统一的裁判文书公开平台，并率先在该网发布最高人民法院作出的裁判文书。自 2014 年 1 月 1 日起，各级人民法院的生效裁判文书陆续在该网公布。截至 2014 年底，全国已有 28 个省区市的高级、中级、基层三级法院实现了在中国裁判文书网上传裁判文书，已公布裁判文书 5685491 份，其中最高人民法院公布裁判文书 7582 份。从裁判文书上网文书案件类型分布看，民事裁判文书占 62.95%，刑事裁判文书占 22.04%，行政裁判文书占 3.26%，知识产权裁判文书占 0.91%，国家赔偿裁判文书占 0.03%，执行 10.81%。从裁判文书诉讼程序分布来看，一审占 68.28%，二审占 14.92%，再审占 1.07%，执行占 11.09%。从中国裁判文书网上网法院层级分布来看，基层法院的裁判文书占 79.33%，中级人民法院裁判文书占 19.18%，高院裁判文书为 1.36%，最高法院裁判文书为 0.13%。中国裁判文书网登载的裁判文书还在迅速增加，截至 2015 年 2 月底已达 629 万余份。

执行信息公开方面。2014 年 11 月 1 日建成中国执行信息公开网，将全国法院失信被执行人名单信息公布与查询、被执行人信息查询、执行案件流程信息公开、执行裁判文书公开四项内容进行整合。截至 2014 年底，执行信息公开平台累计公布未结案件 2149 万余件、被执行人信息 2789 万余条，提供执行案件信息查询 1930 万余人次。各级人民法院为公众查询未结执行实施案件的被执行人信息、失信被执行人名单信息、限制出境、限制招投标、限制高消费的被执行人名单信息提供方便，发挥执行信息公开平台作用，积极推进社会征信体系建设。截至 2014 年底，公布失信被执行人 894906 人次，其中自然人 776288 名，法人及其他组织 118618 个。许多地方探索通过在互联网上进行司法拍卖，保障司法拍卖工作的公开透明。目前，全国性的人民法院诉讼资产网已经建成并运行。

白皮书还就人民法院积极利用信息科技和新媒体技术，拓宽和创新司法公开途径的方式做了介绍。

白皮书最后指出，最高人民法院将继续全面深化司法公开，推动司法公开规范化、制度化、信息化，不断完善公开机制，拓宽公开渠道，创新公开方式，建设开放、动态、透明、便民的阳光司法，为全面推进依法治国、建设社会主义法治国家、实现中华民族伟大复兴的中国梦作出更大贡献。

89.宪法宣誓制度

宪法宣誓制度是世界上大多数有成文宪法的国家所采取的一种制度。自1919年德国《魏玛宪法》首次确认国家公职人员就职宣誓制度以后，很多国家如德国、意大利、新加坡、芬兰、希腊、荷兰、葡萄牙、南非等国的宪法中都明确规定，官员任职前要进行忠于宪法的宣誓。

2014年10月28日，党的十八届四中全会通过的《中共中央关于全面推进依法治国若干重大问题的决定》提出，把每年12月4日定为国家宪法日。在全社会普遍开展宪法教育，弘扬宪法精神。建立宪法宣誓制度，凡经人大及其常委会选举或者决定任命的国家工作人员正式就职时公开向宪法宣誓。

2015年6月24日，在十二届全国人大常委会第十五次会议上，受委员长会议委托，全国人大常委会副秘书长韩晓武在作关于实行宪法宣誓制度的决定草案说明时表示，党的十八届四中全会提出建立宪法宣誓制度。落实四中全会精神，以立法形式正式规定实行宪法宣誓制度，对于彰显宪法权威，激励和教育国家工作人员忠于宪法、遵守宪法、维护宪法，加强宪法实施，全面推进依法治国，具有重大而深远的意义。2015年7月1日，全国人大常委会表决通过实行宪法宣誓制度的决定。决定明确：各级人民代表大会及县级以上各级人民代表大会常务委员会选举或者决定任命的国家工作人员，以及各级人民政府、人民法院、人民检察院任命的国家工作人员，在就职时应当公开进行宪法宣誓。

全国人民代表大会选举或者决定任命的中华人民共和国主席、副主席，全国人民代表大会常务委员会委员长、副委员长、秘书长、委员，国务院总理、副总理、国务委员、各部部长、各委员会主任、中国人民银行行长、审计长、秘书长，中华人民共和国中央军事委员会主席、副主席、委员，最高人民法院院长，最高人民检察院检察长，以及全国人民代表大会专门委员会主任委员、副主任委员、委员等，在依照法定程序产生后，进行宪法宣誓。

誓词共70字："我宣誓：忠于中华人民共和国宪法，维护宪法权威，履行法定职责，忠于祖国，忠于人民，恪尽职守、廉洁奉公，接受人民监督，为建设富强、民主、文明、和谐的社会主义国家努力奋斗！"

90.关于完善人民检察院司法责任制的若干意见

根据中央关于司法体制改革的统一部署，最高人民检察院于2013年11月印发《检察官办案责任制改革试点方案》，在7个省的17个检察院开展检察官办案责任制试点。2014

年 6 月,中央政法委部署在上海等 7 个省市开展"完善司法责任制、完善司法人员分类管理制度、健全司法人员职业保障制度、推动省以下地方法院检察院人财物统一管理"四项改革试点工作,完善司法责任制是其中重要内容。最高人民检察院将这两个方面的试点工作统筹起来予以推进。试点地方检察院结合实际积极探索,作了大量的开创性工作,特别是在检察机关的办案组织形式、检察官权力清单、司法责任划分等方面,积累了有益经验。以此为基础,为贯彻落实党的十八届三中、四中全会部署,最高人民检察院制定了《关于完善人民检察院司法责任制的若干意见》(以下简称《若干意见》)。2015 年 8 月 18 日,中央全面深化改革领导小组第十五次会议审议并通过这一方案。2015 年 10 月,最高人民检察院正式发布《若干意见》。《若干意见》从司法办案组织及运行机制、检察委员会运行机制、检察人员职责权限、检察管理与监督机制以及司法责任认定和追究方面,提出了改革意见。

《若干意见》规定,健全司法办案组织及运行机制。在实行检察人员分类管理、落实检察官员额制的基础上,根据履行职能需要、案件类型及复杂难易程度,实行独任检察官或检察官办案组的办案组织形式。独任检察官,即一名检察官带领必要的检察辅助人员从事办案活动。检察官办案组由两名以上检察官组成,配备必要的检察辅助人员。主任检察官作为办案组负责人承担案件的组织、指挥、协调以及对办案组成员的管理等工作,在职权范围内对办案事项作出处理决定或提出处理意见,其他检察官在主任检察官的组织、指挥下从事具体的办案活动。同时,《若干意见》对审查逮捕和审查起诉、职务犯罪侦查、诉讼监督等三类检察业务分别规定了不同的运行机制。审查逮捕、审查起诉案件,检察官对检察长(副检察长)负责,在职权范围内对办案事项作出决定;职务犯罪侦查案件,决定初查、立案、侦查终结等事项,由检察官提出意见,经职务犯罪侦查部门负责人审核后报检察长(副检察长)决定;诉讼监督案件,检察官对检察长(副检察长)负责,在职权范围内对办案事项作出决定,以人民检察院名义提出纠正违法意见、检察建议、终结审查、不支持监督申请或提出(提请)抗诉的,由检察长(副检察长)或检察委员会决定。

《若干意见》规定,健全检察委员会运行机制。围绕检察委员会工作机制中与司法责任制相关的内容,提出了以下五项改革措施:一是规范了检察委员会讨论决定具体案件的范围,划分与检察官、检察长在司法办案中的界限。二是明确了检察委员会由检察长、副检察长、专职委员和部分资深检察员组成,强化了检察委员会委员的专业化、职业化建设。三是赋予检察官可以就所承办案件提出提请检察委员会讨论的请求权,完善了提请检察委员会讨论案件的程序。四是完善了检察委员会讨论决定案件的机制,提高了案件决策的科学化水平。五是提出了建立健全检察委员会决策咨询机制等改革措施。

《若干意见》规定,明确检察人员职责权限。检察办案涉及检察长、检察官、业务部门负责人和检察官助理等各类检察人员。明确各类检察人员的职责权限，是完善司法责任制的前提和基础。《若干意见》从以下几个方面完善了各类检察人员的职责权限：一是完善了检察长职责。主要明确了检察长对案件的处理决定权和行政管理职能。二是原则规定检察官依照法律规定和检察长委托履行职责，同时，要求省级检察院结合本地实际，根据检察业务类别、办案组织形式，制定辖区内各级检察院检察官权力清单。三是界定了主任检察官的职责权限。主任检察官除履行检察官职责外，作为办案组负责人还负责办案组承办案件的组织、指挥、协调以及对办案组成员的管理工作。四是改革业务部门负责人职责权限，明确业务部门负责人应当作为检察官在司法一线办案，同时，规范了业务部门负责人的司法行政事务管理权。五是明确了检察官助理在检察官指导下办理案件的职责。

《若干意见》规定，健全检察管理和监督机制。赋予检察官相关办案权和决定权的同时，必须相应地加强监督制约，保证公正司法。《若干意见》在原来检察机关监督体系的基础上，完善了多个方面的监督机制。一是全面推行检察机关统一业务应用系统，实现办案信息网上录入、办案流程网上管理、办案活动网上监督。二是设立案件管理机构对办案工作实行统一集中管理、流程监控，全面记录检察官办案信息，实行全程留痕。三是建立随机分案为主、指定分案为辅的案件承办确定机制。四是建立符合检察规律的办案质量评价机制。五是依托现代信息化技术，构建开放动态透明便民的阳光司法机制。

《若干意见》规定，严格司法责任认定和追究。在明确各类检察人员职责权限的基础上，建立"权责一致"的司法责任体系，构建科学合理的司法责任认定和追究机制，是落实司法责任制的核心。一是明确司法责任的类型和标准。根据检察官主观上是否存在故意或重大过失，客观上是否造成严重后果或恶劣影响，将司法责任分为故意违反法律法规责任、重大过失责任和监督管理责任三类，分别列举了各类司法责任的具体情形，以及免除司法责任的情形，增强了司法责任追究的可操作性。二是科学划分司法责任。通过科学划分司法责任，使办案的检察官对自己的办案行为负责，作出案件处理决定的检察官对自己的决定负责；把司法责任具体落实到人。三是完善责任追究程序。从司法责任的发现途径、调查核实程序、责任追究程序、追责方式、终身追责等几个方面完善了司法责任的认定和追究机制。对检察人员承办的案件发生被告人被宣告无罪，国家承担赔偿责任，确认发生冤假错案，犯罪嫌疑人、被告人逃跑或死亡、伤残等情形的，一律启动问责机制，核查检察人员是否存在应予追究司法责任的情形。

近年来，司法公信力不高问题较为突出，人民群众对司法不公、司法腐败、冤假错案问题反映强烈。这些问题的产生，有司法观念陈旧、司法人员素质不高等方面的原因，但深层次的原因在于司法体制机制不健全，其中就包括司法责任制不完善。完善人民检察院司法责任制，是建立权责统一、权责明晰、权力制约的司法权力运行机制的关键，是深化司法体制改革的核心,具有多方面的重要意义。一是有利于将司法办案的责任落到实处,增强检察官司法办案的责任心,促进检察官依法公正履行职责,提高司法办案的质量和效率;二是有利于减少内外部人员对司法办案的不当干预,保障人民检察院依法独立行使检察权;三是有利于解决当前司法活动中的突出问题,提高司法公信力,努力让人民群众在每一个司法案件中感受到公平正义;四是有利于促进检察人员提高自身素质,推进检察队伍正规化、专业化、职业化建设。同时,完善人民检察院司法责任制是一项综合性改革,涉及检察机关基本办案组织、检察业务运行方式、检察委员会运行机制、检察管理和监督机制、司法责任认定和追究机制等多个方面的具体改革举措和相关配套改革。这些改革措施的逐步落实,将对司法改革的全面深化、检察工作的全面发展、中国特色社会主义检察制度的全面完善产生重要影响。

91.检察机关提起公益诉讼改革试点方案

公益诉讼是指对损害国家和社会公共利益的违法行为,由法律规定的国家机关或组织向人民法院提起诉讼的制度。它包括民事公益诉讼和行政公益诉讼。

与其他诉讼主体相比,检察机关作为国家法律监督机关,不牵涉地方和部门利益,适合代表国家和社会公共利益提起诉讼;检察机关拥有法定的调查权,有利于调查取证和解决举证困难问题;检察机关能够从大局出发,审慎地行使公益诉权,避免影响到正常的行政秩序。

近年来,生态环境污染、危害食品药品安全等侵害社会公共利益的事件时有发生,社会各界呼吁检察机关通过提起公益诉讼维护社会公共利益的要求日益强烈。在国有资产保护、国有土地使用权出让、生态环境和资源保护等领域,一些行政机关违法行使职权或者不作为使国家和社会公共利益受到侵害,由于我国目前保护国家和社会公共利益的法律制度还不十分完备,对此类违法行政行为缺乏有效监督。为加强对国家和社会公共利益的保护,强化对行政违法行为的监督,党的十八届四中全会决定明确要求:"探索建立检察机关提起公益诉讼制度。"通过建立检察机关提起公益诉讼制度,充分发挥检察机关法律监督职能作用,促进依法行政、严格执法,维护宪法法律权威,维护社会公平正义,维护国家和社会公共利益。根据《中央有关部门贯彻实施党的十八届四中全会决定重要举措分工方案》,探索建立检察机关提起公益诉讼制度法律文件起草工作由最高人民检察院与最高人民法院牵头,中央政法委、全国人大内司委、全国人大常委会法工委、国务院法制办等单位共同参与。2015年5月5日,中央全面深化改革领导小组第十二次会议审议通过了《检察机关提起公益诉讼改革试点方案》(以下简称《方案》)。7月1日,十二届全国人大常委会第五次会议作出《关于授权最高人民检察院在部分地区开展公益诉讼试点工作的决定》。随后，最高人民检察院印发了《方案》。

《方案》对试点案件的范围、诉讼参加人、诉前程序、提起诉讼和诉讼请求等作出明确规定。根据该《方案》，检察机关将重点对生态环境和资源保护领域的案件提起行政公益诉讼。

《方案》明确了试点的案件范围。民事公益诉讼的案件范围确定为检察机关在履行职责中发现的污染环境、食品药品安全领域侵害众多消费者合法权益等损害社会公共利益的案件。行政公益诉讼的案件范围确定为生态环境和资源保护、国有资产保护、国有土地使用权出让等领域负有监督管理职责的行政机关违法行使职权或不作为，造成国家和社会公共利益受到侵害的案件。试点期间，重点是对生态环境和资源保护领域的案件提起行政公益诉讼。

《方案》明确指出，公益诉讼案件中，检察机关以"公益诉讼人"的身份提起诉讼。民事公益诉讼案件的被告是实施损害社会公共利益行为的公民、法人或其他组织。行政公益诉讼案件的被告是违法行使职权或者不作为的行政机关，以及法律、法规、规章授权的组织。

《方案》设置了诉前程序，规定在提起民事公益诉讼之前，检察机关应当依法督促或者支持法律规定的机关或者有关组织向人民法院提起民事公益诉讼。在提起行政公益诉讼之前，检察机关应当先行向相关行政机关提出检察建议，督促其纠正行政违法行为或依法履行职责。设置诉前程序，是为了提高检察监督的效力，发挥行政机关履行职责的能动性，有效节约司法资源。法律规定的机关或有关组织应当在收到督促或者支持起诉意见书后一个月内依法办理，并将办理情况及时书面回复检察机关。行政机关应当在收到检察建议书后一个月内依法办理，并将办理情况及时书面回复检察机关。

按照《方案》，经过诉前程序，法律规定的机关和有关组织没有提起民事公益诉讼，社会公共利益仍处于受侵害状态的，检察机关可以提起民事公益诉讼，向人民法院提出停止侵害、排除妨碍、消除危险、恢复原状、赔偿损失、赔礼道歉等诉讼请求；行政机关拒不纠正违法行为或不履行法定职责，国家和社会公共利益仍处于受侵害状态的，检察机关可以提起行政公益诉讼，向人民法院提出撤销违法行政行为、在一定期限内履行法定职责、确认行政行为违法或无效的诉讼请求。

依据《方案》，最高人民检察院选择北京、内蒙古、吉林、江苏、安徽、福建、山东、湖北、广东、贵州、云南、陕西、甘肃13个省、自治区、直辖市的检察院开展试点。试点期限为两年。试点进行中，最高人民检察院和最高人民法院将共同加强对试点工作的组织指导和监督检查，适时就公益诉讼案件管辖、起诉、审理中涉及的具体问题联合作出实施办法，报全国人民代表大会常务委员会备案，并及时就试点情况向全国人民代表大会常务委员会作出中期报告。试点期满后，对实践证明可行的，适时提请全国人民代表大会常务委员会修改完善有关法律。

《方案》对开展试点工作提出了明确要求：要坚持统筹规划，加强顶层设计，确立检察机关提起公益诉讼的基本制度和规范，统筹规划具体时间表和路线图。积极稳妥推进，探索建立检察机关提起公益诉讼制度，既要加强对试点工作的指导和督促；又要严格程序，努力确保法律效果和社会效果的统一。加强协调配合，各试点单位要加强请示报告和沟通协调，积极争取地方党委、人大、政府和有关部门的支持，建立与人民法院的协调配合机制。注重宣传引导，既要及时宣传改革试点的好经验、好做法和取得的成效；又要把握宣传策略，严格宣传纪律，正确引导社会预期，为改革试点营造良好的舆论环境。

《方案》的提出为保护国家和公共利益提供了有效的法律渠道，为充分发挥检察机关法律监督职能作用提供了法律依据，对促进依法行政、严格执法，维护宪法法律权威，维护社会公平正义，维护国家和社会公共利益，对推进法治中国建设，实现中华民族伟大复兴的中国梦具有重要意义。

三、社会信用体系建设

1. "中国质量万里行"活动

始于20世纪90年代的"中国质量万里行",是中国当时最有影响的全国性社会诚信活动之一。这项由首都主要新闻单位联合主办的社会诚信活动,得到国务院有关主管机构的参与和支持,社会影响大,深得民心,后来演变成具有持续性、综合性的社会活动。

1992年2月,"中国质量万里行"活动正式启动。第一批关于产品质量的报道,通过报纸、电视和广播同时发出,立即赢得了强烈的社会反响。同年8月,中共中央宣传部、国家新闻出版总署、中华新闻工作者协会、中国质量万里行组委会联合召开了第一年活动的总结大会。

自1992年以来,"中国质量万里行"主要围绕打假扶优、规范市场、引导消费、服务企业等开展活动。除了主体活动之外,各地配合这个活动,还分别开展了与此相关的多种名称相近、形式多样的活动。1993年创办了《中国质量万里行》杂志。建立了全国性投诉举报受理机构,与司法部联合建立了一批中国质量万里行促进会律师事务所联系点,提供法律咨询和维权服务。开创了"3·15中国消费维权论坛"、"中国质量万里行出征仪式"、"中国品牌发展论坛"、"中国自主创新论坛"、"中国服务质量论坛"、"外资企业打假论坛"等讲质量、重品牌活动。组织开展了全国《产品质量法》知识问答、质量专题电视晚会、质检法律知识竞赛、全国青少年质量夏令营、大学生消费维权状况调查、"标准、质量与法制"三下乡等大型群众性质量宣传活动。各省市也开展了各具地方特色的活动。

随着活动的深入开展,组织机构逐步健全。原中国质量万里行组委会成了常设机构,主管机关是国家经贸委和中宣部。为了使组委会成为合格的常设主体,正式注册了一个国家级社团——中国质量万里行组委会。1994年后,又成立了中国质量万里行促进会

（CAQP），替代中国质量万里行组委会。

多年来，中国质量万里行活动在打击假冒伪劣、开展新闻舆论监督方面发挥了重要作用。一是心系消费者。截至 2009 年，累计受理投诉举报 37.7 万多起，为消费者挽回经济损失 8.84 亿元。向有关部门移交假冒伪劣和质量安全案件 6529 件，涉及金额 14.04 亿元，二是对质量工作高度负责。对假冒伪劣违法活动开展明察暗访，配合有关部门给予严厉打击，向执法部门提供线索，开展产品售后服务质量调查。三是深入开展打假保名优活动。帮助企业技术创新，推进实施名牌发展战略，先后将 500 多家名优企业吸收为会员理事单位，维护了企业合法权益，提升了市场竞争力。四是坚持开展质量法规宣传。对假冒伪劣行为形成全方位舆论监督，先后揭露曝光了 100 多个假冒伪劣大案要案和 500 多个生产加工"黑窝点"、200 多个假冒维修服务站点，对违法者起到了威慑作用。五是组织专题行动，打造活动品牌。先后在全国 510 个城市和百强县开展了中国质量万里行农村行、行业行、企业行、区域行、打击假冒保护名优行、城市服务质量行等，涉及 30 多个行业，走访 2600 多家企业，深入宣传质量法规。中国质量万里行活动的持续开展，为促进和形成市场经济良好秩序，提高全民质量意识和诚信观念作出了应有贡献。

2.清理企业"三角债"

"三角债"是对企业之间超过托收承付期或约定付款期而未付的拖欠贷款的俗称，是企业之间拖欠贷款所形成的连锁债务关系。"三角债"是经济领域社会信用缺失的具体表现。"三角债"规模过大，会严重影响企业生产经营正常运行，冲击银行信贷计划的执行，还会造成经济信息的混乱。

在我国，"三角债"是在 20 世纪 80 年代后期开始形成的。1991—1992 年间，全国"三角债"累计达到 3000 亿元左右，占银行信贷总额 1/3。这种现象的出现，源于建设项目超概算严重、企业亏损严重、企业产品滞销等。商品交易秩序混乱，结算纪律松弛，信用观念淡薄，也加剧了"三角债"。

1990 年，中国经济开始治理整顿，核心是清理"三角债"。1990 年 3 月，国务院发布《关于在全国范围内开展清理"三角债"工作的通知》，指出"三角债"已成为影响生产正常进行的突出问题，也损害了社会信用，决定在全国范围内开展清理"三角债"工作。同年 8 月召开的全国生产工作会议，标志着清理"三角债"进入攻坚阶段。会后发布了《关于在全国范围内清理企业拖欠贷款实施方案》的通知。

1991 年 6 月 1 日召开的国务院总理办公会议，决定把清理"三角债"作为搞好国企的突破口，并成立了由时任国务院副总理朱镕基领导的国务院清理"三角债"领导小组。同年8月31日,召开全国清理"三角债"工作会议。会议规定了这次清理"三角债"工作的指导方针、主要任务、重点对象,规定了这次清理"三角债"工作时间界限。同年9月12日至17日,朱镕基考察四川时强调,要在全国打好一场清理"三角债"的攻坚战,掀起清理工作高潮。他赶赴东北,现场清欠。提出注入资金、压货挂钩、结构调整、扼住源头、连环清欠等一整套解决措施,只用26天,清理欠款125亿元。在东北三省四市进行清欠试点,从解决源头入手,重点对固定资产投资项目拖欠这个源头进行清理,并狠抓了限产压库促销、调整产品结构和扭亏增盈。试点取得明显成效。1991年重点清理了固定资产项目拖欠款,同时狠抓了限产压库、调整结构,全国共注入银行清欠贷款306亿元,地方和企业自筹24.5亿元,通过组织连环清欠,共清理拖欠款1360亿元,达到了投入1元资金清理4.1元拖欠的显著效果。

1992年,清欠重点转向煤炭等行业贷款的清理,又对企业流动资金清欠进行试点和扩展。到1992年5月,全国总计清理固定资产项目4283个,两年共清理固定资产拖欠款2190亿元,实现了注入1元资金清理4元拖欠的效果。困扰中央和各地政府、企业多年的"三角债"问题终于破解。

清理"三角债"取得了阶段性成果。通过清理"三角债",缓解了企业资金紧张,加速了资金周转,增强了经济活力,对国民经济健康发展起到重要作用。

1992年以后,改革开放加快步伐,中国经济重新启动,银根放松,通货膨胀问题成为中国经济发展需要解决的突出问题。

3.童石军等政协委员关于建立国家信用管理体系的建议

童石军曾是全国政协委员、全国工商联常委、海南省总商会会长。他的名字常常和"信用"联系在一起,人称"信用委员",还有人称他为"全国信用提案第一人"。

1999年,在全国政协九届二次会议上,童石军领衔11位政协委员联名递交提案《关于建立国家信用管理体系的建议》。这是九届全国政协第一份关于社会信用问题的提案。国家领导人在童石军等委员的提案上批示:在上海试点,从而启动了上海建立社会征信体系的工作。童石军也成为全国信用提案第一人。

在此后的历次政协会议上,童石军都要就信用问题递交提案或发言,包括《关于软实力立国的提案》、《设立"信监会"的提案》等。童石军当了15年全国政协委员,累计提出78份提案,涉及诚信、三农、金融、食品安全、人才培养等诸多领域。许多提案都被相关部门采纳,成为政策制定的参考。他一直关注信用建设,截至2012年,提出与"信用"相关的提案也已有13年,共有38件。

如在2006年全国两会上，童石军带来了两个关于信用立法的提案，分别针对助学贷款及民间信用体系建设。关于民间信用体系建设的提案，他说，这是解决中小企业融资难的有效措施。建立民间信用联保模式，可以让中小企业扩大融资的渠道和额度，促使其实现生产技术升级和改造，扩大乡镇企业规模，为解决"三农"问题打开一条新的道路。关于助学贷款的提案，他认为，助学贷款是国家对贫困大学生的一种支持，面对贫困学生，助学贷款只能依靠学生自己的信用来担保。考虑到大学生毕业后的几年还不具备偿还能力，应设定更为灵活的还款期限。但如果他们恶意违约，那他们自身的信用也就不存在了，他们将无法再利用信用贷到任何款项。"我希望，一个人的个人信用，能成为他的第二张身份证。"

童石军认为，现代市场经济就是信用经济，市场化程度越高，客观上对社会信用体系发育程度的要求也越高。一个国家、一个民族，要想永远立于不败之地，加强以信用为支撑的软实力建设，十分重要。

4.黄闻云上书呼吁建立国家信用管理体系

黄闻云在江苏无锡长大，28岁南下深圳成为一名企业家。因在经商中深受仿冒产品的困扰，如何建设诚信的经商环境成为她关注的问题，她1999年赴美国旅行，将此行变成了"信用建设考察之旅"。她用一个月的时间在美国四处走访，写出万言调查报告，呼吁国内开展信用体系建设。

1999年7月底，她第一次上书朱镕基总理，陈述在我国成立信誉公司、建立"个人信用管理体系"的必要性。朱总理责成时任中国人民银行副行长的尚福林处理，组织相关六部委负责人召开了可行性协商会，并将会议结果上报朱总理。朱总理作出批示：银行信贷登记咨询系统应赶快建立，全国联网。个人信誉公司同意在上海试点。2000年7月1日，我国首个个人信用联合征信服务系统在上海开通。

1999年9月，黄闻云个人出资与中国社科院经济所共同设立"国家信用管理体系"课题研究小组，个人出资派遣专家到欧美考察。次年1月，《怎样建立我国社会信用管理体系》的研究报告出炉。到2002年，黄闻云先后四次上书，为信用管理体系建设建言献策。

2002年11月和2003年1月，由她资助的两本奠基性著作——《社会信用体系建设原理》和《现代信用学》问世。2002年，教育部将"信用管理专业"列入高等教育的专业学科。

近年来，我国经济社会诚信缺失现象依然严重，信用管理体系建设到了一个新的节点。黄闻云发现，我国信用体系建设面临的主要问题是缺乏规则，包括缺少全国统一的标准规划、数据项纳入规则及互联规则。她接到有关部门邀请，继续出谋划策，准备专心调研,根据自己多年经验和对信用建设的成熟思考,形成《关于国家信用管理体系框架建设的具体建议》(以下简称《建议》)。《建议》完善后将直接送达总理,为中央决策提供参考,她希望第五份上书能为国家再出一份力。

中国市场学会工作委员会副主任林钧跃表示,建立国家信用体系,是大家共同推动的结果,但我们都没有黄闻云的能量大,她应该是"中国信用体系建设第一人"。

5.北京大学举办"信用中国论坛"

为普及信用意识和信用观念,倡导学生自我负责、自力更生,增强学生的社会责任感,北京大学和华夏银行于2001年6月共同举办了"信用中国论坛"。作为北大推出的新世纪修身行动系列活动的组成部分,"信用中国论坛"通过讲座,从经济学、法学、社会学和伦理学等方面对信用进行探讨;通过资信模拟演示、图片资料展等方式传达关于信用技术方面最前沿的信息,促进大学生进一步认识到"信用"这一道德观念在现代经济社会中的价值和意义。

一批著名专家学者和政府官员会聚北大,与大学生们一起探讨破解信用教育新课题的良策。如何从经济学、法学、伦理学、社会学角度解析信用问题?我国信用文化和技术有哪些有待完善之处?大学生信用教育的具体方式和途径是什么?这些问题是持续40天论坛的主题。

北京大学校长许智宏着重谈了助学信用贷款问题。他在"信用中国论坛"上对大学生们说:"助学信用贷款将成为你们跨入社会的第一份信用记录,这张经济身份证将使你们终身受益。作为大学生,应该明确:在市场经济中,人格信誉是自身最宝贵的无形资产,是每个人的立身之本。"针对大学生对信用贷款存在的各种偏颇看法,他说,这说明大学生对贷款及其应履行的责任和义务理解和认识不够,信用意识还相当缺乏。如何在市场经济条件下强化学生信用意识,树立遵纪守法观念和社会责任感,培养学生独立守信的新型人才观,已成为新世纪大学素质教育的一部分。

经济学教授刘伟说,传统信用观与现代信用观有很大差异。前者重忠诚,后者重守信。比如大学生助学贷款,贷款方不仅看你是否老实,更看重你有无偿还能力。故应更多地从经济学眼光解析信用问题,从制度建设角度解决信用危机。

北大从1999年开始,就与银行合作,开展同学互保方式信用助学贷款。2000年又在中国人民银行、教育部、北京市统一部署下,开展了国家助学贷款工作。但从全国情况看,真正申请助学贷款成功的不到20%,原因主要是贷款方对大学生信用存在担忧,社会信用体系尚不健全,部分大学生观念没有转变,落实政策不力等。对此,华夏银行董事长陆宇澄认为,信用不仅是开展信用贷款的基础,更是发展信贷的保证。

不少北大学生通过论坛,对信用教育表现出浓厚兴趣。北大学生代表向全国大学生郑重倡议:树立信用观念,培养信用意识,推动信用工程,珍视信用!与此同时,复旦大学的师生也在展开大讨论:大学生以德立身要讲诚信。该校从2001年起开设信用教育课,以提高学生的道德修养和法制意识。越来越多的学校开始将信用教育作为素质教育的重要内容;越来越多的人认识到,建立健全社会信用制度必须从我做起。

6.全国诚信守法乡镇企业创建活动

"讲信用"是市场经济条件下企业生存和发展的基本要求。乡镇企业信用是乡镇企业依法经营、履约情况、履约能力、法人信用等方面的集中体现。20世纪90年代以来,乡镇企业适应发展要求加强信用建设,信用意识逐渐增强,信用状况明显改善,涌现出一大批"以诚立企、以信兴企"企业和一批全国知名的乡镇企业家,创造了一批全国驰名商标和名牌产品。但是,乡镇企业信用建设还是初步的,有约不遵、拖欠货款、逃废债务、偷漏税收,甚至造假仿冒、恶意欺诈的问题在一些企业依然存在。在我国加入世贸组织和发展市场经济条件下,加强乡镇企业信用建设显得十分必要。

2002年10月,农业部印发《关于加强乡镇企业信用管理工作的意见》,旨在引导乡镇企业加强信用管理,提高信用水平,改善发展环境,增强企业的整体素质和综合竞争力。同年11月,农业部发出《关于开展创建全国诚信守法乡镇企业活动的通知》(以下简称《通知》)。《通知》指出,开展创建诚信守法乡镇企业活动,是为了认真贯彻中央关于切实加强社会信用建设,逐步在全社会形成诚信为本、操守为重的良好风尚的指示,引导乡镇企业增强信用意识,建立信用制度,全面提升乡镇企业的整体形象和综合竞争力,改善融资条件,实现持续快速健康发展。

《通知》明确了申报范围:在全国同行业中主要经济指标处于领先地位,有广泛影响力的乡镇企业皆可申报。2002年的重点,是全国大中型乡镇企业、全国乡镇企业集团和省级以上农业产业化龙头企业。

《通知》明确了申报必须具备以下条件:第一,企业依法开展生产经营活动,重合同守信用。第二,企业依法建账和进行会计核算。第三,企业严格执行国家财务管理制度,在银行等金融机构有良好信用。第四,企业加强应收应付账款管理,按期如数支付客户货款,在客户中有良好信用。第五,企业加强质量管理,严格按标准生产,为社会提供优良产品和服务。第六,企业有健全的安全生产规章制度,有良好安全生产条件和劳动保护措施。第七,企业重视环境保护,无污染环境行为,合理开发利用资源。第八,企业依法纳税，及时足额缴纳应缴税款，在当地税务部门有良好信用。第九，企业保障职工身心健康，积极推行职工养老保险等，维护职工合法权益。第十，企业法人代表诚信守法，有良好的个人信用。领导班子整体形象好。

《通知》明确了认定程序：企业自行申报，自下而上逐级推荐、认定。报送材料真实，最后报送农业部乡镇企业局。

《通知》明确了认定管理。"全国诚信守法乡镇企业"的认定工作，由农业部负责，成熟一批，认定一批，不搞终身制。初审认定名单公示，对认定的企业由农业部发文公布，并颁发证书和牌匾，有效期两年。广泛宣传，总结交流推广经验。

根据农业部上述两文件，针对乡镇企业信用行为和信用活动的突出问题，各地重点抓了三方面工作：一是界定和规范乡镇企业的信用行为和信用活动；二是制定相关中介机构的业务范围和经营规则；三是制定乡镇企业信用风险防范和监督管理及责任追究的措施。各地乡镇企业行政管理部门抓紧研究制定符合当地乡镇企业发展需要的基本信用制度，力争逐步形成全国统一的乡镇企业基本信用制度。农业部多次公布了全国诚信守法乡镇企业评定名单，如2002年评出213家，2006年评出239家。这项活动树立了诚信榜样，发挥了激励乡镇企业争当守信企业的作用。

7. 建设"信用浙江"

浙江省是我国市场经济发育较早的省份之一，在信用建设方面进行了多方面的探索实践，在全国的社会信用形象得到较大提升。

2002年，浙江省政府出台《关于建设"信用浙江"的若干意见》，明确提出建设信用浙江。"信用浙江"建设的目标是：在建设社会信用体系的基本框架之下，重点突破、整体推进，切实强化政府信用，显著提升企业信用，初步建立个人信用，全面改善社会信用状况，健全信用制度，弘扬信用文化，完善信用监管，形成良好的信用环境，从而实现与建设经济强省、科技强省、教育强省和文化大省的要求相适应。

"信用浙江"的基本内涵，是提高三大主体信用和开展三大建设。提高三大主体信用，即大力强化政府信用，着重提升企业信用，积极构建个人信用。三大建设，即健全信用制度，规范信用行为；弘扬信用文化，培育信用道德；完善信用监管，发展信用服务。

2007年8月，为持续推进"信用浙江"建设，浙江正式发布实施《浙江省社会信用体系建设"十一五"规划》（以下简称《信用规划》）。《信用规划》是浙江"十一五"期间社会信用体系建设的政策性、指导性文件。

《信用规划》明确提出，要以主体信用为基础，以道德法制为支撑，以健全信息征集和披露机制为切入点,以培育和发展信用服务市场为重点,建立起与浙江经济社会发展水平相适应的社会信用体系建设框架和运行机制,再创浙江经济社会发展体制新优势。到2010年,率先建立比较完善的社会信用体系,成为全国区域信用建设的先行区。

《信用规划》提出了重点建设内容。其一,建设和完善两个平台,即企业联合征信数据平台和个人联合征信数据平台,为社会信用体系建设提供公共信息服务。其二,培育三大主体,即培育政府、企业和个人三大信用主体,夯实社会信用体系的基础。其三,构建五大体系,即政策法规体系、信用服务体系、信用文化体系、信用监管与奖惩体系、区域信用联动体系,形成社会信用体系的基本架构。其四,突出十大任务,主要包括:整顿和规范市场经济秩序,建立有序的现代市场体系;加强地方信用探索和实践,提升区域信用水平;培育和规范信用服务机构,发展信用服务市场;开展信用标准化研究,提高信息共享和应用效率;开展信用基准评价,防范区域信用风险;实施"金诚"工程,夯实信用信息化基础;建设"信用长三角",促进区域经济发展一体化;开展信用国际合作与交流,提高信用建设的国际化水平;加强信用人才培养,开展信用研究交流;创新实施机制,加强社会信用体系建设的领导。

《信用规划》具有九个突出亮点。一是率先在建立健全社会信用体系上提出了可衡量的指标,主要指标有6个。二是坚持联建共享,建设公共征信平台。三是加快培育和发展信用服务市场,培养一批层次多样、业务各有侧重、差异化竞争的信用服务机构群体,力争形成10家左右有较高知名度的信用服务机构。四是把打造"诚信政府"放在更加突出位置,从六个方面入手。五是倡导弘扬信用文化,与建设文化大省相结合。六是全面推进个人信用制度建设,使信用成为个人的"经济身份证",逐步建立起覆盖面较广的重点人群信用数据库,征集更多人群的多种个人信息,以反映其信用状况。七是要建立多层次的失信惩戒制度。八是实施"金诚"工程,通过五个项目建设,增强信用信息征集和共享能力,提高政府监管效率,提升信用的信息化水平。九是强调开放合作。建立区域一体化的社会信用体系,与其他地区开展交流合作,建设"信用长三角",提高信用建设的国际化水平。

浙江省持续开展社会信用体系建设,成为经济发展的助推力,也为全国其他地区的信用体系建设提供了有借鉴价值的经验。

8.朱镕基"诚信为本,不做假账"的演讲

世界会计师大会已有近百年的历史。2002年11月19日,第十六届世界会计师大会在香港会议展览中心隆重开幕。香港以它的会计专业领先地位和中国经济迅速发展的背景优

势，赢得了第一次在中国的举办权。国务院总理朱镕基出席开幕式并发表演讲，来自世界90多个国家和地区的5000多位业界人士聆听了朱镕基总理的演讲。

朱镕基首先强调了会计师行业的重要作用。他说：随着知识经济的兴起和市场竞争更加激烈，企业、政府和公众对公开、真实、准确的会计信息，有着更为强烈的需求，特别是需要及时提供更多的和新形式的会计服务。在现代市场经济中，会计师的执业准则和职业道德极为重要。诚信是市场经济的基石，也是会计执业机构和会计人员安身立命之本。近几年来，一些国家发生的大公司财务欺诈案，使会计行业面临着"诚信危机"的挑战。维护自己的独立性，提高诚信度和公信力，是会计行业自身建设的根本之策。

针对一些国家所发生的多起大公司财务欺诈案，这次大会将焦点聚集在会计行业如何应对诚信危机的挑战上。对此，朱镕基总理强调了加强职业道德建设和行业自律的必要性。他联系中国的情况指出："中国特别重视会计职业道德建设，加强会计业监督管理，要求所有会计审计人员必须做到'诚信为本，操守为重，坚持准则，不做假账'。恪守独立、客观、公正的原则，绝不屈从和迎合任何压力与不合理要求，绝不以职务之便谋取一己私利，绝不提供虚假会计信息。这里，我还要补充一句，就是我国会计师行业的现状和我刚才讲的这个要求还有不小的差距，我们永远不可能完全做到这一点，但是我们决心，一定要按照这个标准去做。最近几年，中国建立了三个国家会计学院。我很少题词，因为我字写得不好，但是我为这三个国家会计学院亲自写下四个大字'不做假账'，我希望每一个从中国国家会计学院毕业的学生永远都要牢记这四个大字。"

朱镕基说，我国会计业是较早开放的领域之一，今后将进一步开放。我们真诚地欢迎世界各地的会计师和投资者到中国这片充满生机和活力的热土上来施展才华，谋求更大的发展。朱镕基的以上讲话对加强我国会计业的诚信建设指明了方向，提出了会计师行业诚信建设的底线。

9.金融信用信息基础数据库建设

金融信用信息基础数据库，是由国家为防范金融风险、促进金融业发展提供相关信息服务而设立，并由中国人民银行征信中心建设、运行和维护的征信系统。该运行机构不以营利为目的，由国务院征信业监督管理部门——中国人民银行——监督管理。根据国务院《征信业管理条例》（以下简称《条例》）的规定，金融信用信息基础数据库接收从事信贷业务的机构按照规定提供的信贷信息。

金融信用信息基础数据库为信息主体和取得信息主体本人书面同意的信息使用者提供查询服务。国家机关可以依法查询金融信用信息基础数据库的信息。从事信贷业务的机构应当按照规定向金融信用信息基础数据库提供信贷信息。从事信贷业务的机构向金融信用信息基础数据库或者其他主体提供信贷信息，应当事先取得信息主体的书面同意，并适用《条例》关于信息提供者的规定。

随着经济市场化程度的加深，加快企业和个人征信体系建设已成为社会共识。党的十六大报告明确提出要"健全现代市场经济的社会信用体系"，十六届三中全会提出："按照完善法规、特许经营、商业运作、专业服务的方向，加快建设企业和个人信用服务体系。" 2003 年，国务院"三定方案"明确赋予人民银行"管理信贷征信业，推动建立社会信用体系"的职责。2007 年召开的全国金融工作会议进一步提出，以信贷征信体系建设为重点，全面推进社会信用体系建设。为进一步发挥人民银行在社会信用体系建设中的作用，2008 年，国务院将人民银行职能调整为"管理征信业，推动建立社会信用体系"。遵照党中央、国务院指示，人民银行加快了企业和个人征信系统的建设。经过几年的努力，人民银行牵头建设的全国统一的企业和个人信用信息基础数据库已经初步建成，在经济社会中开始发挥积极作用。

企业信用信息基础数据库：人民银行于 1997 年开始筹建银行信贷登记咨询系统，2002 年建成地市、省市和总行三级数据库体系，实现以地市级数据库为基础的省内数据共享。该系统主要从商业银行等金融机构采集企业的基本信息，在金融机构的借款、担保等信贷信息，以及企业主要的财务指标。在该系统多年运行基础上，2005 年人民银行启动银行信贷登记咨询系统的升级工作，将原有的三级分布式数据库升级为全国集中统一的企业信用信息基础数据库，使该系统在信息采集范围和服务功能上大大提高。企业信用信息基础数据库已经于 2006 年 7 月实现全国联网查询。截至 2008 年 9 月底，企业信用信息基础数据库收录企业及其他组织共计 1 千多万户，其中 6 百多万户有信贷记录。

个人信用信息基础数据库：个人信用信息基础数据库建设最早是从 1999 年 7 月人民银行批准上海资信有限公司试点开始的。2004 年底实现 15 家全国性商业银行和 8 家城市商业银行在全国 7 个城市的成功联网试运行。2005 年 8 月底完成与全国所有商业银行和部分有条件的农村信用社的联网运行。经过一年的试运行，2006 年 1 月个人信用信息基础数据库正式运行。截至 2008 年 9 月底，个人信用信息基础数据库收录自然人数共计 6 亿多人，其中 1 亿多人有信贷记录。

企业和个人信用信息基础数据库的主要使用者是金融机构，通过专线与商业银行等金融机构总部相连（即一口接入），并通过商业银行的内联网系统将终端延伸到商业银行分支机构信贷人员的业务柜台，实现了企业和个人信用信息定期由各金融机构流入企业和个人征信系统，汇总后实时流向金融机构的功能。其中，前者表现为金融机构向企业和个人信用信息基础数据库报送数据，后者表现为金融机构根据有关规定向企业和个人信用信息基础数据库实时查询企业和个人信用报告。金融机构向企业和个人信用信息基础数据库报送数据可以通过专线连接，也可以通过磁盘等介质。

中国人民银行征信中心和商业银行建立数据报送、查询、使用、异议处理、安全管理等各种内部管理制度和操作规程。企业和个人信用信息基础数据库建立了完善的用户管理制度，对用户实行分级管理、权限控制、身份认证、活动跟踪、数据主体（企业和个人）监督；数据传输加压加密；对系统及数据进行安全备份与恢复；聘请国内一流网络安全管理专家对系统安全进行评估，有效防止计算机病毒和黑客攻击等等，建立了全面有效的安全保障体系。

企业和个人信用信息基础数据库的信息来源主要是商业银行等金融机构，收录的信息包括企业和个人的基本信息，在金融机构的借款、担保等信贷信息，以及企业主要财务指标。企业和个人信用信息基础数据库采集到多方面的信息后，按数据主体（即企业和个人）对数据进行匹配、整理和保存，将属于同一个企业和个人的所有信息整合在其名下，形成该企业或个人的信用档案，并在金融机构查询时生成信用报告。

企业和个人信用信息基础数据库的功能：首先是帮助商业银行核实客户身份，杜绝信贷欺诈，保证信贷交易的合法性；其次是全面反映企业和个人的信用状况，通过获得信贷的难易程度、金额大小、利率高低等因素的不同，奖励守信者，惩戒失信者；再次是利用企业和个人征信系统遍布全国各地的网络及其对企业和个人信贷交易等重大经济活动的影响，提高法院、环保、税务、工商等政府部门的行政执法力度；最后是通过企业和个人征信系统的约束性和影响力，培养和提高企业和个人遵守法律、尊重规则、尊重合同、恪守信用的意识，提高社会诚信水平，建设和谐美好的社会。

10.律师诚信制度

建立律师诚信制度，是加快社会信用制度建设的重要组成部分，也是社会信用制度建设在律师业的具体体现。改革开放后我国律师制度恢复以来，广大律师忠于法律和职守，作出了积极贡献。但也要看到，律师队伍建设中存在一些亟待解决的问题，如对当事人委托事项敷衍塞责，甚至收了费不办事；滥作广告，进行虚假宣传；在办案中提供虚假证据，或者诱导当事人提供虚假证据；出具虚假法律意见等。这些问题的存在与没有建立良好的律师诚信制度、少数律师诚信失范密切相关。为此，2002年3月，司法部发出《关于加快建立律师诚信制度的通知》（以下简称《通知》）。

《通知》强调，律师肩负着维护法律正确实施的重要职责，在依法维护市场信用关系和交易关系方面起着重要作用。特别是在加入WTO后，法律服务面临激烈竞争的新形势，建立健全律师诚信制度显得尤为迫切。各级司法行政机关、律师协会一定要组织律师认真学习贯彻司法部《关于进一步推动律师工作改革的若干意见》、《律师职业道德和执业纪律规范》、《关于召开第五次全国律师代表大会的通知》和相关会议精神，使广大律师牢固树立诚信为本、操守为重的观念，努力塑造律师良好的诚信形象。

《通知》部署了律师诚信制度建设工作。强调必须依靠健全的规章制度规范律师信用行为，用制度来保证守信者得益，失信者受损。要着力完善以下四项诚信保障制度：一是委托代理制度。二是律师事务所执业利益冲突审查制度。进一步规范律师代理行为，防止因执业利益冲突而给当事人带来损失，影响律师诚信形象。三是律师服务质量跟踪反馈制度。四是责任赔偿和保险制度。

《通知》强调，要大力加强律师诚信监管。要建立严格的诚信奖惩制度，对信用好的律师事务所和律师要在年检注册、出国培训等方面给予便利和优惠；对于不讲信誉，破坏信誉的律师事务所和律师，要加大惩处力度。对于违规违纪的律师事务所和律师要定期向社会披露。加强管理的现代化建设，充分运用电脑数据库等手段加强诚信监管。力争经过五年左右的努力，逐步完善符合律师行业特点的诚信制度。

《通知》发布后，不少省市出台了相应的文件，充实了律师诚信保障制度的内容，如增加"执业公示制度"等，严格了对这一建设的监管要求，力求将《通知》要求落到实处。中华全国律师协会发布了《律师职业道德和执行纪律规范》，成为行业监管的标准。全国各地围绕完善律师服务市场的法律体系、建立健全律师服务的相关制度、加强司法行政机关与律师协会的管理做了大量工作，使律师诚信建设走上快车道。

11.注册会计师行业诚信建设纲要

在市场经济条件下，诚信道德成为市场主体的内在需要。注册会计师作为维护市场经济诚信的制度安排，是以市场化、专业化来推进诚信建设的机制保障。其职业本身要求必须首先从自身做起，恪守诚信，履行好维护诚信的社会责任。诚信是注册会计师行业价值体系中最本质、最具决定作用的道德品质。它影响着所有价值判断，是注册会计师行业的核心价值，也是注册会计师行业赖以生存和发展的前提条件。

我国注册会计师制度创建于1918年，新中国成立后一度中断。1980年12月，财政部发布《关于成立会计顾问处的暂行规定》，标志着我国注册会计师制度的恢复重建。重建30多年来，注册会计师行业始终把诚信建设摆在重要位置，初步形成了覆盖行业管理和服务各领域的行业诚信建设体系。其间，发生了一系列标志性事件，包括举办注册会计师全国统一考试，开展以资格清理为核心的行业清理整顿工作，开展证券业务资格会计师事务所执业质量检查，开展行业全面清理整顿工作，完成会计师事务所脱钩改制等。为提升行业公信力，推进行业诚信建设，更好地为社会主义市场经济服务，2002年，中国注册会计师协会发布实施《注册会计师行业诚信建设纲要》（以下简称《纲要》）。

《纲要》确立了行业诚信建设的目标，即全面提升注册会计师的职业道德水平和专业胜任能力，提高注册会计师执业的独立性，塑造独立、客观、公正的职业形象，把行业建设成为社会公众信得过的专业服务行业，为我国社会主义市场经济有序发展提供优质服务。

《纲要》提出行业诚信建设的7项任务：一是大力加强职业道德和专业素质教育，提升执业人员的职业道德水平和专业胜任能力。二是强化行业制度建设，提升行业专业服务的独立性。三是研究和完善执业机构的组织形式和内部运行机制。四是强化行业监管体系，加强执业质量的监督检查。五是加强协会建设，提高协会服务水平。六是积极营造有利于行业诚信建设的社会氛围。七是大力培育行业诚信文化，把行业建设成为社会公众信得过的专业服务行业，为我国社会主义市场经济有序发展提供优质服务。

为贯彻落实《纲要》提出的各项任务，注册会计师行业多措并举，营造行业诚信环境，不断完善诚信制度体系。这些措施和方法包括：始终坚持以维护公众利益为根本宗旨；确立并实施五大战略，即人才培养战略、行业准则国际趋同战略、事务所做强做大战略、行业信息化战略和新业务领域拓展战略；坚持以创新为动力，高度重视体制机制和方法措施等方面的创新；坚持以国际化为导向；坚持以加强协会建设为组织保障；坚持发挥注册会计师和广大会员的主体精神。

为加强以执业标准建设为行业诚信建设的制度保障，2005年启动实施行业准则国际趋同战略，2006年建立起与国际准则趋同的中国注册会计师执业准则，为注册会计师诚信执业提供了一套高质量的技术标准，有力促进了行业诚信建设，增强了行业社会公信力。中国注册会计师协会在1992年制定《中国注册会计师职业道德守则》、1996年制定《职业道德基本准则》和2002年制定《职业道德规范指导意见》的基础上，2011年制定实施了与国际会计师职业道德守则趋同的《中国注册会计师职业道德守则》，规范和保证注册会计师诚信执业。

多年来，通过抓好"三个关键"，加快了注册会计师诚信建设。一是抓关键人物，落实合伙人在事务所诚信文化建设中的领导责任；二是抓关键环节，从注册准入源头加强诚信建设；三是抓关键手段，发挥行业监管在诚信建设中的作用，使注册会计师诚信建设更加规范化。

12.关于开展社会诚信宣传教育的工作意见

1992 年,党的十四大确定建立社会主义市场经济体制。在物质文明和精神文明建设取得初步成效的同时,经济社会生活中失信现象还相当严重地存在。建立社会信用体系,是整顿和规范市场经济秩序的治本之策,也是完善社会主义市场经济体制的重要措施。社会信用体系建设,诚信教育是基础,信用制度是保障。按照国务院的统一部署,要用五年左右的时间建立起我国社会信用体系的基本框架和运行机制。2003 年 9 月,中宣部、中央文明办、司法部、教育部等单位联合印发《关于开展社会诚信宣传教育的工作意见》(以下简称《意见》),决定从 2003 年开始到 2008 年,在全社会组织开展诚信宣传教育。

《意见》明确提出了开展社会诚信宣传教育的工作目标:诚信意识和遵纪守法观念在公民中深入人心,社会公德和职业道德的自律机制明显发挥作用,诚信为荣、失信为耻的观念在社会生活和经济交往中为绝大多数公民所恪守;各级领导干部、公务员带头严格遵诺守信,廉洁公正和依法行政的意识明显增强,政府机关的公信力显著提高;大多数企业和交易中的法人、自然人在市场行为中自觉地践行诚信原则、公正原则,真正做到诚实守信、货真价实、公平买卖、童叟无欺,企业自律得到加强,行为趋于规范,信用风险意识和管理水平得到提高;消费者的自我保护意识普遍增强,依法维护自身权益的能力提高,维权的社会环境明显改善。

《意见》提出了诚信宣传教育的主要内容:学习宣传《公民道德建设实施纲要》和国务院《关于整顿和规范市场经济秩序的决定》;结合普法宣传,学习贯彻《行政许可法》、《民法通则》、《合同法》、《公司法》、《产品质量法》、《商标法》、《消费者权益保护法》、《药品管理法》等与市场经济相关的法律法规,提高公民和企业诚实纳税、守法经营的自觉性;广泛开展社会职业道德教育,结合建立行业行为规范,实行行业公约,使各行各业树立诚信为本、诚信兴业的职业道德规范,提高整体职业道德水平;普及信用管理的基础知识,宣传建立信用制度、加强信用管理、防范信用风险及失信惩戒等方面的知识和内容;开展商品质量和使用方面的科普知识,帮助消费者掌握防欺诈、识真伪的技能,增强自我保护能力。

《意见》提出了搞好诚信宣传教育的具体措施:一是开展不同界别的诚信和职业道德宣传教育。二是利用新闻媒体和各种文化活动,营造良好的社会舆论氛围。三是通过理论研讨、知识培训、法制讲座、技术咨询等开展学习和宣传教育,加强科研工作。四是组织各类创建活动,突出诚信内容。把诚信教育与诚信实践、诚信法制教育结合起来。

《意见》明确了诚信宣传教育的组织领导和部门分工。中宣部、全国整顿和规范市场经济秩序领导小组办公室、中央精神文明建设指导委员会办公室负责统一协调、指导、组织具体工作。中宣部组织有关媒体开展社会诚信宣传活动。司法部要大力宣传与整顿和规范市场经济秩序相关的法律法规。教育部负责研究确定学生诚信、法制教育的具体内容,开展诚信教育和职业道德教育。全国总工会负责组织职工职业道德和诚信宣传教育活动。

《意见》的发布,为在全国各个领域开展诚信宣传教育进行了整体部署,使之有条不紊、协调配合地开展起来。2014年7月,中央宣传部、中央精神文明建设指导委员会在北京召开推进诚信建设制度化工作座谈会,中宣部部长刘奇葆在讲话中指出,诚信精神的树立、诚信风尚的培育,离不开广泛深入的宣传教育。要把诚信教育贯穿于公民道德建设全过程,体现到社会公德、职业道德、家庭美德、个人品德教育各方面,大力宣传普及诚信道德规范,积极培育讲诚信、重诚信、守诚信的文化,引导社会成员诚信自律、提升道德素养,使诚实守信成为全社会的价值追求和自觉行动。目前,学校诚信教育不断深化,社会诚信教育逐步普及,媒体诚信宣传得到进一步加强。

13. "共铸诚信"活动

随着市场经济体制的建立和发展,诚信缺失已经日益成为影响经济发展和社会稳定的一个热点难点问题,也是影响人的素质提高和社会风气改善的重要因素。为促进社会主义市场经济健康发展,2003年9月,中央文明办、全国整顿和规范市场经济秩序领导小组办公室、国家税务总局、国家工商行政管理总局、国家质量监督检验检疫总局联合发出《关于联合开展"共铸诚信"活动的通知》(以下简称《通知》),决定从2003年起,在全国开展"共铸诚信"活动。

《通知》提出,开展"共铸诚信"活动的总体要求是:抓教育,树立诚信意识;立规范,建立诚信机制;攻重点,整治突出问题;推典型,营造诚信氛围。

《通知》要求,要广泛进行多种形式的诚信主题教育和实践活动。城乡基层要利用市民学校、社区讲座、农村文化活动等阵地,进行诚信宣传教育。运用电视、广播、报刊、网络等大众传媒倡导诚实守信的良好风尚。要把诚信教育与诚信实践活动相结合,贯穿于创建文明城市、文明村镇、文明行业等各项活动之中。基层在开展创建文明单位、文明窗口、文明标兵等活动中要把诚信建设作为重要内容。

《通知》要求抓好工作重点。一是加强政务诚信建设,以党政机关的诚信服务带动全社会的诚信建设。政府对于承诺的事项要坚决做到。二是加强商务诚信建设。要加强生产和流通等经济领域的诚信建设,坚决打击制售假冒伪劣商品等行为。深入开展"百城万店无假货"、"购物放心一条街"活动,不断增加示范街、示范店的数量。加强服务行业的诚信建设，努力做到规范服务、优质服务。加强社会中介组织的诚信建设，促进守法经营和公平竞争。三是加强社会诚信建设，形成讲诚信的良好人际关系和社会风气。

《通知》强调，要着力建立健全诚信建设的制度规范。各行各业都要遵守法律法规和行业规章制度，探索运用多种手段从法制上、体制上、机制上解决诚信缺失问题。2003年内要建立以下诚信建设的机制：一是税务部门建立完善纳税信誉等级评定制度，建立诚信纳税的激励机制。二是工商部门制定《关于对企业实行信用分类监管的意见》，对守信企业、失信企业和严重失信企业建立相应的管理机制。三是质检部门建立完善企业质量信用档案，按照企业信誉等级实施分类管理。

《通知》要求，要努力营造全社会"共铸诚信"的良好舆论氛围。要切实加强对"共铸诚信"活动的领导。

"共铸诚信"活动体现了多部门齐抓共管，既注重宣传教育，也强调落在实处，初步明确了诚信建设的重点和制度建设的内容，为此后全方位进行诚信建设奠定了基础。各地区、各行业都规划了自身的活动安排。通过开展"共铸诚信"活动，诚信作为一种理念正深入人心；诚信建设已切实纳入各自的工作日程；重点领域的诚信建设有所突破；初步形成了共铸诚信的氛围；在探索诚信体系建设方面作了有益尝试。

14.企业劳动保障诚信制度

企业劳动保障诚信制度是劳动保障部门依法行使国家劳动保障监察权，通过对各类企业遵守劳动保障法律法规的情况实施监督检查，根据国家规定的劳动保障相关要求，将企业分别认定为不同的信用等级，并实行分类监管的一项制度。实施这项制度是建立社会主义市场经济体制和社会法制建设的基本要求，有利于促进企业依法用工，引导劳动者依法维权，提高企业的法律观念和劳动管理水平，切实保障广大劳动者的合法权益。

2003年9月30日，劳动和社会保障部办公厅出台《关于推行企业劳动保障诚信制度的指导意见》（以下简称《意见》）。《意见》的出台，表明我国即刻推行此项制度。这是为了贯彻党的十六大精神，大力发展劳动保障事业，促进劳动保障法律法规的全面贯彻实施，加强劳动保障监察执法的针对性和有效性，推动各类企业逐步建立与社会主义市场经济体制相适应的自我规范、自我约束、自我激励、自我发展的劳动保障管理模式，树立企业诚实守信的社会形象，为经济发展和社会稳定创造良好的法制环境。《意见》提出了推行企业劳动保障诚信制度要开展的五项工作。

第一项工作，准确把握有关内容，研究制定切实可靠的企业劳动保障诚信等级评价办法。建立此项制度，主要内容涉及企业依法招聘劳动者、签订劳动合同、遵守工作时间和休息休假、执行工资支付和最低工资标准、履行社会保障登记申报和缴费义务、实施女职工和未成年工特殊保护、建立企业劳动保障管理规章制度等执行劳动保障法律法规的情况。各地省级劳动保障部门要研究制定可靠的企业劳动保障诚信等级评价办法,向企业公布。

第二项工作,周密组织,确保稳步推进。这是一项长期复杂的系统工程,要设置科学合理的评价指标,由劳动保障监察机构牵头与有关业务机构组成等级评价小组,开展年度等级评定,在同级劳动力市场公告或在新闻媒介、网上登载。

第三项工作,深入开展劳动保障监察,做好基础工作。在日常巡视检查、劳动保障年检、举报专查和专项检查中掌握各类企业所有制类型、分布地点、生产技术特点及劳动保障管理情况,及时了解企业用工、工资支付、参加社保等基础数据,逐步推行运用电子系统建立基本情况数据库。

第四项工作,加大普法宣传教育,营造企业讲诚信的良好氛围。

第五项工作,加强组织协调,确保企业劳动保障诚信制度取得成效。

这项制度将信用管理与企业劳动保障监管相结合,不仅有利于企业落实各项劳动保障举措,也有助于提高企业在社会中的信用度,树立良好的企业形象。各地纷纷出台推行企业劳动保障诚信制度建设的实施意见,有的成立了相关的等级评定委员会,下设办公室负责具体工作,初步建立起信息共享、齐抓共管的管理格局。

15.纳税信用等级评定管理办法

诚信纳税是社会诚信的重要组成部分。为规范纳税信用管理,发挥纳税信用分类管理的激励与监控作用,促进纳税人诚信纳税,2003年7月10日,国家税务总局印发《纳税信用等级评定管理试行办法》(以下简称《办法》)。《办法》适用于依照税收法律、行政法规的规定,应当办理税务登记的各类纳税人。

《办法》明确了评定内容与评定标准。纳税信用等级的评定内容为纳税人遵守税收法律、行政法规以及接受税务机关依据税收法律、行政法规的规定进行管理的情况。具体指标分五部分。一是"税务登记情况",含7项指标,共计15分。二是"纳税申报情况",含5项指标,共计25分。三是"账簿、凭证管理情况",含4项指标,共计15分。四是"税款缴纳情况",含3项指标,共计25分。五是"违反税收法律、行政法规行为处理情况",含3项指标,共计20分。

《办法》设置四级。考评分在95分以上的为A级、60分以上95分以下的为B级、20分以上60分以下的为C级、20分以下的为D级。《办法》补充了评为各等级不得具有的情形。

《办法》强调加强激励与监控。对不同等级实施分类管理，以鼓励依法诚信纳税，提高纳税遵从度。对 A 级纳税人，给予除必要检查外，两年内可免除税务检查；对税务登记证验证、税收年检等采取即时办理办法；放宽发票领购限量；在合规前提下简化出口退（免）税申报手续等鼓励措施。对 B 级纳税人，除进行常规税收征管外，重点是加强日常涉税政策辅导、宣传等服务工作，帮助其提升纳税信用等级。对 C 级纳税人，应加强管理，可采取追究违法违规行为的责任并限期改正；列入年度检查计划重点对象；对送报资料严格审核；发票的供应实行收（验）旧供新，严格限量供应等措施。对 D 级纳税人，除采取上述 C 级监管措施外，还可将其列入重点监控对象；依照法规收缴其发票或者停止向其发售发票；依照法规停止其出口退（免）税权等。

《办法》规定了评定组织与程序。由省一级或者市（地）一级或者县（市）一级的国家税务局和地方税务局共同评定其所管辖的纳税人的纳税信用等级，两个年度评定一次。以日常监控为基础进行综合分析考评，对纳税信用等级按照从低原则共同核定。等级评定后采取适当形式进行公示，征求纳税人和社会各界的意见，可依法申请行政复议。实行动态管理。

诚信纳税是社会诚信建设的重要内容，涉及面广泛。为此，要加强纳税信用管理。《办法》的出台，标志着我国税务机关在社会主义市场经济条件下开始用诚信制度来激励或惩罚公民的纳税行为，使之走上法制化轨道。此后，我国的纳税信用管理不断加强和完善。

16.食品安全信用体系建设

市场经济是信用经济，信用是维持市场经济正常秩序的保证。没有信用，就没有秩序，市场经济就不可能得到健康发展。近年来，食品安全犯罪案件居高不下，社会反映强烈，对食品安全的不信任增加，加强食品安全信用体系建设刻不容缓。党的十六大报告提出，要"整顿和规范市场经济秩序，健全现代市场经济的社会信用体系"。十六届三中全会进一步指出，要增强全社会的信用意识，形成以道德为支撑、产权为基础、法律为保障的社会信用制度。国务院继而提出，从 2003 年起用五年左右时间，建立起社会信用体系的基本框架和运行机制。为贯彻国家大政方针，2004 年 4 月，国家食品药品监管局和海关总署发出《关于加快食品安全信用体系建设的若干指导意见》（以下简称《指导意见》）的通知，部署食品药品安全体系建设工作。

食品安全信用体系建设是以培养食品生产经营企业遵纪守法为核心，通过相应的制度规范、运行系统和运行机制建设，实现褒奖守信、惩戒失信，从而全面提高食品安全水平，保障广大人民群众的身体健康和生命安全。它是在政府推动下全社会参与的一项系统工程，是保障食品安全的长效机制和治本之策。

《指导意见》提出的建设目标是：从2004年起通过五年时间，逐步建立起我国食品安全信用体系的基本框架和运行机制，使我国的食品安全水平迈上一个新台阶。在制度规范上，初步建立起食品安全信用的监管体制、征信制度、评价制度、披露制度、服务制度、奖惩制度等，使得在主要方面有法可依，有章可循。在运行系统上，初步建立起食品安全信用管理系统和服务系统，如食品安全信用查询系统、食品安全信用评价系统。在信用活动上，进一步增强全社会的食品安全信用意识，营造食品安全信用环境，创造食品安全信用文化。在运行机制上，初步建立起食品安全信用运行机制，发挥食品安全信用体系对食品安全工作的规范、引导、督促功能。

食品安全信用体系建设的主要内容包括：建立食品安全信用管理体制、建立食品安全信用标准制度、建立食品安全信用信息征集制度、建立食品安全信用评价制度、完善食品安全信用披露制度、完善食品安全信用奖惩制度。相关的保障措施有：加强组织保障，明确相关责任；加强政府信用，严格依法行政；加强法制建设，提供制度保障；加强舆论宣传，营造信用氛围；加大科技投入，增加经费保障；加强企业信用，强化信用基础；认真抓好试点，分组分层推进。

为落实《指导意见》，两部门同时印发了国家食品药品监督管理局《食品安全信用体系建设试点工作方案》（以下简称《试点方案》）的通知。

《试点方案》明确了试点的目的和原则。试点城市有吉林省辽源市、黑龙江省大庆市、福建省厦门市、湖南省常德市、宁夏银川市。试点行业有肉类行业、粮食行业、儿童食品行业。试点主要内容，一是加强信用宣传教育。二是制定信用制度规范。三是建立管理服务系统。

从全国范围看，从2004年至2014年，还在多个层面开展了食品安全信用体系建设。

为完善食品安全管理体制，国务院设立食品安全委员会。2010年2月9日，国务院食品安全委员会召开第一次全体会议。会议听取了有关部委开展食品安全整顿工作情况的汇报，审议并通过了国务院食品安全委员会工作规则。国务院食品安全委员会的主要职责是：分析食品安全形势，研究部署、统筹指导食品安全工作；提出食品安全监管的重大政策措施；督促落实食品安全监管责任。设立办公室，具体承担委员会的日常工作。

加强食品安全法规建设，修订《食品安全法》。2014年6月，十二届全国人大常委会第九次会议审议通过了食品安全法修订草案。2009年颁布的《中华人民共和国食品安全法》，对食品安全标准、食品生产经营、监督管理、法律责任等作了规定。修订草案从现行法律的104条增加到159条，旨在改革完善我国食品安全监管体制，建立严格的食品安全监管制度,推进食品安全社会共治格局。有五大看点:一是增设对失职地方政府负责人应当引咎辞职的情形。二是增加对网购食品、婴幼儿食品的规定。三是增设食品安全责任保险制度。四是规范信息发布。五是完善食品安全监管体制。

政府各部门各司其职,承担有关食品安全工作。2012年10月,国务院食品安全办等8部门联合印发了《关于进一步加强道德诚信建设 推进食品安全工作的意见》。意见要求各地区、各有关部门针对食品安全领域存在的诚信缺失、道德失落等问题,进一步强化解决措施,夯实食品安全领域道德诚信内在基础和外部环境,推动形成"守信受益、失信必损"、"一处失信、处处受制"的利益导向和"明信知耻、惩恶扬善"的道德风气。要开展评选表彰和学习宣传活动,强化分组分类动态监管和食品安全示范创建工作,抓紧完善食品安全"黑名单"制度,拓展社会监督途径,落实食品安全有奖举报制度。

发挥食品行业组织作用。2007年,中国食品工业协会已在全国设立了30多家授权食品安全师的培训机构,培训了上千名食品安全师。

2014年6月14日,"中国食品安全诚信宣言大会暨首届食品诚信联盟峰会"召开,主题为"诚信、安全、保障——食品企业的社会责任行动公约"。会上发出了《中国食品行业诚信倡议书》。

17.诚信教育大纲(试行)

2004年3月,为增强创业者的诚信意识,落实2004—2005年再就业培训计划,劳动和社会保障部组织编写了创业培训用《诚信教育大纲(试行)》(以下简称《大纲》)。其目的是通过本课程教学,使学员树立市场经济是信用经济、法治经济的观念,增强诚实守信、合法经营的意识,为企业的成功开办和经营奠定坚实基础。

《大纲》包括四部分内容:

第一部分,什么是诚信。教学要求:掌握诚信是市场经济的基本规则,诚信是经商之道;了解以诚信原则为基础的商业法律体系的构成;认识诚信对于国际交往的重要意义。教学内容:诚信是道德规范与行为准则;诚信是中华民族传统文化与精神追求;诚信是市场经济的基本规则;诚信是经商之道;诚信是商业法律法规体系的核心;诚信是国际交往的惯例。

第二部分,为什么要讲诚信。教学要求:明确讲诚信对于成功创业、取得贷款、正当竞争、维护客户和获得企业长远发展利益的重要意义。教学内容:诚信是创业的根基;诚信是获得贷款的前提;诚信是合作的基础;诚信是正当竞争的守则;诚信是维护客户的必备条件;诚信的商誉给企业带来长期利益;社会信用体系建设启动后,失信会受到惩罚;

政府职能部门对企业划分信用等级并分类管理。

第三部分，怎样讲诚信。教学要求：掌握如何诚信处理与公共部门、银行、客户以及本企业员工的关系；学会修复不良信用记录的方法；了解建立企业信用管理制度和创建企业信用文化的相关知识。教学内容：如何建立与公共部门的诚信关系；如何建立与银行的诚信关系；如何建立与客户的诚信关系；诚信处理企业内部关系；如何在讲诚信的同时保护自己；失信后如何补救。

第四部分，社会信用体系建设。教学要求：掌握社会信用体系的构成；了解我国社会信用体系建设的现状；了解发达国家信用体系的基本情况。教学内容：什么是社会信用体系；社会信用体系建设与我们的生活密切相关；发达国家社会信用体系简介；我国信用体系建设现状。

《大纲》要求，在进行诚信教育时，与创业过程紧密联系。培训形式可采取集中授课、专家现场咨询、案例教学等多种形式，利用录像机等教学设备进行形象直观的教学。考试不仅要关注学员对基础知识的掌握情况，更要考查分析问题和解决实际问题的能力。

上述诚信教育，涉及创业和经营企业全过程的方方面面。通过系统全面的教育，可以使每一个创业者在创业之初就牢固树立诚信意识，知规知法，少走弯路。随后，由劳动和社会保障部培训就业司和中国就业培训技术指导中心组织专家编写出版了《诚信培训教程》。该书是创业培训用书，也可作各类职业机构、大专院校开展诚信教育的教学用书。

18.国家科技计划信用管理制度

在国家科技计划中推进信用管理是在市场经济条件下完善国家科技计划管理的一项重要措施。科技信用作为社会信用的重要组成部分，是指从事科技活动人员或机构的职业信用，是对个人或机构在从事科技活动时遵守正式承诺、履行约定义务、遵守科技界公认行为准则的能力和表现的一种评价。国家科技计划信用管理的目的，是提高国家科技计划管理水平，提高政府科技资源分配的公正性和有效性，提高国家科技计划相关主体的信用意识与信用水平，约束和规范国家科技计划相关主体的行为，从源头上预防和遏制腐败。国家科技计划信用管理贯穿于国家科技计划管理的全过程，要在科技计划管理的立项、预算、实施、验收等各个环节中建立信用管理机制。

为深入贯彻党的十六大和十六届三中全会精神，加强和完善国家科技计划管理，2004年7月，科技部研究制定印发了《关于在国家科技计划管理中建立信用管理制度的决定》（以下简称《决定》）。

《决定》明确了国家科技计划信用管理的基本原则。第一，国家科技计划信用管理应坚持实事求是的原则，要以事实为基本依据，做到客观记录和公正评价。第二，国家科技计划信用管理应充分尊重科技活动自身规律，有利于形成科技界自我约束与自我调节的机制，保护科技创新的积极性和信用管理对象的合法权益。

《决定》指出了国家科技计划信用管理的对象、依据。信用管理的对象是参与和执行国家科技计划的相关主体，包括国家科技计划的执行者、评价者和管理者。国家科技计划信用管理与评价的依据，包括项目合同、计划任务书与委托协议书、项目预算书等正式承诺、国家科技计划相关管理制度与政策法规以及科技界公认行为准则等。

《决定》要求建立国家科技计划信用信息评价指标体系，逐步建成国家科技计划信用信息共享平台系统。

科技信用管理的基础是科技信用信息，包括管理对象的基本信息、不良行为记录信息和良好行为记录信息三方面。

国家科技计划相关主体信用信息指标体系与评价方法是当前信用管理具有关键意义的基础性工作。要加强研究，尽快建立起信用信息的评价指标体系并确定评价方法。要结合电子政务工程，逐步建立国家科技计划信用数据库和信用信息共享平台系统。抓紧研究制定其统一规范，并按统一规范建立各科技计划的信用数据库。各科技计划的信用数据库是信用信息共享主要组成部分。要在此基础上逐步建成国家科技计划信用信息共享平台系统，并分阶段、分权限实现信用信息共享，为信用管理提供物质和技术支撑。

《决定》提出要重视国家科技计划信用信息的收集、记录与使用，使之作为国家科技计划管理和决策的重要依据之一。信用管理应与项目管理、经费管理、相关主体行为规范管理、科技绩效管理等有机结合。在立项、预算、验收等关键环节中，应对相关机构和个人的信用状况进行查询或评价，使之成为管理与决策的一个重要依据。对信用良好者给予鼓励，对信用不良者加强监督管理直至处罚。

实施路径应有利于积极稳妥地推进国家科技计划信用制度建设，要以提高失信成本为基本出发点稳步推进科技信用制度的规范化建设。在现阶段，应发挥政府主导作用，同时鼓励专业机构参与。国务院科技行政主管部门要加强国家科技计划信用管理，各行业和地方科技行政主管部门根据实际建立行业和地方科技计划信用管理体系，中介机构可接受委托承担相关的技术性与事务性工作。

《决定》的出台与实施，表明政府科技管理部门高度重视从事科技活动的人员和机构的信用水平，这也是科技活动健康有效进行的根本保障。此后，根据科技腐败事件仍然频发的情形，科技方面的信用管理也在不断完善和加强。

19.药品安全信用分类管理制度

充分运用监管手段,发挥各级食品药品监督管理部门在药品市场信用体系建设中的作用,引导并推动药品市场信用体系建设健康发展,是各级食品药品监督管理部门的一项重要工作。2004年9月,国家食品药品监督管理局颁发《药品安全信用分类管理暂行规定》(以下简称《暂行规定》),目的是充分发挥药品、医疗器械监督管理职能,强化药品、医疗器械生产、经营企业和研制单位的信用意识,促进形成统一开放、公平竞争、规范有序的市场环境。

药品安全信用分类管理工作包括三个部分:一是建立药品、医疗器械生产经营企业和研制单位的信用信息档案;二是根据信用等级标准划分信用等级;三是按照信用等级给予相应的奖惩。

关于信用信息档案的建立和交流。药品安全信用信息档案主要包括药品、医疗器械生产、经营企业和研制单位的登记注册信息和对其日常监管信息。各级食品药品监督管理部门应根据工作权限采集和记录相关信用信息,并建立档案。所记录的药品安全信用信息,应以行政处罚决定书、文件通知、专项通知书等形式或者电子文档形式,按照药品安全信用等级评定工作的工作分工,及时告知药品、医疗器械生产、经营企业和研制单位所在地省级食品药品监督管理部门。

关于信用等级的确定。确定药品安全信用等级的原则是,以是否有因违反药品、医疗器械监督管理法律法规和规章等而被处以刑事或者行政处罚作为信用等级划分的主要标准;以违法行为情节的轻重和主观过错的大小作为信用等级划分的辅助标准。药品安全信用等级分为守信、警示、失信、严重失信四级,《暂行规定》明确了各级的认定标准。药品安全信用等级采用动态认定的方法,对已达到某一信用等级的,作出相应的认定;被认定为警示、失信、严重失信等级的,在随后一年内无违法违规行为的,调升到上一等级。

关于激励与惩戒。食品药品监督管理部门对被认定为守信等级的,给予政策支持;对被认定为其他等级的,采取防范、提示、加强日常和专项监管等措施予以惩戒,《规定》对具体惩罚方式作了规定。

为了推动《暂行规定》的贯彻落实,2004年确定黑龙江省、江苏省、重庆市、内蒙古自治区、宁夏回族自治区食品药品监督管理局为药品安全信用分类管理重点联系单位。其他省、自治区、直辖市也认真落实,随时汇报沟通。随着工作的开展,将把工作开展得好的增列为国家食品药品监督管理局重点联系单位。各地通过建立健全药品研制环节信用体系、药品企业产品质量信用管理体系建设,完善药品流通体系、健全准入退出机制,建立规范的药品招标采购机制，加强药品广告监管，完善相关制度建设、信息整合、分类监管等，不断深化药品安全信用体系建设。

20.关于进一步加强中小学诚信教育的通知

自 2001 年 10 月中共中央印发的《公民道德建设实施纲要》发布以来，全社会普遍开展了多种形式的道德教育活动，取得初步效果。但在一些领域和地方，不守承诺、欺骗欺诈等失信现象仍屡禁不止。这些不良现象也侵蚀着校园。为此，在中共中央、国务院发布《关于进一步加强和改进未成年人思想道德建设的若干意见》，中宣部等单位印发《关于开展社会诚信宣传教育的工作意见》之后，2004 年 3 月，教育部办公厅又发出《关于进一步加强中小学诚信教育的通知》（以下简称《通知》）。

《通知》强调，要充分认识诚实守信的品德是立身之本、做人之道，必须从小培养；充分认识诚信教育是摆在我们面前的一项重要任务。

《通知》明确了中小学诚信教育的内容和要求。通过多种形式的教育活动，要使中小学生了解诚信的基本内容，懂得诚信是做人的基本准则，增强学生法律意识和诚信意识，提高守法、守规的自觉性，牢固树立守信为荣、失信为耻的道德观念，从小立志做讲诚信、讲道德的人。在诚实教育方面：培养学生诚实待人，以真诚的言行对待他人、关心他人，对他人富有同情心，乐于助人。严格要求自己，言行一致，不说谎话，作业和考试求真实，不抄袭、不作弊。在守信教育方面：培养学生守时、守信、有责任心，承诺的事情一定要做到，言必行、行必果。遇到失误，勇于承担应有的责任，知错就改。在诚实守信教育的同时，还要加强遵守法律法规、校规校纪和社会公德的教育，培养学生的法律规则意识，具备良好的道德品质。

《通知》指出了诚信教育的途径和方法。诚信教育要遵循生动活泼、形式多样、小型为主的原则。将诚信教育作为中小学弘扬和培育民族精神教育、思想道德建设的重要内容，纳入学校德育工作计划。要与社会公德教育、法制教育、心理健康教育、职业道德教育有机融合，提高整体教育效果；以学生为主体，组织丰富多彩的教育活动，贴近实际，贴近学生；以"人人知诚信、人人讲诚信"为主题组织研讨会、征文、演讲、知识竞赛等活动，利用黑板报、广播、校园网大力宣传诚信；利用每年 9 月 20 日全国"公民道德宣传日"和 9 月全国"中小学弘扬和培育民族精神教育月"的契机，安排时间组织相关教育活动；将诚信教育渗透到各学科教学中去。

《通知》指出，为加强诚信教育，要建立健全诚信教育的各项制度，作为对学校各部门的管理考评、对教师的管理考评、对学生的操行评定的重要内容之一。教职员工要为人师表，率先垂范。通过多种形式走向社区、进入家庭，扩大学校教育对社会和家庭的影响，使诚信教育取得实效。

如今诚信教育已融入各级各类学校的思想品德教育之中，成为不可缺少的内容。共同的做法是，讲解说教，形成诚信导向；榜样示范，引导诚信理念；强化措施，规范诚信行为；家校配合，共造诚信环境。有的学校还采取了为学生建立诚信纪录档案、通过无人监考让学生践行诚信、寓诚信教育于养成教育之中等创新做法，起到潜移默化的作用。

21.中国诚信建设成果展

2004年11月，为加快中国社会信用体系建设的进程，国家统计局、中央文明办等六部门决定在北京举办"中国诚信建设成果展"系列活动。

我国市场经济体制建立初期，存在大量不讲诚信现象，但建立标准完善的惩罚诚信缺失的法律法规的条件还不够成熟，暂时还难以增加诚信缺失行为的成本。因此，当时政府将重点放在加大诚信行为的收益上，把它作为开展诚信建设工作的重要切入点。此前国务院发布了关于投资体制改革的决定，提出了建立企业投资诚信制度的具体目标，并在《关于推进资本市场改革开放和稳定发展的若干意见》中提出加强诚信建设，健全资本市场法规体系的任务。现在六部委举办"中国诚信建设成果展"的目的，是让社会认可讲诚信的先进地区和企事业单位，以增加它们讲诚信的收益，以此激励和带动整个社会讲诚信。

本次活动由国家统计局、中央文明办等六部门组织，综合在社会精神文明建设、规范市场经济秩序、工商管理、纳税信用、质量管理以及信用统计征集等方面的诚信建设工作经验，形成此次展览活动的内容。

参展对象包括各行业知名品牌。展示内容为：企业综合实力、企业信誉、企业产品及服务、企业文化理念等。

设立一个主题论坛和两个专题论坛。主题论坛是"中国诚信建设高层论坛"。演讲嘉宾为政府高层官员和中外著名专家，围绕中国诚信体系建设的方针政策、规划部署、成功经验、借鉴和建议等展开。

专题论坛一：全国诚信体系建设研讨会。演讲嘉宾涵盖六部门领导、地方官员、著名专家和国际机构代表。围绕市场经济与社会诚信体系、诚信的制度建设与道德建设、中国特色的诚信评价体系、诚信监管体制与征信管理体系、发展信用服务与信息资源共享、诚信建设的有效方式和途径、共铸诚信活动经验交流等展开。

专题论坛二：中国企业诚信论坛。演讲嘉宾有著名品牌管理专家、金融家、国际采购商和企业领袖等。围绕诚信品牌与企业成长、诚信品牌与银企合作、诚信与企业核心竞争力、诚信与企业成本和效益、构筑企业诚信机制、打造诚信品牌形象等展开。

论坛上发起成立中国诚信品牌联盟。在人民大会堂举办了"诚信中国"大型主题文艺晚会。这次诚信建设成果展及系列活动,营造了讲诚信光荣的良好社会氛围,是一次具有社会影响力的诚信宣传和教育活动。

22.中国信用发展报告

2002年10月,北京大学成立了我国首家信用研究机构——北京大学中国信用研究中心。该中心是以研究社会经济信用为核心的权威研究机构,围绕加快我国信用体系建设,建立适合中国市场经济发展的信用制度等重大理论和实际问题,开展全方位的信用研究活动。2005年,北京大学中国信用研究中心与全国整顿和规范市场经济秩序领导小组办公室合作编写了中国首部《中国信用发展报告》。

《中国信用发展报告》强调的主要观点是:透视我国传统文化的形成和发展不难发现,诚信观念和守信理念在生活、生产及一切社会实践活动中起着基础和核心作用。信用制度建设是一项开创性、根本性的基础工作,必须全社会共同参与、全力打造。惩治失信、弘扬守信是社会信用制度的基本目标。我们追求的诚信,不仅是一种信用理念和道德规范,更重要的是一种制度安排。信用制度和诚信准则在现实的政治、经济和文化生活中具有重要作用。

《中国信用发展报告》的主要内容有:

第一部分,中国信用交易的发展状况。我国信用交易的发展历程、我国信用交易的发展状况、信用交易对经济增长的作用。

第二部分,中国社会信用体系的建设状况。信用信息的公开和共享、信用服务行业的发展、社会信用环境的培育。

第三部分,银行信贷信用体系的建设状况。银行信用风险评估体系、银行信贷登记查询制度、银行信贷领域信用相关法制建设。

第四部分,产品质量信用体系的建设状况。产品质量检验检疫体系的建设、产品质量信用社会监督活动的开展、食品安全信用体系的建设。

第五部分,市场流通领域信用体系的建设状况、市场流通领域信用体系的概念、当前流通领域存在的主要问题、流通领域信用相关法规的建设。

第六部分,纳税领域信用体系的建设状况。税收征收管理信用体系建设的目标、税收征收管理信用体系建设的内容、个人纳税信用体系建设的状况。

从以上内容可以了解到当时我国主要经济领域信用体系建设的现状,为开展进一步研究和实践提供了基础。

从 2005 年以来，北京大学中国信用研究中心每年都以重点研究成果为主体，形成一批专著出版。2013 年 4 月，由社会科学文献出版社出版的《中国信用发展报告（2012—2013）》蓝皮书问世。这是北大中国信用研究中心与中国社会科学院财经战略研究院信用研究中心合作，结合近十年来推动和开展社会信用体系研究实践的部分成果形成的。与 2005 年的那本相比，本报告具有两个更为显著的特点。第一，更加关注信用建设中的重大问题和热点问题。第二，更加关注社会信用实践中的理论和实践创新。

23.商会协会行业信用建设工作指导意见

商会协会作为联系政府和企业的行业自律性服务组织，在经济和社会生活中的作用越来越重要。开展行业信用建设，是商会协会履行自身职责的客观需要，有利于加强行业管理，提高行业自律水平，也有利于政府加强市场监管和实施宏观调控。为推进商会协会行业信用建设工作，2005 年 11 月，全国整顿和规范市场经济秩序领导小组办公室、国务院国有资产监督管理委员会共同印发《商会协会行业信用建设工作指导意见》（以下简称《指导意见》），并发出通知。

《指导意见》提出，商会协会开展行业信用建设应遵循的原则是：服务会员企业；自主建设；正面褒扬和失信惩戒相结合。

商会协会开展行业信用建设的主要内容：一是推进诚信宣传教育，二是强化行业信用制度建设，三是利用信息开展服务，四是对会员企业开展信用评价，五是加强对会员企业信用风险管理知识的培训，六是协助会员企业建立信用风险防范机制。

《指导意见》指出，为保障行业信用建设工作的实施，商会协会要结合本行业特点开展调查研究，科学规划本行业信用体系建设工作，探索信用管理工具的创新，积极与行业主管部门沟通协调，向其他政府部门和社会机构传递行业信用信息，提高信用产品的社会认可程度和守信行为的社会和经济价值。全国整规办对此项工作进行监督，并跟踪调研，以加强指导和推动。

《指导意见》指出，商会协会开展行业信用体系建设工作涉及的面较宽，需要分类指导。2006 年 4 月，全国整规办、国资委协会办印发了《行业信用评价试点工作实施办法》的通知，明确了试点的范围、试点的内容和目的。2007 年 1 月，全国整规办、国资委行业协会联系办公室公布了首批 44 家试点单位名单，并对加强企业信用评价管理工作提出进一步要求：一是坚持行业信用评价工作的正确方向，即以服务会员企业、促进行业自律、提高行业信用水平和企业信用风险防范能力为目的。二是保证评价指标的科学性和信息来源的准确性。三是加强信用信息的管理。四是周密部署，精心组织。保证评价活动的公开、公平、公正，防止重复交叉评价，控制信用评价收费标准，严格财务管理。五是规范行业信用评价。实行"三统一"，即统一信用等级标准，统一划分为 AAA、AA、A、B、C 三等五级；统一行业信用评价的名称、证书和标牌。评价工作统一定名为"企业信用等级评价"，评价结果统一称为"企业信用评价级信用企业"，评价单位为各商会协会，统一有效期限定为三年。企业申请上一级信用等级的，不受有效期限制。六是全面推进行业信用建设工作。

通过指导商会协会开展行业信用建设，加强了行业管理，增强了行业诚信意识，有利于政府主管部门掌握各行业相关企业的信用信息，进行市场监管和宏观调控。开展行业信用评价试点，也为其他领域进行信用评价积累了经验。

24.民办非企业单位自律与诚信建设活动

改革开放以来，民办非企业单位发展迅速，但由于管理的法律法规和政策不完善，部分民办非企业单位法制观念淡薄，营利化倾向严重，信用缺失。为提高民办非企业单位的社会公信力和影响力，2005 年 2 月，民政部发出《关于企业单位自律与诚信建设活动的通知》，将 2005 年作为民办非企业单位自律与诚信建设活动年。

通知明确了活动的主要内容：一是规范民办非企业单位章程，通过章程帮助其树立自律意识和完善自律机制。二是建立公开透明的信息披露制度。要求在省级登记管理机关登记的，要在年检后将年度工作报告在指定的网站或媒体上公布，也鼓励其他有条件的向社会披露。三是开展提供优质服务、真情回报社会等多种形式的主题公益活动，树立良好形象。四是建立健全民办非企业单位财务制度，确保非营利性。五是坚决查处违法行为，动员社会参与监管，提供良好的社会环境。

2006 年 1 月 4 日，民政部又发出《关于进一步深入开展民办非企业单位自律与诚信建设活动的通知》（以下简称《通知》），对一年来开展自律与诚信建设活动取得的成效予以肯定，同时指出诸多不足，要求进一步深入开展此项活动。

《通知》明确了进一步开展自律与诚信建设活动的主要内容：一是建立健全民办非企业单位的内部规章制度，从制度上促进民办非企业单位依法、按章程开展活动。二是完善信息披露制度，除在省级登记管理机关登记的外，也要求在地市级登记管理机关登记的要在指定网站或媒体上公布年度工作报告。三是进一步开展提供优质服务等多种主题公益活动，鼓励民办非企业单位将服务经常化、制度化。四是完善服务承诺制。五是做好宣传。六是进行调查研究工作。

《通知》明确了进一步开展自律与诚信建设活动的基本要求：一要充分认识活动的重要意义，让自律与诚信建设活动继续结出硕果。二要加强协调和指导工作，注重整体推进。三要狠抓落实，注重实效，推动民办非企业单位公益活动形成品牌效应，扩大社会影响。四要认真总结，努力探索，提高对民办非企业单位发展与管理规律性的认识，探索管理的长效机制。

各地高度重视此项活动，把这项工作列入重要议事日程，在党委和政府领导下，加强与业务主管单位及有关部门的联系，密切协作，结合实际采取有效措施，不断开拓创新，促使民办非企业单位以自律苦练内功，以诚信外塑形象，提高了企业自身素质，推动了管理工作，自律与诚信建设活动取得了明显成效。

25.建筑市场信用体系建设

2005年8月，为整顿和规范建筑市场秩序，建设部发布《关于加快推进建筑市场信用体系建设工作的意见》（以下简称《意见》），提出了"一个指导思想，二者同步推进，三方协调配合，实现四个统一"的信用体系建设基本思路。

《意见》提出，加快推进建筑市场信用体系建设，要坚持以邓小平理论和"三个代表"重要思想为指导，以建设社会主义和谐社会为目标，坚持法治与德治相结合。总体目标是，到2010年基本构建起全国建筑市场诚信信息平台；建筑市场责任主体行为诚信标准更符合市场需要；法律法规得到完善；建立诚信激励和失信惩戒机制；综合信用评价的市场化初步形成；各主体守法经营，依法活动。基本原则是，坚持政府启动、市场运作、权威发布、信息共享。

《意见》指出，推进建筑市场信用体系建设，要坚持二者同步推进，即以政府对市场主体的守法诚信评价为重点，同时推动社会中介信用机构开展综合信用评价。

《意见》指出，推动建筑市场信用体系建设，要坚持三方协调配合，即建设行政主管部门、行业协会、信用征信和评价机构三方协同，推动建筑市场信用体系建设。《意见》明确了各方的主要工作任务。

《意见》指出，推动建筑市场信用体系建设，要实现四个统一。一是统一的诚信信息平台。先推动南北两大区域诚信信息平台建设和试点，鼓励各大城市的信息平台建设，逐步推动全国诚信信息平台互联。二是统一的诚信评价标准。制定和发布建筑市场责任主体行为诚信标准。重点评价从事建筑活动的企业和执业资格人员的诚信行为。各省可对标准进行细化。行业协会等可开展各方主体诚信等级的评定工作。三是统一的诚信法规体系。各地建设行政主管部门要制定相关的部门规章和规范性文件。四是统一的诚信奖惩机制。各地建设行政管理部门要逐步建立诚信奖惩机制，使建筑市场形成诚实光荣和守信受益的良好环境。

按照上述《意见》，全国各地纷纷开展建筑市场诚信体系建设。2007年1月，为进一步健全建筑市场诚信体系，建设部印发了《建筑市场诚信行为信息管理办法》的通知。诚信行为信息包括良好行为记录和不良行为记录。由建设部负责制定全国统一的诚信标准，各地行政主管部门负责本地区各方主体的信用管理工作、采集、审核、汇总和发布。行业协会做好协助工作。诚信行为记录实行公布制度。《通知》提出了"全国建筑市场各方主体不良行为记录认定标准"。

2007年5月，建设部还出台《关于共同推进长江三角洲区域建筑市场信用信息平台建设工作的通知》；同年6月，又就《注册建造师信用档案管理办法》征求意见。

以上的"组合拳"初步构建了建筑市场信用建设体系，为建筑企业和主管部门进行信用建设与监管提供了一定标准和平台。

26.中国信用4·16高峰论坛

2005年4月16日，第一届中国信用高峰论坛暨首届全国信用体系建设经验交流会在人民大会堂举行。论坛由北京大学经济学院、北京大学中国信用研究中心和中国国际经济科技法律人才学会共同举办。论坛的主旨是：交流信用建设经验，弘扬信用创新，表彰信用年度人物，加快信用共建步伐。论坛一致通过《4·16中国信用共建宣言》。从此，每年4月，由北京大学经济学院、北京大学中国信用研究中心举办的中国信用论坛，均称为"中国信用4·16高峰论坛"。

2006年举办的中国信用4·16高峰论坛，得到多家全国性学会和行业协会的支持。论坛的主题是：我国信用制度与信用体系建设。论坛的主要议题是：中国信用政策、信用制度及信用建设成果；企业信用管理、信用评级与信用风险控制；信用中介机构的业务模式与应收账管理技术。

2007年中国信用4·16高峰论坛的主旨是：中国民族信用服务业与中国经济的发展。设立三个分论坛：一、市场经济与社会信用制度；二、地区、行业信用服务体系的建设与发展；三、"安博尔"民族信用产业发展道路与经验交流。

2008年举办的中国信用4·16高峰论坛，是各领域信用建设成果交流会和思想交流会。中心议题是：市场经济与信用监管。设四个分论坛：一、行政服务与企业、个人信用信息管理；二、现代服务业体系与信用风险控制；三、资本市场的信用监管与监管与风险防范；四、"安博尔"中国特色信用服务业发展探索。

2009年中国信用4·16高峰论坛围绕"市场信心与信用治理"展开。设四个分论坛：一、市场经济与国家信用制度建设；二、资本市场发展与信用危机防范；三、全国信用体系建设经验交流；四、经济伦理与企业社会责任。

2010年中国信用4·16高峰论坛的主旨是：后金融危机时代的信用制度建设。设两个分论坛、六个专场，分别从"制度、责任、伦理与信用"、"社会变革中的信用热点问题"及"全国信用体系建设经验交流"层面进行研讨交流。主要内容有：现代市场制度与反信用博弈；企业社会责任的认知和践行；社会经济伦理的重塑与传播；网络时代的信用解决方案；来自食品安全的挑战与管理；社团组织与信用自律。论坛还筹办了首届中国信用4·16电视专题晚会，与中央电视台新影制作中心合作摄制《诚信中国》电视专题片。

2011年中国信用4·16高峰论坛的主题是：和谐社会与信用建设。从四个方面进行研讨："十二五"规划与信用经济建设；城市化进程中的社会信用环境建设；国际金融秩序与信用制度安排；国际经济中的信用问题。

2012年中国信用4·16高峰论坛的主旨是：社会诚信建设的中国模式。分设三个分论坛：一、社会诚信建设的中国模式；二、全球债务危机对中国信用建设的启示；三、2012年中国信用建设论文征集评选活动优秀论文研讨。

2013年中国信用4·16高峰论坛的主旨为：价值标准、市场机制、社会互信。分设两个分论坛：一、全球化背景下新型市场关系和信用制度构建；二、改革深化进程中的价值共识与社会互信。论坛上推出的《中国信用共建2012年度推荐榜》、《中国城市信用环境评价年度报告》及首次出版的《中国信用发展报告（2012—2013）》蓝皮书，引起热烈反响。

2014年中国信用4·16高峰论坛，正值北京大学中国信用研究中心成立12周年，邀请了各界精英和与会人士，研究探索中国全面深化改革中的社会信用建设。论坛主旨为：价值规范、信用建设、社会治理。围绕"深化改革背景下的社会信用体系建设"、"市场化进程中第三方支付与金融信用管理"专题进行交流。其间提出的许多前瞻性观点，进行的智慧型交锋，为我国社会信用体系建设注入了活力。本次论坛启动了中国信用基准资讯创新平台（CCBIIP）。本平台的启动对于推动政府信用立法，发挥市场和道德力量，促进社会信用体系建设具有重要作用。

27.企业信用分类监管制度

工商行政管理部门作为国家主管市场监督管理和行政执法的职能部门，加强企业信用建设，对于推动社会信用体系建设，营造良好市场环境具有重要意义。为构建企业信用分类监管制度，2003年10月，国家工商行政管理总局出台《关于对企业实行信用分类监管的意见》（以下简称《意见》）。《意见》构建了企业信用监管指标体系，由三方面指标和参照指标构成。一是市场准入指标，反映的是确认市场主体资格和经营资格过程中企业的信用状况；二是经营行为指标，反映的是企业在经营活动中的信用状况；三是市场退出指标，反映的是企业在退出市场过程中的信用状况。参照指标是除工商行政管理职能以外反映企业信用状况的指标。

《意见》提出了企业信用分类标准。将企业信用标准分为四类。一是守信标准，指企业遵守法律法规和诚信信用原则，具有良好商业信用的标准。二是警示标准，指企业有一定失信行为的标准。三是失信标准，指企业有较严重的违法行为的标准。四是严重失信标准，指企业有严重违法行为，被责令关闭或被吊销营业执照。《意见》规定了四类具体认定标准。

分类管理是企业信用监管的重要环节，关键是要建立相应的管理机制，包括建立企业信用激励机制。《意见》提出了企业分类管理的措施。企业分类管理以企业登记和各类监管信息为基础，根据企业信用标准，将企业相应地分为不同的管理类别，即A、B、C、D四级。A级为守信企业，用绿牌表示；B级为警示企业，用蓝牌表示；C级为失信企业，用黄牌表示；D级为严重失信企业，用黑牌表示。各级工商行政管理机关要按照信用分类标准，做好企业信用的分类监管工作。建立企业信用激励机制，对A级企业予以扶持，并享受若干待遇。企业信用预警机制，对B级企业实行警示制度，予以提示和监管。企业失信惩戒机制，对C级企业重点监控，采取若干强制性监管措施。企业严重失信淘汰机制，对D级企业责令关闭、吊销营业执照等。

《意见》要求实行企业信用信息记录制度。工商行政管理各职能部门及派出机构要在日常工作中，按照"谁登记，谁录入；谁检查，谁录入；谁处罚，谁录入"的原则，记录企业各种信用信息。《意见》还要求实行企业信用信息披露制度。一是公开企业身份记录，二是公开违法行为记录，三是公示典型违法企业。

《意见》强调，要加快企业信用监管体系建设，简称"金信工程"。这是一项系统工作，要高度重视，加强基础性建设，重点是企业信用监管信息网络建设。统一标准、联合建设，互联互通、资源共享。抓紧开发统一的企业信用监管软件，实现全国联网。

企业信用分类监管是工商行政管理部门创新监管方式，提高监管效能开展的一项重要工作，对于推进社会信用体系建设具有重要作用。2011年9月，国家工商管理总局又出台《关于进一步加强企业信用分类监管的意见》，要求完善和充实信用分类监管标准，将企业守法诚信、行业风险、区域重要程度、动态警示等情况纳入企业信用分类监管指标体系，实现科学多维分类，采取多种措施，完善企业信用分类监管制度。

28. "守合同重信用"活动

合同是信用经济的基础。企业合同履约状况，直接关系市场交易安全和经济秩序。开展"守合同重信用"活动，是弘扬企业诚信守约的行为，是推动社会信用机制建设的一项重要措施。这一活动的主要内容和要求，是工商行政管理机关根据《民法通则》和《合同法》中规定的诚信信用原则，依据企业合同履约的客观记录，经过严格评价，对合同履约信用程度达到规定标准的企业，向全社会予以公示、表彰。

2003年，为落实《公民道德建设实施纲要》，促进社会主义市场经济健康发展，全国开展了"守合同重信用"活动。为继续开展"守合同重信用"活动，促进全社会良好信用观念的形成，2006年1月，根据全国工商行政管理工作会议作出的工作部署，国家工商行政管理总局出台《关于深入开展"守合同重信用"活动的若干意见》（以下简称《意见》）。

《意见》提出，开展"守合同重信用"活动，要遵循公开、公正、公平的原则，把握标准、注重质量、严格把关。坚持企业自愿申请，坚持标准，不搞照顾，不收费用，不搞终身制，更不能搞暗箱操作。

《意见》规定，"守合同重信用"企业的标准包括：申请企业应是企业信用分类监管中的守信企业，且无不良信用记录；企业领导重视商业信誉和合同管理工作，具有较高的合同管理水平；建立了科学合理的合同信用管理机制，有专（兼）职管理机构和人员，有较完善的合同信用管理制度；企业合同的订立应符合有关法律法规；企业签订的合同除不可抗力，能按照约定全面履行合同，合同履约率达到100%；企业在订立和履行合同中遵纪守法、诚实守信；企业通过加强合同信用管理工作，在维权、提升经营管理水平、经济效益和社会效益等方面取得较好效果。

《意见》提出，为加强对"守合同重信用"企业的监督指导，各级工商行政管理机关要加强对活动的组织实施，对符合标准的企业授予"守合同重信用"企业称号，予以公示，在企业办理年检、变更登记、抵押登记、拍卖备案及日常巡查方面给予更多便利。不搞终身制，对严重违法或不符合标准的"守合同重信用"企业撤销其称号。对利用合同进行欺诈的企业，五年内不得参加活动。注意发挥行业协会、商会及相关中介组织的作用，分工合作，共同组织实施。

近年来，各地不断强化"守合同重信用"的运作机制，在全社会倡导形成"知荣辱、树新风、守信用、促和谐"的新风尚，营造"守信从我抓起，质量是守信的关键"的氛围。各类企业也在加强领导、注重宣传、完善机制、重视质量、动态监管各环节采取了措施。"守合同重信用"活动的深入开展，促进了全社会良好信用观念的形成，有利于企业的健康成长，为构建社会主义和谐社会作出了积极贡献。

29. "汉芯"研制中的造假欺骗行为

这是一起中国版的"黄禹锡事件"。在造假真相败露之前，陈进是近年来国内大红大紫的科技精英、创新先锋。他头顶着"长江学者"、"政府特殊津贴获得者"等无数光环，是多个国家级科研项目的带头人，获得了科技部、教育部、发改委的大量科研资助。所有这些，只因他负责的汉芯团队研制出了"汉芯"系列芯片。后经举报调查得知，陈进在负责研制"汉芯"芯片过程中存在严重的造假和欺骗行为。

首先，"汉芯"系列产品造假欺骗。据调查，陈进负责的团队研制的"汉芯一号"，是一款 208 只管脚封装的数字信号处理品芯片，由于结构简单，不能单独实现指纹识别和 MP3 播放等复杂演示功能。为了在新闻发布会上达到所需的宣传效果，陈进等预先安排在"汉芯一号"演示中使用了磨去美国标志、换上"汉芯"标志的具有 144 只管脚的芯片。调查表明，当时汉芯公司并没有研制出任何 144 只管脚的芯片，存在造假欺骗行为。"汉芯二号"是受某公司委托定制的 DSP 软核，汉芯公司完成了设计实现，但核心技术不为其所有。"汉芯三号"是对"汉芯二号"的简单扩充，技术上与其来源相同，由于缺乏必要的外围接口，不能独立实现复杂的应用。芯片实际情况与汉芯公司宣称的"已经达到国际高端的 DSP 设计水平"的说法不符，夸大了事实。"汉芯四号"是一款使用了其他公司中央处理器的单核系统芯片（SOC），不包含汉芯 DSP 核，与汉芯公司向有关部委提交的项目文件中关于"汉芯四号"是双核芯片的陈述不符，存在夸大欺骗行为。

其次，这是一起集体性的科研造假和学术腐败事件。陈进受到惩处是咎由自取，但应该对此次严重的学术腐败事件承担责任的显然不止一个人。其一，陈进雇用民工磨去美国标志换上"汉芯"标志的造假行为，团队内每一位参与者都是知情者，他们不予抵制，是否也是利益分享者？其二，虚假的 DSP 芯片磨好后，陈进通过种种关系加上了"由国内设计、国内生产、国内封装、国内测试"等假证明材料，并依托交大背景，利用无锡一家公司控股的上海交大某科技有限公司的经济实力骗取了国家有关部门的信任。其三，承认高科技成果需要成果鉴定。经科技部调查组查实，陈进以虚假科研成果欺骗了鉴定专家、上海交大、研究团队、地方政府和中央有关部委。专家们在鉴定时存在着走过场、把关不严、人云亦云等不负责问题。其四，揭开黑幕的是一位网名叫 jubaoxin168 的神秘人物，他在上海交大的 BBS 上公布了举报材料。但学校某位领导最初的表态是："网上的消息纯属小道消息，是一些人别有用心的炒作。"这种不负责的态度无疑会使造假者更加肆无忌惮。

造假的结果是受到惩处。2005年12月，上海交大接到对陈进等人涉嫌造假的举报后，组织对有关情况进行了初步调查。2006年1月28日，科技部、教育部和上海市政府成立专家调查组，在两个多月的时间里，对"汉芯"系列一至四号芯片的设计过程和性能指标等进行了全面调查与核实。

根据调查结论，上海交大决定：撤销陈进上海交通大学微电子学院院长职务；撤销陈进的教授职务任职资格，解除其教授聘用合同。科技部根据专家调查组的调查结论和国家科技计划管理的有关规定，已决定终止陈进负责的科研项目的执行，追缴相关经费，取消陈进以后承担国家科技计划课题资格；教育部决定撤销陈进"长江学者"称号，取消其享受政府特殊津贴的资格，追缴相应拨款；国家发展改革委员会决定终止陈进负责的高技术产业化项目的执行，追缴相关经费。

30. "信用长三角"建设

社会信用体系由多个层面组成，其中，区域性诚信体系建设在一些地区已经走在前面。"信用长三角"建设便是一例。

作为我国经济社会发展和区域合作的先进地区，江苏、浙江、上海早在21世纪之初就一致认为，加强长三角地区信用体系建设合作，共同建立区域性信用体系，推进信用信息资源共享，有助于规范区域市场经济秩序，有助于促进区域协调发展。2004年7月，江苏、浙江、上海三地就紧密合作推进长三角地区企业信用信息共享和交换的有关事宜，形成《江苏省、浙江省、上海市信用体系建设合作备忘录》（以下简称《备忘录》）。《备忘录》达成若干共识。一要积极推进长三角信用体系建设的合作，探索建立区域性信用体系建设合作机制和信用信息共享模式。二要先从政府及市场监管有关的信用信息着手，形成一处失信、处处制约的区域联动机制。三要推动三方信用产品的互认交换。四是三方承诺提供真实可靠的信息，承担相应责任和履行保密义务等。

2005年3月，为落实《备忘录》要求，三地就具体的区域合作推进的内容，形成了《上海市、江苏省、浙江省信用体系建设区域合作推进方案》。在方案中，明确将沪苏浙信用体系建设的总体对外宣传口径定为"信用长三角"，并达成以下主要共识：关于工作机构，成立区域信用体系建设专题组，由三地信用体系建设主管部门负责人担任。关于工作机制，牵头方式——专题组的轮值方式和任期与沪苏浙经济合作与发展座谈会相同，三方在规定的轮值任期内，轮流负责牵头工作。会议制度——实行定期会晤制度，每年安排2次例会。工作任务有：分阶段建成"信用长三角"信用信息共享平台；统一信用信息标准；实现基本信用信息共享和形成信用信息定期更新机制；监管信用服务机构，包括建立信用服务机构跨省市服务备案登记制度、制订信用服务机构跨省市服务导则、建立信用服务机构失信通报制度；建立区域联合奖惩机制；营造趋同的政策法规环境；通过举办国际论坛、开通"信用长三角"网络等开展信用宣传和研讨；推进信用教育培训，包括对区域内信用管理师资、企业信用管理岗位、高校信用管理人才的培训教育。

2006年6月，为贯彻党和国家关于"健全现代市场经济的社会信用体系"的要求，上海、江苏、浙江三省市相关部门在上海徐汇举办"信用长三角"高层研讨会，形成《"信用长三角"徐汇宣言》。共同宣告：携手在全国率先建立区域社会信用体系；制订内容趋同的地方性信用法规、标准和政策；建立信用服务机构跨省市的服务导则及失信通报制度，促进长三角地区信用服务市场健康发展；开展行业诚信告知承诺等社会性诚信创建活动，提高诚信意识；完善工作机制。

为落实以上工作任务，2007年12月，在两省一市信用管理部门见证下，三地信用服务机构达成《长三角信用服务机构合作框架协议》。其一，明确合作重点是推动六方面工作，即共同加强行业自律和职业道德建设、协同制订信用服务的相关标准和规范、携手推进信用产品开发和技术创新、交流共享市场推广经验、努力实现跨地区信用信息共享、合作开展人才培训和课题研究。其二，构建合作机构机制，包括与"信用长三角"轮值机制同步，形成三地信用服务机构负责人沟通机制；探讨由三地信用服务行业协会成立长三角信用服务行业联盟等。在以上合作框架内，推动长三角社会信用体系建设和经济社会一体化进程。

目前，"信用长三角"建设正不断推进，其积累的经验和创新的举措对其他地区合作构建区域性信用体系具有一定的借鉴意义。

31. "诚信兴商"活动

开展"诚信兴商"活动，是经济领域践行"八荣八耻"社会主义荣辱观的具体体现，是构建社会主义和谐社会的基础工作，也是整顿和规范市场经济秩序的治本之策。为深入贯彻《公民道德建设实施纲要》和《国务院关于整顿和规范市场经济秩序的决定》，加强社会主义荣辱观宣传教育，在经济领域应大力倡导"以诚实守信为荣，以见利忘义为耻"、"以遵纪守法为荣，以违法乱纪为耻"的新风尚。

近些年来，为促进诚信建设，净化市场环境，各地各级商务、宣传、价格、海关、税务、工商、质检、食品药品、外汇、消协等部门和单位结合工作实际，开展了"百城万店无假货"、"共铸诚信"、"价格诚信"、"诚信纳税"、"守合同，重信用"、"质量诚信"、"诚信单位"等多种多样的诚信创建活动。这些诚信创建活动的宗旨，都是引导市场主体树立"诚信兴商"的理念,在全社会营造诚实守信的氛围。诚信创建活动的开展,对于推动职业道德建设与遵纪守法教育,扩大国内消费增长,改善投资贸易环境,完善行政执法、行业自律、舆论监督、群众参与相结合的市场监管体系,维护消费者合法利益,促进社会和谐等发挥了重要作用。为深入推动"诚信兴商"活动的开展,2006年7月,全国整顿和规范市场经济秩序领导小组办公室、中宣部、国家工商总局等12部门联合发出《关于深入开展"诚信兴商"活动的意见》(以下简称《意见》)。

《意见》明确提出,开展"诚信兴商"活动,其总体目标是:企业、事业单位和个体工商户的诚信意识和信用水平明显提高,普遍建立以诚实守法经营为重点的职业道德规范和自律机制,失信行为有效遏制;商会、行业协会、学会以及经济鉴证类的社会中介组织,普遍建立起符合自身工作特点的诚信自律机制,服务公益、重视操守、依法执业的理念明显增强;政府部门依法行政的能力明显提高,以权谋私和商业贿赂行为明显减少,社会公信力显著增强。

《意见》明确提出,开展"诚信兴商"活动,其总的要求是:诚信宣传教育、"诚信兴商"创建活动和诚信制度建设三者并举。要从与人民群众切身利益密切相关且社会危害较大的重点领域抓起,让群众看到活动的成效。要将此活动与其他诚信建设活动融为一体。要将此活动与促进信用制度建设相结合,形成长效机制。要加强舆论监督,引导群众参与。

《意见》要求,开展内容丰富、形式多样的"诚信兴商"活动。其一,推进"诚信兴商"实践活动,例如制定行规行约、签订诚信公约、开展行业行风评议等。其二,推动行业建立诚信自律机制。从商会、行业协会入手,组织企业形成行业自律机制。其三,加强"诚信兴商"的宣传教育。发挥各种新闻媒介作用,营造良好氛围。其四,推动信用制度建设,如建立信用档案和市场监管信息的共享机制、公开曝光违法违规者的"黑名单"、实行失信警示和惩戒制度等。其五,开展好"诚信兴商宣传月"活动。在每年9月份,结合"9·20公民道德宣传日"联合开展"诚信兴商宣传月"活动。

为加强对"诚信兴商"活动的组织领导,成立了全国"诚信兴商"活动领导小组,由各主办单位领导组成,统一领导活动开展。各地区、各部门随后制定具体工作计划,推进本地区本部门"诚信兴商"活动的开展。

开展"诚信兴商宣传月"活动是"诚信兴商"活动的组成部分。2014年9月,为深入推动诚信宣传教育工作,提高全社会诚信守法意识,商务部等18部门决定,2014年继续开展"诚信兴商宣传月"活动。活动主题是"合力共筑,诚信强国",重点宣传贯彻《社会信用体系建设规划纲要》、中央文明委《关于推进诚信建设制度化的意见》等方针政策。"诚信兴商宣传月"活动已持续开展十多年,倡导了"以诚实守信为荣,以见利忘义为耻"、"以遵纪守法为荣,以违法乱纪为耻"的新风尚,成为诚信宣传教育的重要品牌。

32.中小企业信用担保体系建设

信用担保制度起源于 19 世纪 40 年代瑞士家庭之间的保证,后逐步演化为地区性同业组织的信用担保。目前全世界近一半的国家建立了中小企业信用担保体系,这是缓解中小企业融资难问题的一种解决方案。我国担保业起步较晚,1993 年 11 月成立的中国投资担保有限公司,是国内最早的融资担保公司。随着 1999 年中国人民银行《关于加强和改进对中小企业金融服务的指导意见》及国家经贸委《关于建立中小企业信用担保体系试点的指导意见》的发布,我国担保机构快速增长。为支持和规范中小企业信用担保体系建设,国家发改委等单位陆续出台了相关文件。

2006 年 11 月,国务院办公厅转发国家发改委、财政部、中国人民银行、银监会、税务总局《关于加强中小企业信用担保体系建设的意见》(以下简称《意见》),旨在促进中小企业信用担保机构持续健康发展。

《意见》包括以下内容:一是建立健全担保机构的风险补偿机制。国家和各地区加大资金支持力度、鼓励出资人增加资本金投入、引导担保机构发挥服务职能缓解担保难、建立针对从事中小企业贷款担保的担保机构的损失补偿机制。二是完善担保机构税收优惠等支持政策。免征三年营业税、按规定以一定比例提取准备金、担保费率实行与其运营风险成本挂钩的办法。三是推进担保机构与金融机构的互利合作。根据双方的风险控制能力合理确定担保放大倍数、金融机构推出更多适合中小企业融资需求的金融产品和服务项目、合理下放对小企业贷款的审批权限、对运作良好的担保机构承保的优质项目适当下浮贷款利率。四是切实为担保机构开展业务创造有利条件。为合乎规定的担保机构抵押物登记和出质登记办理手续降低登记成本、支持担保机构的信息查询。五是加强对担保机构的指导和服务。由发改委牵头,财政部、中国人民银行、税务总局、银监会参加全国中小企业信用担保体系建设工作,建立信用评级制度,做好服务工作。我国融资担保业在经历了快速成长期后,也陆续出现了融资信用担保机构倒闭、担保企业老板"跑路"的情况,甚至出现了担保业引起的县、市域的金融风险和社会稳定问题。针对这些问题,2009 年,国务院办公厅发布了《关于进一步促进中小企业发展的若干意见》,希望进一步促进信用担保机构的健康发展。2010 年 3 月,国家发改委等七部门联合发布了《融资性担保公司管理暂行办法》(以下简称《办法》),明确以银监会牵头的部际联席会议作为融资性担保业务监管的机构。《办法》还附有八个配套制度,涵盖了融资担保业经营规则、监管规范和对监管工作的基本要求等方面,初步构建了促进行业规范发展的基本制度框架。经过规范整顿,融资性担保行业从整体上初步走上了良性发展的道路。在 2012 年融资性担保监管工作会议上,银监会要求各地监管部门从六个方面继续加强监管工作。一是严把准入关。二是加强对风险的研究和预判。三是加大力度落实保证金管理。四是建立行业优胜劣汰机制。五是继续做好《办法》修订等制度建设。六是提高信息报送频率和质量。

以上举措在强化信用管理基础上,为解决中小企业融资难和担保难等问题发挥了重要作用。

33.乡镇企业内部信用管理规范化

乡镇企业信用是其依法经营、履约情况、履约能力、法人信用等方面的集中体现。信用管理是指企业对自身信用资源的运用及其相关的业务风险所实施的管理和控制。加强信用管理,对乡镇企业的良性发展具有重要作用。

2002年,农业部印发《关于加强乡镇企业信用管理工作的意见》(以下简称《意见》),提出引导乡镇企业加强信用管理的任务,力争到2010年逐步建立起"一个制度和三个体系",即乡镇企业的基本信用制度、信用信息征集与评价体系、信用担保体系和信用服务与监管体系。《意见》对乡镇企业基本信用制度作出规定;提出树立乡镇企业良好信用形象的十方面具体体现;强调加强乡镇企业内部信用管理,关键是设立与完善企业信用管理职能和建立健全企业信用管理制度,大力推行"3+1"科学信用管理模式,即建立企业信用管理机构、客户资信管理制度、内部授信制度和应收账款管理制度,运用先进的信用风险防范技术,不断提高信用管理水平。提出将开展创建全国诚信守法乡镇企业活动。

2006年8月,农业部根据《意见》精神,印发《乡镇企业内部信用管理规范》(以下简称《规范》),以深化企业内部信用管理体系建设。《规范》要求:

首先,建立健全企业信用管理机构。设立信用部门或信用监理是承担和协调企业信用管理工作的有效途径。

其次,建立企业内部信用管理制度。涉及资金、合同、产品(服务)、财务、劳动、环保、安全和职业卫生、经营者信用管理等制度。

再次,加强信用风险管理。一是客户资信管理,实现对信用风险的预测和监督。二是销售风险管理,企业与客户间实施直接管理,改变单纯依赖于销售人员的间接管理,实行严格的内部授信制度。三是货款回收管理,采取专业化的信用管理方法加以管理,如货款催收管理程序与收财政策、应收账款的预算与报告制度等。

最后,各级乡镇企业行政管理部门要引导乡镇企业加强内部信用管理,加大培训力度,做好试点工作,开展信用评价和信用公示,推进企业信用管理信息化。

加强乡镇企业内部信用管理是乡镇企业信用体系建设的重要环节,对加快改善乡镇企业信用形象，提高乡镇企业综合素质，增强乡镇企业市场竞争力具有重要的现实意义。

34.关于加强企业质量信用监管工作的意见

党的十六届五中全会提出："以完善信贷、纳税、合同履约、产品质量的信用记录为重点，加快建设社会信用体系，健全失信惩戒制度。"2006年10月，为落实中央这一要求，国家质检总局发布《关于加强企业质量信用监管工作的意见》（以下简称《意见》），从源头抓质量，建设诚信社会。

《意见》提出了企业质量信用监管指标、分类标准。企业质量信用监管指标，主要由质量、标准、计量、认证、出口检验方面的指标构成。根据企业质量信用指标反映的不同情况，将企业质量信用等级分为A、B、C、D四级。等级确定建立在企业质量档案基础上，运用企业质量信用管理软件自动生成，实行动态管理。守信（A级）企业须严格遵守有关法律法规和诚信守信原则，企业质量保证、计量检测和标准化体系健全且运行有效，产品质量具有良好信誉。基本守信（B级）企业是遵守有关法律法规、产品质量信誉较好，企业质量保证、计量检测和标准化体系健全，基本上能够兑现质量承诺的企业。失信（C级）企业指有违反法律法规行为，有质量承诺未兑现记录，但未造成重大危害和损失的企业。严重失信（D级）企业指违反有关法律法规，由于企业质量责任给社会及消费者造成重大危害和损失的企业。《意见》明确了四类企业的具体标准。

《意见》提出了加强企业质量信用监管的措施。一是激励守信企业，加大扶持力度。对A级企业加大扶持和保护力度，减少日常监管频次。二是对基本守信企业，加强帮扶工作。根据B级企业质量信用状况，有针对性地做好监管和服务，帮助其提高信用水平。三是惩戒失信企业，实施重点监督。将C级企业列入监管重点，及时指出失信行为，加大监督抽查和检查力度，帮助和监督其尽快整改。四是对严重失信企业，实施信息披露与淘汰。将D级企业纳入黑名单，依法向社会披露和曝光其违法违规情节；严格禁止不具备资质的企业生产和销售；对于情节特别严重的企业及时报告当地政府，会同有关部门依法取缔。

《意见》要求，积极推进企业质量信用监管工作。一是分工负责，抓好落实。由国家质检总局负责组织、统一指导全国工作。省（自治区、直辖市）质量技术监督部门负责本行政区内工作。各直属出入境检验检疫局负责本辖区内工作。二是加强信息系统建设。以"金质"工程为契机，用3年左右时间建立起企业质量信用监管信息系统。三是加快中国产品质量电子监管网建设。四是做好质量信用信息管理。B级和C级企业作为内部监管依据不对外公示。A级和D级企业可部分予以公示。坚持"不收费、不增加企业负担、不发匾牌、不搞终身制"原则，接受社会监督，大力营造质量诚信社会氛围。

加强质量信用监管工作，任务艰巨、意义重大。各级质检部门依据《意见》精神，正努力为全面提高我国质量信用水平作出新的贡献。各地以质量信用等级评价作为切入点，多措并举，狠抓质量，初见成效。加快质量诚信体系建设，加大产品质量检查，开展质量突出问题整治，逐步提高了产品质量的抽检合格率。

35.个体工商户信用分类监管制度

2006年12月，为贯彻党的十六届六中全会关于加快社会信用体系建设精神，深入推进个体工商户分层分类登记管理改革，国家工商行政管理总局发布《个体工商户信用分类监管指导意见》（以下简称《意见》），要求工商行政管理机关合理配置监管力量，提高监管效能，根据个体工商户的信用状况、从事行业、经营地点对其进行分类，并相应采取不同监管措施。

《意见》按照信用度、行业风险度和监管区域三个维度，明确了分层分类划分标准，并提出针对不同类别和层次的信用监管举措。按信用度分四类。个体工商户信用状况要根据其市场准入、经营行为、市场退出等指标认定，划分为守信、警示、失信和严重失信四类，分别用A、B、C、D四级信用度表示。对A级实行激励机制、对B级实行预警机制、对C级实行惩戒机制、对D级实行惩戒淘汰机制。对各种机制的内容作了具体规定。按行业风险度分三级。根据个体工商户从事行业风险度的高低，划分为甲、乙、丙三级，明确了划分标准。对从事甲级风险行业的个体工商户，列为重点监管对象，加大监管力度；对从事乙级风险行业的个体工商户加强日常监管，配合有关部门开展专项整治工作；对从事丙级风险行业的个体工商户结合信用等级和监管区域，搞好日常监管。按监管区域分为重点监管区域和一般监管区域。重点监管区域主要是学校周边、商业繁华地区、超市、旅游景区、农村集贸市场。对重点监管区域经营的个体工商户加大巡查；对一般监管区域的个体工商户，结合其信用等级和从事行业的风险度，开展日常监管。

《意见》对如何贯彻执行分类监管制度提出了要求。一是在分类监管中正确处理信用度、行业风险和监管区域三者的关系，以信用度为主，兼顾其他，确定监管重点、监管频率和监管层次。二是各地要尽快建立个体工商户信用分类监管平台和数据库，制定数据录入标准和录入规范。三是对个体工商户的信用分类主要用于工商行政管理机关实施分类监管，不得擅自披露、公示。四是切实做到机构、人员、资金和技术保障"四落实"，建立与之相配套的工作机制和工作制度。

《意见》对个体工商户信用状况标准的细化，考虑到了监管对象的不同情况，依据以上标准划定的信用分类具有客观性和可信度。各地在分类监管实践中高度重视，措施有力；明确责任，规范录入；建立监督机制，强化管理；鼓励个体工商户守法经营和强化对失信者的惩戒，加强了社会信用管理。

36.国务院办公厅关于社会信用体系建设的若干意见

建设社会信用体系是完善社会主义市场经济体制的客观需要，是整顿和规范市场经济秩序的治本之策。党的十六大、十六届三中全会确定了社会信用体系建设的方向和目标。"十一五"规划提出，要以完善信贷、纳税、合同履约、产品质量的信用记录为重点，加快建设社会信用体系。2007年召开的全国金融工作会议进一步提出，以信贷征信体系建设为重点，全面推进社会信用体系建设。

2007年3月，为加快推进我国社会信用体系建设，国务院办公厅颁布《关于社会信用体系建设的若干意见》（以下简称《意见》）。

《意见》明确了社会信用体系建设的指导思想、目标和基本原则。要以邓小平理论和"三个代表"思想为指导，全面落实科学发展观，以法制为基础，信用制度为核心，以健全信贷、纳税、合同履约、产品质量的信用记录为重点，坚持"统筹规划、分类指导，政府推动、培育市场，完善法规、严格监管，有序开放、维护安全"的原则，建立全国范围信贷征信机构与社会征信机构并存、服务各具特色的征信机构体系，最终形成体系完整、分工明确、运行高效、监管有力的社会信用体系基本框架和运行机制。

《意见》提出，要完善行业信用记录，推进行业信用建设。行业信用体系建设涉及经济社会生活的各个方面。要依托"金税"、"金关"等管理系统完善纳税人信用数据库，建立健全企业、个人偷逃骗税记录。要实行合同履约备案和重大合同鉴证制度，探索建立合同履约信用记录。要依托"金质"管理系统推动企业产品质量记录电子化，定期发布产品质量信息，加强产品质量信用分类管理。要继续推进中小企业信用制度建设和价格信用建设。要发挥商会、协会的作用，促进行业信用建设和行业守信自律。国务院有关部门要根据职责分工和实际工作需要，抓紧研究建立市场主体信用记录，实行内部信用分类管理，健全负面信息披露制度和守信激励制度，提高公共服务和市场监管水平。各部门要建立信用信息共享制度，逐步建设和完善以组织机构代码和身份证号码等为基础的实名制信息共享平台体系，形成失信行为联合惩戒机制。

《意见》提出，要加快信贷征信体系建设，建立金融业统一征信平台。金融业特别是银行业是社会信用信息的主要提供者和使用者。要以信贷征信体系建设为切入点，进一步健全证券业、保险业及外汇管理的信用管理系统，逐步建立金融业统一征信平台。信贷征信机构要依法采集企业和个人信息，依法提供方便、快捷、高效的征信服务。

《意见》提出，要培育信用服务市场，稳妥有序对外开放。鼓励扩大信用产品使用范围，培育信用服务市场需求。要以市场为导向，培育种类齐全、功能互补、依法经营、有市场公信力的信用服务机构，满足全社会多重需求。政府信息公开是信用服务市场发展的基础。各部门各地区人民政府要推进本地区社会信用体系建设。稳步适度地开放信用服务市场，根据世贸组织关于一般例外及安全例外的原则，基础信用信息数据库建设、信用服务中涉及信息保护要求高的领域不予开放。

《意见》强调，要完善法律法规，加强组织领导。要按照信息共享，公平竞争，有利于公共服务和监管，维护国家信息安全的要求，制定有关法律法规。要坚持规范与发展并重的原则促进信用服务行业健康发展。加快信用服务行业国家标准化建设。透明高效的监管体制是信用行业健康发展的重要保障。为加强统筹协调，由国务院办公厅牵头建立国务院社会信用体系建设部际联席会议制度。按照统一领导、综合监管的原则，根据具体业务范围和各部门的职责分工，分别指定有关部门具体负责日常监管。有关部门要依法严格市场准入，促进社会信用体系和信用服务市场健康发展。

《意见》为在全国加快构建信用体系作出了总体部署，使我国的社会信用体系建设迈上新台阶。

37.社会信用体系建设部际联席会议制度

社会信用体系建设是一项覆盖经济和社会各个领域、全民参与的长期任务。推动社会信用体系建设工作，需要明确信用体系建设的组织框架和部门分工，协调解决工作中的重大问题。为了加强对信用体系建设的组织领导和统筹协调，2007年4月，国务院办公厅发布《关于建立国务院社会信用体系建设部际联席会议制度的通知》（以下简称《通知》），决定建立社会信用体系建设部际联席会议制度。

《通知》明确了部际联席会议的主要职责。负责统筹协调社会信用体系建设工作，研究拟订重大政策措施；协调解决推进社会信用体系建设工作中的重大问题；督促、检查有关政策措施的落实；完成国务院交办的其他工作。《通知》明确了部际联席会议的组成人员。召集人：国务委员兼国务院秘书长华建敏；成员有国务院副秘书长张平和14个相关部门单位负责人，成员共15人。

《通知》明确了部际联席会议的工作机构及职责。联席会议办公室设在国务院办公厅，主要负责联席会议的组织、联络和协调工作；根据召集人的提议或成员单位的建议，研究提出联席会议议题；汇总并通报成员单位有关工作情况；协调、督促成员单位履行工作职责和落实联席会议决定事项；承办联席会议交办的其他事项。

《通知》明确了部际联席会议的工作规则。联席会议由召集人或召集人委托的同志主持,以会议纪要形式明确会议议定事项。联席会议成员因工作变动需要调整的,由所在单位提出,联席会议确定。根据工作需要,联席会议可邀请其他部门参加会议,研究相关工作。

2012年7月,为贯彻落实党的十七届六中全会和国务院第176次常务会议精神,统筹推进社会信用体系建设各项工作,经国务院批复,同意调整社会信用体系建设部际联席会议职责和成员单位,由发展改革委、中国人民银行牵头建立社会信用体系建设部际联席会议制度。

调整后的部际联席会议的主要职责:第一项,统筹协调社会信用体系建设相关工作,综合推进政务诚信、商务诚信、社会诚信和司法公信建设。第二项,研究制定社会信用体系建设中长期规划。第三项,专题研究社会信用体系建设的重大问题。第四项,推动并参与制定与社会信用体系建设相关的法律法规,推进建立信用标准和联合征信技术规范。第五项,协调推进政府信用信息资源整合和交换,建立健全覆盖全社会的征信系统,推动信用信息的开放和应用工作。第六项,加强与地方人民政府的沟通协调,指导地方和行业信用体系建设,推进有条件的地区和重点领域试点先行。第七项,指导、督促、检查有关政策措施的落实。第八项,协调推进信用文化建设和诚信宣传工作。第九项,承办国务院交办的其他事项。

调整后的部际联席会议的成员单位,由原来14个单位扩充为中央纪委、中央宣传部、中央政法委、中央文明办、发展改革委等35个部门和单位。以发展改革委、中国人民银行为牵头单位。联席会议成员为有关部门、单位负责同志。

调整后的部际联席会议,在工作规则、工作机构及职责方面,都作出了相应的调整。同时,要求各成员单位按照职责分工,主动研究社会信用体系建设工作的有关问题,积极参加联席会议,认真落实联席会议布置的工作任务,要加强沟通配合和信息共享,相互支持,认真做好社会信用体系建设有关工作。

各省、自治区、直辖市人民政府应与联席会议建立相应有效的信息沟通协调机制。依据这一制度,在全国形成了分工合作、共同领导和推进社会信用体系建设的格局。

38.治理商业贿赂专项工作

商业贿赂是指经营者以排斥竞争对手为目的,为使自己在销售或购买商品或提供服务等业务活动中获得利益,采取向交易相对人及其职员或代理人提供或许诺提供某种利益,从而实现交易的不正当竞争行为。治理商业贿赂是加快建设社会信用体系和维护公平竞争原则,发展社会主义市场经济的必然要求,是维护广大人民群众的切身利益,惩治腐败的重要举措。

2005年，中共中央纪委、监察部会同有关部门成立了治理商业贿赂领导小组及办公室。在中央统一领导下，开展了治理商业贿赂专项工作。各地区、各部门认真组织开展自查自纠，查找并纠正了在经营活动中违反商业道德和市场规则、影响公平竞争的一些不正当交易行为，以及行业监管方面存在的突出问题；突破了一批性质恶劣、情节严重、影响面大的案件，依法惩处了一批违法犯罪分子；积极推进从源头上防治商业贿赂的体制改革和制度创新。但也要看到，专项治理工作还存在一些不容忽视的问题。治理商业贿赂的任务依然艰巨而繁重。

2005年12月20日，中央政治局召开会议，把治理商业贿赂作为2006年反腐败工作的重点。2007年5月，为落实中纪委第七次全会、国务院第五次廉政工作会议精神，中央治理商业贿赂领导小组印发了《关于深入推进治理商业贿赂专项工作的意见》（以下简称《意见》）。

《意见》指出，要进一步加大力度，努力取得治理商业贿赂工作的新进展。《意见》立足于"创新监管方法，不断提高市场管理能力和水平"，强调了加强社会信用体系建设的作用：要推进社会信用体系建设，逐步形成以道德为支撑、产权为基础、法律为保障的社会信用制度。加快建设以"经济户口"管理为基础的企业信用服务和评价体系，研究制定各类市场主体不良行为标准，把是否存在商业贿赂行为作为企业信用等级评价的重要指标。建立和完善行贿犯罪档案查询系统，对有不良行为记录的单位或个人，要依据有关规定及时处置，并将处置结果纳入"黑名单"，作为市场准入和退出管理的重要依据。整合各有关部门和行业信用信息资源，建立综合性的信用信息数据库，形成信用信息资源共享机制，逐步建立全国统一的市场监管平台。要支持和引导行业自律组织通过制定行规、行约以及行业标准，对会员行为进行约束和规范。建立评估评审机构责任追究制度，对弄虚作假出具不实报告的机构和责任人，要依照有关规定追究责任。要探索通过报刊、广播、电视、网络等媒体定期向社会发布企业信用信息，支持和鼓励新闻媒体对商业贿赂问题进行舆论监督。

《意见》中的以上部署，强调了社会信用体系建设在反对商业贿赂中的重要作用，具有较强的可操作性。据统计，截至2011年12月，全国共查处商业贿赂案件102214件，涉及金额260多亿元，六个重点领域和九个重点方面所涉及的一些突出问题得到整改，治理商业贿赂的法律制度逐步完善，防治商业贿赂的长效机制取得重要进展。打击了以不诚信、不正当手段获利的商业行为，推动了市场诚信体系的建设。

39.商务领域信用信息管理办法

商务领域信用信息,是指各级商务主管部门及商协会在依法履行管理职责过程中,产生、记录、归集的市场主体获得行政许可或经营资质、违法违规处理情况和其他能够反映市场主体信用状况的各类信息。"市场主体"是指在国内外市场流通领域内从事经营活动的公民、法人和其他经济组织。

为推进商务领域信用体系建设,规范商务领域信用信息记录、归集和公布工作,实现信用信息的公开和共享,促进市场主体依法诚信经营,2007年7月,商务部根据《中华人民共和国政府信息公开条例》等法规,印发了《商务领域信用信息管理办法》(以下简称《办法》)。

《办法》明确提出,商务部将统筹建立"商务领域信用信息系统",实现信用信息在商务领域内共享和向社会公开,为各级商务主管部门的市场监管提供信息支持和服务,为社会提供信息查询服务。

《办法》规定了商务领域信用信息的范围。涵盖市场主体基本信息、行政许可资质信息和违法违规信息。《办法》明确,由各级商务主管部门及商协会负责信用信息的记录、归集、维护。所归集的信用信息必须以最终发生法律效力的文书作为依据。

《办法》规定了信息的共享和应用。各级商务主管部门、商协会及驻外经商机构根据履行法定职责的需要,可以登录商务领域信用信息系统,查询使用信息。各级商务主管部门应当充分应用商务领域信用信息系统,对市场主体进行信用分类监管。不得滥用信用信息或泄露非公开信用信息。

《办法》规定了信息的公布和查询。原则上,市场主体的工商执照或者其他行政许可和资质证书中列明的基本信息和资质信息,及全部违法违规信息,应当向社会公开。也明确了不得向社会公开的信息。违法违规信息公开的期限为3年,信息有误时要及时变更或解除。《办法》要求,各级商务主管部门及商协会要制定关于提交、维护、管理、利用商务领域信用信息的内部工作程序,以及相应的责任追究制度。

《办法》的出台使商务领域使用信用信息有规可循,有助于促进市场主体诚信经商,为商务领域信用信息系统的建设奠定了制度基础。2007年即已完成10个业务系统的信用信息,形成包含14.2万家企业信息的数据库,其他业务系统也积极准备归集。今后商务领域的行政许可资质信息、违法违规负面信息都要依据这个《办法》进行规范管理。2011年11月,商务部发布的《关于"十二五"期间加强商务领域信用建设的指导意见》再次强调,要逐步改善信用环境,落实《办法》,建设商务领域信用信息数据库,并大力开展信用产品和服务应用。

40.中国注册会计师协会会员执业违法行为惩戒办法

保证注册会计师执业质量,维护公众利益和树立行业形象,不仅要严格监督,还要严格惩戒。严格惩戒是行业监管体系的关键环节,也是推进行业诚信建设的重要举措。为切实规范行业惩戒工作,做到有章可循、有规可依,2008年,中国注册会计师协会根据《中华人民共和国注册会计师法》和《中国注册会计师协会章程》,制定了《中国注册会计师协会会员执业违法行为惩戒办法》(以下简称《惩戒办法》)。

《惩戒办法》规定了惩戒的种类与适用。《惩戒办法》从行业监管实践出发,将违反注册会计师法及相关法律、法规,违反职业道德守则,违反中国注册会计师业务准则,违反会计师事务所质量控制准则等行为列入违规惩戒范围,并规定了各种行为的具体构成以及适用的惩戒类型。《惩戒办法》规定的惩戒种类,包括训诫、通报批评和公开谴责等三种方式。《惩戒办法》规定了适用范围,如会员违反注册会计师职业道德规范的要求,有下列行为之一的,视情节给予训诫、通报批评和公开谴责:第一,由于经济利益、自我评价、关联关系和外界压力等因素导致违反独立性要求的;第二,宣称自己具有事实上不具备的专业知识、技能、经验或资质的;第三,泄漏客户商业秘密或利用客户商业秘密为自身或他人谋取利益的;第四,泄漏执业中获取的证券交易内幕信息或利用内幕信息为自身或他人谋取利益的;第五,对客户或其他有关单位和个人进行强迫、欺诈、利诱的;第六,除法律、法规另有规定外,以或有收费方式提供鉴证服务的;第七,在接任审计业务时蓄意侵害前任注册会计师合法权益的;第八,明示或暗示有能力影响司法机关、监管机构或其工作人员的;第九,利用与司法机关、监管机构或其他具有社会管理职能组织的关系,进行不正当竞争的;第十,为招揽客户而向推荐方支付佣金、回扣或向第三方推荐客户而收取佣金的;第十一,以低于成本的收费承揽业务的;第十二,捏造、散布虚假事实,损害、诋毁其他会员声誉的。

《惩戒办法》规定了惩戒的实施机构和回避。中国注册会计师协会建立惩戒委员会和申诉与维权委员会,分别负责会员违规行为的惩戒和会员申诉维权事项的处理。为体现独立监管和维护公众利益的要求,两个委员会在体现会员主体地位、充分发挥协会专业和信息优势的同时,吸收来自政府部门、工商企业、金融机构的法律专家、财会学者等外部代表加入委员会。为了保证委员会委员的独立客观,委员会工作规则对委员回避事项予以明确规范。

为切实维护会员的合法权益,《惩戒办法》明确了惩戒的实施程序和决定的相关事宜。《惩戒办法》还规定了会员享有的陈述、申辩和申诉的权利,并强调应当经过调查、听取陈述和申辩意见、集体合议审理后方可作出惩戒决定。

朱镕基总理曾指出，提高诚信度和公信力，是会计行业自身建设的根本之策。为了达到这一目标，不仅需要建章立制，而且需要严惩作假行为。《惩戒办法》的发布实施，使得对会计师的不当行为进行惩戒有了明确标准和规定，有利于形成注册会计师不敢作假的良好社会氛围。

41.中国互联网协会网络诚信推进联盟

互联网是继报纸、广播、电视之后出现的一种新的传播媒体，网络的功能和影响日益扩大，我国互联网已渗透到经济社会的各个领域。与此同时，我国互联网行业也面临着世界性的日益严重的诚信问题。发布和传播虚假有害信息、侵犯他人人权的网络非理性行为、网络仿冒、虚假商业宣传等现象层出不穷。互联网上的诚信缺失，不仅严重损害互联网企业的信誉和诚信环境，而且可能诱发严重的社会问题，已引起全社会的高度关注。

中国互联网协会成立以来，一直重视互联网行业的诚信体系建设，积极参与多部门的诚信活动、建设和运营互联网企业12321举报中心、制订行业自律公约、建立行业信用评价体系等。针对当前互联网行业发展及诚信状况的迫切需要，2009年3月，由中国互联网协会与百度、腾讯、搜狐、新浪、网易、凤凰网六家共同发起，成立了"中国互联网协会网络诚信推进联盟"（以下简称联盟）。

组建联盟的目的是，建立和完善网络诚信长效机制，推动和建设网络诚信体系，督促和引导互联网企业诚信经营，营造和维护安全可信、规范和谐、文明健康的互联网环境。

联盟由七家发起单位各指派一位领导，组成联盟领导小组。其主要职责是：制订、审议和修改本联盟章程；选举和增补、调整联盟领导小组成员及秘书长；审议秘书处工作计划和报告；通过重要决议；重大变更事项和终止等。下设联盟秘书处作为日常办事机构。

联盟开展的主要工作：

第一，研讨、倡导、论坛。组织调研和交流，就网络诚信突出问题召开研讨会；带动行业企业对诚信建设、规范经营的重视，推动《网络诚信自律公约》、《反网络欺诈自律公约》、《互联网企业公平竞争自律公约》等的制定和实施；为政府部门决策提供信息支撑，为成员单位及业内企业提供咨询服务。

第二，建立会员企业自律及协同监督机制。对突出的网络诚信问题，建立网上联动、网下协同的监督平台；建立成员单位之间的信息共享机制。成员单位在自愿基础上交换和共享投诉举报信息和客户诚信档案，对问题突出案例在成员单位网站同步公示。

第三，建立和完善网络诚信投诉举报和虚假信息预警平台。建设中国互联网协会网络诚信推进联盟网站;搭建针对成员企业及客户有关网站诚信问题的投诉举报受理平台,接受社会各界的监督;在保护投诉人基本信息的基础上形成成员企业网誉数据,为企业进行自身诚信管理提供参考依据;收集虚假信息和诈骗信息,进行公示预警,提醒广大网民注意防范和甄别。

第四,联盟成员企业及其客户的身份核实。由于网站虚拟和远程的特点,网站实名验证尤为重要。联盟委托第三方对成员企业及其客户网站的身份进行真实性和合法性核实。联盟网站将建立"企业诚信档案"数据库,以供用户查询上述核实信息。

第五,定期编制《反网络欺诈工作报告》和《如何识破网络欺诈》市民宣传手册。

联盟成立以来,密切关注国际国内互联网行业诚信建设的发展方向,关注诚信热点问题,探索和研究提高我国互联网企业诚信度的方法和措施,推动形成"诚信为本,守信光荣"的网络环境。联盟以建立和完善网络诚信长效机制,推动和建设网络诚信体系,督促和引导互联网企业诚信经营,营造和维护安全可信、规范和谐、文明健康的互联网环境为宗旨,积极开展各项有利于行业诚信建设的工作。如针对团购中的不讲诚信问题,2010年联盟举办了中国首届团购网站诚信建设峰会,发布相关信用调查报告,对表现比较突出的团购企业给予表彰,发出《团购网站关于切实保障消费者合法权益的倡议书》和自律宣言,在促进网络诚信建设中发挥着不可替代的作用。

42.广播电视广告播出管理办法

2009年9月,原国家广播电影电视总局发布《广播电视广告播出管理办法》(以下简称《办法》),自2010年1月1日起施行。发布《办法》的目的,是为了规范广播电视广告播出秩序,促进广播电视广告业健康发展,保障公民合法权益。

《办法》强调,广播电视广告播出活动坚持以人为本,遵循合法、真实、公平、诚实信用的原则。《办法》就广播电视广告播出内容讲诚信和加强监管等事项作出了具体规定。

《办法》指出,广播电视广告禁止的内容包括:使用绝对化语言,欺骗、误导公众的;药品、医疗器械、医疗和健康资讯类广告中含有宣传治愈率、有效率,或者以医生、专家、患者、公众人物等形象作疗效证明的。禁止播出的广播电视广告包括:治疗恶性肿瘤、肝病、性病或者提高性功能的药品、食品、医疗器械、医疗广告;出现"母乳代用品"用语的乳制品广告。

《办法》指出,电影、电视剧剧场或者节(栏)目不得以治疗皮肤病、癫痫、痔疮、脚气、妇科、生殖泌尿系统等疗病的药品或者医疗机构作冠名。在中小学生假期和未成年人相对集中的收听、收视时段,或者以未成年人为主要传播对象的频率、节(栏)目中,不得播出不适宜未成年人收听、收视的商业广告。

广告主、广告经营者不得通过广告投放等方式干预、影响广播电视节目的正常播出。

《办法》强调,要加强监督管理,维护广告信用。县级以上政府广播影视行政部门应当加强对本行政区域内广播电视广告播出活动的监督管理,建立、完善监督管理制度和技术手段。播出机构从事广告经营活动应当取得合法资质,非广告经营部门不得从事广播电视广告经营活动。记者不得借采访名义承揽广告业务。播出机构应当建立广告经营、审查、播出管理制度,负责对所播出的广告进行审查。

2014年10月,国家工商总局等八部门组织开展的整治互联网重点领域广告专项行动取得阶段性成效。关系人民群众健康安全的保健食品、保健服务器、药品、医疗器械、医疗服务成为重点领域。整治后互联网广告违法率下降9.2个百分点,工商总局重点监测的五类重点广告违法率降幅为20.8%。

43.多部门执行联动机制

建立健全执行联动机制,是基于对执行难问题长期深入思考提出的一项战略举措。1999年以来,全国先后开展了四次较大规模的集中清理执行积案活动,执行难问题在一定程度上得到缓解。然而,执行难问题仍然没有从根本上得到解决。执行难是社会多种矛盾在执行领域的集中反映,降低了社会诚信度,起到恶劣的作用。实践证明,从根本上解决执行难问题,需要建立全国范围内的多部门执行联动机制。

2008年11月,中央政法委、最高人民法院召开全国集中清理执行积案电话会议,提出要建立健全党委政法委组织协调、人民法院主办、有关部门联动、社会各界参与的执行工作长效机制,从源头上减少执行积案的发生。为贯彻会议精神,全国清理执行积案活动领导小组办公室起草了《关于建立执行联动威慑机制的工作方案(征求意见稿)》(以下简称《方案》)。随后,各成员单位对《方案》提出了具体修改意见,经多次修改,形成了《关于建立和完善执行联动机制若干问题的意见(会签稿)》。到2010年5月底,各成员单位全部完成会签工作。

2010年7月,最高法院与中央19个部门联合发布的《关于建立和完善执行联动机制若干问题的意见》(以下简称《意见》)正式实施,标志着我国国家层面的执行联动机制正式建立。《意见》明确提出,为深入贯彻落实中央关于解决执行难问题的指示精神,形成党委领导、人大监督、政府支持、社会各界协作配合的执行工作新格局,建立健全解决执行难问题长效机制,确保生效法律文书得到有效执行,切实维护公民、法人和其他组织的合法权益,维护法律权威和尊严,推进社会诚信体系建设。

《意见》明确规定了各成员单位的职责。如公安机关应当依法严厉打击拒不执行法院判决、裁定和其他妨害执行的违法犯罪行为,对以暴力、威胁方法妨害或者抗拒执行的行为,在接到人民法院通报后立即出警,依法处置。银行业监管部门应当监督银行业金融机构积极协助人民法院查询被执行人的开户、存款情况,依法进行必要限制的规定,要求金融机构发放贷款时应当查询企业和个人信用信息基础数据库,并将被执行人履行生效法律文书确定义务的情况作为审批贷款时的考量因素。

《意见》明确规定了执行联动机制的启动和运行程序。

《意见》明确规定了执行联动机制的组织机构。要求成立执行联动机制工作领导小组,成员单位包括20个部门。各成员单位确定一名联络员,负责执行联动机制运行中的联络工作。各地应成立相应的执行联动机制工作领导小组及办公室。

近年来,还采取了多种新举措,多方联动集体封杀拒不执行法院判决的"老赖"。如2010年最高人民法院对外公布了《最高人民法院关于限制被执行人高消费的若干规定》,这个总共12条的司法解释,为法院破解执行难,惩治"老赖"高消费提供了明确的法律依据。最高人民法院在2012年7月、11月和2013年1月先后三次召开关于失信被执行人名单制度的发布会。2013年7月,最高人民法院发布《最高人民法院关于公布失信被执行人名单信息的若干规定》,具有6种情形的被执行人将被纳入失信被执行人名单,规定从2013年10月1日起施行。最高人民法院推出的这一制度,引发社会热烈反响和好评。2014年3月,人民网根据这个名单库推出排行榜试行版,进一步扩大了威慑力,在互联网上引发广泛关注。同年7月,由最高人民法院执行局与人民网联合推出的"失信被执行人排行榜"启动仪式在北京举行。该排行榜的正式启动,必将进一步提升失信被执行人名单制度的威慑力,必将在全社会产生良好的舆论影响力,必将成为引领社会走向诚信、法治的正能量。

44.全国统计执法大检查

为保障统计诚信,我国于1983年12月通过了《中华人民共和国统计法》(以下简称《统计法》)。为确保统计活动有法必依,全国人大、监察部、国家统计局、司法局等部门自《统计法》出台后,组织了多次统计执法检查。如1994年5月底到6月中旬,根据全国人大常委会加强执法检查的要求,全国人大财经委员会对《统计法》实施情况进行检查。这样的检查进行了多次。

2009年3月,监察部、人力资源社会保障部、国家统计局联合颁布《统计违法违纪行为处分规定》(以下简称《处分规定》),自5月开始施行。2009年6月,全国人大常委会第九次会议修订通过了新《统计法》。新《统计法》是统计工作的根本依据,《处分规定》

是惩处统计违法违纪行为的有力武器。为进一步推动新《统计法》和《处分规定》的贯彻执行，坚决反对和制止在统计上弄虚作假，国家统计局、监察部、司法部定于 2010 年 5—9 月在全国范围内联合开展新《统计法》和《处分规定》执行情况大检查，重点检查 2008 年以来发生的统计违法行为及统计工作的组织领导和保障措施情况。为做好大检查工作，国家统计局、监察部、司法部成立了全国统计执法大检查领导小组，并设立办事机构，负责日常组织和协调工作。

通过此次大检查，要按照强化统计责任、加强监督检查、加大处罚力度、追究领导责任、细化违法行为等方面的规定，坚决查处统计违法违纪案件。要完善合作机制，监察机关须联合统计、司法等部门，按照划定的职权范围，建立和完善相应的沟通协调和案件移送机制。要建立长效机制，监察机关要联合统计机关督促发生问题的部门和单位建章立制，改善管理，从根本上防范和减少统计违法违纪行为的发生。要针对领导干部、统计人员和统计调查对象三类重点普法对象，重点宣传新《统计法》提出的新理念、新要求、新规范，增强统计活动中各参与主体贯彻实施新《统计法》的自觉性。要加大统计违法违纪案件查办力度和责任追究力度，将其作为这次大检查是否取得实效的一项重要内容。为动员群众参与，全国统计执法大检查领导小组办公室还以公告形式公布了国家及各省（自治区、直辖市）统计违法违纪行为举报电话和举报电子信箱。

此次大检查和以往多次检查，使得监督检查常态化，避免了检查"一阵风"、监督走形式，警钟长鸣，在一定程度上发挥了监督机制的长效作用。

45.中关村企业信用体系建设模式

2014 年 2 月，中国人民银行发布《关于加快小微企业和农村信用体系建设的意见》，将中关村国家自主创新示范区作为全国首批试点的小微企业信用体系建设实验区。事实上，经过多年的建设，中关村已形成了区域高科技企业信用体系建设的"中关村信用模式"，主要体现在以下方面。

"中关村信用模式"，其核心内容，是建立和完善政府推动、政策引导、多方参与、市场运作、配套服务、规范管理、长效保障的信用体系运行机制。

一是政府推动。国家发改委和北京市发改委将中关村科技园区列入全国信用服务体系建设试点地区之一。中关村科技园区管委会营造良好的园区信用环境和投融资环境，积极推动信用体系建设工作。

二是政策引导。管委会运用公共财政杠杆作用制定了一系列信用激励政策，引导企业主动做征信评级报告、积极加入园区企业信用促进会。激励政策主要包括，以企业立信和信用积累为基础的"信—保—贷—贴"四条绿色通道担保贷款和"信—贷—贴"直通的信用贷款;"企业购买中介服务支持资金"鼓励企业购买使用信用中介服务在内的各类中介服务;信用促进会优秀会员评选和"瞪羚"星级企业奖励政策等。《促进中关村科技园区企业信用体系建设的办法》还规定了具体的公共财政资金支持数额。

三是多方参与。园区于2003年7月成立了由园区企业、行业协会组织、银行、担保机构和信用中介机构等共同参与的企业信用促进会,从而形成了以信用为基础的多方协作机制。它工作的具体内容有:推广使用企业信用报告和其他信用产品;建立企业信用信息数据库和信用信息发布查询系统;推广企业征信、推行贷款企业评级,建立企业信用融资机制;开展企业内部信用制度建设试点工作,推进企业建立现代信用管理制度;建立企业信用基准型评价体系和行业信用风险监测系统,提供相应服务;建立企业信用奖惩机制;开展信用宣传、教育和培训;开展企业间信用互助,在条件成熟时推动企业信用互助保证基金的建立;开展企业信用年检,加强对信用中介机构的考核、备案和监督管理等。

四是市场运作。管委会的作用是制定政策、整合资源、搭建平台、培育市场,具体的运作交由协会组织和中介机构来完成。管委会引进市场竞争机制,选定6家信用中介机构参与企业征信评级工作,并通过向购买信用产品的企业提供一定比例的费用补贴来为信用中介机构营造良好的市场环境。

五是配套服务。有针对性地为中小企业提供配套服务。信用促进会委托信用中介机构为申请企业做征信评级报告,达到征信评级标准的企业可获得快捷的融资、担保等方面的服务并获得管委会一定额度的利息和保费补贴。此外,信用促进会组织了多次与信用有关的义务培训讲座活动,还增加了征信、信用管理咨询和财务管理咨询等服务品种。

六是规范管理。园区制定了一系列管理办法,用以指导和监督各项信用工作。如《中关村科技园区企业信用制度试点暂行办法》、《关于推行中关村企业信用报告的实施办法》、《中关村企业信用促进会章程》、《关于开展中关村科技园区企业征信工作实施办法》、《"瞪羚企业"信用星级评定管理暂行办法》、《中关村科技园区信用中介机构征信评级业务管理暂行办法》、《促进中关村科技园区企业信用体系建设的办法》等。这些制度对规范园区信用体系建设起到重要的作用。

七是长效保障。园区制定了《中关村科技园区信用体系建设2004—2008年行动纲要》,确定了分层次、分阶段、有计划、有步骤地实现园区信用体系建设发展的目标,为建立长效机制提供了保障。

中关村科技园区十分重视信用中介机构在信用体系建设中的重要作用,积极与大公国际资信评估有限公司等国内知名信用评级机构签署了合作协议,也与北京市部分信用中介机构开展了合作,通过信用中介机构对园区的企业进行卓有成效的信用评级。同时,还对信用中介机构的评级报告进行了规范化管理，率先在园区实现了信用产品的文本、标识和标准的统一，使得信用产品的适用程度得到增强，有利于加深其他机构对信用产品的认知度，拓展信用产品的使用范围。

中关村科技园区不断拓宽信用信息需求主体。信用体系的建设离不开信用信息的需求问题。园区积极拓宽信用信息需求主体的范围，目前需求主体主要有：银行与担保机构、中关村科技园区、园区内企业等。

经过多年的努力，中关村信用体系建设已取得初步成果。一是信用促进会会员得到大幅增加，协会的覆盖面与影响力不断扩大。截至2005年12月，信用促进会会员就已达到593家，2012年企业会员已达2200多家。二是以信用为基础的企业融资服务渠道不断拓展。中关村已建立基于企业信用状况和信用积累的"担保贷款、信用贷款、企业集合债券和信托计划、企业投资、天使投资、境内外上市、代办股份转让、并购重组、技术产权交易"九条融资服务渠道，即一个基础，九条渠道，有效地缓解了企业"融资难"问题。截至2008年底，累计已有3700家园区企业通过四条担保绿色通道，获得了总计为170亿元的担保贷款支持。三是企业信用意识和信用价值进一步提升。企业主动立信、承诺守信，积极加入信用促进会，关心自己的信用记录和第三方信用评价等级，主动购买和使用征信报告、信用评级报告，使信用产品在市场交易主体间得到广泛使用。"信用"作为企业战略资本和无形资产的价值得到了实现。目前园区已累计有5100多家企业购买和使用了总数达7200多份信用报告，占园区企业总数的1/4。稳步推进园区信用管理建设试点，加快企业建立现代信用管理制度已成为新形势下具有创新性和前瞻性的重要举措。四是主要行业企业信用等级逐年提高。自2004年至2007年，企业平均信用等级呈现逐年提高的趋势。园区企业的平均营业利润率、速动比率、应收账款周转率和流动资产周转率的主要财务指标普遍高于同行业平均水平。

中关村科技园区是我国的第一个国家自主创新示范区。中关村科技园区的崛起和发展，在很大程度上得益于由信用体系建设所营造的信用环境，得益于以企业信用为基础的投融资促进机制的建立，得益于企业信用价值在融资、市场交易和生产经营活动中的不断提升，得益于企业信用资本的积累和有效利用。企业信用体系建设已经成为园区创新体系的强大支撑和企业经营活动、融资活动的制度保障。"中关村信用模式"，对于全国的企业及科技园区的发展都有很大的借鉴意义。

46.在行政管理事项中使用信用记录和信用报告

在行政管理事项中使用信用记录和信用报告是发挥政府在社会信用体系建设中示范带

头作用的重要举措；是有效培育市场信用需求，提升社会诚信意识和提高政府行政管理规范化、科学化水平的重要手段；是推动完善信用主体信用记录、培育发展信用服务市场和建立健全失信联合惩戒机制的迫切要求。2013年5月，国家发展和改革委员会、中国人民银行、中央编办联合印发《关于在行政管理事项中使用信用记录和信用报告的若干意见》（以下简称《意见》）。此后，各级政府、各相关部门应将相关市场主体提供的信用记录或信用报告作为其行政管理的重要参考。《意见》包括五部分内容：

一是建立完善社会信用主体信用记录。这是行政管理事项中使用信用记录和信用报告的基础性工作。各地区要对本地区各部门、各单位的信用信息进行整合，形成统一的信用信息共享平台。各相关部门要结合国家政务信息化工程建设，完善行业信用信息记录，加快推进行业内信用信息互联互通。各地方、各部门要大力推进政府信息公开，支持征信机构根据市场信用需求，依法采集个人、企业、事业单位及其他社会组织的信用信息，建立信用信息数据库，提供专业化的征信服务。要加快建立完善重点领域社会成员信用记录，疏通信用信息来源渠道。

二是切实发挥在行政管理事项中使用信用记录和信用报告的作用。应将相关市场主体所提供的信用记录或信用报告作为实施行政管理的重要参考。对守信者，应探索实行优先办理、简化程序、"绿色通道"和重点支持等激励政策；对失信者，应结合失信类别和程度，严格落实失信惩戒制度。对食品药品安全、环境保护、产品质量、医疗卫生、工程建设、教育科研、电子商务、股权投资、融资担保等重点领域，应率先推进在行政管理事项中使用相关市场主体的信用记录和信用报告。

三是探索完善在行政管理事项中使用信用记录和信用报告的制度规范。应结合地方和部门实际，在政府采购、招标投标、行政审批、市场准入、资质审核等行政管理事项中依法要求相关市场主体提供由第三方信用服务机构出具的信用记录或信用报告。各级政府、各相关部门应根据履职需要，研究明确信用记录或信用报告的主要内容和运用规范。

四是充分发挥征信市场在提供信用记录方面的重要作用。征信机构应根据市场需求，对外提供专业化的征信服务，有序推进信用服务产品创新，依法推进与政府部门之间的信用信息交换与共享，提供符合社会各种需求的信用记录和信用报告。征信业管理部门应切实加强对征信机构的监管，促进征信机构规范发展，确保征信机构出具的相关市场主体信用记录和信用报告真实、可信。

五是不断健全全社会守信激励和失信惩戒的联动机制。各级政府、各相关部门要树立大局意识，把在行政管理事项中使用信用记录和信用报告工作纳入重要工作日程。要加强协同配合，推动形成信用记录和信用报告跨部门、跨区域应用的联动机制。要通过信用记录和信用报告在行政管理事项中的联合应用，逐步建立健全全社会守信激励和失信惩戒联动机制。

《意见》涉及信用制度建设的具体内容,规范了行政管理中使用信用信息的必要程序,将对提高行政管理科学性和促进信用服务市场的建设起到指导作用。

47.征信业管理条例

征信业务,是指对企业、事业单位等组织(统称企业)的信用信息和个人的信用信息进行采集、整理、保存、加工,并向信息使用者提供的活动。征信业是市场经济中提供信用信息服务的行业。我国征信业从无到有,逐步发展,作用日益显现,但与信用经济发展和加快社会信用体系建设的要求还不相适应。征信经营活动还缺乏统一遵循的制度规范和监管依据,难以获取市场主体信用信息的现象与不当采集和滥用公民、法人信息,侵犯其合法权益的现象并存,影响到征信业的健康发展。为规范征信活动,保护当事人的合法权益,引导、促进征信业健康发展,推进社会信用体系建设,有必要出台《征信业管理条例》(以下简称《条例》)。

《条例》的起草始于 2003 年。中国人民银行自履行征信管理职责以来,一直推动征信法规建设,经过实地调研、听取意见、借鉴国外经验,完成了《条例》的草拟工作。2009 年 10 月和 2011 年 7 月,国务院法制办两次向公众公开征求意见,再次进行修改,报国务院常务会议审议。2012 年 12 月 26 日,《条例》获国务院第 228 次常务会议通过,自 2013 年 3 月 15 日起施行。

《条例》的出台,对规范和促进征信业健康快速发展具有积极意义。一是解决征信业管理无法可依的问题。二是解决征信市场中信息采集使用不规范等问题。三是解决征信市场整体发展水平较低的问题。对缓解中小企业"融资难"也有所帮助。发展征信业是加快社会信用体系建设的重要途径和手段,有利于形成诚实守信的信用氛围和环境,形成信用激励约束机制。

《条例》有七项主要内容:一是适用范围,包括《条例》适用的业务领域和业务类型等。二是征信监管体制,包括中国人民银行及其派出机构的监管职责、国务院有关部门和县级以上地方政府的相应职责。三是征信机构,包括征信机构的定义、类别、设立条件、审批程序等,以及对外商投资设立的征信机构、境外征信机构在境内经营征信业务的专门规定。四是征信业务规则,包括个人征信业务规则、企业征信业务规则,加强征信信息管理的相关规定、技术措施等。五是征信信息主体权益,包括数据库信用信息的采集、报送、查询、使用等相关规定。六是监督管理,包括国务院征信业监督管理部门及其派出机构的监督管理职责、监督检查措施、保密要求等。七是法律责任,包括违规从事征信经营活动、采集禁止采集的个人信息或未经本人同意采集个人信息、对外提供或者出售信息等违法行为的法律责任。

《条例》对保护个人信用信息主体的权益作出了规定：一是严格规范个人征信业务规则；二是明确规定禁止和限制征信机构采集的个人信息；三是明确规定个人对本人信息享有查询、异议和投诉等权利；四是严格法律责任。

《条例》对企业信息的采集和使用作出了规定。鼓励企业信用信息公开透明，为企业征信业务的发展提供较为宽松的制度环境。征信机构可以通过信息主体、企业交易对方、行业协会提供信息，政府有关部门依法已公开的信息，人民法院依法公布的判决、裁定等多个渠道采集企业信用信息，采集和对外提供时都不需要取得企业的同意；企业的董事、监事、高级管理人员与其履行职务相关的信息，视为企业信息，采集和使用时也不需要取得信息主体的同意。

《条例》对金融信用信息基础数据库作出了规定：由中国人民银行组建、中国人民银行征信中心运行维护的我国金融信用信息基础数据库运行8年来发挥了重要作用。金融信用信息基础数据库由国家设立，为防范金融风险，促进金融业发展提供相关信息服务。它由不以营利为目的的专业机构建设、运行和维护，由国务院征信业监督管理部门监督管理。金融信用信息基础数据库的运行应遵守《条例》中征信业务规则的有关规定。国家机关可以依照有关法律、行政法规的规定查询金融信用信息基础数据库的信息。

中国人民银行作为国务院征信业监督管理部门应当履行以下管理职责：一是制定征信业管理的规章制度；二是管理征信机构的市场准入与退出，定期向社会公告征信机构名单；三是对征信业务活动进行常规管理；四是对征信机构、金融信用信息基础数据库运行机构以及向金融信用信息基础数据库报送或者查询信息的机构遵守《条例》及有关规章制度的情况进行检查，对违法行为进行处罚；五是处理信息主体提出的投诉。

征信业发展水平直接关系到国家信用体系建设水平。《条例》将我国征信业发展纳入规范化轨道，明确了若干关键问题，具有重要意义。

48.中华人民共和国广告法

《中华人民共和国广告法》（以下简称《广告法》）自1994年颁布以来，在规范广告活动、促进广告业健康发展和保护消费者权益方面，发挥了重要作用。近年来，随着我国广告业迅速发展和互联网广泛应用，广告发布的媒介和形式发生了较大变化，出现了一些问题。社会各界对修改、完善现行广告法，依法严厉打击虚假违法广告的呼声十分强烈，多位人大代表和政协委员提出了修法的建议和提案。2009年9月，国家工商总局向国务院报送了《广告法（修订送审稿）》。经征求意见，修订草案于2014年6月经国务院常务会议讨论通过，报送全国人大常委会审议。2014年9月1日，十二届全国人大常委会第十次会议初次审议了《广告法（修订草案）》，并就修订草案向社会公开征求意见。在经过三次审议，广泛公开征求意见的基础上，2015年4月24日，十二届全国人大常委会第十四次会议表决通过了新修订的《广告法》，这是1994年《广告法》颁布以来的首次修订。新《广告法》于2015年9月1日起施行。

明确界定何为虚假广告。虚假广告认定标准不明确，有效惩治虚假广告的法律依据不完善，是原广告法一个突出问题。因此，新《广告法》对何为虚假广告作出明确界定。新法规定，有下列情形之一的，为虚假广告：商品或者服务不存在的；商品的性能、功能、产地、用途、质量、规格、成分等与实际情况不符，对购买行为有实质性影响的；使用虚构、伪造或者无法验证的科研成果、统计资料等信息作证明材料的；虚构使用商品或者接受服务的效果的；以虚假或者引人误解的内容欺骗、误导消费者的其他情形。

保健食品不得夸大其词。近年来，保健食品、医疗、药品广告日益成为虚假广告"重灾区"。新《广告法》对保健食品广告作出了更有针对性的严格规范。新《广告法》将保健食品广告准则单列一条，并规定不得含有下列内容：表示功效、安全性的断言或者保证；涉及疾病预防、治疗功能；声称或者暗示广告商品为保障健康所必需；与药品、其他保健食品进行比较；利用广告代言人作推荐、证明；法律、行政法规规定禁止的其他内容。新《广告法》还规定，保健食品广告应当显著标明"本品不能代替药物"。

烟草广告限制更为严格。新《广告法》对发布烟草广告的媒介、形式、场所以及烟草广告内容作了严格限制。新《广告法》规定：禁止在大众传播媒介或者公共场所、公共交通工具、户外发布烟草广告；禁止向未成年人发送任何形式的烟草广告；禁止利用其他商品或者服务的广告、公益广告，宣传烟草制品名称、商标等内容；烟草制品生产者或者销售者发布的迁址、更名、招聘等启事中，不得含有烟草制品名称、商标、包装、装潢以及类似内容。

发垃圾短信最高罚三万元。垃圾短信、广告邮件一直给人们带来困扰。新《广告法》对此作出严格规范。任何单位或者个人未经当事人同意或者请求，不得向其住宅、交通工具等发送广告，也不得以电子信息方式向其发送广告；以电子信息方式发送广告的，应当明示发送者的真实身份和联系方式，并向接收者提供拒绝继续接受的方式。新《广告法》还规定了相应的处罚，由有关部门责令停止违法行为，对广告主处五千元以上三万元以下的罚款。

明星代言需得自己先用。明星虚假代言问题近年来屡被曝光。2013年，全国人大常委会表决通过关于修改消费者权益保护法的决定，规定明星代言广告如涉及虚假宣传，将与商家一起承担连带责任。新《广告法》规定，广告代言人在广告中对商品、服务作推荐、证明，应当依据事实，符合本法和有关法律、行政法规规定，并不得为其未使用过的商品或者未接受过的服务作推荐、证明。对在虚假广告中作推荐、证明受到行政处罚未满三年的自然人、法人或者其他组织，不得利用其作为广告代言人。

限制涉及未成年人广告。为更好地保护未成年人权益，新《广告法》根据未成年人身心发展规律和特点，对涉及未成年人的广告活动作出严格规范。新《广告法》规定，不得在中小学校、幼儿园内开展广告活动，不得利用中小学生和幼儿的教材、教辅材料、教具、校服等发布或者变相发布广告，但公益广告除外。在针对未成年人的大众传播媒介上不得发布医疗、药品、保健食品、医疗器械、化妆品、酒类、美容广告，以及不利于未成年人身心健康的网络游戏广告。针对不满十四周岁的未成年人的商品或者服务的广告不得含有下列内容：劝诱其要求家长购买广告商品或者服务；可能引发其模仿不安全行为。

规范广告促进母乳喂养。为促进母乳喂养，新《广告法》规定，禁止在大众传播媒介或者公共场所发布声称全部或者部分替代母乳的婴儿乳制品、饮料和其他食品广告。

新《广告法》还对相关法律责任作出规定：由工商行政管理部门责令停止发布广告，对广告主处以20万元以上100万元以下的罚款，情节严重的，并可以吊销营业执照，由广告审查机关撤销广告审查批准文件、一年内不受理其广告审查申请；对广告经营者、广告发布者，由工商行政管理部门没收广告费用，并处二十万元以上一百万元以下的罚款，情节严重的，可以吊销营业执照、吊销广告发布登记证件。

进一步严格规范媒体发布广告行为，强化媒体责任。新《广告法》规定，大众传播媒介不得以新闻报道形式变相发布广告。通过大众传播媒介发布的广告应当显著标明"广告"，与其他非广告信息相区别，不得使消费者产生误解。广播电台、电视台发布广告，应当遵守国务院有关部门关于时长、方式的规定，并应当对广告时长作出明显提示。新《广告法》还强化了大众媒介发布违法广告的法律责任。

网络平台纳入新法规范。网络已逐渐成为广告发布的重要媒介，实践中网络广告违法、影响用户使用网络等问题较为突出。对此，新《广告法》增加规定，加强对网络广告行为的规范。新《广告法》规定，利用互联网从事广告活动，适用本法的各项规定。利用互联网发布、发送广告，不得影响用户正常使用网络。在互联网页面以弹出等形式发布的广告，应当显著标明关闭标志，确保一键关闭。

强化广告监管部门职责。为进一步规范广告活动，保护消费者权益，新《广告法》强化了广告监管部门的责任，对不作为、乱作为的，实行问责。新《广告法》规定，工商行政管理部门应当建立健全广告监测制度，完善监测措施，及时发现和依法查处违法广告行为。工商行政管理部门和有关部门不依法履行职责的，任何单位或者个人有权向其上级机关或者监察机关举报。接到举报的机关应当依法作出处理，并将处理结果及时告知举报人。新《广告法》规定，工商行政管理部门对在履行广告监测职责中发现的违法广告行为或者对经投诉、举报的违法广告行为，不依法予以查处的，对负有责任的主管人员和直接责任人员，依法给予处分。工商行政管理部门和负责广告管理相关工作的有关部门的工作人员玩忽职守、滥用职权、徇私舞弊的，依法给予处分。有前两款行为，构成犯罪的，依法追究刑事责任。

新《广告法》针对新情况、新问题，着重解决广大人民群众关注的虚假广告治理问题，明确了虚假广告的认定标准，加大对虚假广告的惩治力度，完善了有效惩治虚假广告的法律依据，对促进广告业的健康持续发展起到保障作用。

49.温州诚信建设

自2011年4月以来，由于无力偿还巨额债务，温州已有90多家企业老板逃跑，企业倒闭，引发温州民间借贷危机。据央行温州中心支行调查，温州有89%的家庭或个人、59.67%的企业参与民间借贷，市场规模达到1100亿元，引起了地方和中央的关注。温家宝总理多次到温州视察，并于2012年3月28日主持召开国务院常务会议，决定设立温州金融综合改革试验区，希望通过体制机制创新，构建多元化金融体系，增强防范和化解金融风险的能力。

温州的民间借贷市场一度十分动荡和混乱。由于民间借贷危机，许多温州商人弃债跑路，使"信用温州"形象受到重创。以诚信为立身之本的温州人明白，失去"诚信"这一金字招牌，温州无法走得更远。由此，促使温州采取了一系列重铸"诚信温州"形象的措施。

一是宣传诚信典型，研讨诚信建设。"温州诚信"的新闻报道侧重突出典型人物事迹的宣传，构建温州人诚实守信、一诺千金的形象。如对温商谢岩斌"千里寻人，只为还债"的跟踪报道、对"诚信老爹"吴乃宜替子还债事迹的报道等。温州政府联合社会各界开展了网上对话、论坛等活动，共同商讨温州诚信建设的制度化，并推出多项举措。如提出信用城市创建方案，推进"12348"社会信用体系建设；加快安全生产、食品药品安全、产品质量、商品流通等十大重点领域的信用体系建设；发展信用中介，积极推进信用共享平台建设，严惩失信行为；开展诚信日主题宣传实践活动，培育守信市民等。

二是社会主体共同践行诚信精神。各级政府在诚信建设的顶层规划上作了不少努力，将信用城市建设纳入"六城九市"联创，制定了一系列科学的信用建设措施，并从自身做起，树立良好的政务环境，打造诚信政府形象。开展"百佳诚信企业"评选等活动，激发各行各业自觉践行诚信精神。包括金融、工商、食品、律师、计生、零售等行业和企业都开展了践诺行动,建立"诚信联盟",通过窗口服务领域的共建,烘托温州商人诚实守信的精神和品格,营造良好的生活、投资环境。市民在促进温州诚信形象的重塑方面也起了很大作用。

三是培育市民的守信意识。温州连续十多年开展"诚信日"活动,曾一度走在全国前列。2013年温州"诚信日"的主题是"重塑信用,再创辉煌",可见其经历诚信危机后重新出发的勇气和信心。举办诚信图文巡回展,展出"信用建设成果"、"名人说诚信"、"诚信好故事"等内容;"市长展板前说诚信"意在营造领导带头践行诚信的舆论氛围;首创"网上温州诚信馆",通过诚信故事、信用知识、互动留言等多个板块,搭建起传播诚信的全新载体;开展"诚信是金,温商潮商特别对话会"网上活动,就温州诚信商人的诚信精神展开专题讨论;颁发"诚信温商"荣誉奖牌,树立诚信形象;开展"道德模范"、"诚信示范企业"、"诚信经营示范"、"守合同重信用企业公示"等诚信创建活动,在社会上营造守信光荣的舆论氛围。

通过以上举措,近年来温州信用优良企业的数量稳步增长。问卷显示,温州整体诚信形象较民间借贷危机时有了很大提升。

50.关于加快小微企业和农村信用体系建设的意见

小微企业和农村地区的发展是我国经济社会发展的重要组成部分。加快小微企业和农村信用体系建设,更好地发挥信用信息作用,发展金融普惠,改善信用环境,支持有信用、有市场的小微企业、农户等经济主体融资发展,对于劳动就业、扩大内需、促进经济结构调整、增强经济活力,具有十分重要的意义。加强信用体系建设是支持小微企业和"三农"健康发展的有效举措。

2006年以来,中国人民银行根据"管理征信业,推进建立社会信用体系"的职责,开展了小微企业和农村信用体系建设工作。探索建立了小微企业和农户等信用信息征集体系,开展了小微企业信用评价(分)和"信用户"、"信用村"、"信用乡(镇)"建设,不断健全小微企业和农户等的信息通报与应用机制,推动地方政府、金融机构等制定激励措施,并在地方政府的支持下,开展了试验区建设。提高了小微企业和农户的融资可获得性,增强了他们的信用意识,改善了地区信用环境。截至2013年底,中国人民银行推动共为243万户小微企业和1.51亿农户建立了信用档案。

2014年2月,中国人民银行《关于加快小微企业和农村信用体系建设的意见》(以下简称《意见》)出台。《意见》包括小微企业和农村信用体系建设的重要意义、指导思想与目标、工作原则、工作任务以及工作要求五部分。

《意见》明确了健全信用信息征集体系、完善信用评级（评分）和信息发布与应用制度的工作制度的目标；确定了"政府领导，市场参与；人行推动，多方支持；试点先行，逐步推进；积极创新，务求实效"的工作原则；部署了完善信用信息征集体系、建立信用评价机制、健全信息通报与应用制度、推进试验区建设、健全政策支持体系、发挥宣传引导作用六项工作任务；并提出了加强组织领导、积极稳步实施、强化交流学习等工作要求。

对于如何推进试验区工作，《意见》也作出了明确规定。据统计，全国30个省（直辖市、自治区，除西藏外）共有260多个市（县、园区）开展了小微企业或农村信用体系试验区建设，为鼓励探索和创新，中国人民银行确定了31个地市（工业园区）、32个县（市）作为全国小微企业和农村信用体系建设试验区。推进试验区工作，一是要在地方政府的领导与大力支持下，建立试验区组织领导和工作机制，制定工作方案和组织保障措施。二是要按照信息"来源于地方，服务于地方"的思路，原则上以地市为主建立小微企业数据库，以县为主建立农户数据库，完善信息征集体系。三是要发挥地方政府部门、金融机构、中介机构的力量，以小微企业和农户等信用信息为基础，推动小微企业信用评级（分）和"信用户"、"信用村"、"信用乡镇"评定。四是以数据库为基础，健全信息通报与应用机制，纳入政府部门政策信息、金融机构及中介机构产品与服务信息、小微企业和农户生产经营信息和融资需求信息等，建立数据库与网络相结合的信息服务平台。

该《意见》对小微企业和农户是利好举措，有利于优化信用环境，对试验区的发展也是有力的促进。

51.社会信用体系建设规划纲要（2014—2020年）

目前信用缺失仍是我国社会经济发展中突出的"软肋"，制假售假、商业欺诈、逃债骗贷、学术不端等屡见不鲜。征信成本过高和失信代价太低是主要原因之一，必须采取有力措施改善社会信用状况。

改革开放以来，中央有关部门和地方政府、各行业都出台了不少信用建设领域的指导意见或规划，但全社会信用体系建设不是几个部门的事，需要进行信用体系的顶层设计。此前由中国人民银行牵头制定社会信用体系建设"十二五"规划，并在2011年就规划内容征求过意见，当时分歧很大。2012年改由发改委和中国人民银行共同牵头组织部际联席会议制度，十几个部门参与研究讨论，并将规划改为2014—2020年规划。在部际联席会议框架下，十二届全国人大已将社会信用立法项目列入立法规划；发改委等准备推动建立统一的社会信用代码制度；建立起25个部门参与的信用信息共建共享机制；成立了规章研究、标准化、需求协调、共享技术和联合惩戒 5 个工作小组；研究组建信用中国网站；召集了十几次研讨会等。2014 年 1 月 15 日，国务院常务会议原则通过了《社会信用体系建设规划纲要（2014—2020 年）》。会议强调，建设社会信用体系是长期、艰巨的系统工程，要用改革创新的办法积极推进。要把社会各领域都纳入信用体系。要完善奖惩制度，让守信者处处受益、失信者寸步难行。加强诚信文化建设，让诚实守信成为全社会共同的价值追求和行为准则。

在此基础上，2014 年 6 月 14 日国务院印发了《社会信用体系建设规划纲要（2014—2020 年）》（以下简称《纲要》），部署加快建设社会信用体系、构筑诚实守信的经济社会环境。根据党的十八大提出的"加强政务诚信、商务诚信、社会诚信和司法公信建设"，党的十八届三中全会提出的"建立健全社会征信体系，褒扬诚信，惩戒失信"，《中共中央国务院关于加强和创新社会管理的意见》提出的"建立健全社会诚信制度"，以及《中华人民共和国国民经济和社会发展第十二个五年规划纲要》提出的"加快社会信用体系建设"的总体要求，制定本规划纲要。规划期为 2014—2020 年。这是我国首部国家级社会信用体系建设专项规划，其主要内容如下：

关于社会信用体系建设的重要意义。《纲要》指出，加快社会信用体系建设是全面落实科学发展观、构建社会主义和谐社会的重要基础，是完善社会主义市场经济体制、加强和创新社会治理的重要手段，对增强社会成员诚信意识，营造优良信用环境，提升国家整体竞争力，促进社会发展和文明进步具有重要意义。

关于建设原则和目标。《纲要》强调，社会信用体系建设要按照"政府推动，社会共建；健全法制，规范发展；统筹规划，分步实施；重点突破，强化应用"的原则有序推进。到 2020 年，实现信用基础性法律法规和标准体系基本建立，以信用信息资源共享为基础的覆盖全社会的征信系统基本建成，信用监管体制基本健全，信用服务市场体系比较完善，守信激励和失信惩戒机制全面发挥作用。

关于重点领域和任务。《纲要》围绕政务诚信、商务诚信、社会诚信和司法公信等四大重点领域，明确了与人民群众切身利益和经济社会健康发展密切相关的 34 个方面的具体任务。第一，加快推进政务诚信建设，包括：坚持依法行政、发挥政府诚信建设示范作用、加快政府守信践诺机制建设、加强公务员诚信管理和教育。第二，深入推进商务诚信建设，包括：生产领域信用建设、流通领域信用建设、金融领域信用建设、税务领域信用建设、价格领域信用建设、工程建设领域信用建设、政府采购领域信用建设、招标投标领域信用建设、交通运输领域信用建设、电子商务领域信用建设、统计领域信用建设、中介服务业信用建设、会展广告领域信用建设、企业诚信管理制度建设。第三，全面推进社会诚信建设，包括：医药卫生和计划生育领域信用建设、社会保障领域信用建设、劳动用工领域信用建设、教育科研领域信用建设、文化体育旅游领域信用建设、知识产权领域信用建设、环境保护和能源节约领域信用建设、社会组织诚信建设、自然人信用建设、互联网应用及服务领域信用建设。第四,大力推进司法公信建设,包括:法院公信建设、检察公信建设、公共安全领域公信建设、司法行政系统公信建设、司法执法和从业人员信用建设、健全促进司法公信的制度基础。

确定基础性三大措施。一是加强诚信教育与诚信文化建设。二是加快推进信用信息系统建设和应用,建立自然人、法人和其他组织统一社会信用代码制度,推进行业间信用信息互联互通和地区内信用信息整合应用,形成全国范围内的信用信息交换共享机制。三是完善以奖惩制度为重点的社会信用体系运行机制,健全守信激励和失信惩戒机制,对守信主体实行优先办理、简化程序、"绿色通道"等激励政策。对失信主体采取行政监管性、市场性、行业性、社会性约束和惩戒。建立健全信用法律法规和标准体系,培育和规范信用服务市场,保护信用信息主体权益,强化信用信息安全管理。

支撑保障工作。一是强化责任落实;二是加大政策支持;三是实施政务信息公开工程、农村信用体系建设工程和小微企业信用体系建设工程;四是推动地方信用建设综合示范、区域信用建设合作示范、重点领域和行业信用信息应用示范;五是健全组织保障,完善组织协调机制。

《纲要》总结了近年来我国各地各领域信用体系建设的经验,针对目前存在的突出问题进行了总体设计,高屋建瓴,总揽全局,对今后我国加快推进社会信用体系建设具有重要指导作用,受到全国人民的关注,将对具体工作发挥引导作用。

52.纳税信用管理制度

为规范纳税信用管理,促进纳税人诚信自律,提高税法遵从度,推进社会信用体系建设,需要推行纳税信用管理。所谓纳税信用管理,是指税务机关对纳税人的纳税信息开展的采集、评价、确定、发布和应用等活动。2003 年 7 月,国家税务总局制定并实施《纳税信用等级评定管理试行办法》。到 2013 年底,全国已经评定出 A 级信用纳税人 68448 户。2014 年 7 月,国家税务总局又发布了《纳税信用管理办法》和《重大税收违法案件信息公布办法》,标志着税务系统开始推行纳税信用管理,建立税收守信激励和失信惩戒机制,打造税务领域信用体系建设的升级版。

《重大税收违法案件信息公布办法》明确了重大税收违法案件公布原则、公布机关、公布标准、公布内容、惩戒措施、公布期限、异议处理等,并确定了 7 项国家税务总局直接公布的"黑名单"标准。如纳税人采取虚假纳税申报、逃避追缴欠税、骗取出口退税等方法，被查补税款金额500万元以上的；虚开增值税专用发票或其他用于骗取出口退税、抵扣税款发票，虚开税款数额1000万元以上，虚开普通发票面额累计5000万元以上的；以暴力、威胁方法拒不缴纳税款的，违法情节严重、有较大社会影响的税收违法案件。最令人瞩目的是，"黑名单"不仅公开企业名称、纳税人识别号、组织机构代码、注册地址，主要违法事实，处罚法律依据，行政处理、行政处罚情况，而且将违法企业法定代表人（负责人）、财务人员的姓名、性别、身份证号码，以及对重大税收违法案件负有直接责任的中介机构及从业人员的信息一并公布。根据规定，每季度终了30日内，地市级以上税务机关通过门户网站、新闻媒介和税务公告栏等平台向社会公布重大税收违法案件"黑名单"，如果上了"黑名单"，需要自公布之日起满两年才能从公布栏撤出。

《纳税信用管理办法》分总则和六章，主要包括：

关于纳税信用信息采集。作为纳税信用评级的主要信息有三项：一是纳税人信用历史信息，包括从税务管理系统采集的基本信息和纳税申报信息、历年纳税信用记录、纳税人在相关部门以往的信用记录；二是税务内部信息，包括涉税申报信息、税（费）款缴纳信息、发票与税控器具信息、登记与账簿信息、税务检查信息等；三是外部信息，包括评价当年纳税人在相关部门的信用记录、影响其纳税信用评价的其他信息。

关于纳税信用评价。纳税信用评价采取年度评价指标得分和直接判级方式。评价指标包括税务内部信息和外部评价信息。年度评价指标得分采取扣分方式。纳税人评价年度内经常性指标和非经常性指标信息齐全的，从100分起评；非经常性指标缺失的，从90分起评。直接判级适用于有严重失信行为的纳税人。纳税信用评价指标由国家税务总局另行规定。外部参考信息在年度纳税信用评价结果中记录，与纳税信用评价信息形成联动机制。

纳税信用按百分制分为四级，90分以上、70至90分、40至70分、40分以下的，分别为A、B、C、D级，D级纳税信用还可以根据税收违法行为直接判级确定。每年4月税务机关确定上一年度纳税信用评价结果，纳税人对其信用评价结果有异议的，可以申请复评。新办法还确定了10种直接判定为D级纳税信用的情形，比如存在逃避缴纳税款、逃避追缴欠税、骗取出口退税、虚开增值税专用发票等行为，经判决构成涉税犯罪的；在规定期限内未按税务机关处理结论缴纳或者足额缴纳税款、滞纳金和罚款的；以暴力、威胁方法拒不缴纳税款或者拒绝、阻挠税务机关依法实施税务稽查执法行为的；提供虚假申报材料享受税收优惠政策的，等等。

关于纳税信用评价结果的确定和发布。纳税信用评价结果的确定和发布遵循谁评价、谁确定、谁发布的原则。税务机关每年4月确定上一年度纳税信用评价结果，并为纳税人提供自我查询服务。纳税人对纳税信用评价结果有异议的，可以书面向作出评价的税务机关申请复评。税务机关对纳税人的纳税信用级别实行动态调整。纳税人信用评价状态变化时，税务机关可采取适当方式通知、提醒纳税人。税务机关对纳税信用评价结果，按分级分类原则，依法有序开放。

关于纳税信用评价结果的应用。信用级别直接与税收服务管理挂钩。对于 A 级信用纳税人，税务机关将主动公告名单，增加专用发票用量、普通发票按需领用，企业连续三年获 A 级信用的，将获得绿色通道或专人协办税事。评为 B 级信用的纳税人，对其实行正常管理。对 C 级信用纳税人从严管理。若被确定为 D 级纳税信用，将在发票使用、出口退税审核、纳税评估等方面受到严格审核监督，违法处罚幅度将高于其他纳税人。税务机关还会将其名单通报相关部门，建议在经营、投融资、取得政府供应土地、进出口、出入境、注册新公司、工程招投标、政府采购、获得荣誉、安全许可、生产许可、从业任职资格、资质审核等方面予以限制或禁止，使诚实守信者一路绿灯，违法失信者寸步难行。

据了解，《纳税信用管理办法》适用于已办理税务登记，从事生产、经营并实行查账征收的企业纳税人。今后国家税务总局还将逐步规定扣缴义务人、自然人纳税信用管理办法，省税务机关将制定个体工商户和其他类型纳税人的纳税信用管理办法。

53.山东荣成社会诚信体系建设

近年来，山东荣成市把"诚信"作为立市之本、兴市之魂，作为统筹经济社会全面发展的总抓手，深入推进以政务诚信为先导、企业诚信为重点、社会诚信为基础、司法诚信为保障的"四位一体"诚信体系建设，积极探索构建社会主义核心价值体系与推动区域经济社会科学发展互促共进的新路子。通过诚信系列活动的开展，群众诉求渠道进一步畅通，干部作风进一步转变，干群关系进一步密切，区域环境进一步优化，社会文明和谐指数进一步提升。自 2012 年开始，荣成市连续开展了"诚信建设年"、"诚信建设创新年"和"诚信建设提升年"活动。通过持续推进社会诚信体系建设，打造诚信荣成品牌，让守信者得激励、失信者受惩戒，营造崇德向善、文明和谐的社会环境。荣成市推进社会诚信体系建设，创出了好做法、好经验。

以政务诚信促干群互信。坚持把政务诚信作为诚信体系建设的突破口，以政务诚信促进干群互信，带动社会守信。一是落实目标承诺树公信。围绕树立"有诺必践"的诚信政府形象，广泛开展"向市民承诺、为市民办事、请市民监督"活动，116 个部门、镇街就全年目标作出公开承诺，年底公布兑现情况，由群众评判和监督。为兑现承诺，荣成市强化责任落实，从事前承诺到督导推动、再到严肃考核，全部细化分工，安排市级班子成员联系镇区和街道，分包重点企业和大项目，牵头解决重点信访事项，在各级班子中推行每月例会制度，每季度组织一次工作观摩，将督办事项纳入台账管理。同时，推行了机关精细化管理，理顺完善内部管理和服务制度740多项，增进各级执行力。通过公开亮目标、亮责任、亮效果，转变了工作作风，以实际行动取信于民。二是提高行政效能树公信。把效能提速作为展示政府服务形象的窗口，坚持简政、放权"两手抓"，打造"审批事项最少、时限最短、效率最高"的政务环境。实施了行政审批制度改革，审批事项由555项压缩到136项，减少了75.5%，平均办件时限比法定时限缩短了91%；推进行政服务向镇街、便民服务向社区"两个延伸"，29项市级审批事项下放到镇街，40多项服务延伸到社区。三是坚持阳光行政树公信。围绕公平公开办事，市级设立公共资源交易中心，对土地招拍挂、政府采购等十大类事项实行公开公平交易；镇村建立农村"三资"网络监管系统，对全市所有镇街、村居的资产核查、资产和资源招投标等实行统一监管、市场化操作，被评为全国农村集体"三资"管理示范市。四是创新社会治理树公信。立足密切干群关系、增进干群互信，构建起了"面上有走访、求助有热线、网上能互动、问题有研判"的社会治理服务格局。开展了单位联村、干部联户"两个全覆盖"活动，联系走访每个村居、每户群众；组建了民生110服务平台，实现民生诉求"一号通"；开办"荣成民心网"，打造了24小时不下班的网上政府；成立了社会管理服务中心，搭建社会信息研判平台，确保事事有回音、件件有落实。在2012年以来的威海市四次群众满意度调查中，荣成市总体满意度均列各市区首位。

以征信体系促社会守信。建立社会征信体系，把诚信建设提升到制度保障层面，用制度规范全社会信用行为。一是建立社会征信体系。荣成启动了社会征信管理体系建设。出台了《社会信用体系建设的实施意见》、《社会法人和自然人征信管理试行办法》、《守信激励与失信惩戒试行办法》等规范性文件，将全市各类企业、社会团体、民办机构、个体工商户以及18周岁以上的公民纳入信用信息采集和管理范围。实行守信激励与失信惩戒，设立诚信模范、诚信、较诚信、诚信警示、不诚信五个级别，围绕信贷担保、合同履约、缴费纳税、社会保障等方面，依法在各类社会治理活动中给予激励或约束，努力形成守信得激励、失信受惩戒的社会氛围。二是培育诚信文化。注重宣传教育、示范引领、实践养成相统一，每年开展"文化四季 诚信荣成"道德文化活动10000多场次、道德讲堂宣讲活动2000余次，全市"善行义举四德榜"实现了全覆盖，以诚信文化引领社会风尚。三是开展"树典型、扬正气、传递正能量"活动。在全市机关、企业、农村、社区、社会团体等各个层面，包括经济、政治、文化、社会、生态文明建设和党的建设等各个领域，树立先进典型，引领社会风气，带动创新创业，把诚信建设推向深入。2013年表彰各类诚信典型12000多个，评选结果纳入社会信用体系。

以制度保障促活动实效。在统筹推进"四位一体"诚信体系建设中，注重构建强有力的机制支撑和协调高效的管理体制，依靠制度的外在强制性和运行的科学性促进诚信建设。一是上下联动的管理推进机制。构建了"党委统一领导、常委分工负责、分块实施、统筹推进"的工作格局。成立了由市委书记任组长,市级领导班子各领域分工负责的领导小组,下设五个专项指导组;纵向上,市、镇、企、村层层一把手负责,一统到底;横向上,组织宣传纪检、工青妇、公检法、政府职能部门携手联动;各单位分别建立了一整套推进制度体系,实现了上下联动、统分结合、整体推进。二是群众参与的监督评价机制。充分发挥政府"自上而下"和群众"自下而上"的双重作用,建立健全规范高效的常态化检查监督机制。市里成立了主题活动办公室,负责全市诚信建设的组织协调,组织八个巡视组进行督导落实;搭建群众监督平台,借助效能监察热线、社情民意调查、民心网、民生 110 等渠道,随时接受群众的监督评价。三是科学严格的考核问责机制。把诚信建设活动纳入目标责任制考核,作为工作成效的重要方面,与评先选优、各项荣誉和干部选拔任用挂钩。同时,加大对干部的问责和惩戒力度,制定了《作风建设十项规定》、《从严管理干部意见》、《对损害投资发展环境行为实行问责》等规章制度,一年内共对 61 名干部进行问责,对 3 个单位实行"一票否决",树立了有岗必有责、失职必问责的鲜明导向。

54.中共中央精神文明建设指导委员会关于推进诚信建设制度化的意见

为落实国务院《社会信用体系建设规划纲要(2014—2020 年)》,着力推进诚信建设规范化长效化,中央精神文明建设指导委员会于 2014 年 8 月 1 日下发了《关于推进诚信建设制度化的意见》(以下简称《意见》)。

《意见》强调推进诚信建设制度化的重要意义,明确了推进诚信建设制度化的指导思想,指出了诚信建设制度化的主要原则,即坚持以人为本、教育为先,把培育诚信价值观念作为长期任务;坚持制度保障、规范约束,把推进征信系统全覆盖作为重要基础;坚持德法并举、刚柔相济,把道德教化与依法制裁作为有效手段;坚持政府有力推动、企业主动作为、社会共同参与、公民普遍响应,把政府、企业和社会力量汇集于推进诚信建设各方面各环节;坚持问题导向、集中治理,把不断取得阶段性成果作为回应人民群众关切的重要标志,力求在治理重点领域、解决突出问题上求突破,在激励守信、惩戒失信上见实效,使全社会诚信意识普遍增强,诚信风尚日益形成,诚信社会愈益健全。《意见》就相关制度建设作出了具体部署。

建立起全覆盖的社会信用信息记录。一是加快征信系统建设,积极推进建立统一社会信用代码制度;制定全国统一的信用信息采集和分类管理标准,统一信用指标目录和建设规范;健全行业信用信息记录制度,完善事关人民群众生产生活重点领域的信用档案;力争在 2017 年基本建成覆盖全部社会主体、所有信用信息类别、全国所有区域的信用信息网络。二是建立信用信息共享机制，促进各类社会主体的信用状况公开透明、可查可核；逐步实现多部门、跨地区、跨领域信息联享、信用联评、守信联奖、失信联惩。

大力营造诚信建设有力宣传舆论声势。一要培育诚信理念，加大各类媒体和公共场所的刊播力度，抓住重要时间节点形成宣传声势。二要宣传先进典型，大力发掘诚信人物、诚信企业、诚信群体，发挥先进典型的示范作用。三要鞭挞失信行为。要区分性质、把握适度，警示人们守住诚信做人"底线"，敬畏法律"高压线"。四要弘扬诚信文化，用文化传播和滋养诚信价值理念。

切实增强诚信教育实践针对性实效性。一是突出企业主体诚信教育，引导企业人员把诚信守法经营理念奉为信条，在各环节建立信用管理流程，自觉抵制失信行为，把守信履约要求作为对企业年度考评的重要依据。二是抓好公共服务人员诚信教育，党员干部要以身作则，深入开展公务员诚信教育，引导医务人员弘扬救死扶伤的医德，在律师、会计师、税务师、社会工作者等职业人群的资格准入、专业评价、年审考核、职称评定中强化诚信教育内容，建立诚信档案。三是纳入学校教育，把诚信贯穿基础教育、高等教育、职业技术教育、成人教育各领域。切实加强师德建设，依法依规严惩学术失信行为。将国家教育考试诚信档案与社会诚信档案相连通，纳入国家统一征信平台。四是广泛开展诚信主题实践活动，引导人们把诚信理念转化为自觉行动。

建立健全激励诚信、惩戒失信长效机制。一要形成褒扬诚信的政策导向，各地各部门在确定经济社会发展目标和发展规划、出台重大政策和改革措施时，要把讲社会责任、社会效益，讲守法经营、公平竞争、诚实守信作为重要内容，形成有利于弘扬诚信的良好政策导向和利益机制。职能部门在市场监管和公共服务过程中，要充分应用信用信息和信用产品，使诚实守信者享有优待政策，形成好人好报、善有善报的正向机制。二要开展突出问题专项整治，各地各部门要经常梳理经济社会发展中诚信热点问题，人民群众普遍关注的失信行为，有针对性地开展专项整治，抓一批重大案件，列出一批"黑名单"。三要建立诚信发布制度，推动各地各部门依据法律法规，按照客观、真实、准确的原则，建立诚信红黑名单制度，依法实施惩戒，形成扬善抑恶的制度机制和社会环境。四要完善诚信监督体系。坚持行政监管、行业管理、社会监督相结合，构建多层面、全过程、广覆盖的监督体系，从源头上遏制失信行为。

有力营造诚信建设法治环境。一是坚持严格执法，用法律的刚性约束增强人们守信的自觉性。二是深化普法教育，增强人民群众遵纪守法观念和依法保护自身权益的能力。三是健全法规制度，推进信用立法工作，推动立法机构依据上位法出台配套制度、实施细则及司法解释，使信用信息征集、查询、应用、互联互通、信用安全和主体权益保护等有法可依，有章可循。推动各地把一些行之有效的管理经验上升为法规制度，制定诚信建设地方性法规、行政规章和规范性文件。

切实加强诚信建设制度化组织领导，形成统分结合工作机制。建立健全党委统一领导、文明委组织协调、职能部门各负其责、全社会共同参与的工作格局。支持配合社会信用体系建设部际联合会议发挥统筹协调作用。把各方面积极性都调动发挥出来，形成齐抓共管的良好局面。

《意见》的出台，明确了当前推进诚信建设制度化的具体任务，对各领域、各地区的诚信建设具有全局性指导意义；也将我国诚信建设推向更高层次，即以制度确保社会信用水平不断提升，持续推进。

55.严惩统计失信行为

统计诚信是市场经济运行良好的晴雨表。统计数据作为党和政府决策的依据，参与着国家宏观大政方针的制定。因此，准确、可信的统计数据，对于各级党政机关和公众都至关重要，但统计失信现象仍比比皆是，屡禁不止。近年来，国家在出台《中华人民共和国统计法》加以约束的同时，也加大了对统计失信行为的惩处力度，提高统计失信行为的成本。

2009年3月，监察部、人力资源社会保障部、国家统计局联合发布了《统计违法违纪行为处分规定》，自当年5月1日起施行。这是我国第一部关于统计违法违纪行为处分方面的部门规章。处分规定共15条，对适用范围、应受处分的违法违纪行为及其处分幅度、案件移送制度等作了明确规定。特别是对领导干部和统计人员在统计数据上弄虚作假，违反国家规定的权限和程序公布统计资料等危害性较大的行为，明确了具体量纪标准。要求各级监察机关、人力资源社会保障部门、人民政府统计机构要认真履行职责，充分发挥职能作用，严格依法依纪查处统计违法违纪案件，切实维护统计数据的真实性。

2014年6月，国务院发布实施的《社会信用体系建设规划纲要（2014—2020年）》（以下简称《规划纲要》）提出，要加强统计领域信用建设，建立统计失信行为通报和公开曝光制度，加大对统计失信企业的联合惩戒力度。同年10月，为进一步加强依法统计，大力推进诚信统计，建立保障企业独立真实报送统计信息的长效机制，切实提高统计数据质量和政府统计公信力，国家统计局根据国务院《规划纲要》，制定了《统计上严重失信企业信息公示暂行办法（征求意见稿）》，并公开征求意见。2014年11月，国家统计局正式发布《统计上严重失信企业信息公示暂行办法》（以下简称《办法》），于2015年1月1日起施行。此后，对于统计上的严重失信企业，其信息将对外公布。社会公众可以在中国统计信息网上看到统计上严重失信企业的信息。企业一旦进入失信企业名单，其形象和生产经营活动就会受到影响，企业将会为此付出相应的成本和代价。

《办法》规定，被依法确认为统计严重失信的企业，主要包含三类企业：一是蓄意编造虚假统计数据的；二是虚报、瞒报统计数据数额较大或者虚报率、瞒报率较高的；三是有其他严重统计违法行为，应当受到行政处罚的。以上三种统计违法行为都严重影响企业源头数据，只要核实属于三种情形之一，企业就会被列入统计上严重失信企业。

统计部门将依法从三种渠道判定严重失信企业：一是社会公众的举报；二是各级统计机构根据企业联网直报数据的逻辑关系所发现的企业数据违法线索；三是各级统计机构的定期自查和巡查。一旦发现企业有违法嫌疑后，统计执法监察部门将把涉事企业纳入异常企业名录。如果企业未能在规定的时限内提供有效说明，统计执法监察部门将根据《统计法》的要求查证后判定企业是否属于严重失信企业。

在公示时限上，《办法》规定，失信企业信息公示期限为1年。公示期间，如果企业认真整改到位，经企业申请，并由履行公示职责的政府统计机构核实后，可以提前移除有关信息，但是公示时间不少于6个月。如果企业整改不到位，或再次出现统计违法行为的，公示期限将延长至2年。统计失信将同工商注册失信、银行失信一样，成为引导企业正常发展的约束线。

制定《办法》就是将统计法关于对统计违法行为予以通报的要求常态化和具体化，为提高源头数据质量提供有力的法律保障。它还是建立保障企业独立真实报送统计信息的长效机制的需要，主要是增加统计上严重失信企业的代价，使企业不愿与不敢虚报、瞒报、拒报统计数据。目前已有近100万家重点企业通过国家联网直报平台直接向国家统计数据中心报送统计数据。未来几年，所有面向企业的调查，要么由企业在国家联网直报平台上直接填报数据，要么由调查员手持电子终端到企业现场采集数据并直接通过网络上报国家数据中心。因此，企业数据的真实可靠直接决定着国家统计数据的准确可信。

56.企业信息公示暂行条例

2014年8月，国务院发布《企业信息公示暂行条例》（以下简称《条例》），自同年10月1日起施行。《条例》共25条，《条例》在大幅度放宽市场主体准入条件的同时，要求企业真实、及时公示信息，保障社会公众特别是交易相对人准确了解企业经营状况，努力形成企业"一处违法，处处受限"的信用约束机制，促进企业诚信自律，创造良好的市场经营环境。

《条例》明确要求建立企业年度报告公示和即时公示制度。明确企业年度报告的报送期间、公示程序和公示载体，并把年度报告内容限定为能够直接反映企业经营状况的基本信息，而对于企业资产总额等信息，由企业自主选择是否公示。为便于社会公众及时了解企业情况，规定企业应当自信息形成之日起20个工作日内，通过企业信用信息公示系统向社会公示依法应当公示的信息。同时，明确企业对其公示信息的真实性、及时性负责。

《条例》明确要求建立政府部门的企业信息公示制度。要求工商管理部门和其他政府部门，公示其在履行职责过程中产生的企业注册登记、备案、动产抵押登记、股权出质登记，行政许可准予、变更、延续，行政处罚以及其他依法应当公示的信息，并明确政策部门对其公示信息的真实性、及时性负责。

《条例》明确要求建立信用约束机制。在放宽准入限制的基础上，转变监管方式，从强化信用监管，促进协同监管等方面作出规定，设立经营异常名录制度和严重违法企业名单制度，并建立了部门联动响应机制。此外，为鼓励企业重塑信用，还建立了信用修复制度。

《条例》明确要求建立对企业公示信息情况的抽查制度、对企业公示的虚假信息的举报制度，并严格设定法律责任。还规定公民、法人或者其他组织认为政府部门在企业信息公示工作中侵犯其合法权益的，可以依法申请行政复议或者提起行政诉讼。

《条例》的发布实施，意味着我国将从主要依靠行政审批管理企业转向更多地依靠建立透明诚信的市场秩序规范企业。《条例》有五大亮点。一是注册登记等信息自产生20个工作日内公示。二是企业应定期报送年度报告并公示。三是企业公示信息将随机摇号抽查。四是企业未如期公示年度报告或信息不实的将入"黑名单"。五是政府采购将对"黑名单"企业限制或禁入。

企业信息公示制度颠覆了多年来市场监管的方法，也是政府和企业关系的一个重大改革。一是强调了企业的社会责任，二是强化了信用的约束，三是体现了部门联动、信息共享，四是更好地发挥市场作用。《条例》公布以来，全国工商和市场监管部门加强宣传培训，整合业务流程，强化部门沟通，加强信息化建设，大力推进企业信息公示，以信息公示为基础、以信用监管为核心的事中事后监管工作稳步推进。

57.中央财政科技计划管理改革

党中央、国务院高度重视科技事业发展。新时期赋予科技创新重大历史责任，要求必须对科技体制进行改革，而项目和资金管理改革是推动科技体制改革的切入点和突破口，事关科技事业发展全局。近年来，我国科技投入持续增长，但科研项目和资金管理方面还存在若干问题，包括失信问题。如2012年4月，审计署发现5所大学的7名教授存在弄虚作假套取国家科技重大专项资金2500多万元的问题，随后进行了处理。

为加快建立适应科学规范、监管有力的科研项目和资金管理机制，使科研项目和资金配置更加聚集国家经济社会发展重大需求，2014年3月，国务院发布《关于改进加强中央财政科研项目和资金管理的若干意见》（以下简称《意见》）。这是未来一个时期指导科研项目和资金管理改革的纲领性文件。

《意见》的主要内容有：一是加强科研项目和资金配置的统筹协调。优化整合各类科技计划（专项、基金等）、建立健全统筹协调与决策机制、建设国家科技管理信息系统。二是实行科研项目分类管理。基础前沿科研项目突出创新导向、公益性科研项目聚集重大需求、市场导向类项目突出企业主体、重大项目突出国家目标导向。三是改进科研项目管理流程。改革项目指南制定和发布机制、规范项目立项、明确项目过程管理职责、加强项目验收和结题审查。四是改进科研项目资金管理。规范项目预算编制、及时拨付项目资金、规范直接费用支出管理、完善间接费用和管理费用管理、改进项目结转结余资金管理办法、完善单位预算管理办法。五是加强科研项目和资金监管。规范科研项目资金使用行为、改进科研项目资金结算方式、完善科研信用管理、加大对违规行为的惩处力度。六是加强相关制度建设。建立健全信息公开制度、建立国家科技报告制度、改进专家遴选制度、完善激发创新创造活力的相关制度和政策。七是明确和落实各方管理责任。项目承担单位要强化法人责任、有关部门要落实管理和服务责任。

2014年7月，科技部又发出《关于四起违反科研经费管理规定典型问题的通报》，并依据有关规定对涉及的单位和个人给予处理，表明将继续加大对科研经费的监管力度，对于在各类检查、审计中发现的问题予以严肃处理，向社会公开，接受社会监督。

2014年10月，针对近年来国家科技计划在体系布局、管理体制等方面出现的一些问题，科技部和财政部共同起草了《关于深化中央财政科技计划（专项、基金等）管理改革的方案》（以下简称《方案》）。《方案》经党中央、国务院批准，2014年12月发布实施。根据《方案》安排，到2017年，现有的各类科技计划（专项、基金等）经费渠道将不再保留，所有的国家科技计划（专项、基金等）将按照优化整合后的体系运行。

《方案》规定，此次改革主要针对的问题是顶层设计、统筹协调、分类资助方式不够完善，存在着重复、分散、封闭、低效等现象。这些问题反映出科技宏观管理体制和政府部门的职能定位与科技创新和产业变革的趋势不相适应。

《方案》规定，此次改革涉及的科技计划，包括所有实行公开竞争方式的中央财政科技计划（专项、基金等），根本目的就是通过深化体制机制改革，使有限的中央财政民口科研经费更加聚集国家战略目标，集中力量办大事。民口科技研发经费包括基本支出、基本科研业务费及公开竞争性研发经费，此次改革只涉及其中的公开竞争性研发经费。

《方案》规定，改革后的管理体系，将形成科技部门牵头，财政部、发改委等相关部门参加的科技计划（专项、基金等）管理部际联席会议制度。这是一个常设制度，在每个五年计划的开局之年对本阶段的重大科研任务进行布局，审议科技发展战略规划。在科技计划实施过程中，如有重大变动或补充，也会不定期召开联席会议。政府部门不再管理具体项目，而是将这项工作交给规范化的专业机构负责。政府转而抓规划、抓监督。成立战略咨询和综合评审委员会，统一对科技发展战略规划和科技计划提供决策咨询，对项目评审提出指导意见，对特别重大的项目组织评审。还会建立统一的评估和监管机制、动态调整和终止机制，并完善国家科技管理信息系统。

《方案》规定，新的科技计划（专项、基金等）体系，主要包括五个方面：一是国家自然科学基金，二是国家科技重大专项，三是国家重点研发计划，四是技术创新引导专项（基金），五是基地和人才专项。这五个方面的科技计划（专项、基金等）都要纳入公开统一的国家科技管理平台，中央财政加大支持，同时中央财政会以专业机构的监督和评估结果作为财政后续支持的重要依据。

《方案》的出台，使得在科技专项和基金使用中遏制不讲诚信行为有规可循，有利于加强管理，提高科技经费的使用效能，受到广大科研工作者的欢迎。

58.重庆云阳县社会诚信体系建设

重庆云阳县是典型的农业大县、人口大县、移民大县。面对社会诚信危机愈演愈烈，移民后的"后三峡时代"各种社会矛盾交织，全县以诚信建设为抓手，用思想引导和行为规范社会成员的价值取向，全面构建社会诚信体系，取得初步成效。2010年以来，云阳县建设"公民道德诚信档案"，确立了"以司法公正促政务公信带社会诚信"的工作思路，探索开展以"五大系统"为主要内容的社会诚信体系建设。

首先，建立"五大系统"，构建诚信体系。一是司法公信系统。以提高司法公权力的透明度和公信力为着力点，探索建立宽严相济的刑事司法政策、司法自由裁量基准制度等在实体诚信中的运用。政法部门加大对失信行为的打击和惩戒力度，进一步规范社会秩序。二是政务诚信系统。以增进效能、保障公益和维护公正为着力点，促进公正执法和诚信行政。完善行政失信惩戒制度，推进行政执法机关决策信用、执行信用建设，探索具有本行业特点的信用监管制度。三是商务诚信系统。以加强行业自律、强化行业主管和社会监督为着力点，建设企业信用信息监管系统，形成企业信用调查、征信、评价和咨询服务活动的企业信用体系。强化市场主体诚信经营责任。四是金融诚信系统。以信贷征信体系建设为着力点，建立完善征信数据库，加强失信行为信息披露，提高金融信用水平。五是公民道德诚信系统。以营造守信社会风气为着力点，推进公民"四德"建设，在全县18岁以上人口中建立"公民道德诚信档案"。

其次，强化"四个环节"，建立信用平台。2012年研发建立了"诚信云阳综合信息网"

信用平台，抓好信息管理四个环节：一是信息采集，二是信息保密，三是信息查询，四是信息运用。截至2014年共录入诚信信息100多万条，各类查询20余万人次，在28个具体项目上运用了诚信信息1100人次。

再次，实施"三大工程"，打造诚信云阳。一是司法公权力促进工程。二是政务公信力提升工程。三是公民道德档案影响力扩大工程。

云阳县的诚信体系建设凝聚了人心，推进了社会治理。2011年被评为"中国最具幸福感城市"、2012年4月被人民网和中国行政学院授予"全国创新社会管理示范基地"称号、2013年被评为"全国平安建设先进县"。云阳县诚信建设专题片在中央电视台播出。《法制日报》、《法制日报内参》、《重庆日报》等开设专版报道。《人民日报》、新华社、《半月谈》、人民网、新华网、华龙网等多家主流媒体多次进行报道，30余个市、区、县赴云阳考察。

59.纳税人识别号制度

纳税人识别号是国家为每一个人编制的具有唯一性的税号，终身只有一个。其用途是为每个人一生的纳税行为建立一个档案，集结各种纳税行为。目前我国企业、事业单位和社会组织都拥有税务登记代码，主要由区域码和组织机构代码组成，个体工商户税务登记代码为其居民身份证号码。对于自然人，税务代码制度还没有实现全覆盖。

我国的税收征管法经历了一个从无到有并逐步趋于完善的过程。1992年9月七届全国人大常委会通过了《中华人民共和国税收征收管理法》，于1995年2月八届全国人大常委会进行了修改，并在2001年4月九届全国人大常委会进行了修订。但是随着财税体制改革的深化，特别是纳税人权益保护意识的不断增强，修改税收征管法的呼声越来越强。2015年1月5日，为进一步增强立法的公开性、透明度，提高立法质量，国务院法制办公室将税务总局、财政部起草的《中华人民共和国税收征收管理法修订草案（征求意见稿）》（以下简称《修订草案》）及其说明全文公布，征求社会各界意见。同年2月3日，《修订草案》在国务院法制办征求意见截止。征求意见稿的一个突出特点，就是明确了纳税人识别号制度的法律地位，明确"国家施行统一的纳税人识别号制度"。《修订草案》在2015年下半年提请全国人大审议。

《修订草案》明确："自然人纳税人或者其扣缴义务人应当自首次纳税义务发生之日起，法律、行政法规规定的纳税申报期限届满前，向税务机关申报，税务机关登记其纳税人识别号。"个人税号的发展方向是与身份证号、社会保障号"三号合一"。在日常生活中，凡是涉及合同、协议的活动，都要提供个人税号，如缴纳、领取社保；登记土地、房屋等不动产；买房、租赁房屋；炒股、买保险；银行大笔转账等。

根据上述意见，一旦推行纳税人识别号制度，将为个税等改革提供基础。因为有了个人税号，每个人的纳税信息才能归集到一起，才能综合计算一个人、一个家庭的收入情况与税率水平，实现个税调节收入分配的功能。不仅个税改革，包括房地产税改革、开征遗产税等，也只有掌握个人税号中的信息，才能消除征税漏洞，公平征税。

推行纳税人识别号制度，将让"无信"者寸步难行。纳税信息能否与每个人的身份信息、银行信息、不动产信息等互联互通，是建立纳税人识别号制度的核心，也是建立全社会征信系统的核心。在发达国家的社会征信体系中，诚信纳税是一项最基本的考量。一个人如有一次纳税不良记录，就会在出入境、贷款等方面寸步难行。可见，拥有良好的纳税记录，是一笔宝贵的信用财富，助力个人一路畅通。

60.交通运输企业安全生产诚信体系建设实施方案

按照《国务院关于印发社会信用体系建设规划纲要（2014—2020年）的通知》和《国务院安全生产委员会关于加强企业安全生产诚信体系建设的指导意见》要求，根据《交通运输部关于加强交通运输行业信用体系建设的若干意见》部署，2015年7月21日，交通运输部安委会印发了《交通运输企业安全生产诚信体系建设实施方案》（以下简称《方案》），其主要内容如下：

工作目标是：建立健全企业安全生产诚信管理制度，完善守信激励、失信惩戒机制，建设安全生产诚信管理信息系统，与行业信用信息平台全面融合，与相关部门诚信信息共享，实现对独立从事交通运输生产经营建设行为的法人企业及其服务机构的安全生产信用评价全面覆盖，构建科学、完备的交通运输企业安全生产诚信体系，促进交通运输企业诚实守信、安全生产。

总体框架为：一是诚信管理制度，主要明确企业安全生产诚信管理责任、工作机制、评价指标、守信激励和失信惩戒措施。二是信用信息采集，主要明确安全生产信用信息采集方式、内容、渠道、时限和要求。三是信用等级评价，主要明确安全生产信用评价指标、评价方法和评价机制，确定评价结论。四是信息公示和评价结果公告，主要明确安全生产信用信息公示的内容、程序、范围，申诉、举报处理的程序和要求，评价结果的公告与查询。五是信息交换与共享，主要明确安全生产信用信息共享与交换的对象、内容、方式。

主要任务是：

第一，建立企业安全生产诚信管理制度。具体包括制定交通运输企业安全生产诚信管理办法，制定交通运输企业安全生产信用等级划分规定，制定交通运输企业安全生产诚信

"黑名单"制度以及建立企业安全生产信用信息采集机制。

第二,建立企业安全生产诚信管理信息系统。依据行业统一信息分类与编码、信用信息资源元数据等标准规范,建立以组织机构代码为基础的统一规范的信用信息采集和分类管理标准,以及行业完善、统一的安全生产信用信息采集、查询、举报、申诉、智能评价、公告公示和信息共享平台。

第三,开展企业安全生产信用等级评价。依据企业安全生产诚信管理办法确定的评价机制,以及各业务司局确定的安全生产信用具体评价标准和扣分细则,通过企业安全生产诚信管理信息系统,对企业的失信信息逐一扣分。

第四,公示信用信息和公告评价结果。由部安全质量司通过企业安全生产诚信管理信息系统统一向行业、社会公示企业安全生产信用记录和系统智能初评结果。根据公示反馈信息,由部各业务司局依据职责督促指导有关部门核实处理相关申诉和举报,修正相关记录,再次评价信用等级。

第五,推进信息共享与服务。依托交通运输企业安全生产诚信管理信息系统,构建完备的交通运输企业安全生产诚信数据库,建立健全企业安全生产诚信档案,全面、真实、及时记录失信信息,实现动态管理、智能评价和定期分析,同时实现与安监、公安、住建等部门,以及有关金融、保险等机构的信息共享。

第六,建立企业安全生产诚信激励和惩处机制。对于诚实守信企业,应给予法律法规及政策允许的优惠和扶持,并鼓励和支持有关单位在采购交通运输服务、招投标等方面优先选择;对于失信企业,根据严重程度,应依法采取取消经营资质或限制性经营、公开曝光、纳入重点监管对象、增加检查执法频次等措施予以惩戒,并建议有关单位在采购交通运输服务、招投标等方面慎重选择。

第七,推进行业自律和社会监督。鼓励交通运输各行业领域协(学)会把诚信建设纳入各类社会组织章程,完善行业自律机制,并监督会员遵守;鼓励和支持新闻媒体、社会公众、企业员工举报企业安全生产违法违规行为;鼓励、支持对举报企业重大安全生产隐患和事故的人员实行奖励,并严格保密,予以保护。

《方案》的颁布有利于规范运输企业的行为,形成对运输企业的信用约束,对构建科学、完备的交通运输企业安全生产诚信体系,提高运输企业的行业质量,促进交通运输企业诚实守信、安全生产,具有重要意义。

61.全国首批创建信用体系建设示范城市

为了认真贯彻落实党的十八大和十八届三中全会、四中全会精神和国务院关于加快推进社会信用体系建设的决策部署,严格遵守法律法规,按照《社会信用体系建设规划纲要（2014—2020 年）》要求,国家发展改革委员会和中国人民银行于 2015 年 7 月 22 日联合发表《同意沈阳等 11 个城市创建社会信用体系建设示范城市工作方案的复函》（以下简称《复函》）,将沈阳、青岛、南京、无锡、宿迁、杭州、温州、义乌、合肥、芜湖、成都等 11 个城市列入首批全国创建社会信用体系建设示范城市。

《复函》明确指出,创建社会信用体系建设示范城市要结合实际探索创新,全面推进政务诚信、商务诚信、社会诚信和司法公信建设,为地方经济社会发展构建良好的信用环境,为全国社会信用体系建设探索经验、作出示范。

创建示范城市的目标分别为：2015 年建立社会信用体系建设示范城市创建的工作体系和运行机制,落实专门工作机构、人员和经费保障；实施统一社会信用代码制度；以行政执法信用记录为重点,建立健全公民、法人和其他组织各领域的信用记录,启动建设信用信息共享交换平台；加强在行政审批、招投标、政府采购、财政性资金使用等领域信用记录和信用产品的推广使用；在若干重点领域建立并实施失信行为联合惩戒机制；大力开展诚信教育、诚信宣传等活动。2016 年建成信用信息共享交换平台,实现与国家统一的信用信息共享交换平台和"信用中国"网站的互联互通；在行政管理和公共服务各领域广泛应用信用记录和信用产品；全面建立事前信用承诺、事中信用分类监管、事后信用联合奖惩制度,初步建立以信用为核心的市场监管体系；社会诚信意识明显提高。

《复函》的颁布对全面构建社会信用城市具有榜样示范作用,有利于进一步推动我国社会信用体系的建设,对深入贯彻落实社会主义核心价值观具有重要意义。

62.京津冀社会信用体系合作共建宣言

为深入贯彻落实中共中央、国务院关于印发《京津冀协同发展规划纲要》的通知和国务院关于印发《社会信用体系建设规划纲要（2014—2020 年）》的通知精神,加强京津冀社会信用体系合作共建,推进建立区域统一的信用体系和社会信用奖惩联动机制,优化区域信用环境,在国家发展和改革委员会的指导和支持下,北京市经济和信息化委员会、天津市发展和改革委员会、河北省发展和改革委员会于 2015 年 11 月 16 日,发表了《京津冀社会信用体系合作共建宣言》（以下简称《宣言》）。

《宣言》主要包括六方面的内容：

一、建立相对一致的信用制度。在信用地方立法、信用标准与技术规范、信用服务市场规范发展政策、守信激励和失信联合惩戒制度的制定工作中,加强交流合作,形成相对一致的信用政策法规制度和标准体系,加强区域信用建设的顶层设计,指导和推进区域信用合作共建,共同争取国家在京津冀安排社会信用体系试点示范。

二、建立信用信息共享机制。共同探讨制定相对一致的公共信用信息目录,加快建立京津冀信用信息共享机制,实现三地间信用信息平台的互联互通和信用信息的共享交换,依法向社会提供京津冀市场主体信用信息的查询服务,推进与国家和其他省市信用信息平台的互联互通。充分运用大数据、云计算等先进理念、技术和资源,加快探索跨省市的"互联网＋信用"服务和监管模式,共同加强对区域内市场主体的服务和监管。

三、构建信用奖惩联动机制。共同推进在行政管理事项中使用信用记录和信用报告,加大对守信主体跨区域业务的支持力度,为守信主体提供优先办理、简化程序等"绿色通道"激励政策;对恶意拖欠和逃废银行债务、逃骗偷税、商业欺诈、环境污染、制假售假、盗版侵权、非法集资等严重失信行为,以及对失信被执行人的制约,共同加大公开披露和惩戒力度,形成"一处失信、处处受制"的区域联动机制。

四、促进信用服务市场发展。共同建立区域信用服务市场协同发展合作机制,推进信用服务行业交流与合作,加强信用服务机构协同管理,实现信用产品跨地区互认使用,加大对信用服务机构的扶持力度,共同培育一批公信力较高、业务能力较强、服务水平较好的具有国际影响力的品牌信用服务机构,推动信用服务市场持续健康发展。

五、加强信用人才培训教育。共同建立信用管理人才教育和培训合作机制,推进信用管理职业培训和专业考评工作,加强京津冀信用专家的交流合作。加强信用从业人员的交流与培训,支持高等院校设置信用管理专业或开设相关课程,在研究生培养中开设信用管理研究方向,为区域信用体系建设提供人力资源支撑。

六、加快推进诚信文化建设。共同围绕"信用京津冀"主题,开展形式多样的信用知识普及和诚信宣传教育活动,营造知信用、守信用、用信用的社会氛围,使诚实守信成为京津冀人民共同遵循的道德规范和基本准则。切实发挥社会信用体系在区域经济社会发展中的基础性作用,努力将"信用京津冀"打造成引领全国、接轨国际、走向世界的金名片。

《宣言》通过建立相对一致的信用制度、信用信息共享机制、信用奖惩联动机制等方式,强化了守信激励,提高了京津冀三地企业的失信成本,对促进京津冀区域经济和社会协调发展,构建社会主义和谐社会,具有重要意义。

四、民族和宗教工作

1.成立中国民族理论学会

1978年党的十一届三中全会以后,我国民族工作进入新的历史时期,民族理论和民族政策的研究工作,迫切需要加强。在中国社会科学院等单位的支持下,中国民族理论学会、中国民族学学会相继组建。

中国民族理论学会,原称中国民族理论研究会,成立于1979年5月,为中国民族团体联合会成员,由中国社会科学院主管,中国社会科学院民族研究所代管,主要日常工作依托于中国社会科学院民族理论研究室。1990年成为国家一级学术团体,改称为中国民族理论学会,是全国性的民族理论研究学术团体,主要为民族地区和民族工作部门或高校的民族工作者或专家学者搭建一个交流的平台。杨静仁、布赫等老一代民族工作者曾担任本会名誉会长,牙含章、伍精华、牟本理先后担任本会会长,副会长则来自于中央统战部、全国人大民委、国家民委、中央党校、北京市民委、中国社会科学院民族所、中央民族大学和部分外省市有关单位,常务副会长主持日常工作,多由中国社会科学院民族理论研究室负责人出任,学会办公室设在民族理论研究室,并由该室工作人员担任副秘书长一职,以推动学会活动。学会会员人数经常保持在200—300人之间,学会活动较多,总共主办或与民族地区合办30多次全国性和地区性的学术研讨活动。历次学术研讨会都围绕民族工作中最主要、最紧迫的问题展开,讨论民族理论和现实民族工作中的最前沿问题,推动了学科建设和人才培养。学会曾从1989年开始,在全国范围陆续聘请了20余位从事民族工作的老同志担任顾问,并定期召开座谈会,听取他们对民族工作的意见建议,曾召集过11次顾问座谈会,上报有关民族政策的意见建议受到中央领导同志的重视。由于会议紧密结合党和国家工作的中心任务,围绕少数民族发展和民族地区面临的重大问题进行研讨,对促进民族工作起到了积极的推动作用。

2. 成立中国民族学学会

中国民族学学会,原称中国民族学研究会,成立于1980年10月,1984年改名为中国民族学学会,是我国全国性的民族学群众性学术团体。它由中国社会科学院民族学与人类学研究所主管。它的主要任务是组织会员积极开展民族学研究,尤其重视民族地区存在的现实问题的研究;开展多种形式的学术活动;协助有关单位制定民族学研究的规划;编辑和出版民族学的研究成果;举办国际国内学术交流活动。目前,中国民族学学会会员分布在全国各地,有汉、壮、藏、维吾尔、蒙古等40多个民族成分。出版有不定期的《民族学研究》辑刊,专门发表会员的研究成果。学会成立以来,进行了大量的学术交流活动。如1997年11月,以"世纪之交的中国民族学"为主题,在云南西双版纳举行学术讨论会。2002年7月,在湖北恩施举行主题为"民族学与21世纪"学术研讨会。研讨会从民族文化的保护、开发与利用,民族学研究回顾与学科建设,民族社会、宗教与文化研究三个方面进行研讨。2010年10月,是中国民族学学会成立30周年,由中国民族学学会主办、中南民族大学承办的"少数民族与中华民族的复兴"学术研讨会在湖北武汉举行。研讨会深入总结30年来中国民族学研究的经验,从历史和现实的角度分析了少数民族与中华民族复兴的关系,探讨了增强中华民族凝聚力、增强公民意识和国家认同的途径与方式,讨论了中国特色的民族学学科建设的发展前景。2014年10月,中国民族学学会在内蒙古呼和浩特召开学术研讨年会,围绕我国民族地区"经济社会发展与民族文化变迁"的有关问题进行了深入研讨。

3. 成立中国宗教学会

中国宗教学会是全国宗教研究者的群众性学术团体,成立于1979年,会址设在中国社会科学院世界宗教研究所。学会遵循"百花齐放、百家争鸣"的方针,发扬实事求是和理论联系实际的学风,开展国内外学术交流和友好活动。任继愈为第一任会长,2011年中国社会科学院学部委员、世界宗教研究所所长卓新平教授当选新一任会长。

改革开放前,宗教学术研究处于少有人问津的状态。1978年"实践是检验真理的唯一标准"大讨论引发的思想解放,带动了宗教学界对宗教的本质和社会作用问题的认真反思。1979年2月,全国宗教学研究规划会议在昆明召开,同时中国宗教学会成立,并决定创办《世界宗教研究》。这次会议是中国宗教学正式兴起的标志,从此,宗教学研究在全国各地开展起来。

中国宗教学会积极开展学术活动，从 2005 年以来，几乎每年都召开年会或重要会议。2005 年 11 月，中国宗教学会学术年会暨国内宗教学研究、教学单位代表联席座谈会在上海召开，主题是"宗教研究与和谐社会"，这是学会第一次与外单位合作在北京以外举行年会。2007 年，学会学术年会以"宗教与世界和谐"为主题在浙江召开。2008 年 12 月，学会学术年会暨宗教学教学、研究机构联席座谈会在北京召开，主题为"学习实践科学发展观，繁荣宗教研究事业"。2009 年是中国宗教学会成立三十周年，学会以"改革开放以来的中国宗教学研究"为主题在厦门召开大会，回顾总结中国宗教学的成长及其特色、观察与思考，瞻望中国宗教学的未来发展。2010 年，民族宗教问题高层论坛暨中国宗教学会年会在兰州召开。年会围绕"当代中国宗教若干重大理论与政策问题研究"主题，进行了广泛、深入的探讨交流，取得一批重要研究成果。2011 年在北京召开的"宗教与和平发展"学术研讨会暨中国宗教学会第七次全国会议，是五年一次的换届大会。2012 年"宗教与文化发展"高层论坛暨中国宗教学会年会在四川举行。在为期 3 天的会议期间，与会代表就宗教与文化发展、道家与文化、宗教与社会转型、宗教学相关研究、宗教政策研究、民族宗教与社会和谐等专题展开了热烈的讨论。2013 年 6 月，"宗教与中华文化软实力"高层论坛暨中国宗教学会年会在厦门举行。会议强调，要进一步发挥中国宗教学会的特殊作用，团结协调国内宗教研究力量，发展具有中国气派和国际水准的我国宗教学术研究事业。

2014 年"宗教与丝绸之路"高层论坛暨中国宗教学会年会在西安举行。出席会议的 80 多位专家学者，围绕"丝绸之路与宗教文化传播"、"宗教对话与文明交往"、"宗教与中国文化发展战略"等议题进行了研讨。会议提出，在国家建设"丝绸之路经济带"的背景下，宗教学界要紧扣时代脉搏、配合国家发展战略、探讨社会当前热点问题，有力推动丝绸之路和宗教问题深入研究，为国家建设"丝绸之路经济带"和"海上丝绸之路"提供学术支撑与思想借鉴。

三十多年来，中国宗教学会通过切切实实的工作，进一步推进了马克思主义宗教学的研究和对世界宗教的研究，为开创具有中国特色、与时俱进的宗教学学科及其理论体系作出了贡献，为全面贯彻党的宗教工作基本方针，积极促进宗教与社会主义相适应方面发挥了重要作用。

4.对口支援边疆地区和少数民族地区发展

党和国家历来十分重视促进我国各民族各地区的共同发展与进步，根据边境地区和少数民族地区发展十分缓慢的实际情况，制定和采取了一系列特殊的政策和措施，帮助、扶持其发展,并动员和组织发达地区进行对口支援。

对口支援工作开始于改革开放初期。1979年7月,中共中央批准了《关于全国边防工作会议的报告》,首次提出组织内地发达省、市实行对口支援边境地区和少数民族地区。1983年1月,国务院批转了国家计委和国家民委《经济发达省、市同少数民族地区对口支援和经济技术协作工作座谈会纪要》,明确了对口支援工作的重点、任务和原则。继原有对口支援安排之后,国家又新确定了一批对口支援地区。1984年,中央召开座谈会,确定北京等8省市支援西藏43项工程,推动了对口支援工作的深入开展。各地按照"扬长避短、互惠互利、共同发展"的原则,大力开展对口支援和经济技术协作。对口支援领域,从经济扩展到文化、教育、卫生等社会发展领域;对口支援的内容,也在干部交流、边境贸易、发展外向型经济等方面有了新的进展,取得了显著成效;对口支援的范围也有所扩大,如对口支援"三峡工程",对口帮扶贫困地区等。1987年4月,中共中央、国务院批转了《关于民族工作几个重要问题的报告》,强调发达地区应当继续做好对少数民族地区的对口支援。

1996年7月,国务院办公厅转发了国务院扶贫开发领导小组《关于组织经济较发达地区与经济欠发达地区开展扶贫协作的报告》,确定一批对口省区,开展扶贫协作。同时,继续动员中央和地方各部门,结合自身优势,在技术培训、承办项目、无偿支援等方面对口帮助一片贫困地区脱贫致富。2000年以后,对口支援工作始终没有停止。2014年8月,国务院办公厅印发《发达省(市)对口支援四川云南甘肃省藏区经济社会发展工作方案》,又确定由天津市、上海市等省市对口支援三省藏区自治州和县。

多年来,对口支援工作进展顺利,取得了显著的经济和社会效益。一是促进了民族地区的资源开发利用,使资源优势逐步转变为产业优势及经济优势。二是深化了各地之间的企业合作和交流,推动了企业组织结构和产品技术结构的调整,促进了企业经营机制的转变。三是交流培训了大批专业技术人才和干部,提高了干部队伍的素质。四是利用边境贸易的优势,加快了对口支援双方的对外开放步伐。五是推动了全国性和区域性各类市场的发育和形成。六是经济发达地区在对口支援中自身也得到发展。七是弘扬了扶贫济困精神,增强了各部门的责任感,密切了党和政府与人民群众的关系。实践证明,组织发达地区对口支援边境地区和少数民族地区是非常正确的,是符合我国国情的,是在现有条件下,先富帮后富、逐步实现共同富裕的有效措施。

5.中国宗教代表团出席世界宗教和平会议

世界宗教和平会议是20世纪60年代世界上主要宗教的一些领袖提出的倡议,以制止冲突、消除贫困、保护地球为宗旨，提倡尊重宗教间差异，致力于在全世界推动跨宗教合作。1970年10月，第一届世界宗教和平会议大会在日本京都举行，由此成立了国际跨宗教和平组织——世界宗教和平会议，2009年改名为"世界宗教和平组织"。该组织自成立以来，在国际范围内发起或参与了许多有益活动，组织了各种跨宗教对话、宗教与和平、宗教与环境等问题研讨。现有近80个区域成员组织和国家成员组织，是世界最大的国际跨宗教和平组织，具有联合国经社理事会、联合国教科文组织、联合国儿童基金会咨商地位。

世界宗教和平会议迄今已举办过九届世界大会。

第三届大会于1979年8月29日至9月7日在美国新泽西州普林斯顿举行，主题是"宗教：为世界团结奋斗"。第三届大会有来自45个国家的350多名代表参加。中国组成以中国佛教协会代理会长赵朴初为团长的代表团，出席了第三届大会。会议通过了《普林斯顿宣言》，反对超级大国的军备竞赛，决不允许核大国以使用核武器对非核国家进行威胁，呼吁要为加强和平和建立合理的国际经济秩序而斗争。出席第三届大会的中国代表团，包括佛教、基督教和伊斯兰教人士，共10人。在普林斯顿举行的记者招待会上，中国宗教代表团团长赵朴初说："我们呼吁全世界人民对战争的威胁提高警惕，并共同以更大的努力来维护世界和平，防止战争的爆发。"在谈到中国的宗教自由时，他说："中华人民共和国成立后，我国宪法明文规定宗教信仰自由，人民政府重视宗教信仰自由，各教享有平等的地位，都有自己的组织和活动。宗教信徒都能过正常的宗教生活。中国基督教在自治、自养、自传方面取得了重要成绩。"中国宗教代表团在会上受到世界宗教大会领导人和许多友好国家代表的欢迎。

2006年8月，世界宗教和平会议第八届大会在日本京都举行。中国宗教界和平委员会代表团出席了第八届世界宗教和平会议。中国宗教界和平委员会是由中国五大宗教团体（佛教、道教、伊斯兰教、天主教、基督教）主要负责人和其他有影响的中国宗教界代表性人士组成的全国性社会团体。

2013年11月，第九届世界宗教和平会议在奥地利首都维也纳举行。会议的主题是："拥抱多样性——推动实现人的尊严、公民意识和福祉共享"。会议通过的《维也纳宣言》呼吁加强公民权利。宣言说，各国政府、国际组织和公民社会希望加强公民权利，保障人的尊严、个人的安全和福祉，以及宗教自由和信仰自由；宣言同时谴责宗教极端主义。中国宗教界和平委员会代表团出席了会议。会议选举产生了世界宗教和平会议新一届领导层。全国政协副主席、中国宗教界和平委员会主席帕巴拉·格列朗杰当选该组织名誉主席之一。中国宗教界和平委员会副主席、中国道教协会会长任法融当选为联合主席之一。中国佛教协会副会长学诚法师作了题为《爱护地球，守护家园》的发言。在各专题会议上，中国代表还就预防与化解冲突，实现公正、和谐、环境友好型发展，跨宗教教育等议题发言,介绍了中国宗教界的主张和有益实践。

6.中共中央西藏工作座谈会

西藏自古以来就是中国领土不可分割的一部分。我们党和国家历来十分重视西藏工作。党的十一届三中全会以后,为了进一步明确西藏面临的任务及需要解决的方针政策问题,1980年3月,中共中央在北京召开了第一次西藏工作座谈会。西藏自治区党委向中央书记处汇报了工作。中央书记处和中央统战部等有关部门领导参加了会议,并形成《西藏工作座谈会纪要》。同年4月,中共中央为此发出通知,指出西藏自治区的中心任务和奋斗目标是:以藏族干部和藏族人民为主,加强各族干部和各族人民的团结,调动一切积极因素,千方百计发展国民经济,提高各族人民的物质生活水平和文化科学水平,建设边疆,巩固国防,有计划有步骤地使西藏兴旺发达、繁荣富裕起来。会议确定对西藏实行特殊政策,让农牧民休养生息、发展生产,尽快富裕起来。中央第一次提出了建设团结、富裕、文明的社会主义新西藏的战略奋斗目标,进一步调动了广大干部群众的积极性,有力地促进了西藏经济的恢复和发展,有效地改善了群众的生活。

中央第一次西藏工作座谈会坚持实事求是的思想路线,一切从西藏实际出发,确定了西藏新时期的工作任务和方针政策。中央提出"援藏"口号,要求"中央关心西藏,全国支援西藏"。这是继西藏和平解放、民主改革之后,实现西藏历史转折的一次重要会议。座谈会的召开,确立了中央的支持和特殊政策,使西藏出现了一批前所未有的现代工业和交通设施,为现代化建设奠定了良好基础。此后,1984年、1994年、2001年和2010年,中央多次举行西藏工作会议,基本上每届中央领导集体都要举行一次。

1984年第二次西藏工作座谈会,正值西藏自治区成立20周年,中央决定按照西藏提出的要求,分两批帮助建设43项西藏迫切需要的中小型工程项目,内容涉及10个行业,总投资4.8亿元,援建方式被称为"交钥匙工程",被人们誉为高原上的"43颗明珠"。1994年第三次西藏工作座谈会,围绕西藏的发展和稳定两件大事,强调要认真抓好中央确定的62个建设项目的落实工作,保证收到实效。2001年第四次西藏工作座谈会,确定进一步加大对西藏的建设资金投入和实行优惠政策的力度,继续加强对口支援,确定了国家直接投资的建设项目117个,总投资约312亿元。考虑到西藏的特殊情况,西藏的重点建设项目资金主要由国家来承担,体现了中央对西藏发展的高度重视。

2010年第五次西藏工作座谈会,是在我国全面建设小康社会进入关键时期、西藏跨越式发展进入关键阶段召开的,中央首次将西藏发展定位为"两屏四地"——国家安全屏障、生态安全屏障、战略资源储备基地、高原特色农产品基地、中华民族特色文化保护地和世界旅游目的地。中央提出在西藏重点打造的产业包括：矿产资源开发及加工、特色农产品、文化推广、旅游。从近几年的实际发展来看，战略资源储备基地有突破；世界旅游目的地有亮点；高原特色农产品基地和中华民族特色文化保护地挖掘不够。"四地"中发展最快的是旅游。无论从国家战略布局诉求还是西藏本地经济发展需求来看，交通基础设施的建设都是至关重要的一步。西藏目前的出境方式较少，铁路公路等基础设施建设亟待完善，要担负起作为南亚、东亚地区的重要枢纽的重任，未来基础设施建设的空间很大。西藏有望成为喜马拉雅经济带推进"一带一路"战略西部地区的桥头堡。

2015年8月24日至25日，中央第六次西藏工作座谈会在北京召开。中共中央总书记、国家主席、中央军委主席习近平出席会议并发表重要讲话。会议全面回顾了新中国成立以来特别是中央第五次西藏工作座谈会以来的西藏工作，明确了当前和今后一个时期西藏工作的指导思想、目标要求、重大举措，对进一步推进西藏经济社会发展和长治久安工作作了战略部署。中央第六次西藏工作座谈会，是在推动西藏持续健康发展和长治久安关键时期召开的一次十分重要的会议，是党的西藏工作新的里程碑，开辟了我们党治藏方略的新纪元。会议专门制定了进一步推进西藏经济社会发展和长治久安的意见，其中的政策措施有7个方面32条。涉及指导思想、基本原则、目标任务的有4条；推进跨越式发展的有8条；保障改善民生的有5条；推进长治久安的有10条；夯实党在西藏的执政基础的有5条。

7.全国少数民族文艺会演

全国少数民族文艺会演是国家法定大型公益性文化活动，由国家民委、文化部、广电总局和北京市政府联合主办，旨在繁荣发展民族文化、推动民族团结进步。会演不但是民族艺术交流的盛会，也是各民族感情交流的盛会，是社会主义新时期国内各民族大团结的盛会。会演演出的节目，绝大部分是新创作的，一部分是新发展的或者经过重新整理加工的传统艺术节目。这些节目的题材多样，表现的生活内容也比较广泛，并且都具有本民族的鲜明的艺术特色和地方色彩。迄今，全国少数民族文艺会演已成功举办四届。

第一届全国少数民族文艺会演于1980年9月至10月在北京举行，整整进行了1个月。上演的节目有278个，共演出109场，观众约达16万8千多人次，包括8个国家的文艺家的观摩。会演期间，为了促进各民族的文艺繁荣和文艺交流，召开了学习评论会18次，学术报告会5次，学习节目活动12次。这次会演，不仅我国55个少数民族都有自己本民族的代表和节目参加演出，而且尚未最后确定民族识别的苦聪人、夏尔巴人、僜人，也派出了自己的代表参加了会演，都具有本民族的鲜明的艺术特色和地方色彩。各民族都使用了自己的语言、文字,并且都有代表上了大会主席台,生动地体现了在党的民族政策的光辉照耀下,各民族的平等、团结。

第二届文艺会演于2001年9月举行,历时10天,来自全国共计37个代表团的3000多名各民族文艺工作者分三轮会聚北京,在城区的16个剧场同时上演包括歌舞、交响乐、话剧、曲艺、黄梅戏、维吾尔族歌剧、藏戏等艺术形式的42台优秀剧目,部分剧目还赴北京市的社区文化广场、部队、院校和农村进行慰问演出,从不同侧面展示了我国各族人民团结奋进的精神风貌。

第三届文艺会演于2006年9月在北京隆重举行,开幕式《和谐中华》,由参加本次文艺会演的部分作品、民族地区原生态节目和中央民族歌舞团、中央民族大学的优秀节目荟萃而成,整体会演活动以"保护和发展少数民族文化,促进各民族共同繁荣"为主题,有来自祖国各地,包括港澳台同胞和解放军在内的56个民族、3000多名演职人员参与演出,演出剧目33台,演出场次71场。

第四届文艺会演于2012年6月7日至7月6日举行,来自全国各少数民族的6700多名演职人员在北京展演41台优秀节目,演出92场。31个省区市、新疆生产建设兵团、解放军总政治部、港澳台都有剧目参演,首次实现了"全家福"。少数民族演员满怀激情,载歌载舞,展示了各民族文化艺术百花齐放的蓬勃活力。一个个富有民族韵味的节目明快奔放、异彩纷呈,形象表达了少数民族同胞热爱家乡、热爱祖国的真挚情感,生动反映了各民族共同团结奋斗、共同繁荣发展的喜人景象,充分展现了各族儿女在党中央坚强领导下携手开创更加美好未来的雄心壮志。

8.中国佛教协会全国代表会议

中国佛教协会是中国各民族佛教徒联合的爱国团体和教务组织。从1953年5月协会成立至2015年4月第九次全国代表会议召开,中国佛教协会共产生了六位会长,他们分别是:圆瑛大师、喜饶嘉措大师、赵朴初居士、一诚长老、传印长老、学诚法师。协会自成立以来,团结各民族佛教徒积极参加社会主义建设,协助人民政府贯彻宗教政策,在培养佛学人才、研究佛教历史和教理、保护和整理佛教文物、维修佛教名山和寺院等方面,作了大量有益的工作,取得了显著成绩。协会还注意加强和世界各国佛教徒的友好往来与文化交流。

1980年12月,中国佛教协会第四次全国代表会议在北京举行。中国佛教协会名誉会长班禅大师致开幕词。会议审议了佛协会长赵朴初居士所作《中国佛教协会第三届理事会工作报告》;修改中国佛教协会章程;选举佛协新一届领导机构;一致通过《中国佛教协会第四届全国代表会议决议》。会议一致认为,应当加强同全国各地、各民族、佛教组织和佛教徒之间的联系和团结,为发扬佛教优良传统、实现八十年代三大任务而努力。

1987年,中国佛教协会召开第五次全国代表会议,赵朴初会长作了《团结起来,发扬佛教优良传统,为庄严国土利乐有情作贡献》的报告。1993年是中国佛教协会成立四十周年,这一年召开了第六次全国代表会议,来自全国各地的佛教界人士聚集一堂,共商佛教大业。2002年,中国佛教协会第七次全国代表会议在北京举行。会议研究如何继承赵朴初等老一辈高僧大德的遗志,与时俱进,制定21世纪佛教事业发展的宏伟蓝图。2010年,中国佛教协会第八次全国代表会议举行,中国佛教界近600名代表和特邀代表参加了会议。

2015年4月,中国佛教协会第九次全国代表会议在北京举行。来自全国12个民族三大语系的551名佛教代表及87名特邀代表出席会议。学诚法师在工作报告中总结了第八届理事会五年来的主要工作和经验体会,提出了今后五年中国佛教协会要重点做好的八个方面的工作:协助党和政府贯彻落实宗教信仰自由政策和法律法规规章,维护佛教界合法权益;加强佛教自身建设,推动佛教事业健康全面发展;开展佛教弘法事业,引导信众正信正行;发展佛教教育事业,加强佛教人才培养;发展佛教文化事业,传承弘扬中华优秀传统文化;大力开展公益慈善事业,拓宽佛教服务社会空间;继续开展与港澳台和海外华人佛教界的联谊工作;继续开展对外友好交流。这次会议的一个重要成果,是通过了新的《中国佛教协会章程》。新的章程明确规定,中国佛教协会的宗旨是:团结、带领全国各民族佛教徒爱国爱教,拥护中国共产党的领导和社会主义制度,坚定不移走中国特色社会主义道路;发扬优良传统,传承优秀文化,加强自身建设,维护合法权益,弘扬佛教教义,兴办佛教事业,践行"人间佛教"思想,庄严国土,利乐有情,为促进经济社会发展发挥积极作用,为维护宗教和睦、民族团结、社会和谐、祖国统一、世界和平作贡献,为实现"两个一百年"奋斗目标和中华民族伟大复兴的中国梦贡献力量。

9.中国佛学院

中国佛学院是中国佛教协会培养佛教专门人才的院校。中国佛教僧众办学始于20世纪之初,但这些院校大都在三四十年代先后停办。新中国成立以后,1953年成立了中国佛教协会。1956年2月,中国佛教协会第三次常务理事扩大会议通过了《中国佛学院章程草案》,选出中国佛学院院务委员会。同年9月,中国佛学院在北京法源寺举行开学典礼。在中国佛教协会领导下,佛学院由院务委员会负责教学、行政一切事宜。学僧来自全国各地寺院,分设本科、专修科2班,共100多人。1961年设研究部。次年开办藏语班，学员来自西藏、四川、青海、云南等地。中国佛学院1966年停办，在开办十年间，共培养300多位毕业学员，如今大部分在各地寺庙担任住持和管理工作，少数从事佛学研究。

1980年9月，中国佛学院正式复校，招收两年制专修科预科学僧40名。1982年设本科二班。后来，又在南京栖霞山和苏州灵岩山各设分院一所。全国有条件的地区和寺庙也先后成立佛学院，或举办培训班。现已招生开学的有上海佛学院、四川尼众佛学院、福建佛学院、厦门南普陀佛学院、闽南佛学院以及各地的佛学培训班等。中国佛学院的历届院长，依次为喜饶嘉措（1956—1966）、法尊（1980.9—1980.12）、赵朴初（1980.12—2000.5）、一诚（2003.2—2010.2）、传印（2010.3— ）。校风校训是和合、精进、严谨、奉献与"知恩"、"报恩"。

中国佛学院的办学总方针是：努力培养和造就一支热爱祖国、接受党和政府领导、坚持走社会主义道路、维护祖国统一和民族团结、有相当佛教学识、立志从事佛教事业并能联系四众弟子的佛教教职人员队伍。同时，要求学生具有大学本科程度以上的文、史、哲知识水平，成为德（包括宗教情操）、智、体、美、劳全面发展和适应国家和佛教需要的佛教学术研究人才、佛学专业教学人才、海外联谊和国际佛学交流人才以及寺院高级管理人才。

在办学方式上，中国佛学院坚持以戒为师，从严治校，以"学修一体化，学生生活丛林化"为准则，实行学校与丛林相结合的办学方式，将传统丛林生活制度与现代教育体制融合，为培养合格的佛教人才营造完备的修持体制、严肃活泼的学习生活环境。学院丛林化、丛林学院化、学修一体化的目的，就是要创造能使学生成为既有高尚的宗教情操，又有深厚佛学和文化素养，品学兼优、学修兼优、解行相应的僧才的良好环境。

10.云南民族工作汇报会

云南是我国一个多民族的边疆省份，有26个世居民族，其中有15个世居特有少数民族，是全国特有民族最多的省份；与越南、缅甸、老挝三国接壤，国境线长4060千米；漫长的国境线上有16个少数民族跨境而居，边疆民族关系复杂。在云南，民族问题无小事，能否解决好民族问题，是对党在云南执政能力的重要考验。只要解决好了民族问题，就解决了云南的关键问题；只要做好民族工作，就是做好了云南的重要工作。

云南是"文化大革命"的重灾区。十年内乱期间，云南出现了许多冤假错案，其中包括严重分裂各族干部、群众，造成大量人员伤亡等极其严重后果的"沙甸事件"。党的十一届三中全会后，党在各条战线上的拨乱反正全面展开。1979年1月，云南省委在北京举行汇报座谈会,经中共中央批准,云南省委和昆明军区党委联合发出《关于沙甸事件的平反通知》。这一文件的落实,对恢复业已被破坏的民族政策和宗教政策,促进民族关系、军民关系好转起到重大的推动作用。但从 1980 年 6 月开始,云南回族地区极少数人以个别有严重问题的人尚未处理等为由,采取了一些过激行为,造成不良影响。由于对这种涉及重大民族问题的认识和处理存在不同意见,很有必要由党中央出面召开一个会议,集中统一解决。

1981 年 2 月中旬,中共中央书记处在北京召开座谈会,专门听取云南省委关于云南回族地区的工作情况汇报。中央充分肯定了云南各级党委经过大量工作在回族地区取得的成绩。同时要求各级党委,一定要看到广大回民群众是有觉悟的,是拥护中国共产党的;并严肃指出,对连续发生的事件,决不能听之任之,让它发展下去。在法律面前人人平等,各民族一律平等,这是不能动摇的一个原则。对于那些有杀人行凶罪行的,必须严肃处理。要继续落实好政策,认真做好群众工作。但对那些过分的要求,只能教育、说服、批评,不能无原则地退让,无原则地答应。

会上,就如何加强云南的民族工作,对 10 个方面的问题进行了深入探讨,并达成了初步意见,形成了《云南民族工作汇报会纪要》(以下简称《纪要》)初稿。此后,广泛听取云南民族干部群众及各方面意见,对《纪要》初稿进行认真修改后,于 1981 年 7 月由中共中央办公厅下发全国。

1981 年云南民族工作汇报会的召开及其《纪要》初稿的印发,标志着新时期云南民族工作有了一个良好开端。

11.中共中央关于宗教问题的基本政策

我国是一个有多种宗教的国家,在我国宗教中占有重要地位的佛教、伊斯兰教、天主教和基督教,同时也是在国际上占有重要地位的几大宗教。新中国成立以来,我们党对宗教的工作经历了一段曲折的道路。党的十一届三中全会以后,党对宗教问题的正确方针和政策逐步得到恢复。我国现行宪法第三十六条规定:"中华人民共和国公民有宗教信仰自由。""任何国家机关、社会团体和个人不得强制公民信仰宗教或者不信仰宗教,不得歧视信仰宗教的公民和不信仰宗教的公民。"同时规定:"任何人不得利用宗教进行破坏社会秩序、损害公民身体健康、妨碍国家教育制度的活动。""宗教团体和宗教事务不受外国势力的支配。"

1982 年 3 月,中共中央下发《关于我国社会主义时期宗教问题的基本观点和基本政策》(以下简称《文件》)。《文件》系统阐述了党的宗教工作指导思想,全面总结了新中国成立以来宗教工作的经验教训，彻底纠正了"左"的错误，对于宗教工作领域的拨乱反正、全面恢复宗教信仰自由政策发挥了至关重要的作用。

《文件》共有12部分。《文件》指出，宗教是人类社会发展一定阶段的历史现象，有它发生、发展和消亡的过程。《文件》指出，新中国建立以来，经过社会经济制度的深刻改造和宗教制度的重大改革，我国宗教的状况已经起了根本的变化，宗教问题上的矛盾已经主要是属于人民内部矛盾。《文件》强调，使全体信教和不信教的群众联合起来，把他们的意志和力量集中到建设现代化的社会主义强国这个共同目标上来，这是我们贯彻执行宗教信仰自由政策，处理一切宗教问题的根本出发点和落脚点。

《文件》指出，尊重和保护宗教信仰自由，是党对宗教问题的基本政策。这是一项长期政策。宗教信仰自由，即每个公民既有信仰宗教的自由，也有不信仰宗教的自由；有信仰这种宗教的自由，也有信仰那种宗教的自由；在同一宗教里面，有信仰这个教派的自由，也有信仰那个教派的自由；有过去不信教而现在信教的自由，也有过去信教而现在不信教的自由。宗教信仰自由的政策的实质，就是要使宗教信仰问题成为公民个人自由选择的问题，成为公民个人的私事。

《文件》指出，争取、团结和教育宗教界人士首先是各种宗教职业人员，是党对宗教工作的重要内容，也是贯彻执行党的宗教政策的极其重要的前提条件。对于一切宗教界人士，首先是各种宗教职业人员，一定要予以应有的重视，团结他们，关心他们，帮助他们进步。

《文件》指出，合理安排宗教活动的场所，是落实党的宗教政策，使宗教活动正常化的重要物质条件。一切宗教活动场所，都在政府宗教事务部门的行政领导之下，由宗教组织和宗教职业人员负责管理。有计划地培养和教育年轻一代的爱国宗教职业人员，对我国宗教组织的将来面貌具有决定的意义。

《文件》指出，充分发挥爱国宗教组织的作用，是落实宗教政策，使宗教活动正常化的重要组织保证。全国性爱国宗教组织共有八个，即中国佛教协会、中国道教协会、中国伊斯兰教协会、中国天主教爱国会、中国天主教教务委员会、中国天主教主教团、中国基督教"三自"爱国运动委员会和中国基督教协会。

《文件》指出，我们党宣布和实行宗教信仰自由的政策，这当然不是说共产党员可以自由信奉宗教。党的宗教信仰自由的政策，是对我国公民来说的，并不适用于共产党员。

《文件》指出，坚决保障一切正常的宗教活动，同时就意味着要坚持打击一切在宗教外衣掩盖下的违法犯罪活动和反革命破坏活动，以及各种不属于宗教范围的、危害国家利益和人民生命财产的迷信活动。《文件》强调，一定要警惕和反对任何利用宗教狂热来分裂人民，破坏各民族之间团结的言论和行动。

《文件》指出，我们既要积极开展宗教方面的国际友好往来，又要坚决抵制外国宗教中的一切敌对势力的渗透。我国宗教界可以而且应当同各国宗教界人士进行互相访问，友好往来，开展宗教学术文化的交流；但是在所有这些交往当中，一定要坚持独立自主、自办教会的原则，坚决抵制国际宗教反动势力重新控制我国宗教的企图。

《文件》强调，加强党的领导，是处理好宗教问题的根本保证。

12.我国各民主党派"智力支边"工作

改革开放以来，我国各民主党派、工商联适应党的工作重心转移和国家对贫困地区进行扶贫开发的需要，充分发挥智力优势，通过科学技术的传播和智力的投入，开展智力支边，为"老、少、边、穷"地区脱贫致富和社会发展服务，成为我国新时期民族工作中的一项开创性工作。

早在20世纪80年代初，各民主党派、工商联就从方便人民生活着手，通过项目咨询，派专家学者帮助一些边疆民族地区解决与人民日常生活关系密切的实际问题，迈出了"智力支边"的第一步。

1983年2月，中央统战部、国家民委邀请民革、民盟、民进、农工党、九三学社五个民主党派中央的负责人和边疆、沿海地区的统战、民族部门、中央有关部门的同志，举行了民主党派为边疆和少数民族地区现代化建设服务的挂钩会议，就民主党派"智力支边"问题，达成了有关的一些政策协议。同年4月，中央统战部、国家民委向中央书记处、国务院报送了《关于民主党派为边疆少数民族地区四化建设服务挂钩会议的报告》，从重点、作法、分工、机构、经费与报酬方面提出了具体意见。中共中央办公厅、国务院办公厅批转了这个报告，请各地给予积极的支持和帮助，认真安排落实。

1988年，经国务院同意，成立了"中央统战部、国家民委、各民主党派中央、全国工商联智力支边扶贫协调小组"，在此统一组织领导下，智力支边扶贫工作不断深入，开辟了新的领域，创造了多种有效形式。例如，就贫困地区的社会经济发展战略进行考察、论证，提供咨询，提出建议；协助贫困地区引进资金、技术和人才，促进先进实用技术在贫困地区的传播；兴办各类学校、培训班，开发智力，培训人才；开展各种业务咨询服务活动。

智力支边扶贫工作开展过程中，各民主党派中央、全国工商联按照"发挥优势、突出重点、量力而行、注重实效、持之以恒"的方针，重点围绕决策咨询、人才开发、项目协调、投资推介等方面开展工作，取得了突出的成绩。截至2008年，由8个民主党派、工商联直接参与的智力支边工作联系地区有20多个省市区，100多个实施帮扶项目点。据统计，自开展智力支边工作以来，各民主党派、全国工商联副主席以上参加扶贫考察10167

人次，组织各类专家学者考察31910人次，为贫困地区提出各类重大政策性建议12300多条，引进各类经济项目9217个，引进各类项目资金512亿元，帮助建希望小学1000多所，帮助培训各类技术人才15万人，转移贫困地区劳动力100652人，帮助31500名贫困学生解决上学难问题，支持贫困地区建乡镇卫生院1325个，直接服务患者307510人。2013年，黔西南州充分借助民主党派、工商联、社会团体人才荟萃、联系广泛、智力密集的优势作用，主动争取、主动对接、主动配合、主动服务，在人才培训、捐资助学、协调各民主党派、工商联企业家成员投资等方面积极争取、积极协调，全年共开展智力支边项目71项，资金147.55亿元。其中争取捐款2589.67万元，协调政府资金952.33万元，协调各民主党派、工商联企业家成员资金147.2亿元。

实践证明，我国各民主党派、工商联开展智力支边扶贫，产生了巨大的经济效益和社会效益，走出了一条体现自身特色和优势的新路，为推动各族人民走向共同富裕发挥了重要作用。

13.汉族地区佛教道教寺观管理

我国现行宪法明确规定："国家保护正常的宗教活动。"1981年12月，为贯彻党的宗教信仰自由政策，根据我国宪法规定，国务院颁发了《关于汉族地区佛教道教寺观管理试行办法》（以下简称《办法》）。《办法》指出，为了保障信徒宗教生活的需要，全国应开放相应数量的佛教、道教的寺观。全国重点寺观由国务院宗教事务局同中国佛、道教协会协商并征求中央及地方有关部门的意见后提出，报国务院批准。凡经政府批准开放的寺观，任何单位不得占用，不得在寺观所辖范围内拆建、改建或新建与寺观无关的房屋，已占用的必须迁出。寺观实行传统的宗教职称，由宗教上有造诣的爱国僧道担任住持，并通过民主协商推选建立以住持为首的管理组织，实行民主管理。寺观应根据实际需要，确定寺观僧道定员。在寺观定员内，寺观可选收过去离寺观表现较好的僧道自愿返回寺观，也可选收爱国的、比较年轻的、有一定文化程度的自愿出家者进寺观。僧道和信徒在寺观内进行正当的宗教活动，受法律保护。寺观可以接收信徒自愿给予的香金和布施，但不得进行摊派。寺观应建立、健全财务制度，实行经济民主。寺观应努力创造条件，逐步做到自食其力，以寺养寺。

1983年4月，国务院批转国务院宗教事务局《关于确定汉族地区佛道教全国重点寺观的报告》（以下简称《报告》）。国务院在批转《报告》的通知中说，确定和开放一批汉族地区佛道教全国重点寺观，作为宗教活动场所，是落实党的宗教政策的一项重要措施。这些寺观既是宗教活动场所，又大都坐落在风景名胜区或是国家和省级重点文物保护单位，加强对这些寺观的保护是宗教、园林、文物等政府部门以及宗教组织的共同责任。

《报告》指出，国务院宗教事务局遵照中共中央《关于我国社会主义时期宗教问题的基本观点和基本政策》的精神和国务院《关于汉族地区佛教道教寺观管理试行办法》的规定，根据中国佛教协会、中国道教协会提出的佛道教著名寺观名单，并由各省、市、自治区宗教事务部门报经省、市、自治区党委或政府批准，又同文化部、城乡建设环境保护部反复协商，确定142座佛教寺院和21座道教宫观作为全国重点寺观，并经中共中央统战部同意，报请国务院审批。

汉族地区佛道教寺观，新中国成立初有僧道和宗教活动的大约有6万多座，到"文化大革命"前，尚有8000多座。经过十年动乱，遭受很大破坏，作为宗教活动场所的寺观所剩无几。党的十一届三中全会以来，宗教政策逐步贯彻落实，确定汉族地区佛道教全国重点寺观，就是解决这一问题的重要步骤。这次确定的汉族地区佛道教全国重点寺观包括所属碑、塔、墓以及附属园林等，均应按中央、国务院有关文件的规定，在政府宗教事务部门行政领导下，由佛道教组织和僧道管理。各地宗教事务部门一定要加强对这批寺观的管理，进一步认真落实党的宗教政策。还有一些应当保护的重要佛道教遗迹和可作省级重点的寺观，建议由省、市、自治区人民政府自行确定。

14.关于民族工作几个重要问题的报告

1987年4月17日，中共中央、国务院批转中央统战部、国家民族事务委员会《关于民族工作几个重要问题的报告》（以下简称《报告》）。《报告》明确了新时期民族工作的指导思想和根本任务，提出了加强民族工作的多项重要措施，是指导新时期民族工作的纲领性文件。

《报告》是1986年10月国家民委在北京召开全国民委主任（扩大）会议，学习《中共中央关于社会主义精神文明建设指导方针的决议》，中央书记处和中央领导同志对民族工作作了指示，根据会议讨论的意见，于1987年1月形成的。《报告》共9000多字，包括六个方面的内容：民族工作的形势和新时期民族工作总的指导思想、根本任务；切实把经济工作放在民族工作的首位；大力搞好社会主义精神文明建设；认真贯彻执行《中华人民共和国民族区域自治法》；做好杂居、散居少数民族的工作；加强各级民委建设、充分发挥民委作用。

《报告》指出，新时期的民族工作稳步推进，少数民族地区的经济文化建设取得了重大成就；当前民族工作的主要问题是，大多数少数民族地区的经济文化还较落后，经济效益差，贫困面较大。《报告》提出在民族工作中，要致力于党和国家的大政方针在少数民族地区的具体化,在全局的发展中实现各民族的共同发展,大力开展横向联系,积极发展边疆少数民族地区的经济。《报告》还提出,坚持进行四项基本原则和增强民族团结的爱国主义的正面教育,进一步加强各民族的大团结,积极开发智力,培养人才,树立新观念、新风尚。《报告》提出了实施《民族区域自治法》需要多方面协同工作,重点是处理好经济权益,关键在于培养少数民族干部。做好城市少数民族工作,重视民族乡的工作,重视未实行民族区域自治的赫哲族、俄罗斯族、德昂族等十一个少数民族的工作。《报告》还提出加强教育,提高干部队伍的素质,在调查研究上下功夫,广泛联系少数民族干部,尤其是领导干部,听取他们对民族工作的各种意见和建议。

中共中央、国务院在批转《报告》的通知中说:切实贯彻落实《民族区域自治法》,是法制建设的一项重要任务。各民族自治地方,应当根据各自的实际情况制订自治条例或单行条例。中央和国务院各部门,设在民族自治地方的所有部门和企事业单位,都要切实执行民族区域自治法和党的民族政策,充分尊重自治地方的自治权利,照顾自治地方的经济权益,让利放权,支持和带动民族自治地方的发展,密切联系和热情帮助少数民族,建设社会主义的物质文明和精神文明。

《报告》初步明确了新时期中国特色社会主义民族理论的基本内容,对于做好民族工作具有重要指导作用。同年10月,党的十三大报告对我国社会主义初级阶段的民族国情和民族政策进行了明确论述,使党的各级组织和全党同志提高了对民族问题的认识,指导和推动民族工作不断前进。

15.全国民族团结进步表彰大会

"各民族要相互了解、相互尊重、相互包容、相互欣赏、相互学习、相互帮助,像石榴籽那样紧紧抱在一起。""只有56个民族拧成一股绳,中华民族才能拥有强大民族凝聚力。"为使中华民族拥有强大民族凝聚力,在我国各民族、各地区、各行业、各条战线上,涌现出无数先进人物和先进集体,他们在促进民族团结进步的工作中作出了突出贡献。党中央和国务院关怀这些先进人物和先进集体,希望通过发现典型、总结典型、表彰典型,使民族团结进步模范的先进事迹广为人知、深入人心,使民族团结的精神得以弘扬。从1988年到2014年,国务院先后举办了六次全国民族团结进步表彰大会。

第一次全国民族团结进步表彰大会于1988年4月25日至29日在北京隆重召开。时任党和国家领导人出席了会议开幕式。大会共表彰了1166个先进集体和个人,其中先进集体565个,先进个人601名。这些都是为我国民族团结进步作出突出贡献的优秀代表,时任中央领导同志向先进集体和个人代表颁发奖状、奖章和荣誉证书。大会结束时,全体代表向全国各族同胞发出了关于维护祖国统一和加强民族团结的倡议书。首次全国民族团结进步表彰大会是一次民族团结进步的大检阅,在国内外产生了很好影响。

1994年召开的第二次表彰大会,受到国务院表彰的模范集体和模范个人共1255个,来自全国各地各条战线(包括解放军、武警部队),具有广泛的代表性。大会对促进少数民族和民族地区经济文化的发展作出部署。1999年召开的第三次表彰大会,是世纪之交的民族盛会,表彰了628名模范个人和626个模范集体。大会强调加强民族团结,维护祖国统一和社会稳定,是全国各族人民的共同愿望和根本利益所在。2005年召开的第四次表彰大会,共有642个模范集体和676个模范个人受到表彰。大会强调,要把全国各民族团结的力量凝聚到实现中华民族伟大复兴的奋斗目标上来。2009年召开的第五次表彰大会,总结新中国成立60年来民族团结进步事业取得的成就和经验,分析面临的机遇和挑战,提出民族工作的主要任务。大会表彰了739个模范集体和749个模范个人。2014年召开的第六次表彰大会,全面分析我国民族工作面临的国内外形势,深刻阐述当前和今后我国民族工作的大政方针,强调增强文化认同。会议对1496个全国民族团结进步模范集体和模范个人进行了表彰。全国各族干部群众纷纷表示,要坚持把维护民族团结作为各民族最高利益,切实把中央各项举措落到实处。

榜样的力量是无穷的。召开全国民族团结进步表彰大会,充分发挥各类先进典型的作用,用各族群众身边的人和事教育群众,就是为了让"石榴籽"能够更紧密地抱在一起,让56个民族拧成一股绳,共同投入我国民族团结进步的伟大事业,同心共筑中华民族伟大复兴的中国梦。

16.中国公民确定或变更民族成份的规定

为了正确贯彻执行党和国家的民族政策,保障我国公民正确表达民族成份的权利,做好民族成份填报工作,1990年5月,国家民委、国务院第四次人口普查领导小组、公安部共同颁发了《关于中国公民确定民族成份的规定》(以下简称《规定》),对我国公民确定民族成份问题作出具体规定。《规定》全文共13条,其中前5条,对于确定公民的民族成份、个人的民族成份、不同民族的公民结婚所生子女、不同民族的公民再婚子女、不同民族的成年人之间发生的收养关系和婚姻关系的民族成份确定等,都作出明确的规定。第6、7条,规定公民不得随意变更民族成份,申请变更必须严格履行规定手续。第8条,对加入中国籍的外国人及其后裔,或中国人同外国人结婚所生子女的民族成份,确定了三个处理原则。第9条,对搞假骗取准许更改民族成份的,一经发现立即纠正,对享受优惠待遇的,予以取消。第10至13条为常规条文。

近年来，一些地方出现了个别考生为享受少数民族高考、中考加分等优惠政策，违反有关规定变更民族成份的现象。这种行为违背了党的民族政策，侵害了少数民族的合法权益，不利于民族团结和社会稳定。为正确执行党和国家的民族政策，2009年4月23日，国家民委办公厅、教育部办公厅、公安部办公厅联合印发了《关于严格执行变更民族成份有关规定的通知》，通知明确提出五条要求：一是公民个人的民族成份，只能依据父亲或母亲的民族成份确定。二是公民申请变更民族成份，须严格按照《规定》办理。申请变更民族成份，应先向县级民族事务主管部门申请，并提交相应证明文件。县级民族事务主管部门应在对相关材料的真实性进行严格审查（必要时还应进行实地调查）后作出初审意见。初审同意后，上报地市级民族事务主管部门核实并签署审核意见。对其中符合变更条件的，再转由户口所在地公安派出所受理，经逐级呈报地市级公安机关户政部门审批后办理变更手续。未经地市级以上民族事务主管部门审核同意和地市级公安机关户政部门审批，公安派出所不得办理公民民族成份变更手续。三是考生民族成份的确认，应坚持考生本人所填报的民族成份与考生的居民户口簿、居民身份证内容相一致的认定办法。四是各级民族事务主管部门、公安机关对申请变更民族成份的考生要认真把关，严格执行国家有关公民确定和变更民族成份的政策和规定，规范工作程序。五是各级民族、教育、公安等部门要加强协作，规范程序，公开透明，监督到位。对弄虚作假、以权谋私、玩忽职守，违规将考生汉族成份变更为少数民族成份的，要严肃追究相关人员的责任。

17.全国宗教工作会议

宗教工作是党和国家工作中的重要组成部分，在党和国家事业发展大局中有着重要地位。我国现有各种宗教信徒1亿多人。我国有近20个少数民族几乎全民族信仰某一种宗教。宗教问题，涉及千百万群众，是一个大问题。党和国家历来高度重视宗教工作，多次召开全国宗教工作会议，对宗教工作进行研究和部署。

1990年12月，国务院召开全国宗教工作会议。会议强调，要正确对待和处理宗教问题，在多数群众不信教的地方，要注意尊重和保护少数信教群众的权利；在多数群众信教的地方，要注意尊重和保护少数不信教群众的权利；使广大信教群众和不信教群众联合起来，共同致力于社会主义现代化建设事业。各级党委和政府要把宗教问题列入议事日程，正确执行宗教信仰自由政策，保持政策稳定性和连续性，协调各方力量，把宗教工作做好。

2001年12月，中共中央、国务院召开全国宗教工作会议。会议根据冷战结束后国际格局的深刻变化和民族、宗教问题日益突出的新形势，结合我国改革开放和现代化建设的新实践，对宗教工作作出了一系列重要的决策和部署。会议强调，做好宗教工作，关系到保持党同人民群众的血肉联系,关系到推进两个文明建设,关系到加强民族团结、保持社会稳定、维护国家安全和祖国统一,关系到我国的对外关系。会议指出,我国信仰各种宗教的群众有一亿多,是建设中国特色社会主义的积极力量。要实现现代化建设的第三步战略目标,实现中华民族的伟大复兴,必须在爱国主义的旗帜下,把包括广大信教群众在内的海内外中华儿女最大限度地团结起来。要全面贯彻党的宗教信仰自由政策,依法管理宗教事务,积极引导宗教与社会主义社会相适应,坚持独立自主自办的原则,巩固和发展党同宗教界的爱国统一战线,维护稳定,增进团结,为推进社会主义现代化建设、实现祖国完全统一、维护世界和平与促进共同发展而努力奋斗。《人民日报》对这次会议精神作了长篇报道,并发表了题为《紧密团结信教群众,共同致力于建设有中国特色社会主义的伟大事业》的社论,充分体现了党中央、国务院对宗教工作的高度重视。

2004年1月,中共中央、国务院召开全国宗教工作座谈会。会议强调:要把广大信教群众和不信教群众紧密团结在党和政府周围,将智慧和力量凝聚到全面建设小康社会的宏伟目标上来。

从2007年到2014年,每年都召开一次全国宗教工作会议,总结上一年的宗教工作,部署下一年的宗教工作。其中,2008年和2013年,全国宗教工作会议同全国宗教工作系统表彰大会合开,隆重表彰全国宗教工作系统先进集体和先进工作者,学习先进,振奋精神,努力开创宗教工作新局面。

2014年12月召开的全国宗教工作会议提出,2015年,要深入贯彻党的十八大和十八届三中、四中全会精神,深入贯彻习近平总书记系列重要讲话精神,深入贯彻中央关于宗教工作的决策部署,以法治的方式推进宗教工作,以创新的精神推动解决宗教领域突出问题,以中国梦的伟大理想凝聚广大信教群众力量,努力为全面建成小康社会、全面深化改革、全面推进依法治国,营造团结稳定的社会环境。会议提出,2015年要重点抓好四个方面的工作:一是推进宗教工作法治建设;二是推动解决宗教领域突出问题;三是支持宗教界加强自身建设;四是发挥宗教界的积极作用。

18.中共中央、国务院关于进一步做好宗教工作若干问题的通知

党的十一届三中全会以来,在各级党委、政府和爱国宗教团体的共同努力下,党的宗教政策逐步得到贯彻落实,宗教工作取得了显著成绩。但境外敌对势力一直利用宗教作为其推行"和平演变"战略的一个重要手段,不断对我进行渗透和破坏活动。民族分裂主义分子也利用宗教煽动骚乱闹事,破坏祖国统一和民族团结。同时在贯彻执行宗教信仰自由政策方面还存在不少问题,有的地方侵犯公民宗教信仰自由的权利,侵犯寺观教堂的合法

权益，干涉宗教团体正常的教务活动，因宗教问题或对宗教问题处理失当引发的社会矛盾时有发生。

1991年2月，中共中央、国务院发出《关于进一步做好宗教工作若干问题的通知》（以下简称《通知》），要求各级党委和政府高度重视宗教工作。《通知》指出，做好宗教工作，对于维护社会稳定、增进民族团结、促进祖国统一和四化建设都有着不容忽视的重要意义。《通知》明确提出，今后一个时期，进一步做好宗教工作，必须正确处理以下几个重要问题：全面正确地贯彻执行宗教信仰自由政策；依法对宗教事务进行管理；充分发挥爱国宗教团体的作用；坚决打击利用宗教进行的犯罪活动；健全宗教工作机构，加强宗教工作干部队伍建设；加强党对宗教工作的领导，主要是政治领导，掌握政治方向和重大方针政策。《通知》明确提出，依法对宗教事务进行管理，是指政府对有关宗教的法律、法规和政策的贯彻实施进行行政管理和监督。《通知》强调，要动员全党、各级政府和社会各方面进一步重视、关心和做好宗教工作，使宗教同社会主义社会相适应。

《通知》实施多年来，宗教工作得到进一步加强。我国公民的宗教信仰自由权利受宪法和法律保护，宗教信仰自由政策及一系列法律和规定逐步得到贯彻落实。我国政府还颁布出台了新的办法、条例、规定，保障对宗教事务依法进行管理。我国各级政府设立了宗教事务部门，对有关宗教的法律、法规的贯彻实施进行行政管理和监督。《通知》强调要积极引导宗教与社会主义社会相适应，这在宗教界产生了很好的引导作用。

19.宗教社会团体登记管理实施办法

随着党的宗教政策逐步得到贯彻落实，开放和安排了宗教活动场所，恢复和建立了爱国宗教团体，公民宗教信仰自由的权利、正常的宗教活动和宗教团体的合法权益受到法律和政策的保护，宗教工作总的形势是好的。但也存在着一些问题，如有的地方少数敌对分子活动猖獗，建立非法组织，同我们争夺寺观教堂领导权；有的非法开办经文学校、修院、神学院，同我们争夺青少年；有的地方出现利用宗教干预国家行政、干预司法、干预学校教育的情况。

中国政府宗教事务部门不干涉宗教团体和宗教活动场所的内部事务，但中国的宗教团体和宗教活动场所需依法向政府履行登记手续。宗教团体和宗教活动场所依法登记后，便获取合法地位，其合法权益受到保护；遇有侵犯其权益的行为，政府宗教事务部门有权向有关行政执法机关申诉，直至向人民法院起诉，寻求行政和法律保护。

1991年5月，国务院宗教事务局、民政部根据国务院颁布的《社会团体登记管理条例》，制定了《宗教社会团体登记管理实施办法》（以下简称《办法》），要求各级政府民政、宗教工作部门积极稳妥地做好宗教社会团体登记工作。

为了保障宗教社会团体的合法权益、保证宗教社会团体登记管理的有效实施，《办法》规定，由我国公民在本国境内组织的各宗教县级范围（含县级）以上区域性和全国性的宗教社会团体，均应依照本办法的规定，向政府民政部门申请登记。全国性宗教社会团体应经国务院宗教事务局审查同意后，向民政部申请登记。区域性宗教社会团体经所在地相应的政府宗教事务部门审查同意后，向当地民政部门申请登记，并由当地政府宗教事务部门报上一级政府宗教事务部门备案。天主教教区必须经该教区办事机构所在地省级政府宗教事务部门审查同意后，向省级民政部门申请登记，由当地省级政府宗教事务部门向国务院宗教事务局备案。《办法》还对宗教社会团体登记的条件、办理登记和换证手续、向政府宗教事务部门提交的审查文件等做了明确规定。

通过本《办法》的实施，明确掌握了我国宗教社会团体的基本情况，为保证宗教社会团体应有的合法权益、打击非法组织的社会活动提供了重要保障。

20.国务院关于进一步贯彻实施民族区域自治法若干问题的通知

《民族区域自治法》是实施宪法规定的民族区域自治制度的基本法律。民族区域自治是我们国家的一项重要政治制度。几十年来，党和国家根据民族地区的特殊情况，制定了一系列优惠政策，民族地区的经济文化迅速发展，民族团结进步事业取得了巨大的成就。在新的形势下，民族地区要继续贯彻自力更生、艰苦奋斗、勤俭办一切事业的方针，发挥资源优势，增强自我发展能力。国家要大力支援、帮助民族地区加速发展经济文化事业，逐步改变其相对落后的状况，使之与全国的经济和社会发展相适应，促进各地区的协调发展和各民族的共同繁荣。为此，1991年12月，国务院发出《关于进一步贯彻实施〈中华人民共和国民族区域自治法〉若干问题的通知》（以下简称《通知》）。

《通知》就进一步贯彻实施民族区域自治法，提出了11个方面的具体措施。一是国家根据经济计划和资源开发的需要，适当增加对民族自治地方的投入，加快民族地区经济建设步伐。二是国家对民族地区已实行的特殊措施和优惠政策，在"八五"计划期间均保持不变。三是民族自治地方要根据法律规定的权限，制定优惠政策，吸引、支持发达地区到本地开发资源、兴办企业。四是民族自治地方要坚持改革开放方针，积极发展对外贸易和经济技术合作。五是国家各级各类银行确定对民族地区的固定资产和流动资金的信贷规模，要与民族自治地方的经济增长水平相适应，对民族自治地方固定资产投资项目贷款和符合国家产业政策的行业的流动资金贷款，可给予适当照顾。六是尽快解决民族贫困地区群众温饱问题。七是民族地区要注重科技进步，以科技振兴工业、农业、牧业和林业，推动社会经济发展，不断提高劳动生产率和经济效益。八是各级地方人民政府和国家各有关部门，要加强对少数民族教育事业的领导和支持，要坚持社会主义的教育方向，加强民族团结和爱国主义的教育。九是国家采取各项措施，支持民族地区发展文化、卫生、体育等事业。十是民族自治地方在国家规定的编制内，根据精简、效能的原则设立工作机构，努力提高工作效率。十一是各级人民政府要经常、广泛地进行马克思主义民族观和爱国主义、社会主义教育。

国务院的《通知》是进一步贯彻《民族区域自治法》，加强民族法制建设的一个重要步骤。几十年来，在《民族区域自治法》和相关法律法规的指引下，民族地区的经济发展很快，文教卫生等社会事业发展迅速。虽然民族地区取得了巨大成就，但从全国来看，其经济基础仍然比较薄弱，集中力量加快经济建设，促进社会全面进步，仍是民族地区的重要任务。

21. 中央民族工作会议

党的十一届三中全会之后，我国民族工作领域进行了拨乱反正，民族工作回到了正确的发展轨道。随着改革开放的深入和经济建设的发展，民族工作也面临着新的形势和任务。与此同时，国外形势也发生了变化。20世纪80年代末90年代初，世界上一些国家和地区因民族问题导致动荡乃至分裂，民族问题成为国际社会普遍关注的问题之一。在这样的关键时刻，中央召开了民族工作会议，从全局和战略上对民族工作进行部署。

1992年第一次中央民族工作会议，总结了新中国民族工作的成就和我们党关于民族问题的基本观点、基本政策，提出了20世纪90年代民族工作的主要任务。会议强调，搞好民族工作，增强民族团结的核心问题，就是要积极创造条件，加快发展少数民族和民族地区的经济文化等各项事业，促进各民族的共同发展和共同繁荣。这次会议开创了以"中央民族工作会议"的方式，来确立改革开放新时期各个阶段民族工作最重要的指导性原则与最重大的战略主张的先例，对我国民族工作的发展起到重大推动作用。这次会议后，民族地区实行沿边开发战略，确立13个对外开放城市和241个一类开放口岸，设立14个边境经济技术合作区，其中绝大多数在民族自治地方。

1999年第二次中央民族工作会议：加快少数民族和民族地区经济发展和社会进步。考虑到1999年是新中国成立50周年，同时，中央明确提出实施西部大开发，中央决定把民族工作会议与全国民族团结进步表彰会合起来召开。会议强调，实施西部大开发，就是要加快少数民族和民族地区发展，并提出了五点意见：一是继续增加民族地区基础设施建设；二是充分发挥优势，扬长避短，大力发展各具特色的民族地区经济；三是高度重视和切实抓好天然林保护工程与生态环境建设；四是要进一步加大对少数民族地区的扶贫攻坚力度；五是认真实施科教兴国战略。从 2001 年开始实施的《中国农村扶贫开发纲要（2001—2010 年）》，再次把民族地区确定为重点扶持对象。同时，西藏整体被列入国家扶贫开发重点扶持范围。2003 年，国家对内蒙古、新疆、广西、宁夏、西藏 5 个自治区卫生专项投入资金累计达 13.7 亿元人民币，主要覆盖公共卫生体系建设、农村卫生基础设施建设、专科医院建设、农村合作医疗、重大疾病控制等方面。

2005 年第三次中央民族工作会议：以科学发展观统领民族工作，促进民族地区和谐发展。会议指出，全面建设小康社会的重点和难点在民族地区；要围绕全面建设小康社会的宏伟目标，牢牢把握各民族共同团结奋斗、共同繁荣发展的主题，切实加快少数民族和民族地区经济社会发展，确保民族地区与全国一道如期实现全面建设小康社会目标。会议颁布《关于进一步加强民族工作，加快少数民族和民族地区经济社会发展的决定》和《实施〈中华人民共和国民族区域自治法〉的若干规定》，并审议通过了《扶持人口较少民族发展规划》。"十一五"、"十二五"时期，国家民委联合组织了国务院有关部门连续编写了《扶持人口较少民族发展规划》、《兴边富民行动规划》和《少数民族事业规划》这三个国家级专项规划。

2014 年中央民族工作会议：凝聚民族大团结力量，为实现伟大中国梦而共同奋斗。这次会议以"增强文化认同、民族认同，反对分裂"为主题，主要任务是：准确把握新形势下民族工作的特点和规律，统一思想认识，明确目标任务，坚定信心决心，提高做好民族工作能力和水平。会议强调，民族团结是我国各族人民的生命线。做好民族工作，最关键的是搞好民族团结，最管用的是争取人心。会议指出，民族地区群众困难多，困难群众多，同全国一道实现全面建设小康社会目标难度较大，必须加快发展，实现跨越式发展，要发挥好中央、发达地区、民族地区三个积极性。支持民族地区加快经济社会发展，是中央的一项基本方针。强调要加强基础设施、扶贫开发、城镇化和生态建设，不断释放民族地区发展潜力。要大力发展特色优势产业，增强民族地区自我发展能力。要以推进基本公共服务均等化为重点，着力改善民生。

我国改革开放以来四次中央民族工作会议的召开，都是基于民族事业发展的不同阶段、民族问题和民族工作出现新挑战，需要作出新部署和新举措的关键时期。事实证明，中央民族工作会议在指引做好民族工作，促进我国各民族团结，促进少数民族和民族地区经济社会发展进步方面，发挥了难以替代的、巨大的推动作用，确保了国家的统一，民族的团结，经济的发展，社会的稳定与和谐。

22.民族乡行政工作条例

我国的民族乡是在少数民族聚居的地方建立的乡级行政区域。建立民族乡是关系到加强民族团结、保障少数民族实现民族平等权利的大事。1983年12月,国务院发出《关于建立民族乡问题的通知》,明确规定,凡是相当于乡的少数民族聚居的地方,应当建立民族乡。民族乡,可以在一个少数民族居住的地方建立,也可以在两个或几个少数民族居住的地方建立。建立民族乡,少数民族的人口在全乡总人口中所占的比例,一般以30%左右为宜,个别情况特殊的,可以低于这个比例。民族乡的名称,一般按照以地方名称加民族名称确定。到2003年底,我国在相当于乡的少数民族聚居的地方建立了1173个民族乡。

为了更好地落实党的民族政策,促进民族乡经济、文化等项事业的发展,保障少数民族的合法权益,增强民族团结,根据我国宪法和法律的有关规定,1993年8月,经国务院批准,国家民族事务委员会颁布《民族乡行政工作条例》(以下简称《条例》)。《条例》共有24条。

《条例》明确规定:民族乡人民政府依照法律、法规和国家有关规定,结合本乡的具体情况和民族特点,因地制宜地发展经济、教育、科技、文化、卫生等项事业。民族乡财政由各省、自治区、直辖市人民政府按照优待民族乡的原则确定。民族乡的上一级人民政府在编制财政预算时,应当给民族乡安排一定的机动财力,乡财政收入的超收部分和财政支出的节余部分,应当全部留给民族乡周转使用。信贷部门应当根据法律、法规和国家其他有关规定,对经济发展水平较低的民族乡用于生产建设、资源开发和少数民族用品生产方面的贷款给予照顾。

《条例》对县级以上地方各级人民政府提出明确要求:在分配支援经济不发达地区专项资金及其他固定或者临时专项资金时,对经济发展水平较低的民族乡给予照顾。在分配扶贫专项物资时,应当照顾贫困民族乡的需要。应当帮助民族乡加强农业、林业、牧业、副业、渔业和水利、电力等基础设施的建设,扶持民族乡发展交通事业。应当在师资、经费、教学设施等方面采取优惠政策,帮助民族乡发展教育事业,提高教育质量。应当积极帮助民族乡创办广播站、文化馆(站)等文化设施,丰富各族人民的文化生活,保护和继承具有民族特点的优秀文化遗产。应当积极帮助民族乡发展医药卫生事业,扶持民族乡办好卫生院(所),培养和使用少数民族医疗保健人员,加强对地方病、多发病、常见病的防治,积极开展妇幼保健工作。

《条例》自1993年颁布实施以来,对于保障杂居地区少数民族平等权利,促进少数民族杂居地区的经济社会发展,维护民族团结和社会稳定起到了重要作用。但随着改革的深化和经济社会情况的变化,《条例》需要修改完善。2014年,根据国家民委要求,安徽等省民委认真组织《条例》修订专题调研。同年10月,国家民委政策法规司召开了《条例》修订工作研讨会,就《条例》修订草案征求意见稿进行研讨。与会同志结合各省在民族乡工作中面临的新情况、新问题,对进一步修订完善《条例》提出了很好的意见和建议。此后,国家民委对《条例》体例和相关内容作了进一步修改完善,推动了《条例》的修订和出台。

23.城市民族工作条例

为了加强城市民族工作,保障城市少数民族的合法权益,促进适应城市少数民族需要的经济、文化事业的发展,经国务院批准,1993年9月,国家民委发布实施《城市民族工作条例》(以下简称《条例》)。《条例》共30条。经过十几年的施行,2006年,国家民委政策法规司通过调研和召开研讨会、座谈会以及将征求意见稿下发给地方征求意见,在此基础上,经过认真研究,反复修改,形成了《条例》新修改稿。

《条例》新修改稿指出,城市人民政府应当将适应当地少数民族需要的经济、文化事业列入国民经济和社会发展计划。城市人民政府对于发展适应当地少数民族需要的经济、文化事业的资金,可以根据财力给予适当照顾。信贷部门对以少数民族为主要服务对象的从事食品生产、加工、经营和饮食服务的国有企业和集体企业,在贷款额度、还款期限、自有资金比例方面给予优惠。城市人民政府对本条例所列企业以及生产经营少数民族用品企业的贷款,可以根据当地的实际需要和条件,予以贴息。

《条例》新修改稿规定,城市人民政府有关部门对进入本市兴办企业和从事其他合法经营活动的外地少数民族人员,应当根据情况提供便利条件,予以支持。城市人民政府应当加强对少数民族流动人员的教育和管理,保护其合法权益。少数民族流动人员应当自觉遵守国家的法律、法规,服从当地人民政府有关部门的管理。

《条例》新修改稿还规定,清真饮食服务企业和食品生产、加工企业必须配备一定比例的食用清真食品的少数民族职工和管理干部。清真食品的运输车辆、计量器具、储藏容器和加工、出售场地应当保证专用。清真饮食服务企业和食品生产、加工企业实行承包、租赁时,一般应当由有关少数民族人员承包或者租赁。清真饮食服务企业和食品生产、加工企业兼并或者被兼并时,不得随意改变其服务方向,确实需要改变服务方向的,必须征得当地城市人民政府民族事务工作部门同意。

《条例》新修改稿还指出,少数民族人口较多的城市的人民政府,应当根据实际需要和条件,建立民族医院、民族医药学研究机构,发展少数民族传统医药科学。少数民族职工参加本民族重大节日活动,可以按照国家有关规定放假,并照发工资。

《条例》新修改稿是我国民族法制建设上的一个重要成果,对于保障城市少数民族的合法权益,巩固和发展平等、团结、互助的社会主义民族关系,推进民族工作,促进社会和谐稳定,发挥了重要作用。

24.宗教活动场所和境内外国人宗教活动管理

加强宗教方面的法制建设,依法管理宗教事务,是贯彻依法治国方略、推进依法行政的必然要求。随着我国经济社会的发展,宗教方面出现了许多新情况和新问题,要求制定宗教管理方面的行政法规。1994年,国务院颁布实施《宗教活动场所管理条例》和《中华人民共和国境内外国人宗教活动管理规定》。这两个行政法规,对于保障宗教信仰自由,依法管理宗教事务发挥了重要作用。

据不完全统计,20世纪90年代,中国各种宗教信徒1亿多人,中国经过登记开展宗教活动的寺院、宫观、清真寺、教堂及其他固定处所8万多处。为了保护正常的宗教活动,维护宗教活动场所的合法权益,加强对宗教活动场所的管理,1994年1月,国务院制定发布《宗教活动场所管理条例》(以下简称《条例》)。《条例》规定:宗教活动场所由该场所的管理组织自主管理,其合法权益和该场所内正常的宗教活动受法律保护,任何组织和个人不得侵犯和干预。宗教活动场所应当建立管理制度,在宗教活动场所进行宗教活动,应当遵守法律、法规。国务院2004年11月发布、2005年3月1日起实施《宗教事务条例》(以下简称新《条例》),《宗教活动场所管理条例》同时废止。新《条例》规定:国家依法保护正常的宗教活动,维护宗教团体、宗教活动场所和信教公民的合法权益。各宗教坚持独立自主自办的原则,宗教团体、宗教活动场所和宗教事务不受外国势力的支配。宗教团体、宗教活动场所、宗教教职人员在友好、平等的基础上开展对外交往;其他组织或者个人在对外经济、文化等合作、交流活动中不得接受附加的宗教条件。新《条例》第三章第12条至26条,对宗教活动场所管理作出了明确详细的规定。

1994年1月,为了保障中华人民共和国境内外国人的宗教信仰自由,维护社会公共利益,根据宪法,国务院制定颁布了《中华人民共和国境内外国人宗教活动管理规定》(以下简称《规定》),共13条。《规定》指出,尊重在中国境内的外国人的宗教信仰自由,保护外国人在宗教方面同中国宗教界进行的友好往来和文化学术交流活动。外国人可以在中国境内的宗教活动场所参加宗教活动,可以应省级以上宗教团体的邀请讲经、讲道,可以在县级以上人民政府认可的场所举行外国人参加的宗教活动,可以邀请中国宗教教职人员为其举行洗礼、婚礼、葬礼和道场法会等宗教仪式,可以携带自用的宗教印刷品、宗教音像制品和其他宗教用品进入中国国境。外国人在中国境内进行宗教活动，应当遵守中国的法律、法规。2000年9月，国家宗教事务局制定了《规定》实施细则，对外国人在中国境内的宗教活动管理作出详细的实施要求。2005年3月新《条例》实施后，国务院1994年颁布的《中华人民共和国境内外国人宗教活动管理规定》仍然有效。2010年11月，经国家宗教事务局局务会议通过《关于修订〈中华人民共和国境内外国人宗教活动管理规定实施细则〉的决定》，根据国务院已改变管理方式，不再作为行政审批，由宗教团体自律管理的有关规定，仅对细则第十四条进行了修改，自2011年1月1日起施行，并重新公布。

25. 布达拉宫维修工程

我国自古以来就是一个多民族国家，各族人民在漫长岁月中，共同创造了悠久的历史和光辉灿烂的文化。保护中华民族的历史文化遗产，弘扬各族人民共同创造的优秀传统文化，是我们党和政府一贯坚持的方针和政策。西藏文化遗产是中国文化遗产的重要组成部分。党中央、国务院历来对西藏的经济发展、社会进步、民族团结、人民生活和文化事业十分关心和重视。为了保护和发展西藏的传统文化，中央投入巨大的人力、财力、物力，运用法律、经济和行政等多种手段，使西藏优秀传统文化在有效保护的基础上得到了继承、弘扬和发展。国家先后在西藏进行过数次文物普查，其中，布达拉宫被列入世界文化遗产，大昭寺、罗布林卡被列入其扩展项目。

布达拉宫坐落于拉萨，在西藏有着至高无上的历史、宗教、文化地位。布达拉宫是藏式建筑中的杰作，在我国古代建筑体系中具有重要地位；它是西藏人民勤劳智慧的结晶，也是我国以至世界历史文化遗产中的瑰宝。布达拉宫建筑本身具有高度的历史、艺术和科学价值，宫内保存了大量的珍贵文物，不仅反映了藏族优秀传统文化艺术的特点，也反映了藏汉以及与其他许多民族文化的交流与融合，是中华民族团结友爱、共创人类文明的历史见证。但布达拉宫因年久失修，已出现多处险情，隐患严重。为了保护中华民族文化瑰宝，弘扬伟大祖国和藏族人民的历史文化，从1989年到1994年，国家拨出5500万元人民币和大量黄金、白银等珍贵物资，对布达拉宫进行了一次大规模维修。1989年10月，布达拉宫维修工程开工，这是布达拉宫340年来首次较全面地维修。维修工作的原则是：精心设计，精细施工，加强领导，万无一失。同时按照《文物保护法》关于"不改变文物原状"的规定，整旧复原，保持布达拉宫的原有结构和整体风貌。1994年8月，维修工程胜利竣工，各族各界群众在拉萨举行隆重、热烈的维修工程竣工庆典活动。

对布达拉宫进行全面维修，不仅是西藏历史文化遗产保护事业中的一件大事，也是我国以至世界历史文化遗产保护事业中的一件大事。2000年8月，国务院领导同志实地考察布达拉宫，明确指示要保护维修好这些重要文物。2001年6月，在中央第四次西藏工作座谈会议上，将布达拉宫和罗布林卡、萨迦寺三大重点文物保护维修工程列为援藏重点项目。三大重点文物历史悠久，民族风格独特，文化底蕴深厚，在全国乃至世界上都有非常重要的影响。布达拉宫集宫殿、城堡、寺院藏汉建筑风格于一体，是西藏地区现存最大最完整的宫堡式建筑群，是中华民族的文化瑰宝；罗布林卡是全世界海拔最高、规模最大、保存最完整、融合了藏汉以及其他民族特色的园林建筑艺术的杰作，这两大文物古迹都被列入《世界遗产名录》，受到世界各国朋友的赞美。萨迦寺是藏传佛教萨迦派的主寺，也是西藏人民维护祖国统一和民族团结的历史见证。从2001年起，国家拨专款3.3亿元人民币，用于维修这三大文物古迹。为了把三大重点文物保护维修好，西藏自治区政府和国务院有关部门以及研究咨询机构的专家、学者和宗教界人士，做了大量艰苦细致的调查研究、评估论证和准备工作。2006—2010年，中央人民政府再次拨出5.7亿元人民币，对西藏22处重点文物保护单位进行维修保护。如此巨额投入和大规模维修在中国文物保护史上是空前的。近年来，中国西藏文化保护与发展协会等非政府组织相继成立，在促进西藏文化的保护和发展方面发挥了积极作用。

26.云南民族博物馆

云南民族博物馆是中国规模最大的民族博物馆，也是东南亚最大的民族博物馆，是国际一级博物馆。云南是中国少数民族成份最多的省份，云南民族博物馆是云南各少数民族历史文化最集中的收藏与展示场所，是云南省"八五"重点建设项目，经过十余年的筹建，于1995年11月9日正式建成开馆。

云南民族博物馆与滇池边的云南民族村相邻，距昆明市区约9公里，场馆占地面积13万平方米，建筑面积6万平方米，分为展示区、收藏区和科研办公区。展出的各类展品分"云南少数民族社会形态——改革与发展"、"云南少数民族生态产业"、"云南少数民族纺织工艺和服饰艺术"、"云南少数民族民间美术"、"云南少数民族节庆乐舞"、"云南少数民族手工艺品"、"云南少数民族古籍文献"和"奇石珍宝"8个专题，在16个展厅里展出。这些展品有很高的学术研究价值和观赏价值。馆内藏品达12万件，珍藏民族文物40000余套（件），陈列有民族古籍、文化遗产、民族服饰、民间美术、民族乐器、传统生产生活技术等，并不定期地举办临时展览。

博物馆还开辟了30余个各类动态演示作坊和艺术家工作室，把打造民族节日文化广场为重点工作之一，并为此做了大量卓有成效的工作。几年来，已经有白族、彝族、哈尼族、傈僳族、苗族等在该馆庆祝过本民族的节日，内容包括传统歌舞节目表演、传统工艺展示等。该馆先后被命名为全国青少年教育基地、云南省未成年人思想道德实践示范基地、爱国主义教育基地、科普教育基地以及近 40 所全国大、中、小学校教学、科研、实习基地。

博物馆在馆区还成功组织了 10 余次国际学术会议；完成了 20 多项国际国内项目、课题，并与国际组织有着良好的合作关系；同国外多所博物馆建立了长期的合作，开展了多项展览交流、学者互访工作。云南民族博物馆立足于云南民族文化资源丰富这一得天独厚的优势，通过坚持"走出去、请进来"的发展战略，馆校合作结出了硕果，一批专家学者作为客座教授、特约研究员活跃在全省的学术舞台，并受聘为许多厅局部门及市县政府的顾问及专家，同时一批在国内外学有建树的专家也被聘为本馆的特约研究员，资源优势得到了互补。云南民族博物馆与韩国国立民俗博物馆、越南民族学博物馆、韩国高丽大学、美中艺术交流中心、美国亚洲文化协会、亚细亚造型学会、芬兰艾森堡艺术博物馆、瑞典斯德哥尔摩东方博物馆等建立了长期的合作关系，通过互派学者进行学术交流、交换展览等形式，多次参加了国际国内学术交流活动，提升了云南民族博物馆的学术地位，增进了云南民族文化的对外交流。

27.《中国的宗教信仰自由状况》白皮书

中国是个多宗教的国家。中国宗教徒信奉的主要有佛教、道教、伊斯兰教、天主教和基督教。中国现有各种宗教信徒 1 亿多人，宗教活动场所 8.5 万余处，宗教团体 3000 多个。宗教团体还办有培养宗教教职人员的宗教院校 74 所。在中国约 30 万宗教教职人员中，有佛教出家僧尼约 20 万人、道教乾道和坤道 2.5 万余人、伊斯兰伊玛目和阿訇 4 万余人、天主教教职人员 4000 人、基督教教牧传道人员 1.8 万余人。

1997 年 10 月 16 日，国务院新闻办公室发表了《中国的宗教信仰自由状况》白皮书，列举了大量事实表明，改革开放以来，中国人民的宗教信仰自由的权利得到了充分的尊重和保护。白皮书共分 5 个部分：中国的宗教现状、宗教信仰自由的法律保护、宗教信仰自由的司法行政保障和监督、对独立自主自办宗教事业的支持、对少数民族宗教信仰自由权利的保护。

白皮书说，中国各宗教团体自主地办理教务，并根据需要开办宗教院校，印刷发行宗教经典，出版宗教刊物，兴办社会公益服务事业。宗教教职人员履行的正常教务活动，在宗教活动场所以及按宗教习惯在教徒自己家里进行的一切正常的宗教活动，都由宗教组织和教徒自理，受法律保护。在漫长的历史发展中，中国各宗教文化已成为中国传统思想文化的一部分。中国的宗教徒有爱国爱教的传统。中国政府支持和鼓励宗教界团结信教群众积极参加国家的建设。

白皮书说，中国公民的宗教信仰自由权利受到宪法和法律的保护，宗教信仰自由是公民的一项基本权利。中国的公民在享有宗教信仰自由权利的同时，必须承担法律所规定的义务。无论信仰宗教的公民还是不信仰宗教的公民，在法律面前一律平等。中国在强调保护信教自由时，也强调保护不信教的自由，把两者置于同等重要的位置，从而在完整意义上体现了宗教信仰自由。这是对公民基本权利更充分、更全面的保护。

白皮书指出，中国人民正在建设中国特色的社会主义现代化国家，中国政府倡导宗教要与之相适应。这种相适应不是要求公民放弃宗教信仰，不是改变宗教的基本教义，而是要求宗教在法律的范围内活动，与社会的发展与文明的进步相适应。这是符合信教群众和各宗教本身的根本利益的。

白皮书说，20世纪80年代以来，中国司法机关对严重危害社会和公众利益的违法犯罪分子依法惩处，正是为了维护公众利益和法律尊严，为了更好地保护公民宗教信仰自由权利和正常的宗教活动。在司法保障方面，中国对侵犯公民宗教信仰自由权利的行为有明确的惩处规定。在各级人民代表大会、政治协商会议中，有近1.7万名宗教界人士担任代表、委员。他们代表宗教界在人大、政协会议上参与国家大事和社会重要问题的讨论。

白皮书指出，中国的宗教事业由中国各宗教团体、教职人员和信教群众来办，中国的宗教事务和宗教团体不受外国势力支配。中国政府依照宪法和法律支持中国各宗教独立自主自办的事业，中国基督教、天主教坚持独立自主自办方针，得到了广大信教群众的认同和支持，也使教会和宗教活动有了健康发展。同时在平等友好的基础上积极与世界各国宗教组织进行交往和联系。中国基督教和天主教与世界上许多国家教会建立了友好往来关系。中国佛教、道教和伊斯兰教的国际友好交往也日益扩大。

白皮书说，中国政府执行各民族平等、团结、互助的民族政策，尊重和保护少数民族宗教信仰自由的权利和风俗习惯。一年一度的雪顿节中的宗教活动及传统的马年转冈仁波钦、羊年转纳木错湖等宗教活动，都得以正常进行并受到社会各方面的尊重。活佛转世这一藏语系佛教特有的传承方式，得到了国家的承认和尊重。1992年，国务院宗教事务局批准了第十七世噶玛巴活佛的继任。1995年，中国严格按照宗教仪轨和历史定制，经过金瓶掣签，报国务院批准，完成了十世班禅转世灵童寻访、认定以及第十一世班禅的册立和坐床。这些举措得到了西藏广大信教群众的拥护和支持。中国政府尊重和保护穆斯林群众的宗教信仰自由和风俗习惯。对穆斯林的朝觐，政府有关部门提供了各种服务，受到穆斯林的称赞。

白皮书说，中国政府坚决反对利用宗教狂热来分裂人民、分裂国家、破坏各民族之间团结的民族分裂主义，坚决反对利用宗教进行的非法活动和恐怖主义活动，坚决维护国家统一和少数民族地区的社会稳定，保护少数民族信教群众正常的宗教活动。中国政府尊重国际社会在宗教信仰领域公认的原则，认为这些原则必须与各国具体情况相结合，并通过各国的国内法律来实施。中国政府反对在宗教领域搞对抗，反对利用宗教干涉别国内政。

白皮书最后说，事实充分证明，新中国成立以来，特别是改革开放近20年来，中国人民的人权状况得到了极大的改善，中国政府将一如既往地在维护人权包括保护宗教信仰自由方面作出更大的努力。

28.《中国的少数民族政策及其实践》白皮书

中国自古以来就是一个统一的多民族国家。中华人民共和国是全国各族人民共同缔造的统一的多民族国家。中国各民族相互依存的政治、经济、文化联系，使其在长期的历史发展中有着共同的命运和共同的利益，产生了强固的亲和力、凝聚力。中国各民族团结合作，共同捍卫了统一的多民族国家。

1999年9月27日，中华人民共和国成立50周年前夕，国务院新闻办公室发表《中国的少数民族政策及其实践》白皮书，白皮书分为统一的多民族国家、坚持民族平等团结、实行民族区域自治制度、促进各民族共同发展、保护和发展少数民族文化五个部分，详尽阐述了中国政府奉行的少数民族政策。

白皮书说，民族平等和民族团结，在中国的宪法和有关法律中得到明确规定。保护少数民族人身自由；各民族平等参与国家事务的管理；确认少数民族成分；反对任何形式的民族歧视和压迫；维护和促进各民族大团结；尊重和保护少数民族宗教信仰自由；使用和发展少数民族语言文字。中国政府采取了特殊的政策和措施，努力使宪法和法律规定的各民族一律平等的权利在社会生活和政府行为中得到落实和保障，形成了各民族平等相待、团结和睦、友好互助的良好社会环境。

白皮书指出，民族区域自治制度是中国政府结合本国实际情况采取的一项基本政策，也是中国的一项重要政治制度。中国的民族区域自治制度是在国家的统一领导下，各少数民族聚居的地方实行区域自治，设立自治机关，行使自治权，使少数民族人民当家作主，自己管理本自治地方的内部事务。截止到1998年底，中国共建立了155个民族自治地方，其中自治区5个、自治州30个、自治县（旗）120个，还有1256个民族乡。在全国55个少数民族中，有44个民族建立了自治地方。白皮书指出，民族自治地方的自治机关在行使地方国家机关职权的同时，依据宪法和民族区域自治法的规定还行使立法权，变通执行或者停止执行权，经济发展权，财政权，少数民族干部培养使用权，发展教育和民族文化权，语言文字使用和发展权，以及科技文化发展权等。

促进各民族的共同发展与进步,是白皮书中篇幅最长的部分,并附有统计表格和大量统计数字。其主要内容包括:国家加强对少数民族地区基础设施建设,促进基础产业发展;发展少数民族地区农牧业经济;加大少数民族地区改革开放力度;对少数民族地区实行优惠的财政政策;鼓励少数民族地区发展贸易,照顾少数民族用品生产;扶持少数民族贫困地区摆脱贫困;对少数民族实行宽于汉族的生育政策;支持和帮助少数民族地区发展教育。

在"保护和发展少数民族文化"部分,白皮书说,在中国,少数民族传统文化受到尊重和保护,各民族都可以自由地保持和发展本民族的文化。文中以许多具体事实说明中国尊重少数民族风俗习惯、保护少数民族文化遗产、繁荣少数民族文化艺术事业及保护发展少数民族传统医药和发展少数民族传统体育运动的情况。

白皮书最后强调,中华人民共和国的50年实践证明,中国的民族政策是成功的,走出了一条符合自己国情的解决民族问题和实现各民族共同发展的正确道路。白皮书指出,由于历史和自然地理等因素的制约和影响,中西部少数民族较为集中的地区与东部沿海地区相比,在发展上还存在着较大差距,但中国政府相信,随着国家改革开放和现代化建设事业的发展,中国各民族必将得到更快、更好的发展。

29.世界宗教与精神领袖和平千年大会

2000年8月,世界宗教与精神领袖和平千年大会在联合国总部召开。来自世界各国的近千名宗教和精神领袖出席了大会。宗教领袖们来到联合国,坐到一起协商,为寻求宽容、促进和平及鼓励跨宗教的对话寻找动力,在促进非暴力、实现宽容与和解、制止环境恶化及贫困问题上发挥自身的影响力。

会议期间,各国宗教领袖们就呼吁对话、宗教在地区冲突调解中的作用、宽容与和解、制止因贫困引发的暴力及环境恶化等专题进行了讨论。经过4天的大会发言和研讨,会议通过了和平宣言,供各国宗教领袖以个人的名义予以签署。这份题为《对全球和平的承诺》的宣言明确指出:联合国和世界各宗教对人类的尊严、正义与和平有着共同的关注。宗教既对世界的和平作出过贡献,也同时被用来制造分裂和敌意。世界充满了战争、暴力和破坏,而且许多时候是以宗教的名义进行的。在相互依赖的世界中,没有一个人、组织和国家能够生活在孤立的世界中,我们必须意识到,我们的每一个行动都会对整个全球共同体产生冲击。只有承认文化和宗教的多样化,本着相互尊重和理解的精神,世界才会有真正的和平。

为此,各国宗教领袖们承诺:一、与联合国进行合作,追求和平的目标。二、不仅在口头上，而且在实际行动中，承诺对道德和精神的价值，即珍重生命、每个人的内在尊严以及让人民生活在无暴力的世界中。三、以非暴力方式管理和解决因宗教和种族分歧而带来的冲突，谴责一切以宗教名义而进行的暴力活动。四、呼吁各国尊重宗教的自由，寻求和解、宽恕和抚慰。五、唤起人类追求人类大家庭美好生活的责任感，每个宗教、种族、性别都有权获得教育、医疗保健及取得可持续、有保障生活的权利。六、促进一国内部及国家之间财富分配的平等化，消灭贫穷及扭转贫富差距扩大的趋势。七、教育各个社区紧急行动起来，保护我们的地球生态系统及各种生物，支持环境保护。八、开展和促进全球的再造林运动，把这视之为恢复环境的具体手段，诚邀其他人加入到植树造林计划中。九、与联合国一起呼吁各国为销毁核武器、大规模杀伤性武器而工作。十、与导致环境恶化及人类生活质量下降的技术应用及商业行为而斗争。十一、促进社区的内在和平价值，包括仁爱、同情、服务与羞耻心等，这一切是创造和平社会之根本。

在这次大会上，中国宗教领袖代表团团长傅铁山，副团长韩文藻先后作了大会发言。中国道教协会会长闵智亭道长在开幕仪式上致祈祷词，中国佛教协会副会长圣辉法师在闭幕式上致祈祷词。这次全国性宗教团体的主要负责人联合出访和参加国际会议，用生动的事实介绍了我国宗教信仰自由状况，驳斥了西方反华势力在宗教问题上对我国的污蔑和攻击，阐述了我国宗教界维护世界和平，反对利用宗教进行分裂祖国的活动，反对利用宗教问题推行强权政治、干涉别国内政，反对邪教危害社会、残害生灵的罪恶活动的正义立场，展示了我国宗教界人士的风采，赢得了许多有正义感的人们的理解和尊重。在大会期间，中国宗教界与各界朋友广泛接触，达到了广交朋友的目的。

30.中共中央、国务院关于加强宗教工作的决定

宗教工作是党和国家工作中的重要组成部分，在党和国家事业发展的大局中有着重要地位。做好宗教工作，关系到加强党同人民群众的血肉联系，关系到推进物质文明和精神文明建设，关系到加强民族团结、保持社会稳定、维护国家安全和祖国统一，关系到我国的对外关系和国际形象。2002年1月，中共中央、国务院作出《关于加强宗教工作的决定》（以下简称《决定》）。

《决定》包括10个部分：宗教工作的形势和基本任务、正确认识社会主义初级阶段的宗教问题、全面正确地贯彻宗教信仰自由政策、依法对宗教事务进行管理、积极引导宗教与社会主义社会相适应、坚持独立自主自办的原则、加强爱国宗教力量的建设、加强农村宗教工作、做好少数民族中的宗教工作、加强党对宗教工作的领导，共29条。

《决定》首先回顾了宗教工作的主要成绩和进展，同时明确指出，我国宗教工作的形

势总体上是好的；宗教领域和宗教工作中存在的突出问题，大量的属于人民内部矛盾，也有一些属于敌我性质的矛盾，还有的是两类矛盾交织。《决定》强调，做好宗教工作，关键在于解决一些干部特别是领导干部对社会主义条件下的宗教和宗教工作的认识问题。宗教工作最根本的任务是做好信教群众的工作。要实现现代化建设的第三步战略目标，实现中华民族的伟大复兴，必须在爱国主义的旗帜下，把包括广大信教群众在内的海内外中华儿女最大限度地团结起来，维护稳定，增进团结，为推进社会主义现代化建设、实现祖国完全统一、维护世界和平与促进共同发展而努力奋斗。

《决定》指出，要深刻认识我国宗教的长期性、复杂性、群众性、民族性、国际性，坚持党对宗教问题的基本观点和基本政策。全面正确地贯彻宗教信仰自由政策，尊重和保护公民的宗教信仰自由权利，坚持权利和义务的统一，坚持政教分离的原则。依法对宗教事务进行管理，把对宗教事务的管理纳入法制化轨道，依法加强对宗教活动场所的管理，认真解决宗教管理中的重点、难点问题。

《决定》指出，积极引导宗教与社会主义社会相适应，是我们做好宗教工作的政治基础。鼓励和支持宗教界拓展宗教与社会主义社会相适应，要求他们热爱祖国，拥护社会主义制度，拥护中国共产党的领导，遵守国家的法律、法规和方针政策；要求他们从事的宗教活动要服从和服务于国家的最高利益与民族的整体利益；支持他们努力对宗教教义作出符合社会进步要求的阐释。引导宗教与社会主义社会相适应，既要积极又要稳妥。

《决定》指出，坚持独立自主自办的原则，在扩大开放形势下坚持独立自主自办原则不动摇，加强抵御境外利用宗教进行渗透的工作，积极开展宗教方面的对外和对港澳台地区的友好交往。加强爱国宗教力量的建设，支持宗教团体加强自身建设，加强爱国宗教教职人员的培养工作，加强宗教院校的建设。加强农村宗教工作，农村基层党政组织要切实抓好宗教工作，把解决农村宗教问题纳入经济、社会发展的全局。

《决定》强调，高度重视少数民族中的宗教工作，妥善处理与民族、宗教有关的突发性事件和群体性事件。坚决同利用宗教进行的分裂破坏活动作斗争。民族分裂势力、宗教极端势力、暴力恐怖势力往往以宗教为幌子，以暴力恐怖为手段，以分裂祖国为目的，我们与这三股势力及其支持他们的国际反华势力的斗争是敌我性质的斗争，要旗帜鲜明，针锋相对，主动治理。

《决定》最后指出，各级党委、政府要从战略和全局的高度认识宗教工作的重要性。加强马克思主义宗教观、党的宗教政策的宣传教育和宗教理论政策研究，各级党校和行政学院要把宗教理论政策纳入教学内容。党政领导特别是分管领导和从事宗教工作的同志还要较多地掌握宗教方面的基本知识。共产党员不得信仰宗教，要教育党员、干部坚定共产主义信念，防止宗教的侵蚀。巩固和发展党同宗教界的爱国统一战线。健全机构，完善职能,加强宗教工作干部队伍建设。

《决定》的出台,进一步明确了我们党对待宗教问题的方针和政策,对做好宗教工作具有长远指导作用。

31.颁布宗教事务条例

20世纪90年代以来,我国逐步加强了宗教事务管理法治建设,先后制定了几部全国性宗教行政法规和部门规章。国务院1994年1月颁布了《宗教活动场所管理条例》和《中华人民共和国境内外国人宗教活动管理规定》这两部行政法规;国家宗教事务局颁布了《宗教社会团体登记管理实施办法》(1991年)、《宗教活动场所登记办法》(1994年)、《宗教活动场所年度检查办法》(1996年)等。为了保障宗教信仰自由,维护宗教和睦与社会和谐,规范宗教事务管理,迫切需要制定一部综合性行政法规。

1999年,国家宗教事务局要求制定《宗教事务条例》的立项报告获得批准,随即着手调研和起草工作。起草工作历时6年,经过反复协商、集思广益,体现民主立法精神,2004年11月,《宗教事务条例》(以下简称《条例》)由国务院正式颁布。《条例》作为我国第一部宗教方面的综合性行政法规,其制定和实施标志着我国宗教事务管理法治建设进程迈入全新阶段。

《条例》全文分总则、宗教团体、宗教活动场所、宗教教职人员、宗教财产、法律责任、附则共7章,计48条,对保护宗教团体、宗教活动场所和信教公民的合法权益作了明确规定,对涉及国家利益和社会公共利益的宗教事务作了规范。

《条例》规定,公民有宗教信仰自由,任何组织或者个人不得强制公民信仰宗教或者不信仰宗教,不得歧视信仰宗教的公民或者不信仰宗教的公民。国家依法保护正常的宗教活动,维护宗教团体、宗教活动场所和信教公民的合法权益。各宗教坚持独立自主自办的原则,宗教团体、宗教活动场所和宗教事务不受外国势力的支配。县级以上人民政府宗教事务部门依法对涉及国家利益和社会公共利益的宗教事务进行行政管理,县级以上人民政府其他有关部门在各自职责范围内依法负责有关的行政管理工作。

《条例》规定,宗教团体按照章程开展活动,受法律保护。宗教团体按照国家有关规定可以编印宗教内部资料性出版物,出版公开发行的宗教出版物,按照国家出版管理的规定办理。设立宗教院校,应当由全国性宗教团体向国务院宗教事务部门提出申请,或者由省、自治区、直辖市宗教团体向拟设立的宗教院校所在地的省、自治区、直辖市人民政府宗教事务部门提出申请。设立宗教院校,应当具有明确的培养目标、办学章程和课程设置计划等。全国性宗教团体可以根据本宗教的需要按照规定选派和接收宗教留学人员。信仰伊斯兰教的中国公民前往国外朝觐，由伊斯兰教全国性宗教团体负责组织等。

《条例》规定，信教公民的集体宗教活动，一般应当在经登记的宗教活动场所内举行，由宗教活动场所或者宗教团体组织，由宗教教职人员或者符合本宗教规定的其他人员主持，按照教义教规进行。设立宗教活动场所，应当具备当地信教公民有经常进行集体宗教活动的需要等条件。宗教活动场所经批准筹备并建设完工后，应当向所在地的县级人民政府宗教事务部门申请登记。

《条例》规定，宗教教职人员经宗教团体认定，报县级以上人民政府宗教事务部门备案，可以从事宗教教务活动。宗教教职人员担任或者离任宗教活动场所主要教职，经本宗教的宗教团体同意后，报县级以上人民政府宗教事务部门备案。宗教教职人员主持宗教活动、举行宗教仪式、从事宗教典籍整理、进行宗教文化研究等活动，受法律保护。

《条例》规定，宗教团体、宗教活动场所合法使用的土地，合法所有或者使用的房屋、构筑物、设施，以及其他合法财产、收益，受法律保护。宗教团体、宗教活动场所所有的房屋和使用的土地，应当依法向县级以上地方人民政府房产、土地管理部门申请登记，领取所有权、使用权证书；产权变更的，应当及时办理变更手续。宗教活动场所用于宗教活动的房屋、构筑物及其附属的宗教教职人员生活用房不得转让、抵押或者作为实物投资等。

《条例》规定，国家工作人员在宗教事务管理工作中滥用职权、玩忽职守、徇私舞弊，构成犯罪的，依法追究刑事责任；尚不构成犯罪的，依法给予行政处分。强制公民信仰宗教或者不信仰宗教，或者干扰宗教团体、宗教活动场所正常的宗教活动的，由宗教事务部门责令改正；有违反治安管理行为的，依法给予治安管理处罚。利用宗教进行危害国家安全、公共安全，侵犯公民人身权利、民主权利，妨害社会管理秩序，侵犯公私财产等违法活动，构成犯罪的，依法追究刑事责任；尚不构成犯罪的，由有关主管部门依法给予行政处罚；对公民、法人或者其他组织造成损失的，依法承担民事责任。

《条例》规定，内地与港、澳、台地区进行宗教交往，按照法律、行政法规和国家有关规定办理。本条例自 2005 年 3 月 1 日起施行。1994 年 1 月 31 日国务院发布的《宗教活动场所管理条例》同时废止。

《条例》的颁布实施，对于全面贯彻党的宗教信仰自由政策，依法管理宗教事务，积极引导宗教与社会主义社会相适应，维护宗教和睦与社会和谐，发挥了重要作用。

32.中共中央、国务院关于进一步加强民族工作加快少数民族和民族地区经济社会发展的决定

我国少数民族有 1 亿多人口，分布在全国各地，西部和边疆绝大部分地区是少数民族

聚居区。我国的这一基本国情，决定了民族工作始终是关系党和人民事业发展全局的一项重大工作。我们党历来高度重视民族问题，经过长期探索和实践，形成了关于民族问题的基本理论和政策，民族工作取得了举世瞩目的辉煌成就。当前民族工作面临着重要机遇和挑战，需要中央就如何做好新世纪新阶段的民族工作提出指导性意见。

2005年5月，中共中央、国务院召开中央民族工作会议，印发了《关于进一步加强民族工作加快少数民族和民族地区经济社会发展的决定》（以下简称《决定》）。《决定》把加快少数民族和民族地区经济社会发展，促进各民族共同繁荣发展作为新世纪新阶段民族工作的主要任务，要求各级党委和政府必须从党和人民事业全局的高度，重视民族问题，加强民族工作。《决定》共有6部分30条。

《决定》指出，必须把实现各民族共同团结奋斗、共同繁荣发展作为主题。加快少数民族和民族地区经济社会发展。树立和落实科学发展观，把加快少数民族和民族地区发展摆到更加突出的战略位置，支持民族地区基础设施建设，支持民族地区经济结构调整，加大对民族地区的财政投入和金融支持，妥善解决生态建设和资源开发的补偿问题，突出解决少数民族群众的贫困问题，大力推进兴边富民行动，加大对人口较少民族的扶持力度，扶持民族地区发展教育和科技事业，扶持民族地区发展文化事业，扶持民族地区发展卫生、体育事业。

《决定》强调，加强民族地区人才资源开发和少数民族干部队伍建设。突出抓好民族地区人才资源开发，大力培养选拔少数民族干部，努力建设一支高素质的少数民族干部队伍，进一步加强各族干部的团结。

《决定》指出，加强民族团结、维护祖国统一。要不断巩固和发展社会主义民族关系，加强民族团结宣传教育工作，切实加强城市和散居地区的民族工作，正确处理影响民族团结的问题，坚决维护祖国统一。

《决定》强调，坚持和完善民族区域自治制度。民族区域自治是我国的一项基本政治制度，适合我国国情，得到各族人民衷心拥护，具有强大生命力。要全面贯彻落实民族区域自治法。

《决定》指出，加强和改善党对民族工作的领导。各级党委和政府要高度重视民族工作，要坚持把民族工作列入重要议事日程，完善民族工作领导体制和工作机制，要形成党委统一领导，有关部门各司其职、密切配合、通力协作的工作格局，加强民族工作部门建设。

《决定》发出以后，各省（自治区、直辖市）、中央和国家机关各部门按照决定的精神，结合实际，制定了贯彻落实的具体措施，有关部门加强了对决定贯彻执行情况的督促检查。《决定》的实施，加快了少数民族和民族地区经济社会发展，促进了各民族共同繁荣发展。

33.培养少数民族高层次骨干人才计划

新中国成立以来,党中央、国务院十分关心和重视少数民族人才的培养和使用工作,采取一系列特殊措施,培养了一大批少数民族党政干部和各类专业人才。党的十一届三中全会以来,国家大力扶持少数民族地区发展教育事业,加大了为少数民族地区培养各类人才的工作力度。但由于社会、历史、自然等原因,与沿海和内地发达地区相比,少数民族地区的社会经济、科技教育和文化等各项事业的发展还有较大的差距,社会发展仍然比较缓慢,生产力发展水平还比较低,劳动者素质亟待提高,特别是博士、硕士毕业的高层次骨干人才严重匮乏,是制约当地经济建设和社会发展的重要因素。采取特殊措施大力培养少数民族高层次骨干人才,已成为以科教兴国推进西部大开发战略,关乎我国各民族共同繁荣发展、维护国家长远稳定统一的一项迫切的政治任务。

为贯彻落实关于实施西部大开发战略的有关精神和《国务院关于深化改革加快发展民族教育的决定》、《中共中央、国务院关于进一步加强人才工作的决定》,2004年,教育部、国家发展改革委、国家民委、财政部、人事部五部委联合发布《关于大力培养少数民族高层次骨干人才的意见》。为确保"培养少数民族高层次骨干人才计划"顺利实施,保证教育质量,不断提高培养工作的社会效益,促进西部大开发和我国各民族的共同发展繁荣,2005年6月,五部委制订了《培养少数民族高层次骨干人才计划的实施方案》。方案从指导思想和目标要求,培养任务、主要措施和计划管理,招生范围、招生计划和经费,报考条件,考试和录取,毕业生就业,教学、培养工作的要求,职责和管理,加强监督管理等有关要求作出了详尽安排。计划从2006年起用五年时间,为西部培养一批少数民族高学历专业人才,培养学校为211以上重点大学,生源为西部省市区。按照"定向招生、定向培养、定向就业"的要求,采取"统一考试、适当降分"等特殊政策措施招收新生。毕业生一律按定向培养和就业协议到定向地区和单位就业,硕士服务期限为5年,博士为8年。经费享受中央级高校研究生的拨款政策。

党和国家采取特殊措施大力培养少数民族高层次骨干人才,是一项意义深远的政治任务。为了确保民族骨干人才招生工作的顺利进行,特制定招生管理办法。由教育部统一部署,各相关省(自治区、直辖市,新疆建设兵团)教育行政部门负责本地区的统筹与协调工作,各招生单位负责具体实施。2006年度,招生规模为2500人,其中博士生500人,硕士生2000人;从2007年到2015年,每年招生计划都有5000人,其中,博士生1000人,硕士生4000人。

培养少数民族高层次骨干人才招生计划为国家定向培养专项招生计划,考生不能在全国普通研究生招生计划和少数民族高层次骨干人才计划之间调剂录取，学生毕业后，必须按协议回定向地区和单位就业，不得违约。这些特殊的政策和措施极大地促进了少数民族地区的经济发展、社会进步，增进了各民族的大团结和凝聚力，保障了国家安全和边防巩固，体现了我国社会主义制度的优越性，在国内外会产生更广泛而深远的影响。

34.《中国的民族区域自治》白皮书

世界上有许多多民族国家，不同国家处理民族问题有不同的模式。我国是一个由56个民族组成的大家庭，采用了民族区域自治的形式，即在国家的统一领导下，各少数民族聚居地方实行区域自治，设立自治机关，行使自治权。这是根据中国的历史发展、文化特点、民族关系、民族分布等具体情况作出的选择，是各族人民的共同选择，也是历史发展的必然。

2005年2月，国务院新闻办公室发布《中国的民族区域自治》白皮书（以下简称"白皮书"）。白皮书分前言、统一多民族国家国情与民族区域自治、民族区域自治的政治地位和民族自治地方的建立、民族自治地方的自治权、国家对民族自治地方的支持和帮助、民族自治地方各项事业的历史性发展、结束语七个部分，全面介绍我国的民族区域自治制度，各自治地方享有的充分自治权及其各项事业取得的历史性发展。

白皮书指出："中国实行民族区域自治，对于加强各民族平等、团结、互助的关系，维护国家统一，加快民族自治地方发展，促进少数民族进步，起到了巨大的作用。"新中国把实行民族区域自治制度确定为一项基本国策，是基于中国国情作出的"重大历史抉择"：统一的多民族国家的长期存在，是实行民族区域自治的历史依据；近代以来在反抗外来侵略斗争中形成的爱国主义精神，是实行民族区域自治的政治基础；各民族大杂居、小聚居的人口分布格局，各地区资源条件和发展的差距，是实行民族区域自治的现实条件。中华人民共和国成立之前的1947年，在中国共产党领导下，已经解放的内蒙古地区就建立了中国第一个省级少数民族自治地方——内蒙古自治区。中华人民共和国成立后，中国政府开始在少数民族聚居的地方全面推行民族区域自治。

截至2003年底，中国共建立了155个民族自治地方。民族自治地方的面积占全国国土总面积的64%左右。在宪法和民族区域自治法的保障下，中国民族自治地方的自治权得到充分保障。自主管理本民族、本地区的内部事务，享有制定自治条例和单行条例的权利，享有使用和发展本民族语言文字的权利，国家尊重和保障少数民族宗教信仰自由，各少数民族有保持或者改革本民族风俗习惯的权利，可以自主安排、管理、发展经济建设事业，自主发展教育、科技、文化等社会事业。

白皮书说，支持、帮助民族自治地方加快发展，是国家的一项法律义务。为加快西部地区和民族自治地方的发展，中国政府于2000年开始实施西部大开发战略。5年来，西部地区陆续新开工60个重大建设工程，投资总规模约8500亿元人民币。国家通过投资建设"西气东输"、"西电东送"、青藏铁路等一批重大工程，帮助民族自治地方进一步把资源优势转化为经济优势。

白皮书说，国家不断加大对民族自治地方财政支持力度，重视民族自治地方的生态建设和环境保护，采取了特殊措施帮助民族自治地方发展教育事业，加大对少数民族贫困地区的扶持力度，增加对民族自治地方社会事业的投入，扶持民族自治地方扩大对外开放，组织发达地区与民族自治地方开展对口支援，照顾少数民族特殊的生产生活需要。

白皮书指出，新中国成立前，少数民族地区生产力水平低下，经济、社会、文化发展相当落后，几乎没有现代工业、现代教育和现代医疗，基础设施建设很差，文盲人口占绝大多数，鼠疫、天花、疟疾等各种传染性疾病流行。少数民族发展受到严重阻碍，有的民族甚至濒临灭绝。经过50多年的努力，如今中国民族自治地方的各族人民，生存和生活环境明显改善，经济和各项社会事业迅速发展，民族自治地方的各族人民与全国人民一道，分享着国家现代化建设带来的发展成果。

白皮书指出，2003年，中国民族自治地方国内生产总值完成10381亿元人民币，首次突破万亿元人民币大关。民族自治地方农村居民家庭平均每人纯收入为1895元人民币，比1994年增加了1.31倍。民族自治地方基础设施明显改善，传统文化得到保护和弘扬，教育水平显著提高，医疗卫生事业持续进步，对外贸易和旅游业迅速发展。2003年，民族自治地方进出口贸易总额完成136亿美元。

白皮书最后说，由于受历史基础和地理条件等诸多因素的制约和影响，少数民族分布较集中的西部地区，经济和社会发展水平较东部发达地区还不高，特别是一些偏远地区，还比较落后。中国政府将从本国国情出发，坚持以人为本、全面协调可持续的科学发展观，进一步探索和健全民族区域自治制度的具体实现形式，不断充实实行民族区域自治制度的物质基础，促进少数民族和民族地区经济社会的全面发展。

35.国务院实施《中华人民共和国民族区域自治法》若干规定

2005年5月19日，国务院颁布《实施〈中华人民共和国民族区域自治法〉若干规定》（以下简称《规定》）。这是我国促进实施《民族区域自治法》的第一部行政法规，填补了《民族区域自治法》配套行政法规的空白，是我国民族法制建设的重大成果。制定这样一个《规定》，是新时期坚持和完善民族区域自治制度的重大举措，是民族工作与时俱进的重要体现；是依法行政的必然要求；是加快民族自治地方经济社会发展，构建社会主义和谐社会的需要；是建立和完善民族法律法规体系，促进民族工作法制化的迫切需要。

《规定》遵循宪法和民族区域自治法，从我国民族自治地方的实际出发，力求用行政法规的形式明确各级人民政府在贯彻实施民族区域自治法中的职责。《规定》的起草工作，经历了学习酝酿、集中时间和力量起草到多方面调研论证的过程，特别是多次召开民族自治地方代表座谈会，广泛征求民族自治地方的意见，充分体现了中共中央、国务院的重视。对一些重点、难点问题，委托专家进行专题研究，召开专家论证会进行科学论证。2005年5月11日，国务院常务会议通过《规定》草案修改稿，自2005年5月31日起施行。

这部行政法规共35条，主要从加快经济社会发展、培养各类人才、维护民族团结、明确法律责任和建立监督机制等方面作出具体规定，特别是明确规定了上级人民政府帮助和支持民族自治地方加快发展的具体政策措施，为加快少数民族和民族地区经济社会发展提供了坚实的保障。一是将帮助民族自治地方加快经济发展放在突出位置，规定上级人民政府及其职能部门在规划、基础设施项目安排、西部开发、资源开发和生态环境保护、财政转移支付、金融、外贸等方面对民族自治地方给予支持。国家扶持民族贸易和民族特需用品生产、推进兴边富民行动、扶持人口较少民族发展、加强民族自治地方扶贫开发、鼓励对口支援等行之有效的做法，也写进了《规定》。二是规定了促进民族自治地方发展教育、科技、文化、卫生、体育和健全社会保障体系的内容，体现了重视民族自治地方经济社会事业协调发展。三是在政治方面强调巩固民族团结，既规定了开展促进民族团结进步的各项活动、加强民族法规政策的宣传教育，又规定了要妥善处理影响民族团结的问题，禁止破坏民族团结和制造民族分裂行为。《规定》还规定了违反本《规定》应担负的法律责任条款。

进入新世纪新阶段，民族法制建设进入了创新发展阶段。为进一步贯彻《民族区域自治法》和《规定》，各地、各部门也相继制定了一系列法规和规章。我国民族法律法规体系的逐步完善，使民族区域自治不仅在基本制度层面，也在具体实践过程中真正做到了有法可依。

36.海峡两岸百寺千僧消灾祈福万人大法会

2004年12月26日上午，印度尼西亚苏门答腊岛附近海域发生8.9级强烈地震，引发的巨大海啸，波及南亚和非洲12个国家，造成10多万人死亡，数百万人流离失所，是人类有史以来最严重的自然灾害之一。这一灾难造成的巨大悲痛，我国广大佛教徒感同身受。中国佛教协会本着佛陀"无缘大慈、同体大悲"的精神，迅即于12月28日向受灾国家的佛教组织发出了慰问电，同时向各地佛教协会发出通知，要求各寺庙举行"为印度洋地区地震海啸灾民超度、消灾祈福法会",并踊跃捐款,奉献爱心。

2005年1月1日,海峡两岸百寺千僧捐款千万救苦救难消灾祈福大法会在北京灵光寺隆重举行。中国佛教协会在新年的第一天,组织海峡两岸高僧大德、四众弟子举行如此大型祈福消灾法会,旨在传达中国广大佛教徒与受灾国人民共渡难关的心愿,衷心祈愿灾难不要扩大,灾害不再发生,亡者得到超度,往生净土;生者消灾免难,健康吉祥。

法会由中国佛教协会副会长兼秘书长学诚法师主持。他说:"我们看到一座座美丽的家园被惊涛骇浪席卷而走,一个个宝贵的生命被凶狠的死神瞬间吞噬,我们面对一幅幅催人泪下的活生生画面,一幕幕撕心裂肺的恐怖悲剧,一张张生离死别、痛楚万分的面孔,一组组日渐攀升的生命消失的数字,他们血管里流淌着毕竟是和我们一样的血液,此时此刻,我们的心情是多么的沉重。为了表达我国广大佛教徒对受苦受难灾民的爱心,中国佛教协会以及大陆各大寺院,会同台湾佛教界,募集善款近千万元,用以帮助印尼、斯里兰卡、印度、泰国等十二个遭受地震海啸国家的灾民,希望他们能够尽快消灾免难,渡过难关,重建家园,与我们一起携手并肩,共同迎接人类美好的未来。"

圣辉副会长、台湾中台禅寺惟觉法师的代表见悟法师、台湾慈济基金会证严法师的代表曾云姬在大会上分别作了发言;中国佛教协会教务部副主任清远法师宣读了法鼓山圣严法师发来的电文;中国佛教协会副秘书长丛铭宣读了捐款寺院、单位以及个人的名单和捐款数额。

圣辉法师在讲话中说:"我们海峡两岸,同文同种,亲情、友情、乡情骨肉情深,血浓于水;两岸佛教,同为大乘,法乳同源,一脉相承。所以,为世界的和平、人类的幸福作出奉献,是我们海峡两岸佛教徒共同的责任。现在,当印度洋地震海啸给周边国家人民造成深重灾难之际,我们谨以至诚之心,共同诵经祈祷,愿佛力加被,消弭灾难,愿亡者闻经声而超净域;伤者蒙佛护佑而早日康复;灾民重建家园,安居乐业。"

在法会上,中国佛教协会常务理事演觉法师宣读了祈福消灾文疏,佛光山星云法师的代表满耕法师宣读了祈愿文。

这次赈灾法会进行中,获得捐款数额已经达到936万元。诵经一结束,一诚会长就代表全国佛教界将标注着936万元的模拟转账支票交到中国红十字会副会长苏菊香女士手中。苏菊香女士代表中国红十字会向全国佛教界表示衷心的感谢,她说我们将捐款如数转交给受灾各国的红十字会。中华慈善总会范宝俊会长和国家宗教事务局叶小文局长、齐晓飞副局长等现场见证了海峡两岸佛教界的这一盛举。法会结束后,与会的四众弟子纷纷走向赈灾功德箱,踊跃捐款,奉献爱心。截止法会前后收到的捐款已达人民币1021万元。

37.《格萨尔王传》

《格萨尔王传》是中国经典，更是世界遗产。作为国内首部关于中国世界遗产的大型历史文献丛书，它生动地讲述了传奇英雄格萨尔王毕生的征战史，全方位、多层次地勾勒了我国藏族古代社会生活的画卷，为我们提供了宝贵的原始社会的形态和丰富的资料。2006年，《格萨尔王传》被列为中国第一批非物质文化遗产名录，2009年入选世界非物质文化遗产。

《格萨尔王传》是中国藏族人民集体创作的大型口头说唱英雄史诗，是我国政府设立的中国少数民族三大英雄史诗之一。它历史悠久，结构宏伟，卷帙浩繁，内容丰富，气势磅礴，流传广泛。它原是西藏民间流传千余年的口头文学，长期以来仅靠师徒相承，作为一部活形态的史诗，一部世界上唯一的活史诗，至今活在人民群众之中。被称之为"奇人"的优秀民间说唱艺人，以不同的风格从遥远的古代吟唱，至今仍有上百位民间艺人在中国的西藏、四川、内蒙古、青海等地区传唱着英雄格萨尔王的丰功伟绩。《格萨尔王传》是在藏族古代神话传说、诗歌和谚语等民间文学的丰厚基础上产生和发展起来的，提供了宝贵的原始社会的形态和丰富的资料，代表着古代藏族文化的最高成就，同时也是一部形象化的古代藏族历史。

我国把收集、整理、出版《格萨尔王传》作为重点科研项目，设立了专门机构、拨出专门经费，现已录制艺人说唱磁带5000小时，搜集300余部，整理出版藏文版120部，100多万诗行，2000多万字，是世界上最长的一部史诗，国际上有人称它为"东方的荷马史诗"。其中包括出版了300多万字的大型学术资料汇编《格萨尔集成》。另有蒙古文版25部，汉译本20多部，学术专著20部，并有多部被译成英、日、法等文种出版。在研究、编辑和出版过程中，涌现出一批卓有成就的"格学"研究专家。

《格萨尔王传》主要分成三个部分：第一，降生，即格萨尔降生部分；第二，征战，即格萨尔降伏妖魔的过程；第三，结束，即格萨尔返回天界。三部分中，以第二部分"征战"内容最为丰富，篇幅也最为宏大。除著名的四大降魔史——《北方降魔》、《霍岭大战》、《保卫盐海》、《门岭大战》外，还有18大宗、18中宗和18小宗，每个重要故事和每场战争均构成一部相对独立的史诗。

《格萨尔王传》大致讲了这样的故事：在很久很久以前，天灾人祸遍及藏区，妖魔鬼怪横行，黎民百姓遭受荼毒。大慈大悲的观世音菩萨为了普度众生出苦海，向阿弥陀佛请求派天神之子下凡降魔。神子推巴噶瓦发愿到藏区，做黑头发藏人的君王——即格萨尔王。为了让格萨尔能够完成降妖伏魔、抑强扶弱、造福百姓的神圣使命，史诗的作者们赋予他特殊的品格和非凡的才能，把他塑造成神、龙、念（藏族原始宗教里的一种厉神）三者合一的英雄。格萨尔降临人间后，多次遭到陷害，但由于他本身的力量和诸天神的保护，不仅未遭毒手，反而将害人的妖魔和鬼怪杀死。格萨尔从诞生之日起，就开始为民除害，造福百姓。5岁时，格萨尔与母亲移居黄河之畔，8岁时，岭部落也迁移至此。12岁上，格萨尔在部落的赛马大会上取得胜利，并获得王位，同时娶森姜珠牡为妃。从此，格萨尔开始施展天威，东讨西伐，南征北战，降伏了入侵岭国的北方妖魔，战胜了霍尔国的白帐王、姜国的萨丹王、门域的辛赤王、大食的诺尔王、卡切松耳石的赤丹王、祝古的托桂王等，先后降伏了几十个"宗"（藏族古代的部落和小帮国家）。在降伏了人间妖魔之后，格萨尔功德圆满，与母亲郭姆、王妃森姜珠牡等一同返回天界，规模宏伟的史诗《格萨尔王传》到此结束。

《格萨尔王传》既是族群文化多样性的熔炉，又是多民族民间文化可持续发展的见证。这一为多民族共享的口头史诗是草原游牧文化的结晶，代表着古代藏族、蒙古族民间文化与口头叙事艺术的最高成就。

38.少数民族事业五年规划

制定实施少数民族事业发展规划，是坚持和完善民族区域自治制度，加快少数民族和民族地区发展，保障少数民族合法权益，巩固和发展社会主义民族关系，促进各民族共同团结奋斗、共同繁荣发展的一项重要举措。"十一五"和"十二五"时期，我国连续编制了两个少数民族事业五年规划。

2007年，国务院办公厅印发《少数民族事业"十一五"规划》（以下简称《规划》）。这是国家总体规划中的一个专项规划，是我国首次编制中国少数民族事业五年规划。《规划》提出了"十一五"期间我国少数民族事业发展的指导思想、奋斗目标、重点任务和保障措施。《规划》着重从解决少数民族和民族地区经济社会发展的突出矛盾入手，提出了促进经济发展、加快发展社会事业、繁荣民族文化、巩固民族团结、加强人才队伍建设、完善政策法规、扩大对外交流、构建服务体系八个方面的主要任务。《规划》提出了11项重点建设工程，包括特困少数民族群众解困、民族基础教育帮扶、民族高等院校建设、少数民族传统医药发展、少数民族文化发展、少数民族人才队伍培养、民族法制体系建设、少数民族对外交流合作、民族事务管理信息化建设、少数民族现状调查、民族事务服务体系建设工程。《规划》提出了多项保障措施，包括把少数民族事业纳入国民经济和社会发展总体规划，落实规划实施目标责任，制定优惠政策加大投入力度，加强民族事务管理和监督检查能力建设。

"十一五"以来，我国少数民族事业快速发展，取得显著成绩。民族地区基础设施建设取得突破性进展，群众生产生活条件明显改善；特色优势产业快速发展，自我发展能力显著增强；生态建设和环境保护成效显著，环境质量进一步改善；贫困问题有效缓解，农牧民收入持续增加；社会事业长足进步，基本公共服务能力稳步提高。少数民族干部和各类人才队伍日益壮大，整体素质不断提升；民族法律法规和政策体系更趋完善，各民族合法权益得到进一步保障；民族团结不断巩固，民族关系更加和谐。但是，少数民族和民族地区发展仍面临一些突出问题和特殊困难，基础设施薄弱、生态环境脆弱的瓶颈制约仍然存在，加快社会事业发展、提升基本公共服务水平的任务仍然艰巨。

2012年，国务院办公厅印发《少数民族事业"十二五"规划》（以下简称《十二五规划》）。《十二五规划》确立了民族地区加快发展的八项主要任务，包括不断改善各族群众生产生活条件，大力发展教育、科技、卫生、就业和社会保障事业，着力发展少数民族文化事业和文化产业，营造各民族和谐发展的社会环境，加强少数民族各类人才队伍建设，加强民族理论政策体系和民族法律法规体系建设，继续加大民族工作交流合作力度，努力构建民族事务服务体系等。

《十二五规划》以专栏的形式明确提出了26项工程，其中包括少数民族特色村寨保护与发展工程；少数民族特需商品传统生产工艺和技术保护工程；民族地区双语教育推进工程；民族地区义务教育学校标准化建设工程；农牧区幼儿园建设工程；民族地区教育基础薄弱县普通高中建设工程；民族院校和民族地区高校教育质量提升工程；民族医药保护与发展工程；少数民族文化读本编撰出版工程；少数民族传统文化展演评奖活动；少数民族语言文字规范化信息化建设工程；少数民族文物保护工程；少数民族古籍保护工程；民族团结进步创建工程；少数民族人才发展工程；民族法规体系建设工程；民族工作对外交流与合作工程；民族事务服务体系建设工程等。

《十二五规划》提出，要建立健全实施少数民族事业规划的领导体制和工作机制、协调落实机制和目标责任制；加强对规划执行情况的监测评估和监督检查。要求国家民委、发展改革委、财政部，切实履行职责，监督检查少数民族事业规划的执行情况，定期向国务院报告，并以适当方式向社会公布，确保如期完成规划确定的各项任务和目标。

少数民族事业"十二五"规划实施以来，民族地区经济社会保持了快速发展，民生得到不断改善，特别是交通等基础设施条件明显改善，生态逐渐恢复总体向好，特色优势产业不断壮大，对外开放水平不断提升，群众生活水平明显提高，增强了中华民族凝聚力和向心力，为到2020年与全国同步实现全面建成小康社会宏伟目标奠定了坚实基础。

39.建设和谐宗教、和谐寺观教堂

促进和谐人人有责，和谐社会人人共享。在我国各宗教的教义教规中，蕴含着丰富的和谐思想与理念，我国的1亿多信教群众，也是构建社会主义和谐社会的积极力量。新中国成立以来，特别是改革开放以来，在宗教信仰自由政策的保障下，我国各爱国宗教团体努力团结和引导广大信教群众，发扬爱国主义精神，与全国人民保持了高度的一致，也以自己的聪明才智积极参与社会主义现代化建设，而且以做好公民、好信徒的身份在社会大家庭里发挥着积极作用。

2007年2月，中国宗教界发出《关于建设"和谐宗教、和谐寺观教堂"的倡议书》（以下简称《倡议书》）。《倡议书》说：和谐社会是人类孜孜以求的社会理想和奋斗目标，也是各大宗教在人间的美好向往和积极追求。和谐理念肇源先贤，深得民心，立足当代，远瞻未来；福泽中国，惠及世界。党中央把构建和谐社会提高到前所未有的高度，明确提出："社会和谐是中国特色社会主义的本质属性。"在构建社会主义和谐社会的伟大事业中，我国宗教界和广大信教群众，理应把宗教追求和谐的内在诉求与建设和谐社会的时代要求结合起来，充分"发挥宗教在促进社会和谐方面积极作用"。这不仅是党和政府对宗教积极作用所寄予的厚望与重托，也是中国宗教自身发展的必然选择，更是宗教界展示自己、见证自己的大好机遇。为此，宗教界郑重倡议："发挥优势，共建中国和谐宗教；五教同光，创建和谐寺观教堂。"

"建设和谐宗教"，既是时代发展的客观要求，也深深地植根于中国宗教多元共存、和合共生的传统；既有着宗教教义教规中崇尚和谐的内在依据，也有着半个多世纪以来中国宗教促进和谐的实践基础；既反映了我们宗教界适应时代的深度自觉，也体现了关怀社会的高度责任感。

《倡议书》提出，共建和谐宗教，可以从以下六个方面具体展开：一、深入挖掘各宗教教义中的和谐理念；二、全面加强各宗教自身的团结与和谐；三、继续增进各宗教之间的合作与和谐；四、不断深化宗教与社会的适应与和谐；五、努力推动宗教促进两岸互动与和谐；六、积极开展国际交流共同推进世界和谐。

《倡议书》提出，建设和谐宗教，首先要从创建和谐寺观教堂做起。依法开放的寺观教堂不仅是信教群众开展宗教、文化、社会活动的物质载体，也是他们表达宗教感情的精神家园，在信教群众的生活中占有重要位置。创建和谐寺观教堂，是宗教界广泛开展和谐创建活动的具体体现，是加强宗教团体自身建设的重要途径，是建设和谐宗教的最根本最重要的有效载体。我们应该在建设五好宗教活动场所的实践基础上，努力创建和谐寺

观教堂。

《倡议书》最后说，让我们积极行动起来，努力建设中国和谐宗教、创建和谐寺观教堂。为促进社会和谐发挥积极作用，为伟大祖国的和平发展和中华民族的伟大复兴贡献力量，为构建和谐社会增一分光彩，为推进世界和谐添一份感动。

40.《西藏文化的保护与发展》白皮书

西藏文化是中华文化中的一颗璀璨明珠，也是世界文化中的一份宝贵财富。半个世纪以来，特别是改革开放以来，中国政府高度重视西藏文化的保护与发展，根据《中华人民共和国宪法》和《中华人民共和国民族区域自治法》的规定，以极大的热情和高度负责的态度，投入大量人力、物力、财力，倾力保护和弘扬西藏优秀传统文化，同时，大力发展现代科学教育文化事业，使西藏文化得到了前所未有的保护与发展。为增进国际社会对西藏文化保护与发展状况的了解，用事实戳穿达赖集团编造的"西藏文化灭绝"的谎言，揭露达赖集团所谓"西藏文化自治"的实质，同时也为进一步推动西藏文化的保护与发展，2008年9月25日，国务院新闻办公室发表《西藏文化的保护与发展》白皮书（以下简称"白皮书"），全面介绍中国政府对西藏文化的保护与发展情况。

白皮书分为前言、藏语言文字的学习使用和发展、文化遗产的继承保护和弘扬、宗教信仰和民族习俗得到尊重、现代科学教育和新闻事业全面发展、结束语6个部分。

白皮书指出，达赖集团和一些西方反华势力自己享受着现代文明和文化的成果，却以"保护西藏文化"为名，要求西藏民族和西藏文化永远停留在中世纪状态，成为活化石，这显然是别有用心，是包括西藏人民在内的中国各族人民不会答应的。

白皮书说，半个多世纪以来，中国政府高度重视保障西藏人民学习使用藏语言文字的权利，为促进藏语文的学习、使用和发展作出了巨大努力，取得了重大进展。藏语言文字的学习、使用受到法律保障，得到广泛学习和继承，在西藏得到广泛使用，并得到全面发展。西藏文化遗产是中国文化遗产的重要组成部分，中央人民政府高度重视在对其有效保护的基础上得到继承、弘扬和发展。

白皮书表示，为满足信教群众宗教信仰的需要，国家采取有力措施，妥善保护宗教寺庙和文物古迹。西藏的宗教活动内容丰富，形式多样，正常的宗教活动和宗教信仰依法受到保护。中国政府特别注意尊重和保护藏族及其他各民族的传统风俗习惯，尊重和保护他们按照自己意愿从事宗教和民众活动的自由。

白皮书指出，西藏和平解放以来，随着现代化的发展，不仅藏族传统优秀文化得到了继承、保护和弘扬，现代科学教育和新闻文化也得到全面发展。事实表明，半个多世纪以来，西藏文化不仅没有灭绝，恰恰相反，具有民族特色的传统文化得到了合理的继承、有效的保护和大力的弘扬，面向现代化、面向未来、面向世界的现代文化在开放中得到迅速、全面的发展。

白皮书说，西藏文化在新时代焕发出了新的生机和活力，以其丰富的内涵和创新的形态，深刻地影响着当代西藏人民的生活和西藏现代化的发展，并以其独特的魅力吸引着国内外的目光，丰富着中华民族的多元一体文化，影响着世界文化。今天西藏文化的保护、繁荣与发展状况是西藏过去任何一个历史时期都无法比拟的，也是任何一个尊重事实的人士都不会否认的。

白皮书指出，达赖集团无视客观事实，在国际上散布"西藏文化灭绝论"是发人深思的。事实证明，达赖集团是旧西藏落后文化的代表者和维护者，中央人民政府和西藏自治区人民政府是西藏文化的真正保护者和发展者。达赖集团提出什么"西藏文化自治"的主张，其实质是妄图借"文化自治"之名，恢复其对西藏和其他藏区的神权文化统治，进而实现"大藏区独立"的政治图谋。这种开历史倒车的图谋是绝不可能得逞的。

41.《西藏民主改革50年》白皮书

西藏自古以来就是中国不可分割的一部分。1959年民主改革前的西藏是一个政教合一的封建农奴制社会，其黑暗、残酷程度比欧洲中世纪农奴制社会还严重，西藏人民灾难深重、生存艰难，西藏社会陷入极度贫穷落后和封闭萎缩的状态。实行民主改革，废除政教合一的封建农奴制度，是西藏社会发展的唯一出路和广大西藏人民的迫切愿望。2009年3月2日，国务院新闻办公室发表《西藏民主改革50年》白皮书（以下简称"白皮书"），回顾西藏实行民主改革的历史进程和50年来西藏发生的历史巨变。白皮书运用大量的史料和新旧对比，揭露了旧西藏封建农奴制的极端黑暗、残酷和落后，揭示了西藏实行民主改革的历史必然性和重大意义，再现了西藏民主改革波澜壮阔的历史画卷，反映了西藏民主改革50年来政治、经济、文化等各方面发生的巨大变化和取得的辉煌成就。

白皮书分为前言、旧西藏政教合一的封建农奴制社会、波澜壮阔的西藏民主改革、半个世纪西藏的历史性巨变、结束语5个部分。

白皮书指出，50年沧桑巨变，西藏经历了从黑暗走向光明、从落后走向进步、从贫穷走向富裕、从专制走向民主、从封闭走向开放的光辉历程。当前，西藏经济发展、社会进步、文化繁荣、民生改善、民族团结、政通人和，正处于历史上最好的发展时期。

白皮书以大量的数据和事实，揭示了西藏社会发展的规律，用事实揭穿了达赖集团在所谓"西藏问题"上散布的各种谎言和十四世达赖喇嘛的本来面目，有助于澄清历史是非,让世人更好地了解一个真实的西藏、发展变化的西藏。

白皮书指出,1959年3月,西藏上层统治集团的一些人在帝国主义势力策动支持下,面对人民日益高涨的民主改革要求,根本反对改革,企图永远保持政教合一的封建农奴制度,公开撕毁《十七条协议》,悍然发动了全面武装叛乱。为维护国家的统一和西藏人民的根本利益,中央人民政府与西藏人民一道坚决平息了武装叛乱。与此同时,在西藏掀起了一场轰轰烈烈的群众性民主改革运动,废除了政教合一的封建农奴制度,解放了百万农奴和奴隶,开创了西藏人民当家作主的新时代。这是西藏发展史上最广泛、最深刻、最伟大的社会变革,是西藏社会发展和人权进步的划时代的重大历史事件,也是人类文明发展史和世界人权史上具有重大意义的巨大进步。

白皮书说,半个世纪以来,获得解放的西藏各族人民在中央人民政府的关心和全国人民的支援下,以主人翁的姿态和空前的热情投身建设新社会、创造新生活的伟大进程,创造了一个又一个西藏历史上亘古未有的奇迹。西藏的社会制度实现了跨越式发展,现代化建设日新月异、突飞猛进,社会面貌发生了翻天覆地的历史性变化,人权事业取得了举世瞩目的重大进展。历史雄辩地证明,没有民主改革,就没有占西藏人口95%的广大劳动人民的翻身解放,就没有西藏社会的跨越式发展,就没有西藏人权事业的发展进步,就没有西藏各族人民今天的美好生活。

白皮书指出,达赖集团叛逃国外50年来,从来没有放弃过恢复政教合一的封建农奴制的图谋。他们在境外建立和维持着以十四世达赖为政教首脑的政教合一的所谓"西藏流亡政府",在西方反华势力的支持下,一刻也没有停止过破坏西藏发展稳定和分裂国家的活动。我们与达赖集团之间分歧和斗争的实质,根本不是自治与不自治的问题,而始终是进步与倒退、统一与分裂的斗争。白皮书认为,达赖集团为维护政教合一的封建农奴制,悍然发动分裂祖国的大规模武装叛乱,中国政府采取措施平息叛乱,维护国家统一,解放百万农奴和奴隶,其在人类历史上的进步意义与美国国内战争和解放黑奴相比毫不逊色。

白皮书指出,所谓"西藏问题"从一开始就是帝国主义妄图瓜分中国的产物,是近代帝国主义列强妄图变中国为其殖民地、半殖民地图谋的一部分。达赖集团叛逃国外以后,西方反华势力从来没有停止过对达赖集团"藏独"分裂活动的怂恿、支持和训练。这说明,所谓"西藏问题"根本不是什么民族问题、宗教问题和人权问题,而是西方反华势力企图遏制中国、分裂中国、妖魔化中国的问题。

白皮书说,达赖集团搞"西藏独立"没有出路,打着"高度自治"旗号谋求半独立、变相独立也没有出路。达赖集团不论以什么借口,妄图在西藏开历史倒车,恢复封建农奴制统治,这是饱尝封建农奴制之苦、亲历新西藏之福的西藏各族人民坚决不会答应的,也是注定要失败的。

白皮书指出，十四世达赖喇嘛只有真正放弃"西藏独立"的主张，放弃任何复辟旧制度的图谋，承认西藏是中国不可分割的一部分，解散所谓"西藏流亡政府"，停止一切分裂国家的活动，才是唯一的出路。中央政府对十四世达赖喇嘛回到爱国立场的大门始终是敞开的。

42.《新疆的发展与进步》白皮书

新疆维吾尔自治区占我国陆地国土面积约六分之一的广阔疆域，自公元前1世纪起，新疆地区就是中国的重要组成部分，并在中国统一的多民族国家构建和发展中发挥了重要作用。在新中国开国大典的前夕，新疆迎来了和平解放，饱经磨难的新疆各族人民同全国人民一道，成为国家的主人。从此，新疆的发展进入了新时代。在新中国成立60周年之际，2009年9月21日，国务院新闻办公室发表《新疆的发展与进步》白皮书（以下简称"白皮书"），宣告新疆的发展与进步是新疆各族人民高举民族团结大旗共同奋斗的结果，也是中国民族政策的成功实践。

白皮书分为前言、经济快速发展、人民生活水平显著提高、各项社会事业不断发展、民族文化得到保护、坚持各民族平等团结、保护公民宗教信仰自由权利、维护国家统一和社会稳定、结束语9个部分。

白皮书说，60年来，在中国共产党和中央政府的领导和关心下，在全国各族人民的大力帮助和支援下，新疆各族人民艰苦奋斗，锐意进取，建设美好家园，创造幸福生活，使新疆一穷二白的面貌得到彻底改变，天山南北发生了翻天覆地的变化，实现了社会发展的历史性跨越。

白皮书指出，新疆的发展与进步有目共睹。新疆经济快速发展，综合实力明显增强，经济结构逐渐优化，基础设施建设不断加强，农业综合生产能力显著增强，现代工业体系逐步形成，矿产资源有效开发，开放水平不断提高，旅游业快速发展，区域经济协调发展。在经历了消除贫困、解决温饱发展阶段后，目前新疆各族人民生活正在向小康迈进，生活质量大幅提高。新疆各项社会事业不断发展，民族文化得到保护，坚持各民族平等团结，各族人民充分享有宗教信仰自由的权利。

白皮书说，新中国成立后，新疆形成了民族团结和社会稳定的大好局面，但是从旧中国延续下来的"东突"势力依旧存在。"东突"势力严重侵害新疆各族人民生存和发展的基本人权。严重干扰破坏新疆的经济发展，还对地区安全与稳定构成了威胁。一是投资环境遭到严重破坏，外地对新疆的投资大幅减少。二是直接冲击新疆旅游业。三是分散了宝贵资源。四是破坏了新疆的对外交往。

白皮书表示,"东突"势力对新疆各族人民实施的暴力恐怖活动,是对中国宪法和法律的公开挑战,是严重的反社会、反人类的暴力犯罪行为。国家统一是新疆各族人民根本利益之所在,社会稳定是新疆发展进步的前提和保障,民族团结是新疆各族人民的生命线。

当前,中国人民正在为建设一个富强、民主、文明、和谐的社会主义现代化国家而奋斗。有中国共产党和中央政府的关怀和支持,有新疆各族人民团结一心、共同奋斗,伴随国家的发展与进步,新疆的明天一定会更加美好。

43.《中国的民族政策与各民族共同繁荣发展》白皮书

中国是全国各族人民共同缔造的统一的多民族国家。新中国成立以来,党和政府牢牢把握各民族共同团结奋斗、共同繁荣发展的主题,坚持从本国国情出发,总结历史经验,借鉴世界其他国家的有益做法,开创了具有中国特色的解决民族问题的正确道路,确立并实施了以民族平等、民族团结、民族区域自治和各民族共同繁荣为基本内容的民族政策,有效维护和发展了国家统一、民族团结、经济发展、社会稳定的良好局面。

在新中国成立60周年之际,2009年9月27日,国务院新闻办公室发表《中国的民族政策与各民族共同繁荣发展》白皮书(以下简称"白皮书")。这是继1999年《中国的少数民族政策及其实践》、2005年《中国的民族区域自治》两个白皮书之后,中国政府发布的第三个关于中国民族政策的白皮书。

白皮书分为前言、统一的多民族国家和中华民族的多元一体、坚持各民族一律平等、巩固和发展全国各族人民的大团结、坚持和完善民族区域自治制度、加快少数民族和民族地区经济社会发展、保护和发展少数民族文化、加强少数民族干部和人才队伍建设、结束语9个部分。白皮书向世界宣告,符合中国国情的正确的民族政策,促进了中国各族人民同心同德、和睦相处、和衷共济,开创了经济发展、政治安定、文化繁荣、社会和谐的良好局面,少数民族的面貌、民族地区的面貌、民族关系的面貌发生了历史性巨大变化。

白皮书说,新中国60年的实践充分证明,中国的民族政策适合中国国情,符合各族人民的根本利益,得到各族人民的拥护,是正确和行之有效的。在这一政策指引下,中国各族人民维护了国家统一,维护了社会稳定,维护了民族团结,开辟了一条实现各民族共同繁荣发展的光明大道。

白皮书说,在近代反侵略、反分裂的伟大斗争中,各民族在历史上形成的不可分离的关系变得更加牢固,各民族福祸与共、休戚相关的命运共同体的特征更加凸显,各族人民作为中国历史主人的责任感得到了进一步激发和增强,中国各民族共同的文化和心理特征更趋成熟。今天,中华民族已经成为各民族普遍认同的统称和归属。

白皮书指出，民族平等是中国民族政策的基石。经过60年的不懈努力，中国已经基本形成了一个具有中国特色的保障民族平等的法律规范体系，各民族平等权利依法得到保障。鉴于少数民族在经济社会发展等方面与汉族相比有一定差距，中国的少数民族公民不仅平等地享有宪法和法律规定的所有公民权利，还依法享有一些特殊的权益保障。

白皮书说，国家坚决反对任何形式的民族歧视和压迫。在中国，任何煽动民族仇视和歧视、破坏民族平等团结的言行都是违法的。民族团结是中国处理民族问题的根本原则，也是中国民族政策的核心内容。多年来，国家采取各种措施，努力消除一切不利于民族团结的因素，坚定不移地维护民族团结，努力实现各民族共同团结奋斗、共同繁荣发展。

白皮书强调，中国的民族问题是中国的内部事务。中国政府坚决反对和抵制一切外部势力打着"民族"、"宗教"、"人权"的旗号插手、干预中国的民族问题，严密防范和依法打击境内外各种恐怖主义势力、分裂主义势力、极端主义势力对中国的渗透、破坏、颠覆活动。中国实行民族区域自治，是尊重历史、合乎国情、顺应民心的必然选择。

白皮书说，坚持各民族共同繁荣发展，是中国民族政策的根本立场。在中央政府的领导下，在全国各地的大力支持下，经过民族地区各族人民的艰苦努力和团结奋斗，民族地区经济社会发展取得了巨大成就，人民生活水平显著提高。中国政府通过各种政策措施，尊重和保护少数民族文化，支持少数民族文化的传承、发展和创新，鼓励各民族加强文化交流，繁荣发展少数民族文化事业。

白皮书指出，长期以来，国家把加强少数民族干部队伍和人才队伍建设，作为管长远、管根本的大事，不断采取有力措施，加大培养选拔力度。多年来，国家不断加大向西藏、新疆等民族地区选派干部和人才的工作力度。这些支边干部和人才艰苦创业、无私奉献，对促进民族地区发展发挥了重要作用。

白皮书最后指出，中国处于并将长期处于社会主义初级阶段，实现各民族共同繁荣发展，还有很长的路要走，还需要付出艰苦的努力。国家的发展，社会的进步，必将使中国的民族政策更加完善，包括各族人民在内的中华民族必将迎来更加美好的明天。

44.中共中央、国务院新疆工作座谈会

新疆工作在党和国家工作全局中历来具有特殊重要的战略地位。新疆工作的长期实践表明，中央在各个时期关于新疆工作的方针政策是完全正确的，是符合我国国情、新疆实际和新疆各族人民根本利益的。同时，新疆还存在着分裂势力分裂祖国的活动，做好新形势下新疆工作事关重大而紧迫。2010年5月，中共中央、国务院在北京召开第一次新疆工作座谈会。这是党中央、国务院在我国全面建设小康社会进入关键时期，新疆发展和稳定

面临重大机遇和挑战的新形势下召开的重要会议。会议将"推进新疆跨越式发展和长治久安"作为新疆工作的战略目标。

2014年5月，中共中央、国务院在北京召开第二次新疆工作座谈会，全面总结第一次新疆工作座谈会4年来的工作，对新疆工作进行全面部署。会议制定了《中共中央关于进一步维护新疆社会稳定和实现长治久安的意见》，进一步明确了新疆工作的指导思想、基本原则、目标任务及政策措施。

会议强调，做好新疆工作是全党全国的大事，必须从战略全局高度，谋长远之策，行固本之举，建久安之势，成长治之业。坚决贯彻党中央关于新疆工作的大政方针，围绕社会稳定和长治久安这个总目标，以推进新疆治理体系和治理能力现代化为引领，以经济发展和民生改善为基础，以促进民族团结、遏制宗教极端思想蔓延等为重点，坚持依法治疆、团结稳疆、长期建疆，努力建设团结和谐、繁荣富裕、文明进步、安居乐业的社会主义新疆。

会议强调，稳定是第一要务。必须把严厉打击暴力恐怖活动作为当前斗争的重点，高举社会主义法治旗帜，大力提高群防群治预警能力，筑起铜墙铁壁、构建天罗地网。要并行推进国内国际两条战线，强化国际反恐合作。会议指出，新疆的问题还是民族团结问题。民族分裂势力越是企图破坏民族团结，我们越要加强民族团结，筑牢各族人民共同维护祖国统一、维护民族团结、维护社会稳定的钢铁长城。要坚定不移坚持党的民族政策、坚持民族区域自治制度。民族团结是各族人民的生命线。

会议强调，力促宗教关系更加和谐。要精心做好宗教工作，积极引导宗教与社会主义社会相适应，发挥好宗教界人士和信教群众在促进经济社会发展中的积极作用。处理宗教问题的基本原则，就是保护合法、制止非法、遏制极端、抵御渗透、打击犯罪。

会议强调，增强认同是关键。要在各族群众中牢固树立正确的祖国观、民族观，弘扬社会主义核心价值观，增强各族群众对伟大祖国的认同、对中华民族的认同、对中华文化的认同、对中国特色社会主义道路的认同。会议要求，要重视基层，要发挥党总揽全局、协调各方的领导核心作用，全面加强和改进党的建设，为新疆社会稳定和长治久安提供坚强政治保证。

会议认为，做好新疆工作，处理好发展和稳定的关系特别重要。强调加大教育投入，引导各族群众有序就业。要从稳疆安疆的战略高度出发，以增加就业为重点，加快改善民生，促进社会稳定。在新疆的所有企业和投资项目，都要重视吸纳当地劳动力。加强铁路等基础设施建设，发展现代物流，立足区位优势，建设好丝绸之路经济带核心区。采取特殊的财政、投资、金融、人才等政策，加大扶贫攻坚和民生改善力度，促进南疆加快发展。

会议要求深入推进对口援疆工作。基建、高效节水、优势资源转化、劳动密集型产业、支持新疆生产建设兵团发展壮大等，将成为今后支持新疆发展方面的亮点。

45.全国性宗教团体新闻发布制度

我国的新闻发布制度，起源于我国外交部的新闻发布会。1982年3月26日，外交部召开第一次新闻发布会，此后逐渐确立起定期的新闻发布制度。1983年4月23日，中国记协首次向中外记者介绍国务院各部委和人民团体的新闻发言人，正式宣布我国建立新闻发言人制度。2003年以来，以"非典危机"为代表的突发事件，使我国政府机构充分认识到及时发布权威信息对维护社会正常秩序的意义。到2004年底，国务院新闻办、国务院各部门和省级政府三个层次的新闻发布体制已基本建立。2005年，国务院新闻办共举办了68场新闻发布会。2008年，不包括奥运会期间举办的300多场新闻发布活动，国新办、中央各部门和各省区市政府三个层次举办的新闻发布会的总数已达1587场。新闻发布会和新闻发言人制度的实施，极大地提升了政府工作的透明度，使政务信息更为公开透明，已经成为政府与群众之间的有效沟通渠道。

2011年12月，全国性宗教团体建立新闻发布制度座谈会在京召开，标志着全国性宗教团体初步建立起新闻发布制度。各全国性宗教团体建立新闻发布制度，旨在推进各团体事务公开，增加工作透明度，提高广大宗教界人士和信教群众满意度。全国性宗教团体的新闻发布将主动回应社会关切，积极发布有关信息，包括宗教领域发生的重大突发事件的进展情况和处理结果，团体的建设和重大政策、重要文件、重要工作、重要会议，信教群众及社会大众普遍关注的热点问题，等等。由各全国性宗教团体推举产生的新闻发言人，均具有较高宗教学识。国家宗教事务局还将适时组织各团体新闻发言人参加专题培训班，以进一步提高发言人的综合素质和职业素养，着力打造一支"懂业务、亲媒体、善表达"的高素质专业化的新闻发言人队伍，推进新闻发布工作逐步走上科学化、规范化、制度化轨道。中国佛教协会、中国道教协会、中国伊斯兰教协会、中国天主教一会一团、中国基督教两会、中华基督教男（女）青年会全国协会相应建立了新闻发布制度，配备了新闻发言人。

46.民族团结进步创建活动

民族团结进步创建活动，最早起源于20世纪50年代初吉林省延边朝鲜族自治州开展的民族团结宣传月活动。1952年，该州决定每年9月为"民族团结宣传月"，并一直坚持开展，得到周恩来、朱德等老一辈革命家的充分肯定和赞扬。党的十一届三中全会以后，我国民族工作重新走上正轨，民族团结进步创建活动逐渐被各地重视起来。1983年4月，新疆维吾尔自治区决定每年5月为"民族团结教育月"；同年9月，内蒙古自治区决定，每年9月为"民族团结表彰活动月"。这样，民族团结进步创建活动逐步在全国各地开展起来。

开展民族团结进步创建活动，是推进民族团结进步事业的重要举措。在新形势下，广泛持久地开展民族团结进步创建活动，对于贯彻落实党和国家民族政策，促进民族地区经济社会发展，维护民族团结、社会稳定和国家统一，具有十分重要的意义。2010年，中央宣传部、中央统战部和国家民委联合下发《关于进一步开展民族团结进步创建活动的意见》（以下简称《意见》）。2011年8月，国家民委党组召开会议，研究部署加强民族团结进步创建工作。这次会议，进一步完善了民族团结进步创建活动的工作体制机制，进一步激发了创建活动有效开展的内在动力和活力。

几年来，各地区各部门按照《意见》要求，积极推动创建活动深入开展，在社会各层面产生了积极的影响。一是示范区、先进区建设扎实推进。甘肃、云南、广西、贵州、青海五省区紧密结合实际，将创建活动作为省区经济社会发展战略，提出建设民族团结进步示范区、先进区的目标，加强领导，精心组织，扎实工作，取得了明显的成效。二是示范州（地、市、盟）试点工作开局良好。新疆伊犁哈萨克自治州等13个州（市、盟）作为开展创建全国民族团结进步示范州（地、市、盟）试点，并在昌吉州举行了试点活动启动仪式，掀起了新一轮民族团结进步示范州（市、盟）创建热潮。三是县、市、旗创建活动普遍开展，涌现出了一大批先进典型。为发挥其榜样作用，国家民委每年评审命名一批示范单位，在全社会产生了积极广泛的影响。但还存在一些问题，如创建活动开展不平衡，顶层设计不够，测评指标体系不健全；有的流于形式，作为开展创建活动的"主阵地、主渠道"的机关、企业、社区、乡镇、学校、寺庙的作用还没有得到有效发挥；宣传的力度不够，还没有更加广泛地深入人心。

为了创新民族团结工作，推动民族团结进步创建活动进机关、企业、社区、乡镇、学校、寺庙（简称六进），发挥好"主阵地、主渠道"的作用，2014年7月，国家民委印发《关于推动民族团结进步创建活动进机关、企业、社区、乡镇、学校、寺庙的实施意见》（以下简称《实施意见》），明确"六进"测评指标，构建活动长效机制，推动创建活动不断向基层推进。《实施意见》印发以来，各地区各部门高度重视、积极响应，随着推动民族团结进步创建活动"六进"的不断深入开展，在社会各层面必定产生更加积极的影响。

经过多年的实践，民族团结进步创建活动，已经成为贯彻落实党的民族政策、推进民族工作的有效手段，成为促进各民族和睦相处、和衷共济、和谐发展的可靠力量，成为展示各族人民时代风貌、展示中华民族精神风貌的有效载体。国家民委以增进民族团结、共建和谐边疆为目标，指导边境省区和新疆生产建设兵团广泛深入开展民族团结进步创建活动,并支持工作经费2000多万元,扎实推进陆地边境县、边境团场民族团结模范村(社区)、乡镇、县市创建。据统计,2013年,边境地区共实施"兴边富民示范村"1349个、"爱民固边模范村"1036个、"边境民族团结进步示范村"757个,民族团结进步的基础进一步夯实。

47.扶持人口较少民族发展规划

全面建成小康社会,一个民族都不能少。在我国55个少数民族中,据2000年人口普查,有22个少数民族的人口在10万人以下,总人口63万人,统称人口较少民族。新中国成立以来,特别是改革开放以来,这些少数民族政治上得到翻身,经济社会持续发展,群众生活得到明显改善。但是,由于历史、自然条件等方面的原因,这些少数民族的经济和社会发展总体水平还比较落后,贫困问题仍较突出。根据党中央、国务院的要求,制定扶持人口较少民族发展规划,采取特殊政策措施,集中力量帮助这些民族加快发展步伐,走上共同富裕道路,对于贯彻落实科学发展观,进一步增强民族团结,维护边疆稳定,实现全面建成小康社会的奋斗目标,构建社会主义和谐社会,具有十分重要的意义。

从2005年以来,我国为扶持人口较少民族发展,先后编制和实施了两个五年专项发展规划。第一个五年规划,即《扶持人口较少民族发展规划(2006—2010年)》(以下简称《十一五规划》);第二个五年规划,即《扶持人口较少民族发展规划(2011—2015年)》(以下简称《十二五规划》)。

按照《十一五规划》,对全国总人口在10万以下的22个民族聚居的640个行政村给予重点扶持。《十一五规划》的实施取得了明显成效。规划实施6年来,共投入各项资金37.51亿元,实施项目11168个,基本实现了"四通五有三达到"的规划目标,人口较少民族面貌发生了新的历史性变化。人口较少民族聚居区基础设施显著改善,结构调整步伐加快,人民生活明显改善,社会事业稳步推进,发展能力逐步增强,呈现出生产发展、生活提高、生态改善、民族团结、社会和谐的良好局面,为全面实现小康社会奠定了坚实基础。

与《十一五规划》相比,《十二五规划》扩大了扶持范围、提高了发展目标、增加了建设任务、加大了投入力度。扶持的少数民族由22个增加到28个,增加了总人口在10万以上、30万以下6个民族,即景颇族、达斡尔族、柯尔克孜族、锡伯族、仫佬族和土族等,扶持人口数量由68万增加到189万;人口较少民族聚居行政村中人口较少民族人口比例由30%降到20%,被扶持村由640个增加到2119个,基本公共服务体系覆盖人口较少民族71个民族乡、16个自治县、2个自治州,总人口701.7万人。其中28个民族(人口较少民族)人口153.5万人,占22%,占28个民族全国总人口91%。《十二五规划》将

28个人口较少民族绝大多数人口纳入扶持范围，以28个民族相对聚居行政区域作为扶持对象，在此区域范围内的所有少数民族包括汉族同等享受国家的这一特殊扶持政策。

《十二五规划》实施以来，在中央有关部门大力支持下，在社会各界关心关注下，通过人口较少民族地区干部群众共同努力，规划实施取得阶段成效。规划实施前四年，中央共安排扶持资金51.75亿元，实施基础设施建设、生产发展、社会发展等各类项目7000多个，其中实施民俗文化和生态旅游业、特色农牧业、民族传统工艺等特色经济项目1900多个，改善了乡村基础设施和生产生活条件，培育了地方特色优势产业，基本公共服务体系进一步健全，增加了群众收入，劳动者整体素质提高，少数民族群众精神面貌焕然一新，人口较少民族地区经济社会保持稳步发展。2119个村，19项考核指标均比2010年有较大幅度提高，有些指标已达到验收标准。

国家制定扶持人口较少民族发展专项规划这一特殊政策深受民族地区广大少数民族干部群众称赞，中央这一英明决策已经深入人心，人口较少民族地区干部群众总结说，中央扶持人口较少民族发展是小民族大政策，小民族大扶持，小民族大发展，小民族大变化。

2014年9月召开的中央民族工作会议强调，新中国成立以来，少数民族和民族地区得到了很大发展，但一些民族地区群众困难多，困难群众多，同全国一道实现全面建设小康社会目标难度较大，必须加快发展，实现跨越式发展。

48.兴边富民行动规划

我国共有陆地边境线长2.2万公里，其中1.9万公里在少数民族居住地区；9个边疆省区的136个（目前边境县数量有增加）边境县（旗、市、市辖区）中，有107个在民族自治地方；在边境县2300多万总人口中，有近半数是少数民族，其中30多个民族是跨境民族。由于历史和自然地理等原因，长期以来，这一区域总体发展滞后，与内陆地区发展差距较大。

为加快改变边境地区落后面貌，实现边疆的稳定和发展，国家民委倡议发起了兴边富民行动，并于2000年正式启动。目前实施范围覆盖我国136个陆地边境县和新疆生产建设兵团58个边境团场。兴边富民行动开展以来，在党中央、国务院正确领导下，中央有关部门、边境省区各级党委政府按照"国家支持，省负总责，地州配合、县市落实"的方针，不断加大对边境地区的支持力度，取得明显成效，影响深远。

在"十一五"和"十二五"期间，国家连续编制实施了《兴边富民行动规划》，统筹制定中央支持边境地区发展的重点项目和重要政策。经国务院批准，建立了兴边富民行动协调小组，统筹协调兴边富民行动重大问题。国家各相关部委按照《兴边富民行动规划》

的目标任务,将项目资金向边境地区倾斜,为实施《兴边富民行动规划》提供了支撑和保障。2000年至2014年,中央财政累计安排专项资金116亿元,"十二五"前3年,中央财政累计下达边境地区转移支付277.5亿元。兴边富民补助资金扶持的边境县,由2000年的9个扩大到2009年覆盖全部136个陆地边境县和58个新疆生产建设兵团边境团场,年资金额从2000年的1500万元增长到2014年的18.8亿元。在实施兴边富民行动的过程中,各级党委、政府将改善民生与凝聚民心相结合、夯实基础与扶持产业相结合、加快发展与提振信心相结合,不断提高和强化了兴边富民行动的经济效益、社会效益和政治效益,实现了国家利益和人民利益的高度统一。

在兴边富民行动的相关民生项目的实施中,坚持项目直接扶持到户、群众直接受益的原则,重点以培植特色优势产业促进群众增收和加强村寨建设改善群众生产生活条件为重点,特别是在兴边富民补助资金的安排上,主要用于支持发展特色优势产业,重点支持发展种养殖业、少数民族传统手工艺品制作等对群众增收致富带动能力强,各族群众参与程度高的产业项目,带动了边境地区群众增收致富。

兴边富民行动开展以来,特别是"十二五"以来,中央和边境省区在边境地区(指136个陆地边境县)实施了一大批民生项目和基础设施建设项目,强力推进了边境地区的发展和民生改善,使边境地区进入了有史以来最好的发展时期。一是边境地区的自我发展能力明显增强。2013年,边境地区生产总值历史性突破8000亿元大关,达到8097亿元,年均增速16%,高于全国平均水平和东中部地区。公共财政预算收入626.5亿元,增速高于全国平均水平。固定资产投资继续保持良好的增长态势。基础设施特别是交通瓶颈进一步被突破,发展的基础更加坚实。二是各族群众生活条件明显改善。2013年,边境地区城镇居民人均可支配收入19168元,农村居民人均纯收入7580元。"十二五"以来,边境地区的用水、用电、住房等公共设施建设水平大幅提高,改造危房25.3万户。边境地区社会保障覆盖面不断扩大,城乡低保制度全面建立并连续提高保障标准。新型农村合作医疗覆盖率持续提高,边境地区各族群众生产生活条件不断得到改善。三是社会事业取得长足进步。基本实现"县县有图书馆、文化馆"的目标。广播电视除特殊地区基本实现全覆盖。公共卫生相关资源进一步向农村倾斜延伸。边境地区教育水平和条件持续提高,社会事业正呈现出蓬勃发展的良好局面。四是对外开放水平持续提高。近年来,随着一大批边境口岸、边境经济合作区、综合保税区的建立,边境地区特殊区位优势得到进一步释放,对外开放水平持续提高。边境地区正日益成为我国对外开放的新高地。五是边境地区民族团结、社会稳定、边防巩固、睦邻友好的局面得到进一步发展。

实践证明,兴边富民行动对加强民族团结、巩固祖国边防、维护国家统一、增进睦邻友好发挥了重要作用,兴边富民行动的实施顺乎民意、深得民心,是名副其实、利国利民的民心工程、德政工程。

49.民族法制体系建设"十二五"规划

民族法制建设是我国社会主义法制建设的重要组成部分。新中国成立 60 多年来，我国民族法制建设走过了一条从建立、拓展到削弱、停滞再到恢复发展、繁荣创新的"N"字形前进道路。改革开放以来，我国民族法制建设加快发展。1984 年颁布实施了《中华人民共和国民族区域自治法》，1993 年，国务院批准颁布了《城市民族工作条例》和《民族乡行政工作条例》。2001 年，全国人大重新修订了《民族区域自治法》。2005 年，国务院颁布实施民族区域自治法若干规定。各地、各部门也相继制定了一系列法规和规章。截至目前，民族自治地方共制定了自治条例 139 件，单行条例 777 件，根据本地实际对法律和行政法规的规定作出变通和补充规定 75 件，13 个辖有民族自治地方的省都先后制定了实施《民族区域自治法》的若干规定或意见，少数民族散杂居的 10 个省、直辖市出台了少数民族权益保障条例。经过 30 多年的奋斗，我国民族法制建设取得了巨大成就，初步形成了以宪法的相关规定为根本，以民族区域自治法为主干，包括其他关于民族方面的法律规定，国务院及其各部门制定的关于民族方面的行政法规和部门规章，各省、自治区、直辖市及较大的市制定的关于民族方面的地方性法规和规章，民族自治地方自治条例和单行条例在内的中国特色民族法律法规体系，为加快民族地区经济社会发展，保障少数民族平等权利和合法权益，维护社会稳定，巩固和发展平等、团结、互助、和谐的社会主义民族关系，促进各民族共同团结奋斗、共同繁荣发展，提供了重要的法制保障。

同时要看到，我国民族法律法规体系还不够完善，与少数民族和民族地区加快发展的迫切需要，尚有一定距离。因此，有必要适时编制民族法制体系建设"十二五"专项规划，推动形成较为完善的中国特色的民族法律法规体系，为民族地区加快发展提供法治保障。为在新的起点上进一步推进民族法制建设，全面落实依法治国基本方略，根据国家"十二五"规划纲要和《国务院关于加强法治政府建设的意见》以及党中央、国务院关于进一步加强民族工作、加快少数民族和民族地区经济社会发展的总体要求和具体部署，2011 年 8 月，国家民委公布了《民族法制体系建设"十二五"规划（2011—2015 年）》（以下简称《规划》）。

《规划》为今后一个时期推进民族法制建设和民族法学发展提供指导性意见。《规划》的主要内容，围绕民族法制体系的内涵，侧重从民族立法、民族法律法规执行监督、依法行政和民族工作法治化、民族法制宣传、民族法制理论研究等方面设定了五项任务（推动涉及民族方面的立法工作、强化民族法律法规执行的监督检查、推进民族事务依法管理、推进民族法制的宣传教育与普及工作、加强民族法制理论创新研究)和五项工程(民族法律法规体系完善与实施工程、民族法律法规执行监督检查工程、民族事务依法管理建设工程、民族法制宣传教育工程、民族法制研究与学科建设工程)。总的来看,《规划》以科学发展观为指导,紧紧围绕少数民族和民族地区经济社会发展的目标任务,牢牢把握"共同团结奋斗,共同繁荣发展"的民族工作主题,坚持"全面把握,重点突出"的原则,具有较强的前瞻性、指导性和可操作性。

《规划》作为国家民委部门的专项规划,其核心内容还纳入《少数民族事业"十二五"规划》当中,上升为国家规划。为确保《规划》的实施,加强组织领导,除对执行主体提出明确要求外,应动员各级民族工作部门、有关高等学校和科研机构以及社会各方面积极参与,共同推动《规划》各项任务和工程的落实,切实使《规划》落到实处,收到实效。

50.宗教政策法规学习月活动

2012年,是宗教工作系统"六五"普法规划组织实施阶段的启动之年。为了进一步推动普法工作的深入开展,提高宗教界人士和信教群众的法律意识和法律素质,根据全国宗教工作系统"六五"普法规划的统一部署,国家宗教事务局决定在全国宗教界开展"宗教政策法规学习月"活动(以下简称"学习月"活动),并就此发出通知。

"学习月"活动的时间是"六五"普法期间每年6月1日至30日,自2012年起实施。参加人员是宗教团体负责人以及工作人员,宗教活动场所管理组织成员、宗教教职人员,宗教院校教师和学生以及广大信教群众。学习内容是宪法、国家基本法律和中国特色社会主义法律体系;党和国家的宗教工作基本方针和宗教政策;《宗教事务条例》等宗教事务方面的法规规章和规范性文件;各全国性宗教团体制定的重要规章制度。

"学习月"活动的主要活动方式:一是通过举办座谈会、讲座、报告会、学习班、组织文艺汇演、开展知识竞赛等形式,组织宗教界人士和信教群众进行宗教政策法规学习;二是总结"法律进团体"、"法律进场所"、"法律进院校"等经验,通过政策法规上墙、讲经讲道、课堂教学以及悬挂宣传横幅、摆设宣传台、设置宣传展板、发放宣传手册、现场提供宗教政策法规咨询等方式,宣传宗教政策法规;三是充分利用报刊、网站等媒体,结合宗教界人士和信教群众的思想实际,刊登文章报道,进行释义解答,增强法律意识。

2012年是开展活动的第一年,国家宗教事务局下发通知提前部署、配合活动编写读本、召开会议全面发动、开展宣讲推广经验、加强督导解疑释惑。各地制定规划明确目标、组织有序形式多样、注重实效督促检查,确保"学习月"活动取得成效。通过开展"学习月"活动,宗教界的学法守法用法意识明显增强,扩大了宗教政策法规的宣传面和社会知晓面，推动宗教界建立健全了学习制度，促进了重点工作的开展。整个活动内容丰富、形式多样、效果明显，有力促进了宗教领域的和谐稳定。

2013年，国家宗教事务局发出通知，要求以学习贯彻党的十八大精神为主题，继续深入开展"学习月"活动。要求突出学习重点、丰富学习内容、讲求学习方式、注重学习效果，支持宗教团体通过召开座谈会、研讨会等方式进行"中国梦"宣传教育。国家宗教事务局在广西南宁召开了活动专题会，各全国性宗教团体相关负责人等参加了专题会。各地围绕主题、突出重点、依靠主体抓学习，完善学习制度，充分调动了宗教界学习的积极性，进一步提高了宗教界人士和信教群众的法律意识和法律素质，促进了宗教领域的和谐稳定。

2014年既是全国宗教界开展"学习月"活动的强化提升年，也是全国宗教工作系统落实"六五"普法规划的巩固推进年。通过集中学习、集中培训、集中宣传、集中活动的形式，营造了重视学习、热爱学习、自觉学习的氛围，激发了宗教界为实现中国梦发挥宗教正能量的积极性，提升了宗教界和宗教干部的法治意识和法律素质，推动了政策法规学习的常态化和制度化。

2015年是"六五"普法的最后一年，宗教界继续推动"学习月"活动的深入开展。一是创新方式方法。二是继续针对实际问题引领学习。三是建立健全体制机制。四是对"学习月"活动进行全面总结。认真总结"学习月"开展以来取得的成效和经验，查找问题，研究提出"七五"普法期间进一步开展宗教政策法规学习的新举措。

51.关于鼓励和规范宗教界从事公益慈善活动的意见

我们党和政府一贯倡导宗教界人士和信教群众发挥积极作用，为我国经济发展、社会和谐与文化繁荣作出应有贡献。支持和鼓励宗教界开展公益慈善活动，是发挥宗教界积极作用的重要途径。多年来，我国宗教界发扬服务社会、利益人群的优良传统，积极参与和开展赈灾救灾、扶贫济困、捐资助学、医疗卫生等公益慈善活动，取得了良好的效果，赢得了社会的广泛赞誉。但是，由于各地各有关部门对宗教界开展公益慈善活动的认识尚不一致、政策尚不明确，有些优惠待遇得不到落实，影响了宗教界参与和开展公益慈善活动的积极性。加之宗教界自身由于人才、财力、制度等因素的制约，不同程度地存在着规模小、专业化程度不高、活动不够规范等问题，影响了公益慈善活动的效果。

为促进宗教界公益慈善事业的健康有序发展，根据有关法律法规规章和政策，2012年2月，国家宗教事务局联合中央统战部、国家发展改革委员会、民政部、财政部、国家税务总局制定出台了《关于鼓励和规范宗教界从事公益慈善活动的意见》（以下简称《意见》）。

《意见》指出，鼓励和规范宗教界从事公益慈善活动，本着积极支持、平等对待、依法管理、完善机制的原则，根据宗教界自身特点，引导宗教界扬长避短，在最能发挥自身优势、体现自身价值的公益慈善领域开展活动。重点支持宗教界在以下领域开展非营利活动：灾害救助；扶助残疾人；养老、托幼；扶贫助困；捐资助学；医疗卫生服务；环境保护；社会公共设施建设；法律和政策允许的、适合宗教界人士和信教群众发挥积极作用的其他公益慈善活动。活动的基本形式有：为公益慈善事业捐款捐物、设立公益慈善项目、设立公益慈善组织等。

《意见》指出，按照我国现行法律法规和政策，宗教界依法从事的公益慈善活动可以享受或者参照享受在税收减免、政府资助、用水用电等方面的扶持和优惠政策。宗教界依法开展的公益慈善活动和设立的公益慈善组织受法律保护，享受与社会其他方面同等的优惠待遇，还可享受法律和政策许可范围内的其他扶持和优待措施。

《意见》规定了宗教界从事公益慈善活动应当遵守的基本原则：一是依法开展活动，维护国家利益；二是坚持自觉自愿，注意量力而行；三是规范科学运作，提高管理水平；四是接受指导监督，注重诚信公信。规范宗教界自身依法行事，模范遵守相关行业规范，不断提高社会公信力。

《意见》最后指出，宗教团体要充分发挥主人翁精神和协同自律作用，积极采取措施，扎实有力地推动宗教界公益慈善活动的开展。要结合本宗教特点和实际，制定本地区本宗教公益慈善活动规划，加强对有关宗教活动场所和宗教界人士从事公益慈善活动的指导和管理。要健全公益慈善活动的领导体制和工作机制，可视情设立专门委员会，承担信息沟通、资源协调、统筹指导等任务。

《意见》的发布，为宗教界人士从事公益慈善活动提供了良好的发展契机，必将产生深远的影响；对于全面贯彻党的宗教工作基本方针，落实《宗教事务条例》，发挥宗教界的积极作用，引导宗教与社会主义社会相适应，具有重要意义。

52.关于处理涉及佛教寺庙、道教宫观管理有关问题的意见

在我国，佛教、道教历史悠久，信教群众较多，影响广泛。改革开放以来，特别是 2005 年实施《宗教事务条例》以来，绝大多数佛教、道教寺庙宫观（以下简称"寺观"）管理规范，教风端正，庄严清静。但是，一些地方受经济利益驱动，搞"宗教搭台、经济唱戏"，出现了一些不正常的现象。有的地方以弘扬传统文化、促进地方经济发展为借口，投资新建或承包寺观，借教敛财；有的非宗教活动场所雇用假僧假道，非法从事宗教活动，违规设置功德箱，骗取钱财，以教牟利；一些经依法登记的寺观存在强拉或诱导游客

和信教群众花高价烧高香、从事抽签卜卦等现象。这些现象严重违反党的宗教政策和国家法律法规，扰乱正常宗教活动秩序，损害宗教界的权益与形象，伤害信教群众的感情，损害游客的合法权益，造成恶劣的社会影响。

为制止和纠正上述现象，依法、依规、科学、有序管理寺观，2012年10月，国家宗教事务局联合中共中央统战部、国家发展和改革委员会、公安部、住房和城乡建设部、文化部、国家工商行政管理总局、国家旅游局、中国证券监督管理委员会、国家文物局共同发布了《关于处理涉及佛教寺庙、道教宫观管理有关问题的意见》（以下简称《意见》）。《意见》从七个方面提出了明确要求。

第一，要认真落实《宗教事务条例》，坚决制止乱建寺观和各种借教敛财行为。第二，政府宗教事务部门要对依法登记的寺观进行一次全面排查，开展专项治理，坚决纠正寺观"被承包"现象，并限期整改，将依法应由寺观管理的事务交由寺观管理；整改不到位的，撤销其宗教活动场所登记，不得从事宗教活动。第三，除经政府宗教事务部门依法登记的宗教活动场所外，其他场所一律不得组织、举行宗教活动，不得接受宗教性捐献。第四，宗教教职人员必须经宗教团体认定，报县级以上政府宗教事务部门备案。第五，假冒宗教教职人员进行宗教活动的，由政府宗教事务部门责令停止活动，有违法所得的，没收违法所得；有违反治安管理行为的，由公安部门依法给予治安管理处罚；构成犯罪的，依法追究刑事责任。第六，宗教、旅游、文物等部门要继续认真贯彻落实《关于进一步规范全国宗教旅游场所燃香活动的意见》和《关于贯彻实施〈燃香类产品安全通用技术条件〉等3项国家标准的通知》，整治强拉或诱导游客和信教群众花高价烧高香的行为，倡导文明敬香，优化寺观环境。第七，政府宗教事务部门要依法对风景名胜区内的宗教活动场所履行管理职能。在风景名胜区内的宗教活动场所新建、扩建、改建等都要严格按照《中华人民共和国文物保护法》、《宗教事务条例》、《风景名胜区条例》管理，风景名胜区主管部门应会同宗教、园林、文物等部门对违法建设行为进行查处。

《意见》实施以来，发生在宗教寺观违反党的宗教政策和国家法律法规、损害宗教界的形象、伤害信教群众感情、损害游客合法权益的乱象得到有效控制。

53.中国少数民族特色村寨

2009年，国家民委、财政部联合开展了少数民族特色村寨保护与发展试点工作。试点几年来，少数民族特色村寨保护与发展工作广泛开展，涌现出一大批少数民族特色村寨。这些村寨民居特色突出、产业支撑有力、民族文化浓郁、人居环境优美、民族关系和谐，在保护少数民族传统民居、弘扬少数民族优秀文化、培育当地特色优势产业、开展民族风情旅游、改善群众生产生活条件、增加群众收入、巩固民族团结等方面，都取得了显著的成效。

为更好地推动少数民族特色村寨保护与发展工作，国家民委组织开展了少数民族特色村寨命名挂牌工作。2013年12月，国家民委下发了《关于开展中国少数民族特色村寨命名挂牌工作意见的通知》，明确要求由各地民委推荐，经专家评审公示并报国家民委委务会议批准，决定命名为首批"中国少数民族特色村寨"，并予以挂牌。2014年5月19日至5月25日，首批340个少数民族特色村寨进行了公示。

2014年9月23日，国家民委发布《关于命名首批中国少数民族特色村寨的通知》，全国共有北京市房山区窦店镇窦店村等340个村寨被作为首批"中国少数民族特色村寨"予以命名挂牌。这340个少数民族特色村寨，来自全国28个省、自治区、直辖市。其中，贵州省有62个少数民族特色村寨入选，数量最多；其次是广西壮族自治区，有59个少数民族特色村寨入选；云南省有41个少数民族特色村寨入选，位列第三。湖南省27个、湖北省21个、宁夏回族自治区12个少数民族特色村寨入选，分别位列第四、五、六位。

这次公示的首批中国少数民族特色村寨命名挂牌名录，是由国家民委组织有关专家，对各省区申报的中国少数民族特色村寨命名挂牌名录项目进行严格评审产生的。通过少数民族特色村寨命名挂牌工作，将进一步扩大少数民族特色村寨品牌的影响力和辐射力，对少数民族特色村寨保护与发展工作起到重要的示范推动作用。

54.中共中央、国务院关于加强和改进新形势下民族工作的意见

2014年12月，中共中央、国务院印发《关于加强和改进新形势下民族工作的意见》（以下简称《意见》），旨在切实加强和改进新形势下民族工作，团结带领全国各族人民共同推进全面建成小康社会，努力实现中华民族伟大复兴的中国梦。《意见》从坚定不移走中国特色解决民族问题的正确道路、围绕改善民生推进民族地区经济社会发展、促进各民族交往交流交融、构筑各民族共有精神家园、提高依法管理民族事务能力、加强党对民族工作的领导6个方面，提出了25条指导意见。

《意见》指出，要深刻认识我国统一多民族国家的基本国情。要全面理解中国特色解决民族问题正确道路的基本内涵，必须牢牢把握以下基本要求：坚持党的领导，坚持中国特色社会主义道路，坚持维护祖国统一，坚持各民族一律平等，坚持和完善民族区域自治制度，坚持各民族共同团结奋斗、共同繁荣发展，坚持打牢中华民族共同体的思想基础，坚持依法治国。要准确把握当前我国民族工作阶段性特征，包括改革开放和社会主义市场经济带来的机遇和挑战并存，少数民族和民族地区市场经济起步晚、竞争能力比较弱；民

族地区经济加快发展势头和发展低水平并存，总体上与东部地区发展绝对差距拉大、民族地区之间发展差距拉大问题突出；国家对民族地区支持力度持续加大和民族地区基本公共服务能力建设仍然薄弱并存，历史欠账较多，一些群众生产生活条件比较落后；各民族交往交流交融趋势增强和涉及民族因素的矛盾纠纷上升并存，影响民族关系的因素更加复杂；反对民族分裂、宗教极端、暴力恐怖斗争成效显著和局部地区暴力恐怖活动活跃多发并存等。

《意见》指出，要明确民族地区经济社会发展基本思路。紧紧围绕全面建成小康社会目标，深入实施西部大开发战略，以提高基本公共服务水平、改善民生为首要任务，以扶贫攻坚为重点，以教育、就业、产业结构调整、基础设施建设和生态环境保护为着力点，以促进市场要素流动与加强各民族交往交流交融相贯通为途径，把发展落实到解决区域性共同问题、增进群众福祉、促进民族团结上，推动各民族和睦相处、和衷共济、和谐发展，走出一条具有中国特色、民族地区特点的科学发展路子。要完善差别化支持政策，支持民族地区以建设丝绸之路经济带和21世纪海上丝绸之路为契机，在口岸建设、基础设施互联互通等方面给予扶持，完善对口支援工作机制，重点向基层特别是农牧区倾斜。结合"十三五"规划制定，继续编制并实施国家扶持人口较少民族发展规划、兴边富民行动规划、少数民族事业规划。要支持教育事业优先发展，把义务教育和职业教育作为重中之重。要多措并举扩大就业，支持发展农牧业、农畜产品加工业，鼓励发展农牧民专业合作组织，促进农牧民就业和稳定持续增收。要加快产业结构调整，努力提升民族品牌培育和企业质量管理水平。要推进基础设施建设和城镇化进程，加快建设交通、水利等项目。要集中力量扶贫攻坚，建立精准扶贫工作机制，积极发展特色优势产业，增强自我发展的"造血"能力。

《意见》强调，要推动建立相互嵌入式社会结构和社区环境。促进各民族群众相互了解、相互尊重、相互包容、相互欣赏、相互学习、相互帮助。要全面深入持久开展民族团结进步创建活动，坚持重在平时、重在交心、重在行动、重在基层，注重人文化、实体化、大众化，突出创建主题，丰富创建形式，扩大参与范围，加强全国民族团结进步教育基地建设。要坚定不移推行国家通用语言文字教育，同时尊重和保障少数民族使用本民族语言文字接受教育的权利，在需要的民族地区加强学前双语教育，加大师资对口支援力度，注重培养民汉双语兼通人才，提高少数民族干部掌握国家通用语言文字能力，在民族地区工作的汉族干部应学习掌握少数民族语言文字。

《意见》要求，要积极培育中华民族共同体意识。引导各族干部群众深刻认识中国是全国各族人民共同缔造的国家，中华文化是包括56个民族的文化，中华文明是各民族共同创造的文明，中华民族是各民族共有的大家庭，牢固树立各民族水乳交融、唇齿相依、休戚相关、荣辱与共的观念。把尊重、继承和弘扬少数民族优秀传统文化,与传承、建设各民族共享的中华文化有机结合起来。

《意见》指出,要加强民族工作法律法规建设。认真贯彻落实民族区域自治法,修订完善有关民族工作的法规条例。要做好城市和散居地区民族工作,加强少数民族人口信息资源整合,构建服务管理信息化平台,完善工作机制,推进城市和散居地区民族工作制度化、规范化、精细化。要依法妥善处理涉及民族因素的问题,坚持在法律范围内、法治轨道上处理涉及民族因素的问题。

《意见》明确要求,要完善民族工作领导体制和工作机制。要加强干部队伍建设,大力培养、大胆选拔、充分信任、放手使用少数民族干部,培养长期在民族地区工作的汉族干部,保持干部队伍合理结构。要造就优秀知识分子队伍,重视民族地区知识分子特别是少数民族知识分子骨干培养。要加强基层组织和政权建设。要加强党风廉政建设。

55.《西藏发展道路的历史选择》白皮书

西藏自古就是中国的一部分,藏族是中华民族命运共同体的一员。西藏的命运始终与伟大祖国和中华民族的命运紧密相连。西藏真正步入现代文明始于1949年中华人民共和国成立后。历经和平解放、民主改革、自治区成立、改革开放等重要发展阶段,西藏不仅建立起全新的社会制度,而且实现了经济社会发展的历史性跨越,走上了中国特色社会主义道路。西藏走上今天的发展道路,是现代文明发展的客观要求,顺应了人类社会进步潮流,符合中国国情和发展实际,符合西藏各族人民的根本利益。

2015年4月15日,国务院新闻办公室发表《西藏发展道路的历史选择》白皮书(以下简称"白皮书"),介绍了西藏发展的历史成就,全面阐述了西藏发展道路是历史必然选择的重要论断。

白皮书以大量数据和事实,从5个方面介绍了西藏发展道路的历史选择,包括:旧制度必然退出西藏历史舞台、新西藏走上了一条正确发展道路、"中间道路"的实质是分裂中国、"和平"、"非暴力"的假象、中央政府对十四世达赖的政策。

白皮书指出,西藏的发展道路是历史的选择,人民的选择。实践证明,只有坚持团结、反对分裂,坚持进步、反对倒退,坚持稳定、反对动乱,西藏才会有光明前途。任何人和任何势力企图逆历史潮流而动,其结果只能被历史和人民所抛弃。

白皮书说,西藏绝大多数人口摆脱了延续上千年的贫困,基本达到了小康生活水平。在国家统计局、中国邮政集团公司和中央电视台联合举办的"CCTV经济生活大调查"中,拉萨市连续5年被评为中国幸福指数最高的城市。西藏人口大幅增长,2013年达到

312.04万人，人均预期寿命为68.2岁，分别是20世纪50年代初期的三倍和两倍。在全国率先实现城乡居民免费健康体检。

白皮书说，西藏在发展过程中，始终遵循经济规律、社会规律和自然规律，不以牺牲自然环境为代价，注重经济、社会、生态的和谐统一，走可持续发展之路。目前，西藏仍是世界上环境质量最好的地区之一，大部分区域处于原生状态。中央政府坚持以人为本的科学发展观，把环境保护放在突出位置，作为发展的重要选项。西藏自治区政府努力探索高原环境下实现西藏可持续发展的新路子。目前，西藏的自然保护区面积达到41.37万平方公里，占全区国土面积的33.9%，居全国之首；森林覆盖率达11.91%，活林木总蓄积量居全国首位；各类湿地面积600多万公顷，居全国首位。

白皮书指出，中央政府希望十四世达赖喇嘛在有生之年能够丢掉幻想，正视现实，改正错误，选择客观理性道路，为流亡海外的藏族同胞做些有益的事。自从1979年，中央政府应十四世达赖方面的请求，开始不定期地与十四世达赖的私人代表进行接触商谈。从1979年至2002年，中央政府13次接待十四世达赖的私人代表，2002年至2010年1月，又10次同意他们回国。然而，十四世达赖屡屡辜负中央期望，不但始终坚持"中间道路"那一套违反中国宪法、实质分裂祖国的主张，而且策划制造了暴力干扰北京奥运会、拉萨"3·14"事件和自焚事件等破坏活动。2011年，十四世达赖宣布政治"退休"，与中央政府接触的私人代表不久也宣布辞职。此后，十四世达赖集团公然宣称以所谓"政府"名义与中央政府进行谈判，公然破坏接触商谈基础，造成接触商谈无法进行。即使是在接触的过程中，他们也始终围绕"西藏独立"兜圈子，始终没有停止在国内外的分裂祖国活动。

白皮书指出，中国共产党第十八次全国代表大会以来，以习近平同志为总书记的党中央再次重申，"中央对十四世达赖本人的政策是一贯的、明确的，达赖只有公开声明西藏自古以来就是中国不可分割的一部分，放弃'西藏独立'的立场，停止分裂祖国的活动，才谈得上改善与中央的关系"。

56.国务院关于加快发展民族教育的决定

为加快推进少数民族和民族地区教育发展，实现国家长治久安和中华民族繁荣昌盛，国务院于2015年8月发布《关于加快发展民族教育的决定》（以下简称《决定》）。

《决定》提出了加快发展民族教育的基本原则：坚持共产党的领导，坚持缩小发展差距，坚持结构质量并重，坚持普特政策并举，坚持依法治教。

《决定》提出了加快发展民族教育的目标：到2020年，民族地区教育整体发展水平及主要指标接近或达到全国平均水平，逐步实现基本公共教育服务均等化。民族地区学前两年、三年毛入园率分别达到80%、70%。义务教育学校办学条件基本实现标准化，九年义务教育巩固率达到95%，努力消除辍学现象，基本实现县域内均衡发展。高中阶段教育全面普及，普职比大体相当，中职免费教育基本实现。高等教育入学机会不断增加，高考录取率不断提高，学科专业结构基本合理，应用型、复合型、技术技能型人才培养能力显著提升。国家通用语言文字教育基础薄弱地区学前教育阶段基本普及两年双语教育，义务教育阶段全面普及双语教育。新增劳动力平均受教育年限接近或达到全国平均水平，主要劳动年龄人口平均受教育年限明显提高，从业人员继续教育年参与率达到50%。各级各类教育质量显著提高，服务民族地区全面建成小康社会的能力显著增强。

《决定》提出了加快发展民族教育的具体措施：一是全面提升各级各类教育办学水平，加快普及学前教育，均衡发展义务教育，提高普通高中教学质量，加快发展中等职业教育，优化高等教育布局和结构，积极发展继续教育，重视支持特殊教育；二是切实提高少数民族人才培养质量，有序扩大人才培养规模，改革考试招生制度，强化内地民族班教育管理服务，加强普通高校、职业院校毕业生就业创业指导；三是重点加强民族教育薄弱环节建设，加强寄宿制学校建设，支持边疆民族地区教育发展，科学稳妥推行双语教育；四是建立完善教师队伍建设长效机制，健全教师培养机制，完善教师培训机制，落实教师激励政策；五是落实民族教育发展的条件保障，完善经费投入机制，加大学生资助力度，加快推进教育信息化；六是切实加强对民族教育的组织领导，加强党对民族教育工作的领导，全面落实政府职责，充分发挥对口支援作用，切实加强民族教育科学研究，认真落实各项政策措施。

《决定》的出台和实施对提高少数民族和民族地区教育教学质量，加快民族地区经济社会发展，促进民族团结具有重要意义。

本章撰写负责人：徐鸿武
成员：李敬德、文晓灵、拓锐平